Christoffel/Geiß

Einkommen Steuererklärung

2010/2011

Schritt-für-Schritt-Leitfaden für Ihre Steuererklärung 2010

Vereinfachte Steuererklärung 2010 für Arbeitnehmer

Steuer-Spar-Tipps

Stichwortverzeichnis, Mustervorlagen, Einkommensteuertabellen 2010 und amtliche Erklärungsvordrucke 2010

Inhalt

1 Wer muss, wer kann eine Einkommensteuererklärung abgeben?

Neben der **gesetzlichen Verpflichtung** zur Abgabe einer Einkommensteuererklärung **1** kommt für viele Steuerzahler eine **„freiwillige" Einkommensteuererklärung** in Betracht. Über diese sog. „Antragsveranlagung" können Sie unter Umständen **Steuervorteile** geltend machen, die Ihnen **ansonsten verloren** gingen und die häufig zu einer (teilweise recht hohen) Steuererstattung führen können. Daneben kann sich die Abgabe einer Einkommensteuererklärung lohnen, um die **Arbeitnehmer-Sparzulage** vom Finanzamt festsetzen zu lassen. Wer 2010 insgesamt bei seinen Einkünften **einen Verlust** erzielt hat, kann außerdem über die Einkommensteuererklärung die gesonderte Feststellung des verbleibenden Verlustabzugs beantragen. Denken Sie z. B. daran, dass Sie 2010 arbeitslos waren und sich im Laufe dieses Jahres haben weiterbilden lassen. Die Ihnen für die Fortbildungsmaßnahme entstandenen Kosten, soweit sie nicht von der Agentur für Arbeit übernommen wurden, können Sie als Verlust des Jahres 2010 feststellen und ab 2011 mit Ihren Einnahmen aus einem neuen Beschäftigungsverhältnis verrechnen lassen. Für den Antrag auf Festsetzung der Arbeitnehmer-Sparzulage und die Erklärung zum Verlustabzug kreuzen Sie einfach auf dem Hauptvordruck die entsprechenden Kästchen in den **Zeilen 1 und 2** an.

Neu hinzugekommen ist ab 2009 das Auswahlkästchen „Erklärung zur Festsetzung der **Kirchensteuer auf Kapitalerträge" (Zeile 2)**. Dieses Auswahlkästchen haben Sie anzukreuzen, wenn im Rahmen der Kapitalertragsteuer auf Ihre Kapitalerträge keine Kirchensteuer einbehalten wurde. Dies ist dann der Fall, wenn Sie bei Ihrer Bank oder Ihrem Kreditinstitut keinen Antrag auf Festsetzung der Kirchensteuer im Rahmen des Kapitalertragsteuerabzugsverfahrens gestellt haben.

Für alle 5 „Erklärungsarten" werden die gleichen Vordrucke verwendet. Unterschiedlich ist **2** jedoch der Abgabezeitpunkt für die Einkommensteuererklärung:

- Wer zur Abgabe einer **Einkommensteuererklärung verpflichtet** ist, muss diese bis zum **31.5.2011** abgeben.

- **Freiwillige Einkommensteuererklärungen,** „die sog. Antragsveranlagung" für 2010 **3** können Sie innerhalb der allgemeinen Verjährungsfrist von **4 Jahren** beim Finanzamt einreichen. Den **Antrag** können Sie für **2010 bis** zum **31.12.2014** stellen. Eine weitere Fristverlängerung wegen Ablaufhemmung bis zu maximal 3 Jahre kommt jedoch nicht in Betracht, da diese nur in Fällen der Pflichtveranlagung gewährt wird, so zumindest die Auffassung der Finanzverwaltung, die höchstrichterlich noch geklärt werden muss (→ Tz 338).

Für den **Antrag** auf **Arbeitnehmer-Sparzulage 2010** muss die Steuererklärung spätestens bis zum **31.12.2014** beim Finanzamt eingehen. Auch hier gilt somit die allgemeine Verjährungsfrist von 4 Jahren. Sollten Sie diese Antragsfrist versäumen, wird das Finanzamt Ihren Antrag wegen Fristüberschreitung ablehnen.

Für die Erklärung zur **Feststellung** eines **verbleibenden Verlustvortrags** gilt ebenfalls die allgemeine 4-jährige Verjährungsfrist, hier jedoch zuzüglich Anlaufhemmung von maximal 3 Jahren. Daher können Sie z. B. auch für das Jahr 2006 noch einen Verlustvortrag feststellen lassen, wenn Sie in diesem Jahr promoviert haben und die Promotions-kosten bei Ihren Einkommensteuerveranlagungen 2007 bis 2009 mangels Einkünften nicht verrechnet werden konnten. Sollten Sie für den Veranlagungszeitraum, in dem Ihre Promotionskosten angefallen sind, eine Einkommensteuererklärung abgegeben haben, können Sie derzeit einen Verlustüberhang noch gesondert feststellen lassen, obwohl Ihr Einkommensteuerbescheid bestandskräftig ist. Ein Verlustüberhang besteht dann, wenn Ihre Einnahmen geringer sind als Ihre Promotionskosten. Die Möglichkeit, in diesen Fällen noch einen Feststellungsbescheid zu erhalten, wird durch das JStG 2010 beseitigt. Die Gesetzesänderung soll jedoch nur dann gelten, wenn Sie Ihre Feststellungserklärung in Bezug auf den Verlustvortrag nach Verkündung des JStG 2010 im Bundesgesetzblatt abgegeben haben.

WICHTIG

 Für 2010 haben Sie als Arbeitnehmer die Möglichkeit, eine vereinfachte Einkom-mensteuererklärung, bestehend aus 2 Seiten, abzugeben. Im **Teil II** erfahren Sie dazu alles Wissenswerte.

1.1 Verpflichtung zur Abgabe der Einkommensteuererklärung

4 Zur Abgabe einer Einkommensteuererklärung verpflichtet sind insbesondere Arbeitneh-mer, die neben ihren Arbeitnehmereinkünften noch weitere Einkünfte von mehr als **410 €**, z. B. aus einer selbstständigen Nebentätigkeit oder aus Vermietung, erzielt haben. Ob Sie eine Einkommensteuererklärung für 2010 abzugeben haben, können Sie der Über-sicht ➜ Tz 339 entnehmen.

1.2 Antragsveranlagung

5 Auch wenn Sie als **Arbeitnehmer** keine Steuererklärung abgeben müssen, kann sich die Abgabe einer Einkommensteuererklärung für Sie lohnen. Dies gilt z. B. in folgenden Fällen:

● Ihre Werbungskosten (➜ Tz 126) übersteigen den Werbungskosten-Pauschbetrag von 920 €.
● Ihre Versicherungsbeiträge können mit einem höheren Betrag als der Vorsorgepau-schale abgezogen werden; dies ist insbesondere bei Beamten der Fall. Sie sollten auf jeden Fall überprüfen, ob Sie durch den Sonderausgabenabzug mehr abziehen können, als Ihnen an „Vorsorgepauschale" im Lohnsteuerabzugsverfahren gewährt wurde. Denken Sie in diesem Zusammenhang auch an den verbesserten Sonderausgabenabzug Ihrer Krankenversicherungsbeiträge ab 2010. Eine ausführliche Darstellung finden Sie unter ➜ Tz 504.
● Die anderen Sonderausgaben (➜ Tz 353), z. B. Spenden, betragen mehr als 36 € bei Ledigen und 72 € bei Verheirateten.
● Sie wurden 2010 Vater oder Mutter eines Kindes.
● Bei Ihnen hat sich die **Steuerklasse** oder die **Zahl der „Kinderfreibeträge"** im Laufe des Jahres 2010 zu Ihren Gunsten geändert und dies ist noch nicht bei einem Lohn-steuer-Jahresausgleich durch Ihren Arbeitgeber berücksichtigt worden.

- Aus anderen Einkunftsarten, z. B. aus Vermietung und Verpachtung, sind **Verluste** zu **berücksichtigen**.
- Es bestehen noch **Verlustabzüge** aus **anderen Jahren**, die 2010 verrechnet werden sollen.
- Sie haben 2010 geheiratet.
- Sie können **außergewöhnliche Belastungen** geltend machen, z. B. Krankheits- oder Scheidungskosten (➜ Tz 416), oder erhalten einen „Ausbildungsfreibetrag" (➜ Tz 106, ➜ Tz 453).
- Sie waren als Arbeitnehmer nicht das ganze Jahr über beschäftigt.
- Ihr Arbeitslohn hat im Laufe des Jahres geschwankt und Ihr Arbeitgeber hat für 2010 keinen Lohnsteuer-Jahresausgleich durchgeführt.
- Bei Ihnen bzw. bei Ihrem Ehegatten sind **Kapitalerträge** angefallen, für die Abgeltungsteuer von 25 % einschließlich Kirchensteuer und Solidaritätszuschlag einbehalten wurde. Ihr **Steuersatz** liegt jedoch **unter** dem Abgeltungsteuersatz von **25 %**, so dass Sie im Fall eines Antrags auf Einbeziehen der Kapitalerträge in die Einkommensteuerveranlagung eine Erstattung der zuviel einbehaltenen Abgeltungsteuer einschließlich Solidaritätszuschlag und Kirchensteuer erhalten.
- Sie wollen **Verluste aus Spekulationsgeschäften**, die vor 2009 anfallen, mit Ihren Wertzuwächsen bei den Kapitaleinkünften verrechnen lassen.
- Im Kapitalertragsteuerabzugsverfahren ist Ihr **Freistellungsauftrag** unzutreffend berücksichtigt worden; diesen Mangel wollen Sie durch Abgabe einer Einkommensteuererklärung 2010 heilen.

Vergünstigungen nutzen

Daneben gibt es eine Reihe von steuerlichen Vergünstigungen, die Sie nur über einen **6 Antrag** auf Einkommensteuerveranlagung geltend machen können, z. B. die Besteuerung von Veräußerungsgewinnen mit dem ermäßigten Durchschnittssteuersatz oder die Steuerermäßigung bei Aufwendungen für die Beschäftigung einer Haushaltshilfe sowie für Handwerkerleistungen.

Eine **ausführliche Checkliste** finden Sie unter ➜ Tz 340.

TIPP 7

Sollte sich für einen Arbeitnehmer bei einer Antragsveranlagung wider Erwarten eine **Nachzahlung** ergeben, können Sie den **Antrag** innerhalb der Einspruchsfrist von einem Monat **zurücknehmen**. Damit ist für Sie die Sache erledigt. Das Finanzamt wird aber prüfen, ob Sie per Gesetz eine Einkommensteuererklärung abgeben müssen oder für zu wenig erhobene Lohnsteuer „gerade" stehen müssen; dann lässt sich die Nachzahlung nicht vermeiden.

1.3 Welche Vordrucke müssen Sie verwenden?

Die Einkommensteuererklärung – einschließlich „freiwilliger" Antragsveranlagung, An- **8** trag auf Arbeitnehmer-Sparzulage (➜ Tz 159), die gesonderte Feststellung des verbleibenden Verlustabzugs sowie die Erklärung zur Festsetzung der Kirchensteuer auf Kapitalerträge – besteht aus mehreren Vordrucken und Anlagen:

● **Einkommensteuererklärung, Antragsveranlagung**	4-seitiger **Hauptvordruck** 2010
● **Antrag Arbeitnehmer-Sparzulage**	bei Antrag auf Arbeitnehmer-Sparzulage: Bescheinigung VL beilegen; diese erhalten Sie ausgefüllt vom Anlageinstitut
● **Gesonderte Verlustfeststellung**	➜ Tz 397
■ **Arbeitnehmer**	zusätzlich die **Anlage N** (Einkünfte aus nichtselbstständiger Arbeit 2010), auch wenn nur Lohnersatzleistungen (z. B. Arbeitslosengeld) oder Versorgungsbezüge (z. B. Betriebs- oder Beamtenpensionen) bezogen wurden. Bei zusammenveranlagten Ehegatten müssen 2 Anlagen N abgegeben werden, wenn beide Arbeitslohn (mit Ausnahme von pauschaliertem Arbeitslohn bei geringfügiger Beschäftigung) bezogen haben. Einzelheiten ➜ Tz 113.
■ **Land- und Forstwirte**	zusätzlich die **Anlage L** 2010, u. U. einschließlich gesonderter Anlagen für Forstwirtschaft, Weinbau usw.
■ **Gewerbetreibende**	z. B. Handwerker, Handelsvertreter, Unternehmer im Einzel- und Großhandel, zusätzlich die **Anlage G** (Einkünfte aus Gewerbebetrieb 2010), Einzelheiten ➜ Tz 163.
	Dies gilt auch für Beteiligungen an gewerblichen Personengesellschaften, z. B. an einer OHG, KG oder BGB-Gesellschaft.
■ **Freiberufliche und andere Selbstständige**	z. B. Ärzte, Rechtsanwälte, Architekten sowie selbstständig ausgeübte wissenschaftliche, künstlerische, schriftstellerische oder unterrichtende Tätigkeiten zusätzlich die **Anlage S** (Einkünfte aus selbstständiger Arbeit 2010). Ihrer Einkommensteuererklärung 2010 müssen Sie eine **Einnahmenüberschussrechnung** auf amtlich vorgeschriebenem Vordruck, **Anlage EÜR** 2010, mit „Anlagenverzeichnis/Ausweis des Umlaufvermögens " und Ermittlung der nichtabziehbaren Schuldzinsen beifügen. Hierauf besteht das Finanzamt, wenn Ihre Betriebseinnahmen 2010 17.500 € oder mehr ausgemacht haben. Wegen weiterer Einzelheiten ➜ Tz 817.
■ **Nichtentnommener Gewinn**	zusätzlich die **Anlage 34a**, wenn Sie bei Einkünften aus Gewerbebetrieb oder selbstständiger Arbeit Ihren thesaurierten Gewinn, den Sie durch Bilanzierung ermittelt haben, mit dem Sondersteuersatz von 28,25 % + Soli besteuern lassen wollen. Wegen weiterer Einzelheiten ➜ Tz 800.
■ **Sparer, Kapitalanleger**	zusätzlich die **Anlage KAP** 2010. Sind Ihre Kapitalerträge bereits im Kapitalertragsteuerabzugsverfahren zutreffend mit Abgeltungsteuer einschließlich Soli und Kir-

chensteuer besteuert worden, besteht für Sie keine Verpflichtung, eine Anlage KAP einzureichen. Dies gilt auch dann, wenn Ihre Kapitalerträge über den Sparer-Pauschbetrag von 801 € bzw. 1.602 € hinausgehen. Allerdings sollten Sie prüfen, ob Sie aus „Eigeninteresse" eine Anlage KAP einreichen, um im Veranlagungsverfahren unzutreffend oder zu hoch einbehaltene Kapitalertragsteuer erstattet zu bekommen.

■ **Rentner**

zusätzlich die **Anlage R** 2010. In diese Anlage werden alle Renten aus der gesetzlichen Rentenversicherung, den landwirtschaftlichen Alterskassen oder berufsständischen Versorgungseinrichtungen, aber auch private Renten sowie Renten, die nach dem Riester-Modell oder auf Grund betrieblicher Altersvorsorge gezahlt werden, angegeben. Wegen der „Besteuerungsregelungen", die 2010 durch das Alterseinkünftegesetz zu beachten sind, ➜ Tz 942.

■ **Spekulationsgeschäfte**

zusätzlich die **Anlage SO** (sonstige Einkünfte 2010). Wegen Einzelheiten ➜ Tz 216.

■ **Haus- und Wohnungseigentümer**
● **mit vermieteten Objekten**

zusätzlich für jedes vermietete Objekt eine **Anlage V** 2010, auch wenn das Objekt den Ehegatten gemeinsam gehört und Zusammenveranlagung (➜ Tz 343) vorliegt. Einzelheiten ➜ Tz 249.

● **mit eigengenutzter Wohnung/eigengenutztem Haus**

zusätzlich die **Anlage FW** 2010 für jedes selbstgenutzte Haus (Wohnung), auch wenn das Objekt den Ehegatten (bei Zusammenveranlagung) gemeinsam gehört. Einzelheiten ➜ Tz 233.

■ **Ausländische Einkünfte**

zusätzlich die **Anlage AUS** 2010.

Einzelheiten ➜ Tz 294. Arbeitnehmer, die als Grenzgänger im Ausland arbeiten, die Anlage N-Gre.

■ **Kinder**

Anlage Kind 2010 zur Berücksichtigung und Übertragung des Kinderfreibetrags bzw. des Freibetrags für den Betreuungs- und Erziehungs- oder Ausbildungsbedarf sowie zur Berücksichtigung des Entlastungsbetrags für Alleinstehende, des Freibetrags zur Abgeltung eines Sonderbedarfs bei Berufsausbildung eines volljährigen Kindes, der Kinderbetreuungskosten und des Schulgelds, aber auch zur Übertragung des Behinderten- bzw. Hinterbliebenen-Pauschbetrags auf die Eltern. Einzelheiten ➜ Tz 85, ➜ Tz 547.

■ **Vorsorgeaufwendungen und Altersvorsorgebeiträge**

zusätzlich die **Anlage Vorsorgeaufwand,** wenn Sie Vorsorgeaufwendungen im Rahmen der Basisversorgung und der sonstigen Vorsorgeaufwendungen geltend machen wollen. Einzelheiten ➜ Tz 68, ➜ Tz 502. Haben Sie Altersvorsorgebeiträge in einen Riester-Vertrag eingezahlt,

I Steuererklärung

11

	sind diese gesondert in der **Anlage AV** für den Sonderausgabenabzug unter Anrechnung der Zulage anzugeben. Einzelheiten ➜ Tz 81, ➜ Tz 530.
■ **Unterhalt**	Die **Anlage Unterhalt** 2010 verwenden Sie zur Berücksichtigung von Unterhaltsleistungen an bedürftige Personen.
■ **Statistische Angaben**	Zusätzlich sind in der **Anlage St** statistische Angaben zu den Abschreibungen allgemein und zu bestimmten Steuervergünstigungen im gewerblichen Bereich, aber auch zu den Pensionszusagen, der Übertragung von Veräußerungsgewinnen und den nichtabziehbaren Betriebsausgaben zu machen.

Daneben kann es bei **Unterhaltsleistungen** an den geschiedenen oder dauernd getrennt lebenden Ehegatten erforderlich sein, für Zwecke des Sonderausgabenabzugs im Rahmen des Realsplittings die **Anlage U** abzugeben. Einzelheiten ➜ Tz 28, ➜ Tz 366.

1.4   Wie werden die Vordrucke ausgefüllt?

9   Die **weißen Felder** im Erklärungsvordruck sind deutlich und vollständig auszufüllen. Reicht der dort vorgesehene Platz für die Eintragungen nicht aus, sollten Sie Ihre **zusätzlichen Angaben** auf einem besonderen Blatt machen. Das Finanzamt verlangt von Ihnen bei den einzelnen Anlagen in der Regel eine Aufstellung über die Kosten und einen Belegnachweis.

Alle Beträge sind in der Einkommensteuererklärung 2010 fast immer in **Euro einzutragen.** **Cent-Beträge** sind zu Ihren Gunsten auf **volle Euro-Beträge auf-** oder **abzurunden**, wenn die Vordrucke nicht ausdrücklich die Eintragung von Cent-Beträgen vorsehen.

1.5   Welches Finanzamt ist zuständig?

10   Die Einkommensteuererklärung müssen Sie in der Regel bei dem Finanzamt abgeben, in dessen Bezirk Sie im Zeitpunkt der Abgabe wohnen. Bei mehreren Wohnsitzen gilt der mit vorwiegendem Aufenthalt.

Bei einem Wohnsitzwechsel geben Sie bei der Steuernummer das **bisherige Finanzamt** an. Lebten Sie 2010 erstmals getrennt von Ihrem Ehegatten, können Sie die Steuererklärung noch bei dem bisher zuständigen Finanzamt abgeben. Neben der Steuernummer, die in **Zeile 3** des Hauptvordrucks einzutragen ist, sollten Sie in **Zeile 4** Ihre **Identifikationsnummer**, im Fall der Zusammenveranlagung auch die Identifikationsnummer Ihrer Ehefrau, angeben.

TIPP

 Machen Sie von Ihrer Steuererklärung eine Kopie, außerdem von allen Schreiben und eigenen Anlagen zur Steuererklärung. Sie können dann den Steuerbescheid des Finanzamts mit Ihren Angaben in der Steuererklärung vergleichen – und eventuelle Abweichungen besser aufklären. Außerdem haben Sie gegenüber dem Finanzamt einen Nachweis über die eingereichten Unterlagen.

2 Hauptvordruck 2010

2.1 Seite 1 des Hauptvordrucks – Persönliche Angaben

Die Seite 1 des Hauptvordrucks – auch als Mantelbogen bezeichnet – dient praktisch als **11**
„Einstieg" und persönliche Visitenkarte Ihrer Einkommensteuererklärung. Diesen Teil
müssen Sie auf jeden Fall ausfüllen.

> Neben Angaben zu Anschrift, Geburtstag, Familien- und Güterstand werden über diesen
> Vordruck die folgenden, für Sie wichtigen Angaben abgefragt:
>
> ■ Sofern Sie eine Festsetzung der **Arbeitnehmer-Sparzulage** (bzw. eine gesonderte
>   **Verlustfeststellung**) beantragen, müssen Sie dies in den **Zeilen 1 und 2** ankreuzen.
>   Mit dem Hauptvordruck, zusammen mit der Anlage N, kann auch ein **gesonderter**
>   **Antrag auf Arbeitnehmer-Sparzulage** gestellt werden, wenn Sie ausschließlich
>   steuerfreien oder pauschal besteuerten Arbeitslohn bezogen haben oder keine
>   Steuerabzugsbeträge in der Lohnsteuerbescheinigung enthalten sind. In diesem
>   Fall ist der Anlage N eine Bescheinigung über die vermögenswirksamen Leistungen
>   (Anlage VL) beizufügen. Darüber hinaus kann in dieser Kopfzeile die Erklärung zur
>   Festsetzung der **Kirchensteuer auf Kapitalerträge** angekreuzt werden. Dies ist dann
>   erforderlich, wenn die Kirchensteuer bei einem Kirchensteuerpflichtigen nicht im
>   Rahmen des Kapitalertragsteuerabzugs erhoben wurde, weil kein entsprechender
>   Antrag bei der Bank oder dem Kreditinstitut gestellt wurde. Dann erfolgt die Nach-
>   erhebung im Rahmen der Einkommensteuerveranlagung.
> ■ Geben Sie in **Zeile 3** Ihre Steuernummer an; die Steuer-Identifikationsnummer
>   tragen Sie zusätzlich in **Zeile 4** getrennt für den Steuerzahler und seine Ehefrau ein.
> ■ Die Bankverbindung stets angeben, damit das Finanzamt den Erstattungsbetrag
>   überweisen kann. Teilen Sie eventuelle Kontoänderungen schnellstens mit, und
>   geben Sie einen abweichenden Kontoinhaber unbedingt an (**Zeilen 20 bis 24**).
> ■ Die **Art der Veranlagung** bei Ehegatten (Zusammenveranlagung, getrennte oder
>   besondere Veranlagung, **Zeile 19**, Einzelheiten ➜ Tz 342).
> ■ Empfangsbevollmächtigter (**Zeilen 25 bis 28**).
> ■ Die Geburtsdaten (**Zeilen 8 und 14**) sind u. a. für den Altersentlastungsbetrag und
>   bestimmte außergewöhnliche Belastungen wichtig.
> ■ Die Religion (**Zeilen 11 und 17**) sollten Sie angeben, wenn Ihre Religionsgemein-
>   schaft Kirchensteuer erhebt (➜ Tz 346).

Neben dem im Hauptvordruck angegebenen „Religionsschüssel" können Sie folgende
Abkürzungen verwenden:

Religion	Schlüssel	Religion	Schlüssel
Alt-katholische Kirche	AK	Israelitische Bekenntnissteuer (Bayern)	IS
Freie Religionsgemeinschaft Alzey	FA	Israelitische Kultussteuer Frankfurt	IS
Freireligiöse Landesgemeinde Baden	FB	Jüdische Kultusgemeinden Koblenz und Bad Kreuznach	IS

I Steuererklärung

Religion	Schlüssel	Religion	Schlüssel
Freireligiöse Landesgemeinde Pfalz	FG	Synagogengemeinde Saar	IS
Freireligiöse Gemeinde Mainz	FM	Israelitische Religionsgemeinschaft Württemberg	IW
Freireligiöse Gemeinde Offenbach/M.	FS	Jüdische Kultussteuer (NRW)	JD
Israelitische Religionsgemeinschaft Baden	IB	Jüdische Kultussteuer (Hamburg)	JH
Israelitische Kultussteuer Land Hessen	IL		

12 Ehegatten können zwischen **Zusammenveranlagung** und **getrennter Veranlagung** wählen. Sie werden **zusammen** veranlagt, wenn **beide** Ehegatten sich hierfür entscheiden oder keine Angaben zur Veranlagungsart machen. Sie haben dann eine gemeinsame Steuererklärung abzugeben. Beantragt **einer** der Ehegatten die getrennte Veranlagung, wirkt dies für beide. Einzelheiten zu den verschiedenen Veranlagungsarten sowie die Vor- und Nachteile finden Sie im Gestaltungsteil ➜ Tz 343.

Für **dauernd getrennt lebende** Ehegatten ist keine Zusammenveranlagung möglich, die günstigere Splittingtabelle gilt nicht. Vielmehr muss jeder von ihnen 2010 eine **eigene** Steuererklärung abgeben, wenn die dauernde Trennung bereits vor 2010 bestand.

Auch wenn einer der Ehegatten keine Einkünfte bezogen hat, sind für ihn Angaben zu machen, da z. B. die Anwendung der günstigeren Splittingtabelle davon abhängt, ob jeder Ehegatte seinen Wohnsitz im Inland hat.

WICHTIG

 Ehegatten können für das **Jahr der Eheschließung** die **besondere Veranlagung** wählen, die sich in Einzelfällen, z. B. bei Verwitweten oder Alleinerziehenden, lohnen kann (➜ Tz 343).

13 Haben die Ehegatten **Gütergemeinschaft** vereinbart (siehe **Zeile 19**) und gehört ein **Gewerbebetrieb zum Gesamtgut** der Eheleute, ist in der Regel ein **Gesellschaftsverhältnis zwischen den Ehegatten** anzunehmen, so dass ein dem anderen Ehegatten gezahlter Arbeitslohn als Gewinnanteil zu behandeln und damit nicht als Betriebsausgabe abziehbar ist.

2.2 Seite 2 des Hauptvordrucks – Einkünfte 2010

Einzelangabe der Einkünfte

14 Die Gewinne, Überschüsse oder Verluste aus den 7 Einkunftsarten sind einzeln in den dafür vorgesehenen Anlagen **getrennt für Ehemann und Ehefrau** zu erklären. Beziehen im Fall der Zusammenveranlagung beide Ehegatten Arbeitslohn, hat jeder Ehegatte eine **eigene Anlage N** abzugeben. Auf die Anlagen, die Sie zusammen mit dem Hauptvordruck bei Ihrem Finanzamt einreichen, weisen Sie in den **Zeilen 31 bis 38** durch ein Kreuz in den entsprechenden Kästchen hin.

Kapitalvermögen

Ist die Abgeltungsteuer im Rahmen des Kapitalertragsteuerabzugs unter Berücksichti- **15**
gung des Freistellungsvolumens von 801 € bzw. 1.602 € zutreffend erhoben worden,
entfällt grundsätzlich die Abgabe einer **Anlage KAP**. Haben Sie Kapitaleinnahmen erzielt,
die über den Sparer-Pauschbetrag hinausgehen, müssen diese bei der Ermittlung der
zumutbaren Belastung neben Ihren übrigen Einkünften berücksichtigt werden
(➜ Tz 436). Dies gilt auch dann, wenn Spenden im Rahmen der Spendenobergrenze von
20 % als Sonderausgaben angesetzt werden sollen. Schließlich ordnet der Gesetzgeber an,
dass die Kapitaleinkünfte auch für die Ermittlung der Einkünfte und Bezüge der Kinder
anzugeben sind. Diese Angaben können über die Anlage KAP erfolgen. Allerdings besteht
auch die Möglichkeit, die Einkünfte aus Kapitalvermögen bei den betreffenden Steuertat-
beständen anzugeben. So sieht z. B. der Spendenabzug und der Abzug außergewöhnlicher
Belastungen allgemeiner Art vor, dass Kapitaleinnahmen, die über den Sparer-Pauschbetrag hinausgehen, im Hauptvordruck (**Zeile 59** sowie **Zeilen 72 und 73**) anzugeben
sind. Darüber hinaus wird sowohl in der Anlage Unterhalt als auch in der Anlage Kind für
die Ermittlung der Einkünfte und Bezüge nach den Einkünften aus Kapitalvermögen
gefragt.

Und noch eins ist wichtig: Hat der Steuerzahler Kapitalerträge bezogen, für die im Vorfeld
kein Kapitalertragsteuerabzug vorgenommen wurde, müssen diese Kapitalerträge im
Rahmen der Anlage KAP angegeben und nachversteuert werden. Denken Sie z. B. an die
Zinsen für ein Privatdarlehen. Wegen weiterer Einzelheiten ➜ Tz 202.

Renteneinkünfte

Die Finanzverwaltung legt besonderen Wert auf die Erklärung Ihrer Renteneinkünfte und **16**
der damit im Zusammenhang stehenden anderen Leistungen. Dies wird dadurch deutlich,
dass diese Einkünfte in der **Anlage R** abgefragt werden. Haben beide Ehegatten Renten
bezogen, hat jeder seine **eigene Anlage R** einzureichen. Wegen weiterer Einzelheiten
➜ Tz 942.

Sonstige Einkünfte (ohne Renten)

Bei den **sonstigen Einkünften**, die in der Anlage SO anzugeben sind, handelt es sich um **17**
private Veräußerungsgeschäfte, Einkünfte aus gelegentlichen Vermittlungen oder aus der
Vermietung beweglicher Gegenstände; ebenso **Unterhaltsleistungen**, die ein geschiedener oder getrennt lebender Ehegatte **erhält**, falls der zahlende Ehegatte sie mit seiner
Zustimmung als Sonderausgaben geltend macht (Realsplitting), sowie Abgeordnetenbezüge. Einzelheiten ➜ Tz 216, ➜ Tz 996.

WICHTIG

> In **Zeile 38** geben Sie an, ob 2010 sonstige Einkünfte angefallen sind. Diese sind
> in der **Anlage SO** zu erfassen. Sollte der Gewinn die Freigrenze von 600 €
> (➜ Tz 222) nicht überschreiten, verzichtet das Finanzamt auf weitere Angaben
> im Hauptvordruck. Bei Ehegatten gilt die Freigrenze von **600 €** für **jeden
> Ehegatten**, allerdings stets getrennt. Wird die Freigrenze überschritten, ist die
> Anlage SO einzureichen; dies gilt immer, wenn **Verluste angefallen** sind und
> diese für einen Rück- oder Vortrag zur Verfügung stehen.

I Steuererklärung

Arbeitnehmer, Nebeneinkünfte

18 Arbeitnehmer brauchen Nebeneinkünfte **bis jährlich 410 €** nicht zu versteuern, weil es dann nicht zu einer zwangsweisen Einkommensteuerveranlagung kommt. Hinweise zur Steuerfreiheit von Aufwandsentschädigungen ➜ Tz 621.

Ausländische Einkünfte und Steuern

19 Sind 2010 ausländische Einkünfte und damit im Zusammenhang stehende Steuern angefallen, prüfen Sie anhand der **Anlage AUS**, inwieweit die Einkünfte steuerpflichtig sind und wie Sie die im Ausland gezahlten Steuern anrechnen oder abziehen können. Einzelheiten ➜ Tz 294.

Kinder

20 Haben Sie Kinder, für die Sie Kindergeld oder einen Kinderfreibetrag/Freibetrag für den Betreuungs- und Erziehungs- oder Ausbildungsbedarf, einen Entlastungsbetrag für Allein-stehende, einen Freibetrag zur Abgeltung eines Sonderbedarfs bei Berufsausbildung eines volljährigen Kindes, Kinderbetreuungskosten, den Sonderausgabenabzug für Schulgeld-zahlungen oder eine Steuerermäßigung durch Übertragung des Behinderten- bzw. Hin-terbliebenen-Pauschbetrags erhalten, oder – neu ab 2010 – wenn Sie als Versicherungs-nehmer Beiträge zur Kranken- und Pflegeversicherung Ihres Kindes getragen haben (➜ Tz 100), füllen Sie für jedes Ihrer Kinder die **Anlage Kind** aus (Näheres ➜ Tz 85) und geben Sie in **Zeile 39** an, wie viele **Anlagen Kind** Sie Ihrer Einkommensteuererklärung beigefügt haben.

Anlage FW

21 Steuerliche Vergünstigungen für eine eigengenutzte Eigentumswohnung bzw. eine selbstgenutzte Wohnung im eigenen Haus sind in der **Anlage FW** geltend zu machen. Einzelheiten ➜ Tz 233.

22 Bei den **Sonderausgaben** handelt es sich im Wesentlichen um Versicherungsbeiträge sowie um Kosten im sozialen Bereich und Ausbildungskosten.

Die Aufwendungen dürfen weder Betriebsausgaben noch Werbungskosten sein.

BEISPIEL

 Beiträge zu einer Berufshaftpflichtversicherung gehören nicht zu den Sonder-ausgaben, sondern sind als Werbungskosten abzugsfähig. Gleiches gilt für die Gebäudeversicherung oder Grundstückshaftpflichtversicherung bei den Vermie-tungseinkünften.

23 Zu den **Sonderausgaben** gehören u. a.

- die Sonderausgaben im engeren Sinne, d. h. **Vorsorgeaufwendungen** (Versicherungen einschließlich Sozialversicherung) ➜ Tz 68 und ➜ Tz 502,
- die Renten und dauernden Lasten ➜ Tz 25,
- die **Unterhaltsleistungen** an geschiedene oder getrennte Ehegatten ➜ Tz 28,
- die **Berufsausbildungskosten** ➜ Tz 33,
- die **Spenden** ➜ Tz 34,

- die Steuerbegünstigungen für das **selbstgenutzte** Wohneigentum (§§ 10e, 10f und 10h EStG), Abgabe der **Anlage FW ➜** Tz 21, ➜ Tz 233.

In aller Regel verzichtet das Finanzamt bei einem Arbeitnehmer auf die Vorlage der Versicherungsbelege, wenn nicht wesentlich höhere Beträge als 2009 geltend gemacht werden. Die Vorlage von Belegen ist aber erforderlich bei

- **Berufsausbildungskosten**,
- **Spenden**,
- **Unterhaltsleistungen** (Anlage U einreichen!),
- **Schulgeldzahlungen**.

Eine exakte Übersicht über alle abzugsfähigen Sonderausgaben finden Sie im ABC der Sonderausgaben ➜ Tz 353.

Sonderausgaben (ohne Vorsorgeaufwendungen)

Vorsorgeaufwendungen und Altersvorsorgebeiträge sind 2010 in gesonderten Anlagen **24** anzugeben, und zwar in der **Anlage Vorsorgeaufwand** und in der **Anlage AV** (➜ Tz 68). In **Zeile 40** des Hauptvordrucks ist daher durch entsprechendes Ankreuzen ein Querverweis auf die **Anlage Vorsorgeaufwand** bzw. **Anlage AV** anzubringen. Neben den Vorsorgeaufwendungen wird dann in den **Zeilen 41 bis 46** der Sonderausgabenabzug abgefragt, allerdings ohne Spenden und Mitgliedsbeiträge.

Renten und dauernde Lasten

Tragen Sie in **Zeile 41 Rentenzahlungen** ein, die auf besonderen Verpflichtungsgründen **25** beruhen und die weder Betriebsausgaben noch Werbungskosten sind. Solche Rentenzahlungen kommen zumeist im Rahmen von Übergabeverträgen vor, wenn die Versorgung des Übertragenden und nicht der tatsächliche Gegenwert im Vordergrund steht. Bei einer **dauernden Last** sind die Angaben in **Zeile 42** zu machen. Einen Überblick über die komplizierte Rechtslage zu Renten und dauernden Lasten finden Sie unter ➜ Tz 365 und ➜ Tz 357.

TIPP 26

Machen Sie erstmals 2010 Renten oder dauernde Lasten als Sonderausgaben geltend, sollten Sie Ihrer Steuererklärung eine Ablichtung des Vertrags beifügen. Ist die Dauer der Zahlung nicht von Ihrer Lebenszeit, sondern von der einer anderen Person oder mehreren Personen abhängig, geben Sie deren Namen, Anschriften und Geburtsdaten an, soweit sie nicht aus dem Vertrag ersichtlich sind.

Versorgungsleistungen auf Grund von Vermögensübertragungen, die **nach** dem **27** **31.12.2007 vereinbart** worden sind, können nur dann als Sonderausgaben berücksichtigt werden, wenn sie im Zusammenhang mit der Übertragung eines Mitunternehmeranteils, eines Betriebs oder eines Teilbetriebs oder eines mindestens 50 %igen GmbH-Anteils stehen. Bei Versorgungsleistungen, die **vor** dem **1.1.2008 vereinbart** worden sind, bleibt dagegen alles beim Alten: Also weiterhin Berücksichtigung als Sonderausgaben unabhängig davon, was Sie im Rahmen dieser Versorgungsleistungen als Vermögensgegenstand übertragen haben (➜ Tz 358).

Zuwendungen an Personen, die Ihnen oder Ihrem Ehegatten gegenüber gesetzlich unterhaltsberechtigt sind, können Sie nicht als Sonderausgaben geltend machen. Vielmehr handelt es sich bei diesen Unterhaltszahlungen unter Umständen um außergewöhnliche Belastungen (➜ Tz 439).

Unterhalt an geschiedene oder getrennt lebende Ehegatten

28 Unterhaltsleistungen an den geschiedenen oder dauernd getrennt lebenden Ehegatten können wahlweise entweder als Sonderausgaben oder als außergewöhnliche Belastung abgezogen werden. Einzelheiten ➜ Tz 366, ➜ 438. Soweit Sie die Unterhaltszahlungen als Sonderausgaben mit Zustimmung Ihres geschiedenen oder dauernd getrennt lebenden Ehegatten geltend machen wollen, tragen Sie diese in **Zeile 44** ein und fügen Sie die **Anlage U** Ihrer Einkommensteuererklärung bei.

TIPP

Achten Sie darauf, dass die Anlage U sowohl von Ihnen als auch vom Empfänger der Unterhaltsleistungen unterschrieben wird, wenn dieser dem Sonderausgabenabzug bisher noch nicht zugestimmt hat.

Sonderausgaben (Realsplitting): Hierbei werden die Unterhaltsleistungen beim unterhaltsverpflichteten Ehegatten als Sonderausgaben abgezogen und beim unterhaltsberechtigten Ehegatten in Höhe des als Sonderausgaben abzugsfähigen Betrags als steuerpflichtige sonstige Einkünfte erfasst. Der Abzug ist auf 13.805 € jährlich begrenzt (➜ Tz 366).

Außergewöhnliche Belastungen: In diesem Fall werden die Unterhaltsleistungen beim unterhaltsverpflichteten Ehegatten bis zu einem Höchstbetrag von 8.004 € abgezogen; beim unterhaltsberechtigten Ehegatten bleiben sie steuerfrei (➜ Tz 442).

29 Ab 2010 erhöhen sich sowohl beim Realsplitting als auch bei den außergewöhnlichen Belastungen die Höchstgrenzen für die steuerliche Anerkennung von Unterhaltszahlungen. Ist nämlich der Unterhaltsverpflichtete Versicherungsnehmer von **Kranken- und Pflegeversicherungsbeiträgen**, die das Krankheits- und Pflegerisiko des geschiedenen oder dauernd getrennt lebenden Ehegatten in der Grundversorgung abdecken, können diese Beiträge ab 2010 zusätzlich zum Höchstbetrag beim Realsplitting von 13.805 € und bei den Unterhaltszahlungen im Bereich der außergewöhnlichen Belastungen – hier gilt ein Höchstbetrag von 8.004 € – angesetzt werden (**Zeile 45**). Für denjenigen, der sich für das Realsplitting entscheidet, muss allerdings sichergestellt sein, dass der geschiedene oder dauernd getrennt lebende Ehegatte diese Abzugsposten als Einkünfte im Sinne des § 22 EStG versteuert. Bei der Besteuerung des Unterhaltsberechtigten sind dann die für ihn geleisteten Versicherungsbeiträge als Sonderausgaben abzugsfähig.

30 WICHTIG

Bei den Unterhaltsleistungen haben Sie nur die Möglichkeit, entweder einen Sonderausgabenabzug oder den Abzug als außergewöhnliche Belastung geltend zu machen. Eine Aufteilung auf beide Bereiche ist nicht zulässig.

31 Leistungen auf Grund eines schuldrechtlichen Versorgungsausgleichs (➜ Tz 364) können ebenfalls als Sonderausgaben berücksichtigt werden (**Zeile 43**). Liegt der Leistung eine nur mit dem Ertragsanteil steuerbare Leibrente des Ausgleichsverpflichteten zugrunde, sind die Leistungen nur mit dem Ertragsanteil als Sonderausgabe abzugsfähig. Beruht die Leistung dagegen auf Versorgungsbezügen, kommt der Abzug als Sonderausgabe in voller Höhe in Betracht (§ 10 Abs. 1 Nr. 1b EStG).

Kirchensteuer

Abziehbar sind in **Zeile 46** die tatsächlich gezahlten Kirchensteuern einschließlich **32** Vorauszahlungen oder Nachzahlungen, abzüglich Erstattungen im gleichen Jahr. Freiwillige Beiträge an Kirchengemeinden (z. B. Kirchgeld) sind Spenden. Einzelheiten zu Spenden an bestimmte Religionsgemeinschaften → Tz 346.

WICHTIG

Da die steuerentlastende Wirkung der **Kirchensteuer**, die **auf** die **Abgeltung-steuer** entfällt, bereits bei Erhebung der Abgeltungsteuer, insbesondere im Kapitalertragsteuerabzug, berücksichtigt wird, darf in **Zeile 46** nur die Kirchensteuer eingetragen werden, die nicht als Zuschlag im Rahmen der Abgeltungsteuer einbehalten worden ist.

Haben Sie in 2010 Kirchensteuer erstattet erhalten, tragen Sie diese ebenfalls in **Zeile 46** unter **Kz. 104** ein.

Ausbildungskosten

Aufwendungen für Ihre **erstmalige Berufsausbildung** oder für ein Erststudium können **33** nur als Sonderausgaben bis zu einem Höchstbetrag von **4.000 €** berücksichtigt werden; ein Werbungskosten- oder Betriebsausgabenabzug ist für diese Aufwendungen nicht möglich. Eine Ausnahme ist allerdings zu beachten: Fallen solche Aufwendungen im Rahmen eines **Ausbildungsverhältnisses** an, liegen Werbungskosten vor. Dies gilt unabhängig von einem Dienstverhältnis auch für Aufwendungen im Zusammenhang mit

- der **Fortbildung** in einem bereits erlernten Beruf,
- **Umschulungsmaßnahmen**, die einen Berufswechsel vorbereiten,
- einem **weiteren Studium**, wenn dieses mit späteren steuerpflichtigen Einnahmen aus der angestrebten beruflichen Tätigkeit im Zusammenhang steht.

Zu den Ausbildungskosten **rechnen Lehrgangs- und Studiengebühren** sowie Aufwendungen für **Fachbücher** und anderes Lernmaterial, Aufwendungen für ein **häusliches Arbeitszimmer** sowie Unterkunftskosten und Verpflegungsmehraufwendungen bei einer auswärtigen Unterbringung. Für die **Wege zwischen Wohnung und Ausbildungsstätte** erhalten Sie – wie Arbeitnehmer – eine Pauschale von **0,30 € für jeden vollen Entfernungskilometer**. Sind die Fahrten zwischen Wohnung und Ausbildungsstätte als Dienstreisen anzusehen, steht Ihnen eine Kfz-Pauschale von 0,30 € je gefahrenen Kilometer zu (→ Tz 682).

Die Aufwendungen sind um **zweckgebundene steuerfreie Bezüge** zur unmittelbaren Förderung der Aus- oder Weiterbildung zu kürzen.

Tragen Sie Ihre Aufwendungen unter Angabe zur Art und Höhe in **Zeile 47** ein und die Ihrer Ehefrau zusätzlich in **Zeile 48**. Die getrennte Eintragung der Aufwendungen ist wichtig, weil jeder Ehegatte seine Aufwendungen bis zum Höchstbetrag von 4.000 € geltend machen kann.

Spenden

34 Einzelheiten zu Spenden **➜** Tz 378. Sie müssen immer durch **Zuwendungsbestätigungen (Spendenbescheinigungen)** nachgewiesen werden. Ist der Empfänger der Spende eine juristische Person des öffentlichen Rechts oder eine öffentliche Dienststelle und übersteigt die Spende **nicht** den Betrag von **200 €**, genügt als Spendennachweis der **Bareinzahlungsbeleg** oder die **Buchungsbestätigung Ihrer Bank**. Dies gilt auch für Zuwendungen an Körperschaften, die gemeinnützigen, mildtätigen oder kirchlichen Zwecken dienen, wenn der **steuerbegünstigte Zweck**, für den die Zuwendung verwendet wird, und die Angaben über die Freistellung des **Empfängers** von der Körperschaftsteuer auf einem von ihm **hergestellten Beleg aufgedruckt** sind. Außerdem muss auf dem Beleg vermerkt sein, ob es sich um eine **Spende** oder einen Mitgliedsbeitrag handelt.

Spenden können auch in Sachen oder Leistungen bestehen. Erbringen Sie gegenüber Ihrem Verein z. B. Arbeitsleistungen, können Sie u. U. hierfür eine Spendenbescheinigung erhalten und steuerlich abziehen (**➜** Tz 383).

WICHTIG

 Aufwendungen für Lose einer Wohlfahrtslotterie und Zuschläge bei **Wohlfahrtsbriefmarken** sind keine steuerlich begünstigten Spenden. Dies gilt auch für Zahlungen an gemeinnützige Einrichtungen, die als Bewährungsauflage im Straf- und Gnadenverfahren auferlegt wurden.

Für Spenden und Mitgliedsbeiträge zur Förderung steuerbegünstigter Zwecke wird Ihnen bei der Einkommensteuerveranlagung 2010 ein einheitlicher Höchstbetrag von 20 % des Gesamtbetrags Ihrer Einkünfte gewährt. Alternativ können Spenden für steuerbegünstigte Zwecke bis zu 4 ‰ der gesamten Umsätze und der im Kalenderjahr aufgewendeten Löhne und Gehälter berücksichtigt werden (**Zeile 49**).

Spenden und Mitgliedsbeiträge, bei denen die Daten durch Spendenempfänger elektronisch an die Finanzverwaltung übermittelt wurden, tragen Sie gesondert in **Zeile 52** ein, und zwar getrennt für sich und den Ehegatten. Diese Spenden dürfen dann nicht in **Zeile 49** nochmals berücksichtigt werden.

Spenden in den Vermögensstock einer Stiftung sind bis zu 1.000.000 € begünstigt. Diese Spenden sind in **Zeile 55** und bei elektronischer Meldung in **Zeile 56** einzutragen. Zusätzlich ist dann in **Zeile 57** anzugeben, was davon in 2010 berücksichtigt werden soll. Bestehen noch Spenden aus den Vorjahren, die in den Vermögensstock einer Stiftung geleistet wurden, sind diese in **Zeile 58** anzugeben, wenn sie bisher noch nicht steuerlich berücksichtigt worden sind.

Obwohl Ihre Einkünfte aus Kapitalvermögen im Privatbereich durch die Abgeltungsteuer bei der Einkommensbesteuerung 2010 abgegolten sind, haben Sie für den Spendenabzug die Möglichkeit, diese Kapitalerträge durch Abgabe der **Anlage KAP** in das Veranlagungsverfahren einbeziehen zu lassen. Dies ist dann empfehlenswert, wenn Ihre Spenden und Mitgliedsbeiträge zur Förderung steuerbegünstigter Zwecke über den Spendenhöchstbetrag von 20 % des Gesamtbetrags der Einkünfte hinausgehen. Hierzu ist in **Zeile 59** ein entsprechender Antrag zu stellen, und zwar durch Angabe der einzubeziehenden Kapitalerträge. Zusätzlich müssen Sie dann der Steuererklärung keine Anlagen KAP beifügen.

Parteispenden

Beiträge und Spenden an politische **Parteien** – einzutragen in **Zeile 50** und bei elektro- **35**
nischer Meldung in **Zeile 53** – werden zunächst mit dem halben Betrag von der Steuer
direkt abgezogen (**Steuerverringerung**), wobei die Steuer **höchstens** um **825 €**, bei
zusammenveranlagten **Ehegatten um 1.650 €** gekürzt werden darf (§ 34g EStG). Über
1.650 €/3.300 € hinausgehende Spenden können Sie bis zu einem weiteren **Höchst-**
betrag von **1.650 €/3.300 €** als Sonderausgaben abziehen.

Für Spenden an **unabhängige Wählervereinigungen** gilt dasselbe wie für Spenden an
politische Parteien, ➔ Tz 388; einzutragen in **Zeile 51** und bei elektronischer Meldung in
Zeile 54.

2.3 Seite 3 des Hauptvordrucks – Außergewöhnliche Belastungen

Auf Seite 3 des Hauptvordrucks werden ab **Zeile 61** die **außergewöhnlichen Belastungen** **36**
für Behinderte, die Beschäftigung einer Haushaltshilfe, der Pflegepauschbetrag, die
Unterstützung Bedürftiger und andere außergewöhnliche Belastungen eingetragen.

Da außergewöhnliche Belastungen beim Lohnsteuerabzug nicht automatisch, sondern
nur auf Antrag (ein Freibetrag auf der Lohnsteuerkarte) berücksichtigt werden, können
Sie über diese steuerlich abziehbaren Kosten **oftmals Steuererstattungen** erreichen.
Außergewöhnliche Belastungen kommen im Alltag recht häufig vor. Denken Sie z. B. an
die selbst getragenen Krankheitskosten, den Eigenanteil bei Medikamenten, die Besuchsfahrten ins Krankenhaus, den Zahnersatz, die Aufwendungen für eine neue Brille, aber
auch an die Kosten für Kuren, Scheidung oder Beerdigung von Angehörigen. Allerdings
lohnt sich das Sammeln von Belegen nur, wenn Ihre Aufwendungen über **die zumutbare**
Belastung, die zwischen 2 % und 7 % des Gesamtbetrags der Einkünfte betragen kann,
hinausgehen (➔ Tz 436).

Sie sollten also unbedingt im Gestaltungsteil ab ➔ Tz 398 nachlesen, damit Sie alle
Steuervorteile in Anspruch nehmen.

Beim Ausfüllen der Seite 3 des Hauptvordrucks sollten Sie besonders **auf folgende**
Punkte achten:

● **Unterstützen Sie Angehörige**, z. B. Eltern, Enkel: Diese Zuwendungen können in
  Zeile 67 angegeben werden. Zusätzlich müssen Sie die **Anlage Unterhalt** einreichen.
● Häufig übersehen oder nicht geltend gemacht werden die **allgemeinen außerge-**
  wöhnlichen Belastungen ab **Zeile 68**. Prüfen Sie anhand des **ABC der außergewöhn-**
  lichen Belastungen in ➔ Tz 401, ob Sie keine Aufwendungen vergessen haben.
● Sind Sie oder Ihre Ehefrau **behindert**, steht Ihnen unter Umständen ein Pauschbetrag
  zu, dessen Höhe sich nach dem Grad der Behinderung richtet **(Zeilen 61 bis 64)**.

Behindertenpauschbetrag

Behinderte (Ehemann, Ehefrau oder Kind) erhalten auf Antrag einen Pauschbetrag abge- **37**
zogen. Dieser wird anhand Ihrer Angaben vom Finanzamt errechnet und ist nach dem Grad
der Behinderung gestaffelt.

I Steuererklärung

Grad der Behinderung	Euro	Grad der Behinderung	Euro
25 und 30	310	65 und 70	890
35 und 40	430	75 und 80	1.060
45 und 50	570	85 und 90	1.230
55 und 60	720	95 und 100	1.420

WICHTIG

Behinderten mit einem Grad der **Behinderung von weniger als 50** steht der Pauschbetrag nur zu,

- wenn wegen der Behinderung ein gesetzlicher Anspruch auf Rente oder auf andere laufende Bezüge besteht oder
- wenn die Behinderung zu einer dauernden Einbuße der körperlichen Beweglichkeit geführt hat oder auf einer typischen Berufskrankheit beruht.

Blinde sowie **hilflose Behinderte** erhalten einen Pauschbetrag von **3.700 €** jährlich.

Anstelle der Pauschbeträge können Sie die tatsächlichen höheren Kosten nachweisen (➜ Tz 463).

Steht der Pauschbetrag einem Ihrer **Kinder** zu, kann er auf Sie übertragen werden, was nicht selten übersehen wird. Einzelheiten ➜ Tz 582.

38 In den **Zeilen 61 und 63** sind der Nachweis mit Gültigkeitsdauer und der Grad der Behinderung anzugeben. Als Nachweis für die Behinderung ist in der Regel der vom Versorgungsamt ausgestellte **Ausweis** vorzulegen, wenn dem Finanzamt die Behinderung nicht bereits aus den Akten bekannt ist. Der Behinderten-Pauschbetrag von **3.700 €** kann auch bei Vorlage des Bescheids über die Einstufung als Schwerstbedürftiger (Pflegestufe III) gewährt werden. Zusätzlich sind in **Zeilen 62 und 64** anzugeben, ob Ihnen bzw. Ihrem Ehegatten als Hinterbliebene ein Pauschbetrag zusteht, ob Sie oder Ihr Ehegatte blind bzw. ständig hilflos bzw. geh- und stehbehindert sind.

Ist bei geschiedenen oder dauernd getrennt lebenden Eltern oder bei Eltern nichtehelicher Kinder ein dem Kind zustehender Pauschbetrag für den Behinderten oder Hinterbliebenen zu übertragen, so werden diese Beträge grundsätzlich auf die Eltern zur Hälfte aufgeteilt. Auf gemeinsamen Antrag beider Eltern kann der Pauschbetrag in einem beliebigen Verhältnis aufgeteilt werden. Die Übertragung des Behindertenpauschbetrags eines Kindes auf die Eltern ist in der **Anlage Kind**, und zwar in den **Zeilen 54 bis 56** zu beantragen.

39 TIPP

Zusätzlich zu den Pauschbeträgen können Sie außerordentliche Krankheitskosten, durch einen aktuellen Anlass verursacht, **neben** den Pauschbeträgen steuerlich abziehen. Sind Sie zu **mindestens 70 %** behindert bzw. liegt eine 50 %-Behinderung vor und ist Ihre Bewegungsfähigkeit im Straßenverkehr erheblich beeinträchtigt, können Sie für Fahrten zwischen Wohnung und Betrieb höhere Kilometersätze sowie bei den allgemeinen außergewöhnlichen Belastungen Kfz-Kosten ansetzen. Einzelheiten → Tz 414, → Tz 712.

Die Ausgaben sind dann in die **Zeilen 68 bis 70** oder in einer selbst gefertigten Anlage einzutragen.

Hinterbliebene

Personen, denen bestimmte laufende **Hinterbliebenenbezüge** bewilligt sind, erhalten **40** auf Antrag einen Pauschbetrag von **370 €**. Legen Sie hierzu den entsprechenden Bewilligungsbescheid vor. Die Eintragungen für die Inanspruchnahme des Pauschbetrags sind in den **Zeilen 61 bis 64**, insbesondere in **Zeile 62** zur Kz. 16 oder bei Ehegatten in **Zeile 64** zur Kz. 17, vorzunehmen.

TIPP

> Auch der **Hinterbliebenen-Pauschbetrag eines Kindes** kann auf die Eltern bzw. bei einem Enkelkind auf die Großeltern **übertragen** werden, wenn sie für das Kind Kindergeld oder Freibeträge für Kinder erhalten. Der Antrag ist in der **Anlage Kind, Zeilen 54 bis 56,** zu stellen.

Hausgehilfin sowie Heim- oder Pflegeunterbringung

Aufwendungen für eine Hausgehilfin oder eine Haushaltshilfe können Sie nicht mehr im **41** Rahmen der außergewöhnlichen Belastungen geltend machen. Solche Aufwendungen sind nur noch auf die Steuer anrechenbar, und zwar als **haushaltsnahe Beschäftigungsverhältnisse** oder **Dienstleistungen** (→ Tz 55, → Tz 471). Die Eintragungen hierzu sind in den **Zeilen 74 bis 79** vorzunehmen.

Auch für Heim- und Pflegeunterbringung gibt es keine Möglichkeit mehr, einen Höchstbetrag von 924 € bzw. 624 € – wie noch im Jahr 2008 – geltend zu machen. Auch hier sollten Sie die Abzugsmöglichkeit über haushaltsnahe Beschäftigungsverhältnisse oder Dienstleistungen im Rahmen der Steueranrechnung nutzen.

Pflege-Pauschbetrag

Ohne Einzelnachweis erhalten Sie einen Pauschbetrag von **924 €** jährlich, wenn Sie einen **42** Hilflosen persönlich in Ihrer oder in dessen Wohnung pflegen. Der Freibetrag entfällt grundsätzlich, wenn Sie hierfür Leistungen aus der Pflegeversicherung erhalten → Tz 467.

Beachten Sie: Wird das Pflegegeld lediglich zur Bezahlung einer fremden Pflegeperson oder zur Anschaffung von pflegenotwendigen oder pflegeerleichternden Bedarfsgegenständen verwendet, liegen keine Einnahmen vor, so dass Ihnen in diesem Fall der Pflege-Pauschbetrag zusteht → Tz 467. Eltern **behinderter Kinder** sind von der Verpflichtung entbunden, über die Verwendung des Pflegegeldes einen Nachweis zu führen.

Die Angaben zum Pflege-Pauschbetrag sind in den **Zeilen 65 und 66** zu machen. **Nachweisbare höhere** Aufwendungen machen Sie als allgemeine außergewöhnliche Belastung geltend; dann wird aber die zumutbare Belastung (→ Tz 436) abgezogen.

Die Pflegebedürftigkeit haben Sie durch einen Schwerbehindertenausweis mit dem **Merkzeichen „H",** durch einen Bescheid der für die Durchführung des Bundesversor-

I Steuererklärung

gungsgesetzes zuständigen Behörde (z. B. Versorgungsamt) oder durch einen Bescheid über die Einstufung als Schwerstpflegebedürftiger (**Pflegestufe III**) nachzuweisen.

WICHTIG

> Anstelle des Pflege-Pauschbetrags können Sie die Pflegeaufwendungen auch als außergewöhnliche Belastungen allgemeiner Art geltend machen, sofern sie mehr als 924 € betragen oder die Einnahmen aus der Pflege übersteigen. Allerdings wird dann eine zumutbare Belastung angerechnet (➜ Tz 424).
>
> Für **haushaltsnahe Pflegeleistungen** kann auch eine **Steuerermäßigung** für haushaltsnahe Dienstleistungen in Betracht kommen (vgl. **Zeilen 74 bis 79**).

Auf 2 Dinge sollten Sie noch achten: Der Pflege-Pauschbetrag wird in der Regel nur für die Pflege von Angehörigen gewährt. Wird die Pflege von mehreren Personen vorgenommen, ist der Pauschbetrag nach der Zahl der Pflegepersonen auf diese aufzuteilen.

Unterstützung Bedürftiger

43 Zwangsläufige Aufwendungen für den **Unterhalt** bzw. die Berufsausbildung von Personen, für die weder Sie noch ein anderer Anspruch auf Kindergeld oder einen **Kinderfreibetrag** haben (z. B. Eltern, geschiedene Ehegatten usw.), werden auf Antrag **bis höchstens 8.004 €** für **jede unterhaltene Person** abgezogen, wenn es sich hierbei um eine gesetzlich unterhaltsberechtigte oder gleichgestellte Person handelt. Nicht darunter fallen Unterhaltsleistungen an geschiedene oder dauernd getrennt lebende Ehepartner, wenn Sie hierfür einen Sonderausgabenabzug beantragen (➜ Tz 28). Bei **eheähnlichen Lebensgemeinschaften** können Unterhaltszahlungen in besonderen Ausnahmefällen abgezogen werden. In **Zeile 67** tragen Sie lediglich die Anzahl der Personen ein, für die Sie Unterhalt geleistet haben. Nähere Angaben zu den Unterhaltsleistungen machen Sie in der **Anlage Unterhalt.**

44 Betragen die **eigenen Einkünfte und Bezüge** der unterhaltenen Person mehr als 624 € im Kalenderjahr, wird der Höchstbetrag von 8.004 € gekürzt, soweit die eigenen Einkünfte und Bezüge über 624 € hinausgehen.

WICHTIG

> Der Gesetzgeber hat die Grenze für Einkünfte und Bezüge ab 2010 an den Grundfreibetrag von 8.004 € angepasst. Dies beschert Ihnen bei Ihrer Einkommensteuerveranlagung 2010 einen höheren Abzug bei den außergewöhnlichen Belastungen.

Zu den **anrechenbaren Einkünften** gehören unter anderem die Einkünfte aus nichtselbstständiger Arbeit. Hat die unterhaltene Person über den Arbeitnehmer-Pauschbetrag von 920 € oder bei Empfängern von Versorgungsbezügen über den Pauschbetrag von 102 € hinausgehende **Werbungskosten**, können diese bei der Einkunftsermittlung abgezogen werden.

Zusätzlich zu den Einkünften sind die **anrechenbaren Bezüge** zu erfassen. Hierzu gehören alle Einnahmen, die zur Bestreitung des Lebensunterhalts bestimmt oder geeignet sind, wie z. B. Arbeitslosengeld, Wohngeld und Sozialgeld. Auch steuerfreier oder pauschal besteuerter Arbeitslohn rechnet zu den Bezügen. Von den Bezügen werden die damit zusammenhängenden Aufwendungen abgezogen, **mindestens** aber der **Pauschbetrag von 180 €.**

Noch einige ergänzende Hinweise zu den anrechenbaren Bezügen: Pauschal besteuerter Arbeitslohn, z. B. aus einem Mini-Job, gehört ebenso zu den Bezügen, wie die Hälfte des Nettoeinkommens eines Ehegatten, mit dem Sie als unterhaltene Person verheiratet sind. Kein anrechenbarer Bezug ist dagegen der **Mindestbetrag des Elterngeldes** in Höhe von 300 € oder 150 € monatlich (bei Mehrlingsgeburten entsprechend vervielfacht).

Außerdem vermindert sich der Höchstbetrag stets um **Ausbildungshilfen** aus öffentlichen Mitteln oder von Förderungseinrichtungen, die hierfür öffentliche Mittel erhalten. Als Darlehen gewährte Leistungen werden nicht angerechnet.

Achten Sie darauf, dass die Einkünfte, Bezüge, Werbungskosten sowie besonderen Ausbildungskosten der unterhaltenen Person durch geeignete Unterlagen gegenüber dem Finanzamt **nachzuweisen sind.**

Sind Ihnen auf Grund außergewöhnlicher Umstände besondere Aufwendungen für die unterhaltene Person entstanden, wie z. B. Krankheitskosten, die Sie übernommen haben, können diese als andere außergewöhnliche Belastungen berücksichtigt werden.

Lebt die unterstützte Person im **Ausland**, gilt eine sog. Ländergruppenregelung. Die Leistungen sind nur insoweit abziehbar, als sie nach den Verhältnissen des Wohnsitzstaats der unterstützten Person notwendig und angemessen sind. Einzelheiten ➜ Tz 556.

Werden die Aufwendungen für eine unterhaltene Person von **mehreren Steuerzahlern getragen**, erhalten sie nur den Teil der Höchstbeträge, der dem Anteil am Gesamtbetrag der Leistungen entspricht. Siehe hierzu ➜ Tz 449.

Nun zu den Angaben im Zusammenhang mit den Unterhaltsleistungen, die in der **Anlage Unterhalt** zu machen sind. Auf Seite 1 dieser Anlage sind in den **Zeilen 4 bis 6** die Angaben zum Haushalt, in dem die unterstützte Person lebt, einzutragen. Bei Unterhaltsleistungen an im Inland lebende Personen sind die Angaben in **Zeilen 7 bis 16** zu machen. Dort sind z. B. der erste Unterstützungszeitraum, für den die Unterhaltsleistung erfolgte, und die Höhe der Aufwendungen anzugeben, der Zeitpunkt der ersten Unterhaltsleistung für den ersten Unterstützungszeitraum im Kalenderjahr, dann weitere Angaben zum zweiten Unterstützungszeitraum und schließlich Angaben zu den Beiträgen zur Basis-Kranken- und gesetzlichen Pflegeversicherung. In den **Zeilen 12, 14 und 16** sind dann noch die Beiträge einzutragen, aus denen sich ein Anspruch auf Krankengeld ergibt.

WICHTIG

Besonders kritisch prüft das Finanzamt Ihre Angaben zu den Unterhaltsleistungen an im Ausland lebende Personen (**Zeilen 17 bis 26**). In der **Anlage Unterhalt** wird in **Zeile 17** abgefragt, ob die Unterhaltszahlungen durch Bank- oder Postüberweisung erfolgt sind oder ob Sie Bargeld übergeben haben (**Zeilen 18 bis 25** der Anlage Unterhalt). Bei Bargeldzahlungen wird nach den Abhebungsnachweisen der Bank und einer detaillierten Empfängerbestätigung der unterstützten Person gefragt. Darüber hinaus will man wissen, bei welcher Gelegenheit die Bargeldzahlung erfolgt ist. Schließlich müssen Sie in **Zeile 26** der Anlage Unterhalt die Höhe des Nettomonatslohns angeben.

I Steuererklärung

Die **Seiten 2, 3 und 4** sehen für **bis zu 3 unterstützte Personen** Einzeleintragungen insbesondere allgemeiner Art und zu den Einkünften und Bezügen der unterstützten Person vor. Dort haben Sie z. B. anzugeben, ob jemand Anspruch auf Kindergeld oder Freibeträge für Kinder hat, die unterstützte Person in einem inländischen Haushalt lebt, es sich um den geschiedenen oder dauernd getrennt lebenden Ehegatten handelt, die unterstützte Person als Kindesmutter bzw. Kindesvater oder nach dem Lebenspartnerschaftsgesetz gesetzlich unterhaltsberechtigt ist oder wegen der Unterhaltszahlungen öffentliche Mittel gekürzt oder nicht gewährt wurden. Darüber hinaus ist dort anzugeben, wie hoch der Gesamtwert des Vermögens der unterstützten Person ist und ob noch andere Personen zum Unterhalt der unterstützten Person beigetragen haben.

Besonders detailliert werden die Einkünfte und Bezüge der unterstützten Person abgefragt. So haben Sie z. B. für die erste unterstützte Person in den **Zeilen 46 und 47** der **Anlage Unterhalt** den Bruttoarbeitslohn und die darauf entfallenden Werbungskosten anzugeben. Die Werbungskosten sind auf einem besonderen Blatt zu erläutern. Sind in dem Bruttoarbeitslohn Versorgungsbezüge enthalten, werden diese gesondert erfasst, und zwar getrennt nach Einnahmen und Werbungskosten (**Spalten 5 bis 7**). Bei Renteneinkünften sind die Eintragungen in den **Zeilen 48 und 49** vorzunehmen, bei Kapitaleinkünften in den **Zeilen 50 und 51**.

TIPP

 Achten Sie darauf, dass die gesetzlichen Sozialversicherungsbeiträge mit Ihren Arbeitnehmeranteilen sowie Beiträge zur privaten Kranken- und Pflegeversicherung Ihre Einkünfte mindern. Wegen weiterer Einzelheiten zur Einkunftsermittlung ➜ Tz 445.

Neben den Einkünften sind auch die anrechenbaren Bezüge in den **Zeilen 52 und 53** der **Anlage Unterhalt** einzutragen. Schließlich sind in **Zeile 54** die Ausbildungshilfen aus öffentlichen Mitteln oder Fördereinrichtungen, die hierfür öffentliche Mittel erhalten, anzugeben.

TIPP

 Auch Unterhaltsleistungen an den geschiedenen oder dauernd getrennt lebenden Ehegatten können Sie in der Anlage Unterhalt geltend machen, wenn Sie nicht den Abzug als Sonderausgaben beantragt haben ➜ Tz 366.

Andere außergewöhnliche Belastungen

45 Anders als bei den Sonderausgaben sind die außergewöhnlichen Belastungen im Hauptvordruck **nicht erschöpfend** aufgezählt. Damit Sie keine außergewöhnlichen Belastungen vergessen, sollten Sie das **ABC der außergewöhnlichen Belastungen** ➜ Tz 400 zu Rate ziehen. Hier finden Sie z. B. Hinweise zu **Krankheitskosten** (z. B. Medikamente, Rezeptgebühren), **Pflegekosten, Kfz-Kosten, Kosten für Bade-, Heil-** und **sonstige Kuren**, **Beerdigungskosten, Ehescheidungskosten.**

46 Die **Wiederbeschaffung von Hausrat oder Kleidung,** die durch ein unabwendbares Ereignis verloren gingen, ist in angemessenem Rahmen eine außergewöhnliche Belastung (z. B. Brand, Hochwasser, Verseuchung mit Holzschutzmitteln). Einzelheiten ➜ Tz 412.

Kraftfahrzeugkosten eines Körperbehinderten (für private Fahrten) sind in angemes- **47** senem Rahmen absetzbar, wenn der Grad der Behinderung mindestens 70 beträgt, außerdem Geh- und Stehbehinderung vorliegt oder die Minderung der Erwerbsfähigkeit mindestens 80 beträgt. Einzelheiten ➜ Tz 414.

Abzugsfähig sind auch Krankheitskosten eines Unterhaltsberechtigten, z. B. Kinder, Eltern; in einzelnen Fällen kann es aber günstiger sein, die Aufwendungen als Unterhalts- leistungen (➜ Tz 442) anzusetzen.

Pflegekosten, die Ihnen oder Ihrem Ehegatten für die Beschäftigung einer ambulanten **48** Pflegekraft oder durch Unterbringung in einem Pflegeheim oder in der Pflegestation eines Altenheims oder in einem Altenpflegeheim entstehen, rechnen ebenfalls zu den außerge- wöhnlichen Belastungen allgemeiner Art. Werden tatsächliche Pflegekosten geltend gemacht, kann daneben der Behinderten-Pauschbetrag nicht in Anspruch genommen werden. Für den Abzug der Pflegekosten reicht es aus, wenn eine der 3 Pflegestufen bescheinigt wurde oder im Schwerbehindertenausweis das Merkzeichen „H" eingetragen ist.

Sollten Sie Ihren Haushalt aufgelöst haben und in einem **Pflegeheim** untergebracht **49** werden, müssen Sie die Pflegekosten um Ihre Aufwendungen für Haushaltsersparnis – das sind 22,23 € täglich – abziehen. Danach wird erst die zumutbare Belastung als weiterer Abzugsposten berücksichtigt.

WICHTIG 50

Ein Abzug ist auch für Aufwendungen möglich, die Ihnen aus der Pflegebedürf- tigkeit einer anderen Person zwangsläufig entstehen. Geben Sie neben den von Ihnen und ggf. weiteren Personen getragenen Aufwendungen auch die Gesamt- kosten der Heimunterbringung, die Höhe der Erstattung von dritter Seite (z. B. Pflegekasse) sowie die Höhe der eigenen Einkünfte und Bezüge der pflegebe- dürftigen Person an.

Pflegekosten von Personen, die nicht zu den Personen der Pflegestufe I bis III oder **51** Personen mit einem Schwerbehindertenausweis, Merkzeichen „H" rechnen, können bei ambulanter Pflege ohne weiteren Nachweis als außergewöhnliche Belastung berücksich- tigt werden, wenn sie von einem anerkannten Pflegedienst im Sinne des Sozialgesetz- buches gesondert in Rechnung gestellt worden sind.

WICHTIG 52

Für den Teil der haushaltsnahen Pflegekosten, der durch den Ansatz der zumut- baren Belastung nicht berücksichtigt werden konnte, können Sie in **Zeile 71** die Steuerermäßigung für haushaltsnahe Dienstleistungen beantragen. Dazu tragen Sie in dieser Zeile neben Ihren Aufwendungen, die Sie in der **Zeile 68 oder 69** geltend gemacht haben, in **Zeile 71** zu **Kz. 77** die Aufwendungen für haushalts- nahe Dienstleistungen abzüglich Erstattungen ein.

Tragen Sie Ihre außergewöhnlichen Belastungen allgemeiner Art in den **Zeilen 68 und 69** **53** und die Summe in **Zeile 70** ein. Sollte der Platz nicht ausreichen, fügen Sie eine Anlage bei, in der Sie Ihre Kosten – nach Abzug eventueller Erstattungen durch Ihre Krankenversicherung – einzeln aufführen. Übrigens: Ihre Kosten werden um die **zumutbare Belastung** (→ Tz 436) gekürzt; nur der danach verbleibende Restbetrag ist als außergewöhnliche Belastung abzugsfähig.

54 Bedingt durch die Abgeltungsteuer wurden Kapitaleinkünfte nicht mehr in die Ausgangsgröße „Gesamtbetrag der Einkünfte" für die Bemessung der zumutbaren Belastung berücksichtigt. Dies wollte der Gesetzgeber nicht. Daher hat er angeordnet, dass für die Berechnung der zumutbaren Belastung auch die Kapitaleinkünfte erfasst werden müssen. Dies bringt der Hauptvordruck dadurch zum Ausdruck, dass Sie in **Zeile 72** den Hinweis geben, die gesamten Kapitalerträge würden 2010 nicht mehr als 801 € bzw. bei Zusammenveranlagung nicht mehr als 1.602 € betragen. Dann wird die zumutbare Belastung nur unter Ansatz des Gesamtbetrags der Einkünfte ermittelt. Gehen Ihre Kapitalerträge über den Sparer-Pauschbetrag hinaus, haben Sie in **Zeile 73** die Höhe der Kapitalerträge anzugeben. Eine Anlage KAP müssen Sie deshalb nicht einreichen. Die zumutbare Belastung wird dann unter Berücksichtigung des Gesamtbetrags der Einkünfte und der Höhe der Kapitalerträge ermittelt. Dabei wird das Finanzamt den Sparer-Pauschbetrag abziehen.

Steuerermäßigungen für Privathaushalte und Handwerkerleistungen

55 Für Aufwendungen, die Ihnen bei Beschäftigung einer Putzhilfe, Kochfrau oder im Zusammenhang mit der Betreuung Ihrer Kinder entstanden sind (sog. haushaltsnahe Tätigkeiten), können Sie folgende Aufwendungen von Ihrer Einkommensteuer abziehen:

- Bei **geringfügiger Beschäftigung** im Privathaushalt (sog. Mini-Job) **20 %** der Aufwendungen, **maximal 510 €** im Jahr,
- für **Beschäftigungsverhältnisse im Privathaushalt**, für die **Pflichtbeiträge** zur Sozialversicherung entrichtet wurden: **20 %** der Aufwendungen, **maximal 4.000 €**.

56 **Haushaltsnahe Dienstleistungen** sind den Aufwendungen für ein sozialversicherungspflichtiges Arbeitsverhältnis im Privathaushalt gleichgestellt. Damit können die haushaltsnahen Dienstleistungen in Höhe von **20 %, maximal 4.000 €**, auf die Einkommensteuer angerechnet werden. Zu den haushaltsnahen Dienstleistungen rechnen z. B. die Reinigung der Wohnung, die Gartenpflege, die Zubereitung von Mahlzeiten im Haushalt sowie die Pflege, Versorgung und Betreuung von Kindern, aber auch die Pflege von alten und kranken Menschen in Ihrem Haushalt. Selbstverständlich dürfen Sie für die Aufwendungen, die bereits im Rahmen der außergewöhnlichen Belastungen berücksichtigt wurden, keine weitere Steuerermäßigung beantragen. Denn es gilt: „Aufwendungen dürfen nur einmal berücksichtigt werden". Dies schließt jedoch nicht aus, dass Sie sowohl Ihre außergewöhnlichen Belastungen allgemeiner Art erhalten, gekürzt um die zumutbare Belastung, und Sie **für** die **zumutbare Belastung** eine **Steueranrechnung** für haushaltsnahe Tätigkeiten **beantragen.**

WICHTIG

 Für die Höhe der Steueranrechnung kommt es nicht darauf an, ob Sie pflegebedürftige Personen in Ihrem Haushalt oder im Haushalt der Pflegeperson durch eine angestellte Pflegekraft oder durch einen gewerblichen Pflegedienst versorgen und betreuen lassen. In jedem Fall können Sie 20 % der Aufwendungen, maximal 4.000 €, auf die Einkommensteuer anrechnen lassen. Voraussetzung dafür ist allerdings, dass Ihnen nach Abzug der Pflegeleistungen aus der Pflegeversicherung eigene Kosten entstanden sind.

Zusätzlich können Sie **Handwerkerleistungen**, die an Ihrem Privathaushalt im Inland **57** ausgeführt werden und die den Bereich der Renovierung, Sanierung oder Modernisierung betreffen, in Höhe von 20 % der Aufwendungen, begrenzt auf **1.200 €**, auf Ihre Einkommensteuer anrechnen lassen. Begünstigt sind nur Aufwendungen, die den Arbeitsbereich betreffen; **Materialkosten** sind **auszuscheiden**. Daher ist es erforderlich, dass die Rechnung des Handwerkers entsprechend aufgeteilt ist.

Bei den haushaltsnahen Dienstleistungen sowie den Handwerkerleistungen sollten Sie darauf achten, dass sie nur dann von Ihrer Steuer abgezogen werden können, wenn Sie eine **Rechnung vorlegen** können und Sie diese Rechnung nicht bar, sondern über Ihr **Konto an den Leistungserbringer** überwiesen haben.

Wegen weiterer Einzelheiten zu den Handwerkerleistungen ➜ Tz 487.

Die Angaben zur Steuerermäßigung bei Aufwendungen für haushaltsnahe Beschäftigungsverhältnisse im Inland sind in den **Zeilen 74 bis 79** vorzunehmen. Dabei sind für einen Mini-Job in **Zeile 74** die Art der Tätigkeit und die Höhe der Aufwendungen unter Beifügung der Bescheinigung der Deutschen Rentenversicherung-Knappschaft-Bahn-See anzugeben. Bei einem sozialversicherungspflichtigen Beschäftigungsverhältnis im Privathaushalt sind die Angaben in **Zeile 75** zu machen, und zwar ebenfalls unter Angabe der Art der Tätigkeit und der Höhe der Aufwendungen.

In **Zeile 76** tragen Sie die haushaltsnahen Dienstleistungen ein. Dabei müssen Sie die Art der Aufwendungen näher beschreiben und zu Kz. 210 deren Höhe angeben.

Bei Pflege- und Betreuungsleistungen im Privathaushalt oder bei Aufwendungen für Dienstleistungen, die bei Heimunterbringung einer Haushaltshilfe vergleichbar sind und von Ihnen nicht als außergewöhnliche Belastung allgemeiner Art steuerlich abgezogen wurden, haben Sie in **Zeile 77** die Möglichkeit, die Steueranrechnung zu beantragen, wenn Sie dort die Art der Aufwendungen und deren Höhe angeben.

In **Zeile 78** sind dann die Handwerkerleistungen für Renovierungs-, Erhaltungs- und Modernisierungsmaßnahmen (ohne nach dem CO_2-Gebäudesanierungsprogramm der KfW-Förderbank geförderte Maßnahmen) einzutragen. Hier empfiehlt es sich, die Leistungen in einer gesonderten Anlage aufzuführen und lediglich die Summe in **Zeile 78** zu übernehmen.

WICHTIG 58

Handwerker- und Dienstleistungen im Privathaushalt können nur dann auf die Steuer angerechnet werden, wenn Sie für die Aufwendungen eine Rechnung erhalten haben und die Zahlung auf ein Konto des Erbringers der Leistung erfolgt ist. Barzahlungen und Barschecks können nicht anerkannt werden. Jedoch müssen Sie die Unterlagen nur dann dem Finanzamt vorlegen, wenn sie von dort aus angefordert werden. Ein „automatisches Beifügen" dieser Unterlagen zur Einkommensteuererklärung 2010 ist nicht mehr erforderlich.

Bei **Alleinstehenden**, bei denen Aufwendungen für ein haushaltsnahes Beschäftigungs- **59** verhältnis, für haushaltsnahe Dienstleistungen und Handwerkerleistungen angefallen sind, ist zusätzlich in **Zeile 79** anzugeben, ob ganzjährig ein gemeinsamer Haushalt mit einer anderen alleinstehenden Person bestand. Ist dies der Fall, ist die Steuerermäßigung auf Sie und die mit Ihnen zusammenlebende Person aufzuteilen.

Steuermäßigung bei Belastung mit Erbschaftsteuer

60 In **Zeile 80** des Hauptvordrucks können Sie eine Steuerermäßigung beantragen, wenn in Ihrer Einkommensteuererklärung 2010 Einkünfte enthalten sind, die als Erwerb von Todes wegen der Erbschaftsteuer unterlegen haben. Einzelheiten hierzu sind auf einem besonderen Blatt zu erläutern.

2.4   Seite 4 des Hauptvordrucks – Sonstige Angaben und Anträge

Verlustgesellschaften

61 Auf Seite 4 des Hauptvordrucks sind noch sonstige Angaben und Anträge zu machen, bevor Sie in **Zeile 109** die Steuererklärung unterschreiben und dort angeben, ob Ihnen bei der Anfertigung der Steuererklärung jemand geholfen hat.

In **Zeile 91** geben Sie an, ob Sie an einer Gesellschaft bzw. Gemeinschaft beteiligt sind, bei denen die Verlustverrechnung eingeschränkt ist (§ 2b EStG). Dabei sind die Erläuterungen auf einem besonderen Blatt zu machen.

Verlustvor- und -rücktrag

62 Wurde für Sie oder für Ihren Ehegatten unter der jetzigen Steuernummer auf den 31.12.2009 ein verbleibender Verlustvortrag festgestellt, kreuzen Sie in **Zeile 92** das entsprechende Auswahlkästchen an. Dies gilt auch dann, wenn Ihre Spenden, die bisher nicht in Abzug gebracht werden konnten, als Spendenvortrag auf den 31.12.2009 festgestellt wurden. Der Verlust- bzw. Spendenvortrag wird dann automatisch vom Finanzamt bei der Einkommensteuerveranlagung 2010 berücksichtigt. Sind Sie oder Ihr Ehegatte für 2009 unter einer anderen Steuernummer veranlagt worden, z. B. wegen eines Umzugs, geben Sie ergänzend zu Ihrer Einkommensteuererklärung 2010 auf einer Anlage die Steuernummer und das Finanzamt an, das den verbleibenden Verlust- bzw. Spendenvortrag zum 31.12.2009 festgestellt hat. Am besten ist es, wenn Sie eine **Ablichtung des Feststellungsbescheids** auf den 31.12.2009 Ihrer Einkommensteuererklärung beifügen.

Verluste, die bei Ihrer Einkommensteuerveranlagung 2010 nicht ausgeglichen werden (sog. Verlustausgleich), trägt das Finanzamt automatisch bis zu einem Betrag von insgesamt 511.500 € in den Veranlagungszeitraum 2009 zurück und zieht den Verlust vom Gesamtbetrag der Einkünfte wie Sonderausgaben ab (sog. **Verlustrücktrag** ➜ Tz 395). Der danach verbleibende Verlust wird zum 31.12.2010 gesondert festgestellt.

WICHTIG

Sie haben es in der Hand, Verluste des Jahres 2010 entweder in das Jahr 2009 zurückzutragen oder sich für den Verlustvortrag zu entscheiden. Dazu müssen Sie allerdings in **Zeile 93** festlegen, welcher Verlust des Jahres 2010 in das Jahr 2009 zurückübertragen werden soll. Dies ist insbesondere dann wichtig, wenn der Verlust des Jahres 2010 höher als das zu versteuernde Einkommen des Jahres 2009 ist. Hier muss der Verlustrücktrag von Ihnen beschränkt werden, wenn Sie die 2009 angefallenen Sonderausgaben und außergewöhnlichen Belastungen als Entlastungspotenzial nicht verlieren wollen. Wegen Einzelheiten ➜ Tz 390. Wollen Sie im Jahr 2009 überhaupt keinen Verlustvortrag berücksichtigt haben, weil Sie in diesem Jahr wegen Ihrer Berufsausbildung noch keine Einkünfte erzielt hatten, müssen Sie in **Zeile 93** 0 € angeben. Wegen Einzelheiten ➜ Tz 395. Im Fall der Zusammenveranlagung von Ehegatten besteht die Möglichkeit, den Verlustrücktrag getrennt für Sie und Ihren Ehegatten vorzunehmen. Daher sieht **Zeile 93** 2 Eintragungsmöglichkeiten vor.

Einkommensersatzleistungen

Bestimmte Leistungen, die anstelle des Einkommens gewährt werden, sind zwar steuer- **63** frei, unterliegen aber dem **Progressionsvorbehalt**. Derartige Einkommensersatzleistungen sind z. B. das aus der gesetzlichen Krankenversicherung gezahlte Krankengeld, das Eltern- und das Mutterschaftsgeld, das Gewerbetreibende, Selbstständige, Freiberufler oder Landwirte erhalten. Wegen Einzelheiten ➜ Tz 616. In **Zeile 94** des Hauptvordrucks sind die Einkommensersatzleistungen getrennt für Sie und Ihren Ehegatten einzutragen. Dies gilt nicht für Leistungen, die bereits in der Anlage N in den **Zeilen 25 bis 27** erfasst sind.

Zeitweise unbeschränkte Steuerpflicht in 2010

Die **Zeilen 97 bis 100** des Hauptvordrucks betreffen die Fälle, in denen ein Steuerzahler **64** infolge Wegzugs ins **Ausland** oder Zuzugs vom Ausland nur während eines Teils des Kalenderjahres der unbeschränkten Steuerpflicht unterliegt. In diesem Fall geben Sie für das ganze Kalenderjahr nur eine Einkommensteuererklärung zur unbeschränkten Steuerpflicht ab; dabei sind auch die während der beschränkten Steuerpflicht erzielten inländischen Einkünfte in den entsprechenden Anlagen anzugeben. Die nicht der deutschen Einkommensteuer unterliegenden ausländischen Einkünfte, die in **Zeile 99** einzutragen sind, werden lediglich bei der Berechnung des Steuersatzes berücksichtigt, der auf Ihre steuerpflichtigen Einkünfte angewandt wird. Sollten in diesem Betrag außerordentliche Einkünfte, z. B. ein Veräußerungsgewinn, den Sie im Ausland erzielt haben, enthalten sein, ist dieser gesondert in **Zeile 100** zu erfassen.

Antrag auf unbeschränkte Steuerpflicht

Ist der Steuerzahler im Ausland ansässig, wird er auf Antrag als unbeschränkt einkom- **65** mensteuerpflichtig behandelt, wenn seine Einkünfte zu mindestens 90 % der deutschen Einkommensteuer unterliegen oder die nicht der deutschen Einkommensteuer unterliegenden Einkünfte nicht mehr als 8.004 € betragen. Der zuletzt genannte Betrag ist nach der Ländergruppeneinteilung ggf. zu kürzen. Zur Ländergruppeneinteilung ➜ Tz 556. Die Einkünfte, die nicht der deutschen Einkommensteuer unterliegen, sind durch eine Bescheinigung der zuständigen Steuerbehörde des Heimatlandes nachzuweisen. Handelt es sich bei dem Steuerzahler um einen Staatsangehörigen eines EU- oder EWR-Landes, der dort auch ansässig ist, hat er der deutschen Einkommensteuererklärung eine Bescheinigung EU/EWR beizufügen.

Bei einem Antrag auf Anwendung der unbeschränkten Steuerpflicht stehen dem Steuerzahler bestimmte familienbezogene Steuervergünstigungen zu, darüber hinaus bei EU- bzw. EWR-Staatsangehörigen ehegattenbezogene Vergünstigungen sowie der Abzug von Unterhaltsleistungen im Sonderausgabenbereich. Bei Wohnsitz oder gewöhnlichem Aufenthalt im Inland kommen noch weitere Vergünstigungen hinzu. In diesem Fall ist in

Zeile 105 des Hauptvordrucks ein entsprechender Antrag zu stellen. Weitere Besonderheiten sind bei im Ausland ansässigen Angehörigen des deutschen öffentlichen Dienstes, die im dienstlichen Auftrag außerhalb der EU oder des EWR-Gebiets tätig sind, zu beachten (vgl. **Zeile 106** des Hauptvordrucks).

In **Zeile 107** ist bei einem Wohnsitz in Belgien zusätzlich zu den Angaben in der Anlage N bei Einkünften aus nichtselbstständiger Arbeit und bei Renten der Wohnsitz in Belgien einzutragen.

Geschäftsbeziehungen zu Finanzinstituten im Ausland

66 Bei Sachverhalten mit Auslandsbezug besteht eine erhöhte Mitwirkungspflicht der Beteiligten. Deshalb werden Sie in **Zeile 108** aufgefordert, Angaben über das Bestehen nachhaltiger Geschäftsbeziehungen zu Finanzinstituten im Ausland zum machen. Geschäftsbeziehungen sind nachhaltig, wenn sie auf Dauer angelegt sind. Nachhaltige Geschäftsbeziehungen zu Finanzinstituten im Ausland sind daher auch gegeben, wenn bei einem Finanzinstitut im Ausland Konten unterhalten werden, selbst wenn die Konten auf einen Treuhänder lauten.

Unterschrift

67 Nachdem Sie alle Angaben im Hauptvordruck gemacht haben, ist dieser von Ihnen in **Zeile 109** zu unterschreiben. Bei Ehegatten, die 2010 verheiratet waren und nicht getrennt lebten, muss auch der Ehegatte hier unterschreiben, selbst dann, wenn er keine eigenen Einkünfte hatte. Entscheiden Sie sich für die getrennte oder die besondere Veranlagung, hat jeder Ehegatte nur seine Einkommensteuererklärung zu unterschreiben. Bei minderjährigen Kindern haben die Eltern als gesetzliche Vertreter die Unterschrift unter die Steuererklärung des Kindes zu setzen.

3 Vorsorgeaufwendungen und Altersvorsorgebeiträge

I Steuererklärung

3.1 Basisversorgung und sonstige Vorsorgeaufwendungen (Anlage Vorsorgeaufwand)

Die in der **Anlage Vorsorgeaufwand** aufzuführenden Versicherungsbeiträge werden **68** Vorsorgeaufwendungen genannt. Zusätzlich ist in der **Anlage AV** anzugeben, ob ein Sonderausgabenabzug für **Altersvorsorgebeiträge** im Zusammenhang mit der Riester-Rente getrennt für den Steuerzahler und seine Ehefrau geltend gemacht wird. Für Vorsorgeaufwendungen wird im Lohnsteuer-Abzugsverfahren eine Vorsorgepauschale berücksichtigt. Diese Vorsorgepauschale deckt bei weitem nicht Ihre gesamten Vorsorgeaufwendungen ab. Tragen Sie daher die **tatsächlichen Vorsorgeaufwendungen** in den Vordruck ein.

Versicherungsbeiträge, die in unmittelbarem Zusammenhang mit steuerfreien Einnahmen stehen, z. B. steuerfreier Arbeitslohn bei einer **Auslandstätigkeit**, können nicht als Sonderausgaben geltend gemacht werden. Darüber hinaus sind Ihre Versicherungsbeiträge zu kürzen, wenn Sie hierfür steuerfreie Zuschüsse erhalten haben oder wenn die Versicherung **2010 Beiträge zurückerstattet** oder Gewinnanteile an Sie ausgezahlt hat.

Höchstbeträge

Versicherungsbeiträge können nur bis zu bestimmten Höchstbeträgen als Sonderaus- **69** gaben abgezogen werden. Dabei wird unterschieden zwischen Beiträgen zugunsten Ihrer **Altersvorsorge** (sog. Basisversorgung) und den sonstigen **Vorsorgeaufwendungen**.

Zur **Basisversorgung** gehören Beiträge zu **70**

- gesetzlichen Rentenversicherungen (**einschließlich** Arbeitgeberanteil),
- landwirtschaftlichen Alterskassen,
- berufsständischen Versorgungseinrichtungen, die den allgemeinen Rentenversicherungen vergleichbare Leistungen erbringen, und
- bestimmten eigenen Rentenversicherungen, die nur eine Rentenzahlung frühestens ab dem 60. Lebensjahr vorsehen und deren Laufzeit nach dem 31.12.2004 beginnt (sog. Rürup-Rente).

Ihre **Beiträge zur Basisversorgung** können Sie nur in Höhe von **70 %**, maximal bis zu einem **Höchstbetrag von 14.000 €** für einen Ledigen abziehen. Im Fall der Zusammenveranlagung verdoppelt sich der Höchstbetrag auf **28.000 €**.

Neben diesem Höchstbetrag steht Ihnen für die **sonstigen Vorsorgeaufwendungen** ein **71** **weiterer Höchstbetrag von 2.800 €** zu, der sich allerdings bei Steuerzahlern, die steuerfreie Zuschüsse zu ihrer Krankenversicherung oder Beihilfen zu ihren Krankheitskosten erhalten, **auf 1.900 € ermäßigt**. Im Rahmen dieses Höchstbetrags können Beiträge berücksichtigt werden zur

- Kranken-, Arbeitslosen- und Pflegeversicherung im Rahmen der gesetzlichen Sozialversicherung,

- freiwilligen Kranken- und Pflegeversicherung,
- Rentenversicherung mit Kapitalwahlrecht und Laufzeitbeginn sowie erster Beitragszahlung vor dem 1.1.2005,
- Kapitallebensversicherung mit mindestens 12 Jahren Laufzeit und Laufzeitbeginn sowie erster Beitragszahlung vor dem 1.1.2005,
- Unfallversicherung,
- privaten und Kfz-Haftpflichtversicherung sowie
- Risikoversicherung, die nur für den Todesfall eine Leistung vorsieht.

Für geleistete Altersvorsorgebeiträge (sog. Riester-Rente) können Sie einen zusätzlichen Sonderausgabenabzug geltend machen. Fügen Sie für diese Zwecke Ihrer Einkommensteuererklärung 2010 die **Anlage AV** sowie die dafür erforderlichen Bescheinigungen über die geleisteten Altersvorsorgebeiträge bei. Weitere Einzelheiten zur Anlage AV ➜ Tz 81.

Gesetzliche Rentenversicherung und vergleichbare Versicherungen

72 In die **Zeile 4** ist der **Arbeitnehmeranteil** zu gesetzlichen Rentenversicherung und an berufsständische Versorgungseinrichtungen einzutragen. Diese Beiträge übernehmen Sie in der Regel aus **Zeile 23** Ihrer Lohnsteuerbescheinigung. Achten Sie darauf, dass im Fall der Zusammenveranlagung die Beiträge für Sie und Ihren Ehegatten getrennt anzugeben sind. Den entsprechenden **Arbeitgeberanteil** zu gesetzlichen Rentenversicherungen geben Sie in **Zeile 8** an; auch diesen können Sie in der Regel Ihrer Lohnsteuerbescheinigung entnehmen, und zwar aus **Zeile 22**. Haben Sie im Rahmen Ihrer geringfügigen Beschäftigung den pauschalen Arbeitgeberanteil von 15 %, der in der Pauschalabgabe Ihres Arbeitgebers von 30 % enthalten ist, durch eigene Beiträge aufgestockt, können Sie den Arbeitnehmeranteil in **Zeile 6** und den pauschalen Arbeitgeberanteil in **Zeile 10** eintragen. Meist lohnt dies sich nicht, weil Ihnen für den Arbeitnehmeranteil lediglich 70 % der Beiträge als Sonderausgaben berücksichtigt werden, der Arbeitgeberanteil dagegen in voller Höhe gegengerechnet wird. Wegen weiterer Einzelheiten ➜ Tz 506.

73 Aufwendungen für eine öffentlich-rechtliche Versicherungs- und Versorgungseinrichtung oder zur landwirtschaftlichen Alterskasse sind in **Zeile 5** einzutragen, wenn Sie kein Arbeitnehmer sind oder Ihr Arbeitgeber die Beiträge nicht auf der Lohnsteuerbescheinigung ausweist, weil Sie die Beiträge direkt an die Einrichtung leisten. In diesem Fall sind die Beiträge laut **Zeile 5** um die steuerfreien Arbeitgeberzuschüsse zu mindern, wobei die entsprechenden Arbeitgeberzuschüsse in **Zeile 9** einzutragen sind.

Sollten Sie freiwillig in der gesetzlichen Rentenversicherung versichert sein oder als Nichtarbeitnehmer Pflichtbeiträge zur gesetzlichen Rentenversicherung leisten, z. B. als selbstständige Hebamme oder als Künstler, geben Sie die Beiträge zur gesetzlichen Rentenversicherung in **Zeile 6** an.

Sollten Sie sich für eine **eigene kapitalgedeckte Rentenversicherung nach Rürup** entschieden haben, können Sie die Beiträge ebenfalls als Sonderausgaben in **Zeile 7** eintragen. Rürup bedeutet: Der Versicherungsvertrag darf nur Leistungen in Form einer monatlichen, auf Ihr Leben bezogenen lebenslangen Leibrente vorsehen, die nicht vor Vollendung des 60. Lebensjahres beginnen darf. Eine ergänzende Absicherung von Berufs- oder Erwerbsunfähigkeit oder eine Hinterbliebenenversorgung ist unschädlich. Die Ansprüche dürfen nicht vererblich, nicht übertragbar, nicht beleihbar, nicht veräußerbar, nicht kapitalisierbar sein und es darf darüber hinaus kein Anspruch auf Auszahlungen bestehen. Dies gilt auch für Beiträge zu einer betrieblichen Altersversorgung, die die vorgenannten Voraussetzungen erfüllen und nicht steuerlich gefördert worden sind. Die Berücksichtigung dieser Beiträge setzt außerdem voraus, dass Sie gegenüber dem Anbieter schriftlich darin einwilligen, dieser dürfe unter Angabe Ihrer Identifikationsnummer und der Vertragsdaten die Höhe Ihrer Beiträge der Zentralen Stelle – ein Hilfsorgan der Finanzverwaltung – übermitteln. Die Einwilligung gilt auch für folgende Beitragsjahre, wenn Sie die Einwilligung nicht vor Beginn des jeweiligen Beitragsjahrs schriftlich gegenüber dem Anbieter widerrufen. Ansonsten gilt: Ohne Einwilligung kein Sonderausgabenabzug.

Kranken- und Pflegeversicherung

Bei den sonstigen Vorsorgeaufwendungen ist der Sonderausgabenabzug auf einen **74** Höchstbetrag begrenzt, der nur dann überschritten werden kann, wenn die Kranken- und Pflegeversicherungsbeiträge zur **Grundversorgung** abzüglich des Anteils „Krankengeld" höher sind. Der Höchstbetrag ist davon abhängig, ob Krankheitskosten oder Beiträge für eine Krankenversicherung ausschließlich aus eigenen Mitteln bestritten werden (**Höchstbetrag 2.800 €**) oder ob steuerfreie Leistungen gewährt werden oder zumindest Anteile der Krankheitskosten von dritter Seite übernommen werden (**Höchstbetrag 1.900 €**). Die vorgenannten Höchstbeträge sind ab 2010 gegenüber dem Vorjahr erhöht worden.

Steuerfreie Leistungen, die zu dem ermäßigten Höchstbetrag von 1.900 € führen, sind z. B. der Arbeitgeberanteil zur Krankenversicherung bei sozialversicherungspflichtigen Arbeitnehmern, entsprechende Zuschüsse des Arbeitgebers bei freiwillig gesetzlich oder privat krankenversicherten Arbeitnehmern, Beitragsteile der Träger der gesetzlichen Rentenversicherungen, Beihilfeansprüche von Beamten, Beiträge der Künstlersozialkasse und Beiträge zur Förderung in Kindertagespflege. Für den Ansatz des ermäßigten Höchstbetrags reicht es aus, wenn die vorgenannten Leistungen für mindestens einen Teil des Jahres oder bei mehreren Einkünften für mindestens eine Einkunftsquelle erbracht werden. In **Zeile 11** ist dann zu Kz. 307 eine „1" einzutragen, im Fall der Zusammenveranlagung für den Ehegatten eine „1" zu Kz. 407.

WICHTIG

Bei Ehegatten, die über ihren Ehepartner versichert sind, z. B. in der gesetzlichen Krankenversicherung, richtet sich die Eintragung danach, ob bei dem Ehepartner mit „ja" geantwortet wurde.

Auch ein nicht berufstätiger Ehegatte eines Arbeitnehmers, der sich von der gesetzlichen Krankenversicherungspflicht hat befreien lassen, hat die Frage mit „ja" zu beantworten, wenn er ansonsten über den berufstätigen Ehegatten familienversichert gewesen wäre. Unerheblich ist in diesem Fall, ob der nicht berufstätige Ehegatte einen eigenen Krankenversicherungsvertrag abgeschlossen hat.

Ein Ehegatte, der keinen eigenen Beihilfeanspruch hat, z. B. der Ehegatte eines Beamten, und der auch nicht selbst krankenversicherungspflichtig ist, beantwortet die Frage in **Zeile 11** mit „nein". Bei geringfügig Beschäftigten ist ebenfalls eine „2" für „nein" einzutragen, soweit keine unentgeltliche Familienversicherung über den Ehegatten erfolgt.

Die tatsächlich geleisteten Beiträge zur privaten und gesetzlichen Krankenversicherung einschließlich Zusatzbeitrag und zur gesetzlichen Pflegeversicherung (soziale Pflegeversicherung und private Pflege-Pflichtversicherung) für eine Absicherung auf sozialhilfegleichem Versorgungsniveau (**Basisabsicherung**) werden in vollem Umfang steuerlich berücksichtigt. Es ist daher innerhalb der sonstigen Vorsorgeaufwendungen zwischen den Basis-Krankenversicherungsbeiträgen und den gesetzlichen Pflegeversicherungsbeiträgen einerseits und denjenigen Beiträgen oder Beitragsanteilen zu unterscheiden, mit denen ein darüber hinausgehendes Absicherungsniveau erreicht wird. Bei den zuletzt genannten Beiträgen handelt es sich z. B. um solche für Wahlleistungen, wie z. B. Chefarztbehandlung, Einzelzimmer oder Zahnimplantate.

WICHTIG

> Haben Sie in die Datenübermittlung durch das Krankenversicherungsunternehmen, den Träger der gesetzlichen Kranken- und Pflegeversicherung oder die Künstlersozialkasse an die Finanzverwaltung eingewilligt oder sind Sie Arbeitnehmer oder Rentner und werden die Daten deshalb grundsätzlich bereits mit der elektronischen Lohnsteuerbescheinigung bzw. Rentenbezugsmitteilung an die Finanzverwaltung übermittelt, nehmen Sie die Eintragungen zur Basisabsicherung als gesetzlich Krankenversicherter in den **Zeilen 12 bis 30 und 37** oder als privat Krankenversicherter in den **Zeilen 31 bis 37** vor.

Beitragsanteile für Wahlleistungen geben Sie als gesetzlich Krankenversicherter in der **Zeile 30** und als privat Krankenversicherter in den **Zeilen 35 und 36** an. Haben Sie als Versicherungsnehmer Ihren eingetragenen Lebenspartner im Sinne des Lebenspartnerschaftsgesetzes oder Ihr Kind, für das kein Anspruch auf Freibeträge für Kinder oder Kindergeld besteht, im Rahmen einer privaten Krankenversicherung als versicherter Person mitversichert, nehmen Sie die Eintragungen zur Basisabsicherung in den **Zeilen 38 bis 42** und zu den Wahlleistungen in **Zeile 43** vor. In diesem Zusammenhang sind neben den im Jahr 2010 geleisteten Beiträgen auch die in diesem Jahr erstatteten Beiträge zur Basisabsicherung einzutragen.

Bei Arbeitnehmerbeiträgen zu Krankenversicherungen laut Nr. 25 der Lohnsteuerbescheinigung ergibt sich grundsätzlich aus den Krankenversicherungsbeiträgen ein Anspruch auf Krankengeld oder eine Leistung, die anstelle von Krankengeld gewährt wird. Für diese Leistungen sind die Krankenversicherungsbeiträge um 4 % zu kürzen; insoweit handelt es sich nicht um existenznotwendige Ausgaben. Sollten die Krankenversicherungsbeiträge keinen Beitragsanteil für ein Krankengeld enthalten, sind in den **Zeilen 14 bzw. 17** die Beiträge einzutragen, die keinen Anspruch auf Krankengeld begründen.

Sind von Ihnen Zusatzbeiträge zu Ihrer gesetzlichen Krankenversicherung geleistet worden, sind diese Beiträge in **Zeile 13** einzutragen. Die Arbeitnehmerbeiträge zur sozialen Pflegeversicherung entnehmen Sie der Nr. 26 der Lohnsteuersteuerbescheinigung; sie sind in **Zeile 15** anzugeben.

Schließlich will das Finanzamt von Ihnen noch wissen, ob Sie in 2010 Beitragsrückerstattungen zur Kranken- bzw. Pflegeversicherung erhalten haben. Diese sind in **Zeile 16** anzugeben. Die Versicherungsträger sind verpflichtet, neben den in 2010 gezahlten Beiträgen zur Kranken- und Pflegeversicherung auch die Beitragsrückerstattungen dem Finanzamt zu melden. Es lohnt sich also nicht, die Beitragsrückerstattungen „zu vergessen".

In **Zeile 18** sind die Beiträge zur gesetzlichen Krankenversicherung einzutragen. Hier haben z. B. Rentner ihre Beiträge anzugeben. Auch hier wird in **Zeile 19** nach Zusatzbeiträgen und in **Zeile 20** nach Beiträgen zur Krankenversicherung gefragt, aus denen sich kein Anspruch auf Krankengeld ergibt. Beiträge zu sozialen Pflegeversicherungen sind gesondert in **Zeile 21** einzutragen. Darüber hinaus will auch hier das Finanzamt wissen, was in 2010 an Beiträgen zur Kranken- bzw. sozialen Pflegeversicherung zurückerstattet wurde (**Zeile 22**). In **Zeile 23** sind dann die auf die Beitragsrückerstattungen entfallenden Beitragsanteile zur Krankenversicherung einzutragen, aus denen sich ein Anspruch auf Krankengeld ergibt. Die Zuschüsse zu den Beiträgen zu Krankenversicherungen bzw. Pflegeversicherungen, z. B. von der Deutschen Rentenversicherung, sind in **Zeile 24** zu vermerken.

In den **Zeilen 25 bis 29** sind die Beiträge zu einer ausländischen Krankenversicherung, die mit einer inländischen gesetzlichen Krankenversicherung vergleichbar ist, anzugeben. Auch hier interessieren die Beiträge zu Krankenversicherungen, aus denen sich kein Anspruch auf Krankengeld ergibt (**Zeile 26**) sowie die Beitragsrückerstattungen, wobei die erstatteten Beiträge in **Zeile 28** und die darin enthaltenen Beiträge zur Krankenversicherung, aus denen sich kein Anspruch auf Krankengeld ergibt, und zur sozialen Pflegeversicherung in **Zeile 29** einzutragen sind.

In **Zeile 30** sind Beiträge abzüglich steuerfreier Zuschüsse und erstatteter Beiträge zu Krankenversicherungen, z. B. für Wahlleistungen, anzugeben.

Beiträge zur **privaten Kranken- und Pflegeversicherung** sind in den **Zeilen 31 bis 36 75** anzugeben. Dabei gilt folgende Unterteilung:

- **Zeile 31**: Beiträge zur Basisabsicherung ohne Wahlleistungen,
- **Zeile 32**: Beiträge zu Pflege-Pflichtversicherungen,
- **Zeile 33**: Beitragsrückerstattungen in 2010,
- **Zeile 34**: Zuschuss zu den Krankenversicherungs- und Pflegeversicherungsbeiträgen von dritter Seite,
- **Zeile 35**: Beiträge z. B. für Wahlleistungen und Zusatzversicherungen abzüglich steuerfreier Zuschüsse und erstatteter Beiträge,
- **Zeile 36**: Beiträge zu zusätzlichen Pflegeversicherungen, ohne Pflege-Pflichtversicherung, abzüglich steuerfreier Zuschüsse und erstatteter Beiträge.

WICHTIG

Steuerfreie Zuschüsse zu den Kranken- und Pflegeversicherungsbeiträgen mindern die abziehbaren Beiträge. Sie sind in der Anlage Vorsorgeaufwand gesondert anzugeben. Die steuerfreien Zuschüsse des Arbeitgebers zu Ihren Kranken- und Pflegeversicherungsbeiträgen entnehmen Sie der Nr. 24 der Lohnsteuerbescheinigung und tragen sie in **Zeile 37** ein. Steuerfreie Zuschüsse zu Kranken- und Pflegeversicherungsbeiträgen, z. B. von der Künstlersozialkasse oder der Deutschen Rentenversicherung Bund oder solche, die von der Besoldungsstelle während der Elternzeit oder an Wehrpflichtige gewährt werden, sind in den **Zeilen 24 oder 34** anzugeben.

Beiträge können grundsätzlich beim Versicherungsnehmer berücksichtigt werden. In Fällen, in denen Sie als Versicherungsnehmer auch die Beiträge zur Kranken- und Pflegeversicherung des von Ihnen mitversicherten Kindes, für das Sie keinen Anspruch auf

Freibeträge für Kinder oder Kindergeld haben, oder des eingetragenen Lebenspartners bzw. der eingetragenen Lebenspartnerin geltend machen, können Sie die entsprechenden Eintragungen in den **Zeilen 38 bis 43** vornehmen.

Arbeitslosen-, Erwerbs- und Berufsunfähigkeitsversicherung

76 Neben dem im Arbeitnehmeranteil am Gesamtsozialversicherungsbeitrag enthaltenen Pflichtbeitrag zur Arbeitslosenversicherung (**Zeile 44**) können Sie in **Zeile 46** Ihre Beiträge zu einer eigenen Arbeitslosenversicherung sowie in **Zeile 47** Ihre Beiträge zu eigenständigen Erwerbs- und Berufsunfähigkeitsversicherungen eintragen.

In **Zeile 45** ist in den Fällen, in denen Sie der Datenübermittlung widersprochen haben, der Gesamtbeitrag an Kranken- und Pflegeversicherungen zu Kz. 371 bzw. Kz. 471 anzugeben. Beiträge zu zusätzlichen Pflegeversicherungen sind nur in **Zeile 36** einzutragen.

Unfallversicherung

77 Beiträge **zu privaten Unfallversicherungen** sind in **Zeile 48** einzutragen. Werden nur berufsbedingte Risiken abgedeckt (bei Arbeitnehmern selten), sind diese Beiträge Werbungskosten. Sind sowohl private als auch berufliche Risiken versichert, sind die Beiträge in der Regel je zur Hälfte als Sonderausgaben und Werbungskosten oder Betriebsausgaben zu berücksichtigen (➜ Tz 516). Die **Kraftfahrzeug-Insassen-Versicherung** ist ebenfalls eine Unfallversicherung. Unfallversicherungen mit Prämienrückgewähr sind Lebensversicherungen (➜ Tz 79). In **Zeile 48** sind auch Beiträge zu Risiko-Lebensversicherungen einzutragen, die nur für den Todesfall eine Leistung vorsehen. Beiträge zu Witwen-, Waisen- und Sterbekassen können ebenfalls hier angegeben werden.

Haftpflichtversicherung

78 In **Zeile 48** werden auch Beiträge für **private Haftpflichtversicherungen** eingetragen. Haben Sie 2010 eine **Beitragsrückvergütung** erhalten, ist diese gesondert anzugeben und von den Beitragszahlungen abzuziehen. Beiträge zu **Kasko-, Hausrat- und Rechtsschutzversicherungen** sind **nicht abziehbar**.

Renten- und Lebensversicherungen

79 In **Zeile 49** tragen Sie Beiträge zu **Rentenversicherungen** mit **Kapitalwahlrecht** und **Kapitallebensversicherungen** mit einer Laufzeit von mindestens **12 Jahren** ein, wenn die Laufzeit dieser Versicherung vor dem 1.1.2005 begonnen hat und mindestens ein Versicherungsbeitrag vor dem 1.1.2005 entrichtet wurde. Hierhin gehören auch Ausbildungs- und Aussteuerversicherungen sowie Unfallversicherungen mit Prämienrückgewähr.

WICHTIG

 Fondsgebundene Lebensversicherungen und von anderen Personen abgeschlossene entgeltlich erworbene Lebensversicherungen sind nicht begünstigt und daher nicht in **Zeile 49** einzutragen.

In **Zeile 50** tragen Sie Rentenversicherungen ohne **Kapitalwahlrecht** ein. Beiträge zu Versorgungs- und Pensionskassen, einschließlich der von Ihrem Arbeitgeber für Sie erbrachten Zukunftssicherungsleistungen (z. B. an Zusatzversorgungskassen des öffentlichen Dienstes), die zu Ihren Lasten besteuert worden sind, also nicht steuerfrei gezahlt oder vom Arbeitgeber pauschal besteuert wurden, sind in **Zeile 50** einzutragen, wenn bei Fälligkeit der Leistungen ausschließlich Rentenzahlungen vereinbart wurden. Besteht dagegen ein Kapitalwahlrecht, sind die Beiträge in **Zeile 49** einzutragen.

TIPP

Achten Sie auf eine genaue Zuordnung Ihrer Versicherungsbeiträge entweder zu **Zeile 4** oder zu den **Zeilen 49 und 50**. Denn das, was in **Zeile 49** an Versicherungsbeiträgen eingetragen wird, berücksichtigt das Finanzamt im Rahmen der Höchstbetragsberechnung nur **mit 88 % der Beiträge**. Ihr Arbeitnehmeranteil in **Zeile 4** und die Beiträge in **Zeile 50** werden dagegen zu 100 % angesetzt.

Ergänzende Angaben zu den Vorsorgeaufwendungen

In welcher Höhe die Vorsorgeaufwendungen abgezogen werden können (Kürzung des **80** Vorwegabzugs ➜ Tz 524), hängt von den Angaben in den **Zeilen 51 bis 55** ab.

Sozialversicherungspflichtige Arbeitnehmer (Regelfall) müssen hier keine Angaben machen. Betroffen von den Eintragungen sind aber Arbeitnehmer, die während des ganzen oder eines Teils des Kalenderjahres 2010 nicht rentenversicherungspflichtig waren, insbesondere

- Beamte, Richter, Berufs- und Zeitsoldaten, beamtete Pensionäre und ihre Hinterbliebenen,
- weiterbeschäftigte Altersrentner, Werkspensionäre mit Altersrente,
- Geistliche oder andere Personen mit beamtenähnlichen Versorgungsansprüchen,
- Vorstandsmitglieder von Aktiengesellschaften und GmbH-Gesellschafter-Geschäftsführer, die nicht in der gesetzlichen Rentenversicherung versichert sind.

Die vorstehenden Angaben sind im Fall der Zusammenveranlagung für Sie und Ihren Ehegatten getrennt zu machen.

3.2   Altersvorsorgebeiträge (sog. Riester-Rente) – Anlage AV

Der Aufbau einer freiwilligen **privaten** oder **betrieblichen Altersvorsorge** wird seit 2002 **81** durch steuerliche Maßnahmen gefördert, und zwar zum einen durch die **Altersvorsorgezulage** und zum anderen durch einen **zusätzlichen Sonderausgabenabzug**. Für die Inanspruchnahme der steuerlichen Förderung genügt es, wenn **im Laufe des Jahres 2010** begünstigte **Altersvorsorgebeiträge gezahlt** wurden.

WICHTIG

Bei Ehegatten, die jeder einen Altersvorsorgevertrag abgeschlossen haben, sind die Angaben für **jeden Ehegatten** getrennt zu machen.

Haben Sie Beiträge in einen **zertifizierten Altersvorsorge-Vertrag eingezahlt**, können diese wie folgt steuerlich berücksichtigt werden:

- Sie können für die Beiträge eine **Altersvorsorgezulage** bei Ihrem **Anbieter beantragen**. Darüber hinaus können Sie einen **zusätzlichen Sonderausgabenabzug** geltend machen. Dazu müssen Sie Ihre Angaben als unmittelbar Begünstigter in den **Zeilen 10**

bis 19 machen und als mittelbar Begünstigter in **Zeile 20**. Im Gegensatz zum Vorjahr müssen Sie in 2010 wieder eine Anlage AV abgeben.

WICHTIG

Für Ihre Beiträge zu einem zertifizierten Altersvorsorgevertrag können Sie eine Altersvorsorgezulage beantragen. Darüber hinaus können Sie mit der Anlage AV einen zusätzlichen Sonderausgabenabzug geltend machen. Bei der Bearbeitung Ihrer Einkommensteuererklärung prüft das Finanzamt, ob eine zusätzliche steuerliche Förderung in Form des Sonderausgabenabzugs in Betracht kommt. Dies setzt voraus, dass Sie gegenüber dem Anbieter des Altersvorsorgevertrags eingewilligt haben, dass dieser die zu berücksichtigenden Altersvorsorgebeiträge unter Angabe der Vertragsdaten, der steuerlichen Identifikationsnummer und der Zulage- oder Sozialversicherungsnummer (**Zeile 4**) per **Datenfernübertragung an** die **Finanzverwaltung** übermitteln. Haben Sie Ihren Anbieter bevollmächtigt, für Sie die Altersvorsorgezulage jährlich zu beantragen, müssen Sie für diese Altersvorsorgeverträge keine gesonderte Einwilligung zur Datenübermittlung für den Sonderausgabenabzug abgeben. Bei Zugehörigkeit zu einer landwirtschaftlichen Alterskasse bzw. zu einer Alterskasse für den Gartenbau geben Sie in **Zeile 5** Ihre Mitgliedsnummer, und zwar getrennt für Sie und Ihren Ehegatten, an.

Stellt sich bei der Veranlagung zur Einkommensteuer 2010 heraus, dass der Sonderausgabenabzug günstiger ist, werden Ihre gesamten Aufwendungen einschließlich Ihres Anspruchs auf Zulage bis zu einem **Höchstbetrag** von **2.100 €** als Sonderausgaben berücksichtigt. Um eine Doppelförderung zu vermeiden, wird die festgesetzte Einkommensteuer um den Zulageanspruch erhöht. Für die Erhöhung der Einkommensteuer und den Anspruch auf Zulage kommt es also nicht darauf an, ob tatsächlich eine Zulage gewährt wurde. Wenn Sie die Altersvorsorgezulage bei Ihrem Anbieter nicht beantragen und den vorstehend beschriebenen zusätzlichen Sonderausgabenabzug nicht geltend machen, besteht die Möglichkeit, bestimmte Altersvorsorgebeiträge im Rahmen von Höchstbeträgen zu berücksichtigen (vgl. hierzu **Zeilen 48 bis 50** der **Anlage Vorsorgeaufwand**).

WICHTIG

Im Fall der Zusammenveranlagung von Ehegatten steht der Sonderausgabenabzug jedem Ehegatten zu, wenn beide zum unmittelbar begünstigten Personenkreis für die Altersvorsorgezulage rechnen (➜ Tz 82). Es ist allerdings nicht möglich, den von einem Ehegatten nicht ausgeschöpften Sonderausgabenhöchstbetrag von 2.100 € auf den anderen Ehegatten zu übertragen. Gehört nur ein Ehegatte zum begünstigten Personenkreis und ist der andere Ehegatte nur **mittelbar begünstigt** (➜ Tz 83), können die Altersvorsorgebeiträge des mittelbar begünstigten Ehegatten insoweit berücksichtigt werden, als der Sonderausgabenhöchstbetrag durch die vom unmittelbar begünstigten Ehegatten geleisteten Altersvorsorgebeiträge sowie die zu berücksichtigende Zulage noch nicht ausgeschöpft wird.

Wollen Sie für Ihre geleisteten Altersvorsorgebeiträge einen zusätzlichen Sonderausgabenabzug geltend machen, tragen Sie in **Zeile 6** eine „1" ein. Bei Ehegatten sind die Eintragungen dort getrennt vorzunehmen. Falls Sie dort ein Nein = „2" angeben, ist in

Zeile 7 zu vermerken, ob Sie mittelbar begünstigt sind – auch hier getrennt für Ehemann und Ehefrau – oder in **Zeile 8** unmittelbar begünstigt sind (nur im Fall der Zusammenveranlagung anzugeben).

In **Zeile 9** geben Sie die Anzahl der beigefügten Bescheinigungen über geleistete Altersvorsorgebeiträge an. Dabei ist Folgendes zu beachten: Altersvorsorgezulage wird Ihnen für max. 2 Verträge gewährt. Den zusätzlichen Sonderausgabenabzug können Sie dagegen für **mehr als 2 Verträge** mit der Anlage AV geltend machen. Dazu reichen Sie die entsprechenden Originalbescheinigungen Ihres Anbieters ein. Haben Sie von Ihrem Anbieter eine berichtigte Bescheinigung erhalten, ist diese dem Finanzamt nachzureichen, wenn auf Grund der ursprünglichen Bescheinigung der Sonderausgabenabzug beantragt wurde.

Sie gehören zum **unmittelbar begünstigten Personenkreis,** der neben der Altersvorsor-   **82**
gezulage noch einen zusätzlichen Sonderausgabenabzug von bis zu 2.100 € beantragen kann, wenn Sie unbeschränkt einkommensteuerpflichtig sind – zumindest zeitweise – und in der gesetzlichen Rentenversicherung im Laufe des Jahres 2010 pflichtversichert waren (**Zeile 10** „1" = Ja angeben). Darüber hinaus rechnen zu dem begünstigten Personenkreis

- Pflichtversicherte nach dem Gesetz über die Alterssicherung der **Landwirte** (z. B. neben den versicherungspflichtigen Landwirten auch deren versicherungspflichtige Ehegatten sowie ehemalige Landwirte, die unabhängig von einer Tätigkeit als Landwirt oder mithelfender Familienangehöriger versicherungspflichtig sind),
- **Arbeitslose,** die bei einer inländischen Agentur für Arbeit als Arbeit suchend gemeldet sind und die wegen des zu berücksichtigenden Vermögens oder Einkommens keine Lohnersatzleistung erhalten,
- **Beamte, Richter** und **Berufssoldaten,**
- beurlaubte Beamte, deren Beurlaubungszeit ruhegehaltsfähig ist,
- **sonstige Beschäftigte,** die wegen gewährleisteter Versorgungsanwartschaften den Beamten gleichgestellt und damit in der gesetzlichen Rentenversicherung versicherungsfrei sind,
- Minister, Senatoren und parlamentarische Staatssekretäre,
- Empfänger einer Rente wegen voller Erwerbsminderung bzw. Erwerbsunfähigkeit oder einer Versorgung wegen Dienstunfähigkeit aus der gesetzlichen Rentenversicherung, Beamtenversorgung oder einem ähnlichen Alterssicherungssystem, wenn Sie unmittelbar vor dem Bezug der Leistung einer unmittelbar begünstigten Personengruppe angehörten.

Nicht zum Kreis der **unmittelbar begünstigten Personen** rechnen unter anderem

- Pflichtversicherte einer **berufsständischen Versorgungseinrichtung,**
- freiwillig in der gesetzlichen Rentenversicherung Versicherte,
- Selbstständige ohne Vorliegen einer Versicherungspflicht in der gesetzlichen Rentenversicherung und
- **geringfügig Beschäftigte,** für die nur der pauschale Arbeitgeberbeitrag zur gesetzlichen Rentenversicherung gezahlt wird,
- Bezieher einer Vollrente wegen Alters oder Personen, die nach Erreichen einer Altersgrenze eine Versorgung beziehen.

In **Zeile 11** sind die aus der Tätigkeit erzielten **beitragspflichtigen Einnahmen** des   **83**
Jahres **2009** einzutragen; diese können Sie der Durchschrift der Meldung zur Sozial-

versicherung entnehmen, die Sie von Ihrem Arbeitgeber erhalten haben. Wenn Sie in den **Zeilen 13 und 14** Eintragungen vornehmen, haben Sie die beitragspflichtigen Einnahmen für diesen Zeitraum des Bezugs der Entgeltersatzleistungen, des sog. Arbeitslosengeldes II oder des tatsächlichen Entgelts nicht anzugeben.

In **Zeile 12** haben Beamte, Richter und Berufssoldaten sowie denen gleichgestellte Personen die Höhe der Besoldung bzw. der Amtsbezüge anzugeben; diese sind aus den Gehaltsmitteilungen für 2009 ersichtlich. Hier tragen Sie auch die während der Beurlaubungszeit bezogenen Einnahmen, z. B. das Arbeitsentgelt aus einer rentenversicherungsfreien Beschäftigung, ein. Auch Einnahmen vergleichbarer Berufsgruppen, die beitragspflichtig wären, wenn die Versicherungsfreiheit in der gesetzlichen Rentenversicherung nicht bestehen würde, sind hier einzutragen, z. B. bei Geistlichen, Kirchenbeamten, Lehrern und Erziehern an nicht öffentlichen Schulen und Anstalten.

WICHTIG

 Eine Eintragung ist in **Zeile 12** nicht erforderlich, wenn Sie gegenüber der zuständigen Stelle eingewilligt haben, dass Ihr Arbeitgeber diese Beträge an die zuständige Stelle weitergeben darf.

In **Zeile 13** geben Sie die Höhe der **Entgeltersatzleistungen** (ohne Elterngeld) oder sog. Arbeitslosengeld II an, die Sie 2009 bezogen haben. Die Angaben können Sie aus den Bescheinigungen der auszahlenden Stelle, z. B. der Agentur für Arbeit, entnehmen.

Ist das der gesetzlichen Rentenversicherung zugrunde liegende Entgelt höher als das tatsächlich erzielte Entgelt, dies ist z. B. bei Behinderten der Fall, die in anerkannten Behindertenwerkstätten und in Blindenheimen arbeiten, sowie bei Wehr- und Zivildienstleistenden, wird das **tatsächliche Entgelt** bei der Berechnung des Zulageanspruchs berücksichtigt. Die dazu erforderlichen Angaben machen Sie in **Zeile 14.** Das 2009 tatsächlich erzielte Entgelt können Sie z. B. einer Bescheinigung Ihres Arbeitgebers entnehmen. Bei Altersteilzeitarbeit ist das auf Grund der abgesenkten Arbeitszeit erzielte Arbeitsentgelt – ohne Aufstockungs- und Unterschiedsbetrag – anzugeben.

Bei Empfängern einer **Erwerbsminderungs- bzw. Erwerbsunfähigkeitsrente** oder Beamten, die eine **Versorgung wegen Dienstunfähigkeit** erhalten, ist die Höhe des Jahresbruttorentenbetrags in **Zeile 15** einzutragen. Dieser Betrag ist in der Regel nicht mit dem ausgezahlten Betrag identisch; Sie können ihn Ihrer Rentenanpassungsmitteilung entnehmen. Bei Auszahlung der Rente einbehaltene eigene Beiträge zur Kranken- und Pflegeversicherung sind nicht vom Rentenbetrag abzuziehen. Zuschüsse eines Trägers der gesetzlichen Rentenversicherung zu Ihren Aufwendungen zur Krankenversicherung sind nicht dem Rentenbetrag hinzuzurechnen.

In **Zeile 16** ist die Höhe der **Versorgungsbezüge wegen Dienstunfähigkeit** einzutragen. Diese ergeben sich aus den Ihnen vorliegenden Mitteilungen Ihrer die Versorgung anordnenden Stelle für 2009.

In **Zeile 17** sind die Einkünfte aus **Land- und Forstwirtschaft** einzutragen, wie sie sich aus dem Einkommensteuerbescheid **2008** ergeben. Hier sind Eintragungen nur vorzunehmen, wenn im Beitragsjahr die Pflichtmitgliedschaft nach dem Gesetz über die Alterssicherung der Landwirte bestand.

Die Höhe des Jahres(brutto)betrags der Rente wegen voller Erwerbsminderung oder Erwerbsunfähigkeit nach dem Gesetz über die Alterssicherung der Landwirte, der in der Regel nicht mit dem ausgezahlten Betrag identisch ist, können Sie Ihrer Renten(anpassungs)-Mitteilung entnehmen. Bei Auszahlung der Rente einbehaltene eigene Beiträge zur Kranken- und Pflegeversicherung sind nicht vom Rentenbetrag abzuziehen. Zuschüsse der Alterskasse zu Ihren Aufwendungen zur Krankenversicherung sind nicht dem Rentenbetrag hinzuzurechnen. Die Eintragung ist in **Zeile 18** vorzunehmen.

In **Zeile 19** geben Sie bei Pflichtversicherten in einer **ausländischen Rentenversicherung** die ausländischen beitragspflichtigen Einnahmen des Jahres 2009 an. Bezieher einer ausländischen Erwerbsminderungs- oder Erwerbsunfähigkeitsrente tragen hier die Höhe ihrer Bruttorente ein. Wurden 2009 sowohl Einnahmen aus einer Beschäftigung, die einer ausländischen gesetzlichen Rentenversicherung unterlag, als auch eine ausländische Erwerbsminderungs- oder Erwerbsunfähigkeitsrente bezogen, geben Sie die Summe der Einnahmen in **Zeile 19** an.

In **Zeile 20** geben Sie an, ob Ihr Ehegatte als mittelbar begünstigte Person ebenfalls eine Zulage beantragt hat. Bei getrennter bzw. besonderer Veranlagung werden die Angaben zu den Altersvorsorgebeiträgen und die beigefügten Anbieterbescheinigungen bei der Einkommensteuerveranlagung des anderen Ehegatten berücksichtigt.

In den **Zeilen 21 bis 24** machen Sie die für die **Kinderzulagen** erforderlichen Angaben.   **84**

Bei leiblichen Eltern, Adoptiv- oder Pflegeeltern, die unbeschränkt steuerpflichtig und miteinander verheiratet sind, sowie im Jahr 2010 nicht oder nur teilweise dauernd getrennt gelebt haben, steht die **Kinderzulage** – unabhängig davon, ob dem Vater oder der Mutter das Kindergeld ausgezahlt worden ist – der **Mutter** zu. Dazu muss sie für das Kind im Laufe des Jahres 2010 mindestens für 1 Monat Kindergeld erhalten haben. Dazu ist in **Zeile 21** die Anzahl der Kinder getrennt nach Kindern, die vor dem 1.1.2009 (Kinderzulage 185 €) geboren sind, und Kindern, die nach dem 31.12.2008 (Kinderzulage 300 €) geboren sind, anzugeben.

Auf Antrag beider Eltern kann die Kinderzulage vom Vater in Anspruch genommen werden. Möchten Sie von dieser Möglichkeit Gebrauch machen, tragen Sie in **Zeile 22** die Anzahl der Kinder ein, für die die **Kinderzulage** von der Mutter **auf** den **Vater übertragen** werden soll. Die Übertragung ist im Antrag auf Altersvorsorgezulage und in der Anlage AV identisch vorzunehmen.

Bei Eltern, die nicht miteinander verheiratet sind oder im gesamten Jahr 2010 dauernd getrennt gelebt haben, steht die Kinderzulage nur dem Elternteil zu, der unbeschränkt steuerpflichtig ist und dem tatsächlich das Kindergeld ausgezahlt worden ist (einschließlich Stiefelternteil). Hierzu sind die Eintragungen in den **Zeilen 23 und 24**, getrennt nach Steuerzahler und Ehegatte, vorzunehmen. Hat der Auszahlungsberechtigte im Laufe des Jahres 2010 gewechselt, ist der Bezug für den ersten Anspruchszeitraum im Jahr 2010, in der Regel Januar, maßgebend.

Auf der 2. Seite der Anlage AV sind in den **Zeilen 31 bis 54** nähere Angaben zu den Altersvorsorgeverträgen zu machen. Hier können bis zu 4 Verträge, getrennt für den Steuerzahler und seinen Ehegatten, eingetragen werden. Dabei ist die Anbieternummer, die Zertifizierungsnummer und die Vertragsnummer jeweils anzugeben. Dann folgen die Beiträge (ohne Zulage) bzw. Tilgungsleistungen (ohne Zulage).

I Steuererklärung

4 Anlage Kind

4.1 Freibeträge für Kinder

85 In Höhe des Existenzminimums eines Kindes wird ein Einkommensbetrag steuerfrei gestellt, in der Regel durch Zahlung von Kindergeld, bei höher Verdienenden durch einen Kinderfreibetrag und den Freibetrag für Betreuungs- und Erziehungs- oder Ausbildungsbedarf (➜ Tz 557) unter Anrechnung des Kindergeldanspruchs; auf das tatsächlich gezahlte Kindergeld kommt es nicht an.

Für Sie heißt das: Sie erhalten durch die **Familienkasse** monatlich Ihr ab 2010 erhöhtes **Kindergeld** von **184 €** für das 1. und 2. Kind, **190 €** für das 3. Kind und **215 €** für jedes weitere Kind. Nach Ablauf des Jahres, also bei Abgabe Ihrer Einkommensteuererklärung 2010, prüft dann das Finanzamt automatisch, ob Sie zu den 5 % der Steuerzahler gehören, bei denen der **Kinderfreibetrag** (2.184 €/4.368 €) zusammen mit dem Freibetrag für **Betreuungs- und Erziehungs- oder Ausbildungsbedarf** (1.320 €/2.640 €) **günstiger als** das bereits ausgezahlte **Kindergeld** ist. Ist dies der Fall, werden Ihnen die Freibeträge für Kinder gewährt und das Kindergeld gegengerechnet. Sind dagegen die Freibeträge für Kinder ungünstiger als das ausgezahlte Kindergeld, bleibt es bei dem Kindergeld; Sie haben also **keine Nachzahlung** zu befürchten.

86 **WICHTIG**

> Die Freibeträge für Kinder wirken sich bei Ihnen auch auf die Berechnung des **Solidaritätszuschlags** und der **Kirchensteuer** aus. Dort werden sie immer von dem zu versteuernden Einkommen abgezogen; davon wird dann die Einkommensteuer berechnet und als Bemessungsgrundlage für die Kirchensteuer und den Solidaritätszuschlag angesetzt.

87 Sie haben Ihrer Einkommensteuererklärung für jedes Kind eine **eigene Anlage Kind** beizufügen. Diese Anlage ist auch dann auszufüllen, wenn Sie bereits entsprechende Angaben gegenüber der Familienkasse gemacht haben.

TIPP

> Eintragungen in der Anlage Kind sind unabhängig davon vorzunehmen, ob das Kind auf der Lohnsteuerkarte bescheinigt ist oder nicht. **Verheiratete Kinder** werden grundsätzlich ab dem der Eheschließung folgenden Monat nicht berücksichtigt, es sei denn, der Ehegatte des Kindes ist nicht in der Lage, für dessen Unterhalt aufzukommen. Für diesen Ausnahmefall sind dann diese Kinder auch in der Anlage Kind aufzuführen. Einzutragen sind auch Kinder, die im Inland keinen Wohnsitz oder gewöhnlichen Aufenthalt haben.

88 Geben Sie in den **Zeilen 4 bis 7** den Namen, die Anschrift und die Steueridentifikationsnummer Ihres Kindes an, darüber hinaus das Geburtsdatum und, falls es verheiratet ist, das Heiratsdatum. Außerdem ist in **Zeile 6 zu Kennzahl 15** der Anspruch auf Kindergeld oder vergleichbare Leistungen für 2010 einzutragen (➜ Tz 85). Auf das tatsächlich für 2010 gezahlte Kindergeld kommt es nicht an.

Wird Ihnen das Kindergeld nicht unmittelbar ausgezahlt, sondern bei der Bemessung Ihrer Unterhaltsverpflichtung gegenüber dem Kind angerechnet, ist der Anrechnungsbetrag, der dem halben Kindergeld entspricht, ebenfalls in **Zeile 6** einzutragen. Bei dem anderen Elternteil ist die andere Hälfte des Kindergeldes anzusetzen. Dies gilt auch dann, wenn der Kinderfreibetrag und der Freibetrag für den Betreuungs- und Erziehungs- oder Ausbildungsbedarf auf einen Elternteil übertragen wurde (vgl. **Zeilen 38 bis 41**).

BEISPIEL

Das 17-jährige Kind der geschiedenen Eheleute A und B lebt bei der Mutter B. Der Vater A erfüllt seine Unterhaltsverpflichtung. Das ihm zustehende Kindergeld wird ihm nicht unmittelbar ausgezahlt, sondern auf seine Unterhaltsverpflichtung angerechnet. Obwohl die Mutter das volle Kindergeld in Höhe von 184 € monatlich erhält, hat sie in **Zeile 6** nur das halbe Kindergeld = 1.104 € (6 × 184 €) einzutragen. Der Vater hat die andere Hälfte = 1.104 € in **Zeile 6** anzugeben.

TIPP

Hat ein Elternteil Anspruch auf den vollen Kinderfreibetrag, weil der halbe Kinderfreibetrag des anderen Elternteils auf ihn **übertragen** wurde, ist diesem das volle Kindergeld bei der Ermittlung der Steuerersparnis aus den Freibeträgen für Kinder gegenzurechnen, und zwar unabhängig davon, an wen das Kindergeld ausgezahlt wurde. Lebt z. B. ein 17-jähriges Kind bei der Mutter und steht dieser auf Antrag auch der halbe Kinderfreibetrag des Vaters zu, weil er seine Unterhaltsverpflichtung gegenüber dem Kind nicht erfüllt, hat die Mutter das volle Kindergeld von 2.208 € in **Zeile 6** einzutragen.

Im Vordruck wird zwischen Kindern unterschieden, die ihren Wohnort im Inland haben, **89** und Kindern, deren Wohnort sich im Ausland befindet. Bei einem Wohnungswechsel ist die Dauer des Wohnorts im Inland bzw. im Ausland in **Zeile 8** anzugeben. Dies ist wichtig, weil das Finanzamt bei Auslandskindern prüft, inwieweit Ihnen die vollen Freibeträge für Kinder, $^3/_4$, $^1/_2$ oder nur $^1/_4$ dieser Freibeträge zustehen. Dies richtet sich danach, welcher Ländergruppe das betreffende Land zuzuordnen ist; Einzelheiten ➜ Tz 556. Deshalb ist bei **Auslandskindern** in **Zeile 7** neben dem Wohnort auch der Staat einzutragen. Bei Inlandskindern wird immer der volle Kinderfreibetrag sowie der volle Freibetrag für Betreuungs- und Erziehungs- oder Ausbildungsbedarf gewährt.

Dem Kindergeld vergleichbar sind z. B. das ausländische Kindergeld sowie Kinderzuschüsse aus der gesetzlichen Unfall- und Rentenversicherung.

TIPP

Sollte sich Ihr Kind zum Zweck der **Berufsausbildung im Ausland** aufhalten, aber weiterhin zu Ihrem Haushalt gehören oder selbst über einen eigenen Haushalt im Inland verfügen, ist nur der Wohnort im Inland einzutragen. Damit stehen Ihnen das Kindergeld bzw. die Freibeträge für Kinder ungekürzt zu.

4.2 Kindschaftsverhältnis

90 Bei den Kindschaftsverhältnissen wird zwischen **leiblichen Kindern,** angenommenen Kindern **(Adoptivkindern), Pflegekindern** sowie **Enkelkindern** und **Stiefkindern** unterschieden (**Zeile 9**). Ist das Kindschaftsverhältnis zwischen den Eltern und dem leiblichen Kind vor dem 1.1.2010 durch Adoption erloschen, darf es nicht mehr in der Steuererklärung der Eltern angegeben werden.

Pflegekinder sind Kinder, mit denen Sie durch ein familienähnliches, auf längere Dauer angelegtes Band verbunden sind und die Sie in Ihrem Haushalt aufgenommen haben. Ein Obhuts- und Pflegeverhältnis zu den leiblichen Eltern darf nicht mehr bestehen. Auf die Beteiligung an den **Unterhaltskosten** für das Kind kommt es nicht an. Daher fragt das Finanzamt weder nach der Höhe des Pflegegeldes noch nach anderen Mitteln, die Sie für den Unterhalt des Kindes erhalten haben.

91 WICHTIG

Haben Sie ein Kind im Laufe des Jahres 2010 angenommen, teilen Sie dem Finanzamt das Datum mit. Entsprechend ist zu verfahren, wenn Ihr leibliches Kind im Laufe des Jahres bei einer anderen Person Pflegekind geworden ist. Das Finanzamt berücksichtigt in diesen Fällen die Freibeträge für Kinder nur **zeitanteilig (Zeile 10).**

Ist der andere Elternteil verstorben, haben Sie Anspruch auf die vollen Freibeträge für Kinder. Dies gilt auch dann, wenn der andere Elternteil im Ausland lebte und nicht unbeschränkt steuerpflichtig war. Die hierfür erforderlichen Angaben sind in den **Zeilen 11 und 12** zu machen.

4.3 Kinder unter 18 Jahren

92 Für **Kinder unter 18 Jahren** sind stets ein **Kinderfreibetrag** und ein **Freibetrag für Betreuungs- und Erziehungs- oder Ausbildungsbedarf** zu gewähren. Auf die Höhe der eigenen Einkünfte und Bezüge kommt es bei diesen Kindern nicht an. Daher sind bei diesen Kindern nur in den **Zeilen 4 bis 12** Angaben zu machen. Hat das Kind 2010 das **18. Lebensjahr vollendet,** sind weitere Angaben erforderlich, wollen Sie für das gesamte Kalenderjahr die Freibeträge für Kinder erhalten (zusätzliche Eintragungen in den **Zeilen 13 bis 26**, insbesondere zu den Einkünften und Bezügen ab Vollendung des 18. Lebensjahres erforderlich).

WICHTIG

War das Kind 2010 nicht in Ihrer Wohnung gemeldet, müssen Sie eine steuerliche **Lebensbescheinigung** der Wohnsitzgemeinde des Kindes vorlegen. Dies ist nicht erforderlich, wenn das Kind auf Ihrer Lohnsteuerkarte bereits berücksichtigt worden ist.

4.4 Kinder ab 18 Jahren

93 Kinder ab 18 Jahren, die das 25. Lebensjahr noch nicht vollendet haben, können nur dann steuerlich berücksichtigt werden, wenn ihre **eigenen Einkünfte und Bezüge 8.004 €** 2010 **nicht überstiegen** haben. Die Einkünfte- und Bezügegrenze von 8.004 €

ist 2010 wegen der Anhebung des Grundfreibetrags erhöht worden. Weitere Voraussetzung ist für alle:

- Das Kind muss für einen **Beruf ausgebildet** worden sein (Schulausbildung reicht aus!) oder
- es konnte eine **Berufsausbildung** mangels Ausbildungsplatz **nicht beginnen** oder fortsetzen oder
- es hat ein **freiwilliges soziales** oder **ökologisches Jahr** oder europäischen Freiwilligendienst oder einen anderen Dienst im Ausland im Sinne des Zivildienstgesetzes abgeleistet.

War Ihr **Kind** 2010 **arbeitslos**, wird es Ihnen steuerlich zugerechnet, solange es das **21. Lebensjahr** noch nicht vollendet und der Arbeitsvermittlung im Inland zur Verfügung gestanden hat.

Kinder, die den **gesetzlichen Grundwehr- oder Zivildienst** oder **freiwilligen Wehr-** **94** **dienst** leisten oder eine von diesen Diensten befreiende Tätigkeit als **Entwicklungshelfer** ausüben, werden für die Freibeträge bzw. das Kindergeld nicht berücksichtigt. In diesen Fällen können jedoch die Freibeträge für Kinder bzw. das Kindergeld über das 21. oder 25. Lebensjahr hinaus zustehen, und zwar für die Dauer des inländischen gesetzlichen Grundwehr- oder Zivildienstes, wenn das Kind noch arbeitslos war, sich in Berufsausbildung oder in einer Übergangszeit von höchstens 4 Monaten zwischen 2 Ausbildungsabschnitten befand (➜ Tz 577). Tragen Sie die Dauer dieser Dienste in der vorgesehenen Spalte der **Zeile 20** ein.

Ohne Altersbegrenzung werden Kinder berücksichtigt, die sich wegen körperlicher, **95** geistiger oder seelischer **Behinderung** nicht selbst unterhalten konnten. Voraussetzung ist jedoch, dass die Behinderung vor Vollendung des 25. Lebensjahres eingetreten ist. Kinder, bei denen die Behinderung vor dem 1.1.2007 in der Zeit ab Vollendung des 25. Lebensjahres, aber vor Vollendung des 27. Lebensjahres eingetreten ist, sind ebenfalls zu berücksichtigen.

Ein Kind ist außer Stande, sich selbst finanziell zu unterhalten, wenn es mit seinen eigenen Mitteln seinen gesamten Lebensbedarf nicht decken kann. **Zum gesamten notwendigen Lebensbedarf** des Kindes gehören zum einen der **allgemeine Lebensbedarf**, der mit **8.004 €** angesetzt wird, und der **individuelle behinderungsbedingte Mehrbedarf,** beispielsweise die Kosten für eine Heimunterbringung, der Pflegebedarf in Höhe des gezahlten Pflegegeldes und ggf. der Behinderten-Pauschbetrag. Dem gesamten Lebensbedarf sind die Einnahmen des Kindes gegenüber zu stellen. Dazu gehören neben den Einkünften auch Bezüge, insbesondere die Eingliederungshilfe und der nach der Sachbezugsverordnung anzusetzende Wert für Verpflegung im Fall einer Heimunterbringung. Als Bezug sind auch die steuerfreie Unfallrente des Kindes und das von der Pflegeversicherung gezahlte Pflegegeld zu berücksichtigen.

TIPP

Bei über 18 Jahre alten Kindern sollten Sie neben den Angaben in den **Zeilen 13 bis 26** Unterlagen oder **Bescheinigungen über die Berufsausbildung** beifügen, z. B. eine Studienbescheinigung oder einen Lehrvertrag in Kopie. Darüber hinaus ist in den letzten beiden Spalten der **Zeilen 13, 15 bis 20** der genaue Ausbildungs- oder vergleichbare Zeitraum anzugeben. Dies ist wichtig für die Berechnung der eigenen Einkünfte und Bezüge des Kindes (➜ Tz 568).

4.5 Einkünfte und Bezüge der Kinder über 18 Jahren

96 Für ein über 18 Jahre altes Kind erhalten Sie Kindergeld bzw. die Freibeträge für Kinder für 2010 nur, wenn es **höchstens 8.004 € an eigenen Einkünften und Bezügen** erzielt hat.

Zu den **anrechenbaren Einkünften** rechnen im Wesentlichen die Einnahmen aus einer nichtselbstständigen Tätigkeit, wobei der Arbeitnehmer-Pauschbetrag von 920 € abzuziehen ist, wenn nicht höhere Werbungskosten nachgewiesen werden, und die Einnahmen aus Kapitalvermögen. Bei den Kapitalerträgen ist der **Sparer-Pauschbetrag** von **801 €** als „Werbungskostenersatz" abzuziehen. Dadurch rechnet der Sparer-Pauschbetrag wie der Arbeitnehmer-Pauschbetrag nicht zu den Bezügen, die neben den Einkünften anzusetzen sind. **Steuerfreier** oder **pauschal besteuerter Arbeitslohn** gehört zu den **Bezügen**. Hier sind auch alle Einnahmen anzusetzen, die zur Bestreitung des Lebensunterhalts bestimmt oder geeignet sind, wie z. B. Arbeitslosengeld, Wohngeld oder Sozialhilfe. Ebenfalls dazu rechnet der Versorgungsfreibetrag mit Zuschlag zum Versorgungsfreibetrag. Wegen weiterer Einzelheiten zum Begriff der Einkünfte und Bezüge ➔ Tz 568. Von den Bezügen werden die damit zusammenhängenden Aufwendungen abgezogen, mindestens aber ein Pauschbetrag von **180 €.**

WICHTIG

> Auf Grund der Rechtsprechung des BVerfG und des BFH (➔ Tz 570) dürfen bei einem Kind, dessen Arbeitslohn durch Sozialversicherungsbeiträge sowie um Beiträge zur privaten Kranken- und Pflegeversicherung gemindert wurde, bei der Überprüfung des Grenzbetrags von 8.004 € nicht die tatsächlichen Einnahmen angesetzt werden, sondern der um die Beiträge geminderte Arbeitslohn.

Die Eintragungen zu den Einkünften und Bezügen des Kindes sind in den **Zeilen 21 bis 26** vorzunehmen. Dabei sind die Einkünfte und Bezüge auch dann für das ganze Kalenderjahr anzugeben, wenn das Kind erst im Laufe des Kalenderjahres das 18. Lebensjahr vollendet hat. In den **Zeilen 22 und 25** sind die Einkünfte und Bezüge des Kindes einzutragen, die es im Berücksichtigungszeitraum bezogen hat.

97 WICHTIG

> Einkünfte und Bezüge im Monat des **Wechsels von der Berufsausbildung bzw. Arbeitslosigkeit zur Berufstätigkeit** sind in diesen Zeilen nicht anzusetzen, soweit sie auf den Zeitraum der Berufstätigkeit entfallen. Einkünfte und Bezüge im Heiratsmonat bleiben in den **Zeilen 22 und 25** ebenfalls außer Ansatz, wenn das Kind wegen der Heirat künftig nicht mehr berücksichtigt wird. Sonderzuwendungen, wie z. B. Urlaubs- oder Weihnachtsgeld, die während der Berufsausbildung des Kindes zufließen, sind auf alle Monate der Berufsausbildung gleichmäßig zu verteilen.

Sofern Ihr Kind 2010 **auswärtig untergebracht** war, geben Sie in den **Zeilen 23 und 26** die auf diesen Zeitraum entfallenden Einkünfte und Bezüge an. Dies ist wichtig für die Gewährung des Freibetrags zur Abgeltung eines Sonderbedarfs bei Berufsausbildung eines volljährigen Kindes (vgl. **Zeilen 48 bis 50**).

Von den Einkünften und Bezügen eines Kindes sind **besondere Ausbildungskosten abzuziehen**, z. B. Fahrtkosten zwischen Wohnung und Ausbildungsstätte, Kosten für

Arbeitsmittel und Studiengebühren (einzutragen in den **Zeilen 24 und 25**), nicht jedoch Aufwendungen für eine auswärtige Unterbringung sowie Mehraufwendungen für Unterkunft und Verpflegung im Ausland.

TIPP

Sollten Sie nach Ablauf des Jahres 2010 die Höhe der eigenen Einkünfte und Bezüge des Kindes bereits gegenüber der Familienkasse nachgewiesen haben, können Sie statt der Eintragungen in den **Zeilen 21 bis 26** eine Ablichtung der gegenüber der Familienkasse gemachten Angaben beifügen und hierauf in der Anlage Kind hinweisen.

Der Betrag von 8.004 € ist um ein **Zwölftel für jeden Kalendermonat** (= 667 €) zu **98** kürzen, in dem die Voraussetzungen für eine Zurechnung als Kind nicht vorgelegen haben. Einkünfte und Bezüge des Kindes, die auf die nicht berücksichtigungsfähigen Kalendermonate entfallen, bleiben bei der Überprüfung der Betragsgrenze außer Ansatz. Daher wird in der Anlage Kind getrennt nach Einnahmen und Bezügen insgesamt und innerhalb des maßgebenden Berücksichtigungszeitraums gefragt (**Zeilen 21 bis 26**).

Wegen der Ermäßigung der Betragsgrenze bei Kindern mit Wohnsitz oder gewöhnlichem **99** Aufenthalt im **Ausland** ➜ Tz 556.

4.6 Übernommene Kranken- und Pflegeversicherungsbeiträge

Ab 2010 neu hinzugekommen in der Anlage Kind ist die Abfrage nach den Kranken- und **100** Pflegeversicherungsbeiträgen. Diese Angaben sind in den **Zeilen 31 bis 37** nur dann zu machen, wenn der Datenübermittlung an das Finanzamt nicht widersprochen wurde.

In den **Zeilen 31 bis 37** können Sie als Versicherungsnehmer Beiträge zur Kranken- und Pflegeversicherung für die Absicherung Ihres Kindes eintragen. Diese Beiträge sind dann bei Ihnen als Sonderausgaben abziehbar. Dies gilt sowohl für die Beiträge, die der Grundsicherung im Krankheitsfall dienen, als auch für darüber hinaus geleistete Beiträge für Zusatzleistungen der Krankenkasse. Nicht darunter fallen über die Grundabsicherung hinausgehende Beiträge für Barleistungen, z. B. für eine Chefarztbehandlung oder für ein Einzelzimmer im Krankenhaus. Die Krankenkasse stellt Ihnen hierüber eine Bescheinigung aus, aus der Sie die Beiträge für die Grundversorgung und die Beiträge für die Barleistungen entnehmen können. Tragen Sie dann in **Zeile 31** die Beiträge für die Grundversorgung einschließlich Zusatzbeiträge, die in der gesetzlichen Krankenversicherung von Ihnen gezahlt wurden, ein.

WICHTIG

Machen Sie die Kranken- und Pflegeversicherungsbeiträge als Sonderausgaben geltend, können sie bei dem Kind nicht zusätzlich berücksichtigt werden.

Sollte in den Krankenkassenbeiträgen für Ihr Kind auch ein Beitragsanteil für den Anspruch auf Krankengeld enthalten sein, ist dieser Beitragsanteil in **Zeile 32** gesondert anzugeben. Hierfür erhalten Sie keinen uneingeschränkten Sonderausgabenabzug; hierfür steht Ihnen nur ein Abzug im Rahmen der Höchstbetragsberechnung zu (➜ Tz 523).

In **Zeile 33** tragen Sie die Beiträge zur sozialen Pflegeversicherung bzw. zur privaten Pflegeversicherung Ihres Kindes ein.

Von den Versicherungsbeiträgen laut **Zeile 31 bis 33** sind die Beitragsrückerstattungen, in **Zeile 34** anzugeben, abzuziehen. Zusätzlich ist in **Zeile 35** zu vermerken, wie hoch die Beitragsrückerstattung ist, die auf den Anspruch auf Krankengeld entfällt. In **Zeile 36** geben Sie Beiträge zu Krankenversicherungen des Kindes an, die nicht von dem Kind als Versicherungsnehmer, sondern von Ihnen als Versicherungsnehmer getragen wurden. Auch hier ist zu beachten, dass nur die Beiträge für die Grundversorgung ohne zusätzliche Beiträge für Wahlleistungen anzugeben sind.

Die von Ihrem Kind, für das Sie Anspruch auf Kindergeld oder Freibeträge für Kinder haben, als Versicherungsnehmer geleisteten Beiträge können bei getrennter Veranlagung im Verhältnis der Zuordnung der Kinderfreibeträge von Ihnen als Sonderausgaben geltend gemacht werden. Haben Sie mit dem anderen Elternteil des Kindes einvernehmlich eine andere Zuordnung dieser Beiträge bestimmt, ist diese maßgeblich. Hierzu ist dann in **Zeile 37** der bei Ihnen zu berücksichtigende Anteile in Prozent einzutragen. Der gemeinsame „Aufteilungsantrag" ist der Anlage Kind beizufügen.

4.7 Übertragung des Kinderfreibetrags bzw. Freibetrags für Betreuungs- und Erziehungs- oder Ausbildungsbedarf

101 Der Kinderfreibetrag und der Freibetrag für Betreuungs- und Erziehungs- oder Ausbildungsbedarf stehen jedem Elternteil grundsätzlich zur Hälfte zu. Werden die Eltern zusammenveranlagt oder ist der andere Elternteil verstorben oder lebte er 2010 ganzjährig im Ausland und war damit nicht unbeschränkt steuerpflichtig, können der Kinderfreibetrag mit monatlich 364 € und der Freibetrag für Betreuungs- und Erziehungs- oder Ausbildungsbedarf mit monatlich 220 € berücksichtigt werden. Dies gilt auch, wenn ein Pflege- oder Adoptivkindschaftsverhältnis nur zu einer Person besteht, der Wohnsitz oder Aufenthalt des anderen Elternteils nicht zu ermitteln oder der Vater des Kindes amtlich nicht feststellbar ist. Die dazu erforderlichen Angaben sind in den **Zeilen 10 bis 12** sowie **Zeilen 38 bis 41** zu machen.

Bei **geschiedenen** oder **dauernd getrennt lebenden Eltern** sowie bei Eltern nichtehelicher Kinder kann ein Elternteil in **Zeile 38** beantragen, dass der Kinderfreibetrag des anderen Elternteils auf ihn übertragen wird, wenn er, nicht aber der andere Elternteil, seine Unterhaltsverpflichtung gegenüber dem Kind für 2010 mindestens zu 75 % erfüllt hat. Die **konkrete Höhe der Unterhaltsverpflichtung** des anderen Elternteils sowie seine tatsächlichen Unterhaltsleistungen sind z. B. durch Scheidungsurteil oder Zahlungsbelege **nachzuweisen**. Ist jedoch ein Elternteil insbesondere wegen fehlender Eigenmittel nicht zur Leistung von Unterhalt verpflichtet, kann der ihm zustehende Kinderfreibetrag nicht auf den anderen Elternteil übertragen werden. Auch eine einvernehmliche Übertragung des Kinderfreibetrags ist in diesen Fällen nicht möglich.

Die **Übertragung des Kinderfreibetrags** führt automatisch auch zur Übertragung des Freibetrags für Betreuungs- und Erziehungs- oder Ausbildungsbedarf.

Bei geschiedenen oder dauernd getrennt lebenden Eltern sowie bei Eltern nichtehelicher **102**
Kinder kann ein Elternteil abweichend vom Kinderfreibetrag die Übertragung des halben
Freibetrags für den Betreuungs- und Erziehungs- oder Ausbildungsbedarf des anderen
Elternteils in den **Zeilen 38 bis 41** beantragen, sofern das minderjährige Kind bei dem
anderen Elternteil nicht gemeldet war (**Zeile 39**).

Der Kinderfreibetrag und der Freibetrag für Betreuungs- und Erziehungs- oder Ausbildungsbedarf können **einheitlich mit Zustimmung des leiblichen Elternteils** auch auf
einen **Stiefelternteil** oder auf Großeltern übertragen werden, wenn sie das Kind in ihren
Haushalt aufgenommen haben. Eine monatsweise Übertragung der Freibeträge ist nicht
möglich. Neben den Angaben in den **Zeilen 40 bzw. 41** ist in diesem Fall die **Anlage K**
zusätzlich der Einkommensteuererklärung beizufügen.

WICHTIG

Mit der Übertragung des Kinderfreibetrags gehen der anteilige „Ausbildungsfreibetrag" und der anteilige Anspruch auf Übertragung des dem Kind zustehenden
Behinderten-Pauschbetrags auf den Stief- oder Großelternteil über.

4.8 Entlastungsbetrag für Alleinerziehende

Rechnen Sie zu der Gruppe der echt **Alleinerziehenden** und gehört zu Ihrem Haushalt **103**
mindestens 1 Kind, so steht Ihnen ein **Entlastungsbetrag** in Höhe von **1.308 €**,
bezogen auf das Kalenderjahr, zu (§ 24b EStG). Der Entlastungsbetrag ist von der Summe
der Einkünfte abzuziehen. Ist auf Ihrer Lohnsteuerkarte die **Steuerklasse II** bescheinigt
worden, wurde der Entlastungsbetrag bereits im Lohnsteuer-Abzugsverfahren berücksichtigt. Ansonsten können Sie den Entlastungsbetrag in Ihrer Einkommensteuererklärung 2010 geltend machen. Die dazu erforderlichen Eintragungen sind in **Zeilen 42 bis 47**
der Anlage Kind zu machen.

Der Entlastungsbetrag steht Ihnen als Alleinerziehender unter folgenden Voraussetzun- **104**
gen zu:

– Sie als Alleinstehender müssen **mit mindestens 1 Kind** (leibliches oder angenom-
  menes Kind, Pflegekind, Stief- oder Enkelkind) eine **Haushaltsgemeinschaft** in einer
  gemeinsamen Wohnung bilden;
– für dieses Kind muss Ihnen ein **Anspruch auf Kindergeld oder einen Freibetrag für
  Kinder** zustehen;
– sowohl Sie als Alleinstehender als auch das Kind müssen in der **gemeinsamen
  Wohnung** mit Haupt- oder Nebenwohnsitz gemeldet sein;
– sofern das Kind bei mehreren Steuerzahlern gemeldet ist, steht der Entlastungsbetrag
  demjenigen zu, der das Kind **tatsächlich** in seinen **Haushalt aufgenommen** hat.

WICHTIG

Für Kinder, die den gesetzlichen **Grundwehr- oder Zivildienst** leisten oder sich
anstelle des gesetzlichen Grundwehrdienstes freiwillig für die Dauer von nicht
mehr als 3 Jahren zum Wehrdienst verpflichtet haben oder eine vom gesetzlichen
Grundwehr- oder Zivildienst befreiende Tätigkeit als Entwicklungshelfer ausüben, steht Ihnen bei Haushaltszugehörigkeit kein Entlastungsbetrag zu.

Um diese Voraussetzungen überprüfen zu können, ist in **Zeile 42** anzugeben, in welchem Zeitraum für 2010 das Kind in Ihrer Wohnung gemeldet war, und in **Zeile 43** ist einzutragen, für welchen Zeitraum Ihnen Kindergeld ausgezahlt wurde.

105 Anhand der **Zeilen 44 bis 47** wird überprüft, ob Sie zu den Personen gehören, die „**alleinstehend**" sind. Das Gesetz definiert diesen Personenkreis wie folgt: Alleinstehend ist derjenige, der nicht die Voraussetzungen für eine Ehegattenveranlagung (§ 26 EStG) erfüllt, also unverheiratet ist, während des gesamten Kalenderjahres 2010 von seinem Partner getrennt lebte oder dessen Partner beschränkt steuerpflichtig ist, wobei hinzukommen muss, dass derjenige nicht in einer Haushaltsgemeinschaft mit einer anderen „schädlichen" Person lebt. Schädlich ist eine Haushaltsgemeinschaft insbesondere mit dem anderen Elternteil, einem Lebenspartner sowie einem volljährigen Kind, für das Sie weder Kindergeld noch einen Freibetrag für Kinder erhalten und das darüber hinaus keinen Grundwehr- oder Zivildienst ableistet bzw. bedürftig oder behindert ist. Wegen weiterer Einzelheiten ➜ Tz 597.

WICHTIG

> Für Alleinstehende, die verwitwet sind, kommt der Entlastungsbetrag ebenfalls in Betracht, soweit Sie mit einem Kind, für das Sie Kindergeld oder einen Freibetrag für Kinder erhalten, eine Haushaltsgemeinschaft bilden und darüber hinaus keine andere „schädliche" Person in der Wohnung gemeldet ist oder sich dort aufhält.

Gehört zu Ihrem Haushalt ein Kind, das den Grundwehr- oder Zivildienst oder Wehrdienst bis höchstens 3 Jahre leistet oder als Entwicklungshelfer tätig ist, berechtigt Sie zwar dieses Kind nicht zur Inanspruchnahme des Entlastungsbetrags, jedoch wird dieses Kind auch nicht als andere „**schädliche" Person** angesehen.

WICHTIG

> Sobald eine **volljährige Person** mit Haupt- oder Nebenwohnsitz in Ihrer Wohnung gemeldet ist, vermutet der Gesetzgeber, dass diese mit Ihnen **gemeinsam wirtschaftet** und damit eine Haushaltsgemeinschaft bildet. Diese Vermutung können Sie nicht widerlegen, wenn Sie mit der anderen Person in e**heähnlicher Gemeinschaft** bzw. in einer eingetragenen **Lebenspartnerschaft** leben. In anderen Fällen können Sie die Vermutung widerlegen, z. B. durch Vorlage eines **Untermietvertrags** oder unter Hinweis darauf, dass die andere Person in einem **Au-pair-Verhältnis** tätig ist.

Liegen die Voraussetzungen für die Gewährung des Entlastungsbetrags nur **zeitweise** vor, besteht der Anspruch nur für die Monate, in denen die Voraussetzungen zumindest teilweise vorgelegen haben.

BEISPIEL

A, alleinstehend, hat 3 Kinder im Alter von 10, 12 und 21 Jahren, die bei ihr gemeldet sind und auch bei ihr wohnen. Der 21-jährige Sohn befindet sich noch in Berufsausbildung, die allerdings im November 2010 beendet wurde.

A erhält für die Monate Januar bis November 2010 den Entlastungsbetrag, da sie mit mindestens 1 Kind, für das sie Kindergeld oder einen Freibetrag für Kinder erhält, eine Haushaltsgemeinschaft bildet. Ihr 21-jähriger Sohn ist nach Beendigung der Berufsausbildung als andere „schädliche" Person anzusehen, die mit ihr eine Haushaltsgemeinschaft bildet, so dass es zur Versagung des Entlastungsbetrags für den Monat Dezember 2010 kommt.

In **Zeile 44** ist anzugeben, für welchen Zeitraum eine bzw. mehrere volljährige Personen in Ihrer Wohnung gemeldet waren, für die Sie kein Kindergeld und auch keinen Freibetrag für Kinder erhalten haben. In **Zeile 45** haben Sie zusätzlich den Zeitraum anzugeben, für den 2010 eine Haushaltsgemeinschaft mit mindestens einer weiteren volljährigen Person bestand, für die keine Anlage Kind beigefügt ist. Zusätzlich ist in den **Zeilen 46 und 47** der Vorname und der Name, das Verwandtschaftsverhältnis und ggf. die Art der Beschäftigung bzw. Tätigkeit in Ihrer Wohnung anzugeben. Sind dies mehrere Personen, verwenden Sie für diese Angaben ein besonderes Blatt, das Sie der **Anlage Kind** beifügen. U. E. reicht es aus, wenn Sie die Angaben zu **Zeilen 44 bis 47** nur in einer Anlage Kind machen, in der auch die Daten für das Kind einzutragen sind, das Ihnen den Entlastungsbetrag verschafft.

4.9 Freibetrag zur Abgeltung eines Sonderbedarfs bei Berufsausbildung

Ausbildungskosten für ein auswärts untergebrachtes volljähriges Kind, das sich in Berufsausbildung befindet, werden mit einem zusätzlichen Freibetrag bis zu **924 €** **jährlich** berücksichtigt (**Zeilen 48 bis 50**). Dies gilt nur dann, wenn Sie für das Kind Kindergeld oder einen Freibetrag für Kinder erhalten.

106

Bei geschiedenen oder dauernd getrennt lebenden Eltern und bei Eltern nichtehelicher Kinder wird der „Berufsausbildungsfreibetrag" grundsätzlich auf die **Elternteile je zur Hälfte aufgeteilt**. Sie können den **anteiligen Freibetrag** aber auch **übertragen**. Hierfür ist ein gemeinsamer, formloser Antrag beider Elternteile erforderlich. In **Zeile 50** ist anzugeben, welcher Anteil des Freibetrags bei Ihrer Veranlagung zu berücksichtigen ist.

Für im Ausland lebende Kinder wird der Freibetrag ggf. gekürzt (➜ Tz 556).

Hat das Kind 2010 **eigene Einkünfte und Bezüge** innerhalb des Ausbildungszeitraums und während der auswärtigen Unterbringung bezogen, sind diese in den **Zeilen 21 bis 26**, insbesondere in den **Zeilen 23 und 26**, anzugeben. Um diese eigenen Einkünfte und Bezüge ist der „Berufsausbildungsfreibetrag" zu kürzen, soweit sie jährlich 1.848 € übersteigen. Ist Ihr Kind verheiratet, wird ihm der Teil des verfügbaren Einkommens seines Ehegatten als eigene Bezüge zugerechnet, der das anteilige Existenzminimum des Ehegatten von 8.004 € im Kalenderjahr übersteigt.

107

Ausbildungszuschüsse aus öffentlichen Mitteln (z. B. BAföG) sowie von Fördereinrichtungen, die hierfür öffentliche Mittel erhalten, sind in voller Höhe auf den Freibetrag anzurechnen und nicht erst, soweit diese 1.848 € übersteigen. Demgegenüber sind aber **darlehensweise gewährte Leistungen** nach dem **BAföG** keine anrechenbaren Bezüge.

Für jeden **vollen Monat**, in dem eine der Voraussetzungen für die Gewährung des „Berufsausbildungsfreibetrags" nicht vorgelegen hat, ermäßigt sich der Freibetrag um $^1/_{12}$.

4.10   Schulgeld

108 Tragen Sie in **Zeile 51** das von Ihnen gezahlte **Schulgeld** für staatlich genehmigte oder nach Landesrecht erlaubte **Ersatzschulen** bzw. **Ergänzungsschulen** ein, allerdings abzüglich des Entgelts für Beherbergung, Betreuung und Verpflegung. Begünstigt sind auch **Privatschulen** im EU-/EWR-Ausland. Eine entsprechende Bescheinigung der Schule sollten Sie beifügen. Steuerlich abziehbar sind **30 % des Entgelts, maximal 5.000 €.**

WICHTIG

Die Schule muss einen allgemeinbildenden oder berufsbildenden Schul-, Jahrgangs- oder Berufsabschluss vermitteln. Bei im **Ausland** belegenen **Schulen** muss der Abschluss von der im Inland zuständigen Stelle als gleichwertig anerkannt werden. Bei der im Inland zuständigen Stelle kann es sich z. B. um das jeweilige Bildungs- oder Kultusministerium eines Bundeslandes, die Kultusministerkonferenz der Bundesländer, eine Zeugnisanerkennungsstelle oder eine Schulbehörde handeln. Fügen Sie der Einkommensteuererklärung 2010 eine Bescheinigung der zuständigen Behörde über die Anerkennung des Abschlusses bei. Für deutsche Schulen im Ausland steht Ihnen ebenfalls der Sonderausgabenabzug zu. Entgelte an Hochschulen und Fachhochschulen werden nicht berücksichtigt.

Beachten Sie, dass der Höchstbetrag für jedes Kind, bei dem die Voraussetzungen vorliegen, je Elternpaar nur einmal gewährt wird. Daher ist in **Zeile 52** das von Ihnen entrichtete Schulgeld einzutragen und in **Zeile 53** ist der Prozentsatz anzugeben, der auf Grund gemeinsamen Antrags der Elternteile für das Kind bei der Einkommensteuerveranlagung 2010 zu berücksichtigen ist. Soll der Höchstbetrag je Elternteil hälftig angesetzt werden, wird dies ohne Eintragung in **Zeile 53** automatisch vom Finanzamt unterstellt.

4.11   Übertragung des Behinderten- bzw. Hinterbliebenen-Pauschbetrags

109 Steht Ihrem Kind bzw. Enkelkind, für das Sie Kindergeld oder Freibeträge für Kinder erhalten, ein Behinderten- oder Hinterbliebenen-Pauschbetrag zu, können Sie diesen Pauschbetrag im Rahmen Ihrer Einkommensteuerveranlagung 2010 geltend machen, wenn das Kind den Pauschbetrag nicht selbst in Anspruch nimmt. Wegen Einzelheiten zur Höhe und zu den Voraussetzungen für die Inanspruchnahme des Pauschbetrags ➜ Tz 461.

Geben Sie in **Zeile 54** an, ob das Kind hinterblieben oder behindert ist, wobei Sie bei einer Behinderung auch den Grad der Behinderung angeben müssen. Achten Sie darauf, dass das Finanzamt einen **Nachweis über die Behinderung** des Kindes verlangt. Hierzu reicht in der Regel eine Ablichtung des Behindertenausweises aus. Der **Behinderten-Pauschbetrag** von **3.700 €** kann auch bei Vorlage des Bescheids über die Einstufung als Schwerstpflegebedürftiger (Pflegestufe III) gewährt werden. Die Eintragungen hierzu sind in **Zeile 55** vorzunehmen.

Ist bei geschiedenen oder **dauernd getrennt lebenden Eltern** oder bei **Eltern nicht-ehelicher Kinder** ein dem Kind zustehender Pauschbetrag für Behinderte oder Hinterbliebene zu übertragen, werden diese Beträge grundsätzlich auf die Eltern zur Hälfte aufgeteilt. Auf gemeinsamen Antrag beider Eltern kann der Pauschbetrag in einem beliebigen Verhältnis auf sie verteilt werden. Fügen Sie den gemeinsamen Antrag bei. Tragen Sie in **Zeile 56** den Prozentsatz ein, bis zu dem bei Ihrer Veranlagung der Pauschbetrag zu berücksichtigen ist.

4.12 Kinderbetreuungskosten

Sind Ihnen **wegen Ihrer Erwerbstätigkeit** Aufwendungen für Dienstleistungen zur 110
Betreuung eines zum Haushalt gehörenden Kindes entstanden, das das 14. Lebensjahr noch nicht vollendet hat oder wegen einer vor Vollendung des 25. Lebensjahres eingetretenen körperlichen, geistigen oder seelischen Behinderung außer Stande ist, sich selbst zu unterhalten, können Sie die Aufwendungen in Höhe von $^2/_3$, **höchstens 4.000 €** je Kind, **wie Betriebsausgaben** bzw. **Werbungskosten** abziehen. Für im Ausland lebende Kinder wird der Abzugsbetrag ggf. gekürzt (➜ Tz 556).

Zu den **Kinderbetreuungskosten** rechnen insbesondere die Aufwendungen zur Unterbringung von Kindern in Kindergärten, Kindertagesstätten, Kinderhorten, Kinderheimen und Kinderkrippen sowie bei Tagesmüttern, Wochenmüttern und in Ganztagspflegestellen, die Beschäftigung von Kindererzieherinnen, Erzieherinnen und Kinderschwestern sowie die Beschäftigung von Hilfen im Haushalt, soweit sie Kinder betreuen oder die Kinder bei der Erledigung der häuslichen Schulaufgaben beaufsichtigen. Nicht zu berücksichtigen sind Aufwendungen für (Nachhilfe-)Unterricht, für die Vermittlung besonderer Fähigkeiten, für sportliche und andere Freizeitbetätigungen sowie für die Verpflegung des Kindes.

Abzugsberechtigt sind **Alleinerziehende**, die einer **Erwerbstätigkeit** nachgehen, sowie **Elternteile**, die zusammenleben und **beide erwerbstätig** sind. Erwerbstätigkeit bedeutet, dass eine auf **Erzielung von Einkünften gerichtete Tätigkeit** im Bereich der Gewinneinkunftsarten oder als Arbeitnehmer ausgeübt werden muss. Dabei kommt es auf den Umfang der Tätigkeit dem Grunde nach nicht an; auch ein Arbeitnehmer, der auf 400-€-Basis arbeitet, ist somit erwerbstätig.

WICHTIG

Allerdings wird das Finanzamt überprüfen, ob die Kinderbetreuungskosten wegen Ihrer Erwerbstätigkeit angefallen sind. Soweit die Kinderbetreuungskosten einen Zeitraum abdecken, in dem Sie nicht erwerbstätig gewesen sind, wird Ihnen der Abzug versagt werden.

Erwerbsbedingte Kinderbetreuungskosten können wie **Betriebsausgaben** bei der Ermittlung des steuerpflichtigen Gewinns abgezogen werden und mindern damit auch die Bemessungsgrundlage für die Gewerbesteuer. Sie sind als **Werbungskosten** abzugsfähig, wenn der Steuerzahler Einkünfte aus nichtselbständiger Arbeit erzielt. Hier sind die Kinderbetreuungskosten **neben** dem **Arbeitnehmer-Pauschbetrag von 920 €** zu berücksichtigen.

111 **Nicht erwerbstätige Steuerzahler** und zusammenlebende Elternteile, bei denen **nur ein Elternteil erwerbstätig** ist, können $^2/_3$ der Betreuungskosten für ihre Kinder als Sonderausgaben steuerlich geltend machen, wenn das **Kind das 3.**, jedoch noch **nicht das 6. Lebensjahr vollendet** hat.

Darüber hinaus ist ein **Sonderausgabenabzug** für Betreuungskosten möglich, wenn das Kind das **14. Lebensjahr noch nicht vollendet** hat oder wegen einer vor Vollendung des 25. Lebensjahres eingetretenen körperlichen, geistigen oder seelischen Behinderung außer Stande ist, sich selbst zu unterhalten, wenn Ihnen für das Kind Kindergeld oder ein Freibetrag für Kinder zusteht und folgende weitere Voraussetzungen vorliegen:

- Besteht **kein gemeinsamer Haushalt der Elternteile**, kommt ein Abzug von Kinderbetreuungskosten in Betracht, wenn die Aufwendungen wegen Ausbildung, körperlicher, geistiger oder seelischer Behinderung oder wegen Krankheit erwachsen. Die Krankheit muss innerhalb eines zusammenhängenden Zeitraums von mindestens 3 Monaten bestanden haben, es sei denn, die Krankheit tritt unmittelbar im Anschluss an eine Erwerbstätigkeit oder Ausbildung ein.
- Bei **zusammenlebenden Elternteilen** müssen die vorstehend genannten Voraussetzungen entweder bei beiden Elternteilen vorliegen oder wenn ein Elternteil erwerbstätig ist, muss der andere sich in Ausbildung befinden, körperlich, geistig oder seelisch behindert oder krank sein (**Zeilen 71 bis 76**).

112 **WICHTIG**

Alle Kinderbetreuungskosten müssen Sie durch **Vorlage einer Rechnung** und **Zahlung auf das Konto des Leistungserbringers** nachweisen. Damit will der Gesetzgeber verhindern, dass Kinderbetreuungskosten steuerlich geltend gemacht werden können, ohne dass der Empfänger dieser Leistungen besteuert wird. Die Unterlagen müssen Sie jedoch nicht mehr Ihrer Einkommensteuererklärung 2010 beifügen. Vielmehr sind sie dem Finanzamt erst dann einzureichen, wenn sie von dort aus angefordert werden.

Die wie Betriebsausgaben bzw. Werbungskosten oder als Sonderausgaben berücksichtigungsfähigen Aufwendungen tragen Sie unter Auswahl der Gründe in die dafür vorgesehenen **Zeilen 62 bis 76** ein. Sind Ihnen erwerbsbedingte Kinderbetreuungskosten entstanden, geben Sie außerdem in den **Zeilen 77 bis 86** an, in welchem Umfang diese wie Betriebsausgaben abgezogen wurden bzw. wie Werbungskosten zu berücksichtigen sind. Entfallen die erwerbsbedingten Kinderbetreuungskosten auf Einnahmen aus nichtselbstständiger Arbeit, sind die wie Werbungskosten zu berücksichtigenden Kinderbetreuungskosten nicht in der Anlage N zu erklären, sondern in **Zeile 81** und ggf. in **Zeile 86**.

WICHTIG

Die Berücksichtigung von Kinderbetreuungskosten ist davon abhängig, dass Sie für die Aufwendungen eine Rechnung erhalten haben und die Zahlung auf ein Konto des Erbringers der Leistung erfolgt ist. Barzahlungen und Barschecks können nicht anerkannt werden. Allerdings müssen Sie diese Nachweise nicht mehr Ihrer Einkommensteuererklärung 2010 beifügen. Nur dann, wenn das Finanzamt Zweifel hat, wird es bei Überprüfung Ihrer Einkommensteuererklärung 2010 die Unterlagen von Ihnen anfordern.

In **Zeile 87 bis 89** sind Angaben zum Haushalt der Eltern und zur Zugehörigkeit des Kindes zu machen. Anhand dieser Angaben wird darüber entschieden, wem die Kinderbetreuungskosten zuzurechnen sind.

In **Zeile 90** sind bei geschiedenen oder dauernd getrennt lebenden Eltern oder bei Eltern eines nichtehelichen Kindes Angaben zur Aufteilung der Kinderbetreuungskosten zu machen, wenn diese nicht je zur Hälfte den Elternteilen zugerechnet werden sollen.

Wegen weiterer Einzelheiten zu den Kinderbetreuungskosten → Tz 599.

I Steuererklärung

5 Anlage N – Einkünfte aus nichtselbstständiger Arbeit

113 Jeder Steuerzahler, der Arbeitslohn bezogen hat, muss grundsätzlich eine Anlage N abgeben. Davon verschont bleiben Beschäftigte, die auf **400-€-Basis** gegen Entrichtung eines pauschalen Arbeitgeberanteils von **30 %**, beschäftigt waren. Bei Beschäftigung in **Privathaushalten** auf 400-€-Basis ermäßigt sich der Arbeitgeberbeitrag auf **12 %**. Bei zusammenveranlagten Ehegatten muss jeder Ehegatte eine eigene Anlage N ausfüllen, wenn beide Arbeitslohn bezogen haben.

WICHTIG

Eine Anlage N hat bei Zusammenveranlagung von Ehegatten auch der Steuerzahler abzugeben, der 2010 lediglich Lohnersatzleistungen, z. B. Arbeitslosengeld, bezogen hat. Hierauf wird das Finanzamt deshalb Wert legen, weil die Lohnersatzleistungen den Steuersatz für die steuerpflichtigen Einkünfte erhöhen (➜ Tz 616).

Auch Arbeitnehmer im Ruhestand müssen unter Umständen eine Anlage N ausfüllen, wenn sie neben ihrer Altersrente aus der Sozialversicherung (Anlage R ➜ Tz 942) von ihrem früheren Arbeitgeber weiter Bezüge erhalten, z. B. **Leistungen aus Pensionskassen.** Gleiches gilt für **pensionierte Beamte** bezüglich ihrer Ruhebezüge sowie für Arbeitnehmer aus dem öffentlichen Dienst für zusätzliche Versorgungsleistungen. Diese sog. **Versorgungsbezüge** sind in der Regel steuerlich begünstigt (➜ Tz 116).

Während Sie auf Seite 1 der Anlage N in aller Regel einfach die entsprechenden Beträge aus der Lohnsteuerbescheinigung übernehmen können, sollten Sie die **Seiten 2 und 3 sorgfältig ausfüllen**: Mit den dort einzutragenden **Werbungskosten** können Sie unmittelbar Steuern sparen.

Welche Werbungskosten Sie wo eintragen, stellen wir Ihnen ab ➜ Tz 126 im Einzelnen vor.

5.1 Anlage N – Angaben zum Arbeitslohn (Seite 1)

114 Alle wesentlichen Angaben für diese Seite können Sie von Ihrer Lohnsteuerbescheinigung direkt übernehmen. Die Lohndaten müssten Ihrem Finanzamt bereits von Ihrem Arbeitgeber elektronisch übermittelt worden sein; hierzu ist Ihr Arbeitgeber bis zum 28.2.2011 verpflichtet. Wir empfehlen Ihnen trotzdem, eine Ablichtung der **Lohnsteuerbescheinigung** Ihrer Einkommensteuererklärung 2010 beizufügen. Damit vermeiden Sie Rückfragen des Finanzamts, wenn Ihr Arbeitgeber die Frist „**28.2.2011**" für die Übermittlung der elektronischen Lohnsteuerbescheinigung nicht eingehalten hat oder wenn bei dieser Übermittlung Fehler unterlaufen sind, so dass das Finanzamt Ihre Daten noch nicht zu Ihrer Steuernummer abgespeichert hat.

In **Zeilen 1 bis 4** der Anlage N ist neben Name und Vorname die Steuernummer und die sog. **eTIN** anzugeben. Die „eTIN" entnehmen Sie Ihrer Lohnsteuerbescheinigung. Sollte bei einer weiteren elektronischen Lohnsteuerbescheinigung eine von der ersten Lohnsteuerbescheinigung abweichende eTIN vom Arbeitgeber bescheinigt worden sein, tragen

Sie auch die zweite eTIN in das dafür vorgesehene zweite Eintragungsfeld in **Zeile 4** ein. Wegen weiterer Einzelheiten zur elektronischen Lohnsteuerbescheinigung ➜ Tz 610.

Der **Bruttoarbeitslohn** wird in vollen Euro eingetragen, die einbehaltenen **Steuerabzugsbeträge** (Lohnsteuer, Solidaritätszuschlag, Kirchensteuer) mit den in der Lohnsteuerbescheinigung angegebenen Beträgen einschließlich Cent. In **Zeile 5** ist dazu die Steuerklasse einzutragen. Wurde für Sie eine weitere Lohnsteuerbescheinigung ausgestellt und wurden darauf ebenfalls Lohnbeträge angegeben (z. B. aus einem zweiten Arbeitsverhältnis), tragen Sie die Werte in den Feldern mit den Kz. 111 bis 145 ein.

WICHTIG

Liegen Ihnen für Ihr erstes Arbeitsverhältnis mehrere Lohnsteuerbescheinigungen vor, dürfen die dort angegebenen Beträge nicht in die Felder mit den Kz. 111 bis 145 eingetragen werden; vielmehr sind die Eintragungen aller Lohnsteuerbescheinigungen in den Feldern zu den Kz.110 bis 144 vorzunehmen. Entsprechend ist zu verfahren, wenn Sie mehrere Lohnsteuerkarten mit Steuerklasse VI an Ihre Arbeitgeber weitergeleitet haben. Dann müssen Sie sämtliche Lohnsteuerbescheinigungen, auf denen die Steuerklasse VI angegeben ist, in den Feldern zu den Kz. 111 bis 145 eintragen.

Aus Ihrer Lohnsteuerbescheinigung übernehmen Sie folgende Beträge:

Steuerfreie Bezüge

In der Lohnsteuerbescheinigung darf nur der steuerpflichtige Arbeitslohn eingetragen **115** sein. Daher sollte jeder selbst prüfen, ob in dem bescheinigten Lohn **steuerfreie Einnahmen** enthalten sind und dies ggf. dem Finanzamt auf einem besonderen Blatt mitteilen. **Pauschal versteuerte Löhne** dürfen dort nicht aufgeführt sein, weil sie bei der Einkommensteuerveranlagung außer Ansatz bleiben. Dies gilt auch für **Mini-Jobs bis zu 400 € monatlich** (➜ Tz 113, ➜ Tz 618). Wird der Grenzbetrag von 400 € überschritten, hat der Arbeitgeber stets eine Lohnbesteuerung nach den Merkmalen auf der Lohnsteuerkarte durchzuführen, obwohl der Arbeitnehmer in einer **Gleitzone zwischen 401 € und 800 €** nur einen ermäßigten Sozialversicherungsbeitrag zahlt.

Versorgungsbezüge

Versorgungsbezüge sind Pensionen der Beamten, Witwen- und Waisengelder, nach **116** Beamtenrecht gezahlte Unterhaltsbeiträge sowie Bezüge und Vorteile aus früheren Dienstverhältnissen. Die Beträge entnehmen Sie der **Zeile 8** der Lohnsteuerbescheinigung.

Durch das Alterseinkünftegesetz hat sich die Besteuerung der Versorgungsbezüge ab 2005 geändert. Wer **vor 2005 in Pension** gegangen ist, erhält bei seiner Einkommensteuerveranlagung 2010 einen Versorgungsfreibetrag in Höhe von 40 % seiner Versorgungsbezüge, ermittelt auf der Grundlage der Januar-Pension × 12 zuzüglich Sonderzahlungen in 2004, wie z. B. Weihnachtsgeld, höchstens 3.000 €. Dazu kommt noch ein Zuschlag zum Versorgungsfreibetrag in Höhe von 900 €. Zusammen können somit **maximal 3.900 €** an Versorgungsbezügen **steuerfrei** gestellt werden. In diesem Zusammenhang ist zu beachten, dass Ihnen lediglich ein **Werbungskosten-Pauschbetrag von 102 €** zusätzlich zusteht. Wer im Laufe des Jahres **2005** pensioniert wurde, dessen Versorgungsfreibetrag beträgt 12 x „1. Pensionszahlung in 2005", begrenzt auf 3.000 €, zuzüglich eines

Zuschlags zum Versorgungsfreibetrag in Höhe von 900 €. Auch hier ist der Werbungs-kosten-Pauschbetrag von 102 € zu berücksichtigen. Sollten Sie allerdings neben den Versorgungsbezügen noch „normalen" Arbeitslohn erzielt haben, steht Ihnen für diese Besteuerung der Arbeitnehmer-Pauschbetrag von 920 € ohne Kürzung zu.

Bei Steuerzahlern, die im Laufe des Jahres **2006** in Pension gegangen sind, ermäßigt sich der Versorgungsfreibetrag auf 38,4 % der Versorgungsbezüge, maximal 2.880 €. Dazu kommt noch ein Zuschlag zum Versorgungsfreibetrag von 864 €. Steuerzahler, die erst im Laufe des Jahres **2007** in Pension gegangen sind, erhalten einen Versorgungsfreibetrag von 36,8 %, maximal 2.760 €, und einen Zuschlag zum Versorgungsfreibetrag von 828 €; bei Pensionsbeginn in **2008** sind es 35,2 %, maximal 2.640 € zuzüglich eines Zuschlags von 792 €. Bei Pensionseintritt in **2009** sind 33,6 % der Versorgungsbezüge, maximal 2.520 €, als Versorgungsfreibetrag und 756 € als Zuschlag zum Versorgungsfreibetrag anzusetzen. Bei **Pensionierung in 2010** rechnet das Finanzamt: 32 % der Versorgungs-bezüge, maximal **2.400 €**, als **Versorgungsfreibetrag + 756 €** als **Zuschlag** zum Ver-sorgungsfreibetrag. Sowohl der Versorgungsfreibetrag als auch der Zuschlag zum Ver-sorgungsfreibetrag steht Ihnen nur für die Monate zeitanteilig zu, in denen Sie Pensionszahlungen bezogen haben. Sind Sie z. B. am 1.7.2010 in Pension gegangen, stehen Ihnen beide Beträge nur für 6 Monate, also zur Hälfte, zu. Andererseits sind die 32 % nicht auf die 2010 gezahlten Versorgungsbezüge zu beziehen, sondern auf die Pensionszahlung im 1. Monat Juli 2010, hochgerechnet auf einen Jahresbetrag, zusätz-lich erhöht um künftige Einmalzahlungen, z. B. in Form von Urlaubs- und Weihnachtsgeld. Wegen weiterer Einzelheiten ➜ Tz 612. Übrigens: Der **Werbungskosten-Pauschbetrag** von 102 € steht Ihnen **voll** zu, also ohne zeitanteilige Kürzung.

Haben Sie Versorgungsbezüge für mehrere Jahre erhalten und hat der Arbeitgeber im Lohnsteuerabzugsverfahren keine ermäßigte Besteuerung vorgenommen, tragen Sie den entsprechenden steuerpflichtigen Teil der Versorgungsbezüge aus **Zeile 9** Ihrer Lohn-steuerbescheinigung in **Zeile 16** der Anlage N ein. Die dazu gehörigen Steuerabzugs-beträge sind in **Zeilen 18 und 19** zu übernehmen.

Arbeitslohn mehrerer Jahre

117 Wurde Arbeitslohn für **mehrere Jahre** – ausgenommen Versorgungsbezüge, die in **Zeile 16** einzutragen sind – gezahlt, muss der Arbeitgeber diesen Arbeitslohn und die davon einbehaltenen Steuerabzugsbeträge in **Zeile 10** der Lohnsteuerbescheinigung und die darauf entfallenden Steuerbeträge in den **Zeilen 11 bis 14** angeben. Diese Beträge übernehmen Sie in **Zeile 17** sowie in die **Zeilen 18 und 19** der Anlage N.

Für mehrere Jahre zusammen **in einem Jahr** gezahlte Löhne und Versorgungsbezüge sind ermäßigt zu besteuern, Einzelheiten ➜ Tz 615. Sollte Ihr Arbeitgeber im Lohnsteuer-Abzugsverfahren **keine ermäßigte Besteuerung** vorgenommen haben, kann dies bei Ihrer Einkommensteuerveranlagung 2010 noch nachgeholt werden. In diesem Fall sollten Sie dem Finanzamt erläutern, für welche Jahre Löhne oder Versorgungsbezüge nach-gezahlt worden sind.

Abfindungen und Entschädigungen

118 Abfindungen im Zusammenhang mit Kündigungen, die vom Arbeitgeber veranlasst wur-den, bzw. Abfindungen für die gerichtlich ausgesprochene Auflösung eines Dienstverhält-nisses sind nicht mehr um einen Steuerfreibetrag zu kürzen. Es kommt lediglich eine

Steuerermäßigung für **Entschädigungen** als **Ersatz für entgangene oder entgehende Einnahmen** (§ 24 Nr. 1a EStG) in Betracht (einzutragen **in Zeile 17**, die Steuerabzugsbeträge in den **Zeilen 18 und 19**). Die steuerpflichtigen Beträge werden dabei rechnerisch auf 5 Jahre verteilt (Einzelheiten → Tz 614). Das Finanzamt wird von Ihnen die Vertragsunterlagen haben wollen, aus denen sich Art, Höhe und Zahlungszeitpunkt der Entschädigung ergeben. Fügen Sie daher diese Unterlagen Ihrer Steuererklärung bei.

Steuerpflichtiger Arbeitslohn ohne Steuerabzug

Hierunter fallen z. B. Arbeitslohn von einem ausländischen Arbeitgeber, von Dritten **119** gezahlter Arbeitslohn und Verdienstausfallentschädigungen. Hierhin gehören aber auch die nach dem Gesetz zur Förderung der Einstellung der landwirtschaftlichen Erwerbstätigkeit von öffentlichen Kassen geleisteten Beiträge zur gesetzlichen Rentenversicherung und zu den Arbeitgeberanteilen an den Krankenkassenbeiträgen sowie steuerpflichtige Teile der Ausgleichsleistungen (einzutragen in **Zeile 20**).

Auslandstätigkeit

Arbeitslohn für eine Tätigkeit im Ausland kann nach einem Doppelbesteuerungsabkom- **120** men (DBA), zwischenstaatlichen Übereinkommen oder dem Auslandstätigkeitserlass steuerfrei sein. Dieser Arbeitslohn erhöht jedoch den Steuersatz der steuerpflichtigen Einkünfte im Wege des Progressionsvorbehalts (§ 32b EStG, siehe Erläuterungen → Tz 616). Den Arbeitslohn geben Sie nach Abzug der Werbungskosten an, die Sie zweckmäßigerweise auf einer formlosen Anlage geltend machen (**Zeilen 21 und 22**).

Die nach einem DBA bzw. nach dem Auslandstätigkeitserlass steuerfreien Beträge sind in der Lohnsteuerbescheinigung in **Zeile 16** eingetragen. Der nach zwischenstaatlichen Übereinkommen steuerfreie Arbeitslohn ergibt sich aus Ihren Gehaltsbescheinigungen (der Einkommensteuererklärung beizufügen). Vergütungen für mehrjährige Tätigkeiten oder Entschädigungen, die im steuerfreien Arbeitslohn enthalten sind, geben Sie auf einem besonderen Blatt an, weil Sie ermäßigt besteuert werden. Ebenfalls auf einem besonderen Blatt zusammenzustellen sind die Aufwendungen, die mit dem steuerfreien Arbeitslohn zusammenhängen; sie mindern die Bemessungsgrundlage für die Ermittlung des Steuersatzes im Rahmen des Progressionsvorbehalts.

TIPP

Eine **Freistellung der ausländischen Einkünfte** nach einem Doppelbesteue- rungsabkommen ist von dem Nachweis abhängig, dass der Staat, dem nach dem Abkommen das Besteuerungsrecht zusteht, auf dieses Besteuerungsrecht verzichtet hat oder dass die in diesem Staat auf die Einkünfte festgesetzte Steuern entrichtet wurden. Zum Nachweis dieser Voraussetzungen haben Sie geeignete Unterlagen Ihrer Einkommensteuererklärung beizufügen.

WICHTIG

Die Höhe des in Deutschland steuerfreien Arbeitslohns kann einem anderen Staat mitgeteilt werden. Sollten Sie gegen eine Weitergabe dieser Daten Einwendungen haben, müssen Sie dies auf einer besonderen Anlage dem Finanzamt mitteilen (vgl. Hinweis in **Zeile 21**).

Grenzgänger

121 Hierunter fallen **Arbeitnehmer**, die im **Ausland arbeiten**, aber in Deutschland wohnen und arbeitstäglich zurückkehren. Sie müssen in der Regel die Anlage N-Gre ausfüllen (**Zeile 23**).

Schweizerische Abzugsteuer

122 Die schweizerische Abzugsteuer ist nicht in Euro, sondern in Schweizer Franken anzugeben (**Zeile 23**).

Aufwandsentschädigung

123 Hierzu rechnen insbesondere Aufwandsentschädigungen für nebenberufliche Tätigkeiten als **Übungsleiter, Ausbilder, Erzieher, Betreuer** oder für eine vergleichbare nebenberufliche Tätigkeit zur Förderung im gemeinnützigen, mildtätigen oder kirchlichen Bereich, für nebenberufliche künstlerische Tätigkeit und nebenberufliche Pflege. Sie sind **bis zu 2.100 € jährlich steuerfrei** und in **Zeile 24** anzugeben; Werbungskosten können nur abgezogen werden, wenn sie 2.100 € übersteigen. Hier tragen Sie auch den sog. **Ehrenamtsfreibetrag** von **500 €** ein. Diesen Freibetrag erhalten Sie für alle Tätigkeiten, die Sie als Vorstandsmitglied oder weiterer Funktionsträger eines gemeinnützigen Vereins ausüben. Beispielhaft zu nennen sind Bürokräfte, Reinigungspersonal, Platzwart, Betreuer und Assistenzbetreuer, aber auch nebenberuflich tätige Kartenverkäufer im Museum. Wegen weiterer Einzelheiten ➜ Tz 894.

Arbeitslosengeld und andere Lohnersatzleistungen

124 Lohnersatzleistungen, wie z. B. das Arbeitslosengeld, bleiben bei der Veranlagung zur Einkommensteuer zwar steuerfrei, unterliegen aber dem **Progressionsvorbehalt** (➜ Tz 616).

Haben Sie 2010 von Ihrem Arbeitgeber Kurzarbeitergeld, Winterausfallgeld, einen Zuschuss zum Mutterschaftsgeld, Verdienstausfallentschädigung nach dem Infektionsschutzgesetz, Aufstockungsbeträge nach dem Altersteilzeitgesetz oder Altersteilzeitzuschläge auf Grund der Besoldungsgesetze des Bundes und der Länder erhalten, ist der ausgezahlte Betrag in der Lohnsteuerbescheinigung Zeile 15 eingetragen. Geben Sie diesen Betrag in **Zeile 25** an.

Andere Lohn-/Entgeltersatzleistungen, die nicht vom Arbeitgeber gezahlt wurden, wie z. B. Arbeitslosengeld, Übergangsgeld, Insolvenzgeld, Kranken- und Mutterschaftsgeld, sind mit den gezahlten Beträgen – hierüber haben Sie von der Agentur für Arbeit, vom Versicherungsträger oder einer anderen Einrichtung einen Leistungsnachweis erhalten – in **Zeile 26** (**Insolvenzgeld**) oder **Zeile 27** (**andere Ersatzleistungen**) der Anlage N zu vermerken. Die Bescheinigung ist Ihrer Einkommensteuererklärung 2010 als Anlage beizufügen.

Fehlzeiten

125 Die **Zeiten der Nichtbeschäftigung**, d. h. die Zeiten ohne Bezüge (sog. Fehlzeiten), müssen nachgewiesen oder glaubhaft gemacht werden (z. B. Studienbescheinigung, Bescheinigung der Agentur für Arbeit, siehe hierzu **Zeile 28**). Wenn Sie eine Zeitlang **nur pauschal besteuerten Arbeitslohn** bezogen haben, wünscht das Finanzamt entsprechende Angaben. Dies ist für Sie nicht von Nachteil. Geben Sie hier also Ihre Einnahmen aus einem 400-€-Mini-Job an, für den der Arbeitgeber einen Pauschalbeitrag zur Sozialversicherung bzw. zur Lohnsteuer geleistet hat. **Krankheitszeiten** brauchen Sie nicht anzugeben, wenn das Arbeitsverhältnis während der Erkrankung fortbestanden hat.

5.2 Anlage N – Werbungskosten (Seiten 2 und 3)

Den Seiten 2 und 3 der Anlage N sollten Sie als Arbeitnehmer besondere Beachtung **126** schenken, weil dort die **wesentlichen Steuersparmöglichkeiten** für Arbeitnehmer aufgeführt sind. Nur wer hier alle seine Werbungskosten sorgfältig aufführt, verschenkt kein Geld. Schwierig ist die Abgrenzung zu den – steuerlich nichtabziehbaren – Kosten der privaten Lebensführung. Mit dieser Begründung lehnt das Finanzamt häufig die Anerkennung als Werbungskosten ab, insbesondere bei Ausgaben für Kleidung, Kosmetika und Verpflegungskosten.

Arbeitnehmer-Pauschbetrag

Sind Sie sicher, dass Ihre **Werbungskosten unter 920 €** liegen, können Sie auf das **127** Ausfüllen der Anlage N, Seiten 2 und 3 verzichten. Das Finanzamt setzt auf jeden Fall mindestens diese 920 € als Arbeitnehmer-Pauschbetrag an. Erwerbsbedingte Kinderbetreuungskosten sind neben dem Pauschbetrag zu berücksichtigen (➜ Tz 775). Trotzdem ist es sicherer, auch geringe Werbungskosten einzutragen – vielleicht haben Sie sich ja verrechnet oder entdecken beim Ausfüllen noch die eine oder andere Steuersparmöglichkeit!

Arbeitnehmer mit Nebentätigkeiten

Üben Sie neben Ihrer regulären Arbeitnehmertätigkeit noch eine nebenberufliche Tätig- **128** keit aus, können u.U. Aufwendungen anfallen, die sowohl der einen wie der anderen Tätigkeit zugeordnet werden können.

TIPP 129

Hierbei können sich durch eine überlegte Zuordnung der Kosten zu einem Tätigkeitsbereich interessante Steuersparmöglichkeiten ergeben. Da für bestimmte nebenberufliche Tätigkeiten **Betriebsausgaben-Pauschalen** (➜ Tz 830) abgezogen werden können, kann es steuerlich lukrativ sein, möglichst viele Kosten in den Arbeitnehmerbereich zu übernehmen. Wegen des Pauschbetrags von 920 € kann aber auch der umgekehrte Fall steuerlich interessant sein. Denken Sie z. B. an die **Ausbildungskosten** im Zusammenhang mit einer erstmaligen Berufsausbildung oder einem Erststudium. Diese Aufwendungen sind **bis zu 4.000 € im Kalenderjahr** als Sonderausgaben abziehbar. Hier könnte ein Abzug bei Ansatz des Arbeitnehmer-Pauschbetrags von 920 € verpuffen. Daher sollte auf die richtige Zuordnung der Aufwendungen zum Einkunfts- oder Sonderausgabenbereich geachtet werden. Einzelheiten und Tipps ➜ Tz 353).

Wege zur Arbeitsstätte (Entfernungspauschale)

Für Wege zwischen Wohnung und Arbeitsstätte gilt unabhängig davon, wie Sie zur **130** Arbeitsstätte gelangen: **Ab** dem **1. km** steht Ihnen hierfür eine Entfernungspauschale von **0,30 €** je **Entfernungskilometer** zu. Für die Entfernungskilometer kommt es auf die

I Steuererklärung

kürzeste benutzbare Straßenverbindung zwischen Wohnung und Arbeitsstätte an, wobei auf volle Entfernungskilometer nach unten abzurunden ist.

Die Entfernungspauschale ist grundsätzlich auf einen **Höchstbetrag** von **4.500 €** begrenzt. Soweit aber ein eigener oder zur Nutzung überlassener Pkw für Fahrten zwischen Wohnung und Arbeitsstätte eingesetzt wird, berücksichtigt das Finanzamt einen über **4.500 €** hinausgehenden Betrag.

Kreuzen Sie in **Zeile 31** das entsprechende Auswahlfeld an, wenn Sie zumindest eine Teilstrecke mit dem Pkw zur Arbeit gefahren sind. Geben Sie auch das letzte amtliche Kennzeichen an. In den **Zeilen 32 bis 35** tragen Sie die genaue Lage der Arbeitsstätte ein, indem Sie sowohl den Ort als auch die Straße dort angeben. Reicht der vorhandene Platz bei mehrfachem Wechsel der Arbeitsstätte 2010 nicht aus, machen Sie Ihre Angaben in einer besonderen Aufstellung.

131 WICHTIG

In vielen Fällen ist das Finanzamt mit einem sog. „Auto-Route-Planer" ausgestattet, so dass es über den PC Ihre Angaben zu den **Entfernungskilometern** ohne weiteres **überprüfen** kann. Bei größeren Abweichungen in Bezug auf die Entfernungskilometer müssen Sie mit hartnäckigen Nachfragen des Finanzbeamten rechnen. Eventuell droht Ihnen auch die Überprüfung der Steuerbescheide in den Vorjahren.

In den **Zeilen 36 bis 39** tragen Sie die Anzahl der Arbeitstage, die gesamten vollen Entfernungskilometer und die auf das jeweilige Verkehrsmittel entfallenden Kilometer ein. Legen Sie den Weg zwischen Wohnung und Arbeitsstätte z. B. teilweise mit dem Pkw oder mit öffentlichen Verkehrsmitteln zurück, tragen Sie dort die mit dem Pkw zurückgelegten Kilometer in **Spalte 4** (Kz. 68 bis 71) und die restlichen Entfernungskilometer in der übernächsten Spalte ein. Wenn Sie von Ihrem Arbeitgeber unentgeltlich oder verbilligt zur Arbeitsstätte befördert wurden (sog. **Sammelbeförderung**), können Sie für die Strecke der Sammelbeförderung keine Entfernungspauschale geltend machen. Daher müssen Sie dann in den **Zeilen 36 bis 39** die **5. Spalte** ausfüllen und dort die „mit Sammelbeförderung zurückgelegten Kilometer" angeben (Kz. 78 bis 81). Haben Sie für die Sammelbeförderung ein Entgelt an den Arbeitgeber entrichtet, tragen Sie den Betrag als zusätzliche Werbungskosten in **Zeile 48** ein (➔ Tz 731). Damit das Finanzamt erkennen kann, dass ein Fall der steuerfreien Sammelbeförderung vorliegt, hat Ihr Arbeitgeber in der Lohnsteuerbescheinigung den **Großbuchstaben „F"** in **Zeile 2** zu vermerken. In diesem Fall müssen Sie, falls Sie für Wege zwischen Wohnung und Arbeitsstätte größere Strecken angeben, mit unangenehmen Rückfragen des Finanzamts rechnen.

WICHTIG

Haben Sie 2010 nur einige Monate einen Pkw und in der restlichen Zeit öffentliche Verkehrsmittel benutzt, sind Ihre Angaben in den **Zeilen 36 bis 39** getrennt zu machen, und zwar eine Zeile für die Benutzung des Pkw und eine weitere Zeile für die Benutzung öffentlicher Verkehrsmittel.

132 Bei Benutzung öffentlicher Verkehrsmittel besteht die Möglichkeit, die tatsächlichen Aufwendungen, die über die Entfernungspauschale hinausgehen, als Werbungskosten geltend machen zu können. Ansonsten gilt für die Benutzung öffentlicher Verkehrsmittel wie für die Pkw-Benutzung: Entfernungspauschale mit 0,30 € je vollen Entfernungs-kilometer. Die Eintragungen erfolgen in **Zeilen 36 bis 39**.

WICHTIG **133**

Sind Sie Teilnehmer einer **Fahrgemeinschaft**, tragen Sie in den **Zeilen 31 bis 35** die „Grunddaten" für die Ermittlung der Entfernungskilometer ein. Grundsätzlich sind Ihre Werbungskosten auf den Höchstbetrag von 4.500 € begrenzt. Diese Begrenzung gilt nicht für die Tage, an denen Sie Ihren eigenen Pkw eingesetzt haben. Machen Sie daher die entsprechenden Angaben in einer der **Zeilen 36 bis 39** für die Tage, an denen Sie mit dem eigenen Pkw gefahren sind, und in einer weiteren Zeile für die Tage, an denen Sie mitgenommen wurden. Für die Ent-fernungspauschale gilt: Jeder Teilnehmer der Fahrgemeinschaft trägt als Ent-fernung zwischen Wohnung und Arbeitsstätte seine kürzeste benutzbare Stra-ßenverbindung ein. **Umwegstrecken** zum Abholen der Mitfahrer werden nicht berücksichtigt (➜ Tz 720)

Bei **Ehegatten**, die **gemeinsam zur Arbeit fahren**, steht die Entfernungspauschale jedem **134** Ehegatten einzeln zu. Das gilt selbst dann, wenn beide beim gleichen Arbeitgeber beschäftigt sind.

Tragen Sie in **Zeile 40** die für Fahrten zwischen Wohnung und Arbeitsstätte vom Arbeit- **135** geber gewährten **steuerfreien** Fahrtkostenzuschüsse (Kz. 73) und die vom Arbeitgeber **pauschal versteuerten** Arbeitgeberleistungen (Kz. 50) ein, die in den **Zeilen 17 und 18** der in der Lohnsteuerbescheinigung angegeben sind.

Sind Sie behindert und ist in Ihrem Behindertenausweis ein Grad der **Behinderung** von **136** mindestens **70** ausgewiesen oder sind Sie bei einem Grad der Behinderung von mindestens **50** gleichzeitig erheblich gehbehindert, werden bei Benutzung Ihres **eigenen Pkw** die **tatsächlichen Kosten** für Hin- und Rückfahrt **oder** ohne Einzelnachweis **60 Cent** je Entfernungskilometer bei den Werbungskosten anerkannt. Achten Sie darauf, dass die Bescheinigung über den Grad Ihrer Behinderung ggf. eine Aussage über die Gehbehin-derung enthält. Kreuzen Sie in diesen Fällen in den **Zeilen ab 36** das Auswahlfeld in der letzten Spalte an. Wollen Sie einen höheren Kilometerpauschbetrag als Werbungskosten geltend machen, müssen Sie die tatsächlich entstandenen Kosten einzeln anhand von Belegen nachweisen. Die Kosten sollten Sie in einer gesonderten Anlage zusammenstellen.

WICHTIG **137**

Mit der Entfernungspauschale sind sämtliche Fahrzeugkosten abgegolten, also z. B. auch die Garagenmiete, Parkgebühren, Reparaturaufwendungen, **nicht** aber **Unfallkosten** (➜ Tz 727). Wird bei **Behinderten** der besondere Kilometersatz von 60 Cent angesetzt, sind zusätzlich die **Parkgebühren** am Arbeitsplatz abziehbar. Wegen weiterer Einzelheiten ➜ Tz 730.

Die **Entfernungspauschale** kann für Wege zu derselben Arbeitsstätte **für jeden Arbeits-tag nur einmal** angesetzt werden, selbst dann, wenn Sie den Weg zwischen Wohnung und Arbeitsstätte mehrmals an einem Arbeitstag zurücklegen.

Einzelheiten zur Entfernungspauschale ➜ Tz 712.

Firmenwagen

138 Durften Sie für Fahrten zwischen Wohnung und Arbeitsstätte einen **Firmenwagen** benutzen (in **Zeile 31** ankreuzen), wurde dafür bei Ihrer Lohnbesteuerung ein geldwerter Vorteil in Höhe von 0,03 % des inländischen Listenpreises für jeden Entfernungskilometer zwischen Wohnung und Arbeitsstätte im Kalendermonat angesetzt. Auch hier haben Sie die Möglichkeit, Ihre Aufwendungen für Fahrten zwischen Wohnung und Arbeitsstätte im Rahmen der Entfernungspauschale als Werbungskosten geltend zu machen.

Noch mehr Werbungskosten

Berufsverbände

139 **Berufsverbände** sind z. B. **Gewerkschaften** und **Beamtenverbände**. Aufnahmegebühren und freiwillige Beiträge sind ebenfalls abziehbar. Die Beiträge sind in **Zeile 41** unter Angabe des Berufsverbandes geltend zu machen.

Arbeitsmittel

140 **Arbeitsmittel** müssen unmittelbar der Erledigung beruflicher Aufgaben dienen. Eine **private Mitbenutzung** darf nur von ganz **untergeordneter** Bedeutung sein, die z. B. bei Sportgeräten und bei Sportbekleidung etwa bei 10 % liegt (➜ Tz 757).

Zu den Arbeitsmitteln gehören z. B. Bücher, Papier- und Schreibwaren, Schreibtisch usw. Ein **Arbeitsmittel-ABC** finden Sie in ➜ Tz 632.

WICHTIG

 Der privat angeschaffte **PC** zählt als Arbeitsmittel zu den gemischt genutzten Gegenständen, bei denen eine Aufteilung in Werbungskosten und nichtabziehbare Privatausgaben nach dem Verhältnis der Nutzung zugelassen wird.

Beachten Sie bei der Aufteilung der PC-Kosten folgende Grundsätze (➜ Tz 659):

- Bei **privater Nutzung unter 10 %** der Gesamtnutzung: voller Werbungskostenabzug.
- Bei einer **Privatnutzung ab 10 % aufwärts: Aufteilung der Kosten** im Verhältnis der privaten zur beruflichen Nutzung, wobei der berufliche Nutzungsanteil grundsätzlich auf **50 % der angefallenen Kosten** geschätzt wird, es sei denn, Sie können einen höheren beruflichen Kostenanteil nachweisen; dann wird das Finanzamt einen Werbungskostenabzug in Höhe des nachgewiesenen Kostenanteils berücksichtigen.

141 Bei üblicher **Berufskleidung** lassen manche Finanzämter auch geschätzte Beträge zum Abzug zu, wenn sie nicht offensichtlich zu hoch sind. So können Sie z. B. für den Kauf eines Schlosseranzugs, Arbeitskittels und dergleichen sowie die damit verbundenen Reinigungskosten **110 € pauschal** abziehen (vgl. aber ➜ Tz 634). Wer höhere Werbungskosten geltend machen will, muss die Belege dafür sammeln. Anerkannt wird nur **berufstypische** Kleidung. Hinweise hierzu ➜ Tz 651.

142 Bei Arbeitsmitteln mit Anschaffungskosten **über 410 €** (netto, d. h. ohne Umsatzsteuer) und einer Nutzungsdauer von über einem Jahr dürfen die Aufwendungen nicht auf einmal abgesetzt werden, sondern müssen auf die voraussichtliche Nutzungsdauer verteilt werden. Einzelheiten hierzu, auch zur Berechnung der Abschreibung ➜ Tz 633.

Die Aufwendungen für Arbeitmittel, soweit sie nicht von Ihrem Arbeitgeber steuerfrei ersetzt wurden, tragen Sie in den **Zeilen 42 und 43** ein. Das Finanzamt wird von Ihnen eine Auflistung über die Einzelkosten verlangen. Diese sind, z. B. bei Büchern, in Form einer Aufstellung als Anlage beizufügen.

Arbeitszimmer

Aufwendungen für ein häusliches Arbeitszimmer sind nur unter bestimmten Vorausset-   **143** zungen als Werbungskosten abziehbar. Sind Sie auf das häusliche Arbeitszimmer angewiesen, weil Ihnen der Arbeitgeber zumindest für einen Teil Ihrer Tätigkeit keinen Arbeitsplatz an Ihrem Tätigkeitsort anbietet, können Sie die Aufwendungen für Ihr häusliches Arbeitszimmer bis zu einem Höchstbetrag von 1.250 € als Werbungskosten geltend machen. Dies hat das BVerfG erst kürzlich mit Beschluss v. 6.7.2010 (➜ Tz 635) entschieden. Darüber hinaus steht Ihnen ein unbegrenzter Werbungskostenabzug für Ihr häusliches Arbeitszimmer zu, wenn sich dort der Mittelpunkt Ihrer gesamten beruflichen und betrieblichen Tätigkeit befindet, wie z. B. bei Heimarbeitern. Wegen weiterer Einzelheiten zum häuslichen Arbeitszimmer und zur steuerlichen Umsetzung der Rechtsprechung des BVerfG ➜ Tz 635.

Die Aufwendungen für ein **häusliches Arbeitszimmer** sind getrennt von den übrigen Werbungskosten in **Zeile 44** einzutragen. Dadurch wird aus der Sicht der Finanzverwaltung eine „rechnerunterstützte" Überprüfung möglich.

Weitere Werbungskosten

In den **Zeilen 45 bis 49** sind weitere Werbungskosten einzutragen, unter anderem   **144** Fortbildungskosten, Reisekosten im Zusammenhang mit einer Dienstreise, Flugkosten bei Wegen zwischen Wohnung und Arbeitsstätte sowie Bewerbungskosten und Kontoführungsgebühren.

● Fortbildungskosten

Der Besuch von Lehrgängen, Kursen, Tagungen und Vortragsveranstaltungen sowie von   **145** Tages- und Abendschulen führt zu abzugsfähigen Werbungskosten, wenn dort berufsbezogener Lehrstoff vermittelt wurde. Stehen die Aufwendungen mit Ihrer erstmaligen Berufsausbildung oder mit einem Erststudium im Zusammenhang, können Sie die dafür aufgewandten Kosten nur als **Sonderausgaben** abziehen (➜ Tz 353).

Neben den Aufwendungen, die sich direkt auf die Fortbildung beziehen, z. B. **Prüfungsgebühren, Fachliteratur, Schreibmaterial** usw., können Sie auch die durch die Fortbildung veranlassten **Fahrtkosten** und **Verpflegungsmehraufwendungen** (mit den Verpflegungspauschalen von 24 €, 12 € und 6 €) geltend machen. Suchen Sie zwecks Ausbildung einen Ausbildungsort auf, wird dieser wegen der dort vorübergehenden Betätigung nicht als regelmäßige Arbeitsstätte angesehen. Dies hat zur Folge, dass Ihre Fahrten zwischen Wohnung und regelmäßiger Ausbildungsstätte nicht mit der Entfernungspauschale als Werbungskosten berücksichtigt werden dürfen, sondern mit dem pauschalen Kilometersatz von 0,30 € je gefahrenen Kilometer für durch die Fortbildung veranlasste Fahrten. Ersatzleistungen von dritter Seite, auch zweckgebundene Leistungen der Arbeitsförderung nach dem SGB III oder nach dem Berufsausbildungsförderungsgesetz, müssen Sie von den Aufwendungen abziehen (➜ Tz 733).

WICHTIG

Aufwendungen für die **erstmalige Berufsausbildung** oder für ein **Erststudium** sind – wie bereits ausgeführt (➜ Tz 33) – nur als Sonderausgaben bis zu einem Höchstbetrag von 4.000 € pro Steuerzahler abziehbar. Eine Ausnahme ist in diesem Zusammenhang zu beachten: Ist die Bildungsmaßnahme Gegenstand eines Dienstverhältnisses, können die Aufwendungen als Werbungskosten berücksichtigt werden.

● **Bewerbungskosten**

146 Wenn Sie 2010 eine Arbeitsstätte gesucht haben, können Sie die nicht erstatteten Kosten in **Zeile 47** geltend machen, z. B. Inseratskosten, Telefonkosten, Porto, Aufwendungen für Fotokopien von Zeugnissen sowie Reisekosten anlässlich einer Vorstellung. Für den Werbungskostenabzug kommt es nicht darauf an, ob Ihre Bewerbung Erfolg hatte. Weitere Einzelheiten ➜ Tz 655.

● **Kontoführungsgebühren**

147 Kontoführungsgebühren für das Gehaltskonto werden bis **16 €** jährlich ohne weitere Nachweise anerkannt. Dies gilt für jeden Ehegatten, der Arbeitslohn bezieht, auch wenn es sich um ein gemeinsames Konto handelt. Tragen Sie die Kontoführungsgebühren in **Zeile 47** ein.

● **Umzugskosten**

148 Sind Sie **2010 umgezogen** und haben dadurch eine **erhebliche Fahrzeitverkürzung** bei Ihren Wegen zwischen Wohnung und Arbeitsstätte erreicht, steht Ihnen hierfür der Abzug von Umzugskosten zu (➜ Tz 765). Wegen Einzelheiten zur beruflichen Veranlassung der Umzugskosten ➜ Tz 766.

Dienstreise

149 Unter den Begriff Reisekosten fallen Fahrtkosten, Verpflegungsmehraufwendungen, Übernachtungskosten sowie Reisenebenkosten, wenn die Aufwendungen durch eine so gut wie ausschließlich beruflich veranlasste Auswärtstätigkeit des Arbeitnehmers entstanden sind. Eine Auswärtstätigkeit liegt vor, wenn Sie vorübergehend außerhalb Ihrer Wohnung und an keiner Ihrer regelmäßigen Arbeitsstätten beruflich tätig waren.

● **Fahrtkosten**

Aufwendungen, die für Fahrten im beruflichen Bereich anfallen, können in **tatsächlicher Höhe** geltend gemacht werden. Bei Benutzung eines eigenen Pkw können Sie anstelle der nachgewiesenen Kosten einen **Pauschalsatz** für den gefahrenen Kilometer geltend machen, und zwar bei **Benutzung eines Pkw 0,30 €**, bei einem **Motorrad** oder Motorroller **0,13 €** und bei einem **Moped** oder Mofa **0,08 €** sowie beim **Fahrrad 0,05 €**. Bei Mitnahme eines Arbeitskollegen erhöht sich der Betrag von 0,30 € um 2 Cent und der Betrag von 0,13 € um 1 Cent. Für die Fahrtkosten, die mit einem vom Arbeitgeber gestellten Beförderungsmittel zurückgelegt werden (Firmenwagengestellung, steuerfreie Sammelbeförderung) ist ein Werbungskostenabzug nicht möglich.

● **Übernachtungskosten**

Übernachtungskosten können nur in tatsächlich nachgewiesener Höhe als Werbungskosten anerkannt werden.

● **Verpflegungsmehraufwendungen**

Fallen während einer Dienstreise im Inland Verpflegungsmehraufwendungen an, können diese nur pauschal geltend gemacht werden, und zwar mit folgenden Beträgen je Kalendertag:

Bei einer Abwesenheit von	€
mindestens 8 Stunden	6
mindestens 14 Stunden	12
mindestens 24 Stunden	24

● **Reisenebenkosten**

Reisenebenkosten können in tatsächlich nachgewiesener Höhe als Werbungskosten anerkannt werden. Zu den Reisenebenkosten rechnen z. B. Aufwendungen für die Beförderung und Aufbewahrung von Gepäck, für Telefon, Telefax, Porto, Garage und Parkplatz.

WICHTIG

Steuerfreie Arbeitgeberleistungen **(Zeile 56)** mindern die abziehbaren Werbungskosten **(Zeilen 52 bis 55).**

Für Auslandsdienstreisen gelten besondere **Auslandstagegelder** (➜ Tz 647).

Hat Ihnen Ihr Arbeitgeber Reisekosten steuerfrei erstattet, müssen diese gegengerechnet werden. Abzugsfähig ist nur der verbleibende Restbetrag. Weitere Einzelheiten ➜ Tz 668.

Berufskraftfahrer/Fahrtätigkeit

Berufskraftfahrer, Beifahrer, Linienbusfahrer, Straßenbahnführer, Taxifahrer, Müllfahr- **150** zeugführer, Beton- und Kiesfahrer, Lokführer und Zugbegleitpersonal üben ihre berufliche Tätigkeit auf einem Fahrzeug aus, was die Finanzverwaltung als sog. **Fahrtätigkeit** bezeichnet.

Bei einer Fahrtätigkeit können Sie wie bei jeder auswärtigen beruflichen Tätigkeit Ihre Fahrten zur Einsatzstelle mit den tatsächlichen Pkw-Kosten oder pauschal mit 0,30 € je gefahrenen Kilometer ansetzen, unabhängig von einer Mindestentfernung und unabhängig von einer 3-Monatsregelung (➜ Tz 711).

Demjenigen, der eine Fahrtätigkeit ausübt, steht bei einer eintägigen Auswärtstätigkeit die **Verpflegungspauschale von 6 €** bei einer Mindestabwesenheit von 8 Stunden und **12 €** bei einer Mindestabwesenheit von 14 Stunden zu. Die Mehraufwendungen für Verpflegung bei Fahrtätigkeit sind in den **Zeilen 52 bis 55** geltend zu machen.

Einsatzwechseltätigkeit

Sind Sie z. B. als Bau- oder Montagearbeiter tätig, steuerlich als sog. Einsatzwechseltätig- **151** keit bezeichnet, und zwar wegen des **häufigen Wechsels der Einsatzstelle** Ihrer beruflichen Tätigkeit, können Sie im Rahmen des Werbungskostenabzugs folgende Fahrtkosten und Verpflegungsmehraufwendungen geltend machen:

● **Fahrtkosten**

Die Aufwendungen für Fahrten zwischen mehreren Einsatzstellen können Sie entweder mit dem aus den tatsächlichen Kosten abgeleiteten Kilometersatz oder mit 0,30 € je gefahrenen Kilometer ansetzen (➜ Tz 705). Die Fahrtkosten im Zusammenhang mit einer Einsatzwechseltätigkeit sind in **Zeile 50** anzugeben.

● **Verpflegungskosten**

Bei einer Fahrtätigkeit dürfen die Verpflegungsmehraufwendungen mit den **Pauschbeträgen für Dienstreisen** angesetzt werden (➜ Tz 149). Sollten Sie im Rahmen Ihrer Einsatzwechseltätigkeit morgens von zu Hause zum Betrieb fahren, um dort z. B. Ersatzteile einzuladen, wird der Betrieb zu Ihrer regelmäßigen Arbeitsstätte, unabhängig davon, wie lange Sie sich dort aufhalten. Damit liegen Fahrten zwischen Wohnung und Betrieb vor, für die Ihnen lediglich die Entfernungspauschale zusteht. Dies hat für die Verpflegungspauschalen den Nachteil, dass Ihre Auswärtstätigkeit erst ab Verlassen des Betriebs beginnt.

Die Pauschbeträge für Verpflegungsmehraufwendungen anlässlich einer Fahrtätigkeit sind in den **Zeilen 52 bis 55** geltend zu machen.

Einzelheiten ➜ Tz 704.

Doppelter Haushalt

152 Wenn Sie aus beruflichem Anlass einen doppelten Haushalt begründet und diesen Haushalt – sei es aus beruflichem oder privatem Grund – ununterbrochen beibehalten haben, können Sie die notwendigen Mehraufwendungen **ohne zeitliche Begrenzung** als Werbungskosten geltend machen. Ein doppelter Haushalt liegt vor, wenn Sie außerhalb des Orts, an dem Sie einen eigenen Hausstand unterhalten, beschäftigt sind und auch am Beschäftigungsort wohnen (**Zeilen 61 bis 79**).

Ist die berufliche Veranlassung der doppelten Haushaltsführung bei Begründung steuerlich anzuerkennen, können Sie folgende Mehraufwendungen als Werbungskosten berücksichtigen:

● **Erste und letzte Fahrt**

153 Die Kosten für die erste Fahrt zum Arbeitsort bei Beginn der Tätigkeit und die letzte Fahrt vom Arbeitsort zum Ort des eigenen Hausstands nach Abschluss der Tätigkeit rechnen zu den Werbungskosten. Haben Sie für diese Fahrten einen eigenen Pkw benutzt, werden **ohne Kostennachweise 0,30 €** je gefahrenen Kilometer anerkannt. Einzutragen in den **Zeilen 64 und 65**.

● **Heimfahrten**

154 Die Fahrtkosten für tatsächlich durchgeführte Fahrten zwischen Beschäftigungsort und Ort des eigenen Hausstands, begrenzt auf **eine Fahrt wöchentlich**, können Sie unabhängig davon, welches Verkehrsmittel Sie benutzt haben, mit **0,30 € je Entfernungskilometer** wie Werbungskosten abziehen. In **Zeile 66** sind die einfache Entfernung (ohne Flugstrecken) und die Anzahl der Heimfahrten einzutragen. Multipliziert mit 0,30 € je Entfernungskilometer ergibt sich hieraus der Werbungskostenansatz. Sollten Sie Ihre

Familienheimfahrt mit öffentlichen Verkehrsmitteln zurücklegen, geben Sie in **Zeile 67** die tatsächlichen Kosten (ohne Flug- und Fährkosten) an. Im Anschluss daran machen Sie einen Abgleich zwischen der Entfernungspauschale und Ihren tatsächlichen Kosten und setzen den höheren Betrag in **Zeile 68** an. Behinderte können unter bestimmten Voraussetzungen statt der Entfernungspauschale ihre tatsächlichen Kfz-Kosten für Heimfahrten geltend machen; in der Regel werden die tatsächlichen Kosten auf 0,30 € je gefahrenen Kilometer geschätzt (**Zeile 69**). Haben Sie ein öffentliches Verkehrsmittel für die Heimfahrten benutzt, tragen Sie die tatsächlichen Kosten in **Zeile 70** ein. Haben Sie für die Heimfahrt ein Flugzeug benutzt, können die **Flugkosten in tatsächlicher Höhe** abgezogen werden. Die An- und Abfahrten zum und vom Flughafen sind allerdings nur in Höhe der Entfernungspauschale abzugsfähig. Der höhere Betrag von **Zeile 69 oder 70** ist dann in **Zeile 71** als abzugsfähige Werbungskosten zu übernehmen.

Flugkosten für Heimflüge sind in **Zeile 72** einzutragen. Bei Flugkosten, die Ihnen zusätzlich zur Entfernungspauschale zustehen, fügen Sie Ihrer Steuererklärung entsprechende Nachweise, z. B. Rechnungen über die Flugtickets, bei.

WICHTIG

Bei Benutzung eines Firmen- oder Dienstwagens kommt ein Werbungskostenabzug nicht in Betracht.

Anstelle von Aufwendungen für eine Heimfahrt können bei Arbeitnehmern mit eigenem Hausstand die Gebühren für ein **Ferngespräch bis zu einer Dauer von 15 Minuten** mit Angehörigen, die zum eigenen Hausstand gehören, berücksichtigt werden.

● Unterkunft

Die notwendigen Kosten der Unterkunft (Zimmermiete einschließlich Nebenkosten) sind **155** in **nachgewiesener Höhe** abzugsfähig. Pauschbeträge werden grundsätzlich nicht anerkannt. Einzutragen in **Zeile 73.**

● Verpflegung

Die Mehraufwendungen für Verpflegung können für die **ersten 3 Monate** mit den für **156** **Dienstreisen geltenden Pauschbeträgen** angesetzt werden. Einzutragen in den **Zeilen 74 bis 76.**

● Umzugskosten

Fallen anlässlich der Begründung einer doppelten Haushaltsführung oder bei Beendigung **157** oder bei einem Wechsel des zweiten Hausstands am Beschäftigungsort **Umzugskosten** an, können diese im Rahmen der doppelten Haushaltsführung als Werbungskosten berücksichtigt werden (➜ Tz 765). Die Umzugskosten sollten Sie in einer gesonderten Anlage einzeln auflisten und in **Zeile 77** einen entsprechenden Hinweis auf diese Anlage anbringen.

● Kein eigener Hausstand

Haben Sie keinen eigenen Hausstand neben Ihrem Haushalt am Beschäftigungsort, steht **158** Ihnen 2010 **kein Abzug** Ihrer Aufwendungen im Rahmen der **doppelten Haushaltsführung** zu (➜ Tz 692). Nur wenn es Ihnen gelingt, das Finanzamt davon zu überzeugen, dass Sie außerhalb des Beschäftigungsorts über eine Wohnung verfügen, die Sie angemietet haben oder die Sie zusammen mit Ihrem Lebenspartner bzw. Ihrer Lebenspartnerin nutzen, dürfen Sie Ihre Aufwendungen wegen doppelter Haushaltsführung als Werbungs- kosten abziehen. Achten Sie darauf, dass Sie dem Finanzamt nachweisen oder glaubhaft machen können, dass Sie die Wohnung mindestens zweimal monatlich aufgesucht haben. Wegen der „gelockerten" Rechtsprechung des BFH zum eigenen Hausstand bei Allein- stehenden ➜ Tz 688.

WICHTIG

 Wird Ihnen der Werbungskostenabzug für doppelte Haushaltsführung versagt, können Sie Ihre Fahrten z. B. vom Haushalt Ihrer Eltern **bis zum Beschäfti- gungsort** im Rahmen der Entfernungspauschale geltend machen, vorausgesetzt, die Wohnung Ihrer Eltern stellt den Mittelpunkt Ihrer Lebensinteressen dar. Hier gilt die Regelung: Aufsuchen dieser Wohnung zweimal im Monat.

Die vom Arbeitgeber steuerfrei ersetzten Kosten sind von Ihnen in **Zeile 79** anzugeben und von den als Werbungskosten abzugsfähigen Aufwendungen (**Zeile 78**) abzuziehen.

5.3 Arbeitnehmer-Sparzulage

159 In **Zeile 80** geht es um die **Arbeitnehmer-Sparzulage** für vermögenswirksame Leistun- gen.

Nach dem 5. Vermögensbildungsgesetz steht dem Arbeitnehmer vom Staat eine Arbeit- nehmer-Sparzulage zu, wenn er vermögenswirksame Leistungen angelegt hat. Die Arbeit- nehmer-Sparzulage ist steuer- und sozialversicherungsfrei. Die **vermögenswirksamen Leistungen** selbst sind dagegen Arbeitslohn. Der Arbeitnehmer erhält sie entweder ganz oder teilweise vom Arbeitgeber **zusätzlich** zum Arbeitslohn, oder der Arbeitgeber muss sie auf Antrag des Arbeitnehmers aus dessen Arbeitslohn bei der Bausparkasse, dem Kredit- institut, der Versicherung usw. durch Überweisung dorthin anlegen.

Anlageformen

160 Die häufigsten Anlageformen sind Bausparverträge, Wertpapiersparverträge, Kapitalver- sicherungen und Vermögensbeteiligungen.

Zulage

161 Die **Arbeitnehmer-Sparzulage** beträgt für alle Anlageformen einheitlich 9 %, wobei maximal **470 €** jährlich gefördert werden.

Lebensversicherungsbeiträge können nicht als Sonderausgaben abgezogen werden, wenn für sie eine Arbeitnehmer-Sparzulage gewährt wird. Kann für sie keine Arbeitnehmer- Sparzulage festgesetzt werden (z. B. wegen Überschreitung der Einkommensgrenze), werden die Lebensversicherungsbeiträge den Sonderausgaben automatisch zugerechnet.

Die Arbeitnehmer-Sparzulage wird in der Regel nach Ablauf des Kalenderjahres vom Finanzamt lediglich **festgesetzt. Ausgezahlt** wird sie erst nach Ablauf der Sperrfrist, die für die Anlage einzuhalten ist, und zwar über das Anlageinstitut. Bei einer Anlage zum Wohnungsbau (z. B. Grundstücksentschuldung) wird die Arbeitnehmer-Sparzulage jähr- lich ausgezahlt. Haben Sie über Ihren Vertrag vor Ablauf der Sperrfrist unschädlich verfügt

(z. B. bei längerer Arbeitslosigkeit), wird die Arbeitnehmer-Sparzulage vorzeitig aus-gezahlt. Dies gilt auch bei Zuteilung eines Bausparvertrags.

WICHTIG

Die **Einkommensgrenzen** für die Arbeitnehmer-Sparzulage betragen **17.900 €** (Alleinstehende) und **35.800 €** (Verheiratete). Für Vermögensbeteiligungen am Unternehmen des Arbeitgebers und Vermögensbeteiligungen an anderen Unter-nehmen gelten höhere Grenzwerte: Hier ist für Ledige die Einkommensgrenze von **20.000 €** und für zusammenveranlagte Ehegatten die Einkommensgrenze von **40.000 €** zu berücksichtigen.

Vordruck VL

Von den Anlageinstituten (Bausparkasse usw.) erhalten Sie nach Jahresende Bescheini- **162**
gungen mit den nötigen Angaben – **Vordruck VL** –, den Sie einfach Ihrer Steuererklärung beifügen.

6 Anlage G – Einkünfte aus Gewerbebetrieb

6.1 Kurzer Überblick

163 Die Anlage G dient der Erfassung Ihrer Einkünfte aus Gewerbebetrieb. Ihre Einkünfte aus selbstständiger Arbeit geben Sie in der **Anlage S** an. In der **Anlage G** tragen Sie, wenn Sie in der **Kopfzeile 1 und 2** Ihren Namen und Vornamen angegeben haben und in der **Kopfzeile 3** Ihre Steuernummer, Ihren Gewinn aus Gewerbebetrieb, z. B. als Handwerker, Einzel- oder Großhändler, selbstständiger Vertreter oder Dienstleister, in **Zeile 4** ein; bei weiteren Gewerbebetrieben stehen Ihnen in **Zeile 5 und Zeile 6** zusätzliche Eintragungsmöglichkeiten zur Verfügung. Befindet sich der Gewerbebetrieb nicht im Zuständigkeitsbereich Ihres Wohnsitzfinanzamts, wird das Betriebsfinanzamt diesen Gewinn gesondert von Ihrer Einkommensteuererklärung feststellen und Ihrem Wohnsitzfinanzamt mitteilen. In diesem Fall füllen Sie die **Zeile 7** aus.

Zudem werden über die Anlage G auch die „Gewinnanteile" als Mitunternehmer (z. B. aus einer Beteiligung an einer OHG, KG oder Gesellschaft bürgerlichen Rechts; **Zeilen 8 bis 11**) sowie die Einkünfte aus Verlustzuweisungsgesellschaften und ähnlichen Modellen (**Zeile 12**) erfasst.

In **Zeile 13** sind die Einkünfte anzugeben, für die das Teileinkünfteverfahren gilt, und in **Zeile 14** der steuerpflichtige Teil der Einkünfte aus der Veräußerung an eine REIT-AG oder eine Vor-REIT. In **Zeile 15** stellen Sie den Antrag auf eine begünstigte Besteuerung mit dem Sondersteuersatz von 28,25 % + Soli (→ Tz 800); in diesem Fall müssen Sie der Anlage G noch die zusätzliche **Anlage 34a** beifügen. In den **Zeilen 16 bis 30** geben Sie dann die Daten an, die für die Anrechnung der Gewerbesteuer (§ 35 EStG) erforderlich sind. Dazu gehören der für 2010 festzusetzende Gewerbesteuer-Messbetrag (**Zeilen 16, 18 und 20**), die für 2010 tatsächlich zu zahlende Gewerbesteuer (**Zeilen 17, 19 und 21**) sowie die Summe der Ermäßigungshöchstbeträge aus Unterbeteiligungen (**Zeile 22**). In den **Zeilen 23 bis 30** haben Sie dann getrennt nach Einkunftsarten, bei Ehegatten auch getrennt für die Ehegatten, die Summen der positiven Einkünfte einzutragen.

Die steuerbegünstigten Gewinne aus dem Verkauf (oder der Aufgabe) eines Betriebs, Teilbetriebs, eines Gesellschaftsanteils müssen Sie ebenfalls in dieser Anlage (**Zeilen 31 bis 42**) eintragen.

Zusätzliche Angaben sind für den Fall einer ermäßigten Besteuerung nach der Fünftel-Regelung, bei Organschaft, für den Schuldzinsenabzug nach § 4 Abs. 4a EStG, bei Inanspruchnahme des Investitionsabzugsbetrags sowie bei Einkünften aus gewerblicher Tierzucht bzw. -haltung und bei gewerblichen Termingeschäften sowie bei Verlusten aus Beteiligungen an einer REIT-AG erforderlich.

In **Zeile 56** ist für die in **Zeilen 4 bis 6** genannten Betriebe die Anlage Zinsschranke beizufügen, falls diese Betriebe von der Zinsschranke betroffen sind. Nähere Angaben zur Zinsschranke sind in dem Vordruck **„Anlage Zinsschranke"** zu machen. In **Zeile 56** geben Sie die Anzahl der beigefügten Vordrucke an.

6.2   Einkünfte aus Gewerbebetrieb

Im Wesentlichen übernehmen Sie hier die Ergebnisse Ihrer Buchführung oder Einnahmen- **164**
überschussrechnung.

Bei kleinen Betrieben besteht häufig die Möglichkeit, durch die „einfachere" Einnahme-nüberschussrechnung den Gewinn zu ermitteln. Die Grenzen, die Sie beachten müssen, finden Sie in ➡ Tz 790. Ermitteln Sie Ihren Gewinn durch Einnahmenüberschussrech-nung, müssen Sie für 2010 eine **Anlage EÜR** Ihrer Einkommensteuererklärung beifügen. In dieser Anlage EÜR haben Sie Ihre Betriebseinnahmen und Betriebsausgaben nach den Vorgaben der Finanzverwaltung zu unterteilen. Sollten Sie bisher Ihre Einnahmenüber-schussrechnung selbst erstellt haben, sprechen Sie Ihren Steuerberater darauf an, wie Ihre Vorgaben in die Anlage EÜR umgesetzt werden können. Betragen Ihre Betriebs-einnahmen nicht mehr als **17.500 €**, sind Sie von der Abgabe der Anlage EÜR befreit. Dies bedeutet für Sie, dass Sie Ihre Einnahmenüberschussrechnung 2010 genauso abgeben können, wie dies im Vorjahr geschehen ist. Weitere Einzelheiten ➡ Tz 817.

WICHTIG

Prüfen Sie, ob Sie auf Grund der handelsrechtlichen Vorschriften zur Buch-führung verpflichtet sind. Hier hat das Bilanzrechtsmodernisierungsgesetz (Bil-MoG) für Wirtschaftsjahre nach dem 31.12.2007 im Bereich der Einzelunterneh-mer Erleichterungen gebracht. Derjenige, dessen **Umsatz** die **500.000 €**-Grenze und dessen **Gewinn** die **50.000 €**-Grenze in 2 aufeinanderfolgenden Wirt-schaftsjahren nicht überschreitet, ist nicht mehr verpflichtet, nach Handels-recht zu bilanzieren. Er kann sich stattdessen für die Einnahmenüberschuss-rechnung entscheiden. Wer also in den Jahren 2008 und 2009 die beiden vorgenannten Grenzen nicht überschreitet, hat ab 2010 die Möglichkeit, Ein-nahmen und Ausgaben aufzuzeichnen. Dies gilt dann auch für die Einkommen-steuerveranlagung. Wegen weiterer Einzelheiten ➡ Tz 817.

Steuerlich interessant kann die Frage sein, ob eine gewerbliche oder selbstständige/freiberufliche Tätigkeit vorliegt. Nur die gewerbliche Tätigkeit unterliegt der Gewer-besteuer, bei der Einkommensteuer ergeben sich keine Auswirkungen. Wegen Einzel-heiten zur Abgrenzung ➡ Tz 789.

Angaben in der Anlage G

Tragen Sie in **Zeile 4** den Gewinn des Einzelunternehmens ein. Bei einem Verlust geben Sie **165**
den Betrag in roter Farbe oder unter Voranstellung eines Minuszeichens an. Die aus einer Liebhaberei (Betätigung ohne Gewinnerzielungsabsicht) entstandenen Verluste dürfen die Einkommensteuer nicht mindern (➡ Tz 787). Gewinne aus anderen selbstständig geführten Gewerbebetrieben sind in **Zeilen 5 und 6** einzutragen.

Gesondert festgestellte Gewinne

In **Zeile 7** haben Sie den gesondert festgestellten Gewinn Ihres Gewerbebetriebs ein- **166**
zutragen, und zwar unter Angabe des Betriebsfinanzamts und der dortigen Steuernummer. Eine solche gesonderte Gewinnfeststellung ist in der Praxis durchzuführen, wenn sich der Gewerbebetrieb nicht in der Gemeinde befindet, in der Sie Ihren Wohnsitz haben.

Zur gesonderten Feststellung Ihrer Einkünfte aus Gewerbebetrieb benutzen Sie den **Vordruck ESt 1B** (Erklärung zur gesonderten – und einheitlichen – Feststellung) mit der Anlage G.

Mitunternehmer

167 Verschiedene Gemeinschaften (OHG, KG, BGB-Gesellschaft, Miteigentumsgemeinschaft) unterliegen nicht selbst der Einkommensteuer, da diese nur einzelne natürliche Personen erfasst. Daher muss der **Anteil des einzelnen Beteiligten**, des sog. Mitunternehmers, am Gewinn (Verlust) ermittelt und **gesondert festgestellt** werden.

Notwendigerweise muss dafür der Gewinn (Verlust) der Gemeinschaft insgesamt gesondert von den Einkommensteuerveranlagungen der Gesellschafter ermittelt werden. Diese Feststellung ist für alle Gesellschafter einheitlich zu treffen (sog. **einheitliche Feststellung**, § 180 AO). Nach Durchführung der gesonderten und einheitlichen Feststellung übersendet das **Feststellungsfinanzamt** Ihnen oder dem Empfangsbevollmächtigten einen Feststellungsbescheid und Ihrem Wohnsitzfinanzamt eine entsprechende Mitteilung, die für Ihre Einkommensteuerveranlagung Grundlagenbescheid ist.

Wer solche Gewinne zu erklären hat, muss die „Erklärung zur gesonderten – und einheitlichen – Feststellung von Grundlagen für die Einkommensbesteuerung und die Eigenheimzulage" (Vordruck **ESt 1 B**) abgeben. Angaben zu den Feststellungsbeteiligten sind in der **Anlage FB** zu machen. Dort ist u. a. auch das Aufteilungsverhältnis für die Einkünfte aus Gewerbebetrieb einzutragen. Zusätzliche Angaben sind dann in den **Anlagen FE 1, FE 2, FE 3 und FE 4** einzutragen, z. B. zur Verlustbegrenzung bei beschränkt haftenden Gesellschaftern (§ 15a EStG), zur Aufteilung des Gewerbesteuermessbetrags für Zwecke der Gewerbesteueranrechnung (§ 35 EStG), zu den tarifbegünstigten Einkünften (§ 34 EStG), zu weiteren außerordentlichen Einkünften, zu den Spenden und Beiträgen im Sinne der §§ 34g, 10b EStG sowie zur Begünstigung des nicht entnommenen Gewinns (§ 34a EStG). Ggf. sind weitere Anlagen, z. B. bei Aufteilung ausländischer Einkünfte und Steuern bzw. bei weiteren Besteuerungsgrundlagen mit Auslandsbezug die **Anlagen FE-AUS 1 und 2**, bei Anwendung der §§ 15a, 15b EStG die **Anlage FE-VM,** bei gemeinschaftlichen Einkünften aus Kapitalvermögen die **Anlage FE-KAP** sowie für erwerbsbedingte Kinderbetreuungskosten die **Anlage FE-KBK** einzureichen.

Die anteiligen Einkünfte aus Gesellschaftsbeteiligungen tragen Sie in den **Zeilen 8 bis 11** der **Anlage G** unter Angabe des Betriebsfinanzamts und der Steuernummer ein. Bei Platzmangel ist eine Anlage anzufertigen und die Summe der Einkünfte in **Zeile 11** anzugeben.

Verlustzuweisungsgesellschaften

168 Verluste aus Beteiligungen an **Steuerstundungsmodellen (Zeile 12)** dürfen weder mit anderen Einkünften ausgeglichen noch im Rahmen des Verlustrück- und -vortrags berücksichtigt werden. Vielmehr ist die Verrechnungsmöglichkeit nur mit Gewinnen und Überschüssen aus derselben Einkunftsquelle zulässig. Ein Steuerstundungsmodell liegt vor, wenn auf Grund einer **modellhaften Gestaltung** steuerliche Vorteile in Form negativer Einkünfte erzielt werden sollen, wobei die Verluste in der Anfangsphase über 10 % des gezeichneten und nach dem Konzept auch aufzubringenden Kapitals hinausgehen müssen (§ 15b EStG). Unter die Vorschrift fallen die meisten **Fondsbeteiligungen**, z. B. Filmfonds, Videogame-Fonds und New Energy-Fonds. Nicht darunter fallen Bauträgermodelle, bei denen es allein um die Verschaffung von erhöhten Absetzungen für Denkmalschutzbauten und Sanierungsobjekten geht ➜ Tz 392.

Teileinkünfteverfahren

In **Zeile 13** sind die **Einkünfte** einzutragen, die dem **Teileinkünfteverfahren** unterliegen. Dabei ist darauf zu achten, dass diese Einkünfte in den **Zeilen 4 bis 11** und in der **Zeile 44** (zuzurechnendes Einkommen der Organgesellschaft, das beim Organträger zu versteuern ist) enthalten sind. Tragen Sie hier z. B. **Dividenden von Kapitalgesellschaften** ein, die zu Ihrem Betriebsvermögen rechnen, unabhängig davon, ob es sich hierbei um Anlage- oder Umlaufvermögen handelt. Teileinkünfteverfahren bedeutet, dass sowohl die Einnahmenseite (§ 3 Nr. 40 EStG) als auch die Ausgabenseite (§ 3c Abs. 2 EStG) **nur** mit **60 %** steuerlich erfasst werden. Befinden sich z. B. die Aktien an einer Kapitalgesellschaft im betrieblichen Depot bei Ihrer Bank, sind die Dividenden, die 2010 ausgeschüttet werden, in der Regel nur mit 60 % als Einnahmen anzusetzen, aber auch die mit diesen Dividenden im unmittelbaren wirtschaftlichen Zusammenhang stehenden Ausgaben, wie z. B. die von der Bank für 2010 berechneten Depotgebühren, sind nur mit 60 % abzugsfähig. Wegen weiterer Einzelheiten zum Teileinkünfteverfahren ➜ Tz 923.

169

Einkünfte aus der Veräußerung an eine REIT-AG

Sind in den **Zeilen 4 bis 11 und 44** steuerpflichtige Einkünfte aus der Veräußerung an einer REIT-AG oder einem Vor-REIT enthalten, haben Sie diese Einkünfte in **Zeile 14** zusätzlich einzutragen.

170

Begünstigung des nicht entnommenen Gewinns

Sind in den **Zeilen 4 bis 11 und 34** nicht entnommene Gewinne enthalten, für die Sie die Besteuerung mit dem Sondersteuersatz von 28,25 % + Soli (§ 34a EStG) beantragen, ist in **Zeile 15** die Anzahl der beigefügten Anlagen 34a anzugeben. Die eigentlichen Angaben zur Gewährung der Vergünstigung machen Sie für jeden Betrieb und für jede Beteiligung gesondert in einer **Anlage 34a** (➜ Tz 800).

171

Anrechnung des Gewerbesteuer-Messbetrags

Bei gewerblichen Einkünften können Sie das **3,8-fache des Gewerbesteuer-Messbetrags** Ihres Einzelunternehmens oder des anteiligen Gewerbesteuer-Messbetrags aus Ihrer Beteiligung an einer gewerblich tätigen oder gewerblich geprägten Personengesellschaft unmittelbar **auf** Ihre **Einkommensteuer anrechnen** lassen. Dazu tragen Sie den für 2010 festzusetzenden Gewerbesteuer-Messbetrag in **Zeile 16** und die für 2010 tatsächlich zu zahlende Gewerbesteuer in **Zeile 17** ein. Letztere Angabe ist erforderlich, um die Anrechnung auf die tatsächlich zu zahlende Gewerbesteuer zu begrenzen. Verfügen Sie über mehrere Gewerbebetriebe oder zusätzliche Beteiligungen an Personengesellschaften, müssen Sie die weiteren Angaben in den **Zeilen 18 und 19** sowie in den **Zeilen 20 und 21** machen. Die Summe der Ermäßigungshöchstbeträge aus Unterbeteiligungen ist gesondert in **Zeile 22** einzutragen. Für die Berechnung des Höchstbetrags „anteilige Einkommensteuer, die auf gewerbliche Einkünfte entfällt", haben Sie in den **Zeilen 23 bis 29** die Summen der positiven Einkünfte aus den jeweiligen Einkunftsarten, getrennt für Ehegatten, anzugeben. Die sich daraus ergebende Summe ist in **Zeile 30** von Ihnen zu ermitteln. Mit diesen Daten kann nun das Finanzamt die Anrechnung des Gewerbesteuer-Messbetrags durchführen; wegen weiterer Einzelheiten zu dieser Berechnung ➜ Tz 805.

172

Gewinn aus Veräußerung des Betriebs

173 Zu den Einkünften aus Gewerbebetrieb gehören auch Gewinne aus der **Veräußerung** des ganzen Gewerbebetriebs oder eines Teilbetriebs, des Anteils eines Gesellschafters, der als Unternehmer (auch Mitunternehmer) anzusehen ist, und des Anteils eines persönlich haftenden Gesellschafters einer Kommanditgesellschaft auf Aktien. Als **Veräußerung** gilt auch die **Aufgabe** des Gewerbebetriebs.

Der Veräußerungsgewinn ist zunächst vom laufenden Gewinn abzugrenzen. Der laufende Gewinn wird normal besteuert. Nur für den Veräußerungsgewinn gibt es unter bestimmten Voraussetzungen einen **Freibetrag von 45.000 €** (➜ Tz 175).

Der nach Abzug des Freibetrags steuerpflichtige Veräußerungs- oder Aufgabegewinn wird grundsätzlich nach der Fünftel-Regelung (➜ Tz 797) besteuert. Hierzu müssen Sie **keinen Antrag stellen**. Vielmehr berücksichtigt das Finanzamt im Rahmen Ihrer Einkommensteuerveranlagung stets die für Sie günstigste Besteuerungsalternative, entweder laufende Besteuerung oder Verteilung des Veräußerungs- bzw. Aufgabegewinns nach der Fünftel-Regelung.

Tragen Sie den Veräußerungs- oder Aufgabegewinn vor Abzug des Freibetrags in **Zeile 31** ein, wenn Sie einen Freibetrag von 45.000 € erhalten wollen. Wollen Sie den Freibetrag nicht ausnutzen, um ihn bei einem späteren Veräußerungsgewinn einsetzen zu können, tragen Sie den Veräußerungsgewinn in **Zeile 34** ein (➜ Tz 174). Unterliegt ein steuerpflichtiger Teil des Veräußerungs- oder Aufgabegewinns dem Teileinkünfteverfahren, z. B. dann, wenn bei einer Betriebsveräußerung Anteile an einer ausländischen Kapitalgesellschaft zum Anlage- oder Umlaufvermögen rechneten, ist dieser anteilige Gewinn zusätzlich in **Zeile 32** zu erklären, wenn es sich um einen Veräußerungsgewinn handelt, bei dem der Freibetrag berücksichtigt werden soll; ansonsten ist die Eintragung in **Zeile 35** vorzunehmen.

WICHTIG

Ist ein Teil des Veräußerungs- oder Aufgabegewinns nach dem Teileinkünfteverfahren zu besteuern, kann für diesen Gewinn nicht zusätzlich die Fünftel-Regelung oder eine andere Tarifermäßigung angewendet werden (§ 34 Abs. 2 Nr. 1 EStG).

174 Statt der Besteuerung nach der Fünftel-Regelung können Sie unter bestimmten Voraussetzungen den Veräußerungs- oder Aufgabegewinn mit dem **ermäßigten Durchschnittssteuersatz** besteuern lassen. Diese Tarifermäßigung wird Ihnen nur gewährt, wenn Sie im Zeitpunkt der Veräußerung bzw. Betriebsaufgabe das 55. Lebensjahr vollendet haben oder dauernd berufsunfähig waren.

Die Besteuerung mit dem ermäßigten Durchschnittssteuersatz steht Ihnen **nur einmal im Leben** zu, wobei allerdings ermäßigte Besteuerungen in den Jahren vor 2001 nicht mitgezählt werden (§ 52 Abs. 47 Satz 7 EStG). Wegen dieser Einschränkung verlangt der Gesetzgeber von Ihnen, dass Sie diese Art der Besteuerung ausdrücklich beantragen. Dies geschieht in den **Zeilen 33 und 36**, unterteilt danach, ob ein Veräußerungsfreibetrag zu gewähren ist oder nicht. In **Zeile 35** ist zusätzlich noch anzugeben, ob in dem Gewinn, für den Sie keinen Freibetrag von 45.000 € beantragt haben, ein steuerpflichtiger Teil enthalten ist, für den das Teileinkünfteverfahren gilt. Eine entsprechende Abfrage sieht auch **Zeile 37** für den Fall vor, dass in dem mit dem ermäßigten Steuersatz zu besteuernden Gewinn auch ein Teilbetrag enthalten ist, für das das Teileinkünfteverfahren gilt. Denn wie bei der Fünftel-Regelung sind beide Vergünstigungen, ermäßigter Steuersatz und Teileinkünfteverfahren, nicht nebeneinander zu gewähren.

In **Zeile 42** müssen Sie angeben, ob Sie bei einer Betriebsveräußerung an der erwerbenden Personengesellschaft beteiligt sind. Dann können Sie insoweit weder den Freibetrag noch eine tarifermäßigte Besteuerung beantragen. Das Finanzamt fordert in diesen Fällen nähere Erläuterungen auf einem besonderen Blatt. Dies gilt auch dann, wenn an der erwerbenden Personengesellschaft Angehörige beteiligt sind.

Ist bei Ihnen aus der Veräußerung des Betriebs oder eines Mitunternehmeranteils ein Verlust angefallen, ist dieser in **Zeile 38** einzutragen.

Freibeträge

Für Veräußerungen steht Ihnen ein **Veräußerungsfreibetrag** von **45.000 €** zu, wenn Sie **175** im Zeitpunkt der Veräußerung **das 55. Lebensjahr vollendet** haben oder im sozialversicherungsrechtlichen Sinne **dauernd berufsunfähig** sind (§ 16 Abs. 4 Satz 1 EStG). Sind Sie im Veräußerungszeitpunkt jünger als 55, erhalten Sie keinen Freibetrag. Der Freibetrag ermäßigt sich um den Betrag, um den der Veräußerungsgewinn über **136.000 €** hinausgeht.

TIPP

> Für die Höhe des Freibetrags ist es ohne Bedeutung, in welchem **Umfang** Sie an der **Personengesellschaft beteiligt** sind. Wer eine besonders kleine Beteiligung an einer Personengesellschaft hat und die Altersvoraussetzung erfüllt, steht sich daher besonders günstig.

Den **Veräußerungsfreibetrag** erhalten Sie **nur einmal** im Leben, und zwar für alle Gewinneinkunftsarten nur einmal (siehe Hinweis in **Zeile 31**). Dann ist „Freibetragsverbrauch" eingetreten. Veräußerungen, die Sie vor dem 1.1.1996 vorgenommen haben, werden hier nicht mitgezählt.

Veräußerung von Anteilen an Mitunternehmeranteilen

Veräußern Sie 2010 lediglich einen **Anteil an Ihrem Mitunternehmeranteil**, müssen Sie **176** den dadurch erzielten Veräußerungsgewinn **ohne** irgendwelche **Tarifermäßigungen** versteuern (§ 16 Abs. 1 Satz 2 EStG). Damit entfällt der Freibetrag von 45.000 € und auch die Möglichkeit, die Fünftel-Regelung oder den ermäßigten Durchschnittssteuersatz geltend zu machen, wenn Sie älter als 55 Jahre sind. Sie sollten daher stets abwägen, ob Sie sich nicht insgesamt von Ihrem Mitunternehmeranteil trennen wollen. Dann stehen Ihnen nämlich diese Vergünstigungen weiterhin zu.

Wesentliche Beteiligung

Zu den gewerblichen Einkünften gehört auch der Gewinn aus der Veräußerung von im **177** **Privatvermögen** gehaltenen Anteilen an einer Kapitalgesellschaft (AG, GmbH), aber nur, wenn der Veräußerer innerhalb der letzten 5 Jahre vor der Veräußerung am Kapital **wesentlich beteiligt** war (§ 17 EStG). Eine wesentliche Beteiligung liegt bereits dann vor, wenn Sie mindestens **1 %** der Anteile an der Kapitalgesellschaft „halten". Dabei macht es keinen Unterschied, ob es sich hierbei um Anteile an einer inländischen oder ausländischen Kapitalgesellschaft handelt.

Für Gewinne aus der Veräußerung wesentlicher Beteiligungen an Kapitalgesellschaften steht Ihnen ein **Freibetrag** von max. **9.060 €** zu. Der steuerpflichtige Teil des Veräußerungsgewinns ist nach dem **Teileinkünfteverfahren** zu besteuern, d. h. Ansatz des Veräußerungspreises mit 60 % und Abzug der Anschaffungskosten mit 60 %, so dass im Ergebnis nur 60 % des Gewinns besteuert werden. Wegen der Besonderheiten eines höheren Freibetrags ➜ Tz 804.

WICHTIG

 Die Anwendung der Fünftel-Regelung und des Teileinkünfteverfahrens auf ein und denselben Veräußerungsgewinn ist nicht möglich (§ 34 Abs. 2 Nr. 1 EStG).

Der Veräußerungsgewinn, der dem Teileinkünfteverfahren unterliegt, ist in **Zeile 40** und der Veräußerungsverlust, der nach dem Teileinkünfteverfahren nur „60 % wert" ist, in **Zeile 41** einzutragen. Wegen des vollen Veräußerungsverlustes ➜ Tz 802.

Weitere begünstigte Besteuerung

178 In **Zeile 43** sind weitere begünstigte Gewinne als außerordentliche Einkünfte (§ 34 Abs. 2 Nr. 2 bis 5 EStG) einzutragen. Diese Gewinne sind ermäßigt – durch rechnerische Verteilung auf 5 Jahre nach der sog. Fünftel-Regelung – zu versteuern; sie müssen in den oben aufgeführten allgemeinen Gewinnen **(Zeilen 4 bis 12)** enthalten sein.

Die rechnerische Verteilung auf 5 Jahre gilt für

- **Entschädigungen**, die als Ersatz für entgangene oder entgehende Einnahmen oder die Aufgabe oder Nichtausübung einer Tätigkeit oder als Ausgleichszahlung an Handelsvertreter gewährt worden sind (Nr. 2),
- **Nutzungsvergütungen** für die Inanspruchnahme von Grundstücken für öffentliche Zwecke sowie Zinsen auf solche Nutzungsvergütungen, soweit sie für einen Zeitraum von mehr als 3 Jahren nachgezahlt wurden (Nr. 3),
- **Vergütungen für mehrjährige Tätigkeit** (Nr. 4) und
- **Einkünfte aus außerordentlichen Holznutzungen** (Nr. 5).

Einzelheiten ➜ Tz 796.

Auslandsverluste/Organschaft

179 **Ausländische Verluste** können bei der deutschen Einkommensteuer berücksichtigt werden. Sie sind in der **Anlage AUS** geltend zu machen ➜ Tz 294.

In **Zeile 44** ist das von einem Organträger zu versteuernde Einkommen einer Organgesellschaft anzugeben, und zwar mit Angaben zur Gesellschaft, zum Betriebsstättenfinanzamt und zur dortigen Steuernummer.

Weitere Angaben

180 Angaben zum **Schuldzinsenabzug** bei so genannten Überentnahmen (§ 4 Abs. 4a EStG) sind in den **Zeilen 45 und 46** zu machen. In **Zeile 45** tragen Sie den Saldo aus Entnahmen und Einlagen ein; in **Zeile 46** sind Schuldzinsen aus der Finanzierung von Anlagegütern anzugeben.

Haben Sie 2010 einen Investitionsabzugsbetrag (§ 7g EStG) in Anspruch genommen, ist **181** in **Zeile 47** die Höhe des in Anspruch genommenen Investitionsabzugsbetrags einzutragen. Sollte es in 2010 zur Anschaffung der Investitionsgüter gekommen sein, für die in den Vorjahren ein Investitionsabzugsbetrag gebildet wurde, ist dieser Abzugsbetrag in **Zeile 48** als Hinzurechnungsbetrag zu erfassen.

Bei Anteilen an Kapitalgesellschaften ist in **Zeile 49** anzugeben, ob Sie 2010 Bezugs- **182** rechte, z. B. aus einer Kapitalerhöhung, erhalten haben, wobei die Einzelangaben hierzu auf einem besonderen Blatt zu machen sind.

Verluste aus gewerblicher Tierzucht oder Tierhaltung des Jahres 2010 dürfen mit **183** anderen positiven Einkünften 2010 nicht ausgeglichen werden. Auch ein Verlustvor- oder -rücktrag (§ 10d EStG) ist ausgeschlossen. Zulässig ist jedoch z. B. die Verrechnung solcher Verluste mit Gewinnen aus gewerblicher Tierzucht/-haltung (**Zeile 50**; zur Begrenzung des Verlustrücktrags **Zeile 51**).

Verluste aus **Termingeschäften** im gewerblichen Bereich dürfen nur bis zur Höhe der **184** Gewinne aus Termingeschäften verrechnet werden. Darüber hinausgehende Verluste können Sie in der Regel weder mit anderen Einkünften aus Gewerbebetrieb noch mit positiven Einkünften aus anderen Einkunftsarten ausgleichen. Die Angaben hierzu machen Sie in **Zeile 52**. Den Rücktrag nicht ausgeglichener Verluste aus 2010 nach 2009 können Sie in **Zeile 53** begrenzen.

Verluste aus Beteiligungen an einer REIT-AG, anderen REIT-Körperschaften, -Personen- vereinigungen oder -Vermögensmassen sind zwecks Verrechnung mit entsprechenden Gewinnen in **Zeile 54** einzutragen. Dort ist auch in **Zeile 55** die Verlustbegrenzung bei einem Rücktrag in das Jahr 2009 vorzunehmen.

6.3   Anlage 34a

Bei Ihrer Einkommensteuerveranlagung 2010 haben Sie die Möglichkeit, für Ihren nicht **185** entnommenen Gewinn aus Gewerbebetrieb die Besteuerung mit dem **Sondersteuersatz von 28,25 %** + Soli (§ 34a EStG) zu beantragen. Wegen weiterer Einzelheiten zu dieser Vorschrift ➜ Tz 800.

In der **Anlage 34a** haben Sie in den **Kopfzeilen 1 bis 3** Ihren Namen, Vornamen und die Steuernummer anzugeben. Dabei ist zu beachten, dass Sie die Anlage 34a für jeden Betrieb bzw. für jeden Mitunternehmeranteil, bei denen Sie sich für die begünstigte Besteuerung Ihres nicht entnommenen Gewinns entscheiden, getrennt bei Ihrem Finanz- amt einreichen müssen. Da die Begünstigung nicht nur für Einkünfte aus Gewerbebetrieb gilt, sondern auch für den Bereich der Land- und Forstwirtschaft und für die Einkünfte aus selbstständiger Arbeit, vorausgesetzt, die Einkünfte werden durch Bilanzierung ermittelt, haben Sie in **Zeile 4** zur Kz. 11 die Einkunftsart anzugeben. In **Zeile 5** erfolgt dann die Betriebsbezeichnung.

Neben diesen allgemeinen Angaben sind in **Zeile 6** der Gewinn laut Steuerbilanz, in **Zeile 10** die Entnahmen und in **Zeile 11** die Einlagen des Wirtschaftsjahrs einzutragen. In **Zeile 12** können Sie die ermäßigte Besteuerung auf einen Teil des nicht entnommenen Gewinns begrenzen. Für den Fall, dass in dem Gewinn ein Teilbetrag aus der Veräußerung bzw. Aufgabe eines Teilbetriebs enthalten ist, sind zusätzliche Angaben in den **Zeilen 7, 8 und 13** erforderlich. In **Zeile 9** geben Sie eventuelle Leistungsvergütungen i. S. d. § 18 Abs. 1 Nr. 4 EStG an, für die Ihnen eine ermäßigte Besteuerung zusteht.

I Steuererklärung

In der **Anlage 34a** ist zu den **Zeilen 14 bis 22** alles das anzugeben, was das Finanzamt für die Durchführung einer Nachversteuerung benötigt. Dort sind in **Zeile 14** die Entnahmen für Erbschaft- und Schenkungsteuer, die nicht zu einer Nachversteuerung führen, anzugeben. In **Zeile 15** sind die Buchwerte von übertragenen oder überführten Wirtschaftsgütern betragsmäßig anzugeben, wobei in **Zeile 16** zusätzlich diese Wirtschaftsgüter unter Bezeichnung des übertragenden Betriebs, des zuständigen Finanzamts und der dortigen Steuernummer zu ergänzen sind. Zusätzliche Erläuterungen sind auf einem besonderen Blatt zu machen. In **Zeile 17** ist anzugeben, ob der Betrieb oder Mitunternehmeranteil vollständig nach § 6 Abs. 3 EStG übertragen wurde, wobei in den **Zeilen 18 und 19** ergänzende Angaben dazu einzutragen sind. Die Nachversteuerung auf freiwilliger Basis ist in **Zeile 20** betragsmäßig anzugeben. Schließlich ist in **Zeile 21** anzugeben, ob der Betrieb oder Mitunternehmeranteil veräußert oder aufgegeben wurde, in **Zeile 22** einzutragen, ob der Betrieb oder Mitunternehmeranteil in eine Kapitalgesellschaft oder Genossenschaft eingebracht wurde oder ob ein Formwechsel einer Personengesellschaft in eine Kapitalgesellschaft oder Genossenschaft stattgefunden hat, und in **Zeile 23** der Wechsel von der Bilanzierung zur Einnahmenüberschussrechnung zu vermerken.

6.4 Zinsschranke

186 In dem Vordruck „**Anlage Zinsschranke**" ist in den **Zeilen 1 bis 3** anzugeben, um welche Gesellschaft bzw. Gemeinschaft es sich handelt oder um welchen Steuerzahler, dazu dann die Steuernummer und die laufende Nummer der Anlage. Dort ist auch einzutragen, ob es sich um einen Betrieb des Steuerzahlers oder seiner Ehefrau handelt. Nähere Angaben zur Bezeichnung des Betriebs sind in **Zeile 4** zu machen.

In **Zeile 5** ist der Zinsvortrag zum Schluss des vorangegangenen Wirtschaftsjahres einzutragen. In **Zeile 6** folgt dann die Verringerung des Zinsvortrags, z. B. durch Aufgabe oder Übertragung eines Betriebs oder Teilbetriebs oder Ausscheiden eines Mitunternehmers aus einer Gesellschaft. In **Zeile 7** sind die Zinsaufwendungen des laufenden Wirtschaftsjahres und in **Zeile 8** der nach Anwendung der Zinsschranke abziehbare Betrag an Zinsaufwendungen einzutragen. Die nichtabziehbaren Zinsaufwendungen, die dem Zinsvortrag zum Schluss des Wirtschaftsjahres entsprechen, sind in **Zeile 9** auszuweisen.

In **Zeile 10** sind die Zinserträge des laufenden Wirtschaftsjahres zu vermerken, in **Zeile 11** bestimmte abgesetzte Beträge und in **Zeile 12** die Vergütungen für Fremdkapital an wesentlich beteiligte Anteilseigner, dessen nahestehende Personen und rückgriffsberechtigte Dritte.

In den **Zeilen 13 bis 17** wird der EBITDA-Vortrag nach § 4h Abs. 1 Satz 3 EStG zum Schluss des Wirtschaftsjahres ermittelt.

WICHTIG

 Durch die Freigrenze von **3.000.000 €** dürfte der Vordruck „**Anlage Zinsschranke**" in 2010 äußerst selten auszufüllen sein.

7 Anlage S – Einkünfte aus selbstständiger Arbeit

7.1 Überblick zu den Einkünften aus selbstständiger Arbeit

Selbstständige

Haben Sie Einkünfte aus selbstständiger Arbeit erzielt, sind die für die Besteuerung dieser Einkünfte erforderlichen Angaben in der **Anlage S** zu machen.   **187**

Das Einkommensteuergesetz unterscheidet 4 Gruppen von selbstständiger Arbeit:

● Die freien Berufe,
● die staatlichen Lotterieeinnehmer, soweit diese nicht Gewerbetreibende sind, und
● die sonstige selbstständige Arbeit,
● Einkünfte, die ein Beteiligter an einer vermögensverwaltenden Gesellschaft oder Gemeinschaft erzielt, wenn der Anspruch auf die Vergütung unter der Voraussetzung eingeräumt worden ist, dass die Gesellschafter oder Gemeinschafter ihr eingezahltes Kapital vollständig zurückerhalten haben (§ 18 Abs. 1 Nr. 4 EStG).

Freie Berufe

Unter die freiberufliche Tätigkeit fallen insbesondere die Einkünfte der **Ärzte**, Zahnärzte,   **188** Tierärzte, **Rechtsanwälte**, Notare, **Ingenieure, Architekten, Wirtschaftsprüfer, Steuerberater, Journalisten** usw. Freiberufler unterliegen nicht der Gewerbesteuer, außerdem können sie eine Einnahmenüberschussrechnung durchführen. Ob eine selbstständige Tätigkeit vorliegt ➜ Tz 789. Hinweise, zu welchem Zeitpunkt Betriebsausgaben bzw. -einnahmen zu erfassen sind ➜ Tz 815, zu den Betriebsausgaben ➜ Tz 831.

WICHTIG

Achten Sie darauf, dass Sie 2010 Ihrer Einkommensteuererklärung eine Einnahmenüberschussrechnung in Form der **Anlage EÜR** beifügen müssen, wenn die **Betriebseinnahmen 17.500 € oder mehr** betragen. Einzelheiten zur Anlage EÜR ➜ Tz 817.

Nebentätigkeiten

Auch eine Tätigkeit, die jemand **neben** seinem Hauptberuf ausübt, kann als selbst-   **189** ständige Tätigkeit anzusehen sein (z. B. der praktische Tierarzt als amtlich bestellter Fleischbeschauer; der Beamte als Vortragender an einer Verwaltungsakademie; der Rechtsanwalt als Honorarprofessor). Vergleichen Sie hierzu die Hinweise in ➜ Tz 893, insbesondere zur **Betriebsausgabenpauschale** ➜ Tz 830.

Gewinne aus anderer selbstständiger Arbeit

Gewinne aus **anderer selbstständiger Arbeit** sind z. B. Einkünfte aus Testamentsvoll-   **190** streckung, Vermögensverwaltung und Aufsichtsratstätigkeit, als Konkursverwalter, Treuhänder, Pfleger, Nachlassverwalter sowie die Aufwandsentschädigungen für eine selbstständig ausgeübte ehrenamtliche Tätigkeit. Hierzu rechnen auch die Einkünfte der Einnehmer einer staatlichen Lotterie, wenn sie nicht gewerbliche Einkünfte darstellen, sowie bestimmte Einkünfte eines Beteiligten an einer vermögensverwaltenden Gesellschaft oder Gemeinschaft (➜ Tz 187).

Der Gewinn oder Verlust aus einer freiberuflichen Tätigkeit ist in **Zeile 4**, bei gesonderter Feststellung in **Zeile 5**, einzutragen. Bei einer Beteiligung an einer Sozietät sind der anteilige Gewinn bzw. Verlust aus der ersten Beteiligung in **Zeile 6** und aus weiteren Beteiligungen in **Zeile 7** einzutragen. Der Gewinn oder Verlust aus einem Verlustzuweisungsmodell ist wegen der Abzugsbeschränkung in **Zeile 8**, der Gewinn bzw. Verlust aus einer anderen selbstständigen Tätigkeit ist in **Zeile 9** und der Gewinn bzw. Verlust aus allen weiteren Tätigkeiten in **Zeile 10** zu vermerken.

In **Zeile 11** ist zusätzlich anzugeben, welche Beträge davon nach dem Teileinkünfteverfahren 2010 besteuert worden sind. Haben Sie Leistungsvergütungen als Beteiligter einer **Wagniskapitalgesellschaft** erhalten (§ 18 Abs. 1 Nr. 4 EStG), werden diese Vergütungen nach dem Halb- oder Teileinkünfteverfahren besteuert. In **Zeile 12** ist dann die Gesellschaft, das Finanzamt und die Steuernummer der Wagniskapitalgesellschaft zusätzlich zur Angabe der Vergütung einzutragen. Hier sind nur Leistungsvergütungen einer Wagniskapitalgesellschaft einzutragen, die vor dem 1.1.2009 gegründet wurde. Für solche Leistungsvergütungen gilt noch das Halbeinkünfteverfahren. Bei Leistungsvergütungen einer Wagniskapitalgesellschaft, die nach dem 31.12.2008 gegründet wurde, ist die Eintragung in **Zeile 13** vorzunehmen. Dadurch ist sichergestellt, dass für diese Leistungsvergütung das Teileinkünfteverfahren angewandt wird.

Steuerzahler, die ihre Einkünfte aus selbstständiger Arbeit nicht durch Einnahmenüberschussrechnung, sondern Bilanzierung ermitteln, können den nicht entnommenen Gewinn begünstigt besteuern lassen. Dies erfolgt nur auf Antrag, der im Rahmen der **Anlage 34a** zu stellen ist. In **Zeile 14** haben Sie die Anzahl der Anlage 34a anzugeben, die Sie Ihrer Einkommensteuererklärung 2010 beigefügt haben.

Veräußerungsgewinn

191 Ein Gewinn aus der **Veräußerung** einer freiberuflichen Praxis oder Kanzlei bzw. dem Vermögen, das der selbstständigen Arbeit dient, oder eines selbstständigen Teils des Vermögens oder aus der Aufgabe einer solchen Tätigkeit ist **steuerpflichtig** (siehe **Zeilen 15 bis 22**). Der Veräußerungsgewinn des Jahres 2010 ist – ggf. nach Abzug eines Freibetrags – rechnerisch auf 5 Jahre zu verteilen (➜ Tz 797); auf Antrag ist bei Steuerzahlern, die im Veräußerungszeitpunkt das 55. Lebensjahr vollendet haben oder dauernd berufsunfähig sind, auch eine Besteuerung mit dem ermäßigten Durchschnittssteuersatz (§ 34 Abs. 3 EStG) möglich. Einzelheiten ➜ Tz 173, ➜ Tz 895. Wegen der Besteuerung sonstiger begünstigter Gewinne ➜ Tz 178 und **Zeile 31**.

Abzugsbeschränkung bei Schuldzinsen

192 Für den Schuldzinsenabzug bei privater Mitveranlassung durch Überentnahmen für den Privatbereich (§ 4 Abs. 4a EStG) gelten folgende Grundsätze:

● Schuldzinsen für Darlehen zur Finanzierung von Anschaffungs- oder Herstellungskosten von Wirtschaftsgütern des Anlagevermögens sind stets als Betriebsausgaben

abzugsfähig (§ 4 Abs. 4a Satz 5 EStG); einzutragen in **Zeile 33**. Die übrigen Schuldzinsen sind daraufhin zu überprüfen, inwieweit sie **betrieblich** oder **privat veranlasst**
sind.

● Schuldzinsen, die nicht eindeutig dem **privaten Bereich zuzuordnen** sind, können
  nicht als Betriebsausgaben abgezogen werden, soweit sie auf eine **Überentnahme**
  zurückzuführen sind (§ 4 Abs. 4a Satz 1 EStG). Bei einer Überentnahme handelt es sich
  um den Betrag, um den die Entnahmen in dem jeweiligen Wirtschaftsjahr die Summe
  des Gewinns und der Einlagen dieses Wirtschaftsjahres übersteigen.

● **Überentnahmen** und **Unterentnahmen** aus **Vorjahren** sind bei der Ermittlung der
  Bemessungsgrundlage für die nichtabziehbaren Schuldzinsen als Kürzungen oder
  Hinzurechnungen zu berücksichtigen; Über- und Unterentnahmen aus der Zeit vor
  1999 sind allerdings nicht anzusetzen. Auf Grund der höchstrichterlichen Rechtsprechung ist eine bis Ende 1998 aufgelaufene Unterentnahme mit Überentnahmen
  ab 1999 zu verrechnen. Entschieden ist dies lediglich für die Jahre 1999 und 2000.
  Daher schränkt die Finanzverwaltung diese Verrechnungsmöglichkeit in der Weise ein,
  dass sie ab 2001 die Unterentnahme bis Ende 1998 nicht mehr bei der Zinsberechnung
  berücksichtigt. Hiergegen bestehen jedoch erhebliche verfassungsrechtliche Bedenken, so dass Sie auf jeden Fall Ihren **Steuerbescheid 2010** durch Einlegung eines
  Einspruchs **offen halten** sollten, wenn Ihnen die **Unterentnahme** bis Ende 1998 als
  Verrechnungspotenzial versagt wird (→ Tz 854). Hierüber muss der BFH noch entscheiden. Als Unterentnahme gilt der Betrag, um den der Gewinn und die Einlagen über
  die Entnahmen eines Wirtschaftsjahres hinausgehen (§ 4 Abs. 4a Satz 3 EStG). In
  Zeile 32 ist nur der Saldo aus Entnahmen und Einlagen anzugeben; den Gewinn steuert
  das Finanzamt bei.

● Liegt unter Berücksichtigung der Über- und Unterentnahmen aus den Vorjahren eine
  Überentnahme für das Wirtschaftsjahr vor, werden die nichtabziehbaren Schuldzinsen
  typisiert mit **6 % der Überentnahme** angesetzt (§ 4 Abs. 4a Satz 3 EStG).

● Der Hinzurechnungsbetrag ist auf die tatsächlich angefallenen Schuldzinsen – ohne
  Berücksichtigung der Schuldzinsen für Darlehen zur Finanzierung von Anschaffungs-
  oder Herstellungskosten von Wirtschaftsgütern des Anlagevermögens – abzüglich
  eines Bagatellbetrags von 2.050 € begrenzt (§ 4 Abs. 4a Sätze 4 und 5 EStG). Ihre
  Investitionskreditzinsen geben Sie in **Zeile 33** an.

Die Finanzverwaltung hat in mehreren BMF-Schreiben zur Auslegung des § 4 Abs. 4a EStG
Stellung genommen (→ Tz 854, → Tz 855).

7.2   Investitionsabzugsbetrag

Haben Sie 2010 einen Investitionsabzugsbetrag für künftige Investitionen beantragt, **193**
geben Sie in **Zeile 34** die Höhe des Investitionsabzugsbetrags an, auch wenn Sie diesen
Abzugsbetrag bereits in der Anlage EÜR von Ihrem Gewinn aus selbstständiger Arbeit
abgezogen haben. Sollten Sie einen Investitionsabzugsbetrag, den Sie 2009 gebildet
haben, 2010 auflösen, weil z. B. die dem Abzugsbetrag zugrunde liegende Investition
durchgeführt wurde, ist der dadurch bedingte Hinzurechnungsbetrag in **Zeile 35** anzugeben. Auch hier gilt: Die Angabe ist zusätzlich zu der Hinzurechnung laut Anlage EÜR zu
machen.

7.3 Aufwandsentschädigungen/Übungsleiter-Freibetrag

194 Hierunter fallen u. a. Vergütungen für eine **ehrenamtliche Tätigkeit**, z. B. als Stadt- oder Gemeinderat, als ehrenamtlicher Bürgermeister, Ortschaftsrat und als Kreisrat oder Kreistagsmitglied.

Im Übrigen können Aufwandsentschädigungen bis zu **2.100 €** jährlich steuerfrei sein, wenn sie nebenberuflich als **Übungsleiter** usw. erzielt werden (➜ Tz 893). Wegen des Ehrenamtsfreibetrags von **500 €** ➜ Tz 894.

Die Eintragungen hierzu sind in **Zeile 36** vorzunehmen.

7.4 Begünstigte Besteuerung nicht entnommener Gewinne

195 Haben Sie Ihren Gewinn aus selbstständiger Arbeit durch Bilanzierung ermittelt, können Sie den nicht entnommenen Gewinn mit einem **Sondersteuersatz von 28,25 % + Soli** (§ 34a EStG) besteuern lassen. Dies geschieht nur auf Antrag. Dazu müssen Sie die Anlage 34a ausfüllen. Wegen Einzelheiten zu dieser Anlage ➜ Tz 185, ➜ Tz 800.

8 Anlage KAP – Einkünfte aus Kapitalvermögen

Eines der Kernstücke der Unternehmensteuerreform 2008 war die Umstellung der Be- **196**
steuerung der Kapitalerträge auf die Abgeltungsteuer. In diesem Zusammenhang wurde
der Katalog der steuerpflichtigen Kapitalerträge ab 2009 wesentlich erweitert. Insbesondere sind **Veräußerungsgeschäfte mit Wertpapieren** ab 2009 als Kapitaleinnahmen zu
erfassen. In einem neuen § 32d EStG wird der gesonderte Steuertarif für Kapitalerträge im
Privatbereich mit Abgeltungswirkung geregelt. Um die Abgeltungsteuer bereits bei
Zufluss der Kapitalerträge zu vereinnahmen, sind entsprechende Anpassungen beim
Kapitalertragsteuerabzug vorgenommen worden.

Die Anlage KAP 2010 ist den Anforderungen an die Besteuerung der Kapitalerträge mit
Abgeltungsteuer angepasst worden. Bei der Veranlagung 2009 hat sich gezeigt, dass der
vom Gesetzgeber angestrebte Vereinfachungseffekt bei der Anlage KAP nicht eintritt. Man
hatte damit gerechnet, dass sich in diesem Bereich die Abgabe von Steuererklärungen
wesentlich reduzieren würde. Dieser Effekt ist bei weitem nicht eingetreten. Vielmehr ist
alles komplizierter geworden, keine Seltenheit im Steuerrecht, wenn eine grundlegende
Reform erfolgt. Nachfolgend geben wir einen kurzen Überblick über das Wesentliche, das
Sie beim Ausfüllen der Anlage KAP 2010 berücksichtigen müssen. Weitere Einzelheiten zu
den Steuergestaltungen und zu den Steuer-Spar-Tipps ➔ Tz 896.

8.1 Wann ist die Anlage KAP abzugeben?

Für Ihre privaten Kapitalerträge gilt der **Grundsatz**: Grundsätzlich ist die hierauf entfal- **197**
lende Einkommensteuer durch den Kapitalertragsteuerabzug abgegolten. Trotz dieser
generellen Befreiung durch die Abgeltungsteuer müssen Sie zu Ihren Einkünften aus
Kapitalvermögen Angaben machen, wenn

- die Kapitalerträge **nicht dem Steuerabzug unterlegen** haben,
- **keine Kirchensteuer** auf Kapitalertragsteuer einbehalten wurde, obwohl Sie kirchensteuerpflichtig sind,
- Sie den Kapitalertragsteuerabzug dem Grunde und der Höhe nach überprüfen lassen
  möchten,
- von Ihnen ein **Antrag auf Günstigerprüfung** gestellt wird. Das Finanzamt wird dann
  prüfen, ob sich eine niedrigere Besteuerung Ihrer Kapitalerträge ergibt,
- die Abgeltungswirkung des Kapitalertragsteuerabzugs auf Grund von Ausnahme-
  regelungen nicht in Betracht kommt.

Füllen Sie die Anlage KAP stets in den Fällen aus, in denen

- einbehaltene inländische Kapitalertragsteuer, einbehaltener Solidaritätszuschlag,
  einbehaltene Kirchensteuer im Zusammenhang mit anderen Einkunftsarten anzurechnen oder zu erstatten sind oder
- anzurechnende Quellensteuer nach der Zinsinformationsverordnung einbehalten wurde.

WICHTIG

 Jeder Ehegatte muss seine Angaben in einer **eigenen Anlage** KAP machen. Bei Gemeinschaftskonten sind die Kapitalerträge auf beide Ehegatten aufzuteilen und mit den anteiligen Beträgen in der Anlage KAP zu erfassen.

In den Fällen der **Ersatzbemessungsgrundlage** besteht für den Steuerzahler die Möglichkeit, diese durch konkrete Angaben der Anschaffungskosten oder des Veräußerungspreises korrigieren zu lassen. Dies geschieht durch Angabe in der letzten Spalte der **Zeile 11**. Achten Sie darauf, dass sowohl die Ihnen bescheinigten Beträge als auch die von Ihnen korrigierten Beträge in **Zeile 7** enthalten sind.

In **Zeile 8** sind die Gewinne aus der Veräußerung von Kapitalanlagen (§ 20 Abs. 2 EStG) zusätzlich zu der Eintragung in **Zeile 7** anzugeben. Auch diese Gewinne sind zu korrigieren, wenn Sie noch zusätzliche Veräußerungskosten, die unmittelbar mit dem Veräußerungsgeschäft zusammenhängen, gegenüber dem Finanzamt nachweisen können. Die in **Zeile 8** angegebenen Gewinne aus Veräußerungsgeschäften benötigen Sie auch, wenn Sie Ihre Altverluste (**Zeile 59**) verrechnen lassen wollen.

In **Zeile 9** geben Sie gesondert an, welche Gewinne aus Aktienveräußerungen in **Zeile 7** enthalten sind. Auch hier können Sie korrigierte Beträge gegenüber dem Finanzamt angeben. Die Gewinne aus Aktienveräußerungen müssen gesondert erfasst werden, weil sie nur mit Verlusten aus der Veräußerung von Aktien (**Zeile 13 oder Zeile 18**) verrechnet werden dürfen.

In **Zeile 10** sind die in **Zeile 7** enthaltenen Stillhalterprämien aus Optionsgeschäften einzutragen. Hier genügt es der Finanzverwaltung, wenn Sie den korrigierten Betrag zu Kz. 23 ausweisen. Diese Erträge dürfen ebenfalls mit Verlusten aus „alten" Optionsgeschäften verrechnet werden. Hierzu müssen Sie allerdings in **Zeile 60** einen Antrag stellen.

In **Zeile 12** sind sämtliche Verluste aus Ihren Kapitalanlagen anzugeben, allerdings ohne die Verluste aus Aktiengeschäften. Diese sind in **Zeile 13** gesondert einzutragen. Wie bereits erwähnt, liegt dies daran, dass Sie die Verluste in **Zeile 12** mit allen Kapitalerträgen verrechnen können, die Verluste aus Aktiengeschäften in **Zeile 13** dagegen nur mit Gewinnen aus Aktiengeschäften.

In **Zeile 14** ist der in Anspruch genommene Sparer-Pauschbetrag einzutragen, soweit er auf die Kapitalerträge in den **Zeilen 7 bis 13** entfällt. Den Sparer-Pauschbetrag, der auf nicht erklärte Kapitalerträge entfällt, ist in **Zeile 14a** zu vermerken; ggf. ist dort 0 einzutragen.

WICHTIG

 Bei den Kapitalerträgen, die dem inländischen Steuerabzug unterlegen haben, müssen Sie **nicht alle Kapitalerträge eintragen**. Hier reicht es aus, die Fälle zu vermerken, in denen es zum Ansatz korrigierter Beträge kommt, und die Fälle, in denen Sie eine Verrechnung mit Verlusten, z. B. aus dem Depot einer 2. Bank oder mit Altverlusten, erreichen wollen.

8.2   Wie wird die Anlage KAP ausgefüllt?

Die Anlage KAP ist in 5 Bereiche unterteilt, und zwar in   **198**

1. Kapitalerträge, die dem Steuerabzug unterlegen haben, mit Angaben zum Sparer-Pauschbetrag (**Zeilen 7 bis 14a**),
2. Kapitalerträge, die nicht dem Steuerabzug unterlegen haben (**Zeilen 15 bis 21**),
3. Kapitalerträge, die der tariflichen Einkommensteuer unterliegen (**Zeilen 22 bis 25**),
4. Erträge aus Beteiligungen, die gesondert und einheitlich festgestellt werden (**Zeilen 31 bis 48**),
5. Steuerabzugsbeträge, anzurechnende Steuern aus Kapitalerträgen, Beteiligungen und anderen Einkunftsarten sowie anzurechnende Quellensteuern nach der Zinsinformationsverordnung (**Zeilen 49 bis 58**).

Sollten Sie in 2010 **Kapitalerträge in ausländischer Währung** erhalten haben, rechnen Sie diese Kapitalerträge nach dem maßgeblichen Kurs zum Zeitpunkt des Zu- und Abflusses um. Geben Sie den Kurs und den Zeitpunkt auf einem besonderen Blatt zusätzlich zur Anlage KAP an.

WICHTIG

Bei der Ermittlung der Einkünfte aus Kapitalvermögen kommt es nicht mehr auf die tatsächlichen Werbungskosten an; vielmehr berücksichtigt der Gesetzgeber nur noch einen **Sparer-Pauschbetrag** von **801 €** bei Ledigen **bzw. 1.602 €** bei zusammenveranlagten Ehegatten (§ 20 Abs. 9 EStG). Der Sparer-Pauschbetrag wird grundsätzlich bei dem Ehegatten zur Hälfte angesetzt, wobei ein nicht ausgenutzter Teilbetrag auf den anderen Ehegatten übertragen und dort in Abzug gebracht wird.

In Ausnahmefällen kann statt des Sparer-Pauschbetrags von 801 € bzw. 1.602 € ein Abzug tatsächlicher Werbungskosten vorgenommen werden. Dies gilt z. B. bei Verwandten- und Gesellschafterdarlehen, aber auch bei bestimmten GmbH-Anteilen, deren Anschaffungskosten refinanziert wurden.

8.3   Günstigerprüfung

Zeile 4 der Anlage KAP sieht vor, dass Sie eine Günstigerprüfung für sämtliche Kapital-   **199** erträge beantragen können. Dies gilt auch für den Fall der Zusammenveranlagung von Ehegatten. Hier kann der Antrag nur gemeinsam für beide Ehegatten gestellt werden. Für diese Zwecke ist in der **Zeile 4** eine „1" zur Kz. 01 einzutragen.

Was heißt Günstigerprüfung? Bei Antragstellung in **Zeile 4** prüft das Finanzamt anhand der von Ihnen **vollständig ausgefüllten Anlage KAP**, ob die Besteuerung der Kapitalerträge mit Abgeltungsteuer von 25 % für Sie günstiger ist als die Besteuerung mit ihrem individuellen Steuersatz. Sollte dies bejaht werden, bleibt es bei der Besteuerung mit 25 %. Sollte Ihr Spitzensteuersatz geringer als 25 % sein, berechnet Ihnen das Finanzamt die Einkommensteuer unter Einbeziehung der Kapitalerträge, wobei die einbehaltene Kapitalertragsteuer angerechnet wird. Im Ergebnis erhalten Sie in Höhe der Differenz zwischen dem Abgeltungsteuersatz von 25 % und Ihrem individuellen Steuersatz eine Steuererstattung.

Sind in 2010 neben Ihren Kapitalerträgen im Privatbereich Erträge aus Konten und Depots bei ausländischen Kreditinstituten angefallen, tragen Sie diese in die **Zeilen 15 bis 21** ein. Erträge aus Beteiligungen sind in den **Zeilen 31 bis 48** anzugeben.

WICHTIG

 Auf jeden Fall sind die betreffenden Steuerabzugsbeträge in den **Zeilen 49 bis 54** zu erfassen.

8.4   Wie überprüfe ich den Kapitalertragsteuerabzug?

200   Liegt bei Ihnen einer der folgenden Sachverhalte vor, können Sie den Kapitalertragsteuerabzug durch Ihr Finanzamt überprüfen lassen.

– Der **Sparer-Pauschbetrag** von 801 € bzw. 1.602 € ist im Rahmen des Kapitalertragsteuerabzugs **nicht vollständig ausgeschöpft** worden. Denken Sie z. B. an den Fall, dass Sie Ihrer Bausparkasse das gesamte Freistellungsvolumen von 801 € und 1.602 € „übertragen" haben, nunmehr auf Grund einer kleinen Erbschaft aus Festgeldern Kapitalerträge in Höhe von 1.000 € erzielt haben. Hier kann ein Sparer-Pauschbetrag, der sich bei Ihrem Bausparvertrag nicht voll ausgewirkt hat, im Rahmen der Anlage KAP bei den übrigen Kapitaleinkünften zu einer Steuerentlastung führen.

– Beim Steuerabzug hat das Kreditinstitut eine **Ersatzbemessungsgrundlage** angewandt, weil die Anschaffungskosten nicht bekannt waren. Hier sieht das Gesetz vor, dass die Anschaffungskosten mit 30 % der Einnahmen aus der Veräußerung oder Einlösung der Wertpapiere und Kapitalforderungen angesetzt werden. Dieser Ansatz kann jedoch zu hoch sein, wenn Sie ihn mit Ihren tatsächlichen Anschaffungskosten vergleichen. Dann müssen Sie handeln und diesen Fehler über die Anlage KAP 2010 korrigieren lassen.

– Beim Steuerabzug wurden **Verluste** bei einem Kreditinstitut nicht oder zu niedrig berücksichtigt. Dann muss der höhere Verlust im Rahmen der Anlage KAP berücksichtigt werden.

Wollen Sie die vorgenannten **Korrekturen**, bei denen es sich nur um eine beispielhafte Aufzählung handelt, im Rahmen der Anlage KAP durchführen lassen, tragen Sie in **Zeile 5** zu Kz. 02 eine 1 ein. Dann geben Sie die Korrekturbeträge in den **Zeilen 7 bis 13** neben den Beträgen laut Steuerbescheinigung in der Spalte „korrigierte Beträge" an. Erläutern Sie die Abweichungen zwischen dem Ansatz Ihres Kreditinstituts und dem von Ihnen in der Spalte „korrigierte Beträge" angegebenen Wert.

BEISPIEL

 A hat am 2.1.2010 Aktien für 10.000 € über seine Bank erworben. Die Aktien hat er am 14.12.2010 für 15.000 € veräußert. Im Zusammenhang mit dem An- und Verkauf der Aktien wurden ihm von der Bank Aufwendungen in Höhe von 250 € berechnet. Der Gewinn in Höhe von

Veräußerungspreis:	15.000 €
Anschaffungskosten:	./. 10.000 €
	5.000 €

ist zu kürzen um Aufwendungen für den Ankauf als Anschaffungsnebenkosten und Bankgebühren für den Veräußerungsfall als Veräußerungskosten: ./.   250 €
Einkünfte: 4.750 €

Hätte die Bank die von Ihnen geltend gemachten Transaktionskosten in Höhe
von 250 € nicht beim Kapitalertragsteuerabzug aus dem Wertpapiergeschäft
berücksichtigt, könnten Sie dies im Rahmen der Einkommensteuerveranlagung
nachholen.

8.5 Nacherhebung der Kirchensteuer

Wurde neben der Kapitalertragsteuer keine Kirchensteuer einbehalten – dies ist aus der **201**
Kapitalertragsteuerbescheinigung, die auf Verlangen ausgestellt wird, ersichtlich –,
müssen Sie in **Zeile 6** zu Kz. 03 eine 1 eintragen. Zusätzlich haben Sie in **Zeile 49** die
Höhe der Kapitalertragsteuer anzugeben, die von einer inländischen auszahlenden Stelle
einbehalten worden ist; dies entnehmen Sie Ihrer Steuerbescheinigung. In **Zeile 50**
tragen Sie den dazugehörigen Solidaritätszuschlag ein.

8.6 Nicht dem Kapitalertragsteuerabzug unterliegende Kapitalerträge

Dem Kapitalertragsteuerabzug unterliegen z. B. nicht: **202**

- Erträge aus ausländischen thesaurierenden Investmentfonds, auch wenn diese in
  einem inländischen Bankdepot verwahrt werden,
- Dividenden, Zinsen und andere Erträge bei ausländischen Kreditinstituten.

In **Zeilen 15 bis 21** tragen Sie die Kapitalerträge ein, die nicht dem inländischen
Steuerabzug unterlegen haben. Auch für diese Kapitalerträge gilt die Abgeltungsteuer
von 25 %. Bei der Bemessung der Abgeltungsteuer berücksichtigt das Finanzamt die von
Ihnen nachgewiesene ausländische Quellensteuer und die Steuerermäßigung, die sich
durch eine Kirchensteuerpflicht ergibt. Diese führen über die niedrigeren korrigierten
Beträge zu einer Steuererstattung und somit ggf. zu Erstattungszinsen. In diesem Fall ist
die Kapitalertragsteuer in **Zeile 49** und der Solidaritätszuschlag in **Zeile 50** einzutragen.

Geben Sie in **Zeile 15** die Summe der Kapitalerträge an, die noch mit Abgeltungsteuer
nachzuversteuern sind.

Von den in **Zeile 15** erfassten Kapitalerträgen sind dann in den **Zeilen 16 bis 20** folgende
Kapitalerträge noch einmal zusätzlich aufzuführen:

- Gewinne aus der **Veräußerung von Kapitalanlagen** (§ 20 Abs. 2 EStG): Solche Gewinne,
  z. B. aus der Veräußerung von Aktien, Fondsanteilen und Kapitalforderungen jedweder
  Art, aber auch Termingeschäften, geben Sie zusätzlich zu **Zeile 15** in **Zeile 16** an. Dort
  sind nur Gewinne, nicht Verluste aufzuführen. Die Veräußerungsgewinne sind für jede
  einzelne Kapitalanlage **getrennt zu ermitteln**. Fügen Sie Ihre Berechnungen der Anlage
  KAP bei. In **Zeile 16** geben Sie z. B. Gewinne an, die Sie aus nichtnotierten Aktien oder
  einer Beteiligung an einer GmbH unter 1 % erzielt haben, aber auch Gewinne aus der
  Veräußerung von Kapitalanlagen über ein ausländisches Depot.

I Steuererklärung

- Enthaltene Gewinne aus Aktienveräußerungen (§ 20 Abs. 2 Satz 1 Nr. 1 EStG): In **Zeile 17** geben Sie nochmals getrennt die in **Zeile 15** enthaltenen Gewinne aus Aktienveräußerungen an. Dies ist darauf zurückzuführen, dass Gewinne aus Aktienveräußerungen vorrangig mit Verlusten aus der Veräußerung von Aktien zu verrechnen sind. Die Verluste sind in **Zeile 19** gesondert angegeben.
- Enthaltene **Verluste** ohne Verluste aus der Veräußerung von Aktien: In **Zeile 18** geben Sie die in **Zeile 15** enthaltenen Verluste aus der Veräußerung von Kapitalanlagen an, jedoch ohne Ihre Veräußerungsverluste aus Aktiengeschäften. Solche Verluste können Sie im Bereich der Anlage KAP mit allen Kapitalerträgen verrechnen.
- Enthaltene Verluste aus **Aktiengeschäften** (§ 20 Abs. 2 Satz 1 Nr. 1 EStG): Verluste aus Aktiengeschäften dürfen ab 2009 im Bereich der Kapitaleinkünfte nur mit Gewinnen aus Aktiengeschäften ausgeglichen werden. Diese besondere Verlustverrechnung ist durch die Eintragungen in **Zeile 16** (Aktiengewinne) und in der **Zeile 19** (Aktienverluste) gewährleistet.

WICHTIG

In diesem Zusammenhang sollten Sie beachten, dass Verluste aus Spekulationsgeschäften nach altem Recht mit Gewinnen aus der Veräußerung von Kapitalanlagen in **Zeile 16** verrechnet werden können. Dies müssen Sie allerdings beantragen. Den Antrag stellen Sie in **Zeile 59**. Dann wird das Finanzamt zumindest die alten Spekulationsverluste berücksichtigen, die mit Gewinnen aus der Veräußerung von Kapitalanlagen zu verrechnen sind. Die Erläuterungen zur Anlage KAP sind in diesem Punkt unzutreffend. Dort wird nämlich darauf hingewiesen, dass es nur bei Spekulationsverlusten, die bis zum 31.12.2008 nach altem Recht entstanden sind, zu einer Verrechnung kommt. Eine solche Verrechnung ist auch mit Spekulationsverlusten, die in 2009 angefallen sind und der Besteuerung nach dem alten § 23 EStG unterliegen, vorzunehmen. Denken Sie z. B. an Aktien, die Sie am 30.12.2008 erworben und innerhalb der 1-jährigen Spekulationsfrist in 2009 mit Verlust veräußert haben. Auch bei diesem Verlust handelt es sich um einen Altverlust, der mit Gewinnen, die in der **Zeile 16** aufgeführt sind, verrechnet werden kann.

● Enthaltene Stillhalterprämien (§ 20 Abs. 1 Nr. 11 EStG): Stillhalterprämien, die für die Einräumung von Optionen vereinnahmt werden, tragen Sie zusätzlich zu **Zeile 15** in der **Zeile 20** ein. Diese Kapitalerträge können mit Verlusten, die Sie nach altem Recht aus Optionsgeschäften „erlitten" haben, 5 Jahre lang verrechnet werden. Hierzu haben Sie einen Antrag in **Zeile 60** zu stellen.

Nur in **Zeile 15** sind Erträge aus ausländischen thesaurierenden Investmentfonds, auch wenn diese in einem inländischen Bankdepot verwahrt werden, sowie Erträge aus Privatdarlehen unter fremden Dritten, aufzuführen. Achten Sie in diesem Zusammenhang auf die Sonderregelungen zur Behandlung sog. Finanzinnovationen, z. B. von Zero-Bonds (§ 52a Abs. 10 Satz 7 f. EStG); ➜ 902.

Nach **Zeile 21** der Anlage KAP sollen Sie **Erstattungszinsen**, die Sie vom **Finanzamt** im Laufe des Jahres 2010 erhalten haben, dort eintragen, ohne sie zusätzlich in Zeile 15 zu erfassen. Dies ist nicht zutreffend. Denn der BFH hat im Urteil v. 15.6.2010 (VIII R 33/07, BFH/NV 2010 S. 1917) entschieden, dass Erstattungszinsen, die das Finanzamt auf Grund von Einkommensteuererstattungen an den Steuerzahler leistet, nicht der Einkommensteuer unterliegen. Damit ist der BFH von seiner früheren restriktiven Rechtsprechung abgewichen. Wegen weiterer Einzelheiten ➜ Tz 929.

8.7 Kapitalerträge, die der „normalen" Einkommensteuer unterliegen

In den **Zeilen 22 bis 25** tragen Sie die Kapitalerträge ein, die im Rahmen der Einkom- **203** mensteuerveranlagung nach der Grund- oder Splittingtabelle mit Ihrem persönlichen Steuersatz besteuert werden. Hierzu gehören

① laufende Kapitalerträge aus sonstigen Kapitalforderungen jeder Art, aus stiller Gesellschaft und aus partiarischen Darlehen sowie die Veräußerung dieser Wirtschaftsgüter und den Hinzurechnungsbetrag nach § 10 AStG (**Zeilen 22 und 23**) sowie

② Kapitalerträge aus einer unternehmerischen Beteiligung an einer Kapitalgesellschaft, wenn dies beantragt wird (**Zeilen 24 und 25**).

Zur 1. Alternative ist anzumerken, dass hierunter im Wesentlichen Erträge aus einem Darlehen fallen, das Sie einer nahestehenden Person gewährt haben (sog. Verwandtendarlehen). Achten Sie darauf, dass alle Werbungskosten, die mit diesen Erträgen zusammenhängen, als Saldo „Einkünfte" in **Zeile 22** anzugeben sind. Bei einer Refinanzierung des Verwandtendarlehens ist also nur der Saldo der erhaltenen und der gezahlten Zinsen als Einkünfte einzutragen. In **Zeile 15** sind diese Kapitalerträge nicht aufzuführen.

Auch Darlehen an Kapitalgesellschaften und Genossenschaften, an denen Sie zu mindestens 10 % beteiligt sind, führen zu Einkünften, die Sie in der **Zeile 22** als laufende Einkünfte und in **Zeile 23** als Gewinn aus der Veräußerung oder Einlösung einzutragen haben.

Schließlich kann auch eine Back-to-back-Finanzierung zu Einkünften führen, die in **Zeile 22** oder **Zeile 23** zu erfassen sind. Denken Sie z. B. an den Fall, dass Sie ein Darlehen für Ihren Betrieb unter Besicherung Ihres privaten Depots erhalten haben. Nähere Einzelheiten hierzu sollten Sie mit Ihrem Steuerberater besprechen.

Die auf diese Kapitalerträge entfallenden Steuerabzugsbeträge sind in den **Zeilen 55 bis 57** gesondert von den übrigen Steuerabzugsbeträgen anzugeben.

WICHTIG

Bei der Ermittlung der Einkünfte werden zwar tatsächlich angefallene Werbungskosten berücksichtigt, nicht jedoch der Sparer-Pauschbetrag.

Sind Sie unmittelbar oder mittelbar

– zu mindestens **25 %** an einer Kapitalgesellschaft beteiligt oder
– zu mindestens **1 %** an einer Kapitalgesellschaft beteiligt und **beruflich** für diese tätig,

können auf Antrag die Kapitalerträge in die Veranlagung einbezogen und dort nach dem **Teileinkünfteverfahren** besteuert werden (= unternehmerische Beteiligung). Dazu tragen Sie in **Zeile 24** eine 1 ein. In **Zeile 25** geben Sie die Gesellschaft an, an der Sie beteiligt sind, sowie deren Betriebsstättenfinanzamt und die dortige Steuernummer. Zu Kz. 72 tragen Sie dann die laufenden Einkünfte aus dieser Beteiligung ein. Zusätzlich müssen Sie in den **Zeilen 55 bis 57** die diese Kapitalerträge entfallenden Steuerabzugsbeträge angeben. Einbehaltene ausländische Quellensteuer erklären Sie nicht in den **Zeilen 52 und 53,** sondern in der Anlage AUS.

WICHTIG

 Sind Ihnen mit den Kapitalerträgen aus der unternehmerischen Beteiligung an einer Kapitalgesellschaft Werbungskosten entstanden, z. B. aus der Finanzierung der Anschaffungskosten, ziehen Sie diese bei der Ermittlung der Einkünfte von den Erträgen ab und tragen nur den Saldo in **Zeile 25** ein. Dabei sollten Sie beachten, dass für die Einnahmen und Werbungskosten das Teileinkünfteverfahren gilt. Eine entsprechende **Kürzung** wird **vom Finanzamt** vorgenommen. Sie tragen also die vollen Beträge ein. Auch hier gilt: Der Sparer-Pauschbetrag kann für diese Erträge nicht gewährt werden.

Der Antrag, die Kapitalerträge aus einer unternehmerischen Beteiligung an einer Kapitalgesellschaft in die Veranlagung einzubeziehen, gilt nicht nur für das Jahr 2010, sondern auch für die 4 darauffolgenden Veranlagungszeiträume. Dabei werden die Antragsvoraussetzungen nur für den Veranlagungszeitraum geprüft, in dem der Antrag erstmalig gestellt wird. Innerhalb der vorgenannten 5-Jahresfrist haben Sie nur einmal die Möglichkeit, den Antrag zu widerrufen und Ihre Kapitalerträge dann mit Abgeltungsteuer besteuern zu lassen. Bei einem Widerruf können Sie bei dieser Beteiligung nicht mehr zum Teileinkünfteverfahren zurückkehren. Wegen dieser Besonderheiten sollten Sie sowohl die Antragstellung als auch den Widerruf mit Ihrem Steuerberater abstimmen.

8.8 Beteiligungseinkünfte

204 In den **Zeilen 31 bis 48** geben Sie Ihre Kapitalerträge aus Beteiligungen an. Dazu haben Sie in **Zeile 31** die Möglichkeit, für 2 Beteiligungen nähere Angaben zur Gemeinschaft, zum Finanzamt und zur Steuernummer zu machen. Bei weiteren Beteiligungen müssen die Angaben auf einem besonderen Blatt erfolgen.

Achten Sie darauf, dass die Finanzverwaltung von Ihnen die Angaben in den **Zeilen 32 bis 48** beteiligungsbezogen fordert, also getrennt von anderen Beteiligungen. Diese Angaben können Sie nur auf einem besonderen Blatt machen. Dabei ordnen Sie die anteiligen Einnahmen entsprechend der gesonderten und einheitlichen Feststellung in der Summe den **Zeilen 32 bis 48** zu.

Anzurechnende Steuern aus Beteiligungen, soweit sie die **Zeilen 32 bis 36** betreffen, geben Sie in den **Zeilen 49 bis 54** an. Soweit die anzurechnenden Steuern die Einnahmen in den **Zeilen 47 und 48** betreffen, geben Sie die Steuerbeträge in den **Zeilen 55 bis 57** an.

8.9 Anzurechnende Steuern

205 In **Zeile 49** geben Sie die Kapitalertragsteuer, in **Zeile 50** den Solidaritätszuschlag und in **Zeile 51** die Kirchensteuer zur Kapitalertragsteuer auf Kapitalerträge an, die in den **Zeilen 7 bis 11** bzw. bei Beteiligungen in den **Zeilen 32 bis 36** enthalten sind. Dabei sind in der 2. Spalte die Steuerabzugsbeträge für die Kapitalerträge in den **Zeilen 7 bis 11** und in der 3. Spalte die Steuerabzugsbeträge für die Kapitalerträge aus Beteiligungen aufzuführen.

Die bereits durch das Kreditinstitut angerechnete ausländische Steuer ist in **Zeile 52**, die noch nicht angerechnete ausländische Steuer in **Zeile 53** anzugeben. In Ausnahmefällen kann das Kreditinstitut die Abzugsfähigkeit von Quellensteuern nicht beurteilen, wie z. B.

bei fiktiver Quellensteuer mit besonderen Anrechnungsvoraussetzungen. Diese fiktive Steuer ist in **Zeile 54** einzutragen. Achten Sie darauf, dass Sie entsprechende Nachweise Ihrer Einkommensteuererklärung beifügen.

In den **Zeilen 55 bis 57** geben Sie die anzurechnenden Steuern, wiederum getrennt nach Beteiligungseinkünften und übrigen Einkünften, an, die auf Ihre Kapitalerträge laut **Zeilen 22 bis 25** bzw. auf Ihre Beteiligungserträge laut **Zeilen 47 und 48** entfallen. Dort ist auch die Kapitalertragsteuer, der Solidaritätszuschlag und die Kirchensteuer zur Kapitalertragsteuer einzutragen, wenn Sie Ihre Einnahmen bei anderen Einkunftsarten, z. B. bei Ihren Einkünften aus Gewerbebetrieb, erfasst haben. Diese Einnahmen werden individuell besteuert, wobei die einbehaltenen Steuern im Abrechnungsteil Ihres Einkommensteuerbescheids 2010 angerechnet werden.

WICHTIG

> Die anzurechnenden Steuerabzugsbeträge sind anhand von Steuerbescheinigungen im Original nachzuweisen. Sie benötigen also hierfür die Kapitalertragsteuerbescheinigungen der Kreditinstitute. Diese müssten dann, falls sie Ihnen nicht automatisch ausgestellt werden, dort angefordert werden.

8.10 Weitere Angaben

In **Zeile 58** wird die Summe der anzurechnenden Quellensteuer nach der Zinsinformationsverordnung eingetragen. Betroffen hiervon sind Kapitalerträge in den Staaten bzw. Gebieten

- Luxemburg, Österreich,
- Schweizerische Eidgenossenschaft, Fürstentum Liechtenstein, Republik San Marino, Fürstentum Monaco, Fürstentum Andorra,
- Guernsey, Jersey, Isle of Man, Britische Jungferninseln, Turks- und Caicos-Inseln, Niederländische Antillen.

Da diese Quellensteuer in voller Höhe auf die deutsche Einkommensteuer angerechnet wird, tragen Sie diese Steuerbeträge nicht in der Anlage AUS, sondern in **Zeile 58** ein. Entsprechende Bescheinigungen über die anzurechnende Quellensteuer sind Ihrer Einkommensteuererklärung 2010 beizufügen.

In **Zeile 59** stellen Sie den Antrag, wenn Altverluste mit ihren Wertzuwächsen bei den Kapitalerträgen – in 2010 erzielt – verrechnet werden sollen. In **Zeile 60** beantragen Sie, Altverluste aus Optionsgeschäften im Sinne des § 22 Nr. 3 EStG mit Gewinnen aus neuen Optionsgeschäften zu verrechnen.

In **Zeile 61** tragen Sie ein, ob Ihre Einkünfte aus Gesellschaften, Gemeinschaften und ähnlichen Modellen im Sinne des § 15b EStG stammen. Diese Einkünfte sind in den vorangegangenen Zeilen nicht aufzuführen. Angegeben wird der Saldo aus Einnahmen und Werbungskosten. Diese sind auf einem besonderen Blatt zu erläutern. Darüber hinaus tragen Sie in **Zeile 61** die Bezeichnung der Steuerstundungsmodelle ein. Reicht der dort vorgesehene Platz nicht aus, machen Sie diese Angaben auf einem besonderen Blatt und fügen Sie dies Ihrer Einkommensteuererklärung 2010 bei.

206

I Steuererklärung

9   Anlage R – Renten

207 Durch das Alterseinkünftegesetz ist die **Rentenbesteuerung seit 2005 neu geregelt** worden. Man unterscheidet bei der Besteuerung **3 Gruppen von Renten**, und zwar

- **Leibrenten aus den gesetzlichen Rentenversicherungen,** den landwirtschaftlichen Alterskassen, den berufsständischen Versorgungseinrichtungen und eigenen kapitalgedeckten Lebensversicherungen, wenn die Laufzeit dieser Versicherungen nach dem 31.12.2004 begonnen hat (Renten aus der sog. Basisversorgung; **Zeilen 4 bis 13**),
- sonstige – insbesondere **private** – **Leibrenten** (**Zeilen 14 bis 20**) und
- Leistungen aus der sog. **Riester-Rente** und aus der kapitalgedeckten betrieblichen Altersversorgung (**Zeilen 31 bis 49**).

Für alle Renten gilt der Grundsatz: Sie sind einkommensteuerpflichtig. Nur **einige** Arten von **Renten** sind **steuerfrei.** Dazu rechnen vor allem

- bestimmte Renten aus der gesetzlichen Unfallversicherung, z. B. Berufsgenossenschaftsrenten,
- Kriegs- und Schwerbeschädigtenrenten,
- Wiedergutmachungsrenten,
- Schadensersatzrenten zum Ausgleich vermehrter Bedürfnisse und Schmerzensgeldrenten.

WICHTIG

Im Fall der Zusammenveranlagung von Ehegatten hat jeder Ehegatte seine eigene **Anlage R** abzugeben, wenn bei jedem von ihnen Einkünfte aus Renten bzw. Leistungen aus Altersvorsorgeverträgen zu versteuern sind.

9.1   Renteneinkünfte aus der Basisversorgung

208 Leibrenten und andere Leistungen aus den gesetzlichen Rentenversicherungen, den landwirtschaftlichen Alterskassen, den berufsständischen Versorgungseinrichtungen sowie Leistungen aus eigenen kapitalgedeckten Leibrentenversicherungen, wenn die Laufzeit der Versicherung nach dem 31.12.2004 begonnen hat (**sog. Rürup-Rente**), unterliegen bei Rentenbeginn vor dem 1.1.2006 **zur Hälfte** der Besteuerung; die andere Hälfte ist **steuerfrei.** Bei **Rentenbeginn 2006** sind **52 %**, bei **Rentenbeginn 2007 54 %**, bei Rentenbeginn **2008 56 %**, bei **Rentenbeginn 2009 58 %** und bei **Rentenbeginn 2010 60 %** der Rentenbezüge steuerpflichtig.

209 Zu den vorgenannten Leibrenten rechnen insbesondere Altersrenten, Erwerbsminderungsrenten, Hinterbliebenenrenten als Witwen- bzw. Witwerrenten, Waisenrenten und Erziehungsrenten.

Steuerpflichtig sind nicht nur die laufenden Rentenzahlungen, sondern auch einmalige Leistungen, wie z. B. das Sterbegeld oder die für Kleinstrenten ausgezahlte Abfindung.

210 In **Zeile 4** geben Sie den Rentenversicherungsträger an, und zwar „1" für gesetzliche Rentenversicherung, „2" für landwirtschaftliche Alterskassen, „3" für berufsständische Versorgungseinrichtungen, „4" für die sog. Rürup-Rente der privaten Versicherungsgesellschaften und „9" für ausländische Versicherungen.

Der in **Zeile 5** anzugebende Rentenbetrag ist Ihrer Rentenanpassungsmitteilung zu entnehmen. Dort sind auch Rentennachzahlungen und Einmalzahlungen zu erfassen.

WICHTIG

Der in **Zeile 5** zu erklärende Rentenbetrag ist in der Regel nicht mit dem Auszahlungsbetrag identisch. Denn bei der Auszahlung der Rente werden eigene **Beiträge** zur **Kranken- und Pflegeversicherung** einbehalten; diese dürfen den **Rentenbetrag nicht mindern.** Hierbei handelt es sich um Versicherungsbeiträge, die Sie als Sonderausgaben (**Zeile 18 und 21 oder 31 und 32 der Anlage Vorsorgeaufwand**) geltend machen können.

Andererseits rechnen die **Zuschüsse** zu Ihren Aufwendungen **zur Krankenversicherung** nicht zur Rente; diese Zuschüsse sind nämlich **steuerfrei** und daher nicht in **Zeile 5** anzugeben. Vielmehr mindern sie Ihre Versicherungsbeiträge, die Sie als Sonderausgaben geltend machen können. Tragen Sie die Zuschüsse in den **Zeilen 24 oder 34 der Anlage Vorsorgeaufwand** ein.

Zusätzlich zu dem Rentenbetrag in **Zeile 5** geben Sie in **Zeile 6** den **Rentenanpassungsbetrag** an. Hierbei handelt es sich um den Betrag, um den die jährliche Rente im Vergleich zum Vorjahr auf Grund regelmäßiger Anpassungen geändert wurde. Dieser Betrag ist ggf. bei Ihrem Versorgungsträger oder Ihrer Versicherung zu erfragen.

Um die Höhe des Besteuerungsanteils bestimmen zu können, haben Sie in **Zeile 7** den Beginn der Rente einzutragen. Sind Sie vor dem 1.1.2006 in Rente gegangen, ist Ihre Rente mit einem Besteuerungsanteil von 50 % anzusetzen. Bei Rentenbeginn in 2010 beträgt der Besteuerungsanteil 60 %. Einzelheiten ➡ Tz 208, ➡ Tz 945.

Rentenbeginn ist der Zeitpunkt, ab dem die Rente, ggf. rückwirkend, tatsächlich bewilligt wird. Den Rentenbeginn entnehmen Sie dem Rentenbescheid.

Ist Ihrer Alters- oder Witwenrente, einzutragen in den **Zeilen 4 und 5**, eine andere Rente, z. B. eine Erwerbsminderungsrente oder Altersrente des verstorbenen Ehegatten vorangegangen, haben Sie zusätzlich in den **Zeilen 8 und 9** den Beginn und das Ende dieser vorangegangenen Rente einzutragen. Dies ist wichtig für die Bestimmung des Besteuerungsanteils. Denn dann richtet sich die Höhe des Besteuerungsanteils nicht nach dem Beginn der Rente (**Zeile 7**), sondern in der Regel nach dem Beginn der Rente (**Zeile 8**).

In **Zeile 10** geben Sie die Nachzahlungen für mehrere Jahre an. Dabei ist darauf zu achten, dass diese Nachzahlungen in dem Rentenbetrag laut **Zeile 5** enthalten sein müssen. Anhand Ihrer Eintragung in **Zeile 10** prüft das Finanzamt, ob Sie für diese Nachzahlungen eine ermäßigte Besteuerung nach der sog. Fünftel-Regelung (➡ Tz 797) erhalten.

Nachzahlungen, die nur **1 Kalenderjahr** betreffen, sind nicht begünstigt zu besteuern und daher nicht in **Zeile 10** einzutragen.

211

Haben Sie bis zum 31.12.2004 mindestens 10 Jahre Beträge oberhalb der Beitragsbemessungsgrenze in der gesetzlichen Rentenversicherung, z. B. an Ihre berufsständische Versorgungseinrichtung geleistet, können Sie bei Ihrer Einkommensteuererklärung 2010 formlos einen Antrag stellen, die **Rentenzahlungen aufzuspalten,** und zwar in einen Rentenanteil, der mit dem Besteuerungsanteil zur Steuer herangezogen wird, und in einen Rentenanteil, der mit dem wesentlich geringeren Ertragsanteil steuerlich erfasst wird.

WICHTIG

 Ihr **Versorgungsträger** stellt Ihnen eine **Bescheinigung** aus, aus der ersichtlich ist, ob Sie die zeitliche Grenze „10 × vor 2005 oberhalb der Beitragsbemessungsgrenze in der gesetzlichen Rentenversicherung" erfüllen. Darüber hinaus ist in dieser Bescheinigung der Prozentanteil angegeben, der unter Ansatz Ihrer Rentenbezüge des Jahres 2010 den Rentenanteil ergibt, der mit dem Ertragsanteil besteuert wird. Haben Sie diese Bescheinigung dem Finanzamt bereits bei Ihrer Einkommensteuererklärung in den Vorjahren vorgelegt, wird Ihre Rente auch 2010 nach diesen Angaben aufgeteilt.

Geben Sie in **Zeile 11** den Prozentsatz an, der Ihnen von Ihrem Versorgungsträger bescheinigt wurde. Darüber hinaus ist in **Zeile 12** einzutragen, wann die Rente erlischt bzw. umgewandelt wird und in **Zeile 13**, ob Sie eine Einmalzahlung erhalten haben. Beide Daten sind für Ihre Besteuerung wichtig. Der Erlöschens- bzw. Umwandlungszeitpunkt bestimmt nämlich die Höhe des Ertragsanteils; von der Einmalzahlung bleibt das steuerfrei, was nach dem Prozentsatz des Versorgungsträgers bei einer Besteuerung als Rente mit dem Ertragsanteil angesetzt würde. Weitere Einzelheiten zur Öffnungsklausel ➜ Tz 951.

9.2   Renten außerhalb der Basisversorgung

212 Leibrenten außerhalb der Basisversorgung, für die weder eine Besteuerung nach „Riester" noch eine Besteuerung im Rahmen der betrieblichen Altersvorsorge (**Zeilen 31 bis 49**) in Betracht kommt, werden – wie in der Vergangenheit – mit dem **Ertragsanteil** besteuert.

Hierbei handelt es sich insbesondere um Renten aus **Veräußerungsgeschäften** und aus **privaten Rentenversicherungen**.

Die Höhe des steuerpflichtigen Ertragsanteils der Rente richtet sich nach dem Lebensalter des Rentenberechtigten zu Beginn des Rentenbezugs. Der so ermittelte Ertragsanteil bleibt während der gesamten Laufzeit der Rente unverändert. So beträgt er z. B. bei einem Steuerzahler, der mit 60 in Rente geht, 22 %, bei einem Steuerzahler, dessen Rente mit Vollendung des 65. Lebensjahres zu laufen beginnt, 18 %.

Sind die Renten auf eine bestimmte Laufzeit beschränkt, richtet sich der Ertragsanteil nicht allein nach dem Lebensalter des Berechtigten bei Beginn des Rentenbezugs, sondern auch nach der voraussichtlichen **Laufzeit der Rente**. Bei einer Laufzeit von z. B. 10 Jahren beträgt der Ertragsanteil 12 % der Rentenbezüge (➜ Tz 960).

In **Zeile 14** tragen Sie die Art Ihrer Leibrente anhand der im Vordruck genannten Ziffern in das jeweilige Feld ein. Bei einer inländischen privaten Rentenversicherung ist dies z. B. die Ziffer 6, bei einer Befristung der Rente die Ziffer 7. Versorgungsrenten sind dort mit der Ziffer 8 einzutragen.

In **Zeile 15** ist der 2010 an Sie gezahlte Rentenbetrag anzugeben, in **Zeile 16** der Beginn der Rente. Hier kommt es auf den Zeitpunkt an, zu dem der Rentenanspruch entstanden ist. Der Zeitpunkt der Antragstellung oder der Zahlung ist uninteressant.

In **Zeilen 17 bis 19** ist anzugeben, wenn Ihre Leibrente zeitlich befristet ist. Dies ist für die Ermittlung des Ertragsanteils von Bedeutung. Bei Garantiezeitrenten ist zu **Zeile 17** das Geburtsdatum des Erblassers einzutragen. Solche Zeitrenten gehen nach dem Tod des Erblassers für einen bestimmten Rentenzahlungszeitraum auf die Erben über. Daher ist die

Ermittlung des Ertragsanteils wie bei einer abgekürzten Leibrente vorzunehmen. In **Zeile 18** geben Sie an, ob die Rente mit dem Tod einer anderen Person erlischt, in **Zeile 19** den Zeitpunkt, in dem die Rente durch Zeitablauf oder durch Umwandlung wegfällt.

Die in **Zeile 15** erfassten Nachzahlungen für mehrere Jahre sind zusätzlich in **Zeile 20** einzutragen. Damit sichern Sie sich eventuell eine günstigere Besteuerung nach der Fünftel-Regelung (➜ Tz 797). Allerdings werden Nachzahlungen, die nur 1 Kalenderjahr betreffen, hier nicht eingetragen. Sie werden normal besteuert.

9.3 Leistungen aus Riester-Verträgen und aus der betrieblichen Altersversorgung

Haben Sie Leistungen aus einem zertifizierten Altersvorsorgevertrag nach dem Riester-Modell, insbesondere aus einer Lebensversicherung oder einem Banksparplan, erhalten, sind diese Leistungen in der Regel voll steuerpflichtig. Dies gilt auch für Leistungen aus einer kapitalgedeckten betrieblichen Altersversorgung. **213**

Diese Leistungen sind in den **Zeilen 31 bis 49** anzugeben. Die Angaben entnehmen Sie der Leistungsmitteilung Ihres Anbieters. Zusätzlich sind dort unter anderem der Beginn der Leistung bzw. Rente, bei zeitlicher Befristung das Erlöschen bzw. die Umwandlung der Rente und ergänzende Daten zur Bemessungsgrundlage des Versorgungsfreibetrags zum Beginn oder Ende des Versorgungsbezugs anzugeben. Haben Sie 2010 **Nachzahlungen für mehrere Jahre** erhalten, sind diese zusätzlich zu den **Zeilen 31, 32, 36, 38, 41 und 44** in **Zeile 49** einzutragen. Auf Grund dieser Eintragung prüft das Finanzamt, ob hierfür eine ermäßigte Besteuerung in Betracht kommt. Nachzahlungen, die nur ein Kalenderjahr betreffen, sowie Teil- oder Einmalkapitalauszahlungen, sind hier nicht einzutragen.

In **Zeile 45** geben Sie die Einmalbeträge bei **Auflösung des Wohnförderkontos** an. Ein solcher Fall kann eintreten, wenn Sie sich ab 2008 für den Wohn-Riester entschieden haben und bereits 2010 eine schädliche Verwendung z. B. Ihres Bausparvertrags stattfand und Sie daher, das für Sie gebildete Wohnförderkonto nachzuversteuern müssen (➜ Tz 544). Weitere Einzelheiten zur Besteuerung nach Riester ➜ Tz 953.

9.4 Werbungskosten

In den **Zeilen 50 bis 57** werden die Werbungskosten zu den Renten aus der Basisversorgung, zu den privaten Renten sowie zu den Leistungen aus Altersvorsorgeverträgen und aus der kapitalgedeckten betrieblichen Altersversorgung getrennt abgefragt. Dort haben Sie nicht nur die Höhe der Werbungskosten zu erklären, sondern auch Angaben zur Art der Aufwendungen zu machen. **214**

Sofern Ihre Werbungskosten nicht über den Pauschbetrag von 102 € hinausgehen, berücksichtigt das Finanzamt von Amts wegen diesen Pauschbetrag. Damit sind dann auch Ihre Werbungskosten aus wiederkehrenden Leistungen (➜ Tz 966), Unterhaltsleistungen (➜ Tz 967) und Abgeordnetenbezügen (➜ Tz 996) abgegolten.

9.5 Sonstige Angaben

Stammen die Renteneinkünfte und andere Leistungen aus Beteiligungen an Steuerstundungsmodellen (§ 15b EStG), sind die Anteile an den Einkünften in **Zeile 58** nochmals gesondert zu erklären. **215**

10   Anlage SO – Sonstige Einkünfte

10.1   Anlage SO – Wiederkehrende Bezüge (Seite 1)

216   In den 3 Kopfzeilen ist der Name und Vorname des Steuerzahlers sowie dessen Steuernummer anzugeben. Achten Sie in den folgenden Zeilen darauf, dass die Einnahmen für Sie und Ihren Ehegatten getrennt zu machen sind.

Sonstige wiederkehrende Bezüge sind im Gegensatz zu Leibrenten voll steuerpflichtig. Dazu zählen z. B. die Altenteilslasten in der Land- und Forstwirtschaft und Zeitrenten, Schadensersatzrenten für den Verlust von Unterhaltsansprüchen, aber auch wiederkehrende Leistungen im Zusammenhang mit privaten Vermögensübertragungen, z. B. im Rahmen der vorweggenommenen Erbfolge (➜ Tz 966); einzutragen in **Zeile 4**.

WICHTIG

 Soweit der Versorgungsempfänger Versorgungsleistungen im Zusammenhang mit der Vermögensübertragung oder der Ausgleichsberechtigte Ausgleichszahlungen im Rahmen eines Versorgungsausgleichs erhalten hat, sind die Versorgungsleistungen oder Ausgleichszahlungen ebenfalls in **Zeile 4** einzutragen, soweit bei dem Zahlungsverpflichteten oder der ausgleichspflichtigen Person die Voraussetzungen für den Sonderausgabenabzug erfüllt sind (➜ Tz 966).

10.2   Anlage SO – Unterhaltsleistungen (Seite 1)

217   Unterhaltsleistungen an den geschiedenen oder dauernd getrennt lebenden Ehegatten können bis zu **13.805 €** **jährlich** als **Sonderausgaben** geltend gemacht werden (Realsplitting), mit der Folge, dass die als Sonderausgaben vom Unterhaltszahler abgezogenen Leistungen beim Empfänger zu versteuern und in **Zeile 5** einzutragen sind. Dieser erhält den Werbungskosten-Pauschbetrag von 102 €; höhere Werbungskosten sind in **Zeile 6** geltend zu machen. Der Werbungskosten-Pauschbetrag von 102 € deckt nicht nur Ihre Werbungskosten bei den Unterhaltsleistungen ab. Er berücksichtigt auch die Werbungskosten bei Renteneinkünften und den wiederkehrenden Bezügen. Nur soweit die Summe der Werbungskosten in allen 3 Bereichen über 102 € hinausgeht, kommt es zum Ansatz der tatsächlichen Kosten.

Hat der „Ex" für Sie die **Kranken- und Pflegeversicherungsbeiträge** im Rahmen der Unterhaltsverpflichtung übernommen, kann er die Krankenversicherungsbeiträge, soweit sie Ihre Grundversorgung abdecken, und die Pflegeversicherungsbeiträge als Sonderausgaben im Rahmen des Realsplittings über den Höchstbetrag von 13.805 € in tatsächlich gezahlter Höhe geltend machen. Der Sonderausgabenabzug führt bei Ihnen zu zusätzlichen sonstigen Einkünften, wobei Sie jedoch die Möglichkeit haben, die von dem „Ex" getragenen Kranken- und Pflegeversicherungsbeiträge als eigene im Rahmen des Sonderausgabenabzugs geltend zu machen.

Einzelheiten zum Realsplitting, sowohl zum steuerlichen Abzug wie zum Ansatz als Einnahmen ➜ Tz 967 und zum Abzug als Sonderausgaben ➜ Tz 366.

10.3   Anlage SO – Sonstige Leistungen (Seite 1)

Hierunter fallen u. a. Einkünfte aus der privaten **Vermietung beweglicher Gegenstände**   **218**
(z. B. Klavier, Auto, Wohnmobil) und aus **gelegentlichen Vermittlungen** sowie Bürg-
schaftsprovisionen und Entgelte für die Beschränkung der Grundstücksnutzung. Die
Einkünfte aus Stillhaltergeschäften im **Optionshandel** sind nicht mehr als sonstige
Einkünfte zu besteuern, sondern als Kapitaleinkünfte.

Werbungskosten sind hier auch dann im Jahr des **Zuflusses der Einnahme** abzuziehen,
wenn sie zuvor angefallen sind oder danach mit Sicherheit anfallen werden. Entstehen
Werbungskosten, die im Zuflussjahr noch nicht sicher vorhersehbar waren, ist die Veranlagung des Zuflussjahres zu ändern.

Solche Einnahmen sind **steuerfrei**, wenn sie nach Abzug der Werbungskosten im Kalen-
derjahr insgesamt weniger als **256 €** betragen haben. Sind sie höher, müssen sie voll
versteuert werden. In den **Zeilen 7, 8 und 9** tragen Sie Ihre Einnahmen aus sonstigen
Leistungen ein, wobei Sie die „Einnahmequelle" angeben sollten. Von der Summe der
Einnahmen (**Zeile 10**) sind die Werbungskosten, einzutragen in **Zeile 11**, abzuziehen. Die
Höhe der danach verbleibenden Einkünfte ist in **Zeile 12** anzugeben.

Die nicht im Jahr 2010 mit Gewinnen aus Leistungen ausgeglichenen **Verluste** aus
Leistungen sind **rück- bzw. vortragsfähig**. Im Rahmen des Rücktrags mindern sie die im
Jahr 2009 aus Leistungen erzielten Gewinne. Falls Sie bei einem Verlust in 2010 den
Verlustrücktrag auf das Jahr 2009 begrenzen möchten, ist in **Zeile 13** der von Ihnen
zurückgetragene Betrag anzugeben.

Wurden Verluste aus Leistungen in 2009 nicht mit Gewinnen 2010 vollständig verrechnet,
sind die verbleibenden Verluste im Rahmen des Verlustvortrags automatisch vom Finanzamt bei der Einkommensteuerveranlagung 2011 mit Gewinnen aus Leistungen zu verrechnen. Über die vortragsfähigen Verluste zum 31.12.2010 erhalten Sie einen **Feststellungsbescheid**.

10.4   Anlage SO – Abgeordnetenbezüge (Seite 1)

Entschädigungen, Amtszulagen, Zuschüsse zu Krankenversicherungsbeiträgen, Über-   **219**
gangsgelder, Sterbegelder, Versorgungsabfindungen und Versorgungsbezüge, die auf
Grund des Abgeordnetengesetzes oder des Europaabgeordnetengesetzes gezahlt werden,
rechnen ebenfalls zu den sonstigen Einkünften (§ 22 Nr. 4 EStG). Die Aufwandsentschädigung, die ein Abgeordneter zur Abgeltung seiner durch das Mandat veranlassten
Aufwendungen erhält, ist dagegen steuerfrei. Dies gilt auch für die gesondert gezahlten
Tage- oder Sitzungsgelder. Wegen der Steuerfreiheit können die damit verbundenen
Aufwendungen nicht als Werbungskosten abgesetzt werden. Vom Abzug ausgeschlossen
sind auch Wahlkampfkosten. Geben Sie die steuerpflichtigen Einnahmen in **Zeile 14**, die
darin enthaltenen Versorgungsbezüge in **Zeile 15**, die Vergütungen für mehrere Jahre
gesondert in **Zeile 20** (nicht in **Zeile 14** enthalten) und die darin enthaltenen Versorgungsbezüge in **Zeile 21** an. Zur Ermittlung des 2010 anzusetzenden Versorgungsfreibetrags tragen Sie in **Zeile 16** die Bemessungsgrundlage und in **Zeile 17** das maßgebende
Kalenderjahr des Versorgungsbeginns ein. Wegen der Ermittlung der Bemessungsgrundlage ➜ Tz 612. In dem Jahr, in dem der Versorgungsbezug beginnt, ist der Versorgungsfreibetrag nur anteilig zu gewähren. Daher ist in **Zeile 18** der „Beginnmonat" anzugeben.

I Steuererklärung

Auch bei Beendigung des Versorgungsbezugs steht Ihnen der Versorgungsfreibetrag nur zeitanteilig zu. Daher sind auch hier Angaben in **Zeile 18** erforderlich. Schließlich sind in **Zeile 19** das Sterbegeld, Kapitalauszahlungen, Abfindungen und Nachzahlungen von Versorgungsbezügen einzutragen, wobei diese Beträge in **Zeile 14** enthalten sein müssen. In **Zeile 22** ist wegen der Berechnung des Sonderausgabenabzugs anzugeben, ob Sie auf Grund der Abgeordnetentätigkeit eine Anwartschaft auf Altersversorgung ohne eigene Beitragsleistung erhalten.

10.5 Anlage SO – Sonstige Angaben (Seite 1)

220 Stammen die sonstigen Einkünfte aus **Beteiligungen an Steuerstundungsmodellen** (§ 15b EStG), sind die Anteile an den Einkünften in **Zeile 23** nochmals gesondert zu erklären. Dies hängt damit zusammen, dass diese Verluste unter bestimmten Voraussetzungen nur mit Gewinnen aus dem selben Steuerstundungsmodell verrechnet werden können.

10.6 Anlage SO – Private Veräußerungsgeschäfte (Seite 2)

221 Steuerpflichtig sind Spekulationsgewinne aus Veräußerungen

- von **Grundstücken** innerhalb von **10 Jahren (Zeilen 31 bis 40)** und
- von anderen Wirtschaftsgütern, insbesondere bei **Edelmetallen**, innerhalb von **1 Jahr**

nach der Anschaffung (**Zeilen 41 bis 50**).

Veräußerungsgeschäfte sind Verkauf, Tausch, Einbringung in eine Personen- oder Kapitalgesellschaft gegen Gewährung von Gesellschaftsrechten sowie gemischte Schenkungen. Reine Schenkungen sind keine Veräußerungsgeschäfte.

Ausdrücklich **ausgenommen** von der Spekulationsbesteuerung wird jedoch die **Veräußerung selbstgenutzten Wohneigentums** ➜ Tz 984.

Werden Wirtschaftsgüter veräußert, deren Wert bei den anderen 6 Einkunftsarten anzusetzen ist, z. B. Veräußerung von Wirtschaftsgütern eines Betriebsvermögens, ist der Gewinn dort zu erfassen.

Steuerfreigrenze

222 Ein Gesamtgewinn von weniger als **600 €** im Kalenderjahr bleibt steuerfrei (Freigrenze). Ist der Gesamtgewinn höher, muss er **voll versteuert** werden.

Verluste

223 Weiterhin dürfen Verluste aus Spekulationsgeschäften nur mit Spekulationsgewinnen ausgeglichen werden; allerdings stehen für die Verrechnung nicht nur die Spekulationsgewinne desselben Kalenderjahres zur Verfügung. Vielmehr kann ein Verlustüberhang auf 2009 zurückgetragen und auf die Folgejahre vorgetragen werden (siehe dazu **Zeile 55**). Zu den weiteren Einzelheiten ➜ Tz 972.

Einzelheiten

In den **Zeilen 31 bis 40** sind **Veräußerungen von Grundstücken** und grundstücks- **224**
gleichen Rechten zu erklären, wobei für die Berechnung der Spekulationsfrist der Zeitpunkt der Anschaffung und der Veräußerung gesondert einzutragen sind (**Zeile 32**).
Maßgebend ist in der Regel der Tag, an dem der notarielle Kaufvertrag abgeschlossen
wurde.

In **Zeile 33** werden die Angaben zur Steuerfreiheit bei Eigennutzung abgefragt. Ist das
Veräußerungsgeschäft steuerpflichtig, ist in **Zeile 34** der Veräußerungspreis oder ein
„Ersatzwert", z. B. der Teilwert, anzugeben.

WICHTIG

Als Veräußerung eines Grundstücks gilt auch die **Einlage in das Betriebsvermögen**, wenn die Veräußerung aus dem Betriebsvermögen innerhalb der 10-jäh-
rigen Spekulationsfrist seit Anschaffung des Grundstücks erfolgt. Darüber hinaus
gilt als Veräußerung die **verdeckte Einlage** eines Grundstücks in eine Kapitalgesellschaft.

Dem Veräußerungspreis sind in **Zeile 35** die Anschaffungs- bzw. Herstellungskosten
zuzüglich nachträglicher Anschaffungs- oder Herstellungskosten gegenüberzustellen.

TIPP

Ist ein Grundstück von Ihnen vor der Veräußerung zum Teil zu **eigenen Wohnzwecken** genutzt worden und erfüllen Sie damit die Voraussetzungen für die
Gewährung der Steuerbefreiung, ist bei der Spekulationsbesteuerung nur der Teil
des Grundstücks zu erfassen, bei dem diese Voraussetzungen nicht vorgelegen
haben. Denken Sie z. B. an das häusliche Arbeitszimmer oder an fremdvermietete
Räume in Ihrem Wohngebäude. Hier sind die Angaben in den **Zeilen 34 bis 38**
nur für den steuerpflichtigen Teil des Veräußerungsgeschäfts zu machen.

Bei Veräußerungen, bei denen Sie das bebaute **Grundstück nach dem 31.7.1995** **225**
angeschafft haben, mindern sich die Anschaffungs- oder Herstellungskosten um **Absetzungen für Abnutzung**, erhöhte Absetzungen und Sonderabschreibungen, soweit sie bei
der Ermittlung der Einkünfte abgezogen worden sind. Diese Beträge sind in **Zeile 36**
anzugeben; sie sind dem Veräußerungspreis hinzuzurechnen. Bei der Veräußerung eines
von Ihnen errichteten Gebäudes mindern sich die Herstellungskosten um die Abschreibungen nur, wenn Sie das Gebäude **nach** dem **31.12.1998 fertiggestellt** haben.

In **Zeile 37** sind die **Werbungskosten** anzugeben, die im Zusammenhang mit dem **226**
Veräußerungsgeschäft angefallen sind; sie sind vom Veräußerungspreis abzuziehen. Das,
was nach den Kürzungen und Hinzurechnungen verbleibt, sind die Einkünfte aus einem
privaten Grundstücksgeschäft, die in **Zeile 38** einzutragen sind.

In **Zeile 39** sind die Einkünfte aus dem privaten Grundstücksgeschäft auf den Ehemann **227**
und die Ehefrau aufzuteilen, wenn ihnen das Objekt gemeinsam gehörte. Sind 2010 noch
weitere steuerpflichtige Grundstücksgeschäfte getätigt worden, sind die Einkünfte für
jedes Grundstücksgeschäft in einer gesonderten Anlage SO zu ermitteln, wobei die Summe
aus den steuerpflichtigen Grundstücksgeschäften dann in der **Zeile 40** anzugeben ist,
ebenfalls getrennt für Ehemann und Ehefrau.

I Steuererklärung

228 In den **Zeilen 41 bis 50** sind die Einkünfte aus Veräußerungsgeschäften **anderer Wirtschaftsgüter**, insbesondere aus der Veräußerung von Edelmetallen und Kunstgegenständen, anzugeben.

Die Geltendmachung von **Spekulationsverlusten** für den Veranlagungszeitraum 2010 könnte das Finanzamt dazu veranlassen, bei Ihnen nachzufragen, ob in der Vergangenheit Spekulationsgewinne angefallen sind. Sollte sich auf Grund einer solchen Nachfrage herausstellen, dass in den Vorjahren entsprechende Spekulationsgewinne angefallen sind, kommt es häufig zu einer Nachversteuerung. Denn die Spekulationsverluste 2010 können im Rahmen des Verlustrücktrags nur für das Jahr 2009 genutzt werden. Damit sind eventuelle Spekulationsgewinne der Jahre 2008 und früher steuerpflichtig, und zwar ohne dass Sie die Spekulationsverluste des Jahres 2010 als Verrechnungspotenzial nutzen können.

229 Achten Sie darauf, dass Sie Ihre Spekulationsverluste aus den Vorjahren mit Spekulationsgewinnen des Veranlagungszeitraums 2010 verrechnen lassen. Über die Spekulationsverluste zum 31.12.2009 dürfte Ihnen in der Regel ein Feststellungsbescheid vorliegen.

230 Sind aus der Veräußerung von **Gebrauchsgegenständen**, insbesondere gebrauchten Pkw, Verluste angefallen, dürfen diese Verluste mit anderen Spekulationsgewinnen verrechnet werden (→ Tz 969). Soweit die Finanzverwaltung in der Vergangenheit hierzu eine ablehnende Haltung eingenommen hat, muss sie auf Grund der neueren BFH-Rechtsprechung davon abrücken. Im JStG 2010 sollen Spekulationsverluste aus der Veräußerung von Gebrauchsgegenständen künftig ausgeschlossen werden. Zu den Gebrauchsgegenständen rechnen jedoch nicht Oldtimer, Kunstgegenstände und Antiquitäten. Hier geht der Gesetzgeber davon aus, dass sie in der Regel zu Spekulationsgewinnen führen, die er gerne besteuern möchte (→ Tz 969).

Den Gewinn bzw. Verlust aus der Veräußerung anderer Wirtschaftsgüter ermitteln Sie in den **Zeilen 43 bis 46** durch Gegenüberstellung des Veräußerungspreises, der Anschaffungskosten und der mit dem Veräußerungsgeschäft in Zusammenhang stehenden Werbungskosten.

231 WICHTIG

Veräußerungsgewinne unterliegen grundsätzlich in voller Höhe der Besteuerung. In Ausnahmefällen kann das Halbeinkünfteverfahren anzuwenden sein. Denken Sie z. B. an einen Veräußerungserlös aus dem Verkauf von Aktien, die vor dem 1.1.2009 angeschafft und innerhalb eines Jahres veräußert wurden, wobei jedoch der Veräußerungspreis erst im Jahr 2010 zugeflossen ist. In den **Zeilen 47 und 49** wird differenziert nach Voll- und Halbeinkünfteverfahren abgefragt, und zwar unterteilt nach Ehemann und Ehefrau im Fall der Zusammenveranlagung.

Auch hier gilt: Für jedes Spekulationsgeschäft ist entweder eine gesonderte Anlage SO abzugeben oder es ist der Steuererklärung eine Aufstellung beizufügen, aus der für jedes Spekulationsgeschäft die erforderlichen Angaben ersichtlich sind, wobei die Summen dieser Spekulationsgeschäfte dann in den **Zeilen 48** (Halbeinkünfteverfahren) und **50** (volle Besteuerung) einzutragen sind.

Die anteiligen Einkünfte aus Spekulationsgeschäften aus **Gemeinschaften** sind in den **232**
Zeilen 51 und 52 einzutragen. Soweit in diesen Einkünften solche enthalten sind, die
dem Halbeinkünfteverfahren unterliegen, sind diese in **Zeile 53** einzutragen. Sind in
Zeile 51 anteilige Einkünfte enthalten, die auf Veräußerungsgeschäfte mit Grundstücken
entfallen, sind diese in **Zeile 54** gesondert anzugeben.

Die nicht durch Spekulationsgewinne ausgeglichenen Verluste des Jahres 2010 sind nach
Maßgabe des § 10d EStG **rück- oder vortragsfähig** und mindern die im Jahr 2009 oder in
den folgenden Veranlagungszeiträumen ab 2010 erzielten Spekulationsgewinne. Für Sie
besteht die Möglichkeit, sich entweder für den Verlustrücktrag nach 2009 zu entscheiden
oder die Verluste auf die Jahre ab 2011 vorzutragen. Geben Sie dazu in **Zeile 55** den Betrag
des auf das Jahr 2009 zurückzutragenden Verlustes an; ansonsten berücksichtigt das
Finanzamt „automatisch" den Rücktrag bis zur Höhe der in 2009 angefallenen Spekulationsgewinne. Sollten Sie auf den **Rücktrag** in das Jahr 2009 insgesamt **verzichten** wollen,
ist in **Zeile 55** eine 0 einzutragen.

I Steuererklärung

11   Anlage FW – Förderung des Wohnungseigentums

233 Die Steuervorteile aus einer selbstgenutzten Wohnung im eigenen Haus oder der eigenen Eigentumswohnung werden teilweise noch über die Anlage FW geltend gemacht, vor allem:

- **10e-Abzugsbetrag (Zeilen 15 und 16** ➜ Tz 1000),
- **Baukindergeld (Zeile 18** ➜ Tz 248).

234 Haben Sie für Ihre eigengenutzte Wohnung den **Bauantrag nach** dem **31.12.1995** gestellt oder haben Sie die Wohnung auf Grund eines nach 1995 abgeschlossenen Kaufvertrags erworben, stehen Ihnen anstelle der Förderung des selbstgenutzten Wohneigentums mit 10e-Abzugsbetrag und Baukindergeld die **Eigenheimzulage** und die **Kinderzulage** zu (➜ Tz 1003).

11.1   Grundstücksdaten

235 Da in der Anlage FW nur eine Wohnung bezeichnet werden kann, brauchen Sie ggf. für eine zweite Wohnung eine weitere Anlage. Sind Ehegatten aber gemeinsam Eigentümer einer Wohnung, genügt für die gemeinsame Steuererklärung **eine Anlage FW**. Die allgemeinen Angaben zu Ihrem Objekt machen Sie in den **Zeilen 4 bis 10**.

In den **Zeilen 4 und 5** tragen Sie die Lage der Wohnung und den Namen des Eigentümers ein, bei Miteigentum auch den Miteigentumsanteil. In **Zeile 6** ist anzugeben, um welches **Objekt** es sich bei der eigengenutzten Wohnung handelt, z. B. ein Einfamilienhaus oder ein anderes Haus mit einer eigengenutzten Wohnung.

In **Zeile 7** ist neben dem Datum des **Kaufvertrags, Bauantrags** oder Baubeginns auch der **Anschaffungs- oder Fertigstellungszeitpunkt** zu vermerken.

Da Sie nur für eine Wohnung einmal im Leben eine Förderung in Anspruch nehmen können, verlangt das Finanzamt in **Zeile 10** von Ihnen Angaben darüber, ob Sie bereits in der Vorzeit für ein anderes Objekt eine solche Förderung erhalten haben. Darüber hinaus müssen Sie dort angeben, ob für dasselbe Objekt bereits ein Antrag auf Eigenheimzulage gestellt wurde.

11.2   Förderung bestimmter Baumaßnahmen

236 In **Zeile 11** geht es um Ihre Baumaßnahmen in den **neuen Bundesländern**, die nach dem 31.12.1990 an eigengenutzten Wohnungen (Eigenheim, Eigentumswohnung) abgeschlossen wurden (§ 7 des Fördergebietsgesetzes). Darüber hinaus sind in **Zeile 11** auch Aufwendungen im Zusammenhang mit dem Schutzbaugesetz zu berücksichtigen.

237 In **Zeile 12** ist der Gesamtbetrag an erhöhten Absetzungen nach § 14a BerlinFG anzugeben.

Aufwendungen für **Städtebausanierungsmaßnahmen** im Sinne des Baugesetzbuchs sind bei Eigennutzung begünstigt, wenn sie für Gebäude in einem förmlich festgelegten Sanierungs- oder Entwicklungsgebiet aufgewendet wurden. Entsprechendes gilt für Maßnahmen, die der Erhaltung, Erneuerung und funktionsgerechten Verwendung eines Gebäudes dienen, das wegen seiner **geschichtlichen, künstlerischen oder städtebaulichen Bedeutung** erhalten bleiben soll, und zu deren Durchführung sich der Eigentümer neben bestimmten Modernisierungsmaßnahmen gegenüber der Gemeinde verpflichtet hat (§ 10f EStG).

WICHTIG

> Sie erhalten nur dann eine Förderung, wenn Sie durch eine **Bescheinigung der zuständigen Gemeindebehörde** nachweisen, dass Sie die Baumaßnahmen in dem vorgenannten Sinne durchgeführt und die Aufwendungen dafür selbst getragen haben.

Schließlich erhalten Sie als Eigentümer eines **selbstgenutzten Baudenkmals** eine För- **238** derung, wenn Aufwendungen für Baumaßnahmen an diesem Baudenkmal angefallen sind und Sie dies durch eine **amtliche Bescheinigung** nachweisen können.

Gefördert werden zum einen Erhaltungsaufwendungen und zum anderen im Nachhinein entstandene Herstellungskosten an einem **selbstgenutzten Sanierungsobjekt** oder **Baudenkmal**. Haben Sie mit der Baumaßnahme vor dem 1.1.2004 begonnen, können Sie von diesen Kosten 10 % wie Sonderausgaben abziehen (**Zeile 13**). Für den Baubeginn kommt es in der Regel auf den Bauantrag an. Ist die **2010 durchgeführte Baumaßnahme nach dem 31.12.2003 begonnen** worden, steht Ihnen hierfür lediglich ein Sonderausgabenabzug in Höhe von 9 % für 10 Jahre zu, also nur noch 90 % der begünstigten Aufwendungen. Die Eintragungen für diese Kosten haben Sie in **Zeile 14** vorzunehmen.

WICHTIG

> Wie bei der Eigenheimförderung können bei der Förderung von Baumaßnahmen an bestimmten eigengenutzten Gebäuden die Abzugsbeträge **nur einmal im Leben** beansprucht werden. Ehegatten, die nicht dauernd getrennt leben, erhalten die Begünstigungen für insgesamt 2 Gebäude.

11.3 Anteil bei Miteigentum

Gehört die Wohnung mehreren Personen, ist die Anlage FW der Erklärung zur gesonder- **239** ten und einheitlichen Feststellung beizufügen. Bei Eheleuten wird aber in der Regel **keine gesonderte Feststellung** durchgeführt. Wegen der Eintragung siehe **Zeilen 19 bis 21**.

11.4 Anlage FW – 10e-Förderung

Abzugsbetrag

Haben Sie den Kaufvertrag über eine zu eigenen Wohnzwecken genutzte Wohnung **vor** **240** **dem 1.1.1996** abgeschlossen oder vor diesem Stichtag den Bauantrag gestellt oder bei baugenehmigungsfreien Objekten die Bauunterlagen eingereicht, können Sie für diese Wohnung einen **10e-Abzugsbetrag** wie Sonderausgaben im Rahmen Ihrer Einkommensteuererklärung geltend machen. Die erforderlichen Objektdaten tragen Sie in den **Zeilen 4 bis 10** ein, außerdem die zeitlichen Daten, wie Bauantrag, Baubeginn oder Kaufvertrag. Der Abzugsbetrag steht Ihnen auch für Ausbauten und Erweiterungen zu.

TIPP

 Bei Objekten mit Kaufvertrag oder Herstellungsbeginn nach dem 31.12.1995 erhalten Sie anstelle eines 10e-Abzugsbetrags nur die **Eigenheimzulage**, die mit dem besonderen **Vordruck EZ 1 A** beantragt werden kann. Allerdings ist auch die Eigenheimzulage ein Auslaufmodell. Sie kann nur dann beantragt werden, wenn der Bauantrag bzw. Kaufvertrag **vor dem 1.1.2006** zustande gekommen ist.

Objektbeschränkung

241 Für die Förderung von Wohneigentum besteht eine **Objektbeschränkung**, d. h. jeder erhält nur einmal die frühere oder neue Förderung des Wohneigentums **(Zeile 10)**. **Eheleute** erhalten diese grundsätzlich zusammen also **zweimal**. Eine erweiterte Objektbeschränkung gilt beim Zuzug aus den alten in die neuen Bundesländer. Außerdem können Vergünstigungen unter bestimmten Umständen bis zum Auslaufen des Begünstigungszeitraums auf ein **Folgeobjekt** übertragen werden.

Wegen weiterer Einzelheiten zur Objektbeschränkung, insbesondere bei Miteigentumsanteilen an einer Wohnung und bei Scheidung von Ehegatten ➜ Tz 1001.

Ausbau/Erweiterung

242 Im Rahmen des § 10e EStG sind auch **Ausbauten** oder **Erweiterungen** 8 Jahre lang begünstigt. Kreuzen Sie in diesem Fall das Kästchen in **Zeile 6** an. Begünstigt sind nur Herstellungskosten für den Ausbau bzw. die Erweiterung, wenn mit der Herstellung vor dem 1.1.1996 begonnen wurde.

Einkommensgrenzen

243 Wer nach dem **31.12.1991** den Bauantrag gestellt oder, falls dieser nicht notwendig war, danach mit den Bauarbeiten begonnen oder den Kaufvertrag abgeschlossen hat, erhält den Abzugsbetrag für 2010 nicht, wenn sein Gesamtbetrag der Einkünfte **61.355 €**, bei Zusammenveranlagung **122.710 €**, übersteigt.

Höhe des Abzugsbetrags

244 Hat sich an der Höhe Ihres Abzugsbetrags 2010 gegenüber dem Vorjahr nichts geändert, so reicht es aus, wenn Sie in **Zeile 15** ein Kreuz machen.

245 **TIPP**

 Für nachträgliche Anschaffungs- oder Herstellungskosten, die 2010 angefallen sind, gilt: Sie erhöhen nicht nur die Bemessungsgrundlage für den 10e-Abzugsbetrag ab 2010, sondern können rückwirkend für die bereits vergangenen Jahre angesetzt werden, in denen der 10e-Abzugsbetrag abgezogen wurde. Geben Sie die 2010 für die Vorjahre **nachgeholten Abzugsbeträge** in **Zeile 16** an, wobei Sie die Berechnung dieser Beträge unter Ansatz der nachträglichen Herstellungskosten auf einem besonderen Blatt erläutern sollten.

Der Abzugsbetrag ergibt sich aus der Bemessungsgrundlage „Anschaffungs- bzw. Herstellungskosten" und einem Prozentsatz, der normal 5 % ausmacht. Bei Objekten in Berlin (West) kann sich dieser Prozentsatz auf 3 % reduzieren. Bei nachträglichen Anschaffungs-

oder Herstellungskosten während des 8-jährigen Abzugszeitraums ist darauf zu achten, dass sich ggf. für die ersten 4 Jahre eine Nachholung von 4 × 6 % = 24 % ergeben kann.

Übertragung von 10e-Beträgen in spätere Jahre

Haben Sie die Wohnung vor 2010 selbst bewohnt, brauchten Sie nicht den vollen **246** Prozentsatz (§ 10e EStG: 5 % oder 6 %) in Anspruch zu nehmen (**Zeile 16**).

Den Rest können Sie 2010, aber auch in späteren Jahren innerhalb des 8-jährigen Förderzeitraums nachholen.

WICHTIG

Eine Nachholung nicht in Anspruch genommener Abzugsbeträge für die Vorjahre gesteht Ihnen das Finanzamt auch zu, wenn Sie 2010 wegen **Überschreitung der Einkommensgrenze** keinen Abzugsbetrag erhalten können. Voraussetzung ist allerdings, dass Ihnen für das Jahr, für das Sie einen Abzugsbetrag nachholen wollen, dieser dem Grunde nach zustand.

Steuerbegünstigungen für eine unentgeltlich überlassene Wohnung

Bei einer **unentgeltlich** an nahe Angehörige **überlassenen Wohnung** im eigenen Haus, **247** bei der der Bauantrag bzw. Baubeginn vor dem 1.1.1996 liegt, erhalten Sie 2010 einen **Sonderausgabenabzugsbetrag von 5 % der Herstellungskosten**, höchstens **8.437 €** **(Zeile 17)**. Bei Bauantrag bzw. Baubeginn nach dem 31.12.1995 und vor dem 1.1.2006 steht Ihnen für eine solche Wohnung die **Eigenheimzulage** zu.

Baukindergeld und zusätzliche Angaben

Das **Baukindergeld** beträgt je Kind 8 Jahre lang **512 €**. Vorausgesetzt wird die Eigennut- **248** zung gemäß § 10e EStG, wobei auch die dortigen Einkommensgrenzen gelten. Die **Kinderzulage** bei der Eigenheimzulage als Ersatz für das Baukindergeld ist nicht in **Zeile 18**, sondern in dem Zulagenantrag EZ 1 A zu beantragen.

In **Zeile 22** sind die 2010 vereinnahmten oder bewilligten Zuschüsse aus öffentlichen Mitteln zu den Anschaffungs- bzw. Herstellungskosten zu erklären. Nähere Einzelheiten sind auf einem besonderen Blatt zu erläutern.

12 Anlage V – Vermietung und Verpachtung

249 Alle Einkünfte aus Vermietung und Verpachtung, die bei der Einkommensteuererklärung von Bedeutung sein können, sind in der Anlage V ausdrücklich aufgeführt.

Hierunter fallen z. B. **Einkünfte** aus der Vermietung

- eines **bebauten Grundstücks**, z. B. vermietetes Wohnhaus, gewerbliche Räume, oder einer **Eigentumswohnung**,
- **einzelner Räume** in einem selbstgenutzten Haus oder einer Eigentumswohnung, z. B. eines möblierten Zimmers an Studenten. Liegen die Einnahmen hieraus bei einer vorübergehenden Vermietung **unter 520 €**, können Sie auf die Angaben verzichten,
- **unbebauter Grundstücke**, z. B. von Parkplätzen, Gärten,
- von gemieteten Räumen als **Untervermieter**,
- von Schiffen, Sachinbegriffen (z. B. Geschäftseinrichtung) sowie die
- Überlassung von **Erbbaurechten** (auch von Urheberrechten, Kiesvorkommen usw.) und
- die Einkünfte aus **Beteiligungen**, z. B. bei Grundstücks- und Erbengemeinschaften.

Haben Sie mehrere Objekte, die Sie vermieten, müssen Sie für jedes einzelne Objekt eine eigene Anlage V abgeben.

250 Gehört das Gebäude oder das Grundstück zum Betriebsvermögen eines Gewerbebetriebs oder einer freiberuflichen Praxis, werden die Einnahmen und Ausgaben bei dieser Einkunftsart erklärt. Bei gemischt genutzten Grundstücken kann aber für die „privat" vermieteten Teile die Anlage V erforderlich sein.

BEISPIEL

Ein Handwerker nutzt sein Haus im Erdgeschoss für seinen Betrieb (250 m²), eine Wohnung (100 m²) ist an Fremde vermietet, eine Wohnung (150 m²) ist selbstgenutzt.

Für die vermietete Wohnung muss eine Anlage V ausgefüllt werden, für die eigengenutzte Wohnung eine Anlage FW (➜ Tz 233) bzw. ein Antrag auf Eigenheimzulage, und die auf den Betrieb im Erdgeschoss entfallenden Aufwendungen sind als Betriebsausgaben bei der Gewinnermittlung zu erfassen.

Sind Sie an einem vermieteten Objekt oder Grundstück nur beteiligt, z. B. im Rahmen einer Erbengemeinschaft mit Ihren Geschwistern, werden die Einnahmen und Ausgaben für dieses Objekt „gesondert und einheitlich" festgestellt. Ihren Anteil tragen Sie dann unter „Anteile an Einkünften" ab **Zeile 24** ein. Lediglich Ehegatten, die gemeinsam ein Objekt besitzen und die zusammenveranlagt werden (➜ Tz 342), können eine einzige Anlage V für dieses Objekt ausfüllen.

In den **Zeilen 4 und 5** geben Sie die Lage des Grundstücks bzw. der Eigentumswohnung an; zusätzlich ist dort der Anschaffungs- bzw. Fertigstellungszeitpunkt einzutragen. In **Zeile 6** geben Sie das Aktenzeichen aus dem letzten Bescheid über Ihren Einheitswert 1964 an.

In den **Zeilen 4 bis 6** ist auch anzugeben, wann Sie Ihre Immobilie angeschafft oder fertiggestellt haben oder wann Sie Ihre Immobilie veräußert oder übertragen haben.

Flächen, die auf eigengenutzten, unentgeltlich an Dritte überlassenen oder als Ferienwohnung genutzten Wohnraum entfallen, sind in **Zeile 7** neben der Gesamtwohnfläche
einzutragen. Handelt es sich um eine Ferienwohnung, sollen Sie dem Finanzamt auf einem
besonderen Blatt auch die Anzahl der Kalendertage mitteilen, an denen diese Wohnung
vermietet, eigengenutzt, unentgeltlich an Dritte überlassen wurde oder leer stand.

Steuerpflichtig sind nur die Mieteinnahmen und Umlagen; Gewinne aus dem Verkauf eines **251**
Hauses oder Grundstücks bleiben in der Regel steuerfrei (Ausnahme: gewerblicher Grundstückshandel ➜ Tz 788 oder private Veräußerungsgeschäfte ➜ Tz 969). In seltenen Ausnahmefällen kann auch eine steuerlich unbeachtliche Liebhaberei vorliegen, ➜ Tz 1019.

12.1 Anlage V – Einnahmen (Seite 1)

Mieteinnahmen

Mieteinnahme ist alles an Geld oder Geldeswert, was im Rahmen einer Vermietung bzw. **252**
Verpachtung zugeflossen ist. **ABC der Mieteinnahmen** ➜ Tz 1031.

Gehen im Zeitraum

● vom 21.12.2009 bis 31.12.2009 bzw.
● vom 1.1.2011 bis 10.1.2011

Mieten oder Pachten für 2010 ein, die auch in den vorgenannten Zeiträumen fällig waren
oder sind, gehören die Einnahmen steuerlich noch in das Jahr 2010. Gleiches gilt im
Übrigen auch für wiederkehrende Ausgaben, z. B. monatlich fällige Zinszahlungen.

Die Mieteinnahmen sind in **Zeile 8** in jedem Fall auf die einzelnen Geschosse aufzuteilen. **253**
In **Zeile 9** ist außerdem die Anzahl der Wohnungen und die Wohnfläche jedes Geschosses
anzugeben. Beim Ansatz der **Wohnflächen** sind **Zubehörräume**, z. B. Keller, Dachböden,
Schuppen und Garagen **nicht zu berücksichtigen**.

Die neben der Miete erhobenen **Umlagen**, z. B. für Wassergeld, Flur- und Kellerbeleuchtung, Müllabfuhr und Zentralheizung, sind nach Verrechnung mit Erstattungen stets in
Zeile 12 einzutragen.

In **Zeile 10** sind die Einnahmen aus der Vermietung zu gewerblichen oder freiberuflichen
Zwecken oder anderen nicht Wohnzwecken dienenden Räumen anzugeben. Die Umlagen
für diese Räume sind ebenfalls in **Zeile 12** aufzuführen. Haben Sie auf die Umsatz-
steuerbefreiung verzichtet, tragen Sie in **Zeile 10** die Nettobeträge (ohne die vereinnahmte Umsatzsteuer) ein; die vereinnahmte Umsatzsteuer ist gesondert in **Zeile 16**
anzugeben. Die vom Finanzamt **erstatteten Vorsteuerbeträge** sind dagegen in **Zeile 17**
zu berücksichtigen.

Bei einer Nutzungsüberlassung an Angehörige kommt es häufig vor, dass die **vereinbarte** **254**
Miete unter der ortsüblichen Miete laut Mietspiegel liegt. In diesem Fall können Sie
die mit den überlassenen Räumen zusammenhängenden Grundstückskosten voll abziehen, wenn die vereinbarte Miete **mindestens 56 %** der ortsüblichen Miete ausmacht. Wird
die Grenze dagegen unterschritten, sind die Grundstückskosten nur insoweit abzugsfähig,
als eine **entgeltliche Vermietung** vorliegt. Dazu ermittelt das Finanzamt das Verhältnis

$$\frac{\text{vereinbarte Miete}}{\text{ortsübliche Miete}} = \text{Prozentsatz der entgeltlichen Vermietung.}$$

I Steuererklärung

In Höhe dieses Prozentsatzes können Sie nun Ihre Grundstückskosten abziehen (§ 21 Abs. 2 Satz 2 EStG). Einzelheiten ➜ Tz 1025, Checkliste „Verbilligte Vermietung" ➜ Tz 1030. Die Einnahmen aus der Vermietung an Angehörige sind in **Zeile 11** und die darauf entfallenden Umlagen in **Zeile 13** gesondert anzugeben.

WICHTIG

 Zu einer Werbungskostenkürzung kann es auch dann kommen, wenn die vereinbarte Miete zwar 56 % der ortsüblichen Miete und mehr beträgt, jedoch **nicht mehr als 75 % der ortsüblichen Marktmiete** ausmacht und das Finanzamt bei Überprüfung dieses Sachverhalts feststellt, dass **keine Einkunftserzielungsabsicht** vorliegt. Wegen weiterer Einzelheiten ➜ 1109.

Weitere Einnahmen

255 Mieten, die Sie für frühere Jahre vereinnahmen, sowie Mietvorauszahlungen aus Baukostenzuschüssen, die Sie anteilig in Ihrer Einkommensteuererklärung 2010 zu erfassen haben, sind in **Zeile 14**, Einnahmen aus der Vermietung von Garagen, Werbeflächen sowie Grund und Boden für Kioske in **Zeile 15** einzutragen. In **Zeile 16** ist die vereinnahmte Umsatzsteuer und in **Zeile 17** die vom Finanzamt erstattete bzw. ggf. verrechnete Umsatzsteuer zu erfassen. In **Zeile 18** sind neben den öffentlichen Zuschüssen vor allem Guthabenzinsen aus Bausparverträgen anzugeben. Sie gehören dann zu den Einkünften aus Vermietung und Verpachtung, wenn der Bausparvertrag für den Grundstückskauf, den Hausbau oder die Umschuldung verwendet werden soll und deshalb vor- oder zwischenfinanziert wurde. Eine Verrechnung von Guthabenzinsen mit Schuldzinsen aus dieser Finanzierung ist nicht zulässig.

Haben Sie Zuschüsse aus öffentlichen Mitteln, z. B. zur Minderung der Zins- und Mietbelastungen, erhalten, ist der Gesamtbetrag (**Zeile 18**) um den Anteil zu mindern, der auf eigengenutzte oder unentgeltlich an Dritte überlassene Wohnungen entfällt (**Zeile 19**). Zur Kz. 08 in **Zeile 19** ist dann der verbleibende Betrag als Einnahme einzutragen.

Zuschüsse

256 **Zuschüsse** zur Finanzierung von **Anschaffungs-** oder **Herstellungskosten** (anzugeben in **Zeile 52**) müssen von diesen abgesetzt werden. Zuschüsse aus öffentlichen Mitteln zur Finanzierung von Erhaltungsaufwendungen sowie Aufwendungszuschüsse, z. B. zur Minderung der Zinsbindung und von Mietbelastungen, sind dagegen im Jahr des Zuflusses als Einnahmen in **Zeile 18** einzutragen (s. ➜ Tz 1039, Mieterzuschüsse ➜ Tz 1034).

Einkünfte

257 In **Zeile 20** ist die Summe der Einnahmen, in **Zeile 21** die Summe der Werbungskosten aus der **Zeile 50** (Rückseite) einzutragen. Den Unterschiedsbetrag zwischen den Einnahmen und den Werbungskosten weisen Sie in **Zeile 22** als Überschuss bzw. als Verlust aus. Sollte an dem Objekt neben Ihnen auch Ihr Ehegatte beteiligt sein, haben Sie den Betrag aus **Zeile 22** in **Zeile 23** auf beide Miteigentümer aufzuteilen.

Anteile an Einkünften

258 Wer an einer Grundstücksgemeinschaft **beteiligt** ist, muss in den **Zeilen 24 bis 28** seinen Anteil angeben (z. B. an einer Erbengemeinschaft). Weiter sind die Gemeinschaft und das für diese zuständige Finanzamt sowie die Steuernummer einzutragen. Ist die Höhe des

Anteils noch nicht bekannt, genügen diese Angaben. Die Angaben sind getrennt für Sie und Ihren Ehegatten zu machen.

In den **Zeilen 24 bis 26** geben Sie Ihre anteiligen Einkünfte aus der Beteiligung an Grundstücksgemeinschaften an. Sind Sie an einem geschlossenen Immobilienfonds beteiligt, ist der auf Sie entfallende Anteil der Einkünfte in **Zeile 27** einzutragen. In **Zeile 28** geben Sie den Verlust aus einem Steuerstundungsmodell an, der nur mit Gewinnen aus demselben Modell verrechnet werden kann (§ 15b EStG).

Andere Einkünfte

Die **Zeile 31** betrifft Einkünfte aus der **Untervermietung** von gemieteten Räumen.   **259**

> Berechnungsschema:
> Erhaltene Miete aus Untervermietung   .... €
> ./. anteilige gezahlte Miete der Wohnung   .... €
> ./. Werbungskosten (auflisten)   .... €
> = Einkünfte   .... €

TIPP

Nach Auffassung der Finanzverwaltung werden aus Vereinfachungsgründen Einnahmen bis zu **519 €** jährlich aus der vorübergehenden Vermietung (z. B. während Messen) von Teilen selbstgenutzter Eigentumswohnungen, Einfamilienhäuser oder selbstgenutzter anderer Häuser **von der Einkommensteuer freigestellt.** Dies gilt auch für eine vorübergehende Untervermietung von Teilen einer angemieteten Wohnung, die im Übrigen selbstgenutzt wird. Ein Werbungskostenabzug entfällt dann allerdings.

Zeile 32: Gemeint sind Einnahmen aus der **Verpachtung von Ackerland** oder eines **260** unbebauten Grundstücks, aus einem Erbbaurecht, der Überlassung eines Abbaurechts an einer Kiesgrube oder einem Steinbruch usw.; Werbungskosten sind auf einem besonderen Blatt zu erläutern. Im Vordruck ist der Überschuss einzutragen. Vermietungseinkünfte können auch bei Vermietung von Sachinbegriffen (z. B. Geschäftseinrichtung) anfallen. Die Vermietung einzelner **beweglicher** Gegenstände des Privatvermögens (z. B. Klavier) führt zu „**sonstigen Einkünften**" und ist erst ab 256 € steuerpflichtig ➜ Tz 991.

12.2   Anlage V – Werbungskosten (Seite 2)

Den Mieteinnahmen werden die Werbungskosten gegengerechnet, nur die Differenz **261** (Überschuss oder Verlust) wirkt sich steuerlich aus. Unter die Werbungskosten fallen alle Aufwendungen, die mit dem vermieteten Objekt zusammenhängen, z. B. Versicherungen, Grundsteuer, Zinsen, Reparaturkosten, Maklerkosten zur Vermietung, sowie Kosten, die Sie aufwenden, um die Einnahmen zu sichern oder zu erhalten, z. B. Rechtsanwaltskosten, Mahn- und Vollstreckungskosten für Mietrückstände.

Der Wertverzehr des Gebäudes, z. B. durch Alter und Nutzung, wird über die Abschreibung (AfA) steuerlich berücksichtigt.

Zum Ausfüllen der Anlage V, Seite 2, Werbungskosten, sollten Sie unbedingt das Werbungskosten-ABC ➜ Tz 1051 zu Rate ziehen, damit Sie keine Kosten vergessen.

I Steuererklärung

Auch für die Einkünfte aus Vermietung und Verpachtung gilt:

- **Werbungskosten abziehen** darf nur, wer entsprechende **Einnahmen erzielt**, und
- nur die Aufwendungen sind als Werbungskosten abzugsfähig, bei denen objektiv ein **Zusammenhang mit der Vermietung und Verpachtung** besteht und die subjektiv zur **Förderung der Nutzungsüberlassung** gemacht werden.

Sind die Kosten allein durch die **Veräußerung eines Grundstücks** veranlasst, fehlt es an dem erforderlichen wirtschaftlichen Zusammenhang zu den Vermietungseinkünften. Einzelheiten zum Schuldzinsenabzug nach Veräußerung des Vermietungsobjekts ➜ Tz 1045.

262 Werden Räume zu **eigenen beruflichen** oder **gewerblichen Zwecken** genutzt, sind die zugehörigen Werbungskosten nicht bei den Vermietungseinkünften, sondern bei den beruflichen (gewerblichen) Einnahmen abzusetzen (z. B. für Praxisräume).

Bei den Werbungskosten sollten Sie folgende Besonderheiten beachten:

- **vorweggenommene** Werbungskosten (➜ Tz 1043),
- **nachträgliche** sowie **vergebliche** Werbungskosten (➜ Tz 1049),
- Werbungskostenabzug für **leer stehende Wohnungen** (➜ Tz 1050).

Aufteilung

263 Die **Spalten 1 bis 4** sollen dem Finanzamt die Überprüfung ermöglichen, ob die Werbungskosten zutreffend in abziehbare und nicht abziehbare aufgeteilt sind.

Nicht abziehbar sind Werbungskosten, wenn sich in Ihrem Haus eine Wohnung befindet, welche Sie 2010 zumindest teilweise

- nicht vermietet haben und keine Vermietungsabsicht besteht oder
- zu einer Miete **unter 56 %** der ortsüblichen Miete **verbilligt** (teilentgeltlich) an Angehörige überlassen haben (siehe **Zeile 11**); hier ist nur ein **anteiliger** Werbungskostenabzug möglich (➜ Tz 1025).

Darüber hinaus ist eine **Aufteilung der Grundstückskosten** - wie bereits erwähnt – vorzunehmen, wenn Räume innerhalb des Gebäudes zu eigenen beruflichen oder gewerblichen Zwecken genutzt werden. Der auf diese Räume entfallende Aufwand ist nicht bei den Vermietungseinkünften, sondern bei der jeweiligen Einkunftsart abzuziehen.

264 Für andere Objekte brauchen die **Spalten 1 bis 3 nicht ausgefüllt** zu werden. Sind die Werbungskosten nicht abziehbar, können Sie ggf. Steuerbegünstigungen für bestimmte Baumaßnahmen lt. **Zeile 34** bei Eigennutzung oder unentgeltlicher Nutzungsüberlassung in der **Anlage FW** (➜ Tz 233) geltend machen.

Entfallen Kosten sowohl auf einen steuerlich abzugsfähigen wie einen nicht abzugsfähigen Teil oder sind sie den beruflichen bzw. gewerblichen Einkünften und den Einkünften aus Vermietung und Verpachtung zuzurechnen, können sie durch eine **direkte Zuordnung** aufgeteilt werden. Ansonsten ist die Aufteilung regelmäßig nach den **Nutzflächen** vorzunehmen. Den so ermittelten Prozentsatz für den nicht abziehbaren Teil geben Sie in **Spalte 3** an. Bei teilentgeltlicher (verbilligter) Nutzungsüberlassung zu einer Miete unter 56 % der ortsüblichen Miete sind die Ausgaben im Verhältnis der ortsüblichen Miete zur vereinbarten Miete aufzuteilen (➜ Tz 1025). Dies gilt auch für den Fall, dass die vereinbarte Miete 56 % und mehr, aber weniger als 75 % der ortsüblichen Miete ausmacht, und Sie dem Finanzamt gegenüber keinen Totalüberschuss für den 30-jährigen Prognosezeitraum nachweisen bzw. glaubhaft machen können. Der nichtabziehbare Betrag ist dann in **Spalte 3** einzutragen.

In **Spalte 4** ist schließlich die Differenz zwischen Gesamtbetrag und dem nicht abziehbaren Betrag anzugeben.

Abschreibungen

Kommen keine erhöhten Absetzungen, z. B. nach § 14a BerlinFG (siehe **Zeile 33**), in **265** Betracht, können Sie ggf. zwischen der linearen AfA (§ 7 Abs. 4 EStG) und der degressiven AfA (§ 7 Abs. 5 EStG) wählen. Ein Wechsel zwischen diesen beiden Absetzungsmethoden in späteren Jahren ist nicht möglich. Versehentlich **unterlassene lineare** Gebäude-AfA kann nicht nachgeholt werden; vielmehr verlängert sich dann der Abschreibungszeitraum. Degressive AfA ist nicht in allen Fällen möglich, in der Regel nur bei „Wohnungsneubauten".

Aufteilung Gebäudekosten/Grund und Boden

Abschreibungsfähig sind nur die Anschaffungs- und Herstellungskosten für das Gebäude. **266** Die Aufwendungen für den Grund und Boden müssen daher aus dem Kaufpreis herausgerechnet werden. Die Nebenkosten, wie z. B. die Kosten für Makler, Notar und Grundbucheintragung, müssen aufgeteilt werden, und zwar nach dem Verhältnis Kaufpreis Gebäude : Kaufpreis Grund und Boden.

Machen Sie **erstmalig Absetzungen für Abnutzung** geltend, sollten Sie die Bemessungsgrundlage für die Abschreibungen auf einem gesonderten Blatt erläutern. In Erwerbsfällen bereitet dies – abgesehen von der Aufteilung des Kaufpreises in einen Gebäude- und in einen Bodenanteil – keine Schwierigkeiten. Zusätzlich zum Kaufpreis sind noch die Anschaffungsnebenkosten anzusetzen.

Haben Sie das **Vermietungsobjekt** selbst **hergestellt**, dürfte die Ermittlung der Bemessungsgrundlage für die Abschreibungen etwas zeitaufwändiger ausfallen. Hier empfiehlt es sich, Ihrer Steuererklärung eine Einzelaufstellung beizufügen, aus der der gezahlte Rechnungsbetrag, das Rechnungsdatum, der Gegenstand der Leistung sowie das ausführende Unternehmen ersichtlich sind.

Bei bestehenden Gebäuden kreuzen Sie einfach „wie im Vorjahr" an. Kommen neue Aufwendungen hinzu, können Sie folgendes Berechnungsschema verwenden:

Summe der bisherigen Aufwendungen	.... €
+ weitere Anschaffungs- oder Herstellungskosten (auflisten) in 2010	.... €
= neue Bemessungsgrundlage ab 2010	.... €

Bei unentgeltlichem Erwerb des Gebäudes oder der Eigentumswohnung (Schenkung, **267** Erbschaft) muss die **AfA des Rechtsvorgängers** so fortgesetzt werden, als wenn er noch Eigentümer wäre, ➜ Tz 1104.

§ 7 Abs. 4 EStG (Zeile 33): Die Absetzungen betragen   **268**

● bei **vor dem 1.1.1925** fertig gestellten Gebäuden jährlich **2,5 %**,
● bei **nach dem 31.12.1924** fertig gestellten Gebäuden jährlich **2 %**

der Anschaffungs- oder Herstellungskosten des Gebäudes. Ist die tatsächliche Nutzungsdauer geringer, können Sie entsprechend höhere Absetzungen geltend machen.

I Steuererklärung

269 **§ 7 Abs. 5 EStG (Zeile 33)**: Bei einem Gebäude oder einer Eigentumswohnung im Inland können die folgenden Beträge als degressive AfA abgezogen werden:

Bei Bauantrag (in Herstellungsfällen) oder Kaufvertrag (in Anschaffungsfällen)	AfA-Staffel
● vor dem 1.1.1995	8 Jahre je 5 %, 6 Jahre je 2,5 % und 36 Jahre je 1,25 %
● vor dem 1.1.1996, soweit die Objekte Wohnzwecken dienen	4 Jahre je 7 %, 6 Jahre je 5 %, 6 Jahre je 2 % und 24 Jahre je 1,25 %
● nach dem 31.12.1995 und vor dem 1.1.2004, soweit die Objekte Wohnzwecken dienen	8 Jahre je 5 %, 6 Jahre je 2,5 % und 36 Jahre je 1,25 %
● nach dem 31.12.2003 und vor dem 1.1.2006, soweit die Objekte Wohnzwecken dienen	10 Jahre je 4 %, 8 Jahre je 2,5 % und 32 Jahre je 1,25 %
	der Anschaffungs-/Herstellungskosten

Die Anwendung höherer oder niedrigerer Prozentsätze ist ausgeschlossen.

Achten Sie darauf, dass die degressive AfA von Ihnen nicht mehr in Anspruch genommen werden kann, wenn Sie den Kaufvertrag über ein neues Mietwohngrundstück nach dem 31.12.2005 geschlossen haben. Sind Sie selbst Bauherr des Mietwohngebäudes, kommt es darauf an, wann Sie den Bauantrag gestellt haben. Bei einer **Bauantragstellung nach** dem **31.12.2005** steht Ihnen **nur** noch die **lineare AfA** zu. Sollten Sie ein Objekt von einem Bauträger erworben haben, das im Zeitpunkt des Erwerbs noch nicht fertiggestellt ist, können Sie hierfür die degressive AfA geltend machen, wenn der Bauträger den Bauantrag vor dem 1.1.2006 gestellt hat. Wegen weiterer Einzelheiten ➜ Tz 1100.

270 **§ 7b EStG**: Zu der in **Zeile 33** einzutragenden AfA gehört auch die Restwert-AfA von 2,5 % nach Ablauf des 8-jährigen Begünstigungszeitraums für die 7b-AfA.

271 **§ 7k EStG**: Neubau von Wohnungen mit Sozialbindung (nur für vermietete Wohnungen mit Belegungs- und Mietpreisbindung). Einzutragen in **Zeile 33** und der Hinweis auf gewährte Zuschüsse in **Zeile 52**. Die Abschreibungsvergünstigung gilt letztmals für Wohnungen, die 1995 fertig gestellt worden sind. Die Abschreibungsvergünstigung ist in modifizierter Fassung auch in Berlin-West für Baumaßnahmen bis Ende 1995 anzuwenden (vgl. § 14d BerlinFG; **Zeile 33**).

Mehrfamilienhäuser in Berlin

272 **§ 14a BerlinFG** lässt erhöhte AfA bei Mehrfamilienhäusern in Berlin (West) zu (**Zeile 33**). Baukindergeld (§ 34f EStG) ist hierbei nicht zulässig. Stattdessen können teilweise andere erhöhte Absetzungen und Sonderabschreibungen lt. den **Zeilen 34 und 35** vorgenommen werden.

Städtebaumaßnahmen/Denkmalschutz

273 **§ 7h EStG**: Modernisierungs- und Instandsetzungsmaßnahmen i. S. d. Baugesetzbuches für **Gebäude in Sanierungsgebieten und im städtebaulichen Entwicklungsbereich (Zeile 34)**. Von den Herstellungskosten können anstelle der AfA nach § 7 Abs. 4 oder 5, § 7b EStG oder § 14a BerlinFG bei Baubeginn vor dem **1.1.2004** im Jahr der Herstellung und in den folgenden 9 Jahren **jeweils bis zu 10 %** abgesetzt werden (= 10 Jahre). Dies gilt auch für Maßnahmen, die der Erhaltung, Erneuerung und funktionsgerechten Verwendung eines Gebäudes dienen, das wegen seiner geschichtlichen, künstlerischen oder städtebaulichen Bedeutung erhalten bleiben soll, und zu deren Durchführung sich der Eigentümer neben bestimmten Modernisierungsmaßnahmen gegenüber der Gemeinde verpflichtet hat. Ist mit den Modernisierungs- und Instandsetzungsarbeiten **nach dem 31.12.2003 begonnen** worden – in der Regel wird hier auf den Bauantrag abgestellt -, stehen Ihnen für diese Maßnahmen in den ersten 8 Jahren jeweils **bis zu 9 %** und in den darauf folgenden 4 Jahren jeweils **bis zu 7 %** der begünstigten Aufwendungen an Abschreibungen zu.

Werden die Absetzungen **erstmals** vorgenommen, müssen die Baumaßnahmen beschrieben und die Aufwendungen auf einem besonderen Blatt formlos aufgelistet werden. Erforderlich ist weiter eine **Bescheinigung** der zuständigen Gemeindebehörde über das Vorliegen der Voraussetzungen. Diese ist für das Finanzamt verbindlich.

§ 7i EStG: Herstellungskosten bei **Baudenkmalen (Zeile 34)**. Für bestimmte Baumaß- **274** nahmen können anstelle der linearen AfA (§ 7 Abs. 4 EStG) bei Baubeginn vor dem **1.1.2004** im Jahr der Herstellung und in den folgenden 9 Jahren **jeweils bis 10 %** abgesetzt werden (= 10 Jahre). Bei **Baubeginn nach dem 31.12.2003** – in der Regel ist hierfür der Bauantrag maßgebend – ermäßigt sich die erhöhte AfA in den ersten 8 Jahren auf jeweils **9 %** und in den darauf folgenden 4 Jahren auf jeweils **7 %** der begünstigten Aufwendungen. Auch hier ist eine amtliche Bescheinigung, und zwar der Denkmalschutzbehörde, erforderlich.

Gebäude in den neuen Bundesländern

In den neuen Bundesländern ist bei vor dem 1.1.1991 angeschafften oder hergestellten **275** Gebäuden nur die lineare AfA zulässig (§ 7 Abs. 4 EStG). Bei Anschaffung oder Herstellung vor dem 1.7.1990 (Währungsunion) wird die AfA nach den Wiederherstellungs- oder Wiederbeschaffungskosten, höchstens zum Zeitwert am 1.7.1990, bemessen. Danach sind die tatsächlichen Anschaffungs- oder Herstellungskosten maßgeblich.

Bei Baumaßnahmen, die ab 1991 fertig gestellt werden, kommen in Betracht:

- § 7h EStG für Gebäude in Sanierungsgebieten ➜ Tz 273,
- § 7i EStG für Baudenkmale ➜ Tz 274,
- § 7k EStG ➜ Tz 271,
- § 4 Fördergebietsgesetz ➜ Tz 276, ➜ Tz 1097.

Fördergebietsgesetz

Bei Gebäuden im Beitrittsgebiet ist nach § 4 des Fördergebietsgesetzes eine AfA von bis **276** zu 50 % (ab 1997 nur noch 25 % bzw. 20 %) innerhalb der ersten 5 Jahre zulässig, die beliebig verteilt werden darf (**Zeile 35**). Sie ist **zusätzlich zur linearen AfA** (2 %) zu gewähren. Sie gilt nicht, wenn degressive AfA nach § 7 Abs. 5 EStG oder erhöhte AfA vorgenommen worden ist. Auf Grund der zeitlichen Anwendungsvorschriften kommt eine Inanspruchnahme für 2010 in der Regel nicht mehr in Betracht, es sei denn, es handelt sich um nachträgliche Herstellungskosten, die auf 10 Jahre in gleichen Raten verteilt werden müssen.

Zinsen, Damnum und Geldbeschaffungskosten

277 Schuldzinsen sind in **Zeile 36** einzutragen. Tilgungsbeträge sind nicht abziehbar.

278 **Erbbauzinsen** – auch Einmalzahlungen – werden wie Schuldzinsen behandelt (**Zeile 36**).

279 Das **Damnum** (Darlehensabgeld, Disagio) wird wie Schuldzinsen behandelt; einzutragen in **Zeile 36**. Es ist in dem Zeitpunkt abziehbar, in dem es geleistet wird. Das ist der Fall, wenn das um das Damnum gekürzte Darlehen ausbezahlt wird. Achten Sie darauf, dass das Damnum für einen Sofortabzug nicht die von der Finanzverwaltung vorgegebene **Angemessenheitsgrenze** von **5 %** überschreitet, wobei die Zinsfestschreibung mindestens 5 Jahre betragen muss. Ansonsten besteht für 2010 keine Gefahr, dass Ihnen das Damnum auf die Laufzeit verteilt wird. Einzelheiten ➜ Tz 1088, z. B. zur 3-Monatsfrist. Wird ein zusätzliches Darlehen in Höhe des Darlehensabgelds aufgenommen (sog. **Tilgungsstreckungsdarlehen**), ist das Darlehensabgeld entsprechend der Tilgung des Zusatzdarlehens als Werbungskosten zu berücksichtigen.

280 **Geldbeschaffungskosten, in Zeile 37** einzutragen, sind z. B. Schätzgebühren, Gebühren für die Vermittlung des Darlehens, Bereitstellungszinsen, Notariats- und Gerichtsgebühren für die Bestellung von Hypotheken oder Grundschulden.

281 **Zuschüsse** zur Zinsverbilligung sind in **Zeile 18** einzutragen. Steuerfreie Zinszuschüsse des Arbeitgebers mindern die gezahlten Schuldzinsen.

Renten

282 Gezahlte **Renten** und **dauernde Lasten** sind in **Zeile 38** einzutragen, wenn sie wirtschaftlich mit dem Grundstück zusammenhängen (z. B. Grundstückskauf auf Rentenbasis).

283 **Leibrenten** sind nur in Höhe des **Ertragsanteils** abziehbar (§ 22 EStG, ➜ Tz 958). Durch das Alterseinkünftegesetz haben sich die Ertragsanteile verringert. Damit fallen bei Ihnen geringere Werbungskosten an. Einzelheiten ➜ Tz 942. Werden Renten und dauernde Lasten erstmals geltend gemacht, sind Angaben auf einem besonderen Blatt erforderlich. Werden nur Beträge wie im Vorjahr geltend gemacht, genügt ein Vermerk in **Zeile 38**.

Sofort abziehbarer Erhaltungsaufwand

284 Man unterscheidet zwischen **Erhaltungs-** und **Herstellungsaufwand**. Einzelheiten zur Abgrenzung ➜ Tz 1052. Erhaltungsaufwand kann **sofort** abgesetzt werden. Aufwendungen werden auf Antrag als Erhaltungsaufwand behandelt, wenn sie für die einzelnen Baumaßnahmen nicht mehr als **4.000 €** (ohne Umsatzsteuer) je Gebäude betragen.

Sie sollten auf einem besonderen Blatt Rechnungsdatum, Gegenstand der Leistung, ausführendes Unternehmen und den gezahlten Rechnungsbetrag angeben und die Summe, soweit sie ausschließlich auf den vermieteten Teil des Gebäudes entfällt, in **Zeile 39** eintragen. Lassen sich die **Erhaltungsaufwendungen** nur im Verhältnis der Wohn- bzw. Nutzfläche aufteilen, sind nur die Kosten, die dem Vermietungsbereich zuzuordnen sind, in **Zeile 40** anzugeben.

Zuführungen zu einer **Instandhaltungsrücklage** (z. B. an Verwalter der Wohnungseigentümergemeinschaft) sind erst bei **Bezahlung der Erhaltungsmaßnahmen** Werbungskosten. Das Finanzamt wird von Ihnen in der Regel die Abrechnung der Eigentümergemeinschaft anfordern. Einzelheiten ➜ Tz 1071.

Größere Reparaturen

Größere Aufwendungen für die Erhaltung von Gebäuden können Sie auf 2 bis 5 Jahre **285** gleichmäßig verteilen (§ 82b EStDV). Voraussetzung hierfür ist, dass die Grundfläche der Räume des Gebäudes, die Wohnzwecken dienen, mehr als die Hälfte der gesamten Nutzfläche beträgt (➜ Tz 1072).

Darüber hinaus können **größere Aufwendungen** zur Erhaltung eines Gebäudes auf **2 bis** **286** **5 Jahre** gleichmäßig verteilt werden, wenn es sich um Aufwendungen handelt

- für Maßnahmen im Sinne des § 177 des **Baugesetzbuchs** (§ 11a EStG),
- für Maßnahmen, die der **Erhaltung, Erneuerung und funktionsgerechten Verwendung eines Gebäudes** dienen, das wegen seiner geschichtlichen, künstlerischen oder städtebaulichen Bedeutung erhalten bleiben soll, und zu deren Durchführung sich der Eigentümer neben bestimmten Modernisierungsmaßnahmen gegenüber der Gemeinde verpflichtet hat (§ 11a EStG),
- zur Erhaltung von **Baudenkmalen** (§ 11b EStG).

Entfallen diese Aufwendungen teilweise auf eine zu **eigenen Wohnzwecken genutzte** **287** **Wohnung**, kann insoweit ein Abzug wie Sonderausgaben (§ 10f Abs. 2 EStG) in Betracht kommen. Diesen Abzug können Sie in der **Anlage FW** geltend machen.

Die Eintragungen zu den größeren Erhaltungsaufwendungen sind in den **Zeilen 41 bis 45** vorzunehmen.

Haben Sie eine Gebrauchtimmobilie angeschafft und an dem Gebäude erstmalig 2010 **288** Instandsetzungs- oder Modernisierungsmaßnahmen durchgeführt, sind die Aufwendungen als **anschaffungsnahe Herstellungskosten** in die Bemessungsgrundlage für die Abschreibungen des Gebäudes einzubeziehen, wenn **innerhalb von 3 Jahren** nach Anschaffung des Gebäudes Aufwendungen anfallen, die **über 15 %** (Rechnungsbetrag ohne Umsatzsteuer) der auf das Gebäude entfallenden Anschaffungskosten hinausgehen. In diese 15 %-Grenze sind weder Herstellungskosten für **Erweiterungen** noch Aufwendungen für **Schönheitsreparaturen** einzubeziehen.

Bei Baumaßnahmen an Wohngebäuden, die nicht mit der Anschaffung zusammenhängen, prüft das Finanzamt das Vorliegen von Erhaltungsaufwendungen einerseits bzw. Herstellungs- oder Anschaffungskosten andererseits bei Wohngebäuden an den **4 Standardmerkmalen** „Heizung, Sanitär, Elektroinstallation und Fenster". Kommt es bei 3 dieser 4 Merkmale oder bei allen 4 Merkmalen zu einer Standardverbesserung Ihres Wohngebäudes, können Sie die Aufwendungen nur im Rahmen der Abschreibungen berücksichtigen. Lediglich bei einer Standardverbesserung bei weniger als 3 der vorgenannten Merkmale liegen **Erhaltungsaufwendungen** vor. Wegen weiterer Einzelheiten ➜ Tz 1065.

WICHTIG 289

In den amtlichen Erläuterungen zur Anlage V finden Sie den Hinweis, dass Kosten für Baumaßnahmen nach dem Erwerb eines Gebäudes Anschaffungskosten sind, wenn **funktionsuntüchtige Teile** wieder hergestellt werden, die für die Nutzung unerlässlich sind, wie z. B. der Austausch einer defekten Heizungsanlage. Über die Auffassung der Finanzverwaltung lässt sich streiten. Vertretbar wäre es auch, die vorstehenden Aufwendungen unter die 15 %-Grenze fallen zu lassen und nur dann anschaffungsnahe Herstellungskosten anzunehmen, wenn der gesamte

> Aufwand für Modernisierungs- und Instandsetzungsmaßnahmen innerhalb der 3-Jahresfrist über 15 % der Gebäudeanschaffungskosten hinausgeht.

Die Finanzverwaltung nimmt auch dann Anschaffungskosten an, wenn im Zusammenhang mit dem Erwerb eines Grundstücks Aufwendungen für Baumaßnahmen anfallen, durch die sich die Nutzung ändert, z. B. Umbau einer Wohnung in einen Büroraum. Auch hier wäre es vertretbar gewesen, diese Aufwendungen in die 15 %-Grenze mit aufzunehmen.

Weitere Werbungskosten

290 In die **Zeilen 46 bis 49** tragen Sie die dort u. a. aufgeführten Werbungskosten ein. Verwenden Sie hierzu das **ABC der Werbungskosten** ➜ Tz 1051. Hierhin gehört auch bei einer umsatzsteuerpflichtigen Vermietung die an das Finanzamt gezahlte und ggf. verrechnete Umsatzsteuer (**Zeile 48**).

Zu **„Sonstiges"** der **Zeile 49** zählen z. B. Beiträge zum **Hausbesitzerverein**, Ausgaben für Mietverträge, Räumungsprozesse, Kosten für Porto und Telefon im Verkehr mit den Mietern und Ausgaben für Anzeigen wegen Vermietung und Verpachtung. Falls der Platz nicht reicht, fertigen Sie eine formlose Anlage. Weitere Beispiele ➜ Tz 1051.

Möblierte Vermietung

291 Bei **möblierter Vermietung** können auch die Aufwendungen für die Möblierung als Werbungskosten abgesetzt werden. Hat ein Einrichtungsgegenstand nicht über **487,90 €** (≙ **410 € ohne Umsatzsteuer**) gekostet, kann der Betrag sofort abgesetzt werden, ansonsten können Sie die anteiligen Abschreibungen, verteilt über die **voraussichtliche Nutzungsdauer**, abziehen. Als Nutzungsdauer für Einbauküchen werden 10 Jahre, für Möbel und Elektrogeräte 5 bis 13 Jahre, für Teppiche 8 Jahre und für Vorhänge 5 Jahre angenommen.

Verwenden Sie ältere, vorher **privat benutzte Möbel** und dgl., kommen ebenfalls nur anteilige Abschreibungen, gerechnet ab dem Anschaffungszeitpunkt, in Betracht. Die auf die private Nutzungszeit entfallenden Abschreibungen sind verloren, die auf die Vermietungszeit noch entfallenden Abschreibungen sind Werbungskosten. Liegen diese bei Beginn der beruflichen Nutzung nicht über 487,90 €, sind sie **sofort abziehbar**. Für ein über 13 Jahre altes Möbelstück gibt es keine Abschreibungen mehr.

Umsatzsteuer

292 Die **Zeile 48** können Sie auch zur Angabe von Umsatzsteuer (Vorsteuer auf Herstellungskosten) verwenden. Hierzu müssen Sie auf die Steuerfreiheit für Vermietungsumsätze verzichten, also zur Umsatzsteuer optiert haben. Die **gezahlte Umsatzsteuer** abzüglich der Vorsteuern gehört zu den **Werbungskosten**, vom Finanzamt erstattete Vorsteuern gehören dagegen zu den Einnahmen, auch wenn es sich um Vorsteuern aus Baukosten handelt (**Zeile 17**).

Zuschüsse

293 **Zeile 52:** Hinweise hierzu ➜ Tz 256, ➜ Tz 1034 für Mieterzuschüsse und ➜ Tz 1033 für Mietvorauszahlungen.

13 Anlage AUS – Ausländische Einkünfte und Steuern

13.1 Überblick

Bei ausländischen Einkünften muss man unterscheiden: **294**

- Stammen sie aus einem Staat, mit dem **kein Doppelbesteuerungsabkommen** (**DBA**) besteht, unterliegen die Einkünfte der **deutschen Einkommensteuer.** Für diese Einkünfte angefallene gleichartige ausländische Steuern werden auf die deutsche Einkommensteuer angerechnet. Auf Antrag kann die ausländische Steuer aber auch bei der Ermittlung der Einkünfte abgezogen werden, was in Ausnahmefällen gegebenenfalls günstiger ist.

- Werden die Einkünfte aus einem Staat bezogen, mit dem **ein DBA besteht**, sind sie nach dessen Regelungen **entweder** in Deutschland **steuerpflichtig oder steuerfrei.** Im Fall der Steuerfreiheit unterliegen diese Einkünfte ggf. dem **Progressionsvorbehalt.**

Die Staaten mit DBA sind in einem Anhang zu den Einkommensteuer-Richtlinien aufgeführt. Ebenso sind die anrechenbaren ausländischen Steuern (Quellensteuern, die der deutschen Einkommensteuer entsprechen) in einer Anlage der Einkommensteuer-Richtlinien aufgelistet.

Die Anlage AUS ist für Ihre ergänzenden (zusätzlichen) Angaben bestimmt. Die steuer- **295** pflichtigen Einkünfte selbst müssen Sie bereits in den übrigen Anlagen zur Einkommensteuererklärung aufführen (G, S, L, R, SO, V); sie müssen im Quellenstaat nach dortigem Recht besteuert worden sein. Liegen Einkünfte aus Kapitalvermögen vor, kommt eine Eintragung in der Anlage AUS nur in Betracht, wenn diese Einkünfte nach der **tariflichen Einkommensteuer** und nicht mit Abgeltungsteuer von 25 % besteuert werden. Hierzu sind entsprechende Eintragungen in den **Zeilen 22 bis 25** der **Anlage KAP** zu machen. Eine individuelle Besteuerung findet z. B. statt, wenn Darlehen unter Angehörigen gewährt werden oder wenn Gesellschafterdarlehen bestehen, wobei ein Auslandsbezug vorliegen muss.

WICHTIG 296

> **Angaben in der Anlage N** genügen, wenn Sie dort lediglich den steuerfreien Arbeitslohn angeben, der den Progressionsvorbehalt auslöst. Wollen Sie die im Ausland gezahlte Steuer anrechnen lassen, müssen Sie für diesen Fall die ausländischen Einkünfte und die darauf entfallende ausländische Steuer zusätzlich in der **Anlage AUS** erklären. Nur bei der schweizerischen Abzugsteuer genügt eine Angabe in **Zeile 23** der **Anlage N.**

Hatten Sie 2010 Einkünfte aus mehr als 3 Staaten, verwenden Sie mehrere Anlagen AUS.

Zinszahlungen und anrechenbare ausländische Quellensteuern auf Grund der Zinsinformationsverordnung sind nur in der **Anlage KAP** anzugeben (➜ Tz 206).

13.2   Anlage AUS

Staaten (Zeile 4)

297   Hier sind die **Staaten** anzugeben, aus denen Sie in Deutschland steuerpflichtige Einkünfte beziehen. Die Aufteilung ist notwendig für die Anrechnung der ausländischen Steuer. Hierfür gilt:

- Die ausländische Steuer muss der deutschen Einkommensteuer entsprechen.
- Sie muss auf die Einkünfte entfallen, die in Deutschland steuerpflichtig sind.
- Sie wird nur insoweit angerechnet, als auf diese Einkünfte deutsche Einkommensteuer entfällt (Höchstbetrag).

Ausländische Einkünfte (Zeilen 5 bis 12)

298   Als „**Einkunftsquelle**" können Sie z. B. in **Zeile 5** Immobilien in Spanien angeben.

Die Ermittlung der ausländischen Einkünfte erfolgt nach deutschem Steuerrecht, d. h. die Einnahmen sind um die damit zusammenhängenden Betriebsausgaben oder Werbungskosten zu kürzen.

Gehören bestimmte ausländische Einkünfte (vgl. § 34d Nr. 3, 4, 6, 7 und 8 Buchstabe c EStG) zum Gewinn eines inländischen Betriebs, sind bei ihrer Ermittlung Betriebsausgaben und Betriebsvermögensminderungen abzuziehen, die mit den diesen Einkünften zugrunde liegenden Einnahmen im wirtschaftlichen Zusammenhang stehen. Soweit Einkünfte dem sog. **Teileinkünfteverfahren** unterliegen, werden die Einnahmen und die damit im Zusammenhang stehenden Betriebsausgaben oder Werbungskosten nur mit 60 % angesetzt. Tragen Sie in den **Zeilen 7 und 8** stets den vollen Betrag ein; das Finanzamt wird dann den 60 %igen Ansatz im Teileinkünfteverfahren automatisch berücksichtigen.

In diesem Zusammenhang ist zu beachten, dass die **ausländische Steuer** höchstens bis zu dem Betrag angerechnet werden kann, bis zu dem auf die ausländischen Einkünfte eine deutsche Einkommensteuer entfällt (➜ Tz 299). Dieser Höchstbetrag ist für die Einkünfte und die Steuern aus jedem einzelnen ausländischen Staat gesondert zu ermitteln. Deshalb müssen Sie die Angaben über Ihre ausländischen Einkünfte und Steuern für **jeden einzelnen Herkunftsstaat** gesondert machen. Dabei ist Folgendes zu beachten:

- Die Einkünfte aus den einzelnen Staaten sind stets nach **deutschem Steuerrecht** zu **ermitteln.**
- Beträge in ausländischer Währung sind nach dem maßgeblichen Kurs zum Zeitpunkt des Zu- oder Abflusses **umzurechnen**. Den Kurs und den Zeitpunkt geben Sie auf einem besonderen Blatt an.
- Sämtliche mit den ausländischen Einnahmen im Zusammenhang stehenden **Werbungskosten** sind bei der Einkunftsermittlung abzuziehen.

WICHTIG

Bei den Einkünften aus Kapitalvermögen ist die Einkommensteuer grundsätzlich durch den Steuerabzug abgegolten. Im Rahmen dieses Steuerabzugs wird auch die ausländische Steuer angerechnet. Daher kommt eine Eintragung in den **Zeilen 4 bis 12** nur in den Fällen in Betracht, in denen es zu einer Individualbesteuerung (§ 32d Abs. 2 EStG) kommt, z. B. für Gesellschafterdarlehen und für Darlehen unter Angehörigen.

Haben Sie Erträge aus **Investmentfonds**, bezeichnen Sie jeden einzelnen Fonds in **Zeile 4.** Tragen Sie die Einkünfte und die ausländischen Steuern für jeden Fonds getrennt in die dazugehörigen Spalten in voller Höhe ein. Die **ausländische Steuer**, die auf Erträge aus Investmentanteilen entfällt, für die das Teileinkünfteverfahren anzuwenden ist, wird vom Finanzamt nur zu 60 % **berücksichtigt.**

Die anzurechnenden ausländischen Steuern (§ 34c Abs. 1 EStG) sind in den **Zeilen 10 bis 12** einzutragen.

Anrechnung oder Abzug

Stets ist zu **unterscheiden**, ob die ausländische Steuer angerechnet oder abgezogen **299** werden soll.

● Anrechnung

Die für die vorgenannten Einkünfte angefallene ausländische Steuer wird **angerechnet**, wenn sie der deutschen Einkommensteuer entspricht (§ 34c Abs. 1 EStG). Fügen Sie Ihrer Einkommensteuererklärung Nachweise über die von dem ausländischen Staat endgültig erhobenen und von Ihnen gezahlten Steuern bei (§ 68b EStDV).

WICHTIG

Die von Ihnen entrichtete ausländische Steuer kann insoweit nicht angerechnet werden, als diese Steuer im Ausland auf Antrag insgesamt oder teilweise an Ausländer erstattet wird. Dies gilt auch, wenn Sie einen solchen Antrag nicht stellen oder der Ermäßigungsanspruch bereits verjährt ist. Eine Erstattungsmöglichkeit besteht vor allem bei Zinsen und Dividenden aus Staaten, mit denen die Bundesrepublik Deutschland ein DBA abgeschlossen hat. Die anzurechnende ausländische Steuer ist in den **Zeilen 10 oder 11** und zusätzlich in **Zeile 12** einzutragen.

Eine Anrechnung kann nur insoweit erfolgen, als die ausländischen Einkünfte bei der deutschen Einkommensteuerveranlagung in die **Einkunftsermittlung einbezogen** werden. So kommt die Anrechnung der ausländischen Steuer für jene ausländischen Einkünfte bereits dem Grunde nach nicht in Betracht, die bei der deutschen Einkommensbesteuerung nicht erfasst werden, wie z. B. Einkünfte aus privaten Veräußerungsgeschäften außerhalb der Spekulationsfristen oder Einkünfte, die nach einem DBA freigestellt sind.

Tragen Sie bei der Anrechnung ausländischer Steuern die Beträge für alle Einkunftsarten – ohne Einnahmen aus Investmentanteilen – in **Zeile 10** ein. Die anzurechnende ausländische Steuer, die auf Einnahmen aus Investmentanteilen entfällt, geben Sie in **Zeile 11** an. Wegen der Berücksichtigung fiktiver ausländischer Steuern ➜ Tz 302.

● Abzug

Statt der Anrechnung kann der **Abzug** der ausländischen **Steuer** wie Betriebsausgabe oder **300** Werbungskosten bei der Ermittlung der Einkünfte beantragt werden (§ 34c Abs. 2 EStG), was im Allgemeinen ungünstiger ist.

Der **Abzug** kann **günstiger** sein, wenn die **ausländischen Einkünfte negativ** sind, weil dann die Anrechnung ausscheidet. Denn die ausländische Steuer wird höchstens bis zu dem Betrag angerechnet, bis zu dem auf die ausländischen Einkünfte deutsche Einkommensteuer entfällt; bei negativen Einkünften fällt aber keine deutsche Einkommensteuer an. Günstiger kann sie auch sein, wenn der Gesamtbetrag der Einkünfte negativ ist, weil dann wenigstens der Verlustabzug in anderen Jahren möglich ist.

Für einen **Abzug der ausländischen Steuer** sollten Sie sich auch dann entscheiden, wenn

- diese Steuer nicht der deutschen Einkommensteuer entspricht und daher nicht angerechnet werden kann,
- die ausländische Steuer nicht in dem Staat erhoben wird, aus dem die Einkünfte stammen, auch hier erfolgt keine Anrechnung, oder
- keine ausländischen Einkünfte vorliegen.

In den vorgenannten Fällen führt der Betriebsausgaben- oder Werbungskostenabzug zumindest zu einer **begrenzten Entlastung bei der Einkommensteuer** (§ 34c Abs. 3 EStG).

301 WICHTIG

 Ein Abzug der ausländischen Steuer kommt nur auf **Antrag** in Betracht. Dieses Antragsrecht üben Sie dadurch aus, dass Sie die ausländischen Steuern in **Zeile 9** eintragen. In diesem Fall entfällt die Angabe in den **Zeilen 10 und 11**.

Für die nach DBA fiktive ausländische Steuer, z. B. für Dividenden, Zinsen und Lizenzgebühren, kommt ein Abzug nicht in Betracht. Insoweit besteht in diesen Fällen kein Wahlrecht. Die fiktive Steuer kann deshalb nur angerechnet und in den **Zeilen 10 bis 12** eingetragen werden.

Fiktive ausländische Steuern

302 Nach manchen DBA (z. B. Argentinien und Brasilien) ist bei den ausländischen Einkünften, z. B. aus Dividenden, Zinsen und Lizenzgebühren, nicht die tatsächlich gezahlte Steuer auf die deutsche Einkommensteuer anzurechnen, sondern eine fiktive Steuer, deren Höhe im jeweiligen DBA bestimmt ist. Geben Sie die in **Zeile 7** enthaltenen Einnahmen auf einem besonderen Blatt an und bezeichnen Sie dort die Einkunftsquelle. Die fiktive ausländische Steuer nach DBA geben Sie dann in **Zeile 12** an. Zur Anrechnung fiktiver ausländischer Steuer auf Einnahmen aus Kapitalvermögen ➜ Tz 205.

Pauschalsteuer (Zeile 13)

303 Nach § 34c Abs. 5 EStG kann die Finanzverwaltung die auf die ausländischen Einkünfte entfallende Einkommensteuer in einem **Pauschbetrag** von 25 % festsetzen.

Im Einzelnen ist dies in dem BMF-Schreiben v. 10.4.1984, IV C 6 – S 2293 – 11/84, BStBl 1984 I S. 252 geregelt. Sie können in **Zeile 13** die Pauschalierung beantragen. Eine zusätzliche Anrechnung gibt es dann nicht mehr. Diese Einkünfte und Steuern dürfen in den **Zeilen 5 bis 12 nicht** aufgeführt sein.

Hinzurechnungsbetrag (Zeilen 14 bis 16)

304 Ein **Hinzurechnungsbetrag** lt. **Zeile 14** kommt nur in Betracht, falls Ihnen eine gesonderte und einheitliche Feststellung des Finanzamts hierüber vorliegt. Geben Sie hier das feststellende Finanzamt, die Steuernummer, den Staat, in dem sich der Sitz oder die

Geschäftsführung der Zwischengesellschaft befindet, und den festgestellten Betrag an. In **Zeile 15** tragen Sie die auf den Hinzurechnungsbetrag entfallenden, vom Finanzamt festgestellten ausländischen Steuern ein. Sind Ihnen aus mehreren Zwischengesellschaften Beträge zugerechnet worden, fügen Sie Ihrer Einkommensteuererklärung ein besonderes Blatt mit den erforderlichen Angaben bei und weisen Sie in der Anlage AUS auf diese Anlage hin.

Einkünfte aus ausländischen Stiftungen (Zeilen 17 und 18)

Einkommen aus einer Familienstiftung, die Geschäftsleitung und Sitz im Ausland hat, wird **305** dem Stifter, wenn er unbeschränkt steuerpflichtig ist, sonstigen beschränkt steuerpflichtigen Personen, die bezugs- oder anfallsberechtigt sind, entsprechend ihrem Anteil zugerechnet (BMF, Schreiben v. 14.5.2008, IV B 4 – S 1361/07/0001, BStBl 2008 I S. 638). Dies gilt nicht, wenn eine Familienstiftung Geschäftsleitung oder Sitz in einem **EU- bzw. EWR-Staat** hat und nachgewiesen wird, dass das Stiftungsvermögen der Verfügungsmacht der bezugs- oder anfallsberechtigten Personen rechtlich und tatsächlich entzogen ist. Die Berechnung des Einkommens haben Sie auf einem besonderen Blatt zu erläutern. Wenn Ihnen das Einkommen einer ausländischen Familienstiftung auf Grund einer einheitlichen und gesonderten Feststellung zuzurechnen ist, geben Sie in der Anlage AUS in den **Zeilen 17 und 18** auch das für die Feststellung zuständige Finanzamt und die dortige Steuernummer an.

Verluste (Zeilen 31 bis 35)

Die EU-Kommission hatte die Bundesregierung aufgefordert, die Verlustabzugs- und **306** -ausgleichsbeschränkung gemäß § 2a Abs. 1 EStG in Einklang mit den Prinzipien der Niederlassungs- und Kapitalverkehrsfreiheit des EG-Vertrags zu bringen. Dies ist im JStG 2009 geschehen. Danach gilt Folgendes:

Bestimmte negative Einkünfte aus Drittstaaten können unabhängig davon, im Rahmen welcher Einkunftsart sie angefallen sind, in der Regel nur mit positiven Einkünften derselben Art und aus demselben Staat ausgeglichen werden. Welche negativen Einkünfte von dieser Regelung betroffen sind, können Sie aus § 2a Abs. 1 EStG, noch besser aus der amtlichen Anleitung zur Anlage AUS, entnehmen.

Haben Sie 2010 entsprechende negative Einkünfte erzielt, geben Sie diese in den **Zeilen 31 bis 35** an, indem Sie in Spalte 1 den Staat, aus dem die Einkünfte stammen, in Spalte 2 die Art der Einkünfte, in Spalte 4 den Verlust, in Spalte 5 die korrespondierenden Zeilen aus der Anlage zur Einkommensteuererklärung und nochmals in Spalte 8 den Betrag laut Spalte 4 angeben. Haben Sie 2010 positive Einkünfte derselben Art aus demselben Staat erzielt und steht Ihnen aus den Jahren 1985 bis 2009 noch ein Verlustvortrag aus negativen ausländischen Einkünften zu, kann hier verrechnet werden. Neben den positiven Einkünften (Spalte 6) müssen Sie in Spalte 7 angeben, in welcher Anlage und Zeile der Einkommensteuererklärung die positiven Einkünfte enthalten sind.

WICHTIG

Die am 31.12.2009 und am 31.12.2010 verbleibenden negativen Einkünfte werden jeweils gesondert festgestellt.

Bei Zusammenveranlagung werden negative Einkünfte des einen Ehegatten mit positiven Einkünften des anderen Ehegatten ausgeglichen oder verrechnet, soweit bei dem Ehegatten nach Vornahme des internen Verlustausgleichs noch ein negativer Betrag übrig bleibt. Die Angaben hierzu sind für jeden Ehegatten in seiner Anlage AUS zu erklären.

Ergeben sich keine verbleibenden negativen Einkünfte, müssen positive Einkünfte des Jahres 2010, soweit sie nicht zum Verlustausgleich verwandt wurden, in den Anlagen zur Einkommensteuererklärung enthalten sein.

Geben Sie unabhängig davon, ob die ausländischen Einkünfte bei der Besteuerung zu berücksichtigen sind, die im Ausland für diese Einkünfte gezahlten Steuern in den **Zeilen 9 bis 12** an.

Progressionsvorbehalt (Zeilen 36 bis 40)

307   Nach einem **DBA steuerfreie Einkünfte** unterliegen im Inland dem **Progressionsvorbehalt** (§ 32b EStG). Die hierfür erforderlichen Eintragungen sind in den **Zeilen 36 bis 40** vorzunehmen, wobei in Spalte 1 der Staat, aus dem die Einkünfte stammen, in Spalte 2 die Einkunftsquelle, in Spalte 3 die Einkunftsart und in Spalte 4 die Höhe der Einkünfte einzutragen sind. Haben Sie aus demselben Staat steuerfreie Einkünfte aus mehreren Einkunftsquellen erzielt und reicht der Platz für diese Eintragungen nicht aus, sind die Angaben auf einem besonderen Blatt zu machen. In den **Zeilen 36 bis 40** sind auch außerordentliche Einkünfte sowie solche Einkünfte einzutragen, die in **Zeile 42** anzugeben sind. Negative Einkünfte sind hier nicht zu erfassen; dies erfolgt in den **Zeilen 45 bis 49**. Haben Sie Einkünfte aus dem EU- bzw. EWR-Bereich bezogen und handelt es sich dabei um eine land- und forstwirtschaftliche Betriebsstätte, um eine gewerbliche Betriebsstätte, die nicht die Voraussetzungen des § 2a Abs. 2 Satz 1 EStG erfüllt, aus der Vermietung oder Verpachtung von unbeweglichem Vermögen oder von Sachinbegriffen, aus der entgeltlichen Überlassung bestimmter Handelsschiffe oder aus dem Ansatz des niedrigen Teilwerts oder der Übertragung eines zum Betriebsvermögen gehörenden Wirtschaftsguts in Form von Immobilienvermögen und Handelsschiffen, unterliegen diese Einkünfte nicht dem Progressionsvorbehalt. In diesen Fällen erübrigt sich eine Eintragung in den **Zeilen 36 bis 40**.

Hat das Investmentvermögen Erträge (§ 4 Abs. 1 InvStG) erzielt, die nach dem jeweiligen DBA steuerfrei sind, jedoch dem Progressionsvorbehalt unterliegen, sind die Erträge in den **Zeilen 36 bis 40** einzutragen.

Besteuerung von hinzuzurechnenden positiven Einkünften (Zeile 42)

308   Haben Sie vor 2010 Verluste aus bestimmten gewerblichen Betriebsstätten bei der Ermittlung Ihres Gesamtbetrags der Einkünfte abgezogen, ist der Gesamtbetrag der Einkünfte 2010 um die positive Summe der Einkünfte aus den gewerblichen Betriebsstätten desselben Staates bis zur Höhe des Betrags hinzuzurechnen, bis zu dem in den vergangenen Jahren Verluste abgezogen und noch nicht durch eine Hinzurechnung positiver Einkünfte ausgeglichen worden sind (§ 2a Abs. 3 Satz 3 EStG, § 2 Abs. 1 Satz 3 AIG); einzutragen in **Zeile 42**. Die Hinzurechnung ist auch dann vorzunehmen, wenn sich die positiven Einkünfte auf Grund eines Veräußerungsgewinns ergeben haben. Selbst dann, wenn eine ausländische Betriebsstätte in eine Kapitalgesellschaft umgewandelt wurde, kommt es zu einer solchen Hinzurechnung (§ 2a Abs. 4 EStG, § 2 Abs. 2 AIG).

WICHTIG

Der am **31.12.2010** verbleibende Betrag wird **gesondert festgestellt.**

Außerordentliche Einkünfte (Zeile 43)

Außerordentliche Einkünfte, die nach einem DBA steuerfrei sind, meist handelt es sich um **309** Veräußerungsgewinne aus einer gewerblichen Betriebsstätte, unterliegen bei der Berechnung des Progressionsvorbehalts der sog. Fünftel-Regelung (→ Tz 797). Damit dies vom Finanzamt berücksichtigt wird, tragen Sie in **Zeile 43** die Höhe der außerordentlichen Einkünfte ein. Außerdem müssen die Einkünfte in den **Zeilen 36 bis 40** enthalten sein. Außerordentliche Einkünfte im Sinne des § 32b Abs. 1 Satz 2 EStG unterliegen **nicht** dem **Progressionsvorbehalt**. In diesen Fällen erübrigt sich eine Eintragung in der **Zeile 43**.

Nicht DBA-Verluste (Zeilen 45 bis 49)

Während die **Zeilen 31 bis 35** die **nicht nach einem DBA steuerbefreiten** negativen **310** Einkünfte betreffen, gelten die **Zeilen 45 bis 49** für die nach § 2a Abs. 1 EStG **steuerbefreiten** negativen Einkünfte. Geben Sie in Spalte 7 statt der Anlage zur Einkommensteuererklärung an, auf welche der **Zeilen 36 bis 40** sich die Einkünfte beziehen.

Vereinfachte Einkommensteuererklärung 2010 für Arbeitnehmer

311 Für das Jahr 2010 können Arbeitnehmer eine vereinfachte Einkommensteuererklärung – eine Steuererklärung light – abgeben. Das Steuerformular besteht nur aus 2 Seiten. Bei Zusammenveranlagung von Ehegatten kann es auch verwandt werden, wenn beide Arbeitslohn bezogen haben.

1 Wer kann das vereinfachte Steuerformular verwenden?

312 Die vereinfachte Steuererklärung 2010 können Sie nur verwenden, wenn Sie nur

- **Arbeitslohn** und ggf. bestimmte Lohn- bzw. Entgeltersatzleistungen (z. B. Arbeitslosengeld, Mutterschaftsgeld usw.) im Inland bezogen haben und
- die im Vordruck **bezeichneten Werbungskosten**, **Sonderausgaben** und **außergewöhnlichen Belastungen** geltend machen. Wegen weiterer Einzelheiten hierzu → Tz 316.

WICHTIG

Ehegatten können die vereinfachte Steuererklärung nur dann verwenden, wenn sie sich für eine **Zusammenveranlagung** entscheiden. Bei getrennter oder gesonderter Veranlagung müssen Sie die herkömmliche Einkommensteuererklärung abgeben.

Nicht geeignet ist die vereinfachte Steuererklärung für Rentner, Selbstständige oder Gewerbetreibende, Landwirte, Vermieter, „Spekulanten" und Kapitalanleger, deren Kapitaleinnahmen im Kapitalertragsteuerabzug nicht richtig erfasst wurden und daher eine Korrektur über die Anlage KAP erreichen wollen. In diesen Fällen – auch wenn diese Einkünfte zusätzlich zum Arbeitslohn erzielt werden – müssen Sie die herkömmlichen Formulare mit Hauptvordruck (→ Tz 11) und Anlagen dem Finanzamt einreichen.

Die vereinfachte Steuererklärung kann auch in folgenden Fällen **nicht verwendet** werden:

- bei **ausländischen Einkünften**,
- bei Zinsen oder anderen Kapitalerträgen, die nicht dem inländischen Kapitalertragsteuerabzug unterlegen haben,
- bei Mitgliedschaft in einer kirchensteuererhebungsberechtigten Religionsgemeinschaft, wenn die **Kirchensteuer** nicht als Zuschlag zur Kapitalertragsteuer einbehalten wurde,
- bei geschiedenen oder dauernd getrennt lebenden Ehegatten, die **Unterhaltsleistungen** bezogen haben und diese als Sonderausgaben steuermindernd abziehen wollen (Fälle der Anlage U),
- bei Aufwendungen für ein **häusliches Arbeitszimmer** oder für eine **doppelte Haushaltsführung**,
- bei Berücksichtigung von **Renten** und dauernden Lasten, **Ausbildungskosten**, **Spenden an politische Parteien** im Rahmen des Sonderausgabenabzugs sowie **Unterhalts-**

zahlungen an Angehörige und bestimmte Aufwendungen im Rahmen der außergewöhnlichen Belastungen,

● bei einer Steueranrechnung von haushaltsnahen Beschäftigungsverhältnissen und
Dienstleistungen sowie von Handwerkerleistungen.

2   Welches Finanzamt ist zuständig?

Geben Sie die vereinfachte Steuererklärung ggf. mit Ihrem Antrag auf Festsetzung der **313**
Arbeitnehmer-Sparzulage bei dem Finanzamt ab, in dessen Bezirk Sie jetzt wohnen.
Beachten Sie dabei, dass eine wirksame Abgabe **per Telefax nicht möglich** ist. Sie können
allerdings Ihre Einkommensteuererklärung auch **elektronisch** übermitteln, und zwar mit
Hilfe des **Programms „Elster"** (www.elsterformular.de).

3   Welche Vordrucke müssen Sie ggf. zusätzlich abgeben?

Der vereinfachten Einkommensteuererklärung 2010 sind ggf. beizufügen   **314**

● die **Anlage Kind** für jedes zu berücksichtigende Kind (**Zeile 23**),
● die **Anlage Vorsorgeaufwand** und die **Anlage AV**, wenn Sie Vorsorgeaufwendungen
bzw. Altersvorsorgebeiträge geleistet haben und dafür den Sonderausgabenabzug
beantragen (**Zeile 23**),
● die **Anlage VL**, wenn Sie für vermögenswirksame Leistungen die Arbeitnehmer-Sparzulage beantragen (**Zeile 27**).

4   Was müssen Sie eintragen?

In der Kopfzeile geben Sie an, ob Sie neben Ihrer vereinfachten Einkommensteuerer-   **315**
klärung noch einen Antrag auf Festsetzung der Arbeitnehmer-Sparzulage stellen wollen.
Dann ist das zuständige Finanzamt, die dortige Steuernummer (**Zeile 2**) sowie die
Identifikationsnummer(n) (**Zeile 3**) einzutragen. In den **Zeilen 7 bis 11** folgen Ihre
persönlichen Angaben zu Name, Vorname, Geburtsdatum, Religion, ausgeübter Beruf,
Anschrift und im Falle einer Zusammenveranlagung noch zusätzliche Angaben zu Ihrer
Ehefrau in den **Zeilen 13 bis 17** sowie in **Zeile 12** zum Familienstand. Nähere Einzel-
heiten hierzu ➜ Tz 342.

Besonders wichtig ist die Angabe Ihrer Bankverbindung in den **Zeilen 18 bis 22**. Dies gilt
auch dann, wenn Sie diese Bankverbindung bereits in den Vorjahren dem Finanzamt
mitgeteilt haben.

In **Zeile 23** vermerken Sie, ob Sie Ihrer vereinfachten Einkommensteuererklärung 2010
zusätzlich Anlagen Kind beigefügt haben; geben Sie dort auch die Anzahl der Anlagen an.
Wegen weiterer Einzelheiten zum Ausfüllen der Anlage Kind ➜ Tz 85, ➜ Tz 547.

In **Zeile 23** können Sie für Ihre **Vorsorgeaufwendungen (Anlage Vorsorgeaufwand)
und Altersvorsorgebeiträge** im Rahmen der Riester-Förderung **(Anlage AV)** einen
Sonderausgabenabzug beantragen (➜ Tz 81).

In den **Zeilen 24 bis 26** tragen Sie Ihre Daten zu den Einkünften aus nichtselbstständiger
Arbeit ein. In der Regel sind die Angaben in den **Lohnsteuerbescheinigungen** dem
Finanzamt bereits bekannt, da Ihr Arbeitgeber verpflichtet ist, diese Angaben bis zum

II Vereinfachte Erklärung

28.2.2011 dem Finanzamt elektronisch zur Verfügung zu stellen. Um auf diese Angaben zurückgreifen zu können, ist in **Zeile 24** für den Steuerzahler die in der Lohnsteuerbescheinigung angegebene **eTIN** einzutragen, im Fall der Zusammenveranlagung auch die für den anderen Ehegatten erteilte eTIN ➜ Tz 114.

Lohnersatzleistungen, wie z. B. Arbeitslosengeld und Mutterschaftsgeld, sind zwar steuerfrei, sie führen jedoch zu einem höheren Steuersatz für das steuerpflichtige Einkommen (sog. Progressionsvorbehalt; ➜ Tz 124). Solche Leistungen sind in **Zeile 25** getrennt für Sie und Ihre Ehefrau einzutragen. Fügen Sie die entsprechenden Unterlagen, z. B. die Bescheinigungen der Agentur für Arbeit über gezahlte Leistungen, der Steuererklärung bei.

Wegen weiterer Einzelheiten zu den Lohn- bzw. Entgeltersatzleistungen ➜ Tz 616.

In **Zeile 26** tragen Sie die Zeiten und Gründe der Nichtbeschäftigung ein. Über diese Zeiten sind entsprechende Nachweise beizufügen. Wegen Einzelheiten hierzu ➜ Tz 125.

In **Zeile 27** können Sie den **Antrag auf Arbeitnehmer-Sparzulage** für Ihre vermögenswirksamen Leistungen stellen. Hier geben Sie für sich und Ihren Ehegatten getrennt an, ob der vereinfachten Einkommensteuererklärung Bescheinigungen über vermögenswirksame Leistungen beigefügt sind. Kreuzen Sie zusätzlich im Kopfteil der vereinfachten Steuererklärung auch das Feld „Antrag auf Festsetzung der Arbeitnehmer-Sparzulage" an. Wegen weiterer Einzelheiten zu den vermögenswirksamen Leistungen und zur Arbeitnehmer-Sparzulage ➜ Tz 159.

5   Welche Aufwendungen dürfen Sie geltend machen?

316 Die Aufwendungen, die Sie im Rahmen der vereinfachten Einkommensteuererklärung 2010 geltend machen dürfen, sind auf der Seite 2 des Erklärungsvordrucks aufgeführt. Dort wird zwischen den Werbungskosten Steuerzahler/Ehemann und Werbungskosten Ehefrau, den Sonderausgaben, den außergewöhnlichen Belastungen und den haushaltsnahen Dienstleistungen und Handwerkerleistungen unterschieden.

WICHTIG

 Beträge zu Werbungskosten, Sonderausgaben, außergewöhnlichen Belastungen und Dienst- und Handwerkerleistungen sind stets in Euro einzutragen. **Cent-Beträge** runden Sie zu Ihren Gunsten auf volle Euro-Beträge auf.

Werbungskosten

317 Folgende Werbungskosten können im Rahmen der vereinfachten Einkommensteuererklärung 2010 geltend gemacht werden: Entfernungspauschale, Aufwendungen für Arbeitsmittel, Bewerbungskosten, Fortbildungskosten, Kontoführungsgebühren, Reisekosten bei Auswärtstätigkeiten, Flug- und Fährkosten sowie Beiträge zu Berufsverbänden.

Entfernungspauschale (Zeilen 31 bis 33 bzw. 35 bis 37)

318 Für Ihre Wege zwischen Wohnung und Arbeitsstätte steht Ihnen eine Entfernungspauschale von **0,30 € für jeden vollen Kilometer** zu, den die Arbeitsstätte von der Wohnung entfernt liegt. Zur Ermittlung der Entfernungspauschale tragen Sie in **Zeile 31** die Arbeitsstätte unter Angabe von Ort und Straße ein, geben die Arbeitstage pro Woche sowie die Urlaubs- und Krankheitstage an. In **Zeile 32** sind die Tage anzugeben, an denen Sie die Arbeitsstätte aufgesucht haben, und die einfache Entfernung zwischen Wohnung und Arbeitsstätte, wobei auch eine verkehrsgünstigere Strecke mit ihrer Entfernung dort angegeben werden kann (wegen weiterer Einzelheiten ➜ Tz 130).

Die Entfernungskilometer sind danach zu unterteilen, ob Sie

- dafür einen eigenen oder zur Nutzung überlassenen **Pkw** eingesetzt haben,
- die Strecke im Rahmen einer **Sammelbeförderung** zurückgelegt haben oder
- mit **öffentlichen Verkehrsmitteln**, Motorrad, Fahrrad oder Ähnlichem gefahren sind oder Mitfahrer einer **Fahrgemeinschaft** waren oder die Strecke sogar zu Fuß zurückgelegt haben.

Die Unterteilung der Entfernungskilometer nach den vorgenannten Kriterien ist für die Höhe des Werbungskostenabzugs von Bedeutung. Bei Pkw-Benutzung wird die Entfernungspauschale nicht auf den Höchstbetrag von 4.500 € begrenzt. Bei Sammelbeförderung steht Ihnen in der Regel hierfür kein Werbungskostenabzug zu. Bei Benutzung anderer Verkehrsmittel ist der Höchstbetrag von 4.500 € zu beachten. Wegen weiterer Einzelheiten zur Entfernungspauschale ➜ Tz 712.

Schließlich haben Sie in der letzten Spalte noch anzukreuzen, ob Sie **behindert** sind mit einem Grad von mindestens 70 oder von mindestens 50 mit zusätzlichem Merkzeichen „G". Sollte dies der Fall sein, steht Ihnen anstelle der Entfernungspauschale der tatsächliche Kilometersatz für Ihre zwischen Wohnung und Arbeitsstätte zurückgelegten Kilometer zu. Häufig wird dieser Kilometersatz auf 0,30 € je **gefahrenen** Kilometer geschätzt (➜ Tz 730).

Haben Sie 2010 weitere Arbeitsstätten gehabt, müssen Sie diese in einer gesonderten Anlage aufführen.

In **Zeile 33** geben Sie bei Fahrten mit öffentlichen Verkehrsmitteln, allerdings ohne Flug- und Fährkosten, die tatsächlichen Aufwendungen für Fahrkarten an. Zusätzlich zu **Zeile 33** sind die Angaben zur Entfernungspauschale auch in **Zeile 32** zu machen. Damit kann das Finanzamt überprüfen, ob Ihre Aufwendungen für Fahrten mit öffentlichen Verkehrsmitteln auf den **Höchstbetrag von 4.500 €** zu begrenzen sind ➜ Tz 719. Gehen Ihre tatsächlichen Aufwendungen über die Entfernungspauschale hinaus, steht Ihnen in dieser Höhe ein Werbungskostenabzug zu; der Höchstbetrag von 4.500 € ist dann nicht anzuwenden.

Die Angaben zur Entfernungspauschale für Ihre **Ehefrau** sind in den **Zeilen 35 bis 37** zu machen.

Aufwendungen für Arbeitsmittel (Zeile 34 bzw. Zeile 38)

Arbeitsmittel sind Gegenstände, die unmittelbar der Erledigung von beruflichen Aufgaben   **319** dienen. Ob dies der Fall ist, richtet sich nach dem konkreten Beruf und der tatsächlichen Nutzung. Daher können auch Gegenstände als Arbeitsmittel geltend gemacht werden, wenn sie ansonsten üblicherweise im Privatbereich verwendet werden.

WICHTIG

Einen Gegenstand können Sie nur dann im Rahmen des Werbungskostenabzugs als Arbeitsmittel geltend machen, wenn dieser Gegenstand so gut wie ausschließlich für berufliche Zwecke genutzt wird. Hier gilt der Grundsatz: Die **berufliche Nutzung** muss **mindestens** einen Umfang von **90 %** der Gesamtnutzung ausmachen. Ist dies nicht der Fall, rechnen sämtliche Kosten zu Ihrem Privatbereich und wirken sich daher nicht steuermindernd aus. Ausführliche Erläuterungen hierzu finden Sie unter ➡ Tz 632.

Eine Ausnahme von dem Prinzip „Alles-oder-Nichts" lässt die Rechtsprechung bei **Computern** und Peripheriegeräten, wie z. B. Monitor, Drucker oder Scanner, zu. Hier können Sie diese Aufwendungen bei beruflicher Mitbenutzung des Computers und der Peripheriegeräte mindestens zur Hälfte als Werbungskosten geltend machen, auch wenn Sie die 90 %-Grenze für eine berufliche Nutzung nicht erreichen. Wegen weiterer Einzelheiten ➡ Tz 659.

WICHTIG

Einen Pauschbetrag für Arbeitsmittel gibt es nicht. Allerdings lassen manche Finanzämter im Rahmen einer Nichtbeanstandungsgrenze Aufwendungen bis zu einem Betrag von **110 €** als Werbungskosten zu. Geben Sie für diese Zwecke in **Zeile 34 bzw. 38** den Betrag von 110 € an und erläutern Sie ihn durch die Umschreibung „Aufwendungen für Schreibwaren, Fachliteratur oder typische Berufskleidung".

Bewerbungskosten (Zeile 34 bzw. Zeile 38)

320 Sind bei Ihnen 2010 Bewerbungskosten angefallen, z. B. Aufwendungen für Kopien, Fotos und Briefmarken, geben Sie diese in **Zeile 34** bzw. bei Ihrer Ehefrau in **Zeile 38** an. Fügen Sie Ihrer Steuererklärung eine Aufstellung über die Kosten bei; dabei sollten Sie die Einzelkosten durch Belege nachweisen, soweit es möglich ist. Bei eventuellen Fahrtkosten anlässlich eines Bewerbungsgesprächs rechnen Sie wie bei Dienstreisen (➡ Tz 668) mit 0,30 € je gefahrenen Kilometer ab. Wegen weiterer Einzelheiten ➡ Tz 146, ➡ Tz 655.

Fortbildungskosten (Zeile 34 bzw. Zeile 38)

321 Aufwendungen für eine Bildungsmaßnahme, die dazu dient, um im Beruf besser voranzukommen, die Kenntnisse zu erweitern, die Stellung bei Ihrem Arbeitgeber zu festigen, höhere Einnahmen zu erzielen bzw. die Einnahmen zu sichern oder um nach Zeiten der Arbeitslosigkeit wieder Einnahmen zu erwirtschaften, sind Werbungskosten, vorausgesetzt, bei diesen Aufwendungen handelt es sich weder um Kosten für die erstmalige Berufsausbildung noch um Kosten für das Erststudium. Die beiden zuletzt genannten Bildungsmaßnahmen sind nur im Rahmen des Sonderausgabenabzugs zu berücksichtigen (➡ Tz 33, ➡ Tz 353). Wegen weiterer Einzelheiten zu den als Werbungskosten abziehbaren Fortbildungskosten und zur Abgrenzung gegenüber dem Sonderausgabenabzug ➡ Tz 145 und ➡ Tz 733.

Kontoführungsgebühren (Zeile 34 bzw. Zeile 38)

322 Kontoführungsgebühren erkennt die Finanzverwaltung ohne Einzelnachweis in Höhe von **16 €** als Werbungskosten an. Ist auch Ihr Ehegatte berufstätig, kann jeder von Ihnen bei der Ermittlung seiner Einkünfte aus nichtselbstständiger Arbeit einen Betrag von 16 € geltend machen, selbst dann, wenn beide Arbeitslöhne auf ein Konto überwiesen werden. Wegen weiterer Einzelheiten ➡ Tz 147, ➡ Tz 750.

Reisekosten bei Auswärtstätigkeiten (Zeile 34 bzw. Zeile 38)

Als Dienstreise gilt jede vorübergehende Auswärtstätigkeit außerhalb der regelmäßigen **323**
Arbeitsstätte und außerhalb Ihrer Wohnung, unabhängig von der Dauer der Auswärts-
tätigkeit. Damit können Sie Ihre Fahrtkosten, Übernachtungskosten und Reisenebenkosten in der tatsächlich angefallenen Höhe als Werbungskosten abziehen. Bei den
Verpflegungsmehraufwendungen ist darauf zu achten, dass Ihnen hierfür lediglich Verpflegungspauschbeträge zustehen, wobei der Gesetzgeber die Anwendung der Verpflegungspauschbeträge auf die ersten 3 Monate der auswärtigen Tätigkeit beschränkt hat.
Bei Dienstreisen ins Ausland gelten einige Besonderheiten. Insbesondere können Sie hier
höhere Verpflegungspauschbeträge geltend machen. Die Übernachtungskosten müssen
Sie jedoch wie bei Inlandsdienstreisen nachweisen; Übernachtungspauschbeträge können bei Ihnen nicht als Werbungskosten anerkannt werden.

Wegen weiterer Einzelheiten zu den Inlandsdienstreisen ➜ Tz 149, ➜ Tz 668 und zu den
Auslandsreisen ➜ Tz 646.

Aufwendungen für Dienstreisen können auch im Rahmen einer Einsatzwechseltätigkeit
oder einer Fahrtätigkeit anfallen. Was Sie dabei zu beachten haben, erfahren Sie unter
➜ Tz 151, ➜ Tz 704 für die Einsatzwechseltätigkeit und ➜ Tz 150, ➜ Tz 708 für die
Fahrtätigkeit.

Flug- und Fährkosten (Zeile 34 bzw. Zeile 38)

Flug- und Fährkosten können neben der Entfernungspauschale bei Wegen zwischen **324**
Wohnung und Arbeitsstätte ohne betragsmäßige Begrenzung als Werbungskosten berücksichtigt werden. Diese Aufwendungen tragen Sie in **Zeile 34** bzw. für Ihren Ehegatten in
Zeile 38 ein. Wegen weiterer Einzelheiten ➜ Tz 728.

Beiträge zu Berufsverbänden (Zeile 34 bzw. Zeile 38)

In **Zeile 34** bzw. für Ihre Ehefrau in **Zeile 38** machen Sie die Beiträge zu Gewerkschaften, **325**
Arbeitskammern und Fachverbänden als Werbungskosten geltend. Welche Aufwendungen
Sie dort eintragen können, erfahren Sie unter ➜ Tz 139, ➜ Tz 653.

Sonderausgaben

Als Sonderausgaben können Sie in **Zeile 39** die 2010 gezahlte und erstattete Kirchen- **326**
steuer angeben und in den **Zeilen 40 und 41** Spenden für steuerbegünstigte Zwecke.

Versicherungsbeiträge

Ihre Versicherungsbeiträge, für die Sie einen zusätzlichen Sonderausgabenabzug erhal- **327**
ten, geben Sie in der **Anlage Vorsorgeaufwand** an. Diese Anlage ist der vereinfachten
Einkommensteuererklärung beizufügen. Wegen Einzelheiten zu der Altersvorsorge im
Rahmen der Basisversorgung ➜ Tz 70, zu den übrigen Vorsorgeaufwendungen ➜ Tz 71
und zur Altersvorsorge im Rahmen von Riester-Produkten **(Anlage AV)** ➜ Tz 81. Sollten
Sie Schwierigkeiten beim Ausfüllen der Anlage Vorsorgeaufwand haben, helfen Ihnen die
Ausführungen unter ➜ Tz 68.

Kirchensteuer (Zeile 39)

Die tatsächlich gezahlte Kirchensteuer ist im Jahr der Zahlung – nach Verrechnung mit **328**
Erstattungsbeträgen, die ebenfalls 2010 erfolgt sind – als Sonderausgaben in unbe-

II Vereinfachte Erklärung

schränkter Höhe abzugsfähig. Geben Sie in **Zeile 39** die gezahlten und erstatteten Beträge getrennt an. Achten Sie in diesem Zusammenhang darauf, dass Kirchensteuerbeträge, die zusammen mit der Abgeltungsteuer erhoben werden, nicht als Sonderausgaben abzugsfähig sind. Ihre entlastende Wirkung wird bereits bei der Bemessung der Abgeltungsteuer berücksichtigt. Wegen weiterer Hinweise zum Abzug der Kirchensteuer ➜ Tz 32, ➜ Tz 369.

Spenden (Zeilen 40 und 41)

329 Spenden und in bestimmten Fällen auch Mitgliedsbeiträge an Organisationen, die steuerbegünstigte Zwecke verfolgen, sind nach oben begrenzt als Sonderausgaben abzugsfähig. Sie können Ihre Spenden für steuerbegünstigte Zwecke, unabhängig davon, ob es wissenschaftliche, mildtätige oder kulturelle Zwecke oder ob es kirchliche, religiöse und gemeinnützige Zwecke sind, bis zur Spendenobergrenze von 20 % des Gesamtbetrags der Einkünfte steuerlich geltend machen.

In **Zeile 40** geben Sie die Spenden und Mitgliedsbeiträge an, für die Sie Spendenbescheinigungen vorlegen können. In **Zeile 41** sind Spenden und Mitgliedsbeiträge einzutragen, bei denen die Daten elektronisch an die Finanzverwaltung übermittelt wurden. Hierüber müsste Ihnen von der gemeinnützigen Einrichtung eine Mitteilung vorliegen.

Außergewöhnliche Belastungen (Zeilen 42 – 44)

330 Als außergewöhnliche Belastungen können Sie im Rahmen der vereinfachten Steuererklärung den Behinderten-Pauschbetrag (**Zeile 42**) beantragen und darüber hinaus in **Zeile 43** außergewöhnliche Belastungen allgemeiner Art geltend machen (➜ Tz 400). Sollten in **Zeile 43** haushaltsnahe Pflegeleistungen enthalten sein, die Ihnen wegen des Ansatzes der zumutbaren Belastung gekürzt wurden, können Sie den Kürzungsbetrag als haushaltsnahe Dienstleistungen mit 20 % auf Ihre Steuer anrechnen lassen (➜ Tz 333).

WICHTIG

Durch Abgabe der Anlage Kind (Angabe erfolgt in **Zeile 23**) können Sie erreichen, dass **Kinderbetreuungskosten** sowie der Freibetrag zur Abgeltung eines Sonderbedarfs bei Berufsausbildung eines volljährigen Kindes im Rahmen Ihrer Einkommensteuerveranlagung 2010 berücksichtigt werden. Auch die Übertragung des **Behinderten- oder Hinterbliebenen-Pauschbetrags** Ihres Kindes kann über die Anlage Kind beantragt werden. Schließlich haben Sie die Möglichkeit, in der Anlage Kind auch die **Übertragung des Kinderfreibetrags** bzw. des Freibetrags für den Betreuungs- und Erziehungs- oder Ausbildungsbedarf geltend zu machen, einen **Entlastungsbetrag** für **Alleinerziehende** berücksichtigen zu lassen und schließlich im Rahmen des Sonderausgabenabzugs noch **Schulgeld** anzusetzen.

Behinderten-Pauschbetrag (Zeile 42)

331 Wer behindert ist, hat entsprechend seinem Grad der Behinderung Anspruch auf einen Behinderten-Pauschbetrag. Mit diesem Pauschbetrag sind alle laufenden und typischen Aufwendungen, die im Zusammenhang mit der Behinderung entstehen, abgegolten. Zusätzlich können jedoch außergewöhnliche Kosten geltend gemacht werden, wie z. B.

Kurkosten, bestimmte Krankheitskosten, Umzugskosten und eventuell Aufwendungen für Umbaumaßnahmen, um die Wohnung entsprechend den Bedürfnissen des Behinderten zu gestalten, Fahrtkosten für Privatfahrten und pflegebedingte Aufwendungen in der Pflegestufe I und II. Zur Höhe des Behinderten-Pauschbetrags ➜ Tz 37 und zu weiterer Kosten, die neben dem Behinderten-Pauschbetrag als außergewöhnliche Belastungen berücksichtigt werden können, ➜ Tz 461.

Außergewöhnliche Belastungen allgemeiner Art (Zeile 43)

In folgenden Fällen kann ein Abzug Ihrer Aufwendungen als außergewöhnliche Belastungen allgemeiner Art in Betracht kommen, und zwar unter Gegenrechnung der zumutbaren Belastung (➜ Tz 400, ➜ Tz 436): **332**

- Adoptionskosten,
- anonyme Alkoholiker,
- Aufwendungen für behinderungsgerechte Umbaumaßnahmen in Haus und Wohnung,
- Aufwendungen für Fahrten mit dem Pkw bei Behinderten,
- Aufwendungen im Zusammenhang mit der Pflegebedürftigkeit eines Steuerzahlers,
- Austausch von Möbeln auf Grund Formaldehydbelastung,
- Beerdigungskosten,
- Besuchsfahrten im Krankheits- und Pflegefall,
- Betreuung, Vormundschaft und Pflegschaft,
- eigene Unterbringung in einem Pflegeheim,
- Kosten der Ehescheidung,
- Krankheitskosten,
- Kurkosten,
- Legasthenie-Therapie,
- nachgewiesene Aufwendungen wegen Behinderung,
- Sanierung des Hauses auf Grund Asbestbelastung,
- Suchtbekämpfung und Suchtbefriedigung,
- Übernahme von Krankheits- oder Kurkosten für einen Angehörigen,
- Übernahme von Prozesskosten für nahe Angehörige,
- Umzug wegen Krankheit oder Behinderung,
- Unterbringung eines Angehörigen im Pflegeheim, Behindertenheim oder Altenheim,
- Unterstützung von Angehörigen in einer Notlage,
- Wiederbeschaffung von Hausrat und Kleidung nach einer Katastrophe, z. B. Hochwasser, Sturm oder Brand.

Sollten Ihre Kapitalerträge nicht über 801 € bei einem Ledigen und 1.602 € bei zusammenveranlagten Ehegatten hinausgehen, geben Sie in **Zeile 45** zur Kz. 75 eine 1 ein. Sollten Ihre Kapitalerträge mehr als 801 € bzw. 1.602 € ausmachen, können Sie für die Berechnung der außergewöhnlichen Belastungen keine vereinfachte Einkommensteuererklärung einreichen. Sie sind dann gezwungen, den „großen" Mantelbogen mit seinen Anlagen zu benutzen. Wegen weiterer außergewöhnlicher Belastungen allgemeiner Art ➜ Tz 401.

II Vereinfachte Erklärung

WICHTIG

 Sollten Sie darüber hinaus außergewöhnliche Belastungen geltend machen wollen, z. B. wegen Unterhaltszahlungen an nahe Angehörige, können Sie dies nicht im Rahmen des vereinfachten Steuererklärungsvordrucks machen. Vielmehr müssen Sie dann den herkömmlichen Vordruck (➜ Tz 11) verwenden.

Haushaltsnahe Dienstleistungen und Handwerkerleistungen (Zeilen 46 bis 49)

333 Sind bei Ihnen 2010 haushaltsnahe Dienstleistungen, Pflege- und Betreuungsleistungen oder Handwerkerleistungen für Renovierungs-, Erhaltungs- und Modernisierungsmaßnahmen an Ihrer eigengenutzten oder gemieteten Wohnung angefallen, können Sie die Aufwendungen in der vereinfachten Einkommensteuererklärung geltend machen und auf Ihre Steuer anrechnen lassen. Tragen Sie dazu in **Zeile 46** die haushaltsnahen Dienstleistungen sowie die Aufwendungen für eine Hilfe im Haushalt ein. Hiervon werden 20 %, max. 4.000 €, auf Ihre Einkommensteuer angerechnet. Sollten Pflege- und Betreuungsleistungen im Haushalt angefallen sein oder sollten bei einer Heimunterbringung in der Rechnung Aufwendungen für Dienstleistungen enthalten sein, die denen einer Haushaltshilfe vergleichbar sind, tragen Sie diese gesondert in **Zeile 47** ein. Hier können Sie nur insoweit eine Anrechnung beantragen, als Sie für diese Leistungen noch keinen Abzug im Rahmen der außergewöhnlichen Belastungen (**Zeile 43**) beantragt haben. Dies ist auf jeden Fall in Höhe der zumutbaren Belastungen der Fall, die Sie in **Zeile 44** für diese Dienstleistungen vermerkt haben. Auch hier gilt: Anrechenbar sind 20 % der Aufwendungen, max. 4.000 €. Das allerdings nur zusammen mit den in **Zeile 46** ausgewiesenen haushaltsnahen Dienstleistungen.

Bei **Handwerkerleistungen** steht Ihnen eine Steueranrechnung von 20 %, max. ein Höchstbetrag von 1.200 € zu. Wegen des geringeren Höchstbetrags sind die Handwerkerleistungen getrennt in **Zeile 48** einzutragen.

Sollten Sie alleinstehend sein und ganzjährig einen gemeinsamen Hausstand mit einer anderen alleinstehenden Person geführt haben, geben Sie zusätzlich in **Zeile 49** den Namen, Vornamen und das Geburtsdatum dieser Person an. In diesem Fall werden dann die haushaltsnahen Dienstleistungen und Handwerkerleistungen auf Sie und die andere alleinstehende Person aufgeteilt.

6 Unterschrift

334 Vergessen Sie nicht, die vereinfachte Einkommensteuererklärung 2010 in **Zeile 50** zu unterschreiben. Waren Sie 2010 verheiratet und haben Sie von Ihrem Ehegatten in diesem Jahr nicht dauernd getrennt gelebt, muss auch Ihr Ehegatte unterschreiben. Mit Ihrer Unterschrift versichern Sie, dass Sie keine weiteren Einkünfte bezogen haben.

1 Wer muss, wer kann eine Einkommensteuererklärung abgeben?

Insbesondere Arbeitnehmer, die zusätzlich zu ihrem Arbeitslohn „Sonderentgelte" bezie- **335**
hen oder bei denen im Fall der Zusammenveranlagung von Ehegatten ein Teil des Arbeitslohns nach Steuerklasse VI besteuert wurde, sind zur Abgabe einer Einkommensteuererklärung 2010 verpflichtet. Dies gilt auch für „Nicht-Arbeitnehmer", deren Gesamtbetrag
der Einkünfte – ohne Kapitaleinkünfte – mehr als 8.004 € bei Ledigen bzw. 16.008 € bei
zusammenveranlagten Ehegatten beträgt. Bei Veranlagungspflicht sollte die Abgabefrist
eingehalten oder bei Fristüberschreitung rechtzeitig ein **Antrag auf Fristverlängerung**
gestellt werden. Erhält man bei nicht fristgerechter Abgabe seiner Einkommensteuer-
klärung ein Mahnschreiben des Finanzamts, droht kurze Zeit später eine Schätzung, wenn
auf dieses Mahnschreiben nicht reagiert wird. Die Schätzung ist meist mit der Festsetzung
eines Verspätungszuschlags verbunden.

1.1 Pflicht zur Abgabe einer Steuererklärung

Abgabepflicht bei lohnsteuerpflichtigen Einkünften

Hier ein Überblick: **336**

- Sie haben **Nebeneinkünfte** – ausgenommen Kapitaleinkünfte –, die nicht dem Lohnsteuerabzug unterliegen, **von mehr als 410 € erzielt** (z. B. Vermietungs- oder Renteneinkünfte).
- Sie haben inländische **Lohnersatzleistungen** (z. B. Arbeitslosengeld, Arbeitslosenhilfe, Krankengeld oder Mutterschaftsgeld; ➜ Tz 616) bezogen, die dem Progressionsvorbehalt unterliegen, bzw. **ausländische Einkünfte**, die nach einem Doppelbesteuerungsabkommen oder nach dem Auslandstätigkeitserlass freigestellt sind und daher ebenfalls nur dem Progressionsvorbehalt unterliegen, vorausgesetzt, die Summe dieser Leistungen und Einkünfte macht **mehr als 410 €** aus.
- Sie haben als Einzelperson nebeneinander von **mehreren Arbeitgebern Arbeitslohn** erhalten. Ausgenommen sind die Fälle, in denen der Arbeitslohn von mehreren Arbeitgebern für die Vornahme des Lohnsteuerabzugs zusammengerechnet worden ist (§ 38 Abs. 3a Satz 7 EStG).
- Die beim Steuerabzug von Ihrem Arbeitslohn berücksichtigten **Teilbeträge der Vorsorgepauschale** sind in ihrer Summe größer als die abziehbaren Vorsorgeaufwendungen, die Ihnen im Rahmen Ihrer Einkommensteuerveranlagung (§ 10 Abs. 1 Nr. 3 und Nr. 3a i. V. m. Abs. 4 EStG) zustehen.
- Auf Ihrer Lohnsteuerkarte 2010 wurde vom Finanzamt ein **Freibetrag** eingetragen – ausgenommen sind Pauschbeträge für Behinderte und Hinterbliebene –. Im JStG 2010 soll auf die Durchführung einer Pflichtveranlagung trotz Eintragung eines Freibetrags auf der Lohnsteuerkarte verzichtet werden, wenn die **jährliche Arbeitslohngrenze** von 10.200 € nicht überschritten wird; für Ehegatten, die die Voraussetzungen einer Zusammenveranlagung erfüllen, soll bei Steuerklasse III von einer Pflichtveranlagung abgesehen werden, wenn der jährliche Arbeitslohn beider Ehegatten den Grenzbetrag von **19.400 €** nicht überschreitet.

III Gestaltung und Tipps

- Sie sind geschieden oder leben von Ihrem Ehepartner dauernd getrennt oder Sie sind Elternteil eines nichtehelichen Kindes, unter der Voraussetzung, dass
  - bei der **Übertragung** des Freibetrags zur Abgeltung des Sonderbedarfs bei **Berufsausbildung** Ihres Kindes eine andere Aufteilung als im Verhältnis 50 % : 50 % beantragt wurde,
  - beide Elternteile eine Aufteilung des einem Kind zustehenden Behinderten- bzw. Hinterbliebenen-Pauschbetrags in einem anderen Verhältnis als je zur Hälfte beantragen.
- Bei Ihnen ist die Lohnsteuer für einen **sonstigen Bezug**, z. B. für eine steuerpflichtige Abfindung oder für eine Jubiläumszuwendung, im Lohnsteuerabzugsverfahren nach der **Fünftel-Regelung** (→ Tz 797) berechnet worden.
- In Ihrer Lohnsteuerbescheinigung 2010 hat Ihr Arbeitgeber ein „**S**" für sonstige Bezüge eingetragen.
- Sie haben sich als unbeschränkt steuerpflichtiger Arbeitnehmer wegen des im **Ausland lebenden Ehegatten** auf Ihrer Lohnsteuerkarte die Steuerklasse III eintragen lassen (§ 1a Abs. 1 Nr. 2 EStG).
- Das Betriebsstättenfinanzamt Ihres Arbeitgebers hat Ihnen als **beschränkt steuerpflichtigem Arbeitnehmer** eine Bescheinigung nach § 39c Abs. 4 EStG erteilt. Diese Bescheinigung tritt bei Ihnen an die Stelle der Lohnsteuerkarte, wenn Sie sich wegen der weit überwiegenden inländischen Einkünfte als unbeschränkt steuerpflichtig behandeln lassen.

337 Darüber hinaus besteht bei **zusammenveranlagten Ehegatten** eine **Veranlagungspflicht**, wenn

- beide lohnsteuerpflichtige Einkünfte bezogen haben und einer von ihnen für 2010 oder für einen Teil des Jahres 2010 nach **Steuerklasse V oder VI** besteuert oder bei **Steuerklasse IV** ein **zusätzlicher Faktor** auf der Lohnsteuerkarte eingetragen wurde, unabhängig davon, wie hoch das zu versteuernde Einkommen in diesem Jahr ist,
- die Ehe 2010 durch Tod, Scheidung oder Aufhebung aufgelöst wurde und Sie im gleichen Jahr wieder geheiratet haben,
- einer der Ehegatten die **getrennte Veranlagung** beantragt hat,
- beide Ehegatten für das Jahr der Eheschließung die **besondere Veranlagung beantragen**.

338 Eine Veranlagung kommt auch dann in Betracht, wenn negative Einkünfte angefallen sind, die im Veranlagungsjahr nicht mit positiven Einkünften ausgeglichen werden konnten, so dass ein verbleibender Verlustabzug für künftige Jahre festzustellen ist.

Verluste aus Vorjahren können im Rahmen des Verlustvortrags bei der Einkommensteuerveranlagung 2010 geltend gemacht werden. Dabei ist Folgendes zu beachten:

- Für die Antragsveranlagung bei Arbeitnehmern gilt wie in den übrigen Veranlagungsfällen die 4-jährige Verjährungsfrist. Zusätzlich zu dieser Frist ist noch die Anlaufhemmung zu berücksichtigen, die bis zu 3 Jahren betragen kann. Damit wäre es im Jahre 2010 noch möglich, **für 2003** einen **Antrag auf Veranlagung** zu stellen.

● Nachdem der BFH mit Urteil vom 22.9.2005 (IX R 21/04, BFH/NV 2006 S. 1185) entschieden hatte, dass ein gesondertes Feststellungsverfahren über die Verrechenbarkeit von Spekulationsverlusten im alten Recht nicht vorgesehen sei, sondern hierüber vielmehr im Jahr der Verrechnung zu entscheiden ist, wurde § 23 Abs. 3 EStG durch das JStG 2007 um einen Querverweis auf § 10d Abs. 4 EStG ergänzt. Danach muss ein Verlust für den Vortrag auch bei den Spekulationseinkünften festgestellt werden. Die Neuregelung gilt nach der zeitlichen Anwendungsvorschrift (§ 52 Abs. 39 Satz 7 EStG i. d. F. des JStG 2007) auch in den Fällen, in denen am 1.1.2007 die Feststellungsfrist für das Feststellungsverfahren über die Spekulationsverluste noch nicht abgelaufen ist.

WICHTIG

Achten Sie darauf, dass Sie nur dann Spekulationsverluste aus Vorjahren bei der Einkommensteuerveranlagung 2010 geltend machen können, wenn Ihnen über diese Spekulationsverluste ein Feststellungsbescheid für das Jahr der Verlustentstehung vorliegt. Sind Sie in diesem Jahr nicht zur Einkommensteuer veranlagt worden und liegt Ihnen für dieses Jahr kein Verlustfeststellungsbescheid vor, können Sie im Rahmen der 7-jährigen Verjährungsfrist (4 Jahre + 3 Jahre Anlaufhemmung) eine Verlustfeststellung nachholen lassen (BFH, Urteil v. 10.7.2008, IX R 86/07, BFH/NV 2009 S. 363). Ergänzend dazu hat der BFH im Urteil v. 11.11.2008 (IX R 53/07, BFH/NV 2009 S. 364) entschieden, dass nicht ausgleichbare **Veräußerungsverluste aus früheren Jahren** in die gesonderte Feststellung des auf den Schluss desjenigen Veranlagungszeitraums verbleibenden Verlustvortrags für die Spekulationseinkünfte mit einzubeziehen sind, für den erstmals ein gesondertes Feststellungsverfahren durchzuführen ist. Streitig war in dem vorgenannten BFH-Verfahren, ob der im Jahr 2000 entstandene Verlust aus Wertpapierspekulationsgeschäften in den unter dem Vorbehalt der Nachprüfung stehenden Verlustfeststellungsbescheiden zum 31.12.2001 und 31.12.2002 durch entsprechende Erhöhung der bereits festgestellten Verluste zu berücksichtigen sei oder ob die Bestandskraft des Einkommensteuerbescheids 2000 der nachträglichen Berücksichtigung des Verlustes entgegenstehe. Beides hat der BFH abgelehnt und den Verlustfeststellungsbescheid zum 31.12.2001 unter Ansatz der Spekulationsverluste 2000 geändert. Dies soll sich durch das JStG 2010 ändern. Dort ist nämlich eine **Neuregelung in § 10d Abs. 4 EStG** vorgesehen, die eine inhaltliche Bindung der Verlustfeststellungsbescheide an die der Einkommensteuerfestsetzung zugrunde gelegten Beträge vorsieht. Hier die künftige gesetzliche Vorgabe: „Bei der Festsetzung des verbleibenden Verlustvortrags sind die Besteuerungsgrundlagen so zu berücksichtigen, wie sie den Steuerfestsetzungen des Veranlagungszeitraums, auf dessen Schluss der verbleibende Verlustvortrag festgestellt wird, und des Veranlagungszeitraums, in dem ein Verlustrücktrag vorgenommen werden kann, zugrunde gelegt worden sind." Die vorstehende Änderung soll erstmals für Verluste gelten, für die nach dem Tag der Verkündung des JStG 2010 (voraussichtlich Ende November 2010) eine Erklärung zur Feststellung des verbleibenden Verlustvortrags abgegeben wird. Wer sich seine Verluste für die Vergangenheit sichern will, der sollte sich nunmehr sputen.

III Gestaltung und Tipps

Abgabepflicht bei nicht lohnsteuerpflichtigen Einkünften

339	Einkunftsart	Einkunftsgrenzen	Verpflichtung zur Abgabe einer Steuererklärung
	Sie und Ihr Ehegatte sind **nicht Arbeitnehmer**, sondern erzielen Einkünfte aus Gewerbebetrieb, selbstständiger Arbeit oder freiberuflicher Tätigkeit, aus Kapitalvermögen, Vermietung und Verpachtung, Land- und Forstwirtschaft, Renten- oder sonstige Einkünfte	**Ehegatten** (Ehegatten im Fall der Zusammenveranlagung ➜ Tz 342): Gesamtbetrag der Einkünfte mehr als **16.008 €** **Bei Ledigen** (Ledige sowie Geschiedene und dauernd getrennt Lebende, bei denen 2010 eine Zusammenveranlagung nicht in Betracht kommt): Gesamtbetrag der Einkünfte mehr als **8.004 €**	**immer Pflicht zur Abgabe einer Steuererklärung**
		Ehegatten (Ehegatten im Fall der Zusammenveranlagung ➜ Tz 342): Gesamtbetrag der Einkünfte **nicht mehr als 16.008 €**	● wenn einer der Ehegatten die **getrennte Veranlagung** gewählt hat oder ● beide Ehegatten wählen für das Kalenderjahr der Eheschließung die **besondere Veranlagung** (➜ Tz 343)

1.2 Antragsveranlagung

340 Auch wenn Sie nicht zur Abgabe der Steuererklärung verpflichtet sind, kann es sich für Sie lohnen, eine Steuererklärung abzugeben. Ob dies bei Ihnen der Fall ist, können Sie aus der **nachfolgenden Checkliste** ablesen:

CHECKLISTE

✓	Antragsveranlagung
Änderung Familienstand:	
☐ Sie haben 2010 geheiratet	Steuerersparnis, wenn die **Einkommen** unterschiedlich hoch sind
☐ Sie wurden 2010 Mutter oder Vater	Steuererklärung ergibt in der Regel nur bei Besserverdienenden eine Einkommensteuererstattung; aber meist Vorteile bei der Kirchensteuer und beim Solidaritätszuschlag

☐ Eines Ihrer Kinder befindet sich in der Berufsausbildung bzw. hat diese begonnen

Sie können u. U. den Freibetrag zur Abgeltung des Sonderbedarfs bei Berufsausbildung beantragen, der zu einer Steuererstattung führt

Beginn/Ende der Arbeitnehmertätigkeit:

☐ Sie haben 2010 Ihre berufliche Tätigkeit begonnen (z. B. als Student/ Schüler)

In aller Regel führt dies zu einer **Steuererstattung**

☐ Sie haben 2010 nicht das ganze Jahr gearbeitet (und sonst keine weiteren Einkünfte bezogen)

In der Regel **Steuererstattung**, da **Lohnsteuer zu hoch** einbehalten (Lohnersatzleistungen führen zu einem höheren Steuersatz und mindern somit die Steuererstattung)

Zusätzliche Werbungskosten/ Versicherungen/Sonderausgaben/ außergewöhnliche Belastungen:

☐ Ihre Werbungskosten liegen über 920 €

Steuererstattung dann, wenn bezüglich dieser Beträge kein Freibetrag auf der Lohnsteuerkarte eingetragen war, siehe **Werbungskosten-ABC** ➜ Tz 632

☐ Bei Ihnen sind 2010 erwerbsbedingte Kinderbetreuungskosten, z. B. in Form von Kindergartenbeiträgen, angefallen

Sie können neben dem Arbeitnehmer-Pauschbetrag von 920 € Ihre erwerbsbedingten Kinderbetreuungskosten wie Werbungskosten geltend machen, ➜ Tz 599

☐ **Sonderausgaben** liegen über **36 €** bei Ledigen, **72 €** bei Ehepaaren Beispiel: Kirchensteuer, die 2010 bezahlt wurde (Lohnsteuerkarte), Spenden, Schulgeld

Steuererstattung dann, wenn bezüglich dieser Beträge kein Freibetrag auf der Lohnsteuerkarte eingetragen war, siehe **Sonderausgaben-ABC** ➜ Tz 353

☐ **Versicherungen:**
Sie können mehr Versicherungsbeiträge abziehen, als über die Vorsorgepauschale im Lohnsteuerabzugsverfahren berücksichtigt wurde, vor allem bei **Beamten,** Arbeitnehmern mit geringen Lohneinnahmen und **privat Krankenversicherten**

Vgl. Sie hierzu die Hinweise zu den abziehbaren Vorsorgeaufwendungen ➜ Tz 502 sowie den Berechnungshinweis ➜ Tz 512, ➜ Tz 524

☐ Sie hatten 2010 hohe Aufwendungen für **Krankheitskosten** bzw. können Kosten für Scheidung oder Beerdigung abziehen

Steuererstattung, wenn die Kosten über der **zumutbaren Belastung** liegen (➜ Tz 436)

III Gestaltung und Tipps

☐ Sie haben **nahe Angehörige**, z. B. Eltern, **unterstützt**	Steuererstattung über **Freibetrag für** die **Unterstützung Bedürftiger** (➜ 438)
☐ Sie **pflegen** eine Person in Ihrem oder in deren Haushalt	Steuererstattung über **Pflegepauschbetrag** (➜ Tz 467) oder durch Steueranrechnung im Rahmen der haushaltsnahen Dienstleistungen (➜ Tz 483)
☐ Sie haben ein **behindertes Kind**	Steuererstattung durch Übertragung des Behindertenpauschbetrags des Kindes auf die Eltern (➜ Tz 109)
☐ Bei Ihnen sind vor 2010 Umschulungskosten angefallen, ohne dass sie mit Einnahmen aus einem Arbeitsverhältnis verrechnet werden konnten	Steuererstattung durch **Verlustverrechnung** 2010 bei Ihren Einkünften aus einer nichtselbstständigen Tätigkeit (➜ Tz 397, ➜ Tz 735)
☐ Sie haben als **Mieter** 2010 die Wartungskosten für die Gasetagenheizung oder andere Handwerkerleistungen selbst getragen	Sollte Ihnen über die Kosten eine Rechnung erteilt worden sein und sollten Sie die Rechnung über Ihr Konto gezahlt haben, können Sie **20 % der Lohnkosten** auf Ihre Einkommensteuer anrechnen lassen (➜ Tz 492); auch bei Bescheinigung durch den Vermieter möglich (➜ Tz 490)

Anrechenbare Kapitalertragsteuer:

☐ Ihre Einkünfte aus Kapitalvermögen liegen unter 801 € (Ledige) bzw. 1.602 € (Verheiratete) und	
☐ Sie haben **nicht für alle** Ihre **Sparkonten** einen **Freistellungsauftrag** erteilt	Steuererstattung, wenn Kapitalertragsteuer einbehalten wurde
☐ Sie sind Eigentümer einer Eigentumswohnung und haben zusammen mit den anderen Wohnungseigentümern eine **Instandhaltungsrücklage** verzinslich angelegt	Prüfen Sie, ob die Kapitalertragsteuer auf die Zinsen für die Instandhaltungsrücklage bei Ihnen im Rahmen der **Günstigerprüfung** (➜ Tz 199) angerechnet werden kann
☐ Sie sind Mieter einer Wohnung und haben eine **Kaution** zahlen müssen, die der Vermieter für Sie verzinslich angelegt hat	Prüfen Sie, ob die Kapitalertragsteuer auf die Zinsen für die Kaution bei Ihnen im Rahmen der **Günstigerprüfung** (➜ Tz 199) angerechnet werden kann

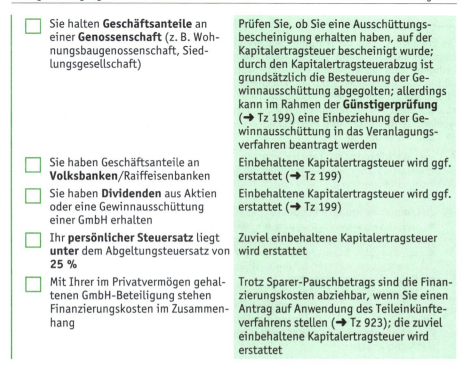

☐ Sie halten **Geschäftsanteile** an einer **Genossenschaft** (z. B. Wohnungsbaugenossenschaft, Siedlungsgesellschaft)	Prüfen Sie, ob Sie eine Ausschüttungsbescheinigung erhalten haben, auf der Kapitalertragsteuer bescheinigt wurde; durch den Kapitalertragsteuerabzug ist grundsätzlich die Besteuerung der Gewinnausschüttung abgegolten; allerdings kann im Rahmen der **Günstigerprüfung** (➜ Tz 199) eine Einbeziehung der Gewinnausschüttung in das Veranlagungsverfahren beantragt werden
☐ Sie haben Geschäftsanteile an **Volksbanken**/Raiffeisenbanken	Einbehaltene Kapitalertragsteuer wird ggf. erstattet (➜ Tz 199)
☐ Sie haben **Dividenden** aus Aktien oder eine Gewinnausschüttung einer GmbH erhalten	Einbehaltene Kapitalertragsteuer wird ggf. erstattet (➜ Tz 199)
☐ Ihr **persönlicher Steuersatz** liegt **unter** dem Abgeltungsteuersatz von **25 %**	Zuviel einbehaltene Kapitalertragsteuer wird erstattet
☐ Mit Ihrer im Privatvermögen gehaltenen GmbH-Beteiligung stehen Finanzierungskosten im Zusammenhang	Trotz Sparer-Pauschbetrags sind die Finanzierungskosten abziehbar, wenn Sie einen Antrag auf Anwendung des Teileinkünfteverfahrens stellen (➜ Tz 923); die zuviel einbehaltene Kapitalertragsteuer wird erstattet

Darüber hinaus kann ein Antrag auf Einkommensteuerveranlagung insbesondere dann zu einer **Steuererstattung** führen, wenn   **341**

- ein Abzugsbetrag wegen Eigennutzung eines **Baudenkmals** berücksichtigt werden soll (➜ Tz 997),
- ein **Veräußerungsgewinn** ermäßigt besteuert werden soll (➜ Tz 794 und ➜ Tz 895),
- Sie eine **Entschädigung** für entgangene oder entgehende Einnahmen, z. B. eine Abfindung anlässlich der Auflösung eines Arbeitsverhältnisses, oder für die Nichtausübung einer Tätigkeit erhalten haben, die ebenfalls ermäßigt besteuert wird (➜ Tz 614),
- bei Ihrer Veranlagung **ausländische Steuern angerechnet** oder abgezogen werden sollen,
- **Verluste**, z. B. aus Vermietung und Verpachtung, mit anderen Einkunftsarten verrechnet werden sollen; hierbei kann es sich auch um Verluste aus den Vorjahren handeln,
- Sie eine **Hilfe im Privathaushalt** beschäftigen und Ihnen daher ein **Anrechnungsbetrag** auf Ihre Einkommensteuer zusteht (➜ Tz 470), oder
- Sie an Ihrem eigengenutzten Einfamilienhaus Erhaltungsmaßnahmen haben durchführen lassen und Ihnen dafür ein **Anrechnungsbetrag** für haushaltsnahe Dienstleistungen von 20 % der Aufwendungen, höchstens **1.200 €**, zusteht (➜ Tz 492).

III Gestaltung und Tipps

1.3　Besonderheiten bei Ehegatten

342 Ob Ehegatten eine gemeinsame Steuererklärung oder 2 getrennte Steuererklärungen abgeben müssen, hängt von der Veranlagungsart ab. Neben der Einzelveranlagung bei Ledigen, Alleinerziehenden sowie Ehepaaren, die bereits vor 2010 dauernd getrennt lebten oder geschieden sind, können Ehegatten, die nicht unter diese Ausnahmeregelung fallen, die Zusammenveranlagung oder die **getrennte Veranlagung** wählen. Außerdem können Ehepaare im Jahr der Heirat auch die Sonderform der **besonderen Veranlagung** wählen. Zu den Vor- und Nachteilen der einzelnen Veranlagungsarten finden Sie in ➜ Tz 343 eine Übersicht.

Aus der **nachfolgenden Tabelle** ersehen Sie, ob Sie als Ehepaar eine gemeinsame Steuererklärung abgeben können oder ob jeder Ehepartner eine eigenständige Steuererklärung abgeben muss.

■ **Zusammenveranlagte Ehepaare** (nicht dauernd getrennt lebend, nicht geschieden)
- Bei **Zusammenveranlagung** Abgabe einer gemeinsamen Steuererklärung, auch wenn nur ein Ehegatte Einkünfte bezogen hat
- Ein Ehegatte beantragt **getrennte Veranlagung**: Die Ehegatten müssen jeweils eine **eigene** Steuererklärung ausfüllen (2 Erklärungen)
- **Besondere Veranlagung:**
  Diese Veranlagung ist nur im Jahr der Eheschließung möglich; **beide** Ehegatten müssen jeweils eine eigene Steuererklärung abgeben

■ Ehepaare, die **vor 2010 dauernd getrennt** lebten bzw. geschieden sind: Nur noch **Einzelveranlagung** möglich, beide Ehepartner müssen jeweils eine eigene Steuererklärung abgeben

■ Ehepaare, die **sich 2010 getrennt** haben bzw. geschieden wurden, aber in diesem Jahr noch mindestens 1 Tag zusammengelebt haben
- **Zusammenveranlagung ist noch möglich**, in diesem Fall müssen beide Ehepartner eine gemeinsame Steuererklärung abgeben
- Ein Ehepartner kann die **getrennte Veranlagung wählen**, damit müssen beide Ehepartner jeweils getrennte Steuererklärungen abgeben

---

TIPP

Im Scheidungsverfahren werden Erklärungen der Ehegatten über die Dauer ihres Getrenntlebens in der Regel nicht überprüft. Haben die Ehegatten dort übereinstimmend, aber wahrheitswidrig vorgetragen, sie hätten in der gemeinsamen Wohnung mindestens 12 Monate getrennt gelebt, ist diese Erklärung für die Frage, ob eine **Zusammenveranlagung noch durchgeführt** werden kann, **nicht bindend**. Vielmehr können sie auch im Jahr der Scheidung die Zusammenveranlagung beantragen, wenn sie in diesem Jahr noch mindestens 1 Tag zusammengelebt haben, z. B. bei einem Versöhnungsversuch (vgl. BFH, Urteil v. 13.12.1985, VI R 190/82, BStBl 1986 II S. 486).

Liegen die **Voraussetzungen des Getrenntlebens** 2010 **nicht ganzjährig** vor und besteht daher die Möglichkeit der Zusammenveranlagung, darf der Ehegatte, wenn er durch die

Wahl der Veranlagungsart steuerlich nicht benachteiligt wird, nicht aus „Rache" die **Zustimmung zur Zusammenveranlagung verweigern.** Ansonsten macht er sich **schadensersatzpflichtig.**

WICHTIG

Partner einer eingetragenen **Lebenspartnerschaft** haben keinen Anspruch auf Durchführung einer Zusammenveranlagung unter Anwendung des Splittingtarifs (BFH, Urteil v. 26.1.2006, III R 51/05, BFH/NV 2006 S. 1192). Gegen dieses Urteil ist Verfassungsbeschwerde unter Az. 2 BvR 909/06 eingelegt worden. Auf Grund der Beschlüsse zur **Erbschaftsteuer** v. 21.7.2010 (1 BvR 611/07 und 1 BvR 2464/07, BFH/NV 2010 S. 1985), durch die die erbschaftsteuerrechtliche Schlechterstellung der eingetragenen Lebenspartner gegenüber den Ehegatten im persönlichen Freibetrag und im Steuersatz sowie durch ihre Nichtberücksichtigung im Versorgungsfreibetrag beseitigt wurde, kann nicht ausgeschlossen sein, dass das BVerfG auch im Einkommensteuerrecht eine Gleichstellung von Ehegatten mit Lebenspartnern von eingetragenen Lebenspartnerschaften verlangen wird. Ob der Gesetzgeber das JStG 2010 dazu nutzt, nicht nur das Erbschaftsteuerrecht in diesem Punkt zu reformieren, sondern auch das Einkommensteuerrecht, muss abgewartet werden. Betroffenen wird auf jeden Fall empfohlen, ihren **Steuerfall offen** zu **halten.**

1.4 Vor- und Nachteile der einzelnen Veranlagungsarten

Unbeschränkt steuerpflichtige Ehegatten, die nicht dauernd getrennt leben bzw. die diese **343** Voraussetzungen im Jahr 2010 wenigstens an 1 Tag erfüllt haben, können zwischen **Zusammenveranlagung** und **getrennter Veranlagung** wählen. Für Ehepaare, die 2010 geheiratet haben, steht darüber hinaus die **besondere Veranlagung** zur Wahl. Aus der nachfolgenden Übersicht können Sie erkennen, wie sich die Veranlagungsarten auswirken und wann die jeweilige Veranlagungsform steuerliche Vorteile mit sich bringen kann.

CHECKLISTE

Vor- und Nachteile der Veranlagungsarten

☐ **Zusammenveranlagung**
Die Zusammenveranlagung dürfte für die überwiegende Anzahl der Ehegatten die **steuerlich interessanteste Veranlagungsform** sein. Der wesentliche Vorteil liegt in der Anwendung des Splittingtarifs, der für Ehepaare die Auswirkung der Progression mildert. Dabei wird das zu versteuernde Einkommen beider Ehegatten halbiert, die Steuer nach der Grundtabelle bestimmt und anschließend wieder verdoppelt. Aus dieser Berechnungsweise ergeben sich folgende Faustregeln:

- Je **unterschiedlicher** die **Einkommen** der beiden Ehepartner sind, umso **höher** ist der **Steuervorteil** aus der Splittingtabelle.
- Bei gleichen bzw. nur gering differierenden Einkünften der beiden Ehepartner bringt der Splittingtarif kaum Vorteile.

Vorteile ergeben sich auch bei der Verrechnung von **Verlusten,** da bei der Zusammenveranlagung die Verluste eines Ehepartners mit positiven Einkünften des anderen Ehepartners verrechnet werden können.

☐ **Getrennte Veranlagung**

Die getrennte Veranlagung wird bereits durchgeführt, wenn **einer** der Ehepartner diese beantragt. Dies gilt nur dann nicht, wenn der beantragende Ehegatte selbst keine eigenen Einkünfte hat oder diese so gering sind, dass sie sich steuerlich nicht auswirken. Sie ist in aller Regel **steuerlich nachteiliger** als die Zusammenveranlagung, da der Splittingtarif nicht gewährt wird. **Vorteile können sich aber ergeben:**

- Beide Ehepartner haben jeweils Nebeneinkünfte von nicht mehr als 410 € und die Einkünfte beider Ehepartner sind ungefähr gleich. Grund: In diesen Fällen ist der Vorteil aus der Splittingtabelle gering, der Grenzbetrag für Nebeneinkünfte von 410 € wird aber doppelt gewährt.

- Ein Ehegatte hat 2010 steuerpflichtigen Arbeitslohn bezogen und der andere Ehegatte z. B. Arbeitslosengeld, das dem **Progressionsvorbehalt** unterliegt. Wird der Antrag auf getrennte Veranlagung gestellt, wirkt sich das Arbeitslosengeld nicht auf die Höhe des Steuersatzes bei dem Ehegatten aus, der Arbeitslohn bezogen hat. Dadurch kann sich im Vergleich zur Zusammenveranlagung unter Anwendung des Splittingtarifs eine mehr oder weniger hohe Steuerersparnis ergeben.

- Hat ein Ehegatte 2010 eine **Abfindung** erhalten, die nach der Fünftel-Regelung zu besteuern ist (➔ Tz 614, ➔ Tz 797), kann es sinnvoll sein, für die Berechnung nach der Fünftel-Regelung eine getrennte Veranlagung zu beantragen, um die Progressionsmilderung dieser Tarifermäßigung zu optimieren.

- Ergibt sich für einen Ehegatten ein **negativer Gesamtbetrag der Einkünfte** und verfügt der andere Ehegatte über geringe positive Einkünfte, kommt es im Fall der Zusammenveranlagung zur Verlustverrechnung unter den Ehegatten, und zwar auch dann, wenn die geringen positiven Einkünfte durch den Grundfreibetrag einschließlich Sonderausgaben und außergewöhnliche Belastungen steuerfrei gestellt würden. Wird in diesem Fall die getrennte Veranlagung beantragt, bleibt der negative Gesamtbetrag der Einkünfte als rück- und vortragsfähiger Verlust erhalten.

☐ **Besondere Veranlagung**

Nur für das **Jahr der Eheschließung** möglich. Dabei werden die beiden Ehepartner so behandelt, als ob sie steuerlich in diesem Jahr **nicht geheiratet hätten.** Sie bringt nur in Einzelfällen steuerliche Vorteile:

- **Heirat** von 2 Personen, die **2009 verwitwet wurden:** In diesem Fall erhalten beide Ehepartner durch die besondere Veranlagung nochmals den Splittingtarif, das sog. **Gnadensplitting** (➔ Tz 344).

- **Heirat** eines **2009 Verwitweten**, wenn die Ehepartner ungefähr gleich hohe Einkünfte haben bzw. der nicht verwitwete Ehegatte keine steuerpflichtigen Einkünfte hat.

- In einzelnen Fällen der ermäßigten Besteuerung nach § 34 EStG (z. B. bei Entschädigungen, Abfindungen), wenn der Ehegatte mit Entschädigung oder Abfindung durch Anwendung der Fünftel-Regelung zu einer Steuer von 0 € kommt und der andere Ehegatte deutlich höhere Einkünfte bezogen hat.

1.5   Gnadensplitting

Eine besondere Veranlagungsart gilt für Steuerzahler, deren Ehepartner im Jahr 2009 **344**
verstorben ist. Sie erhalten auch für 2010 die Steuervorteile aus der Splittingtabelle, wenn
das Ehepaar am **Todestag** uneingeschränkt einkommensteuerpflichtig war und am Todestag nicht dauernd getrennt gelebt hat (vgl. BFH, Urteil v. 27.2.1998, VI R 55/97, BFH/NV
1998 S. 923). Dieses sog. „Gnadensplitting" bewirkt, dass Verwitwete auch im Jahr nach
dem Tod ihres Ehepartners bei der Berechnung des Einkommensteuertarifs so gestellt
werden, als ob sie noch verheiratet wären.

Dieser **Steuervorteil** des Gnadensplittings **geht verloren**, wenn Sie im Jahr nach dem Tod
Ihres Ehepartners **wieder heiraten**. In diesem Sonderfall können Sie unter Umständen
durch die besondere Veranlagung diesen Steuervorteil „retten". Einzelheiten hierzu
finden Sie in der obigen Tabelle ➜ Tz 343.

1.6   Widerruf der einmal getroffenen Veranlagungsart

Stellt sich im Nachhinein, z. B. durch den Steuerbescheid des Finanzamts, heraus, dass Sie **345**
die falsche Veranlagungsart gewählt haben, können Sie diese bis zur **Rechtskraft des
Steuerbescheids** widerrufen und eine für Sie **günstigere Veranlagungsart wählen**.
Hierzu legen Sie einfach gegen den Steuerbescheid innerhalb eines Monats Einspruch ein
und beantragen statt der bisherigen Veranlagungsart eine andere.

Ist bereits ein Bescheid über die getrennte Veranlagung bestandskräftig, der andere
Bescheid jedoch noch innerhalb der **1-monatigen Rechtsbehelfsfrist** anfechtbar, reicht
es aus, wenn bei dem zuletzt genannten Bescheid innerhalb der Rechtsbehelfsfrist der
Antrag auf getrennte Veranlagung widerrufen wird. Dann muss sowohl für denjenigen, der
widerrufen hat, als auch für denjenigen, dessen Einkommensteuerbescheid bereits bestandskräftig ist, eine **Zusammenveranlagung** durchgeführt werden. Prüfen Sie auch, ob
ein Steuerbescheid über eine getrennte Veranlagung unter dem Vorbehalt der Nachprüfung (§ 164 AO) ergangen ist. Auch hier können Sie im Rahmen eines Änderungs-
antrags die getrennte Veranlagung widerrufen und sich nachträglich für eine Zusammenveranlagung entscheiden.

WICHTIG

Wurden Ehegatten zusammen zur Einkommensteuer veranlagt und wählt ein
Ehegatte vor Bestandskraft des ihm gegenüber ergangenen Bescheids über die
Zusammenveranlagung im Nachhinein die getrennte Veranlagung, sind die
Ehegatten auch dann getrennt zur Einkommensteuer zu veranlagen, wenn der
gegenüber dem anderen Ehegatten ergangene Zusammenveranlagungsbescheid
bereits bestandskräftig geworden ist (BFH, Urteil v. 3.3.2005, III R 22/02,
BFH/NV 2005 S. 1657).

Haben Sie innerhalb der **Einspruchsfrist gegen den Zusammenveranlagungsbescheid**
die getrennte Veranlagung oder die besondere Veranlagung im Jahr der Eheschließung
nachträglich beantragt, ist das Finanzamt bei der daraufhin für jeden Ehegatten durch-
zuführenden getrennten oder besonderen Veranlagung an die tatsächliche und rechtliche
Beurteilung der Besteuerungsgrundlagen im Zusammenveranlagungsbescheid gebunden
(BFH, Urteil v. 3.3.2005, III R 60/03, BFH/NV 2005 S. 1177). Demnach darf das Finanzamt

III Gestaltung und Tipps

den Erstattungsanspruch, der sich durch die Wahl der getrennten oder besonderen Veranlagung ergibt, nicht mit Rechtsfehlern, die im Rahmen der Zusammenveranlagung gemacht worden sind, verrechnen.

1.7 Religionszugehörigkeit

346 Gehören Sie einer sog. „kirchensteuererhebungsberechtigten" Religionsgemeinschaft an, setzt das Finanzamt (in einigen Bundesländern auch die jeweilige Landeskirche, z. B. in Bayern) zusammen mit der Einkommensteuer auch die Kirchensteuer fest. Die Kirchensteuer wird aus der festgesetzten Einkommensteuer – allerdings ohne Berücksichtigung des Teileinkünfteverfahrens und der pauschalen Gewerbesteueranrechnung nach § 35 EStG, aber stets unter Abzug der Freibeträge für Kinder – festgesetzt. Von dieser Einkommensteuer wird die Kirchensteuer mit 8 % oder 9 % berechnet. Von der Abgeltungsteuer wird ebenfalls Kirchensteuer in Höhe von 8 % oder 9 % erhoben. Die mit der Kirchensteuer verbundene Entlastungswirkung wird bereits bei der Abgeltungsteuer berücksichtigt und ermäßigt dort den Steuersatz. Dazu ist es allerdings erforderlich, dass die Kirchensteuer zusammen mit der Abgeltungsteuer erhoben wird. Ansonsten muss die zu hoch einbehaltene Abgeltungsteuer im Rahmen der Einkommensteuerveranlagung korrigiert werden. Wegen weiterer Einzelheiten ➜ Tz 917.

Verwenden Sie als Religionsschlüssel bei evangelisch „EV" und bei römisch-katholisch „RK". Gehören Sie einer anderen Religionsgemeinschaft an, ergeben sich die Abkürzungen aus der Aufstellung unter ➜ Tz 11.

TIPP

Sind Sie 2010 aus der **Kirche ausgetreten**, sollten Sie im Feld Religion (**Zeile 11** des Hauptvordrucks) „VD" eintragen und die **Bescheinigung Ihrer Meldebehörde** über den Kirchenaustritt der Steuererklärung **beilegen**. Achten Sie besonders darauf, dass das Finanzamt nur die Kirchensteuer festsetzt, die in dem Zeitraum vom 1.1. bis zum Ablauf des Austrittsmonats (so in den Bundesländern Baden-Württemberg, Bayern, Niedersachsen, Rheinland-Pfalz und dem Saarland) oder mit Ablauf des auf den Austritt folgenden Monats (in den übrigen Bundesländern) zeitanteilig entstanden ist. In der Praxis passieren hier häufig Fehler.

347 WICHTIG

Bei der Berechnung der Kirchensteuer werden – wie vorstehend ausgeführt – stets der Kinderfreibetrag von 2.184 € bzw. 4.368 € und der Freibetrag für Betreuungs- und Erziehungs- oder Ausbildungsbedarf von 1.320 € bzw. 2.640 € je Kind berücksichtigt.

Die Freibeträge für Kinder und die Hinzurechnung der steuerfreien Einkünfte auf Grund des Teileinkünfteverfahrens werden im Rahmen einer Schattenveranlagung berücksichtigt. Dazu wird wie folgt gerechnet:

Zu versteuerndes Einkommen ohne Abzug der Freibeträge für Kinder
./. Kinderfreibeträge
./. Freibeträge für den Betreuungs- und Erziehungs- oder Ausbildungsbedarf

+	wegen des Teileinkünfteverfahrens nicht besteuerte Einnahmen
./.	nichtabziehbare Ausgaben, die vom Betriebsausgaben- oder Werbungskosten-abzug wegen Anwendung des Teileinkünfteverfahrens ausgeschlossen sind
=	Bemessungsgrundlage, darauf entfallende Einkommensteuer nach der Grund- oder Splittingtabelle davon 8 % bzw. 9 % als Kirchensteuer.

Aus der vorstehenden Berechnung ist ersichtlich, dass die Einkommensteuer als Bemessungsgrundlage für die Kirchensteuer nicht um die anrechenbare Gewerbesteuer (§ 35 EStG) gekürzt wird.

Bei zusammenveranlagten Ehegatten, deren **Konfession gleich** ist, wird der Kirchensteuersatz auf die insgesamt festzusetzende Einkommensteuer angewendet, bei getrennter und bei besonderer Veranlagung auf die gegenüber dem jeweiligen Ehegatten festgesetzte Einkommensteuer.

Sind die Ehegatten **konfessionsverschieden**, bemisst sich die Kirchensteuer bei jedem Ehegatten im Fall der Zusammenveranlagung nach der Hälfte der festgesetzten Einkommensteuer unter Ansatz des Kirchensteuersatzes von 8 % bzw. 9 %. Bei getrennter oder besonderer Veranlagung ist Bemessungsgrundlage die gegenüber dem jeweiligen Ehegatten festgesetzte Einkommensteuer.

Gehört nur ein Ehegatte einer Konfession an und ist der andere Ehegatte z. B. aus der Kirche **ausgetreten**, so ist bei der Berechnung der Kirchensteuer Folgendes zu beachten:

- Im Fall der **Zusammenveranlagung** ist die Kirchensteuer nur aus der Bemessungsgrundlage zu berechnen, die auf den kirchensteuerpflichtigen Ehegatten entfällt. Dieser Anteil ist grundsätzlich nach dem Verhältnis der Steuer zu ermitteln, die sich bei Anwendung der Einkommensteuer-Grundtabelle auf die Summe der Einkünfte, z. B. in Bayern, bzw. auf den Gesamtbetrag der Einkünfte, z. B. im Saarland, eines jeden Ehegatten ergibt. In Berlin und in den neuen Bundesländern wird die Einkommensteuer der Ehegatten im Verhältnis der Beträge aufgeteilt, die sich bei einer getrennten Veranlagung für jeden Ehegatten ergeben würden.
- Im Fall der **getrennten Veranlagung** oder der **besonderen Veranlagung** bemisst sich die Kirchensteuer nach der festgesetzten Einkommensteuer des kirchensteuerpflichtigen Ehegatten.

TIPP

Auf Antrag können die Kirchenbehörden, mit Ausnahme der Kirchen in Bayern und in Mecklenburg-Vorpommern, die Kirchensteuer auf einen Prozentsatz zwischen 3 % und 4 % des zu versteuernden Einkommens „kappen". Einem solchen Antrag wird meist nur bei höheren Einkommen stattgegeben. Erkundigen Sie sich ggf. bei der zuständigen Kirchenbehörde.

III Gestaltung und Tipps

2 Hauptvordruck

2.1 Allgemeine Angaben (Seite 1 und 2)

Zuständiges Finanzamt

348 In aller Regel macht die Beantwortung der Frage des zuständigen Finanzamts keine Probleme. Zuständig ist das Finanzamt, in dessen Bezirk Sie Ihren **Wohnsitz** haben. Haben Sie mehrere Wohnsitze, regelt sich die Zuständigkeit danach, wo Sie sich vorwiegend aufhalten.

Bei Arbeitnehmern ist immer das Finanzamt zuständig, bei dem Sie **derzeit Ihren Wohnsitz** haben. Sind Sie also im Jahr 2010 umgezogen, müssen Sie Ihre Steuererklärung für 2010 bereits beim neu zuständigen Finanzamt (Wohnsitzfinanzamt) abgeben. Haben Sie und Ihr Ehegatte sich 2010 dauernd getrennt, können Sie die Steuererklärung noch bei dem Finanzamt einreichen, das 2009 für die Besteuerung zuständig war.

Geburtsdatum

349 Das Geburtsdatum ist für die Gewährung bestimmter Steuervergünstigungen von Bedeutung. So erhalten Personen, die vor dem 2.1.1946 geboren sind, 2010 ohne besonderen Antrag einen erstmaligen **Altersentlastungsbetrag** in Höhe von **32 %** des Arbeitslohns (ohne Versorgungsbezüge) und der positiven Summe ihrer anderen Einkünfte (ohne Leibrenten), begrenzt auf **1.520 €**. Der Altersentlastungsbetrag wird für jeden Ehegatten gesondert berechnet. Sind die Einkünfte aus Kapitalvermögen durch die Kapitalertragsteuer von 25 % abgegolten, fließen sie nicht in den Gesamtbetrag der Einkünfte bei der Einkommensteuerveranlagung 2010 ein; sie bleiben damit auch als Bemessungsgrundlage für den Altersentlastungsbetrag außer Ansatz. Nur dann, wenn Sie bezüglich Ihrer **Kapitaleinkünfte** die **Günstigerprüfung** beantragen, weil Ihr durchschnittlicher Steuersatz unter 25 % liegt, sind die Kapitaleinkünfte bei der Ermittlung des Gesamtbetrags zu berücksichtigen. Dann sind sie auch Bemessungsgrundlage für den Altersentlastungsbetrag.

Auswirkungen des Güterstands auf die Einkommensteuer

350 Die meisten Ehepaare leben im gesetzlich vorgesehenen Güterstand der **Zugewinngemeinschaft**. Allerdings können Sie abweichend hiervon Gütergemeinschaft vereinbaren, die sich auf die **steuerliche Zurechnung der Einkünfte** auswirken kann. Dabei können die steuerlichen Auswirkungen bei den einzelnen Einkunftsarten unterschiedlich sein. Bei den Einkünften aus Land- und Forstwirtschaft, Vermietung und Verpachtung und Kapitalvermögen werden die Einkünfte in der Regel auf beide Ehegatten zur Hälfte aufgeteilt, das Gleiche gilt bei Renteneinkünften, insbesondere bei Renten aus der gesetzlichen Sozialversicherung.

Besondere Probleme ergeben sich jedoch bei den **Einkünften aus Gewerbebetrieb**, wenn der Betrieb bei einer Gütergemeinschaft zum Gesamtgut der Eheleute gehört. In diesen Fällen wird zwischen den Ehegatten ein **steuerliches Gesellschaftsverhältnis** angenommen. Damit werden **Arbeitslöhne, Miet- und Pachtzahlungen** im Zusammenhang mit der betrieblichen Tätigkeit an die Ehegatten **nicht** als **Betriebsausgaben** berücksichtigt.

Bankangaben/Erstattung durch das Finanzamt

Die Finanzämter überweisen die Steuererstattung grundsätzlich auf das von Ihnen **351** **angegebene Konto**. Eine fehlende oder **unvollständige Angabe** von Kontonummer, Bankleitzahl und Bank kann daher zu Verzögerungen bei der Steuererstattung führen. Ganz wichtig ist, dass Sie das Finanzamt auf **Änderungen Ihrer Bankverbindung** hinweisen. Verwenden Sie 2010 erstmals ein anderes Konto, sollten Sie dies besonders kennzeichnen. Hat sich nach Abgabe der Steuererklärung die Bankverbindung geändert, sollten Sie dies dem Finanzamt sofort schriftlich mitteilen.

In dem Hauptvordruck geben Sie entweder bei Ihrer Bankverbindung die Kontonummer und Bankleitzahl oder den BIC- bzw. IBAN-Code an.

TIPP

> Trotz Angabe der richtigen Bankverbindung kommt es hin und wieder vor, dass das Finanzamt **Steuererstattungen auf ein falsches Konto** überweist. Die Überweisungen auf ein falsches Konto gehen im Regelfall zu Lasten des Finanzamts.

Angaben zu den Einkünften 2010

Auf Seite 2 des Hauptvordrucks geben Sie an, welche Anlagen Sie Ihrer Einkommensteu- **352** ererklärung beigefügt haben. Das Finanzamt verlangt von Ihnen auf jeden Fall Angaben zu Ihren privaten Veräußerungsgeschäften, insbesondere bei Grundstücksveräußerungen in 2010.

Darüber hinaus haben Sie dort anzugeben, wie viele Anlagen Kind, AUS und FW Sie Ihrer Einkommensteuererklärung 2010 beigefügt haben.

2.2   Hauptvordruck Seite 2 – Sonderausgaben

ABC der Sonderausgaben (ohne Versicherungen)

Berufsausbildung oder Weiterbildung in einem nicht ausgeübten Beruf

Aufwendungen für eine **erstmalige Berufsausbildung** und für ein **Erststudium** können **353** bei der Einkunftsermittlung **nicht** als **Werbungskosten** oder Betriebsausgaben abgezogen werden, wenn die Bildungsmaßnahme nicht im Rahmen eines Dienstverhältnisses stattfindet. Solche Aufwendungen dürfen nur im Rahmen des **begrenzten Sonderausgabenabzugs** bis zu **4.000 €** geltend gemacht werden.

Zu der Frage, ob **Aufwendungen** für ein **Erststudium** an einer Fachhochschule nach abgeschlossener Berufsausbildung Werbungskosten oder Sonderausgaben sind, hat der BFH im Urteil v. 18.6.2009 (VI R 14/07, BFH/NV 2009 S. 1875) entschieden, dass das seit 2004 geltende Abzugsverbot für Kosten von Erststudien und Erstausbildungen der Abziehbarkeit von Werbungskosten oder Betriebsausgaben jedenfalls dann nicht entgegenstehe, wenn dem **Erststudium** eine **abgeschlossene Berufsausbildung vorangegangen** sei. Die Vorschrift bestimme lediglich in typisierender Weise, dass bei einer erstmaligen Berufsausbildung ein hinreichend veranlasster Zusammenhang mit einer bestimmten Erwerbstätigkeit fehle. Die Typisierung erstrecke sich nicht auf Steuerzahler, die erstmalig ein Studium berufsbegleitend oder in sonstiger Weise als Zweitausbildung absolvierten.

III Gestaltung und Tipps

151

4 weitere Entscheidungen mit derselben Begründung sind in den BFH-Urteilen vom 18.6.2009 (VI R 31/07, BFH/NV 2009 S. 1797, VI R 79/06, Haufe-Index 2222897, VI R 6/07, BFH/NV 2009 S. 1796 und VI R 49/07, BFH/NV 2009 S. 1799) ergangen. In diesem Zusammenhang ist noch darauf hinzuweisen, dass Aufwendungen eines Zeitsoldaten für den Erwerb eines Verkehrsflugzeugführerscheins im Rahmen einer Fachausbildung vorab entstandene Werbungskosten bei seinen Einkünften aus nichtselbstständiger Arbeit sind. Dies gilt auch dann, wenn die Schulung die Ausbildung für den Erwerb des Privatflugführerscheins einschließt (BFH, Urteil v. 30.9.2008, VI R 4/07, BFH/NV 2008 S. 2116).

WICHTIG

Aufwendungen für ein sich unmittelbar an die Schulausbildung anschließendes Erststudium sind nach Meinung des FG Hamburg (Urteil v. 25.11.2009, 5 K 193/08, EFG 2010 S. 873) nicht als vorweggenommene Werbungskosten abziehbar; vielmehr unterliegen diese Aufwendungen dem Abzugsverbot des § 12 Nr. 5 EStG. Gegen dieses Urteil ist beim BFH eine Revision anhängig, und zwar unter Az. VI R 7/10. Darüber hinaus unterstützt der Bund der Steuerzahler ein **Musterverfahren** vor dem FG Münster unter dem Az. 11 K 44/89/09 F. Im Streitfall hatte die Steuerzahlerin ein duales Studium an einer Fachhochschule aufgenommen und wollte die Aufwendungen für das Studium als vorweggenommene Werbungskosten geltend machen. Dagegen wollte das Finanzamt die Kosten nur als Sonderausgaben berücksichtigen, und zwar unter Ansatz des Höchstbetrags von 4.000 € pro Jahr. Dies hätte im Streitfall wegen zu geringer Einnahmen dazu geführt, dass der Sonderausgabenabzug „verpufft" wäre.

Betroffenen wird empfohlen, unter Hinweis auf die anhängigen Verfahren **Einspruch** einzulegen, wenn das Finanzamt die Kosten für das Erststudium nicht als vorweggenommene Werbungskosten berücksichtigt. Im Anschluss daran kann der Steuerzahler das Ruhen des Einspruchsverfahrens beantragen; dem dürfte das Finanzamt entsprechen.

● **Abgrenzung der Ausbildungskosten**

354 Aus dem Betriebsausgaben- bzw. Werbungskostenabzug werden alle Aufwendungen für den erstmaligen Erwerb von Kenntnissen, die zur Aufnahme eines Berufs befähigen, sowie für ein Erststudium ausgeschlossen. Solche Aufwendungen sind höchstens bis **4.000 €** **abziehbar**.

Nach Auffassung der Finanzverwaltung liegt eine Berufsausbildung vor, wenn der Steuerzahler durch eine berufliche Ausbildungsmaßnahme die notwendigen fachlichen Fähigkeiten und Kenntnisse erwirbt, die zur Aufnahme eines Berufs befähigen (BMF, Schreiben v. 4.11.2005, IV C 8 – S 2227 – 5/05, BStBl 2005 I S. 955). Dies setzt voraus, dass der Beruf durch eine Ausbildung im Rahmen eines öffentlich-rechtlich geordneten Ausbildungsgangs erlangt wird und der Ausbildungsgang durch eine Prüfung abgeschlossen wird.

WICHTIG

Die höchstrichterliche Rechtsprechung zur Auslegung des Begriffs „Berufsausbildung" im Rahmen der Kinderfreibetragsregelung ist hier **nicht anzuwenden** (➜ Tz 564).

Aufwendungen für den Besuch **allgemein bildender Schulen** einschließlich Ersatz- und Ergänzungsschulen rechnen somit zu den Sonderausgaben. Dies gilt auch für den Besuch eines **Berufskollegs** zum Erwerb der Fachhochschulreife sowie für das **Nachholen des Abiturs** nach Abschluss einer Berufsausbildung.

Eine **Berufsausbildung** ist als **erstmalig** anzusehen, wenn ihr keine andere abgeschlossene Berufsausbildung bzw. kein abgeschlossenes berufsqualifizierendes Hochschulstudium vorangegangen ist. Dies gilt auch für eine nachgeholte Berufsausbildung, wenn der Steuerzahler zwar vorher in einem Beruf tätig war, jedoch keine Berufsausbildung abgeschlossen hatte.

TIPP

Haben Sie ein berufsqualifizierendes Hochschulstudium abgeschlossen, gilt dies als erstmalige Berufsausbildung. Somit können Sie **Kosten**, die **nach** dem **Hochschulstudium** für eine weitere Berufsausbildung anfallen, als **Werbungskosten** abziehen.

Aufwendungen für ein **Erststudium** sind nach Auffassung der Finanzverwaltung ebenfalls nur als Sonderausgaben abziehbar. Ein Studium liegt dann vor, wenn es sich um ein Studium an einer Hochschule im Sinne des Hochschulrahmengesetzes handelt. Hierzu rechnen Universitäten, pädagogische Hochschulen, Kunsthochschulen, Fachhochschulen und sonstige Einrichtungen des Bildungswesens, die nach Landesrecht staatliche Hochschulen sind. Diesen gleichgestellt sind private und kirchliche Bildungseinrichtungen sowie Hochschulen des Bundes, die nach Landesrecht als Berufsschule anerkannt werden. Auch Fernstudien rechnen hierzu.

Aus der **Sicht des BFH** (➜ Tz 353) ist ein Studium nicht als erstmalig anzusehen, wenn ihm ein anderes durch einen berufsqualifizierenden Abschluss beendetes Studium vorangegangen ist oder der Steuerzahler vor Beginn des Erststudiums eine berufliche Qualifikation durch eine abgeschlossene Berufsausbildung erlangt hat.

BEISPIEL

A hat in einem Steuerberatungsbüro die Berufsausbildung als Steuerfachwirt hinter sich gebracht. Anschließend studiert er Jura. Die Aufwendungen, die während des Jurastudiums anfallen, rechnen als Kosten für das Erststudium nach vorangegangener Berufsausbildung zu den Werbungskosten bzw. Betriebsausgaben.

WICHTIG

Aufwendungen eines in Deutschland lebenden Ausländers für das **Erlernen der deutschen Sprache** rechnen zu den nichtabziehbaren Kosten der Lebensführung. Dies gilt selbst dann, wenn zur Fortsetzung der bereits im Ausland ausgeübten beruflichen Tätigkeit ein Ergänzungsstudium erforderlich ist, dessen Aufnahme den Nachweis von Deutschkenntnissen voraussetzt (BFH, Urteil v. 5.7.2007, VI R 72/06, BFH/NV 2007 S. 2096).

Promotionskosten sind in der Regel **Werbungskosten oder Betriebsausgaben**. Daher sollte stets geprüft werden, inwieweit Sie Ihre Promotionskosten noch geltend machen können, wenn sie bisher steuerlich noch nicht berücksichtigt worden sind.

III Gestaltung und Tipps

TIPP

Dies ist im Rahmen der Feststellungsverjährung durch **Beantragung eines "Verlustvortrags"** zulässig. Dabei ist neben der 4-jährigen Festsetzungsfrist noch die 3-jährige Anlaufhemmung zu berücksichtigen, wenn keine Steuererklärung für das Abzugsjahr abgegeben worden ist. Sollte allerdings in dem Jahr, in dem die Promotionskosten angefallen sind, ein Arbeitsverhältnis bestanden haben und aus diesem Arbeitsverhältnis steuerpflichtiger Arbeitslohn zu versteuern sein, kann eine Verlustfeststellung nicht mehr erfolgen, wenn der betreffende Einkommensteuerbescheid bestandskräftig geworden ist. Darüber hinaus ist bei der Einkommensteuererklärung 2010 zu prüfen, ob der sich auf Grund der Promotionskosten ergebende Verlustvortrag bereits durch frühere Einkünfte aufgezehrt ist. Ggf. kann für die früheren Veranlagungszeiträume dieser Verlustvortrag noch durch eine Änderungsveranlagung berücksichtigt werden.

TIPP

Ausbildungskosten, die Gegenstand eines Dienstverhältnisses sind, können weiterhin als Werbungskosten abgezogen werden. Damit hat derjenige, der seine **Berufsausbildung im Rahmen eines praxisorientierten Studiums** erledigt, gegenüber dem „Echt-Studenten" den **Vorteil**, dass er seine Aufwendungen als Werbungskosten mit den steuerpflichtigen Einnahmen aus dem Arbeitsverhältnis verrechnen kann und, soweit sich ein Werbungskostenüberhang ergibt, diesen als vortragsfähigen Verlust feststellen lassen kann. Bei dem „Echt-Studenten" geht dagegen durch den Sonderausgabenabzug in den Jahren, in denen keine oder nur geringfügige Einnahmen angefallen sind, der Ausbildungsaufwand als Steuerentlastungspotenzial verloren.

355 ● Höhe des Sonderausgabenabzugs

Aufwendungen für die erstmalige Berufsausbildung und für das Erststudium werden im Rahmen des Sonderausgabenabzugs nur bis zu einem **Höchstbetrag** von **4.000 €** berücksichtigt (§ 10 Abs. 1 Nr. 7 EStG), unabhängig davon, ob die Ausbildung von zu Hause aus erledigt wird oder ob eine auswärtige Unterbringung stattfindet. Im Fall der Zusammenveranlagung ist der Höchstbetrag von 4.000 € jedem Ehegatten gesondert zu gewähren.

356 Als Sonderausgaben abziehbar sind die **Studien-** und **Lehrgangsgebühren**, Aufwendungen für **Lehrmaterial, Fachbücher**, die Kosten für **Fahrten zwischen Wohnung und Ausbildungsstätte** mit 0,30 € je Entfernungskilometer sowie bei auswärtiger Unterbringung die Mehraufwendungen für **Verpflegung** und die **Übernachtungskosten** (➜ Tz 737).

Auch die Aufwendungen für ein **häusliches Arbeitszimmer** können zu den Berufsausbildungskosten rechnen. Dies ist stets dann der Fall, wenn das häusliche Arbeitszimmer den qualifizierten Mittelpunkt der gesamten Berufsausbildung darstellt. Denken Sie z. B. an einen Steuerzahler, der ein Fernstudium absolviert und ausschließlich oder fast ausschließlich in seinem häuslichen Arbeitszimmer dafür tätig ist. Besucht ein Student dagegen die Universität oder eine Fachhochschule und bereitet er sich zusätzlich im häuslichen Arbeitszimmer auf das Studium vor, bildet das häusliche Arbeitszimmer nicht den Mittelpunkt seiner Berufsausbildung. Hier kann ein Sonderausgabenabzug nur dann erreicht werden, wenn dem Student für sein Studium kein anderer „Ausbildungsort" zur Verfügung steht als das häusliche Arbeitszimmer. Dann müssen die Aufwendungen, so das BVerfG (➜ Tz 635), im Rahmen der 1.250 €-Grenze berücksichtigt werden.

Wird das häusliche Arbeitszimmer nicht nur für die Berufsausbildung genutzt, sondern auch für Tätigkeiten im Rahmen der Einkunftserzielung, z. B. als Arbeitnehmer oder als Freiberufler, darf, wenn das häusliche Arbeitszimmer den qualifizierten Mittelpunkt der gesamten Tätigkeit bildet, der für das häusliche Arbeitszimmer angefallene Aufwand entsprechend des Nutzungsumfangs bei den Betriebsausgaben bzw. Werbungskosten und bei den Sonderausgaben angesetzt werden. Auf jeden Fall muss in diesem Zusammenhang darauf geachtet werden, dass die Kosten für das häusliche Arbeitszimmer zusammen mit den übrigen Berufsausbildungskosten den **Höchstbetrag** von **4.000 €** nicht überschreiten (BMF, Schreiben v. 3.4.2007, IV B 2 – S 2145/07/0002, BStBl 2007 I S. 442, Rz. 16).

Die Anschaffungskosten von **Gegenständen über 410 €** netto, die Sie für Ihre Berufsausbildung benötigen, können Sie nur verteilt auf die Nutzungsdauer als Sonderausgaben geltend machen (BFH, Urteil v. 7.5.1993, VI R 113/92, BStBl 1993 II S. 676). Denken Sie z. B. an einen PC mit Bildschirm und Drucker, den Sie z. B. zur Vorbereitung auf die Meisterprüfung ausschließlich für Ausbildungszwecke verwenden.

Die vorgenannten Aufwendungen sind um Zuschüsse zu den Ausbildungsmaßnahmen zu kürzen. Aus Vereinfachungsgründen nimmt die Finanzverwaltung nur dann eine Kürzung der Ausbildungskosten vor, wenn die steuerfreien Bezüge **ausschließlich** zur **Bestreitung der Ausbildungskosten** bestimmt sind, wie z. B. die Berufsausbildungsbeihilfen nach dem Dritten Buch Sozialgesetzbuch oder die Leistungen für Lern- und Arbeitsmittel nach der Verordnung über Zusatzleistungen in Härtefällen beim BAföG (§§ 12 und 13). Werden mit den steuerfreien Bezügen ausschließlich oder teilweise Aufwendungen für den **Lebensunterhalt abgedeckt**, kommt eine Kürzung nicht in Betracht.

Haben Sie Ihre Berufsausbildungskosten mit Darlehen fremdfinanziert, können Sie die Aufwendungen bereits im Veranlagungszeitraum der **Verausgabung der Darlehensmittel** steuermindernd berücksichtigen. Tilgungsraten, die Sie z. B. für ein BAföG-Darlehen aufwenden, sind dagegen nach Studienabschluss nicht mehr steuerlich zu berücksichtigen (BFH, Urteil v. 7.2.2008, VI R 41/05, BFH/NV 2008 S. 1136).

TIPP

Listen Sie Ihre Ausbildungskosten in einer **gesonderten Aufstellung** auf, indem Sie angeben, wann sie angefallen sind (Spalte 1), um welche Aufwendungen es sich handelt (Spalte 2) und wie hoch die einzelnen Aufwendungen sind (Spalte 3). Denken Sie daran, dass die Aufwendungen nur bis zur Höhe von 4.000 € als Sonderausgaben abziehbar sind. Im Fall der Zusammenveranlagung muss jeder Ehegatte seine Ausbildungskosten auflisten, um sie dann mit dem Höchstbetrag von 4.000 € abzugleichen.

Dauernde Lasten

Eine dauernde Last liegt vor, wenn über längere Zeit **wiederkehrende Beträge** gezahlt **357** werden (§ 10 Abs. 1 Nr. 1a EStG). Dabei werden folgende Arten von wiederkehrenden Leistungen unterschieden:

- Versorgungsleistungen ➜ Sonderausgaben (§ 10 Abs. 1 Nr. 1a EStG)
- Unterhaltsleistungen ➜ Kein Abzug (§ 12 Nr. 2 EStG)

III Gestaltung und Tipps

● Leistungen im Austausch mit einer Gegenleistung ➜ Vermögensumschichtung + Zinsanteil als Kapitaleinkünfte/Sonstige Einkünfte

358 Versorgungsleistungen in Form von Renten oder dauernden Lasten sind wiederkehrende Leistungen, die entweder im Zusammenhang mit einer Vermögensübertragung zur vorweggenommenen Erbfolge oder mit einer Verfügung von Todes wegen stehen. Dabei kommt es den Vertragsparteien darauf an, dass die Leistungen unabhängig vom Wert des übertragenen Vermögens nach dem **Versorgungsbedürfnis des Berechtigten** und nach der **wirtschaftlichen Leistungsfähigkeit des Verpflichteten** bemessen sind.

TIPP

Ein Sonderausgabenabzug ist nur dann möglich, wenn der **Übernehmer** des Vermögens Erträge erwirtschaftet und an den Übergeber weiterleitet. Geht das Vermögen in der Weise über, dass sich der Übergeber die gesamten Erträge durch einen **Nießbrauch** vorbehält, scheidet somit ein Sonderausgabenabzug der Versorgungsleistungen aus.

Können die Versorgungsleistungen nicht aus den Nettoerträgen des übertragenen Vermögens gedeckt werden, stellt der **Kapitalwert der Rentenzahlungen** ein **Entgelt** für das **übernommene Vermögen** dar. Dies bedeutet für einen GmbH-Anteil von 50 %, der gegen Rentenzahlungen übertragen wird, dass es zu einer Besteuerung nach § 17 EStG kommt, wobei der Kapitalwert der Rentenzahlungen den anteiligen Anschaffungskosten des GmbH-Anteils für den entgeltlichen Vorgang gegenübergestellt wird.

359 Durch das **JStG 2008** hat der Gesetzgeber das Rechtsinstitut der Versorgungsrente auf seinen Kernbereich, nämlich die Übertragung von land- und forstwirtschaftlichen Betrieben, Gewerbebetrieben und Betrieben Selbstständiger in der Rechtsform eines Einzelunternehmens oder einer Personengesellschaft zurückgeführt (§ 10 Abs. 1 Nr. 1a EStG). Bei allen Vermögensübertragungen, die nach dem 31.12.2007 vereinbart werden (§ 52 Abs. 23f Satz 1 EStG), ist im Rahmen des Sonderausgabenabzugs wie folgt zu verfahren:

1. Es müssen Versorgungsleistungen vorliegen, die auf besonderen Verpflichtungsgründen beruhen sowie lebenslang und wiederkehrend gewährt werden. Solche Versorgungsleistungen können entweder im Zusammenhang mit einer Vermögensübertragung zur vorweggenommenen Erbfolge stehen oder auf einer Verfügung von Todes wegen beruhen.

2. Bei einer vorweggenommenen Erbfolge muss es sich um eine Vermögensübertragung Kraft einzelvertraglicher Regelung unter Lebenden mit Rücksicht auf die künftige Erbfolge handeln, bei der sich der Übergeber in Gestalt der Versorgungsleistungen üblicherweise Erträge seines Vermögens vorbehält, die nunmehr allerdings vom Übernehmer erwirtschaftet werden müssen (BFH, Beschluss v. 15.7.1991, GrS 1/90, BStBl 1992 II S. 78).

3. Der Gegenstand der Vermögensübergabe muss in einer existenzsichernden und ertragsbringenden Wirtschaftseinheit bestehen, die im Gesetz enummerativ genannt wird. Hierbei kann es sich handeln um
   – einen Mitunternehmeranteil an einer Personengesellschaft, die gewerblich oder freiberuflich oder im Bereich der Land- und Forstwirtschaft tätig ist (§§ 13, 15 Abs. 1 Satz 1 Nr. 1 oder 18 Abs. 1 EStG),
   – einen Betrieb oder Teilbetrieb sowie

– einen mindestens 50 % betragenden Anteil an einer GmbH, wenn der Übergeber als Geschäftsführer tätig war und der Übernehmer diese Tätigkeit nach der Übertragung übernimmt.

Hierzu einige Hinweise aus der Praxis (vgl. auch BMF, Schreiben v. 11.3.2010, IV C 3 – S 2221/09/10004, BStBl 2010 I S. 227):

Land- und forstwirtschaftlicher Betrieb: Im Bereich der Land- und Forstwirtschaft liegt eine abziehbare Versorgungsleistung auch dann vor, soweit sie auf den Wohnteil des Betriebsinhabers entfällt (§ 10 Abs. 1 Nr. 1a Satz 3 EStG).

Betrieb oder Teilbetrieb: Die Übertragung eines Betriebs oder Teilbetriebs ist unabhängig davon begünstigt, ob es sich hierbei um einen aktiv tätigen oder ruhenden Gewerbebetrieb handelt. Auch die Übertragung eines Besitzunternehmens im Rahmen einer Betriebsaufspaltung ist demnach mit als Sonderausgaben abziehbaren Versorgungsleistungen zulässig.

WICHTIG

Die 100 %ige Beteiligung an einer GmbH ist für die Annahme begünstigter Versorgungsleistungen nicht als Teilbetrieb anzusehen (vgl. BMF, Schreiben v. 11.3.2010, a. a. O., Rz. 14).

Anteil an einer Personengesellschaft: Bei gewerblichen Einkünften einer Personengesellschaft fallen hierunter nur die eigentlichen gewerblichen Einkünfte im Sinne des § 15 Abs. 1 Satz 1 Nr. 1 EStG. Der Sonderausgabenabzug kann in Anspruch genommen werden bei der Übertragung des gesamten Mitunternehmeranteils (einschließlich Sonderbetriebsvermögen) auf einen oder mehrere Übernehmer, bei der Übertragung eines Teils eines Mitunternehmeranteils (einschließlich der quotalen Übertragung der wesentlichen Betriebsgrundlagen des Sonderbetriebsvermögens) und bei der unentgeltlichen Aufnahme des Übernehmers in ein bestehendes Einzelunternehmen.

WICHTIG

Kein Sonderausgabenabzug ist möglich, wenn eine **vermögensverwaltende Personengesellschaft** lediglich an einer gewerblich tätigen Gesellschaft beteiligt ist (§ 15 Abs. 3 Nr. 1 2. Alternative EStG).

Anteile an einer **gewerblich geprägten Personengesellschaft** (vgl. § 15 Abs. 3 Nr. 2 EStG) können nicht im Zusammenhang mit Versorgungsleistungen begünstigt übertragen werden, da die Personengesellschaft keine Tätigkeit i. S. d. § 15 Abs. 1 Satz 1 Nr. 1 EStG ausübt.

TIPP

Wollen Sie bei einer gewerblich geprägten Personengesellschaft eine als Sonderausgabe abziehbare Versorgungsleistung vereinbaren, müssen Sie vor der Übertragung hingehen und die Personengesellschaft gewerblich tätig werden lassen. Wenn diese gewerbliche Tätigkeit nicht ganz geringfügig ist, werden sämtliche Tätigkeiten dieser Gesellschaft gewerblich geprägt (§ 15 Abs. 3 Nr. 1 EStG). Damit sind die Anteile an dieser Personengesellschaft im Rahmen der Vereinbarung einer Versorgungsleistung nach § 10 Abs. 1 Nr. 1a EStG begünstigt. Der

III Gestaltung und Tipps

Mitunternehmeranteil umfasst grundsätzlich auch das dazugehörige Sonderbetriebsvermögen. In diesem Zusammenhang wäre es durchaus vertretbar, wenn im Einzelfall nur der Gesellschaftsanteil übertragen wird, wobei der Übertragende sich das Sonderbetriebsvermögen zurückhält, damit es bei ihm weiterhin zu seinem Gesellschaftsanteil rechnet. Hierzu vertritt die Finanzverwaltung eine restriktive Auffassung. Das Zurückhalten von wesentlichem Sonderbetriebsvermögen wird bei der Teilanteilsübertragung als schädlich angesehen (BMF, Schreiben v. 11.3.2010, a. a. O., Rz. 8). Damit muss das Sonderbetriebsvermögen quotenentsprechend mit dem Gesellschaftsanteil übertragen werden, wenn es sich bei diesem Sonderbetriebsvermögen um wesentliche Betriebsgrundlagen handelt.

GmbH-Anteil: Wird ein Anteil an einer GmbH übertragen, muss Gegenstand der Übertragung ein mindestens 50 %-Anteil an der GmbH sein. Hinzukommen muss, dass der Übergeber als Geschäftsführer der GmbH in der Vergangenheit tätig war und der Übernehmer diese Tätigkeit nach der Übertragung übernimmt.

WICHTIG

Aus dem Gesetzeswortlaut ist nicht zu entnehmen, ob die Geschäftsführertätigkeit des Übergebers im Zeitpunkt der Übertragung des GmbH-Anteils bestehen muss und mit der Übertragung endet, oder ob es ausreicht, dass der Übergeber in der Vergangenheit als Geschäftsführer der GmbH tätig war, unabhängig davon, ob diese Tätigkeit im Übertragungszeitpunkt noch besteht. Die Tätigkeit des Übertragenden muss von dem Erwerber übernommen werden; dies kann in der Weise geschehen, dass der Erwerber erstmals zum Geschäftsführer der GmbH bestellt wird, aber auch dadurch, dass seine Geschäftsführerfunktion, die bisher bereits bestand, durch das Ausscheiden des Übertragenden um diese erweitert wird.

In diesem Zusammenhang sind einige Einschränkungen aus dem Erlass der Finanzverwaltung (BMF, Schreiben v. 11.3.2010, a. a. O., Rz. 15 f.) zu beachten. Hier das Wichtigste für den Praktiker:

● Es ist nicht erforderlich, dass der Übergeber seinen gesamten Anteil überträgt, sofern der übertragene Anteil **mindestens 50 %** ausmacht. Dabei behandelt die Finanzverwaltung Teilübertragungen jeweils isoliert und rechnet sie nicht – wie nach den Grundsätzen der Gesamtplanrechtsprechung – zusammen.

● Überträgt ein Gesellschafter-Geschäftsführer einen mindestens 50 % betragenden Anteil an der GmbH auf den Übernehmer, liegen begünstigte Versorgungsleistungen nur dann vor, wenn der **Vermögensübernehmer** eine **Geschäftsführertätigkeit** ausübt, wobei es uninteressant ist, ob der Übernehmer bereits vor der Übertragung Geschäftsführer der Gesellschaft war oder erst durch die Übertragung Geschäftsführer wird.

● Für den Sonderausgabenabzug ist es nicht erforderlich, dass der Übernehmende dieselbe Funktion im Rahmen der Geschäftsführung ausübt wie vormals der Übergeber.

● Überträgt der Vermögensübergeber seine 100 % GmbH-Beteiligung zu jeweils 50 % auf seine beiden Söhne und wird nur einer der beiden zum Geschäftsführer bestellt, führt ausschließlich die Übertragung auf den Geschäftsführer zu einer begünstigten Vermögensübertragung. Nur dann, wenn beide Söhne jeweils 50 % GmbH-Anteil übernehmen und gleichzeitig als Geschäftsführer der Gesellschaft bestellt werden, liegen in Form der regelmäßigen Zahlungen bei ihnen Sonderausgaben i. S. d. § 10 Abs. 1 Nr. 1a EStG vor.

Neben den oben angeführten Übertragungen im betrieblichen Bereich lässt der Gesetzgeber die Versorgungsrente als Gestaltungselement für eine Vermögensübertragung im privaten Bereich nicht mehr zu. Damit ist es **ab 2008 nicht mehr möglich, Immobilien gegen Versorgungsleistungen im Sonderausgabenbereich auf nahe Angehörige zu übertragen.** **360**

Dies gilt auch für die Einräumung eines Nießbrauchsrechts, und zwar unabhängig davon, ob das Nießbrauchsrecht an wirtschaftlichen Einheiten i. S. d. § 10 Abs. 1 Nr. 1a Satz 2 EStG bestellt wurde oder nicht. Eine **Ausnahme** kann sich bei der sog. zeitlich gestreckten, „gleitenden" Vermögensübertragung ergeben (vgl. BMF, Schreiben v. 11.3.2010, ➜ Tz 359, Rz. 25). Entsprechendes gilt auch für land- und forstwirtschaftliche Betriebe, wenn sie auf Grund von Wirtschaftsüberlassungsverträgen, die Vorstufe zu Hof- und Betriebsübertragung sind, überlassen werden. Eine begünstigte Vermögensübertragung im Zusammenhang mit Versorgungsleistungen kann in diesen Fällen erst bei der späteren tatsächlichen Übertragung des Hofs und Betriebs im Zusammenhang mit wiederkehrenden Leistungen vorliegen.

Was passiert nun, wenn **privater Grundbesitz** oder **Wertpapiervermögen** gegen Versorgungsleistungen als Maßnahme der vorweggenommenen Erbfolgeregelung **übertragen** wird. Hierin sieht die Finanzverwaltung einen entgeltlichen oder teilentgeltlichen Vorgang. Bei Übertragung eines Grundstücks oder von Goldbarren kann dies zu einer Spekulationsbesteuerung führen, wenn die Spekulationsfristen nicht überschritten sind. Dies hat dann für den Verpflichteten folgende Konsequenzen:

● Die **Anschaffungskosten** des begünstigten Wirtschaftsguts bemessen sich nach dem Barwert der wiederkehrenden Leistungen (Vorschriften des BewG sind maßgebend) oder nach versicherungsmathematischen Grundsätzen (vgl. R 6.2 Satz 1 EStR). Bei der Berechnung des Barwerts ungleichmäßig wiederkehrender Leistungen ist als Jahreswert der Betrag zugrunde zu legen, der aus der Sicht des Anschaffungszeitpunkts im Durchschnitt der Jahre voraussichtlich erwirtschaftet wird.

WICHTIG

Werden die wiederkehrenden Leistungen für den Erwerb eines zur Einkunftserzielung dienenden **abnutzbaren** Wirtschaftsguts gezahlt, ist der Barwert der Rente oder der dauernden Last Bemessungsgrundlage für die Absetzungen für Abnutzung, erhöhten Absetzungen sowie Sonderabschreibungen. Der in den wiederkehrenden Leistungen enthaltene Tilgungsanteil kann im Zeitpunkt der Zahlung nicht gesondert als Werbungskosten abgezogen werden.

● Der **Zinsanteil von Veräußerungsleibrenten** ist nach der Ertragsanteilstabelle des § 22 Nr. 1 Satz 3 Buchst. a Doppelbuchst. bb EStG (➜ Tz 958) zu ermitteln. Der Zinsanteil von dauernden Lasten ist ebenfalls unter Anwendung der vorgenannten Tabelle zu berechnen, kann aber auch nach finanzmathematischen Grundsätzen unter Verwendung des Zinsfußes von 5,5 % berechnet werden. Bei dieser einzelfallbezogenen

III Gestaltung und Tipps

Berechnung ist die voraussichtliche Laufzeit der Rentenzahlungen nach der zum jeweiligen Berechnungszeitpunkt geltenden Sterbetafel zu bemessen.

- Der **Zinsanteil von Renten und dauernden Lasten** darf grundsätzlich nicht abgezogen werden. Dient das gegen Zahlung einer Rente oder dauernden Last erworbene Wirtschaftsgut der Einkunftserzielung, ist der in den einzelnen Zahlungen enthaltene Zinsanteil dagegen als Werbungskosten abzuziehen, sofern kein Werbungskostenabzugsverbot greift. Bei Veräußerungsleibrenten sind auch die Erhöhungs- und Mehrbeträge auf Grund einer Wertsicherungsklausel nur mit dem Ertragsanteil als Werbungskosten zu berücksichtigen.
- Der Berechtigte erzielt für das entgeltlich im Austausch mit wiederkehrenden Leistungen übertragene Vermögen einen Veräußerungspreis in Höhe des Barwerts der wiederkehrenden Leistungen.
- Der **Veräußerungspreis** bei privaten Veräußerungsgeschäften gegen wiederkehrende Leistungen ist – bis zur Höhe des ermittelten Barwerts – der Unterschiedsbetrag zwischen der Summe der jährlichen Zahlungen und dem zu ermittelnden Zinsanteil.

WICHTIG

Ein **Gewinn aus privaten Veräußerungsgeschäften** entsteht erstmals in dem Veranlagungszeitraum, in dem der in der Summe der jährlichen Zahlungen enthaltene Veräußerungspreis die ggf. um die Absetzungen für Abnutzung, erhöhten Absetzungen und Sonderabschreibungen verminderten Anschaffungs- oder Herstellungskosten sowie die dazugehörigen Werbungskosten übersteigt. Bei Veräußerungsgewinnen i. S. d. § 17 Abs. 2 EStG entsteht der Gewinn im Zeitpunkt der Veräußerung. Wird eine Beteiligung i. S. d. § 17 EStG gegen eine Leibrente oder gegen einen in Raten zu zahlenden Kaufpreis veräußert, sind die Grundsätze aus den Einkommensteuer-Richtlinien (R 17 Abs. 7 Satz 2 i. V. m. R 16 Abs. 11 EStR sowie BMF, Schreiben v. 3.8.2004, IV A 6 – S 2244 – 16/04, BStBl 2004 I S. 1187) zu beachten. Wird Kapitalvermögen gegen wiederkehrende Leistungen veräußert, kann auch ein Gewinn oder Ertrag aus Wertsteigerungen vorliegen, der den Regelungen über die Abgeltungsteuer unterliegt.

- Der in den **wiederkehrenden Leistungen** enthaltene Zinsanteil stellt das Entgelt für die Stundung des Veräußerungspreises dar; es ist auf die Laufzeit der wiederkehrenden Leistung zu verteilen. Der Zinsanteil ist wie beim Verpflichteten nach der Ertragsanteilstabelle des § 22 Nr. 1 Satz 3 Buchst. a Doppelbuchst. bb EStG (→ Tz 958) zu ermitteln. Bei **Veräußerungsleibrenten** ist dieser Zinsanteil im Rahmen der sonstigen Einkünfte zu versteuern. Liegt eine dauernde Last vor, ist der Zinsanteil als Kapitaleinkünfte nach § 20 Abs. 1 Nr. 7 EStG zu versteuern.

WICHTIG

Auch bei Annahme von Kapitaleinkünften kommt es nicht zur Anwendung der Abgeltungsteuer. Denn die **Abgeltungsteuer** ist bei Kapitalerträgen i. S. d. § 20 Abs. 1 Nr. 7 EStG **nicht anzuwenden**, wenn Gläubiger und Schuldner einander nahestehende Personen sind (§ 32d Abs. 2 Satz 1 Buchst. a EStG). Damit ist die Zuordnung zu den Kapitaleinkünften oder zu den sonstigen Einkünften grundsätzlich uninteressant; lediglich bei der Frage der Anwendung des Sparer-Pauschbetrags von 801 € (Kapitaleinkünfte) oder des Werbungskosten-Pauschbetrags von 102 € (sonstige Einkünfte) spielt die Unterscheidung eine Rolle.

WICHTIG

Sollte begünstigtes Betriebsvermögen oder begünstigte Anteile an einer Kapitalgesellschaft gegen wiederkehrende Leistungen auf bestimmte Zeit (Zeitrente sowie Rente mit Mindest- oder Höchstlaufzeit) übertragen werden, gelten die vorstehenden Grundsätze zur Barwertermittlung und zur Besteuerung des Zinsanteils entsprechend. Versorgungsleistungen im Sonderausgabenbereich liegen auch hier nicht vor.

WICHTIG

Bei Versorgungsleistungen nach neuem Recht sind diese ab 2008 stets in vollem Umfang zu berücksichtigen, auch wenn § 323 ZPO (Anpassung an die Lebensbedürfnisse des Übergebers oder Übernehmers) ausdrücklich ausgeschlossen ist. Für den Empfänger der Leistung bedeutet dies, dass er sie voll zu versteuern hat; bei ihm kann also auf die Bestimmung des Ertragsanteils für die Besteuerung der Rentenzahlungen verzichtet werden. Dies wird durch das neu geregelte Korrespondenzprinzip in § 22 Nr. 1b EStG sichergestellt.

Vermögensübergabeverträge, die vor dem 1.1.2008 zustande gekommen sind, werden ab 2008 unverändert im Sonderausgabenbereich berücksichtigt (§ 52 Abs. 23f EStG). Danach können Versorgungsleistungen im Zusammenhang mit der Übertragung von Immobilien, seien sie eigengenutzt oder vermietet, unter Berücksichtigung der bisherigen Verwaltungsmeinung (BMF, Schreiben v. 11.3.2010, → Tz 359) als Renten mit dem Ertragsanteil oder als dauernde Last mit dem vollen Zahlungsbetrag in Abzug gebracht werden. Korrespondierend hat der Leistungsempfänger die Zahlungen als sonstige Einkünfte zu versteuern. Dies gilt auch für Vermögensübertragungen im privaten Bereich, bei denen Kapitalvermögen hingegeben wird oder bei denen auf ein Nutzungsrecht zugunsten einer Versorgungsrente verzichtet wird.

Eine **Ausnahme** von dem Grundsatz „Fortsetzung der vereinbarten Versorgungsleistungen" ab 2008 sieht § 52 Abs. 23f Satz 2 EStG vor: Soweit das übertragene Vermögen nur deshalb einen ausreichenden Ertrag erbringt, weil ersparte Aufwendungen mit Ausnahme der ersparten Nettomiete für ein zu eigenen Zwecken genutztes Grundstücks zu den Erträgen des Vermögens gerechnet werden, ist die Neuregelung bei diesen Altverträgen rückwirkend anzuwenden. Damit **scheidet** hier **ab 2008** ein **Sonderausgabenabzug aus** (vgl. BMF, Schreiben v. 11.3.2010, → Tz 359, Rz. 82).

Dies rechtfertigt der Gesetzgeber damit, dass die Finanzverwaltung bereits nach bisherigem Recht vor 2008 durch ihre Nichtanwendungserlasse den Sonderausgabenabzug nicht zugelassen hatte. Unter die Ausnahmevorschrift fallen die Fälle, in denen – wie vorstehend beschrieben – ein Elternteil einem Kind einen Geldbetrag zugewandt hat mit der Auflage, damit ein Darlehen auf einem eigengenutzten Einfamilienhaus abzulösen, um aus den ersparten Zinsaufwendungen eine Versorgungsrente an den Elternteil zahlen zu können.

TIPP

Für die **Fortführung** der Altverträge **im Sonderausgabenbereich** kommt es nur darauf an, dass die **Vereinbarung** über die Vermögensübergabe **vor dem 1.1.2008** getroffen wurde. Wann das Vermögen tatsächlich übergeht, spielt

III Gestaltung und Tipps

dabei keine Rolle. Dies hat insbesondere für die Fälle Bedeutung, in denen die Versorgungsleistungen auf Verfügungen von Todes wegen beruhen. Ist bei einem gemeinschaftlichen Testament oder bei einem Erbvertrag vereinbart worden, dass im Fall des Todes Versorgungsleistungen zu zahlen sind, liegt ein sog. Altfall auch dann vor, wenn der Todesfall erst nach dem 31.12.2007 eintritt, die Versorgungsvereinbarung im Testament bzw. im Erbvertrag jedoch vor dem 1.1.2008 zustande gekommen ist. Dies sieht auch die Finanzverwaltung so. In Rz. 83 des BMF-Schreibens v. 11.3.2010 (➜ Tz 359) wird für die zeitliche Anwendung bei einer Regelung der Vermögensübertragung in einem Testament oder in einer anderen Verfügung von Todes wegen auf den Eintritt des Erbfalls abgestellt. Dabei ist für ein im Testament geregeltes Vermächtnis der Zeitpunkt der schuldrechtlichen Entstehung des Vermächtnisanspruchs maßgebend.

Wurde auf Grund eines **vor** dem **1.1.2008** abgeschlossenen Übertragungsvertrags **Vermögen unter Nießbrauchsvorbehalt** auf den Vermögensübernehmer **übertragen** und wird das Nießbrauchsrecht nach dem 31.12.2007 durch Stornierung wiederkehrender Leistungen abgelöst, ist aus der Sicht der Finanzverwaltung (BMF, Schreiben v. 11.3.2010, ➜ Tz 359, Rz. 85) Folgendes zu beachten:

● Wurde die **Ablösung des Nießbrauchsrechts** gegen Versorgungsleistungen und der Zeitpunkt bereits im Übertragungsvertrag verbindlich vereinbart, liegt bei Ablösung des Nießbrauchsrechts gegen wiederkehrende Leistungen eine „Altvereinbarung" vor, für die die Grundsätze des 3. Rentenerlasses (BMF, Schreiben v. 16.9.2004, IV C 3 S 2255 – 354/04, BStBl 2004 I S. 922) weiter anwendbar sind. Denken Sie z. B. an den Fall, dass im Jahre 2001 ein Mietwohngrundstück vom Vater auf den Sohn unter Einräumung eines Vorbehaltsnießbrauchs übertragen wurde. In der Nießbrauchsvereinbarung ist festgehalten, dass beim Tod des Vaters seine Ehefrau das Nießbrauchsrecht fortführt. Der Sohn hat dann allerdings das Recht, dieses Nießbrauchsrecht gegen Zahlung einer Versorgungsrente abzulösen. Erfolgt diese Ablösung z. B. im Jahr 2009, liegt eine Versorgungsrente nach altem Recht vor. Sie kann daher als Sonderausgabe geltend gemacht werden.

● Erfolgt die Vereinbarung der Ablösung des Nießbrauchsrechts nach dem 31.12.2007, können Versorgungsleistungen nur dann als Sonderausgaben berücksichtigt werden, wenn Gegenstand der Vermögensübertragung ein Betrieb, Teilbetrieb, Mitunternehmeranteil oder qualifizierter GmbH-Anteil ist.

361 Der **sachliche Zusammenhang** der wiederkehrenden Leistungen mit der Vermögensübergabe **endet**, wenn der Übernehmer das übernommene Vermögen auf einen Dritten überträgt und damit dem Übernehmer das übernommene Vermögen steuerrechtlich nicht mehr zuzurechnen ist. Die im Zusammenhang mit der Vermögensübertragung vereinbarten Leistungen zwischen dem Übergeber und dem Übernehmer dürfen ab diesem Zeitpunkt nicht mehr als Sonderausgaben abgezogen werden.

Der **sachliche Zusammenhang** der wiederkehrenden Leistungen mit der Vermögensübertragung **endet** jedoch **nicht**, wenn der Übernehmer das übernommene Vermögen im Wege der vorweggenommenen Erbfolge weiter überträgt und dabei den neuen Übernehmer verpflichtet, die von ihm eingegangenen Versorgungsleistungen zu erfüllen. Ein **Sonderausgabenabzug** ist auch dann **möglich**, wenn der Vermögensübernehmer das begünstigt übernommene Vermögen auf einen Dritten überträgt und mit dem Erlös zeitnah anderes begünstigtes Vermögen erwirbt, aus dessen Erträgen die wiederkehrenden Leistungen an den Übergeber entrichtet werden. Wichtig ist in diesem Zusammenhang, dass der Ertrag aus dem durch den Veräußerungserlös angeschafften Vermögen ausreicht, um die bisherigen Versorgungsleistungen bedienen zu können. Hierzu verlangt die Finanzverwaltung (BMF, Schreiben v. 11.3.2010, ➜ Tz 359, Rz. 41), dass der Nachweis über hinreichende Erträge durch den Durchschnittsertrag, ermittelt für das Übertragungsjahr und die beiden Folgejahre, dokumentiert wird.

Wurde vor dem 1.1.2008 rechtswirksam eine Vermögensübertragung im Zusammenhang mit Versorgungsleistungen vereinbart und wird das begünstigte Vermögen nach dem 31.12.2007 nachträglich umgeschichtet, ist die nachträgliche Umschichtung nach den Regelungen im 3. Rentenerlass (BMF, Schreiben v. 16.9.2004, ➜ Tz 360) zu beurteilen. In diesen Fällen ist es nicht erforderlich, dass durch den Veräußerungserlös begünstigtes Vermögen i. S. d. neuen § 10 Abs. 1 Nr. 1a Satz 2 EStG zur Bedienung der Versorgungsleistungen angeschafft wird. Es kann auch in nicht begünstigtes Vermögen, z. B. in ein Mietwohngrundstück, investiert werden. Allerdings muss auch hier sichergestellt sein, dass die Erträge aus dem neuen Vermögen ausreichen, um die bisherigen Versorgungsleistungen bedienen zu können.

Sind Leistung und Gegenleistung nach kaufmännischen Gesichtspunkten gegeneinander **362** abgewogen, liegt ein **Anschaffungsgeschäft** vor. Die in diesem Zusammenhang ggf. neben einem Barbetrag gezahlte Leibrente ist bei Vereinbarung vor dem 1.1.2008 mit dem Ertragsanteil nicht als Sonderausgabe abziehbar, wenn der erworbene Vermögensgegenstand z. B. in einem selbstgenutzten Einfamilienhaus besteht (vgl. BFH, Urteil v. 14.11.2001, X R 39/98, BFH/NV 2002 S. 424). Besteht der erworbene Vermögensgegenstand in einem Vermietungsobjekt, kann der Ertragsanteil als Werbungskosten abgezogen werden; ihr Rentenbarwert stellt Anschaffungskosten für das Vermietungsobjekt dar. Werden wiederkehrende Leistungen im Rahmen des Übertragungsvertrags vereinbart und können die Leistungen nicht aus dem Durchschnittsertrag des übertragenen Vermögens finanziert werden, ist die Übertragung des Vermögensgegenstands als **teilentgeltliches Rechtsgeschäft** zu behandeln, unabhängig davon, in welcher Relation der Kapitalwert der wiederkehrenden Leistungen zum Verkehrswert des Vermögensgegenstands steht. Damit droht insbesondere bei der Übertragung von Grundstücken die Annahme eines steuerpflichtigen Spekulationsgeschäfts.

WICHTIG

Geht der **Kapitalwert der Rente über den Verkehrswert des übertragenen Vermögens hinaus,** darf der Zinsanteil in der Rente nur insoweit als Werbungskosten bei der Ermittlung der Einkünfte für das übertragene Vermögen berücksichtigt werden, als er auf den Verkehrswert des übertragenen Vermögens entfällt. Der über den Verkehrswert hinausgehende Kapitalwert und der darauf entfallende Zinsanteil sind „Privatsache"; sie sind steuerlich nicht zu berücksichtigen.

Fallen im Zusammenhang mit einem Grundstücksteil, an dem ein Wohnrecht zugunsten **363** des bisherigen Eigentümers im Rahmen der Grundstücksübertragung eingeräumt worden ist, **Instandhaltungsaufwendungen** an, können diese als **dauernde Last** abgezogen werden, wenn sie der Erhaltung des im Zeitpunkt der Übergabe vertragsgemäßen Zustands der Wohnung dienen (BFH, Beschluss v. 17.3.2010, X B 118/09, BFH/NV 2010 S. 1277).

III Gestaltung und Tipps

Haben Sie sich als Vermögensübernehmer im Übergabevertrag verpflichtet, die Wohnung des bisherigen Eigentümers in einem guten **bewohnbaren und beheizbaren Zustand** zu erhalten und die dafür angefallenen Kosten der Instandsetzung zu tragen, können Sie aus dieser Verpflichtung heraus nur solche Renovierungsaufwendungen als Sonderausgaben abziehen, die einen konkreten Bezug zur Erhaltung der Bewohnbarkeit und Beheizbarkeit aufweisen. Darüber hinausgehende Instandsetzungsaufwendungen sind dagegen nicht als Sonderausgaben absetzbar (BFH, Beschluss v. 6.4.2005, X B 124/04). Auch außergewöhnliche Instandhaltungsaufwendungen sind als dauernde Last abzuziehen, wenn sich der Erwerber hierzu vertraglich gegenüber dem bisherigen Eigentümer und Nutzer der Wohnung **klar und eindeutig verpflichtet** hat (BFH, Urteile v. 25.8.1999, X R 38/95, BFH/NV 2000 S. 364 und v. 15.3.2000, X R 50/98, BFH/NV 2000 S. 1089). Weiterhin müssen die außergewöhnlichen Instandhaltungsmaßnahmen zur **Erhaltung des im Zeitpunkt der Übernahme vertragsmäßigen Zustands der Wohnung** erforderlich sein. Dem Umstand, dass die Baumaßnahme zugleich eine zeitgemäße Modernisierung bewirkt, ist keine Bedeutung beizumessen.

TIPP

Achten Sie also darauf, dass die Instandsetzungsmaßnahmen erforderlich sind, um **vorhandene Teile der Wohnung durch neue zu ersetzen.** Denken Sie in diesem Zusammenhang an den Austausch von Türen, die Renovierung eines bisher bereits vorhandenen Badezimmers oder den Austausch von Teppichböden gegen Fliesen.

Hat sich der Sohn gegenüber seinen Eltern in einem Vermögensübergabevertrag verpflichtet, die **Kosten einer standesgemäßen Beerdigung** zu tragen, sind die dadurch nach dem Tod des letztverstorbenen Elternteils entstandenen angemessenen Aufwendungen als dauernde Last abziehbar, soweit nicht der Vermögensübernehmer, sondern ein Dritter Erbe ist (BFH, Urteil v. 19.1.2010, X R 17/09, BFH/NV 2010 S. 996). Ist dagegen der Vermögensübernehmer Alleinerbe, kann er die Beerdigungskosten nicht als dauernde Last abziehen (BFH, Urteil v. 19.1.2010, X R 32/09, BFH/NV 2010 S. 1168).

Schuldrechtlicher Versorgungsausgleich

364 Nach der höchstrichterlichen Rechtsprechung (BFH, Urteil v. 8.3.2006, IX R 107/00, BFH/NV 2006 S. 1012) sind **Ausgleichszahlungen**, die ein zum Versorgungsausgleich verpflichteter Ehegatte auf Grund einer Vereinbarung gemäß § 1587o BGB an den anderen Ehegatten leistet, um Kürzungen seiner Versorgungsbezüge (§ 19 Abs. 1 Satz 1 Nr. 2 EStG) zu vermeiden, sofort als Werbungskosten abziehbar. Begründet wird dies vom BFH damit, dass diese Aufwendungen angefallen sind, um sich die volle Pension zu sichern, ohne dass damit ein Kapitalanteil und somit ein ihm steuerlich zuordenbarer Vermögensgegenstand erworben wird.

Dies ist bei Aufwendungen zur Begründung einer Rentenanwartschaft anders, zumindest nach der **Rechtslage vor 2005.** Hier liegen **Anschaffungskosten für das Rentenstammrecht** vor, wobei das Rentenrecht einen Kapital- und einen Zinsanteil umfasst. Früher konnten daher nur die wiederkehrenden Leistungen auf Grund eines schuldrechtlichen Versorgungsausgleichs als Sonderausgaben abgezogen werden; dabei konnte es sich um Rentenzahlungen oder um dauernde Lasten handeln. Einmalzahlungen zur Vermeidung der Überleitung von Rentenrechten waren dagegen nicht abziehbar.

WICHTIG

> Durch das Alterseinkünftegesetz dürfte sich ab 2005 die Rechtslage bei **Ein-malzahlungen** zur Abfindung eines Rentenanwartschaftsrechts aus der gesetzlichen Rentenversicherung geändert haben. Grundsätzlich sind nämlich die Einnahmen aus der gesetzlichen Rentenversicherung voll steuerpflichtig; nur in der Übergangsphase bis 2039 werden sie nur in Höhe eines bestimmten Prozentsatzes angesetzt. Wegen der vollen Steuerpflicht müssen sämtliche Ausgaben, die im Vorfeld zur Sicherung des Rentenstammrechts gezahlt werden, als Werbungskosten berücksichtigt werden. Dies bedeutet für Sie, dass Sie zumindest versuchen sollten, die Einmalzahlung, soweit sie auf die zu erwartenden steuerpflichtigen Einkünfte aus der gesetzlichen Rentenversicherung entfällt, als **Werbungskosten bei § 22 EStG geltend** zu **machen**.

Ab 2008 hat der Gesetzgeber alle Leistungen auf Grund eines schuldrechtlichen Versorgungsausgleichs dem Sonderausgabenbereich zugeordnet, soweit sie einen Transfer von steuerbaren und steuerpflichtigen Einkünften darstellen (§ 10 Abs. 1 Nr. 1b EStG). Allerdings geht der Werbungskosten- bzw. Betriebsausgabenabzug weiterhin vor. Dies ist allerdings nicht unumstritten, wie das **Verfahren vor dem BFH** unter Az. X R 36/09 zeigt. Dort geht es nämlich um die Frage, ob Zahlungen an eine geschiedene Ehefrau als Leistungen auf Grund eines schuldrechtlichen Versorgungsausgleichs Sonderausgaben oder Werbungskosten darstellen oder als Unterhaltsleistungen nur beschränkt berücksichtigungsfähig sind.

Mit dem **Versorgungsausgleichsgesetz** wurden die Vorschriften zum Versorgungsausgleich ab dem 1.9.2009 grundlegend geändert. In der Vergangenheit wurden alle von den Ehegatten während der Ehe erworbenen Anrechte auf eine Versorgung wegen Alter und Invalidität bewertet und im Wege eines Einmalausgleichs ausgeglichen, vorrangig über die gesetzliche Rentenversicherung. Das neue Versorgungsausgleichsgesetz – anzuwenden im VZ 2010 – sieht dagegen die **interne Teilung** als **Grundsatz des Versorgungsausgleichs** nicht nur für die gesetzliche Rentenversicherung, sondern für alle Systeme der betrieblichen Altersversorgung und der privaten Altersvorsorge vor. Hierbei werden die von den Ehegatten in den unterschiedlichen Altersversorgungssystemen erworbenen Anrechte zum Zeitpunkt der Scheidung innerhalb des jeweiligen Systems geteilt und für den ausgleichsberechtigten Ehegatten eigenständige Versorgungsanrechte geschaffen, die unabhängig von den Versorgungsanrechten des ausgleichspflichtigen Ehegatten im jeweiligen System gesondert weitergeführt werden (BMF, Schreiben v. 13.9.2010, ➜ Tz 504, Rz. 204).

Zum Ausgleich über ein anderes Versorgungssystem (**externe Teilung**) kommt es nur noch in bestimmten Ausnahmefällen (vgl. §§ 14 bis 17 Versorgungsausgleichsgesetz). Bei einer externen Teilung entscheidet die ausgleichsberechtigte Person über die Zielversorgung. Sie bestimmt also, in welches Versorgungssystem der Ausgleichswert zu transferieren ist. Dabei darf die Zahlung des Kapitalbetrags an die gewählte Zielversorgung nicht zu nachteiligen steuerlichen Folgen bei der ausgleichspflichtigen Person führen, es sei denn, sie stimmt der Wahl der Zielversorgung zu. Verbunden ist die externe Teilung mit der **Leistung eines Kapitalbetrags** in Höhe des Ausgleichswerts, der vom Versorgungsträger der ausgleichspflichtigen Person an den Versorgungsträger der ausgleichsberechtigten Person gezahlt wird. Die gesetzliche Rentenversicherung ist Auffang-Zielversorgung, wenn die ausgleichsberechtigte Person ihr Wahlrecht nicht ausübt und es sich nicht um eine betriebliche Altersversorgung handelt. Bei einer betrieblichen Altersversorgung wird im Fall der fehlenden Ausübung des Wahlrechts ein Anspruch in der Versorgungsausgleichskasse begründet.

Ist in Einzelfällen weder eine interne noch eine externe Teilung durchzuführen, etwa weil ein Anrecht zum Zeitpunkt des Versorgungsausgleichs nicht ausgleichsreif ist, z. B. ein Anrecht bei einem ausländischen, zwischenstaatlichen oder überstaatlichen Versorgungsträger oder ein Anrecht im Sinne des Betriebsrentengesetzes, das noch verfallbar ist, kommt es nach der Scheidung zu Ausgleichsansprüchen. Zur steuerlichen Behandlung dieser Ausgleichsansprüche wird auf das BMF-Schreiben v. 31.3.2010 (➜ Tz 504) verwiesen.

Darüber hinaus hat die Finanzverwaltung im BMF-Schreiben v. 9.4.2010, IV C 3 – S 2221/09/10024, BStBl 2010 I S. 323) zu den Ausgleichszahlungen im Rahmen des Versorgungsausgleichs ausführlich Stellung genommen. Hier das Wichtigste:

- Ein **Sonderausgabenabzug von Ausgleichszahlungen** ist bei dem Verpflichteten nur insoweit möglich, als den Ausgleichszahlungen bei dem Berechtigten Einnahmen zugrunde liegen, die bei diesem steuerpflichtig sind. Andererseits sind die Ausgleichszahlungen bei dem Berechtigten nur dann steuerpflichtige Einkünfte (§ 22 Nr. 1c EStG), soweit die Leistungen beim Ausgleichsverpflichteten als Sonderausgaben abgezogen werden können (Korrespondenzprinzip).
- Vereinbaren die geschiedenen Ehegatten eine **Ausgleichsrente** im Zusammenhang mit Rentenzahlungen aus der gesetzlichen Rentenversicherung, ist nur der Teil der Ausgleichsrente als Sonderausgabe anzusetzen, der dem steuerpflichtigen Teil der ihr zugrunde liegenden Leistung entspricht.

BEISPIEL

Die Ausgleichsverpflichtete A bezieht seit dem Jahr 2009 eine Leibrente aus der gesetzlichen Rentenversicherung. Laut Rentenbezugsmitteilung für das Jahr 2010 beträgt der Leistungsbetrag 10.000 €; darin ist ein Anpassungsbetrag von 1.000 € enthalten. Als Ausgleichsrente zahlt A 50 % ihrer Leibrente, somit in 2010 5.000 €, an den Ausgleichsberechtigten B.

Die Leibrente unterliegt bei A für das Jahr 2010 der Besteuerung mit einem Besteuerungsanteil von 58 % von 9.000 € = 5.220 € zuzüglich Anpassungsbetrag von 1.000 € = 6.220 €. A kann den an B geleisteten Betrag von 5.000 € in Höhe von 3.110 € (50 % von 6.220 €) als Sonderausgabe geltend machen. B muss korrespondierend 3.110 € ./. 102 € (Werbungskosten-Pauschbetrag) = 3.008 € versteuern.

- Wird im Wege der schuldrechtlichen Ausgleichsrente ein **Anrecht auf Pensionszahlungen ausgeglichen**, kann anteilig der an den Versorgungsempfänger geleistete Teil der Bezüge, die nach Abzug des Versorgungsfreibetrags und des Zuschlags zum Versorgungsfreibetrag der Besteuerung unterliegen, als Sonderausgaben geltend gemacht werden, so zumindest die Finanzverwaltung. Hier ist strittig, ob es sich bei der schuldrechtlichen Ausgleichsrente nicht um Werbungskosten handelt.
- Verlangt der Ausgleichsberechtigte vom Ausgleichsverpflichteten für ein noch nicht ausgeglichenes Anrecht eine **zweckgebundene Abfindung**, lässt die Finanzverwaltung beim Ausgleichsverpflichteten keinen Sonderausgabenabzug zu. Korrespondierend

muss der Ausgleichsberechtigte die Leistungen, die er von dem Ausgleichsverpflichteten erhält, nicht versteuern. Entsprechend ist zu verfahren, wenn Ausgleichszahlungen
im Rahmen eines Scheidungsfolgenvergleichs gezahlt werden, um den Versorgungsausgleich auszuschließen. Die Finanzverwaltung behandelt die Zahlung der Abfindung
als Vorgang der Vermögensebene; eine Steuerermäßigung wegen außergewöhnlicher
Belastung nach § 33 EStG lässt sie daher ebenfalls nicht zu.

Rentenzahlungen

Rentenzahlungen, die im Zusammenhang mit einer Vermögensübergabe ab dem 1.1.2008 **365**
vereinbart worden sind, können als Sonderausgaben nur dann berücksichtigt werden,
wenn es sich bei dem übertragenen Vermögen um einen Betrieb, Teilbetrieb, Mitunternehmeranteil an einer land- und forstwirtschaftlichen, gewerblich oder freiberuflich
tätigen Personengesellschaft oder um einen 50 %igen GmbH-Anteil handelt, wobei im
zuletzt genannten Fall der Übertragende Geschäftsführer der GmbH gewesen sein musste
und der Erwerber diese Geschäftsführerfunktion übernimmt. Werden Immobilien oder
anderes Privatvermögen übertragen, scheidet bei Vereinbarungen nach dem 31.12.2007
ein Sonderausgabenabzug der damit im Zusammenhang stehenden Versorgungsrenten
aus. Für alle Versorgungsrenten, die auf Vereinbarungen vor dem 1.1.2008 beruhen, bleibt
es dagegen beim alten Recht. So können z. B. Rentenzahlungen im Zusammenhang mit der
Übernahme von Grundbesitz im Rahmen der vorweggenommenen Erbfolge bei Vereinbarung vor dem 1.1.2008 als Sonderausgaben absetzbar sein, wenn das Versorgungsbedürfnis des bisherigen Grundstückseigentümers im Vordergrund steht. Wegen weiterer
Einzelheiten vgl. BMF, Schreiben v. 16.9.2004, ➜ Tz 360 sowie BMF, Schreiben v.
11.3.2010, ➜ Tz 359.

Keine Sonderausgaben sind Renten, die Sie **freiwillig oder auf Grund einer freiwillig
begründeten Rechtspflicht** geleistet haben. Dies gilt ebenfalls für Zuwendungen an
Personen, die Ihnen oder Ihrem Ehegatten gegenüber **gesetzlich unterhaltsberechtigt**
sind, oder an deren Ehegatten (§ 12 Nr. 2 EStG). Denken Sie z. B. an die Stiefmutter, die
auf Grund der Heirat erhebliche Ansprüche auf Witwenrenten aus der gesetzlichen
Rentenversicherung und den Pensionszusagen des Ehemann-Arbeitgebers erworben hat,
wobei sie einen Teil dieser Ansprüche in Form einer Rente an die Kinder des Ehemanns aus
erster Ehe im Fall seines Todes „weiterreichen" soll. Ihre Zahlungen kann die Ehefrau nicht
als Sonderausgaben abziehen.

Unterhaltsleistungen an den geschiedenen oder dauernd getrennt lebenden Ehegatten (Realsplitting)

Laufende oder einmalige **Unterhaltsleistungen** an Ihren geschiedenen oder dauernd **366**
getrennt lebenden Ehegatten können Sie grundsätzlich bis zu einem Höchstbetrag von
13.805 € jährlich als Sonderausgaben (sog. Realsplitting) abziehen. Den Abzug müssen
Sie aber ausdrücklich beantragen, auch muss **der Empfänger der Unterhaltsleistungen**
Ihrem **Antrag zustimmen**. Außerdem muss der Unterhaltsberechtigte im Inland seinen
Wohnsitz oder gewöhnlichen Aufenthalt haben.

TIPP

Bei den Unterhaltsleistungen kann es sich um **Barunterhalt oder** um **Sachleistungen** handeln, z. B. in Form des Mietwerts einer überlassenen Wohnung
einschließlich der übernommenen verbrauchsunabhängigen Kosten (BFH, Ur-

III Gestaltung und Tipps

teile v. 12.4.2000, XI R 127/96, BFH/NV 2000 S. 1286, und v. 18.10.2006, XI R 42/04, BFH/NV 2007 S. 1283). Entscheiden Sie sich für die Zahlung von Barunterhalt, sollten Sie in der Unterhaltsvereinbarung festlegen, dass Sie Ihrem Ex-Ehegatten das Einfamilienhaus oder die Eigentumswohnung unter **Anrechnung auf Ihre Unterhaltsverpflichtung überlassen.** Trotz des fehlenden Mietverhältnisses dürfen Sie den Mietwert der überlassenen Wohnung als Sachleistung im Rahmen des **Realsplittings** als Sonderausgaben neben dem Barunterhalt geltend machen.

Sollten sich aus der Grundstücksnutzung z. B. auf Grund hoher Schuldzinsen Verluste ergeben, ist es ratsam, an den Ex-Ehegatten Barunterhalt zu zahlen und mit ihm einen Mietvertrag abzuschließen, in dem die Überlassung des Objekts geregelt ist. Barunterhalt und Miete sollten möglichst nicht verrechnet werden. Dann erzielen Sie aus dem Mietverhältnis Einnahmen aus Vermietung und Verpachtung und können sämtliche Grundstückskosten davon abziehen, wobei der sich daraus ergebende Verlust mit anderen Einkünften verrechnet werden kann.

Für den **Abzug von Unterhaltszahlungen** ist es ohne Bedeutung, ob sie auf einer vertraglichen Vereinbarung beruhen, ob der Empfänger wegen seiner Einkommens- und Vermögensverhältnisse und seiner Erwerbsmöglichkeiten nach dem Zivilrecht Unterhaltsleistungen fordern könnte und ob der Geber auf Grund seiner Leistungsfähigkeit zu entsprechenden Unterhaltsleistungen verpflichtet ist.

Es ist nicht verfassungsrechtlich geboten, den Partner einer **eingetragenen Lebenspartnerschaft** hinsichtlich der Unterhaltsleistungen im Rahmen des Realsplittings zu berücksichtigen. Hier bleibt nur die Möglichkeit, die Unterhaltsleistungen im Rahmen der außergewöhnlichen Belastungen geltend zu machen (BFH, Urteil v. 20.7.2006, III R 8/04, BFH/NV 2006 S. 1966). Ob es bei dieser restriktiven BFH-Rechtsprechung bleibt, muss auf Grund der Entscheidung des BVerfG zur erbschaftsteuerrechtlichen Gleichstellung von Lebenspartnern eingetragener Lebenspartnerschaften mit Ehegatten bezweifelt werden (BVerfG, Beschluss v. 21.7.2010, 1 BvR 611/07, 1 BvR 2464/07, BFH/NV 2010 S. 1985). Hier sollte überlegt werden, den Steuerfall offen zu halten.

Der Höchstbetrag für den Abzug von Unterhaltszahlungen im Rahmen des Realsplittings wird **ab 2010** durch das Bürgerentlastungsgesetz Krankenversicherung aufgebessert. Dort ist nämlich geregelt, dass die vom Unterhaltsverpflichteten als Versicherungsnehmer geleisteten **Beiträge für** die existenznotwendige **Kranken- und Pflegeversicherung** des geschiedenen bzw. getrennt lebenden Ehegatten **zusätzlich** zu dem bisherigen Höchstbetrag von 13.805 € **angesetzt** werden dürfen. Derjenige, der die Unterhaltszahlungen erhält, kann für die vom Unterhaltsverpflichteten übernommenen Kranken- und Pflegeversicherungsbeiträge den Sonderausgabenabzug geltend machen, obwohl er diese Beiträge nicht geleistet hat. Damit tritt beim Unterhaltsberechtigten ein gewisser Ausgleich für die von ihm übernommene Besteuerung der Unterhaltszahlungen ein, und zwar durch die verbesserte Möglichkeit, „fremde" Beiträge zur Kranken- und Pflegeversicherung als Sonderausgaben geltend machen zu können.

WICHTIG

Damit der Unterhaltsverpflichtete ab 2010 höhere Unterhaltsleistungen als Sonderausgaben berücksichtigen kann, muss er allerdings dem Finanzamt eine **Anlage U** vorlegen, in der der Unterhaltsberechtigte ihm die höheren Unterhaltszahlungen „bescheinigt" und damit der Besteuerung bei ihm zustimmt.

Für den Sonderausgabenabzug und für die Zustimmung des Unterhaltsberechtigten verwenden Sie die **Anlage U** (Unterhaltsleistungen), die Sie bei Ihrem Finanzamt anfordern können. Die Anlage U muss sowohl von Ihnen als auch von dem Unterhaltsempfänger unterschrieben sein. Liegt der Antrag dem Finanzamt einmal vor, kann er – auch nicht übereinstimmend – **zurückgenommen oder nachträglich beschränkt** werden (BFH, Urteil v. 22.9.1999, XI R 121/96, BFH/NV 2000 S. 781). Wegen des Widerrufs für künftige Kalenderjahre ➜ Tz 368. **367**

WICHTIG

Den Antrag müssen Sie **für jedes Kalenderjahr neu** stellen. Er darf nicht an eine Bedingung geknüpft werden. Eine **Beschränkung des Antrags** auf einen bestimmten Teil der Unterhaltsleistungen ist jedoch möglich.

Da der **Empfänger** die **Unterhaltsleistungen versteuern** muss, ist **ohne** seine **Zustimmung** ein **Sonderausgabenabzug nicht möglich**. Die Zustimmung des Empfängers muss von Ihnen eingeholt werden. Sie ist bis auf Widerruf wirksam. Der Widerruf kann nur **vor Beginn des Kalenderjahres**, für das er erstmals nicht mehr gelten soll, gegenüber dem **Finanzamt** erfolgen (vgl. auch BFH, Urteil v. 8.2.2007, XI B 124/06, BFH/NV 2007 S. 903). Der Widerruf der Zustimmung ist sowohl gegenüber dem Wohnsitzfinanzamt des Unterhaltsleistenden als auch gegenüber dem Wohnsitzfinanzamt des Unterhaltsempfängers möglich (BFH, Urteil v. 2.7.2003, XI R 8/03, BFH/NV 2003 S. 1492). Wird der Widerruf gegenüber dem Wohnsitzfinanzamt des Unterhaltsempfängers erklärt, stellt er für das Wohnsitzfinanzamt des Unterhaltsleistenden eine **neue Tatsache** dar und berechtigt daher zur Änderung des Steuerbescheids. **368**

Der Gesetzgeber verbietet es, einen Antrag auf Realsplitting nachträglich einzuschränken. Dies schließt jedoch nicht aus, dass ein solcher Antrag, wenn er im Rahmen der Einkommensteuerveranlagung berücksichtigt wurde, im Nachhinein betragsmäßig erweitert wird. Wer also im Rahmen der Einkommensteuerveranlagung einen Abzug von Unterhaltsleistungen in Höhe von 5.000 € beantragt hat, weil ein darüber hinausgehender Antrag ursprünglich ins Leere gelaufen wäre, im Nachhinein allerdings wegen Änderung der Besteuerungsgrundlagen mehr an Realsplitting benötigt, der kann seinen ursprünglichen Antrag entsprechend erweitern (BFH, Urteil v. 28.6.2006, XI R 32/05, BFH/NV 2006 S. 1985).

Stimmt die Empfängerin von Unterhaltszahlungen einem nicht bezifferten Antrag auf Abzug der Zahlungen als Sonderausgaben zu, steht dies der Wirksamkeit der Zustimmung nicht entgegen (BFH, Urteil v. 12.12.2007, XI R 36/05, BFH/NV 2008 S. 792). Eine blanko erteilte Zustimmung gilt auch für die Folgejahre, soweit sie nicht rechtzeitig widerrufen oder der Höhe nach beschränkt wird. Leistet der „Ex" an seine ehemalige Ehefrau und seine Kinder **einheitlich Unterhaltszahlungen**, ist für Zwecke des Realsplittings die Unterhaltszahlung nicht nach Köpfen, sondern **nach zivilrechtlichen Grundsätzen auf-**

III Gestaltung und Tipps

zuteilen. Dabei kann auf zivilrechtliche Unterhaltstitel oder übereinstimmende Berechnungen der Beteiligten zurückgegriffen werden, sofern nicht einer der Beteiligten die Berechnungen in substantiiert nachvollziehbarer Weise bestreitet.

TIPP

Sie können Ihren Anspruch auf Zustimmung nur **zivilrechtlich** und nicht im finanzgerichtlichen Verfahren geltend machen. Um Gerichts- und Anwaltskosten zu sparen, sollten Sie sich im Vorfeld mit Ihrem **Ehegatten** auf die **Besteuerung der Unterhaltszahlungen** einigen. Ein Anreiz für die Zustimmung kann die Beteiligung an dem Steuervorteil sein, den Sie durch den Sonderausgabenabzug der Unterhaltszahlungen erlangen. Wenn der andere Ehegatte sieht, dass Sie ihm mehr zubilligen, als er für die Unterhaltsleistungen an Steuern zahlen muss, dürfte eine Einigung nicht so schwierig sein. Das, was Sie dem Unterhaltsempfänger an Einkommensteuer erstatten, damit er Ihrem Sonderausgabenabzug zustimmt, rechnet im Jahr der Ausgleichszahlung wieder zu den Unterhaltsleistungen für die Vornahme des Realsplittings (BFH, Beschluss v. 28.11.2007, XI B 68/07, BFH/NV 2008 S. 372).

Die als Sonderausgaben berücksichtigten Unterhaltsleistungen gehören **beim Empfänger zu den sonstigen Einkünften** (§ 22 Nr. 1a EStG, ➜ Tz 967).

TIPP

Haben Sie sich für den Sonderausgabenabzug Ihrer Unterhaltsaufwendungen entschieden, sind Aufwendungen auch insoweit nicht als außergewöhnliche Belastungen abziehbar, als sie den Höchstbetrag von 13.805 € übersteigen. Haben Sie dagegen keinen Sonderausgabenabzug der Unterhaltsaufwendungen beantragt, können Sie die Unterhaltsleistungen als außergewöhnliche Belastungen abziehen (➜ 438).

Kirchensteuer

369 Absetzbar sind die von Ihnen im Kalenderjahr 2010 als Kirchensteuer tatsächlich entrichteten Beträge abzüglich etwaiger Erstattungen. Es ist ohne Bedeutung, für welchen Zeitraum sie entrichtet worden sind. Der BFH hat es mit Beschluss vom 8.10.2007 (XI B 112/06, BFH/NV 2008 S. 43) abgelehnt, Kirchensteuer, die sich im Jahr der Zahlung nicht steuermindernd auswirkt, in einem früheren Veranlagungszeitraum als Sonderausgabe abziehen zu können.

Zu den Sonderausgaben gehören die Kirchensteuer aus den Vorauszahlungen (zum 10.3./10.6./10.9./10.12.2010), die Kirchensteuer lt. Lohnsteuerbescheinigungen 2010 sowie die 2010 bezahlten Steuernachforderungen für frühere Jahre.

Die im Lohnsteuerabzugsverfahren einbehaltenen Kirchensteuerbeträge übernehmen Sie aus den **Zeilen 6, 7, 13 und 14** der **Lohnsteuerbescheinigung**.

WICHTIG

Die Kirchensteuer, die auf die Abgeltungsteuer bei den Kapitaleinkünften entfällt, kann nicht im Rahmen des Sonderausgabenabzugs berücksichtigt werden. Dies ist darauf zurückzuführen, dass sich diese Kirchensteuer bereits bei der Bemessung der Abgeltungsteuer mindernd auswirkt (➜ Tz 917).

Kirchensteuererstattungen sind grundsätzlich im Erstattungsjahr **gegenzurechnen**. **370** Kann eine Verrechnung im Erstattungsjahr nicht erfolgen, weil die Erstattungsbeträge über die Kirchensteuerzahlungen hinausgehen, wird das Finanzamt die Erstattungsbeträge in dem Veranlagungsjahr berücksichtigen, in dem die Kirchensteuerzahlungen als Sonderausgaben angesetzt worden sind (BFH, Urteile v. 26.6.1996, X R 73/94, BStBl 1996 II S. 646, v. 26.11.2008, X R 24/08, BFH/NV 2009 S. 568, und Beschluss v. 3.3.2009, X B 145/08, Haufe-Index 2144424). Eine Verrechnung mit anderen Sonderausgaben ist dagegen nicht möglich (BFH, Urteil v. 21.7.2009, X R 32/07, BFH/NV 2009 S. 2031).

BEISPIEL

A hat 2008 Kirchensteuerzahlungen von umgerechnet 10.000 € geleistet, die ihm im Jahr 2010 in Höhe von 3.000 € erstattet werden. In diesem Jahr sind lediglich Kirchensteuerzahlungen von 2.000 € angefallen.

Die Verrechnung der Erstattung mit den Kirchensteuerzahlungen führt bei der Einkommensteuerveranlagung 2010 dazu, dass sich ein „Überhang" von 1.000 € ergibt. Die Finanzverwaltung beruft sich bei der Änderung der Einkommensteuerveranlagung 2008 auf § 175 Abs. 1 Satz 1 Nr. 2 AO (Ereignis mit steuerlicher Rückwirkung). Sie nimmt also die Änderung auch dann vor, wenn der Einkommensteuerbescheid 2008 **bereits bestandskräftig** ist (vgl. auch BMF, Schreiben v. 11.7.2002, IV C 4 – S 2221 – 191/02, BStBl 2002 I S. 667; BFH, Urteil v. 23.2.2005, XI R 68/03, BFH/NV 2005 S. 1304). Dies sieht der BFH ebenso (Urteil v. 2.9.2008, X R 46/07, BFH/NV 2008 S. 2073).

Steht bei der Erstveranlagung 2010 fest, dass die als Sonderausgaben geltend gemachte Kirchensteuer mangels Kirchenmitgliedschaft künftig erstattet wird, mindert der voraussichtliche Erstattungsbetrag die abziehbaren Sonderausgaben (BFH, Beschluss v. 14.7.2004, XI B 187/03, BFH/NV 2004 S. 1642). Denn es darf nur das als Sonderausgabe angesetzt werden, was den Steuerzahler endgültig und tatsächlich wirtschaftlich belastet.

WICHTIG

Wirkt sich in dem Jahr, auf das die Erstattung der Kirchensteuer entfällt, diese nicht oder nicht in voller Höhe aus, da bereits eine in diesem Jahr erfolgte Erstattung mit der gezahlten Kirchensteuer gegengerechnet wurde, kommt eine Änderung nicht in Betracht.

TIPP 371

Haben Sie als **Erbe,** z. B. für Ihre verstorbene Mutter oder für Ihren verstorbenen Vater, Kirchensteuer gezahlt, können Sie diese Kirchensteuer im Jahr der Zahlung als Sonderausgaben bei Ihrer Einkommensteuerveranlagung abziehen. Ob sich diese Auffassung vor dem Hintergrund, dass Verluste nicht mehr vererbt werden können, halten lässt, bleibt abzuwarten.

Neben der Kirchensteuer wird in einigen Bundesländern ein **besonderes Kirchgeld 372** erhoben. Dieses besondere Kirchgeld ist ebenfalls als **Sonderausgabe abziehbar** (vgl. OFD Münster, Verfügung v. 14.8.2001, O 2270 – 2 – Lz 22 – 1, Haufe Index 646194).

III Gestaltung und Tipps

373 Gehören Sie einer Religionsgemeinschaft an, die während des ganzen Kalenderjahres **keine Kirchensteuer erhebt**, können Sie Ihre Beiträge an die Religionsgemeinschaft bis zur Höhe der Kirchensteuersätze wie Kirchensteuer geltend machen (BFH, Urteil v. 10.10.2001, XI R 52/00, BFH/NV 2002 S. 409). Kirchenbeiträge, die nicht über die Kirchensteuer als Sonderausgaben abgezogen werden, können Sie im Rahmen des Spendenabzugs (§ 10b EStG) steuerlich geltend machen.

Schulgeldzahlungen

374 Als Sonderausgaben begünstigt sind Zahlungen an eine Schule in freier Trägerschaft oder eine überwiegend privat finanzierte Schule. Dabei ist ab 2008 der Klassifizierung der Schule, z. B. als Ersatz- oder Ergänzungsschule, keine Bedeutung beizumessen. Vielmehr kommt es nunmehr – auch für Schulgeldzahlungen an inländische Schulen – allein auf den erreichten oder beabsichtigten Abschluss an. Ein Sonderausgabenabzug von Aufwendungen für den Besuch von Privatschulen kommt, so der BFH (Urteil v. 16.11.2005, XI R 79/03, BFH/NV 2006 S. 671), erst **ab Beginn** der öffentlich-rechtlichen **Schulpflicht** in Betracht. Ausgaben für Kinder, die in einem privaten Kindergarten untergebracht werden, dürfen demnach nicht abgezogen werden. Bei Unterbringung in einer Privatschule sind Schulgeldzahlungen, die Aufwendungen für Schulbücher, kostenpflichtige Kurse und Klavierunterricht beinhalten, ebenfalls nicht abziehbar. Darüber hinaus ist aus dem Schulgeldbetrag das Entgelt für **Beherbergung, Betreuung und Verpflegung heraus-zurechnen**. Von dem verbleibenden Restbetrag sind **30 %** als Sonderausgaben zu berücksichtigen. Neben der prozentualen Grenze ist ein **Höchstbetrag von 5.000 €** zu beachten. Pro Kind steht den beiden Elternteilen der Höchstbetrag von 5.000 € nur einmal zu, und zwar auch dann, wenn sie nicht miteinander verheiratet sind oder weil sie als verheiratetes Elternpaar beide zum Haushaltseinkommen beitragen oder weil sie als Elternpaar dauernd getrennt leben. Die Eintragungen sind in der **Anlage Kind** vorzunehmen (→ Tz 108).

Der Höchstbetrag von 5.000 € je Kind betrifft ein Elternpaar, unabhängig davon, ob es zusammen oder getrennt zur Einkommensteuer veranlagt wird. Die Schulgeldzahlungen sind bei nicht verheirateten oder getrennt lebenden Elternteilen grundsätzlich bei dem Elternteil zu berücksichtigen, der sie getragen hat. Haben beide Elternteile entsprechende Aufwendungen getätigt, sind sie bei jedem Elternteil nur bis zu einem anteiligen Höchstbetrag von 2.500 € zu berücksichtigen, es sei denn, die Elternteile haben einvernehmlich eine andere Aufteilung als 50 % : 50 % beantragt. Eine abweichende Aufteilung kommt z. B. in Betracht, wenn die von einem Elternteil getragenen Aufwendungen den anteiligen Höchstbetrag von 2.500 € überschreiten, während die von dem anderen Elternteil getragenen Aufwendungen unter dem anteiligen Höchstbetrag liegen.

TIPP

 Achten Sie darauf, dass Sie dem Finanzamt die Höhe der Schulgeldzahlungen, etwaige darin enthaltene Beträge für Beherbergung, Betreuung und Verpflegung sowie den Bescheid über die Genehmigung, Erlaubnis bzw. Anerkennung der Schule als **Nachweis** bei Abgabe Ihrer Einkommensteuererklärung 2010 einreichen. Das Finanzamt wird diese Unterlagen nicht so kritisch prüfen und auf ihre Vollständigkeit achten, wenn bereits im **Vorjahr Schulgeldzahlungen** als Sonderausgaben **abgesetzt** wurden.

Auch Volkshochschulen und vergleichbare Einrichtungen der Weiterbildung können im Rahmen der Schulgeldzahlungen berücksichtigt werden, wenn sie Kurse zum Erwerb des

Haupt- und Realschulabschlusses, der Fachhochschulreife und des Abiturs zu den begünstigten Schulen anbieten, vorausgesetzt, die Kurse entsprechen hinsichtlich der angebotenen Fächer sowie in Bezug auf Umfang und Niveau des Unterrichts den Anforderungen und Zielsetzungen der für die angestrebte Prüfung maßgeblichen Prüfungsordnung. Dagegen sind Besuche von Nachhilfeeinrichtungen, Musikschulen, Sportvereinen, Ferienkursen (z. B. Feriensprachkursen) u. Ä. nicht in den Sonderausgabenabzug von Schulgeldzahlungen einbezogen. Dies gilt auch für Hochschulen, einschließlich der Fachhochschulen und die ihnen im EU- bzw. im EWR-Ausland gleichstehenden Einrichtungen. Demnach ist ein Abzug von Studiengebühren vom Sonderausgabenabzug ausgeschlossen (BMF, Schreiben v. 9.3.2009, IV C 4 – S 2221/07/0007, BStBl 2009 I S. 487).

Führt eine in der EU bzw. im EWR-Raum belegene Privatschule zu einem anerkannten **375** Schul-, Jahrgangs- oder Berufsabschluss oder bereitet sie hierauf vor, kommt ein Sonderausgabenabzug der Schulgeldzahlungen auf Grund der EuGH-Rechtsprechung (Urteile v. 11.9.2007, Rs. C-318/05 und C-76/05, BFH/NV Beilage 2008 S. 14, S. 5) ebenfalls in Betracht. Allerdings ist Voraussetzung, dass diese Schulen auf einen allgemeinbildenden oder berufsbildenden Abschluss vorbereiten oder es sich um Schulen des Gesundheitswesens handelt. Die Prüfung und Feststellung der schulrechtlichen Kriterien erfolgt allein durch das zuständige Schul- oder Kultusministerium eines Landes, die Kultusministerkonferenz der Länder oder eine zuständige inländische Zeugnisanerkennungsstelle.

WICHTIG

> **Entgelte an deutsche Schulen im Ausland** sind ebenfalls als **Sonderausgaben** abziehbar (BFH, Urteil v. 14.12.2004, XI R 32/03, BFH/NV 2005 S. 946), selbst wenn sie außerhalb der EU bzw. des EWR-Raums belegen sind. Entgelte an **andere Schulen** außerhalb der EU bzw. des EWR-Raums können dagegen nicht als Sonderausgaben geltend gemacht werden. Damit bleibt es dabei, dass Gebühren für den Besuch einer Universität in Australien nicht als Sonderausgaben abgezogen werden können, wie der BFH im Beschluss v. 30.10.2007 (XI B 69/07, BFH/NV 2008 S. 215) entschieden hat; hieran hat sich durch die Gesetzesänderung im JStG 2009 (§ 10 Abs. 1 Nr. 9 EStG) nichts geändert.

Schulgeldzahlungen an eine **fremdsprachige Schule im Inland** sind dagegen als Sonder- **376** ausgaben abziehbar, wenn sie staatlich genehmigt ist oder es sich um eine Schule handelt, die einen allgemeinbildenden oder berufsspezifischen Abschluss vermittelt. Dies gilt auch für eine US-amerikanische Schule auf deutschem Staatsgebiet, die durch eine Anerkennung der Kultusministerkonferenz der Länder oder einem sonstigen qualifizierten staatlichen Akt in das deutsche Schulwesen einbezogen worden ist. Über den Sonderausgabenabzug hinausgehende Schulgeldzahlungen sind selbst dann nicht als Werbungskosten oder ersatzweise als außergewöhnliche Belastung zu berücksichtigen, wenn sich die ausländischen Eltern aus beruflichen Gründen nur vorübergehend im Inland aufhalten (BFH, Urteil v. 23.11.2000, VI R 38/97, BFH/NV 2001 S. 381).

Steuerberatungskosten

Seit 2006 dürfen Steuerberatungskosten **nicht mehr** als **Sonderausgaben** abgezogen **377** werden. Sind die **Steuerberatungskosten** bei der Ermittlung der Einkünfte zu berücksichtigen, und zwar **als Werbungskosten oder Betriebsausgaben**, bleibt hier alles beim alten; also **voller Abzug** 2010.

III Gestaltung und Tipps

In Absprache mit Ihrem Steuerberater sollten Sie daher versuchen, die Steuerberatungskosten möglichst dem Einkunftsbereich zuzuordnen und nicht dem Sonderausgabenbereich. Hier besteht nach der Steuerberater-Gebührenverordnung ein gewisser **Gestaltungsspielraum**. Denken Sie z. B. daran, dass Ihr Steuerberater in der Vergangenheit die Arbeiten für den Mantelbogen mit $^3/_{10}$ abrechnet, dagegen die umfangreichen Arbeiten bei den Einkünften aus Vermietung und Verpachtung nur mit $^6/_{20}$. Vor dem Hintergrund, dass mit der Gebühr für den Mantelbogen auch die Mehrarbeiten bei den Vermietungseinkünften abgegolten sind, sollte nun spitz abgerechnet werden, d. h. die Einkünfte aus Vermietung und Verpachtung mit einem höheren Gebührensatz, vielleicht $^{10}/_{12}$ und der Mantelbogen mit einem geringeren Gebührensatz, mindestens aber mit $^1/_{10}$. Die **„Verschiebung" innerhalb der Steuerberatergebühren** zugunsten des Einkunftsbereichs darf allerdings **nicht willkürlich** erfolgen; ansonsten erkennt das Finanzamt die Gebührenabrechnung nicht an und nimmt eine Aufteilung der Gesamtgebühren im Schätzungswege vor.

Die vorstehenden Grundsätze werden weitestgehend von der Finanzverwaltung geteilt (vgl. BMF, Schreiben v. 21.12.2007, IV B 2 – S 2144/07/0002, BStBl 2008 I S. 256). Danach können Steuerberatungskosten als **Betriebsausgaben** oder **Werbungskosten** abgezogen werden, wenn und soweit sie bei der Ermittlung der Einkünfte anfallen oder im Zusammenhang mit Betriebsteuern, z. B. Gewerbesteuer, Umsatzsteuer und Grundsteuer für Betriebsgrundstücke, oder Investitionszulage für Investitionen im einkünfterelevanten Bereich stehen. Dabei umfasst die Ermittlung der Einkünfte auch die Kosten der Buchführungsarbeiten und der Überwachung der Buchführung, die Ermittlung von Ausgaben oder Einnahmen, die Anfertigung von Zusammenstellungen, die Aufstellung von Bilanzen oder von Einnahmenüberschussrechnungen und die Kosten der Beratung. Auch das Ausfüllen der Anlage EÜR ist dem Einkunftsbereich zuzurechnen.

WICHTIG

Alle Steuerberatungskosten, die nicht im direkten Zusammenhang mit der Einkunftsermittlung stehen, lässt die Finanzverwaltung nicht mehr zum Abzug zu. Hierzu rechnen das Übertragen der Ergebnisse aus der jeweiligen Einkunftsermittlung in die entsprechende Anlage zur Einkommensteuererklärung und das übrige Ausfüllen der Einkommensteuererklärung, insbesondere des Hauptvordrucks und der Anlage Kind. Auch Aufwendungen, die die Beratung in Tarif- und Veranlagungsfragen betreffen oder im Zusammenhang mit der Ermittlung von Sondergaben und außergewöhnlichen Belastungen stehen, sind als Kosten der privaten Lebensführung steuerlich nicht zu berücksichtigen. Beispielhaft sind in diesem Zusammenhang zu nennen:

- Steuerberatungskosten, die durch haushaltsnahe Beschäftigungsverhältnisse veranlasst sind,
- Steuerberatungskosten im Zusammenhang mit der Erstellung der Erbschaft- und Schenkungsteuererklärung,
- Steuerberatungskosten, die die Beantragung des Kindergeldes oder der Eigenheimzulage betreffen.

Entgegen den vorstehenden Ausführungen zum Ansatz von Beteiligungseinkünften will die Finanzverwaltung sämtliche Steuerberatungskosten, die bei dem Gesellschafter lediglich durch die Übertragung seiner Einkünfte ins Formular anfallen, nicht zum Abzug zulassen.

Beratungskosten, die sowohl betrieblich als auch privat verursacht sind, hat der Steuerzahler anhand ihrer Veranlassung aufzuteilen. Als Aufteilungsmaßstab dafür ist grundsätzlich die Gebührenrechnung des Steuerberaters heranzuziehen.

Berechnet der Steuerberater eine **Pauschalgebühr** für die Erstellung der **Einkommensteuererklärung**, sind die Steuerberatungskosten sowohl betrieblich bzw. beruflich (Einkunftsermittlung) als auch privat (Mantelbogen und Anlage Kind) veranlasst. Hier ist eine **Aufteilung** der Steuerberatungskosten im Rahmen einer sachgerechten **Schätzung** in den Betriebsausgaben- bzw. Werbungskostenteil und in den Teil „Lebenshaltungskosten" vorzunehmen. Von Seiten der Finanzverwaltung wird es nicht beanstandet, wenn der Steuerzahler bei dieser Aufteilung die Steuerberatungskosten **bis zu** einem Betrag von **100 €** dem **Einkünftebereich** zurechnet und den darüber hinausgehenden Betrag als nicht abziehbar ansieht. Wer also 120 € pauschal für die Erstellung der Steuererklärung an den Berater zahlt, kann davon 100 € als Werbungskosten abziehen.

Aufteilungsprobleme treten auch dann auf, wenn Beiträge an Lohnsteuerhilfevereine, Anschaffungskosten für Steuerfachliteratur zur Ermittlung der Einkünfte und des Einkommens oder Beratungsgebühren für einen Rechtsstreit anfallen, der sowohl die Ermittlung der Einkünfte als auch z. B. den Ansatz von außergewöhnlichen Belastungen umfasst. Geht es um die Aufteilung von Beiträgen an einen Lohnsteuerhilfeverein oder um Aufwendungen für steuerliche Fachliteratur und Software, wird es von Seiten der Finanzverwaltung nicht beanstandet, wenn diese Aufwendungen in Höhe von 50 % den Betriebsausgaben oder Werbungskosten zugeordnet und 50 % als nichtabziehbar behandelt werden. U. E. dürfte diese Vereinfachungsregelung auch für Steuerberatungskosten gelten, die nach § 14 der Steuerberatergebührenverordnung pauschal vereinbart werden.

WICHTIG

Der BFH hat im Urteil v. 4.2.2010 (X R 10/08, BFH/NV 2010 S. 1012) entschieden, dass **Kosten für** die Erstellung der **Einkommensteuererklärung** bei der Festsetzung der Einkommensteuer **nicht** als **Sonderausgaben** abgezogen werden können. Dem Urteil lag folgender Sachverhalt zugrunde: Die Klägerin machte in ihrer Einkommensteuererklärung für das Jahr 2006 neben Steuerberatungskosten für die Ermittlung von Einkünften aus nichtselbstständiger Arbeit sowie für die Ermittlung von Einkünften aus Vermietung und Verpachtung solche für die Erstellung des Mantelbogens zur Einkommensteuererklärung 2005 in Höhe von 94,57 € geltend. Das Gesamthonorar wurde 2006 gezahlt. Das Finanzamt versagte den Abzug der Steuerberatungskosten für die Erstellung des Mantelbogens mit der Begründung, es handle sich bei diesen Steuerberatungskosten weder um Betriebsausgaben noch um Werbungskosten.

III Gestaltung und Tipps

Das Finanzgericht hatte die Klage abgewiesen; die Revision vor dem BFH hatte ebenfalls keinen Erfolg. Die Steuerberatungskosten für die Erstellung der Einkommensteuererklärung in Form des Mantelbogens sind nach Auffassung des BFH weder bei den Einkünften noch bei der Ermittlung des Einkommens abzugsfähig. Die Altregelung in § 10 Abs. 1 Nr. 6

EStG sei mit Wirkung ab dem Veranlagungszeitraum 2006 aufgehoben worden; auch ein Abzug als dauernde Last komme nicht in Betracht. Die Steuerberatungskosten seien auch nicht als außergewöhnliche Belastung nach § 33 EStG abziehbar. Der Gesetzgeber sei nicht aus verfassungsrechtlichen Gründen verpflichtet, den vollen Abzug von Steuerberatungskosten zuzulassen. Die Neuregelung verletze weder das objektive noch das subjektive Nettoprinzip. Ebenso werde der verfassungsrechtliche Gleichheitssatz nicht verletzt. Schließlich sei ein Abzug auch im Hinblick auf die Kompliziertheit des Steuerrechts verfassungsrechtlich nicht geboten.

Dem BFH liegen noch weitere Entscheidungen der Finanzgerichte zur Frage der Verfassungswidrigkeit des Abzugsverbots von Steuerberatungskosten im Sonderausgabenbereich vor. Zu nennen sind hier die Entscheidung des FG Köln v. 22.12.2009 (1 K 3559/06), anhängig unter Az. VIII R 29/10, die Entscheidung des FG München v. 14.10.2009 (1 K 845/09), anhängig unter Az. VIII R 51/09 und die Entscheidung des FG Düsseldorf v. 19.3.2010 (1 K 3692/07 E), anhängig unter Az. X R 10/10). Die Finanzverwaltung erklärt **Einkommensteuerbescheide für 2010** im Hinblick auf die Nichtabziehbarkeit von Steuerberatungskosten als Sonderausgaben für **vorläufig** (vgl. BMF, Schreiben v. 22.7.2010, IV A 3 – S 0338/07/10010, BStBl 2010 I S. 634). Sie sollten Ihre Steuerberatungskosten bei Abgabe der Einkommensteuererklärung 2010, soweit sie dem Sonderausgabenbereich zuzuordnen sind, geltend machen, müssen jedoch bei einer ablehnenden Entscheidung des Finanzamts wegen des Vorläufigkeitsvermerks nichts weiter unternehmen.

Der Gesetzgeber dürfte sich ebenfalls mit der Abziehbarkeit von Steuerberatungskosten als Sonderausgaben in nächster Zeit beschäftigen, wobei jedoch nicht rückwirkend ab 2010 mit einer gesetzlichen Änderung zu rechnen ist. Dies liegt an der angespannten Haushaltslage. Frühestens ab 2011 kann hier wieder mit der Einführung des Sonderausgabenabzugs gerechnet werden.

2.3 Spenden

Spenden an gemeinnützige Organisationen

378 Spenden und Beiträge zur Förderung mildtätiger, kirchlicher, religiöser und wissenschaftlicher Zwecke sowie der als besonders förderungswürdig anerkannten gemeinnützigen Zwecke sind im Rahmen bestimmter Höchstbeträge als Sonderausgaben abziehbar.

Für die Frage, welche Zwecke als steuerbegünstigte eingestuft sind, verweist das EStG auf die Vorschriften der Abgabenordnung (§§ 52 bis 54). Dort sind 3 Gruppen als begünstigt genannt, und zwar die gemeinnützigen Zwecke, die mildtätigen Zwecke und die kirchlichen Zwecke.

Als **gemeinnützig** gelten solche Zwecke, durch deren Erfüllung ausschließlich und unmittelbar die Allgemeinheit selbstlos gefördert wird, also die Tätigkeit dem „allgemeinen Besten" auf materiellem, geistigem oder sittlichem Gebiet nutzt. Die als Förderung der Allgemeinheit anerkannten Zwecke sind in der Abgabenordnung (§ 52 Abs. 2) abschließend aufgeführt. Hierbei handelt es sich insbesondere um die Förderung von Wissenschaft und Forschung, Religion, des öffentlichen Gesundheitswesens und der öffentlichen Gesundheitspflege, um die Förderung der Jugend- und Altenhilfe, von Kunst und Kultur, des Naturschutzes und der Landschaftspflege, des Wohlfahrtswesens, des

Tierschutzes, des Sports und der Heimatpflege, aber auch um die Förderung des traditionellen Brauchtums und des bürgerlichen Engagements.

Unter **mildtätigen** Zwecken sind solche zu verstehen, die ausschließlich und unmittelbar auf die selbstlose Unterstützung bedürftiger Menschen gerichtet sind. Als bedürftig gelten Menschen, die infolge ihrer körperlichen, geistigen oder seelischen Verfassung auf die Hilfe anderer angewiesen sind oder deren Bezüge nicht höher sind als das 4-fache des Regelsatzes für die Sozialhilfe. Zu diesen Ausgaben gehören u. a. auch die bei Unwetterkatastrophen oder aus ähnlichen Anlässen geleisteten Spenden. Der Spendenabzug setzt voraus, dass die begünstigten Zwecke von den entsprechenden Organisationen und Einrichtungen ausschließlich und unmittelbar verfolgt werden und die Zuwendungen dazu bestimmt sind, den begünstigten Zwecken unmittelbar zu dienen.

Kirchliche Zwecke werden durch eine Religionsgemeinschaft als Körperschaft des öffentlichen Rechts ausschließlich und unmittelbar in selbstloser Weise erfüllt. Hierzu rechnen nur die freiwilligen Beiträge z. B. für die Errichtung, Ausschmückung und Unterhaltung von Gotteshäusern und kirchlichen Gemeindehäusern, das Abhalten von Gottesdiensten, die Ausbildung von Geistlichen, die Erteilung von Religionsunterricht, die Beerdigung und Pflege des Andenkens von Toten, die Verwaltung des Kirchenvermögens, die Besoldung der Geistlichen, Kirchenbeamten und Kirchendiener, die Alters- und Behindertenversorgung für diese Personen und die Versorgung ihrer Witwen und Waisen, nicht dagegen die Beiträge für diese Religionsgemeinschaften, die als Kirchensteuer oder wie Kirchensteuer abgezogen werden können.

Alle inländischen öffentlich-rechtlichen Körperschaften können Spenden unmittelbar in **379** Empfang nehmen und entsprechende **Spendenbescheinigungen** auf einem **amtlich vorgeschriebenen Vordruck** ausstellen. Darüber hinaus sind auch die Körperschaften, Personenvereinigungen oder Vermögensmassen, die nach der Satzung, dem Stiftungsgeschäft oder sonstigen Verfassung und nach der tatsächlichen Geschäftsführung ausschließlich und unmittelbar gemeinnützigen, mildtätigen oder kirchlichen Zwecken dienen und deshalb von der Körperschaftsteuer befreit sind, zur Ausstellung von Spendenbescheinigungen berechtigt.

WICHTIG 380

Darüber hinaus können die Spenden auch über eine juristische Person des öffentlichen Rechts oder eine inländische öffentliche Dienststelle, z. B. eine Gemeinde, an die steuerbegünstigte Körperschaft gezahlt werden (sog. **Durchlaufspenden**), wenn die Spende auf einem Konto der Durchlaufstelle gebucht und von ihr getrennt behandelt und weitergeleitet wurde. Vor Weiterleitung an den Spendenempfänger muss die Durchlaufstelle prüfen, ob dieser wegen Verfolgung gemeinnütziger, mildtätiger oder kirchlicher Zwecke zum Erhalt der Spende berechtigt ist. Die **Spendenbescheinigung** darf in diesem Fall nur **von der Durchlaufstelle** ausgestellt werden.

Bei **Spenden an Elternbeiräte von Schulen** ist zu unterscheiden, ob ein Förderverein gegründet wurde oder nicht. Besteht ein Förderverein und ist dieser vom Finanzamt als gemeinnützig anerkannt, kann der **Förderverein** Spenden in Empfang nehmen und die Spendenbescheinigung ausstellen. Besteht dagegen kein Förderverein, können Spendenbeträge vom **Kassierer des Schulelternbeirats** in Empfang genommen werden, der

III Gestaltung und Tipps

darüber genaue Aufzeichnungen zu führen hat. Dem Kassierer kommt insoweit die Stellung einer Hilfsperson der öffentlichen Schule zu. Das Spendenkonto muss eine Treuhandbezeichnung führen. Die Spendenbescheinigung kann der Kassierer unterzeichnen, wenn erkennbar ist, dass er im Auftrag der Schulleitung handelt.

381 Letztlich verlangt das Finanzamt für den Sonderausgabenabzug eine **Spendenbescheinigung** nach amtlichem Muster. Danksagungen und Werbung für die Ziele des Spendenempfängers dürfen dabei nur auf der Rückseite der Zuwendungsbestätigung aufgedruckt sein. Bei Zuwendungen an Vereine, die politische Parteien oder unabhängige Wählervereinigungen sind, müssen die **Mitgliedsbeiträge** getrennt von den Zuwendungen ausgewiesen werden. Auch Aufwandsspenden sind besonders zu kennzeichnen.

WICHTIG

Bei **Zuwendungen in Katastrophenfällen**, z. B. bei Hochwasser, und bei Kleinbeträgen kann von einer Spendenbescheinigung abgesehen werden. Bei Zuwendungen zur Linderung der Not in Katastrophenfällen an inländische juristische Personen des öffentlichen Rechts oder an einen anerkannten Verband der freien Wohlfahrtspflege reicht es für den Spendennachweis aus, wenn Sie die **Buchungsbestätigung** Ihrer **Bank** dem Finanzamt vorlegen; auf die Höhe der Spende kommt es dabei nicht an. Allerdings muss dann die Zuwendung innerhalb eines von der Finanzverwaltung bestimmten Zeitraums auf das für Katastrophenfälle eingerichtete Sonderkonto der juristischen Person des öffentlichen Rechts oder des Spitzenverbands der freien Wohlfahrtspflege eingezahlt werden.

Darüber hinaus reicht der Einzahlungsbeleg bei einer Bank mit der Abbuchungsbestätigung aus, wenn der **Spendenbetrag 200 € nicht übersteigt** und Spendenempfänger eine inländische juristische Person des öffentlichen Rechts oder eine inländische öffentliche Dienststelle ist. Ist dagegen Spendenempfänger eine gemeinnützige Körperschaft, Personenvereinigung oder Vermögensmasse, muss noch hinzukommen, dass die Angaben über die Steuerfreistellung des Spendenempfängers auf einem von ihm hergestellten Beleg aufgedruckt sind und darauf angegeben ist, ob es sich bei der Zuwendung um eine Spende oder um einen Mitgliedsbeitrag handelt.

Werden Spenden per Dauerauftrag oder Einzugsermächtigung abgebucht, muss aus der Buchungsbestätigung Name und Kontonummer des Auftraggebers und des Spendenempfängers, der Betrag sowie der Buchungstag ersichtlich sein. Darüber hinaus muss die Buchungsbestätigung Angaben über den steuerbegünstigten Zweck, für den die Spende geleistet wurde, und über die Steuerbegünstigung der Körperschaft enthalten (§ 50 Abs. 2 EStDV). Beim Online-Banking muss der PC-Ausdruck Name und Kontonummer des Auftraggebers und Empfängers, den Betrag und den Buchungstag enthalten.

WICHTIG

Die abgestempelte Durchschrift des Überweisungsbelegs reicht als vereinfachter Spendennachweis für sich allein nicht aus. Da aus dem Überweisungsbeleg weder der Buchungstag ersichtlich ist noch gewährleistet ist, dass die Bank tatsächlich die Überweisung vorgenommen hat, verlangt das Finanzamt zusätzlich die Buchungsbestätigung der Bank, aus der Name und Kontonummer des Auftraggebers sowie Empfängers, der Betrag und der Buchungstag ersichtlich sein müssen. Nur wenn der Steuerzahler kein Konto bei der betreffenden Bank unterhält, genügt weiterhin ein Bareinzahlungsbeleg der Bank mit dem Aufdruck „Zahlung erfolgt" (OFD Karlsruhe, Verfügung v. 10.1.2003, S 2223 A – St 314).

Der Spendenabzug setzt voraus, dass Sie die Zuwendung freiwillig und unentgeltlich **382** geleistet haben und bei Ihnen eine Ausgabe darstellt, die Sie wirtschaftlich belastet hat. Die Leistung darf auf **keiner rechtlichen Verpflichtung** beruhen. Daher sind vom Gericht gegen einen Beschuldigten festgelegte Auflagen, einen Geldbetrag zugunsten einer gemeinnützigen Einrichtung zu zahlen, nicht freiwillig und können somit nicht als Spende abgezogen werden.

Unentgeltlich ist die Zuwendung nur dann, wenn sie weder unmittelbar noch mittelbar im Zusammenhang mit einer Gegenleistung des Empfängers steht. Die Spende muss um der Sache willen ohne die Erwartung eines besonderen Vorteils gegeben werden. Dies ist insbesondere bei Eintrittsgeldern, Wohlfahrtsbriefmarken, Beiträgen, die eine Gewinnchance einräumen oder Aufwendungen für Lose einer Wohltätigkeitsveranstaltung nicht der Fall. Der in der Eintrittskarte enthaltene „Spendenanteil" ist auch nicht anteilig abzugsfähig. Eine Sonderregelung gilt für **UNICEF**-Grußkarten und Kalender. Hier kann ein Anteil des an UNICEF gezahlten Betrags in Höhe von 75 % des Warenwerts der gekauften Grußkarten bzw. Kalender als Spende abgezogen werden. Dies wird von der UNICEF in Kombination mit der Warenrechnung auf einem DIN A4-Blatt bescheinigt, wobei der obere Teil die Rechnung und der untere Teil die Spendenbescheinigung bildet (OFD Nürnberg, Verfügung v. 10.6.2003, S 2223 – 110/St 31). Dagegen können Sonderzuschläge beim Kauf von Sonderbriefmarken nicht im Rahmen des Spendenabzugs geltend gemacht werden (BFH, Beschluss v. 1.7.2004, IX B 20/04, Haufe-Index 1241755).

Wegen des fehlenden Merkmals „Unentgeltlichkeit" können auch Schulgeldzahlungen der Eltern an die von ihren Kindern besuchten Schulen, z. B. Waldorfschulen, nicht mit einem Teilbetrag als Spende berücksichtigt werden. Eine Ausnahme vom Spendenabzugsverbot gilt jedoch dann, wenn die Eltern freiwillige Leistungen erbringen, die über ihren Beitrag für den Besuch der Privatschule durch ihre Kinder hinausgehen.

WICHTIG

Zuwendungen an Fördervereine, die **Schulbücher** für ihre Mitglieder und Angehörige kaufen oder sie ausleihen, sind dagegen keine abziehbaren Spenden. Dies gilt auch für Zuwendungen von Dritten, die selbst keine Kinder auf der Schule haben. Nur dann, wenn der Förderverein mit den Zuwendungen von dritter Seite Schulbücher für die Durchführung des Unterrichts beschafft, ist ein Spendenabzug möglich, nicht jedoch, wenn es sich bei den zuwendenden Personen um Eltern und nahe Angehörige der Schüler dieser Schule handelt.

III Gestaltung und Tipps

Nach der Entscheidung des EuGH v. 27.1.2009 (Rechtssache C-318/07 „Persche", BFH/NV 2009 S. 522) können **Spenden und Mitgliedsbeiträge** zur **Förderung steuerbegünstigter Zwecke** in allen offenen Fällen im Rahmen des Spendenabzugs berücksichtigt werden, wenn die **Einrichtungen in** einem **anderen EU- oder EWR-Staat** belegen sind (BMF, Schreiben v. 6.4.2010, IV C 4 – S 2223/07/0005, BStBl 2010 I S. 386, Haufe-Index 2323203).

Der Gesetzgeber musste auf Grund dieser Entscheidung im EU-Vorgabenumsetzungsgesetz § 10b Abs. 1 Satz 2 Nr. 3 EStG für den Bereich der Einkommensteuer in der Weise ändern, dass Zuwendungen zur Förderung steuerbegünstigter Zwecke im Sinne von §§ 52 bis 54 AO auch dann als Sonderausgaben abziehbar sind, wenn sie an eine Körperschaft geleistet werden, die im EU- bzw. EWR-Raum ansässig ist und die von der Körperschaftsteuer befreit wäre, wenn sie inländische Einkünfte erzielen würde. Dies ist dann der Fall, wenn sie nach ihrer Satzung oder der sonstigen Verfassung und nach ihrer tatsächlichen Geschäftsführung ausschließlich und unmittelbar gemeinnützigen, mildtätigen oder kirchlichen Zwecken dient.

WICHTIG

Für den Sonderausgabenabzug der Spenden und Mitgliedsbeiträge kommt es in diesen Fällen darauf an, dass der andere Staat auf Grund von Abkommen oder innerstaatlichen Regelungen Amtshilfe und Unterstützung bei der Überprüfung der Gemeinnützigkeitsvoraussetzungen leistet. Darüber hinaus muss die Möglichkeit bestehen, inländische Beitreibungsmaßnahmen unter Mithilfe des anderen Staats wegen der möglichen Haftungsinanspruchnahme des Zuwendungsempfängers durchsetzen zu können.

Ab 2010 kommt bei den Spenden an juristische Personen des öffentlichen Rechts im EU- und EWR-Ausland als Voraussetzung für den Sonderausgabenabzug hinzu, dass diese Institutionen natürliche Personen im Inland fördern oder zum Ansehen Deutschlands im Ausland beitragen müssen.

Bevor Sie eine Spende ins EU- oder EWR-Ausland leisten, sollten Sie sich mit dem **Finanzamt** in Verbindung setzen, welche Unterlagen Sie vorlegen müssen, damit Ihnen der Spendenabzug gewährt wird. Achten Sie bei Ihrer Einkommensteuererklärung 2010 auch darauf, dass die ausländische Institution natürliche Personen im Inland fördert oder zum Ansehen Deutschlands im Ausland beiträgt. Dies muss sich u. E. aus der Satzung der gemeinnützigen Einrichtung ergeben.

Der bisherige Anwendungsbereich für Spenden zur Förderung gemeinnütziger, mildtätiger oder kirchlicher steuerbegünstigter Zwecke in den Vermögensstock einer inländischen Stiftung (§ 10b Abs. 1a EStG) ist ebenfalls durch das EU-Vorgabenumsetzungsgesetz auf den Vermögensstock einer Stiftung im EU- und EWR-Raum in allen Fällen, in denen die Einkommensteuer noch nicht bestandskräftig festgesetzt ist, ausgeweitet worden.

383 Die Spende kann in Geld oder als Sachzuwendung geleistet werden. Bei **Sachspenden** sollten Sie darauf achten, dass aus der Spendenbescheinigung der Wert und die genaue Bezeichnung des gespendeten Gegenstands ersichtlich sind. Dabei müssen Sie die Gegenstände einzeln in der Spendenbescheinigung mit ihrem Einzelveräußerungspreis ansetzen. Zu diesem Zweck ist der Marktwert des einzelnen Gegenstands zu ermitteln. Hierzu ist es bei einer Spende von Kleidungsstücken erforderlich, die für eine Schätzung des Marktwerts maßgebenden Faktoren wie Neupreis, Zeitraum zwischen Anschaffung und Weggabe und den tatsächlichen Erhaltungszustand in der Spendenbescheinigung anzugeben.

TIPP

Achten Sie darauf, dass in der Spendenbescheinigung **kein runder Betrag** angegeben wird. Hieraus zieht die Finanzverwaltung den Schluss, dass eine pauschale Bewertung des „Spendengegenstands" erfolgt ist.

Werden **mehrere Gegenstände gespendet**, muss der Aussteller der Spendenbescheinigung die Gegenstände einzeln auf ihren Wert untersuchen und deren gemeinen Wert ermitteln. In der Bescheinigung muss jeder Gegenstand mit seinem Wert aufgeführt werden. Es ist nicht zulässig, eine **Gruppenbewertung** unter Berücksichtigung von Alter und Neuwert durchzuführen. Wer z. B. seine Büchersammlung einer Universität spendet, der muss entweder über jedes einzelne Buch eine Spendenbescheinigung erhalten oder sich eine **Sammelspendenbescheinigung** beschaffen, in der in einer Anlage der Titel und die Bewertung jedes einzelnen Buchs aufgeführt sind (OFD Frankfurt, Verfügung v. 6.11.2003, S 2223 A – 22 – St II 2.06).

Sind Sie ehrenamtlich für einen gemeinnützigen Verein tätig, können Sie die Ihnen dafür **384** entstandenen Aufwendungen nur dann als **Aufwandsspende** abziehen, wenn Sie dem Finanzamt eine schriftliche Vereinbarung vorlegen, aus der hervorgeht, dass für die erbrachten Leistungen ein Aufwendungsersatzanspruch besteht und Sie auf diesen Aufwendungsersatzanspruch verzichtet haben. Wegen des **Ehrenamtsfreibetrags von 500 €** ➜ Tz 894.

WICHTIG

> Der **Aufwandsersatzanspruch** muss auf einem Vertrag, der Vereinssatzung oder
> einem rechtsgültigen Vorstandsbeschluss beruhen, wobei eine solche schriftliche Vereinbarung vor der zum Aufwand führenden Tätigkeit vorliegen muss. Darüber hinaus muss der Verein auf Grund seiner wirtschaftlichen Leistungsfähigkeit in der Lage sein, Aufwendungsersatzansprüche erfüllen zu können (vgl. BMF, Schreiben v. 7.6.1999, IV C 4 – S 2223 – 111/99, BStBl 1999 I S. 591).

Sind Sie z. B. als Betreuer oder Sportwart für einen Verein tätig und erhalten Sie zum Ausgleich Ihrer Aufwendungen eine pauschale Zahlung bis zur Höhe von 500 €, muss eine solche Zahlung in der **Satzung** des Vereins vorgesehen sein. Ansonsten besteht für den Verein die Gefahr, dass er seine Gemeinnützigkeit verliert. Die meisten Vereinssatzungen sehen eine solche pauschale Zahlung an Vereinsmitglieder nicht vor. Falls ein Verein bis zum **14.10.2009** ohne ausdrückliche Erlaubnis dafür in seiner Satzung Tätigkeitsvergütungen im Rahmen des Ehrenamtsfreibetrags von 500 € gezahlt hat, sind daraus keine für die Gemeinnützigkeit des Vereins schädliche Folgerungen zu ziehen, wenn

- die Zahlungen nicht unangemessen hoch gewesen sind und
- die Mitgliederversammlung **bis** zum **31.12.2010** eine **Satzungsänderung** beschlossen hat oder noch beschließt, die Tätigkeitsvergütungen zulässt. An die Stelle einer Satzungsänderung kann ein Beschluss des Vorstands treten, künftig auf Tätigkeitsvergütungen zu verzichten (vgl. BMF, Schreiben v. 14.10.2009, IV C 4 – S 2121/07/0010, BStBl 2009 I S. 1318). Selbstverständlich besteht dann für das Vereinsmitglied die Möglichkeit, diese **Zahlung** im Rahmen einer Spende **an den Verein zurückzugeben.** Die Spende kann er dann im Rahmen des Sonderausgabenabzugs geltend machen.

Nach diesen Grundsätzen sind auch Aufwendungen der Gasteltern für die **Aufnahme von Kindern aus Katastrophengebieten** grundsätzlich als Spenden abziehbar, wenn sie von der zum Spendenempfang berechtigten Körperschaft vereinbarungsgemäß den Ersatz ihrer Kosten verlangen können. Fehlt es an einem derartigen Erstattungsanspruch bzw. Forderungsverzicht, liegt eine unmittelbare Spende an die steuerbegünstigte Körperschaft nicht vor. Aus der Sicht der Finanzverwaltung bestehen keine Bedenken, den

III Gestaltung und Tipps

pauschalen Aufwendungsersatz für Unterkunft und Verpflegung in Höhe der Werte der jeweils für das Kalenderjahr maßgebenden Sachbezugsverordnung anzusetzen (vgl. OFD Frankfurt, Verfügung v. 14.10.2003, S 2223 A – 126 – St II 2.06). Ein darüber hinaus gehender Erstattungsanspruch für Aufwendungen im Zusammenhang mit Bekleidung oder Arzneimittel kommt nur gegen Einzelnachweis in Betracht.

Ist der **Spendengegenstand** unmittelbar vor seiner Zuwendung einem **Betriebsvermögen entnommen** worden, darf der bei der Entnahme angesetzte Wert für die Angabe in der Spendenbescheinigung nicht überschritten werden. Neben dem Entnahmewert ist auch die bei der Entnahme des Gegenstands angefallene Umsatzsteuer als Spende zu bescheinigen.

Bestimmte **Mitgliedsbeiträge** sind gesetzgeberisch vom Spendenabzug ausgeschlossen, und zwar Mitgliedsbeiträge an Körperschaften, die dem Sport, kulturellen Betätigungen, die in erster Linie der Freizeitgestaltung dienen, der Heimatpflege und Heimatkunde oder der Förderung von Tierzucht, Pflanzenzucht, Kleingärtnerei, traditionellem Brauchtum, Soldaten- und Reservistenbetreuung, des Amateurfunkens, Modellflugs und Hundesports dienen.

Die Aufnahmegebühr und der jährliche Mitgliedsbeitrag an den **Golfclub** oder an den **Tennisclub** bleiben also steuerlich nichtabziehbar. Mitgliedsbeiträge an kulturelle Zwecke dienenden Körperschaften sind insbesondere ausgeschlossen, wenn sie die aktiv ausgeführten eigenen kulturellen Betätigungen der Mitglieder fördern, z. B. im Laientheater, Laienchor oder Laienorchester. Dagegen sind Mitgliedsbeiträge an Körperschaften zur Förderung kultureller Einrichtungen der Kunst und Kultur als Spende zu berücksichtigen, auch wenn damit einzelne Vergünstigungen verknüpft sind, wie z. B. der verbilligte Eintritt bei Veranstaltungen der Körperschaften.

385 Die **Finanzverwaltung** kann auf die **Vorlage von Spendenbescheinigungen verzichten**, wenn Sie im Veranlagungszeitraum 2010 nicht mehr als **100 € an Spenden** im Rahmen Ihrer Einkommensteuererklärung geltend machen. Sie sollten aber glaubhaft machen, dass überhaupt Zahlungen erfolgt sind und angeben, für welche Zwecke Sie gespendet haben. Viele Finanzämter wenden diese Vereinfachungsregelung nicht mehr an, weil die Steuerzahler in der Vergangenheit Spenden pauschal bis zu 100 € als Sonderausgaben angegeben haben. Daher hat das Finanzamt in der Anlage zu den vorangegangenen Steuerbescheiden meist für die Folgejahre darauf hingewiesen, dass ein fehlender Spendennachweis zur Versagung des Sonderausgabenabzugs führt.

386 Bei Ihrer Einkommensteuerveranlagung 2010 können Spenden bis zur Höhe von **20 %**, bezogen auf den **Gesamtbetrag der Einkünfte**, abgezogen werden. Alternativ dazu können Sie auch Spenden in Höhe von **4 ‰ Ihrer Umsätze, Löhne und Gehälter** geltend machen. Spenden, die über die Höchstbeträge von 20 % bzw. 4 ‰ hinausgehen und bei Ihrer Einkommensteuerveranlagung 2010 nicht abgezogen werden können, dürfen Sie in den Folgejahren als sog. **Spendenvortrag** geltend machen. Dies gilt unabhängig von der Höhe der Spende.

387 Zuwendungen an **Stiftungen** des öffentlichen Rechts und an steuerbefreite Stiftungen des privaten Rechts, die einen steuerbegünstigten Zweck verfolgen, können in den Vermögensstock der Stiftung im Jahr der Zuwendung und in den folgenden 9 Jahren nach Antrag bis zu einem Betrag von insgesamt **1.000.000 €** abgezogen werden (§ 10b Abs. 1a EStG).

Spenden an politische Parteien (Parteispenden)

Für Mitgliedsbeiträge und Spenden an politische Parteien erhalten Sie innerhalb gewisser **388** Höchstbeträge eine direkte Ermäßigung der Einkommensteuer (Steuerabzug); verbleibende Beträge können als Sonderausgaben innerhalb bestimmter Höchstgrenzen abgezogen werden.

Für Mitgliedsbeiträge und Spenden an politische Parteien **ermäßigt** sich die **Einkommensteuer** um **50 % der Ausgaben**, höchstens um 825 €, im Fall der Zusammenveranlagung von Ehegatten um 1.650 €. Der **Sonderausgabenabzug** des übersteigenden Betrags beträgt maximal bei Einzelveranlagung **1.650 €**, bei Zusammenveranlagung **3.300 €**.

TIPP

Beiträge und Spenden an **unabhängige Wählervereinigungen** ermäßigen die Einkommensteuer wie Parteispenden. Haben Sie sowohl an unabhängige Wählervereinigungen als auch an politische Parteien gespendet, erhalten Sie die **Höchstbeträge** von 825 € bzw. 1.650 € **nebeneinander**.

Als **Nachweis** für die Zahlung von **Mitgliedsbeiträgen an politische Parteien** genügt es, wenn Sie Bareinzahlungsbelege, Buchungsbestätigungen oder Beitragsquittungen vorlegen (§ 50 Abs. 3 EStDV). Dagegen müssen **Spenden** in Form einer Geld- oder Sachzuwendung grundsätzlich durch eine **Spendenbescheinigung nachgewiesen** werden. Lediglich bei Spenden bis zu **200 €** lässt die Finanzverwaltung die unter ➜ Tz 381 dargestellte Vereinfachungsregelung zu.

WICHTIG

Bei Spenden an **politische Parteien** ist in der Spendenbescheinigung zu versichern, dass es sich hierbei **nicht um Mitgliedsbeiträge** handelt (BMF, Schreiben v. 2.6.2000, IV C 4 – S 2223 – 568/00, BStBl 2000 I S. 592, Rn. 7). Bei **unabhängigen Wählervereinigungen** ist in der Spendenbescheinigung anzugeben, dass es sich hierbei nicht um Mitgliedsbeiträge, sonstige Mitgliedsumlagen oder Aufnahmegebühren handelt. Hat der Spender **zusammen** mit einem Mitgliedsbeitrag auch eine Geldspende geleistet, z. B. Überweisung von 200 €, davon 120 € Mitgliedsbeitrag und 80 € Spende, handelt es sich steuerlich um 2 Zuwendungen, die entweder jeweils gesondert oder im Rahmen einer Sammelbestätigung zu bescheinigen sind (BMF, Schreiben v. 10.4.2003, IV C 4 – S 2223 – 48/03, BStBl 2003 I S. 286).

Mandatsträgerbeiträge sind keine Mitgliedsbeiträge im steuerlichen Sinne, da es keine gesetzliche oder parlamentsordnungsgeschäftliche Verpflichtung zur Zahlung dieser Beiträge gibt. Bei diesen Zuwendungen handelt es sich vielmehr um **Spenden**, die grundsätzlich nur abgezogen werden dürfen, wenn sie durch eine Spendenbescheinigung nach amtlichem Muster nachgewiesen werden. Ein vereinfachter Spendennachweis, z. B. durch Beitragsquittungen, ist nicht zulässig.

III Gestaltung und Tipps

2.4 Sonderausgaben-Pauschbetrag

389 Wenn Sie für unbeschränkt abziehbare Sonderausgaben, also **nicht** Versicherungsbeiträge, zusammen keine höheren Aufwendungen als 36 € geltend machen bzw. nachweisen, berücksichtigt das Finanzamt bei Ihrer Veranlagung einen **Sonderausgaben-Pauschbetrag von 36 €**, bei zusammenveranlagten Ehepaaren **72 €**, auch z. B. bei Verwitweten in dem Kalenderjahr, das dem Todesjahr des Ehegatten folgt.

2.5 Verluste geltend machen

390 Verluste sind dem Gesetzgeber „ein Dorn im Auge". Daher können Verluste nicht ohne weiteres verrechnet oder in Form eines Vor- oder Rücktrags genutzt werden. Nachfolgend sind die wichtigsten Einschränkungen in Bezug auf die Verlustverrechnung dargestellt.

Verlustausgleich zwischen positiven und negativen Einkünften

391 Verluste können im Rahmen Ihrer Einkommensteuerveranlagung ohne Beschränkungen mit positiven Einkünften aus anderen Einkunftsarten ausgeglichen werden.

Vorsicht: Nur Verluste aus sonstigen Leistungen (§ 22 Nr. 3 EStG) sowie Spekulationsverluste (§ 23 EStG) dürfen nur mit positiven Einkünften derselben Art verrechnet werden. Eine Verrechnung von Spekulationsverlusten mit den übrigen Einkünften, z. B. aus freiberuflicher Tätigkeit, ist dagegen nicht zulässig (**→** Tz 995).

Verluste aus der Beteiligung an Verlustzuweisungsgesellschaften

392 Im Gesetz zur Beschränkung der Verlustverrechnung im Zusammenhang mit Steuerstundungsmodellen hat der Gesetzgeber angeordnet, dass **Verluste** aus **solchen Modellen nur** noch **mit späteren Gewinnen aus derselben Einkunftsquelle verrechnet** werden dürfen. Einkunftsquelle bedeutet hier, dass es auf Gewinne und Verluste aus derselben Beteiligung an einem Steuerstundungsmodell ankommt. Die Verluste aus einem Steuerstundungsmodell können also nicht mit Gewinnen aus einem anderen verrechnet werden (§ 15b EStG).

Ein **Steuerstundungsmodell** im Sinne dieser Vorschrift liegt vor, wenn auf Grund einer **modellhaften Gestaltung** steuerliche Verluste in Form negativer Einkünfte erzielt werden. Dies ist der Fall, wenn dem Steuerzahler auf Grund eines vorgefertigten Konzepts die Möglichkeit geboten wird, zumindest in der Anfangsphase Investitionsverluste mit übrigen Einkünften zu verrechnen, unabhängig davon, auf welchen Vorschriften die negativen Einkünfte beruhen. Eine solche Verrechnungsmöglichkeit boten bisher **geschlossene Fonds**, wie z. B. Medienfonds, Schiffsbeteiligungen, New Energie-Fonds, Leasingfonds, Wertpapierhandelsfonds und Videogamefonds. Sie lockten die Anleger mit hohen Verlustzuweisungsquoten zum Beitritt.

TIPP

Wegen der Komplexität der Verlustverrechnung bei Beteiligung an Verlustzuweisungsgesellschaften sollten Sie in jedem Fall vor Zeichnung eines solchen Modells Ihren Steuerberater einschalten und ihn um Prüfung bitten.

Darüber hinaus können Sie aus dem BMF-Anwendungsschreiben v. 17.7.2007 (IV B 2 – S 2241 – b/07/0001, BStBl 2007 I S. 542) erfahren, wie die Finanzverwaltung die Vorschrift über die Beschränkung der Verlustverrechnung auslegt. Dort sind der sachliche Anwendungsbereich der Vorschrift, die Definition eines Steuerstundungsmodells, die Annahme einer modellhaften Gestaltung, insbesondere auch beim Erwerb von Wohnungen eines Bauträgers, der Umfang der Verlustverrechnungsbeschränkung, die Anwendung bei im Betriebsvermögen gehaltenen Anteilen an vermögensverwaltenden Personengesellschaften, die Regelung bei mehrstöckigen Gesellschaften, das Verhältnis des § 15b EStG zu anderen Vorschriften, der Bereich der nach DBA steuerfreien Einkünfte, die Behandlung der Verluste bei unentgeltlichem Beteiligungsübergang, das Feststellungsverfahren sowie Übergangsvorschriften geregelt.

Erblasser-Verluste

Als Erbe konnten Sie Verluste des Erblassers im Jahr des Erbfalls bei der Ermittlung des **393** Gesamtbetrags Ihrer Einkünfte abziehen, soweit sich die Verluste bei dem Erblasser noch nicht ausgewirkt hatten. Bei mehreren Erben wurden die Verluste des Erblassers nach dem Verhältnis der Erbteile aufgeteilt.

Dies sieht der Große Senat des BFH (vgl. Beschluss v. 17.12.2007, GrS 2/04, BFH/NV 2008 S. 651) anders. Er hat sich gegen die Möglichkeit ausgesprochen, dass ein noch bestehender **Verlustvortrag des Erblassers** auf die Erben übergehen kann. Damit fallen Verlustvorträge, die beim Erblasser **nicht mehr verrechnet** werden können, künftig weg.

WICHTIG

Da der BFH mit seiner neuen Rechtsprechung einen jahrzehntelang geltenden Grundsatz aufgegeben hat, sieht er in dem vorgenannten Beschluss aus Gründen der Rechtssicherheit und des Vertrauensschutzes eine **Übergangsregelung** vor: Das Abzugsverbot des Verlustvortrags beim Erben gilt erstmals für Erbfälle nach Veröffentlichung des BFH-Beschlusses am 12.3.2008.

Die Finanzverwaltung ist bei der Anwendung des BFH-Beschlusses v. 17.12.2007 (a. a. O.) **großzügiger.** Mit BMF-Schreiben v. 24.7.2008 (IV C 4 – S 2225/07/0006, BStBl 2008 I S. 809) hat sie die Finanzämter angewiesen, die Verlustverrechnung bei den Erben auf Erbfälle anzuwenden, die bis zum Ablauf des Tages der Veröffentlichung der Entscheidung im Bundessteuerblatt eingetreten sind. Insoweit weicht sie von der BFH-Entscheidung ab, die eine Anwendung der neuen Rechtsprechung ab dem 13.3.2008 vorsieht. Die Entscheidung des Großen Senats v. 17.12.2007 (a. a. O.) ist im Bundessteuerblatt am **18.8.2008** (II S. 608) veröffentlicht worden.

Um sich vor den negativen Folgen der Entscheidung des Großen Senats bei der Verlustverrechnung zu schützen, sollte versucht werden, einen Verlustvortrag beim Erblasser nicht aufkommen zu lassen. Sollte im Todesjahr oder im Jahr davor ein Verlust angefallen sein, ist grundsätzlich zu prüfen, ob dieser Verlust ins Vorjahr zurückgetragen werden kann. Ist dies nicht möglich, sollte beim Erblasser noch ein Gewinn ausgelöst werden, der bei den Erben zu Abschreibungspotenzial führt. Denken Sie z. B. an eine qualifizierte Nachfolgeklausel bei einer Beteiligung an einer Personengesellschaft, bei der Sonderbetriebsvermögen vorhanden ist. Geht das Sonderbetriebsvermögen in den allgemeinen Nachlass über, müssen die stillen Reserven des Sonderbetriebsvermögens bei denjenigen Erben aufgedeckt werden, die nicht an der Personengesellschaft beteiligt werden. Die aufgedeckten stillen Reserven sind noch vom Erblasser zu versteuern. Sie stehen damit beim Erblasser als Verrechnungspotenzial zur Verfügung. Die Erben, die ihren Anteil am

III Gestaltung und Tipps

Sonderbetriebsvermögen in das Privatvermögen überführen, können dann mit diesem Entnahmewert ohne Spekulationsbesteuerung eine Veräußerung an den Erben vornehmen, der an der Personengesellschaft beteiligt wird.

Im Übrigen sollte versucht werden, durch konkrete Möglichkeiten noch eine **Verlustverrechnung** zu **Lebzeiten des Erblassers** zu erreichen. Diese Möglichkeiten können je nach Einzelfall sehr unterschiedlich sein. Beispielhaft kommen in Betracht:

- **Realisierung von stillen Reserven** im Betriebsvermögen. Ggf. kann dies auch durch eine entgeltliche Betriebsveräußerung an nahe Angehörige erreicht werden. Die Erwerber profitieren dann von Abschreibungen auf die Anschaffungskosten der einzelnen Wirtschaftsgüter.
- Besteht die Möglichkeit, eine **vermietete Immobilie** mit Gewinn innerhalb von 10 Jahren zu veräußern, führt dies zu Spekulationseinkünften. Diese positiven Einkünfte lassen sich mit einem Verlustvortrag ausgleichen. Die Veräußerung kann an fremde Dritte ebenso erfolgen wie an nahe Angehörige. Bei Veräußerung an fremde Dritte fällt ggf. Grunderwerbsteuer an, bei Veräußerung an Angehörige in gerader Linie dagegen nicht (§ 3 Nr. 6 GrEStG).
- Resultiert der Verlustvortrag aus **Spekulationsverlusten mit Aktien**, war deren Ausgleich durch bewusste Veräußerung von Aktien mit Gewinnen innerhalb der einjährigen Spekulationsfrist denkbar. Ein zeitnaher Rückkauf war dabei nicht ausgeschlossen. Ab 2009 stehen solche Spekulationsverluste auch zur Verlustverrechnung mit Wertzuwächsen bei den Kapitaleinkünften zur Verfügung (§ 20 Abs. 2 EStG). Hierzu bedarf es der Abstimmung mit Ihrem Steuerberater.
- Darüber hinaus kann es vorteilhaft sein, Ihre **Einkünfte** zu **erhöhen**. Dies lässt sich insbesondere bei betrieblichen Einkünften durch die Ausübung verschiedener Bilanzierungswahlrechte erreichen. Bei den Vermietungseinkünften könnte darüber nachgedacht werden, statt einer erhöhten AfA die lineare AfA zu wählen.

Verlustbeschränkungen bei einzelnen Einkunftsarten

394 Keine Verlustverrechnung mit anderen positiven Einkünften ist möglich bei Verlusten aus **gewerblicher Tierzucht** oder gewerblicher Tierhaltung, aus **Termingeschäften** im gewerblichen Bereich, aus Leistungen im Sinne des **§ 22 Nr. 3 EStG** und aus **Spekulationsgeschäften**.

Verlustrücktrag

395 Sollten bei Ihrer Einkommensteuerveranlagung 2010 nicht sämtliche negativen Einkünfte mit positiven Einkünften verrechnet werden können, besteht die Möglichkeit, den „Verlustüberhang" zurück- bzw. vorzutragen.

TIPP

 Der Vorteil des **Verlustrücktrags** besteht darin, dass sich bereits im Jahr des Verlustes Steuererstattungen ergeben. Bei einem Verlustvortrag findet nur eine Verrechnung der Verluste mit künftigen positiven Einkünften statt, so dass auch die Steuerentlastung erst in der Zukunft eintritt.

Der Verlustrücktrag ist der Höhe nach begrenzt auf **511.500 €** bei Ledigen und **1.023.000 €** bei zusammenveranlagten Ehegatten. Er ist vom Gesamtbetrag der Einkünfte abzuziehen, und zwar vorrangig vor den Sonderausgaben, außergewöhnlichen Belastungen und sonstigen Abzugsbeträgen (§ 10d Abs. 1 Satz 1 EStG).

TIPP

> Die vorrangige Verrechnung des Verlustrücktrags mit dem Gesamtbetrag der Einkünfte kann dazu führen, dass Sonderausgaben, außergewöhnliche Belastungen und sonstige Abzugsbeträge, die sich bisher bei der Einkommensteuerveranlagung im Rücktragsjahr steuerlich ausgewirkt haben, **nicht mehr zu einer Steuerentlastung** führen. Wollen Sie dies vermeiden, muss der Verlustrücktrag der Höhe nach begrenzt werden. Hierzu können Sie einen entsprechenden Antrag in **Zeile 93** des Hauptvordrucks stellen, in dem Sie dort angeben, welche nicht ausgeglichenen negativen Einkünfte des Jahres 2010 im Rahmen des Rücktrags bei der Einkommensteuerveranlagung 2009 berücksichtigt werden sollen. Machen Sie in **Zeile 93** des Hauptvordrucks keine Angaben zum Verlustrücktrag, wird der rücktragsfähige Verlust des Jahres 2010 bis zur Höhe des Gesamtbetrags der Einkünfte bei der Einkommensteuerveranlagung 2009 berücksichtigt, auch wenn dadurch die Sonderausgaben und außergewöhnlichen Belastungen als Steuerentlastungspotenzial ausfallen würden. Sie sollten auch dann über die Begrenzung des Verlustrücktrags nachdenken, wenn die Steuerprogression in den Vorjahren wesentlich höher ist als in den Rücktragsjahren.

Bei einem Verlustrücktrag ist darüber hinaus zu beachten, dass bei bestimmten Einkunftsarten, z. B. bei den privaten Veräußerungsgeschäften oder bei den Einkünften aus gelegentlichen Leistungen (§ 22 Nr. 3 EStG), nur eine **Verrechnungsmöglichkeit innerhalb dieser Einkunftsart** besteht (➜ Tz 394). Wer also einen Verlust aus einem Spekulationsgeschäft erlitten hat, kann diesen Verlust nur mit einem Gewinn aus einem Spekulationsgeschäft verrechnen. Eine weitergehende Verrechnung mit anderen Einkünften ist im Rahmen des Verlustrücktrags nicht möglich.

TIPP

> Spekulationsverluste, die bis zum 31.12.2008 festgestellt worden sind, sowie Spekulationsverluste, die in 2009 angefallen sind, bei denen Sie das Wertpapier vor dem 1.1.2009 erworben und innerhalb der 1-jährigen Spekulationsfrist veräußert haben, können ab 2009 mit Wertzuwächsen im Sinne des § 20 Abs. 2 EStG verrechnet werden. Diese Verrechnungsmöglichkeit ist auf 5 Jahre beschränkt, endet also am 31.12.2013 (§ 23 Abs. 3 Satz 9 und 10 EStG). Wegen Einzelheiten zur geschickten Verlustverrechnung ➜ Tz 912.

Verlustvortrag

396 Negative Einkünfte, die bei der laufenden Einkommensteuerveranlagung durch Verrechnung mit positiven Einkünften nicht ausgeglichen und auch nicht im Rahmen des Verlustvortrags abgezogen wurden, sind im Rahmen des **Verlustvortrags** bis zu einem Höchstbetrag von **1.000.000 €** mit dem Gesamtbetrag der Einkünfte **vorrangig** vor Sonderausgaben, außergewöhnlichen Belastungen und sonstigen Abzugsbeträgen zu verrechnen (§ 10d Abs. 2 EStG). Bei **zusammenveranlagten Ehegatten** verdoppelt sich der Höchstbetrag auf **2.000.000 €**. Gehen die vortragsfähigen Verluste über diesen

III Gestaltung und Tipps

Höchstbetrag hinaus, können sie nur **bis zu 60 %** des nach Abzug des Höchstbetrags verbliebenen Gesamtbetrags der Einkünfte verrechnet werden.

Bei der Einkommensteuerveranlagung 2010 werden alle Verluste – ausgenommen sind nur Verluste mit einer Verrechnungsbeschränkung – gleich behandelt. Kommt es also zur Verrechnung von Verlusten aus den Jahren vor 2010, hat die Unterscheidung nach Einkunftsarten keine Bedeutung mehr. Vielmehr ist der Abzug uneingeschränkt bis zur Höhe des Sockelbetrags und darüber hinaus bis zur Höhe von 60 % der nach Abzug des Sockelbetrags verbliebenen positiven Einkünfte möglich.

Die Abzugsmöglichkeit „Sockelbetrag und darüber hinaus begrenzter Verlustvortrag" kann sich für den Steuerzahler günstig auswirken, weil der Verlustvortrag nicht mehr ohne weiteres zur Aufzehrung des Gesamtbetrags der Einkünfte führen wird, wenn der vortragsfähige Verlust über den **Sockelbetrag** von **1.000.000 € bzw. 2.000.000 €** hinaus mit positiven Einkünften zu verrechnen ist. Denn dann bleibt für die Sonderausgaben und außergewöhnlichen Belastungen noch Verrechnungspotenzial übrig.

BEISPIEL

 A hat als Lediger einen Gesamtbetrag der Einkünfte in 2010 von 1.200.000 €. Dieser Gesamtbetrag der Einkünfte setzt sich aus gewerblichen Einkünften und Einkünften aus Vermietung und Verpachtung zusammen. A steht aus der Zeit vor 2010 noch ein vortragsfähiger Verlust aus gewerblichen Einkünften in Höhe von 1.200.000 € zur Verfügung.

Der Verlustvortrag von 1.200.000 € ist bei der Einkommensteuerveranlagung 2010 wie folgt zu verrechnen:

Einkünfte aus Gewerbebetrieb und Vermietung und Verpachtung:	1.200.000 €
Verlust im Rahmen des Vortrags bis zum Sockelbetrag abzugsfähig:	./.1.000.000 €
verbleiben:	200.000 €
davon bis maximal 60 % im Rahmen des Verlustvortrags abzugsfähig:	120.000 €
noch zu versteuern:	80.000 €

Der Gesamtbetrag der Einkünfte in Höhe von 80.000 € steht für eine Verrechnung mit Sonderausgaben und außergewöhnlichen Belastungen zur Verfügung. Von den Verlusten aus der Zeit vor 2010 sind noch 80.000 € 2011 und in den Folgejahren weiterhin vortragsfähig.

Im Rahmen des Verlustvortrags sind Verluste auch in solche Veranlagungszeiträume vorzutragen, in denen Sie ein **Einkommen unterhalb des Grundfreibetrags** haben. An dieser Regelung bestehen auch unter Berücksichtigung des verfassungsrechtlichen Gebots der Freistellung des Existenzminimums keine verfassungsrechtlichen Zweifel (BFH, Beschluss v. 11.2.2009, IX B 207/08, BFH/NV 2009 S. 920, und v. 9.4.2010, IX B 191/09, BFH/NV 2010 S. 1270).

WICHTIG

 Bei Ehegatten ist nach Durchführung eines Verlustrücktrags in einen Veranlagungszeitraum, in dem die Ehegatten zusammenveranlagt werden, ein **Verlust-**

vortrag für künftige Jahre, in denen die Ehegatten **nicht mehr zusammenveranlagt** werden, auf diese aufzuteilen. Die Aufteilung erfolgt nach dem Verhältnis, in dem die auf den einzelnen Ehegatten entfallenden Verluste im Veranlagungszeitraum der Verlustentstehung zueinander stehen (§ 62d Abs. 2 EStDV).

Gesonderte Feststellung des verbleibenden Verlustabzugs

Der nach Verlustausgleich und Verlustrücktrag verbleibende Verlustabzug wird zum **397** Schluss des Veranlagungszeitraums, also zum 31.12.2010, durch Bescheid gesondert festgestellt.

Ergibt sich für Sie bei der Einkommensteuerveranlagung 2010 ein solcher verbleibender Verlustabzug, kreuzen Sie **in Zeile 2** des Hauptvordrucks auch das Feld **Erklärung zur Feststellung des verbleibenden Verlustabzugs** an. Sie müssen darauf achten, dass der **Verlust im Feststellungsbescheid 2010 zutreffend ermittelt** wird. Ist der Feststellungsbescheid bestandskräftig, können bei einer späteren Verrechnung des verbleibenden Verlustabzugs keine Einwendungen gegen dessen Höhe geltend gemacht werden. Dies gilt selbst dann, wenn Sie auf die Einlegung eines Einspruchs mangels steuerlicher Auswirkungen auf Ihren Einkommensteuerbescheid verzichtet haben.

Hat das Finanzamt den verbleibenden Verlustvortrag nur für bestimmte Einkunftsarten gesondert festgestellt, ist eine fehlende Feststellung für eine weitere Einkunftsart **nicht** im Rahmen eines Ergänzungsbescheids **nachzuholen** (BFH, Urteil v. 17.12.2008, IX R 94/07, BFH/NV 2009 S. 651).

Hat das Finanzamt die von Ihnen geltend gemachten Verluste „zusammengestrichen" und kommt es daher im Einkommensteuerbescheid zu dem Ergebnis, dass nach Verrechnung mit den positiven Einkünften **kein rück- bzw. vortragsfähiger Verlust verbleibt**, achten Sie darauf, dass Sie gegen den Einkommensteuerbescheid vorgehen, auch wenn die Steuer 0 € beträgt. Versäumen Sie es also nicht, gegen den Einkommensteuerbescheid Einspruch einzulegen, um im Rahmen dieses Einspruchsverfahrens die Feststellung eines verbleibenden Verlustabzugs zu beantragen. Sollte der Einkommensteuerbescheid trotz Ihres Antrags auf Feststellung des verbleibenden Verlustabzugs **keinen Hinweis** darauf enthalten, dass Sie innerhalb der Einspruchsfrist gegen den Einkommensteuerbescheid die „Verlustfeststellung" beantragen können, besteht für Sie die Möglichkeit, Ihren Antrag auf Erteilung eines solchen Bescheids innerhalb eines Jahres ab Bekanntgabe des Einkommensteuerbescheids noch zu stellen (BFH, Urteil v. 9.5.2001, XI R 25/99, BFH/NV 2001 S. 1627).

Sollten in den Vorjahren **Verluste angefallen** sein, die bisher **nicht gesondert festgestellt** worden sind, kann diese Feststellung so lange nachgeholt werden, als sie für künftige Einkommensteuerfestsetzungen oder Verlustfeststellungen von Bedeutung ist (BFH, Urteil v. 12.6.2002, XI R 26/01, BFH/NV 2002 S. 1506). Denken Sie z. B. an den Fall, dass Sie in den Vorjahren eine **Fortbildungsmaßnahme** selbst finanzieren mussten und in diesen Jahren keine Einnahmen erzielt haben. Dann können Sie die Verluste auf Grund der vorweggenommenen Werbungskosten noch nachträglich innerhalb der 4-jährigen Verjährungsfrist + Anlaufhemmung von 3 Jahren feststellen lassen, um sie dann in den Jahren verrechnen zu können, in denen wieder Einnahmen aus nichtselbstständiger Arbeit anfallen. In mehreren Verfahren hat der BFH dazu Stellung genommen, inwieweit

III Gestaltung und Tipps

eine erstmalige Feststellung eines verbleibenden Verlustvortrags durchgeführt werden kann, obwohl die Einkommensteuer des betreffenden Veranlagungszeitraums bereits bestandskräftig festgesetzt wurde. In der „Grundsatzentscheidung" v. 17.9.2008 (IX R 70/06, BFH/NV 2009 S. 65) führte er aus, dass ein verbleibender Verlustvortrag auch dann erstmals gesondert festzustellen ist, wenn der Einkommensteuerbescheid für das Verlustentstehungsjahr zwar bestandskräftig ist, darin aber keine nicht ausgeglichenen negativen Einkünfte berücksichtigt worden sind. Mit diesem Urteil weicht er von seiner früheren Rechtsprechung ab. Im Streitfall ging es um einen Kläger, bei dessen Einkommensteuerveranlagung ein Gesamtbetrag der Einkünfte von 0 € zugrunde gelegt worden war. Nachträglich machte er auf Grund seiner Ausbildung zum Piloten vorab entstandene Werbungskosten bei den Einkünften aus nichtselbstständiger Arbeit für den vorgenannten Veranlagungszeitraum geltend. Der BFH ließ es zu, dass die nachträglich geltend gemachten Werbungskosten im Rahmen des Verlustvortrags festgestellt wurden, so dass sie in künftigen Jahren verrechnet werden konnten.

Diese Auffassung wird auch von der Finanzverwaltung vertreten (BMF, Schreiben v. 5.10.2009, IV C 4 – S 2225/07/0004, BStBl 2009 I S. 1189). Dabei ist der verbleibende Verlustabzug, der erstmals gesondert festzustellen ist, nach den einschlägigen materiellrechtlichen Regelungen (§ 10d EStG als „bei der Ermittlung des Gesamtbetrags der Einkünfte nicht ausgeglichener Verlust" zu bestimmen (BFH, Urteil v. 14.7.2009, IX R 52/08, BFH/NV 2009 S. 1885).

TIPP

Haben Sie einen **Antrag auf Rücktrag Ihres Verlusts 2010** nach 2009 gestellt, können Sie diesen Antrag **bis zur Bestandskraft des Feststellungsbescheids** über den verbleibenden Verlustabzug zum 31.12.2010 noch widerrufen. Ist für den zuletzt genannten Feststellungsbescheid allerdings Rechtskraft eingetreten, also die Einspruchsfrist abgelaufen und kein Vorbehalt der Nachprüfung bzw. kein Vorläufigkeitsvermerk enthalten, können Sie an dem Verlustrücktrag nach 2009 nichts mehr ändern (BFH, Urteil v. 17.9.2008, IX R 72/06, BFH/NV 2008 S. 2114).

Im Zusammenhang mit der gesonderten **Feststellung von Spekulationsverlusten** hat sich die Rechtslage durch das JStG 2007 geändert. Danach gilt Folgendes (§ 10d Abs. 4 Satz 6 EStG):

● Die Feststellungsfrist für den vortragsfähigen Verlust endet nicht, bevor die Feststellungsfrist für den Veranlagungszeitraum abgelaufen ist, auf dessen Schluss der verbleibende Verlustvortrag gesondert festzustellen ist. Damit ist sichergestellt, dass sich die Veränderungen der für den Verlustvortrag maßgeblichen Bezugsgrößen konsequent im Verlustfeststellungsverfahren auswirken können.

● **Verlustfeststellungsbescheide** können grundsätzlich nur innerhalb der auch für die Einkommensteuerbescheide geltenden allgemeinen Verjährungsfrist ergehen, also innerhalb von 7 Jahren. Nur wenn das Finanzamt keinen Verlustfeststellungsbescheid erlassen hat, obwohl ihm dies möglich gewesen wäre, weil ihm die Verluste aus einer Steuererklärung bekannt waren, kann es zu einer zeitlich uneingeschränkten Verlustfeststellung kommen, und zwar durch § 181 Abs. 5 AO. Das Finanzamt kann praktisch die Schwierigkeiten bei der Feststellung solcher Verluste wegen des zunehmenden Zeitablaufs jederzeit dadurch vermeiden, dass es die pflichtgemäße Verlustfeststellung nachholt.

- Die vorstehenden Änderungen gelten für alle am 18.12.2006 (Inkrafttreten des JStG 2007) noch nicht abgelaufenen Feststellungsfristen (§ 52 Abs. 25 Satz 5 EStG), mit der Besonderheit, dass bei Spekulationsverlusten der Ablauf der Feststellungsfrist am 1.1.2007 maßgebend ist (§ 52 Abs. 39 Satz 7 EStG i. d. F. JStG 2007).

Im **JStG 2010** ist **vorgesehen**, eine inhaltliche Bindung des Verlustfeststellungsbescheids an die der Einkommensteuerfestsetzung zugrunde gelegten Beträge herzustellen. Der **Einkommensteuerbescheid** soll **wie** ein **Grundlagenbescheid** wirken, obwohl er verfahrensrechtlich kein Grundlagenbescheid ist.

Wie wirkt sich diese verfahrensrechtliche Änderung in der Praxis aus? Angenommen, bei der Einkommensteuerveranlagung 2008 ist ein Verlust aus einer insolvent gewordenen GmbH in Höhe von 50.000 € berücksichtigt worden, der zu einem Gesamtbetrag der Einkünfte von 5.000 € geführt hat, so dass sich eine Einkommensteuer von 0 € ergeben hat. Der Verlust ist jedoch auf Grund der neueren BFH-Rechtsprechung voll verrechenbar. Damit hätte sich ein negativer Gesamtbetrag der Einkünfte von ./. 45.000 € ergeben. Hier besteht derzeit die Möglichkeit, einen Verlustfeststellungsbescheid für 2008 zu beantragen; in diesem Feststellungsbescheid wird dann ein vortragsfähiger Verlust von ./. 45.000 € ausgewiesen, der im Rahmen eines Verlustrück- oder -vortrags genutzt werden kann.

Mit Bekanntgabe des JStG 2010 kann ein Antrag auf nachträgliche Erteilung eines Verlustfeststellungsbescheids für 2008 nicht mehr gestellt werden. Denn der Einkommensteuerbescheid 2008 ist bestandskräftig. Damit ist auch über einen Verlustfeststellungsbescheid „bestandskräftig" entschieden.

Wie Sie aus dem vorstehenden Beispiel ersehen können, soll die Änderung im JStG 2010 für alle Anträge auf Erteilung eines Verlustfeststellungsbescheids gelten, die nach Bekanntgabe des JStG 2010 im BGBl. gestellt werden.

2.6 Außergewöhnliche Belastungen

Entgegen ihrer Bezeichnung sind die außergewöhnlichen Belastungen, die Sie steuermindernd abziehen können, gar nicht so selten. Vor allem der Freibetrag für Kinder, die sich in der Berufsausbildung befinden (→ Tz 453), sowie die Freibeträge, wenn Sie bedürftige Angehörige unterstützen, dürften in vielen Fällen zum Zuge kommen. Ganz besonders gilt dies für die **allgemeinen außergewöhnlichen Belastungen**, unter die z. B. die Krankheitskosten, die Kosten für Scheidungen, die Übernahme von Beerdigungskosten u. Ä. fallen. **398**

Der BFH hat abweichend von seiner früheren Rechtsprechung entschieden, dass **Vermögensschäden** – im Streitfall Aufwendungen zur Beseitigung von Schäden, die an einem Einfamilienhaus durch Rückstau in der Abwasserleitung entstanden sind – als außergewöhnliche Belastungen abzugsfähig sind. Soweit Werte infolge der Beseitigung von Schäden endgültig abgeflossen sind, fehle es nicht an einer Belastung des Steuerzahlers (BFH, Urteil v. 6.5.1994, III R 27/92, BStBl 1995 II S. 104). Damit stellt sich der BFH gegen die Auffassung der Finanzverwaltung, die bisher nur Belastungen des Einkommens – ohne einen Gegenwert – zum Abzug zulassen wollte. Unterstützt wird die Finanzverwaltung in ihrer Auffassung durch eine höchstrichterliche Entscheidung (BFH, Urteil v. 19.5.1995, III R 12/92, BStBl 1995 II S. 774), nach der Steuerzahler, die Opfer eines betrügerischen Verhaltens geworden sind, ihre **unverschuldeten Vermögenseinbußen** **399**

III Gestaltung und Tipps

nicht als außergewöhnliche Belastung geltend machen können. In diese Richtung deutet auch der BFH-Beschluss v. 17.11.2009 (VI B 18/09, BFH/NV 2010 S. 206). Im Streitfall ging es um zweifache Zahlungen zur Abwendung eines Verbraucherinsolvenzverfahrens nach Veruntreuung der zunächst erbrachten Zahlung durch den Rechtsanwalt der Steuerpflichtigen. Der BFH lehnte hier die Berücksichtigung außergewöhnlicher Belastungen ab.

TIPP

Machen Sie Ihre Vermögensschäden bei den außergewöhnlichen Belastungen geltend, wenn sie auf ein **außergewöhnliches Ereignis**, z. B. Hochwasser, zurückzuführen sind, und durch die Beseitigung der Schäden keine Wertsteigerung gegenüber dem bisherigen Zustand des Vermögensgegenstands eingetreten ist (→ Tz 429).

Im Folgenden stellen wir die außergewöhnlichen Belastungen in dieser Reihenfolge vor:

- **Allgemeine außergewöhnliche** Belastungen mit ausführlichem ABC (→ Tz 400),
- **Abzugsmöglichkeit bei Unterstützung bedürftiger Personen** (→ Tz 438),
- **Freibetrag** für Kinder in der Berufsausbildung (→ Tz 453),
- **Pflegepauschbeträge** (→ 467),
- **Behindertenpauschbeträge** sowie alle Steuervergünstigungen für Körperbehinderte (→ Tz 461).

ABC der außergewöhnlichen Belastungen allgemeiner Art

400 WICHTIG

Bevor Sie sich das nachfolgende ABC der außergewöhnlichen Belastungen ansehen und anfangen, Ihre **Belege zusammenzustellen**, folgender **Hinweis:** Ihnen steht nur dann ein Abzug als außergewöhnliche Belastung allgemeiner Art zu, wenn die Summe der von Ihnen getragenen Aufwendungen über die **zumutbare Belastung hinausgeht.** Die zumutbare Belastung beläuft sich auf **1 % bis max. 7 % des Gesamtbetrags der Einkünfte.** Hier sind trotz Abgeltungsteuer auch Ihre Kapitaleinkünfte anzusetzen. Die Höhe des Prozentsatzes ist zum einen von der Höhe des Gesamtbetrags der Einkünfte und zum anderen von der Familiensituation abhängig. Weitere Einzelheiten zur Ermittlung der zumutbaren Belastung → Tz 436.

401 Adoption: Aufwendungen im Zusammenhang mit einer Adoption sind **nicht zwangsläufig.** Wegen der Ausgaben für eine künstliche Befruchtung → Tz 419.

402 Allergieerkrankungen: Müssen Sie wegen der Allergieerkrankung von Ihnen oder Ihren Familienangehörigen Mobiliar und Bettwäsche ersetzen, führt dies in aller Regel durch die sog. Gegenwerttheorie **nicht** zu **außergewöhnlichen Belastungen.**

TIPP

Bisher noch nicht geklärt ist die Frage, ob Sie den **Restwert der alten Gegenstände** unter dem Gesichtspunkt des verlorenen Aufwands als außergewöhnliche Belastung abziehen können. Sollten die ersetzten Gegenstände nicht durch Alter und Abnutzung wertlos geworden sein, empfehlen wir Ihnen, den Restwert, falls er nicht von untergeordneter Bedeutung ist, in Ihrer Einkommensteuererklärung als **außergewöhnliche Belastung** geltend zu machen. U. E. gelten hier dieselben Grundsätze, die bei Kosten für die Beseitigung von Schadstoffen zu beachten sind (➜ Tz 430). Hiervon geht auch der BFH (Beschluss v. 22.12.2005, III B 74/05, BFH/NV 2006 S. 734) aus; im Streitfall ging es um die Renovierungskosten wegen einer Hausstauballergie.

Allergiebettzeug gehört nicht – wie z. B. Brillen, Hörgeräte usw. – zu den Heilmitteln im engeren Sinne, die ohne besonderen Nachweis typisierend als außergewöhnliche Belastung berücksichtigt werden. Vielmehr ist bei Anschaffung von Allergiebettzeug die Notwendigkeit einer solchen Anschaffung durch ein vorher erstelltes, amtsärztliches Attest nachzuweisen; eine fachärztliche Empfehlung genügt dem Finanzamt nicht (BFH, Beschluss v. 14.12.2007, III B 178/06, BFH/NV 2008 S. 561).

In diesem Zusammenhang hat der BFH unter Az. VI R 16/09 darüber zu entscheiden, ob und unter welchen Voraussetzungen Aufwendungen für die Anschaffung neuer Möbel zur Reduzierung von **Asthmabeschwerden** als außergewöhnliche Belastung abgezogen werden können. Betroffene sollten ihren Steuerfall, wenn die vorstehenden Voraussetzungen in etwa erfüllt sind, im Hinblick auf die BFH-Entscheidung offen halten.

Anonyme Alkoholiker: Kosten für den Besuch einer solchen Gruppe sind außergewöhnliche Belastungen, wenn die Teilnahme als therapeutische Maßnahme **medizinisch notwendig** ist; hierzu wird ein amtsärztliches Attest benötigt, das vor Beginn der Maßnahme ausgestellt sein muss (➜ Tz 420). **403**

Aussteueraufwendungen: Sie sind in aller Regel **nicht** als außergewöhnliche Belastung abziehbar. **404**

Ayur-Veda-Behandlung: Aufwendungen, die im Zusammenhang mit einer Ayur-Veda-Behandlung während einer **Unterbringung in einem Kurhotel** angefallen sind, können nur dann als außergewöhnliche Belastung anerkannt werden, wenn – wie bei jeder Kur – durch ein **amtsärztliches Attest** vor Antritt der Behandlung bescheinigt wird, dass die medizinische Indikation zur Heilung oder Linderung einer Krankheit beiträgt (BFH, Urteil v. 1.2.2001, III R 22/00, BFH/NV 2001 S. 1067). Dies gilt vor allem für die Behandlung im Bereich der Ayur-Veda-Medizin, die auch als vorbeugende, der Gesundheit allgemein dienende Maßnahme im Rahmen von Erholungsreisen angeboten wird. **405**

TIPP

Sollten Sie solche Behandlungskosten als außergewöhnliche Belastung geltend machen wollen, müssen Sie im Vorfeld Kontakt mit Ihrem Amtsarzt oder mit dem medizinischen Dienst Ihrer Krankenversicherung aufnehmen. Wird Ihnen die **medizinische Notwendigkeit** zur Heilung oder Linderung einer Krankheit bescheinigt, dürfte dem Abzug als außergewöhnliche Belastung nichts im Wege stehen.

Badekuren/Kurreisen: Voraussetzung für den Steuerabzug ist, dass die Reise zur Heilung oder Linderung einer Krankheit nachweislich notwendig ist und eine andere Behandlung nicht oder kaum Erfolg versprechend erscheint. **406**

III Gestaltung und Tipps

WICHTIG

Die medizinische Notwendigkeit der Kur ist dabei regelmäßig durch ein **vor** Antritt der Kur ausgestelltes amtsärztliches oder vergleichbares Attest zu belegen (R 33.4 Abs. 1 EStR). Statt eines amtsärztlichen Attests können Sie auch eine **ärztliche Bescheinigung des Medizinischen Dienstes** Ihrer Krankenversicherung, bei Pflichtversicherung eine Bescheinigung Ihrer Versicherungsanstalt und bei öffentlich Bediensteten eine Bescheinigung der Beihilfestelle vorlegen, wenn die Notwendigkeit der Kur im Rahmen der Bewilligung von Zuschüssen oder Beihilfen anerkannt wurde. Dies ist der Fall, wenn z. B. die gesetzliche Krankenkasse einen Zuschuss zu den im Zusammenhang mit der Kur entstandenen Kosten – u. a. für Unterkunft und Verpflegung – gewährt hat und darüber hinaus aus den Unterlagen ersichtlich ist, dass eine Überprüfung der medizinischen Notwendigkeit der Kur vorgenommen wurde. Der Zuschuss zu Arzt-, Arznei- und Kurmittelkosten allein ersetzt den Nachweis der Kurbedürftigkeit nicht.

Zu den **Kurkosten** rechnen insbesondere

Unterbringungskosten (Einzelnachweis erforderlich)	.... €
Mehraufwendungen für Verpflegung (Finanzverwaltung erkennt nur die Verpflegungsmehraufwendungen in tatsächlicher Höhe nach Abzug der Haushaltsersparnis von $^1/_5$ der Aufwendungen an)	.... €
Fahrtkosten mit öffentlichen Verkehrsmitteln (Fahrt zum Kurort und zurück)	.... €
Fahrtkosten bei Pkw-Benutzung mit 0,30 € je gefahrenem km (wird ausnahmsweise berücksichtigt, wenn besondere persönliche Verhältnisse, z. B. eine Behinderung, die Pkw-Benutzung erforderlich machen)	.... €
Arztkosten	.... €
Kurmittelkosten	.... €
Aufwendungen für Therapien und Medikamente	.... €
Summe	.... €
abzüglich Versicherungsleistungen und Beihilfe bei Beamten ./.	.... €
abzüglich Arbeitgeberleistungen ./.	.... €
verbleibende Summe	.... €

407 Beerdigungskosten: Haben Sie für die Beerdigung eines Angehörigen die Kosten übernommen, können Sie diese als außergewöhnliche Belastungen nach folgendem Berechnungsschema abziehen:

Beerdigungskosten	.... €
Überführungskosten	.... €
Kosten für Sarg, Blumen, Kränze	.... €
Kosten für Todesanzeigen	.... €
Kostenrechnung Beerdigungsinstitut	.... €
Vermerke in der Sterbeliste, Abschriften der Sterbeurkunde	.... €

Kosten für Grabstätte, Grabstein	. . . . €
Summe	. . . . €
abzüglich Wert des Nachlasses	./. . . . . €
abzüglich sonstige Versicherungsleistungen	./. . . . . €
(z. B. Lebensversicherung)/Arbeitgeberleistungen	
verbleibende Summe	. . . . €

Nicht abzugsfähig sind die Kosten für die Bewirtung der Trauergäste, die Fahrtkosten zur Beerdigung, die Kosten für die Trauerkleidung sowie für eine aufwändige Grabstätte.

Die Finanzverwaltung akzeptiert die Beerdigungskosten als außergewöhnliche Belastung im Rahmen der Angemessenheitsgrenze bis zu einem Höchstbetrag von **7.500 €** (OFD Berlin, Verfügung v. 27.11.2003, St 177 – S 2284 – 1/90).

Bekleidungskosten: Aufwendungen für die Anschaffung von Kleidung und Schuhen, die **408** ein Transsexueller zur Vorbereitung auf die Geschlechtsumwandlung während seines Alltags trägt, sind nicht als außergewöhnliche Belastung abziehbar (BFH, Urteil v. 25.10.2007, III R 63/06, BFH/NV 2008 S. 544). Wegen weiterer Einzelheiten zu Hausrat und Kleidung ➜ Tz 412.

Betreuervergütung: Vergütungen für einen **ausschließlich zur Vermögenssorge** be- **409** stellten Betreuer stellen keine außergewöhnlichen Belastungen dar, sondern sind im Rahmen des Betriebsausgaben- oder Werbungskostenabzugs bei den mit dem verwalteten Vermögen erzielten Einkünften abzugsfähig, sofern die Tätigkeit des Betreuers weder einer kurzfristigen Abwicklung des Vermögens noch der Verwaltung ertraglosen Vermögens dient (BFH, Urteil v. 14.9.1999, III R 39/97, BFH/NV 2000 S. 505).

TIPP

Ist ein Betreuer ausschließlich im Bereich der **Personensorge** tätig, kann die dafür gezahlte Vergütung insgesamt als außergewöhnliche Belastung abgezogen werden. Die Frage, wie zu verfahren ist, wenn der Betreuer auch die Vermögensvorsorge für ertragloses Vermögen übernimmt, beantwortet die Finanzverwaltung (OFD Frankfurt, Verfügung v. 5.9.1997, S 2284 A – 44 – St II 21) zugunsten des Steuerzahlers, indem sie die Kosten für den Betreuer als außergewöhnliche Belastung zum Abzug zulässt. Nur dann, wenn auch ertragbringendes Vermögen „im Spiel" ist, muss eine Aufteilung der Vergütung im Schätzungswege erfolgen.

Die Aufwendungen für einen Betreuer können neben dem Behinderten-Pauschbetrag als außergewöhnliche Belastung berücksichtigt werden.

Delfintherapie: Aufwendungen für eine Delfintherapie sind – mögen sie auch nicht auf **410** den ersten Blick wertlos sein – grundsätzlich dann als außergewöhnliche Belastung **abziehbar**, wenn die medizinische Indikation durch ein vor der Behandlung ausgestelltes amts- oder vertrauensärztliches **Gutachten** oder ein Attest eines anderen öffentlich-rechtlichen Trägers nachgewiesen wird. Eine nachträgliche amtsärztliche Begutachtung reicht hierfür nicht aus (BFH, Beschluss v. 15.11.2007, III B 205/06, BFH/NV 2008 S. 368).

III Gestaltung und Tipps

411 Diätverpflegung: Aufwendungen für Diätverpflegung rechnen nie zu den außergewöhnlichen Belastungen, selbst dann nicht, wenn die Diätverpflegung ärztlich verordnet wurde oder eine medikamentöse Behandlung ersetzt (§ 33 Abs. 2 Satz 3 EStG).

412 Hausrat und Kleidung: Der Ersatz von Hausrat und Kleidung kann in Ausnahmefällen als außergewöhnliche Belastung abgezogen werden, wenn diese Gegenstände durch **Brand, Unwetter**, Hochwasser, Diebstahl o. Ä. verloren gegangen sind. Von den tatsächlichen Wiederbeschaffungskosten müssen Sie die Erstattungen durch Versicherungsunternehmen und die Beihilfen aus öffentlichen Mitteln abziehen. Dabei sind die Zahlungen des **Hausratversicherers** stets in vollem Umfang auf die Aufwendungen anzurechnen.

TIPP

Nach der bisherigen Rechtsauffassung ist der Ersatz von Musikinstrumenten, Bildern, Stilmöbeln, Autos u. Ä. nicht begünstigt. Allerdings hat der BFH entschieden, dass auch Vermögensschäden als außergewöhnliche Belastung berücksichtigt werden können. Es darf sich aber nur um den Ersatz von **existenziell notwendigen Vermögensgegenständen** handeln; dies kann u. E. – entgegen der Auffassung der Finanzverwaltung (R 33.2 Nr. 1 EStR) – auch der (Familien-)Pkw sein.

Kosten für die Wiederbeschaffung von Hausrat und Kleidung, die auf Grund eines unabwendbaren Ereignisses beschädigt oder zerstört worden sind, können nicht steuermindernd als außergewöhnliche Belastung berücksichtigt werden, wenn der Geschädigte es unterlassen hat, eine **allgemein übliche und zumutbare Versicherung**, z. B. eine Hausratversicherung, abzuschließen (BFH, Urteil v. 26.6.2003, III R 36/01, BFH/NV 2004 S. 114). Rechnen Sie damit, dass das Finanzamt in diesen Fällen bei Ihnen nach dem Abschluss einer solchen Versicherung fragt.

413 Heimunterbringung: Die Kosten für eine Unterbringung im Altenheim sind in aller Regel steuerlich nicht begünstigt. Fallen die Pflegekosten wegen krankheitsbedingter Unterbringung an, sind sie als außergewöhnliche Belastung abzugsfähig (➡ Tz 424). Darüber hinaus besteht die Möglichkeit, solche Unterbringungskosten, die auch von einer Haushaltshilfe im eigenen Haushalt ausgeführt werden, als haushaltsnahe Dienstleistungen im Rahmen der Steueranrechnung (§ 35a EStG, ➡ Tz 485) geltend zu machen.

414 Kfz-Kosten: Behinderte Menschen können im Gegensatz zu den anderen Steuerzahlern zusätzlich zu den Pauschbeträgen für Behinderung (➡ Tz 461) Kfz-Kosten als außergewöhnliche Belastung abziehen. Welche Kosten abzugsfähig sind, hängt vom Grad der Behinderung ab (vgl. BMF, Schreiben v. 12.4.2001, IV C 4 – S 2284 – 39/01, BStBl 2001 I S. 262, und v. 21.11.2001, IV C 4 – S 2284 – 98/01, BStBl 2001 I S. 868).

Grad der Behinderung	abziehbar
■ **mindestens 80** ■ **mindestens 70** und **Merkzeichen „G"** im Ausweis (erhebliche Beeinträchtigung der Bewegungsfähigkeit im Straßenverkehr)	**ohne Einzelnachweis** der Kosten: 900 € (3.000 km × 0,30 € pro km) Nachweis einer **höheren**, durch die **Behinderung verursachten Fahrleistung**, z. B. durch Führen eines Fahrtenbuches: abziehbar sind die tatsächlich nachgewiesenen Kilometer × 0,30 € je gefahrenem km
■ **Gehbehinderte, Merkzeichen „aG", Blinde, Merkzeichen „Bl", und Hilflose, Merkzeichen „H"** im Ausweis	15.000 km × 0,30 € pro km (kein Nachweis höherer Kosten möglich!) = 4.500 €
■ **Behinderung eines Kindes**	Wird der **Behinderten-Pauschbetrag** auf die **Eltern übertragen**, können die Eltern auch die Kfz-Kosten in dem o. a. Rahmen abziehen, allerdings muss es sich um Fahrten handeln, die durch das Kind entstanden sind. **Zusätzlich abziehbar:** Führerscheinkosten für ein behindertes Kind, die Sie übernommen haben (BFH, Urteil v. 26.3.1993, III R 9/92, BStBl 1993 II S. 749).

Bei der Ermittlung der **abziehbaren Kfz-Kosten** können die gefahrenen Kilometer nur mit **0,30 €** angesetzt werden, auch wenn die tatsächlichen Kfz-Kosten über diesem Kilometersatz liegen sollten. Dies gilt selbst dann, wenn Sie mit Ihrem Pkw im Laufe des Jahres nur eine sehr geringe Fahrleistung zurücklegen (BFH, Urteil v. 21.2.2008, III R 105/06, BFH/NV 2008 S. 1141). Offen bleibt allerdings, ob der Kilometersatz wegen eines behinderungsgerechten Umbaus des Fahrzeugs zu erhöhen ist. Dies wäre nur dann der Fall, wenn die Umrüstung nicht als außergewöhnliche Belastung geltend gemacht wird (vgl. die nachfolgenden Ausführungen).

Nimmt das behinderte Kind neben anderen (gesunden) Familienangehörigen an einer Fahrt teil, die nicht vornehmlich in seinem Interesse unternommen wird, ist die Fahrt nicht durch die Behinderung veranlasst und damit nicht außergewöhnlich.

Haben Sie für Privatfahrten anstelle des eigenen Pkw ein **Taxi** benutzt, können die von Ihnen nachgewiesenen oder glaubhaft gemachten Aufwendungen in angemessenem Umfang ebenfalls neben dem Behinderten-Pauschbetrag als außergewöhnliche Belastung berücksichtigt werden. Bei zusätzlicher Benutzung eines eigenen Pkw ist jedoch die unterstellte Fahrleistung von 3.000 km entsprechend zu kürzen.

III Gestaltung und Tipps

Wird ein Pkw **behindertengerecht umgerüstet**, können die Aufwendungen neben dem Behinderten-Pauschbetrag als außergewöhnliche Belastung geltend gemacht werden, wenn der Steuerzahler wegen seiner Behinderung (Merkzeichen aG, Bl oder H im Behindertenausweis) außerhalb seiner Wohnung auf die Benutzung des Pkw angewiesen ist (OFD Frankfurt, Verfügung v. 5.11.1997, S 2284 A – 46 – St II 21).

415 Krankenversicherungsbeiträge: Krankenversicherungsbeiträge, die ein Steuerzahler für seine Kinder leistet, sind nicht als außergewöhnliche Belastung abziehbar (BFH, Beschluss v. 30.11.2007, III B 26/07, BFH/NV 2008 S. 374). Dies gilt auch vor dem Hintergrund, dass Krankenversicherungsbeiträge wegen der Höchstbetragsberechnung bei den Sonderausgaben nicht in vollem Umfang steuerwirksam sind.

416 Krankheitskosten: Hierzu zählen alle krankheitsbedingten Kosten, die Sie selbst getragen haben. Dies bedeutet, dass Sie Erstattungen durch Krankenkassen, Ersatzkassen, private Krankenversicherer oder Zuschüsse Ihres Arbeitgebers jeweils abziehen müssen.

TIPP

 Leistungen aus einer **Krankentagegeldversicherung** sind nicht als Aufwandskürzungen zu berücksichtigen. Dagegen sind **Krankenhaustagegelder** bis zur Höhe der durch einen Krankenhausaufenthalt verursachten Kosten abzuziehen. Die Aufwendungen für einen Krankenhausaufenthalt werden in der Regel nicht um die **Haushaltsersparnis** gekürzt.

In Einzelfällen verlangt das Finanzamt, die medizinische Notwendigkeit der einzelnen Aufwendungen durch eine **Bescheinigung des Arztes** bzw. durch ein amtsärztliches **Attest** nachzuweisen. Dies gilt vor allem für die Beschaffung von **orthopädischen Hilfsmitteln** und Schuheinlagen sowie für die **Besuchsfahrten ins Krankenhaus**. Handelt es sich um Kosten für eine chronische Erkrankung, für die Sie bereits in der Vergangenheit den entsprechenden Nachweis vorgelegt haben, verzichtet das Finanzamt in der Regel für 2010 auf einen erneuten Nachweis. Hat die Krankenkasse oder die Beihilfestelle eines öffentlich Bediensteten die Notwendigkeit der **Anschaffung einer Brille** durch Übernahme eines Teils der Aufwendungen anerkannt, genügt die Vorlage des Abrechnungsbescheids als Nachweis für die Zwangsläufigkeit und Notwendigkeit der Aufwendungen. In diesem Fall verzichtet die Finanzverwaltung auf die Verordnung eines Arztes (R 33.4 Abs. 1 EStR).

TIPP

 Die Anschaffungskosten für einen **Blindencomputer** rechnen insgesamt zu den außergewöhnlichen Belastungen; sie können neben dem Behindertenpauschbetrag geltend gemacht werden (Sächsisches FG, Urteil v. 7.11.2000, 5 K 1777/98).

Abziehbar sind auch die Kosten eines **Heilpraktikers** sowie für **homöopathische Mittel**, wenn diese nicht von der Krankenversicherung übernommen wurden. Allerdings müssen diese Kosten durch eine **ärztliche Verordnung** nachgewiesen werden. Denn gerade bei Arzneimitteln, die auch ohne schriftliche ärztliche Verordnung erhältlich sind, sei der Nachweis der Zwangsläufigkeit der Aufwendungen, so der BFH im Beschluss v. 16.4.2008 (III B 168/06, Haufe-Index 2002845), im Interesse der Trennung zwischen „echten" Arzneimitteln und anderen Aufwendungen in besonderem Maße geboten.

Bei psychotherapeutischen Behandlungen ist darauf zu achten, dass die Fortführung einer solchen Behandlung nach Ablauf der Bezuschussung durch die Krankenkasse als Neubeginn der Behandlung gilt, so dass die Finanzverwaltung nur dann in den von Ihnen selbst getragenen Kosten eine außergewöhnliche Belastung sieht, wenn Sie die nicht bezuschussten Behandlungen durch ein amtsärztliches Attest vor Behandlungsbeginn nachweisen (R 33.4 Abs. 1 EStR). Ein solches Attest ist bei Augen-Laser-Operationen nicht mehr erforderlich, um Ihnen den Abzug als außergewöhnliche Belastung zu sichern (R 33.4 Abs. 1 Satz 2 EStR).

TIPP

Der BFH wird sich in dem Verfahren unter Az. VI R 11/09 mit der Frage auseinandersetzen müssen, unter welchen Voraussetzungen Aufwendungen für eine **immunbiologische Krebstherapie mit Ukrain** als außergewöhnliche Belastung anzuerkennen sind. Im Hinblick auf diese Entscheidung sollten vergleichbare Sachverhalte bei der Einkommensteuerveranlagung 2010 offen gehalten werden.

Trinkgelder, die Sie im Zusammenhang mit einer **ärztlich angeordneten Behandlung** **417** **einer Krankheit** hingeben, sind bereits dem Grunde nach **nicht zwangsläufig**, weil sie freiwillig gewährt werden. Wegen der fehlenden Zwangsläufigkeit können die Aufwendungen **nicht als außergewöhnliche Belastung** steuermindernd berücksichtigt werden (BMF, Schreiben v. 4.6.2004, IV C 4 – S 2284 – 39/041, BStBl 2004 I S. 527).

TIPP 418

Krankheitskosten, die Sie für Ihre **bedürftigen Eltern** übernommen haben, können neben dem Freibetrag für die Unterstützung Bedürftiger (➜ Tz 438) als außergewöhnliche Belastungen abgezogen werden.

Künstliche Befruchtung: Aufwendungen für eine künstliche Befruchtung, die einem **419** Ehepaar zu einem gemeinsamen Kind verhelfen soll, das wegen Empfängnisunfähigkeit der Ehefrau sonst von ihrem Ehemann nicht gezeugt werden könnte, können als außergewöhnliche Belastungen abgezogen werden (BFH, Urteil v. 18.6.1997, III R 84/96, BFH/NV 1998 S. 255). Lässt sich eine Frau, die mit einem **zeugungsunfähigen Mann verheiratet** ist, mit dem Samen eines Dritten künstlich befruchten, sind diese Aufwendungen dagegen nicht als außergewöhnliche Belastung zu berücksichtigen (BFH, Urteil v. 18.5.1999, III R 46/97, BFH/NV 1999 S. 1424). Dies gilt auch für die Kosten einer **künstlichen Befruchtung** (In-vitro-Fertilisation), die in Folge veränderter Lebensplanung wegen einer früher freiwillig zum Zweck der Empfängnisverhütung vorgenommenen Sterilisation erforderlich wurden (BFH, Urteil v. 3.3.2005, III R 68/03, BFH/NV 2005 S. 1421). Der BFH hat im Urteil v. 21.2.2008 (III R 30/07, BFH/NV 2008 S. 1309) die Zwangsläufigkeit von Aufwendungen für eine künstliche Befruchtung auch bei einer unverheirateten Frau abgelehnt, wenn die Aufwendungen durch die zumutbare Inanspruchnahme anderweitiger Ersatzmöglichkeiten hätten abgewendet werden können.

Legasthenie: Kosten für die Behandlung eines Kindes wegen Legasthenie sowie für die **420** daraus notwendige auswärtige Unterbringung sind steuerlich abzugsfähig, wenn es sich um eine **medizinische Erkrankung** handelt. Zum **Nachweis der medizinischen Indikation** müssen die Eltern **vor** Durchführung der Maßnahme ein amtsärztliches Zeugnis darüber ausstellen lassen, dass die Maßnahme zur Heilung oder Linderung einer Krankheit

III Gestaltung und Tipps

erforderlich war und eine andere Behandlung nicht oder kaum Erfolg versprechend erschien (BFH, Urteil v. 7.6.2000, III R 54/98, BFH/NV 2001 S. 238). Der Nachweis über die medizinische Notwendigkeit kann auch durch andere amtliche Unterlagen, z. B. bei Kostenübernahme durch die Krankenkasse, geführt werden, wenn keine Zweifel an der Veranlassung durch Krankheit bestehen. Dies ist – so der BFH – insbesondere bei einer auf eine Hirnfunktionsstörung zurückgehenden Legasthenie der Fall. Beim BFH ist unter Az. VI R 17/09 ein Verfahren anhängig, in dem es um den Nachweis der medizinischen Notwendigkeit durch ein amtsärztliches Attest vor Einleitung der Maßnahme im Zusammenhang mit Legasthenie geht. Betroffenen wird daher empfohlen, in Fällen, in denen die Finanzverwaltung ein amtsärztliches Attest vor Durchführung der Maßnahme fordert, den Steuerfall offen zu halten.

WICHTIG

 Das privatärztliche **Gutachten** und die Stellungnahme der **Schulaufsicht** reichen dagegen für einen **Nachweis nicht** aus.

TIPP

 Ihre **Pkw-Fahrten** zu der logopädischen Integrationseinrichtung können Sie in der Regel mit 0,30 € je gefahrenem Kilometer als außergewöhnliche Belastung abziehen. Bringen Sie Ihr Kind zu der Einrichtung, fahren dann nach Hause und holen es nach ein paar Stunden wieder ab, so sind auch die Leerfahrten absetzbar, wenn Ihnen ein Warten in der Integrationseinrichtung wegen der Dauer der Behandlung nicht zuzumuten ist. Bei einer **auswärtigen Unterbringung** Ihres Kindes im Zusammenhang mit der Behandlung wegen Legasthenie ist für die Berücksichtigung von Unterbringungs- und Verpflegungskosten erforderlich, dass der **Amtsarzt** Ihnen **bescheinigt**, die auswärtige Unterbringung sei für die **medizinische Behandlung** erforderlich gewesen (H 33.1 bis 33.4 unter dem Stichwort „Legasthenie").

421 Medizinische Fachliteratur: Aufwendungen für medizinische Fachbücher sind auch dann keine außergewöhnliche Belastung, wenn die Literatur dazu dient, die Entscheidung für eine bestimmte Therapie oder für die Behandlung durch einen bestimmten Arzt zu treffen.

422 Mobilfunkwellen: Gehen von einem Gegenstand des existenznotwendigen Bedarfs konkrete Gesundheitsgefährdungen aus, sind die entsprechenden Aufwendungen als außergewöhnliche Belastung abziehbar. Die konkrete Gesundheitsgefährdung ist durch ein vor Durchführung der Beseitigungsmaßnahmen erstelltes **amtliches technisches Gutachten** nachzuweisen. Eine konkrete Gesundheitsgefährdung ist dann anzunehmen, wenn bestimmte Grenzwerte, ab denen von einem Gegenstand ausgehende Emissionen als gesundheitsschädlich gelten, überschritten werden. Liegen dagegen die Werte darunter, kann ein Abzug als außergewöhnliche Belastung nur dann in Betracht kommen, wenn der Kausalzusammenhang zwischen der Gesundheitsgefährdung und Schadstoffbelastung durch ein vor der Beseitigungsmaßnahme erstelltes amtsärztliches Zeugnis belegt wird.

WICHTIG

 Diese Grundsätze gelten auch für Aufwendungen zur Abwehr von Gesundheitsbeeinträchtigungen durch **technische Anlagen** Dritter, wie z. B. die Mobilfunkanlage eines mobilen Funkbetreibers. Ein Abzug als außergewöhnliche Belastung kommt daher nicht in Betracht, wenn die gesetzlich festgelegten Grenzwerte für mobile Funkstrahlen nicht überschritten sind und es an einem vor Ergreifen der Schutzmaßnahmen erstellten amtsärztlichen Attest zum Nachweis der behaupteten Gesundheitsbeeinträchtigung fehlt (BFH, Beschluss v. 29.1.2007, III B 137/06, BFH/NV 2007 S. 893).

Nabelschnurblut: Durch die Entnahme und Einlagerung des Nabelschnurblutes Neugeborener wird keine gegenwärtig bestehende Krankheit behandelt, sondern sie dient der privaten Vorsorge. Die den Eltern dafür entstandenen Aufwendungen können deshalb nicht als außergewöhnliche Belastung abgezogen werden. Dies ist nur dann anders, wenn eine konkrete Gesundheitsgefährdung droht (BFH, Beschluss v. 15.10.2007, III B 112/06, BFH/NV 2008 S. 355). **423**

Pflegekosten: Kosten, die Ihnen durch eigene **Pflegebedürftigkeit** oder durch die Pflegebedürftigkeit eines Angehörigen entstehen, gehören zu den außergewöhnlichen Belastungen. Hierzu zählen z. B. die Kosten für eine **ambulante Pflegekraft**, die Kosten für die **Unterbringung in einem Pflegeheim** oder einer Pflegestation des Altenheims (aber: Unterbringung in einem Altenheim nicht begünstigt) sowie in einem Krankenhaus. **424**

TIPP

Machen Sie sämtliche **Aufwendungen für die Unterbringung in einem Pflegeheim** als außergewöhnliche Belastung geltend, wenn Sie oder ein Angehöriger dort **krankheitsbedingt untergebracht** sind (vgl. BFH, Urteil v. 18.4.2002, III R 15/00, BFH/NV 2002 S. 1218). Dabei differenziert der BFH in dem vorgenannten Urteil danach, ob bereits die „Übersiedlung" in das Altenheim aus Krankheits- oder Behinderungsgründen erfolgt ist – dann außergewöhnliche Belastung – oder ob die Krankheit oder Behinderung erst zu einem späteren Zeitpunkt eingetreten ist – dann kein Abzug. Die Finanzverwaltung wendet das Urteil über den entschiedenen Einzelfall hinaus nicht an (BMF, Schreiben v. 20.1.2003, IV C 4 – S 2284 – 2/03, BStBl 2003 I S. 89); sie hält die Differenzierung **nicht** für **sachgerecht**. Unabhängig davon, ob der Steuerzahler krankheits- oder behinderungsbedingt in einem Altenwohnheim untergebracht wird oder bei einer altersbedingten Unterbringung zu einem späteren Zeitpunkt **durch seine Krankheit** oder **Behinderung** umso mehr auf die dortige Pflege angewiesen ist, sind die Aufwendungen als **Pflegekosten abziehbar**. Voraussetzung ist grundsätzlich, dass später für die Pflegeperson mindestens die **Pflegestufe I** festgestellt wird. Dabei kommt es nicht darauf an, dass Kosten für die Unterbringung in der Pflegestation eines Heims anfielen oder der Steuerzahler zusätzlich zu dem Pauschalentgelt für die Unterbringung und eine eventuelle Grundpflege noch zusätzliche Zahlungen infolge Krankheit oder Pflegebedürftigkeit leistet. Ab dem Zeitpunkt der Feststellung der Pflegestufe I sind die entsprechenden Aufwendungen auf jeden Fall als außergewöhnliche Belastung abziehbar. Der BFH prüft dagegen kleinlicher, wenn es um einen ausschließlich krankheitsbedingten Aufenthalt in einem Altenheim geht. Er verlangt nämlich, dass bei der Berechnung eines pauschalen Gelds zusätzliche Kosten für Pflegeleistungen entstanden sind oder im Schwerbehindertenausweis ein Merkzeichen „H" oder „Bl" eingetragen ist (BFH, Urteil v. 18.12.2008, III R 12/07, BFH/NV 2009 S. 1102).

III Gestaltung und Tipps

Weisen Sie das Finanzamt auf das oben angeführte BMF-Schreiben hin, wenn es Probleme mit dem Abzug der krankheitsbedingten Pflegekosten gibt. Die Heimkosten sind um die Aufwendungen zu kürzen, die bei normaler Lebensführung anfallen würden. Die Finanzverwaltung schätzt diese Aufwendungen, als sog. **Haushaltsersparnis** bezeichnet, auf 22,23 € pro Kalendertag. Dies macht im Monat 667 € und im Jahr 8.004 € aus. Die vorstehenden Beträge sind an den ab 2010 geltenden Grundfreibetrag angepasst worden.

Sind Sie in einem Wohn- oder Pflegeheim untergebracht, können Sie nach Auffassung des BFH (Urteile v. 10.5.2007, III R 39/05, BFH/NV 2007 S. 1768, und v. 25.7.2007, III R 64/06, BFH/NV 2008 S. 200) die Ihnen gesondert in Rechnung gestellten Pflegevergütungen für die voll- oder teilstationären Pflegeleistungen, die medizinische Behandlungspflege und die soziale Betreuung auch dann als außergewöhnliche Belastung geltend machen, wenn das Heim mit dem Sozialhilfeträger für pflegebedürftige Personen unterhalb der Pflegestufe I solche Pflegesätze ggf. pauschal vereinbart hat.

425 **WICHTIG**

Darüber hinaus sind die Gesamtkosten um den auf hauswirtschaftliche Dienstleistungen entfallenden Anteil zu kürzen. Zur Vereinfachung kann dieser Anteil auf 924 € geschätzt werden (R 33.3 Abs. 2 Satz 4 EStR). Trotz Wegfalls des Pauschbetrags für Heimbewohner bzw. für eine Haushaltshilfe sollte bei der Schätzung der Aufwendungen, die auf haushaltswirtschaftliche Dienstleistungen entfallen, an dem Betrag von 924 € festgehalten werden. Übrigens: Die Aufwendungen, die auf haushaltswirtschaftliche Dienstleistungen entfallen, können im Rahmen der Steueranrechnung nach § 35a EStG berücksichtigt werden (➜ Tz 485).

Eine krankheits- oder behinderungsbedingte Unterbringung nimmt die Finanzverwaltung an, wenn mindestens die **Pflegestufe I nach dem XI. Buch Sozialgesetzbuch** festgestellt worden ist (R 33.3 Abs. 1 EStR). Der Nachweis ist durch eine Bescheinigung der **sozialen Pflegekasse** oder des privaten Versicherungsunternehmens zu führen, das die private Pflegeversicherung übernommen hat. Auch der **Behindertenausweis** oder **Bescheid des Versorgungsamts** reicht für einen Nachweis aus (§ 65 Abs. 2 EStDV). Werden die Kosten für eine behinderungsbedingte Unterbringung zum Teil vom Sozialhilfeträger übernommen, insbesondere durch Gewährung einer **Eingliederungshilfe**, muss die Notwendigkeit der Unterbringung ebenfalls **nicht nachgewiesen** werden. Beim BFH sind mehrere Verfahren anhängig, in denen es um die Anforderungen an den **Nachweis** der behinderungsbedingten oder krankheitsbedingten Unterbringung in einem Heim geht (vgl. Az. VI R 14/09 und VI R 38/09). Im zuletzt genannten Fall ist auch die Frage zu klären, ob die Unterbringungskosten um die **Haushaltsersparnis** zu kürzen sind, wenn die private Wohnung nicht aufgelöst wurde, obwohl mit einer dauerhaften krankheitsbedingten Heimunterbringung zu rechnen ist.

Auch die Aufwendungen für die Unterbringung in einer betreuten Wohngemeinschaft können als außergewöhnliche Belastung abgezogen werden, wenn die Unterbringung durch die körperliche und mentale Behinderung des Steuerzahlers bzw. Angehörigen veranlasst ist (BFH, Urteil v. 23.5.2002, III R 24/01, BFH/NV 2002 S. 1227).

Zu den Aufwendungen infolge Pflegebedürftigkeit und erheblich eingeschränkter Alltagskompetenz zählen auch die Kosten für die Beschäftigung einer ambulanten Pflegekraft bzw. die Inanspruchnahme von Pflegediensten, von Einrichtungen der Tages- oder Nachtpflege, der Kurzzeitpflege sowie von nach Landesrecht anerkannten niedrigschwelligen Betreuungsangeboten. Rechnen Sie nicht zu den Personen der Pflegestufe I bis III und werden Sie ambulant verpflegt, können Sie Ihre Pflegekosten als außergewöhnliche Belastungen ohne weiteren Nachweis geltend machen, wenn die Kosten von einem anerkannten Pflegedienst nach § 89 SGB XI gesondert in Rechnung gestellt wurden (R 33.3 Abs. 1 Satz 3 EStR).

Haben Sie die Pflegekosten für Ihren bedürftigen Vater oder Ihre bedürftige Mutter übernommen, die in einem Pflegeheim untergebracht ist, können Sie entweder die Unterhaltsleistungen als sog. Unterhaltszahlungen geltend machen (§ 33a Abs. 1 EStG; → 438) oder Sie können die Pflegekosten unter Abzug der zumutbaren Belastung – wie oben beschrieben – in Ihrer Einkommensteuererklärung angeben. Auch der Abzug als haushaltsnahe Dienstleistungen (→ Tz 484) ist möglich. In diesem Zusammenhang hat der BFH entschieden, dass Aufwendungen, die einem Steuerzahler für die **krankheitsbedingte Unterbringung** eines Angehörigen in einem Altenpflegeheim entstehen, als Krankheitskosten im Rahmen der außergewöhnlichen Belastungen allgemeiner Art berücksichtigt werden können (BFH, Urteil v. 24.2.2000, III R 80/97, BFH/NV 2000 S. 908). Abzurechnen sind dabei die Aufwendungen für haushaltswirtschaftliche Dienstleistungen; prüfen Sie, ob die Aufwendungen im Rahmen der **Steueranrechnung** in Höhe von 20 % der Aufwendungen, max. 4.000 €, berücksichtigt werden können. Darüber hinaus ist noch die „Haushaltsersparnis" als Abzugsposten „herauszukürzen". Ein Beispiel zur steuerlichen Berücksichtigung von Pflegekosten, zum einen als Unterhaltsleistungen und zum anderen als außergewöhnliche Belastung allgemeiner Art, finden Sie unter → Tz 444.

WICHTIG

Das Finanzamt wird die Aufwendungen für die Unterbringung und Pflege eines bedürftigen Angehörigen nicht als außergewöhnliche Belastungen berücksichtigen, wenn es erfährt, dass der Steuerzahler von dem in Rente befindlichen Angehörigen dessen **gesamtes Vermögen erhalten** hat (BFH, Urteil v. 1.12.2009, VI B 146/08, BFH/NV 2010 S. 637). Dann bleibt Ihnen nur der Abzug als haushaltsnahe Dienstleistungen (→ Tz 484).

Müssen Sie die pflegebedürftige Person über das normal übliche Maß hinaus besuchen, z. B. wegen der Schwere der Erkrankung, sind diese **Fahrten** zusätzlich zu den **Pflegekosten abzugsfähig** (BFH, Urteil v. 6.4.1990, III R 60/88, BStBl 1990 II S. 958).

Auch Kosten, die durch **Besuchsfahrten** zu einem nahen Angehörigen anfallen, der im eigenen Haushalt lebt und der von Ihnen mit Rücksicht auf seine Erkrankung und Pflegebedürftigkeit dort betreut und versorgt wird, können als außergewöhnliche Belastung anerkannt werden, wenn die Besuchsfahrten über das hinausgehen, was üblicherweise ohne die Erkrankung an solchen Fahrten durchgeführt worden wäre (BFH, Urteil v. 2.12.2004, III R 27/02, BFH/NV 2005 S. 1248). Rechnen Sie in diesem Fall mit einer kleinlichen Auffassung der Finanzverwaltung, die sich zum Teil auf eine restriktive BFH-Rechtsprechung stützt (vgl. BFH, Beschluss v. 25.2.2009, VI B 147/08, BFH/NV 2009 S. 930).

III Gestaltung und Tipps

426 Prozesskosten: Zu allererst sollten Sie bei Prozesskosten prüfen, ob sie nicht als Werbungskosten oder Betriebsausgaben abgezogen werden können. So rechnen z. B. die Kosten eines Arbeitsprozesses in aller Regel zu den Werbungskosten. Bei den außergewöhnlichen Belastungen wird in Bezug auf die Abzugsfähigkeit der Prozesskosten zwischen den **Scheidungskosten,** den Kosten eines **Strafprozesses** und den Kosten eines **Zivilprozesses** unterschieden.

Unmittelbare und unvermeidbare **Kosten des Scheidungsprozesses** einschließlich bestimmter Scheidungsfolgeregelungen sind als außergewöhnliche Belastungen zu berücksichtigen (➜ Tz 432). Auch die Aufwendungen für einen **Familienrechtsstreit** über das **Umgangsrecht eines Vaters** mit seinen Kindern können als außergewöhnliche Belastungen abgezogen werden, wenn die Mutter jeglichen Umgang mit den Kindern verweigert oder ihn stark einschränkt (vgl. BFH, Urteil v. 4.12.2001, III R 31/00, BFH/NV 2002 S. 841).

Werden Sie in einem **Strafverfahren** freigesprochen, haben Sie als Angeklagter dann Kosten zu tragen, wenn ein schuldhaftes Verhalten für die Kostenentstehung ursächlich war. Die Prozesskosten sind **nicht** als **außergewöhnliche Belastung** abzugsfähig. **Strafverteidigungskosten** stehen aber mit Einkünften im Zusammenhang, wenn der strafrechtliche Vorwurf, gegen den Sie sich zur Wehr setzen, durch Ihr berufliches Verhalten veranlasst war. Ansonsten wird das Finanzamt die Strafverteidigungskosten nicht als außergewöhnliche Belastung anerkennen, soweit sie nach einem Freispruch nicht der Staatskasse zur Last fallen (BFH, Urteil v. 18.10.2007, VI R 42/04, BStBl 2008 II S. 223).

427 Kosten für einen **Zivilprozess** – ausgenommen sind hier Scheidungsprozesse – erwachsen dem Steuerzahler in der Regel nicht zwangsläufig, unabhängig davon, ob er als Kläger oder Beklagter auftritt. Eine Ausnahme gilt lediglich für die Fälle, in denen es in dem Rechtsstreit um einen für den Steuerzahler **existenziell wichtigen Bereich** geht, so dass die Übernahme eines Prozesskostenrisikos als zwangsläufig anzusehen ist (vgl. BFH, Urteile v. 9.5.1996, III R 224/94, BStBl 1996 II S. 596, und v. 30.1.2006, III B 133/04, BFH/NV 2006 S. 938 sowie BFH, Beschlüsse v. 14.8.2006, III B 187/05, BFH/NV 2006 S. 2252 und III B 177/05, BFH/NV 2006 S. 2251).

Kosten für einen **Vaterschaftsprozess** sind in der Regel nicht als außergewöhnliche Belastungen abziehbar, wenn die Behauptung „nicht Vater zu sein" von dem Steuerzahler nicht durch einen entsprechend substantiierten Sachvortrag untermauert werden kann. Eine Anerkennung der Kosten kommt allenfalls dann in Betracht, wenn Sie die Einrede des Mehrverkehrs der Kindesmutter erheben und diese auch entsprechend begründen können (FG Köln, Urteil v. 17.12.1985, V K 445/83, einschränkend dagegen FG München, rechtskräftiges Urteil v. 24.10.2000, 6 K 1641/99).

428 Schadenersatzleistungen: Ersatzleistungen für Schäden, die Sie nicht vorsätzlich oder leichtfertig herbeigeführt haben, können Sie als außergewöhnliche Belastung abziehen. Dies gilt z. B. für **Wasserschäden,** die durch einen geplatzten Wasserschlauch einer Waschmaschine an der Nachbarwohnung entstehen. Allerdings wird das Finanzamt in diesem Zusammenhang prüfen, inwieweit die Aufwendungen dadurch nicht abzugsfähig sind, dass Sie sich gegen solche Schäden nicht – wie üblich – versichert haben. Damit kann der Abzug als außergewöhnliche Belastung gefährdet sein.

429 Schadensbeseitigung: Kosten, die Sie selbst zur Beseitigung von Schäden, z. B. an einem selbstbewohnten Einfamilienhaus, aufwenden, können u. U. als außergewöhnliche Belastung berücksichtigt werden. Voraussetzung dafür ist, dass das Vermögen für Sie von existenziell wichtiger Bedeutung ist, keine Ersatzansprüche gegen Dritte vorhanden sind und Sie an dem Schadenseintritt kein Verschulden trifft. Weitere Voraussetzung ist, dass es für diesen Schaden keine Versicherungsmöglichkeit gibt, z. B. bei gewissen Wasserschäden. Einzelheiten hierzu ➜ Tz 399.

In Bezug auf **Baumängel** ist der BFH sehr restriktiv, wenn es um den Abzug als außergewöhnliche Belastung geht. Im Beschluss v. 11.2.2009 (VI B 140/08, BFH/NV 2009 S. 762) hatte er entschieden, dass unabhängig von gewöhnlichen und ungewöhnlichen Baumängeln Aufwendungen zur Behebung dieser Baumängel grundsätzlich nicht zum Abzug als außergewöhnliche Belastung zugelassen werden. Dies gilt auch für **Straßenbaubeiträge** (BFH, Beschluss v. 24.3.2009, VI B 133/07, BFH/NV 2009 S. 1133). Demnach sind auch Mietaufwendungen, die geleistet werden, um den existenziellen Wohnbedarf zu befriedigen, nicht als außergewöhnliche Belastung abziehbar. Dies gilt allerdings nicht, wenn Aufwendungen für einen zweiten Wohnbedarf entstanden sind, weil die den ersten, existenziellen Wohnbedarf abdeckende Wohnung unbewohnbar geworden ist. Solche Ausgaben sind außergewöhnlich und daher nicht der normalen Lebensgestaltung und Lebensführung zuzuordnen. Im BFH, Urteil v. 21.4.2010 (VI R 62/08, Haufe-Index 2371316) dienten Mietzahlungen dazu, einen zusätzlichen, zweiten Wohnbedarf abzudecken. Dieser zusätzliche Wohnbedarf war entstanden, weil die Eigentumswohnung der Ehefrau, die den existenziellen, ersten Wohnbedarf abdecken sollte, nicht mehr bewohnbar war und damit ihren eigentlichen Zweck nicht mehr erfüllen konnte. Schaffen Sie es, das Finanzamt davon zu überzeugen, dass die Kosten für die Schadensbeseitigung in Ihrem Fall als außergewöhnlich anzusehen sind, achten Sie auf Folgendes:

Die Baumaßnahmen zur Wiederherstellung oder zur Schadensbeseitigung müssen Sie **innerhalb von 3 Jahren** nach dem **schädigenden Ereignis** begonnen haben (R 33.2 Nr. 8 EStR).

Von dritter Seite erhaltene **Ersatzleistungen** sind auch dann von Ihren Aufwendungen abzuziehen, wenn die Ersatzleistungen erst in einem **späteren Kalenderjahr gezahlt** werden, Sie aber mit diesen Leistungen bereits in dem Jahr, in dem die Aufwendungen angefallen sind, rechnen konnten. Machen Sie Ihre Ersatzansprüche nicht geltend, wird Ihnen das Finanzamt in Höhe der möglichen Ersatzleistungen den Abzug als außergewöhnliche Belastungen versagen. Hier dürfte es dann häufig zum Streit darüber kommen, inwieweit Ihnen die Rechtsverfolgung eventueller Ersatzansprüche zumutbar gewesen ist.

Schadstoffbelastung: Die Kosten für die Beseitigung von Schadstoffen sind steuerlich **430** abziehbar, z. B. die Verseuchung von Wohnräumen durch Formaldehyd, Holzschutzmittel, Asbestverseuchung oder durch Schadstoffausgasung aus verseuchtem Boden.

Als Kosten sind abzuziehen:

- Kosten für die **Wiederbeschaffung von Kleidung, Hausrat,**
- **Sanierungskosten** an der selbstbewohnten Wohnung im eigenen Haus bzw. Eigentumswohnung,
- die daraus resultierenden **Behandlungskosten, Gutachterkosten** u. Ä.

Um diese Kosten steuerlich absetzen zu können, müssen Sie allerdings **strenge Nachweisvoraussetzungen** erfüllen (BFH, Urteil v. 9.8.2001, III R 6/01, BFH/NV 2002 S. 249, und Beschluss v. 10.12.2004, III B 56/04, Haufe-Index 1328760):

III Gestaltung und Tipps

- **Ärztliches Attest**, das nachweist, dass durch diese Schadstoffbelastung bereits Gesundheitsschäden eingetreten oder zu befürchten sind;
- **Gutachten über den Zusammenhang** zwischen Ausgasung bzw. Asbestverseuchung und Gesundheitsgefährdung sowie darüber, welche Baumaßnahmen und Ersatzleistungen durch die Dekontaminierung erforderlich sind;
- Nachweis, dass die **Sanierung fachmännisch erfolgt** ist, die gesetzlichen Bestimmungen beachtet und die verseuchten Gegenstände sachgerecht entsorgt wurden;
- für die Wiederbeschaffung von **Kleidung** und **Hausrat** ein Gutachten, dass die Gegenstände trotz Reinigung nicht mehr verwendet werden können.

Im Zusammenhang mit einem **dioxinbelasteten Grundstück** hat der BFH im Urteil v. 20.12.2007 (III R 56/04, BFH/NV 2008 S. 937) entschieden, dass die **Sanierungskosten** als außergewöhnliche Belastung geltend gemacht werden können, wenn den Grundstückseigentümer kein Verschulden an der Belastung trifft, die Belastung für ihn zum Zeitpunkt des Grundstückserwerbs nicht erkennbar war und realisierbare Ersatzansprüche gegen Dritte nicht bestehen.

Die Aufwendungen erwachsen dem Steuerzahler zwangsläufig, wenn dieser bodenschutzrechtlich zur Sanierung verpflichtet ist. Aber auch dann, wenn eine solche Verpflichtung nicht besteht, gleichwohl auf Grund der Dioxinbelastung konkrete Gesundheitsgefährdungen von dem Grundstück ausgehen, können die Sanierungskosten als zwangsläufig angesehen werden. Voraussetzung ist, dass es sich bei dem Grundstück um einen Gegenstand des **existenznotwendigen Bedarfs** handelt. Ein Einfamilienhaus ist als Gegenstand des existenznotwendigen Wohnbedarfs anzusehen. Hierzu rechnen nicht nur der unmittelbare Wohnbereich, sondern auch das Hausgrundstück, soweit es nicht über das notwendige und übliche Maß hinausgeht.

431 **Schallschutzmaßnahmen:** Aufwendungen für Schallschutzmaßnahmen wegen Lärmbelästigung erkennt die Finanzverwaltung (vgl. OFD Frankfurt, Verfügung v. 31.10.2001, S 2284 A – 12 – St II 25) **nicht** als **außergewöhnliche Belastung** an. Dieser restriktiven Verwaltungsmeinung kann u. E. nicht ohne weiteres gefolgt werden. Meist dauert es Jahre, bis Bürger mit ihrem Begehren, gegen die Lärmbelästigung etwas zu unternehmen, bei den Behörden durchdringen. Dies gilt vor allem dann, wenn z. B. die Autobahn nicht neu gebaut wurde, sondern bereits vorhanden ist. Hier werden dann Messungen durchgeführt, Gutachten eingeholt und Vorschläge unter haushaltsrechtlichen Erwägungen diskutiert, bevor es überhaupt zur Beseitigung der Lärmbelästigung kommt. In dieser Zeit ist der Bürger darauf angewiesen, sich selbst vor dem **Lärm zu schützen**. Macht er dies, indem er z. B. Lärmstoppfenster einbaut, müssen diese Aufwendungen bei Eigennutzung als außergewöhnliche Belastung anerkannt werden.

Sind Sie von der restriktiven Verwaltungsmeinung betroffen, sollten Sie sich nicht mit der ablehnenden Entscheidung des Finanzamts zufrieden geben und ggf. den Klageweg beschreiten.

432 **Scheidungskosten:** Scheidungskosten gehören immer zu den außergewöhnlichen Belastungen. Wer die Scheidung eingereicht hat oder ob ein Verschulden vorliegt, spielt keine Rolle. Für die Zusammenstellung der abzugsfähigen Kosten können Sie die nachfolgende Checkliste verwenden:

Aufwendungen	als außergewöhnliche Belastung	
	abziehbar	nicht abziehbar
Rechtsanwalts- und Prozesskosten ➜ Tz 426		
zur Regelung des Sorgerechts bei einem gemeinschaftlichen Kind	✔	
zur Regelung der Unterhaltspflicht	✔	
zur Regelung des Versorgungsausgleichs von Rentenanwartschaften	✔	
der güterrechtlichen Verhältnisse und der Rechtsverhältnisse an der Wohnung und am Hausrat		✔
Gutachterkosten für die Wertermittlung des Vermögens, Hausrats usw.		✔
Übernommene Rechtsanwalts- und Prozesskosten auf Grund gerichtlicher Vereinbarung		✔
Kosten für eine Rentenanwartschaft an der gesetzlichen Rentenversicherung zugunsten des geschiedenen Ehegatten (auch im Rahmen des Versorgungsausgleichs)		✔
Unterhaltszahlungen an den geschiedenen Ehegatten auf Grund der Scheidung (ggf. auch freiwillig geleistete Zahlungen sowie einmalige Abfindungen zur Abgeltung des Unterhaltsanspruchs; ggf. als Unterhaltszahlungen nach § 33a Abs. 1 EStG abziehbar)		✔
Einmalzahlung auf Grund eines Urteils zum Aufbau einer beruflichen Existenz oder zur Bestreitung der Berufsausbildung (ggf. als Unterhaltszahlungen nach § 33a Abs. 1 EStG abziehbar)		✔
Freiwillige Leistungen an den geschiedenen Ehegatten (ggf. als Unterhaltszahlungen nach § 33a Abs. 1 EStG abziehbar)		✔
Prozesskosten bei nachträglicher Auslegung einer Unterhaltsvereinbarung		✔
Kosten einer Vermögensauseinandersetzung nach Abschluss des Scheidungsverfahrens über einen gemeinsamen Vermögensgegenstand der geschiedenen Ehegatten		✔
Notariats- und Grundbuchkosten, die durch Umschreibung des Grundstückseigentums nach Abschluss des Scheidungsverfahrens entstehen		✔

Nur unmittelbare und unvermeidbare Kosten des Scheidungsprozesses sind als außergewöhnliche Belastung abzugsfähig (BFH, Urteile v. 30.6.2005, III R 36/03, und III R 27/04, BFH/NV 2005 S. 2104 und S. 2105). Demnach können nur Prozesskosten für die Scheidung und für den Versorgungsausgleich von Rentenanwartschaften wegen des sog. Zwangsverbunds (§ 623 Abs. 1 ZPO) abgezogen werden. Aufwendungen für die Auseinan-

III Gestaltung und Tipps

dersetzung gemeinsamen Vermögens anlässlich einer Scheidung sind dagegen nicht mehr als außergewöhnliche Belastung zu berücksichtigen, unabhängig davon, ob die Eheleute die Vermögensverteilung selbst regeln oder die Entscheidung dem Familiengericht übertragen (vgl. H 33.1 bis 33.4, Stichwort „Scheidung").

Nach den BFH-Urteilen v. 30.6.2005 (III R 36/03, BFH/NV 2005 S. 2104, und III R 27/04, BFH/NV 2005 S. 2105) können Kosten im Zusammenhang mit einem Scheidungsprozess nur dann als außergewöhnliche Belastung berücksichtigt werden, wenn sie Ihnen zwangsläufig erwachsen sind. Unter diesem Gesichtspunkt sind Kosten, die durch eine **Familienmediation** im Ehescheidungsverfahren entstanden sind, nicht als außergewöhnliche Belastung zu berücksichtigen.

WICHTIG

Die Kosten eines Verfahrens auf **Herausgabe persönlichen Mobiliars** aus Anlass der Trennung bzw. Scheidung gegenüber einem früheren Lebensgefährten sind auch nach Gleichbehandlung nichtehelicher und ehelicher Lebensgemeinschaften nicht als außergewöhnliche Belastung abzugsfähig (BFH, Beschluss v. 21.12.2005, III B 98/05, BFH/NV 2006 S. 733). Begründet wird dies vom BFH damit, dass auch im Fall der Scheidung solche Kosten keine außergewöhnliche Belastung darstellen würden.

433 **Schuldentilgung:** Werden außergewöhnliche Belastungen durch ein Darlehen finanziert, kommt es für den Abzug auf die **tatsächliche Bezahlung** und **nicht** auf die **Darlehenstilgung** an. Dies wirkt sich für den Steuerzahler günstig aus, da bei einer Einmalzahlung nur einmal eine zumutbare Belastung abgezogen wird, bei einer längerfristigen Darlehenstilgung wäre dagegen in dem jeweiligen Jahr die zumutbare Belastung zu berücksichtigen. Zinsen, die im Zusammenhang mit diesem Darlehen anfallen, sind ebenfalls als außergewöhnliche Belastung zu berücksichtigen.

434 **Umzugskosten:** Umzugskosten sind in aller Regel nicht als außergewöhnliche Belastungen abzugsfähig, da es sich entweder um Werbungskosten handelt (➜ Tz 765) oder um Kosten der privaten Lebensführung (BFH, Beschluss v. 8.10.2008, VI B 66/08, BFH/NV 2009 S. 149). Wurde der Umzug jedoch aus **Krankheitsgründen** oder auf Grund eines **Unfalls** verursacht, liegen außergewöhnliche Belastungen vor. Auch hierbei ist erforderlich, dass Sie die medizinische Notwendigkeit durch ein amtsärztliches Attest nachweisen. Sollte Ihnen der Abzug als außergewöhnliche Belastung versagt werden, prüfen Sie die Möglichkeit, Ihre Umzugskosten im Rahmen der Steueranrechnung als haushaltsnahe Dienstleistungen geltend zu machen (➜ Tz 484).

435 Noch ein kurzer Überblick über die Abzugsmöglichkeit anderer Aufwendungen im Rahmen der außergewöhnlichen Belastungen:

Art der Aufwendungen	abziehbar	nicht abziehbar
Betreuung eines schwer erziehbaren Kindes mit Unterbringung in einem Internat		
● Im Allgemeinen		✔
● Notwendigkeit des Internatsbesuchs zur Heilung und Linderung einer Krankheit durch ärztliches Attest nachgewiesen	✔	
Besuchsfahrten eines Elternteils zu seinem von ihm getrennt lebenden Kind (Verfahren vor dem BVerfG unter Az. 2 BvR 1520/08)		✔
Betrug, vergebliche Zahlung für einen Grundstückskauf		✔
Entziehungskur	✔	
Erbausgleich des nichtehelichen Kindes		✔
Erpressungsgelder		
● im Zusammenhang mit „Fremdgehen" eines Ehepartners		✔
● zum Schutz des Lebens des Opfers	✔	
Fahrstuhl, Einbau in ein gemietetes Einfamilienhaus		✔
Fehlbelegungsabgabe		✔
Geburt eines Kindes, Ausstattung		✔
Grundwasserschäden an einem selbstgenutzten Einfamilienhaus bei Einhaltung strenger Voraussetzungen für die Zwangsläufigkeit	✔	
Mittagsheimfahrten wegen des Gesundheitszustands oder einer Behinderung		✔
Privatschule		
● allgemein		✔
● bei Behinderung eines Kindes und individueller Förderung	✔	
Schimmelpilz, Aufwendungen zur Vermeidung oder Behebung gesundheitlicher Schäden		✔
Studiengebühren für den Besuch einer privaten Hochschule		✔
Umbaumaßnahmen, behinderungsbedingte (Gegenwerttheorie tritt in Anbetracht der Gesamtumstände des Einzelfalls in den Hintergrund)	✔	

III Gestaltung und Tipps

Art der Aufwendungen	abziehbar	nicht abziehbar
Unterhaltspflicht eines Elternteils durch finanzielle Mehrbelastung bei Verletzung der Unterhaltspflicht des anderen Elternteils		✔

436 **Zumutbare Belastung:** Um dem Gedanken der außergewöhnlichen Belastung des Steuerzahlers Rechnung zu tragen, werden die allgemeinen außergewöhnlichen Belastungen (vgl. die vorangegangenen Stichwörter in dem ABC der außergewöhnlichen Belastungen unter ➜ Tz 401 bis ➜ Tz 435) um die **zumutbare Belastung** gekürzt. Diese berechnet sich anhand nachfolgender Tabelle:

Bei einem Gesamtbetrag der Einkünfte einschließlich Kapitaleinkünfte	bis 15.340 €	15.341 € bis 51.130 €	ab 51.131 €
1. bei Steuerzahlern, die keine Kinder haben und bei denen die Einkommensteuer			
a) nach der Grundtabelle	5 %	6 %	7 %
b) nach der Splittingtabelle	4 %	5 %	6 %
zu berechnen ist			
2. bei Steuerzahlern mit			
a) 1 Kind oder 2 Kindern	2 %	3 %	4 %
b) 3 oder mehr Kindern	1 %	1 %	2 %
	des Gesamtbetrags der Einkünfte		

437 Kapitalerträge, die der Abgeltungsteuer unterliegen, bleiben grundsätzlich bei der Ermittlung des Gesamtbetrags der Einkünfte außer Ansatz. Hiervon ausgenommen ist die Ermittlung der zumutbaren Belastung nach § 33 Abs. 3 EStG. § 2 Abs. 5 Satz 2 EStG bestimmt nämlich, dass **Kapitalerträge** für diese Zwecke mit in die Bemessungsgrundlage für den vorstehenden Prozentsatz einzubeziehen sind. Das Finanzamt hat in diesem Fall sogar die Möglichkeit, Ihre Angaben im Rahmen des Kontenabrufverfahrens zu überprüfen. Im Ergebnis bedeutet dies für Sie, dass Sie allein wegen der Berechnung der zumutbaren Belastung die **Höhe Ihrer Kapitalerträge** angeben müssen (einzutragen in **Zeile 73** im Hauptvordruck), wenn die gesamten Kapitalerträge mehr als 801 € bei Ledigen bzw. 1.602 € im Fall der Zusammenveranlagung ausmachen (➜ Tz 54).

TIPP

Im Zusammenhang mit den außergewöhnlichen Belastungen sollten Sie **folgende wichtige** Punkte beachten:

- Sammeln Sie die außergewöhnlichen Belastungen **möglichst in einem Jahr,** um nur eine **einmalige Kürzung** um die zumutbare Belastung zu erreichen.
- In der Praxis lässt sich dies z. B. leicht erreichen bei den **Eigenanteilen zu Krankheitskosten,** Zahnersatz oder selbst zu übernehmenden Kurkosten.
- Wird z. B. eine Zahnbehandlung durchgeführt, bei der Sie einen großen Teil der Kosten selbst übernehmen, sollten Sie Ihren Zahnarzt darum bitten, die Rechnung über den Eigenanteil in einem einzigen Jahr zu stellen.

Die zumutbare Belastung eines Ehegatten ist auch bei getrennter Veranlagung vom Gesamtbetrag der Einkünfte beider Ehegatten zu berechnen (BFH, Urteil v. 26.3.2009, VI R 57/07, Haufe-Index 2181439).

Freibetrag für die Unterstützung Bedürftiger

Neben den allgemeinen außergewöhnlichen Belastungen, die Sie einzeln auflisten müssen und bei denen eine zumutbare Belastung abgezogen wird, können Sie die Aufwendungen, die Ihnen für die Unterstützung bedürftiger Angehöriger oder die Berufsausbildung bedürftiger Angehöriger entstehen, im Rahmen eines Freibetrags abziehen. **438**

Unterhaltsleistungen werden nur bei folgenden „**Unterstützungsbedürftigen**" als außergewöhnliche Belastungen anerkannt: **439**

● **1. Alternative:** Es muss eine **gesetzliche Unterhaltspflicht des Steuerzahlers** oder seines Ehegatten gegenüber der unterstützten Person bestehen.

Nach BFH (Urteil v. 4.7.2002, III R 8/01, BFH/NV 2002 S. 1529) sind **gesetzlich unterhaltsberechtigt** im Sinne des § 33a Abs. 1 EStG in Anlehnung an das Bürgerliche Gesetzbuch Verwandte in auf- und absteigender Linie, also Eltern, Kinder, Großeltern, des Weiteren Ehegatten sowie bei nicht miteinander verheirateten Paaren der Elternteil, der aus Anlass der Geburt eines Kindes in seiner Erwerbsmöglichkeit eingeschränkt ist. Der Abzug von Unterhaltszahlungen als außergewöhnliche Belastung setzt lediglich eine **potenzielle Unterhaltsverpflichtung** voraus. Es ist daher ohne Bedeutung, ob eine andere Person gegenüber dem Unterhaltsempfänger vorrangig unterhaltsverpflichtet ist (R 33a.1 Abs. 1 Satz 2 EStR).

WICHTIG

> Beim BFH ist unter Az. VI R 28/10 und VI R 29/10 ein Verfahren anhängig, in dem es darum geht, inwieweit Unterhaltsleistungen an eine Mutter, die in St. Petersburg in der russischen Föderation lebte, als außergewöhnliche Belastungen abziehbar sind. In diesem Zusammenhang ist auch die Maßgeblichkeit der Ländergruppeneinteilung (➔ Tz 556) streitbefangen.

Unterhaltsleistungen eines Steuerzahlers an seine mit ihm in seiner Haushaltsgemeinschaft lebende, **mittellose Lebenspartnerin** sind ohne Berücksichtigung der sog. **Opfergrenze** (➔ Tz 441) als außergewöhnliche Belastung abziehbar (BFH, Urteil v. 17.12.2009, VI R 64/08, BFH/NV 2010 S. 737). Gehört der Haushaltsgemeinschaft ein unterhaltsberechtigtes Kind an, sind die für Unterhaltsleistungen zur Verfügung stehenden Mittel um den Mindestunterhaltsbedarf des Kindes zu kürzen. Dieser ist in Höhe des doppelten Freibetrags für das sächliche Existenzminimum des Kindes anzusetzen.

Neben der Abzugsmöglichkeit von Unterhaltsaufwendungen des Partners einer eingetragenen Lebenspartnerschaft im Rahmen der außergewöhnlichen Belastungen nach § 33a EStG kommt eine Zusammenveranlagung für die **eingetragene Lebenspartnerschaft** nicht in Betracht, so die derzeitige Auffassung von BFH und Finanzverwaltung. Diese rechtliche Beurteilung ist jedoch aus verfassungsrechtlicher Sicht klärungsbedürftig (vgl. Verfahren vor dem BVerfG unter Az. 2 BvR 1981/06). Betroffenen wird daher empfohlen, in vergleichbaren Fällen ihren **Steuerbescheid offen** zu **halten**. Das Finanzamt müsste, falls es diesen Fall erkennt, vorläufig veranlagen.

III Gestaltung und Tipps

Unterhaltsleistungen an andere Personen sind nicht steuermindernd zu berücksichtigen, und zwar selbst dann nicht, wenn dem Steuerzahler die Unterhaltpflicht gegenüber seinen Geschwistern oder anderen Angehörigen durch eine ausländische Rechts- oder Sittenordnung auferlegt wird und der Unterhaltsanspruch sogar auf Grund internationalen Privatrechts im Inland durchsetzbar ist (BFH, Urteil v. 4.3.2005, VI S 14/03 (PKH), BFH/NV 2005 S. 1067). In diese Richtung geht auch der BFH-Beschluss v. 31.3.2008 (VIII B 28/07, BFH/NV 2008 S. 1320), in dem Unterhaltsleistungen an den **kranken Bruder** als Angehöriger der Seitenlinie nicht als außergewöhnlich anerkannt werden. Dabei lässt es der BFH offen, ob atypische Unterhaltsleistungen, z. B. wegen Krankheit oder Pflegebedürftigkeit, an nicht unterhaltsberechtigte Angehörige sittlich zwangsläufig sind; hierbei handelt es sich um eine Frage des Einzelfalls. U. E. sollten Sie solche Aufwendungen in Ihrer Einkommensteuererklärung 2010 erst einmal geltend machen.

Unterstützen Sie sowohl Ihren **Sohn** als auch Ihre **Schwiegertochter**, können Sie die Unterhaltszahlungen ihr gegenüber mangels gesetzlicher Unterhaltsverpflichtung nicht steuermindernd berücksichtigen. Daher müssen Sie Ihre **Unterhaltszahlungen** hälftig auf Ihren Sohn und Ihre Schwiegertochter **aufteilen**. Die auf den Sohn entfallenden Unterhaltszahlungen sind bis zur Höhe der Differenz zwischen dem Höchstbetrag und den eigenen anrechenbaren Einkünften abzüglich des anrechnungsfreien Betrags abziehbar (BFH, Urteil v. 22.9.2004, III R 25/03, BFH/NV 2005 S. 523). Beim BFH ist unter Az. VI R 13/10 noch ein Verfahren anhängig, in dem es um Unterhaltszahlungen an die **Schwiegereltern** geht, wenn die Ehegatten bei dauerndem Getrenntleben nicht splittingberechtigt sind. Dies bedeutet für Sie, dass bei vergleichbaren Fällen der Steuerbescheid offen zu halten ist.

WICHTIG

 Gehört die unterhaltsberechtigte Person zum **Haushalt des Steuerzahlers**, kann regelmäßig davon ausgegangen werden, dass ihm dafür Unterhaltsaufwendungen in Höhe des maßgeblichen Höchstbetrags erwachsen (R 33a.1 Abs. 1 Satz 5 EStR).

440 ● **2. Alternative:** Der unterstützten Person müssen inländische **öffentliche Mittel**, die bei ihr zum Unterhalt bestimmt sind, mit Rücksicht auf die Unterhaltsleistungen des Steuerzahlers **gekürzt** werden. Dies gilt insbesondere für Partner einer **nichtehelichen Lebensgemeinschaft**, bei denen Ansprüche auf Sozial- und Arbeitslosenhilfe gekürzt oder versagt wurden. Selbst bei Unterhaltsleistungen auf Grund notariell beurkundeten Partnerschaftsvertrags wird dies für den Abzug als außergewöhnliche Belastung verlangt (BFH, Beschluss v. 28.6.2004, III B 104/03, BFH/NV 2004 S. 1637). Dabei spielt es keine Rolle, dass dem ausländischen Lebenspartner ohne Übernahme der Unterhaltsverpflichtung eine Aufenthaltsgenehmigung nicht erteilt worden wäre. Die Begrenzung der Unterhaltszahlungen an den Partner der eingetragenen Lebenspartnerschaft auf den in § 33a Abs. 1 EStG angeordneten Höchstbetrag ist verfassungsrechtlich unbedenklich (BFH, Urteil v. 20.7.2006, III R 8/04, BFH/NV 2006 S. 1966).

Unterstützen Sie z. B. Ihre Schwester, die **nicht** mit Ihnen zusammen **in einem Haushalt lebt** und der gegenüber Sie zivilrechtlich nicht zum Unterhalt verpflichtet sind, können Sie Ihre Unterhaltszahlungen **nicht** als **außergewöhnliche Belastung** abziehen, selbst wenn der Anspruch der Schwester auf Sozialhilfe wegen Ihrer Unterhaltsleistungen entfällt oder gemindert wird (BFH, Urteil v. 23.10.2002, III R 57/99, BFH/NV 2003 S. 387). Anders sieht es dagegen aus, wenn der Steuerzahler mit der Schwester in **Haushaltsgemeinschaft** lebt; dann können bei Kürzung der Sozialleistungen an die Schwester Unterhaltszahlungen des Bruders als außergewöhnliche Belastung abziehbar sein (BMF, Schreiben v. 28.3.2003, IV C 4 – S 2285 – 16/03, BStBl 2003 I S. 243).

TIPP

> Häufig stellt die unterhaltene Person **keinen Antrag** auf öffentliche Mittel, weil sie von der unterstützten Person hinreichend versorgt wird. Auch hier sind die Unterhaltszahlungen als außergewöhnliche Belastung abziehbar, wenn Sie nachweisen, dass die öffentlichen Mittel bei entsprechender Antragstellung auf Grund Ihrer Unterhaltszahlungen gekürzt worden wären (Bescheinigung der zuständigen Sozialbehörde erforderlich und dem Finanzamt vorzulegen).

Verzichtet das Finanzamt auf die Vorlage eines Kürzungs- oder Ablehnungsbescheids, ist Voraussetzung für den Abzug der Unterhaltsaufwendungen als außergewöhnliche Belastung eine **schriftliche Versicherung** der **unterstützten Person**, in der sie darlegt,

- dass sie für den jeweiligen Veranlagungszeitraum keine zum Unterhalt bestimmten Mittel aus inländischen öffentlichen Kassen erhalten und auch keinen entsprechenden Antrag gestellt hat,
- dass eine nichteheliche Lebensgemeinschaft mit dem Steuerpflichtigen besteht oder sie mit dem Steuerzahler verwandt oder verschwägert ist und mit ihm eine Haushaltsgemeinschaft bildet und
- über welche anderen zum Unterhalt bestimmten Einkünfte und Bezüge sowie über welches Vermögen sie verfügt.

TIPP

> Die Bescheinigung über die Kürzung oder den Wegfall öffentlicher Mittel wegen der Unterhaltsleistungen des Steuerzahlers kann noch **nachträglich erbracht** werden. In Ausnahmefällen kann das Finanzamt entsprechende Auskünfte von der zuständigen Behörde im Wege der Amtshilfe einholen, wenn es der unterstützten Person trotz ihres ernsthaften und nachhaltigen Bemühens nicht gelingt, eine solche Bescheinigung zu erlangen (BFH, Urteil v. 18.3.2004, III R 50/02, BFH/NV 2004 S. 1003). Lehnt es die zuständige Behörde ab, die Sozialhilfeleistungen konkret zu berechnen, die der unterstützten Person ohne die Unterstützung durch den Steuerzahler zugestanden hätten, muss notfalls das **Finanzamt** für die Ermittlung der abziehbaren Unterhaltsaufwendungen den fiktiven Anspruch auf Sozialhilfe **selbst ermitteln** (BFH, Urteil v. 19.5.2004, III R 11/03, BFH/NV 2004 S. 1460). Dabei sind die dem Lebenspartner bzw. der Lebenspartnerin wegen des Zusammenlebens mit dem Steuerzahler nicht gewährten öffentlichen Mittel zum Unterhalt nach dem Regelsatz der Sozialhilfe für **Haushaltsangehörige** und nicht nach dem Regelsatz für einen Haushaltsvorstand zu berechnen. Neben dem Regelsatz gehört zu dem fiktiven Anspruch auf Sozialhilfe auch die **anteilige Miete** für eine gemeinsame Wohnung, auch wenn der Steuerzahler seine Lebenspartnerin oder seinen Lebenspartner unentgeltlich in diese Wohnung aufgenommen hat.

III Gestaltung und Tipps

441 Ein Abzug als außergewöhnliche Belastung entfällt, wenn der Unterhaltsempfänger nicht alle ihm zur Verfügung stehenden **Geldquellen** – hierzu rechnen auch die Einkünfte aus eigener Arbeitskraft – ausgeschöpft hat oder er sein eigenes Vermögen zur Bestreitung des Unterhalts nicht einsetzt und verwertet, es sei denn, dass es nur geringfügig ist (**15.500-€-Grenze**). Für die Entscheidung, ob die 15.500-€-Grenze überschritten ist, ist das Vermögen mit dem **Verkehrswert abzüglich** der darauf entfallenden **Verbindlichkeiten** zu bewerten (BFH, Urteil v. 11.2.2010, VI R 65/08, BFH/NV 2010 S. 1026). Vermögen wird bei der Überprüfung der 15.500-€-Grenze auch berücksichtigt, wenn es die unterhaltene Person für ihren künftigen Unterhalt benötigt, um daraus eigene Einkünfte zu erzielen (BFH, Urteil v. 14.8.1997, III R 68/96, BFH/NV 1998 S. 380).

WICHTIG

 Ein **frei verfügbares Geldvermögen** von **mehr als 50.000 €** kann im Sinne der Abzugsregelung für Unterhaltszahlungen **nicht** als **gering** angesehen werden, auch wenn es der Aufrechterhaltung einer angemessenen Alterssicherung dienen soll. Rechnet zum Vermögen des Steuerzahlers ein von ihm selbstgenutztes Grundstück, dürfen Schulden, die auf diesem Grundstück lasten, nicht vom Wert des übrigen Vermögens abgezogen werden. Das selbstgenutzte Grundstück bleibt bei der Überprüfung der Wertgrenze unberücksichtigt (vgl. die nachfolgenden Ausführungen).

Auf die 15.500-€-Grenze werden nach Ansicht der Finanzverwaltung **nicht angerechnet**

- Vermögensgegenstände, deren Veräußerung offensichtlich einer **Verschleuderung** gleich käme,
- Vermögensgegenstände, die für den Steuerzahler einen **besonderen persönlichen Wert** haben oder zu seinem **Hausrat gehören**, und
- ein **angemessenes Hausgrundstück**, wenn der Unterhaltsempfänger das Hausgrundstück allein oder zusammen mit Angehörigen, denen es nach seinem Tod weiter als Wohnung dienen soll, ganz oder teilweise bewohnt (R 33a.1 Abs. 2 Satz 3 Nr. 2 EStR); Letzteres ist auf Grund des BFH-Urteils v. 12.12.2002 (III R 41/01, BFH/NV 2003 S. 560) strittig, wird allerdings von der Finanzverwaltung nicht zum Anlass genommen, von ihrer Meinung in den Einkommensteuer-Richtlinien abzuweichen. Damit bleibt das **angemessene Hausgrundstück** auch bei der Einkommensteuerveranlagung 2010 für die Frage der Zwangsläufigkeit von Unterhaltsleistungen außer Betracht. Die Angemessenheit bestimmt sich nach der Zahl der Bewohner, dem Wohnbedarf, der Grundstücksgröße, der Hausgröße, dem Zuschnitt und der Ausstattung des Wohngebäudes sowie dem Wert des Grundstücks einschließlich Wohngebäude.

Im Urteil v. 29.5.2008 (III R 48/05, BFH/NV 2008 S. 1724) hat der BFH entschieden, dass der Verkehrswert eines Mietwohngrundstücks nicht nur durch einen Nießbrauchsvorbehalt, sondern auch durch ein dinglich gesichertes Veräußerungs- und Belastungsverbot gemindert wird. Dem steht nicht entgegen, dass der Übertragende durch eine Aufhebung der Belastung jederzeit die Wertminderung aufheben könnte. Soweit Verfügungsbeschränkungen an einem Vermögensgegenstand bestehen, muss auch überprüft werden, ob durch die fehlende Verwertbarkeit überhaupt ein Wertansatz gerechtfertigt ist. Dabei ist zu berücksichtigen, ob ein Mietwohngrundstück trotz des Vorbehaltsnießbrauchs und der Veräußerungssperre zur Besicherung eines für den Lebensunterhalt einzusetzenden

Darlehens dienen kann. In diesem Zusammenhang hat der BFH im Urteil v. 11.2.2010, VI R 61/08, BFH/NV 2010 S. 1326 entschieden, dass ein **volljähriges behindertes Kind** verpflichtet ist, seinen Vermögensstand im Rahmen des Zumutbaren zu verwerten, bevor es seine Eltern auf Unterhalt in Anspruch nimmt. Allerdings darf ein schwerbehindertes Kind, das angesichts der Schwere und der Dauer seiner Erkrankung seinen Grundbedarf und behinderungsbedingten Mehrbedarf nicht selbst zu decken in der Lage ist, zur Alters- vorsorge maßvoll Vermögen bilden.

Ein Abzug von Unterhaltsleistungen scheidet auch dann aus, wenn der Steuerzahler von dem unterstützten Angehörigen dessen **gesamtes Vermögen** in einem Zeitpunkt **über- nommen** hat, als dieser sich bereits im Rentenalter befand (BFH, Urteil v. 12.11.1996, III R 38/95, BStBl 1997 II S. 387).

Vor allem bei Unterhaltszahlungen an Personen im Ausland sollte beachtet werden: Steuerlich absetzbar sind Unterhaltsaufwendungen nur, soweit Sie selbst diese Aufwen- dungen ohne **Gefährdung des eigenen Unterhalts** für sich, Ihren Ehegatten und Ihre Kinder erbringen können (sog. **Opfergrenze**; wegen der Anwendung der Opfergrenze auf das verfügbare Nettoeinkommen siehe BMF, Schreiben v. 7.6.2010, IV C 4 – S 2285/07/0006:001, BStBl 2010 I S. 582, Rz. 11).

WICHTIG

Die **Opfergrenze** hat auch Bedeutung für Unterhaltsleistungen an **erwerbslose, minderjährige, verheiratete oder volljährige Kinder**, und zwar wegen der Unterhaltsverpflichtung gegenüber den Familienangehörigen, die im Haushalt des Steuerzahlers leben.

Typische Unterhaltsleistungen

Zu den typischen Unterhaltsleistungen gehören alle Aufwendungen, die dazu dienen, die **442** laufenden Bedürfnisse des Unterhaltsberechtigten** zu befriedigen, z. B. **Kosten für Kleidung, Wohnung** und **Ernährung**. Ebenfalls abziehbar sind **Versicherungsbeiträge**, deren Zahlung Sie für die unterstützte Person übernommen haben, außerdem Aufwendun- gen für die Berufsausbildung, z. B. für Bücher. Hierzu rechnen auch von Ihnen über- nommene Prozesskosten, die im Rahmen eines Strafverfahrens gegen Ihr Kind angefallen sind.

WICHTIG

Zu den Unterhaltsleistungen an eine **geschiedene Ehefrau** rechnet auch die unentgeltliche Überlassung einer Wohnung, wenn sie zu einer Minderung des Anspruchs des Unterhaltsberechtigten führt (abgekürzte Sachunterhaltsleis- tung). Auch die übernommenen verbrauchsunabhängigen Kosten, einschließlich Schuldzinsen, der Wohnung einer geschiedenen Ehefrau können bei gleich- zeitigem Verzicht auf zustehende Ausgleichsansprüche dem Grunde nach Unter- haltsleistungen sein, auch wenn diese Kosten für eine Wohnung anfallen, die im Eigentum der geschiedenen Ehefrau steht (BFH, Urteil v. 18.10.2006, XI R 42/04, BFH/NV 2007 S. 1283).

Achten Sie bei den Unterhaltszahlungen darauf, dass sie im Voraus geleistet werden. Werden die **Unterhaltszahlungen im Nachhinein** gezahlt, können sie, so der BFH im Beschluss v. 30.11.2007 (III B 111/07, Haufe-Index 1907226) nicht auf Monate des

III Gestaltung und Tipps

215

Jahres der Zahlung, die vor dem Zahlungsmonat liegen, zurückbezogen werden. Denn es ist zu vermuten, dass der Unterhaltsverpflichtete seine Zahlungen so einrichtet, dass sie zur Deckung des Lebensbedarfs des Empfängers bis zum Erhalt der nächsten Zahlung dienen. Sollten Sie am Ende des Kalenderjahres Unterhaltszahlungen leisten, kann das dazu führen, dass im Jahr der Zahlung keine Rückbeziehung möglich ist. Im Folgejahr wäre zwar durch die Zahlung der Unterhaltsbedarf des Unterhaltsverpflichteten abgedeckt, jedoch gilt für die außergewöhnlichen Belastungen das Abflussprinzip. Das heißt: Im Folgejahr sind keine Leistungen abgeflossen und damit auch nicht berücksichtigungsfähig.

Neben der Bedürftigkeit des Unterhaltsempfängers setzt der Abzug von Unterhaltsaufwendungen den Nachweis der entsprechenden Zahlungen durch den Steuerzahler voraus. Welche Beweismittel für einen solchen Nachweis erforderlich sind, richtet sich nach den Umständen des Einzelfalls (BFH, Beschluss v. 25.3.2009, VI B 152/08, BFH/NV 2009 S. 932).

443 Typische Aufwendungen für den Unterhalt bzw. für eine etwaige Berufsausbildung von bedürftigen Angehörigen werden unabhängig vom Alter bis zu einem **Höchstbetrag von 8.004 €** (neu ab 2010!) als außergewöhnliche Belastung berücksichtigt, wenn keiner für die unterstützte Person Kindergeld oder einen Freibetrag für Kinder erhält. Ist die unterstützte Person im **Ausland** ansässig, können die Aufwendungen nur abgezogen werden, soweit sie nach den Verhältnissen des Wohnsitzstaates der unterhaltenen Person **notwendig und angemessen** sind. Demnach kann sich der Höchstbetrag von 8.004 € auf $^3/_4$ (= 6.003 €), auf $^1/_2$ (= 4.002 €) oder sogar auf $^1/_4$ (= 2.001 €) reduzieren (wegen weiterer Einzelheiten ➜ Tz 556).

444 TIPP

Steuerlich lukrativ ist vor allem, dass **neben dem Freibetrag für die Unterstützung Bedürftiger** auch ein Abzug als **allgemeine außergewöhnliche Belastung** in Frage kommt, z. B. bei Krankheitskosten (➜ Tz 416), Heimunterbringungskosten in einer Pflegeabteilung (➜ Tz 424) oder Kosten für die Wiederbeschaffung von Hausrat und Kleidung (➜ Tz 412).

Eigene Einkünfte und Bezüge

445 Erzielt die unterstützte Person eigene Einkünfte und Bezüge, ist der Höchstbetrag von 8.004 € insoweit zu kürzen, als er den Betrag von 624 € im Kalenderjahr übersteigt. Für die **Ermittlung der Einkünfte** gelten die Vorschriften des Einkommensteuergesetzes. So ist z. B. Arbeitslohn um die abzugsfähigen Werbungskosten oder um den Arbeitnehmer-Pauschbetrag von 920 € zu kürzen.

Das, was bei den Einnahmen aus nichtselbstständiger Arbeit in Ausnahmefällen um den **Versorgungsfreibetrag** und den Zuschlag zum Versorgungsfreibetrag gekürzt wird, muss als **Bezüge der unterhaltenen Person** wieder angesetzt werden. Der **Sparer-Pauschbetrag** von 801 € gehört nach § 32 Abs. 4 Satz 4 EStG nicht zu den Bezügen.

WICHTIG

Die bei den außergewöhnlichen Belastungen anzurechnenden Einkünfte des Unterhaltsempfängers richten sich nach den allgemeinen Vorschriften des EStG. Der Verlustabzug (§ 10d EStG) ist bei der Einkunftsermittlung nicht zu berück-

sichtigen, da durch ihn nur die erzielten positiven Einkünfte des Veranlagungsjahres unter Durchbrechung der Abschnittsbesteuerung von der Besteuerung
ausgenommen werden (BFH, Beschluss v. 31.3.2008, III B 90/06, BFH/NV 2008
S. 1318).

Wegen Einzelheiten zur Ermittlung der Einkünfte und Bezüge des Kindes → Tz 568. Wegen
der nicht anrechenbaren Bezüge → Tz 457.

TIPP

Wie bei der normalen Einkommensermittlung dürfen Sie bei der Berechnung der
anrechenbaren Einkünfte und Bezüge Werbungskosten und Betriebsausgaben
abziehen. Allerdings müssen Sie diese Kosten glaubhaft machen. Die **Bezüge**
können Sie aus Vereinfachungsgründen pauschal um **180 €** (Kostenpauschale)
kürzen.

Leistet Ihr Kind **Wehr- oder Zivildienst** ab, steht Ihnen während dieser Zeit **kein 446
Anspruch auf einen Freibetrag für Kinder** bzw. auf **Kindergeld** zu. Sie können aber
Ihre Unterhaltsleistungen im Rahmen der außergewöhnlichen Belastungen geltend machen, wobei jedoch meist der Freibetrag von 8.004 € insgesamt oder weitestgehend
durch die eigenen, über 624 € hinausgehenden Einkünfte und Bezüge des Kindes gekürzt
wird. Denn zu den anrechenbaren Bezügen eines Wehrdienstleistenden rechnen neben
den Geldleistungen nach § 2 Wehrsoldgesetz

- das **Weihnachtsgeld** nach § 7 Wehrsoldgesetz,
- der **Mobilitätszuschlag** nach § 8d Wehrsoldgesetz sowie
- die **unentgeltliche Verpflegung und Unterkunft**, die mit den in der Sachbezugsverordnung festgesetzten Werten anzusetzen sind.

WICHTIG

Die **Fahrtkosten**, die Wehrdienstleistenden durch Fahrten mit dem eigenen Pkw
zwischen Stationierungs- und Wohnort entstehen, können bei der Ermittlung der
Einkünfte und Bezüge **nicht abgezogen** werden.

Ausbildungszuschüsse, z. B. BAföG, werden nach Kürzung um die Kostenpauschale von **447**
180 € in **voller Höhe von dem Freibetrag** abgezogen (§ 33a Abs. 1 Satz 4 EStG). Werden
sie nur für einen Teil des Kalenderjahres gezahlt, sind sie zeitanteilig zu berücksichtigen.
Auf den Freibetrag sind nur Ausbildungshilfen anzurechnen, die das Kind **anlässlich einer
Ausbildungs- oder Weiterbildungsmaßnahme des „Arbeitsamts"** bezogen hat, wenn
die Ausbildungshilfe Leistungen abdeckt, zu denen die Eltern gesetzlich verpflichtet sind.
Unter die Unterhaltspflicht fallen in aller Regel Unterhaltskosten, Aufwendungen für
Arbeitsmittel sowie Fahrtkosten zur Ausbildungsstätte, aber auch Aufwendungen für den
Besuch einer Privatschule oder einer privaten Universität. Werden hierfür Ausbildungs-
hilfen geleistet, sind diese auf den Freibetrag anzurechnen (BFH, Urteil v. 4.12.2001, III
R 47/00, BFH/NV 2002 S. 435).

Unterstützen Sie **mehrere Personen**, die einen gemeinsamen Haushalt führen, müssen **448**
Sie den anrechnungsfreien Betrag für jede unterhaltene Person grundsätzlich getrennt
ermitteln. Dabei sind die von Ihnen insgesamt nachgewiesenen Zahlungen **nach Köpfen**

III Gestaltung und Tipps

auf die unterhaltenen Personen **aufzuteilen**. Handelt es sich hierbei um **Ehegatten**, die in einer Haushaltsgemeinschaft leben, z. B. um Eltern, so sind die Einkünfte und Bezüge zunächst für jeden Ehegatten gesondert festzustellen und sodann zusammenzurechnen. Die zusammengerechneten Einkünfte und Bezüge sind um $2 \times 624 \,€ = 1.248 \,€$ zu kürzen. Der verbleibende Betrag ist dann von der Summe der beiden Höchstbeträge abzuziehen.

449 Erhält eine unterstützungsbedürftige Person von mehreren Angehörigen Unterhaltszahlungen, wird der Höchstbetrag von 8.004 € auf die „Unterstützer" aufgeteilt.

450 Wegen Einzelheiten zum Abzug von Unterhaltsaufwendungen für Personen, die im **Ausland** leben, vgl. BMF, Schreiben v. 7.6.2010 (IV C 4 – S 2285/07/0006:001, BStBl 2010 I S. 588). Das BMF-Schreiben regelt die steuerliche Behandlung von Unterhaltsaufwendungen an Personen im Ausland neu; es ist bei Ihrer Einkommensteuererklärung **2010** anzuwenden. Der abziehbare Unterhaltshöchstbetrag für Unterhaltsempfänger mit **Wohnsitz im Ausland** richtet sich auch dann nach den Verhältnissen des Wohnsitzstaates, wenn sich die Unterhaltsberechtigten **vorübergehend zu Besuchen im Inland** aufhalten. Nicht nachgewiesene Aufwendungen anlässlich solcher Besuche können in Höhe des inländischen existenznotwendigen Bedarfs je Tag geschätzt werden (BFH, Urteil v. 5.6.2003, III R 10/02, BFH/NV 2003 S. 1261).

WICHTIG

> Sollten die Unterhaltsaufwendungen wegen der Höhe der eigenen Einkünfte und Bezüge des Unterhaltsberechtigten nicht als außergewöhnliche Belastung im Sinne des § 33a Abs. 1 EStG abzugsfähig sein, besteht für Sie keine Möglichkeit, einen Abzug im Rahmen der allgemeinen außergewöhnlichen Belastungen unter Berücksichtigung der zumutbaren Belastung zu beantragen (BFH, Urteil v. 26.3.2009, VI R 60/08, BFH/NV 2009 S. 1418).

Zwölftelungsregelung

451 Liegen die Voraussetzungen für die Gewährung eines Freibetrags für die Unterstützung Bedürftiger nicht während des gesamten Jahres 2010 vor, wird der Freibetrag zeitanteilig gekürzt. Im Einzelfall kann dabei die Berechnung der eigenen Einkünfte und Bezüge zu Problemen führen. Hierbei gilt allerdings der Grundsatz, dass Einkünfte und Bezüge, die für die nicht begünstigten Monate angefallen sind, nicht in die Berechnung einbezogen werden. Bei Ausbildungszuschüssen erfolgt eine monatsweise Zuordnung nach dem Kalendermonat, für den sie bestimmt sind.

TIPP

> Die Aufteilung dieser Einkünfte und Bezüge ist von Fall zu Fall recht problematisch. Um sich die Berechnung zu ersparen, sollten Sie in diesen Fällen einfach die eigenen Einkünfte und Bezüge der unterstützten Personen dem Finanzamt **zeitanteilig aufschlüsseln**.

Vordruck „Anlage Unterhalt"

452 Die Angaben zu den Unterhaltsleistungen an bedürftige Personen werden in einer gesonderten Anlage zur Einkommensteuererklärung abgefragt. Dort sind neben Einzelheiten zur unterhaltenen Person auch die Einkünfte und Bezüge sowie die Unterhaltsleistungen einzutragen. Wegen weiterer Einzelheiten ➜ Tz 43.

Freibetrag zur Abgeltung des Sonderbedarfs bei Berufsausbildung

Der Ausbildungsbedarf eines Kindes wird durch den einheitlichen Freibetrag für **Betreu- 453 ungs- und Erziehungs- oder Ausbildungsbedarf** abgegolten. Lediglich bei **volljährigen Kindern**, die sich in Berufsausbildung befinden und **auswärts untergebracht** sind, gesteht der Gesetzgeber dem Steuerzahler einen zusätzlichen Sonderbedarf zu. Zur Abgeltung dieses Sonderbedarfs wird ein Freibetrag von jährlich **924 € je Kind** gewährt. Der Freibetrag ist in der **Anlage Kind** zu beantragen. Sollten Sie in Ihrer Einkommensteuererklärung in der Anlage Kind nur das Geburtsdatum, das erhaltene Kindergeld, die Zeiten der Berufsausbildung und den Bruttoarbeitslohn des in Ausbildung befindlichen Kindes angegeben haben, haben Sie damit **konkludent den „Ausbildungsfreibetrag"** für dieses Kind beantragt, auch wenn Sie die Rubrik „Ausbildungsfreibetrag" nicht ausgefüllt haben (BFH, Urteil v. 30.10.2003, III R 24/02, BFH/NV 2004 S. 548). Übergeht das Finanzamt einen derartigen Antrag, ohne Sie im Einkommensteuerbescheid darauf hinzuweisen, kann wegen der versäumten Einspruchsfrist **Wiedereinsetzung in den vorherigen Stand** gewährt werden.

WICHTIG

> Den Freibetrag zur Abgeltung des Sonderbedarfs bei Berufsausbildung erhalten Sie nur für solche Kinder, für die Ihnen **Kindergeld** oder ein **Freibetrag für Kinder** zusteht. Wird das Kindergeld oder der Freibetrag für Kinder nicht ganzjährig gewährt, bedeutet dies, dass auch der Freibetrag zur Abgeltung des Sonderbedarfs bei Berufsausbildung **zeitanteilig zu kürzen** ist (§ 33a Abs. 4 Satz 1 EStG). Damit gelten die Regelungen zur Berücksichtigung von Übergangszeiten von höchstens 4 Monaten, z. B. zwischen 2 Ausbildungsabschnitten, und zum Verlängerungszeitraum bei einer Berufsausbildung hinaus entsprechend für den Freibetrag von 924 €.

Aufwendungen für ein **Auslandsstudium** sind auch dann über den Abzugsbetrag von 924 € hinaus nicht abziehbar, wenn eine Ausbildung, die zum angestrebten Beruf führen soll, im Inland nicht angeboten wird (BFH, Beschluss v. 21.2.2008, III B 56/07, BFH/NV 2008 S. 951). Das Finanzamt kann Sie in diesem Fall auf den Sonderausgabenabzug für Schulgeldzahlungen hinweisen. Dieser Hinweis bringt Ihnen aber nichts, wenn sich die Einrichtung außerhalb der Europäischen Union und des EWR-Gebiets befindet. In diesem Zusammenhang hat der BFH entschieden, dass Studiengebühren für den Besuch einer besonders kostenträchtigen Hochschule nicht im Rahmen des Freibetrags zur Abgeltung des Sonderbedarfs bei Berufsausbildung berücksichtigt werden können (Urteil v. 17.12.2009, VI R 63/08, BFH/NV 2010 S. 735). Wegen der Höhe des Freibetrags müsste der Steuerbescheid für vorläufig erklärt sein.

Auswärtige Unterbringung

Der Freibetrag zur Abgeltung des Sonderbedarfs steht Ihnen nur für Kinder zu, die 454 auswärts untergebracht sind. Um die Voraussetzungen der auswärtigen Unterbringung zu erfüllen, muss das Kind sowohl **räumlich** als auch **hauswirtschaftlich** aus dem **Haushalt der Eltern ausgegliedert** sein. Dabei reicht es aus, wenn das Kind während seines **Studiums** bzw. während des Semesters außerhalb des elterlichen Haushalts wohnt. Die Heimkehr in den Semesterferien spielt keine Rolle. Die Gründe, die das Kind dazu bewegt haben, außerhalb des Haushalts der Eltern zu wohnen, sind ebenfalls ohne Bedeutung.

III Gestaltung und Tipps

Alter des Kindes

455 Der Freibetrag zur Abgeltung des Sonderbedarfs bei Berufsausbildung wird nur für **volljährige Kinder** gewährt. Ist das Kind **noch nicht 18 Jahre alt**, aber wegen einer Berufsausbildung auswärts untergebracht, steht Ihnen **kein Freibetrag** zu. **Vollendet** das Kind im Laufe des Jahres 2010 sein **18. Lebensjahr**, wird der Freibetrag nach § 33a Abs. 4 Satz 1 EStG zeitanteilig gewährt, und zwar ab dem Monat, in dem das Kind 18 Jahre alt wurde.

Kosten für die Berufsausbildung

456 Begünstigt sind nur die Kosten, die für die Berufsausbildung des Kindes entstehen. Dies sind z. B. **Schulgelder**, Studiengebühren, Aufwendungen für **Bücher** und anderes Lernmaterial, **Fahrtkosten** zur Ausbildungsstätte, aber auch die zusätzlichen Kosten, die durch die auswärtige Unterbringung des Kindes für die Berufsausbildung entstehen. Hierzu gehören z. B. die Kosten für ein **Zimmer am Ausbildungsort**.

Eigene Einkünfte und Bezüge

457 Wie beim Freibetrag für die Unterstützung Bedürftiger (➜ 438) werden auch beim Freibetrag zur Abgeltung des Sonderbedarfs bei Berufsausbildung die eigenen Einkünfte und Bezüge des Kindes auf den Freibetrag angerechnet. Die Einkünfte und Bezüge müssen allerdings zur Bestreitung des Unterhalts des Kindes oder seiner Berufsausbildung bestimmt oder geeignet sein. **Unterhaltszahlungen** von einem geschiedenen oder getrennt lebenden Elternteil bzw. Unterhaltszahlungen für ein nichteheliches Kind gelten nicht als eigene Einkünfte des Kindes. Dagegen gehören Unterhaltsleistungen, die einem in Berufsausbildung stehenden Kind von seinem Ehegatten gewährt werden, zu den anrechenbaren eigenen Bezügen des Kindes. Bestehen die Unterhaltsleistungen in der Gewährung von Wohnung, Essen und Dienstleistungen, ist deren Höhe im Schätzungswege zu ermitteln. Wegen weiterer Einzelheiten zur Ermittlung der eigenen Einkünfte und Bezüge vgl. die Ausführungen bei den Unterhaltsleistungen (➜ Tz 445).

WICHTIG

 Der BFH hat im Urteil v. 12.11.2009 (VI R 59/07, BFH/NV 2010 S. 631) entschieden, dass Kilometer-Pauschbeträge für **Familienheimfahrten** des zur Berufsausbildung auswärts untergebrachten Kindes nicht bei der Ermittlung der für die Kürzung des „Ausbildungsfreibetrags" relevanten Einkünfte und Bezüge des Kindes als Werbungskosten abgezogen werden dürfen, wenn die Eltern das Kind mit dem eigenen Pkw befördern und dem Kind dadurch kein eigener Aufwand entsteht.

Unschädlich bleiben eigene Einkünfte und Bezüge des Kindes bis zu **1.848 €** jährlich. Übersteigen die eigenen Einkünfte und Bezüge des Kindes diesen Betrag, wird der Freibetrag zur Abgeltung des Sonderbedarfs anteilig gekürzt.

In vollem Umfang auf den Freibetrag **anzurechnen sind Zuschüsse**, die von dem Kind als Ausbildungshilfe aus öffentlichen Mitteln oder von Fördereinrichtungen, die hierfür öffentliche Mittel erhalten, bezogen werden. Hierzu gehören insbesondere das **BAföG**, Berufshilfen nach dem Arbeitsförderungsgesetz, Ausbildungsgelder und steuerfreie Stipendien. Negative Einkünfte dürfen nicht mit den Ausbildungshilfen verrechnet werden, bevor es zur Anrechnung auf den Freibetrag kommt (BFH, Urteil v. 7.3.2002, III R 22/01, BFH/NV 2002 S. 862).

WICHTIG

Darlehensweise gewährte Leistungen, z. B. das **BAföG auf Darlehensbasis**, werden nicht berücksichtigt.

Angerechnet werden nur die Einkünfte und Bezüge des Kindes, soweit sie auf den **458** **Ausbildungszeitraum** entfallen (§ 33a Abs. 2 Satz 2 EStG). Dabei ist der Werbungskostenpauschbetrag von 920 € in den Fällen aufzuteilen, in denen das Kind während des Kalenderjahres die Berufsausbildung beendet, vorausgesetzt, im gesamten Kalenderjahr ist Arbeitslohn an das Kind gezahlt worden (BFH, Urteil v. 7.11.2000, III R 79/97, BFH/NV 2001 S. 671).

Befindet sich Ihr Kind **ganzjährig** in **Berufsausbildung**, ist es jedoch nur einige Monate auswärts untergebracht und erzielt es nur während dieser Zeit eigene Einkünfte und Bezüge, ist der anrechnungsfreie Betrag in Höhe von 1.848 € nur zeitanteilig für den Zeitraum zu berücksichtigen, in dem die eigenen Einkünfte und Bezüge angefallen sind (BFH, Urteil v. 19.9.2001, III R 1/00, BFH/NV 2002 S. 255). Dabei ist bei der Ermittlung der Einkünfte aus nichtselbstständiger Arbeit der volle Arbeitnehmer-Pauschbetrag von 920 € abzuziehen, wenn in dem Zeitraum der Unterbringung zu Hause bei den Eltern keine Einnahmen aus nichtselbstständiger Arbeit erzielt wurden.

Ein Freibetrag zur Abgeltung des Sonderbedarfs wird nicht nur versagt, wenn das Kind über nicht unwesentliche Einkünfte und Bezüge verfügt, sondern auch dann, wenn das Kind die Aufwendungen aus **eigenem Vermögen** bestreiten kann. Hier hilft auch die Argumentation der Eltern nicht weiter, dass sie dem Kind das Kapitalvermögen mit der Auflage geschenkt haben, den Lebensunterhalt und die Ausbildungskosten aus den anfallenden Zinsen zu tragen.

Zwölftelung

Liegen nicht für das gesamte Jahr 2010 die Voraussetzungen für einen Freibetrag zur **459** Abgeltung des Sonderbedarfs vor, wird dieser **gezwölftelt**. Dies gilt auch, wenn das Kind 2010 das 18. Lebensjahr vollendet hat (Geburtstag zwischen 2.1.1991 und 1.1.1992); erst ab dem **Geburtstagsmonat** wird der **Freibetrag** von 924 € zeitanteilig gewährt, wenn das Kind zur Berufsausbildung auswärts untergebracht ist. Ansonsten setzt der Freibetrag erst dann ein, wenn neben dem Kriterium „Vollendung des 18. Lebensjahres" die weitere Voraussetzung „auswärtige Unterbringung" erfüllt ist.

Aufteilungsfälle

Der Freibetrag zur Abgeltung des Sonderbedarfs bei Berufsausbildung wird aufgeteilt, **460** wenn er **mehreren Steuerzahlern** für dasselbe Kind zusteht, z. B. bei getrennt lebenden oder geschiedenen Eltern, bei nichtehelichen Lebensgemeinschaften. In aller Regel wird dabei der Freibetrag jeweils zur Hälfte auf die Elternteile aufgeteilt. Allerdings kann ein Elternteil seinen Anteil auf den anderen übertragen. Diese Übertragung erfolgt durch die Angabe des Prozentsatzes in **Zeile 49 der Anlage Kind**. Die Übertragung des Freibetrags auf den anderen Elternteil ist immer dann interessant, wenn dieser deutlich höhere Einkünfte hat oder er die Steuervorteile aus dem Freibetrag nicht in Anspruch nehmen kann, weil sein Einkommen zu niedrig ist.

III Gestaltung und Tipps

Sollte ein Elternteil seine Freibetragshälfte nicht zur Steuerersparnis einsetzen können, ist er nach der BFH-Rechtsprechung (Beschluss v. 27.2.2007, III B 90/05, BFH/NV 2007 S. 1119) gehalten, dem Antrag auf Übertragung des hälftigen Ausbildungsfreibetrags auf den anderen Elternteil zuzustimmen. Hierauf besteht – so der BFH – für den anderen Elternteil zivilrechtlich ein Anspruch.

Steuerermäßigungen für behinderte Menschen

461 Die Ihnen auf Grund einer Behinderung erwachsenen Aufwendungen können durch Pauschbeträge abgegolten werden, deren Höhe sich nach dem Grad der Behinderung bestimmt.

Grad der Behinderung	jährlicher Pauschbetrag
25 und 30	310 €
35 und 40	430 €
45 und 50	570 €
55 und 60	720 €
65 und 70	890 €
75 und 80	1.060 €
85 und 90	1.230 €
95 und 100	1.420 €
Blinde sowie ständig pflegebedürftige Behinderte	3.700 €

Behinderte, die in ihrer **Erwerbsfähigkeit um weniger als 50 % gemindert** sind, können den Pauschbetrag nur beantragen, wenn

- wegen der Behinderung ein **gesetzlicher Anspruch auf Rente** oder andere laufende Bezüge besteht oder
- die Behinderung zu einer **dauernden Einbuße** der **körperlichen Beweglichkeit** geführt hat oder
- die Behinderung auf einer **typischen Berufskrankheit** beruht.

Blinde sowie ständig Pflegebedürftige (**Hilflose** i. S. d. § 33b Abs. 6 EStG) erhalten einen Pauschbetrag von **3.700 €**, unabhängig davon, ob eine Pflegeperson beschäftigt wird oder nicht. Bei diesen Steuerzahlern ist in dem Behindertenausweis das **Merkzeichen Bl** oder **H** eingetragen.

462 Durch die Pauschbeträge werden die außergewöhnlichen Belastungen abgegolten, die der behinderten Person laufend unmittelbar infolge ihrer Behinderung als typische Mehraufwendungen erwachsen. Dies gilt auch für Mehraufwendungen wegen der **behindertengerechten Gestaltung seines Einfamilienhauses.** Hier hilft dem Steuerzahler auch der Verzicht auf den Behinderten-Pauschbetrag nicht weiter, weil er die Aufwendungen für die Baumaßnahme in der Regel nicht als außergewöhnliche Belastung allgemeiner Art abziehen kann. Vielmehr ist es für einen Abzug erforderlich, dass sich die Aufwendungen anhand eindeutiger und objektiver, von ungewissen zukünftigen Ereignissen unabhängiger Kriterien von den Aufwendungen unterscheiden lassen, durch die der Steuerzahler seinen Wohnbedürfnissen Rechnung trägt; diese sind nicht abzugsfähig. Darüber hinaus muss ausgeschlossen sein, dass die durch die Aufwendungen geschaffenen Einrichtungen jemals wertbildende Faktoren für das Haus darstellen können; es muss also ein **verlorener**

Aufwand vorliegen. Dies hat der BFH (Urteil v. 10.10.1996, III R 209/94, BStBl 1997 II S. 491) bei der Ausstattung eines Einfamilienhauses mit einem Fahrstuhl und einer behindertengerechten Bauausführung durch Einbau breiter Türen, eines großen Badezimmers usw. verneint.

Vor diesem Hintergrund hat der BFH im Beschluss v. 27.12.2006 (III B 107/06, BFH/NV 2007 S. 701) entschieden, dass Aufwendungen eines Mieters für den behinderungsbedingten **Einbau eines Aufzugs** wegen des erhaltenen Gegenwerts nicht als außergewöhnliche Belastung abziehbar sind. Haben Sie sich zum Rückbau eines solchen Fahrstuhls verpflichtet, ist nach dem tatsächlich erfolgten **Rückbau** zu entscheiden, ob insoweit ein rückwirkendes Ereignis vorliegt, so dass die dafür aufgewandten Kosten zumindest teilweise nachträglich als verlorener Aufwand zu berücksichtigen sein könnten. In diesem Zusammenhang wird auch darüber zu befinden sein, wie der verlorene Aufwand, z. B. in Höhe der auf die Restnutzungsdauer entfallenden anteiligen Aufwendungen, zu ermitteln ist. Hierzu steht, so der BFH im Urteil v. 25.1.2007 (III R 7/06, BFH/NV 2007 S. 1081), eine Entscheidung noch aus. Dies bedeutet für Sie, dass im Fall des Rückbaus zumindest Ihr Steuerfall offen gehalten werden muss.

Einen behinderungsgerechten Umbau eines Badezimmers lässt der BFH (Beschluss v. 25.1.2007, III B 103/06, BFH/NV 2007 S. 891) ebenfalls nicht zu. Nur soweit bei dem Umbau neue oder neuwertige Gegenstände ersetzt werden müssen, um das Badezimmer behinderungsgerecht zu gestalten, können die Kosten hierfür ausnahmsweise als außergewöhnliche Belastung berücksichtigt werden. Aufwendungen der Eltern zugunsten ihres volljährigen behinderten Kindes für einen **Treppenlift** wegen unfallbedingter Querschnittslähmung ist sofort zu befriedigen und braucht nicht vom Kind aus dem erhöhten Barunterhalt angespart zu werden. Dabei muss allerdings das volljährige Kind vor Inanspruchnahme der Eltern seinen **Vermögensstamm** einsetzen. Die Verwertung oder Beleihung einer Unfallversicherung kann für das Kind unzumutbar sein, wenn das ansonsten vermögens- und einkommenslose Kind auf die Leistungen aus der **Unfallversicherung** für seinen weiteren Unterhalt und seine Altersvorsorge angewiesen ist (BFH, Urteil v. 30.10.2008, III R 97/06, BFH/NV 2009 S. 728). In diesem Zusammenhang hat der BFH im Urteil v. 22.10.2009, VI R 7/09, BFH/NV 2010 S. 304) zu der Frage Stellung genommen, ob Aufwendungen für den **rollstuhlgerechten Umbau** eines vom behinderten Steuerzahler selbstgenutzten Einfamilienhauses als außergewöhnliche Belastung abgezogen werden darf. Die Antwort lautet: Solche Aufwendungen sind dann außergewöhnlich, wenn sie so stark unter dem Gebot der sich aus der Situation ergebenden Zwangsläufigkeit stehen, dass die etwaige Erlangung eines Gegenwerts in Anbetracht der Gesamtumstände des Einzelfalls in den Hintergrund tritt. Ob diese Voraussetzung erfüllt ist, muss nach dem Verhältnis im Einzelfall geprüft werden.

III Gestaltung und Tipps

TIPP 463

Dagegen können Aufwendungen für medizinische Hilfsmittel im engeren Sinne, z. B. für Schuheinlagen, genauso wie **außerordentliche Krankheitskosten**, Kurkosten, Aufwendungen für die Beschäftigung einer Hausgehilfin oder Haushaltshilfe und – bei bestimmten Behinderten – Kfz-Kosten für Privatfahrten zusätzlich geltend gemacht werden. Behinderte Arbeitnehmer sowie Selbstständige und Unternehmer können darüber hinaus die **tatsächlichen Kosten für Fahrten zwischen Wohnung und Betrieb** bzw. Arbeitsstätte abziehen (➜ Tz 712 und ➜ Tz 841).

464 Aufwendungen, die dadurch entstehen, dass ein Steuerzahler während einer **Urlaubsreise** infolge einer schweren Behinderung **auf ständige Begleitung angewiesen** ist, können – so der BFH im Urteil v. 4.7.2002 (III R 58/98, BFH/NV 2002 S. 1527) – ihrer Art nach zu den **unmittelbaren Krankheitskosten** rechnen, die als außergewöhnliche Belastung abziehbar sind. Entscheidend für die Beurteilung als unmittelbare Krankheitskosten ist, so der BFH, die Ursache der Aufwendungen, nämlich die Behinderung. Auf den Anlass für das Entstehen der Kosten – hier die Urlaubsreise – ist bei Überprüfung der Zwangsläufigkeit nicht abzustellen.

WICHTIG

Achten Sie allerdings darauf, dass Sie die Begleitbedürftigkeit durch ein vor Beginn der Urlaubsreise ausgestelltes **amtsärztliches Attest** gegenüber dem Finanzamt nachweisen. Der BFH und auch die Finanzverwaltung (vgl. BfF, Schreiben v. 29.8.2003, St I 4 – S 2471 – 260/2003, BStBl 2003 I S. 428) lassen es auch zu, wenn Sie einen Schwerbehindertenausweis mit den Merkmalen „H" und „aG" sowie den Vermerk „Die Notwendigkeit ständiger Begleitung ist nachgewiesen" als Nachweis vorlegen.

Die Kosten für die Begleitperson stehen Ihnen neben dem Behinderten-Pauschbetrag als außergewöhnliche Belastung zu. Denn der Pauschbetrag gilt nur laufende und typische, unmittelbar mit der Behinderung zusammenhängende Kosten ab. Daher können Sie die **Mehraufwendungen für die Begleitperson** in Form der Unterkunfts-, Verpflegungs- und Fahrtkosten zusätzlich abziehen. Voraussetzung: Es muss sich um **übliche Aufwendungen** handeln, da ansonsten es an der Zwangsläufigkeit fehlt.

465 Sind Sie in einem Wohnstift untergebracht und müssen Sie dafür erhebliche **Heimkosten** aufbringen, stellt sich die Frage, ob Sie diese Heimkosten als außergewöhnliche Belastung geltend machen und daneben noch den Behinderten-Pauschbetrag in Anspruch nehmen können, weil Sie einen Schwerbehindertenausweis mit den Merkmalen „G", „aG" und „H" dem Finanzamt vorlegen können. Hierzu vertritt der BFH im Urteil v. 4.11.2004, III R 38/02, BFH/NV 2005 S. 433 die Auffassung, dass durch den Abzug der Heimkosten als außergewöhnliche Belastung allgemeiner Art die Inanspruchnahme des **Schwerbehinderten-Pauschbetrags ausgeschlossen** sei. Denn die Aufwendungen für die Pflege und Hilfe bei den gewöhnlichen und regelmäßig wiederkehrenden Verrichtungen des täglichen Lebens gehören unabhängig davon, wo sie angefallen sind, zu den typischen, mit der Behinderung zusammenhängenden Kosten, die durch den Behinderten-Pauschbetrag abgegolten werden sollen. Daher käme es zu einer Doppelberücksichtigung, wenn neben dem Abzug der Heimkosten noch ein zusätzlicher Behinderten-Pauschbetrag gewährt würde.

Dies kommt nun auch klarer im Gesetz zum Ausdruck (Neufassung des § 33b Abs. 1 EStG im JStG 2008). Danach wird der **Körperbehinderten-Pauschbetrag** in allen Fällen gewährt, in denen Aufwendungen für die Hilfe bei den gewöhnlichen und regelmäßig wiederkehrenden Verrichtungen des täglichen Lebens, für die Pflege sowie für einen erhöhten Wäschebedarf anfallen. Dazu bedarf es keines besonderen Nachweises. Selbstverständlich können Sie auf die Inanspruchnahme des Körperbehinderten-Pauschbetrags verzichten und stattdessen diese Aufwendungen als außergewöhnliche Belastung allgemeiner Art geltend machen. Dann gilt das Wahlrecht für alle von dem Pauschbetrag erfassten Aufwendungen. Ein Teilverzicht, z. B. nur für die Pflegekosten, aber nicht für den erhöhten Wäschebedarf, ist nicht möglich.

Ist ein **erwachsenes behindertes Kind vollstationär** in einem **Heim untergebracht**, stehen den Eltern Kindergeld bzw. Freibeträge für Kinder zu. Darüber hinaus können Sie sich entweder den Behinderten-Pauschbetrag des Kindes übertragen lassen, wenn das Kind ihn nicht in Anspruch nimmt, oder Sie können Ihre **tatsächlichen Kosten** mit Ausnahme der Aufwendungen geltend machen, die durch das Kindergeld oder die Freibeträge für Kinder abgegolten sind.

WICHTIG

Für einen **Abzug als außergewöhnliche Belastung** allgemeiner Art kommen im Rahmen des Notwendigen und Angemessenen in Betracht:

● Aufwendungen für die **Hin- und Rückfahrt**, um das behinderte Kind anlässlich von Besuchen in der Betreuungseinrichtung oder daheim zu betreuen bzw. zu pflegen; dabei darf es sich nicht um Besuche handeln, die lediglich der allgemeinen Pflege verwandtschaftlicher Beziehungen dienen (BFH, Urteil v. 22.10.1996, III R 265/94, BStBl 1997 II S. 558),

● Aufwendungen für **Besuchsfahrten**, bei denen durch Attest des behandelnden Arztes bestätigt wird, dass gerade der Besuch der Eltern zur Linderung oder Heilung von bestimmten Erkrankungen des behinderten Kindes entscheidend beitragen kann; dies gilt unter den gleichen Voraussetzungen auch für Besucher des behinderten Kindes bei seinen Eltern,

● **Unterbringungskosten** am Ort der Betreuungseinrichtung anlässlich von anzuerkennenden Besuchen der Eltern,

● Aufwendungen für **besondere Pflegevorrichtungen**, z. B. Hebelift oder Spezialbett, sowie **externe Pflegedienste** in der Wohnung der Eltern, um Besuche des behinderten Kindes zu ermöglichen oder zu erleichtern.

WICHTIG

Nicht abziehbar sind dagegen

● **Verpflegungsmehraufwendungen** sowohl der Eltern anlässlich von Besuchen in der Betreuungseinrichtung als auch des behinderten Kindes anlässlich von Besuchen bei seinen Eltern,

● Aufwendungen bzw. Zuschüsse für **Kleidung** des behinderten Kindes,

● Aufwendungen für das **Vorhalten eines Zimmers** für Besuche des behinderten Kindes bei seinen Eltern,

● Aufwendungen für einen **gemeinsamen Urlaub**, für Ausflüge oder für die Freizeitgestaltung allgemein, wobei Aufwendungen für eine Begleitperson unter bestimmten Voraussetzungen in angemessener Höhe neben dem Körperbehinderten-Pauschbetrag berücksichtigt werden können,

● Aufwendungen für **Geschenke** und Mitbringsel,

● Aufwendungen der Eltern für **Versicherungen** des behinderten Kindes (z. B. Kranken-, Unfall- und Haftpflichtversicherung),

● **Kfz-Kosten**, soweit sie anlässlich einer Fahrt des behinderten Kindes mit anderen gesunden Familienangehörigen anfallen, wobei die Fahrt nicht vornehmlich im Interesse des behinderten Kindes unternommen wird,

● **Telefonkosten**.

III Gestaltung und Tipps

Die abziehbaren Aufwendungen sind um die **zumutbare Belastung** zu **kürzen** ➜ Tz 436. Darüber hinaus wird das Finanzamt darauf achten, dass die geltend gemachten Aufwendungen von Ihnen nachgewiesen oder zumindest glaubhaft gemacht werden. Bei Aufwendungen für medizinische Hilfsmittel muss hinzukommen, dass Sie die Notwendigkeit und Angemessenheit der Aufwendungen grundsätzlich durch ein **amtsärztliches Attest nachweisen** müssen.

Das Kindergeld, ob voll oder ermäßigt, berechtigt die Eltern eines behinderten Kindes dazu, sich den **Behinderten-Pauschbetrag** ihres Kindes, der häufig 3.700 € beträgt, **übertragen** zu lassen(➜ Tz 109).

466 TIPP

> In Anlehnung an die Regelung beim Kinderfreibetrag kann der Behinderten-Pauschbetrag auf einen **Stiefelternteil** oder auf **Großeltern** übertragen werden. Dies gilt auch für den Hinterbliebenen-Pauschbetrag (§ 33b Abs. 5 Satz 1 EStG). Die Übertragung setzt voraus, dass ein entsprechender Antrag vorliegt und dass das Kind den Pauschbetrag selbst nicht in Anspruch nimmt.

Pflegepauschbetrag

467 Für die persönliche Pflege eines ständig Hilflosen wird ein **Pauschbetrag von 924 €** im Kalenderjahr unter folgenden Voraussetzungen gewährt:

● Ihnen müssen Aufwendungen durch die **Pflege einer Person** erwachsen, die so **hilflos ist**, dass sie für eine Reihe von häufig und regelmäßig wiederkehrenden Verrichtungen zur Sicherung ihrer persönlichen Existenz **jeden Tag dauernd fremde Hilfe** braucht.

● Sie müssen die Pflege im Inland entweder in Ihrer Wohnung oder in der Wohnung des Pflegebedürftigen persönlich durchführen. Eine **persönliche Pflege** ist auch anzunehmen, wenn Sie sich zur Unterstützung teilweise einer ambulanten Pflegekraft bedienen.

● Die „pflegende" Person darf für ihre Pflegeleistung und die damit verbundenen Aufwendungen **keine Einnahmen**, also z. B. keine Gelder aus der Pflegeversicherung, erhalten.

TIPP

> Sie müssen gegenüber dem Finanzamt nachweisen, dass die von Ihnen gepflegte Person so hilflos ist, dass sie jeden Tag dauernd fremder Hilfe bedarf, z. B. durch Vorlage eines **Schwerbehindertenausweises** mit dem **Merkzeichen H.** Sie können aber auch den Bescheid über die Einstufung in eine der Pflegestufen im Sinne des Pflege-Versicherungsgesetzes (Sozialgesetzbuch XI) vorlegen.Ein Pflegepauschbetrag steht Ihnen in diesem Fall nur zu, wenn die zu pflegende Person in die **Pflegestufe III** als schwerstpflegebedürftig eingestuft ist.

Bei **Pflegestufe I** oder **II** können Sie nur die **entstandenen Pflegeaufwendungen** als außergewöhnliche Belastung geltend machen, allerdings mit dem Nachteil, dass die Pflegekosten die **zumutbare Belastung** (➜ Tz 436) überschreiten müssen. In der Praxis reichen die Pflegeaufwendungen für sich gesehen häufig nicht aus, diese betragsmäßige Grenze zu erfüllen.

Grundsätzlich steht Ihnen der Pflegepauschbetrag nicht zu, wenn Sie im Zusammenhang mit der Pflege **eine Vergütung**, z. B. das steuerfreie Pflegegeld aus der Pflegeversicherung, **erhalten**, unabhängig davon, ob damit Ihre Aufwendungen insgesamt oder nur teilweise abgegolten sind. Verwalten Sie jedoch nur das dem Pflegebedürftigen zustehende **Pflegegeld treuhänderisch**, haben Sie keine Einnahmen für Ihre Pflegeleistungen erhalten, so dass Ihnen der Pflegepauschbetrag zusteht. Allerdings verlangt das Finanzamt, gestützt auf das BFH-Urteil v. 21.3.2002 (III R 42/00, BFH/NV 2002 S. 985), den Nachweis darüber, wie Sie das **Pflegegeld konkret** für den Pflegebedürftigen **eingesetzt** haben. Ein solcher Fall kann in der Praxis z. B. dann vorliegen, wenn Sie als Pflegeperson gleichzeitig **gesetzlicher Vertreter eines nichtgeschäftsfähigen pflegebedürftigen Elternteils** sind und das Pflegegeld direkt von der Pflegeversicherung erhalten haben. Wird das Pflegegeld von Ihnen unmittelbar zur Sicherung der erforderlichen Grundpflege sowie der hauswirtschaftlichen Versorgung des Pflegebedürftigen verwendet, ist dies für die Gewährung des Pflegepauschbetrags unschädlich. Dies gilt auch dann, wenn Sie als Pflegeperson durch den Pflegebedürftigen beauftragt werden, Aufwendungen im Zusammenhang mit der häuslichen Pflege aus dem der Pflegeperson eigens zu diesem Zweck überlassenen Pflegegeld zu bestreiten (BFH, Urteil v. 17.7.2008, III R 98/06, BFH/NV 2009 S. 131).

WICHTIG

Eltern eines **behinderten Kindes**, für das sie Pflegegeld erhalten, müssen dies – unabhängig von der Verwendung – nicht als Einnahme ansetzen, so dass ihnen stets der Pflegepauschbetrag zusteht (§ 33b Abs. 6 EStG).

TIPP 468

Der **Pflegepauschbetrag** kann auch im Fall der **Nachbarschaftshilfe** in Anspruch genommen werden, wenn die Pflege der nicht nur vorübergehend hilflosen Person aus sittlichen oder tatsächlichen Gründen erfolgt, denen Sie sich nicht entziehen konnten. Eine sittliche Verpflichtung zur Pflege ist beim Pflegepauschbetrag auch dann anzuerkennen, wenn eine enge persönliche Beziehung zu der gepflegten Person besteht (BFH, Urteil v. 29.8.1996, III R 4/95, BStBl 1997 II S. 199). Außerdem wird er gewährt, wenn die Pflegeperson nur an den Wochenenden zu Hause betreut wird. Allerdings müssen die häuslichen Pflegemaßnahmen mindestens 10 % des gesamten pflegerischen Aufwands ausmachen.

Sie können anstelle des Pauschbetrags auch **höhere nachgewiesene Aufwendungen für die von Ihnen erbrachte Pflege** als allgemeine außergewöhnliche Belastung i. S. d. § 33 EStG – nach Abzug der zumutbaren Belastung – abziehen. Dies gilt auch, wenn Sie für Ihre Pflegeleistung Einnahmen, insbesondere aus der gesetzlichen Pflegeversicherung, erhalten, die die Aufwendungen bei weitem nicht abdecken.

Wird ein Pflegebedürftiger von mehreren Steuerzahlern gepflegt, ist der Pauschbetrag nach der **Zahl der Pflegepersonen aufzuteilen.** Dabei ist die Aufteilung des Pauschbetrags stets nach der Zahl der Personen vorzunehmen, die tatsächlich an der Pflege mitwirken, unabhängig davon, welcher Zeitaufwand im Einzelnen für die Pflege entsteht (BFH, Urteil v. 14.10.1997, III R 102/96, BFH/NV 1998 S. 388). Dies gilt nicht nur für die

III Gestaltung und Tipps

Fälle, in denen mehrere nebeneinander die Pflege übernommen haben, sondern auch dann, wenn die Pflege von mehreren nacheinander erfolgt ist.

WICHTIG

 Sollte die Pflegebedürftige nicht nur von Ihnen, sondern auch von **weiteren Pflegepersonen** betreut werden, die allerdings ihre Pflegeleistungen entgeltlich erbringen, steht Ihnen der volle Pflege-Pauschbetrag von 924 € zu. Allerdings müssen Sie in diesem Fall gegenüber dem Finanzamt nachweisen, dass die weiteren Pflegepersonen ihre Pflegeleistungen entgeltlich ausgeführt haben (BFH, Beschluss v. 16.4.2008, III B 89/07, BFH/NV 2008 S. 1328).

Hinterbliebenen-Pauschbetrag

469 Hinterbliebene erhalten einen Pauschbetrag von **370 €**, wenn ihnen auf Grund des Bundesversorgungs- oder eines entsprechenden Gesetzes, der gesetzlichen Unfallversicherung, des Dienstunfalls eines Beamten, des Bundesgesetzes über die Entschädigung für Schaden am Leben, Körper oder Gesundheit laufende Hinterbliebenenbezüge bewilligt worden sind. Der einem **Kind** zustehende **Hinterbliebenen-Pauschbetrag** kann auf die **Eltern übertragen** werden(➜ Tz 109).

2.7 Steueranrechnung auf Grund haushaltsnaher Beschäftigungsverhältnisse, haushaltsnaher Dienstleistungen und Handwerkerleistungen

470 Wenn Sie jemanden für bestimmte Tätigkeiten im Privathaushalt beschäftigen oder bestimmte Dienstleistungen in Ihrem Privathaushalt von Dritten ausführen lassen, können Sie einen Teil Ihrer Aufwendungen 2010 **unmittelbar von der Steuerschuld** abziehen (§ 35a EStG). Darüber hinaus steht Ihnen die Möglichkeit zu, Handwerkerleistungen, soweit es sich um Erhaltungsmaßnahmen handelt, auf Ihre Einkommensteuer anrechnen zu lassen (§ 35a Abs. 3 EStG). Die Tätigkeiten müssen in Ihrem **Haushalt** im Inland oder im EU- bzw. EWR-Bereich ausgeübt werden. Die Steuerermäßigung müssen Sie in der Einkommensteuererklärung 2010 beantragen; hierfür sind die **Zeilen 74 bis 79 des Hauptvordrucks** vorgesehen. Die Steueranrechnung steht Ihnen nur für die Aufwendungen zu, die **keine Betriebsausgaben** oder **Werbungskosten** sind und für die Sie keinen Abzug als außergewöhnliche Belastung geltend machen können.

Haushaltsnahe Beschäftigungsverhältnisse

471 Haben Sie jemanden in Ihrem privaten Haushalt, z. B. für das Einkaufen von Lebensmitteln, Kochen und Backen, für die Reinigung der Wohnung, Wäschepflege und Näharbeiten, für die Gartenarbeit sowie für die Pflege, Versorgung und Betreuung von Kindern und kranken, alten oder pflegebedürftigen Personen eingestellt, können Sie unter Beachtung der nachfolgenden Voraussetzungen einen Teil dieser Aufwendungen unmittelbar von Ihrer Steuer abziehen.

Keine begünstigten Tätigkeiten liegen vor, wenn Sie jemanden als Chauffeur, Sekretärin oder Gesellschaftsdame eingestellt haben. Ebenfalls nicht begünstigt ist die Erteilung von

Unterricht, z. B. Musik- oder Sprachunterricht, die Vermittlung besonderer Fähigkeiten sowie sportliche und andere Freizeitaktivitäten.

Die Höhe des Anrechnungsbetrags ist von der **Art des Beschäftigungsverhältnisses** abhängig. Der Gesetzgeber unterscheidet hier zwischen

- einer **geringfügigen Beschäftigung** mit einem Monatsverdienst bis 400 € (sog. Mini-Job i. S. d. § 8a SGB IV) und
- anderen haushaltsnahen Beschäftigungsverhältnissen, für die **Pflichtbeiträge** zur gesetzlichen Sozialversicherung entrichtet werden und die somit keine Mini-Jobs sind.

WICHTIG 472

Die Finanzverwaltung nimmt nur dann einen Mini-Job auf 400-€-Basis an, wenn Sie als Arbeitgeber am **Haushaltscheckverfahren teilnehmen**, also Ihre pauschalen Abgaben in einem vereinfachten Verfahren einziehen lassen. Da Wohnungseigentümergemeinschaften und Vermieter im Rahmen ihrer Vermietertätigkeit nicht am Haushaltscheckverfahren teilnehmen können, sind von diesen eingegangene geringfügige Beschäftigungsverhältnisse nicht begünstigt. Sie können nur als haushaltsnahe Dienstleistungen berücksichtigt werden (BMF, Schreiben v. 15.2.2010, IV C 4 – S 2296 – b/07/0003, BStBl 2010 I S. 140, Rz. 6).

Häufig wird man versucht sein, ein im Haushalt lebendes Kind oder bei einer nichtehelichen Lebensgemeinschaft die Lebenspartnerin als Putzfrau zu „beschäftigen". Dies macht das Finanzamt nicht mit. Es **erkennt** nämlich solche **Beschäftigungsverhältnisse** für Zwecke der Steueranrechnung **nicht an**. Lebt der Angehörige in einem eigenen Haushalt, können Aufwendungen für ein haushaltsnahes Beschäftigungsverhältnis steuerlich dann anerkannt werden, wenn die Verträge zivilrechtlich wirksam zustande gekommen sind, inhaltlich dem zwischen Fremden Üblichen entsprechen und auch tatsächlich so durchgeführt werden (BMF, Schreiben v. 15.2.2010, a. a. O., Rz. 8).

Die Tätigkeit muss in Ihrem **Privathaushalt** ausgeübt werden. Daher wird das Finanzamt **473** die Aufwendungen für eine **Tagesmutter** nur dann berücksichtigen, wenn die Betreuung des Kindes in Ihrem Haushalt erfolgt. Bringen Sie das Kind morgens zur Tagesmutter und holen es mittags dort ab, liegt keine begünstigte Beschäftigung vor. Auch die **Begleitung von Kindern** oder von kranken, alten oder pflegebedürftigen Personen bei Einkäufen und Arztbesuchen sowie kleine Botengänge sind nur dann begünstigt, wenn sie zu den Nebenpflichten der in Ihrem Haushalt beschäftigten Person gehören.

WICHTIG

Bei Dienstleistungen, die sowohl auf öffentlichem Gelände als auch auf Privatgelände durchgeführt werden, wie z. B. **Straßen- und Gehwegreinigung**, sind nur Aufwendungen für Dienstleistungen auf dem Privatgelände begünstigt. Dies gilt selbst dann, wenn eine komplette Verpflichtung, z. B. zur Reinigung und Schneeräumung von öffentlichen Gehwegen und Bürgersteigen, besteht. Hier dürfte der jeweilige Flächenanteil darüber entscheiden, was angerechnet bzw. nicht angerechnet werden darf.

III Gestaltung und Tipps

Nicht begünstigt sind Aufwendungen, bei denen die Entsorgung im Vordergrund steht, z. B. bei der **Müllabfuhr**. Nur dann, wenn die Entsorgung als Nebenleistung zur Hauptleistung anzusehen ist, kann darüber nachgedacht werden, eine Steueranrechnung nach § 35a EStG geltend zu machen.

474 Die Aufwendungen für ein haushaltsnahes Beschäftigungsverhältnis führen nur dann zu einem Abzug bei der Einkommensteuer, wenn die Aufwendungen weder Betriebsausgaben noch Werbungskosten sind und sie darüber hinaus nicht als außergewöhnliche Belastung abgezogen werden können. Ist z. B. eine Putzfrau in einem Privathaushalt beschäftigt, zu dem ein **beruflich genutztes Arbeitszimmer** gehört, sind die Aufwendungen, die auf das beruflich genutzte Arbeitszimmer entfallen, im Schätzungswege aus dem Gesamtaufwand auszuscheiden; hierbei handelt es sich grundsätzlich um Betriebsausgaben oder Werbungskosten, auch wenn die anteiligen Aufwendungen sich wegen der Abzugsbeschränkung beim Arbeitszimmer steuerlich nicht auswirken. Die Aufteilung ist unter Berücksichtigung des zeitlichen Anteils der Reinigungsarbeiten im häuslichen Arbeitszimmer zur Gesamtarbeitszeit vorzunehmen.

475 Rechnen die Aufwendungen zu den **außergewöhnlichen Belastungen**, z. B. zu den Pflegekosten bei Heimunterbringung (➜ 413), will die Finanzverwaltung (BMF, Schreiben v. 15.2.2010, ➜ Tz 472, Rz. 28) die Aufwendungen **vorrangig** bei den außergewöhnlichen Belastungen berücksichtigen und nur das, was dort nicht abzugsfähig ist, als Bemessungsgrundlage für die Steueranrechnung ansetzen.

WICHTIG

 Sollten im Zusammenhang mit einem haushaltsnahen Beschäftigungsverhältnis auch **Pflegekosten** angefallen sein, für die Ihnen ein Abzug als außergewöhnliche Belastung allgemeiner Art zusteht, achten Sie auf Folgendes: Die Pflegekosten sind vorrangig als außergewöhnliche Belastung allgemeiner Art abzugsfähig. Das, was Sie allerdings durch die Berücksichtigung der zumutbaren Belastung (➜ Tz 436) dort nicht abziehen können, steht Ihnen als Aufwand im Zusammenhang mit einem haushaltsnahen Beschäftigungsverhältnis für Zwecke der Steueranrechnung zur Verfügung (BMF, Schreiben v. 15.2.2010, ➜ Tz 472, Rz. 28).

476 Zu den begünstigten Aufwendungen für ein haushaltsnahes Beschäftigungsverhältnis gehören der **Bruttolohn** und der **Arbeitgeberbeitrag** zur Sozialversicherung. Bei einem 400-€-Job sind das Arbeitsentgelt und die von Ihnen als Arbeitgeber getragenen **pauschalen Abgaben** für Sozialversicherung und Lohnsteuer anzusetzen. Ebenfalls dazu rechnen die Umlagen nach der **Lohnfortzahlungsversicherung** und die **Unfallversicherungsbeiträge**, die ggf. pauschal durch die Deutsche Rentenversicherung Knappschaft-Bahn-See (Minijob-Zentrale) erhoben werden. Werden die Pauschalabgaben für die Monate Juli bis Dezember erst am 15. Januar des Folgejahres gezahlt, berücksichtigt das Finanzamt diese Pauschalabgaben als begünstigte Aufwendungen des Vorjahres; es nimmt also das an Aufwand für die Steueranrechnung, was in der Bescheinigung der Minijob-Zentrale ausgewiesen ist (BMF, Schreiben v. 15.2.2010, ➜ Tz 472, Rz. 33).

WICHTIG

 Bei 400-€-Jobs, für die das **Haushaltscheckverfahren** gilt, erhalten Sie als Arbeitgeber zum **Jahresende** von der Minijob-Zentrale eine **Bescheinigung**, aus der die Höhe des Arbeitsentgelts sowie die von Ihnen getragenen Sozialversicherungsbeiträge und Umlagen ersichtlich sind. Zusätzlich wird in dieser Bescheinigung die Höhe der einbehaltenen Pauschsteuer angegeben. Diese Bescheinigung reichen Sie dann zusammen mit Ihrer Einkommensteuererklärung 2010 bei Ihrem Finanzamt ein.

Bei **sozialversicherungspflichtigen Beschäftigungsverhältnissen**, für die das allgemeine Beitrags- und Meldeverfahren zur Sozialversicherung gilt und bei denen die Lohnsteuer pauschal oder nach den Merkmalen der vorgelegten Lohnsteuerkarte erhoben wird, reichen Sie entweder Ihre handschriftliche Aufstellung über die Lohnaufwendungen ein oder, falls Sie diesen Vorgang über ein Lohnprogramm abwickeln, den Ausdruck aus dem Lohnkonto. **477**

Handelt es sich bei dem haushaltsnahen Beschäftigungsverhältnis um eine geringfügige Beschäftigung (Mini-Job i. S. d. § 8a SGB IV), sind von den begünstigten Aufwendungen **20 %, höchstens 510 €** (§ 35a Abs. 1 EStG) jährlich, auf Ihre Einkommensteuer anzurechnen. **478**

Besteht ein haushaltsnahes Beschäftigungsverhältnis, für das Sie **Pflichtbeiträge zur gesetzlichen Sozialversicherung** entrichtet haben, steht Ihnen ein Anrechnungsbetrag von **20 %** der Aufwendungen, höchstens **4.000 € jährlich,** zu (§ 35a Abs. 2 EStG). **479**

	Höchstsatz	**Höchstbetrag**
Haushaltsnahe Minijobber	20 % der Aufwendungen	510 €
Haushaltsnahe Vollbeschäftigungsverhältnisse	20 % der Aufwendungen	4.000 €

WICHTIG 480

Die Höchstbeträge können nur **haushaltsbezogen** in Anspruch genommen werden. Sind z. B. 2 in einem Haushalt lebende Alleinstehende Arbeitgeber im Rahmen eines haushaltsnahen Beschäftigungsverhältnisses, ist der Höchstbetrag auf die beiden Arbeitgeber entsprechend den jeweiligen Aufwendungen oder nach gemeinsamer Wahl aufzuteilen. Dies gilt auch für Partner einer eingetragenen Lebenspartnerschaft (§ 35a Abs. 5 Satz 4 EStG).

Bei **Ehegatten** verdoppeln sich die vorgenannten Höchstbeträge nicht. Im Fall der **getrennten Veranlagung** steht die Steueranrechnung jedem Ehegatten zur Hälfte zu; allerdings können die Eheleute gemeinsam eine andere Aufteilung beantragen (§ 26a Abs. 2 Satz 4 EStG). **481**

Werden **mehrere Personen** im Rahmen eines haushaltsnahen Beschäftigungsverhältnisses **tätig**, z. B. die Putzfrau und der Gärtner, können nur dann die Höchstbeträge von 510 € und 4.000 € kumulativ gewährt werden, wenn ein Mini-Job neben einem sozialversicherungspflichtigen Arbeitsverhältnis vorliegt. Handelt es sich dagegen um 2 Mini-Jobs oder um 2 sozialversicherungspflichtige Arbeitsverhältnisse, kann der jeweilige Höchstbetrag nur einmal berücksichtigt werden. **482**

III Gestaltung und Tipps

Haushaltsnahe Dienstleistungen sowie Pflege- und Betreuungsleistungen

483 Haushaltsnahe Dienstleistungen sowie Pflege- und Betreuungsleistungen werden mit **20 % der Aufwendungen, höchstens 4.000 €** jährlich im Rahmen der Steueranrechnung berücksichtigt werden, wobei sie jedoch mit den Aufwendungen für sozialversicherungspflichtige Beschäftigungsverhältnisse zusammenzufassen sind (§ 35a Abs. 2 EStG). Den Pflege- und Betreuungsleistungen werden Aufwendungen gleichgestellt, die einem Steuerzahler wegen der Unterbringung in einem Heim oder zur ambulanten Pflege erwachsen, soweit darin Kosten für Dienstleistungen enthalten sind, die mit denen einer Hilfe im Haushalt vergleichbar sind.

484 Zu den haushaltsnahen Dienstleistungen gehören, so die Auffassung der Finanzverwaltung (BMF, Schreiben v. 15.2.2010, ➜ Tz 472, Rz. 10), nur Tätigkeiten, die gewöhnlich durch Mitglieder des privaten Haushalts erledigt werden. Sie werden meist durch **Dienstleistungsagenturen** oder **selbstständige Dienstleister** erledigt. Dies gilt z. B. für das Reinigen der Wohnung durch Angestellte einer Dienstleistungsagentur oder einen selbstständigen Fensterputzer, aber auch für die Pflege und Betreuung von Angehörigen durch Inanspruchnahme eines Pflegedienstes.

WICHTIG

> **Umzugsdienstleistungen** für Privatpersonen durch ein gewerbliches Umzugsunternehmen rechnen ebenfalls zu den haushaltsnahen Dienstleistungen. Dies gilt auch für einen selbstständigen **Gärtner**, den Sie mit Gartenpflegearbeiten, z. B. Rasen mähen und Hecken schneiden, beauftragt haben (BMF, Schreiben v. 15.2.2010, ➜ Tz 472, Rz. 19).

Personenbezogene Dienstleistungen sind **keine haushaltsnahen Dienstleistungen**, selbst wenn sie in Ihrem Haushalt erbracht werden. Denken Sie z. B. an die Frisörin, die Kosmetikerin oder die Fußpflegerin, die ihre Leistungen bei Ihnen zu Hause ausführen. Nur dann, wenn diese Leistungen zu den Pflege- und Betreuungsleistungen gehören und im Leistungskatalog der Pflegeversicherung aufgeführt sind, können diese als solche steuermindernd geltend gemacht werden (➜ Tz 485). Dies kann in Ausnahmefällen z. B. bei den Leistungen der Fußpflegerin der Fall sein.

Ebenfalls **nicht begünstigt** sind Dienstleistungen, die auf **öffentlichem Gelände** durchgeführt werden, wie z. B. das Reinigen der Straße und der Gehwege sowie der Winterdienst, auch wenn hierzu auf Grund der Gemeindesatzung eine konkrete Verpflichtung besteht (BMF, Schreiben v. 15.2.2010, ➜ Tz 472, Rz. 12). Nur in den Fällen, in denen die Aufwendungen für Dienstleistungen auf Ihrem **Privatgelände** anfallen, z. B. für das Reinigen eines Privatweges, können Sie diese steuermindernd geltend machen.

Nicht begünstigt sind auch Aufwendungen, bei denen die Entsorgung im Vordergrund steht, z. B. Gebühren für die Müllabfuhr, es sei denn, die **Entsorgung** ist **als Nebenleistung** zur Hauptleistung anzusehen. Ebenfalls nicht begünstigt sind Aufwendungen, bei denen eine Gutachtertätigkeit im Vordergrund steht, sowie Verwaltergebühren (BMF, Schreiben v. 15.2.2010, ➜ Tz 472, Rz. 12).

Keine haushaltsnahen Dienstleistungen sind auch Leistungen, bei denen die Lieferung von Waren im Vordergrund steht, wie z. B. der **Party-Service** anlässlich einer Feier.

Kümmert sich allerdings Ihre Haushälterin während der Party um das von Ihnen bestellte Buffet, indem sie das Fleisch verteilt, die Teller abräumt und das Geschirr abwäscht, können die auf diese Tätigkeit entfallenden Aufwendungen entweder im Rahmen des haushaltsnahen Beschäftigungsverhältnisses oder als Zusatzleistungen im Rahmen der haushaltsnahen Dienstleistungen berücksichtigt werden.

Vom Abzug der haushaltsnahen Dienstleistungen generell ausgeschlossen sind geringfügige Beschäftigungen auf 400 €-Basis (§ 35a Abs. 2 Satz 1 EStG). Der Abzug ist auch ausgeschlossen, soweit es sich bei den Aufwendungen um Betriebsausgaben oder Werbungskosten handelt oder die Aufwendungen als Kinderbetreuungskosten oder außergewöhnliche Belastungen berücksichtigt worden sind (§ 35a Abs. 5 Satz 1 EStG).

WICHTIG

Beschäftigen Sie dagegen eine **Putzfrau** auf 400 €-Basis und daneben noch einen **selbstständigen Gärtner** für gelegentliche Gartenarbeiten, können Sie sowohl eine Steueranrechnung wegen eines haushaltsnahen Beschäftigungsverhältnisses (= Putzfrau) als auch wegen haushaltsnaher Dienstleistungen (= selbstständiger Gärtner) in Anspruch nehmen. Fallen darüber hinaus noch **Handwerkerleistungen** für Ihre Privatwohnung an, steht Ihnen hierfür ein weiterer Anrechnungsbetrag bis zu 1.200 € zu.

Pflege- und Betreuungsleistungen sind ebenfalls wie haushaltsnahe Dienstleistungen **485** anrechenbar, wenn die Pflege und Betreuung im Haushalt des Steuerzahlers oder im Haushalt der gepflegten oder betreuten Person durchgeführt wird. Ab 2009 ist es nicht mehr erforderlich, die Pflegebedürftigkeit nachzuweisen. Es reicht aus, wenn Sie Dienstleistungen zur Grundpflege, d. h. zur unmittelbaren Pflege am Menschen oder zur Betreuung in Anspruch genommen haben. Die Steueranrechnung steht neben der pflegebedürftigen Person auch anderen Personen zu, wenn diese für Pflege- und Betreuungsleistungen aufkommen, die in ihrem Haushalt oder im Haushalt der gepflegten oder betreuten Person durchgeführt werden. Der Haushalt kann im Inland, aber auch im EU- und EWR-Raum belegen sein. Dazu gehören auch die Begleitung und Pflege bedürftiger Personen bei Einkäufen und Arztbesuchen sowie kleine Botengänge, wenn sie im Rahmen der Nebenpflichten des Pflegenden oder Betreuenden erledigt werden.

Pflege- und Betreuungsleistungen können auch dann auf die Steuer angerechnet werden, wenn sich die gepflegte oder betreute Person bei Heimunterbringung in einem eigenständigen und abgeschlossenen Haushalt befindet (sog. **„betreutes" Wohnen**). In diesem Fall sind die im Haushalt des Heimbewohners erbrachten und individuell abgerechneten Dienstleistungen, wie z. B. die Reinigung des Appartements, Pflege- oder Handwerkerleistungen im Appartement, begünstigt. Ein Haushalt in einem Heim ist anzunehmen, wenn die Räumlichkeiten des Steuerzahlers von ihrer Ausstattung für eine Haushaltsführung geeignet sind, also über Bad, Küche sowie Wohn- und Schlafbereich verfügen, individuell genutzt werden, d. h. abschließbar sind, und eine eigene Wirtschaftsführung des Steuerzahlers nachgewiesen oder glaubhaft gemacht wird, er also zumindest teilweise Selbstversorger ist (BMF, Schreiben v. 15.2.2010, ➜ Tz 472, Rz. 16).

Nach Auffassung des BFH im Urteil v. 29.1.2009 (VI R 28/08, BFH/NV 2009 S. 823) ist unter dem Begriff „Haushalt" die Wirtschaftsführung mehrerer (in einer Familie) zusammenlebender Personen oder einer einzelnen Person zu verstehen. Bei einer **Heimunter-**

III Gestaltung und Tipps

bringung gehören hierzu neben den dem eigenständigen und abgeschlossenen Haushalt des Steuerzahlers durchgeführten und individuell abgerechneten Leistungen, wie z. B. die Reinigung des Appartements, Pflege- oder Handwerkerleistungen im Appartement, auch die Hausmeisterarbeiten, die Gartenpflege sowie kleinere Reparaturarbeiten, die Dienstleistungen des Haus- und Etagenpersonals sowie die Reinigung der Gemeinschaftsflächen, wie Flure, Treppenhäuser und Gemeinschaftsräume. Reparatur- und Instandsetzungskosten, die ausschließlich auf **Gemeinschaftsflächen** entfallen, sind in der Regel nicht begünstigt. Dies gilt unabhängig davon, ob es sich um kalkulatorische Kosten handelt oder die Aufwendungen gegenüber dem Heimbewohner einzeln abgerechnet werden. Die Tätigkeiten von Haus- und Etagendamen, deren Aufgabe neben der Betreuung des Bewohners noch zusätzlich in der Begleitung des Steuerzahlers, dem Empfang von Besuchern und der Erledigung kleiner Botengänge besteht, ist ebenfalls noch dem Bereich „Haushaltsnahe Dienstleistungen" zuzurechnen (BMF, Schreiben v. 15.2.2010, ➜ Tz 472, Rz. 17 und 25).

WICHTIG

Eine Steueranrechnung für haushaltsnahe Dienstleistungen im Rahmen des betreuten Wohnens setzt grundsätzlich voraus, dass die wesentlichen Grundlagen der steuerlich geförderten Leistungsbeziehungen in der Rechnung enthalten sein müssen, wobei es ausreicht, wenn die Leistungen bezogen auf das Gesamtentgelt in prozentualen Anteilen angegeben werden. Das gilt auch für pauschal erhobene Kosten, sofern die damit abgegoltene Dienstleistung gegenüber dem Einzelnen nachweislich tatsächlich erbracht worden ist (BMF, Schreiben v. 15.2.2010, ➜ Tz 472, Rz. 25).

486   Ihnen steht für sämtliche Pflege- und Betreuungsleistungen, unabhängig von der Zahl der pflegebedürftigen Personen, **nur einmal** die **Steuerermäßigung** von **bis zu 4.000 €** zu. Dies gilt auch dann, wenn die pflegebedürftigen Personen in jeweils getrennt geführten Haushalten untergebracht sind.

Sollten mehrere Personen Pflege- und Betreuungsleistungen für ein und dieselbe zu pflegende bzw. zu betreuende Person übernommen haben, kann jeder Steuerzahler – im Fall der Zusammenveranlagung von Ehegatten nur einmal – für die von ihm getragenen Pflege- und Betreuungsleistungen eine Steueranrechnung bis zum Höchstbetrag von 4.000 € beantragen. Sollten allerdings zwei Alleinstehende in einem Haushalt zusammenleben und eine Pflegeperson betreuen, können sie den Höchstbetrag von 4.000 € insgesamt nur einmal in Anspruch nehmen (§ 35 Abs. 5 Satz 4 EStG).

WICHTIG

Eine Steueranrechnung kommt nur in Betracht, soweit die Aufwendungen vorrangig als Sonderausgaben oder als außergewöhnliche Belastungen berücksichtigt werden. Für den Teil der Aufwendungen, der durch den Ansatz der **zumutbaren Belastung** (§ 33 Abs. 3 EStG) nicht als außergewöhnliche Belastung berücksichtigt wird, kann der Steuerzahler die Steueranrechnung beantragen. Nehmen Sie einen erhöhten Behinderten-Pauschbetrag in Anspruch, schließt dies eine Berücksichtigung der Pflegeaufwendungen im Rahmen der Steueranrechnung bei Ihnen aus. Das gilt auch dann, wenn der Ihrem Kind zustehende erhöhte Behinderten-Pauschbetrag auf Sie übertragen wurde.

Haben Sie Leistungen aus der gesetzlichen Pflegeversicherung oder Leistungen im Rahmen des persönlichen Budgets i. S. d. § 17 SGB IX erhalten, sind diese auf Ihre Aufwendungen anzurechnen, soweit sie ausschließlich und zweckgebunden für Pflege- und Betreuungsleistungen sowie für haushaltsnahe Dienstleistungen gewährt werden. Demzufolge sind Pflegesachleistungen nach § 36 SGB XI sowie der Kostenersatz für zusätzliche Betreuungsleistungen nach § 45b SGB XI auf die entstandenen Aufwendungen anzurechnen. Das sog. **Pflegegeld** (§ 37 SGB XI) ist dagegen nicht zu berücksichtigen, weil es nicht zweckgebunden für professionelle Pflegedienste bestimmt ist (BMF, Schreiben v. 15.2.2010, → Tz 472, Rz. 38).

BEISPIEL

Praxis-Beispiel 1

A, Pflegestufe I, beantragt anstelle der häuslichen Pflegehilfe ein Pflegegeld nach § 37 SGB XI. Im Veranlagungszeitraum 2010 erhält er monatlich 215 €. A nimmt zur Deckung seines häuslichen Pflege- und Betreuungsbedarfs zusätzlich einzelne Pflegeeinsätze eines professionellen Pflegedienstes in Anspruch. Die Aufwendungen betragen in 2010 1.800 €.

A kann seine Aufwendungen in Höhe von 1.800 € auf seine Einkommensteuer mit 20 % anrechnen lassen, ohne dass ihm das Pflegegeld gegengerechnet wird.

BEISPIEL

Praxis-Beispiel 2

B, Pflegestufe II, nimmt in 2010 in ihrem eigenen Haushalt einen professionellen Pflegedienst in Anspruch. Dafür fallen monatlich 1.300 € an Kosten an. Die Pflegeversicherung übernimmt davon monatlich 980 € als Pflegesachleistungen im Sinne des § 36 Abs. 3 Nr. 2a SGB XI. Die darüber hinausgehenden Aufwendungen trägt der Sohn des B in Höhe von monatlich 320 €.

Es liegen begünstigte Pflege- und Betreuungsleistungen vor, für die der Sohn eine Steueranrechnung nach § 35a EStG in Anspruch nehmen kann. Die Beträge nach § 36 SGB XI sind dabei gegenzurechnen. Für den Sohn ergibt sich in 2010 folgende Steueranrechnung:

1.300 € x 12 =	15.600 €
Pflege- und Betreuungsleistungen: 980 € x 12:	./. 11.760 €
Eigenleistung des Sohnes:	3.840 €

Davon sind 20 % = 768 € beim Sohn auf seine Einkommensteuer anzurechnen.

Handwerkerleistungen als haushaltsnahe Dienstleistungen?

Sämtliche handwerkliche Tätigkeiten in Ihrem Privathaushalt rechnen nicht zu den haushaltsnahen Dienstleistungen, auch wenn es sich hierbei um Schönheitsreparaturen oder kleinere Ausbesserungsarbeiten handelt (BFH, Urteil v. 6.5.2010, VI R 4/09, BFH/NV 2010 S. 1899). Vielmehr sind die handwerklichen Leistungen zusätzlich zu den haushaltsnahen Dienstleistungen durch einen **separaten Anrechnungsbetrag** von **bis zu 1.200 €** zu

487

III Gestaltung und Tipps

berücksichtigen ➡ Tz 492. Denken Sie z. B. an den Fall, dass Sie Ihren Garten durch einen selbstständigen Gartengestalter bearbeiten und zusätzlich im selben Jahr noch Ihr Badezimmer neu fliesen lassen. Dann steht Ihnen für die Gartenarbeiten der Anrechnungsbetrag für haushaltsnahe Dienstleistungen zu, für die Handwerkerleistungen in Form der Baderneuerung ein weiterer Anrechnungsbetrag von bis zu 1.200 €.

Hat ein Steuerzahler seinen Haushalt durch Umzug in eine andere Wohnung oder in ein anderes Haus verlegt, sind die **Umzugskosten als haushaltsnahe Dienstleistungen bis** zu einem Höchstbetrag von **4.000 €** anrechnungsfähig. Fallen in diesem Zusammenhang Maßnahmen zur Beseitigung der durch die bisherige Haushaltsführung veranlassten Abnutzung, z. B. Renovierungsarbeiten, noch im „alten" Haushalt an, können diese im Rahmen der Handwerkerleistungen bis zu 1.200 € auf Ihre Einkommensteuer angerechnet werden. Voraussetzung ist allerdings, dass die Maßnahmen in einem engen zeitlichen Zusammenhang zu dem Umzug stehen (BMF, Schreiben v. 15.2.2010, ➡ Tz 472, Rz. 19).

Leistungen im Haushalt

488 Haushaltsnahe Dienstleistungen sowie Handwerkerleistungen setzen stets voraus, dass diese Leistungen in einem Haushalt des Steuerzahlers ausgeübt bzw. erbracht werden. Zum Haushalt des Steuerzahlers gehört auch eine Wohnung, die er einem bei ihm zu berücksichtigenden Kind zur unentgeltlichen Nutzung überlässt, z. B. ein **Studentenappartement** für die Zeit seines Studiums. Dieses Appartement rechnet zum Haushalt der Eltern, so dass z. B. Handwerkerleistungen, die dort ausgeführt und von den Eltern bezahlt werden, bei ihnen anrechenbar sind.

Zum Haushalt des Steuerzahlers gehört auch eine von ihm tatsächlich eigengenutzte Zweit-, Wochenend- oder Ferienwohnung. Dabei ist allerdings zu beachten, dass bei Vorhandensein **mehrerer Wohnungen** insgesamt nur **einmal** der **Höchstbetrag** von 1.200 € für Handwerkerleistungen gewährt werden kann (BMF, Schreiben v. 15.2.2010, ➡ Tz 472, Rz. 18).

WICHTIG

 Neben Aufwendungen für hauswirtschaftliche Beschäftigungsverhältnisse und haushaltsnahe Dienstleistungen im Inland können auch Aufwendungen für Haushalte innerhalb der EU bzw. des EWR-Raums zwecks Steueranrechnung geltend gemacht werden.

Nachweis

489 Haushaltsnahe Dienstleistungen sowie die Pflege- und Betreuungsleistungen, aber auch Handwerkerleistungen, müssen durch eine Rechnung, die auf die Person des Leistungsempfängers ausgestellt ist, nachgewiesen werden. Darüber hinaus muss die Leistung über das Konto des anrechnungsberechtigten Steuerzahlers abgewickelt werden. Dabei reicht es allerdings aus, dass Ihnen eine **Rechnung** vorliegt, die Sie **nicht** unbedingt Ihrer **Einkommensteuererklärung** 2010 als Anlage **beifügen** müssen. Nur dann, wenn das Finanzamt die Rechnung anfordert, ist sie einzureichen. Ebenso sieht es mit dem Kontennachweis aus. Auch hier reicht es aus, dass Sie zwar den Kontennachweis führen können, jedoch muss dieser nicht mehr der Steuererklärung beigefügt werden, sondern wird erst auf Anforderung durch das Finanzamt eingereicht.

Sollte der **Handwerker** bei Ausführung seiner Leistungen auf **Barzahlung** bestehen,
können Sie den Kontennachweis trotzdem wahren. Geben Sie dem Handwerker einen
Verrechnungsscheck, der anschließend von Ihrem Konto abgebucht wird. Damit können
Sie dem Finanzamt auf Anforderung den Kontoauszug vorlegen, aus dem die Bezahlung
der Rechnung ersichtlich ist. Sollte eines Ihrer Kinder von seinem Konto eine Pflege- oder
Betreuungsleistung oder den Handwerker bezahlt haben, und haben Sie im Anschluss
daran Ihrem Kind diesen Betrag bar erstattet, können Sie trotz des bei Ihnen nicht
vorliegenden Kontennachweises eine Steueranrechnung beantragen (BMF, Schreiben v.
15.2.2010, ➜ Tz 472, Rz. 47). Denn dem Finanzamt genügt es, dass die Rechnung überhaupt von einem Konto beglichen wurde.

Besonderheiten bei Wohnungseigentümergemeinschaften und Mietwohnungen

Häufig wird bei Wohnungseigentümergemeinschaften z. B. für die Reinigung des Flurs **490**
oder der Gemeinschaftsräume eine Reinigungskraft beschäftigt. Dabei tritt der Verwalter
als Vertreter der Wohnungseigentümergemeinschaft auf und schließt mit der Reinigungskraft den Arbeitsvertrag. Dann können die Wohnungseigentümer die Aufwendungen aus
dem haushaltsnahen Beschäftigungsverhältnis auf 400 €-Basis für ihre Steueranrechnung nutzen. Voraussetzung ist allerdings, dass der **Verwalter** die Aufwendungen den
Wohnungseigentümern **bescheinigt** (BMF, Schreiben v. 15.2.2010, ➜ Tz 472, Rz. 10
sowie Anlage 2). Sollte kein Arbeitsvertrag bestehen und die Reinigungskraft über die
von ihr erbrachten Leistungen eine Rechnung gegenüber der Wohnungseigentümergemeinschaft erteilen, kann bei entsprechendem Kontennachweis der Aufwand als haushaltsnahe Dienstleistung berücksichtigt werden. Dies gilt auch dann, wenn das Finanzamt
ein haushaltsnahes Beschäftigungsverhältnis ablehnt. Machen Sie dann den Bruttoarbeitslohn zuzüglich Pauschalabgaben und Arbeitgeberanteil zur Sozialversicherung im
Rahmen des Anrechnungshöchstbetrags von 4.000 € geltend.

Hat die Wohnungseigentümergemeinschaft zur Wahrnehmung ihrer Aufgaben und Interessen einen **Verwalter** bestellt, kann dieser die im Kalenderjahr unbar gezahlten Beträge
nach den begünstigten haushaltsnahen Beschäftigungsverhältnissen, Dienstleistungen
und Handwerkerleistungen jeweils gesondert in seiner **Jahresabrechnung** aufführen, den
Anteil der steuerbegünstigten Kosten (Arbeits- und Fahrtkosten) dort ausweisen und den
Anteil des jeweiligen Wohnungseigentümers angeben. Dann reicht die Jahresabrechnung
aus, die haushaltsnahen Dienstleistungen bzw. die handwerklichen Leistungen gegenüber dem Finanzamt geltend machen zu können. Ansonsten kann der Verwalter auch das
dem BMF-Schreiben v. 15.2.2010 (➜ Tz 472, Anlage 2) beigefügte **Muster einer Bescheinigung** verwenden. In dieser Bescheinigung hat der die Aufwendungen für sozialversicherungspflichtige Beschäftigungen, für die Inanspruchnahme von haushaltsnahen
Dienstleistungen sowie die Handwerkerleistungen für Renovierungs-, Erhaltungs- und
Modernisierungsmaßnahmen getrennt aufzuführen, wobei folgende Angaben zu machen
sind:

III Gestaltung und Tipps

- Bezeichnung der Maßnahme,
- Gesamtbetrag,
- nicht zu berücksichtigende Materialkosten,
- verbleibende Aufwendungen bzw. Arbeitskosten,
- Anteil des Miteigentümers.

Der Verwalter hat diese Bescheinigung zu unterschreiben, und zwar mit Datum.

Entsprechend kann vorgegangen werden, wenn der **Mieter** eine **Steuerermäßigung** nach § 35a EStG beanspruchen will. Entweder sind die erforderlichen Angaben für das haushaltsnahe Beschäftigungsverhältnis, für haushaltsnahe Dienstleistungen oder für handwerkliche Tätigkeiten aus der **Nebenkostenabrechnung des Vermieters** ersichtlich oder der Vermieter stellt über diese Leistungen eine gesonderte Bescheinigung aus.

Wird nach Bestandskraft des Einkommensteuerbescheids erstmalig eine Steueranrechnung nach § 35a EStG geltend gemacht und eine entsprechende Abrechnung bzw. Bescheinigung des Vermieters bzw. des Verwalters bei einer Wohnungseigentümergemeinschaft vorgelegt, kann eine Änderung des Steuerbescheids nach § 173 Abs. 1 Nr. 2 AO durchgeführt werden. Ein grobes Verschulden liegt bei der erstmaligen Beantragung der Steuerermäßigung regelmäßig nicht vor (OFD Münster, Verfügung v. 17.12.2007, o. Az.).

WICHTIG

> Schließen sich die Mieter zusammen und treten gegenüber einer Reinigungskraft als Arbeitgeber auf, kann jeder Steuerzahler die Steuerermäßigung für seinen Anteil an den Aufwendungen in Anspruch nehmen, wenn für die an dem **Arbeitgeber-Pool** Beteiligten eine Abrechnung über die im jeweiligen Haushalt aufgeführten Arbeiten vorliegt. Wird der Gesamtbetrag der Aufwendungen für das Beschäftigungsverhältnis durch ein Pool-Mitglied überwiesen, gelten die Regelungen für Wohnungseigentümer entsprechend (BMF, Schreiben v. 15.2.2010, ➜ Tz 472, Rz. 26).

491 Grundsätzlich gilt für die Steueranrechnung nach § 35a EStG das **Abflussprinzip**. Dies bedeutet für den „Mieterfall", dass es hier grundsätzlich nicht auf die in der Jahresabrechnung des Vermieters für ein **Kalenderjahr** angegebenen Aufwendungen ankommt, sondern auf die **vom Mieter geleisteten Vorauszahlungen**. Hat der Mieter im Rahmen der Umlage für die Beschäftigung einer Reinigungskraft, die den Flur und die Allgemeinräume putzt, monatlich 5 € an Vorauszahlung zu leisten, interessiert es für die Steueranrechnung nicht, dass sie im Rahmen der Betriebskostenabrechnung im Laufe des Jahres 2011 für 2010 noch eine **Nachzahlung** von 20 € zu leisten hat. Die Nachzahlung wird nach dem Abflussprinzip erst 2011 auf die Einkommensteuer des Mieters angerechnet. Hier sieht jedoch die Finanzverwaltung eine Vereinfachung vor (BMF, Schreiben v. 15.2.2010, ➜ Tz 472, Rz. 43). Aufwendungen für **regelmäßig wiederkehrende Dienstleistungen**, wie z. B. Treppenhausreinigung, Gartenpflege oder Hausmeistertätigkeiten, können grundsätzlich anhand der geleisteten Vorauszahlungen im Jahr der Vorauszahlung berücksichtigt werden, **einmalige Aufwendungen**, wie z. B. Handwerkerrechnungen, dagegen erst im **Jahr der Erstellung der Nebenkostenabrechnung**. Es wird von Seiten der Finanzverwaltung jedoch nicht beanstandet, wenn der Mieter die gesamten Aufwendungen erst in dem Jahr geltend macht, in dem ihm die Nebenkostenabrechnung zur Verfügung gestellt wurde, auch wenn er im Vorjahr bereits Vorauszahlungen darauf geleistet hat. Dies bedeutet für Sie, dass Sie die Nebenkostenabrechnung für 2009, die Sie in 2010 von Ihrem Vermieter erhalten haben, bei der Einkommensteuerveranlagung 2010 für die Steueranrechnung nutzen können. Voraussetzung ist allerdings, dass Sie für diese Leistungen in 2009 keine Steueranrechnung geltend gemacht haben.

Anrechnung bei Handwerkerleistungen

Für Handwerkerleistungen können, soweit sie als Renovierungs-, Erhaltungs- und Moder- **492** nisierungsmaßnahmen an Ihrem Privathaushalt im Inland oder im EU- bzw. EWR-Bereich durchgeführt werden, zusätzlich zu den haushaltsnahen Dienstleistungen **20 %** der begünstigten Aufwendungen, höchstens **1.200 €** im Kalenderjahr, auf Ihre Einkommensteuer angerechnet werden (§ 35a Abs. 3 EStG).

Begünstigte Handwerkerleistungen

Begünstigt sind **alle handwerklichen Tätigkeiten**, unabhängig davon, ob es sich um **493** regelmäßig vorzunehmende Renovierungsarbeiten oder kleine Ausbesserungsarbeiten handelt, die gewöhnlich durch die Mitglieder des privaten Haushalts erledigt werden, oder um Erhaltungs- und Modernisierungsmaßnahmen, die im Regelfall nur von Fachkräften durchgeführt werden (BFH, Urteil v. 6.5.2010, ➡ Tz 487).

Zu den **begünstigten Handwerkerleistungen** rechnen insbesondere

- Streichen und Tapezieren von Innenwänden sowie Streichen bzw. Lackieren von Türen, Fenstern, Wandschränken, Heizkörpern und -rohren durch den Maler,
- Erneuerung des Badezimmers durch den Fliesenleger,
- Streichen der Außenwände,
- Dacherneuerung,
- Austausch von Fenstern und Türen,
- Erneuerung des Bodenbelags,
- Reparatur und Wartung von Heizungsanlagen, Elektro-, Gas- und Wasserinstallationen,
- Verputzarbeiten an Innen- und Außenwänden,
- Erneuerung einer Sonnenmarkise,
- Erneuerung eines Zauns als Grundstücksabgrenzung,
- Modernisierung oder Austausch einer Einbauküche,
- Maßnahmen der Gartengestaltung,
- Pflasterarbeiten auf dem Wohngrundstück.

WICHTIG

Begünstigt sind auch **Reparaturarbeiten an Haushaltsgeräten**. Denken Sie z. B. an die Reparatur Ihrer Waschmaschine oder die Erneuerung eines Thermostats an Ihrem Kühlschrank. Die **Reparatur** muss allerdings **in** Ihrem **Privathaushalt** erfolgen. Nimmt der Handwerker das Haushaltsgerät mit, um es in seiner Werkstatt zu reparieren, ist nach dem Gesetzeswortlaut eine Steueranrechnung nicht möglich.

Die Inanspruchnahme der Steuerermäßigung ist ausgeschlossen, wenn die Maßnahme nach dem CO_2-Gebäude-Sanierungsprogramm der KfW-Förderbank gefördert wurde. **Ab 2011** sollen durch das JStG 2010 alle Maßnahmen, für die Sie ein zinsverbilligtes Darlehen oder einen steuerfreien Zuschuss in Anspruch nehmen, von der Steueranrechnung bei den Handwerkerleistungen ausgeschlossen werden.

III Gestaltung und Tipps

494 Ansonsten gilt für die Ausführung im **Privathaushalt:** Fallen im Rahmen von Handwerkerleistungen auch Arbeiten außerhalb des Haushalts an, sind auch diese Aufwendungen begünstigt, wenn es sich um eine **einheitliche Leistung** handelt und die Aufwendungen für die Arbeiten außerhalb des Haushalts bei der Beurteilung der gesamten Maßnahme von untergeordneter Bedeutung sind. Denken Sie z. B. an einen Schlosser, der in Ihrem Keller um die Versorgungsleitungen Verblendbleche anbringt. Diese Bleche kantet er in seiner Werkstatt; die „Hauptleistung" erbringt er allerdings durch Anschrauben und Anpassen der Bleche in Ihrem Keller.

Handwerkliche Leistungen zur Erhaltung Ihrer **Hausanschlüsse** sind ebenfalls begünstigt, soweit die Aufwendungen die Zuleitungen zum Haus betreffen. Aufwendungen im Zusammenhang mit Zuleitungen, die sich auf öffentlichen Grundstücken befinden, sind dagegen nicht begünstigt. Dies gilt auch für den erstmaligen Anschluss an die Kanalisation, das Strom- oder Gasnetz, auch wenn er nachträglich gelegt wird.

495 Nach dem Gesetzeswortlaut sind Handwerkerleistungen nur begünstigt, wenn es sich um **Renovierungs-, Erhaltungs- und Modernisierungsmaßnahmen** handelt. Die Finanzverwaltung sieht aber **auch Herstellungsmaßnahmen** als **begünstigt** an, wenn sie **nicht** im Rahmen einer **Neubaumaßnahme** anfallen (BMF, Schreiben v. 15.2.2010, ➜ Tz 472, Rz. 20). Wer sich also erstmalig eine Sonnenmarkise an der Außenwand des Wohnzimmers anbringen lässt oder in sein Wohnzimmer einen neuen Kamin einbauen lässt, hat zwar steuerrechtlich Herstellungsaufwand, weil etwas Neues, bisher nicht Vorhandenes geschaffen worden ist, jedoch kann dieser Herstellungsaufwand im Rahmen der Steueranrechnung geltend gemacht werden. Lediglich die Neubaumaßnahmen, die im Zusammenhang mit einer Nutz- oder Wohnflächenschaffung bzw. -erweiterung stehen, können nicht berücksichtigt werden (BMF, Schreiben v. 15.2.2010, ➜ Tz 472, Rz. 20). Wer also das **Dachgeschoss** seines Einfamilienhauses ausbaut, um dort **zusätzlichen Wohnraum** zu schaffen, der kann die dabei anfallenden Handwerkerleistungen nicht auf seine Einkommensteuer anrechnen lassen. In der Praxis bereitet die Frage, wann eine Neubaumaßnahme abgeschlossen ist, immer wieder Schwierigkeiten. Denken Sie z. B. an den Fall, dass das Einfamilienhaus in einem Zeitpunkt bezogen wird, in dem die Außenwände noch nicht verputzt sind. Die Putzarbeiten werden nach 1 $^1/_2$ Jahren durchgeführt. Hier wird man die Auffassung vertreten können, dass die Putzarbeiten im Zusammenhang mit der Neubaumaßnahme stehen und somit nicht zur Steueranrechnung berechtigen.

WICHTIG

> Je länger der Zeitraum, der zwischen dem Einzug in das Einfamilienhaus und der Durchführung weiterer Herstellungsmaßnahmen liegt, desto eher wird man keine Neubaumaßnahme, sondern begünstigte Herstellungsarbeiten im Sinne der Auffassung der Finanzverwaltung annehmen können. Wer nach 4 Jahren den Außenputz anbringen lässt, dem dürfte die Finanzverwaltung die Anrechnung der Handwerkerleistungen nicht versagen.

496 Sollten im Zusammenhang mit handwerklichen Leistungen Arbeiten durchgeführt werden, die als „Nebenarbeiten" zu der handwerklichen Maßnahme anzusehen sind, sind auch die dafür aufgewandten Kosten begünstigt. Dies gilt z. B. für Arbeitskosten eines selbstständigen Gerüstbauers bei einer Fassadenrenovierung.

Ebenfalls **begünstigt** sind **Kontrollaufwendungen**, z. B. die Gebühr für den **Schornsteinfeger** oder für die Kontrolle von Blitzschutzanlagen. Darunter fallen auch die Kosten für die Überprüfung von Feuerlöschern, Brand- und Rauchmeldern. Allerdings muss gerade bei diesen Aufwendungen darauf geachtet werden, dass eine Rechnung vorliegt und ein Kontennachweis geführt werden kann. Hier empfiehlt es sich in der Praxis, bei der Bezahlung Verrechnungsschecks einzusetzen. Diese werden von Ihrem Konto abgebucht, so dass Sie gegenüber dem Finanzamt einen Kontennachweis führen können.

WICHTIG

Nach dem Wortlaut des BMF-Schreibens v. 15.2.2010 (➔ Tz 472, Anlage 1) ist darauf zu schließen, dass die Finanzverwaltung nunmehr **sämtliche Gebühren** für den **Schornsteinfeger** als Handwerkerleistungen **anerkennen** will, also nicht nur die Gebühren für die Immissionsmessung, sondern auch Kehrgebühren sowie die jährliche Grundgebühr.

Für die Praxis von besonderer Bedeutung ist die Abgrenzung zwischen **Material- und** **497** **Arbeitskosten**. Denn der Gesetzgeber lässt nur eine Steueranrechnung bei den Arbeitskosten zu (§ 35a Abs. 2 Satz 2 EStG).

TIPP

Achten Sie darauf, dass der Handwerker in seiner Rechnung die Arbeits- und Materialkosten **einzeln ausweist**. Dann sind die Arbeitskosten zuzüglich Umsatzsteuer als Bemessungsgrundlage für die Steueranrechnung heranzuziehen. Zu den Arbeitskosten rechnet auch die **Maschinen- und Fahrtkostenpauschale**. Die Arbeitskosten können entweder betragsmäßig in der Rechnung genannt werden; die Finanzverwaltung lässt es aber auch zu, wenn sie in Höhe eines Prozentsatzes bezogen auf den Rechnungsbetrag, angegeben werden (BMF, Schreiben v. 15.2.2010, ➔ Tz 472, Rz. 36). Ein gesonderter Ausweis der auf die Arbeitskosten entfallenden Umsatzsteuer ist nicht erforderlich. Dienstleistungen, die sowohl auf öffentlichem Gelände als auch auf Privatgelände durchgeführt werden, sollen vom Rechnungsaussteller entsprechend aufgeteilt werden, in der Regel durch Angabe der Flächenanteile an der Gesamtleistung.

TIPP

Probleme bereiten in der Praxis die Fälle, in denen Sie mit dem Handwerker einen **Pauschalpreis** über die von ihm zu erbringende Leistung vereinbart haben. Denken Sie z. B. an die Verlegung eines Fußbodens, bei der sich die Handwerkerleistung nach den Quadratmetern der zu verlegenden Fläche richtet. In diesem Quadratmeterpreis sind neben dem Fußbodenbelag und dem Kleber zusätzlich noch die Entsorgungsleistungen und der Arbeitsaufwand enthalten. Begünstigt sind davon nur die Arbeitskosten. Daher muss der Handwerker in seiner Rechnung neben dem Pauschalpreis die Arbeitskosten separat ausweisen. Möglich ist auch der Ausweis der Material- und Entsorgungskosten; dann ergeben sich die Arbeitskosten aus der Differenz zwischen dem Bruttopauschalpreis abzüglich Material- und Entsorgungskosten einschließlich Umsatzsteuer. Bei **Wartungsverträgen** ist noch eine Besonderheit zu beachten: Es wird hier von der Finanzverwaltung nicht beanstandet, wenn der Anteil der Arbeitskosten, der sich auch

III Gestaltung und Tipps

pauschal aus einer Mischkalkulation ergeben kann, nicht unmittelbar aus der Rechnung hervorgeht, sondern aus einer Anlage, eventuell aus dem Wartungsvertrag (BMF, Schreiben v. 15.2.2010, ➜ Tz 472, Rz. 36). Sollten bei Durchführung der Wartungsarbeiten Schmier-, Reinigungs- oder Spülmittel verwandt werden, sind die dafür in der Rechnung ausgewiesenen Kosten aus Vereinfachungsgründen den Arbeitskosten zuzurechnen.

WICHTIG

 Veranlassen Sie den Handwerker nicht zu einer Gefälligkeitsrechnung, indem er die Materialkosten möglichst gering ausweist. Das kann nämlich das Finanzamt zu einer für Sie ungünstigen Schätzung veranlassen (OFD Koblenz, Verfügung v. 1.6.2006, S 2296b A – St 32 3). Es gilt also der Grundsatz: Den Bogen nicht überspannen.

Ist der Handwerker sowohl im Bereich der haushaltsnahen Dienstleistungen tätig als auch im Bereich der Handwerkerleistungen, ist der **Rechnungsbetrag** auf beide Bereiche **aufzuteilen**. Für jeden dieser Bereiche kann dann eine gesonderte Steueranrechnung bis zum Höchstbetrag von **4.000 €** für haushaltsnahe Dienstleistungen bzw. Pflege- und Betreuungsleistungen **und 1.200 €** für Handwerkerleistungen beantragt werden. Denken Sie z. B. an den Gärtner, der die laufende Gartenpflege übernommen hat und zusätzlich den Zaun zum Nachbarn repariert. Um hier Rückfragen durch das Finanzamt zu vermeiden, empfiehlt es sich, **2 getrennte Rechnungen** ausstellen zu lassen.

Nachweis

498 Achten Sie darauf, dass eine Steueranrechnung nur dann möglich ist, wenn Sie über die Handwerkerleistungen eine Rechnung vorlegen können und die Zahlung an den Handwerker von Ihnen durch einen Kontoauszug nachgewiesen werden kann (§ 35a Abs. 5 Satz 3 EStG). In der Regel können Sie den Kontennachweis dann führen, wenn Sie den Rechnungsbetrag auf das Konto des Handwerkers **überwiesen** haben. Haben Sie einen **Dauerauftrag** eingerichtet oder eine **Einzugsermächtigung** erteilt, müssen Sie diese Unterlagen zusammen mit Ihrem Kontoausweis dem Finanzamt vorlegen. Die Zahlung ist auch durch Übergabe eines **Verrechnungsschecks** möglich; auch hier muss der Kontoauszug dem Finanzamt eingereicht werden. Barzahlungen werden auf keinen Fall anerkannt.

Für die Steueranrechnung kommt es in der Regel auf den **Zahlungsabschluss** an. Ist Ihr Konto 2010 mit der Zahlung belastet worden, steht Ihnen für dieses Jahr die Steueranrechnung zu. Bei regelmäßig wiederkehrenden Zahlungen, z. B. bei vierteljährlichen Wartungsleistungen, kann auch bei Zahlung 2011 innerhalb der ersten 10 Tage eine Zurechnung der Ausgabe zum Kalenderjahr 2010 vorgenommen werden, wenn die Zahlung die Wartungsarbeiten für das 4. Quartal 2010 betrifft. Wegen weiterer Einzelheiten zum Abweichen vom Zahlungsabflusszeitpunkt ➜ Tz 491.

WICHTIG

 Sie müssen Rechnung und Kontoauszug **nicht** Ihrer Einkommensteuererklärung 2010 **beifügen**. Vielmehr sollten Sie die Belege vorrätig halten. Hat das Finanzamt Zweifel an den Aufzeichnungen, werden Sie aufgefordert, die Rechnung und den Beleg über die unbare Zahlung nachzuweisen.

Anspruchsberechtigter

Der Steuerzahler kann begünstigte Handwerkerleistungen nicht nur an seinem Privat- **499**
haushalt bei seiner Einkommensteuererklärung 2010 anrechnen lassen, sondern auch
Handwerkerleistungen, die er an einer **Ferienwohnung** hat durchführen lassen. Dabei
kommt es nicht darauf an, ob die Ferienwohnung im Inland gelegen ist oder im EU- bzw.
EWR-Ausland. Haben Sie z. B. ein Ferienhaus in Dänemark und lassen dort Anstreicher-
arbeiten durchführen, können Sie diese Leistungen im Rahmen der Steueranrechnung
geltend machen, Rechnungserteilung und Kontonachweis vorausgesetzt.

Bei dem Privathaushalt im Inland kann es sich auch um eine Wohnung handeln, die Ihnen
unentgeltlich überlassen wird. Allerdings müssen Sie dann als Wohnungsnutzer die
Rechnung über die Handwerkerleistung erhalten und von Ihrem Konto überweisen. Sollte
dies durch den Wohnungseigentümer geschehen, kann dieser keine Steueranrechnung
geltend machen, es sei denn, Sie als Wohnungsnutzer rechnen zu seinem Privathaushalt,
wie dies z. B. bei Kindern in Berufsausbildung der Fall sein kann.

Wegen der Besonderheiten, die Mieter bzw. Wohnungseigentümer bei Handwerkerleistungen in ihrem Privathaushalt zu beachten haben, ➜ Tz 490.

Der **Höchstbetrag** von 1.200 € für Handwerkerleistungen kann **nur haushaltsbezogen** in **500**
Anspruch genommen werden. Leben in einem Haushalt 2 Alleinstehende zusammen und
sind sie Auftraggeber von Handwerkerleistungen, kann nur einmal der Höchstbetrag von
1.200 € in Anspruch genommen werden (§ 35a Abs. 5 Satz 4 EStG). Die Aufteilung des
Höchstbetrags erfolgt grundsätzlich im Verhältnis der von den einzelnen Auftraggebern
getragenen Aufwendungen. Allerdings ist einvernehmlich auch eine andere Aufteilung
möglich. Diese Grundsätze gelten auch für Partner einer eingetragenen Lebenspartnerschaft.

Keine mehrfache Inanspruchnahme zulässig

Eine Steueranrechnung können Sie nur dann beantragen, wenn die Aufwendungen für die **501**
Handwerkerleistungen weder Betriebsausgaben noch Werbungskosten sind noch im
Rahmen eines haushaltsnahen Dienstverhältnisses (§ 35a Abs. 1 EStG; ➜ Tz 484) angefallen sind. Darüber hinaus darf der Handwerker nicht für Sie auf 400-€-Basis tätig
gewesen sein, z. B. durch Übernahme von Gartenarbeiten.

III Gestaltung und Tipps

3 Vorsorgeaufwendungen einschließlich Riester

3.1 Versicherungen (Vorsorgeaufwendungen) mit Höchstbetragsberechnung

Abziehbare Vorsorgeaufwendungen

502 Zu den Vorsorgeaufwendungen gehören Beiträge zu bestimmten Versicherungen. Sie sind nur im Rahmen von Höchstbeträgen abziehbar. Ein Sonderausgabenabzug ist **nicht möglich,**

- wenn sie im unmittelbaren wirtschaftlichen Zusammenhang mit **steuerfreien Einnahmen** stehen (§ 10 Abs. 2 Nr. 1 EStG) und
- wenn Beiträge an Versicherungsunternehmen geleistet werden, die **weder Sitz oder Geschäftsleitung in einem EU-Staat** haben **noch eine Erlaubnis zum Geschäftsbetrieb** in einem EU-Staat vorweisen können.

503 Für den Sonderausgabenabzug von Versicherungsbeiträgen kommt es nicht darauf an, wer nach dem Vertrag bezugsberechtigt und wessen Leben versichert ist. Versicherungsbeiträge können jedoch nur dann abgezogen werden, wenn Sie die **Beiträge selbst schulden** und auch **selbst entrichten** (BFH, Urteil v. 8.3.1995, X R 80/91, BStBl 1995 II S. 637). Damit geht der Abzug als Vorsorgeaufwand verloren, wenn Sie für Ihre Kinder z. B. eine Pkw-Haftpflichtversicherung abschließen, um in eine günstigere Tarifklasse zu kommen, und Ihre Kinder die Prämien bezahlen.

TIPP

Lassen Sie sich von Ihren Kindern das Geld für die Prämien geben und zahlen Sie direkt.

Bei Versicherungsbeiträgen wird das Finanzamt in der Regel die Vorlage von Policen bzw. Zahlungsnachweisen verlangen, wenn die Beiträge ohne das, was Sie als Pflichtbeiträge zur Sozialversicherung gezahlt haben, insgesamt **5.100 €** übersteigen.

504 Die Vorsorgeaufwendungen unterteilen sich in 3 Bereiche, und zwar in die

- **Basisversorgung** aus gesetzlicher Rentenversicherung, landwirtschaftlicher Alterskasse, berufsständischer Versorgung und neuer privater Rentenversicherung (sog. Rürup-Rente),
- **sonstige Vorsorgeaufwendungen**, wie z. B. private Lebensversicherungen vor 2005, Kranken-, Pflege- und Arbeitslosenversicherung sowie Unfall- und Haftpflichtversicherung,
- **Zusatzversorgung** in Form der sog. Riester-Rente.

Für alle 3 Bereiche gibt es gesonderte Höchstbeträge, wobei zusätzlich zu diesen Höchstbeträgen aus den ersten beiden Bereichen noch eine **Günstigerprüfung** nach altem Recht durchzuführen ist.

Der BFH hat in mehreren Verfahren zu der Frage Stellung genommen, inwieweit der Abzug von Rentenversicherungsbeiträgen im Hinblick auf die künftige Besteuerung der Renteneinkünfte und die Frage des Werbungskostenabzugs verfassungsgemäß sei. Er hat in allen Verfahren entschieden, dass die Regelung über begrenzte Abziehbarkeit von sonstigen Vorsorgeaufwendungen verfassungsrechtlich nicht zu beanstanden sei. Dies gelte auch für die im zeitlichen Anwendungsbereich des Alterseinkünftegesetzes geleisteten Beiträge zu den gesetzlichen Rentenversicherungen. In 3 Fällen haben die Kläger Verfassungsbeschwerde eingelegt, die beim BVerfG unter Az. 2 BvR 288/10, 2 BvR 289/10 und 2 BvR 290/10 anhängig sind. Auf Grund dieser Verfassungsbeschwerden erklärt die Finanzverwaltung sämtliche **Steuerbescheide** wegen der beschränkten Abziehbarkeit von Vorsorgeaufwendungen **für** die Veranlagungszeiträume **2005 bis 2009** sowie wegen der Nichtabziehbarkeit von Beiträgen zu Rentenversicherungen als vorweggenommene Werbungskosten bei den sonstigen Einkünften für Veranlagungszeiträume ab 2005 für **vorläufig** (BMF, Schreiben v. 12.8.2010, IV A 3 – S 0338/07/10010 – 03, BStBl 2010 I S. 642).

Die Finanzverwaltung hat in dem Anwendungsschreiben zum Alterseinkünftegesetz ausführlich zur Basisversorgung und zum Abzug der übrigen Vorsorgeaufwendungen Stellung genommen (BMF, Schreiben v. 13.9.2010, IV C 3 – S 2222/09/10041/IV C 5 – S 2345/08/0001, BStBl 2010 I S. 681). Hinweise zur privaten Altersversorgung nach „Riester" finden sich in dem BMF-Schreiben v. 31.3.2010, IV C 3 – S 2222/09/10041/IV C 5 – S 2333/07/0003, BStBl 2010 I S. 270.

Nachfolgend werden die 3 Säulen des Abzugs von Vorsorgeaufwendungen dargestellt, zuerst die **Basisversorgung** (➜ Tz 505), dann der Abzug der **sonstigen Vorsorgeaufwendungen** (➜ Tz 515), verglichen mit der alten Höchstbetragsrechnung im Rahmen der **Günstigerprüfung** (➜ Tz 525), und dann die **Riester-Förderung** (➜ Tz 530). Bei Arbeitnehmern konnte statt der Höchstbetragsberechnung für Beiträge im Rahmen der Basisversorgung und der sonstigen Vorsorgeaufwendungen bisher die **Vorsorgepauschale** (➜ Tz 529) gewährt werden. Diese ist ab 2010 weggefallen; sie wird nur noch im Rahmen des Lohnsteuerabzugsverfahrens berücksichtigt.

Wegen der Bedeutung der Vorsorgeaufwendungen und der Riester-Förderung fragt die Finanzverwaltung die hierzu erforderlichen Daten in einer **Anlage Vorsorgeaufwand** und in einer **Anlage AV** ab. Dort werden die Fragen so gestaltet, dass auch die Krankenversicherungs- und Pflegeversicherungsbeiträge – wie im Bürgerentlastungsgesetz Krankenversicherung geregelt – bei der Besteuerung berücksichtigt werden können.

Basisversorgung

Begünstigte Beiträge

Zu den Beiträgen im Rahmen der Basisversorgung rechnen (§ 10 Abs. 1 Nr. 2 Buchstabe a EStG) Beiträge **505**

- zu den gesetzlichen Rentenversicherungen,
- zu den landwirtschaftlichen Alterskassen,
- zu berufsständischen Versorgungseinrichtungen.

Dazu kommen (§ 10 Abs. 1 Nr. 2 Buchstabe b EStG) Beiträge, die im Rahmen einer privaten Rentenversicherung (sog. Rürup-Rente) von Ihnen erbracht werden.

III Gestaltung und Tipps

245

506 WICHTIG

Zu den **Beiträgen zur gesetzlichen Rentenversicherung** rechnet nicht nur Ihr Arbeitnehmeranteil, sondern auch der Arbeitgeberanteil (wegen der Berücksichtigung im Rahmen der Höchstbetragsberechnung ➜ Tz 512). In der Anlage Vorsorgeaufwand wird daher in **Zeile 4** (aus Zeile 23 der Lohnsteuerbescheinigung zu entnehmen) nach dem Arbeitnehmeranteil gefragt und in **Zeile 8** (aus Zeile 22 der Lohnsteuerbescheinigung zu entnehmen) nach dem Arbeitgeberanteil. In **Zeile 4** ist auch der Arbeitnehmeranteil an eine berufsständische Versorgungseinrichtung einzutragen. Ein eventueller Zuschuss zu dieser berufsständischen Versorgungseinrichtung ist dann in **Zeile 9** zu erfassen.

TIPP

Sind Sie im Rahmen der **400 €-Job**-Regelung als geringfügig beschäftigter Arbeitnehmer tätig und haben Sie den pauschalen Arbeitgeberanteil auf Ihren Wunsch durch eigene Beiträge auf den vollen Rentenversicherungsbeitrag aufgestockt, können Sie den Arbeitnehmeranteil in **Zeile 6** und den pauschalen Arbeitgeberanteil in **Zeile 10** eintragen. In der Regel stehen Sie sich durch diese Eintragung bei der Höchstbetragsberechnung ungünstiger. Denn von Ihrem Arbeitnehmer- und Arbeitgeberanteil werden nur 70 % als Vorsorgeaufwand berücksichtigt, dagegen wird der volle Arbeitgeberanteil gegengerechnet. Tragen Sie in beiden Zeilen nichts ein, verzichtet der Gesetzgeber auf eine Kürzung um den pauschalen Arbeitgeberanteil, auch wenn dieser nach § 3 Nr. 62 EStG steuerfrei ist (BMF, Schreiben v. 13.9.2010, ➜ Tz 504, Rz. 46).

Beiträge zu den landwirtschaftlichen Alterskassen

507 Hierzu rechnen alle Beiträge, die der Landwirt für sich, seinen Ehegatten und in bestimmten Fällen für seine mitarbeitenden Familienangehörigen zum Aufbau einer eigenen Altersversorgung aufbringt, wobei jedoch gewährte Beitragszuschüsse davon abgezogen werden.

Beiträge zu berufsständischen Versorgungseinrichtungen

508 Beiträge zu berufsständischen Versorgungseinrichtungen sind nur dann begünstigt, wenn sie den gesetzlichen Rentenversicherungen vergleichbare Leistungen gewähren. Eine Aufstellung über begünstigte Versorgungseinrichtungen hat das Bundesfinanzministerium im Schreiben v. 7.2.2007 (IV C 8 – S 2221 – 128/06, BStBl 2007 I S. 262) bekannt gegeben.

Private Rentenversicherung (Rürup-Rente)

509 Zu den im Rahmen der Altersversorgung begünstigten Beiträgen rechnen auch solche, die im Rahmen einer privaten Rentenversicherung erbracht werden, wobei allerdings gewährleistet sein muss, dass die private Rentenversicherung der gesetzlichen Rentenversicherung vergleichbare Leistungen erbringt. Dies ist nur dann der Fall, wenn der Vertrag mit der Versicherungsgesellschaft in der Auszahlungsphase

- eine monatlich zahlbare, **lebenslange Leibrente** vorsieht,
- die nicht vor Vollendung des **60. Lebensjahres** des Steuerzahlers beginnt,

● wobei **vertraglich ausgeschlossen** sein muss, dass die Ansprüche vererblich, übertragbar, beleihbar, veräußerbar und kapitalisierbar sind.

Bei nach dem 31.12.2011 abgeschlossenen Verträgen darf mit der Auszahlungsphase nicht vor Vollendung des **62. Lebensjahres** begonnen werden (BMF, Schreiben v. 13.9.2010, ➡ Tz 504, Rz. 9).

WICHTIG

In dem Versicherungsvertrag muss eine **nachträgliche Änderung** dieser Voraussetzungen **ausgeschlossen** sein (BMF, Schreiben v. 13.9.2010, ➡ Tz 504, Rz. 14).

Zur **Nichtvererblichkeit**, einem großen Manko der Rürup-Rente, ist darauf hinzuweisen, dass Versicherungsansprüche nicht an die Erben ausgezahlt werden dürfen, sondern im Todesfall dem vorhandenen Vermögen der Versichertengemeinschaft zugute kommen. Nur eine Ausnahme lässt die Finanzverwaltung zu: Die **Rentenzahlung** im **Todesmonat** darf an die Erben erfolgen.

TIPP

Damit die Rente bei Tod des Versicherungsnehmers nicht zugunsten der Versichertengemeinschaft verfällt, sollte eine ergänzende **Hinterbliebenenabsicherung** vereinbart werden. Dazu kann vertraglich geregelt werden, dass das Restkapital im Todesfall des Versicherungsnehmers für eine Rentenzahlung an die zu diesem Zeitpunkt Hinterbliebenen verwendet wird. Zu den Hinterbliebenen, die auf diese Weise abgesichert werden können, rechnen der Ehegatte des Versicherungsnehmers und dessen Kinder im Sinne des § 32 EStG. Bei den Kindern ist der Anspruch auf Waisenrente auf den Zeitraum zu begrenzen, in dem das Kind die Voraussetzungen für einen Kinderfreibetrag erfüllt, wobei allerdings die Höhe der Einkünfte und Bezüge keine Rolle spielt (BMF, Schreiben v. 13.9.2010, ➡ Tz 504, Rz. 24).

Für die vor dem 1.1.2007 abgeschlossenen Verträge gilt für das Vorliegen einer begünstigten Hinterbliebenenversorgung die Altersgrenze des § 32 EStG in der bis zum 31.12.2006 geltenden Fassung (§ 52 Abs. 40 Satz 7 EStG). In diesen Fällen können z. B. Kinder in Berufsausbildung in der Regel bis zur Vollendung des 27. Lebensjahres berücksichtigt werden.

Die **Nichtübertragbarkeit** schließt eine Übertragung der Ansprüche des Leistungsempfängers auf eine andere Person aus, also auch die Weitergabe der Ansprüche im Rahmen der **Schenkung**. 2 Ausnahmen sind allerdings zulässig: Eine Übertragung durch Scheidungsfolgevereinbarung und eine Übertragung auf einen neuen Rürup-Vertrag.

Die **Nichtbeleihbarkeit**, z. B. sicherungshalbe Abtretung oder Verwendung, muss ebenfalls vertraglich ausgeschlossen sein.

Darüber hinaus muss der Versicherungsvertrag im Rahmen der **Nichtveräußerbarkeit** so gestaltet sein, dass die Ansprüche nicht an einen Dritten veräußert werden können.

III Gestaltung und Tipps

Schließlich wird die Finanzverwaltung ein besonderes Augenmerk auf die **Nichtkapitalisierbarkeit** richten. Folgende Regelungen dürfen nicht in dem Versicherungsvertrag enthalten sein:

- Vereinbarung eines Kapitalwahlrechts,
- Anspruch bzw. Optionsrecht auf Auszahlung nach Eintritt des Versorgungsfalls,
- Zahlung eines Sterbegeldes und
- Abfindungsansprüche und Beitragsrückerstattungen im Fall einer Kündigung des Vertrags.

Ausgenommen ist lediglich die **Abfindung einer Kleinbetragsrente**, wie dies auch bei der Riester-Rente möglich ist (§ 93 Abs. 3 Satz 2 und 3 EStG).

510   In Anlehnung an das Zertifizierungsverfahren nach Riester hat sich der Gesetzgeber im JStG 2009 dafür entschieden, auch **bei** den **Rürup-Verträgen ab 2010** eine **Zertifizierungsstelle** einzurichten, die die Voraussetzung „Nichtvererblichkeit, Nichtübertragbarkeit, Nichtverpfändbarkeit, Nichtveräußerbarkeit und Nichtkapitalisierbarkeit" prüft. Nur dann, wenn die Zertifizierungsstelle das dem Vertrag zugrundeliegende Vertragsmuster nach § 5a des Altersvorsorgeverträge-Zertifizierungsgesetz zertifiziert, kann ein Abzug als Vorsorgeaufwand für die geleisteten Beiträge im Rahmen der Basisversorgung geltend gemacht werden.

WICHTIG

> Die Zertifizierung als Voraussetzung für den Abzug als Vorsorgeaufwand betrifft nicht nur Verträge, die nach dem 31.12.2009 abgeschlossen werden, sondern auch Verträge, die bereits in der Vorzeit abgeschlossen wurden. Bei den zuletzt genannten Verträgen muss daher eine **„Nachzertifizierung"** vorgenommen werden.

511   Weiter setzt der Abzug der Rürup-Beiträge **ab 2010** voraus, dass der Steuerzahler seinem Anbieter die Einwilligung erteilt hat, die erforderlichen Daten für den Abzug als Vorsorgeaufwand der Finanzverwaltung per Datensatz zusenden zu dürfen.

Der **Anbieter** hat die elektronisch zu übermittelnden Daten, wenn die Einwilligung des Steuerzahlers vorliegt, nach amtlich vorgeschriebenem Datensatz durch **Datenfernübertragung an** die **zentrale Stelle** zu übermitteln. Die Übermittlung erfolgt unter Angabe der Vertragsdaten, der Zertifizierungsnummer, des Datums der Einwilligung und der Identifikationsnummer. Der Anbieter hat die Daten nach Ablauf des Beitragsjahres **bis zum 28.2.** des dem Beitragsjahr folgenden Kalenderjahres zu übermitteln. Wird die Einwilligung nach Ablauf des Beitragsjahres bis spätestens 31.12. abgegeben, hat der Anbieter die Daten bis zum Ende des darauf folgenden Kalendervierteljahres an die zentrale Stelle zu übermitteln. Stellt der Anbieter fest, dass die an die zentrale Stelle übermittelten Daten unzutreffend sind oder der zentralen Stelle ein Datensatz übermittelt wurde, obwohl die Voraussetzungen hierfür nicht vorlagen, hat er dies unverzüglich durch Übermittlung eines entsprechenden **korrigierten Datensatzes** durch Datenfernübertragung an die zentrale Stelle richtig zu stellen. Sind die übermittelten Daten unzutreffend und werden sie daher nach Bekanntgabe des Steuerbescheids vom Anbieter aufgehoben oder korrigiert, kann das Finanzamt den **Steuerbescheid** insoweit **ändern**. Werden die Daten innerhalb der Jahresfrist nach § 10 Abs. 2 Satz 2 Nr. 2 EStG und erstmalig nach Bekanntgabe des Steuerbescheids übermittelt, kann der Steuerbescheid ebenfalls insoweit geändert werden.

WICHTIG

Für vor dem 1.1.2010 abgeschlossene Rürup-Verträge kann der Anbieter – wenn er den Steuerzahler vorher informiert hat – vom Vorliegen einer Einwilligung des Steuerzahlers zur Datenübermittlung ausgehen, wenn dem der Steuerzahler nicht widerspricht (§ 52 Abs. 24 EStG). Sollte der Steuerzahler in diesem Zusammenhang dem Anbieter die erforderliche Identifikationsnummer nicht mitteilen, besteht für den Anbieter bei Vorlage der Einwilligung des Steuerzahlers die Möglichkeit, die für die Datenübermittlung erforderliche Identifikationsnummer beim Bundeszentralamt für Steuern (BZSt) abzufragen. Dazu wird das BZSt einen Datenabgleich durchführen. Steht auf Grund des Datenabgleichs fest, dass die Daten des Anbieters nicht mit den bei der Behörde gespeicherten Daten übereinstimmen, ist wie bei der Rentenbezugsmitteilung (§ 22a Abs. 2 Satz 1 und 2 EStG) zu verfahren.

In diesem Zusammenhang sei darauf hingewiesen, dass sich die Nachzertifizierung für vor dem 1.1.2010 abgeschlossene Verträge auf den Abzug als Vorsorgeaufwand bei der Einkommensteuerveranlagung 2010 auswirken kann. Denn ist dem Finanzamt im Zeitpunkt der Durchführung der Einkommensteuerveranlagung 2010 bekannt, dass die Voraussetzungen für eine Zertifizierung des Rürup-Vertrags nicht vorliegen, wird es den Abzug als Vorsorgeaufwand ablehnen. Dies kann dann auftreten, wenn ein Rürup-Vertrag mit einem Risiko-Lebensversicherungsvertrag gekoppelt wird, um im Todesfall die in dem Rürup-Vertrag angesparten Leistungen an die Hinterbliebenen im Rahmen der Risiko-Lebensversicherung auszahlen zu können. Dann handelt es sich bei beiden Verträgen nicht um eigenständig kalkulierte Versicherungsbausteine, so dass es wegen des Ausschlusses der Vererblichkeit nicht zum Abzug im Rahmen der Basis-Versorgung kommen darf (LfSt Bayern, Schreiben v. 27.2.2009, S 2221.1.1 – 12/2 St 32/St 33).

Das, was Sie im Rahmen der Basisversorgung für Ihre Altersvorsorge ansparen, wird künftig bei Auszahlung in Form von Renten sehr hoch besteuert, im Extremfall ab 2040 zu 100 % (➜ Tz 208, ➜ Tz 942). Daher ist es wichtig, sich bereits bei Abschluss des Versicherungsvertrags Gedanken darüber zu machen, ob das, was Sie ansparen, tatsächlich über den Sonderausgabenabzug steuerfrei gestellt ist, damit Sie bei der Besteuerung künftiger Rentenzahlungen, die sich aus Ihren angesparten Beiträgen und den dafür zu gewährenden Zinsen zusammensetzen, nicht das an Beiträgen versteuern müssen, was im Rahmen der Basisversorgung während der Ansparzeit nicht steuerfrei gestellt wurde. Näheres hierzu erfahren Sie unter dem Stichwort „Günstigerprüfung", ➜ Tz 525.

Höchstbetragsberechnung

Beiträge zu Ihrer Altersvorsorge im Rahmen der gesetzlichen Rentenversicherungen, der landwirtschaftlichen Alterskassen, der berufsständischen Versorgungseinrichtungen und der „Rürup"-Versicherung können Sie bis zu einem **Höchstbetrag von 20.000 €** abziehen, im Fall der Zusammenveranlagung von Ehegatten bis zu einem Höchstbetrag von **40.000 €**. Bei Ehegatten kommt es für die Verdoppelung des Höchstbetrags nicht darauf an, wer von den Ehegatten die begünstigten Beiträge entrichtet hat.

512

III Gestaltung und Tipps

WICHTIG

Der Höchstbetrag von 20.000 € bzw. 40.000 € steht Ihnen in dieser Höhe erst **ab 2025** zu. In der **Übergangsphase** 2005 bis 2024 erfolgt ein schrittweiser Übergang in diese Steuerfreistellung. Im Jahre **2010 steht Ihnen** folgende Abzugsmöglichkeit zu:

- **70 % der Beiträge,**
- maximal 70 % des Höchstbetrags von 20.000 € für Ledige bzw. 40.000 € für zusammenveranlagte Ehegatten, das sind **14.000 €** bzw. **28.000 €**.

513 Der Höchstbetrag ist bei bestimmten Steuerzahlern zu kürzen, und zwar um den Betrag, der dem Arbeitgeber- und Arbeitnehmeranteil zur gesetzlichen Rentenversicherung entspricht. Dies sind für das Jahr 2010 **19,9 %** bezogen auf die Einnahmen aus der Arbeitnehmertätigkeit oder einer vergleichbaren Tätigkeit, begrenzt auf die Beitragsbemessungsgrenze (Ost) in der allgemeinen Rentenversicherung.

Der Höchstbetrag wird gekürzt (§ 10 Abs. 3 Satz 3 i. V. m. § 10c Abs. 3 Nr. 1 EStG) bei

- Beamten, Richtern, Berufssoldaten, Soldaten auf Zeit sowie Amtsträgern,
- Beschäftigten bei Trägern der Sozialversicherung, Geistlichen einer anerkannten Religionsgemeinschaft,
- Arbeitnehmern, die auf Antrag des Arbeitgebers von der gesetzlichen Rentenversicherung befreit worden sind, z. B. einer Lehrkraft an einer nicht öffentlichen Schule, bei der eine Altersversorgung nach Beamtenrecht oder entsprechenden kirchenrechtlichen Grundsätzen gewährleistet ist.

Eine Kürzung des Höchstbetrags findet auch statt (§ 10 Abs. 3 Satz 3 i. V. m. § 10c Abs. 3 Nr. 2 EStG) bei

- beherrschenden Gesellschafter-Geschäftsführern einer GmbH oder
- Vorstandsmitgliedern von Aktiengesellschaften,

die während des ganzen oder eines Teils des Kalenderjahres nicht der gesetzlichen Rentenversicherungspflicht unterliegen und denen eine betriebliche Altersversorgung zugesagt worden ist. Die Höhe der Versorgungszusage und die Art der Finanzierung, z. B. über eine Direktversicherung, sind für die Kürzung des Höchstbetrags unbeachtlich. Im Gegensatz zur Regelung vor 2008 kommt es somit nicht mehr darauf an, ob das Anwartschaftsrecht ganz oder teilweise ohne eigene Beitragsleistung bzw. durch nach § 3 Nr. 63 EStG steuerfreie Beträge aufgebaut wurde. Hier hat sich also die Rechtslage durch das JStG 2008 insbesondere für den beherrschenden Gesellschafter-Geschäftsführer einer GmbH ab 2008 geändert.

Eine Kürzung des Höchstbetrags findet auch bei Steuerzahlern statt, die zum Kreis der Bundestagsabgeordneten, Landtagsabgeordneten oder Abgeordneten des Europaparlaments rechnen.

WICHTIG

Bei Ehegatten ist für jeden gesondert zu prüfen, ob und ggf. in welcher Höhe der gemeinsame Höchstbetrag zu kürzen ist.

Anrechnung des Arbeitgeberanteils auf den Höchstbetrag

Der Höchstbetrag für Ihre Beiträge zur Altersvorsorge im Rahmen der Basisversorgung ist **514** bei Arbeitnehmern, die steuerfreie Arbeitgeberleistungen zur gesetzlichen Rentenversicherung (§ 3 Nr. 62 EStG) oder diesen gleichgestellte steuerfreie Zuschüsse des Arbeitgebers erhalten, **um** diese **Arbeitgeberleistungen zu kürzen**, im Extremfall bis auf 0 € (§ 10 Abs. 3 Satz 5 EStG). Bei Ehegatten, die beide steuerfreie Arbeitgeberleistungen erhalten, ist der Höchstbetrag um die Summe der Arbeitgeberleistungen zu mindern.

BEISPIEL

Der ledige A zahlt 2010 einen Arbeitnehmeranteil zur Rentenversicherung in Höhe von 3.500 €. Zusätzlich wird ein steuerfreier Arbeitgeberanteil in gleicher Höhe gezahlt. Daneben hat A noch eine Rürup-Rente abgeschlossen und dafür 2010 Beiträge von 3.000 € geleistet.

Im Rahmen seiner Einkommensteuerveranlagung 2010 können Altersvorsorgeaufwendungen in Höhe von 3.300 € im Rahmen der Basisversorgung berücksichtigt werden.

Arbeitnehmerbeitrag:	3.500 €	
Arbeitgeberbeitrag:	+ 3.500 €	
Rürup-Rente:	+ 3.000 €	
Beiträge insgesamt:	10.000 €	
Höchstbetrag:	20.000 €	
somit anzusetzen:	10.000 €	
davon 70 % abzugsfähig:		7.000 €
steuerfreier Arbeitgeberbeitrag gegenzurechnen:		./.
		3.500 €
Abzug als Vorsorgeaufwand:		3.500 €

Sonstige Vorsorgeaufwendungen mit separatem Höchstbetrag

Neben dem Abzug von Beiträgen zur Altersvorsorge (➜ Tz 505) steht Ihnen für Ihre **515** übrigen Vorsorgeaufwendungen ein **separater Abzugsbetrag** zu. Dieser kann bei Ledigen **maximal 2.800 €** und bei zusammenveranlagten Ehegatten **maximal 5.600 €** betragen (einzutragen in **Zeilen 12 bis 50** der Anlage Vorsorgeaufwand).

Begünstigte sonstige Vorsorgeaufwendungen

Übersicht abziehbarer Versicherungsbeiträge   **516**

- Arbeitslosenversicherung
- Berufsunfähigkeitsversicherung, die nicht Bestandteil einer privaten Rentenversicherung im Rahmen der „Rürup"-Rente ist
- Erwerbsunfähigkeitsversicherung, die nicht Bestandteil einer privaten Rentenversicherung im Rahmen der „Rürup"-Rente ist
- Haftpflichtversicherung (Kfz und private)
- Kapitallebensversicherungen gegen laufende Beitragsleistungen mit Sparanteil, wenn der Vertrag auf die Dauer von mindestens 12 Jahren abgeschlossen worden ist, bei Versicherungsbeginn und erster Beitragsleistung vor dem 1.1.2005
- Krankenhaustagegeldversicherung

III Gestaltung und Tipps

- Krankentagegeldversicherung
- Krankenversicherung (gesetzliche und private)
- Pflegeversicherung (gesetzliche und private)
- Rentenversicherung mit Kapitalwahlrecht gegen laufende Beitragsleistungen, wenn das Kapitalwahlrecht nicht vor Ablauf von 12 Jahren seit Vertragsabschluss ausgeübt werden kann, bei Vertragsabschluss und erster Beitragsleistung vor dem 1.1.2005
- Rentenversicherung ohne Kapitalwahlrecht bei Versicherungsbeginn und erster Beitragsleistung vor dem 1.1.2005
- Risikolebensversicherung, die nur für den Todesfall eine Leistung vorsieht
- Unfallversicherung, wenn es sich nicht um eine Unfallversicherung mit garantierter Beitragsrückzahlung handelt, die insgesamt als Rentenversicherung oder Kapitalversicherung behandelt wird.

Zu den Versicherungen auf den Erlebens- oder Todesfall können – je nach Vertragsgestaltung – auch Pensions-, Versorgungs- und Sterbekassen, Aussteuer-, Pflegekranken- und Pflegerentenversicherungen sowie Unfallversicherungen mit Prämienrückgewähr gehören.

517   Nichtabziehbare Versicherungen

- Fondsgebundene Lebensversicherungen
- Kapitallebensversicherungen gegen Einmalbetrag
- Kapitallebensversicherungen gegen laufende Beitragsleistungen, die Sparanteile enthalten, mit einer Vertragslaufzeit von weniger als 12 Jahren
- Kapitallebensversicherungen ohne ausreichenden Mindesttodesfallschutz
- Rechtsschutzversicherungen
- Rentenversicherungen mit Kapitalwahlrecht gegen Einmalbetrag und Rentenversicherungen mit Kapitalwahlrecht gegen laufende Beitragsleistungen, bei denen die Auszahlung des Kapitals zu einem Zeitpunkt vor Ablauf von 12 Jahren seit Vertragsabschluss verlangt werden kann
- Sachversicherungen, z. B. Hausrat- und Kfz-Kaskoversicherungen
- Versicherungen auf den Erlebens- oder Todesfall, bei denen Sie Ansprüche aus einem von einer anderen Person abgeschlossenen Vertrag nach dem 31.12.1996 entgeltlich erworben haben, es sei denn, es werden aus Rechtsverhältnissen entstandene Abfindungs- oder Ausgleichsansprüche arbeitsrechtlicher, erbrechtlicher oder familienrechtlicher Art dadurch erfüllt
- Versicherungen, deren Ansprüche der Steuerzahler zur schädlichen Tilgung oder Sicherung von Darlehen (§ 10 Abs. 2 Satz 2 EStG a. F.) eingesetzt hat.

WICHTIG

Ebenfalls ausgeschlossen vom Abzug der sonstigen Vorsorgeaufwendungen sind Kapitallebensversicherungs- bzw. Rentenversicherungsverträge, die die Voraussetzungen für die Basisversorgung (➜ Tz 505) erfüllen und deren Laufzeit nach dem 31.12.2004 beginnt.

TIPP

Aus der Versicherungspolice für die Kfz-Versicherung können Sie folgende Versicherungen als Vorsorgeaufwendungen abziehen:

- Unfallversicherung einschließlich Insassenunfallversicherung,
- Haftpflichtversicherung.

Nicht abzugsfähig ist die Teil- oder Vollkaskoversicherung.

Voller Abzug: Kranken- und Pflegeversicherungsbeiträge

● **Beiträge zur gesetzlichen Krankenversicherung (GKV) mit Zusatzbeitrag**

Im Rahmen des Sonderausgabenabzugs für sonstige Vorsorgeaufwendungen ist ab 2010 **518** zwischen den gesetzlich Krankenversicherten und den Privatversicherten zu unterscheiden.

Bei den **gesetzlich Krankenversicherten** rechnen die Beiträge zur GKV sowie die Beiträge zur landwirtschaftlichen Krankenkasse grundsätzlich zur Basiskrankenversicherung. Hierzu gehört auch ein eventuell von der Krankenkasse erhobener **kassenindividueller Zusatzbeitrag**, in 2010 sind dies in der Regel 8 € pro Monat.

WICHTIG

Das **Krankengeld** hat die Funktion, im Fall einer längeren Krankheit den Verdienstausfall zumindest teilweise zu kompensieren; es wirkt sich daher auf der Vermögensebene des Steuerzahlers aus und nicht im Bereich des Existenzminimums. Aus diesem Grund wird der dem Steuerzahler geleistete Beitrag zur GKV um den für das Krankengeld aufgewendeten Beitragsanteil gekürzt. Dies geschieht durch einen pauschalen Kürzungssatz von 4 % bezogen auf die Beiträge zur GKV ohne Zusatzbeitrag (BMF, Schreiben v. 13.9.2010, ➔ Tz 504, Rz. 59).

Ermittelt sich bei einem **freiwillig Versicherten** der Beitrag unter Berücksichtigung mehrerer Einkunftsarten nach einem einheitlichen Beitragssatz, ist die **Kürzung um 4 %** für den gesamten Beitrag vorzunehmen, auch wenn nur ein Teil der Einkünfte bei der Bemessung der Höhe des Krankengeldes berücksichtigt wird.

Der im Rahmen der **Krankenversicherung der Rentner** erhobene Beitrag ist nicht um 4 % zu kürzen, da Rentner, wenn sie pflichtversichert sind, kein Krankengeld erhalten.

Ansonsten ist auch bei freiwillig gesetzlich versicherten Selbstständigen, Künstlern und Publizisten zu prüfen, ob in ihrem Beitrag zur GKV ein Beitragsanteil für das Krankengeld enthalten ist; dann erfolgt eine Kürzung um 4 %.

WICHTIG

Beiträge zu einer **Auslandskrankenversicherung**, die zusätzlich zu einem bestehenden Versicherungsschutz in der GKV oder PKV ohne eingehende persönliche Risikoprüfung abgeschlossen werden, sind nicht im Rahmen des vollen Sonderausgabenabzugs zu berücksichtigen. Sie können nur wie alle sonstigen Vorsorgeaufwendungen bei der Höchstbetragsberechnung angesetzt werden (BMF, Schreiben v. 13.9.2010, ➔ Tz 504, Rz. 57).

● **Beiträge zur privaten Krankenversicherung (PKV)**

Haben Sie einen Basistarif in der PKV abgeschlossen, dann können die von Ihnen **519** geleisteten Beiträge mit Ausnahme der Beitragsanteile, die auf das Krankengeld entfallen, in vollem Umfang als Sonderausgaben angesetzt werden.

III Gestaltung und Tipps

Werden in einem Krankenversicherungstarif auch über die Basisabsicherung hinausgehende Leistungen, wie z. B. Chefarztbehandlung und Einbettzimmer, versichert, ist der für den entsprechenden Tarif geleistete Beitrag in einen abziehbaren und nichtabziehbaren Teil aufzuteilen. Dies geschieht nach der Krankenversicherungsbeitragsanteil-Ermittlungsverordnung. Die wesentlichen Grundsätze der **Beitragsaufteilung** lassen sich wie folgt zusammenfassen:

- Enthält ein Tarif nur Leistungen auf dem Niveau einer Basisabsicherung, ist eine tarifbezogene Beitragsaufteilung nicht erforderlich. Der für diesen Tarif geleistete Beitrag ist insgesamt als Sonderausgabe zu berücksichtigen.
- Enthält ein Tarif darüber hinaus auch Leistungen, die der Finanzierung von Komfortleistungen dienen, ist die Höhe des nichtabziehbaren Beitragsanteils prozentual zu ermitteln. Dieser Prozentsatz ist bezogen auf jeden zugunsten des betreffenden Tarifs geleisteten Beitrag anzuwenden.
- Enthält ein Tarif nur Leistungen, die in Art, Umfang oder Höhe den Leistungen einer Basisabsicherung nicht entsprechen, ist eine tarifbezogene Beitragsaufteilung nicht durchzuführen. Der für diesen Tarif geleistete Beitrag ist insgesamt nur im Rahmen der Höchstbeträge bei den sonstigen Vorsorgeaufwendungen zu berücksichtigen.

WICHTIG

 „Basistarif" und „Basisabsicherung im Sinne des Einkommensteuerrechts" sind nicht dasselbe. Ab dem 1.1.2009 wurde in der PKV ein sog. **Basistarif** eingeführt. Dieser Tarif muss grundsätzlich von jedem privaten Krankenversicherungsunternehmen angeboten werden. Die Leistungen des Basistarifs entsprechen den Pflichtleistungen der GKV – einschließlich Krankengeld – und sind bei jedem Versicherungsunternehmen gleich. Die Versicherer dürfen keine Zuschläge wegen eines erhöhten Gesundheitsrisikos erheben oder Leistungen ausschließen. Außerdem ist der Beitrag auf den durchschnittlichen Höchstbetrag der GKV begrenzt. Bei finanzieller Hilfsbedürftigkeit eines Versicherten wird der von ihm zu zahlende Beitrag herabgesetzt. Damit soll sichergestellt werden, dass künftig jeder über einen bezahlbaren Krankenversicherungsschutz verfügt.

Die sog. **Basisabsicherung im Sinne des Einkommensteuerrechts** ist jedoch kein spezieller Tarif, sondern die Absicherung der Leistungen auf dem Niveau der GKV, die auch in jedem anderen Tarif als dem Basistarif enthalten sein kann. Für die Absicherung solcher Leistungen gezahlte Beitragsanteile können in vollem Umfang als Sonderausgaben geltend gemacht werden. Die Tarife sind daher aufzuteilen, wie bereits vorstehend ausgeführt wurde.

WICHTIG

 Hat der Steuerzahler einen **Selbstbehalt** mit der PKV vereinbart und fallen entsprechende Krankheitskosten an, für die er keinen Anspruch auf eine Versicherungserstattung hat, kann er diese Aufwendungen im Rahmen der Einkommensteuererklärung als **außergewöhnliche Belastung** geltend machen.

Privat krankenversicherte Steuerzahler müssen künftig genau **prüfen**, ob sich eine Beitragsrückerstattung im Umfang wie bisher lohnt oder ob sie besser ihre Arztrechnungen und Rezepte dem Versicherer einreichen und im Gegenzug auf die Beitragsrückerstattung verzichten. Beitragsrückerstattungen mindern nämlich die als Sonderausgaben abziehbaren Krankenversicherungsbeiträge. In diesem Zusammenhang ist zu beachten, dass die Rückerstattung von Sonderausgaben aus Vereinfachungsgründen zunächst mit den bezahlten Sonderausgaben gleicher Art im Jahr der Erstattung erfolgt (BFH, Urteile v. 21.7.2009, X R 32/07, BFH/NV 2009 S. 2031 und v. 26.11.2008, X R 24/08, BFH/NV 2009 S. 568). Diese Regelung hat die Finanzverwaltung bislang vorwiegend bei der Kirchensteuer praktiziert. Bei der Krankenversicherung spielte sie kaum eine Rolle. Denn der über die Kürzung verminderte Differenzbetrag lag meist deutlich über dem Höchstbetrag für alle Vorsorgeaufwendungen. Dies ändert sich jedoch ab 2010 bei den Krankenkassenbeiträgen. Hier kann es sich insbesondere bei einem **hohen persönlichen Steuersatz** lohnen, Beitragsrückerstattungen, die zu einer Reduzierung des Sonderausgabenabzugs führen, dadurch zu vermeiden, dass Arztrechnungen und Rezepte eingereicht werden.

● **Beiträge zur Pflegeversicherung**

Beiträge zur gesetzlichen Pflegeversicherung sind in vollem Umfang als Sonderausgaben **520** abziehbar; dabei sind steuerfreie Arbeitgeberzuschüsse mindernd zu berücksichtigen. Dies gilt sowohl für gesetzlich als auch privat Versicherte.

Die für den Sonderausgabenabzug erforderlichen Daten werden der Finanzverwaltung **elektronisch übermittelt**, entweder über die elektronische Lohnsteuerbescheinigung, die Rentenbezugsmitteilung oder die Meldungen der Versicherungsträger. Werden die erforderlichen Daten aus Gründen, die Sie nicht zu vertreten haben, z. B. auf Grund technischer Probleme, vom Versicherungsunternehmen, dem Träger der gesetzlichen Kranken- und Pflegeversicherung, der Künstlersozialkasse, einem Mitteilungspflichtigen oder dem Arbeitgeber nicht übermittelt, können Sie den Nachweis über die geleisteten und erstatteten Beiträge auch in anderer Weise erbringen, z. B. durch eine Bescheinigung Ihrer Versicherung.

Beiträge für die „Ex"

Haben Sie sich im Rahmen einer Unterhaltsvereinbarung verpflichtet, für Ihre geschie- **521** dene Ehefrau Krankenversicherungs- und Pflegeversicherungsbeiträge zu übernehmen, erhöht sich dadurch unter Umständen Ihr Volumen für das Realsplitting (➜ Tz 366. Die geschiedene Ehefrau kann die von Ihnen gezahlten Beiträge zur Pflegeversicherung als eigene im Rahmen ihres Sonderausgabenabzugs geltend machen (§ 10 Abs. 1 Nr. 1 i. V. m. Abs. 1 Nr. 3 Satz 3 EStG).

Kranken- und Pflegeversicherungsbeiträge für unterhaltsberechtigte Kinder

Wie unter ➜ Tz 75 ausgeführt, können Sie Ihre Beiträge zur Kranken- und Pflegever- **522** sicherung für ein unterhaltsberechtigtes Kind im Rahmen Ihres Sonderausgabenabzugs geltend machen. Ist Ihr Kind selbst Versicherungsnehmer, haben Sie jedoch die Kranken- und Pflegeversicherungsbeiträge über Ihre Unterhaltszahlungen an Ihr Kind wirtschaftlich getragen, steht Ihnen hierfür, und zwar begrenzt auf die Grundversorgung im Krankheitsfall, ebenfalls ein Sonderausgabenabzug zu (➜ Tz 74).

Neue Höchstbetragsberechnung

Die bisher im Rahmen der sonstigen Vorsorgeaufwendungen steuerlich anzusetzenden **523** Beiträge z. B. für eine Erwerbs- und Berufsunfähigkeitsversicherung, Haftpflichtversiche-

III Gestaltung und Tipps

rung sowie Risikolebensversicherung werden weiterhin neben den Kranken- und Pflege-versicherungsbeiträgen zum Sonderausgabenabzug zugelassen; gleichzeitig werden die **Höchstbeträge ab 2010** von 2.400 € auf **2.800 €** und von 1.500 € auf **1.900 €** angehoben. Übersteigen die Beiträge zu einer Basis-Kranken- und Pflegeversicherung für sich genommen diese Höchstbeträge, sind diese Beiträge in vollem Umfang in Abzug zu bringen; ein Ansatz weiterer sonstiger Vorsorgeaufwendungen scheidet dann allerdings aus.

Die neue Höchstbetragsberechnung kann nach folgendem Berechnungsschema durch-geführt werden:

①   Begünstigte Beiträge zur Basiskranken- und Pflegepflichtversicherung

Beiträge* des Steuerpflichtigen:		.... €
Beiträge* für Ehegatten:	+	.... €
Beiträge* für eingetragenen Lebenspartner:	+	.... €
Beiträge* für unterhaltsberechtigte Kinder:	+	.... €
Beiträge* an getrennt lebenden oder geschiedenen Ehegatten oder an andere unterhaltsberechtigte Personen im Rahmen der steuerlich abziehbaren Unterhaltsleistungen beim Unterhaltsempfänger:	+	.... €
		.... €

Pauschale Kürzung wegen Krankengeld (4 % der Krankenversicherungsbeiträge):	./.	.... €
Beitragsrückerstattungen:	./.	.... €
		.... €

* Nur Beiträge im Rahmen der Basisversorgung (ohne Chefarztbehandlung, Einzelzimmer usw.)

② Höchstbetragsberechnung

Abziehbare Kranken- und Pflegeversicherungsbeiträge (1)	.... €

oder

Abziehbare Kranken- und Pflegeversicherungsbeiträge:	.... €
Sonstige Vorsorgeaufwendungen (Unfall-, Arbeitslosen-, Risikolebens-, Haftpflicht- sowie „alte" Lebens- und Rentenversicherungen):	.... €
Zwischensumme (2):	.... €

Höchstens

●	Arbeitnehmer:	1.900 €
●	Nichtarbeitnehmer:	2.800 €
●	Ehegatte (Arbeitnehmer oder familienversichert):	1.900 €
●	Ehegatte (gewerblich oder freiberuflich tätig):	2.800 €

Anzusetzen (3): .... €

Niedrigerer Betrag von (2) oder (3) = (4): .... €

Höherer Betrag von (1) oder (4): .... €

Dazu folgendes Beispiel:

Ein Arbeitnehmerehepaar hat 2010 Kranken- und Pflegeversicherungsbeiträge (ohne Krankengeld) von 4.800 € geleistet. Dazu kommen noch sonstige Vorsorgeaufwendungen in Höhe von 1.200 €. Hier sieht der neue Höchstbetrag wie folgt aus:

Abziehbare Kranken- und Pflegeversicherungsbeiträge (1) | 4.800 €

oder

Abziehbare Kranken- und Pflegeversicherungsbeiträge: 4.800 €

Sonstige Vorsorgeaufwendungen
(Unfall-, Arbeitslosen-, Risikolebens-, Haftpflicht- sowie „alte" Lebens- und Rentenversicherungen): 1.200 €

Zwischensumme (2): | 6.000 €

Höchstens

- Arbeitnehmer: 1.900 €
- Nichtarbeitnehmer: 2.800 €
- Ehegatte (Arbeitnehmer oder familienversichert): 1.900 €
- Ehegatte (gewerblich oder freiberuflich tätig): 2.800 €

Anzusetzen (3): | 3.800 €

Niedrigerer Betrag von (2) oder (3) = (4): | 3.800 €

Höherer Betrag von (1) oder (4): | 4.800 €

Höchstbetrag

Grundsätzlich können sonstige Vorsorgeaufwendungen – wie vorstehend ausgeführt – bis zu einem **Höchstbetrag** von **2.800 €** je Steuerzahler abgezogen werden.   **524**

WICHTIG

Bei einem Steuerzahler, der ganz oder teilweise **ohne eigene Aufwendungen** einen Anspruch auf vollständige oder **teilweise Erstattung** oder **Übernahme von Krankheitskosten** hat oder für dessen Krankenversicherung **steuerfreie Leistungen** von dritter Seite erbracht werden, mindert sich der Höchstbetrag auf **1.900 €**. Von dem gekürzten Höchstbetrag sind insbesondere folgende Personengruppen betroffen:

- **Rentner,** bei denen der Träger der gesetzlichen Rentenversicherung Beiträge an die GKV zahlt,
- **Rentner,** die aus der gesetzlichen Rentenversicherung steuerfreie Zuschüsse zu den Krankenversicherungsbeiträgen erhalten,
- sozialversicherungspflichtige Arbeitnehmer, für die der Arbeitgeber steuerfreie Beiträge zur Krankenversicherung leistet (§ 3 Nr. 62 EStG),

III Gestaltung und Tipps

257

- Besoldungsempfänger oder gleichgestellte Personen, die von ihrem Arbeitgeber steuerfreie Beihilfen zu Krankheitskosten erhalten (§ 3 Nr. 11 EStG),
- Pensionäre im öffentlichen Dienst mit Beihilfeanspruch oder gleichgestellte Personen sowie
- Beamte, die in der GKV freiwillig versichert sind und deshalb keine Beihilfe zu ihren Krankheitskosten – trotz eines grundsätzlichen Anspruchs – erhalten,
- Personen, für die steuerfreie Leistungen der Künstlersozialkasse nach § 3 Nr. 57 EStG erbracht werden,
- in der GKV ohne eigene Beiträge **familienversicherte Angehörige** (BMF, Schreiben v. 13.9.2010, ➜ Tz 504, Rz. 83 f.).

Zum Ansatz des gekürzten Höchstbetrags von 1.900 € kommt es auch dann, wenn die Voraussetzung „steuerfreie Krankenversicherungsbeiträge oder Beihilfe" nur für einen Teil des Kalenderjahres 2010 vorgelegen hat.

Bei zusammenveranlagten Ehegatten ist für jeden Ehegatten nach dessen persönlichen Verhältnissen zu bestimmen, ob der Höchstbetrag von 2.800 € oder von 1.900 € anzusetzen ist. Ist z. B. der Ehemann als Steuerberater freiberuflich tätig und seine Ehefrau Arbeitnehmerin, steht ihnen ein Höchstbetrag von 2.800 € + 1.900 € = 4.700 € zu. Die Summe der beiden Höchstbeträge ist mit den sonstigen Vorsorgeaufwendungen der Ehegatten zu vergleichen und ergibt dann den zusätzlichen Abzugsbetrag, der neben dem Höchstbetrag für die Altersvorsorge (➜ Tz 512) zu gewähren ist.

Achten Sie darauf, dass Ihre Beiträge zu Rentenversicherungen mit Kapitalwahlrecht, zu Kapitallebensversicherungen mit einer Mindestlaufzeit von 12 Jahren sowie zu Rentenversicherungen ohne Kapitalwahlrecht und Risikolebensversicherungen – einzutragen in **Zeilen 49 und 50** der Anlage Vorsorgeaufwand – auch bei der Ermittlung der übrigen Vorsorgeaufwendungen nur in Höhe von 88 % berücksichtigt werden. Dies gilt nicht für Altersvorsorgebeiträge, für die Sie die Riester-Förderung beantragt haben.

Günstigerprüfung (Vergleich zum alten Recht)

525 Der Abzug als Vorsorgeaufwand setzt sich aus der Höchstbetragsberechnung im Rahmen der Basisversorgung (➜ Tz 512) und der Höchstbetragsberechnung für die sonstigen Vorsorgeaufwendungen (➜ Tz 524) zusammen. Neben dieser zweigeteilten Höchstbetragsberechnung wird im Rahmen einer sog. **Günstigerprüfung** ermittelt, ob die alte Höchstbetragsberechnung vor 2005 mit Vorwegabzug, Grundhöchstbetrag und hälftigem Höchstbetrag für Sie günstiger ist. Ist dies der Fall, wird der alte Höchstbetrag auch 2010 angesetzt.

TIPP

Sollten Sie sich jedoch ab 2005 für eine **sog. Rürup-Rente** entschieden haben, deren Beiträge Sie im Rahmen der Basisversorgung abziehen können, dürfen Sie diese Beiträge im Rahmen der alten Höchstbetragsberechnung berücksichtigen, ab 2006 sogar mit einem zusätzlichen Abzugsbetrag. Dies gilt auch für Risikolebensversicherungen unabhängig vom Zeitpunkt des Vertragsabschlusses.

Die Finanzverwaltung verlangt, dass der im Rahmen der Basisversorgung zu berücksichtigende **Arbeitgeberbeitrag** zur gesetzlichen Rentenversicherung (➜ Tz 514) bei der Günstigerprüfung nicht im Rahmen der alten Höchstbetragsberechnung angesetzt werden darf. Dies ist u. E. auf Grund des Gesetzeswortlauts strittig.

Damit Sie die **alte Höchstbetragsberechnung** durchführen können, wird sie nachfolgend in **4 Schritten** dargestellt: **526**

- Steuerzahler, die nach dem 31.12.1957 geboren sind, können ihre Beiträge zu einer zusätzlichen freiwilligen Pflegeversicherung bis zu einem Höchstbetrag von 184 € als Sonderausgaben vorweg abziehen.
- Dann sind Ihre Versicherungsbeiträge bis zu einem Höchstbetrag von 3.068 € für Ledige und 6.136 € für unbeschränkt steuerpflichtige Ehegatten abzugsfähig. Die Höchstbeträge sind in der Regel um 16 % des Arbeitslohns zu kürzen.
- Was noch an Versicherungsbeiträgen übrig bleibt, wird bis zu 1.334 € bei Ledigen und 2.668 € bei Ehegatten berücksichtigt.
- Übersteigt die Summe der Versicherungsbeiträge die Höchstbeträge von 3.068 €/6.136 € bzw. 1.334 €/2.668 €, ist der Mehrbetrag zur Hälfte, höchstens jedoch mit 667 € bei Ledigen und 1.334 € bei Verheirateten, abzugsfähig.

Achten Sie auch bei der alten Höchstbetragsberechnung darauf, dass Ihre Beiträge zur Rentenversicherung mit Kapitalwahlrecht sowie zur Kapitallebensversicherung mit einer Mindestlaufzeit von 12 Jahren nur mit **88 %** berücksichtigt werden können, bevor Sie dann die Höchstbetragsberechnung nach altem Recht durchführen.

BEISPIEL

A, Freiberufler, wird mit seiner Ehefrau B, Hausfrau, 2010 zusammen zur Einkommensteuer veranlagt. Für dieses Jahr zahlen sie folgende Versicherungsbeiträge:

Beiträge zum Versorgungswerk:	2.000 €
private Krankenversicherung (nach Abzug von 4 %):	6.000 €
Haftpflichtversicherungen (Kfz und private) sowie 4 % für Krankengeld:	1.200 €
alte Kapitallebensversicherung mit Versicherungsbeginn im Jahre 2000 und einer Laufzeit von 20 Jahren:	6.000 €
insgesamt:	15.200 €

Nach der zweigeteilten Höchstbetragsberechnung mit Günstigerprüfung ergibt sich folgender Sonderausgabenabzug bei der Einkommensteuerveranlagung 2010:

- **Basisversorgung** (Beiträge zur Altersvorsorge)

2010 geleistete Beiträge zum Versorgungswerk:	2.000 €
Höchstbetrag bei Ehegatten vor Kürzung:	40.000 €
zu berücksichtigen:	2.000 €
davon 2010 abziehbar (70 % von 2.000 €):	1.400 €

- **Sonstige Vorsorgeaufwendungen**

Krankenversicherung (nach Abzug von 4 %):	6.000 €
Haftpflichtversicherungen und Krankengeldversicherung:	1.200 €
alte Kapitallebensversicherung (88 % von 6.000 €):	5.280 €
insgesamt:	12.480 €

III Gestaltung und Tipps

Höchstbetrag bei Ehegatten, bei denen keiner einen steuerfreien Arbeitgeberbeitrag zur Krankenversicherung oder Beihilfe erhält:		5.600 €
Höherer Betrag wegen Krankenversicherung:		6.000 €
Im Rahmen der neuen Höchstbetragsberechnung (Basisversorgung und übrige Vorsorgeaufwendungen) absetzbar: 1.400 € + 6.000 € =		7.400 €

● **Alte Höchstbetragsberechnung**

Beiträge zum Versorgungswerk:		2.000 €
Krankenversicherung (nach Abzug von 4 %):		6.000 €
Haftpflichtversicherungen und Krankengeldversicherung):		1.200 €
alte Kapitallebensversicherung (88 % von 6.000 €):		5.280 €
insgesamt:		14.480 €
davon abziehbar insgesamt anzusetzende Beiträge:	14.480 €	
Vorwegabzug bei Ehegatten:	./. 6.136 €	6.136 €
	8.344 €	
Grundhöchstbetrag:	./. 2.668 €	+ 2.668 €
	5.676 €	
davon abzugsfähig 50 %, höchstens 1.334 €:	./. 1.334 €	+ 1.334 €
steuerlich gehen verloren:	4.342 €	
abzugsfähig im Rahmen der alten Höchstbetragsberechnung:		10.138 €

Das Beispiel zeigt, dass die alte Höchstbetragsberechnung für A und B deutlich günstiger ist als das, was der Gesetzgeber im Rahmen der Basisversorgung und der sonstigen Vorsorgeaufwendungen 2010 abziehen will.

TIPP

Die Günstigerprüfung, die Ihnen den alten Höchstbetrag beim Abzug von Vorsorgeaufwendungen sichert, ist besonders wichtig, wenn die Altersvorsorge bisher über Kapitallebens- und Rentenversicherungen aufgebaut worden war, deren Beiträge nicht zur neuen Basisversorgung rechnen. Denn dann hätte sich der Abzug Ihrer Versicherungsbeiträge auf den Höchstbetrag für die übrigen Vorsorgeaufwendungen beschränkt, bei einem Ledigen also maximal 2.800 € betragen.

527 Sollten Sie z. B. als Freiberufler Ihre Altersvorsorge über Kapitallebensversicherungen abgesichert haben, steht Ihnen als lediger Steuerzahler durch den Ansatz des Vorwegabzugs und des Grundhöchstbetrags mit hälftigem Höchstbetrag nach altem Recht ein Abzug bis zu 5.069 € zu, wenn Ihre Versicherungsbeiträge mindestens 5.736 € betragen. Bei zusammenveranlagten Ehegatten sind die Beiträge bis zu einem Höchstbetrag von

10.138 € abzugsfähig. Zur Erlangung dieses Höchstbetrags müssen Sie Versicherungsbeiträge von 11.472 € aufbringen.

Die bis Ende 2005 geltende Günstigerprüfung führte bei bestimmten Berufsgruppen, z. B. bei ledigen Selbstständigen, die nicht in einer berufsständischen Versorgungseinrichtung pflichtversichert sind, dazu, dass eine zusätzliche Beitragszahlung zugunsten einer Rürup-Rente den zu berücksichtigenden Höchstbetrag nicht erhöhte. Um auch in diesen Fällen einen Anreiz für eine zusätzliche Altersabsicherung in Form der Rürup-Rente zu schaffen, ist die **Günstigerprüfung ab 2006 erweitert** worden (§ 10 Abs. 4a EStG). Ab 2006 werden Beiträge für eine Rürup-Rente immer mit mindestens dem gesetzlich maßgebenden Prozentsatz der Basisversorgung – für 2010 sind dies 70 % – als Vorsorgeaufwendungen bei der Ermittlung des zu versteuernden Einkommens berücksichtigt. Dies erfolgt entweder durch den Ansatz der entsprechenden Beiträge im Rahmen der bisherigen Basisversorgung oder durch den Ansatz eines Erhöhungsbetrags zusätzlich zum Höchstbetrag nach altem Recht. Der Erhöhungsbetrag wird immer dann angesetzt, wenn das Abzugsvolumen nach altem Recht über das Abzugsvolumen nach neuem Recht hinausgeht. Bemessungsgrundlage für den Erhöhungsbetrag sind die Beiträge für die Rürup-Rente. Von diesen Beiträgen sind **2010 70 % zusätzlich zum Höchstbetrag** nach altem Recht zu berücksichtigen.

Angenommen, die in dem vorstehenden Beispiel gezahlten Beiträge zum Versorgungswerk sind in eine Rürup-Rente gezahlt worden, so ist der Höchstbetrag wie folgt zu ermitteln:

Höchstbetragsberechnung nach neuem Recht

● **Basisversorgung** (Beiträge zur Altersversorgung)

Gezahlte Beiträge für eine Rürup-Rente:	2.000 €
Höchstbetrag bei Ehegatten vor Kürzung:	40.000 €
zu berücksichtigen:	2.000 €
davon 2010 abziehbar (70 % von 2.000 €):	1.400 €

● **Sonstige Vorsorgeaufwendungen**

Versicherungsbeiträge insgesamt:	12.480 €
Höchstbetrag bei Ehegatten, bei denen keiner einen steuerfreien Arbeitgeberbeitrag zur Krankenversicherung und Beihilfe erhält:	5.600 €
Im Rahmen der neuen Höchstbetragsberechnung absetzbar: 1.400 € + 5.600 €	= 7.000 €

● **Alte Höchstbetragsberechnung mit Erhöhungsbetrag**

Höchstbetrag ohne Berücksichtigung der Beiträge zur Rürup-Rente (wie oben ermittelt)		10.138 €
zusätzlicher Erhöhungsbetrag		
Beiträge zur Rürup-Rente	2.000 €	
2010 mit 70 % anzusetzen (Begrenzung auf 70 % von 40.000 € „greift" hier nicht):		1.400 €
abziehbar:		11.538 €

III Gestaltung und Tipps

● **Zusätzlich zu ermitteln „Mindestbetrag"**
Der Mindestbetrag ist in der Weise zu ermitteln, dass die Beiträge zur Rürup-Rente in die
alte Höchstbetragsberechnung als Beiträge einbezogen werden.

Versicherungsaufwendungen insgesamt (12.480 €		14.480 €
+ 2.000 € Rürup-Rente):		
davon abziehbar		
insgesamt anzusetzende Beiträge:	14.480 €	
Vorwegabzug bei Ehegatten:	./. 6.136 €	6.136 €
	8.344 €	
Grundhöchstbetrag:	./. 2.668 €	+ 2.668 €
	5.676 €	
davon abziehbar 50 %, höchstens 1.334 €:	./. 1.334 €	+ 1.334 €
steuerlich gehen verloren:	4.342 €	
abziehbar im Rahmen der alten Höchstbetrags-		
berechnung		
ohne Erhöhungsbetrag:		10.138 €

Da die alte Höchstbetragsberechnung mit Erhöhungsbetrag den Mindestbetrag von
10.138 € übersteigt, sind für 2010 insgesamt 11.538 € als Versicherungsbeiträge abzuziehen.

528 Zu einer **Kürzung des Vorwegabzugs** von **3.068 €** kommt es im Rahmen der alten
Höchstbetragsberechnung nicht, wenn **keine Rentenversicherungspflicht** und auch
kein Anspruch auf **Altersversorgung** besteht.

Demnach ist der Vorwegabzug **nicht** zu kürzen

● bei einem GmbH-Geschäftsführer ohne Pensionszusage,
● bei einem GmbH-Geschäftsführer, in dessen Anstellungsvertrag eine Vereinbarung
  über den Abschluss einer Lebensversicherung getroffen ist, ohne dass es jedoch
  tatsächlich zu einem solchen Abschluss gekommen ist,
● bei einem Alleingesellschafter und Geschäftsführer einer GmbH mit Zusage einer
  Altersversorgung (BFH, Urteile v. 16.10.2002, XI R 25/01, BFH/NV 2003 S. 252, und
  v. 28.7.2004, XI R 9/04, BFH/NV 2005 S. 196),
● bei einem freien Mitarbeiter in einer Gemeinschaftspraxis, für den der Arbeitgeber
  keine Zukunftssicherungsleistungen im Sinne des § 3 Nr. 62 EStG erbracht hat (BFH,
  Urteil v. 21.1.2004, XI R 38/02, BFH/NV 2004 S. 1028; vgl. auch BMF, Schreiben v.
  9.7.2004, IV C 4 – S 2221 – 115/04, BStBl 2004 I S. 582).

TIPP

 Haben Sie als Allein-Geschäftsführer einer GmbH eine **Direktversicherung
abgeschlossen,** sind die Beiträge des Arbeitgebers für diese Versicherung
steuerlich so zu behandeln, als ob Sie diese Beiträge geleistet haben. In diesen
Fällen erbringen also Sie die Beiträge zu einer Altersversorgung aus eigenen
Mitteln, so dass es nicht zu einer Kürzung des Vorwegabzugs kommt.

Eine Kürzung des Vorwegabzugs scheidet auch dann aus, wenn eine GmbH ihren zu
gleichen Teilen beteiligten Gesellschafter-Geschäftsführern die gleiche Altersversorgung
zugesagt hat (BFH, Urteil v. 23.2.2005, XI R 29/03, BFH/NV 2005 S. 1417). Hiervon ist

auszugehen, wenn bei einer Altersversorgung im Rahmen einer Direktzusage oder über eine Unterstützungskasse das entsprechende Anwartschaftsrecht auf Altersversorgung auf Dauer gesehen ausschließlich durch ein in der Beteiligungsquote des Gesellschafter-Geschäftsführers entsprechenden Verzicht auf gesellschaftsrechtliche Ansprüche erworben wird. Dazu ist der auf seine Altersversorgungszusage entfallende Anteil am Gesamtaufwand der Gesellschaft für die Altersversorgungszusage aller Gesellschafter typisierend und vorausschauend zu ermitteln und sein **persönlicher Anteil am Altersvorsorgeaufwand mit der persönlichen Beteiligungsquote** zu **vergleichen**. Bei der Ermittlung des Gesamtaufwands der Gesellschaft für die ihren Gesellschaftern erteilten Altersversorgungszusagen ist in der Regel von den Barwerten der allen Gesellschaftern zustehenden Anwartschaften auf eine Altersversorgung zum Zeitpunkt des Beginns der jeweiligen Auszahlungsphase auszugehen. Die Barwertermittlung erfolgt für jeden Gesellschafter entsprechend der zum 31.12. des betreffenden Veranlagungszeitraums bestehenden Altersversorgungszusage nach versicherungsmathematischen Grundsätzen. Die Bewertung hat auf den Zeitpunkt des frühest möglichen vertraglichen Beginns der Auszahlungsphase zu erfolgen. Für Gesellschafter, die bereits Leistungen erhalten, ist eine Barwertermittlung zum Zeitpunkt des tatsächlichen Auszahlungsbeginns vorzunehmen.

Der einem Gesellschafter-Geschäftsführer prozentual zustehende Barwertanteil an der Summe der allen Gesellschaftern zustehenden Barwerte ist mit seiner Beteiligungsquote an der Kapitalgesellschaft zu vergleichen. Ist die Beteiligungsquote eines Gesellschafter-Geschäftsführers gleich dem Barwertanteil oder größer, gehört der entsprechende Gesellschafter-Geschäftsführer nicht zu dem Personenkreis, bei dem eine Kürzung des Vorwegabzugs vorzunehmen ist.

WICHTIG

Abweichend von der vorstehend dargestellten Berechnung lässt es die Finanzverwaltung (BMF, Schreiben v. 22.5.2007, IV C 8 – S 2221/07/0002, BStBl 2007 I S. 493, Rz. 16) zu, dass der prozentuale Anteil der Anwartschaft auf Altersversorgung eines Gesellschafter-Geschäftsführers an der Summe der Anwartschaften auf Altersversorgung aller Gesellschafter auch durch die Ermittlung des prozentualen Anteils der dem einzelnen Gesellschafter-Geschäftsführer wegen des Erreichens der Altersgrenze nominal zugesagten Betrags an den von der Kapitalgesellschaft allen Gesellschaftern wegen des Erreichens der Altersgrenze zugesagten nominalen Versorgungsbeträgen erfolgt. Vorausgesetzt der voraussichtliche Leistungsbeginn der den Gesellschaftern zugesagten Versorgungen liegt nicht mehr als 5 Jahre auseinander und die Versorgungsleistungen sind strukturell vergleichbar, z. B. in Bezug auf die Dynamisierung der Versorgungsleistungen.

Sollte die Vergleichsberechnung geringfügige Abweichungen von bis zu 10 % zwischen der Beteiligungsquote und dem Barwertanteil oder dem Anteil der nominal zugesagten Versorgungsleistung wegen des Erreichens der Altersgrenze aufweisen, sind diese für die steuerliche Beurteilung unbeachtlich (BMF, Schreiben v. 22.5.2007, a. a. O., Rz. 22).

WICHTIG

Durch das JStG 2008 hat sich an dieser Rechtslage nichts geändert. Zwar führt die Pensionszusage einer GmbH bei einem Alleingesellschafter-Geschäftsführer zu

III Gestaltung und Tipps

> einer Kürzung seines Höchstbetrags bei der Basisversorgung, jedoch bleibt es bei
> der Günstigerprüfung und Anwendung der alten Höchstbetragsberechnung bei der
> Rechtslage vor 2008, die vorstehend anhand des BMF-Schreibens v. 22.5.2007,
> a. a. O., dargestellt ist. Wahrlich kein Schritt in Richtung „Steuervereinfachung".

Andererseits kommt es bei einem GmbH-Geschäftsführer zu einer Kürzung des Vorwegabzugs für Vorsorgeaufwendungen, wenn das Anwartschaftsrecht auf Altersversorgung
noch nicht unverfallbar ist oder dieses Anwartschaftsrecht im Hinblick auf die wirtschaftliche Situation der GmbH nicht gesichert erscheint (BFH, Urteil v. 28.7.2004, XI R
67/03, BFH/NV 2005 S. 110). Wird die Pensionszusage von der GmbH in späteren Jahren
widerrufen, führt dies nicht zu einer Rückgängigmachung der Kürzung des Vorwegabzugs.

WICHTIG

 Der Vorwegabzug ist um 16 % der Summe der Einnahmen aus nichtselbstständiger Arbeit zu kürzen. Dabei rechnet zu den Einnahmen auch eine vom Arbeitgeber
gezahlte **Entlassungsentschädigung**, für die kein Arbeitgeberbeitrag zu leisten
war (BFH, Urteil v. 16.10.2002, XI R 71/00, BFH/NV 2003 S. 546).

3.2   Vorsorgepauschale

529 Ab 2010 ist die bisherige Vorsorgepauschale **weggefallen**. Dies vereinfacht den Sonderausgabenabzug. Lediglich im Rahmen der Lohnbesteuerung berücksichtigt der Gesetzgeber über § 39b Abs. 2 EStG eine Art Vorsorgepauschale, indem er neben den Versicherungsbeiträgen für die Altersvorsorge die sonstigen Vorsorgeaufwendungen mit
mindestens 12 % des Arbeitslohns, höchstens **1.900 €** in den Steuerklassen I, II, IV, V
und VI und höchstens **3.000 €** in der Steuerklasse III berücksichtigt. Bei gesetzlich
kranken- und pflegeversicherten Arbeitnehmern wird zusätzlich geprüft, ob die tatsächlichen Beiträge zur Kranken- und Pflegeversicherung höher sind als die vorstehend
genannte Vorsorgepauschale. Bei privat Versicherten ist eine solche Prüfung nur dann
möglich, wenn dem Arbeitgeber eine Bescheinigung der Krankenversicherung über die
voraussichtlichen Versicherungsbeiträge des Jahres 2010 vorliegt. Hat der privat versicherte Arbeitnehmer auf die Vorlage einer solchen Bescheinigung verzichtet, kann er
sich die zuviel einbehaltene Lohnsteuer im Rahmen der Einkommensteuerveranlagung
2010 zurückholen.

3.3   Zusätzlicher Sonderausgabenabzug bei der sog. Riester-Rente

530 Rentenversicherungspflichtige Arbeitnehmer, aber auch bestimmte Selbstständige, die
rentenversicherungspflichtig sind, können auf **freiwilliger Basis** ihre **Altersrente** durch
eine **zusätzliche Altersvorsorge aufstocken**, die sich aus eigenen Beiträgen und staatlichen Zulagen zusammensetzt. Dazu zahlen die Berechtigten entweder in einen privaten
Altersvorsorgevertrag ein oder sie sparen die zusätzliche Altersvorsorge über die betriebliche Alterssicherung an.

Bei diesem Sparen beteiligt sich Vater Staat durch eine Zulage, die vom Familienstand und
der Kinderzahl abhängig ist. Darüber hinaus kann der Rentenversicherungspflichtige

seine Altersvorsorgeaufwendungen einschließlich **Zulage** im Rahmen des **Sonderaus-gabenabzugs** zusätzlich zu dem bisher geltenden Höchstbetrag ansetzen, allerdings unter Gegenrechnung der Zulage. Damit wird im Rahmen der Einkommensteuerveranlagung nur das zusätzlich an Steuerersparnis gewährt, was über die Zulage hinausgeht.

WICHTIG

Durch das Eigenheimrentengesetz ist die Riester-Förderung in Form der Zulage und des zusätzlichen Sonderausgabenabzugs nach § 10a EStG auf die Finanzierung einer eigengenutzten Wohnung erweitert worden. Dazu wurde der bisherige Förderkatalog der Riester-Produkte um

● Darlehensverträge sowie
● Verträge zum Erwerb von Genossenschaftsanteilen

im Zusammenhang mit dem **selbstgenutzten Wohneigentum** erweitert. Darüber hinaus hat man die bisher bereits bestehende Entnahmemöglichkeit von angespartem Altersvorsorgekapital für Immobilien, die eigenen Wohnzwecken dienen, verbessert. Um Berufseinsteigern die Riester-Förderung attraktiv zu machen, gibt es **ab 2008** einen **Berufseinsteigerbonus** von **200 €**. Wegen weiterer Einzelheiten zum „Wohn-Riester" ➜ Tz 538.

Die Zulage setzt sich aus 2 Komponenten zusammen, und zwar der **Grundzulage** und einer **531** **Kinderzulage**. Für 2010 wird eine **Grundzulage** von **154 €** und eine **Kinderzulage** je Kind von **185 €** gewährt (§§ 84, 85 EStG). Für Kinder, die nach dem 31.12.2007 geboren wurden oder werden, erhöht sich die Kinderzulage von 185 € auf 300 € (§ 85 Abs. 1 Satz 2 EStG). Wollen Sie die Zulage in voller Höhe erhalten, müssen Sie 2010 folgenden **Mindesteigenbeitrag** in Ihre private Altersvorsorge einzahlen:

4 % der rentenversicherungspflichtigen Einnahmen des Vorjahres,
begrenzt auf maximal 2.100 €
./. Grundzulage und Kinderzulage
= eigene Beitragsleistung für die volle Zulagegewährung (= Mindesteigenbeitrag)

Der Mindesteigenbeitrag ist nach unten auf einen sog. **Sockelbetrag** von 60 € zu **532** begrenzen (§ 86 Abs. 1 Satz 4 EStG).

Wegen Einzelheiten zum Zulagenantrag ➜ Tz 81 sowie BMF-Schreiben v. 31.3.2010 ➜ Tz 504).

Das, was für die zusätzliche Altersvorsorge angespart wird, kann im Rahmen des Sonder- **533** ausgabenabzugs bis zu bestimmten Höchstbeträgen unter Gegenrechnung der Zulage steuermindernd berücksichtigt werden.

WICHTIG

Der **Sonderausgabenabzug** wird **zusätzlich** zur bisherigen Höchstbetragsberechnung für Vorsorgeaufwendungen (➜ Tz 525) gewährt. Dabei ist für Ihre Beiträge zur Altersvorsorge 2010 ein **Höchstbetrag** von **2.100 €** zu beachten.

III Gestaltung und Tipps

Für den Sonderausgabenabzug kommt es nicht nur auf Ihre **eigenen Beiträge** an, sondern auch auf die Ihnen zustehende **Zulage**. Sie fließt wie ein eigener Beitrag in die Bemessungsgrundlage für den Sonderausgabenabzug ein.

Für den Sonderausgabenabzug der Zulage kommt es nicht darauf an, ob und wann die Zulage dem begünstigten Vertrag gutgeschrieben wird. Vielmehr ist auf die **„mögliche"** **Zulage abzustellen**, die Sie bei entsprechender Antragstellung erhalten würden.

Über die Höhe Ihrer Altersvorsorgebeiträge erhalten Sie von der Bank oder der Versicherung eine **Bescheinigung** nach **amtlichem Vordruck**. Des Weiteren ist die **Anlage AV** auszufüllen. Dort geben Sie in **Zeile 7** an, dass Sie nur mittelbar begünstigt sind, und zwar durch Eintragung einer 1 = Ja zu Kz. 108 bzw. für den Ehegatten zu Kz. 308. Darüber hinaus fügen Sie sämtliche Anbieterbescheinigungen, also auch die Ihres Ehegatten, der Einkommensteuererklärung 2010 bei. Ist Ihr Ehegatte unmittelbar Begünstigter, ist für ihn in **Zeile 8** zu Kz. 108 bzw. Kz. 308 eine 2 = Ja einzutragen. Bei getrennter bzw. besonderer Veranlagung ist anstelle der **Zeile 7** für den mittelbar Begünstigten die **Zeile 20** maßgebend. Dort tragen Sie ein, dass die Angaben zu den Altersvorsorgebeiträgen und die beigefügten Anbieterbescheinigungen bei der Einkommensteuererklärung des anderen Ehegatten zu berücksichtigen sind. Dies machen Sie zu Kz. 106 bzw. zu Kz. 306 durch eine 2 = Ja kenntlich.

Günstigerprüfung

534 Die Finanzverwaltung ermittelt die Steuerersparnis unter Ansatz der eigenen Beiträge und der Zulage; sie rechnet allerdings die gewährte Zulage gegen. Der Steuervorteil besteht somit für Sie nur im Spitzenbetrag, der von der Steuerersparnis über die Zulage hinausgeht.

WICHTIG

Für die Ermittlung des Steuervorteils auf Grund des Sonderausgabenabzugs ist bei der Günstigerprüfung stets die **tatsächliche Steuerentlastung** anzusetzen; eine fiktive Berechnung unter Berücksichtigung der Kinderfreibeträge scheidet daher aus (§ 10a Abs. 2 Satz 3 EStG).

BEISPIEL

A erzielte 2009 ein rentenversicherungspflichtiges Einkommen von 30.000 €.

Um 2010 die volle Zulage zu erhalten, muss A folgenden Mindesteigenbeitrag leisten:

4 % von 30.000 € =	1.200 €
Grundzulage:	./.154 €
Mindesteigenbeitrag:	1.046 €

Zahlt A zusätzlich zu dem Mindesteigenbeitrag von 1.046 € noch 900 € in den Altersvorsorgevertrag ein, so erreicht er damit den Höchstbetrag beim Sonderausgabenabzug, nämlich

Eigene Beiträge:	1.946 €
Grundzulage:	+ 154 €

Höchstbetrag für den Sonderausgaben-abzug: 2.100 €

Besteuert A seine Einkünfte in der Spitze mit 30 %, so erhält er auf Grund seiner Beiträge für die Altersvorsorge zusätzlich zur Zulage folgenden Einkommensteuervorteil:

Eigene Beiträge:	1.946 €
Grundzulage:	+ 154 €
gefördert werden:	2.100 €
Steuerentlastung (30 % von 2.100 €):	
	630 €
bereits erhaltene Zulage:	./. 154 €
zusätzlicher Steuervorteil durch den Sonderausgabenabzug:	476 €

Dieser zusätzliche Vorteil wird A im Rahmen der Einkommensteuerveranlagung 2010 als Erstattungsbetrag ausgezahlt.

Umfang des Sonderausgabenabzugs bei Ehegatten

Ehegatten, die zusammen zur Einkommensteuer veranlagt werden, sind im Bereich der **535** Sonderausgaben wie ein Steuerzahler zu behandeln. Bei der Riester-Rente steht der **zusätzliche Abzugsbetrag** in Form des Steuervorteils aus dem Sonderausgabenabzug **jedem pflichtversicherten Ehegatten gesondert** zu, wenn er zum Kreis der begünstigten Personen rechnet (§ 10a Abs. 3 Satz 1 EStG).

WICHTIG

Jeder Ehegatte muss also in den gesetzlich vorgegebenen Grenzen (➜ Tz 533) seine Beiträge geltend machen, die er in den Altersvorsorgevertrag eingezahlt hat; zusätzlich wird der ihm zustehende Zulageanspruch berücksichtigt. Dies bedeutet andererseits: Wird der Höchstbetrag von 2.100 € 2010 von einem Ehegatten durch seine Beitragsleistungen nicht ausgeschöpft, kann er nicht auf den anderen Ehegatten übertragen werden.

Die Altersvorsorgebeiträge, die für beide Ehegatten getrennt ermittelt wurden, sind in einem zweiten Rechenschritt für die Berechnung des Steuervorteils zusammenzufassen. Der Steuervorteil ist dann mit dem **Zulageanspruch beider Ehegatten zu vergleichen**. Eine eventuelle Differenz ist im Rahmen der Einkommensteuerveranlagung zu erstatten (§ 10a Abs. 3 Satz 1 EStG).

BEISPIEL

Der Ehemann A zahlt 2010 2.100 € Beiträge in seinen Altersvorsorgevertrag ein, seine Ehefrau nur 261 €. Die Eheleute haben keine Kinder. Sie sollen 2010 den Mindesteigenbeitrag eingezahlt haben, so dass sie die volle Zulage erhalten.

Im Rahmen des Sonderausgabenabzugs können beide Ehegatten folgende Beiträge und Zulagen als Sonderausgaben geltend machen:

III Gestaltung und Tipps

Ehemann

Zulage:	154 €
eigene Beiträge:	2.100 €
insgesamt:	2.254 €
Höchstbetrag:	2.100 €
somit als Sonderausgaben abziehbar:	2.100 €

Ehefrau

Zulage:	154 €
eigene Beiträge:	261 €
insgesamt:	415 €
Höchstbetrag:	2.100 €
somit als Sonderausgaben abziehbar:	415 €

Ergibt sich durch den Sonderausgabenabzug ein Steuervorteil von 476 €, ist dieser anteilig den beiden Altersvorsorgeverträgen der Ehegatten gutzuschreiben. Die Aufteilung erfolgt hier im Verhältnis der berücksichtigten Altersvorsorgebeiträge (§ 10a Abs. 4 Satz 3 EStG), also im Verhältnis 1.946 € (Ehemann: 2.100 € ./. Zulage von 154 €) zu 261 € (eigene Beiträge der Ehefrau ohne Zulage). Somit ist der Steuervorteil von 476 € mit

$$\frac{1.946\ €}{2.207\ €} \times 476\ € = 420\ € \text{ dem Ehemann und mit}$$

$$\frac{261\ €}{2.207\ €} \times 476\ € = 56\ € \text{ der Ehefrau zuzurechnen.}$$

Gehört nur ein Ehegatte zum begünstigten Personenkreis und hat der andere Ehegatte im Rahmen des § 79 Satz 2 EStG **nur mittelbar Anspruch auf die Altersvorsorge**, steht der Sonderausgabenabzug nur dem Ehegatten zu, der **unmittelbar begünstigt** ist, und zwar bis zum Höchstbetrag von 2.100 €. Bis zu diesem Höchstbetrag sind die von beiden Ehegatten geleisteten Altersvorsorgebeiträge sowie die hierfür zustehenden Zulagen zu berücksichtigen (§ 10a Abs. 3 Satz 2 EStG). Die **Höchstbeträge verdoppeln sich also nicht**. Die Steuerersparnis, die sich durch den zusätzlichen Sonderausgabenabzug für den unmittelbar begünstigten Ehegatten ergibt, ist um die **Zulagen** zu kürzen, die **beiden Ehegatten zustehen** (§ 10a Abs. 3 Satz 2 i. V. m. Abs. 2 EStG).

Die Steuerersparnis durch den zusätzlichen Sonderausgabenabzug im Rahmen der Günstigerprüfung wird **gesondert festgestellt** (§ 10a Abs. 4 Satz 1 EStG). Hierüber erhält die ZfA eine Mitteilung. Bei **Ehegatten**, die zusammenveranlagt werden und die beide einen zusätzlichen Sonderausgabenabzug beantragt haben, ist die **Steuerersparnis getrennt festzustellen** (§ 10a Abs. 4 Satz 3 EStG). Auch diese Beträge werden der ZfA mitgeteilt.

Haben Sie **mehrere Verträge** über das begünstigte Ansparen im Rahmen der Altersvorsorge abgeschlossen, gilt für die Zulagegewährung: Höchstens 2 dieser Verträge sind begünstigt (§ 87 Abs. 1 Satz 1 EStG). Diese Einschränkung ist beim Sonderausgabenabzug nicht zu beachten. Vielmehr können Sie im Rahmen des Höchstbetrags von 2.100 € alle Beiträge aus Ihren Altersvorsorgeverträgen geltend machen, und zwar auch die Verträge, für die Sie keine Zulage beantragt haben oder keine Zulage beantragen konnten. Die

Steuerersparnis auf Grund des zusätzlichen Sonderausgabenabzugs wird den einzelnen Verträgen im Verhältnis der berücksichtigten Altersvorsorgebeiträge zugeordnet (§ 10a Abs. 4 Satz 2 EStG). Dies ist wichtig, wenn Sie z. B. nur über einen Altersvorsorgevertrag schädlich verfügen sollten. Dann verlieren Sie nur die Zulagen und Steuerersparnisse, die diesen Vertrag betreffen.

Schädliche Verwendung des Altersvorsorgekapitals

Unter dem Gesichtspunkt, dass sich der Steuerzahler durch die Altersvorsorge eine **536** gleichmäßige Versorgung im Alter schaffen soll, sieht der Gesetzgeber eine steuerliche Förderung nur dann vor, wenn das Anlageprodukt eine Auszahlung frühestens ab dem **60. Lebensjahr (bei Verträgen ab 2012: 62. Lebensjahr) zulässt** und ab Beginn durch Zahlung einer Altersrente oder durch gleichmäßige Zahlungen in einem Auszahlungsplan eine **lebenslange Versorgung** sicherstellt. Darüber hinaus lässt es der Gesetzgeber zu, dass für die Anschaffung oder Herstellung einer eigengenutzten Wohnung in der Ansparzeit gefördertes Kapital steuerunschädlich entnommen werden kann, wenn es anschließend wieder für die Altersvorsorge angespart wird (➔ Tz 542).

Wird gegen die Zielsetzung des Gesetzes verstoßen, hat der Steuerzahler die in dem ausgezahlten Altersvorsorgevermögen enthaltenen **Zulagen** sowie die **Anteile der gesondert festgestellten Steuervorteile aus dem Sonderausgabenabzug zurückzuzahlen.** Außerdem sind die in dem ausgezahlten Kapital enthaltenen **Erträge** und **Wertsteigerungen in voller Höhe** zu **versteuern** (§ 22 Nr. 5 Satz 4 EStG).

WICHTIG

Die Beiträge, die zur Absicherung einer **verminderten Erwerbstätigkeit** sowie zur **Hinterbliebenenabsicherung** eingesetzt werden, bleiben bei der Berechnung des Rückforderungsbetrags sowie des in der Auszahlungsphase zu versteuernden Betrags außer Betracht.

Neben der Kündigung des Altersvorsorgevertrags in der Anspar- bzw. Auszahlungsphase führt auch der **Erbfall** zu einer schädlichen Verwendung. Denn das Kapital wird hier nicht vom Zulageberechtigten zur Sicherung seiner privaten Altersvorsorge verwandt, sondern an Dritte ausgezahlt. Unschädlich ist dagegen die Verwendung, wenn im Fall des Todes des Zulageberechtigten das angesparte Kapital auf einen auf den Namen des Ehegatten lautenden Altersvorsorgevertrag eingezahlt wird. Dabei wird von Seiten des Finanzamts nicht geprüft, ob das dem Ehegatten verbleibende und von ihm eingezahlte Kapital dem entspricht, was ihm auf Grund des Erbteils zusteht.

Hinsichtlich der **unschädlichen Verwendung des Altersvorsorgevermögens** ist noch Folgendes zu berücksichtigen:

- Nicht nur die Auszahlung des Altersvorsorgevermögens in Form einer Hinterbliebenenrente ist unschädlich, sondern auch die Auszahlung des Altersvorsorgevermögens wegen einer zusätzlichen Absicherung der **verminderten Erwerbsfähigkeit** und wegen einer **zusätzlichen Hinterbliebenenabsicherung** ohne Kapitalbildung (§ 93 Abs. 1 Satz 4 Buchstabe b EStG).
- Unschädlich ist zudem die Verwendung des Altersvorsorgevermögens, wenn im Rahmen der **Regelung der Scheidungsfolgen** unter anderem eine Übertragung des geförderten Altersvorsorgevermögens auf einen Altersvorsorgevertrag des ausgleichsberechtigten Ehegatten erfolgt (§ 93 Abs. 1a Satz 1 EStG).

III Gestaltung und Tipps

● Auch die Übertragung des geförderten Altersvorsorgevermögens auf einen Pensionsfonds, eine Pensionskasse oder Direktversicherung zum Aufbau einer kapitalgedeckten betrieblichen Altersversorgung ist unschädlich, wenn eine **lebenslange Altersversorgung gewährt** wird (§ 93 Abs. 2 Satz 2 EStG). Diese Regelung flankiert die Portabilität des für einen Arbeitnehmer gebildeten Betriebsrentenkapitals im Fall des Arbeitgeberwechsels.

Schließlich sind noch Auszahlungen auf Grund einer Satzungsregelung oder aus einem ursprünglich vereinbarten Vertrag unschädlich, wenn es sich um die Abfindung einer Kleinbetragsrente, zu Beginn der Auszahlungsphase gezahlt, handelt. Eine Kleinbetragsrente liegt dann vor, wenn diese bei gleichmäßiger Verrentung des zu Beginn der Auszahlungsphase zur Verfügung stehenden Kapitals niedriger als **302,40 € jährlich** ist (§ 93 Abs. 3 EStG).

Besteuerung der Leistungen aus einem Altersvorsorgevertrag

537 In der **Auszahlungsphase** werden die auf Grund von Altersvorsorgeverträgen erbrachten regelmäßigen Zahlungen bei den Steuerzahlern in **vollem Umfang** als sonstige Einkünfte **besteuert** (sog. nachgelagerte Besteuerung; § 22 Nr. 5 EStG). Dies gilt unabhängig davon, ob die Leistungen auf Beiträgen, Zulagen oder auf in der Vertragslaufzeit erwirtschafteten Erträgen bzw. Wertsteigerungen beruhen.

Zu einer **vollen Steuerpflicht** der Erträge und Wertsteigerungen kommt es auch, wenn über das Altersvorsorgekapital **schädlich verfügt** wird (§ 22 Nr. 5 Satz 4 EStG). Eine Steuerschädlichkeit bedeutet also:

● Verlust der Zulagen,
● Verlust der Steuerersparnis aus dem zusätzlichen Sonderausgabenabzug und
● volle Besteuerung der Erträge und Wertsteigerungen, die sich in dem Altersvorsorgekapital gebildet haben.

Nur die eigenen Beiträge, die Sie bis zur Steuerschädlichkeit angespart haben, bleiben von der Besteuerung verschont.

Wohn-Riester

538 Die Förderung der privaten Altersvorsorge durch Riester in Form der Zulage und des Sonderausgabenabzugs ist durch das **Eigenheimrentengesetz** auf das selbstgenutzte Wohneigentum ausgedehnt worden. In den Förderkatalog der Riesterprodukte können auch **Darlehensverträge** aufgenommen werden, mit denen die Anschaffung oder Herstellung einer eigengenutzten Wohnung finanziert wird, sowie Verträge zum **Erwerb von Genossenschaftsanteilen** zwecks verbilligter Nutzung einer Genossenschaftswohnung. Darüber hinaus ist die **Entnahmemöglichkeit** von angespartem Altersvorsorgekapital zur Finanzierung von Anschaffungs- oder Herstellungskosten von zu eigenen Wohnzwecken genutzten Immobilien verbessert worden.

● **Erweiterung der begünstigten Anlageprodukte**

539 Beiträge, die der Steuerzahler zugunsten eines auf seinen Namen lautenden zertifizierten Vertrags zahlt, werden auch dann gefördert, wenn sie im Zusammenhang mit Darlehensverträgen für die Anschaffung oder Herstellung von selbstgenutztem Wohneigentum abgeschlossen oder wenn sie zum Erwerb von Genossenschaftsanteilen zwecks Minderung der Wohnungsmiete eingesetzt werden. Damit können auch Bausparverträge als zertifizierbare Altersvorsorgeverträge ausgestaltet werden.

● **Förderung von Darlehensverträgen**

Ein Darlehensvertrag kann als begünstigter Altersvorsorgevertrag zertifiziert werden, **540** wenn das Darlehen zur Finanzierung von selbstgenutztem Wohneigentum eingesetzt wird. Dabei sind folgende 3 Darlehensmodelle denkbar:

● Vertrag über die Gewährung eines wohnungswirtschaftlichen Darlehens (reiner Darlehensvertrag),
● Altersvorsorgesparvertrag mit Darlehensoption und
● Finanzierungs-Kombikredit, auch als Vorfinanzierungsdarlehen bezeichnet.
● **Reiner Darlehensvertrag**

Bei Aufnahme eines Darlehens zur Finanzierung von Anschaffungs- oder Herstellungskosten im Zusammenhang mit selbstgenutztem Wohneigentum können die begünstigten Altersvorsorgebeiträge zur **Darlehenstilgung** eingesetzt werden. Ein vorangegangener Sparvorgang ist hierfür nicht erforderlich.

● **Altersvorsorgesparvertrag mit Darlehensoption**

Hier hat der Steuerzahler die Möglichkeit, einen Teil der Aufwendungen für die Anschaffung oder Herstellung seiner selbstgenutzten Wohnung anzusparen und einen Teil über Darlehen finanzieren zu können. Dies entspricht dem klassischen Bausparmodell. Um sicherzustellen, dass die selbstgenutzte Wohnimmobilie der Altersvorsorge dient, hat der Steuerzahler das Darlehen bis zur Vollendung des **68. Lebensjahres** zu tilgen.

● **Finanzierungs-Kombikredit**

Bei dem Finanzierungs-Kombikredit wird ein **tilgungsfreies Darlehen** im Zusammenhang mit einem **Sparvertrag** abgeschlossen. Bei dem Sparvertrag wird bereits im Zeitpunkt des Vertragsabschlusses unwiderruflich vereinbart, dass das Sparkapital zur Darlehenstilgung eingesetzt wird. Dann werden die Beiträge, die in den Sparvertrag fließen, gefördert.

WICHTIG

Achten Sie darauf, dass bei den Vorfinanzierungsmodellen in der Regel hohe Abschluss- und Vertriebsprovisionen anfallen, die – wie bei den herkömmlichen Riester-Produkten – auf mindestens 5 Jahre zu verteilen sind.

Folgende **Bedingungen** werden an die Zertifizierbarkeit der 3 vorstehend genannten Darlehensmodelle geknüpft:

● Es muss ein Rechtsanspruch auf die Gewährung eines Darlehens bei wohnungswirtschaftlicher Verwendung bestehen.
● Die Verteilung der Abschluss- und Vertriebskosten muss auf 5 Jahre erfolgen.
● Die Darlehenstilgung muss spätestens bis zur Vollendung des 68. Lebensjahres erfolgt sein.

Dann sieht das **Förderkonzept** wie folgt aus: Wer **Tilgungsleistungen** in Höhe von **mindestens 4 %** der für die Altersvorsorge maßgebenden Einnahmen, **maximal 2.100 €** abzüglich Zulage, in seinen Altersvorsorgevertrag mit Darlehenskomponente einzahlt, der erhält die ungekürzte Grundzulage in Höhe von 154 €, ggf. erhöht um die Kinderzulage

II Gestaltung und Tipps

von 185 € für vor dem 1.1.2008 geborene Kinder bzw. von 300 € für ab dem 1.1.2008 geborene Kinder. Die Altersvorsorgezulage wird von der Zulagenstelle zugunsten des betreffenden Darlehensvertrags ausgezahlt. Die Zulage fungiert damit als Sondertilgung, d. h. in diesem Umfang reduziert sich die Darlehensschuld. Eine Förderung der Darlehenszinsen kann dagegen nicht erfolgen. Wie bei den Altersvorsorgesparbeiträgen wird vom **Finanzamt geprüft**, ob der **Sonderausgabenabzug** für die entsprechenden Tilgungsleistungen einschließlich des Zulagenanspruchs für den Steuerzahler **günstiger** ist als der Zulagenanspruch selbst. Ist dies der Fall, erhält der Förderberechtigte noch einen über die Zulage hinausgehenden **Steuervorteil** im Rahmen des Sonderausgabenabzugs.

Hat der Steuerzahler ein Vorfinanzierungsdarlehen abgeschlossen, sind die von ihm geleisteten Sparbeiträge, die bereits zur späteren Tilgung des Darlehens abgetreten sind, ebenfalls als Tilgungsleistungen anzusehen. Sie werden allerdings erst in dem Zeitpunkt, in dem die Darlehenstilgung tatsächlich vorgenommen wird, in das Wohnförderkonto eingestellt. Umschuldungen sind nur dann begünstigt, wenn mit dem neuen Darlehen in Form eines zertifizierten Altersvorsorgevertrags eine nach dem 31.12.2007 vorgenommene wohnungswirtschaftliche Verwendung weiter finanziert wird.

- **Erwerb von Genossenschaftsanteilen zur Minderung der Wohnungsmiete**

541 Verträge, die die Anschaffung von Anteilen an einer Genossenschaft für eine vom Steuerzahler selbstgenutzte Genossenschaftswohnung vorsehen, werden auch als Altersvorsorgeverträge angeboten. An die **Zertifizierung** werden folgende **Voraussetzungen** geknüpft:

- Die „Auszahlung" der Genossenschaftsanteile darf frühestens mit Beginn des 60. Lebensjahres vorgesehen sein, bei Verträgen, die nach dem 31.12.2011 abgeschlossen werden, frühestens mit Beginn des 62. Lebensjahres. Die „Auszahlung" besteht entweder in einer lebenslangen Minderung des monatlichen Nutzungsentgelts für die selbstgenutzte Genossenschaftswohnung oder sie erfolgt zumindest bis zur Vollendung des 85. Lebensjahres in einer zeitlich befristeten Minderung des monatlichen Nutzungsentgelts, wobei der verbleibende Restbetrag dann anschließend verrentet wird. Die monatliche Minderung des Nutzungsentgelts muss während der gesamten Auszahlungsphase gleich bleiben oder ansteigen.
- Die auf die Genossenschaftsanteile entfallenden Erträge dürfen vor Beginn der Auszahlungsphase nicht an den Berechtigten ausgezahlt werden, sondern müssen in den Erwerb weiterer Anteile investiert werden.
- Die Übertragung der erworbenen Ansprüche auf einen anderen zertifizierten Altersvorsorgevertrag ist möglich.
- Kündigungen werden mit einer Frist von 3 Monaten zum Ende des Geschäftsjahres zugelassen.
- Abschluss- und Vertriebskosten sind über einen Zeitraum von 5 Jahren gleichmäßig zu verteilen.

Die vorstehende Produktbeschreibung führt zur Erweiterung des Anbieterkreises. Es können auch Wohnungsgenossenschaften ohne Erlaubnis Altersvorsorgeverträge anbieten, deren Leistungen aus einer Nutzungsentgeltreduzierung bestehen. Allerdings müssen dabei folgende **Voraussetzungen** von der **Wohnungsgenossenschaft** erfüllt werden:

- Die Genossenschaft muss im **Genossenschaftsregister** eingetragen sein.

- Es muss eine gutachterliche Äußerung des zuständigen Prüfungsverbands vorliegen, das die sich aus dem Alterszertifizierungsgesetz ergebenden Voraussetzungen erfüllt, insbesondere die Genossenschaft in der Lage ist, die Altersvorsorgeverträge **ordnungsgemäß** zu **verwalten** und zu erfüllen.
- Darüber hinaus muss die **Satzung** entsprechend angepasst und durch den zuständigen Prüfungsverband bestätigt werden.
- Die Genossenschaft muss den Nachweis über die **Sicherung** der gewährten **Beitragszusage** beibringen. Die Sicherung kann der Höhe nach auf den Betrag begrenzt werden, der der Mindesthöhe der Einlagensicherung bei Kreditinstituten entspricht.
- **Verbesserte Entnahmemöglichkeit zur Finanzierung einer selbstgenutzten Wohnung**

Wer im Inland eine eigengenutzte Wohnung herstellt oder erwirbt, kann nach dem **neuen** **542** **„Entnahmemodell"** während der Ansparphase das in einem Altersvorsorgevertrag angesparte steuerlich geförderte Altersvorsorgevermögen für die Anschaffung oder Herstellung dieser Wohnimmobilie verwenden. Der Entnahmeberechtigte ist **nicht zur Rückzahlung** des entnommenen Betrags **verpflichtet**. Außerdem ist die Entnahme auch zu Beginn der **Ansparphase** möglich. Wird die Entnahme zu Beginn der **Auszahlungsphase** durchgeführt, liegt eine wohnungswirtschaftliche Verwendung vor, wenn der Entnahmebetrag zur Entschuldung eines geförderten Objekts eingesetzt wird, wobei auch mehrmalige Entnahmen zulässig sind, soweit der entnommene Betrag jedes Mal unmittelbar für die wohnungswirtschaftliche Verwendung genutzt wird.

Die **nachgelagerte Besteuerung** in der Auszahlungsphase wird durch die Bildung eines Wohnförderkontos gewährleistet. Wegen weiterer Einzelheiten hierzu ➔ Tz 544.

Das neue Entnahmemodell gilt auch für Ansparleistungen aus bereits vor dem 1.1.2008 abgeschlossenen Verträgen, und zwar in 2010 ohne Einschränkungen.

- **Wohnungswirtschaftliche Verwendung**

Wer den neuen „Wohn-Riester" nutzen will, der muss darauf achten, dass nur folgende **543** wohnungswirtschaftliche Verwendung gefördert wird:

- Anschaffung einer selbstgenutzten Wohnung,
- Herstellung einer selbstgenutzten Wohnung,
- Erwerb von Pflichtanteilen an einer in das Genossenschaftsregister eingetragenen Genossenschaft für die Selbstnutzung einer Genossenschaftswohnung,
- Anschaffung eines eigentumsähnlichen, lebenslangen Dauerwohnrechts.

WICHTIG

> Als Wohnung ist eine Wohnung im eigenen Haus, eine eigene Eigentumswohnung oder eine Genossenschaftswohnung einer in das Genossenschaftsregister eingetragenen Genossenschaft anzusehen. Die **Wohnung** muss im Inland liegen und dem Steuerzahler zu eigenen Wohnzwecken als **Hauptwohnsitz** dienen. Zusätzlich soll die Wohnung seinen Lebensmittelpunkt darstellen.

- **Nachgelagerte Besteuerung über das Wohnförderkonto**

Werden die Anschaffungs- oder Herstellungskosten an einer selbstgenutzten Wohnung **544** mit Darlehensmitteln finanziert, sind die **Tilgungsbeiträge**, für die eine Zulagenförderung oder ein Sonderausgabenabzug beantragt wurde, einem sog. „Wohnförderkonto"

III Gestaltung und Tipps

gutzuschreiben. Auf diesem Wohnförderkonto werden auch die gewährten **Zulagen** erfasst. Dort wird auch der Entnahmebetrag aus dem Altersvorsorgevermögen gutgeschrieben. Damit spiegelt das Wohnförderkonto das in der Immobilie gebundene steuerlich geförderte Kapital wider. Als Ausgleich für die vorzeitige Nutzung des Altersvorsorgekapitals und zur Gleichstellung mit anderen Riester-Produkten ist der in das Wohnförderkonto eingestellte Betrag in der Ansparphase **jährlich mit 2 % fiktiv zu verzinsen** und um diesen Betrag zu erhöhen.

Der auf dem Wohnförderkonto bis zum Beginn der Auszahlungsphase erfasste Betrag einschließlich Zinsen wird gesondert festgestellt. Der **Beginn der Besteuerung** der auf dem Wohnförderkonto angesammelten Beträge kann **zwischen** dem **60.** und dem **68. Lebensjahr** des Steuerzahlers festgelegt werden.

Dabei hat der Steuerzahler ein **Wahlrecht:** Er kann sich zu Beginn der Auszahlungsphase für die Einmalbesteuerung oder für die jährlich nachgelagerte Besteuerung entscheiden.

Bei der **Einmalbesteuerung** wird dem Steuerzahler der auf dem Wohnförderkonto angesammelte Betrag um 30 % ermäßigt, wobei allerdings die verbleibenden 70 % des Wohnförderkontos mit dem individuellen Steuersatz des Steuerzahlers zu besteuern sind.

Bei der **jährlich nachgelagerten Besteuerung** hat der Steuerzahler den auf dem Wohnförderkonto angesammelten Betrag auf den Zeitraum ab Beginn der Auszahlungsphase (60. bis 68. Lebensjahr) bis zur Vollendung des 85. Lebensjahres gleichmäßig zu verteilen und in Jahresraten zu versteuern. Entscheidet sich der Steuerzahler für den frühestmöglichen Beginn (60. Lebensjahr), beträgt der Verteilungszeitraum 25 Jahre. Bei Beginn mit dem 68. Lebensjahr reduziert sich der Verteilungszeitraum auf 17 Jahre.

WICHTIG

Der Steuerzahler hat jederzeit die Möglichkeit, den Stand des Wohnförderkontos zu verringern, indem er einen entsprechenden Betrag auf einen zertifizierten Altersvorsorgevertrag einzahlt. Diese Einzahlungen werden dann jedoch nicht zusätzlich gefördert. Die sich aus den Beiträgen ergebenden Leistungen sind bei Auszahlung des Altersvorsorgekapitals nachgelagert zu besteuern.

● **Aufgabe der Selbstnutzung und Sofortbesteuerung**

545 Dient die geförderte Wohnung dem Steuerzahler nicht nur vorübergehend nicht mehr zu eigenen Wohnzwecken, hat er dies in der Ansparphase dem Anbieter und in der Auszahlungsphase der Zulagenstelle mitzuteilen. Eine solche Verpflichtung besteht auch für seinen Rechtsnachfolger.

Wegen Aufgabe der Selbstnutzung ist dann das in diesem Zeitpunkt vorhandene **Wohnförderkonto sofort zu besteuern.** Wird die Selbstnutzung durch Tod des Steuerzahlers beendet, ist der auf dem Wohnförderkonto vorhandene Betrag dem Erblasser als Einkünfte im Sinne des § 22 Nr. 5 EStG zuzurechnen und von ihm als „letzter Akt" zu besteuern. Demzufolge kommt es nicht zur Rückforderung der Zulagen und des ggf. gewährten zusätzlichen Steuervorteils aus dem Sonderausgabenabzug.

Eine **sofortige Besteuerung** unterbleibt, wenn

● der Steuerzahler einen Betrag in Höhe des Stands des Wohnförderkontos innerhalb eines Jahres und innerhalb von 4 Jahren nach Ablauf des Veranlagungszeitraums, in dem die Selbstnutzung aufgegeben wurde, für eine weitere förderfähige Wohnung verwendet (sog. **Folgeobjekt**),

- der Steuerzahler einen Betrag in Höhe des Stands des Wohnförderkontos innerhalb eines Jahres nach Ablauf des Veranlagungszeitraums, in dem die Selbstnutzung aufgegeben wurde, auf einen zertifizierten **Altersvorsorgevertrag** einzahlt,
- bei zusammenveranlagten Ehegatten der Ehegatte des verstorbenen Steuerzahlers die Wohnung weiter selbst nutzt oder im Fall der **Scheidung** die Wohnung auf Grund einer richterlichen Entscheidung dem Ehegatten des Steuerzahlers zugewiesen wird, oder
- die selbstgenutzte Wohnung auf Grund eines **beruflich bedingten Umzugs** befristet vermietet wird, der Steuerzahler jedoch beabsichtigt, die Selbstnutzung wieder aufzunehmen und die Selbstnutzung spätestens mit Vollendung des 67. Lebensjahres tatsächlich wieder aufgenommen wird.

WICHTIG

Gibt der Steuerzahler die Selbstnutzung seiner Wohnung in der **Auszahlungsphase** auf und hat er zuvor die privilegierte Einmalbesteuerung gewählt, wird eine Nachversteuerung durchgeführt. Hat der Zulagenberechtigte **bis** zum Ablauf des **10. Jahres** nach Beginn der Auszahlungsphase die Selbstnutzung aufgegeben, muss er das 1,5-fache der noch nicht besteuerten 30 % des Wohnförderkontos als Einkünfte besteuern lassen, also **45 %** des Wohnförderkontos. Ist die Aufgabe der Selbstnutzung im Zeitraum vom **11. bis zum 20. Jahr** nach Beginn der Auszahlungsphase erfolgt, werden nur die bisher nicht besteuerten **30 %** des Wohnförderkontos nachversteuert. **Nach 20 Jahren** findet **keine Nachversteuerung** mehr statt. Im Fall seines Todes erfolgt nach der Einmalbesteuerung in Höhe von 70 % bei Beginn der Auszahlungsphase keine weitere Nachversteuerung des Restbetrags von 30 %.

- **Berufseinsteiger-Bonus**

Alle Steuerzahler, die sich erstmals für die Riester-Förderung entscheiden und in diesem Zeitpunkt das **25. Lebensjahr noch nicht vollendet haben**, erhalten einmalig neben der Grundzulage einen **Bonus von 200 €**. Mit diesem Berufseinsteiger-Bonus soll der Anreiz dafür geschaffen werden, bereits frühzeitig einen Altersvorsorgevertrag abzuschließen. Ein separater Antrag ist dafür nicht erforderlich. Vielmehr wird der Bonus bei Beantragung der Altersvorsorgezulage gewährt, wenn die altersmäßigen Voraussetzungen hierfür erfüllt sind.

546

WICHTIG

Wird die Zulage gekürzt, weil der Steuerzahler in dem Beitragsjahr nicht den erforderlichen Mindesteigenbeitrag eingezahlt hat, wird auch der Berufseinsteiger-Bonus im gleichen Verhältnis wie die Zulage gekürzt. Eine Nachholmöglichkeit des gekürzten Bonus in späteren Beitragsjahren besteht nicht.

III Gestaltung und Tipps

4 Anlage Kind

4.1 Freibeträge für Kinder

547 Im Rahmen des sog. Familienlastenausgleichs erhalten Familien mit Kindern vorrangig ein **progressionsunabhängiges Kindergeld**. Folgende Kindergeldzahlungen wurden an Sie im Laufe des Jahres 2010 vorgenommen:

bei einer Familie mit	Kindergeld im Monat	bei einer Familie mit	Kindergeld im Monat
1 Kind	184 €	3 Kindern	558 €
2 Kindern	368 €	4 Kindern	773 €

Darüber hinaus sind ab 2010 die Freibeträge für Kinder für jedes Kind von bisher 6.024 € auf 7.008 € erhöht worden (§ 32 Abs. 6 Satz 1 i. V. m. § 52 Abs. 1 EStG). Dabei wurde der Kinderfreibetrag pro Kind und pro Elternteil um 252 € und der Freibetrag für den Betreuungs- und Erziehungs- oder Ausbildungsbedarf um 240 € aufgestockt. Dies zeigt die nachfolgende Übersicht:

Freibeträge für Kinder

① **Kinderfreibetrag**

	Hälftig	Voll	
Alt	1.932 €	3.864 €	
	⇩	⇩	
Neu	2.184 €	4.368 €	

② **Betreuungsfreibetrag**

	Hälftig	Voll	
Alt	1.080 €	2.160 €	7.008 €
	⇩	⇩	
Neu	1.320 €	2.640 €	

Die höheren Freibeträge für Kinder gelten ab 2010 auch für die Berechnung des Solidaritätszuschalgs und der Kirchensteuer.

Vergleichsrechnung

548 Nach Ablauf des Veranlagungsjahres 2010 prüft das Finanzamt anhand der Angaben in der Anlage Kind, ob Ihnen zusätzlich zu dem Kindergeld eine **steuerliche Entlastung**, ermittelt unter Berücksichtigung Ihrer persönlichen Steuerprogression, zusteht. In 95 % der Fälle lautet die Antwort: „Nein". Es bleibt dann bei der Entlastung in Höhe des Kindergelds.

Bei Steuerzahlern, deren Einkommen mit einem **hohen Grenzsteuersatz** besteuert wird, kann allerdings eine solche zusätzliche Steuerentlastung in Betracht kommen. Hier führt die Finanzverwaltung **2 Berechnungen** durch: Sie ermittelt das zu versteuernde Einkommen einmal **ohne Berücksichtigung des Kinderfreibetrags** und des Freibetrags für Betreuungs- und Erziehungs- oder Ausbildungsbedarf sowie einmal nach Abzug dieser Freibeträge. Die Steuerentlastung auf Grund der Freibeträge für Kinder ergibt sich dann aus dem Unterschied zwischen den beiden Steuerbeträgen.

Ist die so ermittelte Steuerentlastung geringer als das im Laufe des Kalenderjahres 2010 gezahlte Kindergeld, wird die Einkommensteuer ohne Berücksichtigung der Freibeträge für Kinder festgesetzt. Dies bedeutet für den Steuerzahler: Auf jeden Fall bleibt ihm das bereits ausgezahlte Kindergeld erhalten; er hat also **keine Steuernachzahlung** zu befürchten. Geht die Steuerentlastung über das hinaus, was der Steuerzahler bereits als Kindergeldzahlungen erhalten hat, wird ihm gegenüber die Einkommensteuer unter Berücksichtigung der Freibeträge für Kinder **unter Anrechnung des Kindergelds** festgesetzt.

Angerechnet wird nicht das Kindergeld, das Sie für den Veranlagungszeitraum 2010 erhalten haben, sondern – wie bei den Altersvorsorgebeiträgen im Sinne des § 10a EStG – der **Anspruch auf Kindergeld** (§ 31 Satz 4 EStG). Damit will der Gesetzgeber verhindern, dass im Fall der nachträglichen Kindergeldgewährung oder -änderung der Einkommensteuerbescheid berichtigt werden muss.

WICHTIG

Haben Sie für 2010 **keinen Antrag auf Kindergeld** gestellt, kann Ihnen das Kindergeld durch eine höhere Steuererstattung im Rahmen Ihrer Einkommensteuerveranlagung 2010 nicht mit ausgezahlt werden. Wer kein Geld verschenken will, muss somit stets das ihm zustehende Kindergeld beantragen.

Näheres zur steuerlichen Berücksichtigung von Kindern

TIPP 549

Die Frage, ob Sie Kindergeld oder Freibeträge für Kinder erhalten, spielt für die Gewährung des **Entlastungsbetrags für Alleinerziehende**, die Höhe der bei den außergewöhnlichen Belastungen zu berücksichtigenden zumutbaren Belastung, den Freibetrag zur Abgeltung des Sonderbedarfs bei Berufsausbildung, die Kinderbetreuungskosten, die Übertragung des Behinderten- und Hinterbliebenen-Pauschbetrags eines Kindes auf den Steuerzahler und die Kinderzulage bei der **Riester-Rente** eine Rolle. Die Freibeträge für Kinder spielen auch eine Rolle bei der Bemessung der Kirchensteuer und des Solidaritätszuschlags. Dort werden sie stets vom zu versteuernden Einkommen abgezogen, um dann im Rahmen einer Schattenveranlagung die Einkommensteuer unter Berücksichtigung der Freibeträge für Kinder zu ermitteln, die dann Bemessungsgrundlage für die Kirchensteuer und den Solidaritätszuschlag ist (➜ Tz 590). Anhand dieser Aufzählung sehen Sie, dass dem Kindbegriff, der Berücksichtigung von Kindern und ggf. deren Zuordnung erhebliche Bedeutung beizumessen ist.

In der überwiegenden Zahl der Steuererklärungen dürfte die Frage, welche Kinder Ihnen **550** steuerlich zuzurechnen sind, völlig unproblematisch sein. Lediglich in den folgenden Fällen müssen Sie für eine Kinderzuordnung besondere Vorschriften beachten:

- **nichteheliche** Kinder,
- **Pflegekinder**,

III Gestaltung und Tipps

- **Adoptivkinder**,
- **Auslandskinder**, d. h. Kinder, die im Ausland leben, und
- Kinder, die das **18. Lebensjahr vollendet** haben.

551 **Nichteheliche Kinder:** Sie haben die gleiche rechtliche Stellung wie eheliche Kinder. Sie sind damit sowohl zur Mutter wie zum Vater leibliche Kinder i. S. d. § 32 EStG. Damit steht der Mutter und dem Vater der **Kinderfreibetrag** von **2.184 €** zu, der allerdings auf den anderen Elternteil übertragen werden kann (Einzelheiten → Tz 582). Entsprechendes gilt für ehelich erklärte Kinder.

552 **Stiefkinder:** Sie fallen nicht unter den steuerlichen Kindbegriff. Beim Kindergeld sieht das anders aus. Grundsätzlich hat der Stiefvater oder die Stiefmutter Anspruch auf Kindergeld für Kinder des Ehegatten, die in dem Haushalt des Stiefvaters bzw. der Stiefmutter aufgenommen sind.

553 **Pflegekinder:** Sie werden bei Ihnen steuerlich berücksichtigt, wenn

- das Kind im Haushalt der Pflegeperson seinen **familiären Mittelpunkt** hat und
- das **Obhuts- und Pflegeverhältnis** zu den **leiblichen Eltern** nicht mehr besteht.

Eine **Aufnahme in den Haushalt der Pflegeperson** liegt nur dann vor, wenn das Kind ständig in der gemeinsamen Familienwohnung der Pflegeperson lebt, dort versorgt und betreut wird. Die bloße Anmeldung bei der Meldebehörde genügt also nicht. Eine nur tageweise Betreuung während der Woche oder ein wechselseitiger Aufenthalt bei der Pflegeperson und bei den Eltern begründet keine Haushaltsaufnahme. Eine bestehende Haushaltszugehörigkeit wird durch eine zeitweilige auswärtige Unterbringung wegen Schul- und Berufsausbildung oder Studium des Kindes nicht unterbrochen.

Darüber hinaus darf zu den leiblichen Eltern kein **Obhuts- und Pflegeverhältnis** mehr bestehen. Das heißt, dass die familiären Bindungen zu diesen auf Dauer aufgegeben sind. Gelegentliche Besuchskontakte stehen dem allerdings nicht entgegen.

WICHTIG

 Zwischen Eltern und Kindern muss nicht unbedingt ein **Altersunterschied** bestehen. Dies ist z. B. bedeutsam, wenn Geschwister anstelle der verstorbenen Eltern einen behinderten Bruder oder eine behinderte Schwester in ihren Haushalt aufnehmen und betreuen. Die Finanzverwaltung verlangt allerdings, dass die **Pflegebedürftigkeit** nicht erst im **Erwachsenenalter** eingetreten sein darf (R 32.2 Abs. 3 Satz 3 EStR).

554 **Kostkinder:** Sie sind keine Pflegekinder. Hat der Steuerzahler mehr als **6 Kinder** in seinem Haushalt aufgenommen, spricht eine Vermutung dafür, dass es sich hierbei um Kostkinder handelt (R 32.2 Abs. 1 Satz 5 EStR). Dies gilt auch für die Fälle, in denen der Steuerzahler ein Pflegeentgelt erhält, das nicht nur die Unterhaltskosten des Kindes abdeckt, sondern darüber hinaus auch seine Unterbringung und seine Betreuungsdienste nach marktwirtschaftlichen Gesichtspunkten „entlohnt". Kinder, die in einem Kinderhaus untergebracht sind, rechnen ebenfalls zu den Kostkindern.

555 **Adoptivkinder:** Adoptierte Kinder, vom Gesetzgeber als angenommene Kinder bezeichnet, werden bei den Adoptiveltern berücksichtigt, und zwar auch dann, wenn zu den leiblichen Eltern noch ein Kindschaftsverhältnis besteht (§ 32 Abs. 2 Satz 1 EStG).

Auslandskinder: Auch für Kinder, die im Ausland leben, werden Freibeträge für Kinder **556**
gewährt und – bei Vorliegen der weiteren Voraussetzungen – ein Freibetrag zur Abgeltung
des Sonderbedarfs bei Berufsausbildung. Ein Abzug von Unterhaltszahlungen an diese
Kinder ist nicht möglich. Die Freibeträge können je nach Wohnsitzstaat auf $^3/_4$, $^1/_2$ oder $^1/_4$
gekürzt werden, wie die folgende Übersicht zeigt:

in voller Höhe	mit $^3/_4$	mit $^1/_2$	mit $^1/_4$	
Wohnsitzstaat des Steuerzahlers bzw. der unterhaltenen Person				
1	**2**	**3**	**4**	
Andorra	Äquatorialguinea	Antigua und Barbuda	Afghanistan	Liberia
Australien	Bahamas	Argentinien	Ägypten	Madagaskar
Belgien	Bahrain	Botsuana	Albanien	Malawi
Brunei Darussalam	Barbados	Brasilien	Algerien	Malediven
Dänemark	Estland	Bulgarien	Angola	Mali
Finnland	Israel	Chile	Armenien	Marokko
Frankreich	Korea, Republik	Cookinseln	Aserbaidschan	Marshallinseln
Griechenland	Malta	Costa Rica	Äthiopien	Mauretanien
Hongkong	Oman	Dominica	Bangladesch	Mazedonien (ehemalige
Irland	Palästinensische	Gabun	Belize	jugoslawische Republik)
Island	Gebiete	Grenada	Benin	Mikronesien, Föderierte
Italien	Portugal	Kasachstan	Bhutan	Staaten von
Japan	Saudi Arabien	Kroatien	Bolivien	Moldau, Republik/
Kaiman-Inseln	Slowakische Republik	Lettland	Bosnien und Herzego-	Moldawien
Kanada	Slowenien	Libanon	wina	Mongolei
Katar	Taiwan	Libysch-Arabische	Burkina Faso	Mosambik
Kuwait	Trinidad und Tobago	Dschamahirija/Libyen	Burundi	Myanmar
Liechtenstein	Tschechische Republik	Litauen	China (VR)	Namibia
Luxemburg	Turks- und Caicos-Inseln	Malaysia	Côte d'Ivoire/Elfen-	Nepal
Macau		Mauritius	beinküste	Nicaragua
Monaco		Mexiko	Dominikanische Republik	Niger
Neuseeland		Montenegro	Dschibuti	Nigeria
Niederlande		Nauru	Ecuador	Pakistan
Norwegen		Niue	El Salvador	Papua Neuguinea
Österreich		Palau	Eritrea	Paraguay
San Marino		Panama	Fidschi	Peru
Schweden		Polen	Gambia	Philippinen
Schweiz		Rumänien	Georgien	Ruanda
Singapur		Russische Föderation	Ghana	Salomonen
Spanien		Serbien	Guatemala	Sambia
Vereinigte Arabische		Seychellen	Guinea	Samoa
Emirate		St. Kitts und Nevis	Guinea-Bissau	São Tomé und Principe
Vereinigte Staaten		St. Lucia	Guyana	Senegal
Vereinigtes Königreich		St. Vincent und die	Haiti	Sierra Leone
Zypern		Grenadinen	Honduras	Simbabwe
		Südafrika	Indien	Somalia
		Suriname	Indonesien	Sri Lanka
		Türkei	Irak	Sudan
		Ungarn	Iran, Islamische Republik	Swasiland
		Uruguay	Jamaika	Syrien, Arabische Repu-
		Venezuela	Jemen	blik
		Weißrussland/Belarus	Jordanien	Tadschikistan
			Kambodscha	Tansania, Vereinigte
			Kamerun	Republik
			Kap Verde	Thailand
			Kenia	Timor-Leste
			Kirgisistan	Togo
			Kiribati	Tonga
			Kolumbien	Tschad
			Komoren	Tunesien
			Kongo, Republik	Turkmenistan
			Kongo, Demokratische	Tuvalu
			Republik	Uganda
			Korea, Demokratische VR	Ukraine
			Kosovo	Usbekistan
			Kuba	Vanuatu
			Laos, Demokratische VR	Vietnam
			Lesotho	Zentralafrikanische
				Republik

Nicht nur die Freibeträge sind je nach Wohnsitzstaat des Kindes auf $3/4$, $1/2$ oder $1/4$ zu ermäßigen, sondern auch die Grenze der Einkünfte und Bezüge des Kindes.

Die Umrechnung ausländischer Einkünfte und Bezüge des Kindes in Euro erfolgt bei der Einkommensteuerveranlagung 2010 nach dem Mittelkurs der jeweils anderen Währung, festgestellt an der Frankfurter Devisenbörse für Ende September 2009 (§ 32 Abs. 4 Satz 10 EStG).

Das Bundeszentralamt für Steuern (BZSt) hat die Umrechnungskurse unter dem Datum vom 6.11.2009 (IV C 4 – S 2285/07/0005) im BStBl 2009 I S. 1323 veröffentlicht.

Freibetrag für Betreuungs- und Erziehungs- oder Ausbildungsbedarf

557 Neben dem Kinderfreibetrag zur Berücksichtigung des sächlichen Existenzminimums eines Kindes erhält ein Elternpaar für den **Betreuungs- und Erziehungs- oder Ausbildungsbedarf** des Kindes einen einheitlichen **Freibetrag** von **2.640 €**, unabhängig davon, wie hoch die tatsächlich entstandenen Aufwendungen sind. Für den Betreuungs- und Erziehungs- oder Ausbildungsbedarfsfreibetrag gelten dieselben Voraussetzungen, die für den Kinderfreibetrag zu erfüllen sind.

Kinder, die das 18. Lebensjahr vollendet haben

558 Dies sind für die Steuererklärung 2010 alle Kinder, die **vor dem 2.1.1992** geboren sind. Sie werden nur unter den folgenden Voraussetzungen steuerlich bei den Eltern berücksichtigt:

Kinder ohne Arbeitsplatz

559 Kinder, die noch **nicht** das **21. Lebensjahr vollendet** haben, werden bei der Gewährung der Freibeträge für Kinder berücksichtigt, wenn sie nicht in einem Beschäftigungsverhältnis stehen und bei einem „Arbeitsamt" im Inland als Arbeitsuchender gemeldet sind. Eine **geringfügige Beschäftigung auf 400-€-Basis** ist für die Gewährung der Freibeträge für Kinder unschädlich. Bei der Überprüfung der 400-€-Grenze kommt es auf das **monatliche Durchschnittseinkommen** an. Ein höheres Entgelt in einzelnen Monaten des Jahres 2010 hat keine Auswirkungen auf die Berücksichtigungsfähigkeit, wenn im jährlichen Durchschnitt die Grenze von 400 € nicht überschritten wird. Auch eine **kurzfristige Beschäftigung** ist für die Freibetragsgewährung unschädlich, wenn sie 2010 auf nicht mehr als 2 Monate oder bei weniger als 5 Arbeitstagen in der Woche auf insgesamt 50 Arbeitstage begrenzt war. Denken Sie z. B. an Saisonkräfte oder Aushilfen.

Der BFH hat sich im Urteil v. 20.7.2006 (III R 78/04, BFH/NV 2006 S. 2248) mit der Frage auseinander gesetzt, ob ein volljähriges Kind, das sich aus einer Erwerbstätigkeit heraus um einen Ausbildungsplatz bewirbt, kindergeldrechtlich berücksichtigt werden kann, wenn es unmittelbar vor seiner Bewerbung die Voraussetzungen für die Gewährung des Kindergeldes nicht erfüllt. Er kommt zu dem Ergebnis, dass der **Anspruch auf Kindergeld besteht**, wenn das Kind in dem Zeitraum, in dem es sich um den Ausbildungsplatz bemüht, **Einkünfte aus** einer **geringfügigen Beschäftigung** erzielt. Nur bei einer Vollzeitbeschäftigung ist der Anspruch auf Kindergeld ausgeschlossen (BFH, Urteil v. 20.7.2006, III R 58/05, BFH/NV 2006 S. 2249).

WICHTIG

Arbeitslos gemeldete Jugendliche werden von der Arbeitsvermittlung nur dann durchgehend als Bewerber um einen Arbeitsplatz geführt, wenn sie ihr **Bewerberangebot alle 3 Monate erneuern.** Wird dies versäumt, entfällt die Berücksichtigung bei den Freibeträgen für Kinder, zumindest, so der BFH im Urteil v. 15.7.2003 (VIII R 56/00, BFH/NV 2004 S. 116) in den Fällen, in denen es zu einer mehrfachen Verletzung der Meldepflicht gekommen ist. Im Urteil v. 19.6.2008 (III R 68/05, BFH/NV 2008 S. 1610) hat der BFH seine Rechtsprechung in der Weise konkretisiert, dass ein volljähriges, noch nicht 21 Jahre altes Kind als Arbeit suchend bei der Arbeitsvermittlung der Agentur für Arbeit nur für 3 Monate gilt. Nach Ablauf dieser Frist muss sich das Kind erneut als Arbeit Suchender melden; ansonsten entfällt der Kindergeldanspruch. Dies bedeutet, dass ein einmaliger Verstoß gegen das Bewerberangebot ausreicht, die Freibeträge für Kinder bzw. das Kindergeld zu versagen. In diesem Zusammenhang ist auf folgende BFH-Urteile hinzuweisen:

- BFH, Urteil v. 17.7.2008 (III R 95/07, BFH/NV 2009 S. 367): Registrierung eines Ausbildung suchenden Kindes bei der Ausbildungsvermittlung der Agentur für Arbeit gilt als Indiz für Bemühen des Kindes um einen Ausbildungsplatz für einen Zeitraum von 3 Monaten, auch wenn die Agentur für Arbeit nach Meldung des Kindes die Registrierung ohne Grund wieder löscht; Folge: Für diesen Zeitraum besteht weiter ein Kindergeldanspruch;
- BFH, Urteil v. 25.9.2008 (III R 91/07, BFH/NV 2009 S. 449): Bei Arbeit suchendem Kind ist entscheidend für Kindergeldanspruch, ob sich das Kind im konkreten Fall tatsächlich bei der Arbeitsvermittlung als Arbeit Suchender gemeldet hat bzw. diese Meldung alle 3 Monate erneuert hat;
- BFH, Urteil v. 17.12.2008 (III R 60/06, BFH/NV 2009 S. 908): Versäumt ein Kind schuldhaft einen von der Arbeitsvermittlung der Agentur für Arbeit festgesetzten Vorsprachetermin, kann die Registrierung als Arbeit Suchender schon vor Ablauf von 3 Monaten gelöscht werden mit der Wirkung, dass der Kindergeldanspruch ab dem Folgemonat entfällt. Die pauschale Behauptung, die Einladungsschreiben seien nicht eingegangen, ist grundsätzlich unbeachtlich;
- BFH, Urteil v. 20.11.2008 (III R 10/06, BFH/NV 2009 S. 567): Kindergeldanspruch für ein Arbeit suchendes Kind nur bei Meldung bei der Bundesagentur für Arbeit als Arbeit Suchender.

III Gestaltung und Tipps

Nehmen Kinder an einer Maßnahme nach §§ 19, 20 BSHG teil und wird ihnen neben der Hilfe zum Lebensunterhalt eine **angemessene Entschädigung für Mehraufwendungen** gewährt, sind sie nicht im Rahmen eines Beschäftigungsverhältnisses tätig, so dass Ihnen als Eltern grundsätzlich hierfür die Freibeträge für Kinder zustehen. Voraussetzung ist allerdings, dass die Einkünfte und Bezüge des Kindes einschließlich der gezahlten Entschädigung nicht über den Grenzbetrag von 8.004 € hinausgehen. Anders verhält es sich in den Fällen, in denen das Kind im Rahmen der Maßnahme nach §§ 19, 20 BSHG das **übliche Arbeitsentgelt** erhält. Dann liegt ein Beschäftigungsverhältnis vor, das zur Versagung der Freibeträge für Kinder führt, es sei denn, es handelt sich um ein Ausbildungsverhältnis. Folglich kann das Kind als in Berufsausbildung befindlich berücksichtigt werden. Auch hier ist die Grenze von 8.004 € an eigenen Einkünften und Bezügen des Kindes zu beachten (OFD Berlin, Verfügung v. 6.4.2004, St 159 – S 2282 – 1/04).

TIPP

Hat das arbeitslose Kind vor Vollendung des 21. Lebensjahres den gesetzlichen **Grundwehrdienst, Zivildienst** oder einen entsprechenden Dienst abgeleistet, wird dieser „Verzögerungszeitraum" über das 21. Lebensjahr hinaus noch zusätzlich für die Gewährung der Freibeträge berücksichtigt (➜ Tz 577).

Falls ein Teil des „Verzögerungszeitraums" bereits nach Vollendung des 21. Lebensjahres wegen der Suche nach einem Arbeitsplatz bei der Gewährung des Kindergeldes oder der Freibeträge für Kinder berücksichtigt wurde, können nach dem 25. Lebensjahr nur noch die **verbleibenden Monate an inländischem gesetzlichen Grundwehrdienst oder Zivildienst** als „Verzögerungstatbestand" angesetzt werden. Ein Anhängen des „Verzögerungszeitraums" an das 25. Lebensjahr findet auch dann statt, wenn die Einkünfte und Bezüge des Kindes den Grenzbetrag überschritten hatten und das Kind aus diesem Grund trotz Arbeitslosigkeit nicht berücksichtigt werden konnte (BfF, Schreiben v. 6.3.2003, St I 4 – FG 2020 – 75/2002, BStBl 2003 I S. 184).

Kinder in Berufsausbildung oder im Studium

560 Für ein **über 18 Jahre altes Kind** können **bis zur Vollendung des 25. Lebensjahres** der Kinderfreibetrag und der Freibetrag für Betreuungs- und Erziehungs- oder Ausbildungsbedarf gewährt werden, solange sich das Kind in einer **Berufsausbildung** befindet (➜ Tz 564).

WICHTIG

Fallen 2010 Ansprüche auf Kindergeld bzw. kindbedingte Steuerfreibeträge bereits ab Vollendung des 25. Lebensjahres weg, können die Eltern für diese Kinder Aufwendungen für den Unterhalt und eine etwaige Berufsausbildung als außergewöhnliche Belastung (➜ Tz 438, ➜ Tz 443) geltend machen. Die Aufwendungen sind dann unter bestimmten Voraussetzungen bis zu 8.004 € im Jahr vom Gesamtbetrag der Einkünfte abziehbar.

TIPP

Wird die Ausbildung wegen **Erkrankung** oder **Mutterschaft** vorübergehend unterbrochen, sind die Freibeträge für Kinder auch für diesen Zeitraum zu gewähren. Wird die Berufsausbildung eines volljährigen Kindes wegen der Betreuung des eigenen Kindes unterbrochen, befindet sich das Kind (= Mutter) nicht mehr in Berufsausbildung. Den Eltern stehen daher keine Freibeträge für Kinder zu (BFH, Urteil v. 15.7.2003, VIII R 47/02, BFH/NV 2003 S. 1645). Leisten die Eltern Unterhaltszahlungen, können diese ggf. als außergewöhnliche Belastung nach § 33a Abs. 1 EStG abgezogen werden.

WICHTIG

Über das 25. Lebensjahr hinaus werden Kinder in Schul- oder Berufsausbildung oder im Studium steuerlich berücksichtigt, wenn sie

- den **gesetzlichen Grundwehrdienst** oder **Zivildienst** geleistet haben (➜ Tz 559),
- sich freiwillig für nicht mehr als 3 Jahre zum Wehrdienst verpflichtet haben,
- eine vom Grundwehr- bzw. Zivildienst befreiende Tätigkeit als **Entwicklungshelfer** ausgeübt haben,

und zwar längstens für die **Dauer des gesetzlichen Grundwehr- bzw. Zivildienstes** (➜ Tz 577). Für die Zeit der Ableistung der vorgenannten Dienste selbst stehen Ihnen keine Freibeträge für Kinder zu (➜ Tz 577).

Kinder in einer Übergangsphase zur Berufsausbildung

Die Freibeträge für Kinder werden Ihnen auch für eine **Übergangszeit** zwischen **2 Ausbildungsabschnitten** von höchstens 4 Kalendermonaten gewährt, z. B. zwischen Schulabschluss und Beginn der Berufsausbildung, oder vor und nach dem Wehr- bzw. Zivildienst (➜ Tz 579).   **561**

Eine Unterbrechung der Ausbildung tritt grundsätzlich ein, sobald es an Maßnahmen fehlt, die geeignet sind, dem Erwerb von Kenntnissen, Fähigkeiten und Erfahrungen im Hinblick auf die Ausübung des angestrebten Berufs zu dienen. Eine **Unterbrechung** der Ausbildung infolge **Erkrankung** oder **Mutterschaft** ist grundsätzlich unschädlich, da in diesen Fällen die Durchführung von Ausbildungsmaßnahmen nicht möglich oder zumutbar ist (BFH, Urteil v. 20.7.2006, III R 69/04, BFH/NV 2006 S. 2067).

Ein Kind darf allein auf Grund einer **Vollzeiterwerbstätigkeit** in der Übergangszeit zwischen 2 Ausbildungsabschnitten nicht von den kindbedingten Steuerermäßigungen ausgeschlossen werden, unabhängig davon, ob die der Vollzeiterwerbstätigkeit vorangehende Ausbildung zu einem berufsqualifizierenden Abschluss geführt hat (BFH, Urteil v. 2.10.2006, III B 31/05, BFH/NV 2007 S. 225). Voraussetzung ist allerdings, dass die gesamten Einkünfte und Bezüge des Kindes den anteiligen Jahresgrenzbetrag nicht überschreiten (BFH, Urteil v. 16.11.2006, III R 15/06, BFH/NV 2007 S. 561).

Kinder ohne Ausbildungsplatz

Für ein über 18 Jahre altes Kind stehen Ihnen bis zur Vollendung des 25. Lebensjahres Freibeträge für Kinder zu, wenn sich das Kind für einen **Beruf ausbilden** lassen will, aber die Berufsausbildung wegen eines **fehlenden Ausbildungsplatzes** nicht **beginnen** oder **fortsetzen** kann. In der Regel ist der Ausbildungsplatzmangel hinreichend nachgewiesen, wenn das Kind bei der **Berufsberatung** des „Arbeitsamts" als Bewerber für einen Ausbildungsplatz oder für eine Bildungsmaßnahme **geführt** wird. Dagegen reicht es für die Berücksichtigung eines Kindes beim Kindergeld bzw. -freibetrag nicht aus, das Kind habe sich im fraglichen Zeitraum über Ausbildungsmöglichkeiten orientiert und hierfür Informationen eingeholt. Daraus kann kein Nachweis des ernsthaften Bemühens des Kindes um eine Ausbildung abgeleitet werden (BFH, Beschluss v. 14.11.2008, III B 73/08, BFH/NV 2009 S. 414). Andererseits hat der BFH im Beschluss v. 30.11.2009 (III B 251/08, BFH/NV 2010 S. 859) entschieden, dass ein volljähriges Kind die Bemühungen um einen Aus- **562**

III Gestaltung und Tipps

bildungsplatz durch Suchanzeigen, schriftliche Bewerbungen oder Bewerbungen mittels E-Mails glaubhaft machen kann, im Einzelfall sogar durch den Vortrag, es hätten zahlreiche telefonische Anfragen bei Unternehmen stattgefunden. Dies muss dann im finanzgerichtlichen Verfahren im Einzelfall gewürdigt werden. Kein Kinderfreibetrag wird dagegen gewährt, wenn ein Kind wegen der Betreuung eines eigenen Kindes sich nicht ernsthaft um einen Ausbildungsplatz bemüht (BFH, Urteil v. 24.9.2009, III R 83/08, BFH/NV 2010 S. 619).

WICHTIG

 Ist dem Kind bereits ein Ausbildungsplatz zugesagt worden, kann es jedoch aus schul-, studien- oder betriebsorganisatorischen Gründen die Berufsausbildung erst zu einem späteren Zeitpunkt antreten, ist vor Beginn der Berufsausbildung von einem „Mangel eines Ausbildungsplatzes" auszugehen, so dass auch in dieser Vorzeit Freibeträge für Kinder gewährt werden können, wenn das Kind in dieser Zeit **arbeitslos** war.

Kein Mangel eines Ausbildungsplatzes liegt vor, wenn das Kind die objektiven **Anforderungen** an den angestrebten Ausbildungsplatz **nicht erfüllt** oder wenn es im Fall des Bereitstehens eines Ausbildungsplatzes aus anderen Gründen am Antritt gehindert ist, z. B. wenn es im Ausland arbeitsvertraglich gebunden ist (BFH, Urteil v. 15.7.2003, VIII R 79/99, BFH/NV 2003 S. 1642).

Behinderte Kinder (ohne Altersgrenze zu berücksichtigen)

563 Für ein über 18 Jahre altes Kind werden die Freibeträge für Kinder **ohne Altersgrenze** gewährt, wenn bei diesem Kind eine körperliche, geistige oder seelische **Behinderung bis zum 25. Lebensjahr eingetreten** ist und sich diese Behinderung über sein 25. Lebensjahr hinaus in der Weise auswirkt, dass das Kind wegen seiner Behinderung außer Stande ist, sich selbst zu unterhalten (§ 32 Abs. 4 Satz 1 Nr. 3 EStG). Grundsätzlich muss die Behinderung vor der Vollendung des 25. Lebensjahres eingetreten sein. Weder die Behinderung selbst noch die Vollendung des 25. Lebensjahres müssen zeitlich in den Veranlagungszeitraum 2010 fallen.

WICHTIG

 Durch die Ableistung des Grundwehrdienstes verlängert sich der Zeitraum für den Eintritt der Behinderung nicht (BFH, Urteil v. 2.6.2005, III R 86/03, BFH/NV 2005 S. 1927).

Ein Kind ist außer Stande sich **selbst finanziell zu unterhalten**, wenn es mit seinen eigenen Mitteln seinen gesamten Lebensbedarf nicht decken kann. Der gesamte Lebensbedarf des Kindes setzt sich aus dem allgemeinen Lebensbedarf und dem individuellen behinderungsbedingten Mehrbedarf zusammen. Der **allgemeine Lebensbedarf** ist in der Regel mit **8.004 €** (= Grenze für die Einkünfte und Bezüge des Kindes im Jahr 2010) anzusetzen. Bei einem Kind, das bei seinen Eltern lebt, kann der **Behinderten-Pauschbetrag** als **Anhalt** für den **behinderungsbedingten Mehrbedarf** angesehen werden (BFH, Beschluss v. 15.2.2007, III B 145/06, BFH/NV 2007 S. 1112). Hinzu kommen **Betreuungsleistungen der Eltern**, die von der Finanzverwaltung mit **8 € pro Stunde** angesetzt werden, sowie evtl. Fahrtkosten. Wird bei der Ermittlung der Fahrtkosten eine pauschale Fahrleistung von 15.000 km zugrunde gelegt, ist für jeden Kilometer auch nur die

Kilometerpauschale von 0,30 € zu berücksichtigen, so dass sich **insgesamt** ein Betrag von **4.500 €** ergibt (BFH, Beschluss v. 15.12.2004, VIII B 239/04, BFH/NV 2005 S. 878). Das **Blindengeld** ist zwar den zur Bestreitung des Lebensunterhalts geeigneten Bezügen zuzuordnen, jedoch ist es bei der Ermittlung des behinderungsbedingten Mehrbedarfs anstelle des Behinderten-Pauschbetrags anzusetzen, wenn es der Höhe nach den Pauschbetrag übersteigt (BFH, Urteil v. 31.8.2006, III R 71/05, BFH/NV 2006 S. 2347). Dem so ermittelten Grundbedarf sind die Einnahmen des Kindes gegenüberzustellen. Dazu gehören neben den Einkünften auch Bezüge, insbesondere die Eingliederungshilfe, und der nach der Sachbezugsverordnung zu bestimmende Wert der Unterkunft und Verpflegung im Fall einer Heimunterbringung. Als Bezug ist auch die steuerfreie Unfallrente des Kindes anzusetzen, nicht aber das von der Pflegeversicherung gezahlte Pflegegeld.

WICHTIG

Bei der Prüfung, ob ein volljähriges Kind wegen körperlicher, geistiger oder seelischer Behinderung außer Stande ist, sich selbst zu unterhalten, ist auf den **Kalendermonat abzustellen** (BFH, Urteil v. 4.11.2003, VIII R 43/02, BFH/NV 2004 S. 405).

Ist das **behinderte Kind** volljährig und in einem Heim oder in einer Wohngruppe **vollstationär untergebracht**, geht die Finanzverwaltung ohne weitere Prüfung aus Vereinfachungsgründen davon aus, dass das Kind außer Stande ist, sich selbst zu unterhalten, wenn es außer der Eingliederungshilfe (einschließlich Taschengeld) über keine Einkünfte und Bezüge verfügt. Ansonsten muss, wie vorstehend beschrieben, gerechnet werden.

WICHTIG

Bei einem **noch nicht 25 Jahre alten Kind**, das auf Grund seiner Behinderung keiner Erwerbstätigkeit nachgehen kann und dessen laufende Einkünfte und Bezüge seinen Grundbedarf und seinen behinderungsbedingten Mehrbedarf nicht decken, sind die Freibeträge für Kinder auch dann zu gewähren, wenn das Kind **Vermögen besitzt** (BFH, Urteile v. 19.8.2002, VIII R 17/02, BFH/NV 2002 S. 1666 und VIII R 51/01, BFH/NV 2002 S. 1664).

Berufsausbildung

Eine **Berufsausbildung** liegt in folgenden Fällen vor: **564**

- Ausbildung für einen **handwerklichen, kaufmännischen oder wissenschaftlichen Beruf**,
- Ausbildung in der **Hauswirtschaft** auf Grund eines Berufsausbildungsvertrags oder in einer Lehranstalt (z. B. Haushaltsschule, Berufsfachschule),
- Besuch von **Allgemeinwissen vermittelnden Schulen**,
- Besuch von **Fachhochschulen, Universitäten oder Meisterschulen**,
- **Ferienzeit** zwischen 2 Ausbildungsabschnitten,
- **Praktikum**, auch wenn es weder gesetzlich noch durch die Studienordnung vorgeschrieben ist (z. B. das Anwaltspraktikum eines Jura-Studenten).

III Gestaltung und Tipps

565 TIPP

Zur Berufsausbildung zählen auch **Unterbrechungszeiten** wegen Erkrankung oder Mutterschaft (H 32.5 EStH, Stichwort „Unterbrechungszeiten"). Davon zu unterscheiden sind die Übergangszeiten zwischen 2 Ausbildungsabschnitten, die „gedanklich" ebenfalls der Berufsausbildung zugerechnet werden, wenn die Übergangzeit nicht über 4 Monate hinausgeht. Denken Sie z. B. an einen Abiturienten, der nach dem Abitur 3 Monate pausiert und dann mit einer Ausbildung als Bankkaufmann beginnt. Während der Übergangszeit von 3 Monaten sind die Freibeträge für Kinder weiter zu gewähren. Geht der **Unterbrechungszeitraum über 4 Monate** hinaus, besteht während dieser Zeit kein Anspruch auf Freibeträge für Kinder, auch nicht während der ersten 4 Monate der Übergangszeit (BFH, Urteil v. 15.7.2003, VIII R 78/99, BFH/NV 2003 S. 1641).

Keine Berufsausbildung liegt z. B. vor bei:

- Abbruch einer kaufmännischen Lehre und anschließender Beschäftigung im **elterlichen Betrieb** im Außendienst,
- Vorbereitung eines **Aufstiegsbeamten** auf die Laufbahnprüfung,
- Ausbildung im Rahmen eines den vollen Lebensunterhalt sichernden **Dienstverhältnisses** (z. B. Ausbildung eines Zeitsoldaten zum Offizier),
- Einweisung eines Kindes nach Abschluss seiner kaufmännischen Ausbildung in die Aufgaben eines künftigen **Betriebsinhabers** im elterlichen Betrieb,
- Besuch einer **Fachschule** unter Fortzahlung der tariflichen Bezüge als Bergmann,
- Tages- und Abendkursen von kurzer Dauer,
- **Übergangszeit** bzw. **Probezeit** bei erstmaligem Berufsantritt,
- Kind an Universität **immatrikuliert**, aber tatsächlich **Studium** noch **nicht aufgenommen** (BFH, Urteil v. 23.11.2001, VI R 77/99, BFH/NV 2002 S. 430),
- Tätigkeit nach Bestehen der ärztlichen Prüfung bei Beendigung der **Ausbildung zum Arzt** ab dem 1.10.2004 (BMF, Schreiben v. 9.12.2004, St I 4 – S 2471 – 271/04, BStBl 2004 I S. 1193).

Noch einige Hinweise auf Grund der „jüngeren" BFH-Rechtsprechung:

- Der **juristische Vorbereitungsdienst** einer Jura-Studentin nach der 1. juristischen Staatsprüfung rechnet zur Berufsausbildung mit der Folge, dass die dabei erzielten Einkünfte in die Ermittlung des Grenzbetrags von 8.004 € einzubeziehen sind (BFH, Urteil v. 13.7.2004, VIII R 20/02, BFH/NV 2005 S. 36).
- Hat ein Kind während der Beurlaubung vom Studium ein von der Prüfungsordnung vorgesehenes Praktikum abgeleistet, als wissenschaftliche Hilfskraft gearbeitet und im Einklang mit dem einschlägigen Hochschulrecht an für seinen Studiengang notwendigen Prüfungen teilgenommen, wegen Erkrankungen allerdings nur vereinzelt, dürften keine Bedenken bestehen, diese Tätigkeit noch als Berufsausbildung anzusehen (BFH, Urteil v. 5.10.2004, VIII R 77/02, BFH/NV 2005 S. 525).
- Demgegenüber hat der BFH im Urteil v. 13.7.2004 (VIII R 23/02, BFH/NV 2004 S. 1584) entschieden, dass ein Kind, das **vom Studium beurlaubt** ist, sich dann nicht in einer Berufsausbildung befindet, wenn ihm während der Zeit der Beurlaubung nach hochschulrechtlichen Bestimmungen der Besuch von Lehrveranstaltungen und der Erwerb von Leistungsnachweisen untersagt ist.

- Eine Vollzeiterwerbstätigkeit steht der Annahme einer Berufsausbildung jedoch nicht entgegen, wenn das volljährige Kind die Berufsausbildung trotz der Erwerbstätigkeit ernsthaft und nachhaltig betreibt (BFH, Urteil v. 30.11.2004, VIII R 9/04, BFH/NV 2005 S. 860).
- Ein volljähriges Kind, das sein **Studium abbricht** und einer Vollzeiterwerbstätigkeit nachgeht, befindet sich nicht mehr in Berufsausbildung. Der bloße Umstand, dass das Kind an der Universität noch immatrikuliert ist, steht dem nicht entgegen (BFH, Urteil v. 17.11.2004, VIII R 56/04, BFH/NV 2005 S. 693).
- Die Tätigkeit im Rahmen eines **freiwilligen sozialen Jahres** ist grundsätzlich nicht als Berufsausbildung zu beurteilen (BFH, Urteil v. 24.6.2004, III R 3/03, BFH/NV 2004 S. 1581).
- Bei einem Au-pair-Verhältnis liegt eine Berufsausbildung nur dann vor, wenn der Aufenthalt im Ausland mit einem Sprachunterricht von mindestens **10 Wochenstunden** verbunden ist. Ausnahmsweise kann nach den jeweiligen Umständen des Einzelfalls das Unterschreiten der Grenze von 10 Unterrichtsstunden pro Woche unschädlich sein (BFH, Beschluss v. 31.8.2006, III B 39/06, BFH/NV 2006 S. 2256).
- Der BFH hat im Urteil v. 30.7.2009 (III R 77/06, BFH/NV 2010 S. 28) über die Frage entschieden, ob **freiwilliger Wehrdienst als Berufsausbildung** angesehen werden kann. Im Streitfall hatte ein volljähriger Sohn zur Vorbereitung auf die Ausbildung als Zeitsoldat mangels freier Planstelle freiwillig einen zusätzlichen Wehrdienst im Anschluss an den Grundwehrdienst abgeleistet. Hierzu die Auffassung des BFH: Für die Zeit des freiwilligen zusätzlichen Wehrdienstes kann ein Kinderfreibetrag gewährt werden.
- Die ernsthafte Vorbereitung auf ein Abitur für Nichtschüler ist – zumindest ab dem Monat der Anmeldung zur Prüfung – als Berufsausbildung anzusehen, so das Urteil des BFH v. 18.3.2009 (III R 26/06, BFH/NV 2009 S. 1684).
- Der Besuch eines **Weiterbildungskollegs** bzw. **Abendgymnasiums** kann als Berufsausbildung anerkannt werden, sofern die Ausbildung dort ernsthaft und nachhaltig betrieben wird (BFH, Urteil v. 21.1.2010, III R 68/08, BFH/NV 2010 S. 872). Dies gilt auch für ein berufsbegleitendes **Fachhochschulstudium**, auch wenn daneben noch eine Teilzeit- oder Vollzeiterwerbstätigkeit ausgeübt wird (BFH, Urteil v. 21.1.2010, III R 62/08, BFH/NV 2010 S. 871).
- Der Zeitraum von der Beendigung des betrieblichen Ausbildungsverhältnisses bis zur **Wiederholungsprüfung** kann als Ausbildungszeit zu berücksichtigen sein, wenn sich das volljährige Kind in geeigneter Weise auf die Wiederholungsprüfung vorbereitet hat. Dies gilt auch dann, wenn es die Wiederholungsprüfung nicht besteht. War das Kind in dieser Zeit krank, so hat es währenddessen gleichwohl die ihm angesichts der Krankheit möglichen und zumutbaren Anstrengungen zur Prüfungsvorbereitung zu unternehmen, insbesondere durch Selbststudium, will man für dieses Kind einen Kinderfreibetrag erhalten (BFH, Urteil v. 24.9.2009, III R 70/07, BFH/NV 2010 S. 617).
- **Sprachaufenthalte im Ausland** können nur dann als Berufsausbildung anerkannt werden, wenn sie entweder mit den anerkannten Formen der Berufsausbildung verbunden oder von einem theoretisch-systematischen Sprachunterricht begleitet werden, der mit Rücksicht auf seinen Umfang den Schluss auf eine hinreichende gründliche Sprachausbildung rechtfertigt (BFH, Beschluss v. 14.9.2009, III B 119/08, BFH/NV 2010 S. 34).

III Gestaltung und Tipps

- Zur Berufsausbildung gehört auch die Teilnahme am **Schulunterricht** zur Erfüllung der Schulpflicht, selbst dann, wenn der Umfang des danach zu besuchenden Unterrichts 10 oder weniger Wochenstunden umfasst (BFH, Urteil v. 28.4.2010, III R 93/08, BFH/NV 2010 S. 1350).
- Eine **Teilzeit- oder Vollzeittätigkeit** vermag nur die Berücksichtigung als Kind in der Übergangszeit zwischen 2 Ausbildungsabschnitten sowie während des Wartens auf einen Ausbildungsplatz auszuschließen, nicht aber, wie die vorstehende Rechtsprechung zeigt, ihre Berufsausbildung selbst, wenn die Tätigkeit neben der Berufsausbildung ausgeübt wird (BFH, Urteil v. 22.10.2009, III R 29/08, BFH/NV 2010 S. 627).

566 TIPP

Kann Ihr Kind eine Berufsausbildung mangels Ausbildungsplatz nicht beginnen, müssen Sie nachweisen, dass dies trotz „ernsthaftem Bemühen" nicht möglich war. Hierzu reichen, so zeigt die vorstehende Rechtsprechung, z. B. eine Bescheinigung der Bundesagentur für Arbeit oder Bewerbungsschreiben an Ausbildungsbetriebe sowie deren Zwischennachricht oder Ablehnung aus. Freibeträge für Kinder stehen Ihnen nicht zu, wenn sich Ihre Tochter wegen der Betreuung ihres Kindes **nicht** um einen **Ausbildungsplatz bemüht** hat.

Die Wartezeit auf einen Ausbildungsplatz beginnt z. B. mit der Beendigung der Schulausbildung oder der Beendigung eines Ausbildungsabschnitts. Nimmt Ihr Kind ernsthafte Bemühungen erst nach Ablauf von 4 Monaten nach Wegfall eines Anspruchs auf Kindergeld auf, ist es ab dem Monat der ersten Bewerbung oder Registrierung wieder zu berücksichtigen.

BEISPIEL

Tochter A legt die Abiturprüfung im April 2010 ab (offizielles Schuljahresende). Sie beabsichtigt, im Oktober 2010 ein Studium zu beginnen und bewirbt sich im Juli 2010 um einen Studienplatz. Im September 2010 erhält sie jedoch eine Absage. Sie möchte sich zum Sommersemester erneut um einen Studienplatz bewerben.

Tochter A kann durchgängig von Mai bis September 2010 als Kind berücksichtigt werden, weil sie nach dem Schulabschluss die Ausbildung auf Grund der Bewerbung für einen Studienplatz zunächst nicht fortsetzen konnte. Für den Zeitraum ab Oktober 2010 ist die Tochter auf Grund der Absage und des weiter bestehenden Ausbildungswunsches zu berücksichtigen.

567 Die **Berufsausbildung** ist **abgeschlossen**, wenn Ihr Kind einen Ausbildungsstand erreicht hat, der es ihm ermöglicht, einen Beruf auszuüben. In **Handwerksberufen** ist dies mit bestandener Gesellenprüfung, in anderen Lehrberufen mit Ablegung der Gehilfenprüfung der Fall. In **akademischen Berufen** endet die Berufsausbildung in der Regel mit der Ablegung des ersten Staatsexamens oder einer entsprechenden Abschlussprüfung, es sei denn, dass sich ein ergänzendes Studium oder ein Zweitstudium anschließt. Prüfungen und Examen gelten mit dem Zeitpunkt der **Bekanntgabe des Prüfungsergebnisses** als abgelegt. Vor der Bekanntgabe des Prüfungsergebnisses ist die Berufsausbildung jedoch bereits beendet, wenn das Kind nach Erbringung aller Prüfungsleistungen eine **Vollzeiterwerbstätigkeit aufgenommen** hat (H 32.5 EStH, Stichwort „Beginn und Ende der Berufsausbildung"; → Tz 565).

Ein Universitätsstudium ist in der Regel erst in dem Zeitpunkt beendet, in dem eine nach dem einschlägigen Prüfungsrecht zur Feststellung des Studienerfolgs vorgesehene Prüfungsentscheidung ergangen ist. Demgemäß zählt sowohl die Vorbereitung auf die abschließende Diplomprüfung wie auch die Teilnahme an einer Prüfung zur Berufsausbildung, wenn das Kind seine Ausbildung nach den Umständen des jeweiligen Falles ernsthaft und nachhaltig betreibt (BFH, Urteil v. 14.12.2004, VIII R 44/04, BFH/NV 2005 S. 1039).

WICHTIG

> Besteht der Auszubildende die **Abschlussprüfung vor Ablauf der vertraglichen Ausbildungszeit**, endet mit dem Bestehen der Abschlussprüfung die Berufsausbildung. Maßgebend ist dabei der Zeitpunkt, in dem der Auszubildende offiziell schriftlich **über das Prüfungsergebnis informiert** wird. Hat er die **Abschlussprüfung nicht bestanden**, verlängert sich das Ausbildungsverhältnis auf sein Verlangen bis zur nächstmöglichen Wiederholungsprüfung, höchstens jedoch um ein Jahr. Bis dahin befindet sich der Auszubildende in der Regel in Berufsausbildung, es sei denn, nach Ablauf der vertraglich festgelegten Ausbildungszeit wird bereits Arbeitslohn an ihn gezahlt; dann endet die Berufsausbildung mit Ablauf der Ausbildungszeit. Die Wiederholungsprüfung gehört auch dann zur Berufsausbildung, wenn das Ausbildungsverhältnis mit dem Lehrbetrieb nach der nicht bestandenen Abschlussprüfung endet und das Kind keine Berufsschule besucht. Nimmt das Kind an der erstmaligen Wiederholungsprüfung teil und besteht diese, ist in der Regel zu unterstellen, dass sich das Kind ernsthaft und nachhaltig auf diese Prüfung vorbereitet hat (BFH, Urteil v. 2.4.2009, III R 85/08, BFH/NV 2009 S. 1502). Wegen weiterer Einzelheiten ➜ Tz 565.

Absolviert das Kind im Anschluss an das Studium ein **ergänzendes Studium**, ein Zweitstudium oder ein Promotionsstudium, befindet sich das Kind weiter in Berufsausbildung. Dabei vertritt der BFH (Urteil v. 9.6.1999, VI R 92/98, BFH/NV 1999 S. 1684) den Standpunkt, dass sich ein Kind so lange in Berufsausbildung befindet, als es das angestrebte Berufsziel noch nicht erreicht hat und sich ernsthaft und nachhaltig für das Erreichen dieses Berufsziels einsetzt. Es kommt also nicht darauf an, ob eine Ausbildungsmaßnahme in einer Ausbildungs- oder Studienordnung vorgeschrieben oder für die Berufsausübung zwingend notwendig ist. Auch Bildungsmaßnahmen, die über die Mindestvoraussetzungen für die Ausübung des Berufes hinausgehen, gehören noch zur Berufsausbildung.

Eigene Einkünfte und Bezüge des Kindes

Das Kindergeld und die Freibeträge für Kinder sind für alle über 18 Jahre alten Kinder davon abhängig, dass die **Einkunftsgrenze** von **8.004 € für 2010** nicht überschritten wird. Als Einkünfte wird alles angesetzt, was nach den Vorschriften des EStG zu erfassen ist, unabhängig davon, ob sie zur Bestreitung des Unterhalts zur Verfügung stehen. **568**

Beispielhaft sind als **Einkünfte** zu nennen: **569**

- **Ausbildungsvergütungen** und Einnahmen aus einer neben der Ausbildung, während einer Übergangszeit oder in den Schul- bzw. **Semesterferien ausgeübten Erwerbstätigkeit** einschließlich einmaliger Zuwendungen, bei Arbeitnehmern unter **Abzug des Arbeitnehmer-Pauschbetrags von 920 €**, soweit nicht höhere Werbungskosten angefallen sind,

- Einnahmen aus **Kapitalvermögen** nach Abzug des Sparer-Pauschbetrags,
- **Hinterbliebenenbezüge** nach beamtenrechtlichen Vorschriften abzüglich des Versorgungsfreibetrags, des Zuschlags zum Versorgungsfreibetrag und des Werbungskosten-Pauschbetrags von 102 €,
- Besteuerungsanteil aus der gesetzlichen Rentenversicherung abzüglich des Werbungskosten-Pauschbetrags.

570 **Bezüge** sind alle Einnahmen in Geld oder Geldeswert, die nicht im Rahmen der Einkunftsermittlung nach dem EStG erfasst werden. Hierzu gehören insbesondere

- steuerfreie Gewinne aus Veräußerungen im betrieblichen Bereich,
- der über den Ertragsanteil bzw. Besteuerungsanteil hinausgehende Teil von Leibrenten,
- Einkünfte und Leistungen, soweit sie dem Progressionsvorbehalt unterliegen,
- **steuerfreie Renten**, z. B. aus der gesetzlichen Unfallversicherung, und Bezüge i. S. d. § 3 Nr. 3, 6, 27 und 58 EStG,
- Bezüge nach § 3 Nr. 5 und 11 EStG mit Ausnahme der Heilfürsorge und der steuerfreien Beihilfen in Krankheits-, Geburts- und Todesfällen im Sinne der Beihilfevorschriften des Bundes und der Länder,
- steuerfreie Zuschläge für Sonn-, Feiertags- und Nachtarbeit (§ 3b EStG),
- nach dem **Teileinkünfteverfahren** steuerfrei bleibende Beträge (§ 3 Nr. 40 EStG) abzüglich der damit im Zusammenhang stehenden Aufwendungen (§ 3c Abs. 2 EStG),
- **Stipendien** unter den Voraussetzungen des § 3 Nr. 44 EStG,
- Sonderabschreibungen sowie erhöhte Absetzungen, soweit sie die höchstmögliche Normal-AfA nach § 7 EStG übersteigen,
- pauschal besteuerte Lohnbezüge,
- **Geld- und Sachbezüge** im Rahmen eines **Au-pair-Verhältnisses** im Ausland (BFH, Urteil v. 22.5.2002, VIII R 74/01, BFH/NV 2002 S. 1226), wobei die Sachbezüge mit den Werten nach der Sachbezugsverordnung anzusetzen sind; hierzu rechnet auch das von der „Gastfamilie" gezahlte Taschengeld,
- Unterhaltsleistungen des geschiedenen oder dauernd getrennt lebenden Ehegatten, soweit nicht als sonstige Einkünfte bereits erfasst,
- Aufwandszuschüsse zur Kranken- und Pflegeversicherung,
- **Entlassungsgeld** von Wehrdienst- und Zivildienstleistenden (BFH, Urteil v. 14.5.2002, VIII R 57/00, BFH/NV 2002 S. 1221),
- ausgezahlte **Arbeitnehmer-Sparzulage** nach dem Vermögensbildungsgesetz,
- Unterhaltsleistungen des Ehegatten eines verheirateten Kindes,
- **Verletztenrente** aus der gesetzlichen Unfallversicherung unter Gegenrechnung von Aufwendungen zur Heilung einer gesundheitlichen Beeinträchtigung, die von der Unfallversicherung nicht erstattet werden (BFH, Urteil v. 17.12.2009, III R 74/07, BFH/NV 2010 S. 733),
- **Ausbildungshilfen.**

WICHTIG

 Der Versorgungsfreibetrag und der Zuschlag zum Versorgungsfreibetrag rechnen bei den Einkünften aus nichtselbstständiger Arbeit zu den Bezügen (§ 32 Abs. 4 Satz 4 EStG). Der ab 2009 zu gewährende Sparer-Pauschbetrag hat Werbungskostencharakter und ist daher nicht als Bezug anzusetzen.

Waisen- und Unfallrenten eines volljährigen Kindes haben eine Unterhaltsersatzfunktion. Sie zählen daher zu den Einkünften und Bezügen des Kindes, wenn sie an die Stelle von Unterhaltsleistungen eines Elternteils getreten sind (BFH, Urteil v. 14.11.2000, VI R 52/98, BFH/NV 2001 S. 378). Auf den Grenzbetrag von 8.004 € werden auch **Nachzahlungen** auf eine Waisenrente angerechnet, die auf das Vorjahr entfallen (BFH, Urteil v. 16.4.2002, VIII R 76/01, BFH/NV 2002 S. 1090).

Im Zusammenhang mit den Waisenrenten hat der BFH im Beschluss v. 17.9.2008 (III B 97/07, BFH/NV 2009 S. 144) entschieden, dass der Ertragsanteil bei den Waisenrenten zu den Einkünften rechnet, abzüglich des Werbungskosten-Pauschbetrags von 102 € und dass der Kapitalanteil abzüglich Kostenpauschale von 180 € bei den Bezügen zu erfassen ist. So verhält es sich auch bei einer **Halbwaisenrente** (BFH, Beschluss v. 19.12.2008, III B 28/08, Haufe-Index 2118236). Kommt es dabei zur Nachzahlung für vorangegangene Kalenderjahre, werden grundsätzlich sämtliche Zu- und Abflüsse bei den Einkünften und Bezügen des Kindes in dem Kalenderjahr berücksichtigt, in dem sie anfallen. Insofern gilt das Zuflussprinzip. Die so zugeflossenen Einnahmen sind dann innerhalb des Kalenderjahres auf die Monate als Einkünfte und Bezüge zu verteilen, für die Kindergeld zu gewähren ist. Dies geschieht nicht nach dem Zuflusszeitpunkt, sondern nach der wirtschaftlichen Zurechnung. Die **Nachzahlung einer Berufsausbildungsbeihilfe** für Ausbildungsmonate vorangegangener Kalenderjahre ist somit in vollem Umfang bei der Ermittlung der Einkünfte und Bezüge im Rahmen des anteiligen Jahresgrenzbetrags zu berücksichtigen, wenn sie in einem Berücksichtigungsmonat des zur Debatte stehenden Kalenderjahres zufließt (BFH, Urteil v. 18.3.2009, III R 95/06, BFH/NV 2009 S. 1614).

Daher ist es nicht verwunderlich, dass der BFH im Beschluss v. 31.7.2009 (III B 178/07, BFH/NV 2009 S. 1809) zu der Rechtsfrage, ob bei der Ermittlung der kindergeldschädlichen Einkünfte und Bezüge **BAföG-Zuschüsse** im Jahr des Zuflusses trotz Rückforderung in einem späteren Jahr einzubeziehen sind, die Auffassung vertreten hat, es komme auf die zugeflossenen Einkünfte und Bezüge an ohne Rücksicht auf eine spätere Rückzahlung.

In einem weiteren Beschluss v. 13.8.2004 (VIII B 65/04, Haufe-Index 1247665) hat der BFH entschieden, dass eine **Unfallrente** auch dann zu den eigenen Einkünften und Bezügen des Kindes rechnet, wenn sie als Ersatz für krankheitsbedingt entgehende Einnahmen geleistet wird. Auch eine **Unfall-Hinterbliebenenrente** gehört zu den Bezügen, da sie zur Bestreitung des Unterhalts des Kindes bestimmt ist, unabhängig davon, ob sie an die Stelle des Unterhalts eines Elternteils tritt (BFH, Beschluss v. 9.12.2004, VIII B 197/04, BFH/NV 2005 S. 867).

Das, was auf Grund des **Teileinkünfteverfahrens** von Erträgen im Zusammenhang mit Kapitalgesellschaften **steuerfrei** gestellt ist, z. B. 40 % der Dividenden (§ 3 Nr. 40 EStG), abzüglich der damit im Zusammenhang stehenden Aufwendungen, die nicht als Werbungskosten oder Betriebsausgaben abgezogen wurden (§ 3c Abs. 2 EStG), ist ebenfalls als Bezüge des Kindes anzusetzen (R 32.10 Abs. 2 Nr. 4 EStR).

TIPP

Sollten bei Ihrem Kind vorweggenommene Werbungskosten, z. B. aus der Bewerbung um einen Ausbildungsplatz, angefallen sein, können diese mit anderen positiven Einkünften verrechnet werden. Nur der Saldo wird mit der Höchstgrenze von 8.004 € verglichen.

III Gestaltung und Tipps

Im Urteil v. 21.7.2000 (VI R 153/99, BFH/NV 2000 S. 1399) hat der BFH bei dem Begriff „Einkünfte" im Sinne des Kindergeldrechts an den steuerlichen Einkünftebegriff angeknüpft, also Einnahmen abzüglich Werbungskosten. Auf jeden Fall will er von den Einnahmen aus nichtselbstständiger Arbeit den Arbeitnehmer-Pauschbetrag von 920 € kürzen. Dies hat zur Folge, dass bei einem Kind, bei dem die Voraussetzungen für eine doppelte Haushaltsführung vorliegen, seine Aufwendungen hierfür bei der Einkünfteermittlung als Werbungskosten abziehen darf (BFH, Urteil v. 29.5.2008, III R 33/06, BFH/NV 2008 S. 1664).

Obwohl nach Auffassung des BFH (Urteil v. 21.7.2000, a.a.O.) Sonderausgaben und außergewöhnliche Belastungen die Einkünfte und Bezüge des Kindes nicht mindern dürfen, hat das BVerfG mit Beschluss v. 11.1.2005 (2 BvR 167/02, BFH/NV Beilage 2005 S. 260) entschieden, dass **Sozialversicherungsbeiträge des Kindes** dessen **Einkünfte und Bezüge mindern** und daher zu einem Unterschreiten des Grenzbetrags von 8.004 € führen können. Diese Rechtsprechung hat der BFH zum Anlass genommen, auch Beiträge eines **beihilfeberechtigten Kindes** für eine **private Kranken- und Pflegeversicherung** bei der Ermittlung des Grenzbetrags von 8.004 € mindernd zu berücksichtigen, soweit diese Beiträge auf Tarife entfallen, mit denen der von der Beihilfe nicht freigestellte Teil der beihilfefähigen Aufwendungen für ambulante, stationäre und zahnärztliche Heilbehandlungen abgedeckt wird (BFH, Urteil v. 14.12.2006, III R 24/06, BFH/NV 2007 S. 586). Dies gilt auch für Aufwendungen des Kindes als freiwilliges Mitglied einer gesetzlichen Krankenversicherung für seine Beiträge zur Kranken- und Pflegeversicherung (BFH, Urteil v. 16.11.2006, III R 74/05, BFH/NV 2007 S. 559).

WICHTIG

Die Finanzverwaltung verzichtet in diesem Zusammenhang darauf, den Versicherungsumfang daraufhin zu überprüfen, ob die Beiträge nur die Mindestvorsorge für den Krankheitsfall nach den sozialhilferechtlichen Vorschriften abdecken oder darüber hinausgehen. Diese Vereinfachung gilt nicht für Ergänzungstarife und auch nicht für Zusatzkrankenversicherungsbeiträge (R 32.10 Abs. 1 Satz 2 und 3 EStR).

Neben den Sozialversicherungsbeiträgen sowie den Beiträgen für eine private Kranken- und Pflegeversicherung können keine weiteren Sonderausgaben oder außergewöhnliche Belastungen bei der Ermittlung der Einkünfte des Kindes abgezogen werden. Dies gilt z. B. für außergewöhnliche Belastungen eines behinderten Kindes, aber auch für Beiträge zur privaten Renten-, Unfall- und Lebensversicherung (BFH, Urteil v. 29.5.2008, a.a.O.). Voraussetzung für das Abzugsverbot ist: Es muss eine gesetzliche Mindestversorgung in diesen Punkten bestehen. Nach Auffassung der Finanzverwaltung (BMF, Schreiben v. 18.11.2005, IV C 4 – S 2282 – 27/05, BStBl 2005 I S. 1027) sind die Lohn- und Kirchensteuer sowie der Solidaritätszuschlag als Einkünfte anzusetzen. Diese Auffassung der Finanzverwaltung wird vom BFH bestätigt (Urteile v. 26.9.2007, III R 4/07, BFH/NV 2008 S. 434 und v. 25.9.2008, III R 29/07, BFH/NV 2009 S. 372). Danach sind die Einkünfte und die Bezüge des Kindes nicht um die einbehaltene Lohn- und Kirchensteuer sowie um den Solidaritätszuschlag zu kürzen, aber auch nicht um Beiträge zu einer privaten Zusatzkrankenversicherung oder einer Kfz-Haftpflichtversicherung. Dies gilt auch für Beiträge für eine private Rentenversicherung, wenn sich das Kind in Ausbildung befindet und in der gesetzlichen Rentenversicherung pflichtversichert ist. Schließlich bleibt auch die Kapitalertragsteuer bei der Ermittlung des Grenzbetrags von 8.004 € außer Ansatz (BFH, Urteil v. 20.11.2008, III R 75/07, BFH/NV 2009 S. 567).

Durch einen **nachträglichen Verzicht auf die bei dem Kind bereits entstandenen Einkünfte und Bezüge** kann nicht erreicht werden, dass dem Steuerzahler ein Kinderfreibetrag gewährt wird (§ 32 Abs. 4 Satz 9 EStG). Ein „schädlicher" **Verzicht** liegt auch dann vor, wenn das Kind auf Weihnachtsgeld verzichtet, das der Arbeitgeber an seine Arbeitnehmer freiwillig zahlt (BFH, Urteil v. 11.3.2003, VIII R 16/02, BFH/NV 2003 S. 1255). Nur in den Fällen, in denen **von vornherein** ein geringeres Arbeitsentgelt vereinbart wird, können das Kindergeld oder die Freibeträge für Kinder in Anspruch genommen werden.

Als **Bezüge** sind auch alle Leistungen anzusetzen, die ein in Ausbildung befindliches Kind **571** hierfür erhält (z. B. BAföG, soweit als Zuschuss gezahlt). Dies gilt auch für Beträge, die aus arbeitsmarktpolitischen Gründen an Auszubildende sowie an Teilnehmer von Weiterbildungsmaßnahmen gezahlt werden. Selbst Beitragsermäßigungen und Prämienrückzahlungen eines Trägers der gesetzlichen Krankenversicherung für nicht in Anspruch genommene Beihilfeleistungen rechnen zu den Bezügen, soweit diese Leistungen die Versicherungsbeiträge des Kindes gemindert haben. Auch **Lottogewinne** sind bei der Ermittlung des Jahresgrenzbetrags als **Bezüge** anzusetzen (BFH, Beschluss v. 26.11.2008, III S 65/08, BFH/NV 2009 S. 382).

Nicht zu den **Bezügen** zählen insbesondere

- **Unterhaltsleistungen der Eltern**,
- **Elterngeld,** soweit es über den Mindestbetrag von monatlich 300 € bzw. 150 € hinausgeht, wobei bei Mehrlingsgeburten der Betrag zu vervielfachen ist,
- **Mutterschaftsgeld** nach der Entbindung, wenn es auf das Erziehungsgeld angerechnet wurde,
- Leistungen der **Pflegeversicherung**,
- Geldzuwendungen von dritter Seite zur **Kapitalanlage.**

Von der Summe der Bezüge ist eine **Kostenpauschale von 180 €** pro Kalenderjahr abzuziehen. Ggf. können auch höhere Aufwendungen abgezogen werden, wenn sie in unmittelbarem Zusammenhang mit den Bezügen stehen und von Ihnen nachgewiesen bzw. zumindest glaubhaft gemacht werden. Denken Sie z. B. an die Kosten eines Rechtsstreits zur Erlangung der Bezüge oder an Kontoführungskosten (R 32.10 Abs. 3 Satz 2 EStR).

WICHTIG ❗

Bei der Prüfung, ob ein volljähriges behindertes Kind, das im Haushalt seines Vaters lebt, im Stande ist, sich selbst zu unterhalten, gehört die dem Kind gewährte **Hilfe zum Lebensunterhalt** zu seinen anrechenbaren Bezügen, es sei denn, der Sozialleistungsträger kann für seine Leistungen beim Vater Regress nehmen (BFH, Urteil v. 26.11.2003, VIII R 32/02, BFH/NV 2004 S. 699).

Das Finanzamt fragt in den **Zeilen 21 bis 26** der Anlage Kind detailliert nach den **572** Einkünften und Bezügen Ihres volljährigen Kindes, und zwar unterteilt nach Bruttoarbeitslohn, Einkünften aus Kapitalvermögen, Renten, übrige Einkünfte, öffentliche Ausbildungshilfen, übrige Bezüge, Kosten zu den Bezügen, Sozialversicherungs-, Kranken- und Pflegeversicherungsbeiträgen sowie besonderen Ausbildungskosten. Neben den

III Gestaltung und Tipps

Einnahmen sind auch die **Ausgaben stets getrennt anzugeben.** Schließlich verlangt das Finanzamt von Ihnen neben den Beträgen – bezogen auf das Kalenderjahr – auch noch die Angaben zu den Einkünften und Bezügen, die auf den **Berücksichtigungszeitraum für Freibeträge entfallen.** Die zusätzlichen Angaben für Beträge, die Zeiten auswärtiger Unterbringung betreffen, sind bei den Freibeträgen für Kinder nicht wichtig; sie spielen aber eine Rolle für den Freibetrag zur Abgeltung des Sonderbedarfs bei Berufsausbildung.

573   Bei der Ermittlung des Jahresgrenzbetrags von 8.004 € sind die Einkünfte und Bezüge des Kindes um **besondere Ausbildungskosten** zu kürzen, und zwar unabhängig davon, ob sie durch Einkünfte oder Bezüge des Kindes finanziert wurden (BFH, Urteil v. 14.11.2000, VI R 62/97, BFH/NV 2001 S. 375). Unter besonderen Ausbildungskosten sind alle über die Lebensführung hinausgehenden ausbildungsbedingten Mehraufwendungen zu verstehen. Hierunter fallen nicht nur Aufwendungen für einen außerordentlichen, über das Übliche hinausgehenden Bedarf, etwa für überlange Fahrtstrecken oder für aus dem Rahmen fallende Materialien, sondern sämtliche durch die **Berufsausbildung veranlasste Kosten,** wie z. B. Studiengebühren, Kosten für die Fahrten zwischen Wohnung und Ausbildungsplatz sowie Aufwendungen für Arbeitsmittel. Bei der **Anschaffung eines PC** ist darauf zu achten, dass – wie bei den Werbungskosten – eine Verteilung auf die Nutzungsdauer erfolgt, wobei der Abschreibungsbetrag monatsgenau zu ermitteln ist. Nur dann, wenn die Anschaffungskosten nicht über 410 € (netto) hinausgehen, können die Aufwendungen in voller Höhe als besondere Ausbildungskosten abgezogen werden (BFH, Urteil v. 24.8.2004, VIII R 16/04, Haufe-Index 1252343). Bei einem Auslandsstudium bleiben auch die Studiengebühren und Reisekosten, die Zuschläge zum Wechselkursausgleich und die Beiträge zur Auslandskrankenversicherung als besondere Ausbildungskosten außer Ansatz (BFH, Urteil v. 14.11.2000, VI R 128/00, BFH/NV 2001 S. 374). Keine besonderen Ausbildungskosten sind die Aufwendungen für eine **auswärtige Unterbringung** (BFH, Urteile v. 14.11.2000, VI R 52/98, BFH/NV 2001 S. 378 und v. 22.5.2002, VIII R 74/01, BFH/NV 2002 S. 1226) und die Mehraufwendungen für Unterkunft und Verpflegung im Ausland.

WICHTIG

Für die Kürzung kann es u. E. keinen Unterschied machen, ob die besonderen Ausbildungskosten zu den Fortbildungskosten oder zu den als Sonderausgaben abziehbaren Ausbildungskosten rechnen. In **Zeile 24** der **Anlage Kind** wird in der letzten Spalte nach der Höhe der **besonderen Ausbildungskosten** gefragt. Sammeln Sie daher sämtliche Belege, die im Zusammenhang mit der Ausbildung Ihres Kindes stehen, und tragen Sie die Aufwendungen dort ein.

Ist Ihr Kind als Auszubildender neben dem Studium an einer Hochschule gleichzeitig während der vorlesungsfreien Zeit zur **Absolvierung von berufspraktischen Tätigkeiten** in einem Unternehmen oder bei einem öffentlich-rechtlichen Arbeitgeber untergebracht, so erhält er für diese Tätigkeiten Ausbildungshilfe, Ausbildungsdarlehen, Studienbeihilfen usw. Hierbei handelt es sich um Arbeitslohn aus dem Dienstverhältnis, so die Finanzverwaltung (BfF, Schreiben v. 28.7.2004, St I 4 – S 2471 – 325/04, BStBl 2004 I S. 612). Der als **Kostenersatz** geleistete Teil der Vergütung, durch den die im Zusammenhang mit der Ausbildung entstehenden Aufwendungen erstattet werden soll, kann unter den Voraussetzungen des Reisekostenersatzes **steuerfrei** sein. Er bleibt dann bei der Ermittlung der Einkünfte und Bezüge des Kindes außer Ansatz, wobei jedoch die geltend gemachten Werbungskosten um diesen Betrag zu kürzen sind. Eine eventuelle Rückzahlung von Teilen der Vergütung durch das studierende Kind wirkt sich erst im Zeitpunkt des Abflusses auf dessen Einkünfte und Bezüge aus.

TIPP 574

Für **Kinder unter 18 Jahren** erhalten Sie Kindergeld unabhängig davon, ob sich diese Kinder in Berufsausbildung befinden oder wie hoch die Einkünfte und Bezüge des Kindes sind. Das Kind wird auch für den Kalendermonat beim Kindergeld berücksichtigt, in dem es das 18. Lebensjahr vollendet (§ 32 Abs. 3 EStG). Für Kalendermonate, in denen das Kind älter als 18 Jahre ist und sich in Berufsausbildung befindet, wird den Eltern nur ein Freibetrag für Kinder gewährt, wenn der Grenzbetrag für eigene Einkünfte und Bezüge von **8.004 €**, anteilig umgerechnet auf das Jahr 2010, nicht überschritten wird. Dabei bleiben Einkünfte und Bezüge des Kindes bis **einschließlich des Monats der Vollendung des 18. Lebensjahres** unberücksichtigt. Für die Zurechnung der Einkünfte und Bezüge innerhalb eines Kalenderjahres auf den Zeitraum bis zur Vollendung des 18. Lebensjahres und danach kommt es nicht auf den Zufluss, sondern auf die **wirtschaftliche Zurechnung** an (BFH, Urteil v. 18.3.2009, III R 68/07, BFH/NV 2009 S. 1615).

575
Für die Zurechnung der Einkünfte und Bezüge bei Wechsel von der Berufsausbildung bzw. Arbeitslosigkeit in den Beruf gilt für den **Wechselmonat** (§ 32 Abs. 4 Satz 6 EStG) sowie für die **anteilige Kürzung** des Grenzbetrags von 8.004 € Folgendes:

- Einkünfte und Bezüge des Kalendermonats, in dem das Kind von der Ausbildung in den Beruf **wechselt** (= Wechselmonat), sind auf den anteiligen Grenzbetrag von 8.004 € **anzurechnen**, soweit es sich um **Einkünfte** aus der Zeit der **Berufsausbildung** handelt.
- Für die Zurechnung der Einkünfte und Bezüge kommt es auf die **wirtschaftliche Zurechnung** an. Bei **Sonderzuwendungen**, wie z. B. Urlaubs- und Weihnachtsgeld, sind die Beträge bei Kindern, die das **gesamte Kalenderjahr in Ausbildung** waren, den einzelnen Monaten des Jahres anteilig zuzurechnen.

WICHTIG

Die zeitanteiligen Beträge von Urlaubsgeld, Weihnachtsgeld oder anderen Sonderzuwendungen, die auf die Monate **bis zur Vollendung des 18. Lebensjahres** (einschließlich des Monats der Vollendung des 18. Lebensjahres) entfallen, sind **nicht als Einnahmen bzw. Einkünfte anzurechnen**. Vielmehr können nur die zeitanteiligen Beträge berücksichtigt werden, die auf die Monate nach dem Monat der Vollendung des 18. Lebensjahres entfallen. Dies gilt auch dann, wenn in den Folgemonaten ein Freibetrag für Kinder wegen Berufsausbildung zu gewähren ist.

- **Sonderzuwendungen**, die bei einem über 18 Jahre alten Kind **während der Zeit der Berufsausbildung zufließen**, sind in voller Höhe den Kalendermonaten, in denen sich das Kind in Berufsausbildung befand, zuzuordnen. Danach ist die Sonderzuwendung auf die **Ausbildungsmonate gleichmäßig aufzuteilen**.

III Gestaltung und Tipps

- Sonderzuwendungen, die in den auf den Monat des **Wechsels von der Ausbildung in den Beruf folgenden Monaten** zufließen, sind insgesamt **nicht in die Berechnung** der Einkünfte und Bezüge einzubeziehen.

WICHTIG

Auch **Sonderzuwendungen**, die dem Kind im Monat des Wechsels von der Berufsausbildung zur Berufsausübung zufließen, bleiben außer Ansatz, wenn sie nicht die Zeit der Berufsausbildung betreffen. Ansonsten sind sie in vollem Umfang als eigene Einkünfte und Bezüge in den Monaten der Berufsausbildung anzusetzen.

- Für jeden Kalendermonat, in dem die besonderen Berücksichtigungsvoraussetzungen für das volljährige Kind, insbesondere Arbeitslosigkeit und Berufsausbildung, an **keinem Tag vorgelegen** haben, **ermäßigt** sich der Grenzbetrag von 8.004 € **um je** $\frac{1}{12}$ (§ 32 Abs. 4 Satz 7 EStG). Somit kommt es für jeden Kalendermonat zu einer Kürzung um 667 €. Einkünfte und Bezüge des Kindes, die auf diese Kalendermonate entfallen, bleiben außer Ansatz (§ 32 Abs. 4 Satz 8 EStG). Dies hat der BFH für den Fall entschieden, dass ein volljähriges Kind nach Abitur und anschließendem Zivildienst bis zum Beginn des Studiums einer Vollzeiterwerbstätigkeit nachging. Für die vollen Monate, in denen das Kind erwerbstätig war, blieben die Einkünfte aus der Vollzeit-erwerbstätigkeit außer Ansatz (BFH, Urteil v. 15.9.2005, III R 67/04, BFH/NV 2006 S. 656).

BEISPIEL

A befand sich vom 1.1. bis zum 15.8.2010 in Berufsausbildung. Ab 16.8.2010 hat er seine Berufstätigkeit aufgenommen. In den Monaten Januar bis Juli 2010 erhielt er eine monatliche Ausbildungsvergütung von 600 €. Für den Monat August stand ihm anteilig eine Ausbildungsvergütung von 300 € zu. Ab dem 16.8.2010 erhielt A für den halben Monat August Arbeitslohn in Höhe von 1.000 €. Ab September 2010 zahlte ihm sein Arbeitgeber monatlich einen Arbeitslohn von 2.000 €. Im Monat Juli 2010 erhielt er Urlaubsgeld in Höhe von 300 € und im Monat Dezember 2010 Weihnachtsgeld in Höhe von 1.000 €.

Bei den **Sonderzuwendungen** ist zunächst zu unterscheiden, ob sie in den Zeitraum der Berufsausbildung oder der Berufstätigkeit fallen. Das Urlaubsgeld betrifft den Zeitraum der Berufsausbildung. Es ist daher in voller Höhe als eigene Einkünfte und Bezüge des Kindes zu berücksichtigen. Dagegen ist das Weih-nachtsgeld im Dezember 2010, also während der Berufstätigkeit, gezahlt wor-den. Es wird somit nicht angerechnet.

Die **Ausbildungsvergütungen** sind für die Monate Januar bis Juli 2010 mit monatlich 600 € zu berücksichtigen. Auch der „Wechsel-Monat" August 2010 ist zu berücksichtigen, und zwar mit dem zeitanteiligen Betrag, der für den Zeitraum der Berufsausbildung bis zum 15.8.2010 mit 300 € gezahlt wurde. Damit ergeben sich folgende Einkünfte und Bezüge im Ausbildungszeitraum:

Januar bis Juli 2010: 600 € × 7 =	4.200 €
Urlaubsgeld Juli 2010:	300 €
anteilige Einnahmen August 2010:	+300 €

Summe der Einnahmen: 4.800 €
anteiliger Arbeitnehmer-Pauschbetrag (920 €/12 × 7,5): ./.575 €
Einkünfte: 4.225 €

Als **anteiliger Grenzbetrag** sind für die Monate Januar bis August 2010 $^8/_{12}$ von 8.004 € = 5.336 € anzusetzen. Da dieser anteilige Grenzbetrag nicht überschritten wird, können die Freibeträge für Kinder zeitanteilig für die Monate Januar bis August 2010 gewährt werden.

- Werden für den Zeitabschnitt der Berufsausbildung keine höheren **Werbungskosten** geltend gemacht, ist für diesen Zeitraum entsprechend der Anzahl der Monate, die bei der Kindergeldberechnung berücksichtigt werden, der zeitanteilige Arbeitnehmer-Pauschbetrag ($^1/_{12}$ von 920 €) anzusetzen.

WICHTIG 576

Der Arbeitnehmer-Pauschbetrag von 920 € ist bei Kindern, die **nicht ganzjährig Einkünfte** aus nichtselbstständiger Arbeit erzielen, nur auf die Monate **aufzuteilen**, in denen Einkünfte aus nichtselbstständiger Arbeit erzielt wurden. Wer also in den ersten 7 Monaten als Arbeitnehmer beschäftigt war, den 8. und 9. Monat pausierte und ab dem 10. Monat mit einer Berufsausbildung begonnen hat, der erhält den Arbeitnehmer-Pauschbetrag für 10 Monate, in denen ihm Einkünfte aus nichtselbstständiger Arbeit zugeflossen sind. Für jeden dieser Monate sind 77 € an Arbeitnehmer-Pauschbetrag anteilig zu berücksichtigen. Dieses „Zuordnungsprinzip" gilt auch für die **Kostenpauschale** von 180 € (BFH, Urteil v. 1.7.2003, VIII R 96/02, BFH/NV 2003 S. 1378).

- **Heiratet ein volljähriges Kind**, das sich in Berufsausbildung befindet, stehen den Eltern ab dem Monat, der auf den Heiratsmonat folgt, keine Freibeträge für Kinder mehr zu. Die auf den Heiratsmonat und die Folgemonate entfallenden Einkünfte und Bezüge des Kindes einschließlich der Unterhaltsleistung des Ehegatten sind bei der Ermittlung der eigenen Einkünfte und Bezüge nicht anzurechnen.

WICHTIG

Ob der Ehegatte des Kindes zum Unterhalt in der Lage ist, entscheidet sich grundsätzlich nach dem **Unterhaltsrecht**. Allerdings greift die Finanzverwaltung zur Klärung dieser Frage auf das **steuerliche Existenzminimum** zurück, das mit 667 € monatlich anzusetzen ist. Nur dann, wenn der Ehegatte jährlich mehr als 8.004 € netto für seinen Unterhalt zur Verfügung hat, soll eine Unterhaltsverpflichtung zugunsten des anderen Ehegatten bestehen, wobei die „Unterhaltszahlungen" bei diesem als Bezüge zu berücksichtigen sind.

Wird der Jahresbetrag von 8.004 € durch die Einkünfte des unterhaltspflichtigen Ehegatten nicht überschritten, wird die vorrangige Unterhaltsverpflichtung des Ehegatten durch die **nachrangige Unterhaltsverpflichtung der Eltern ersetzt**. Daher haben die Eltern in diesem Fall auch über den Heiratsmonat hinaus Anspruch auf die Freibeträge für Kinder (BFH, Urteil v. 19.4.2007, III R 65/06, BFH/NV 2007 S. 1753).

III Gestaltung und Tipps

Verlängerung bei Grundwehr- und Ersatzdienst

577 Für Kinder, die den gesetzlichen Grundwehr- oder Zivildienst leisten oder eine vom gesetzlichen Grundwehrdienst oder Zivildienst befreiende Tätigkeit als Entwicklungshelfer ausüben, wird weder Kindergeld noch ein Kinderfreibetrag gewährt. Dennoch haben Grundwehr- oder Ersatzdienst Auswirkungen auf die Freibeträge für Kinder.

578 Denn Kinder werden in diesen Fällen bei Arbeitslosigkeit **über das 21. Lebensjahr** oder bei Berufsausbildung **über das 25. Lebensjahr hinaus berücksichtigt**, und zwar für einen der Dauer dieses Dienstes entsprechenden Zeitraum. Darüber hinaus ist zu beachten, dass Kinder, die den gesetzlichen Grundwehr- oder Zivildienst oder einen vergleichbaren „Ersatzdienst" geleistet haben, für die Dauer des gesetzlichen Grundwehr- oder Zivildienstes über die Altersgrenze hinaus steuerlich nur dann berücksichtigt werden dürfen, wenn ihre Einkünfte und Bezüge nicht über den Grenzbetrag von 8.004 € hinausgehen.

BEISPIEL

A, der am 15.12.2009 21 Jahre alt geworden ist, hat den gesetzlichen Grundwehrdienst, 9 Monate, abgeleistet. Er ist 2010 arbeitslos und steht der Arbeitsvermittlung im Inland zur Verfügung.

Den Eltern des A stehen für das Jahr 2010 Freibeträge für Kinder zu. Der „normale" Berücksichtigungszeitraum, der mit Vollendung des 21. Lebensjahres endet, verlängert sich bei A um den Grundwehrdienst von 9 Monaten. Die eigenen Einkünfte und Bezüge des A dürfen für diesen Zeitraum nicht mehr als $^9/_{12}$ von 8.004 € = 6.003 € betragen.

Der Verlängerungszeitraum bei Ableistung des gesetzlichen Grundwehrdienstes entspricht auch dann der Dienstzeit von 9 Monaten, wenn der Dienst nicht am Monatsersten angetreten wurde und daher im ersten Monat des Wehrdienstes noch Kindergeld bezogen wurde (BFH, Urteil v. 27.8.2008, III R 88/07, BFH/NV 2009 S. 132).

Als Verlängerungstatbestände sind **nicht nur der in Deutschland abgeleistete Wehr- bzw. Zivildienst** sowie die Entwicklungshilfedienste nach dem Entwicklungshelfer-Gesetz oder dem Zivildienstgesetz zu berücksichtigen, sondern auch entsprechende **Dienste im Ausland**, wobei es für die Verlängerung grundsätzlich auf die Dauer des deutschen gesetzlichen Grundwehrdienstes oder des Zivildienstes ankommt. Wird allerdings der gesetzliche Grundwehrdienst oder Zivildienst in einem **anderen EU- bzw. EWR-Staat** geleistet, ist die Dauer dieses Dienstes maßgebend, auch wenn dieser länger als die Dauer des entsprechenden deutschen Dienstes ist.

Eine Verlängerung des „normalen" Berücksichtigungszeitraums tritt auch in den Fällen ein, in denen sich das Kind bei Vollendung des 25. Lebensjahres in einer **Übergangszeit zwischen 2 Ausbildungsabschnitten** von höchstens 4 Monaten befindet (§ 32 Abs. 5 Satz 1 i. V. m. Abs. 4 Nr. 2b EStG).

Denken Sie z. B. an einen Abiturienten, der vor Beginn seines Studiums oder einer anderen Berufsausbildung erst einmal zur Ableistung des Grundwehr- oder Zivildienstes herangezogen wird. Hier tritt für die Berücksichtigung von Kindern eine Verlängerung über das 25. Lebensjahr hinaus ein, wenn das Kind sich zu diesem Zeitpunkt nicht in Berufsausbildung, sondern in einer **Übergangszeit zwischen 2 Ausbildungsabschnitten** von höchstens 4 Monaten befindet (BFH, Urteil v. 25.1.2007, III R 23/06, BFH/NV 2007 S. 1229).

Übergangszeit zwischen zwei Ausbildungsabschnitten

Ein Kind, das das **25. Lebensjahr** noch nicht vollendet hat und sich in einer Übergangs- **579** zeit zwischen 2 Ausbildungsabschnitten befindet, ist bei der Gewährung von Freibeträgen für Kinder zu berücksichtigen, wenn die **Übergangszeit nicht über 4 Monate hinaus geht** (§ 32 Abs. 4 Satz 1 Nr. 2 Buchstabe b EStG).

Als **Übergangszeit** von 4 Monaten gelten insbesondere Zwangspausen

- zwischen dem Abschluss der Erstausbildung und dem Beginn einer Zweitausbildung,
- zwischen dem Zeitpunkt des Verlustes des Ausbildungsplatzes und dem Beginn der neuen Ausbildung oder
- zwischen dem Zeitpunkt des Abbruchs der Ausbildung und dem Beginn der neuen Ausbildung.

Ebenfalls als Übergangszeit zu berücksichtigen sind folgende Zwangspausen **zwischen einem Ausbildungsabschnitt** und

- der **Ableistung des gesetzlichen Wehr- oder Zivildienstes**,
- einer vom Wehr- oder Zivildienst befreienden Tätigkeit als **Entwicklungshelfer**,
- einer Dienstleistung im Ausland nach § 14b des Zivildienstgesetzes oder
- der Leistung eines freiwilligen sozialen Jahres, eines freiwilligen ökologischen Jahres, eines Freiwilligendienstes im Rahmen des EU-Aktionsprogramms „Jugend" oder eines anderen Dienstes im Ausland im Sinne des § 14b des Zivildienstgesetzes.

Die auf diese Zwangspausen entfallenden Einkünfte und Bezüge des Kindes sind auf den Grenzbetrag von 8.004 € pro Jahr anzurechnen.

BEISPIEL

A beendet im März 2010 seine Berufsausbildung. Ab 1.8.2010 leistet er den gesetzlichen Zivildienst ab.

Bis März 2010 befindet sich A in Berufsausbildung. Die Zwangspause nach dem Ende der Berufsausbildung und vor Antritt des gesetzlichen Zivildienstes beträgt 4 volle Kalendermonate und überschreitet damit nicht die Übergangszeit. Somit können die Eltern des A auch für die Monate April bis Juli 2010 noch Freibeträge für Kinder zeitanteilig geltend machen.

Nach Auffassung der Finanzverwaltung (H 32.6 EStH) reicht es für die **Einhaltung der 4-monatigen Übergangszeit** aus, wenn der nächste Ausbildungsabschnitt in dem Monat nach Ablauf des vierten vollen Kalendermonats beginnt, in dem sich das Kind nicht in Ausbildung befunden hat. Endet z. B. der erste Ausbildungsabschnitt im Monat Juli 2010 und beginnt der zweite Ausbildungsabschnitt im Dezember 2010, ist die 4-Monatsfrist gewahrt, da sie im August 2010 beginnt und im November 2010 endet (vgl. auch BFH, Urteil v. 15.7.2003, VIII R 105/01, BFH/NV 2003 S. 1659).

Mit Urteil vom 23.2.2006 (III R 82/03, BFH/NV 2006 S. 1390) hat der BFH entschieden, dass ein volljähriges Kind, das zwischen 2 Ausbildungsabschnitten einer Teilzeitbeschäf-

III Gestaltung und Tipps

tigung von 20 Stunden in der Woche nachgeht und hierbei Einkünfte erzielt, die zur Bestreitung seines Unterhaltsbedarfs ausreichen, im Rahmen der 4-monatigen Übergangszeit zu berücksichtigen ist. Voraussetzung ist selbstverständlich, dass die Einkünfte und Bezüge des Kindes den Jahresgrenzbetrag nicht übersteigen. In diesem Zusammenhang hat der BFH auch entschieden, dass die 4-Monatsfrist nicht taggenau zu berechnen ist, sondern – wie auch die Auffassung der Finanzverwaltung – 4 volle Kalendermonate umfasst.

Wird die **Übergangszeit von 4 Monaten überschritten**, sollten Sie bei einer Zwangspause zwischen 2 Ausbildungsabschnitten prüfen, ob Ihr Kind **wegen eines fehlenden Ausbildungsplatzes** die Berufsausbildung nicht fortsetzen konnte. Ist dies nämlich der Fall, ist das Kind nach § 32 Abs. 4 Satz 1 Nr. 2 Buchstabe c EStG zu berücksichtigen (➜ Tz 558). Wird die Übergangszeit von 4 Kalendermonaten zwischen dem Ende des vorherigen Ausbildungsabschnitts und der Ableistung des gesetzlichen Wehr- oder Zivildienstes überschritten, entfällt der Anspruch auf die Freibeträge für Kinder insgesamt für den Übergangszeitraum (BFH, Urteile v. 15.7.2003, VIII R 78/99, BFH/NV 2003 S. 1641, und v. 24.8.2004, VIII R 101/03, BFH/NV 2005 S. 198). Die Tatsache, dass der 4-Monatszeitraum ohne Verschulden des Kindes bzw. des Berechtigten überschritten wurde, ändert daran nichts.

TIPP

Stehen Ihnen für Ihr Kind kein Kindergeld und keine Freibeträge für Kinder zu, können **Unterhaltszahlungen** ggf. als **außergewöhnliche Belastungen** abgezogen werden (➜ Tz 438).

Monatsprinzip

580 Für die Gewährung von Kinderfreibetrag, Freibetrag für Betreuungs- und Erziehungs- oder Ausbildungsbedarf sowie Kindergeld gilt das Monatsprinzip. Für Kinder unter 18 Jahren bedeutet dies, dass sie ab dem Monat der Geburt bis einschließlich des Monats, in dem sie das 18. Lebensjahr vollenden, bei den Freibeträgen für Kinder und beim Kindergeld berücksichtigt werden (§ 32 Abs. 3 EStG). Für Kalendermonate vor der Geburt oder nach Vollendung des 18. Lebensjahres steht Ihnen kein „monatlicher" Kinderfreibetrag zu (Ausnahmen ➜ Tz 558).

BEISPIEL

A und B sind verheiratet; sie haben 2 Kinder. Der Sohn vollendet im Januar 2010 sein 18. Lebensjahr, die Tochter wird im Januar 2011 18 Jahre alt.

Für 2010 erhalten A und B für die Tochter den vollen Kinderfreibetrag, für den Sohn steht ihnen nur ein anteiliger Freibetrag für den Monat Januar 2010 in Höhe von $^{1}/_{12}$ von 4.368 € = 364 € zu. Darüber hinaus ist auch der Freibetrag für Betreuungs- und Erziehungs- oder Ausbildungsbedarf für den Sohn nur zeitanteilig zu gewähren, und zwar mit $^{1}/_{12}$ von 2.640 € = 220 €. Für die Tochter erhalten A und B den vollen Freibetrag von 2.640 €.

Steht Ihnen für 2010 der volle Kinderfreibetrag zu, erhalten Sie pro Kalendermonat einen Betrag von **364 €**, bei 12 Monaten also **4.368 €**. Dazu kommt der Betreuungs- und Erziehungs- oder Ausbildungsbedarfsfreibetrag von **2.640 €** für ein Elternpaar, unabhängig davon, wie hoch die tatsächlich entstandenen Aufwendungen in diesem Bereich sind. Damit werden kindbedingte Freibeträge von insgesamt **7.008 € je Kind** und je Elternpaar gewährt (➜ Tz 547).

Teilen Sie den Kinderfreibetrag und den Freibetrag für Betreuungs- und Erziehungs- oder Ausbildungsbedarf mit einem anderen, können Sie lediglich pro Kalendermonat **182 €** an Kinderfreibetrag und **110 €** an Betreuungs- und Erziehungs- oder Ausbildungsbedarfsfreibetrag steuerlich geltend machen. Gerechnet auf das Kalenderjahr sind dies 2.184 € + 1.320 € = **3.504 €.**

Ansatz der vollen Freibeträge für Kinder bei einem Elternteil

Der **volle Kinderfreibetrag** in Höhe von **4.368 €** und der volle Freibetrag für **Betreu-**   **581** **ungs- und Erziehungs- oder Ausbildungsbedarf** von **2.640 €** werden bei **einem Elternteil** allein abgezogen, wenn der andere Elternteil

- **verstorben** ist,
- nicht unbeschränkt steuerpflichtig ist, d. h. seinen Wohnsitz oder gewöhnlichen Aufenthalt im **Ausland** hat,
- der **Wohnsitz** oder gewöhnliche Aufenthalt **nicht zu ermitteln** ist oder
- als **Vater** des Kindes amtlich **nicht feststellbar** ist (R 32.12 EStR).

Die vollen Freibeträge für Kinder stehen Ihnen auch dann zu, wenn Sie

- das Kind allein **adoptiert** haben oder
- das Kind **ausschließlich** zu Ihnen in einem **Pflegekindschaftsverhältnis** steht.

WICHTIG

Bei Abzug der vollen Freibeträge für Kinder ist stets der **volle Anspruch auf Kindergeld** der tariflichen Einkommensteuer hinzuzurechnen, wenn es darum geht, einen zusätzlichen kindbedingten Vorteil bei Ihrer Einkommensteuerveranlagung 2010 zu berücksichtigen. Stehen Ihnen die Freibeträge nur zur Hälfte zu, wird auch nur der hälftige Anspruch auf Kindergeld gegengerechnet.

Übertragung der Freibeträge für Kinder

Sind Sie geschieden oder haben Sie 2010 während des ganzen Jahres von Ihrem Ehe-   **582** partner getrennt gelebt, können der Kinderfreibetrag eines Elternteils von monatlich 182 € und der Freibetrag für Betreuungs- und Erziehungs- oder Ausbildungsbedarf von monatlich 110 € auf den anderen **übertragen** werden. Gleiches gilt für Partner einer **nichtehelichen Lebensgemeinschaft** mit einem gemeinsamen Kind.

Sonderregelung für Kinderfreibeträge

Eine **Übertragung des Kinderfreibetrags** ist nur dann möglich, wenn der beantragende   **583** Elternteil seiner **Unterhaltspflicht** gegenüber dem Kind für das Kalenderjahr im Wesentlichen nachkommt, der andere Elternteil dagegen seine Unterhaltspflicht nicht erfüllt. Eine Übertragung des Kinderfreibetrags mit **Zustimmung** des anderen Elternteils ist nicht möglich.

Kommt ein Elternteil seiner **Unterhaltsverpflichtung** nach, so darf der ihm zustehende Kinderfreibetrag nicht auf den anderen Elternteil übertragen werden, auch wenn seine

III Gestaltung und Tipps

Unterhaltszahlung gemessen am Unterhaltsbedarf des Kindes verhältnismäßig **gering** ist (BFH, Urteil v. 27.10.2004, VIII R 11/04, BFH/NV 2005 S. 343). Für die Übertragung des Kinderfreibetrags wird also nicht auf den Beitrag zum Unterhaltsbedarf des Kindes abgestellt, sondern auf die **konkrete, individuelle Unterhaltsverpflichtung** des Elternteils.

Kommt ein Elternteil allerdings dieser konkreten Unterhaltsverpflichtung nur zu einem **unwesentlichen Teil** nach, darf der ihm zustehende Kinderfreibetrag auch ohne seine Zustimmung auf den anderen Elternteil übertragen werden. Nach der höchstrichterlichen Rechtsprechung (BFH, Urteil v. 25.7.1997, VI R 113/95, BFH/NV 1998 S. 510) liegt die Grenze der „Unwesentlichkeit" **bei 50 %** der konkreten Unterhaltsverpflichtung. Die Finanzverwaltung sieht die Grenze bei **75 %** der Unterhaltsverpflichtung (R 32.13 Abs. 2 Satz 1 EStR).

TIPP

 Liegt die Erfüllung Ihrer Unterhaltsverpflichtung in dem Grenzbereich zwischen 50 % und 75 %, sollten Sie bei Versagung des Kinderfreibetrags und Übertragung auf den anderen Elternteil Einspruch einlegen und die weitere höchstrichterliche Rechtsprechung in diesem Punkt abwarten.

Wird ein Elternteil erst im Laufe des Kalenderjahres zu Unterhaltszahlungen verpflichtet, ist für die Prüfung, ob er seiner Unterhaltsverpflichtung gegenüber dem Kind zu mindestens 75 % nachgekommen ist, nur auf den Zeitraum abzustellen, für den der Elternteil zu Unterhaltsleistungen verpflichtet wurde.

Bei der Beurteilung der Frage, ob der andere Elternteil seiner Unterhaltsverpflichtung nachgekommen ist, ist auf den Zeitraum abzustellen, für den der **Unterhalt geleistet** wird. Der Zeitpunkt, zu dem der Unterhalt gezahlt wird, spielt dabei keine Rolle.

BEISPIEL

 Vater A ist für seinen 12-jährigen Sohn zum Barunterhalt verpflichtet. Für 2010 zahlt er Barunterhalt, der unter der 75 %-Grenze liegt. Anfang 2011 leistet er eine Unterhaltsnachzahlung, die dazu führt, dass er für 2010 die 75 %-Grenze nachträglich überschreitet.

Sollte bei der Einkommensteuerveranlagung 2010 der Kinderfreibetrag in voller Höhe bei der Mutter berücksichtigt worden sein, weil der Vater seiner Unterhaltsverpflichtung im Wesentlichen nicht nachgekommen ist, muss nun wegen der Unterhaltsnachzahlung 2011 für 2010 der Einkommensteuerbescheid der Mutter geändert werden (§ 175 Abs. 1 Satz 1 Nr. 2 AO). Im Rahmen dieser Änderung ist bei der Mutter nur der halbe Kinderfreibetrag anzusetzen; die andere Hälfte ist nunmehr bei dem Vater A zu berücksichtigen.

TIPP

 Ist ein Elternteil **mangels eigener Leistungsfähigkeit** nicht unterhaltspflichtig, so kann der ihm zustehende Kinderfreibetrag nicht auf den anderen Elternteil übertragen werden (BFH, Urteil v. 25.7.1997, VI R 107/96, BFH/NV 1998 S. 259, und BFH, Beschluss v. 8.12.2009, III B 227/08, BFH/NV 2010 S. 639).

Die Übertragung des Kinderfreibetrags hat den **Nachteil**, dass für den „verzichtenden **584** Elternteil" sämtliche kindbedingten Steuerentlastungen entfallen, die vom Erhalt eines Kinderfreibetrags abhängig sind. Wird bei einem minderjährigen Kind der Betreuungs- und Erziehungs- oder Ausbildungsbedarfsfreibetrag auf den Elternteil übertragen, bei dem das Kind mit Haupt- oder Nebenwohnung gemeldet ist, behält der andere Elternteil trotzdem den Kinderfreibetrag, wenn nicht gerade die Übertragungsvoraussetzungen auch für diesen Freibetrag vorliegen. Damit sichert sich der andere Elternteil die kindbedingten Steuervergünstigungen, und zwar trotz Übertragung des Betreuungs- und Erziehungs- oder Ausbildungsbedarfsfreibetrags. Denkbar ist auch eine Übertragung des Kinderfreibetrags, wenn die Voraussetzungen für eine solche Übertragung erfüllt sind, allerdings ohne die Übertragung des Freibetrags für Betreuungs- und Erziehungs- oder Ausbildungsbedarf. Dies sieht die Finanzverwaltung in R 32.13 Abs. 4 Satz 2 EStR anders; sie besteht auf einer gleichzeitigen Übertragung beider Freibeträge. Dies ergibt sich jedoch nicht aus dem Gesetz. Werden die Freibeträge unterschiedlich gehandhabt, sichern sich beide Elternteile die kindbedingten Begünstigungen. Dies sollte notfalls erstritten werden.

Auf der anderen Seite bringt der **übertragene Kinderfreibetrag** dann eine **erhebliche 585 Steuerentlastung**, wenn der übertragende Elternteil

- **keine eigenen Einkünfte** hat bzw. die eigenen Einkünfte auch ohne Kinderfreibetrag steuerfrei bleiben,
- **keinen Entlastungsbetrag für Alleinerziehende** (§ 24b EStG) erhält, weil das Kind im Haushalt des Stief- oder Großelternteils lebt und er weder außergewöhnliche Belastungen hat noch einen „Ausbildungsfreibetrag" erhält.

Der Kinderfreibetrag wird übertragen, wenn dem Finanzamt ein Antrag des berechtigten **586** Elternteils vorliegt und die weiteren Voraussetzungen (Nichterfüllung der Unterhaltspflicht bei Übertragung auf Ehegatten oder Haushaltsaufnahme bei Übertragung auf Großeltern) erfüllt sind. Auf eine förmliche Zustimmungserklärung des berechtigten Ehegatten kommt es nur noch in dem Sonderfall an, dass bei der Übertragung des Kinderfreibetrags auf die Großeltern der Übertragungsantrag von diesen gestellt wurde.

Der Kinderfreibetrag kann auf einen **Stiefelternteil** sowie bei **Enkelkindern auf die 587 Großeltern** übertragen werden, wenn diese das Kind in ihren Haushalt aufgenommen haben (§ 32 Abs. 6 Satz 7 EStG). Die Übertragung beschränkt sich in diesen Fällen nur auf den Kinderfreibetrag sowie den Freibetrag für Betreuungs- und Erziehungs- oder Ausbildungsbedarf, die dem Übertragenden in seiner Person zustehen (➜ Tz 582).

Sonderregelung bei Übertragung des Freibetrags für Betreuungs- und Erziehungs- oder Ausbildungsbedarf

Für den Betreuungs- und Erziehungs- oder Ausbildungsbedarfsfreibetrag gilt ebenfalls der **588** Grundsatz: Jedem **Elternteil** nur die **Hälfte**. Es besteht aber die Möglichkeit, den einem Elternteil zustehenden Freibetrag auf den anderen zu übertragen, wenn das Kind noch **minderjährig** ist (§ 32 Abs. 6 Satz 6 2. Halbsatz EStG). Nach Auffassung der Finanzverwaltung (R 32.13 Abs. 4 Satz 2 EStR) führt die Übertragung des Kinderfreibetrags **stets** zur **Übertragung des Freibetrags für den Betreuungs- und Erziehungs- oder Ausbildungsbedarf** (➜ Tz 584). Hier ist allerdings darauf zu achten, dass nur der Elternteil in

III Gestaltung und Tipps

den Genuss des Betreuungs- und Erziehungs- oder Ausbildungsbedarfsfreibetrags kommen kann, bei dem das Kind **mit Haupt- oder Nebenwohnung gemeldet** ist.

TIPP

Meist ist das Kind bei der **Mutter gemeldet**. Diese erzielt in der Regel keine oder nur unwesentliche Einkünfte. Es wäre daher sinnvoll, den Freibetrag für Betreuungs- und Erziehungs- oder Ausbildungsbedarf in voller Höhe beim **Vater zu berücksichtigen**. Hierzu müssen allerdings 2 Voraussetzungen erfüllt sein: Das Kind muss ausschließlich beim Vater, also nicht bei der Mutter, gemeldet sein. Dann muss die Mutter ihren Anteil am Freibetrag auf den Vater übertragen.

Der Freibetrag für Betreuungs- und Erziehungs- oder Ausbildungsbedarf kann auf Antrag auf einen **Stiefelternteil** oder **Großelternteil** übertragen werden, wenn dieser das Kind in seinem Haushalt aufgenommen hat (§ 32 Abs. 6 Satz 7 EStG). Zu dieser Übertragung bedarf es der Zustimmung des Elternteils, dem der Freibetrag zusteht. Die Zustimmung kann nur für künftige Kalenderjahre widerrufen werden. Eine **monatsweise Übertragung** des Freibetrags ist nicht möglich. Darüber hinaus ist zu beachten, dass der Betreuungs- und Erziehungs- oder Ausbildungsbedarfsfreibetrag nur **zusammen mit dem Kinderfreibetrag** auf den Stiefeltern- oder Großelternteil übergehen kann. In dem Kalenderjahr, in dem das Kind das 18. Lebensjahr vollendet, ist eine Übertragung des Freibetrags für Betreuungs- und Erziehungs- oder Ausbildungsbedarf nur für den Teil des Kalenderjahres möglich, in dem das Kind noch **nicht älter als 18 Jahre** ist.

WICHTIG

Auf Antrag eines Elternteils wird der dem anderen Elternteil zustehende Freibetrag für den Betreuungs- und Erziehungs- oder Ausbildungsbedarf entzogen und dem „beantragenden" Elternteil zugerechnet, wenn es sich bei dem Kind um einen **Minderjährigen** handelt (§ 32 Abs. 6 Satz 6 EStG). Lebt z. B. die Tochter A bei ihrer Mutter und ist sie noch minderjährig, kann die Mutter den Antrag stellen, dass bei ihr der gesamte Freibetrag für den Betreuungs- und Erziehungs- oder Ausbildungsbedarf berücksichtigt wird. Diesen Antrag kann der „verlustgehende" Ehegatte nicht vermeiden. Ein solcher Antrag kann jedoch nur bei minderjährigen Kindern gestellt werden. Sind die Kinder volljährig, entfällt die Antragsmöglichkeit, so dass beide Elternteile dann in den Genuss des Freibetrags für Betreuungs- und Erziehungs- oder Ausbildungsbedarf kommen.

Gegenrechnung des Kindergeldes

589   Wie sieht es bei Übertragung der Freibeträge für Kinder mit der Gegenrechnung des Kindergeldes aus? Nehmen Sie an, der hälftige Freibetrag für Betreuungs- und Erziehungs- oder Ausbildungsbedarf des Vaters ist auf die Mutter übertragen worden, weil das Kind dort mit Wohnsitz gemeldet war. Die Mutter hat 2010 Kindergeldzahlungen in Höhe von 12 × 184 € = 2.208 € erhalten. Bei dem Vater wird das hälftige Kindergeld in Höhe von 1.104 € bei der **Berechnung der Unterhaltsverpflichtung** gegenüber dem Kind angerechnet. Somit ist sowohl bei der Mutter als auch beim Vater das hälftige Kindergeld gegenzurechnen, wenn es darum geht, die Steuerersparnis aus Kinderfreibetrag und Freibetrag für Betreuungs- und Erziehungs- oder Ausbildungsbedarf zu ermitteln.

Obwohl die Mutter neben dem hälftigen Kinderfreibetrag den vollen Freibetrag für Betreuungs- und Erziehungs- oder Ausbildungsbedarf von 2.640 € erhält, wird bei ihr nur das hälftige Kindergeld in Höhe von 1.104 € gegengerechnet (§ 32 Abs. 6 EStG; R 31 Abs. 3 Satz 2 EStR).

TIPP

Prüfen Sie in den Fällen, in denen der Vater seinen Freibetrag für Betreuungs- und Erziehungs- oder Ausbildungsbedarf von 1.320 € nicht steuerwirksam einsetzen kann, z. B. weil er 2010 arbeitslos war, ob es sinnvoll ist, diesen Freibetrag auf die Mutter zu übertragen. Dadurch erreichen Sie eine einkommensteuerliche Entlastung bei der Mutter, ohne dass sich die Gegenrechnung durch das Kindergeld ändert (wegen Einzelheiten hierzu vgl. OFD Frankfurt, Verfügung v. 29.6.2001, S 2280 A 5 – St II 23).

Berücksichtigung der Freibeträge für Kinder bei den Zuschlagsteuern

In vielen Fällen würde die Zahlung von Kindergeld anstelle der Gewährung eines Kinderfreibetrags sowie eines Freibetrags für Betreuungs- und Erziehungs- oder Ausbildungsbedarf bei den Zuschlagsteuern, insbesondere bei der **Kirchensteuer** und dem **Solidaritätszuschlag**, zu einer Erhöhung der Bemessungsgrundlage führen. Um dies zu verhindern, wird die Bemessungsgrundlage für diese Steuern stets um die **Freibeträge für Kinder gemindert.** Für die danach verbleibende Bemessungsgrundlage wird die Einkommensteuer ermittelt; von dieser Einkommensteuer werden dann bei der Kirchensteuer 8 % bzw. 9 % angesetzt.   **590**

4.2 Übernommene Kranken- und Pflegeversicherungsbeiträge

Haben Sie als Versicherungsnehmer Beiträge zur Kranken- und Pflegeversicherung für die Absicherung Ihres Kindes getragen, können Sie diese bei Ihnen als Sonderausgaben abziehen. Dies gilt sowohl für die Beiträge, die der Grundsicherung dienen, als auch für die darüber hinaus geleisteten Beiträge.   **591**

Ein Sonderausgabenabzug steht Ihnen auch dann zu, wenn Sie im Rahmen Ihrer Unterhaltsverpflichtung Beiträge zur Kranken- und Pflegeversicherung übernommen haben, die Ihr Kind, für das Sie Anspruch auf Kindergeld oder Freibeträge für Kinder haben, als Versicherungsnehmer selbst schuldet. Dies gilt jedoch nur für die Beiträge, die der Grundsicherung im Krankheitsfall dienen. Machen Sie diese Beiträge im Rahmen Ihrer Einkommensteuerveranlagung 2010 geltend, darf Ihr Kind diese Beiträge nicht mehr als Sonderausgaben ansetzen.

Wegen weiterer Einzelheiten zum Sonderausgabenabzug der Kranken- und Pflegeversicherungsbeiträge ➜ Tz 518.

Achten Sie darauf, dass Sie in **Zeile 4** der Anlage Kind die Identifikationsnummer Ihres Kindes eintragen. Damit kann eine Verknüpfung der Meldung des Versicherungsträgers mit Ihren Angaben im Rahmen der Einkommensteuerveranlagung vorgenommen werden.

III Gestaltung und Tipps

4.3   Entlastungsbetrag für Alleinerziehende

592   Den Entlastungsbetrag nach § 24b EStG in Höhe von **1.308 €** erhalten **nur Allein-erziehende** mit **mindestens einem Kind**, für das ihnen Kindergeld oder ein Freibetrag für Kinder zusteht. Folgende Voraussetzungen werden gefordert:

- Der Steuerzahler muss **alleinstehend** sein und mit mindestens einem **Kind**, für das er Kindergeld oder einen Freibetrag für Kinder erhält, in einer **gemeinsamen Wohnung** eine **Haushaltsgemeinschaft** bilden.
- Das Kind muss in der **gemeinsamen Wohnung gemeldet** sein.
- Die Besteuerung nach der **Splitting-Tabelle** schließt den Entlastungsbetrag aus; ausgenommen sind nur Verwitwete.

Kindbegriff

593   Den Entlastungsbetrag erhalten Alleinstehende, wenn sie mit einem leiblichen Kind, Adoptivkind, Pflegekind, Stiefkind oder Enkelkind eine Haushaltsgemeinschaft bilden.

BEISPIEL

A ist alleinstehend. Sie hat eine Tochter B. Diese lebt bei ihrer Großmutter C. B ist mit Hauptwohnsitz bei der Großmutter und mit Zweitwohnsitz bei ihrer Mutter gemeldet. Das Kindergeld wird an die Großmutter ausgezahlt.

Ist die Großmutter alleinstehend, kann sie den Abzugsbetrag nach § 24b EStG in Anspruch nehmen. Denn bei B handelt es sich um ihr Enkelkind, das bei ihr gemeldet ist und zu ihrem Haushalt gehört. Wegen der Zuordnungsregelung ➔ Tz 594.

WICHTIG

Im Haushalt des Alleinstehenden muss sich mindestens ein Kind befinden, für das der Steuerzahler **Kindergeld** oder einen **Freibetrag für Kinder** erhält (§ 24b Abs. 1 Satz 1 EStG). Für die Frage der Haushaltsgemeinschaft wird allein auf das **Melderecht** abgestellt. Danach muss das Kind entweder mit Hauptwohnung oder mit Zweitwohnsitz in der Wohnung des Alleinstehenden gemeldet sein.

BEISPIEL

Das volljährige Kind A studiert auswärts in München. An den Wochenenden und in den Semesterferien kehrt es zu seiner Mutter nach Frankfurt zurück; dort ist es mit Zweitwohnsitz gemeldet.

Das Kind A bildet mit seiner Mutter eine Haushaltsgemeinschaft, da es melde-rechtlich bei der Mutter erfasst ist.

594   Wegen der Möglichkeit, melderechtlich mit mehreren Alleinstehenden eine Haushalts-gemeinschaft zu bilden, wurde vor dem Hintergrund, den Entlastungsbetrag für ein Kind nur einmal zu gewähren, in diese Vorschrift eine **Zuordnungsregelung** aufgenommen (§ 24b Abs. 1 Satz 3 EStG). Danach steht der Entlastungsbetrag in den Fällen, in denen das Kind mit Haupt- und Nebenwohnsitz bei mehreren Steuerzahlern gemeldet ist, demjeni-gen zu, der die Voraussetzung für die **Auszahlung des Kindergeldes** erfüllt oder erfüllen würde in Fällen, in denen nur ein Anspruch auf einen Freibetrag für Kinder besteht.

Für die Zuordnung kommt es somit darauf an, wer das Kind in seinem Haushalt aufgenommen hat. Denn dem steht grundsätzlich auch der Anspruch auf Kindergeld zu (§ 64 Abs. 2 Satz 1 EStG). An wen dann das Kindergeld tatsächlich ausgezahlt wurde, ist für die Gewährung des Entlastungsbetrags nicht von Belang.

A und B sind geschieden. Aus der Ehe stammt der gemeinsame Sohn S. S ist mit Hauptwohnung bei seiner Mutter und mit 2. Wohnsitz bei seinem Vater gemeldet. Während des Kalenderjahres 2010 ist er im Haushalt der Mutter untergebracht, bildet also mit ihr eine Haushaltsgemeinschaft.

Der Entlastungsbetrag in Höhe von 1.308 € steht der Mutter zu. Denn das Kindergeld ist bei mehreren Berechtigten an die Person zu zahlen, die das Kind in ihrem Haushalt aufgenommen hat (§ 64 Abs. 2 Satz 1 EStG). Dies ist die Mutter. Daran knüpft auch die Gewährung des Entlastungsbetrags nach § 24b EStG bei mehreren „Alleinerziehenden" an.

Begriff „Alleinstehend"

Alleinstehend sind Steuerzahler, die **nicht** die Voraussetzungen für die Anwendung des **595** **Splittingverfahrens** erfüllen oder **verwitwet** sind und **keine Haushaltsgemeinschaft** mit einer anderen volljährigen „schädlichen" Person bilden.

Da der Entlastungsbetrag kalendermonatsbezogen (→ Tz 598) gewährt wird, ist auch die Voraussetzung, ob die Kriterien für eine Zusammenveranlagung (§ 26 Abs. 1 EStG) erfüllt sind, bezogen auf den jeweiligen Kalendermonat zu prüfen. Ist z. B. ein Ehegatte **2010 verstorben** und bildet der überlebende Ehegatte mit einem Kind, für das er Kindergeld erhält, eine Haushaltsgemeinschaft, ist wegen der Zwölftelung in § 24b Abs. 3 EStG erstmals für den Monat des Todes des Elternteils der Entlastungsbetrag zu gewähren, obwohl für das Todesjahr die Splitting-Tabelle anzuwenden ist.

Steht dem überlebenden Ehegatten für den Veranlagungszeitraum 2010 das sog. „Gna- **596** **densplitting"** zu, weil sein Ehegatte **2009 verstorben** ist, kann auch in diesem Fall der Entlastungsbetrag geltend gemacht werden, wenn zu dem Haushalt des überlebenden Ehegatten ein Kind mit Kindergeld oder mit einem Freibetrag für Kinder gehört.

Die Gewährung des Entlastungsbetrags setzt weiter voraus, dass in der gemeinsamen **597** Wohnung des Steuerzahlers und des Kindes keine **andere Person** (= schädliche Person) lebt, mit der der Steuerzahler eine Haushaltsgemeinschaft bildet und für die ihm kein Kindergeld oder kein Freibetrag für Kinder zusteht; ausgenommen sind hier lediglich wehr- und zivildienstleistende oder diesen gleichgestellte Kinder.

Für die **Annahme einer Haushaltsgemeinschaft** mit einer schädlichen Person kommt es allein darauf an, ob eine **gemeinsame Wirtschaftsführung vorliegt**; die Dauer des

III Gestaltung und Tipps

Zusammenlebens ist dabei ohne Bedeutung. Der Gesetzgeber arbeitet bei Annahme einer Haushaltsgemeinschaft mit einer **Vermutung**: Alle Personen, die mit Haupt- oder Nebenwohnsitz in der Wohnung des Steuerzahlers gemeldet sind, sollen mit dem Steuerzahler gemeinsam „wirtschaften", also eine **Haushaltsgemeinschaft bilden.** Die Vermutung kann **widerlegt** werden, allerdings nicht bei einer eheähnlichen Lebensgemeinschaft oder einer eingetragenen Lebenspartnerschaft. Bei beiden Lebensformen geht der Gesetzgeber von einer **unwiderlegbaren Haushaltsgemeinschaft** aus (§ 24b Abs. 2 Satz 3 EStG); Folge: Stets kein Entlastungsbetrag.

Handelt es sich bei der anderen Person um eine **pflegebedürftige Person**, kann sich diese typischerweise – je nach Grad der Pflegebedürftigkeit – nicht an der Haushaltsführung beteiligen, so dass trotz der Haushaltszugehörigkeit **keine Haushaltsgemeinschaft** besteht. Als pflegebedürftig sind nach Auffassung der Finanzverwaltung (BMF, Schreiben v. 29.10.2004, IV C 4 – S 2281 – 515/04, BStBl 2004 I S. 1042) solche Personen anzusehen, für die mindestens Pflegegeld der Pflegestufe I bewilligt worden ist oder die blind sind. Der Nachweis über den Schweregrad der Pflegebedürftigkeit ist durch Vorlage des Leistungsbescheids des Sozialhilfeträgers bzw. des privaten Pflegeversicherungsunternehmens zu führen. Der Nachweis des gesundheitlichen Merkmals „Blind" richtet sich nach § 65 EStDV (➜ Tz 461).

TIPP

Sollte die Feststellung des Merkmals „Blind" oder der Pflegebedürftigkeit zu einem Zeitpunkt erfolgen, zu dem die Einkommensteuer 2010 bereits bestandskräftig festgesetzt ist, besteht die Möglichkeit, eine rückwirkende Änderung des Einkommensteuerbescheids zu beantragen.

Höhe, Abzug und Zwölftelung

598 Der Entlastungsbetrag für Alleinstehende beläuft sich auf **1.308 € im Kalenderjahr.** Er ist von der **Summe der Einkünfte abzuziehen** (§ 24b Abs. 1 EStG). Der Entlastungsbetrag wird nur für Kalendermonate gewährt, in denen die Voraussetzungen für seine Gewährung zumindest **zeitweise vorgelegen** haben (§ 24b Abs. 3 EStG).

4.4 Kinderbetreuungskosten

599 Aufwendungen für Dienstleistungen zur Betreuung eines zum Haushalt des Steuerzahlers gehörenden Kindes, das das **14. Lebensjahr** noch **nicht vollendet** hat oder wegen einer vor Vollendung des 25. Lebensjahres eingetretenen körperlichen, geistigen oder seelischen **Behinderung** außer Stande ist, sich selbst zu unterhalten, können in Höhe von $^2/_3$ **der Aufwendungen**, begrenzt auf **4.000 €** je Kind, wie Betriebsausgaben oder wie Werbungskosten abgezogen werden, wenn sie wegen einer Erwerbstätigkeit angefallen sind (§ 9c Abs. 1 EStG).

Wegen Einzelheiten zu den **erwerbsbedingten Kinderbetreuungskosten** ➜ Tz 775.

Sind die Kinderbetreuungskosten nicht durch eine Erwerbstätigkeit verursacht, können sie unter bestimmten Voraussetzungen als **Sonderausgaben** ebenfalls in Höhe von $^2/_3$ der Aufwendungen, begrenzt auf 4.000 € je Kind, berücksichtigt werden (§ 9c Abs. 2 EStG).

● **Begriff „Kinderbetreuungskosten"**

Zu den Kinderbetreuungskosten rechnen alle Aufwendungen für Dienstleistungen zur **600**
Betreuung eines Kindes, wie z. B. solche für Babysitter, Erzieher, Tages- und Wochen-
mütter, aber auch Kindergarten- und Kinderhortbeiträge. Dagegen sind Aufwendungen,
die im Zusammenhang mit der **Unterrichtserteilung**, wie z. B. Nachhilfeunterricht und
Musikunterricht, sowie mit einer Mitgliedschaft in einem Sportverein stehen, nicht als
Kinderbetreuungskosten zu berücksichtigen.

● **Berücksichtigungsfähige Kinder und Haushaltszugehörigkeit**

Berücksichtigt werden Kinder, für die ein Freibetrag für Kinder gewährt wird. Das sind **601**
leibliche Kinder, Adoptivkinder und Pflegekinder, nicht dagegen Stiefkinder.

Es werden nur solche Kinder berücksichtigt, die zu Ihrem **Haushalt gehören**. Eine Haushaltszugehörigkeit ist auch dann anzunehmen, wenn sich das Kind mit Einwilligung der
Eltern vorübergehend in einem Heim oder Internat aufhält. Bei zusammenlebenden
Elternteilen kommt es u. E. auf die Zugehörigkeit zum **gemeinsamen** Haushalt an. Auch
in den Fällen, in denen Sie als Alleinstehende mit Ihrem Kind in der Wohnung Ihrer Eltern
oder in einer Wohngemeinschaft mit anderen Personen leben, liegt das Merkmal „Haushaltszugehörigkeit" des Kindes vor. Wegen weiterer Einzelheiten zur Haushaltszugehörigkeit → Tz 597.

● **2 Alternativen für den Sonderausgabenabzug**

Ein Sonderausgabenabzug ist bei Kinderbetreuungskosten nur dann möglich, wenn die **602**
Aufwendungen nicht durch eine Erwerbstätigkeit bedingt und angefallen sind

- für Dienstleistungen zur Betreuung eines zum Haushalt des Steuerzahlers gehörenden
  Kindes **bis zur Vollendung des 14. Lebensjahres** oder für ein körperlich, geistig oder
  seelisch **behindertes Kind**, vorausgesetzt, der Steuerzahler befindet sich in **Ausbildung**, ist körperlich, geistig oder seelisch **behindert** oder er ist **krank** (§ 9c Abs. 2
  Sätze 1 bis 3 EStG).
- für Dienstleistungen zur Betreuung von Kindern, die das **3. Lebensjahr vollendet**,
  aber noch **nicht das 6. Lebensjahr vollendet** haben, unabhängig davon, ob der
  Abzugsberechtigte in Ausbildung befindlich, körperlich, geistig oder seelisch behindert oder krank ist (§ 9c Abs. 2 Satz 4 EStG),

WICHTIG

In der Praxis sollte vorrangig geprüft werden, ob die Aufwendungen für Dienstleistungen zur Betreuung eines Kindes angefallen sind, das das 3. Lebensjahr,
aber noch nicht das 6. Lebensjahr vollendet hat. Liegen diese Voraussetzungen
nicht vor, ist nachrangig der Sonderausgabenabzug nach der anderen Alternative zu überprüfen.

● **Sonderausgabenabzug für Kinder im Alter von 3 bis 5 Jahre**

Sollte Ihr Kind im Kalenderjahr 2010 das 3. Lebensjahr vollendet, also vor dem 2.1.2008 **603**
geboren sein, aber noch nicht das 6. Lebensjahr vollendet haben, also nach dem 1.1.2003
geboren sein, können Aufwendungen für die Kinderbetreuung in Höhe von $^2/_3$ der Kosten,
maximal bis zu 4.000 € als Sonderausgaben abgezogen werden, ohne dass zusätzliche

III Gestaltung und Tipps

Voraussetzungen erfüllt sein müssen. Der Sonderausgabenabzug ist somit bei diesen Kindern auch dann möglich, wenn

- Sie weder erwerbstätig noch in Ausbildung, behindert oder krank sind, oder
- bei zusammenlebenden Elternteilen keiner der beiden Elternteile erwerbstätig ist oder nur einer erwerbstätig ist und der andere nicht in Ausbildung, behindert oder krank ist.

Sollten die Altersvoraussetzungen Ihres Kindes nur für einen **Teil des Jahres 2010** erfüllt sein, kommt es nicht zu einer anteiligen Kürzung der Aufwendungen.

BEISPIEL

 A ist am 5.3.2007 geboren. 2010 fallen ganzjährig Kindergartenbeiträge für A an.

A vollendet am 4.3.2010 24.00 Uhr das 3. Lebensjahr.

Für A können 2010 ganzjährig Kinderbetreuungskosten berücksichtigt werden, also auch für den Zeitraum vor dem 4.3.2010. Die Finanzverwaltung (OFD Koblenz, Verfügung v. 5.2.2008, S 2144 d/S 2221 d/S 2350 A – St 32 3) will dagegen monatsgenau rechnen, also Kinderbetreuungskosten ab März 2010 anerkennen.

- **Elternteil in Ausbildung, behindert oder krank**

604 Sollte das Kind im Veranlagungszeitraum 2010 das 3. Lebensjahr noch nicht vollendet oder vor 2010 bereits das 6. Lebensjahr vollendet haben, können Kinderbetreuungskosten nur dann als Sonderausgaben berücksichtigt werden, wenn folgende Voraussetzungen vorliegen:

- Das Kind darf 2010 das 14. Lebensjahr noch nicht vollendet haben, es muss also nach dem 1.1.1996 geboren sein,
- ist das Kind älter, muss es körperlich, geistig oder seelisch behindert sein, die Behinderung muss vor Vollendung des 25. Lebensjahres eingetreten und es muss auf Grund der Behinderung außer Stande sein, sich selbst zu unterhalten; wegen der Übergangsregelung ➜ Tz 560,
- der abzugsberechtigte Elternteil muss sich in Ausbildung befinden, körperlich, geistig oder seelisch behindert oder krank sein,
- bei zusammenlebenden Elternteilen müssen beide die vorgenannten Voraussetzungen erfüllen, also sich in Ausbildung befinden, krank sein oder zum Kreis der Behinderten rechnen, oder es muss ein Elternteil erwerbstätig sein und der andere Elternteil muss sich in Ausbildung befinden, körperlich, geistig oder seelisch behindert oder krank sein (§ 10 Abs. 1 Nr. 8 EStG).

- **Begriffe: Ausbildung, Krankheit oder Behinderung**

605 Der Abzug von Kinderbetreuungskosten ist bei Elternteilen möglich, die sich in **Ausbildung** befinden. Wegen des Begriffs „Ausbildung" wird auf die Erläuterung zu den Freibeträgen für Kinder bei Volljährigkeit verwiesen (➜ Tz 558). Das Bemühen um Ausbildung muss ernsthaft sein, wobei die Ausbildung für den Beruf nützlich oder auf einen bestimmten Beruf abzielen muss. Persönlichkeitstraining oder therapeutische Maßnahmen rechnen nicht dazu. Die **Unterbrechung der Ausbildung** ist für den Sonderausgabenabzug unschädlich, wenn der Unterbrechungszeitraum nicht über 4 Monate hinausgeht.

Sollen Kinderbetreuungskosten wegen **Krankheit** des Elternteils berücksichtigt werden, muss die Krankheit innerhalb eines Zeitraums von **mindestens 3 Monaten** bestanden haben, es sei denn, der Krankheitsfall tritt unmittelbar im Anschluss an eine Erwerbstätigkeit oder Ausbildung ein. Der Krankheitsfall muss durch ärztliches Attest nachgewiesen werden.

TIPP

> Tritt der Krankheitsfall während einer Erwerbstätigkeit ein, ist u. E. die Krankheitszeit noch der Erwerbstätigkeit zuzurechnen, wenn der **Unterbrechungszeitraum** nicht über **4 Monate** hinausgeht. In diesem Fall handelt es sich bei den Aufwendungen um erwerbsbedingte Kinderbetreuungskosten, die wie Betriebsausgaben oder wie Werbungskosten abziehbar sind (➜ Tz 775). Wird der 4-Monatszeitraum überschritten, sind die Kinderbetreuungskosten nur im Rahmen des Sonderausgabenabzugs zu berücksichtigen.

Körperliche, geistige oder seelische **Behinderung** des Elternteils führt ebenfalls dazu, dass Kinderbetreuungskosten als Sonderausgaben abgesetzt werden können. Die Voraussetzungen für eine Behinderung hat der Steuerzahler z. B. durch den Schwerbehindertenausweis nachzuweisen (§ 65 EStDV). Da der Gesetzgeber nur von „Behinderung" spricht, ist es u. E. vertretbar, bereits Personen in diesen Kreis mit aufzunehmen, deren Grad der Behinderung nur 20 beträgt.

● **Nachweis**

Die Aufwendungen für die Kinderbetreuung müssen durch Vorlage einer Rechnung und die **606** Zahlung auf das Konto des Leistungserbringers nachgewiesen werden. Bei Abgabe der Einkommensteuererklärung 2010 reicht es aus, dass Sie gegenüber dem Finanzamt erklären, über die Kinderbetreuungskosten eine Rechnung erhalten und die Zahlung auf das Konto des Leistungserbringers vorgenommen zu haben (§ 9c Abs. 3 Satz 3 EStG). Wegen weiterer Einzelheiten zum Begriff „Rechnung" und zum Kontennachweis ➜ Tz 783.

● **Höhe des Sonderausgabenabzugs**

Die Kinderbetreuungskosten sind in Höhe von $^2/_3$ der Aufwendungen, höchstens 4.000 € **607** je Kind, als Sonderausgaben abziehbar. Haben bei zusammenlebenden Eltern, die nicht miteinander verheiratet sind, beide Kinderbetreuungskosten getragen, ist das **nichtabziehbare Drittel** der Kinderbetreuungskosten bei jedem Elternteil entsprechend der Höhe seiner Aufwendungen zu ermitteln. Der Höchstbetrag von 4.000 € je Kind steht beiden Elternteilen in diesem Fall **nur einmal** zu; dies gilt auch dann, wenn sie 2010 nur zeitweise zusammen gelebt haben.

TIPP

> Grundsätzlich sind die Kinderbetreuungskosten bei dem Elternteil zu berücksichtigen, der sie getragen hat, allerdings bei nicht miteinander verheirateten, aber zusammenlebenden Elternteilen nur bis zu einem **Höchstbetrag** von **2.000 € je Elternteil**. Die betroffenen Elternteile können jedoch einvernehmlich eine **andere Aufteilung beantragen**. Dies empfiehlt sich dann, wenn bei einem Elternteil Aufwendungen über den anteiligen Höchstbetrag von 2.000 € angefallen sind, bei dem anderen Elternteil die von ihm getragenen Aufwendungen dagegen unter dem Höchstbetrag liegen. Allerdings darf insgesamt der

III Gestaltung und Tipps

Höchstbetrag von 4.000 € für beide Elternteile nicht überschritten werden (BMF, Schreiben v. 19.1.2007, IV C 4 – S 2221 – 2/07, BStBl 2007 I S. 184, Rz. 34).

Sind die Elternteile verheiratet und werden sie zusammen zur Einkommensteuer veranlagt, kommt es für den Sonderausgabenabzug nicht darauf an, ob die Kinderbetreuungskosten vom Ehemann oder von der Ehefrau gezahlt wurden. Entscheiden sich die Eheleute für eine **getrennte Veranlagung**, werden die Aufwendungen wie bei der Zusammenveranlagung ermittelt und jedem Ehegatten zur Hälfte zugerechnet. Hier besteht die Möglichkeit, dass die Ehegatten einvernehmlich eine **andere Aufteilung beantragen** (§ 26a Abs. 2 Satz 1 EStG).

Ist das zu betreuende Kind nicht unbeschränkt einkommensteuerpflichtig, ist der Höchstbetrag zu kürzen, soweit es nach den Verhältnissen im Wohnsitzstaat des Kindes notwendig und angemessen ist. Die für die einzelnen Staaten in Betracht kommenden Kürzungen ergeben sich aus der Ländergruppeneinteilung unter ➜ Tz 556.

● **Konkurrenz zu anderen Abzugsmöglichkeiten**

608 Kinderbetreuungskosten sind **vorrangig** wie Betriebsausgaben oder Werbungskosten zu berücksichtigen, nachrangig im Rahmen des Sonderausgabenabzugs. Ist hier kein Abzug möglich, kann unter Umständen eine **Betreuungsperson** im Rahmen eines haushaltsnahen Beschäftigungsverhältnisses bzw. von haushaltsnahen Dienstleistungen (§ 35a EStG; ➜ Tz 470) tätig sein.

Für Kinderbetreuungskosten, die in Höhe von $1/3$ der Aufwendungen nicht als Werbungskosten, Betriebsausgaben oder Sonderausgaben berücksichtigt werden können, sowie für alle Aufwendungen, die über den Höchstbetrag von 4.000 € je Kind hinausgehen, lässt die Finanzverwaltung keinen Abzug im Rahmen eines haushaltsnahen Beschäftigungsverhältnisses zu (BMF, Schreiben v. 19.1.2007, ➜ Tz 607, Rz. 36). Anders sieht dies dann aus, wenn eine in Ihrem Privathaushalt Beschäftigte sowohl die Kinderbetreuung als auch bestimmte Hausarbeiten übernimmt. Dann müssen in einem ersten Schritt diese Aufwendungen den unterschiedlichen Tätigkeitsbereichen zugerechnet werden. Im Anschluss daran ist für den Teil der Aufwendungen, der auf die Kinderbetreuung entfällt, die Abzugsmöglichkeit im Einkunfts- und Sonderausgabenbereich zu prüfen. Nur dann, wenn hier kein Abzug möglich ist, kann eine Steueranrechnung dieser Aufwendungen im Rahmen eines haushaltsnahen Beschäftigungsverhältnisses (§ 35a Abs. 1 EStG) oder durch haushaltsnahe Dienstleistungen (§ 35a Abs. 2 EStG) erfolgen.

5 Anlage N – Einkünfte aus nichtselbstständiger Arbeit

5.1 Anlage N Seite 1 – Lohnbezüge

Sie können für das Ausfüllen der Anlage N, Seite 1, alle wesentlichen Daten aus der Lohnsteuerbescheinigung übernehmen. **609**

In aller Regel obliegt es dem Arbeitgeber zu prüfen, ob der an Sie ausgezahlte Arbeitslohn steuerfrei bleibt oder ob er dem Lohnsteuerabzug zu unterwerfen ist. Die Arbeitgeber werden hierzu von den Lohnsteuerprüfern der Finanzämter kontrolliert, die bei Abweichungen bzw. Fehlberechnungen die Lohnsteuer in der Regel vom Arbeitgeber nacherheben. Für Sie bedeutet dies, dass Sie sich auf die Eintragungen in der Lohnsteuerbescheinigung verlassen dürfen.

In aller Regel erhalten Sie von Ihrem Arbeitgeber als Dokumentation Ihrer Lohndaten **610** einen **Ausdruck der elektronischen Lohnsteuerbescheinigung**. Die Lohnsteuerkarte 2010 verbleibt bei Ihrem Arbeitgeber. **Für 2011** erhalten Sie **keine Lohnsteuerkarte** von Ihrer Gemeinde. Dies liegt daran, dass die Finanzverwaltung im Rahmen des Lohnsteuerabzugsverfahrens auf die elektronische Lohnsteuerkarte umstellen will. Ihr Arbeitgeber soll nämlich ab 2012 mit Hilfe Ihrer Steuer-Identifikationsnummer berechtigt sein, die Lohndaten von einem Computer der Finanzverwaltung abzurufen. Für 2011 behält die Lohnsteuerkarte 2010 ihre Gültigkeit. Achten Sie also darauf, dass Ihnen bei einem Arbeitgeberwechsel die Lohnsteuerkarte 2010 ausgehändigt wird; diese müssen Sie Ihrem neuen Arbeitgeber vorlegen. Sollte die Lohnsteuerkarte 2010 abhanden gekommen sein, können Sie sich bei Ihrem Finanzamt eine Ersatzlohnsteuerkarte für 2011 ausstellen lassen.

WICHTIG

Ihr Arbeitgeber hat die Daten in der Lohnsteuerbescheinigung bis zum **28.2.2011** elektronisch an Ihr Finanzamt zu übermitteln. Damit stehen dem Finanzamt diese Daten für die Durchführung der Einkommensteuerveranlagung 2010 zur Verfügung. Außerdem hat das Finanzamt die Möglichkeit, diese Daten auf Plausibilität zu überprüfen und dadurch Fälle aufzudecken, in denen der Lohnsteuerabzug unzutreffend erfolgt ist. Schließlich überprüft das Finanzamt die elektronisch übermittelten Daten daraufhin, ob Sie zur Abgabe einer Einkommensteuererklärung 2010 verpflichtet sind. Das ist z. B. der Fall, wenn in der Lohnsteuerbescheinigung der Großbuchstabe „S" für die Besteuerung sonstiger Bezüge vermerkt ist.

Übrigens: Die in der Kopfzeile der Anlage N neben der Steuernummer einzutragende **eTIN** entnehmen Sie ebenfalls dem Ausdruck Ihrer Lohnsteuerbescheinigung. Haben Sie im Laufe des Kalenderjahres 2010 Ihren Arbeitgeber gewechselt, so liegen Ihnen mehrere Lohnsteuerbescheinigungen vor. In diesem Fall haben Sie die Möglichkeit, eine abweichende eTIN in der Kopfzeile der Anlage N anzugeben. Obwohl Ihnen bis Ende 2008 die

Steueridentifikationsnummer mitgeteilt wurde, haben Sie in der **Zeile 3** der Anlage N die bisherige Steuernummer einzutragen. Die Ihnen bekannte Identifikationsnummer tragen Sie nur im Mantelbogen in **Zeile 4** ein.

WICHTIG

 Zu Ihrer eigenen Sicherheit sollten Sie die Lohnsteuerbescheinigung daraufhin überprüfen, ob Ihr Arbeitgeber alle Steuerbefreiungen beim Lohnsteuerabzug berücksichtigt hat. Ist dies nicht der Fall, können Sie in Ihrer Einkommensteuererklärung 2010 „nachträglich" beantragen, dass bestimmte Bezüge steuerfrei bleiben.

Steuerbegünstigte Lohnbezüge

611 Neben den steuerbefreiten Lohnbezügen gibt es eine Reihe von Lohnbestandteilen, die durch einen Freibetrag oder durch einen ermäßigten Steuersatz begünstigt sind. Es handelt sich dabei um

- Versorgungsbezüge,
- Entschädigungen und
- Arbeitslohn für mehrere Jahre.

Versorgungsbezüge

612 Ab 2040 sollen Beamten- und Werkspensionen wie Altersrenten voll der Einkommensteuer unterworfen werden. Dies bedeutet dann: Keine begünstigte Besteuerung durch den Versorgungsfreibetrag.

Bis zum Eintritt der vollen Besteuerung gewährt der Gesetzgeber in der Übergangszeit von 2005 bis Ende 2039 weiterhin einen **Versorgungsfreibetrag**, der jedoch Jahr für Jahr abgeschmolzen wird.

WICHTIG

 Die Höhe des Versorgungsfreibetrags, ausgedrückt in einem Prozentsatz der steuerfreien Versorgungsbezüge und einem Höchstbetrag, ist abhängig vom **Zeitpunkt der erstmaligen Zahlung eines Versorgungsbezugs**. Beide Parameter können einer im Gesetz vorgegebenen Tabelle entnommen werden (§ 19 Abs. 2 Satz 3 EStG).

Die Bezugsgröße für den Prozentsatz der steuerfreien Versorgungsbezüge ist mit dem 12-fachen des Versorgungsbezugs, der für den ersten vollen Monat gezahlt wird, festgeschrieben (§ 19 Abs. 2 Satz 4 EStG). Zusätzlich sind voraussichtliche Sonderzahlungen zu berücksichtigen, auf die der Versorgungsempfänger im Zeitpunkt der erstmaligen Zahlung des Versorgungsbezugs Anspruch hat.

BEISPIEL

 A ist am 1.7.2010 in Pension gegangen. Seine Versorgungsbezüge betragen für den Monat Juli 2010 2.500 € brutto. Ihm steht zusätzlich zu den monatlichen Versorgungsbezügen ein Weihnachtsgeld in Höhe von 50 % seines monatlichen Versorgungsbezugs zu.

Für die Bemessung des Versorgungsfreibetrags ist von folgenden Versorgungsbezügen auszugehen:

12 × 2.500 €:	30.000 €
Weihnachtsgeld ($^1/_2$ von 2.500 €):	1.250 €
Bemessungsgrundlage:	31.250 €

Bezogen auf diese Bemessungsgrundlage erhalten alle Steuerzahler, die 2010 in Pension
gehen, 32 % der Bemessungsgrundlage, höchstens **2.400 €** an Versorgungsfreibetrag.
Bezogen auf das Beispiel bedeutet dies, dass 32 % von 31.250 € = 10.000 €, höchstens
2.400 €, an Versorgungsfreibetrag zu gewähren sind.

WICHTIG

Bei **Beamtenpensionären** kommt es für den Beginn der Versorgungsbezüge
darauf an, wann erstmals Versorgungsbezüge gezahlt bzw. bei einer nachträglichen Festsetzung von Versorgungsbezügen ab welchem Monat diese erstmals
festgesetzt wurden. Bei **Werkspensionären** kommt es auf das Erreichen der
Altersgrenze an. Maßgebend ist demnach der Monat, in dem der Steuerzahler das
63. Lebensjahr oder im Fall einer Schwerbehinderung das 60. Lebensjahr vollendet hat.

Für Pensionäre, die vor 2010 in Pension gegangen sind, ist der Versorgungsfreibetrag
bereits in den Vorjahren ermittelt worden; er ist meist unverändert bei Ihrer Einkommensteuerveranlagung 2010 zu berücksichtigen.

2 weitere **wichtige Dinge** sind zu beachten:

● Ihre Versorgungsbezüge werden um den Werbungskosten-Pauschbetrag von 102 €
  gemindert (§ 9a Satz 1 Nr. 1 Buchstabe b EStG). Sollten Sie höhere Werbungskosten
  nachweisen oder glaubhaft machen können, sind diese in der Anlage N aufzuführen.
  Für diejenigen, die 2010 in Pension gegangen sind, beträgt der Zuschlag zum Versorgungsfreibetrag **720 €**. Wer bereits in den Vorjahren in den Ruhestand getreten ist,
  sollte den Zuschlag dem Einkommensteuerbescheid 2009 entnehmen.

WICHTIG

Sind Sie im Laufe des Jahres 2010 in Pension gegangen, steht Ihnen für Ihren
normalen Arbeitslohn der Arbeitnehmer-Pauschbetrag in Höhe von 920 € zu und
für Ihre Versorgungsbezüge der Werbungskosten-Pauschbetrag von 102 €. Beide
Beträge schließen sich also nicht aus und werden auch nicht zeitanteilig
gekürzt.

● In der Übergangsphase von 2005 bis 2039 wird der Wegfall des Arbeitnehmer-Pauschbetrags für Pensionäre dadurch abgemildert, dass sie einen **Zuschlag zum Versorgungsfreibetrag** erhalten, der parallel zum schrittweisen Abbau des Versorgungsfreibetrags ebenfalls bis Ende 2039 abgeschmolzen wird (§ 19 Abs. 2 EStG). Für
  Pensionäre, die erstmalig **2010** eine Pension gezahlt bekommen, beträgt der **Höchstbetrag** 2.400 € + 720 € = **3.120 €**.

Sowohl der Versorgungsfreibetrag als auch der Zuschlag zum Versorgungsfreibetrag
werden bei denjenigen, die **nicht ganzjährig Versorgungsbezüge bezogen** haben, nur

zeitanteilig gewährt. Wer also – wie im vorangegangenen Beispiel – am 1.7.2010 in Pension gegangen ist, erhält nur für 6 Monate die beiden Freibeträge. Der Werbungskosten-Pauschbetrag von 102 € wird dagegen stets in **voller Höhe** gewährt.

613 Der erstmalig ermittelte **Versorgungsfreibetrag** und der **Zuschlag zum Versorgungsfreibetrag** bleiben grundsätzlich während des gesamten Zeitraums, für den Versorgungsbezüge gezahlt werden, **unverändert.** Nur dann, wenn sich außerhalb der regelmäßigen Anpassungen des Versorgungsbezugs Änderungen ergeben, die ihre Ursache in der Anwendung von Anrechnungs-, Ruhens-, Erhöhens- oder Kürzungsregelungen haben (§ 19 Abs. 2 Satz 10 EStG), kommt es in dem Jahr, in dem die Änderung des Versorgungsbezugs eintritt, zu einer **Neuberechnung** des Versorgungsfreibetrags und des Zuschlags zum Versorgungsfreibetrag. Zu einer Neuberechnung kommt es insbesondere dann, wenn der Versorgungsempfänger neben seinen Versorgungsbezügen

- Erwerbs- oder Erwerbsersatzeinkommen,
- andere Versorgungsbezüge oder
- Renten

erzielt, sich die Voraussetzung für die Gewährung des Familienzuschlags oder des Unterschiedsbetrags nach dem Beamtenversorgungsgesetz (§ 50) ändert oder Witwen- oder Waisengeld nach einer Unterbrechung der Zahlung wieder bewilligt wird. **Auf** eine **Neuberechnung** kann aus Vereinfachungsgründen **verzichtet** werden, wenn der Versorgungsbezug, der bisher Bemessungsgrundlage für den Versorgungsfreibetrag war, vor und nach einer Anpassung auf Grund von Anrechnungs-, Ruhens-, Erhöhungs- und Kürzungsregelungen **mindestens 7.500 € jährlich** bzw. **625 € monatlich** beträgt, so dass es zu keiner Änderung der Freibeträge für Versorgungsbezüge kommen würde. Bei einer Neuberechnung bleiben die bisherigen Parameter „Prozentsatz", „Höchstbetrag" und „Zuschlag zum Versorgungsfreibetrag" mit den Werten erhalten, die für das Erstjahr der Pensionszahlung gelten; lediglich die Bezugsgröße „anzusetzende Pensionszahlungen" ändert sich.

WICHTIG

> Kommt es im Laufe des Jahres 2010 zu einer **Änderung der Versorgungsbezüge**, sind die **höchsten Freibeträge** für die Besteuerung der Versorgungsbezüge anzusetzen. Damit verzichtet die Finanzverwaltung auf eine zeitanteilige Umrechnung der Freibeträge auf den Zeitraum vor und nach einer Änderung.

Bei **mehreren Versorgungsbezügen**, die an einen Steuerzahler gezahlt werden, bestimmen sich der Prozentsatz für den steuerfreien Teil der Versorgungsbezüge, der Höchstbetrag und der Zuschlag zum Versorgungsfreibetrag nach dem Beginn des jeweiligen Versorgungsbezugs. Dabei darf die Summe aus den jeweiligen Freibeträgen für Versorgungsbezüge bei Pensionären, die 2005 in Pension gegangen sind, **höchstens 3.900 €,** bei Pensionären, die 2010 in Pension gegangen sind, **höchstens 3.120 €** betragen.

Entschädigungen

614 Entschädigungen, insbesondere Abfindungen, die einem Arbeitnehmer für die durch den Arbeitgeber veranlasste Auflösung des Dienstverhältnisses gezahlt werden, sind nach der Fünftel-Regelung (➜ Tz 797) zu versteuern. Eine Entschädigung liegt dann vor, wenn sie

- als Ersatz für entgangenen oder entgehenden Arbeitslohn,
- für die Aufgabe oder die Nichtausübung einer Tätigkeit

gewährt wird. Nähere Einzelheiten hierzu regelt das BMF-Schreiben v. 24.5.2004, IV A 5 –
S 2290 – 20/04, BStBl 2004 I S. 487.

WICHTIG

Sollte in dem Jahr, in dem eine Entschädigung zu versteuern ist, auch eine
Vergütung für eine mehrjährige Tätigkeit angefallen sein (➜ Tz 615), kann die
ermäßigte Besteuerung nach der Fünftel-Regelung nur für beide begünstigten
Einkunftsbereiche durchgeführt werden.

Arbeitslohn für mehrere Jahre

Die ungewöhnliche **Zusammenballung von Einkünften** in einem Kalenderjahr kann dazu **615**
führen, dass Sie diese Einkünfte mit einem **ungewöhnlich hohen Steuersatz** versteuern
müssen. Dies liegt an dem Aufbau des Einkommensteuertarifs, der mit steigenden
Einkünften auch einen steigenden Steuersatz vorsieht. Um diese Progressionswirkung
abzumildern, können Einkünfte für mehrere Jahre ermäßigt besteuert werden.

Eine Entlohnung für eine in **mehreren Jahren ausgeübte Tätigkeit** liegt immer dann vor,
wenn eine Lohnzahlung für **bereits vergangene Jahre nachträglich** gewährt wird. Dies
kann z. B. der Fall sein, wenn der Arbeitgeber Lohnbeträge zu Unrecht einbehalten oder
wegen finanziellen Schwierigkeiten nicht pünktlich ausgezahlt hat. Auch Jubiläums-
zuwendungen und Versorgungsbezüge, die für mehrere Jahre nachbezahlt werden, gehören hierhin.

Bei Entschädigungen, die einmalig ausgezahlt werden und die entgehende Einnahmen
mehrerer Jahre abgelten, wird von Seiten der Finanzverwaltung ebenfalls das Merkmal
„Zusammenballung von Einkünften" geprüft.

Lohnersatzleistungen

Lohnersatzleistungen bleiben zwar steuerfrei, beeinflussen aber über den sog. **Progressi-** **616**
onsvorbehalt die Höhe des Steuersatzes (§ 32b EStG). Der Steuerzahler wird bezüglich
seiner steuerpflichtigen Einkünfte so gestellt, als ob er sie im Rahmen höherer Gesamt-
einkünfte versteuern müsste.

BEISPIEL

Ein Arbeitnehmer wird zum 1.9.2010 arbeitslos. Er erhält 2010 Arbeitslosengeld
in Höhe von 4.200 €. Aus seinem Arbeitslohn ergibt sich für 2010 ein zu
versteuerndes Einkommen von 15.310 €. Obwohl das Arbeitslosengeld steuerfrei
bleibt, erhöht es den Steuersatz auf dieses zu versteuernde Einkommen.

Zu versteuerndes Einkommen	15.310 €
Lohnersatzleistungen	+ 4.200 €
Bemessungsgrundlage für den Progressionsvorbehalt	19.510 €
Steuer nach der Grundtabelle	2.569 €
durchschnittlicher Steuersatz (bezogen auf 19.510 €)	13,1676 %
durchschnittlicher Steuersatz von 13,1676 %, anzuwenden auf das	
zu versteuernde Einkommen von 15.310 €	2.015 €

Die Einkommensteuer laut Grundtabelle auf das zu versteuernde Einkommen von
15.310 € hätte 1.487 € betragen. Somit bewirkt der Progressionsvorbehalt eine
„Steuererhöhung" von 528 €.

III Gestaltung und Tipps

TIPP

 Bei der Ermittlung des Progressionsvorbehalts kann ein Arbeitnehmer-Pauschbetrag, der bei der Ermittlung der steuerpflichtigen Einkünfte aus nichtselbstständiger Arbeit **nicht ausgeschöpft** wurde, mit dem restlichen Betrag abgezogen werden.

617 Unter die **Lohnersatzleistungen** fallen folgende Beträge:

- Kurzarbeitergeld,
- Winterausfallgeld,
- Zuschuss zum Mutterschaftsgeld,
- Verdienstausfallentschädigung nach dem Infektionsschutzgesetz,
- Aufstockungsbeträge nach dem Altersteilzeitgesetz oder
- Altersteilzeitzuschläge nach Besoldungsgesetzen des Bundes und der Länder.

Diese Beträge übernehmen Sie aus Nr. 15 der Lohnsteuerbescheinigung. Geben Sie diesen Betrag in **Zeile 25** der **Anlage N** an.

Folgende nicht vom Arbeitgeber gezahlte Lohnersatzleistungen, **bescheinigt von den Sozialversicherungsträgern**, geben Sie in den **Zeilen 26 und 27** der **Anlage N** an:

- **Insolvenzgeld** laut Bescheinigung der Agentur für Arbeit,
- **Arbeitslosengeld** ohne Arbeitslosengeld II, Teilarbeitslosengeld, Zuschüsse zum Arbeitsentgelt, Übergangsgeld, Altersübergangsgeld-Ausgleichsbetrag, Unterhaltsgeld als Zuschuss, Eingliederungshilfe nach dem Dritten Buch Sozialgesetzbuch,
- **Krankengeld**, **Mutterschaftsgeld**, Verletztengeld, Übergangsgeld oder vergleichbare Lohn- bzw. Entgeltersatzleistungen nach den sozialversicherungsrechtlichen Vorschriften,
- **Arbeitslosenbeihilfe** oder Arbeitslosenhilfe nach dem Soldatenversorgungsgesetz,
- **Versorgungskrankengeld** oder Übergangsgeld nach dem Bundesversorgungsgesetz,
- **Verdienstausfallentschädigung** nach dem Unterhaltssicherungsgesetz,
- aus dem europäischen Sozialfonds finanziertes **Unterhaltsgeld** sowie Leistungen nach § 10 des Dritten Buches Sozialgesetzbuch, die dem Lebensunterhalt dienen.
- Elterngeld nach dem Bundeselterngeld- und Elternzeitgesetz.

WICHTIG

 Fügen Sie Ihrer Steuererklärung eine **Bescheinigung** über die Lohnersatzleistungen bei, die Sie von Ihrem Sozialversicherungsträger erhalten haben.

Mini-Jobs auf 400-€-Basis

618 Bei den Mini-Jobs auf **400-€-Basis** kann der Arbeitgeber neben den **pauschalen Sozialversicherungsabgaben** auch die Steuern durch einen sehr geringen Pauschalsatz mit Abgeltungswirkung zahlen. Hier ein kurzer Überblick über die Mini-Job-Regelung:

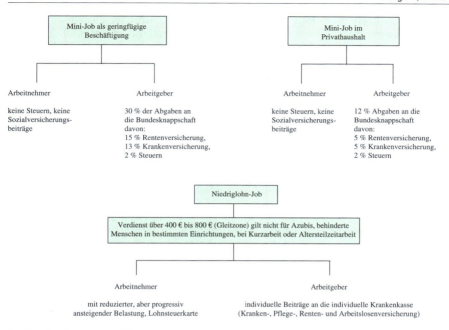

Geringfügige Beschäftigung

Das Sozialversicherungsrecht unterscheidet bei der geringfügigen Beschäftigung zwischen 2 Typen von Teilzeitbeschäftigungen. Danach liegt eine geringfügige Beschäftigung vor, wenn **619**

1. das Arbeitsentgelt aus einer Beschäftigung in der Regel **400 € pro Monat** nicht übersteigt; dabei kommt es nicht auf die **Anzahl der Arbeitsstunden** pro Woche an (§ 8 Abs. 1 Nr. 1 SGB IV);
2. die Beschäftigung innerhalb eines Kalenderjahres auf längstens **2 Monate** oder **50 Arbeitstage** nach ihrer eigenen Art begrenzt zu sein pflegt oder im Voraus vertraglich begrenzt ist, es sei denn, dass die Beschäftigung berufsmäßig ausgeübt wird und ihr Entgelt 400 € im Monat übersteigt (§ 8 Abs. 1 SGB IV).

Für Beschäftigte in **Privathaushalten** gilt die **Sonderregelung** in § 8a SGB IV. Danach **620** liegt in diesem Bereich eine geringfügige Beschäftigung nur vor, wenn diese durch einen Privathaushalt begründet ist und die Tätigkeit ansonsten durch Haushaltsangehörige erledigt wird. Für derartige Beschäftigungen gilt ebenfalls die **400-€-Grenze**.

WICHTIG 621

Nicht zum regelmäßigen Arbeitsverdienst gehören **steuerfreie Aufwandsentschädigungen** bis zu 2.100 € im Kalenderjahr für nebenberufliche Tätigkeiten, z. B. als Übungsleiter in Sportvereinen, als Ausbilder, Erzieher, Betreuer oder als Pfleger für alte, kranke oder behinderte Menschen. Damit erhöht sich für diese „Arbeitnehmer-Gruppe" die Entgeltsgrenze um monatlich 175 € auf **575 €**.

III Gestaltung und Tipps

622 Haben Sie **mehrere Mini-Jobs** nebeneinander, sind die Arbeitsverdienste aus diesen Beschäftigungen zusammenzurechnen, wobei bei **Überschreiten der 400-€-Grenze** keine geringfügige Beschäftigung mehr vorliegt. Vielmehr sind dann alle Mini-Jobs **sozialversicherungspflichtig.** Die Versicherungspflicht tritt dabei erst ein, wenn die Minijob-Zentrale, 45115 Essen, oder aber ein Rentenversicherungsträger sie feststellt und dem Arbeitgeber bekannt gibt.

Arbeitnehmer, die bereits eine **versicherungspflichtige Hauptbeschäftigung** ausüben, können daneben **einmal** noch auf 400-€-Basis sozialversicherungsfrei tätig sein. Kommt noch ein **2. Mini-Job** hinzu, wird nur dieser, nicht aber der 1. Mini-Job, sozialversicherungspflichtig. Dies gilt auch dann, wenn das Arbeitsentgelt für beide Mini-Jobs die 400-€-Grenze **nicht überschreitet.** Eine Ausnahme von der Versicherungspflicht besteht in der Arbeitslosenversicherung: Geht der 2. Mini-Job nicht über 15 Stunden in der Woche hinaus, sind hierfür keine Beiträge zur Arbeitslosenversicherung zu zahlen.

623 Werden Sie als **Arbeitnehmer** auf 400-€-Basis beschäftigt, zahlen Sie hierfür **keine Sozialversicherungsbeiträge.** Nur der Arbeitgeber hat pauschale Beiträge zur Kranken- und Rentenversicherung in Höhe von insgesamt 28 % zu zahlen; bei Beschäftigung im Privathaushalt sind es nur 10 %. Außerdem fällt bei ihm noch eine einheitliche Pauschalsteuer von 2 % an, so dass die Gesamtbelastung insgesamt 30 % bzw. 12 % beträgt.

In dem Pauschalbeitrag des Arbeitgebers sind 13 % bzw. 5 % als Beitrag zur Krankenversicherung enthalten. Dieser Beitrag fällt auch dann an, wenn Sie

– ohnehin in der gesetzlichen Krankenversicherung krankenversichert sind, z. B. als Freiwillig- oder Familienversicherter oder in einer Hauptbeschäftigung, und
– in der geringfügig entlohnten Beschäftigung krankenversicherungsfrei oder nicht krankenversicherungspflichtig sind.

Sind Sie **privat** versichert oder gar nicht **krankenversicherungspflichtig**, ist **kein Pauschalbeitrag** zu leisten.

Neben dem pauschalen Arbeitgeberbeitrag von 12 % bzw. 30 % kommen bei Arbeitgebern mit höchstens 30 Beschäftigten der pauschale Arbeitgeberbeitrag zur **Insolvenzgeldumlage** sowie die Umlagen U1 und U2 hinzu.

624 TIPP

Für **Studenten**, die ein in ihrer Studien- und Prüfungsordnung vorgeschriebenes **Praktikum** ableisten, fallen keine Sozialversicherungs- oder Pauschalbeiträge an, und zwar unabhängig von der Höhe des Arbeitsentgelts. Für sonstige Praktika, für die kein Arbeitslohn von mehr als 400 € gezahlt wird, müssen ebenfalls keine Pauschalbeiträge zur Sozialversicherung gezahlt werden.

Gleitzone

625 Bei einem monatlichen Arbeitsverdienst von 400,01 € bis 800 € hat der Arbeitnehmer niedrigere Sozialversicherungsbeiträge zu leisten. So steigt der Arbeitnehmeranteil in diesen Fällen von ca. 4 % bei einem Verdienst von 400,01 € progressiv bis auf den vollen Arbeitnehmeranteil von ca. 21 % bei einem Arbeitsverdienst in Höhe von 800 € an. Der **Arbeitgeberanteil** bleibt in diesem Bereich in voller Höhe bestehen.

Pauschale Lohnsteuer

Bei der Lohnsteuer-Pauschalierung ist zu unterscheiden zwischen **626**

- dem **einheitlichen Pauschsteuersatz in Höhe von 2 %** (§ 40a Abs. 2 EStG) und
- der pauschalen Lohnsteuer mit einem **Steuersatz in Höhe von 20 %** des Arbeitsentgelts (§ 40a Abs. 2a EStG).

Wichtig: In beiden Fällen der Lohnsteuer-Pauschalierung ist Voraussetzung, dass eine **geringfügige Beschäftigung** im Sinne des Sozialgesetzbuchs IV vorliegt.

Pauschsteuer in Höhe von 2 %: Der Arbeitgeber kann unter Verzicht auf die Vorlage einer **627** Lohnsteuerkarte die Lohnsteuer einschließlich Solidaritätszuschlag und Kirchensteuer für das Arbeitsentgelt aus einer geringfügigen Beschäftigung im Sinne des § 8 Abs. 1 Nr. 1 SGB IV oder aus einer geringfügigen Beschäftigung in Privathaushalten im Sinne des § 8a SGB IV mit einem einheitlichen Pauschsteuersatz in Höhe von insgesamt 2 % des Arbeitsentgelts erheben, wenn für diese Beschäftigungsverhältnisse pauschale Arbeitgeberbeiträge zur gesetzlichen Rentenversicherung in Höhe von 15 % bzw. 5 % entrichtet wurden. In dem einheitlichen Pauschsteuersatz von 2 % sind neben der Lohnsteuer auch der Solidaritätszuschlag und die Kirchensteuer enthalten. Der Pauschsteuersatz ist nicht zu ermäßigen, wenn der Arbeitnehmer keiner erhebungsberechtigten Religionsgemeinschaft angehört.

Pauschalsteuer in Höhe von 20 %: Hat der Arbeitgeber für das Entgelt einer gering- **628** fügigen Beschäftigung im Sinne des § 8 Abs. 1 Nr. 1 oder des § 8a SGB IV einen höheren Beitrag zur gesetzlichen Rentenversicherung als 15 % oder 5 % **zu entrichten**, weil z. B. auf Grund mehrerer Beschäftigungsverhältnisse keine Pauschalierung möglich ist, kann er die pauschale Lohnsteuer mit einem Steuersatz in Höhe von **20 % des Arbeitsentgelts erheben**. Hinzu kommen noch der Solidaritätszuschlag und die pauschale Kirchensteuer.

WICHTIG 629

Entscheidet sich der Arbeitgeber bei einer geringfügigen Beschäftigung nicht für die pauschale Lohnbesteuerung, ist die Lohnsteuer von ihm nach Maßgabe der vorgelegten **Lohnsteuerkarte zu erheben.** Bei den Lohnsteuerklassen I (Alleinstehende), II (Alleinerziehende mit Kind) oder III und IV (verheiratete Arbeitnehmer) fällt für das Arbeitsentgelt einer geringfügigen Beschäftigung bis zu einem monatlichen Arbeitslohn von 400 € keine Lohnsteuer an. Dagegen kann in diesen Fällen bei einer Lohnbesteuerung nach Lohnsteuerklasse V oder VI sehr wohl Lohnsteuer abzuführen sein.

5.2 Anlage N Seiten 2 und 3 – Werbungskosten

Für alle Arbeitnehmer, die eine Steuererklärung abgeben, ist dies einer der wichtigsten **630** Vordrucke: Hier können Sie nämlich alle Ihre Kosten steuerlich abziehen, die unmittelbar mit Ihrer beruflichen Tätigkeit zusammenhängen.

Für den Werbungskostenabzug gilt folgender **Grundsatz:** Alle Aufwendungen, die durch Ihr Arbeitsverhältnis veranlasst sind, können Sie abziehen, soweit sie nicht bereits von Ihrem Arbeitgeber steuerfrei erstattet wurden. Aufwendungen, die Ihre **Lebensführung** betreffen, gehören nicht zu den Werbungskosten, wenn eine Trennung zwischen beruflicher und privater Sphäre nicht möglich ist; die Mitveranlassung durch Ihre berufliche Tätigkeit reicht somit für einen Werbungskostenabzug nicht aus.

III Gestaltung und Tipps

Haben Sie in Ihrer Steuererklärung **keine Werbungskosten** geltend gemacht oder sind 2010 lediglich Aufwendungen von **nicht mehr als 920 €** angefallen, berücksichtigt das Finanzamt den **Arbeitnehmer-Pauschbetrag** von **920 €**. Dabei kommt es nicht darauf an, ob Sie für das gesamte Kalenderjahr oder nur für einen Teil des Jahres Arbeitslohn bezogen haben. Bei der Zusammenveranlagung steht der Arbeitnehmer-Pauschbetrag jedem Ehegatten zu, der Einnahmen aus nichtselbstständiger Arbeit erhalten hat (§ 9a Nr. 1 EStG).

WICHTIG

 Fallen bei Ihnen **erwerbsbedingte Kinderbetreuungskosten** an, können Sie diese neben dem Arbeitnehmer-Pauschbetrag von 920 € geltend machen. Wer also Kindergartenbeiträge von 600 € als erwerbsbedingte Kinderbetreuungskosten mit $^2/_3$ = 400 € geltend machen kann und ansonsten keine weiteren Werbungskosten hat, dem stehen bei seiner Einkommensteuerveranlagung 2010 920 € an Arbeitnehmer-Pauschbetrag und 400 € an erwerbsbedingten Kinderbetreuungskosten, zusammen 1.320 €, zu. Wegen weiterer Einzelheiten zu den erwerbsbedingten Kinderbetreuungskosten ➜ Tz 599).

5.3 Werbungskosten-ABC

Das nachfolgende Werbungskosten-ABC sollten Sie dazu benutzen, **Ihre gesamten Aufwendungen** im Zusammenhang mit Ihrer beruflichen Tätigkeit durchzuforsten, um möglichst alle Steuerabzugsmöglichkeiten in Anspruch zu nehmen.

Abwehraufwendungen

631 Abwehraufwendungen eines beherrschenden Gesellschafter-Geschäftsführers einer GmbH können durch seine Gesellschafterstellung oder durch seine Arbeitnehmertätigkeit als Geschäftsführer veranlasst sein. Hier liegt dem BFH unter Az. VI R 23/10 ein Fall vor, in dem es um Prozesskosten und den Abzug einer im Vergleichswege geleisteten Schadensersatzzahlung und des Eigenanteils der Rechtsschutzversicherung geht und die als Aufwendungen für die Aufrechterhaltung seines Ansehens gegenüber Kunden und Geschäftspartnern der GmbH als Werbungskosten bei seinen Einkünften aus nichtselbstständiger Arbeit geltend gemacht wurden. Zumindest ein Teil der vorgenannten Kosten müssten, so der Steuerzahler, als Werbungskosten berücksichtigt werden. In diesem Zusammenhang ist dann auch zu klären, inwieweit das Aufteilungs- und Abzugsverbot auf Grund der Entscheidung des Großen Senats v. 21.9.2009 (➜ Tz 646) für eine Aufteilung der Aufwendungen auf den Werbungskostenbereich bei seinen nichtselbstständigen Einkünften und auf den durch das Gesellschaftsverhältnis veranlassten Bereich anzuwenden ist. Es empfiehlt sich, in vergleichbaren Fällen den Steuerfall offen zu halten, bis der BFH entschieden hat.

Arbeitsmittel

632 Das Hauptproblem bei den Arbeitsmitteln ist die Abgrenzung zwischen der beruflichen und der privaten Veranlassung. In vielen Fällen beruft sich das Finanzamt auf das **Aufteilungsverbot** (§ 12 Nr. 2 EStG), nach dem Aufwendungen, die sowohl den beruflichen als auch den privaten Lebensbereich des Steuerzahlers betreffen, steuerlich nicht abgezogen werden können. Auch eine Aufteilung wird in aller Regel nicht zugelassen. Gerade bei der Anschaffung von **Musikinstrumenten, Sportgeräten** und Videogeräten liegen Urteile vor, die nur für **bestimmte Ausnahmefälle** einen Abzug als Werbungskosten zulassen.

Arbeitsmittel	Werbungs-kostenabzug		Anmerkungen
	Ja	Nein	
– Aktentasche	✗	✗	beim Betriebsprüfer Werbungskosten, dürfte u. E. auch für Versicherungsvertreter und andere Berufsangehörige gelten, die mit der Aktentasche zum Transport von Unterlagen unterwegs sind; ansonsten wegen des Aufteilungsverbots in § 12 Nr. 2 EStG grundsätzlich nicht abziehbar
– Badminton-schläger	✗		bei Tätigkeit als Erzieher
– Barett	✗		beim Richter
– Berufskleidung			➜ Tz 651
– Bücherregal	✗		bei ausschließlicher Unterbringung von Fachliteratur auch außerhalb des Arbeitszimmers abziehbar
– Brille		✗	Allerdings besteht für den Arbeitgeber die Möglichkeit, bei einer Bildschirmtätigkeit die Anschaffungskosten für eine Brille steuerfrei zu ersetzen (➜ Tz 657)
– CDs/DVDs	✗		bei einem Berufsmusiker, soweit es sich um Musikwerke handelt, an deren Aufführung er mitwirkt; bei einem Musiklehrer wohl nicht abziehbar
– Cembalo			➜ Tz 754
– Computer			➜ Tz 659
– Dias von einer Studienreise	✗		
– Diktiergerät	✗		
– Elektroorgel			➜ Tz 754
– Fachliteratur			➜ Tz 707
– Fernseh- und Rundfunkgeräte			➜ Tz 732
– Flügel			➜ Tz 754
– Fußballschuhe	✗		bei Tätigkeit als Erzieher
– Gitarre			➜ Tz 754

III Gestaltung und Tipps

323

Arbeitsmittel	Werbungs-kostenabzug		Anmerkungen
	Ja	Nein	
– Kunstgegen-stände zum Aus-schmücken von Dienst- und Vor-zimmern		✗	
– Lexikon			➜ Tz 707
– Lichtschutzbrille	✗		bei fliegendem Cockpitpersonal
– Mikrofilme	✗		Predigerhandschriften bei einem Geistlichen
– Motorsägen	✗		bei einem Waldarbeiter
– Polizeihund		✗	Die Frage, ob Aufwendungen eines Polizei-Hundeführers für einen Diensthund als Wer-bungskosten zu berücksichtigen sind, ist beim BFH unter Az. VI R 45/09 anhängig
– Reitpferd	✗		bei einem Reitlehrer
– Schreibmaschine	✗		soweit ausschließliche berufliche Nutzung gewährleistet
– Schreibtisch	✗		als Werbungskosten absetzbar ohne Berück-sichtigung der Abzugsbeschränkungen für das häusliche Arbeitszimmer
– Schusswaffen	✗		bei einem Forstbeamten, wenn es sich nicht um Jagdwaffen handelt
– Skiausrüstung		✗	
– Sonnenbrille		✗	
– Sportbekleidung			➜ Tz 651
– Stereoanlage	✗		Zweitgerät bei einem Berufsmusiker
– Surfbrett		✗	
– Tageszeitung		✗	
– Taschenrechner	✗		
– Videorecorder			➜ Tz 773
– Zeichengerät	✗		
– Zeitschriften	✗	✗	abziehbar, wenn es sich um Fachzeitschriften handelt, nicht abziehbar, wenn sie von all-gemeinem Interesse sind

633 Arbeitsmittel, für die Sie **nicht mehr als 410 €** ohne Umsatzsteuer bezahlt haben, können Sie in vollem Umfang abziehen. Lagen die Anschaffungskosten über 487,90 € (einschließ-lich 19 % Umsatzsteuer), müssen Sie das Arbeitsmittel auf die voraussichtliche Nutzungs-dauer abschreiben.

Müssen Sie ein Arbeitsmittel wegen Überschreitung der 410-€-Grenze abschreiben, sind die Abschreibungen **monatsgenau** zu berechnen, wobei der Anschaffungsmonat in den Abschreibungszeitraum mit einzubeziehen ist.

BEISPIEL

A hat einen PC am 15.3.2010 angeschafft. Der PC wird ausschließlich für berufliche Zwecke genutzt. Die Anschaffungskosten haben 900 € (einschließlich Umsatzsteuer) betragen.

Die Anschaffungskosten für den PC können nur im Wege der Abschreibungen als Werbungskosten berücksichtigt werden. Dabei sind die Anschaffungskosten auf 3 Jahre Nutzungsdauer zu verteilen. Im Jahr der Anschaffung steht A ein anteiliger Jahresabschreibungsbetrag von $^{10}/_{12}$ zu, also $^{10}/_{12} \times 900$ € : 3 = 250 €.

Nutzen Sie ab 2010 einen bisher privaten Zwecken dienenden Gegenstand für berufliche Zwecke, können Sie aus dem fiktiven Buchwert des Gegenstands den Werbungskostenabzug in Anspruch nehmen.

BEISPIEL

Ein am 1.7.2003 angeschaffter Schreibtisch nutzt C ab Januar 2010 für berufliche Zwecke. Bisher stand der Schreibtisch im Schlafzimmer und diente der privaten Korrespondenz.

Die Anschaffungskosten des Schreibtisches von 1.000 € müssen auf einen Zeitraum von 10 Jahren verteilt werden, jährliche Abschreibung daher 100 €. Für das Jahr 2003 erhält C die hälftige Abschreibung, für die Jahre 2004 bis 2009 jeweils 100 €. Hieraus ergibt sich ein Buchwert des Schreibtisches zum 1.1.2010 von 350 €. Diese 350 € kann C als Werbungskosten abziehen, und zwar jährlich mit 100 €.

Die von der Finanzverwaltung zugelassene **„Nichtbeanstandungsgrenze" für Arbeits- 634 mittel** in Höhe von **200 DM** wurde im Jahr 1998 bundeseinheitlich aufgehoben. Trotzdem werden in einigen Bundesländern Aufwendungen für Anschaffung, Reparatur und Reinigung von Arbeitsmitteln bis zu einem Betrag von **110 € ohne Nachweis als Werbungskosten anerkannt** (vgl. OFD Karlsruhe, Verfügung v. 11.2.2003, S 2270 A – 27 – St 322). In anderen Bundesländern verlangt das Finanzamt einen Nachweis oder zumindest eine Glaubhaftmachung der Aufwendungen für Arbeitsmittel (OFD Chemnitz, Verfügung v. 8.9.2003, S 2355 – 10/02 – St 22). Rechnen Sie also damit, dass Ihnen ein pauschaler Ansatz für Arbeitsmittel in Höhe von 110 € bei Ihrer Einkommensteuerveranlagung 2010 gestrichen wird. Dies sollte Sie jedoch nicht davon abhalten, Aufwendungen von 110 € zu beantragen, dann allerdings unter Hinweis auf die Kaufgegenstände. So könnten Sie z. B. folgenden Hinweis anbringen: „Aufwendungen für Fachbücher, Papier und Druckerpatrone von 110 €".

Arbeitszimmer

Bis einschließlich Veranlagungszeitraum 2006 durften Aufwendungen im Zusammenhang **635** mit einem häuslichen Arbeitszimmer begrenzt bis zu einem Höchstbetrag von 1.250 € als Werbungskosten abgezogen werden, wenn die berufliche Nutzung des Arbeitszimmers mehr als 50 % der gesamten beruflichen Tätigkeit des Steuerzahlers ausmachte oder für die berufliche Tätigkeit dem Steuerzahler kein anderer Arbeitsplatz bei seinem Arbeitgeber zur Verfügung stand. Darüber hinaus war ein Werbungskostenabzug ohne Abzugsbeschränkung möglich, wenn das häusliche Arbeitszimmer den Mittelpunkt der gesamten beruflichen Tätigkeit des Steuerzahlers bildete.

Hier hat der Gesetzgeber **ab 2007** eingegriffen. Im Interesse einer Steuervereinfachung zur Wahrung der Gleichmäßigkeit der Besteuerung lässt er einen **Werbungskostenabzug** nur noch dann zu, **wenn** das **Arbeitszimmer** den **Mittelpunkt der gesamten betrieblichen und beruflichen Betätigung des Steuerzahlers** bildet. Hierin sieht er keinen Verstoß gegen das verfassungsrechtlich garantierte Prinzip der Besteuerung nach der Leistungsfähigkeit.

Das **BVerfG** hat mit Beschluss v. 6.7.2010 (2 BvL 13/09, BFH/NV 2010 S. 1767) entschieden, dass die ab dem Veranlagungszeitraum 2007 geltende Neuregelung zur Abziehbarkeit der Aufwendungen für ein häusliches Arbeitszimmer insoweit nicht mit dem Gleichheitssatz des Art. 3 Abs. 1 GG vereinbar sei, als das Abzugsverbot Aufwendungen für ein häusliches Arbeitszimmer auch die Fälle betreffe, in denen für die betriebliche oder berufliche Tätigkeit dem Steuerzahler **kein anderer Arbeitsplatz** zur Verfügung stehe. Der Gesetzgeber ist nun verpflichtet, den verfassungswidrigen Zustand rückwirkend ab dem 1.1.2007 zu beseitigen. Bis zur Gesetzesänderung hat dies folgende Konsequenzen:

Sind ab 2007 Einkommensteuerbescheide erteilt worden, in denen Sie Ihre **Aufwendungen** für ein häusliches Arbeitszimmer **nicht geltend gemacht** haben und sind diese Steuerbescheide bestandskräftig, besteht auch nach der Entscheidung des BVerfG keine Möglichkeit, rückwirkend die Aufwendungen für ein häusliches Arbeitszimmer zu berücksichtigen. Hier kann nur der Gesetzgeber eingreifen und dem betroffenen Steuerzahler per Gesetz eine rückwirkende Änderung dieser Steuerbescheide eröffnen. Zurzeit sieht es nicht danach aus.

Sind Steuerbescheide ab dem Veranlagungszeitraum 2007 mit einem **Vorläufigkeitsvermerk** versehen, können diese der noch zu schaffenden Gesetzeslage angepasst werden. Dies führt dann zu einer Steuererstattung, wenn bisher noch keine Aussetzung der Vollziehung dieser Steuerbescheide beantragt wurde. Sind die Steuern bereits auf Grund einer beantragten Aussetzung der Vollziehung ausgezahlt worden, werden die Steuerbescheide ab Vorlage des neuen Gesetzes in diesem Punkt für erledigt erklärt; Weiteres wird dann nicht mehr erfolgen. Haben Sie bei Vorlage eines vorläufigen Einkommensteuerbescheids keine Aussetzung der Vollziehung beantragt, räumt Ihnen die Finanzverwaltung im BMF-Schreiben v. 12.8.2010 (IV A 3 – S 0338/07/10010 – 03, BStBl 2010 I S. 642) die Möglichkeit ein, im Vorgriff auf die gesetzliche Neuregelung einen **Antrag auf Änderung** der bisherigen Steuerfestsetzung zu stellen, um sich auf diese Weise die Aufwendungen für Ihr häusliches Arbeitszimmer bis zum Höchstbetrag von 1.250 € als Werbungskosten berücksichtigen zu lassen. Dies setzt allerdings voraus, dass Sie gegenüber dem Finanzamt die berufliche Nutzung des Arbeitszimmers und die Höhe der damit zusammenhängenden Aufwendungen nachweisen oder zumindest glaubhaft machen. Dann wird auf Grund Ihres Antrags ein geänderter Einkommensteuerbescheid mit einem Vorläufigkeitsvermerk erteilt; die Steuern auf Grund der nachträglich erklärten Aufwendungen für das häusliche Arbeitszimmer werden Ihnen erstattet. Verzichten Sie im Moment auf einen solchen Antrag auf Korrektur Ihres Steuerbescheids trotz

Vorliegen von abziehbaren Aufwendungen rund um Ihr häusliches Arbeitszimmer, wird das Finanzamt die Korrektur Ihres Steuerbescheids dann vornehmen, wenn der Gesetzgeber die Neuregelung geschaffen hat. Dies setzt allerdings voraus, dass dem Finanzamt bekannt ist, in Ihrem Fall liegen abziehbare Aufwendungen im Zusammenhang mit dem häuslichen Arbeitszimmer vor. Bei Erstellung Ihrer Einkommensteuererklärung 2010 sollten Sie daher die Gelegenheit nutzen, das Finanzamt für die abgelaufenen Veranlagungszeiträume darüber zu informieren. Dann wird die Steuererstattung, ggf. mit steuerfreien Erstattungszinsen, auf Sie zukommen, wenn das Gesetz verabschiedet ist; darüber wird die Finanzverwaltung durch BMF-Schreiben informieren.

Was ist zu veranlassen, wenn Sie gegen den Steuerbescheid Einspruch eingelegt haben, weil Ihnen die Finanzverwaltung diesen Bescheid nicht als vorläufig gekennzeichnet hat. Auch in diesem Fall besteht die Möglichkeit, sofort tätig zu werden. Sie können nämlich beim Finanzamt beantragen, das **Einspruchsverfahren wieder aufzunehmen** und im Rahmen eines berichtigten Steuerbescheids die von Ihnen geltend gemachten Aufwendungen im Zusammenhang mit dem häuslichen Arbeitszimmer bis zur Höchstgrenze von 1.250 € als Werbungskosten zu berücksichtigen. Dann erhalten Sie über Ihre Steuererstattung einen berichtigten Steuerbescheid mit einem Vorläufigkeitsvermerk. Selbstverständlich können Sie das Einspruchsverfahren auch weiterhin ruhen lassen; dann erhalten Sie Ihre Steuererstattung erst, wenn das neue Gesetz vorliegt; ggf. stehen Ihnen Erstattungszinsen zu. Voraussetzung ist in den vorgenannten Fällen, dass Sie bisher noch keine Steuererstattung im Rahmen der Aussetzung der Vollziehung erhalten haben. Ist dies geschehen, können Sie Ihren Einspruch bis zur Bekanntgabe des neuen Gesetzes ruhen lassen. Dann wird das Finanzamt automatisch das Einspruchsverfahren wieder aufnehmen und Ihnen unter Wegfall des Vorläufigkeitsvermerks einen geänderten Steuerbescheid erteilen.

Wie verhalten Sie sich nun bei der Einkommensteuererklärung 2010? Hier sollten Sie Ihre Aufwendungen für das häusliche Arbeitszimmer geltend machen; diese werden dann im Rahmen der Einkommensteuerveranlagung vorläufig berücksichtigt. Nach Vorlage des Gesetzes wird dann der Vorläufigkeitsvermerk aufgehoben und die Sache für endgültig erklärt.

WICHTIG

Von der günstigen Rechtsprechung des BVerfG sind nur die Fälle betroffen, in denen der Arbeitnehmer wegen eines fehlenden Arbeitsplatzes an seinem Tätigkeitsort gezwungen ist, einen Teil der beruflichen Tätigkeiten im häuslichen Arbeitszimmer zu verrichten. Diese Voraussetzungen sind im sog. Lehrerfall erfüllt. Hier hat der **Lehrer** in der Schule keinen Schreibtisch für seine Unterrichtsvorbereitung und für das Nachsehen von Klausuren. Dies muss er im häuslichen Arbeitszimmer erledigen. Für diesen Fall gesteht ihm das BVerfG den Abzug seiner Aufwendungen für das häusliche Arbeitszimmer als Werbungskosten zu, allerdings begrenzt auf den **Höchstbetrag** von **1.250 €**. Damit fordert das BVerfG die Wiederherstellung der Gesetzeslage, so wie sie bis Ende 2006 im Lehrerfall praktiziert wurde. Neben Lehrern können jedoch auch folgende Steuerzahler ihre Aufwendungen rund um das häusliche Arbeitszimmer als Werbungskosten geltend machen, wenn ihnen der Arbeitgeber für bestimmte Tätigkeiten keinen Arbeitsplatz zur Verfügung stellt:

III Gestaltung und Tipps

- Angestellte im **Außendienst**, die kein Büro vom Arbeitgeber gestellt bekommen,
- **Orchestermusiker**, die im Konzertsaal keine Möglichkeit zum Proben haben,
- angestellte **Krankenhausärzte**, die für ihre freiberufliche Gutachtertätigkeit im Krankenhaus keinen geeigneten Arbeitsplatz haben,
- **EDV-Berater**, die ihren Bereitschaftsdienst von zu Hause aus, und zwar vom häuslichen Arbeitszimmer aus, wahrnehmen müssen,
- **Bankangestellte**, die außerhalb der Arbeitszeit Kunden in ihrem häuslichen Arbeitszimmer empfangen bzw. dort noch Arbeitnehmertätigkeiten verrichten müssen.

In den vorgenannten Fällen sollten Sie dem Finanzamt eine **Bescheinigung Ihres Arbeitgebers** vorlegen, aus der hervorgeht, dass Sie zumindest für einen Teil Ihrer beruflichen Tätigkeiten keinen Arbeitsplatz am Tätigkeitsort haben und damit auf das häusliche Arbeitszimmer angewiesen sind.

Wer bis Ende 2006 Kosten für ein häusliches Arbeitszimmer bis zu einem Höchstbetrag von 1.250 € geltend machen konnte, weil er in dem häuslichen Arbeitszimmer zu mehr als 50 %, gemessen an seiner gesamten beruflichen Tätigkeit, dort tätig war, kann aus der Entscheidung des BVerfG für sich nichts Positives ableiten. Denn diese Fälle durfte, so das BVerfG, der Gesetzgeber von der Abzugsmöglichkeit der Aufwendungen ab 2007 ausschließen. Diese Fälle wird der Gesetzgeber voraussichtlich auch nicht aufgreifen, um sie rückwirkend ab 2007 in die Abzugsmöglichkeit zu bringen. Trotzdem sollten Sie bei Ihrer Einkommensteuererklärung 2010 die Kosten zusammentragen, um bei einer großzügigen Gesetzesänderung nicht wegen Bestandskraft des Einkommensteuerbescheids 2010 aus formellen Gründen den Abzug zu verlieren. Die Finanzverwaltung wird wahrscheinlich auf Ihre Steuererklärung so reagieren, dass sie den Kostenabzug ablehnt, so dass Sie im Rahmen des Einspruchsverfahrens die Möglichkeit haben, diesen Bescheid bis zur Gesetzesänderung offen zu halten.

WICHTIG

 Die Abzugsbeschränkung gilt nur für die Fälle, in denen ein häusliches Arbeitszimmer vorliegt. Handelt es sich um **Lager-, Büro- oder Praxisräume**, die **nicht** als **häusliches Arbeitszimmer** anzusehen sind, bleibt Ihnen der volle Werbungskostenabzug erhalten. Dabei kommt es nicht darauf an, ob Art und Umfang der Tätigkeit solche Räume erfordern (➜ Tz 636). Dennoch will das Finanzamt wissen, welche Arbeiten in Ihrem Arbeitszimmer erledigt werden.

Die Finanzverwaltung hat in einem umfangreichen BMF-Schreiben v. 3.4.2007 (IV B 2 – S 2145/07/0002, BStBl 2007 I S. 442) zur steuerlichen Anerkennung eines häuslichen Arbeitszimmers als Betriebsausgaben bzw. Werbungskosten Stellung genommen. Dort sind unter anderem der Begriff des häuslichen Arbeitszimmers, der Mittelpunkt der gesamten betrieblichen und beruflichen Betätigung sowie die Abzugsmöglichkeit von Aufwendungen im Zusammenhang mit dem häuslichen Arbeitszimmer erläutert. Das Wichtigste aus diesem BMF-Schreiben ist in den nachfolgenden Ausführungen zum häuslichen Arbeitszimmer berücksichtigt.

Begriff „Häusliches Arbeitszimmer"

Der BFH versteht unter einem häuslichen Arbeitszimmer das **häusliche Büro**, also einen **636** Arbeitsraum, der seiner Lage, Funktion und Ausstattung nach in die **häusliche Sphäre des Steuerzahlers** eingebunden ist und vorwiegend der Erledigung gedanklicher, schriftstellerischer oder verwaltungstechnischer bzw. organisatorischer Arbeit dient.

WICHTIG

> Eine **Archivraum im Keller** erfüllt zumindest in Teilbereichen die typischen Funktionen eines häuslichen Arbeitszimmers. Dies gilt auch für einen Raum, den ein Texter und Komponist im Souterrain der angemieteten Wohnung nutzt (BFH, Urteil v. 16.10.2002, XI R 89/00, BFH/NV 2003 S. 385). Selbst dann, wenn sich das Arbeitszimmer in einem **Anbau zum Wohnhaus** des Steuerzahlers befindet und nur über einen separaten Eingang vom straßenabgewandten Garten aus betreten werden kann, liegt ein häusliches Arbeitszimmer vor (BFH, Urteil v. 13.11.2002, VI R 164/00, BFH/NV 2003 S. 550).

TIPP

> Haben Sie in einem Mehrfamilienhaus neben Ihrer Wohnung einen Raum im Keller zusätzlich angemietet, um dort beruflich tätig zu sein, und besteht **keine innerhäusliche Verbindung** zwischen der Wohnung und dem Raum im Keller, so handelt es sich bei dem Raum im Keller um ein **außerhäusliches Arbeitszimmer**, für das Sie sämtliche Kosten ohne Begrenzung abziehen können.

Zurzeit liegt dem BFH unter Az. VIII R 7/10 die Frage vor, ob ein außerhäusliches Arbeitszimmer mit vollem Kostenabzug gegeben ist, wenn sich die Wohnung des Steuerzahlers im Erdgeschoss und das Arbeitszimmer im Obergeschoss eines komplett durch den Steuerzahler **selbstgenutzten Mehrfamilienhauses** befindet, zu dem fremde Dritte keinen Zugang haben. Sollte bei Ihnen der Sachverhalt ähnlich gestaltet sein, ist es zu empfehlen, Ihren Steuerfall bis zur Entscheidung des BFH durch Einlegung eines Einspruchs gegen eine ablehnende Entscheidung des Finanzamts offen zu halten.

Abgrenzung zur Privatnutzung

Die Kosten für ein häusliches Arbeitszimmer werden bei Arbeitnehmern nur als Werbungs- **637** kosten anerkannt, wenn feststeht, dass das Zimmer so **gut wie ausschließlich für berufliche Zwecke** benutzt wird. „So gut wie ausschließlich" bedeutet: mindestens 90 %. Bei einer **privaten Mitbenutzung von mehr als 10 %** können die **gesamten Aufwendungen nicht** abgezogen werden.

Mittelpunkt der gesamten beruflichen Tätigkeit im Arbeitszimmer

Das häusliche Arbeitszimmer wird nur noch dann im Werbungskostenbereich anerkannt, **638** wenn es den **Mittelpunkt** der gesamten betrieblichen und beruflichen Tätigkeit des Steuerzahlers bildet (§ 9 Abs. 5 i. V. m. § 4 Abs. 5 Satz 1 Nr. 6b Satz 2 EStG). Darüber hinaus steht Ihnen der Abzug der Kosten im Zusammenhang mit einem häuslichen Arbeitszimmer auch dann zu, wenn Sie an Ihrem Tätigkeitsort keinen Arbeitsplatz von Ihrem Arbeitgeber zur Verfügung gestellt bekommen, um Ihre gesamten beruflichen Tätigkeiten dort auszuüben. Dies hat das BVerfG mit Rückwirkung ab 2007 entschieden (➜ Tz 635). Dagegen können Sie keine Aufwendungen für ein häusliches Arbeitszimmer geltend machen, wenn Sie sich überwiegend aus beruflichen Gründen dort aufhalten, jedoch gegenüber dem Finanzamt nicht darstellen können, dass sich dort der Mittelpunkt Ihrer gesamten betrieblichen und beruflichen Tätigkeit befindet. Ob der Gesetzgeber im Rahmen eines noch zu verabschiedenden Gesetzes über die Entscheidung des BVerfG hinaus für diese Fälle den Werbungskostenabzug zulässt, bleibt abzuwarten. Hier wird empfohlen, den Steuerfall offen zu halten (➜ Tz 635).

639 Ob das Arbeitszimmer den Mittelpunkt der gesamten betrieblichen und beruflichen Betätigung bildet, bestimmt sich nach dem **qualitativen Schwerpunkt** der betrieblichen und beruflichen Betätigung des Steuerzahlers. Wo dieser Schwerpunkt liegt, ist im Wege einer Wertung der Gesamttätigkeit des Steuerzahlers festzustellen (BFH, Beschluss v. 13.3.2007, VI B 96/06, BFH/NV 2007 S. 1131). Im Rahmen dieser Wertung kommt dem **zeitlichen Umfang der Nutzung** des häuslichen Arbeitszimmers lediglich eine **indizielle Bedeutung** zu. Dabei kann eine zeitlich umfangreiche Nutzung des Arbeitszimmers als Indiz dafür gewertet werden, dass das Arbeitszimmer Mittelpunkt der gesamten beruflichen Tätigkeit des Steuerzahlers ist, während eine nur geringfügige Nutzung eher gegen eine solche Annahme spricht. Andererseits kann der Umstand, dass sich der Erwerbsmittelpunkt bei der Vollerwerbstätigkeit nicht im häuslichen Arbeitszimmer befunden hat, bei einer weiteren nichtselbstständigen Tätigkeit, z. B. im Rahmen einer Autovermietung, als Indiz dafür gewertet werden, dass das Arbeitszimmer **nicht** Mittelpunkt der gesamten beruflichen Tätigkeit ist (BFH, Beschluss v. 13.3.2007, a. a. O.).

Das häusliche Arbeitszimmer kann auch dann Mittelpunkt der beruflichen Betätigung des Steuerzahlers sein, wenn die außerhäuslichen Tätigkeiten zeitlich überwiegen (BFH, Urteil v. 15.3.2007, VI R 65/05, BFH/NV 2007 S. 1133). Jedoch setzt dies voraus, dass diesen Tätigkeiten nur eine untergeordnete Bedeutung gegenüber den im Arbeitszimmer verrichteten Tätigkeiten zukommt. Letztere müssen für den ausgeübten Beruf so maßgeblich sein, dass sie diesen prägen (BFH, Urteil v. 13.11.2002, VI R 104/01, BFH/NV 2003 S. 691).

Hierzu drei Beispiele aus der Rechtsprechung:

- Ein angestellter **Rechtsanwalt** hat den Mittelpunkt seiner beruflichen Tätigkeit in der Kanzlei, weil er dort schwerpunktmäßig Mandanten betreut, Schriftsätze fertigt usw.
- Bei einem **Praxis-Consultant**, der ärztliche Praxen in betriebswirtschaftlichen Fragen berät, betreut und unterstützt, kann das häusliche Arbeitszimmer den Mittelpunkt der gesamten beruflichen Betätigung bilden, auch wenn der Steuerzahler einen nicht unerheblichen Teil seiner Arbeitszeit im Außendienst verbringt (BFH, Urteil v. 29.4.2003, VI R 78/02, BFH/NV 2003 S. 1117).
- Bei einer **Ärztin**, die Gutachten über die Einstufung in der Pflegebedürftigkeit erstellt und dazu ihre Patienten ausschließlich außerhalb des häuslichen Arbeitszimmers untersucht und vor Ort alle erforderlichen Befunde erhebt, hat den qualitativen Schwerpunkt ihrer Tätigkeit nicht in dem häuslichen Arbeitszimmer, in dem lediglich die Tätigkeit begleitende Aufgaben erledigt werden (BFH, Urteil v. 23.1.2003, IV R 71/00, BFH/NV 2003 S. 859).

640 Übt ein Steuerzahler **mehrere** berufliche bzw. betriebliche **Tätigkeiten nebeneinander** aus oder umfasst seine berufliche oder betriebliche Tätigkeit mehrere unterschiedliche Aufgabenbereiche, ist das Arbeitszimmer, so die Auffassung der Finanzverwaltung (BMF, Schreiben v. 3.4.2007, ➜ Tz 635, Rdn. 11 f.), dann Mittelpunkt der gesamten betrieblichen und beruflichen Tätigkeit, wenn sich dort der **Mittelpunkt jeder einzelnen betrieblichen oder beruflichen Tätigkeit oder jedes einzelnen Aufgabenbereichs** befindet. Bilden hingegen die **außerhäuslichen Tätigkeiten** den qualitativen Schwerpunkt der Einzeltätigkeiten oder lassen sich diese keinem Schwerpunkt zuordnen, kann das häusliche Arbeitszimmer auch nicht durch die Summe der darin verrichteten Arbeiten zum Mittelpunkt der Gesamttätigkeit werden. Befindet sich in dem häuslichen Arbeitszimmer der **qualitative Mittelpunkt nur einer Tätigkeit**, nicht jedoch im Hinblick auf die übrigen Tätigkeiten, ist in der Regel davon auszugehen, dass das Arbeitszimmer nicht den Mittelpunkt der Gesamttätigkeit bildet. Sie haben jedoch die Möglichkeit, anhand konkreter Umstände Ihres Falles glaubhaft zu machen oder nachzuweisen, dass die Gesamttätigkeit gleichwohl einem einzelnen qualitativen Schwerpunkt zugeordnet werden kann und dass dieser im häuslichen Arbeitszimmer liegt. Dabei kommt es auf die Verhältnisse im Einzelfall und auf die Verkehrsanschauung an, nicht jedoch auf Ihre persönliche Vorstellung (BFH, Urteil v. 13.10.2003, VI R 27/02, BFH/NV 2004 S. 398). Aus verfassungsrechtlicher Sicht ist gegen diese Betrachtungsweise nichts einzuwenden (BFH, Beschluss v. 7.3.2006, X B 110/05, BFH/NV 2006 S. 1092).

Vermietung an den Arbeitgeber

Um die oben angeführte Abzugsbeschränkung bei Aufwendungen für ein häusliches Arbeitszimmer zu vermeiden, gehen Arbeitnehmer dazu über, ihr **häusliches Arbeitszimmer** an den **Arbeitgeber zu vermieten**, der seinerseits das Arbeitszimmer wiederum dem Arbeitnehmer überlässt. Hierzu vertritt die Finanzverwaltung (BMF, Schreiben v. 13.12.2005, IV C 3 – S 2253 – 112/05, BStBl 2006 I S. 4) folgende Auffassung: **641**

Leistet der Arbeitgeber Zahlungen für ein im Haus oder in der Wohnung des Arbeitnehmers gelegenes Büro, das der Arbeitnehmer für die Erbringung seiner Arbeitsleistung nutzt, so kommt es für die Unterscheidung zwischen Arbeitslohn und Einkünften aus Vermietung und Verpachtung darauf an, in wessen vorrangigem Interesse die Nutzung des Büros erfolgt.

Dient die Nutzung in erster Linie den **Interessen des Arbeitnehmers**, sind die Mietzahlungen als **Arbeitslohn** zu erfassen. Ist dagegen der Mietvertrag vorrangig im betrieblichen Interesse des Arbeitgebers abgeschlossen und geht dieses Interesse über die Entlohnung des Arbeitnehmers sowie über die Erbringung der jeweiligen Arbeitsleistung hinaus, rechnen die Mietzahlungen zu den **Einnahmen aus Vermietung und Verpachtung**. Dazu ist es erforderlich, so die Auffassung der Finanzverwaltung, dass sowohl die Ausgestaltung des Mietvertrags als auch die tatsächliche Nutzung des angemieteten Raumes im Haus oder der Wohnung des Arbeitnehmers maßgeblich und objektiv nachvollziehbar von den Bedürfnissen des Arbeitgebers geprägt sein müssen.

Folgende Anhaltspunkte sprechen für das **Vorliegen eines betrieblichen Interesses**:

- Kein geeigneter Arbeitsplatz im Unternehmen vorhanden,
- Angebot auch an andere Arbeitnehmer des Betriebs, ggf. Anmietung entsprechender Räume von fremden Dritten für diese Arbeitnehmer,
- ausdrückliche schriftliche Vereinbarung über die Bedingung der Nutzung des überlassenen Raumes.

III Gestaltung und Tipps

Für die Annahme eines betrieblichen Interesses kommt es dagegen nicht darauf an,

● ob ein entsprechendes Nutzungsverhältnis zu gleichen Bedingungen auch mit einem fremden Dritten hätte begründet werden können oder
● ob der vereinbarte Mietzins die Höhe des ortsüblichen Mietzins unterschreitet.

TIPP

Sollten Sie es erreicht haben, dass der Mietvertrag mit Ihrem Arbeitgeber zur Annahme von Einkünften aus Vermietung und Verpachtung führt, achten Sie darauf, dass die **Vermietungstätigkeit auf Dauer** angelegt ist. Eine zeitliche Befristung des Mietverhältnisses sollte daher nicht vereinbart werden. Selbstverständlich besteht die Möglichkeit, den Mietvertrag an das Arbeitsverhältnis zu koppeln.

Sind die Mietzahlungen den Einkünften aus Vermietung und Verpachtung zuzurechnen, können Sie sämtliche Aufwendungen, die mit dem häuslichen Büro im Zusammenhang stehen, dort als Werbungskosten berücksichtigen. Es gibt also **keine Abzugsbeschränkung**.

Gehen Sie davon aus, dass das Finanzamt die oben angeführten Grundsätze zur steuerlichen Anerkennung eines Mietverhältnisses mit dem Arbeitgeber auch dann anwendet, wenn der Ehegatte des Arbeitnehmers Miteigentümer oder sogar Alleineigentümer des häuslichen Arbeitszimmers ist. Dies gilt auch bei Untervermietung eines Arbeitszimmers an einer vom Ehegatten des Arbeitsnehmers gemieteten Wohnung (OFD München, Verfügung v. 15.9.2000, S 2354 – 38 St 417).

Abziehbare Kosten

642 Zu den abziehbaren Kosten gehören die **Raumkosten** und die Aufwendungen für die **Einrichtung und Ausstattung** des Raums.

643 Aufwendungen, die ausschließlich auf das Arbeitszimmer entfallen, z. B. für das Tapezieren oder einen neuen Fußbodenbelag, können Sie in vollem Umfang absetzen. Die nicht direkt dem Arbeitszimmer zuzuordnenden Aufwendungen sind nach dem Verhältnis der Fläche des Arbeitszimmers zur gesamten Wohnfläche der Wohnung/des Hauses einschließlich der des Arbeitszimmers zu ermitteln. Der so errechnete Prozentsatz ist auch maßgebend für die Ermittlung der anteilig absetzbaren Raumkosten.

Hierzu gehören alle Aufwendungen für die Wohnung/das Gebäude, die im Vermietungsfall Werbungskosten wären, z. B. Zinsen, Reparaturkosten, Versicherungsbeiträge, Gebäudeabschreibung. Außerdem können die anteiligen Kosten für Strom und Heizung abgezogen werden.

Wird das häusliche Arbeitszimmer nicht ganzjährig für eine berufliche oder betriebliche Tätigkeit genutzt, sind die Kosten zeitanteilig auf den Abzugszeitraum und den Zeitraum der Nichtabzugsfähigkeit aufzuteilen.

644 Befindet sich das Arbeitszimmer in einem Gebäude, das im **Miteigentum** beider **Ehegatten** steht, so sind die auf das Arbeitszimmer anteilig entfallenden Grundstückskosten und Zinsen **ohne Rücksicht auf den Miteigentumsanteil** des nichtnutzenden Ehegatten als Werbungskosten absetzbar (BFH, Urteil v. 19.5.1995, VI R 64/93, BFH/NV 1995 S. 879). Dies gilt auch für die AfA, wenn beide Ehegatten das Bauvorhaben finanziert haben.

Zu den **abziehbaren Kosten** eines häuslichen Arbeitszimmers gehören auch die Aufwen- **645**
dungen für die **Ausstattung des Raums**. Hierunter fallen:

- Tapeten;
- Vorhänge, Gardinen, Teppiche;
- Lampen.

Sofern die Anschaffungskosten für den einzelnen Gegenstand **410 €** (ohne Umsatzsteuer) nicht übersteigen, können sie im Jahr der Anschaffung in voller Höhe abgezogen
werden (geringwertige Wirtschaftsgüter). Sind die Anschaffungskosten höher als 410 €,
sind sie auf die voraussichtliche Nutzungsdauer (normalerweise 13 Jahre) des Einrich-
tungsgegenstands zu verteilen und damit im Wege der Abschreibung abzugsfähig.

Auslandsreisen

Anerkennung dem Grunde nach

Die Reise ist der **beruflichen Sphäre zuzurechnen**, wenn sie unmittelbar beruflich **646**
veranlasst ist. Dies ist der Fall beim Aufsuchen eines Geschäftspartners, bei einem Vortrag
auf einem Fachkongress oder bei Durchführung eines Forschungsauftrags. Die Befriedigung privater Interessen, wie Erholung, Bildung, Erweiterung des allgemeinen Gesichts-
kreises, muss nahezu ausgeschlossen sein. Werden auf einer Reise private mit beruflichen
Belangen verbunden, ist eine Trennung in privat und beruflich veranlasste Aufwendungen
nur dann möglich, wenn die Kosten leicht und einwandfrei aufteilbar sind.

Ist eine **Dienstreise sowohl beruflich als auch privat veranlasst**, lässt es der BFH im
Beschluss v. 21.9.2009, GrS 1/06, BFH/NV 2010 S. 285) zu, dass die Aufwendungen in
Werbungskosten und privat veranlasste **Kosten aufgeteilt** werden. Dazu soll, so die
Finanzverwaltung im BMF-Schreiben v. 6.7.2010 (IV C 3 – S 2227/07/10003:002,
BStBl 2010 I S. 614) der Steuerzahler die berufliche Veranlassung im Einzelnen umfassend
darlegen und nachweisen. Zweifel gehen zu seinen Lasten und führen damit zur Versagung
des Werbungskostenabzugs.

Wichtig ist in diesem Zusammenhang, dass eine Aufteilung der beruflich und privat
veranlassten Aufwendungen anhand eines **objektiven Aufteilungsmaßstabs** vorgenommen werden kann. Dies ist bei Dienstreisen in Bezug auf die Kosten der An- und Rückreise
möglich. Hier sollten Sie jedoch folgende Ausnahme beachten:

Liegt die **berufliche Veranlassung** der Aufwendungen **unter 10 %,** geht die Finanzverwaltung davon aus, dass diese Aufwendungen in der Gesamtschau zu vernachlässigen
sind und damit keine Werbungskosten darstellen. Umgekehrt lässt die Finanzverwaltung
den vollen Werbungskostenabzug zu, wenn die **privat veranlassten Aufwendungen
unter 10 %** ausmachen. Wer sich also z. B. für 10 Tage beruflich in den USA aufhält und
aus privatem Anlass noch einen Urlaubstag dranhängt, kann die gesamten Flugkosten für
die Hin- und Rückreise als Werbungskosten geltend machen; der zusätzliche Urlaubstag
fällt hier wegen der 10 %-Grenze nicht ins Gewicht. Ansonsten gilt für Dienstreisen, dass
die Aufwendungen nach Maßgabe der beruflich und privat veranlassten Zeitanteile
aufzuteilen sind. Wer sich z. B. für 3 Tage in London anlässlich eines Fachkongresses
aufhält und im Anschluss daran weitere 3 Tage privat dort verbringt, kann die Hälfte der
Kosten für die An- und Rückreise als Werbungskosten geltend machen (3 Tage/6 Tage als
Aufteilungsmaßstab). Sollte der **Fachkongress** von dem Steuerzahler **mit veranstaltet**

III Gestaltung und Tipps

werden, besteht sogar, so das BMF im Schreiben v. 6.7.2010 (a. a. O.) die Möglichkeit, sämtliche Kosten für die Hin- und Rückreise dem beruflichen Bereich zuzurechnen und als Werbungskosten geltend zu machen. Die Begründung: Als Mitveranstalter erziele ich aus der Veranstaltung Einnahmen und bin daher gezwungen, dort hinzureisen, um wieder nach Hause zurückzufahren. Diese berufliche Veranlassung überdeckt dann den anschließenden privaten Aufenthalt und ändert nichts am Werbungskostenabzug der Aufwendungen für Hin- und Rückreise.

Die vorstehenden Grundsätze gelten nicht nur für Inlandsreisen, sondern auch für Auslandsreisen. Liegt jedoch eine **Auslandsgruppenreise** vor, so ist nach den bisherigen vom BFH entwickelten Abgrenzungsmerkmalen vorrangig zu klären, ob überhaupt eine berufliche Veranlassung bei dieser Auslandsgruppenreise gegeben ist (BFH, Urteil v. 21.4.2010, VI R 5/07, BFH/NV 2010 S. 1349). Lässt sich die berufliche Veranlassung der Auslandsgruppenreise anhand von Unterlagen darstellen, bestehen bei einer privaten Mitveranlassung gegen die zeitanteilige Aufteilung der Fahrtkosten keine Bedenken.

Unter dem Gesichtspunkt **„private Mitveranlassung"** sind Aufwendungen einer Religionslehrerin für die Teilnahme an Gruppenreisen nach Israel und Rom nicht als Werbungskosten anerkannt worden (BFH, Beschluss v. 19.10.2004, VI B 110/04, BFH/NV 2005 S. 339 und Urteil v. 29.11.2006, VI R 36/02, BFH/NV 2007 S. 681). Dies gilt auch für die Teilnahme an einer Gruppenreise nach Spanien mit dem Thema „Pilgern auf dem Jakobsweg" (BFH, Beschluss v. 19.10.2004, VI B 111/04, Haufe-Index 1283386). Selbst eine einwöchige Informationsrundreise einer Ethiklehrerin durch Israel hat der BFH trotz Teilnahme an 5 Vorträgen als privat mitveranlasst angesehen und daher den Werbungskostenabzug versagt (BFH, Beschluss v. 26.10.2004, VI B 84/04, BFH/NV 2005 S. 205). Dagegen kann ein hinreichend konkreter, beruflicher Anlass für eine Auslandsreise vorliegen, wenn Sie im Rahmen Ihrer dienstlichen Verpflichtungen die Durchführung und Organisation einer solchen Reise übernehmen (BFH, Urteil v. 19.12.2005, VI R 63/01, BFH/NV 2006 S. 728). In diese Richtung geht auch das BFH-Urteil v. 22.7.2008 (VI R 2/07, BFH/NV 2008 S. 1837). Strittig ist in diesem Fall, ob Aufwendungen eines beamteten Bereichsleiters für die Teilnahme an einem einwöchigen, sein Sachgebiet umfassenden **Fortbildungskongress** in Meran ausschließlich beruflich veranlasst waren, wenn ihm vom Arbeitgeber hierfür Dienstbefreiung im Umfang von $^3/_5$ der wegfallenden Arbeitszeit gewährt sowie eine Teilnahme an den Vor- und Nachmittagsveranstaltungen vom Veranstalter bestätigt wurden und er lediglich an einer ganztägigen botanisch-wissenschaftlichen Exkursion im Rahmen eines kulturellen Begleitprogramms teilgenommen hat. Hierzu hat der BFH entschieden, dass es für die Frage, ob der berufliche bzw. private Nutzungsanteil von untergeordneter Bedeutung sei, auf das Verhältnis der beruflich zu den privat veranlassten Zeitanteilen ankomme. Der BFH urteilte in dem Streitfall zugunsten des Steuerzahlers und ließ die Aufwendungen als Werbungskosten zu. Dabei ist allerdings zu berücksichtigen, dass der Steuerzahler die tatsächliche Teilnahme an den Veranstaltungen durch ein **Anwesenheitstestat** nachweisen konnte.

TIPP

 Aus dem BMF-Schreiben v. 6.7.2010 (a. a. O.) ergibt sich, dass derjenige, der als Mitveranstalter eines Fortbildungskongresses sämtliche Kosten für die Hin- und Rückreise als Werbungskosten geltend machen kann, auch wenn er den Fortbildungskongress dazu benutzt hat, einige Tage privat am Veranstaltungsort zu verbringen. Diese großzügige Verwaltungsmeinung sollten Sie nutzen, wenn es um den Werbungskostenabzug geht und Ihr Arbeitgeber Ihnen nicht alle Fahrtkosten steuerfrei erstattet hat. Dann steht Ihnen der überschießende Betrag, den Sie getragen haben, noch als Werbungskosten in der Anlage N zu.

TIPP

Bei **längeren** Auslandsreisen empfiehlt sich ein **Nachweis** der ausschließlichen beruflichen Veranlassung (Beschreibung jedes Reisetags, Angabe der geschäftlichen Angelegenheiten, zumindest für die Werktage, Vorlage von Verträgen, Aufträgen, Protokollen, Spesenabrechnungen usw.).

Abziehbare Kosten

Zu den Reisekosten gehören alle Aufwendungen, die durch die ausschließliche oder fast **647** ausschließliche berufliche Tätigkeit des Arbeitnehmers außerhalb seiner Wohnung oder seiner ortsgebundenen regelmäßigen Arbeitsstätte verursacht sind (R 37 Abs. 1 Satz 1 LStR). Hierzu rechnen die **Fahrtkosten**, die **Mehraufwendungen** gegenüber der häuslichen Verpflegung, die Kosten der **Unterbringung** und die **Reisenebenkosten**.

● **Fahrtkosten:** Die anlässlich einer Dienstreise angefallenen Fahrtkosten sind im Allgemeinen in tatsächlich entstandener Höhe als Werbungskosten abzugsfähig. Bei Benutzung öffentlicher Verkehrsmittel ist der entrichtete Fahrpreis, nachzuweisen anhand der Fahrkarten, dem Flugticket oder der Taxiquittung, einschließlich etwaiger Zuschläge, anzusetzen. Bei Fahrten mit dem eigenen Pkw rechnen die tatsächlichen Kosten, ermittelt aus den Jahresgesamtkosten und der Gesamtfahrleistung, oder angesetzt mit dem Pauschalwert von 0,30 € je gefahrenem Kilometer, zu den Werbungskosten (BMF, Schreiben v. 20.8.2001, IV C 5 – S 2353 – 312/01, BStBl 2001 I S. 541).

● **Verpflegungsmehraufwendungen:** Verpflegungsmehraufwendungen bei Auslandsdienstreisen können nur **pauschal** als Werbungskosten berücksichtigt werden. Die Höhe der Pauschbeträge, als sog. **Auslandstagegelder** bezeichnet, wird vom Bundesfinanzministerium bekannt gemacht (für Reisen ab 2010 siehe BMF, Schreiben v. 17.12.2009, IV C 5 – S 2353/08/10006, BStBl 2009 I S. 1601). Eine ausführliche Darstellung über die Auslandsreisekosten finden Sie in dem Haufe-Ratgeber mit CD-ROM „Reisekosten 2010", Bestell-Nr. 03809-0014.

Bei **eintägigen Auslandsdienstreisen** sind die Auslandstagegelder für eine Mindest- **648** abwesenheitsdauer von **8 Stunden** mit **40 %** und bei einer Mindestabwesenheitsdauer von **14 Stunden** mit **80 %** der vollen Auslandstagegelder anzusetzen. Sind Sie weniger als 8 Stunden auswärts tätig, steht Ihnen kein Auslandstagegeld zu.

WICHTIG

Wird eine Auslandsdienstreise nach 16 Uhr angetreten und endet sie am darauf folgenden Tag vor 8 Uhr, ohne dass eine **Übernachtung** stattfindet, wird diese Auslandsdienstreise nicht als mehrtägige, sondern als eintägige Reise behandelt, wobei die Abwesenheitszeiten an den **beiden Kalendertagen zusammengerechnet** werden. Führt diese Zusammenrechnung dazu, dass sich eine Abwesenheitsdauer von mindestens 8 Stunden ergibt, steht Ihnen für diese Dienstreise ein anteiliges Auslandstagegeld zu.

III Gestaltung und Tipps

TIPP

 Werden an einem Kalendertag eine Auslands- und eine Inlandsreise durchgeführt, steht Ihnen für diesen Tag das Auslandstagegeld für den Staat zu, in dem Sie tätig waren. Dies gilt selbst dann, wenn Sie die überwiegende Zeit im Inland verbracht haben (R 39 Abs. 3 LStR).

649 Bei **mehrtägigen Dienstreisen** gilt für den Reiseantritts- und Reiserückkehrtag folgende Regelung:

Abwesenheit		Pauschbetrag anzusetzen mit
Antrittstag	**Rückkehrtag**	
vor 10.00 Uhr	nach 14.00 Uhr	80 %
ab 10.00 Uhr, aber vor 16.00 Uhr	nach 8.00 Uhr, aber vor 14.00 Uhr	40 %
ab 16.00 Uhr	vor 8.00 Uhr	–

Für die **dazwischen liegenden Tage**, an denen Sie beruflich 24 Stunden unterwegs sind, steht Ihnen stets das volle Auslandstagegeld zu. Noch 2 Besonderheiten:

– Erstreckt sich die **An- oder Rückreise über mehrere Kalendertage**, ist das Auslandstagegeld anzusetzen, das für das Land maßgebend ist, das Sie vor 24 Uhr zuletzt erreicht haben.
– Bei **Flugreisen** gilt ein Land erst in dem Zeitpunkt als erreicht, in dem das Flugzeug dort landet. Zwischenlandungen bleiben in der Regel unberücksichtigt. Erstreckt sich die Flugreise über mehr als 2 Kalendertage, wird für die Tage, die zwischen dem Tag des Abflugs und dem Tag der Landung liegen, das für **Österreich** geltende Auslandstagegeld angesetzt.

Werden Sie auf einer Auslandsdienstreise insgesamt oder teilweise **unentgeltlich verpflegt**, steht Ihnen das volle Auslandstagegeld zu. Der Wert der unentgeltlichen Mahlzeiten ist bei Ihrer Lohnbesteuerung als geldwerter Vorteil erfasst worden. Hat Ihnen Ihr Arbeitgeber die für eine Auslandsdienstreise zu gewährenden Verpflegungspauschalen bereits **steuerfrei erstattet**, entfällt ein Werbungskostenabzug im Rahmen der Einkommensteuerveranlagung.

650 ● **Übernachtungskosten**: Bei Auslandsdienstreisen können Sie nur Übernachtungskosten als Werbungskosten geltend machen, die Sie anhand von Belegen einzeln nachweisen können. Dabei ist darauf zu achten, dass die in der Rechnung ausgewiesenen Aufwendungen um die Kosten für das Frühstück (ggf. zu schätzen) zu kürzen sind. Diese Kosten sind als Verpflegungsaufwendungen durch den Ansatz der Auslandstagegelder abgegolten.

Wegen der Absenkung des Umsatzsteuersatzes bei Beherbergungsleistungen von 19 % auf 7 % ab dem 1.1.2010 ergibt sich für den Arbeitnehmer bei Hotelrechnungen ein Problem. Dort müssen nach dem Umsatzsteuergesetz die Übernachtung mit 7 % und das Frühstück mit 19 % ausgewiesen werden, auch wenn es Ihnen als Gesamtleistung des Hotels angeboten wird. Wird in einer Hotelrechnung das Frühstück zuzüglich Umsatzsteuer offen ausgewiesen, darf der Arbeitgeber grundsätzlich diese Kosten nur im Rahmen der Verpflegungspauschalen steuerfrei erstatten. Das, was über die Verpflegungspauschalen hinausgeht, muss er der normalen oder pauschalen Lohnsteuer unterwerfen. Hier sieht die Finanzverwaltung im BMF, Schreiben v. 5.3.2010 (IV D 2 – S 7210/07/10003/IV C 5 – S 2353/09/10008, BStBl 2010 I S. 259) einen Trick vor. Geht der Hotelier hin und weist in seiner Rechnung statt eines Frühstücks eine sog. **Business- oder Service-Pauschale** aus, in der das Frühstück mit enthalten ist, kann der Arbeitgeber, weil er den Einzelpreis **für das Frühstück** nicht kennt, nur eine Schätzung vornehmen, und zwar in Höhe von **4,80 €** (brutto) für das Frühstück. Den **Restbetrag** behandelt er dann als **Reisenebenkosten**, die nicht auf einen Höchstbetrag beschränkt sind. Dies können Sie sich auch bei Ihrem Werbungskostenabzug zunutze machen, wenn Sie z. B. eine **Fortbildungsveranstaltung** besucht haben und die Kosten dafür aus eigener Tasche zahlen mussten. Dann können Sie aus der Hotelrechnung bei Ausweis einer Business- oder Service-Pauschale ebenfalls diese Rechnung vornehmen und sich auf diese Weise einen höheren Werbungskostenabzug sichern. Denn das, was in dieser Pauschale über den geschätzten Betrag von 4,80 € für das Frühstück hinausgeht, ist auch bei Ihnen Reisenebenkosten und kann ohne Begrenzung als Werbungskosten berücksichtigt werden.

TIPP

Ist auf der Hotelrechnung handschriftlich vermerkt, dass in den Übernachtungskosten kein Frühstück enthalten ist, verzichtet die Finanzverwaltung auf eine Kürzung der Übernachtungskosten (OFD Erfurt, Verfügung v. 24.10.2001, S 2353 A – 03 – St 331).

WICHTIG

Fügen Sie Ihrer Steuererklärung stets **Einzelaufstellungen** über die Reisekosten bei.

Berufskleidung

Steuerlich abzugsfähig sind **nur die Kosten für typische Berufskleidung.** Hierunter **651** fallen z. B. die Kosten für weiße oder graue Arbeitskittel, Uniformen, die nicht als Straßenkleider benutzt werden können, der „blaue Anton" bei Handwerkern, **Sicherheitsschuhe** mit verstärkten Stahlkappen, **Ärztemäntel** und außerberuflich nicht verwendbare weiße Operationshosen, **Friseurmäntel**, Gummistiefel und Schutzbrille. Hierzu ist inzwischen eine umfangreiche Rechtsprechung ergangen, die wir für Sie in der nachfolgenden Liste zusammengestellt haben:

Diensthemden eines Polizisten	BFH, Urteil v. 29.6.1993, VI R 77/91, BStBl 1993 II S. 837
Robe und Barett eines Richters	BFH, Urteil v. 3.7.1959, VI 60/57 U, BStBl 1959 III S. 328
Amtstracht des Geistlichen	BFH, Urteil v. 10.11.1989, VI R 159/86, BFH/NV 1990 S. 288
schwarzer Anzug eines Leichenbestatters	BFH, Urteil v. 30.9.1970, I R 33/69, BStBl 1971 II S. 50
Trainingsanzug, Turnschuhe des Sportlehrers	BFH, Urteil v. 21.11.1986, VI R 137/83, BStBl 1987 II S. 262 und BFH, Urteil v. 23.2.1990, VI R 149/87, BFH/NV 1990 S. 765
schwarzer Anzug eines Kellners	BFH, Urteil v. 9.3.1979, VI R 171/77, BStBl 1979 II S. 519
Arztmantel, Operationshosen	BFH, Urteil v. 6.12.1990, IV R 65/90 BStBl 1991 II S. 348

Von praktischer Bedeutung ist in diesem Zusammenhang das BFH-Urteil v. 22.6.2006, VI R 21/05, BFH/NV 2006 S. 2169, nach dem bei der Gestellung einheitlicher, **während der Arbeitszeit zu tragender bürgerlicher Kleidungsstücke** ein eigenbetriebliches Inte-

III Gestaltung und Tipps

resse des Arbeitgebers daran im Vordergrund steht und somit kein geldwerter Vorteil des Arbeitnehmers zu versteuern ist. Im Streitfall ging es um eine Konzerngesellschaft, die Ladenlokale für den Vertrieb von Back-, Fleisch- und Wurstwaren unterhielt. Auf Grund von Betriebsvereinbarungen schaffte der Arbeitgeber Kleidungsstücke an und überließ sie kostenlos den Mitarbeitern. Bei den Kleidungsstücken handelte es sich um private Bekleidung, die nicht mit einem Firmenemblem versehen waren. Der BFH kam zu dem Ergebnis, dass hier keine Individualbekleidung, sondern eine mit dem Betriebsrat abgestimmte Gemeinschaftsausstattung vorlag, mit der ein **einheitliches Erscheinungsbild aller Mitarbeiter** gewährleistet werden sollte. Bedeutsam war für ihn auch, dass die in gewisser Weise uniformähnliche, auch aus hygienischen Gründen angeschafften Kleidungsstücke weder besonders exklusiv noch teuer gewesen waren.

WICHTIG

Hieraus ist der Schluss zu ziehen, dass Arbeitnehmer, die nach den Vorstellungen ihrer Arbeitgeber uniformähnlich gekleidet aufzutreten haben, für die von ihnen getragenen Aufwendungen einen Werbungskostenabzug erhalten. Dies gilt insbesondere dann, wenn sie sich an dieser Bekleidung durch einen „Zuschuss" beteiligen müssen.

Nach der einheitlichen Tendenz in der Rechtsprechung ist jedoch der **Mehrverbrauch an bürgerlicher Kleidung**, den manche Berufe mit sich bringen, steuerlich **nicht abzugsfähig**. Dies gilt auch für außergewöhnlich hohe Kosten einer **Schauspielerin** oder Fernsehansagerin für bürgerliche Kleidung und Kosmetika oder für die aufwändige Abendgarderobe einer Instrumentalsolistin.

Auch die Kosten für die **Pflege und die Reinigung der Berufskleidung** sind steuerlich absetzbar. So sind z. B. die unmittelbaren Kosten des Waschvorgangs sowie die Kosten für die Abnutzung, Instandhaltung und Wartung der eingesetzten Waschmaschine steuerlich abzugsfähig. Die Kosten hierfür können anhand der von Verbraucherverbänden oder vom Hersteller angegebenen Werte geschätzt werden.

Nach einer Entscheidung des FG Münster (Urteil v. 19.2.2002, 1 K 6432/00 E, rechtskräftig) sind die Kosten für die Reinigung von Berufskleidung mit **0,74 € je Waschgang** und mit **102,76 € jährlich** zu schätzen. Bei einer besonders großen Wäschemenge an Berufskleidung kann bei der Schätzung der Kosten für einen Waschvorgang ggf. die nächste Haushaltsgrößenstufe zugrunde zu legen sein, so dass sich der Werbungskostenansatz je Waschvorgang dadurch verringert (FG Münster, Urteil v. 27.8.2002, 1 K 4636/00 E, rechtskräftig).

WICHTIG

Können Sie weder die Anzahl der Waschvorgänge im Veranlagungszeitraum für das Finanzamt nachvollziehbar darlegen noch bei Verwendung repräsentativer Daten von Verbraucherverbänden die Berechnungsgrundlagen für die Waschvorgänge benennen bzw. den Anteil an den Aufwendungen für mitgewaschene private Kleidungsstücke herausrechnen, wird Ihnen das Finanzamt unter Berufung auf das Urteil des FG Bremen (Urteil v. 22.5.2002, 1 K 100/01, rechtskräftig) ggf. den gesamten Werbungskostenansatz für das Waschen der Berufskleidung streichen. Sie sollten also genau darlegen, was wöchentlich bzw. monatlich an

Berufskleidung gewaschen werden muss, wie viel Waschmaschinenfüllungen dies ausmacht und wie hoch die Kosten pro Waschvorgang sind.

TIPP

Kosten für die **Berufskleidung sollten** Sie nach Möglichkeit durch Belege einzeln **nachweisen**. Achten Sie darauf, dass die Belege die exakte Angabe des Kleidungsstücks enthalten, der pauschale Hinweis „Berufskleidung" wird von den meisten Finanzämtern nicht anerkannt. Haben Sie für 2010 keine derartigen Belege aufbewahrt, sollten Sie in Ihrer Steuererklärung 2010 für Anschaffung und Reinigung von Berufskleidung einen **Pauschalbetrag von 110 €** geltend machen. In manchen Bundesländern wird dieser Pauschalbetrag ohne Prüfung als Werbungskosten anerkannt. Rechnen Sie aber auch damit, dass Ihnen Ihr Finanzamt die Anerkennung dieser Aufwendungen versagt, insbesondere dann, wenn das Vorliegen solcher Aufwendungen von Ihnen nicht schlüssig vorgetragen wird (➜ Tz 633).

Berufskrankheiten

Krankheitskosten zählen in aller Regel zu den außergewöhnlichen Belastungen **652** (➜ Tz 416), nur **in Ausnahmefällen** können sie im Zusammenhang mit **typischen Berufskrankheiten** als Werbungskosten abgezogen werden, z. B. bei einer berufsbedingten Bleivergiftung oder bei Folgekosten aus einem Arbeitsunfall. In aller Regel wird das Finanzamt hierzu ein amtsärztliches Attest verlangen.

Berufsverbände

Hierunter fallen Beiträge zu **Gewerkschaften, Arbeitskammern und Fachverbänden**, die **653** lediglich die **Interessen ihrer Mitglieder** vertreten. Begünstigt sind nur die direkten Beiträge. Das Finanzamt berücksichtigt Ihre Aufwendungen in der Regel **ohne Einzelnachweis**, wenn Sie den betreffenden Berufsverband in Ihrer Anlage N **(Zeile 41)** bezeichnen. Ggf. wird anhand der Vorjahre noch eine Schlüssigkeitskontrolle vorgenommen. Bei der erstmaligen Geltendmachung von Beiträgen zu Berufsverbänden unter der Rubrik „Werbungskosten" sollten Sie jedoch, um Rückfragen zu vermeiden, einen **Beleg** beifügen.

Beschädigung eines Pkw

Haben Sie Ihren Pkw, den Sie für Fahrten zwischen Wohnung und Arbeitsstätte benutzen, **654** auf einem Parkplatz in der Nähe Ihrer Arbeitsstätte abgestellt und wird der Pkw dort beschädigt, ohne dass sich der Verursacher ermitteln lässt, können Sie die **Reparaturkosten** als Werbungskosten abziehen.

Höchstrichterlich ist entschieden, dass die Beschädigung eines Pkw, die zu Absetzungen für außergewöhnliche Abnutzung führt, in dem Veranlagungszeitraum als Werbungskosten geltend gemacht werden muss, in dem der Schaden eingetreten ist (BFH, Urteil v. 13.3.1998, VI R 27/97, BFH/NV 1998 S. 1169). Eine eventuelle Versicherungserstattung ist gegenzurechnen. Das „Schadenseintrittsjahr" ist für den Werbungskostenabzug auch dann maßgebend, wenn sich in einem späteren Kalenderjahr herausstellt, dass Sie den Schaden insgesamt oder zumindest teilweise selbst tragen mussten.

III Gestaltung und Tipps

Bewerbungskosten

655 Haben Sie sich 2010 um eine **Arbeitsstelle beworben**, sind die **Kosten in jedem Fall** als **Werbungskosten** abziehbar. Keine Rolle spielt, ob Sie mit der Bewerbung erfolgreich waren. Haben Sie 2010 keinen Arbeitslohn erzielt, können Sie die Kosten für die Bewerbung trotzdem als Werbungskosten abziehen, der hierdurch entstehende Verlust kann mit anderen Einkunftsarten **verrechnet** oder sogar im Rahmen des Verlustvor- und -rücktrags (➜ Tz 390 und ➜ Tz 397) steuerlich berücksichtigt werden. Zu den Bewerbungskosten zählen neben den **Kosten für Papier, Bewerbungsfotos,** Kosten für **Zeugniskopien, Präsentationsmappen** und **Musterarbeiten** auch die **Fahrtkosten zum Vorstellungsort**; abgezogen werden können auch die Verpflegungskostenpauschalen bzw. die Übernachtungskosten. Einzelheiten hierzu finden Sie unter dem Stichwort „Dienstreise" (➜ Tz 668).

Bewirtungskosten

656 Bei den Bewirtungskosten, die von Ihnen als Arbeitnehmer getragen wurden, haben Sie dieselben Einschränkungen zu beachten, die für Unternehmer und Freiberufler gelten. Als Arbeitnehmer wird es Ihnen im Regelfall sehr viel schwerer fallen als einem Gewerbetreibenden, die **berufliche Veranlassung** von Bewirtungsaufwendungen glaubhaft zu machen. Daraus folgt u. a., dass Sie eher noch größere Sorgfalt auf Belege und Nachweise legen müssen.

Bei einer beruflich veranlassten Bewirtung können **nur 70 % der Aufwendungen** als **Werbungskosten** abgezogen werden. Im Ergebnis muss der Arbeitnehmer also 30 % der Bewirtungsaufwendungen aus eigenem versteuerten Einkommen bestreiten.

Zur Berücksichtigung von Bewirtungskosten unter dem Gesichtspunkt **„berufliche Veranlassung"** hat sich der BFH in den letzten Jahren in mehreren Entscheidungen wie folgt geäußert:

- Bewirtungsaufwendungen, die einem **Offizier** für einen Empfang aus Anlass der Übergabe der Dienstgeschäfte (**Kommandoübergabe**) und der **Verabschiedung in den Ruhestand** entstehen, können als Werbungskosten zu berücksichtigen sein (BFH, Urteil v. 11.1.2007, VI R 52/03, BFH/NV 2007 S. 591).
- Bewirtungsaufwendungen eines **angestellten Geschäftsführers** mit variablen Bezügen anlässlich einer ausschließlich für Betriebsangehörige im eigenen Garten veranstalteten **Feier zum 25-jährigen Dienstjubiläum** können ebenfalls Werbungskosten sein (BFH, Urteil v. 1.2.2007, VI R 25/03, BFH/NV 2007 S. 1022).
- Der berufliche Anlass der Bewirtung gilt nicht nur dann als nachgewiesen, wenn die im Gesetz geforderten Angaben über die näheren Umstände der Bewirtung durch den Steuerzahler gemacht worden sind. Insoweit sind die zutreffenden Angaben eine notwendige, aber noch keine hinreichende Bedingung für den Werbungskostenabzug (BFH, Urteil v. 12.4.2007, VI R 77/04, BFH/NV 2007 S. 1643).
- Bei der Würdigung, ob Aufwendungen eines Arbeitnehmers für Bewirtung und Werbegeschenke beruflich veranlasst sind, kann eine **variable**, vom Erfolg seiner Arbeit abhängige **Entlohnung** ein wichtiges Indiz darstellen. Liegt indessen eine derartige Entlohnung nicht vor, so verlieren Aufwendungen nicht ohne Weiteres ihren beruflichen Charakter; der Erwerbsbezug kann sich auch aus anderen Umständen ergeben (BFH, Urteil v. 24.5.2007, VI R 78/04, BFH/NV 2007 S. 1585).

- Dem beruflichen Veranlassungszusammenhang der Bewirtungsaufwendungen steht es nicht entgegen, wenn der Arbeitnehmer für seine Tätigkeit **keine erfolgsabhängigen Einnahmen** erhält (BFH, Urteil v. 6.3.2008, VI R 68/06, BFH/NV 2008 S. 1316).
- Die Abzugsbeschränkung bei den Bewirtungskosten gilt nur in den Fällen, in denen der Arbeitnehmer selbst als bewirtende Person aufgetreten ist. Ist der Arbeitnehmer für seinen Arbeitgeber aufgetreten und hat die Bewirtungsaufwendungen z. B. wegen seiner umsatzabhängigen Vergütungen selbst getragen, ist bei einer beruflichen Veranlassung der **volle Abzug** zulässig (BFH, Urteil v. 19.6.2008, VI R 48/07, BFH/NV 2008 S. 1614).
- Der Anlass einer Feier ist nicht das allein entscheidende Kriterium für die Beurteilung der beruflichen oder privaten Veranlassung von Bewirtungsaufwendungen. Trotz eines herausgehobenen persönlichen Ereignisses kann sich aus den übrigen Umständen des Einzelfalls ergeben, dass die Aufwendungen für die **Feier beruflich veranlasst** sind (BFH, Urteil v. 10.7.2008, VI R 26/07, BFH/NV 2008 S. 1831). Unter Berücksichtigung dieser Vorgaben hat der BFH die Kosten eines Empfangs im Anschluss an eine Antrittsvorlesung als beruflich veranlasst angesehen, ebenso die Aufwendungen für ein Betriebsfest. Auch in den Fällen, in denen ein Arbeitnehmer aus beruflichem Anlass Aufwendungen für die **Bewirtung** seiner **Arbeitskollegen** trägt, kann ein Werbungskostenabzug vorliegen.
- Der BFH hat in dem Verfahren unter Az. X R 57/09 darüber zu entscheiden, ob **ordnungsgemäße Eigenbelege** des Steuerzahlers auch für Nicht-Kleinbetragsrechnungen den Werbungskostenabzug bei den Bewirtungsaufwendungen sichern können, wenn die Eigenbelege durch Kreditkartenabrechnungen „unterlegt" werden, es aber an ordnungsmäßigen Rechnungen fehlt. Sollten Sie solche Nachweisprobleme in Ihrem Steuerfall haben, ist zu empfehlen, die BFH-Entscheidung in dem vorgenannten Verfahren abzuwarten.
- Mit Beschluss v. 26.1.2010 (VI B 95/09, BFH/NV 2010 S. 875) hat der BFH die Auffassung vertreten, dass der Anlass einer Feier „privat oder beruflich" nur ein erhebliches Indiz für die Beurteilung der Veranlassung der Bewirtungsaufwendungen sei. Für die Zuordnung der Aufwendungen zum beruflichen oder privaten Bereich sei daher auch von Bedeutung, wer als Gastgeber auftrete, wer die Gästeliste bestimme, ob es sich bei den Gästen um Kollegen, Geschäftsfreunde oder Mitarbeiter, um Angehörige des öffentlichen Lebens, um Presse- und Verbandsvertreter oder um private Bekannte und Angehörige des Steuerzahlers handle. Zu berücksichtigen sei außerdem, an welchem Ort die Veranstaltung stattfinde, ob sich die finanziellen Aufwendungen im Rahmen vergleichbarer betrieblicher Veranstaltungen bewegen und ob das Fest den Charakter einer privaten Feier aufweise oder ob das nicht der Fall sei. Dies müsse von den Finanzgerichten anhand einer **Gesamtwürdigung aller Umstände des Einzelfalls** im Detail überprüft und dann bestimmt werden, wo die Grenze zwischen betrieblichem und privatem Bereich verläuft und welche Indizien für sich allein ausreichend seien, um eine betriebliche Veranlassung zu bejahen. Rechnen Sie hier weiterhin mit einer restriktiven Meinung der Finanzverwaltung. Dies ergibt sich aus dem BMF-Schreiben v. 6.7.2010 (➜ Tz 646), in dem die Grundsätze des Beschlusses des Großen Senats des BFH vom 21.9.2009 (GrS 1/06, BFH/NV 2010 S. 285) umgesetzt werden. Dort wird nämlich darauf hingewiesen, dass bei Veranstaltungen, denen ein persönlicher Anlass, wie z. B. der Geburtstag, zugrunde liegt, regelmäßig von nichtabziehbaren Repräsen-

III Gestaltung und Tipps

tationsaufwendungen i. S. d. § 12 Nr. 1 Satz 2 EStG auszugehen sei, auch wenn die Aufwendungen der Förderung des Berufs oder ihrer Tätigkeit dienen können.

Brille

657 Auch wenn eine Brille ausschließlich am Arbeitsplatz, z. B. wegen einer Bildschirmtätigkeit, getragen wird, sind die Kosten hierfür nicht als Werbungskosten abziehbar, wenn sie zur Korrektur einer Sehschwäche dient und damit ein medizinisches Hilfsmittel ist. Lediglich, wenn die **Brille eine Schutzfunktion** gegenüber Gefahren an einem Arbeitsplatz übernimmt, ist der Abzug als Werbungskosten zulässig.

TIPP

Lassen Sie sich bei einer Bildschirmtätigkeit die Aufwendungen für eine Brille von Ihrem Arbeitgeber erstatten. Denn diese Erstattung ist steuerfrei, wenn sich auf Grund einer Augenuntersuchung herausstellt, dass nur durch eine solche Brille eine ausreichende Sehfähigkeit in den Entfernungsbereichen des Bildschirmarbeitsplatzes gewährleistet werden kann (R 70 Abs. 2 Nr. 2 LStR; vgl. auch BMF, Schreiben v. 3.2.2000, IV C 2 – S 2144 – 10/00).

WICHTIG

Der BFH lässt einen Abzug von Aufwendungen für den Erwerb einer Bildschirm-Arbeitsbrille nur dann als Werbungskosten zu, wenn die Sehbeschwerden auf die Tätigkeit am Bildschirm zurückgeführt werden können (Urteil v. 20.7.2005, VI R 50/03, BFH/NV 2005 S. 2185). Ansonsten vertritt er die Auffassung, dass solche Aufwendungen der privaten Lebenssphäre zuzurechnen und daher grundsätzlich nicht abziehbar sind. Dies gilt auch dann, wenn die Behebung des Mangels zugleich im beruflichen Interesse liegt.

Bürgschaftsverluste

658 Bürgschaftsverluste eines Arbeitnehmers sind nur dann als Werbungskosten absetzbar, wenn sicher ist, dass die **Bürgschaftsverpflichtung ausschließlich aus beruflichen Gründen** übernommen wurde. Dies kann der Fall sein, wenn ein Arbeitnehmer für Verbindlichkeiten bürgt, die durch Fehlentscheidungen des Geschäftsführers verursacht sind und dies ausschließlich zur Sicherung des Arbeitsplatzes erfolgt (BFH, Urteil v. 17.7.1992, VI R 125/88, BStBl 1993 II S. 111). Insbesondere bei Bürgschaften durch den Gesellschafter-Geschäftsführer einer GmbH wird das Finanzamt besonders kritisch prüfen, ob die Bürgschaftsverpflichtung wegen der Sicherung des Arbeitsplatzes eingegangen wurde oder ob auch gesellschaftsrechtliche Motive maßgebend waren. In der Regel wird das Finanzamt nicht von einer durch das Arbeitsverhältnis veranlassten Bürgschaftsübernahme ausgehen; Entsprechendes gilt für die Übernahme einer Verbindlichkeit des Arbeitgebers durch den Arbeitnehmer (BFH, Urteil v. 28.6.2007, VI B 44/07, BFH/NV 2007 S. 1655). Auch der Verlust einer Beteiligung ist bei ihm nicht als Werbungskosten anzuerkennen (BFH, Beschluss v. 22.2.2007, VI B 99/06, BFH/NV 2007 S. 1297). Dabei dürfte die Höhe der Beteiligung ein wesentliches Indiz für den Veranlassungszusammenhang sein (BFH, Beschluss v. 10.2.2005, IX B 169/03, BFH/NV 2005 S. 1057). Nach der Rechtsprechung des BFH werden die Vermögensverluste, die durch eine Beteiligung an einem Betrieb veranlasst sind, bei dem der Steuerzahler beschäftigt ist, auch dann steuerlich nicht berücksichtigt, wenn die Beteiligung ausschließlich zur Sicherung des Arbeitsplatzes erfolgte (BFH, Urteil v. 12.5.1995, VI R 64/94, BStBl 1995 II S. 644).

WICHTIG

Im Urteil v. 7.2.2008 (VI R 75/06, BFH/NV 2008 S. 863) ging es um den **Verlust eines Darlehens** und die Frage des **Werbungskostenabzugs** für den Fall, dass der Arbeitnehmer das Darlehen nicht der Betriebs-GmbH, bei der er angestellt war, sondern dem Besitzunternehmer, der zugleich Alleingesellschafter und Geschäftsführer der GmbH war, persönlich gewährt hat. Der BFH kam zu dem Ergebnis, dass die berufliche Veranlassung dieses Darlehens nicht zwingend dadurch ausgeschlossen sei, dass der Darlehensvertrag nicht mit der insolvenzbedrohten GmbH als Arbeitgeberin, sondern mit dem alleinigen Gesellschafter-Geschäftsführer geschlossen worden war. Maßgeblich seien der berufliche Veranlassungszusammenhang und der damit verbundene konkrete Verwendungszweck des Darlehens.

Computer

Im Zusammenhang mit der Abzugsfähigkeit von **Anschaffungskosten eines Computers** **659** hat der BFH im Urteil v. 19.2.2004 (VI R 135/01, BFH/NV 2004 S. 872) folgende Grundsätze aufgestellt:

- Wirtschaftsgüter, die **ausschließlich** oder doch nahezu ausschließlich und unmittelbar zur Erledigung der beruflichen Aufgaben dienen, rechnen zu den Arbeitsmitteln; die dafür aufgewandten Kosten sind in **voller Höhe als Werbungskosten** abziehbar.
- Bei Wirtschaftsgütern, die **auch privat genutzt** werden können, kommt es für die Einordnung als Arbeitsmittel entscheidend auf den **tatsächlichen Verwendungszweck** im Einzelfall an.
- Geht die **private Nutzung** des Wirtschaftsguts **nicht über 10 %** hinaus, bleibt es dabei: Es handelt sich um ein Arbeitsmittel, dessen Kosten in **vollem Umfang steuerlich abgezogen** werden können.

WICHTIG

Nach Auffassung des BFH gibt es **keinen allgemeinen Erfahrungssatz** zur Höhe des privaten Nutzungsanteils eines Computers, der sich in der Privatwohnung des Steuerzahlers befindet. Daher darf die Finanzverwaltung ohne konkrete Anhaltspunkte nicht davon ausgehen, dass ein solcher Computer regelmäßig in nicht unwesentlichem oder sogar überwiegendem Maße auch privat genutzt wird.

TIPP

Versuchen Sie, das Finanzamt davon zu überzeugen, dass Sie Ihren Computer ausschließlich oder fast ausschließlich für berufliche Zwecke verwenden. Hier dürften Ihnen folgende Argumente weiterhelfen:

III Gestaltung und Tipps

660 CHECKLISTE

  Vorschläge für eine berufliche Veranlassung

☐ Ihr Computer steht am **Arbeitsplatz** bei Ihrem **Arbeitgeber**. Hier geht die Finanzverwaltung davon aus, dass durch die Duldung Ihres Arbeitgebers eine private Nutzung des Computers während der Arbeitszeit kaum vorkommen wird. Bei dem Computer handelt es sich somit um ein Arbeitsmittel, dessen Kosten zu 100 % als Werbungskosten abzugsfähig sind.

☐ Sie arbeiten an Ihrem Arbeitsplatz mit einem Computer und verwenden sowohl für Ihren Computer zu Hause als auch für Ihren Computer am Arbeitsplatz die **gleiche berufsspezifische Software**. Damit erledigen Sie nachweisbar beruflich anfallende Arbeiten zu Hause und sind daher auf die Verwendung eines „häuslichen Computers" angewiesen (Bescheinigung des Arbeitgebers vorlegen). Dasselbe gilt für den Fall, dass Sie Ihren Computer zu Hause zur Vorbereitung beruflicher Projekte benötigen. Das Finanzamt wird sich bei Ihnen davon überzeugen wollen, ob dies überhaupt möglich ist. Es wird daher nachfragen, ob Ihr Computer zu Hause das gleiche **Betriebssystem** hat wie Ihr Computer am Arbeitsplatz, und ob Ihr Arbeitgeber Ihnen **berufsspezifische Programme** überlassen hat, die auch im Betrieb eingesetzt werden.

☐ Sie erstellen **eigene Programme**, die im Rahmen Ihrer beruflichen Tätigkeit zum Einsatz kommen.

☐ Sie verwenden den Computer nachweisbar für Ihre berufliche Weiterbildung, ggf. unter Einsatz von speziellen Programmen.

WICHTIG

❗ Da sich viele Finanzbeamte inzwischen hervorragend mit Computern auskennen, werden sie Rechnungen für neu angeschaffte Computer nach Ausstattungsmerkmalen durchforsten, die auf die Abwicklung von **privaten Bankgeschäften** (Electronic-Banking) oder den **Multimedia-Bereich** hinweisen. Beides dürfte das Finanzamt dazu verleiten, von einer gewichtigen privaten Mitbenutzung auszugehen. Hier sollten Sie gegenhalten: Legen Sie dem Finanzamt eine Bescheinigung Ihres Arbeitgebers vor, dass Sie auf einen Internet-Anschluss und die Multimedia-Ausstattung Ihres Computers aus beruflichen Gründen angewiesen sind.

661 Ist es Ihnen gelungen, das Finanzamt davon zu überzeugen, dass Sie Ihren Computer **ausschließlich** oder **fast ausschließlich** für **berufliche Zwecke nutzen**, können Sie die mit dem Computer im Zusammenhang stehenden Aufwendungen als Werbungskosten abziehen. Dies sind in der Regel die Kosten für die Hardware, also für die Anschaffung des Computers und der dazu gehörigen Peripheriegeräte, die Aufwendungen für die Software und ggf. die Anschlusskosten für das Internet.

662

Bestandteil	Abzugsmöglichkeit
Hardware	Haben Sie einen Computer angeschafft, können Sie Aufwendungen bis **410 €** **(ohne Umsatzsteuer)** sofort als Werbungskosten abziehen. Gehen die Kosten über diesen Betrag hinaus, sind sie nur im Wege der Abschreibungen, verteilt auf **3 Jahre**, absetzbar.

Bestandteil   **Abzugsmöglichkeit**

Haben Sie Ihren Computer 2010 angeschafft, müssen Sie die Anschaffungskosten auf 3 Jahre verteilen, wobei die auf das Jahr 2010 entfallenden Abschreibungen monatsgenau zu ermitteln sind. Von dem Jahresbetrag dürfen nur der Monat der Anschaffung und die Folgemonate, dividiert durch 12, als anteilige Abschreibungen berücksichtigt werden.

Wichtig: Peripheriegeräte einer Computeranlage, wie z. B. **Scanner**, **Drucker** und **Bildschirm**, sind zwar selbstständig bewertungsfähige Wirtschaftsgüter, aber sie sind nicht selbstständig nutzungsfähig, so der BFH im Urteil v. 19.2.2004 (VI R 135/01, BFH/NV 2004 S. 872). Dies hat zur Folge, dass sie im Normalfall keine geringwertigen Wirtschaftsgüter sind, die sofort abzuschreiben sind. Vielmehr sind die dafür aufgewandten Anschaffungskosten zusammen mit dem Computer auf dessen betriebsgewöhnliche Nutzungsdauer zu verteilen, in der Regel also auf 3 Jahre.

Tipp: Sollten Sie sich für die Anschaffung eines **Multifunktionsgeräts**, z. B. Drucker, Fax und Kopierer in einem, entschieden haben, kann dieses Gerät unabhängig von Ihrem Computer genutzt werden. Dann liegt auch nach Meinung des BFH ein geringwertiges Wirtschaftsgut vor, wenn die Anschaffungskosten nicht über 410 € netto hinausgehen. Dies bedeutet: Sofortiger Abzug als Werbungskosten.

Dies gilt auch für **externe Datenspeicher**, die unabhängig vom Rechner der Speicherung, dem Transport und der Sicherung von Daten dienen. Dagegen dürfte ein externes Modem und ein externer Brenner nicht als geringwertiges Wirtschaftsgut anzusehen sein.

Werden Peripheriegeräte, die nicht selbstständig nutzungsfähig sind, zu einem späteren Zeitpunkt als der Computer angeschafft, sind die Anschaffungskosten u. E. auf eine Nutzungsdauer von 3 Jahren abzuschreiben, wobei im Jahr der Anschaffung darauf zu achten ist, dass nur der zeitanteilige Jahresbetrag als Werbungskosten in Anspruch genommen werden kann.

Nachrüsten   Wird ein bisher von Ihnen beruflich verwendeter Computer z. B. durch Einbau einer größeren Festplatte oder Erweiterung des RAM-Speichers **nachgerüstet**, erhöht sich dadurch der im Zeitpunkt des Einbaus vorhandene Restwert, der dann auf die Restnutzungsdauer abzuschreiben ist.

Gebrauchter   Haben Sie sich 2010 einen **gebrauchten Computer** angeschafft, geht
Computer   die Finanzverwaltung in der Regel von einer Nutzungsdauer **unter 3 Jahren** aus.

Software   Ist **Software** nach der Anschaffung des Computers erworben worden, stellt sie ein eigenständiges Wirtschaftsgut dar. Bei Kosten, die **netto** nicht über **410 €** hinausgehen, erfolgt ein **sofortiger Werbungskostenabzug**. Höhere Anschaffungskosten sind auf die Nutzungs-

III Gestaltung und Tipps

Bestandteil	Abzugsmöglichkeit
	dauer von **3 Jahren** zu verteilen. Wegen der sofortigen Abzugsmöglichkeit bis 410 € empfiehlt es sich, Zusatzprogramme nicht unmittelbar mit dem Computer zu erwerben, da ansonsten von der Finanzverwaltung häufig ein „Gesamtwirtschaftsgut Computer und Software" angenommen wird, dessen Anschaffungskosten dann auf 3 Jahre verteilt werden.
Internet	Ist ein Internet-Anschluss vorhanden und wird dieser sowohl beruflich als auch privat genutzt, sind die darauf entfallenden Kosten nach dem Zeitfaktor der Internetnutzung in einen beruflichen und privaten Anteil **aufzuteilen**. Für diese Aufteilung haben Sie dem Finanzamt die Rechnung des Providers der Telefongesellschaft vorzulegen. Aufgeteilt werden die Gesamtkosten, also Grundgebühr des Providers, Flatrate bzw. einzeln abgerechnete Gebühren.

WICHTIG

Nach R 9.1 Abs. 5 LStR ist der Nachweis der beruflichen Nutzung des Internets über einen repräsentativen Zeitraum von 3 Monaten ausreichend. Der so ermittelte Aufteilungsmaßstab kann dann für den gesamten Veranlagungszeitraum zugrunde gelegt werden, wenn es um die Aufteilung in einen beruflichen oder privat veranlassten Anteil geht (siehe auch ➜ Tz 664).

663 TIPP

Achten Sie bei der Vorlage der Rechnung des Providers darauf, zu welcher Uhrzeit das Internet genutzt wurde. Geschah dies zu einer Zeit, während der Sie im Normalfall an Ihrem Arbeitsplatz sind, spricht dies für eine private Nutzung durch Ihre Familienangehörigen. Daher sollte man in dem 3-Monatszeitraum für den repräsentativen Nachweis der privaten und beruflichen Nutzung möglichst das Internet zu einer Zeit nutzen, zu der Sie als Arbeitnehmer zu Hause sind. Danach haben Sie auf jeden Fall die Möglichkeit, die Internetnutzung als beruflich oder zumindest als teilweise beruflich darzustellen.

Siehe auch das Stichwort „Internet" unter ➜ Tz 746.

664 Nutzen Sie Ihren Computer **teils beruflich und teils privat**, darf eine **Aufteilung der Kosten** entsprechend der Nutzung vorgenommen werden (BFH, Urteil v. 19.2.2004, VI R 135/01, BFH/NV 2004 S. 872).

Können Sie den **beruflichen Nutzungsanteil** des Computers nicht anhand von Unterlagen nachweisen oder zumindest glaubhaft machen, so ist dieser Nutzungsanteil grundsätzlich auf **50 %** der angefallenen Kosten zu schätzen, vorausgesetzt, Sie können gegenüber dem Finanzamt nachweisen oder zumindest glaubhaft machen, dass Sie den Computer in einem nicht unwesentlichen Umfang beruflich nutzen. Dies kann z. B. durch eine **Bescheinigung Ihres Arbeitgebers** geschehen, aus der sich das Erfordernis der beruflichen Nutzung des Computers ergibt. Darüber hinaus dürfte für eine nicht unwesentliche berufliche Nutzung des Computers der Umstand sprechen, dass er sich in einem häuslichen Arbeitszimmer befindet. Zwar lassen sich hieraus kaum Rückschlüsse über den Umfang der beruflichen Nutzung des Computers schließen, jedoch spricht das Arbeitszimmer dafür, dass Sie sich außerhalb Ihres Arbeitsplatzes auch zu Hause „beruflich betätigen" müssen. Und dazu braucht man den Computer.

WICHTIG

Wollen Sie einen **höheren beruflichen Kostenanteil** als Werbungskosten abziehen, wird das Finanzamt unter Hinweis auf das BFH-Urteil v. 19.2.2004 (VI R 135/01, BFH/NV 2004 S. 872) von Ihnen hierfür zusätzliche Anhaltspunkte und Umstände verlangen, die Sie nachweisen oder zumindest glaubhaft machen müssen. In diesem Fall empfehlen wir Ihnen, ein **Benutzerbuch** für den Computer anzulegen und dort die täglichen Benutzerzeiten festzuhalten. Diese Zeiten müssen dann entsprechend dem Eintrag in dem Benutzerbuch auf die beruflichen und privaten Nutzungszeiten aufgeteilt werden. Hierzu sollten die Internet-Zeiten getrennt von den übrigen Computer-Zeiten ausgewiesen werden. Die Internet-Zeiten müssten sich in etwa mit dem decken, was von Seiten des Providers monatlich an Internetgebühren in Rechnung gestellt wird. Denken Sie daran, dass Sie die **Beweislast** für den höheren Werbungskostenabzug tragen. Die so geführten Aufzeichnungen können u. E. auch rückwirkend für einen Zeitraum angewendet werden, für den in der Vergangenheit keine solchen Aufzeichnungen geführt wurden.

TIPP 665

Sind Sie Besitzer eines **tragbaren Computers**, eines Laptops, Notebooks oder Palmtops, dürfte das Finanzamt regelmäßig keine Schwierigkeiten beim Werbungskostenabzug machen. Denn wegen der mit der Anschaffung verbundenen Mehrkosten gegenüber einem normalen Computer geht die Finanzverwaltung bei diesen Geräten von einer ausschließlichen oder fast ausschließlichen beruflichen Nutzung aus. Dies muss von Ihnen nur noch schlüssig dargestellt werden. Sind Sie z. B. als Vertreter für eine Bausparkasse oder für eine Versicherung unterwegs, dürfte es für den Werbungskostenabzug ausreichen, wenn Sie in der Einkommensteuererklärung 2010 darauf hinweisen, dass Sie mit Ihrem Laptop versicherungsmathematische Berechnungen und Steuerbelastungsvergleiche bei der Kundenberatung durchführen. Ähnlich können auch Angestellte einer Bank argumentieren, die im Außendienst tätig sind.

Darlehensverlust

Haben Sie Ihrem Arbeitgeber ein verzinsliches Darlehen gewährt, kann der Verlust des **666** Darlehens steuerlich als Werbungskosten abziehbar sein, wenn Sie das Risiko des Darlehensverlustes **bewusst aus beruflichen Gründen eingegangen** sind. Dies ist insbesondere der Fall, wenn das Darlehen zur Sicherung des Arbeitsplatzes diente, um eine Überschuldung des Arbeitgebers zu beenden (BFH, Urteil v. 7.5.1993, VI R 38/91, BStBl 1993 II S. 663). Diese Grundsätze gelten nicht, wenn Sie sich aus gleichen Motiven am Betrieb Ihres Arbeitgebers beteiligt haben (BFH, Urteil v. 12.5.1995, VI R 64/94, BStBl 1995 II S. 644). Im Übrigen wird auf die Ausführungen zu „Bürgschaftsverluste" hingewiesen (➜ Tz 658).

III Gestaltung und Tipps

Diebstahl

667 Wird Ihnen auf der Fahrt zwischen Wohnung und Betrieb oder auf einer Dienstreise der private Pkw gestohlen, können Sie den Wertverlust (Zeitwert ➜ Tz 683) steuerlich abziehen (BFH, Urteil v. 25.5.1992, VI R 171/88, BStBl 1993 II S. 44). Erstattungsleistungen Ihrer Versicherung müssen Sie auf den Wertverlust anrechnen. Wird der Pkw beim Besuch einer privaten Veranstaltung vom Parkplatz entwendet, sind die dadurch verursachten Kosten, z. B. der Restbuchwert bei Versagung einer Entschädigung der Kasko-Versicherung wegen Verletzung der Obliegenheitspflichten, **nicht** als **Werbungskosten** abziehbar (BFH, Urteil v. 18.4.2007, XI R 60/04, BFH/NV 2007 S. 1964).

TIPP

 Der Diebstahl von **Kleidung auf einer Dienstreise** führt dann zu Werbungskosten, wenn der Bestohlene die zumutbaren Sicherheitsvorkehrungen zum Schutz seines Reisegepäcks getroffen hat. Und noch eins ist zu beachten: Der Werbungskostenabzug beschränkt sich nur auf den Schaden an dem notwendigen Reisegepäck. Lehnt eine **Diebstahlversicherung** die Schadensregulierung wegen Mitverschuldens ab, kommt ein Steuerabzug nicht in Betracht; hier geht die Finanzverwaltung davon aus, dass Sie die erforderlichen Sicherheitsvorkehrungen nicht getroffen haben, da ansonsten die Versicherung den Schaden ersetzt hätte. Sollte das Finanzamt unter Beachtung dieser Grundsätze einem Werbungskostenabzug dem Grunde nach zustimmen, können Sie allerdings nicht den Wiederbeschaffungswert der gestohlenen Gegenstände, sondern nur Ihren fiktiven „Buchwert" steuerlich geltend machen. Der Verlust des Gepäcks des – privat – mitreisenden Ehepartners kann steuerlich auf keinen Fall berücksichtigt werden (BFH, Urteil v. 30.6.1995, VI R 26/95, BStBl 1995 II S. 744).

Der Diebstahl einer privaten Geldbörse auf einer Dienstreise war nach der bisherigen Rechtsprechung steuerlich nicht zu berücksichtigen; ob dies noch gilt, muss abgewartet werden. Wurden auf einer Dienstreise Arbeitsmittel gestohlen, können Sie den Wertverlust (Zeitwert des Arbeitsmittels) als Werbungskosten abziehen.

Dienstreise

668 Bei Arbeitnehmern liegen Dienstreisen häufiger vor als man glaubt. Gleichgültig, ob Sie einen **Fortbildungslehrgang,** eine **Fachmesse,** einen Kunden oder einen Lieferanten besuchen, ob Sie für Ihren Arbeitgeber zur Post oder Bank fahren, Sie können das Finanzamt an Ihren Kosten beteiligen.

Abzugsfähigkeit

Sie müssen sowohl **außerhalb** Ihrer **Wohnung** als auch außerhalb Ihrer **regelmäßigen Arbeitsstätte** beruflich tätig sein. Sie können die Dienstreise von der Wohnung aus oder von der regelmäßigen Arbeitsstätte aus antreten. Eine **Mindestentfernung** ist **nicht** einzuhalten. Sind Sie in einem weiträumig **zusammenhängenden Arbeitsgebiet**, z. B. Werksgelände, Forstrevier, Neubaugebiet oder Kehr- bzw. Zustellbezirk, tätig, sind die Arbeitsstätten innerhalb dieses Arbeitsgebiets als regelmäßige Arbeitsstätten anzusehen. Es liegen dann keine Dienstreisen vor.

Beim BFH ist zurzeit unter dem Az. VI R 20/09 noch die Rechtsfrage anhängig, ob ein **weiträumiges Waldgebiet** als regelmäßige Arbeitsstätte mit der Folge „Tätigkeitsmittelpunkt bei Verpflegungsmehraufwendungen" angesehen werden kann. Betroffenen wird empfohlen, ihren Steuerfall in diesem Punkt offen zu halten, bis der BFH entschieden hat.

TIPP

Fahrten innerhalb des weiträumigen Arbeitsgeländes von einer Tätigkeitsstätte zur nächsten können Sie allerdings mit 0,30 € je gefahrenem Kilometer ansetzen. Dies gilt auch, wenn Sie an mehreren regelmäßigen Arbeitsstätten, z. B. sowohl in einer Zweigstelle als auch in der Hauptgeschäftsstelle, tätig sind.

Das Lohnsteuerrecht unterscheidet ab 2008 nicht mehr zwischen den Reisekostenarten **669** Dienstreise, Einsatzwechseltätigkeit und Fahrtätigkeit; alle diese Begriffe werden zu dem Oberbegriff **„berufliche Auswärtstätigkeiten"** zusammengefasst (R 9.4 Abs. 1 LStR). Eine berufliche Auswärtstätigkeit liegt vor, wenn der Arbeitnehmer vorübergehend außerhalb seiner Wohnung und regelmäßigen Arbeitsstätte beruflich tätig wird. Auch der Arbeitnehmer, der bei seiner beruflichen Tätigkeit typischerweise nur an ständig wechselnden Einsatzstellen oder auf einem Fahrzeug tätig wird, fällt unter die reisekostenrechtlich relevante Auswärtstätigkeit.

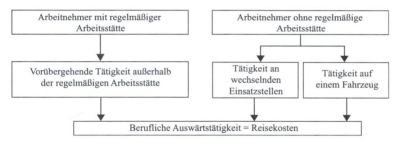

Eine berufliche Auswärtstätigkeit liegt immer dann vor, wenn der Arbeitnehmer **vorübergehend außerhalb seiner Wohnung und an keiner** seiner **regelmäßigen Arbeitsstätten** beruflich **tätig** wird. Diese Definition der Reisekosten ist somit untrennbar mit der Prüfung verbunden, ob und wo der Arbeitnehmer einen ortsgebundenen Tätigkeitsmittelpunkt hat. Nur dann, wenn er tatsächlich außerhalb der regelmäßigen Arbeitsstätte tätig ist, können ihm Reisekosten gewährt werden. Die **Definition** der **regelmäßigen Arbeitsstätte** finden Sie in R 9.4 Abs. 3 LStR. Danach ist der ortsgebundene Mittelpunkt der dauerhaft angelegten beruflichen Tätigkeit des Arbeitnehmers als regelmäßige Arbeitsstätte anzusehen. Als regelmäßige Arbeitsstätte kommt insbesondere jede ortsfeste dauerhafte betriebliche Einrichtung des Arbeitgebers in Betracht, der der Arbeitnehmer zugeordnet ist und die er mit einer gewissen Nachhaltigkeit immer wieder aufsucht. Dabei spielen Art, Umfang und Inhalt der Tätigkeit keine Rolle. Vielmehr kommt es entscheidend darauf an, wie oft der Arbeitnehmer die regelmäßige Arbeitsstätte im Kalenderjahr aufsucht. Hier gilt die Grundregel: Aufsuchen der betrieblichen Einrichtung des Arbeitgebers **durchschnittlich** an **einem Arbeitstag je Arbeitswoche im Kalenderjahr** reicht aus.

III Gestaltung und Tipps

670 WICHTIG

Nach Abzug der üblichen Urlaubswochen und sonstigen Fehlzeiten ist die wöchentlich verlangte Arbeitgeberfahrt ohne weiteren Nachweis als erfüllt anzusehen, wenn der Arbeitnehmer an **mindestens 46 Tagen im Kalenderjahr** seine betriebliche Einrichtung aufsucht. Dabei kommt es nicht darauf an, wie lange er sich in der betrieblichen Einrichtung aufhält. Selbst dann, wenn er diese Einrichtung nur zu dem Zweck aufsucht, den eigenen Pkw gegen den Firmenwagen auszutauschen oder die wöchentlichen Kundenaufträge abzuholen, liegt bei Erreichen der 46 Tage im Kalenderjahr eine regelmäßige Arbeitsstätte vor.

In Sonderfällen, z. B. bei längerer Krankheit des Arbeitnehmers, können auch weniger als 46 Arbeitgeberfahrten für die Annahme einer regelmäßigen Arbeitsstätte ausreichend sein, wenn die Fehlzeiten nachgewiesen werden. Wird die berufliche Auswärtstätigkeit erst während des Kalenderjahres begonnen, ist die 1-Tage-Regelung nur in Bezug auf den Zeitraum ab Beginn der Arbeitnehmertätigkeit bis zum Ende des Kalenderjahres zu prüfen.

671 WICHTIG

In den Urteilen v. 9.7.2009 (VI R 21/08, BFH/NV 2009 S. 1883 und VI R 42/08, BFH/NV 2009 S. 1806) hat der BFH entschieden, dass die betriebliche Einrichtung eines **Kunden des Arbeitgebers** keine regelmäßige Arbeitsstätte sei. Dies gelte selbst dann, wenn der Arbeitgeber seinen Arbeitnehmer bei dem Kunden längerfristig einsetze. Denken Sie z. B. an einen Informatiker, der bei einem Kunden Programmierarbeiten über einen Zeitraum von 2 Jahren zu erledigen hat. Die Fahrten des Arbeitnehmers zu dem Kunden rechnen zu den Reisekosten und sind daher in Höhe von 0,30 € je gefahrenen Kilometer oder in Höhe des tatsächlichen Kilometersatzes abzugsfähig. Die Finanzverwaltung hat sich zwischenzeitlich der BFH-Auffassung angeschlossen (BMF, Schreiben v. 21.12.2009, IV C 5 – S 2353/08/10010, BStBl 2010 I S. 21). Dort lässt sie es zu, dass Arbeitnehmer, die von einer **Zeitarbeitsfirma** unbefristet angestellt und im regelmäßigen Wechsel verschiedenen Entleihfirmen überlassen werden, ihre Fahrten zu den Entleihfirmen als Reisekosten geltend machen können, selbst wenn sie am selben Ort für einen längeren Zeitraum eingesetzt werden. Denn der Arbeitnehmer muss in diesen Fällen mit einem wechselnden Einsatz des Arbeitgebers rechnen. Anders beurteilt die Finanzverwaltung den Fall, in dem ein Arbeitgeber von der Zeitarbeitsfirma für die gesamte Dauer seines Arbeitsverhältnisses nur einem Kunden überlassen wird. Hier müsse der Arbeitnehmer nicht damit rechnen, im Rahmen seines Arbeitsverhältnisses an wechselnden Tätigkeitsstätten eingesetzt zu werden. Vielmehr könne er von einer regelmäßigen, wenn auch außerbetrieblichen Arbeitsstätte ausgehen. Damit sind die Fahrtkosten zur Tätigkeitsstätte nach Auffassung der Finanzverwaltung nur mit der Entfernungspauschale (➜ Tz 712) zu berücksichtigen. Dies gelte auch dann, wenn eine Zeitarbeitsfirma einen Arbeitnehmer mit dem Ziel der späteren Anstellung durch den Kunden eingestellt habe. Ob sich diese Einschränkung der BFH-Rechtsprechung entnehmen lässt, kann angezweifelt werden. U. E. sollten daher vergleichbare Fälle offengehalten werden.

Umschreibung des Tätigkeitsorts	Ortsfeste dauerhafte Einrichtung als regelmäßige Arbeitsstätte	
	ja	nein
Baustelle	✗	
Baustellencontainer		✗
Betriebsfremde Einrichtungen		✗
Betriebsstätte des Entleihers		✗
Bus- oder Straßenbahndepot	✗	
Bushaltestelle		✗
Campingmobil		✗
Fahrkartenverkaufsstelle	✗	
Flugzeug		✗
Lkw eines Speditionsfahrers		✗
Marktstand während der Advents- und Weihnachtszeit		✗
Rechtspflegeranwärter (Abordnung an eine Fachhochschule)		✗
Reise- oder Linienbus		✗
Schiffsanlegeplatz		✗
Straßenbahn und andere Schienenfahrzeuge		✗
Treffpunkt bei Fahrgemeinschaft oder Sammelbeförderung		✗
Weiträumiges Arbeitsgebiet	✗	
Wohnwagen		✗
Zug		✗
Zweigbetrieb	✗	

Unter Berücksichtigung der oben angeführten Vorgaben hat der BFH im Urteil v. 4.4.2008 **672** (VI R 85/04, BFH/NV 2008 S. 1237) entschieden, dass ein **Außendienstmitarbeiter**, der mindestens einmal wöchentlich den Betriebssitz seines Arbeitgebers aufsucht, dort eine regelmäßige Arbeitsstätte hat. Daher seien die Fahrten zwischen Wohnung und Arbeitsstätte bei Gestellung eines Firmenwagens zusätzlich als geldwerter Vorteil zu berücksichtigen. Dagegen führt eine längerfristige, jedoch vorübergehende berufliche Bildungsmaßnahme an einem Veranstaltungsort außerhalb der regelmäßigen Arbeitsstätte nicht zur Annahme einer weiteren regelmäßigen Arbeitsstätte, so der BFH im Urteil v. 10.4.2008 (VI R 66/05, BFH/NV 2008 S. 1243). Folglich sind die **Fahrtkosten** des Arbeitnehmers **zu** der **Bildungseinrichtung** nicht mit der Entfernungspauschale, sondern in tatsächlicher Höhe als Werbungskosten zu berücksichtigen.

Dies hat der BFH im Urteil v. 22.10.2009 (III R 101/07, BFH/NV 2010 S. 200) für einen **Rechtspflegeranwärter** bestätigt, der im Rahmen seiner Ausbildung im Wege der Abordnung zu einem vorübergehenden Aufenthalt an einer Fachhochschule „zugewiesen" wurde.

III Gestaltung und Tipps

673 WICHTIG

Regelmäßige Arbeitsstätte kann auch das **häusliche Arbeitszimmer** in der Wohnung eines angestellten Handelsvertreters sein, wenn er dort umfangreiche schriftliche Arbeiten erledigt und ggf. seine Kunden empfängt (BFH, Urteil v. 12.2.1988, VI R 139/84, BFH/NV 1988 S. 439). Dasselbe gilt für vergleichbare Berufsgruppen mit Außendiensttätigkeit, die in ihrer Wohnung ein „Home-Office" eingerichtet haben, wie z. B. bei Wirtschaftsprüfern.

Falls bei Arbeitnehmern sowohl die Wohnung als auch der Betrieb des Arbeitgebers als regelmäßige Arbeitsstätten anzusehen sind, handelt es sich bei den Fahrten von der Wohnung zum Betrieb nicht um Fahrten zwischen 2 Betriebsstätten, sondern um Fahrten zwischen Wohnung und Arbeitsstätte, die nicht nach Reisekostengrundsätzen, sondern nach den Grundsätzen für die Entfernungspauschale abzurechnen sind (BFH, Urteil v. 16.2.1994, XI R 52/91, BStBl 1994 II S. 468). Nur dann, wenn der Arbeitnehmer in einem solchen Fall außerhalb der Wohnung und seiner regelmäßigen Arbeitsstätte beruflich tätig wird, liegt eine beruflich veranlasste Auswärtstätigkeit vor mit der Folge: Anerkennung von Reisekosten.

674 Neben der Tätigkeit des Arbeitnehmers außerhalb der Wohnung und außerhalb der regelmäßigen Arbeitsstätte setzt die Annahme von Reisekosten voraus, dass seine **Auswärtstätigkeit beruflich veranlasst** ist, dieser Tätigkeit also ein unmittelbarer konkreter beruflicher Anlass zugrunde liegt. Dies ist dann der Fall, wenn die Auswärtstätigkeit auf einer **Weisung des Arbeitgebers** beruht. Denken Sie z. B. an Kundenbesuche zur Vornahme von Geschäftsabschlüssen, Verhandlungen mit Geschäftspartnern, der Besuch einer Fachmesse oder das Halten eines Vortrags auf einer Fortbildungsveranstaltung.

Nicht jede Weisung des Arbeitgebers führt automatisch zu einer beruflichen Veranlassung der Auswärtstätigkeit. Vielmehr können die Art der Reise und das Reiseziel für eine **private Mitveranlassung** sprechen. Hinweise hierfür können auch darin bestehen, dass der Arbeitgeber weder Sonderurlaub noch Dienstbefreiung für die angeblich beruflich veranlasste Auswärtstätigkeit gewährt. Andererseits reicht allerdings die Gewährung von Sonderurlaub oder Dienstbefreiung für sich nicht aus, von einer beruflichen Veranlassung der Auswärtstätigkeit ausgehen zu können.

675 Der Frage der beruflichen Veranlassung wird die Finanzverwaltung z. B. bei **Auslandsreisen** nachgehen, die als **Gruppenreisen** gestaltet sind. Wirkt allerdings der Arbeitnehmer bei der Organisation und Durchführung einer solchen Reise mit und stehen daher die von ihm übernommenen Betreuungsaufgaben gemessen am Eigeninteresse in Bezug auf die Teilnahme am touristischen Programm im Vordergrund, kann von einer beruflichen Veranlassung der Auswärtstätigkeit ausgegangen werden. In diesen Fällen wird die Finanzverwaltung überprüfen, ob der Arbeitnehmer von seinem Ehegatten begleitet wurde; dies spricht nämlich wieder für eine private Veranlassung der Gruppenreise (BFH, Urteil v. 5.9.2006, VI R 65/03, BFH/NV 2007 S. 542).

WICHTIG

Achten Sie bei Annahme einer privat veranlassten Gruppenreise darauf, dass in den Fällen, in denen Sie auch Dienstaufgaben für Ihren Arbeitgeber während der Reise erledigen, nach Auffassung des VI. Senats des BFH eine Aufteilung der Aufwendungen in solche, bei denen die betriebliche Zielsetzung des Arbeitgebers im Vordergrund steht, und in solche, deren Gewährung sich als geldwerter Vorteil und damit als Arbeitslohn erweist, nach objektiven Gesichtspunkten für zulässig erachtet wird, wobei die **Aufteilung** ggf. im Schätzungswege vorzunehmen ist (BFH, Beschluss v. 20.7.2006, VI R 94/01, BFH/NV 2006 S. 1968). Nähere Einzelheiten zur Aufteilung gemischter Aufwendungen erfahren Sie aus dem BMF-Schreiben v. 6.7.2010 (➜ Tz 646). Danach ist bei einer Gruppenreise, die beruflich mitveranlasst ist, zumindest ein teilweiser Abzug der Aufwendungen für die Hin- und Rückreise zulässig, u.E. bei einem Arbeitnehmer, der die Gruppenreise mitveranstaltet, sogar ein voller Werbungskostenabzug gegeben.

Nach dem geltenden Reisekostenrecht wird allein durch Zeitablauf keine regelmäßige **676** Arbeitsstätte begründet. Dies bedeutet für Sie, dass **Fahrt- und Übernachtungskosten** unabhängig von der jeweiligen Tätigkeitsdauer am auswärtigen Einsatzort **zeitlich unbefristet Reisekosten** sind. Lediglich für die **Verpflegungspauschalen** gilt die gesetzlich vorgeschriebene **3-Monatsfrist**.

Bei Annahme einer beruflichen Auswärtstätigkeit an ständig wechselnden Einsatzstellen **677** liegen **stets Reisekosten** vor, bei denen z. B. die Fahrten zur Einsatzstelle nicht mit der Entfernungspauschale, sondern mit den tatsächlichen Kosten, ggf. geschätzt mit 0,30 € je gefahrenen Kilometer, angesetzt werden.

Absetzbare Kosten

Abziehbar sind Verpflegungsmehraufwendungen (➜ Tz 679), Übernachtungskosten **678** (➜ Tz 681), Fahrtkosten (➜ Tz 682) sowie Reisenebenkosten (Telefongebühren, Parkgebühren usw.).

Die im Folgenden aufgeführten Beträge sind in Ihrer Einkommensteuererklärung um eventuelle Arbeitgeber-Erstattungen zu kürzen.

WICHTIG

Sollte der Arbeitgeber Ihnen steuerfreie Reisekosten vergütet haben, dabei allerdings nicht die vollen Pauschalen ausgezahlt haben, können Sie im Rahmen Ihrer Einkommensteuerveranlagung den **Differenzbetrag** zwischen den Verpflegungspauschalen und den steuerfrei gezahlten Vergütungen Ihres Arbeitgebers als **Werbungskosten** geltend machen. Dabei kommt es für den Ansatz der Verpflegungspauschalen nicht auf die konkrete Verpflegungssituation am Einsatzort an (BFH, Urteil v. 13.12.2007, VI R 73/06, BFH/NV 2008 S. 936).

● **Verpflegungsmehraufwendungen** **679**
Verpflegungsmehraufwendungen können nur in Höhe gesetzlicher **Pauschalen** berücksichtigt werden. Es wird zwischen **ein- und mehrtägigen** Dienstreisen unterschieden.

– **Eintägige Dienstreisen**
Eintägige Dienstreisen sind solche, die Sie am selben Kalendertag begonnen und beendet haben. Dabei ist folgende **Sonderregelung** zu beachten: Erstreckt sich eine Dienstreise über 2 Kalendertage, ohne dass eine Übernachtung erfolgt, ist die Dienstreise als eintägig anzusehen, wenn sie **nach 16 Uhr** angetreten und am darauf folgenden Tag **vor 8 Uhr endet**. Die gesamte Abwesenheitsdauer ist dem Kalendertag der überwiegenden Abwesenheit zuzurechnen.

III Gestaltung und Tipps

Bei eintägigen Dienstreisen können Sie bei einer Abwesenheit von weniger als 24 Stunden, aber mindestens 14 Stunden, **12 €**, und bei einer Abwesenheit von weniger als 14 Stunden, aber mindestens 8 Stunden, **6 €** je Kalendertag als Werbungskosten abziehen. Sind Sie weniger als 8 Stunden unterwegs, steht Ihnen **kein** Pauschbetrag für Verpflegungsmehraufwendungen zu. **Mehrere** Dienstreisen an einem Kalendertag werden für die Bestimmung der Abwesenheitszeit **zusammengerechnet.**

– **Mehrtägige Dienstreisen**

Eine mehrtägige Dienstreise liegt vor, wenn sich die Dauer der **Reise über mindestens 2 Kalendertage** erstreckt, es sei denn, dass die Dienstreise zwischen 16 Uhr am Reiseantrittstag und 8 Uhr am darauf folgenden Tag ohne Übernachtung stattfindet, dann eintägige Dienstreise.

Für jeden **vollen Reisetag** steht Ihnen eine Pauschale von **24 €** zu. Am **Anreise- und Rückreisetag**, an dem Sie nicht mindestens 24 Stunden beruflich unterwegs sind, steht Ihnen wie bei eintägigen Dienstreisen nur eine Pauschale von 6 € bzw. 12 € zu.

WICHTIG

Entscheidend für die Höhe der Verpflegungspauschale ist die Abwesenheit des Arbeitnehmers von seiner Wohnung **und** seiner regelmäßigen Arbeitsstätte an dem jeweiligen Kalendertag. Die Zeiten, die der Arbeitnehmer in der regelmäßigen Arbeitsstätte verbringt, sind bei der Ermittlung der Abwesenheitszeiten nicht zu berücksichtigen.

680 **Bei derselben Auswärtstätigkeit** ist ein Werbungskostenabzug für **Verpflegungsmehraufwendungen nur** für die **ersten 3 Monate** zulässig (R 9.6 Abs. 4 Satz 1 LStR). Dies ist darauf zurückzuführen, dass die zeitliche Befristung auf 3 Monate im Gesetz selbst geregelt ist. Eine längerfristige vorübergehende Auswärtstätigkeit ist noch als dieselbe Auswärtstätigkeit zu beurteilen, wenn der Arbeitnehmer nach einer Unterbrechung die Auswärtstätigkeit mit gleichem Inhalt, am gleichen Ort und im zeitlichen Zusammenhang mit der bisherigen Tätigkeit ausübt (R 9.6 Abs. 4 Satz 2 LStR). Eine urlaubs- oder krankheitsbedingte Unterbrechung derselben Auswärtstätigkeit hat auf den Ablauf der 3-Monatsfrist keinerlei Auswirkungen (R 9.6 Abs. 4 Satz 3 LStR). Andere Unterbrechungen als Urlaub oder Krankheit, z. B. durch vorübergehende Tätigkeit an einer regelmäßigen Arbeitsstätte, führen nur dann zu einem **Neubeginn der 3-Monatsfrist**, wenn die **Unterbrechung mindestens 4 Wochen** gedauert hat (R 9.6 Abs. 4 Satz 4 LStR).

WICHTIG

Bei einem Wechsel der auswärtigen Tätigkeitsstätte beginnt die 3-Monatsfrist ebenfalls neu zu laufen.

Dieselbe Auswärtstätigkeit liegt nicht vor, wenn die auswärtige Tätigkeitsstätte an nicht mehr als 2 Tagen wöchentlich aufgesucht wird (R 9.6 Abs. 4 Satz 1 LStR).

Soweit für denselben Kalendertag Verpflegungsmehraufwenden wegen einer Auswärtstätigkeit oder wegen einer doppelten Haushaltsführung anzuerkennen sind, ist jeweils der höchste Pauschbetrag anzusetzen (R 9.6 Abs. 2 LStR).

Werden Sie auf einer Dienstreise von Ihrem Arbeitgeber oder auf dessen Veranlassung von einem Dritten **unentgeltlich oder teilentgeltlich verpflegt**, kommt es nicht zu einer Kürzung der o. a. Pauschbeträge. Vielmehr werden die Mahlzeiten, die Sie unentgeltlich oder teilentgeltlich erhalten, mit dem maßgebenden amtlichen Sachbezugswert der **Lohnsteuer unterworfen**. Dies gilt auch dann, wenn Ihnen Ihr Arbeitgeber die in der Hotelrechnung ausgewiesenen Kosten für ein **Frühstück** steuerfrei erstattet und dafür einen **geldwerten Vorteil** in Höhe von **1,57 €** angesetzt hat. Dann besteht jedoch für Sie die Möglichkeit, für die Verpflegungsmehraufwendungen, die anlässlich der Dienstreise angefallen sind, im Rahmen ihres Werbungskostenabzugs die Verpflegungspauschalen von 6 €, 12 € oder 24 € geltend zu machen. Diese Verpflegungspauschalen sind nicht um den anteiligen Wert des Frühstücks (20 %) zu kürzen.

WICHTIG

Mit Beschluss v. 19.11.2008 (VI R 80/06, BFH/NV 2009 S. 277) hat der BFH entschieden, dass die **amtlichen Sachbezugswerte** anzuwenden sind, wenn die Verpflegung auf eine gewisse Dauer gerichtet ist und im üblichen Rahmen eines Arbeitsverhältnisses als Teil des Arbeitslohns zur Verfügung gestellt wird. Dagegen sind die Sachbezugswerte nicht anzuwenden, wenn der Arbeitnehmer eine Mahlzeit anlässlich einer Auswärtstätigkeit, z. B. einer Fortbildungsveranstaltung, erhält. Hier ist die Mahlzeit mit dem tatsächlichen Wert anzusetzen, wobei ein steuerfreier Sachbezug im Sinne des § 3 Nr. 16 EStG nicht in die Prüfung der 44 €-Freigrenze (§ 8 Abs. 2 Satz 9 EStG) einzubeziehen ist.

BEISPIEL

Anlässlich einer eintägigen Fortbildungsveranstaltung stellt der Arbeitgeber dem teilnehmenden Arbeitnehmer ein Mittagessen zur Verfügung. Der Wert der gestellten Mahlzeit beträgt 14 €. Die Abwesenheitsdauer des Arbeitnehmers ist mit 10 Stunden anzusetzen.

Der geldwerte Vorteil aus der gestellten Mahlzeit wird mit dem tatsächlichen Wert von 14 € angesetzt. Von diesem Wert sind 6 € als steuerfreie Verpflegungspauschale bei einer Abwesenheit von 8 bis 14 Stunden abzuziehen. Der danach verbleibende Betrag von 8 € ist in die **44 €-Freigrenze** einzubeziehen.

Für den Arbeitnehmer bedeutet dies, dass er keine Verpflegungsmehraufwendungen als Werbungskosten bei seinen Einkünften aus nichtselbstständiger Arbeit geltend machen kann, weil er einen steuerfreien Sachbezug in Höhe des Pauschbetrags für Verpflegungsmehraufwendungen erhalten hat.

Die Finanzverwaltung lässt es in dem BMF-Schreiben v. 13.7.2009 (IV C 5 – S 2334/08/10013, BStBl 2009 I S. 771) zu, dass neben den Grundsätzen des BFH-Beschlusses v. 19.11.2008 weiterhin die Regelungen in den LStR (R 8.1 Abs. 8 Nr. 2) angewendet werden dürfen. Danach ist eine Mahlzeit, die zur üblichen Beköstigung der Arbeitnehmer anlässlich oder während einer Auswärtstätigkeit oder im Rahmen einer doppelten Haushaltsführung abgegeben wird und deren Wert 40 € nicht übersteigt, mit dem maßgebenden amtlichen Sachbezugswert nach der Sozialversicherungsentgeltverordnung anzusetzen, wobei die 44 €-Freigrenze nicht anzuwenden ist. Diese Regelung kann im **Einzelfall** für den Arbeitnehmer **günstiger** sein.

III Gestaltung und Tipps

BEISPIEL

Wie im vorangegangenen Beispiel soll der Arbeitgeber seinem Arbeitnehmer anlässlich einer Fortbildungsveranstaltung eine Mahlzeit im Wert von 14 € zur Verfügung stellen.

Nach Auffassung der Finanzverwaltung ist der geldwerte Vorteil aus der gestellten Mahlzeit nach der Sachbezugsverordnung mit 2,80 € anzusetzen und zu versteuern. Dies hat für den Arbeitnehmer den **Vorteil**, dass er bei seinen Einkünften aus nichtselbstständiger Arbeit den Pauschbetrag für Verpflegungsmehraufwendungen von 6 € als Werbungskosten geltend machen kann. Wirken sich die Verpflegungsmehraufwendungen wegen der Höhe des Arbeitnehmer-Pauschbetrags von 920 € steuerlich nicht aus, steht sich der Arbeitnehmer günstiger, wenn er sich für die Auffassung des BFH entscheidet. In diesem Fall entfällt nämlich die Besteuerung des geldwerten Vorteils von 2,80 €.

Für **Auslandsdienstreisen** gelten besondere Auslandstagegelder ➙ Tz 646.

Der BFH hat im Beschluss v. 3.7.2007 (VI B 6/07, BFH/NV 2007 S. 1874) keine Bedenken gegen den Ansatz der Verpflegungspauschbeträge, auch nicht aus verfassungsrechtlicher Sicht, gesehen. In diesem Zusammenhang hat er auch zum Ausdruck gebracht, dass die Staffelung der Verpflegungspauschbeträge nach Maßgabe der Abwesenheitszeiten ebenfalls von ihm nicht beanstandet werden.

681 ● **Übernachtungskosten:** Bei **Inlandsreisen** können **nur** die **nachgewiesenen** Aufwendungen als Werbungskosten abgezogen werden.
  – In diesem Zusammenhang achtet das Finanzamt darauf, dass die Kosten für ein **Frühstück** aus dem Rechnungsbetrag ausgesondert werden und nur der verbleibende Betrag als Übernachtungskosten berücksichtigt wird. Steht fest, dass in der Rechnung Kosten für ein Frühstück enthalten sind, hat jedoch das Hotel oder die Pension auf einen Einzelausweis des Frühstückpreises verzichtet, ist eine **Kürzung** um **4,80 € je Frühstück** (= 20 % von 24 €) vorzunehmen (R 9.7 Abs. 1 Satz 4 Nr. 1 LStR).
  – Diese Kürzung ist auch dann vorzunehmen, wenn in der Hotelrechnung neben der Übernachtung eine **Business- oder Service-Pauschale** ausgewiesen ist. Der Unterschiedsbetrag zwischen der Pauschale und den Kosten für das Frühstück in Höhe von 4,80 € stellt **Reisenebenkosten** dar, die ohne Begrenzung in Ihrer Einkommensteuererklärung als Werbungskosten geltend gemacht werden können.

WICHTIG

In diesem Zusammenhang muss der BFH (anhängig unter Az. VI R 24/09) die Frage klären, ob ein Arbeitnehmer, dem beruflich veranlasste Übernachtungskosten im Ausland in voller Höhe von seinem Arbeitgeber erstattet wurden, Werbungskosten nach den **Pauschbeträgen** geltend machen kann, soweit diese über die tatsächlichen Übernachtungskosten hinausgehen. Hier verlangt die Finanzverwaltung den Einzelnachweis (➙ Tz 650). Rechnen Sie daher mit einer restriktiven Handhabung im Rahmen Ihrer Einkommensteuerveranlagung 2010. Im Hinblick auf das anhängige BFH-Verfahren haben Sie die Möglichkeit, Ihren Steuerfall, wenn Sie den Differenzbetrag zwischen Pauschbeträgen und steuerfreier Arbeitgebererstattung geltend gemacht haben, offen zu halten.

● **Fahrtkosten:** Bei Pkw-Benutzung können pro km pauschal 0,30 € abgesetzt werden. **682**
Wenn Sie einen Kollegen mitnehmen, erhöht sich der Abzug um 0,02 €/km. Alternativ
können auch die tatsächlichen km-Kosten abgerechnet werden. Zusätzlich zu den
Pauschalen können Sie die in ➡ Tz 753 erläuterten Kosten abziehen.
– Einzelheiten zum Abzug von **Unfallkosten** ➡ Tz 768.

● **Reisenebenkosten:** Entstehen dem Arbeitnehmer bei einer beruflich veranlassten **683**
Auswärtstätigkeit Nebenkosten, kann er diese als Werbungskosten geltend machen.
Zu den Reisenebenkosten gehören insbesondere die Aufwendungen für die Beför-
derung, Aufbewahrung, Aufgabe und Versicherung von Gepäck, die Kosten für Telefo-
nate und Schriftverkehr (z. B. Porto) beruflichen Inhalts mit dem Arbeitgeber oder
dessen Geschäftspartner, die Kosten für Visa und sonstige Reisepapiere, die Gebühren
für Euroschecks bzw. Reiseschecks, die Kosten des Ankaufs von Devisen und des
Verlustes beim Rücktausch, die Aufwendungen für Straßenbenutzung, Parkplatz und
Maut sowie die Aufwendungen für Unfallversicherung, soweit sie ausschließlich
Berufsunfälle außerhalb einer ortsgebundenen regelmäßigen Arbeitsstätte abdecken
(R 9.8 Abs. 2 LStR).
Ab 2010 dürfte sich der Abzug von Reisenebenkosten in vielen Fällen ergeben. Denken
Sie daran, dass in der Hotelrechnung neben der Übernachtungsleistung noch eine
Business- oder Service-Pauschale ausgewiesen ist. In dieser Pauschale sind neben dem
Frühstück Reisenebenkosten enthalten, wie z. B. die Internet-Nutzung, der Pkw-Stell-
platz in der Tiefgarage oder das Telefonat mit dem Arbeitgeber. Solche Reiseneben-
kosten können von Ihrem Arbeitgeber steuerfrei erstattet oder von Ihnen als Werbungskosten geltend gemacht werden. Dabei berechnen sich die Reisenebenkosten
aus dem Unterschiedsbetrag zwischen der Pauschale einschließlich Umsatzsteuer und
dem Frühstück, das Sie auf 4,80 € schätzen dürfen. Weist der Hotelier in dieser
Pauschale auch **„private" Aufwendungen** aus, wie z. B. eine Massage, einen Sauna-
besuch oder die Benutzung von Pay-TV, können diese Kostenbestandteile nicht als
Werbungskosten berücksichtigt werden. Sie rechnen bei einer Arbeitgebererstattung
zum steuerpflichtigen Arbeitslohn und müssen, soweit Sie einen Werbungskostenabzug der Pauschale beantragen, im Schätzungswege herausgerechnet werden. Dies
macht Arbeit und bringt Verdruss. Daher sollten Sie bei Rechnungserteilung durch den
Hotelier darauf achten, dass die „Komponenten" der Pauschale in der Rechnung nicht
einzeln aufgeführt werden, z. B. durch Hinweise am Ende der Rechnung. Dann vermutet nämlich die Finanzverwaltung, dass in dieser Pauschale neben dem Frühstück
nur „beruflich" veranlasste Reisenebenkosten enthalten sind.

TIPP

Wird Ihnen der **Privat-Pkw** während der Reise **gestohlen**, kann in Höhe des
„Zeitwerts" ein Abzug erfolgen. Der Zeitwert ergibt sich, wenn die Anschaffungskosten auf die übliche Nutzungsdauer (bei einem Neufahrzeug in der Regel
6 Jahre) verteilt werden. Der Teil, der auf die Zeit nach dem Diebstahl entfallen
würde, entspricht dem Zeitwert.

Achten Sie darauf, dass Sie bei Abgabe Ihrer Einkommensteuererklärung 2010 Einzelaufstellungen über Ihre Reisekosten als Anlage beifügen. Auf der Vorlage von Belegen
wird das Finanzamt in der Regel nur bestehen, wenn die Aufwendungen insgesamt 250 €
im Kalenderjahr übersteigen.

III Gestaltung und Tipps

684 Setzen Sie Ihre **Kreditkarte** nur auf Dienstreisen ein, um auf diese Weise gegenüber Ihrem Arbeitgeber die Ihnen anlässlich der Dienstreise entstandenen Kosten ohne großen Zeitaufwand nachweisen zu können, kann Ihr Arbeitgeber die Kartengebühr steuerfrei erstatten, wenn die Kartengebühr auf den Ersatz steuerfreier Reisekosten entfällt (BMF, Schreiben v. 29.9.1998, IV C 5 – S 2334 – 1/98). Soweit die Kartengebühr auf darüber hinausgehende Beträge, z. B. Erstattung der tatsächlichen Kosten bei Verpflegung anstelle von Pauschbeträgen, entfällt, liegt dagegen steuerpflichtiger Arbeitslohn vor.

Noch besser ist es aus steuerlicher Sicht, wenn Ihr Arbeitgeber Ihnen eine **Firmenkreditkarte** aushändigt, die mit seinem Namen versehen ist. Hier ist in dem Zurverfügungstellen der Firmenkreditkarte, wenn eine private Mitveranlassung nur in ganz geringem Umfang geschieht, eine Leistung des Arbeitgebers zu sehen, die er im ganz überwiegenden betrieblichen Interesse erbringt. Damit gehören die **Gebühren** für die **Kreditkarte nicht** zum **Arbeitslohn.**

Werden über die Firmenkreditkarte auch private Vorgänge verbucht, ist der Sachbezug nur insoweit steuerfrei, als er auf die Reisekostenumsätze, gemessen am Gesamtumsatz, entfällt. Im Übrigen liegt steuerpflichtiger Arbeitslohn vor, wenn die 44-€-Grenze (§ 8 Abs. 2 Satz 9 EStG) im Kalendermonat, ggf. mit anderen Sachbezügen, überschritten wird.

Längerfristige Dienstreisen

685 Erstreckt sich die Dienstreise am selben Ort über einen längeren Zeitraum, wird nach Ablauf der 3-Monatsfrist die auswärtige Tätigkeitsstätte nicht zu einer regelmäßigen Arbeitsstätte. Vielmehr bleibt die auswärtige Tätigkeitsstätte ein vorübergehender Arbeitsplatz des Arbeitnehmers. Damit können Reisekosten auch nach Ablauf der 3-Monatsfrist als Werbungskosten geltend gemacht werden. Dies gilt jedoch nicht für die Verpflegungsmehraufwendungen; hier sind die Verpflegungspauschalen gesetzlich nur für die ersten 3 Monate an der auswärtigen Tätigkeitsstätte zu gewähren (➜ Tz 680).

Dienstzimmer, Büroausstattung

686 Die Ausstattung Ihres Büros im Betrieb bzw. eines Dienstzimmers mit Postern, Bildern und Blumen sind **keine Werbungskosten**.

Doppelte Haushaltsführung

687 Nach der höchstrichterlichen Rechtsprechung ist ein doppelter Haushalt nicht nur bei Ehegatten, sondern auch bei **Alleinstehenden** möglich, außerdem bei nichtehelichen Lebensgemeinschaften (BFH, Urteil v. 5.10.1994, VI R 62/90, BStBl 1995 II S. 180).

Doppelte Haushaltsführung mit eigenem Hausstand

688 ● **Eigener Hausstand:** Für die steuerliche Anerkennung einer doppelten Haushaltsführung mit eigenem Hausstand kommt es darauf an, dass Sie einen **eigenen Hausstand** unterhalten, an dem Sie sich **persönlich oder finanziell beteiligen**, und aus beruflichen Gründen am Beschäftigungsort oder in der Nähe eine Zweitwohnung haben (R 9.11 Abs. 3 LStR).

Im Beschluss v. 6.11.2007 (VI B 70/07, BFH/NV 2008 S. 816) hat der BFH entschieden, dass ein Alleinstehender keinen eigenen Haushalt unterhält, wenn er die Haushaltsführung nicht zumindest mitbestimmt, sondern **in** einen **fremden Haushalt eingeglie-**

dert ist. Da nützt es auch wenig, die unentgeltliche Überlassung der Wohnung im Elternhaus werde durch Tätigkeiten im Haushalt der Eltern „ausgeglichen", wie z. B. durch die Übernahme von Hauswartungs-, Reparatur- und Gartenpflegetätigkeiten.

Im Urteil v. 21.4.2010 (VI R 26/09, BFH/NV 2010 S. 1894) hat der BFH entschieden, dass der für eine doppelte Haushaltsführung bislang von den Finanzgerichten herangezogene Umstand, ob der Arbeitnehmer für die Kosten des Haushalts aufkomme, zwar ein besonders gewichtiges Indiz für die Anerkennung einer doppelten Haushaltsführung sei, jedoch auf keinen Fall eine zwingende Voraussetzung darstelle. Nutze der Arbeitnehmer eine Wohnung unentgeltlich, müsse daher sorgfältig geprüft werden, ob die Wohnung als eine eigene oder als die des Überlassenden, z. B. der Eltern, zu behandeln sei. Dabei sei die **Kostenbeteiligung** ein besonders gewichtiges Indiz, sie könne jedoch z. B. durch eine gewisse Abgeschlossenheit des Hausstands des Arbeitnehmers im Elternhaus „ersetzt" werden. In diesem Zusammenhang sind noch folgende BFH-Urteile aus jüngster Zeit zu beachten:

- BFH, Beschluss v. 2.12.2009 (VI B 124/08, BFH/NV 2010 S. 638): Soweit ein alleinstehender Arbeitnehmer mit einer **Lebensgefährtin** zusammenlebt, ist das Finanzgericht verpflichtet, den Vortrag des Steuerzahlers, sich bei der Lebensgefährtin überwiegend aufgehalten zu haben, anhand von entsprechenden Nachweisen des Steuerzahlers zu überprüfen.
- BFH, Urteil v. 22.10.2009 (III R 48/09, BFH/NV 2010 S. 629): Ob die Wohnung den Mittelpunkt der Lebensinteressen des Kindes bildet und nicht nur gelegentlich aufgesucht wird, ist bei einem **Zimmer im Haus der Eltern** anhand einer Gesamtwürdigung aller Umstände des Einzelfalls festzustellen.
- BFH, Urteil v. 28.10.2009 (VIII R 13/09, BFH/NV 2010 S. 411): Ein eigener Hausstand im Rahmen der doppelten Haushaltsführung ist nicht schon deshalb zwingend ausgeschlossen, weil die am Lebensmittelpunkt genutzten Räume nicht über eine **eigene Küche** verfügen.
- BFH, Beschluss v. 2.2.2010 (VI B 117/09, BFH/NV 2010 S. 879): Ein eigener Hausstand wird nicht unterhalten, wenn der Arbeitnehmer die Haushaltsführung nicht zumindest mitbestimmt, sondern in einen **fremden Haushalt** eingegliedert ist, so dass von einer eigenen Haushaltsführung nicht gesprochen werden kann.

WICHTIG

Für die berufliche Veranlassung kommt es lediglich auf den **Zeitpunkt der Begründung** der doppelten Haushaltsführung an. Ob in der Folgezeit die **Beibehaltung** des eigenen Hausstands oder die Zweitwohnung beruflich veranlasst war, ist für den Werbungskostenabzug ohne Bedeutung.

Ein eigener Hausstand setzt eine eingerichtete, Ihren **Lebensbedürfnissen entsprechende Wohnung** voraus, die Sie aus eigenem Recht, z. B. als Mieter oder Eigentümer, nutzen. In dieser Wohnung müssen Sie einen Haushalt unterhalten. Gehört die Wohnung zum Nachlass einer Erbengemeinschaft, muss der Arbeitnehmer mit der Erbengemeinschaft eine Nutzungsvereinbarung getroffen haben (BFH, Beschluss v. 21.12.2006, VI B 84/06, BFH/NV 2007 S. 717). Bei einem **verheirateten Arbeitnehmer** ist der eigene Hausstand die **Familienwohnung**. Die Wohnung kann aber nur dann als eigener Hausstand berücksichtigt werden, wenn sie der Arbeitnehmer mindestens **sechsmal** im Kalenderjahr aufsucht. Befindet sich der eigene **Hausstand im Ausland** und muss der

Arbeitnehmer eine größere Entfernung zwischen seiner Zweitwohnung und dem eigenen Hausstand zurücklegen, werden an die Durchführung von Familienheimfahrten wesentlich geringere Anforderungen gestellt (R 9.11 Abs. 3 Sätze 5 und 6 LStR). Sind **beide Ehegatten** außerhalb des Orts der Familienwohnung tätig und haben sie an ihrem Tätigkeitsort eine Wohnung angemietet, liegt bei beiden eine doppelte Haushaltsführung vor, wenn die Familienwohnung weiterhin den Mittelpunkt ihrer Lebensinteressen darstellt. Dafür ist nicht erforderlich, dass in der Wohnung am Ort des eigenen Hausstands hauswirtschaftliches Leben herrscht (R 9.11 Abs. 3 Satz 3 LStR). Demnach sprechen folgende Umstände nicht unbedingt gegen die Annahme eines eigenen Hausstands:

– Der Arbeitnehmer nimmt seinen nicht berufstätigen Ehegatten an den auswärtigen Beschäftigungsort mit.
– Der Arbeitnehmer ist nicht verheiratet (vgl. die nachfolgenden Ausführungen).
– Der Arbeitnehmer übt auch am Ort seines Hausstands eine Beschäftigung aus (BFH, Urteil v. 24.5.2007, VI R 47/03, BFH/NV 2007 S. 1583).

689 ● Bei einem **Ledigen** wird ein eigener Hausstand angenommen, wenn er außerhalb des Tätigkeitsorts seine bisherige Wohnung weiterhin unterhält und sich dort **regelmäßig aufhält.** Der eigene Hausstand ist dadurch gekennzeichnet, dass zu dieser Wohnung die engeren persönlichen Beziehungen des ledigen Arbeitnehmers bestehen. Dabei kommen die persönlichen Beziehungen insbesondere in Bindungen an Personen, z. B. Eltern, Verlobte, Freundes- und Bekanntenkreis, zum Ausdruck, aber auch in Vereinszugehörigkeiten und anderen Aktivitäten. In der Regel wird sich das Finanzamt an dem tatsächlichen Aufenthalt in dieser Wohnung orientieren. Für die Annahme eines eigenen Hausstands als Mittelpunkt seiner Lebensinteressen muss der Ledige sich mindestens **zweimal monatlich** dort aufhalten.

Ein eigener Hausstand liegt bei einem **ledigen** Arbeitnehmer **nicht** vor, wenn er gegen Kostenbeteiligung in den Haushalt der **Eltern** eingegliedert ist und in der Wohnung der Eltern lediglich ein Zimmer bewohnt (BFH, Urteil v. 5.10.1994, VI R 62/90, BStBl 1995 II S. 180). Andererseits muss der eigene Hausstand am Wohnort des Ledigen nicht unbedingt alle Anforderungen an den **bewertungsrechtlichen Wohnungsbegriff** erfüllen (BFH, Urteil v. 14.10.2004, VI R 82/02, BFH/NV 2005 S. 133). Daher ist es für die Annahme eines eigenen Hausstands unschädlich, wenn der Arbeitnehmer die Sanitäreinrichtung mit einem Angehörigen teilen muss, vorausgesetzt, die übrigen Räumlichkeiten wie Wohn- und Schlafzimmer sowie Küche stehen ihm allein zur Verfügung.

Aber **Vorsicht:** Ein Alleinstehender, der im Keller des elterlichen Hauses 2 Zimmer nebst Bad zu eigenen Wohnzwecken unentgeltlich nutzen darf, unterhält keinen eigenen Hausstand, wenn er für das Wohnen keinerlei eigenen finanziellen Beitrag geleistet hat (BFH, Urteil v. 5.7.2007, VI R 44-45/06, BFH/NV 2007 S. 1878). Im Streitfall kam noch hinzu, dass die Mutter für den Arbeitnehmer gekocht und seine Wäsche versorgt hat. Wegen weiterer Einzelheiten zum eigenen Hausstand eines Alleinstehenden ➡ Tz 688.

Wie sieht es in den Fällen aus, in denen Sie mit einer Lebenspartnerin zusammen wohnen? Auch dann liegt ein eigener Hausstand als Voraussetzung für die Anerkennung einer doppelten Haushaltsführung vor, wenn die Lebenspartnerin die Wohnung angemietet hat und Sie sich mit Duldung Ihrer Partnerin dort dauerhaft aufhalten und sich darüber hinaus an der gemeinsamen Haushaltsführung nicht unwesentlich beteiligen (BFH, Urteil v. 12.9.2000, VI R 165/97, BFH/NV 2001 S. 247).

In einem neuen Beschluss v. 18.11.2008 (VI B 37/08, BFH/NV 2009 S. 563) hat der BFH zum eigenen Hausstand eines ledigen Arbeitnehmers, der sich bei seiner Lebenspartnerin „eingemietet" hatte, entschieden, dass sich der Arbeitnehmer in einem solchen Umfang an der Haushaltsführung beteiligen müsse, dass daraus auf eine gemeinsame Haushaltsführung geschlossen werden könne. Dies erfordere zwar nicht die Beteiligung an den **Mietkosten** der Wohnung, jedoch müsse der Arbeitnehmer sich maßgeblich an den **übrigen Kosten der Haushaltsführung beteiligen.** Ob diese Voraussetzung im Einzelfall erfüllt sei, müsse das Finanzgericht als Tatsacheninstanz beantworten.

Auf Grund der BFH-Entscheidung v. 21.4.2010 (VI R 26/09, BFH/NV 2010 S. 1894) ist die bisher in der Rechtsprechung vertretene Auffassung, eine doppelte Haushaltsführung bei einem Ledigen erfordere stets eine finanzielle Beteiligung am Hausstand, „ins Wanken" geraten. Jetzt wird die **finanzielle Beteiligung lediglich** als gewichtiges **Indiz** angesehen, kann jedoch durch andere Umstände, die für einen eigenen Hausstand sprechen, „ersetzt" werden (➜ Tz 688).

WICHTIG

Hat ein nicht verheirateter Arbeitnehmer an seinem Zweifamilienhaus den **Nießbrauch** zugunsten seiner Eltern bestellt und nutzt er die Dachgeschosswohnung an den Wochenenden und während seines Urlaubs zu eigenen Wohnzwecken und bewohnen die Eltern die Erdgeschosswohnung, so schließt das Nießbrauchsrecht der Eltern am gesamten Gebäude die Annahme eines eigenen Hausstands am Wohnort als Voraussetzung für eine doppelte Haushaltsführung nicht aus. Hinzu kommen muss allerdings, dass sich der ledige Arbeitnehmer in der Wohnung nicht nur vorübergehend aufhält. Diesem Umstand kommt nach Auffassung des BFH (Urteil v. 4.11.2003, VI R 170/99, BFH/NV 2004 S. 136) bei der Beurteilung der doppelten Haushaltsführung nicht verheirateter Arbeitnehmer besondere Bedeutung zu. Indizien können sich aus einem Vergleich von Größe und Ausstattung der Wohnung am Beschäftigungsort mit der Wohnung am „Wohnort" sowie aus der Dauer und Häufigkeit der Aufenthalte in den beiden Wohnungen ergeben.

Entsprechend diesen Grundsätzen ist auch dann zu verfahren, wenn sich im Elternhaus eine **abgeschlossene Souterrain- oder Dachgeschosswohnung** befindet, die von dem ledigen Arbeitnehmer als Wohnung am „Wohnort" genutzt wird, unabhängig davon, ob zwischen dem Kind und den Eltern ein Mietvertrag besteht oder die Nutzungsüberlassung unentgeltlich erfolgt.

Dies hat der BFH im Beschluss v. 10.6.2008 (VI B 130/07, Haufe-Index 2016370) zum Ausdruck gebracht, indem er für die Annahme eines doppelten Haushalts bei einem Alleinstehenden die entgeltliche Einräumung einer „Nutzungsposition" nicht als zwingende Voraussetzung ansah. Vielmehr reicht es aus, dass der Alleinstehende den Hausstand außerhalb des Beschäftigungsorts aus eigenem oder abgeleitetem Recht nutzen kann.

● **Zweitwohnung:** Neben dem eigenen Hausstand muss am **Beschäftigungsort** eine **690** **Zweitwohnung** bestehen, die von dem Arbeitnehmer allein bewohnt wird (R 9.11 Abs. 4 LStR). Als Zweitwohnung kommt jede entgeltlich oder unentgeltlich zur Verfügung stehende **Unterkunft** in Betracht. Ausstattung und Qualität der Wohnung spielen dabei keine Rolle. Vielmehr kommt es darauf an, dass die Unterkunft zur Übernachtung geeignet ist und dem Arbeitnehmer dadurch die täglichen Fahrten zum

III Gestaltung und Tipps

eigenen Hausstand erspart werden. Auch ein möbliertes Zimmer, ein Hotelzimmer oder ein Gemeinschaftslager können als Zweitwohnung anerkannt werden.

TIPP

Für die Nutzung der Zweitwohnung kommt es nicht darauf an, wie oft der Arbeitnehmer tatsächlich dort übernachtet, so die Finanzverwaltung in den Hinweisen zu R 9.11 LStR. Demnach kann eine doppelte Haushaltsführung auch dann angenommen werden, wenn der Steuerzahler **nur gelegentlich** am Beschäftigungsort **übernachtet**, z. B. aus Anlass von Überstunden, ansonsten aber täglich zu seinem eigenen Hausstand zurückkehrt. Dabei können sich allerdings aus der Häufigkeit der Benutzung der Zweitwohnung Rückschlüsse auf die Höhe der abzugsfähigen Kosten ergeben.

Die **Zweitwohnung** darf **nicht** zum **Familienhausstand** werden. Insbesondere dürfen dort die Ehefrau und die gemeinsamen Kinder nicht auf Dauer wohnen. Gelegentliche, auch längere **Besuche der Ehefrau,** sind jedoch unschädlich. Die durch solche Fahrten der Ehefrau veranlassten Kosten können im Rahmen der Familienheimfahrten berücksichtigt werden. Dabei kommt es für die Abgrenzung „Besuch der Ehefrau" oder „gemeinsamer Familienhausstand am Arbeitsort" auf das Gesamtbild der Verhältnisse an; insbesondere ist von Bedeutung, ob mit dem Wechsel der Ehefrau an dem Beschäftigungsort die bisherige Familienwohnung aufgegeben worden ist oder ob der Aufenthalt der Ehefrau dort von vornherein nur als vorübergehend geplant war.

691 ● **Berufliche Veranlassung:** Die doppelte Haushaltsführung muss durch das Dienstverhältnis veranlasst sein. Ein **beruflicher Anlass** ist insbesondere anzunehmen, wenn ein Arbeitnehmer bei einer **Versetzung**, bei einem **erstmaligen Antritt** einer Stelle oder beim **Wechsel des Arbeitgebers** am Beschäftigungsort eine Wohnung oder Wohnräume anmietet, während er am bisherigen Wohnort seinen eigenen Hausstand beibehält (R 9.11 Abs. 2 Satz 1 LStR). Der Umstand, dass die Zweitwohnung, deren Begründung beruflich veranlasst war, in der Folgezeit aus privaten Gründen beibehalten wird, wirkt sich auf die steuerliche Anerkennung der doppelten Haushaltsführung nicht schädlich aus. Wird allerdings ein gemeinsamer Haushalt z. B. wegen Trennung der Ehegatten aufgegeben, liegt die Voraussetzung „2 Haushalte" nicht mehr vor, so dass die doppelte Haushaltsführung steuerlich nicht mehr anerkannt werden kann.

TIPP

Wenn Sie die Familienwohnung am Beschäftigungsort aus privaten Gründen wegverlegen und die **bisherige Wohnung am Beschäftigungsort als Zweitwohnung beibehalten**, können Sie, so der BFH in den Urteilen v. 5.3.2009 (VI R 23/07, BFH/NV 2009 S. 1176 und VI R 58/06, BFH/NV 2009 S. 1173) und v. 10.3.2010 (VI R 47/09, BFH/NV 2010 S. 1269) Ihre Kosten im Rahmen der doppelten Haushaltsführung geltend machen. In diesem Punkt hat sich die Rechtsprechung des BFH nämlich geändert. Denken Sie hierbei an folgenden Fall: Ein Ehepaar unterhält eine kleine Wohnung in B am Beschäftigungsort. Auf Grund einer Erbschaft der Ehefrau wird in 50 km Entfernung vom Beschäftigungsort ein Einfamilienhaus errichtet, in den das Ehepaar umzieht. Die Wohnung am Beschäftigungsort behält der Ehemann bei, um bequemer zu seiner Arbeitsstelle zu kommen. Hier sieht der BFH die berufliche Veranlassung in dem Beibehalten am Beschäftigungsort und lässt die bisherige Beurteilung, dass es zu dieser Zweitwohnung erst durch das Wegverlegen aus privaten Gründen gekommen ist, bei der steuerlichen Würdigung außer Betracht. Dem folgt die Finanzverwaltung im BMF-Schreiben v. 10.12.2009 (IV C 5 – S 2352/0, BStBl 2009 I S. 1599). Sie weist dabei auf Folgendes hin:

- Für die Zweitwohnung können nur angemessene Unterkunftskosten berücksichtigt werden (Merkmal der 60 qm-Wohnung beachten!).
- Umzugskosten, die infolge der Wegverlegung des Lebensmittelpunkts vom Beschäftigungsort für den Umzug in die Wohnung außerhalb des Beschäftigungsorts entstehen, sind keine Werbungskosten.
- Verpflegungsmehraufwendungen können bei Beibehaltung der Wohnung am Beschäftigungsort nicht berücksichtigt werden, da die 3-Monatsfrist in der Vorzeit bereits begonnen hat und damit in der Regel bei Begründung des doppelten Haushalts abgelaufen ist.

Die vorstehende Rechtsprechung zur beruflichen Veranlassung der doppelten Haushaltsführung nach Eheschließung ist nicht in jedem Fall auf **nichteheliche Lebensgemeinschaften** zu übertragen (BFH, Urteil v. 15.3.2007, VI R 31/05, BFH/NV 2007 S. 1236). Allerdings kann bei nicht verheirateten Personen die Begründung eines doppelten Haushalts beruflich veranlasst sein, wenn diese Personen vor der Geburt eines gemeinsamen Kindes an verschiedenen Orten berufstätig waren, dort wohnten und im zeitlichen Zusammenhang mit der Geburt des Kindes eine der beiden Wohnungen zur Familienwohnung machen.

Doppelte Haushaltsführung bei Arbeitnehmern ohne eigenen Hausstand

Ledige Arbeitnehmer können nur dann Aufwendungen im Zusammenhang mit einer **692** doppelten Haushaltsführung geltend machen, wenn sie außerhalb des Orts, an dem sie einen eigenen Hausstand unterhalten, beschäftigt sind und auch am Beschäftigungsort über eine Wohnung verfügen. Hierbei kann es sich um eine Mietwohnung handeln oder um eine Wohnung im Elternwohnhaus, vorausgesetzt, die Wohnung ist gegenüber dem **Haushalt der Eltern** abgeschlossen. Sind Sie jedoch im Haushalt der Eltern untergebracht und besteht Ihre Wohnung dort aus einem Wohn-Schlafraum, wird Ihnen das Finanzamt keine Aufwendungen wegen doppelter Haushaltsführung anerkennen. Wegen weiterer Einzelheiten zu einer doppelten Haushaltsführung bei einem ledigen Arbeitnehmer mit Aufenthalt bei den Eltern ➜ Tz 688.

Werden Sie von Ihrem Arbeitgeber an **ständig wechselnden Tätigkeitsstätten** eingesetzt (sog. Einsatzwechseltätigkeit; ➜ Tz 704) und werden Sie dort im Laufe der Woche in einer Pension oder in einem Container untergebracht, können Sie Ihre Aufwendungen **nach Reisekostengrundsätzen als Werbungskosten** abziehen. Dies bedeutet:

- Die mit Ihrem eigenen Kfz durchgeführten Fahrten zu den auswärtigen Baustellen sind in der tatsächlich angefallenen Höhe als Werbungskosten zu berücksichtigen.
- Dies gilt auch für sämtliche Fahrten zwischen der auswärtigen Tätigkeitsstätte und Ihrer Heimatwohnung.
- Ebenfalls abzugsfähig sind die Kosten im Zusammenhang mit der auswärtigen Unterkunft.

III Gestaltung und Tipps

- Verpflegungsmehraufwendungen können in Höhe der Pauschbeträge, begrenzt auf die ersten 3 Monate des Einsatzes an derselben Tätigkeitsstätte, als Werbungskosten geltend gemacht werden.

WICHTIG

 Die Verpflegungspauschalen stehen Ihnen auch für die Tage zu, an denen Sie sich in Ihrer auswärtigen Unterkunft aufgehalten haben.

Kommt es während der 3-Monatsfrist zu einer urlaubs- oder krankheitsbedingten Unterbrechung der Auswärtstätigkeit an derselben Tätigkeitsstätte, hat dies auf den Ablauf der Frist keinerlei Einfluss. Andere Unterbrechungen, z. B. durch vorübergehende Tätigkeit an der regelmäßigen Arbeitsstätte oder an einem anderen auswärtigen Tätigkeitsort, führen nur dann zu einem Neubeginn der 3-Monatsfrist, wenn die Unterbrechung mindestens 4 Wochen gedauert hat.

In diesem Zusammenhang hat der BFH noch die Frage zu klären, ob die 3-Monatsfrist für die Verpflegungsmehraufwendungen bei doppelter Haushaltsführung von neuem beginnt, wenn der Arbeitnehmer nach 10 Monaten Unterbrechung wieder dieselbe in seinem Eigentum stehende Wohnung bezieht (Az. VI R 15/09).

Im Rahmen des doppelten Haushalts abziehbare Kosten

Fahrtaufwendungen

693 Zu unterscheiden ist hier zwischen den beiden Fahrten **bei Beginn und am Ende der doppelten Haushaltsführung**, **einer Familienheimfahrt** pro Woche und den **weiteren Familienheimfahrten**.

Für die **1. und letzte Fahrt** kann der Arbeitnehmer immer die **tatsächlichen Kosten** oder pauschal 0,30 €/km ansetzen, auch wenn er seinen eigenen Pkw benutzt.

Die **eigentlichen Familienheimfahrten** werden nur insoweit als beruflich veranlasst angesehen, als der Arbeitnehmer nicht mehr **als eine Fahrt wöchentlich** unternimmt. Benutzt der Arbeitnehmer einen **eigenen Pkw**, darf er nur den **Pauschbetrag von 0,30 € pro Entfernungskilometer** ansetzen.

WICHTIG

 Benutzen Sie für Ihre Familienheimfahrten ein öffentliches Verkehrsmittel, steht Ihnen ebenfalls die Entfernungspauschale von 0,30 € pro Entfernungskilometer ab dem ersten Kilometer zu. Gehen die tatsächlichen Kosten über die Entfernungspauschale hinaus, können Sie auch den überschießenden Betrag als Werbungskosten in Ihrer Einkommensteuererklärung angeben.

Steuerzahler mit einem Grad der **Behinderung** von mindestens 70 oder mit einem Grad der Behinderung unter 70, aber mindestens in Höhe von 50, die in ihrer Bewegungsfähigkeit im Straßenverkehr erheblich eingeschränkt sind, steht ebenfalls der Abzug der tatsächlichen Kosten zu, unabhängig davon, ob Sie für die Familienheimfahrten einen Pkw benutzen (dann Ansatz mit 0,30 € je **gefahrenen Kilometer**) oder ob Sie diese Fahrten mit öffentlichen Verkehrsmitteln durchführen (dann tatsächlich angefallener Aufwand).

694 Erfolgt die Familienheimfahrt am Wochenende im Rahmen einer **Sammelbeförderung** durch den Arbeitgeber, bleibt der geldwerte Vorteil auf Grund der Sammelbeförderung

steuerfrei. In diesem Fall steht Ihnen für diese Familienheimfahrten **kein Werbungs-kostenabzug** zu. Die „Familienheimfahrten" bleiben auch bei einem ledigen Arbeitneh-mer im Rahmen der Sammelbeförderung steuerfrei, wenn er wegen des fehlenden 2. Haus-stands keine Aufwendungen anlässlich einer doppelten Haushaltsführung geltend machen kann. Ein Werbungskostenabzug für Fahrten zwischen Wohnung und Arbeitsstätte scheidet wegen der steuerfreien Sammelbeförderung aus (§ 9 Abs. 2 Satz 3 EStG).

Ist der Arbeitnehmer aus beruflichen Gründen gehindert, eine Familienheimfahrt durch- **695** zuführen, können statt dessen die Aufwendungen für eine **Besuchsfahrt der Ehefrau** als Werbungskosten angesetzt werden. Das Gleiche gilt unter Umständen für den Besuch der minderjährigen Kinder. Es können aber lediglich Fahrtkosten in der Höhe angesetzt werden, wie sie bei einer Familienheimfahrt angefallen wären. Darüber hinausgehende Beträge sind nicht abziehbare Kosten der Lebenshaltung. Dies gilt auch für den Mehr-aufwand für Übernachtung und Verpflegung der Ehefrau und der minderjährigen Kinder.

Beim BFH ist unter Az. VI R 15/10 noch ein Verfahren anhängig, in dem es darum geht, ob Aufwendungen für Besuchsreisen im Rahmen einer aus beruflichem Anlass begründeten doppelten Haushaltsführung unabhängig davon als Werbungskosten abgezogen werden können, ob der Arbeitnehmer seinen Ehegatten am Familienwohnsitz aufsucht oder ob er von seinem Ehegatten am Arbeitsort besucht wird. Hier hat die Vorinstanz (FG Köln, Urteil v. 27.1.2010, 4 K 2882/07) entschieden, dass die **„umgekehrten" Familienheimfahrten** nicht im Rahmen der doppelten Haushaltsführung als solche anerkannt werden. Hier sei vielmehr nach den allgemeinen Werbungskostengrundsätzen zu klären, ob der Arbeitneh-mer aus beruflichen Gründen an einer Familienheimfahrt gehindert war mit der Folge, dass er von seiner Ehefrau besucht wurde. Ist diese berufliche Veranlassung gegeben, soll nach Auffassung des FG Köln der gesamte Aufwand für die Besuchsfahrt anerkannt werden. In vergleichbaren Fällen lohnt es sich, den Steuerfall bei einer abschlägigen Entscheidung des Finanzamts offen zu halten.

TIPP

Wird weder eine Familienheimfahrt durchgeführt noch eine Besuchsfahrt der Ehefrau, kann der Arbeitnehmer **stattdessen** die **Aufwendungen** für ein **Fern-gespräch** mit seinen Angehörigen, die in dem Familienhausstand leben, als Werbungskosten abziehen. Dabei werden die Kosten auf eine Dauer des Ge-sprächs von **15 Minuten** in der günstigsten Tarifzeit begrenzt. Die Beschränkung auf **15 Minuten** gilt unabhängig davon, ob Sie nur mit Ihrer Ehefrau telefonieren müssen oder die Telefongespräche wegen Ihrer Kinder notwendigerweise länger dauern. Bei den 15 Minuten handelt es sich nämlich um eine pauschalierende Regelung, ohne Rücksicht auf die persönlichen Bedürfnisse (BFH, Urteil v. 8.11.1996, VI 48/96, BFH/NV 1997 S. 472).

Aus heutiger Sicht dürfte die vorstehend aufgeführte BFH-Rechtsprechung überholt sein. Denn die Kosten für ein Ferngespräch mit einer Dauer von 15 Minuten belaufen sich bei einer Flatrate auf 0 €, ansonsten ist auch bei Handy-Benutzung ein relativ geringer Betrag anzusetzen. Hier wäre es vertretbar, an anderer Stelle großzügig zu sein, z. B. bei einer umgekehrten Besuchsfahrt, die dann nicht auf die Werbungskostensätze für Familienheim-fahrten zu begrenzen wäre. Ob das Finanzamt allerdings dies mitträgt, erscheint zweifelhaft.

Stellt der Arbeitgeber einen Pkw für die Familienheimfahrten zur Verfügung, können Sie für diese Heimfahrten **keinen Werbungskostenabzug** geltend machen (§ 9 Abs. 2 Satz 9

III Gestaltung und Tipps

EStG). Andererseits wird bei Ihrer Lohnbesteuerung kein geldwerter Vorteil für die Heimfahrten angesetzt (§ 8 Abs. 2 Satz 5 2. Halbsatz EStG).

696 Sollte auf einer wöchentlichen **Familienheimfahrt** ein **Unfall** passiert sein, können Sie die Aufwendungen zur Beseitigung der **Unfallkosten ebenfalls als Werbungskosten** abziehen. Dies gilt auch, wenn Sie von Ihrer Frau im Rahmen einer wöchentlichen Familienheimfahrt zum Bahnhof gefahren werden und sich auf der Rückfahrt vom Bahnhof nach Hause ein Unfall ereignet (BFH, Urteil v. 26.6.1987, VI R 124/83, BStBl 1987 II S. 818).

Umzugskosten

697 Umzugskosten, die anlässlich der **Begründung, Beendigung** oder des **Wechsels** einer doppelten Haushaltsführung anfallen, sind grundsätzlich als Werbungskosten abzuziehen. Sollten in diesem Zusammenhang sonstige Umzugskosten nach den Regelungen des Bundesumzugskostengesetzes anfallen, sind diese einzeln nachzuweisen. Die **Pauschalierungsmöglichkeit** (➜ Tz 767), gestaffelt nach dem Familienstand, **gilt** anlässlich der **Begründung, Beendigung** oder des **Wechsels** einer doppelten Haushaltsführung **nicht** (R 9.11 Abs. 9 Satz 1 LStR).

TIPP

Werden Sie an einen anderen Beschäftigungsort versetzt und müssen Sie aus diesem Grund dorthin umziehen, sind auch die Umzugskosten von der **alten Zweitwohnung** in die **neue** im Rahmen der neuen doppelten Haushaltsführung **abziehbar.**

Kosten im Zusammenhang mit dem Wegverlegen des Familienhausstands vom Beschäftigungsort sind keine abziehbaren Umzugskosten (➜ Tz 691). Etwas anderes gilt dann, wenn der Familienhausstand vom Beschäftigungsort wegverlegt wurde und zu einem späteren Zeitpunkt am Beschäftigungsort ein 2. Hausstand aufgenommen wird. Wird dieser 2. Hausstand dann aufgelöst, **liegen Werbungskosten infolge des Umzugs nur dann vor, wenn dies mit einem Arbeitsplatzwechsel** verbunden ist (BMF, Schreiben v. 10.12.2009 (➜ Tz 691).

Kosten für Bring- und Abholfahrten

698 Ist ein Kind auswärts zur Berufsausbildung untergebracht, können Kfz-Kosten, die den Eltern entstehen, weil sie das Kind von zu Hause zum Ausbildungsort bringen und dort abholen, nicht als Werbungskosten des Kindes berücksichtigt werden. Sie führen bei der Ermittlung des Ausbildungsfreibetrags auch nicht zu einer Kürzung der Einkünfte und Bezüge des Kindes (BFH, Urteil v. 12.11.2009, VI R 59/07, BFH/NV 2010 S. 631).

Mehraufwand für Verpflegung

699 Durch die Aufspaltung in 2 selbstständige Haushalte entstehen dem Arbeitnehmer am Beschäftigungsort zusätzliche **Verpflegungsmehraufwendungen**, die bei einer Beköstigung nur in einem Haushalt nicht angefallen wären. Die notwendigen Mehraufwendungen können daher als Werbungskosten berücksichtigt werden, und zwar mit folgenden Einschränkungen (R 9.11 Abs. 7 LStR):

- Als notwendige Verpflegungsmehraufwendungen sind für einen Zeitraum von **3 Monaten** nach Bezug der Wohnung am neuen Beschäftigungsort für jeden Kalendertag, an dem der Arbeitnehmer von seinem eigenen Hausstand abwesend ist, die bei mehrtägigen Dienstreisen als Reisekosten abzugsfähigen Pauschbeträge anzuerkennen.

- Für eine **Zweitwohnung im Inland** bedeutet dies: In den ersten 3 Monaten steht Ihnen für **jeden vollen Kalendertag** ein Pauschbetrag von **24 €** zu. An den Tagen, an denen die Abwesenheitsdauer weniger als 24 Stunden, jedoch mindestens 14 Stunden ausmacht, erhalten Sie eine Pauschale von **12 €**. Bei einer Abwesenheitsdauer von mindestens 8 Stunden und weniger als 14 Stunden ermäßigt sich der Pauschbetrag auf **6 €**. Bei einer Abwesenheit von weniger als 8 Stunden haben Sie keinen Anspruch auf eine Pauschale. Zum Ansatz der ermäßigten Verpflegungspauschbeträge von 12 € bzw. 6 € kommt es insbesondere an den Tagen, an denen Sie eine Heimfahrt unternehmen, sei es zum eigenen Hausstand hin oder sei es zurück zum auswärtigen Beschäftigungsort. Keine Pauschbeträge erhalten Sie für Tage, an denen Sie sich insgesamt in Ihrem eigenen Hausstand aufhalten.

- Bei einer **Zweitwohnung im Ausland** ist für die ersten 3 Monate die Verpflegungspauschale wie bei Auslandsdienstreisen anzusetzen (➜ Tz 646). Dies bedeutet, dass bei einer Abwesenheit über einen vollen Kalendertag der volle Pauschbetrag, bei einer Abwesenheit von mindestens 14 Stunden $^2/_3$ des Pauschbetrags und bei einer Abwesenheit von mindestens 8 Stunden $^1/_3$ des Pauschbetrags als Werbungskosten anzusetzen sind.

WICHTIG

Ist die **3-Monatsfrist abgelaufen**, erhalten Sie **keine Verpflegungspausch-beträge**. Erst wenn Sie den Beschäftigungsort und gleichzeitig auch die Zweitwohnung am Beschäftigungsort wechseln, beginnt eine neue doppelte Haushaltsführung und damit auch eine 3-Monatsfrist für den Abzug der Verpflegungspauschbeträge.

TIPP

Soweit Ihnen für einen Arbeitstag Verpflegungspauschalen wegen einer Dienstreise, Fahrtätigkeit oder Einsatzwechseltätigkeit einerseits und wegen doppelter Haushaltsführung andererseits zustehen, berücksichtigt das Finanzamt nur den **höchsten Pauschbetrag**. Da für die doppelte Haushaltsführung – ausgenommen Rückkehrtag zum eigenen Hausstand und Anreisetag zur Zweitwohnung – stets der volle Verpflegungspauschbetrag für Dienstreisen gewährt wird, dürfte meist die Berücksichtigung über die **doppelte Haushaltsführung** für Sie **am günstigsten** sein.

Beim BFH ist unter Az. VI R 10/08 die Frage anhängig, ob die 3-Monatsfrist für den Abzug von Verpflegungsmehraufwendungen bei beruflich veranlasster doppelter Haushaltsführung im Fall **beiderseitiger Berufstätigkeit von Ehegatten** mit dem Grundgesetz vereinbar sei. Sollten Sie diese verfassungsrechtlichen Bedenken teilen, empfehlen wir Ihnen, Ihren Steuerbescheid im Hinblick auf den Ausgang des BFH-Verfahrens offen zu halten.

III Gestaltung und Tipps

Aufwendungen für die Zweitwohnung

700 Zu den Werbungskosten gehören nicht nur die **Miete** für die Zweitwohnung, sondern auch die **notwendigen Nebenkosten**. Dazu rechnen Vermittlungsgebühren für einen **Wohnungsmakler** sowie die Aufwendungen für die Möblierung und für die nötige Ausstattung mit Hausrat, soweit sie angemessen bleiben. Bei den Aufwendungen für Gardinen, Vorhänge und Zubehör gelten die Höchstbeträge für Umzüge (➜ Tz 766).

Dabei können Aufwendungen für das einzelne Möbelstück im Jahr der Zahlung **voll als Werbungskosten** abgezogen werden, wenn die Anschaffungskosten ohne Umsatzsteuer **nicht höher** sind als **410 €**. Bei Netto-Anschaffungskosten von **mehr als 410 €** müssen die Aufwendungen im Wege der Abschreibungen auf die voraussichtliche Nutzungsdauer, bei Möbeln im Allgemeinen auf 13 Jahre verteilt werden.

Zu den **Aufwendungen** für die **Zweitwohnung** gehören auch Aufwendungen für die **Reinigung dieser Wohnung**, also der Arbeitslohn einer Haushaltshilfe, sowie die zu entrichtende Zweitwohnungssteuer.

Bei den Aufwendungen für die Zweitwohnung prüft die Finanzverwaltung, ob die Wohnung **unangemessen groß** und **teuer** ist. Dabei kann von Bedeutung sein, ob eine preisgünstigere Wohnung hätte gemietet werden können. In diesem Zusammenhang wird sich das Finanzamt bei der Frage der Angemessenheit an einer **Wohnungsgröße bis zu 60 m²** orientieren. Geht die Wohnung am Beschäftigungsort über diese Grenze hinaus, müssen Sie mit einer Kürzung Ihrer Unterkunftskosten rechnen. Dies wird auch grundsätzlich vom BFH so gesehen (BFH, Urteil v. 9.8.2007, VI R 23/05, BFH/NV 2007 S. 1994). Neben dem nachfolgend angeführten BFH-Urteil ist hierzu auch die Entscheidung v. 9.8.2007 (VI R 10/06, BFH/NV 2007 S. 1996) heranzuziehen.

Im Urteil v. 9.8.2007 (VI R 24/05, BFH/NV 2007 S. 2272) hatte der BFH über folgenden Fall zu entscheiden: Der Geschäftsführer einer Bank wollte im Rahmen der doppelten Haushaltsführung Mehraufwand für eine 3-Zimmerwohnung mit einer Gesamtwohnfläche von ca. 94 m² als Werbungskosten abziehen. Begründet wurde dies damit, dass die große Wohnung nach den Vorstellungen seines Arbeitgebers auch für berufliche Besprechungen und zur Repräsentation genutzt werden sollte. In den Leitsätzen zu dem vorgenannten Urteil ist nachzulesen, dass die Grenze für den notwendigen Wohnbedarf sich daran zu orientieren habe, welcher Wohnungszuschnitt für einen Steuerzahler als Einzelperson erforderlich sei. Er sah auch hier die Grenze bei einer Wohnfläche bis zu 60 m². Aus dem Urteil ergibt sich allerdings, dass neben der doppelten Haushaltsführung, begrenzt auf die Wohnfläche von 60 m², noch Aufwendungen für ein **steuerlich berücksichtigungsfähiges Arbeitszimmer gesondert** anzusetzen sind (➜ Tz 635).

WICHTIG

Sie müssen die Aufwendungen für Ihre Zweitwohnung stets **nachweisen**; der Ansatz von Pauschbeträgen ist nur im Rahmen der steuerfreien Erstattung durch den Arbeitgeber möglich. Steht fest, dass dem Grunde nach Übernachtungskosten angefallen sind, können diese, so der BFH im Urteil v. 12.9.2001 (VI R 72/97, BFH/NV 2001 S. 1661), **geschätzt** werden, wobei sich die Finanzverwaltung bei dieser Schätzung am unteren Rahmen orientieren darf. Bei Personen, die im Rahmen der doppelten Haushaltsführung in einem Baustellencontainer übernachten, kann z. B. der Aufwand pro Übernachtung auf 2,50 € geschätzt werden.

Eigene Räume

Bewohnen Sie im Rahmen der doppelten Haushaltsführung eine Ihnen gehörende **Eigen-** **701**
tumswohnung oder ein **Einfamilienhaus** am Beschäftigungsort, sind die Aufwendungen
in der Höhe als Werbungskosten abziehbar, in der sie als Miete für eine nach Größe,
Ausstattung und Lage angemessene Wohnung angefallen wären (R 9.11 Abs. 8 Satz 3
LStR). Zu den abziehbaren Aufwendungen gehören insbesondere Reparatur- und Renovierungskosten, Schuldzinsen, Grundsteuer, Versicherungsbeiträge und Abschreibungen.

Mit Urteil v. 9.8.2007, VI R 23/05, BFH/NV 2007 S. 1994, hat der BFH weiter entschieden,
dass die Flächenbegrenzung auf 60 m² Wohnfläche nicht mit der Begründung überschritten werden könne, dass etwa ein Mangel an kleineren Wohnungen herrsche, die
Wohnungswahl eilbedürftig gewesen sei oder dass zu der Wohnung ein Zimmer gehöre, das
teilweise auch büromäßig genutzt werde.

Mehrere Familienheimfahrten wöchentlich

Im Rahmen einer doppelten Haushaltsführung können nur Aufwendungen für **eine** **702**
Familienheimfahrt wöchentlich als Werbungskosten berücksichtigt werden. Bei Benutzung des eigenen Pkw sind diese Aufwendungen regelmäßig auf die Entfernungspauschale
von 0,30 € pro Entfernungskilometer beschränkt. Werden weitere Familienheimfahrten
durchgeführt, sind diese nicht als Werbungskosten abziehbar.

Bei **mehr als einer Familienheimfahrt pro Woche** sollten Sie allerdings das Ihnen in
R 9.11 Abs. 5 Satz 2 LStR eingeräumte **Wahlrecht prüfen.** Danach haben Sie die Möglichkeit, entweder Ihre gesamten Aufwendungen im Zusammenhang mit einer doppelten
Haushaltsführung unter den 3 Kostengesichtspunkten „Verpflegungsmehraufwand", „angemessene Kosten für die Zweitwohnung" und „Fahrtkosten" steuerlich geltend zu
machen. Stattdessen können Sie auch für sämtliche Familienheimfahrten die Entfernungspauschale für die zwischen Wohnung und Arbeitsstätte zurückgelegten Entfernungskilometer beantragen. Dann sind allerdings die Verpflegungsmehraufwendungen
und die Kosten für die Zweitwohnung nicht als Werbungskosten abziehbar.

Der Arbeitnehmer kann das Wahlrecht bei derselben doppelten Haushaltsführung für jedes
Kalenderjahr nur einheitlich ausüben. Von einem Jahr zum nächsten kann er jedoch
wechseln. Für die Frage, welche Alternative im Einzelfall günstiger ist, kommt es im
Wesentlichen auf die Zahl der Familienheimfahrten, auf die Größe der Entfernung sowie
auf die Kosten der Zweitwohnung an.

Steuerfreie Arbeitgeberleistungen

Die Summe der Aufwendungen ist um die von Ihrem Arbeitgeber steuerfrei gezahlten **703**
Ersatzleistungen, wie z. B. Trennungsentschädigungen, Auslösungen oder Verpflegungs-
kostenersatz bei Dienstreisen während der doppelten Haushaltsführung, zu kürzen. Nur
das, was danach verbleibt, ist bei Ihrer Einkommensteuerveranlagung als Werbungskosten
zu berücksichtigen.

Hat Ihnen Ihr Arbeitgeber **sämtliche Kosten** im Zusammenhang mit der doppelten
Haushaltsführung als Gesamtbetrag **steuerfrei erstattet**, darf diese Erstattung **nicht in**

III Gestaltung und Tipps

Einzelpositionen aufgeteilt und mit den einzelnen Kostenarten verrechnet werden; vielmehr ist die Summe der Aufwendungen um den Gesamtbetrag der Erstattung zu kürzen (BFH, Urteil v. 15.11.1991, VI R 81/88, BStBl 1992 II S. 367).

Einsatzwechseltätigkeit

Begriff

704 Eine Einsatzwechseltätigkeit liegt bei Arbeitnehmern vor, die bei ihrer individuellen beruflichen Tätigkeit typischerweise nur an ständig wechselnden Tätigkeitsstätten eingesetzt werden, also **im Betrieb keine regelmäßige Arbeitsstätte** haben. Typische Beispiele sind Bau- oder Montagearbeiter, Leiharbeitnehmer, Mitglieder einer Betriebsreserve für Filialbetriebe und Rechtsreferendare während ihrer Ausbildung. Zu dieser Berufsgruppe rechnet auch der angestellte Kaminkehrer.

Abziehbare Aufwendungen

705 Im Rahmen einer Einsatzwechseltätigkeit können – wie bei jeder vorübergehenden Auswärtstätigkeit – Fahrtkosten, Verpflegungsmehraufwendungen und Übernachtungskosten als Reisekosten geltend gemacht werden.

Bei den **Fahrtkosten** ist darauf zu achten, dass sie nicht mit der Entfernungspauschale, sondern in tatsächlicher Höhe, ggf. geschätzt auf 0,30 € je gefahrenen Kilometer, angesetzt werden.

Sollten Sie auf **wechselnden Einsatzstellen** tätig sein und regelmäßig mit Ihrem Pkw zum Betrieb des Arbeitgebers oder einem anderen **gleich bleibenden Treffpunkt** fahren, um von dort aus durch Ihren Arbeitgeber im Rahmen einer **Sammelbeförderung** zur jeweiligen Einsatzstelle weiterbefördert zu werden, sind die Fahrten zwischen Wohnung und Betrieb bzw. gleich bleibendem Treffpunkt unabhängig von ihrer Entfernung als Wege zwischen Wohnung und Arbeitsstätte zu behandeln. Folglich steht Ihnen für diese Fahrten nur die Entfernungspauschale zu. Die **Weiterfahrt** im Rahmen der Sammelbeförderung stellt dagegen eine **Dienstreise** dar, für die Sie jedoch keine Fahrtkosten geltend machen können, weil Ihnen keine entsprechenden Aufwendungen entstanden sind. Beteiligen Sie sich an den Kosten der Sammelbeförderung Ihres Arbeitgebers, steht Ihnen in Höhe der von Ihnen getragenen Aufwendungen ein Werbungskostenabzug zu. Zahlen Sie für die Sammelbeförderung mehr als 0,30 € je Entfernungskilometer, können Sie daher Ihre Aufwendungen voll als Werbungskosten abziehen.

706 Für **Verpflegungsmehraufwendungen**, die laut Gesetz auf einen 3-Monatszeitraum an derselben auswärtigen Tätigkeitsstätte beschränkt sind, wird bei einer Abwesenheit von genau 24 Stunden die volle Pauschale von **24 €** gewährt. Bei mindestens 14 Stunden ermäßigt sich die Pauschale auf **12 €**, bei weniger als 14 Stunden, aber mindestens 8 Stunden, auf **8 €**.

WICHTIG

Die für die Verpflegungspauschalen maßgebenden Abwesenheitszeiten beginnen ab Verlassen des Betriebs; für die Rückkehr das Gleiche, also Ende der Abwesenheit bei Eintreffen im Betrieb. Die Rückkehr zur Wohnung vom Betrieb aus bleibt bei der Bemessung der Verpflegungspauschale unberücksichtigt. Fahren Sie unmittelbar von Ihrer Wohnung zur auswärtigen Tätigkeitsstätte, beginnt die Abwesenheitszeit mit dem Verlassen der Wohnung und endet bei Rückkehr in die Wohnung.

Kehren Sie im Rahmen Ihrer Einsatzwechseltätigkeit nicht täglich zu Ihrer Wohnung zurück, können Sie Ihre **Übernachtungskosten** am auswärtigen Tätigkeitsort in nachgewiesener Höhe als Werbungskosten geltend machen.

Nebenkosten können Sie wie bei Dienstreisen nur bei Einzelnachweis abziehen.

Fachliteratur

Die Kosten für Fachbücher und Fachzeitschriften, die Sie **ausschließlich für berufliche** **707** **Zwecke** benötigen, sind Werbungskosten. **Nicht** zu den Fachbüchern gehören **allgemeine** **Nachschlagewerke**, allgemein bildende Bücher sowie Zeitungen und **Zeitschriften** mit **allgemein interessierendem Inhalt**. Auch **Tageszeitungen** – mit Ausnahme des Handelsblatts – sind in aller Regel nicht steuerlich abziehbar. Dies gilt auch für einen Lehrer (BFH, Urteil v. 7.4.2005, VI B 168/04, BFH/NV 2005 S. 1300).

Zu Streitigkeiten mit dem Finanzamt führt immer wieder das sog. **Aufteilungsverbot** (§ 12 Nr. 2 EStG). Ist die Literatur sowohl im beruflichen als auch im privaten Bereich des Arbeitnehmers verwendbar und lassen sich diese Teile nicht einwandfrei voneinander abgrenzen, gehören die gesamten Kosten zu den nicht absetzbaren **Kosten der Lebensführung**. Vor allem Arbeitnehmer, die sich von Berufs wegen mit Themen beschäftigen, die auch zur Allgemeinbildung gehören oder die einen weiten Personenkreis interessieren, haben immer wieder Schwierigkeiten, Kosten für Bücher und Zeitschriften abziehen zu können.

Dies zeigt auch das Verfahren vor dem BFH unter Az. VI R 53/09. Hier geht es um die Frage, unter welchen Voraussetzungen, insbesondere Anforderungen an den Nachweis der Verwendung, Aufwendungen für Fachliteratur als Werbungskosten bei Lehrern anerkannt werden können. Bei Streitigkeiten mit dem Finanzamt sollte auf dieses BFH-Verfahren hingewiesen werden.

TIPP

Es empfiehlt sich, die **Belege** für Bücher und Zeitschriften vom Verkäufer mit der **Titelangabe** ausstellen zu lassen. Fügen Sie eine Aufstellung bei, aus der der Inhalt der einzelnen Bücher und Zeitschriften hervorgeht und Bezug auf Ihre berufliche Tätigkeit genommen wird.

Fahrtätigkeit

Eine Fahrtätigkeit liegt bei Arbeitnehmern vor, die während ihrer Arbeitszeit **vorwiegend** **708** **mit einem Fahrzeug unterwegs** sind. Zu der Berufsgruppe „Fahrtätigkeit" rechnen insbesondere die Betonfahrer, die Fahrer von Linienbussen, Fahrlehrer, Feuerwehrmänner, Kiesfahrer, Kraftfahrer im gewerblichen Güternah- und Fernverkehr sowie Kundendienstmonteure.

III Gestaltung und Tipps

Fahrtkosten

709 Für die eigentliche Fahrtätigkeit benutzt der Arbeitnehmer regelmäßig ein Fahrzeug des Arbeitgebers. Die Frage des Werbungskostenabzugs stellt sich deshalb nur für Fahrten von der **Wohnung bis zur Übernahme** des Arbeitgeberfahrzeugs. Geschieht das jeweils am gleichen Ort, z. B. im Betrieb des Arbeitgebers oder in einem Fahrzeugdepot, liegen Wegstrecken zwischen Wohnung und Arbeitsstätte vor (➜ Tz 712).

Übernachtungskosten

710 Muss der Arbeitnehmer bei seiner Fahrtätigkeit **auswärts übernachten**, sind die Übernachtungskosten wie bei einer Dienstreise zu behandeln. Bei einer Übernachtung im In- und Ausland müssen Sie die Aufwendungen nachweisen. Dies gilt nur, wenn Sie nicht im Fahrzeug übernachten.

TIPP

Gerade für Arbeitnehmer im Fahrdienst lohnt sich das Sammeln von **Übernachtungsbelegen** sowie das Notieren von Abwesenheitszeiten, da in jedem Fall wie bei Dienstreisen (➜ Tz 679) abgerechnet werden kann.

Mehraufwendungen für Verpflegung

711 Bei einer Fahrtätigkeit dürfen die **Verpflegungsmehraufwendungen** wie bei einer Dienstreise (➜ Tz 668) angesetzt werden.

Nach Auffassung der Finanzverwaltung beginnt die **Abwesenheitsdauer** für die Bemessung der Verpflegungspauschalen mit dem Verlassen der Wohnung und endet, sobald der Arbeitnehmer seine Wohnung wieder erreicht. Verpflegungsmehraufwendungen an der auswärtigen Tätigkeitsstätte können im Rahmen der Fahrtätigkeit durch Ansatz der Verpflegungspauschalen **ohne zeitliche Begrenzung** auf 3 Monate berücksichtigt werden.

Nebenkosten können in demselben Umfang abgezogen werden wie bei einer Dienstreise.

Sind die Aufwendungen im Zusammenhang mit einer Fahrtätigkeit vom Arbeitgeber **steuerfrei erstattet** worden, entfällt ein Werbungskostenabzug, es sei denn, im Rahmen dieser Erstattung wurden die gesetzlichen Höchstsätze nicht voll ausgeschöpft. Dann ist die Differenz als Werbungskosten zu berücksichtigen.

Fahrtkosten zwischen Wohnung und Arbeitsstätte: Entfernungspauschale

712 Aufwendungen für Wege zwischen Wohnung und Arbeitsstätte können unabhängig von dem benutzten Verkehrsmittel mit **0,30 € je Entfernungskilometer** berücksichtigt werden. Die Finanzverwaltung hat **Zweifelsfragen** in dem BMF-Schreiben v. 31.8.2009 (IV C 5 – S 2351/09/10002, BStBl 2009 I S. 891) geregelt. Für die Praxis von besonderer Bedeutung ist die Auslegung „kürzeste Straßenverbindung", „Benutzung verschiedener Verkehrsmittel", „mehrere Dienstverhältnisse", „Fahrgemeinschaften" und „Fahrtkostenersatz durch den Arbeitgeber".

Überblick über die Entfernungspauschale

Bei Ihrer Einkommensteuerveranlagung 2010 wird die Entfernungspauschale ab dem **713**
1. Entfernungskilometer mit 0,30 € gewährt. Sie ist grundsätzlich auf einen **Höchstbetrag** von **4.500 €** im Kalenderjahr begrenzt, wobei dieser Höchstbetrag nicht gilt,
wenn Sie die Strecke zwischen Wohnung und Arbeitsstätte mit dem **Pkw** zurücklegen.
Benutzen Sie für Ihre Fahrten zwischen Wohnung und regelmäßiger Arbeitsstätte ein
öffentliches Verkehrsmittel, können Sie Aufwendungen, die über die Entfernungspauschale hinausgehen und von Ihnen nachgewiesen werden können, z. B. anhand von
Fahrkarten, zusätzlich als Werbungskosten ansetzen. Unfallkosten auf dem Weg zur Arbeit
und zurück sind ebenfalls als Werbungskosten zu berücksichtigen. Nähere Einzelheiten zur
Entfernungspauschale erfahren Sie aus den folgenden Ausführungen.

Berechnungsgrößen

Für die Berechnung der Entfernungspauschale kommt es zum einen auf die **Entfernung** **714**
zwischen Wohnung und Arbeitsstätte und zum anderen auf die **Anzahl der Arbeitstage**
an, an denen Sie solche Wege im Kalenderjahr zurückgelegt haben.

Kürzeste Straßenverbindung

Für die Bestimmung der Entfernung zwischen Wohnung und Arbeitsstätte ist bei der **715**
Entfernungspauschale auf die **kürzeste Straßenverbindung** abzustellen (§ 9 Abs. 2
Satz 4 EStG). Dies gilt für alle Verkehrsmittel, mit denen der Weg von der Wohnung bis
zur Arbeitsstätte zurückgelegt wird, also nicht nur bei Benutzung eines eigenen Pkw,
sondern auch bei Fahrten mit öffentlichen Verkehrsmitteln und bei einer Fahrgemeinschaft.

BEISPIEL

Der Arbeitnehmer B fährt mit der U-Bahn zur Arbeitsstätte. Einschließlich der
Fußwege und der U-Bahnfahrt beträgt die zurückgelegte Entfernung 15 km. Die
kürzeste Straßenverbindung macht nur 10 km aus.

Für die Ermittlung der Entfernungspauschale stellt die Finanzverwaltung auf die
kürzeste Straßenverbindung von 10 km ab.

WICHTIG

Eine andere als die kürzeste Straßenverbindung kann bei der Berechnung der
Entfernungspauschale dann zugrunde gelegt werden, wenn diese **offensichtlich
verkehrsgünstiger** ist und von Ihnen **regelmäßig** für Wege zwischen Wohnung
und Arbeitsstätte benutzt wird (BMF, Schreiben v. 31.8.2009, ➜ Tz 712,
Tz. 1.4). Verkehrsgünstiger ist die von Ihnen gewählte Straßenverbindung,
wenn Sie hierdurch eine **nicht nur geringfügige Zeitersparnis** erreichen, z. B.
beim Umfahren eines morgendlichen und abendlichen Staus wegen länger
andauernder Straßenbauarbeiten. Darüber hinaus muss die von Ihnen gewählte
Straßenverbindung **regelmäßig** benutzt werden, also nicht nur gelegentlich bei
einer Staumeldung anlässlich eines Unfalls auf Ihrer Fahrtstrecke.

III Gestaltung und Tipps

BEISPIEL

A fährt arbeitstäglich mit seinem eigenen Pkw zur Arbeitsstätte. Die kürzeste Straßenverbindung zwischen Wohnung und Arbeitsstätte beträgt 40 km. Wegen länger andauernder Straßenbauarbeiten fährt A zur Vermeidung von Staus regelmäßig einen Umweg von 12 km. Dadurch spart er mehr als 35 Minuten pro Fahrt.

Unter dem Gesichtspunkt der regelmäßig benutzten Straßenverbindung setzt der BFH im Beschluss v. 16.9.2009 (VI B 12/09, Haufe-Index 2239432) Aufwendungen für Fahrten zwischen der Arbeitsstätte und der Wohnung, die den örtlichen Mittelpunkt der Lebensinteressen des Arbeitnehmers darstellt, auch dann unter Berücksichtigung der Entfernungskilometer als Werbungskosten an, wenn die Fahrt an einer näher zum Arbeitsplatz gelegenen Wohnung des Arbeitnehmers unterbrochen wurde.

Für die Ermittlung der Entfernungspauschale ist auf die **kürzeste benutzbare Straßenverbindung** unter Berücksichtigung des Umwegs von 12 km abzustellen.

Wird auf einer Fahrt zwischen Wohnung und Arbeitsstätte ein Umweg in Kauf genommen, um berufliche Belange zu erledigen, wird dadurch erst dann der Charakter einer „Fahrt mit Entfernungspauschale" geändert, wenn nicht das Aufsuchen der Arbeitsstätte, sondern andere berufliche Gründe für die Fahrt maßgebend waren. Denken Sie z. B. an den Fall, dass ein Steuerfachgehilfe von seiner Wohnung zu einem Mandanten fährt, um dort Buchführungsunterlagen zu besprechen und abzuholen, um sie dann anschließend mit in die Steuerberaterpraxis zu nehmen. Hier ändert sich der Charakter „Fahrt mit Entfernungspauschale" zu einer **Dienstreise** (vgl. BFH, Beschluss v. 10.4.2007, XI B 136/06, BFH/NV 2007 S. 1310).

716 Haben Sie **mehrere Wohnungen**, von denen aus Sie morgens zur Arbeitsstätte „starten", z. B. eine eigene Wohnung und daneben noch eine Schlafmöglichkeit bei der Lebenspartnerin, kann bei der Bestimmung der kürzesten Straßenverbindung nur dann die weiter entfernt liegende Wohnung berücksichtigt werden, wenn sich dort Ihr **Mittelpunkt der Lebensinteressen** befindet und Sie diese Wohnung nicht nur gelegentlich aufsuchen (§ 9 Abs. 2 Satz 6 EStG).

Bei verheirateten Arbeitnehmern und bei Arbeitnehmern mit einem Familienhausstand befindet sich der Mittelpunkt der Lebensinteressen in aller Regel am **Wohnort der Familie**. Dies gilt aber nur dann, wenn die Familienwohnung nicht nur gelegentlich aufgesucht wird. Befindet sich der **Familienwohnsitz im Ausland**, kommt es nach Auffassung des BFH (vgl. Urteil v. 26.11.2003, VI R 152/99, BFH/NV 2004 S. 278) auf die Umstände des Einzelfalls an, ob ein Arbeitnehmer seine weiter entfernt liegende Familienwohnung „nicht nur gelegentlich" aufsucht. 5 Fahrten im Kalenderjahr können bei einer besonders großen Entfernung zwischen Arbeitsstätte und Familienwohnung sowie bei hohen Kosten für den Werbungskostenabzug ausreichen.

WICHTIG

Benutzen Sie oder Ihre Familie neben der Erstwohnung am Arbeitsort an den Wochenenden oder in den Schulferien eine weiter entfernt liegende **Ferienwohnung**, eine Wochenendwohnung oder einen Campingwagen, werden diese

Fahrten in aller Regel nicht mit der tatsächlich zurückgelegten Kilometerzahl angesetzt, sondern mit der kürzesten Straßenverbindung zwischen Ihrer „regelmäßigen" Wohnung und Ihrer Arbeitsstätte.

Bei der Bestimmung der Entfernung zwischen Wohnung und Arbeitsstätte werden **nur die vollen Kilometer berücksichtigt**; Bruchteile eines Kilometers bleiben daher bei der Berechnung außer Ansatz (§ 9 Abs. 2 Satz 2 EStG).

Maßgebende Arbeitstage

Die Entfernungspauschale steht Ihnen für jeden Arbeitstag zu, an dem Sie die Arbeitsstätte aufgesucht haben. Sollten Sie ausnahmsweise **mehrmals** pro Arbeitstag den Weg zur Arbeitsstätte zurückgelegt haben, z. B. wegen eines zusätzlichen Arbeitseinsatzes außerhalb der regelmäßigen Arbeitszeit oder bei Schichtdienst, ist für den jeweiligen Arbeitstag **nur einmal** die **Pauschale** zu gewähren (BFH, Beschlüsse v. 11.9.2003, VI B 101/03, BFH/NV 2003 S. 1657, und v. 19.7.2004, VI B 2/04, Haufe-Index 1221297). Unter anderem ging es dabei um einen Opernsänger, der morgens zu Proben und abends entweder zu Proben oder zur Vorstellung ins Opernhaus gefahren war und daher die rund 35 Entfernungskilometer mehrfach am Tag zurücklegen musste. Die Finanzverwaltung geht von einer **5-Tage-Woche** aus, lediglich in Ausnahmefällen wird eine 6-Tage-Woche berücksichtigt, z. B. bei Mitarbeitern im Einzelhandel. Urlaubs- und Krankheitstage müssen abgezogen werden. Im Allgemeinen erkennt die Finanzverwaltung bei der 5-Tage-Woche insgesamt **230 Arbeitstage**, bei einer 6-Tage-Woche insgesamt **280 Arbeitstage** an. Für bestimmte Berufsgruppen verlangt das Finanzamt unter Umständen eine Einzelrechnung, z. B. bei Lehrern oder Universitätsprofessoren.

717

WICHTIG

Haben Sie Ihren Pkw lediglich für eine Hin- oder Rückfahrt zwischen Wohnung und Arbeitsstätte benutzt, z. B. wenn sich an die Hinfahrt eine Auswärtstätigkeit anschließt, die an Ihrer Wohnung endet, so ist die Entfernungspauschale nur zur Hälfte anzusetzen (BFH, Urteil v. 26.7.1978, VI R 16/76, BStBl 1978 II S. 661). Dies gilt auch dann, wenn Hin- und Rückfahrt sich auf unterschiedliche Wohnungen oder regelmäßige Arbeitsstätten beziehen (BFH, Urteil v. 9.12.1988, VI R 199/84, BStBl 1989 II S. 296).

Berechnung der Entfernungspauschale

Aufwendungen für Fahrten zwischen Wohnung und Arbeitsstätte sind bei Ihrer Einkommensteuerveranlagung 2010 **mit 0,30 € je Entfernungskilometer** wie Werbungskosten zu berücksichtigen. Aus der Sicht des BFH (vgl. Beschluss v. 10.2.2010, III B 112/09, BFH/NV 2010 S. 881) ist die Entfernungspauschale als **verfassungsgemäß** anzusehen, auch wenn sie die Kosten für die Fahrten zur Arbeitsstätte nur mit 0,30 € je Entfernungskilometer berücksichtigt. Von Seiten des BVerfG ist in dieser Hinsicht ebenfalls nichts mehr an Entscheidungen zu erwarten.

718

Die Entfernungspauschale ist grundsätzlich auf einen **Höchstbetrag von 4.500 €** im Kalenderjahr begrenzt (§ 9 Abs. 2 Satz 2 1. Halbsatz EStG). Benutzen Sie für Ihre Fahrten zwischen Wohnung und Arbeitsstätte einen **eigenen Pkw** oder ein Ihnen zur Nutzung

719

III Gestaltung und Tipps

überlassenes Fahrzeug, können Sie eine Entfernungspauschale **über** den Höchstbetrag von **4.500 €** als Werbungskosten geltend machen (§ 9 Abs. 2 Satz 2 2. Halbsatz EStG).

Arbeitnehmer, die ihre Wege zwischen Wohnung und Arbeitsstätte mit **öffentlichen Verkehrsmitteln** zurücklegen, haben die Möglichkeit, anstelle der Entfernungspauschale höhere nachgewiesene Aufwendungen als Werbungskosten bei ihren Einkünften aus nicht-selbstständiger Arbeit geltend zu machen. Für diese Arbeitnehmer gilt allerdings folgende Beschränkung: Die Entfernungspauschale darf nicht über 4.500 € pro Kalenderjahr hinaus-gehen, es sei denn, die tatsächlichen Kosten überschreiten den Höchstbetrag; dann ist voller Abzug angesagt. Dies gilt auch für Arbeitnehmer, die den Weg zur Arbeitsstätte mit ihrem Motorrad zurücklegen oder die die Wegstrecke zur Arbeitsstätte als Mitglied einer Fahrgemeinschaft zurücklegen, und zwar für die Tage, an denen sie mitgenommen werden. An den Tagen, an denen sie selbst fahren, greift der Höchstbetrag nicht. Daher ist es im Rahmen der Einkommensteuerveranlagung 2010 bei längeren Wegstrecken zwischen Woh-nung und Arbeitsstätte erforderlich, dem Finanzamt aufzugliedern, an welchen Arbeits-tagen Sie selbst gefahren sind und an welchen Arbeitstagen Sie mitgenommen wurden.

720 Damit sich für Sie unter Berücksichtigung des Höchstbetrags von 4.500 € das günstigste Ergebnis bei den Werbungskosten einstellt, ist bei **Fahrgemeinschaften**, die im Wechsel die Fahrten zwischen Wohnung und Arbeitsstätte zurücklegen, zunächst die auf 4.500 € begrenzte Entfernungspauschale für die Tage zu berechnen, an denen Sie mitgenommen wurden. Anschließend ist die unbegrenzte Entfernungspauschale für die Tage zu ermit-teln, an denen Sie Ihren eigenen Pkw für Fahrten zwischen Wohnung und Arbeitsstätte benutzt haben. Beide Beträge zusammen ergeben die insgesamt anzusetzende Entfer-nungspauschale.

BEISPIEL

Bei einer aus 3 Arbeitnehmern bestehenden **wechselseitigen Fahrgemein-schaft** beträgt die Entfernung zwischen Wohnung und Arbeitsstätte für jeden Arbeitnehmer 100 km. Bei tatsächlichen 210 Arbeitstagen benutzt jeder Arbeit-nehmer seinen eigenen Pkw an 70 Tagen für Fahrten zwischen Wohnung und Arbeitsstätte.

Die Entfernungspauschale ist für jeden Teilnehmer der Fahrgemeinschaft wie folgt zu ermitteln:

– Zunächst ist die Entfernungspauschale für die Fahrten und Tage zu berech-nen, an denen der Arbeitnehmer mitgenommen wurde:
  – 140 Arbeitstage × 100 km × 0,30 €/km =   4.200 €
  In voller Höhe abziehbar, da der Höchstbetrag von 4.500 €
  nicht überschritten wurde.

– Anschließend ist die Entfernungspauschale für die Fahrten und Tage zu ermitteln, an denen der Arbeitnehmer seinen eigenen Pkw benutzt hat:
  – 70 Arbeitstage × 100 km × 0,30 €/km (anzusetzende Ent-
    fernungspauschale ohne Begrenzung):   2.100 €
  Entfernungspauschale insgesamt (4.200 € + 2.100 €):   6.300 €

WICHTIG

Hätte nur **ein Teilnehmer der Fahrgemeinschaft** seinen Pkw für Fahrten zwischen Wohnung und Arbeitsstätte eingesetzt, kann er die Entfernungspauschale ohne Begrenzung auf den Höchstbetrag von 4.500 € geltend machen. Eine eventuelle **Umwegstrecke** zum Abholen der Mitfahrer ist nicht mit in die Entfernungspauschale einzubeziehen. Wegen der Besteuerung als sonstige Einkünfte → Tz 992. Den Mitfahrern wird ebenfalls die Entfernungspauschale gewährt, allerdings bei ihnen begrenzt auf den Höchstbetrag von 4.500 €.

Derjenige, der bei Benutzung eines eigenen Pkw mit der Entfernungspauschale über den Höchstbetrag von 4.500 € hinauskommt, muss mit unangenehmen **Rückfragen des Finanzamts** im Rahmen der Einkommensteuerveranlagung rechnen. Zwar ist er als Arbeitnehmer nicht verpflichtet, die tatsächlichen Kosten infolge der Benutzung seines eigenen Pkw nachzuweisen, jedoch muss er zumindest glaubhaft machen, dass er die Fahrten zwischen Wohnung und Arbeitsstätte tatsächlich mit einem Pkw zurückgelegt hat. Dies wird das Finanzamt ggf. anhand der **Inspektionsrechnungen** prüfen, in denen die Kilometerstände angegeben werden. Stellt sich bei dieser Prüfung heraus, dass die zurückgelegten Kilometer nicht die doppelte Wegstrecke zwischen Wohnung und Arbeitsstätte abdecken, ist mit einer Kappung auf den Höchstbetrag von 4.500 € zu rechnen. Ggf. wird dann die Angelegenheit auch steuerstrafrechtlich „beleuchtet".

Bei dem Höchstbetrag von **4.500 €** handelt es sich um einen **Jahresbetrag**, der unabhängig von der Zahl der Arbeitstage im Kalenderjahr anzusetzen ist. Derjenige, der im Laufe eines Kalenderjahres ein Arbeitsverhältnis, z. B. wegen Beendigung seiner Schulausbildung, erstmals aufnimmt, wird also genauso behandelt wie derjenige, der ganzjährig gearbeitet hat.

Benutzung verschiedener Verkehrsmittel

Wer in einem Ballungsraum wohnt, entscheidet sich häufig dafür, morgens bis zum Bahnhof mit dem eigenen Pkw zu fahren, um dann die restliche Strecke zur Arbeitsstätte mit Bahn oder Bus zurückzulegen (**Park-and-Ride-Fälle**). Hier gilt für die Entfernungspauschale: Es ist die **kürzeste benutzbare Straßenverbindung** zwischen Wohnung und Arbeitsstätte zugrunde zu legen. Auf die tatsächlich zurückgelegte Fahrtstrecke, und zwar einerseits mit dem Pkw zum Parkplatz am Bahnhof und andererseits auf die Tarifentfernung mit Bus oder Bahn, kommt es nicht an.

721

Müssen Sie morgens bzw. abends einen **kleinen Umweg fahren**, um ohne größeren Stau zum Parkplatz am Bahnhof zu gelangen, ist für diese Fahrt die kürzeste **benutzbare** Straßenverbindung maßgebend. Für die Fahrt mit Bus oder Bahn kommt es dagegen stets auf die kürzeste Straßenverbindung an. Schließlich ist noch die gesamte Entfernung zwischen Wohnung und Arbeitsstätte zu bestimmen, wobei hier ebenfalls auf die kürzeste Straßenverbindung abzustellen ist.

WICHTIG

Stehen die 3 Berechnungsgrößen in den Fällen der Benutzung verschiedener Verkehrsmittel fest, rechnet das Finanzamt wie folgt:

III Gestaltung und Tipps

> Kürzeste Straßenverbindung ./. Teilstrecke, die mit dem Pkw als kürzeste benutzbare Fahrtstrecke zurückgelegt wird = Entfernung, die auf die Benutzung öffentlicher Verkehrsmittel entfällt.

722 Wenn Sie für einen Teil des Kalenderjahrs Ihren eigenen Pkw und für den anderen Teil öffentliche Verkehrsmittel für Fahrten zwischen Wohnung und regelmäßiger Arbeitsstätte benutzt haben, achten Sie darauf, dass Sie wegen des Höchstbetrags von 4.500 € für die Benutzung öffentlicher Verkehrsmittel beide Zeitabschnitte getrennt berechnen.

Denkbar sind darüber hinaus Fälle, in denen bei Benutzung öffentlicher Verkehrsmittel und eines Pkw für unterschiedliche Zeitabschnitte im Kalenderjahr noch die **Park-and-Ride-Situation** dazu kommt.

Mehrere Dienstverhältnisse

723 Sind Sie z. B. als Teilzeitkraft vormittags für 5 Stunden beschäftigt und üben Sie zusätzlich noch einen weiteren Job dreimal nachmittags aus, können Sie bei jedem Dienstverhältnis die Entfernungspauschale geltend machen (vgl. BMF, Schreiben v. 31.8.2009, ➜ Tz 712, Tz. 1.8). Dies bedeutet, dass bei Ihrem 1. Dienstverhältnis in der Regel 230 Arbeitstage und die Entfernungskilometer zur 1. Arbeitsstätte, angesetzt werden, und zwar mit 0,30 € für jeden Entfernungskilometer. Daneben können Sie für das 2. Arbeitsverhältnis ebenfalls die Entfernungspauschale ansetzen, und zwar unter Berücksichtigung der tatsächlichen Arbeitstage und ebenfalls 0,30 € für jeden Entfernungskilometer. Für die Berechnung der **Entfernungspauschale bei dem 2. Arbeitsverhältnis** kommt es auch auf die **kürzeste Wegstrecke** zwischen Wohnung und Arbeitsstätte an.

Fahren Sie morgens von Ihrer Wohnung zur 1. Arbeitsstätte und von dort z. B. in der Mittagszeit zur 2. Arbeitsstätte und kehren abends von der 2. Arbeitsstätte zur Wohnung zurück, ist für die Ermittlung der Entfernungskilometer die **Fahrt zur 1. Arbeitsstätte** als **Umwegfahrt zur nächsten Arbeitsstätte** anzusetzen. Dabei darf bei der Ermittlung der Entfernungspauschale die Entfernung **höchstens die Hälfte der Gesamtfahrstrecke** betragen (vgl. BMF, Schreiben v. 31.8.2009, ➜ Tz 712, Tz. 1.8).

BEISPIEL

C fährt vormittags von seiner Wohnung A zur regelmäßigen Arbeitsstätte B, nachmittags weiter zur regelmäßigen Arbeitsstätte D und abends wieder zurück zur Wohnung in A. Die Entfernungen betragen zwischen A und B 30 km, zwischen B und D 40 km und zwischen D und A 50 km.

Die Gesamtentfernung beträgt 30 km + 40 km + 50 km = 120 km, die Entfernung zwischen der Wohnung und den beiden regelmäßigen Arbeitsstätten 30 km + 50 km = 80 km. Da dies mehr als die Hälfte der Gesamtentfernung ist, sind 120 km : 2 = 60 km für die Ermittlung der Entfernungspauschale anzusetzen.

Fahrten zwischen mehreren regelmäßigen Arbeitsstätten

724 Fahrten zwischen mehreren regelmäßigen Arbeitsstätten sind mit den Kilometersätzen für Reisekosten, also mit **0,30 € pro tatsächlich gefahrenen Kilometer** bei Benutzung eines eigenen Pkw, abzugsfähig. Allerdings werden die Fahrten zur 1. Arbeitsstätte morgens und die Heimfahrt von der letzten Arbeitsstätte nur mit der **Entfernungs-**

pauschale angesetzt. Hier legt die Finanzverwaltung die kürzeste Straßenverbindung von der Wohnung zur 1. Arbeitsstätte und die kürzeste Straßenverbindung von der 2. Arbeitsstätte zur Wohnung zugrunde, dividiert die Summe durch 2 und setzt dann den Kilometersatz an.

Ehegatten und Fahrgemeinschaften

Die Entfernungspauschale wirkt sich für Sie **vorteilhaft** aus, wenn Sie nicht allein, sondern zusammen mit anderen einen gemeinsamen Weg zur Arbeitsstätte zurücklegen. Dies gilt insbesondere für **Ehegatten**, die **gemeinsam zur selben Arbeitsstätte** fahren, sowie für Mitglieder einer **Fahrgemeinschaft**. **725**

BEISPIEL

Der Arbeitnehmer A und seine Ehefrau B arbeiten im selben Betrieb. Sie fahren morgens mit dem eigenen Pkw gemeinsam zur Arbeitsstätte und kehren abends auch gemeinsam von dort zur Wohnung zurück.

Sowohl A als auch seine Ehefrau B können für Fahrten zwischen Wohnung und Arbeitsstätte die Entfernungspauschale als Werbungskosten geltend machen.

Jeder Teilnehmer einer Fahrgemeinschaft kann unabhängig von der Art der Fahrgemeinschaft die Entfernungspauschale für sich in Anspruch nehmen.

Für die Ermittlung der Entfernungspauschale kommt es **bei jedem Teilnehmer der Fahrgemeinschaft** auf die **kürzeste Straßenverbindung** zwischen seiner Wohnung und seiner Arbeitsstätte an. Umwegstrecken für das Abholen der Mitfahrer bleiben bei demjenigen, der fährt, unberücksichtigt. In den Genuss des Steuervorteils aus diesen Umwegstrecken kommt nur derjenige, der abgeholt wird.

BEISPIEL

Eine Fahrgemeinschaft aus 3 Arbeitnehmern hat sich darauf verständigt, dass jeder mit seinem Pkw im wöchentlichen Wechsel zur gemeinsamen Arbeitsstätte fährt. Die Entfernung zwischen Wohnung und Arbeitsstätte für den Arbeitnehmer A beträgt 20 km, für den Arbeitnehmer B 25 km und für den Arbeitnehmer C 30 km. Jeder Arbeitnehmer soll zum Abholen der Mitfahrer ca. 10 km Umwegstrecke zurücklegen.

Jeder Teilnehmer der Fahrgemeinschaft kann seine Entfernung zwischen Wohnung und Arbeitsstätte bei der Bemessung der Entfernungspauschale ansetzen. A erhält somit eine Entfernungspauschale auf der Grundlage von 20 km, B von 25 km und C von 30 km. Die Umwegstrecken, die alle zurücklegen, bleiben dabei unberücksichtigt.

WICHTIG

Fährt nur ein Teilnehmer mit seinem Fahrzeug zur Arbeitsstätte und müssen ihm die anderen Mitfahrer dafür eine **Aufwandsvergütung** zahlen, so ist diese bei dem Fahrer als **sonstige Einkünfte steuerpflichtig** (➜ Tz 992). Für jeden gefahrenen Umwegkilometer können jedoch von dieser Vergütung 0,30 € sowie zusätzlich 0,02 € je Umwegkilometer und Mitfahrer als Werbungskosten abge-

III Gestaltung und Tipps

zogen werden. Die danach verbleibende **Mitfahrvergütung** ist nur dann **zu versteuern**, wenn sie **256 €** (Freigrenze bei den sonstigen Einkünften) **oder mehr** im Kalenderjahr beträgt.

BEISPIEL

A nimmt seinen Kollegen aus dem Nachbarort jeden Tag mit seinem Pkw zur Arbeitsstätte mit. Dafür erhält er von seinem Kollegen monatlich eine Aufwandsentschädigung von 150 €. A legt eine Umwegstrecke von 12 km zurück, um den Kollegen morgens abzuholen und abends von dem Nachbarort zu seiner Wohnung zu fahren.

Die Aufwandsentschädigung von 12 × 150 € = 1.800 € ist bei den sonstigen Einkünften als Einnahme anzusetzen. Davon sind folgende Werbungskosten abzuziehen:

12 km × 0,30 € × 2 (arbeitstäglich) =	7,20 €
zusätzliche Mitfahrentschädigung arbeitstäglich	
(12 km × 0,02 €/km × 2):	+ 0,48 €
insgesamt an Werbungskosten arbeitstäglich anzusetzen:	7,68 €
Jahresbetrag an Werbungskosten	
(220 Arbeitstage × 7,68 €):	1.689,60 €
steuerpflichtige Einkünfte somit	
Einnahmen:	1.800,00 €
Werbungskosten:	./. 1.689,60 €
Überschuss:	110,40 €

Da die Einkünfte unter 256 € liegen, bleiben sie insgesamt steuerfrei.

WICHTIG

Der **Mitfahrer** einer Fahrgemeinschaft muss bei der Ermittlung der Entfernungspauschale **für die „Mitfahrten"** den **Höchstbetrag von 4.500 €** beachten (➜ Tz 720).

Welche Kosten können Sie neben der Entfernungspauschale geltend machen?

726 Durch den Ansatz der Entfernungspauschale sind **alle Kosten abgegolten**, die im Zusammenhang mit Fahrten zwischen Wohnung und Arbeitsstätte anfallen. Hierzu gehören bei Benutzung eines eigenen Pkw z. B. die Aufwendungen für Benzin, Wagenpflege, Kraftfahrzeugsteuer, Reparaturen, für alle Kfz-Versicherungen sowie die Abschreibungen. Auch Kreditzinsen für die Anschaffung des Fahrzeugs oder Leasinggebühren sind mit der Pauschale abgegolten (vgl. BMF, Schreiben v. 31.8.2009, ➜ Tz 712, Tz. 4). Die Beiträge für die **Kfz-Haftpflichtversicherung** sowie die **Insassen-Unfallversicherung** tragen Sie bei den Vorsorgeaufwendungen ein; sie sind unabhängig von der Pauschale als **Sonderausgaben** abziehbar (➜ Tz 516).

Aufwendungen für einen **Austauschmotor** können als außergewöhnliche Kosten neben der Entfernungspauschale berücksichtigt werden. Ob normaler oder außergewöhnlicher Verschleiß bei dem Motor vorliegt, entscheidet das Finanzgericht im Rahmen der Sachverhaltswürdigung (BFH, Beschluss v. 22.4.2009, VI B 128/08, Haufe-Index 2181437).

WICHTIG

Sollten Sie auf der Fahrt zu Ihrer Arbeitsstätte zu schnell gefahren sein und daher ein Verwarnungsgeld zu zahlen haben, können Sie dieses Verwarnungsgeld bereits wegen des Rechtsgedankens des § 4 Abs. 5 Satz 1 Nr. 8 EStG „**Bußgelder** sind **nichtabziehbar**" nicht als Werbungskosten ansetzen. Auch die Erstattung durch Ihren Arbeitgeber als steuerfreier Auslagenersatz ist nicht möglich. Selbst dann, wenn Sie als Fahrer im Paketzustelldienst tätig sind und wegen Verletzung des Halteverbots ein Verwarnungsgeld zahlen mussten, besteht keine Möglichkeit, diese Aufwendungen als Werbungskosten geltend zu machen. **Übernimmt** dagegen der **Arbeitgeber** dieses **Verwarnungsgeld**, handelt es sich hierbei **nicht** um **Arbeitslohn**, da es sich diesbezüglich überwiegend um eine Zahlung im eigenbetrieblichen Interesse des Arbeitgebers handelt (BFH, Urteil v. 7.7.2004, VI R 29/00, BFH/NV 2005 S. 596). Ob allerdings der Arbeitgeber das übernommene Verwarnungsgeld als Betriebsausgabe abziehen darf, ist noch ungeklärt. Hier dürfte mit einer restriktiven Auffassung des Finanzamts zu rechnen sein: Kein Betriebsausgabenabzug.

Kosten für die Beseitigung eines **Unfalls** auf einer Fahrt zwischen Wohnung und Arbeitsstätte sind wieder neben der Entfernungspauschale als Werbungskosten abzugsfähig (BMF, Schreiben v. 31.8.2009, ➜ Tz 712, Tz. 4). Dies gilt auch für Unfälle auf einer Umwegstrecke, z. B. zum Abholen von Mitfahrern oder zum Tanken. **727**

Die **Entfernungspauschale gilt nicht für Flugstrecken**; hier sind die tatsächlichen Aufwendungen anzusetzen, ohne dass der Höchstbetrag von 4.500 € greift. Der Umstand, dass der Gesetzgeber Flugstrecken nicht in die Entfernungspauschale einbezogen hat, begegnet, so der BFH im Urteil v. 26.3.2009 (VI R 42/07, BFH/NV 2009 S. 1181), keinen verfassungsrechtlichen Bedenken. **728**

Die bei Benutzung einer **Fähre** dafür aufgewandten Kosten können nicht zusätzlich zur Entfernungspauschale als Werbungskosten berücksichtigt werden. Bei der Berechnung der kürzesten Straßenverbindung ist eine Fährverbindung in die Entfernungsberechnung einzubeziehen, soweit die Fährverbindung zumutbar erscheint und wirtschaftlich sinnvoll. Die Fahrtstrecke der Fähre selbst ist dann Teil der maßgebenden Entfernung. Dadurch versucht die Finanzverwaltung, wenn durch die Fährverbindung eine kürzere Entfernung zwischen Wohnung und Arbeitsstätte erreichbar ist, die Entfernungspauschale zu „drücken". Sie sollten dagegen bei der Entfernungsberechnung auf eine längere Fahrtstrecke bestehen, wenn Sie tatsächlich nicht die Fähre benutzt haben, sondern über eine weiter gelegene Brücke gefahren sind. Argumentieren Sie dann so, dass die Fähre für Sie zu einer unangemessenen zeitlichen Verzögerung auf Ihrer Fahrt zur regelmäßigen Arbeitsstätte geführt hätte. Denn die Finanzverwaltung geht selbst davon aus, dass die Fährverbindung für Sie zumutbar erscheinen muss; darüber hinaus muss sie auch wirtschaftlich sinnvoll sein, es dürfen also keine erheblichen Mehrkosten auf Sie zukommen (BMF, Schreiben v. 31.8.2009, ➜ Tz 712, Tz. 1.4). Gebühren bei Benutzung eines Straßentunnels oder einer mautpflichtigen Straße sind ebenfalls durch die Entfernungspauschale abgegolten.

Können **Verluste**, die **aus** der **Veräußerung** eines **privat genutzten Pkw** resultieren, steuerlich im Rahmen der Spekulationsbesteuerung geltend gemacht werden? Dies hat der BFH im Urteil v. 22.4.2008 (IX R 29/06, BFH/NV 2008 S. 1244) zu Ihren Gunsten entschieden. Im Streitfall ging es um ein gebrauchtes BMW-Cabrio, das innerhalb der **729**

III Gestaltung und Tipps

1-Jahresfrist mit einem Verlust veräußert worden war. Dieser **Verlust** kann mit Spekulationsgewinnen verrechnet werden, wenn nicht bei Ihrer Einkommensteuerveranlagung 2010, dann über den Verlustrücktrag in 2009 oder über den Verlustvortrag in späteren Jahren. Zum Nachweis des Verlustes müssen sowohl die Anschaffungskosten als auch der Veräußerungspreis belegt werden, z. B. durch Quittung, Verträge und Rechnungen. Daher empfehlen wir Ihnen, sowohl bei der Anschaffung als auch bei der Veräußerung die Zahlung über Ihr Bankkonto abzuwickeln oder darüber einen Kaufvertrag zu fertigen. Die oben angeführte BFH-Entscheidung gilt auch bei Verlusten aus dem Verkauf anderer Gebrauchsgegenstände, wie z. B. Computer, Fahrrad oder Fernseher. Sollte es zu einem Vortrag Ihres Spekulationsverlustes 2009 kommen, können Sie diesen **Spekulationsverlust** ab 2010 im Bereich der Kapitaleinkünfte **mit** dort angefallenen **Wertzuwächsen 5 Jahre** lang, also bis einschließlich 2013, **verrechnen**.

Im JStG 2010 soll die Abzugsmöglichkeit von Spekulationsverlusten bei Veräußerung von Gebrauchsgütern ab Verkündung des Gesetzes wegfallen. Wer dann seinen gebrauchten Pkw innerhalb der Jahresfrist mit Verlust verkauft, kann diesen Verlust steuerlich nicht mehr geltend machen. Nicht zu den Gebrauchsgütern rechnen Antiquitäten, Kunstwerke und Oldtimer. Hier erwartet der Gesetzgeber, dass sich Spekulationsgewinne innerhalb der 1-jährigen Spekulationsfrist ergeben, die er gerne weiterhin versteuern möchte.

Schließlich klärt das JStG 2010 noch die Frage, ob ein Verlust, der durch Veräußerung nach dem 31.12.2008 bei den Spekulationseinkünften entstanden ist, als sog. Altverlust mit Wertzuwächsen im Bereich der Kapitaleinkünfte bis Ende 2013 verrechnet werden darf. Hier sieht der Gesetzgeber rückwirkend ab 2009 ein Verrechnungsverbot vor. Als Altverluste können nur solche anerkannt werden, bei denen die Veräußerung vor dem 1.1.2009 stattgefunden hat.

Fahrten zwischen Wohnung und Arbeitsstätte von Behinderten

730 Für behinderte Arbeitnehmer bleibt es 2010 dabei, dass anstelle der Entfernungspauschale die tatsächlichen Aufwendungen für Wege zwischen Wohnung und Arbeitsstätte als Werbungskosten berücksichtigt werden können (§ 9 Abs. 2 Satz 11 EStG). Entscheiden sich behinderte Arbeitnehmer für die Benutzung eines Pkw, wird in der Regel der tatsächliche Aufwand auf **0,30 € je gefahrenen Kilometer** geschätzt.

WICHTIG

Die Abzugsmöglichkeit „tatsächlicher Aufwand" bzw. „Pauschale von 0,30 € je gefahrenen Kilometer" steht nur Behinderten zu, deren **Grad der Behinderung mindestens 70** beträgt **oder** deren Grad der Behinderung zwar weniger als 70 ausmacht, aber **mindestens 50** beträgt und die darüber hinaus in ihrer **Bewegungsfähigkeit** im Straßenverkehr **erheblich beeinträchtigt** sind.

Im Rahmen einer Günstigerprüfung kann sich der behinderte Arbeitnehmer zwischen der Entfernungspauschale einerseits und den tatsächlichen Kosten bzw. der Pauschale von 0,30 € je gefahrenen Kilometer andererseits entscheiden (BFH, Urteil v. 5.5.2009, VI R 77/06, BFH/NV 2009 S. 1191).

TIPP

Sollten Sie in Ihrem Fall nicht überblicken können, ob die tatsächlichen Kosten
oder die Entfernungspauschale für Sie günstiger sind, empfiehlt es sich, beides
in der Anlage N geltend zu machen. Das Finanzamt muss dann im Rahmen der
Günstigerprüfung den höchsten Werbungskostenabzug gewähren.

Wird die **Behinderung** des Arbeitnehmers, die ihn zum Ansatz der tatsächlichen Kosten für
Wege zwischen Wohnung und Arbeitsstätte berechtigt, erst **im Laufe des Jahres 2010
bescheinigt,** kann er erst ab diesem Zeitpunkt zwischen der Entfernungspauschale und den
tatsächlichen Kosten wählen. Bis zu diesem Zeitpunkt ist bei dem behinderten Arbeitnehmer nur die Entfernungspauschale anzusetzen (FinMin Nordrhein-Westfalen, Erlass v.
22.10.2003, S 2351 – 6 – V B 3). Liegt die Behinderung bereits zu Beginn des Kalenderjahres 2010 vor, kann der Arbeitnehmer im Laufe des Jahres nicht zwischen Entfernungspauschale und Ansatz der tatsächlichen Kosten wechseln; die Finanzverwaltung lässt
nämlich nur eine **Jahresbetrachtung** zu, also entweder das eine oder das andere.

Fahrtkostenersatz durch den Arbeitgeber

Gewährt der Arbeitgeber steuerfreie Leistungen oder einen pauschal versteuerten Ersatz **731**
bzw. Zuschuss zu den Kosten für Fahrten zwischen Wohnung und Arbeitsstätte, führt dies
immer zu einer **Kürzung der Entfernungspauschale.** Die Entfernungspauschale darf auch
nicht für Wege zwischen Wohnung und Arbeitsstätte im Rahmen der **steuerfreien
Sammelbeförderung** geltend gemacht werden (§ 9 Abs. 2 Satz 3 EStG). Eine steuerfreie
Sammelbeförderung liegt vor, wenn der Arbeitgeber seine Arbeitnehmer von ihrer Wohnung zur Arbeitsstätte befördert, z. B. mit einem Kleinbus, und diese Beförderung für den
betrieblichen Einsatz im Unternehmen notwendig ist.

WICHTIG

Der Arbeitnehmer kann bei einer steuerfreien Sammelbeförderung nur dann
Werbungskosten geltend machen, wenn bei ihm **tatsächlich Aufwendungen
angefallen** sind. Denken Sie z. B. an einen Arbeitnehmer, der von seiner
Wohnung zum Betriebshof des Arbeitgebers fährt und von dort im Rahmen einer
steuerfreien Sammelbeförderung zu seiner Tätigkeitsstätte gefahren wird. Oder
denken Sie daran, dass sich der Arbeitnehmer an den Kosten der steuerfreien
Sammelbeförderung beteiligen muss. Der Werbungskostenabzug ist hier nicht
auf 0,30 € je Entfernungskilometer begrenzt (➜ Tz 705).

Damit im Rahmen der Einkommensteuerveranlagung 2010 geprüft werden kann, ob eine
steuerfreie Sammelbeförderung bei Ihnen vorlag und bei Ihnen somit keine Entfernungspauschale berücksichtigt werden darf, ist der Arbeitgeber verpflichtet, dies durch **Eintragung** des Großbuchstaben „F" in der **Lohnsteuerbescheinigung** kenntlich zu machen
(§ 41b Abs. 1 Satz 2 Nr. 9 EStG). Sie sollten sich daher vor Abgabe Ihrer Einkommensteuererklärung 2010 überzeugen, ob in Ihrer Lohnsteuerbescheinigung ein solcher Großbuchstabe „F" vermerkt ist. Dann müssen Sie, wenn Sie Aufwendungen für Fahrten
zwischen Wohnung und Arbeitsstätte geltend machen, mit kritischen Rückfragen Ihres
Finanzamts rechnen.

III Gestaltung und Tipps

Fernseh- und Rundfunkgerät

732 Aufwendungen für ein Fernseh- und Rundfunkgerät **einschließlich eines Autoradios** können **nicht als Werbungskosten** geltend gemacht werden. Nach der Rechtsprechung des BFH gilt dies sogar bei Kulturkritikern und Schriftstellern. Ein **Autoradio**, das in einem vom Arbeitgeber gestellten Pkw von Ihnen eingebaut wurde, stellt ein Arbeitsmittel dar; die dafür aufgewandten Kosten können Sie u. E. bei der Einkunftsermittlung abziehen. Verweisen Sie in diesem Zusammenhang auf das BFH-Urteil v. 24.10.1972 (VIII R 201/71, BStBl 1973 II S. 78), in dem der BFH festgestellt hat, dass ein Autoradio ein wertvolles Hilfsmittel ist, um sich im Straßenverkehr bei ständig zunehmender Verkehrsdichte verkehrsgerecht zu verhalten. Dies gilt erst recht für die heutigen Verkehrsverhältnisse. Dabei spielt es keine Rolle, dass das Autoradio neben den Verkehrsinformationen ein vielfältiges Unterhaltungsprogramm anbietet, das für sich betrachtet nicht unbedingt im Zusammenhang mit der beruflichen Tätigkeit stehen mag, so auch das Urteil des FG Düsseldorf v. 5.7.2000 (15 K 303/98 E).

Wegen der beruflichen Mitveranlassung des Autoradios hat das FG Düsseldorf in der o. a. Entscheidung **Rundfunkgebühren**, die ein Arbeitnehmer für den Betrieb eines Radios in einem Lieferfahrzeug seines Arbeitgebers selbst getragen hat, **zum Werbungskosten-abzug zugelassen**. Voraussetzung ist allerdings: Es muss sich um ein Radio in einem **ausschließlich beruflich genutzten Kraftfahrzeug** handeln, damit ein objektiver Zusammenhang mit der beruflichen Tätigkeit des Arbeitnehmers angenommen werden kann. Dies gilt insbesondere für Berufskraftfahrer, Beton- und Kiesfahrzeugführer, aber auch für Kraftfahrer im Zustelldienst, Verkaufsfahrer, Kundendienstmonteure und Fahrlehrer.

WICHTIG

Das vorstehende Abzugsverbot wird durch das BMF-Schreiben v. 6.7.2010 (→ Tz 646) bestätigt. Dort sieht die Finanzverwaltung Kosten der Lebensführung, insbesondere Aufwendungen für Wohnung, Ernährung, Kleidung, allgemeine Schulausbildung, Kindererziehung, persönliche Bedürfnisse des täglichen Lebens, Zeitungen, Rundfunk oder den Besuch kultureller bzw. sportlicher Veranstaltungen stets als nichtabziehbare Aufwendungen an. Dies kann u. E. dann strittig sein, wenn die eindeutige berufliche Veranlassung im Vordergrund steht, z. B. bei einem Kommentator, der anlässlich eines Fußballspiels Eindrücke für seinen Zeitungsbericht sammelt. Eine Aufteilung von gemischten Aufwendungen scheint dagegen nicht möglich zu sein, weil es an einem objektiven Aufteilungsmaßstab fehlt.

Fortbildungskosten

733 Haben Sie 2010 einen **Kurs** oder einen **Lehrgang** besucht, in dem **berufsbezogener Lehrstoff** vermittelt wurde, können Sie die Kosten hierfür als Werbungskosten abziehen. Schwierigkeiten macht immer wieder die Abgrenzung von Aufwendungen für Fortbildungsveranstaltungen gegenüber den Ausbildungskosten, die als Sonderausgaben abzugsfähig sind (→ Tz 353).

TIPP

Die Unterscheidung hat teilweise weitreichende Folgen: **Fortbildungskosten –** also Werbungskosten – sind in unbeschränkter Höhe abzugsfähig, die **Ausbil-**

dungskosten – also Sonderausgaben – nur bis zu einem Höchstbetrag von 4.000 €. Andererseits kann der Ansatz als Sonderausgaben interessant sein, wenn Ihre sonstigen Werbungskosten deutlich unter 920 € liegen und Sie so in den Genuss des Arbeitnehmer-Pauschbetrags kommen.

Für den Werbungskostenabzug der Aufwendungen im Zusammenhang mit einer **Bildungs-** **734** **maßnahme** ist entscheidend, dass ein hinreichend konkreter, objektiv feststellbarer Zusammenhang der Aufwendungen mit künftigen steuerbaren Einnahmen aus der angestrebten beruflichen Tätigkeit besteht. Dies ist in der Regel der Fall, wenn die Fortbildungsmaßnahme auf dem bisher ausgeübten Beruf aufbaut. Die Voraussetzung ist aber auch erfüllt, wenn ein Steuerzahler bereits einige Jahre berufstätig ist und ein berufsbegleitendes Studium aufnimmt, um in seinem Beruf besser voranzukommen, seine Kenntnisse zu erweitern und seine Stellung im Betrieb zu festigen, unabhängig davon, ob die Fortbildungsmaßnahme vom bisherigen Arbeitgeber verlangt oder aber vom Arbeitnehmer freiwillig durchgeführt wird (BFH, Urteil v. 17.12.2002, VI R 137/01, BFH/NV 2003 S. 259).

Unter diesem Gesichtspunkt hat der Gesetzgeber Aufwendungen für die **erstmalige** **735** **Berufsausbildung** und für ein **Erststudium** dem **Sonderausgabenbereich** zugeordnet und dort bis zu einem **Höchstbetrag** von **4.000 €** zum steuerlichen Abzug zugelassen. Alle Fortbildungskosten außerhalb der erstmaligen Berufsausbildung und des Erststudiums können dagegen als **Werbungskosten** berücksichtigt werden. Hier stellt sich in der Praxis häufig die Frage, wann eine erstmalige Berufsausbildung vorliegt, so dass die damit zusammenhängenden Kosten nur als Sonderausgaben berücksichtigt werden können, und wann sie abgeschlossen ist, so dass weitere Aufwendungen als Werbungskosten angesetzt werden können.

Nach Auffassung der Finanzverwaltung (BMF, Schreiben v. 4.11.2005, IV C 8 – S 2227 – 5/05, BStBl 2005 I S. 955) liegt eine **Berufsausbildung** vor, wenn Sie durch eine berufliche Ausbildungsmaßnahme die notwendigen fachlichen Fähigkeiten und Kenntnisse erwerben, die zur Aufnahme eines Berufs befähigen. Dies setzt voraus, dass der Beruf durch eine Ausbildung im Rahmen eines öffentlich-rechtlich geordneten Ausbildungsgangs erlernt wird und der Ausbildungsgang durch eine Prüfung abgeschlossen wird.

Eine Berufsausbildung ist als erstmalig anzusehen, wenn ihr keine andere abgeschlossene Berufsausbildung bzw. kein abgeschlossenes berufsqualifizierendes Hochschulstudium vorangegangen ist. Dies gilt auch für eine nachgeholte Berufsausbildung, wenn Sie zwar vorher in einem Beruf tätig waren, jedoch keine Berufsausbildung abgeschlossen hatten.

TIPP

Haben Sie ein berufsqualifizierendes Hochschulstudium abgeschlossen, gilt dies als erstmalige Berufsausbildung. Somit können Sie **Kosten**, die **nach** dem **Hochschulstudium** für eine weitere Berufsausbildung anfallen, als **Werbungskosten** abziehen.

Aufwendungen für ein **Erststudium** sind ebenfalls nur als **Sonderausgaben** abziehbar. Ein Studium ist dann als erstmalig anzusehen, wenn ihm kein anderes durch einen berufsqualifizierenden Abschluss beendetes Studium vorangegangen ist. Dabei kam es nicht darauf an, dass der Steuerzahler vor Beginn des Erststudiums eine berufliche Qualifikation

III Gestaltung und Tipps

erlangt hatte. Demnach lag – so zumindest die Auffassung der Finanzverwaltung in dem BMF-Schreiben v. 4.11.2005 – auch dann ein Erststudium vor, wenn diesem Studium eine abgeschlossene Berufsausbildung vorangegangen war.

BEISPIEL

A hat in seinem Steuerberatungsbüro die Berufsausbildung als Steuerfachwirt hinter sich gebracht. Anschließend studiert er Jura.

Die Aufwendungen, die während des Jurastudiums anfallen, können nicht als vorweggenommene Werbungskosten berücksichtigt werden.

WICHTIG

Dies sieht der BFH anders. Mit Urteil v. 18.6.2009 (VI R 14/07, BFH/NV 2009 S. 1875) hat er entschieden, dass das seit 2004 geltende Abzugsverbot für Kosten von Erststudien und Erstausbildungen der Abziehbarkeit von beruflich veranlassten Kosten für ein Erststudium jedenfalls dann nicht entgegensteht, wenn diesem eine **abgeschlossene Berufsausbildung vorangegangen** ist. Damit können in dem vorangegangenen Beispiel die Aufwendungen für das Jurastudium als **vorweggenommene Werbungskosten** berücksichtigt werden.

Mittlerweile hat sich die Finanzverwaltung in einem kürzlich veröffentlichten BMF-Schreiben v. 22.9.2010 (IV C 4 – S 2227/07/10002: 002, BStBl 2010 I S. 721) der Auffassung des BFH „gebeugt". Sie wendet nämlich die für Sie günstigere Rechtsauffassung des BFH an. In diesem Zusammenhang ist Folgendes zu beachten:

Aufwendungen für den Besuch allgemeinbildender Schulen will die Finanzverwaltung weiterhin nicht als Werbungskosten anerkennen. Dies gilt auch für den Besuch eines Berufskollegs zum Erwerb der Fachhochschulreife, auch wenn ein solcher Abschluss nach einer abgeschlossenen Berufsausbildung nachgeholt wird.

TIPP

Beim FG Münster wird unter dem Az. 11 K 44/89/09 F ein **Musterverfahren** geführt, in dem es um die Frage geht, ob die **Kosten eines typischen Erststudiums** im Anschluss an das Abitur, den Wehrdienst, den Zivildienst oder ein Soziales Jahr als **Werbungskosten** berücksichtigt werden können. Den Betroffenen wird daher empfohlen, bei einer ablehnenden Entscheidung des Finanzamts den Steuerbescheid durch Einlegung eines Einspruchs offen zu halten und sich mit dem Ruhen des Verfahrens einverstanden zu erklären.

Ein **Master-Studium** i. S. d. § 19 Hochschulrahmengesetz kann nicht ohne ein abgeschlossenes Bachelor- oder anderes Studium aufgenommen werden. Daher stellt es ein „weiteres" Studium dar, dessen Aufwendungen als Werbungskosten abzugsfähig sind. Dies gilt auch für den Master of Business Administration (MBA), so BMF-Schreiben v. 22.9.2010, a. a. O., Rz. 24).

Haben Sie während Ihres Erststudiums eine Berufsausbildung abgeschlossen, können Sie die Aufwendungen, die nach Abschluss der Berufsausbildung für die Fortführung des Studiums anfielen, als Werbungskosten geltend machen. Dies gilt auch dann, wenn Sie ein

Studium unterbrochen haben, um eine Berufsausbildung abzuschließen und im Anschluss daran Ihr Erststudium wieder aufnehmen.

Aufwendungen eines Zeitsoldaten für den Erwerb eines Verkehrsflugzeugführerscheins im Rahmen einer Fachausbildung sind vorab entstandene Werbungskosten bei den Einkünften aus nichtselbstständiger Arbeit. Dies gilt auch dann, wenn die Schulung die Ausbildung für den Erwerb des Privatflugzeugführerscheins einschließt (BFH, Urteil v. 30.9.2008, VI R 4/07, BFH/NV 2008 S. 2116).

TIPP

> Unter Az. VI R 59/09 ist beim BFH noch die Frage anhängig, ob Aufwendungen für eine sich unmittelbar an die Schulausbildung anschließende, nicht im Rahmen eines Dienstverhältnisses stattfindende **Ausbildung zum Verkehrsflugzeugführer** als vorweggenommene Werbungskosten abziehbar sind. In diesem Zusammenhang geht es auch um die Frage, ob das Abzugsverbot des § 12 Nr. 5 EStG verfassungswidrig ist, insbesondere unter dem Gesichtspunkt des Verstoßes gegen den Gleichheitssatz und das Rückwirkungsverbot. Unter Az. VI R 7/10 ist diesbezüglich noch ein weiteres BFH-Verfahren anhängig.

Geklärt ist dagegen die Frage, ob Aufwendungen für die Teilnahme an einem Fortbildungskurs, der mit bestimmten Stundenzahlen auf die Voraussetzung zur Erlangung der Zusatzbezeichnung „Sportmedizin" angerechnet werden kann, zumindest teilweise als Werbungskosten berücksichtigt werden kann, auch wenn der Lehrgang in nicht unerheblichem Umfang Gelegenheit zur Ausübung verbreiteter Sportarten zulässt. Hier vertritt der BFH im Urteil v. 21.4.2010 (VI R 66/04, BFH/NV 2010 S. 1347) die Auffassung, dass eine Aufteilung zulässig ist; er wendet damit die Grundsätze des Großen Senats zu den gemischten Aufwendungen (→ Tz 646) für diesen Fall entsprechend an.

Aufwendungen für die erstmalige Berufsausbildung und für ein Erststudium einschließlich Promotion können allerdings als **Werbungskosten** oder Betriebsausgaben abgezogen werden, **wenn** die Bildungsmaßnahme im Rahmen eines **Dienstverhältnisses** stattfindet (§ 12 Nr. 5 EStG). Damit haben diejenigen, die ihre Berufsausbildung im Rahmen eines praxisorientierten Studiums erledigen, gegenüber den „Echt-Studenten" den Vorteil, dass sie ihre Aufwendungen als Werbungskosten mit den steuerpflichtigen Einnahmen aus dem Arbeitsverhältnis verrechnen können und, soweit sich ein Werbungskostenüberhang ergibt, diesen als vortragsfähigen Verlust feststellen lassen können. Damit ist bei diesen Steuerzahlern gewährleistet, dass sämtliche Berufsausbildungskosten steuerlich berücksichtigt werden. Bei dem „Echt-Studenten" gehen dagegen durch den Sonderausgabenabzug in den Jahren, in denen keine oder nur geringfügige Einnahmen angefallen sind, die Aufwendungen als Abzugspotenzial verloren. Denn bei den Sonderausgaben gibt es keine vortrags- oder rücktragsfähigen Beträge.

WICHTIG 736

> **Promotionskosten** sind in der Regel Werbungskosten oder Betriebsausgaben. Aufwendungen für eine **Habilitation** sind ebenfalls als Werbungskosten abziehbar, genauso wie die Kosten der Vorbereitung auf die 2. Lehrprüfung bzw. das 2. juristische Staatsexamen.

III Gestaltung und Tipps

737 Sind Sie mit dem **eigenen Pkw** zum Kurs- oder Tagungsort gefahren, können Sie für jeden **gefahrenen Kilometer** die **tatsächlichen Kosten** bzw. den **Pauschbetrag von 0,30 €** pro Kilometer steuerlich ansetzen. Die Kosten für **öffentliche Verkehrsmittel** sind ebenfalls in vollem Umfang abzugsfähig. Daneben können Sie auch die Kosten für Verpflegungsmehraufwand und für Übernachtung geltend machen.

BEISPIEL

A besucht einen 2-monatigen Fortbildungskurs aus eigenem Entschluss außerhalb seines Arbeitsverhältnisses. Er muss am Kursort übernachten.

Abzugsfähig sind in diesem Fall die **Übernachtungskosten**, der **Mehraufwand** für **Verpflegung** mit den Verpflegungspauschbeträgen für mehrtägige Dienstreisen, also 24 €, außerdem die Fahrtkosten zum Kursort und zurück, und zwar mit 0,30 € pro gefahrenem Kilometer.

Fallen im Zusammenhang mit einer Fortbildungsmaßnahme **Fahrten zwischen Wohnung und Fortbildungsstätte** an, können Sie Ihre Fahrtkosten in tatsächlicher Höhe, ggf. geschätzt mit 0,30 € je gefahrenen Kilometer, geltend machen. Wer also als Auszubildender im Handwerksberuf an der Handwerkskammer im Rahmen seines **Blockunterrichts** 4 Monate „verbringt", der kann die Fahrtkosten zu dieser Ausbildungsstätte in der Regel mit 0,30 € pro gefahrenem Kilometer als Werbungskosten ansetzen. Dies gilt auch für die Fälle, in denen der Steuerpflichtige über einen 3-Monatszeitraum hinaus eine Berufsakademie besucht. Auch hier stellt der Betrieb des Arbeitgebers die regelmäßige Arbeitsstätte des Auszubildenden dar, wobei es sich bei den **Fahrten zur Berufsakademie** um Fahrten im Rahmen einer beruflichen Auswärtstätigkeit handelt, so dass die Aufwendungen für solche Fahrten zeitlich **unbegrenzt als Reisekosten** berücksichtigt werden können.

Suchen Sie die Ausbildungs- oder Fortbildungsstätte an **nicht mehr als 2 Tagen wöchentlich** auf, z. B. im Rahmen Ihres Berufsschulunterrichts, liegen unabhängig von der Gesamtdauer der Berufsschulzeit an den einzelnen Unterrichtstagen stets getrennte berufliche Auswärtstätigkeiten vor, so dass auch nach Ablauf der ersten 3 Monate die Berücksichtigung von Verpflegungspauschalen zulässig ist. Umfasst dagegen der Unterricht **mindestens 3 Tage pro Woche**, so ist wie im Fall des Blockunterrichts für den Ansatz der Verpflegungspauschalen die gesetzlich vorgeschriebene **3-Monatsfrist** zu **beachten**. Für die übrigen Aufwendungen dagegen ist der zeitlich unbegrenzte Werbungskostenabzug zulässig.

WICHTIG

Die vorstehenden Grundsätze gelten auch dann, wenn die Ausbildung oder Fortbildung in der Freizeit, z. B. am Wochenende, stattfindet. Werden mehr als 2 Fahrten pro Woche ausgeführt, sind die Verpflegungspauschalen nur für die ersten 3 Monate zu gewähren; dagegen sind die Übernachtungs- und Fahrtkosten ohne zeitliche Begrenzung als Werbungskosten abzugsfähig. Dies gilt auch für eine Krankenschwester, die im Zusammenhang mit einem Lehrgang zur Vorbereitung als Lehrerin für Pflegeberufe eine Ausbildungsstätte regelmäßig aufsucht, um dort über einen längeren Zeitraum hinweg im Rahmen von Vollzeitunterricht auf ihr Berufsziel vorbereitet zu werden.

In den Fällen, in denen Sie im Rahmen Ihres Ausbildungsverhältnisses oder als Ausfluss Ihres Dienstverhältnisses zu Fortbildungszwecken vorübergehend eine Ausbildungs- oder Fortbildungsstätte aufsuchen, die sich außerhalb Ihrer regelmäßigen Arbeitsstätte bei Ihrem Arbeitgeber befindet, sind die Fahrtkosten unabhängig von der 3-Monatsfrist mit 0,30 € je gefahrenen Kilometer abzugsfähig. Für die Verpflegungspauschalen ist allerdings, wenn Sie die Ausbildungs- oder Fortbildungsstätte an mehr als 2 Tagen pro Woche aufsuchen, die 3-Monatsfrist zu beachten.

Sind Sie nicht berufstätig oder besteht zwischen Ihrem Dienstverhältnis und der Bildungsmaßnahme kein inhaltlicher Bezug, ist zu prüfen, wo sich der Schwerpunkt der Bildungsmaßnahme befindet. Befindet sich der Schwerpunkt – wie z. B. bei einem Fernstudium – in Ihrer **Wohnung**, stellt die Wohnung die **regelmäßige „Arbeitsstätte"** dar. In diesem Fall gelten für gelegentliche Reisen zu anderen Ausbildungsorten ebenfalls die Dienstreisegrundsätze, also auch Abzug der Verpflegungspauschalen ohne zeitliche Begrenzung. Befindet sich der Schwerpunkt dagegen nicht in Ihrer Wohnung, ist der jeweilige **Ausbildungsort** bei Überschreiten der 2 Tage pro Woche als **regelmäßige „Arbeitsstätte"** anzusehen, so dass Sie im Rahmen dieses Ausbildungsverhältnisses Verpflegungsmehraufwendungen nur für die ersten 3 Monate ab Beginn der Ausbildung geltend machen können.

Hat Ihnen Ihr Arbeitgeber die gesamten Fortbildungskosten oder einen Teil davon **steuerfrei ersetzt**, kommt ein Abzug als Werbungskosten nur mit dem von Ihnen übernommenen, verbleibenden Betrag in Betracht.

Fotoausrüstung

738 Kosten für eine Fotoausrüstung gehören nur bei **hauptberuflichen Fotografen** oder Fotoreportern zu den Arbeitsmitteln; in allen anderen Fällen werden die Aufwendungen hierfür in der Regel steuerlich nicht anerkannt.

Fremdsprachenunterricht

739 Im Allgemeinen sind die Kosten für einen Lehrgang, der Grundkenntnisse in einer **gängigen Fremdsprache** vermittelt, nicht als Werbungskosten absetzbar (BFH, Urteil v. 22.7.1993, VI R 103/92, BStBl 1993 II S. 787). Dies gilt z. B. für einen Italienischkurs, den eine Reiseverkehrskauffrau belegt hat. Auch die Aufwendungen eines in Deutschland lebenden Ausländers für das Erlernen der deutschen Sprache gehören in der Regel zu den nichtabziehbaren Kosten der Lebensführung, wenn ausreichende Deutschkenntnisse für einen angestrebten Ausbildungsplatz förderlich sind (BFH, Urteile v. 15.3.2007, VI R 14/04, BFH/NV 2007 S. 1561, und v. 5.7.2007, VI R 72/06, BFH/NV 2007 S. 2096). Dies hat das BMF im Schreiben v. 6.7.2010 (➔ Tz 646) nochmals im Zusammenhang mit der steuerlichen Behandlung gemischter Aufwendungen bestätigt.

WICHTIG

Besteht jedoch zwischen dem Lehrgang und der beruflichen Tätigkeit ein „hinreichend **konkretisierter, sachlicher** und **enger zeitlicher Zusammenhang**", lässt der BFH einen Abzug als Werbungskosten zu (BFH, Urteil v. 26.11.1993, VI R 67/91, BStBl 1994 II S. 248).

Ein auf die besonderen beruflichen Bedürfnisse des Steuerzahlers zugeschnittener Fremdsprachenlehrgang liegt dann vor, wenn durch diesen Lehrgang Fachvokabular vermittelt

III Gestaltung und Tipps

werden soll; dies gilt auch für einen in diesem Zusammenhang zwingend erforderlichen Einführungskurs; z. B. für den Spanischkurs eines Chemikers (BFH, Urteil v. 31.7.1980, IV R 153/79, BStBl 1980 II S. 746). Ebenfalls absetzbar sind insbesondere die Aufwendungen für eine Sprachreise bei einem Dolmetscher, Sprachlehrer, Auslandskorrespondenten und Arbeitnehmer in einer Auslandsabteilung.

Schließlich sind auch Aufwendungen für einen Lehrgang, durch den Grundkenntnisse einer Fremdsprache vermittelt werden, als Werbungskosten abziehbar, wenn die angestrebte **berufliche Tätigkeit Fremdsprachenkenntnisse erfordert** und der Erwerb von Grundkenntnissen die Vorstufe zum Erwerb qualifizierter Fremdsprachenkenntnisse darstellt oder für die angestrebte berufliche Tätigkeit Grundkenntnisse der betreffenden Fremdsprache ausreichen, unabhängig davon, ob es sich hierbei um eine gängige oder weniger gebräuchliche Fremdsprache handelt (BFH, Urteil v. 10.4.2002, VI R 46/01, BFH/NV 2002 S. 1088). Demnach kann ein Maschinenbautechniker, der für einen französischen Konzern in Deutschland tätig ist, seine Aufwendungen für einen Fremdsprachenlehrgang als Werbungskosten geltend machen, wenn er einen französischen Grundkurs absolviert, weil dies für eine höher qualifizierte Tätigkeit als CAD-Techniker und ggf. als Gruppenleiter erforderlich ist. Auch die in einer Fremdsprache vermittelten fachspezifischen Informationen, etwa in Form wirtschaftswissenschaftlicher Vorlesungen, können der Erweiterung der Sprachkompetenz förderlich und damit beruflich veranlasst sein (BFH, Urteil v. 10.4.2008, VI R 13/07, BFH/NV 2008 S. 1356). Die in diesem Zusammenhang angefallenen Aufwendungen stellen damit Werbungskosten dar.

Achten Sie in diesem Zusammenhang bei Ihrer Argumentation gegenüber dem Finanzamt darauf, dass kein Zusammenhang mit einer im **Ausland angestrebten steuerfreien Tätigkeit** hergestellt werden kann. Denn dann gilt der Grundsatz: Bei steuerfreien Einnahmen ist ein Werbungskostenabzug bei der inländischen Besteuerung ausgeschlossen (§ 3c EStG).

740 Nach der Rechtsprechung des Europäischen Gerichtshofs darf für die Einkommensbesteuerung nicht vermutet werden, dass Fortbildungsveranstaltungen an üblichen Urlaubsorten in EG-Mitgliedstaaten in so erheblichem Umfang Urlaubszwecken dienen, dass die Ausgaben für die Teilnahme an diesen Veranstaltungen nicht als Werbungskosten abzugsfähig sind, während für Fortbildungsveranstaltungen an üblichen Urlaubsorten im Inland eine solche Vermutung nicht gilt (EuGH, Urteil v. 28.10.1999, C-55/98, Vestergaard, Haufe-Index 932973).

TIPP

Damit kann das Finanzamt bei einem **Sprachkurs im EG-Ausland** nicht mehr typischerweise unterstellen, dass dieser wegen der jeder Auslandsreise innewohnenden touristischen Elemente eher Berührungspunkte zur privaten Lebensführung aufweise als ein Sprachkurs im Inland. Sollte dies trotzdem vom Finanzamt in einem ablehnenden Bescheid als Begründung angeführt werden, weisen Sie auf das BFH-Urteil v. 13.6.2002 (VI R 168/00, BFH/NV 2002 S. 1517) hin, in dem ausführlich dazu Stellung genommen wird, warum in diesem Fall ein Verstoß gegen EG-Recht anzunehmen sei. Somit lässt sich der Werbungskostenabzug eines Sprachkurses im Ausland nicht mehr mit dem Argument versagen, dass Sprachkurse im Inland den gleichen Erfolg gehabt hätten.

Dies gilt nicht nur für Sprachkurse im EG-Ausland, sondern auch für solche in Island, Liechtenstein, Norwegen und der Schweiz. Auch andere Fortbildungsveranstaltungen sind in diesen Ländern grundsätzlich nicht als überwiegend privat veranlasst anzusehen (BMF, Schreiben v. 26.9.2003, IV A 5 – S 2227 – 1/03, BStBl 2003 I S. 447).

Darüber hinaus kann Ihnen das Finanzamt die mit einem Sprachkurs im Ausland zusammenhängenden Kosten nicht kürzen mit der Begründung, dass Ihnen im Vergleich zu einem Sprachkurs im Inland erhöhte Kosten entstanden seien, die nicht als beruflich veranlasst angesehen werden könnten.

Achten Sie bei einem Sprachkurs im Ausland darauf, dass die **Unterrichtszeit** einschließlich der Zeit für die Nacharbeit so zu bemessen ist, dass Sie nicht in nennenswertem Umfang Ihre privaten Bedürfnisse, z. B. durch Besichtigungen in nahe liegenden Touristikzentren, befriedigen können. Arbeitstäglich sollte der Unterricht **mindestens 6 Stunden à 45 Minuten** zuzüglich einer **angemessenen Nacharbeit** umfassen. Nicht schädlich ist es, wenn Ihnen der Samstag und der Sonntag zur freien Verfügung stehen. Achten Sie weiter darauf, dass Sie Ihren Sprachkurs nicht in den Erholungsurlaub einbinden. Auch sollten Sie es vermeiden, im Anschluss an den Sprachkurs Ihren Erholungsurlaub in dem betreffenden Land zu planen.

WICHTIG

Sollte das Finanzamt bei einem Sprachkurs im Ausland zu dem Ergebnis kommen, dass außerhalb des Lehrgangs noch genügend Zeit bestand, z. B. Sehenswürdigkeiten zu besichtigen, Ski zu fahren oder Wanderungen durchzuführen, wird es grundsätzlich versuchen, sämtliche Aufwendungen, die mit dem Sprachkurs zusammenhängen, dem Privatbereich zuzurechnen. Lediglich die reinen Kursgebühren wird es als Werbungskosten berücksichtigen.

Neben den Kursgebühren ist auf Grund der Rechtsprechung des Großen Senats des BFH im Beschluss v. 21.9.2009 (➔ Tz 646) eine Aufteilung der Aufwendungen für die mit dem Sprachkurs verbundene Reise, insbesondere der Fahrtkosten, geboten. Diese Aufteilung ist nach Zeitanteilen im Schätzungswege vorzunehmen. Wegen weiterer Einzelheiten ➔ Tz 646.

Führerschein

Kosten für einen Pkw-Führerschein sind in der Regel **nicht abzugsfähig**, die Kosten für den Lkw-Führerschein sind Werbungskosten. Lediglich für Chauffeure, Reisevertreter oder Taxifahrer können **im Einzelfall** die Führerscheinkosten als Werbungskosten **abzugsfähig** sein.   **741**

WICHTIG

Im Beschluss v. 15.2.2005, VI B 188/04, BFH/NV 2005 S. 890 hat es der BFH abgelehnt, Kosten für den Erwerb des **Pkw-Führerscheins** als Werbungskosten anzuerkennen, die der Steuerzahler mit der Begründung geltend gemacht hat, er sei für Fahrten zwischen Wohnung und Arbeitsstätte auf seinen Pkw angewiesen (vgl. auch BFH, Beschluss v. 5.9.2007, VI B 15/07, BFH/NV 2007 S. 2282). Diese Auffassung hat das BMF im Schreiben v. 6.7.2010 (➔ Tz 646) bestätigt. Trotz der

III Gestaltung und Tipps

Möglichkeit, gemischte Aufwendungen in einen abziehbaren und nichtabziehbaren Teilbetrag aufzuteilen, bleibt es hier beim Abzugsverbot der gesamten
Kosten.

Garage

742 Zahlt Ihnen Ihr Arbeitgeber eine **monatliche Miete** dafür, dass Sie Ihren **Dienstwagen** in
einer **eigenen** oder **selbst angemieteten Garage** unterstellen, ist diese Miete **nicht** als
Arbeitslohn **steuerpflichtig**. Vielmehr handelt es sich hierbei um **Einnahmen aus Vermietung und Verpachtung** (vgl. BFH, Urteil v. 7.6.2002, VI R 145/99, BFH/NV 2002
S. 1386).

WICHTIG

Haben Sie die Garage selbst angemietet, können Sie Ihre Mietausgaben den
Mieteinnahmen gegenrechnen. Steht die Garage in Ihrem Eigentum, müssen Sie
die Mieteinnahmen als Einkünfte aus Vermietung und Verpachtung versteuern,
wobei Sie jedoch die auf die Garage entfallenden Grundstückskosten als Werbungskosten abziehen können. Erfolgt die Vermietung nur vorübergehend, kann
auf eine Besteuerung als Einkünfte aus Vermietung und Verpachtung verzichtet
werden, wenn die Einnahmen hieraus **nicht** über **520 € im Veranlagungszeitraum** hinausgehen.

Wird der Dienstwagen von Ihnen auch für **private Zwecke** genutzt, kann die Garagenmiete
nicht anteilig als geldwerter Vorteil besteuert werden, weil die Garagennutzung über die
pauschale 1 %-Regelung abgegolten ist. Nur dann, wenn Sie für die Privatnutzung die
Kfz-Kosten und die privaten Fahrten gegenüber dem Finanzamt nachweisen, ist der Kostenanteil der Garage, der auf die private Nutzung entfällt, der Lohnsteuer zu unterwerfen.

Gehaltsverzicht

743 Verzichtet der beherrschende Gesellschafter-Geschäftsführer einer GmbH auf das ihm
vertraglich zustehende Weihnachtsgeld, stellt sich die Frage, ob auf Grund der Zuflussfiktion bei ihm Arbeitslohn zu versteuern ist. Hierüber muss der BFH im Verfahren VI R
4/10 befinden. Sollte das Finanzamt von einem Lohnzufluss ausgehen, wird Ihnen
empfohlen, den Steuerfall offen zu halten.

Geldstrafen, Geldbußen

744 Geldstrafen und Geldbußen sind auch dann keine Werbungskosten, wenn sie im **Zusammenhang mit der beruflichen Tätigkeit** entstanden sind. Werden **Verwarnungsgelder**,
z. B. bei einem Zustellfahrer, durch den Arbeitgeber übernommen, rechnen diese nicht
zum steuerpflichtigen Arbeitslohn (BFH, Urteil v. 7.7.2004, VI R 29/00, BFH/NV 2005
S. 596).

WICHTIG

Die vorstehende Rechtsprechung hat der BFH im Urteil v. 22.7.2008 (VI R 47/06,
BFH/NV 2009 S. 60) bestätigt. Dort wird ausgeführt, dass ein Arbeitgeber, der
die Zahlung einer Geldbuße oder einer Geldauflage nicht aus ganz überwiegend
eigenbetrieblichem Interesse zugunsten des Arbeitnehmers wegen Verstößen

gegen das Lebensmittelrecht übernimmt, bei dem Arbeitnehmer **Arbeitslohn** zu versteuern hat. Die **Geldbußen** können nicht als Werbungskosten abgezogen werden. Ein Werbungskostenabzug der **Geldauflagen** scheidet ebenfalls aus, soweit die Auflage nicht lediglich der Wiedergutmachung des durch die Tat verursachten Schadens dienen.

Sind **Bestechungsgelder** an einen Arbeitnehmer von dritter Seite, z. B. von einem Kunden oder Lieferanten, gezahlt worden, gehören diese zu den sonstigen Einkünften (§ 22 Nr. 3 EStG). Kommt es dann in einem späteren Veranlagungszeitraum zur Rückzahlung der Bestechungsgelder, weil die Sache „aufgeflogen" ist, liegt ein Verlust aus sonstigen Einkünften vor, der im Abflusszeitpunkt in voller Höhe steuermindernd berücksichtigt werden kann (BFH, Urteil v. 26.1.2000, IX R 87/95, BFH/NV 2000 S. 1031).

Geschenke

Geschenke aus persönlichem Anlass, z. B. anlässlich der Beförderung eines Behörden- **745** chefs, sind nicht abzugsfähig. Ansonsten gelten die Abzugsbeschränkungen für Geschenke aus dem gewerblichen Bereich bzw. bei Freiberuflern auch für Arbeitnehmer, und zwar mit der Grenze von 35 €. Einzelheiten ➜ Tz 860.

Internet, Online-Dienste

Wer seinen Computer so ausrüstet, dass er damit im Internet surfen kann, muss damit **746** rechnen, dass ihm das Finanzamt nicht nur den Abzug der Kosten für das Internet, z. B. an einen sog. Provider für den Internetzugang, versagt, sondern darin auch eine **private Mitverwendung** des Computers sieht, die zu einer partiellen Werbungskostenkürzung führt. Dies gilt auch bei einer Nutzung von Online-Diensten mit Hilfe Ihres Computers. Begründung des Finanzamts: Das Programmangebot der Online-Dienste und des Internets ist so reichhaltig, dass es zwar dem Beruf förderlich sein kann, wegen des bestehenden Aufteilungs- und Abzugsverbots eine fast ausschließliche berufliche Nutzung der Dienste jedoch regelmäßig ausgeschlossen ist.

TIPP

Eine andere Betrachtung kann nur für Steuerzahler gelten, die ihre beruflichen Daten und Informationen aus einem firmeneigenen **Intranet** beziehen. Im Gegensatz zum Internet können auf das Intranet nur bestimmte Nutzer aus beruflichen Gründen zugreifen.

Hat Ihr Arbeitgeber Ihnen einen **Heimarbeitsplatz mit Internet-Anschluss** eingerichtet, unterstellt die Finanzverwaltung nicht ohne weiteres für diesen Anschluss ein ganz überwiegend betriebliches Interesse des Arbeitgebers. Vielmehr ist die betriebliche Nutzung des Internet-Anschlusses detailliert darzulegen. Ist der Heimarbeitsplatz für eine Schreibkraft eingerichtet, die ihre Arbeiten per Internet dem Arbeitgeber zumailt, oder werden ihr umgekehrt vom Arbeitgeber Schriftstücke zur weiteren Bearbeitung zugemailt, dürften keine Bedenken gegen eine ausschließliche oder zumindest überwiegende betriebliche Veranlassung des Internet-Anschlusses bestehen.

III Gestaltung und Tipps

WICHTIG

Für eine **steuerfreie Erstattung** durch den Arbeitgeber ist es erforderlich, dass der Arbeitnehmer folgende Angaben festhält:

– Datum, Uhrzeit und Dauer der beruflichen Nutzung sowie
– konkrete Veranlassung und Adresse der Verbindung (z. B. Homepage, Web-Site) bei beruflicher Nutzung. Wird der Internet-Zugang zur Versendung von E-Mails verwendet, besteht die Möglichkeit, alle erforderlichen Daten, mit Ausnahme der Sendezeit, aus dem Ordner „gesendete Objekte" zu entnehmen.

747 Sollten Sie Ihren Internet-Anschluss zu Hause sowohl beruflich als auch für private Zwecke nutzen, dürfte es in der Praxis immer wieder Probleme geben, wenn der Arbeitgeber Ihnen einen Teil der Kosten steuerfrei als sog. **Auslagenersatz** erstattet. Hier sollten Sie zusammen mit dem Arbeitgeber überlegen, ob er Ihnen nicht zusätzlich zum ohnehin geschuldeten Arbeitslohn die Aufwendungen für die Internetnutzung bezahlt. Dann besteht die Möglichkeit der **Pauschalbesteuerung** zuzüglich Solidaritätszuschlag und pauschaler Kirchensteuer. Pauschal wird allerdings nur das besteuert, was auf die privaten Verbindungen entfällt; beruflich veranlasste Verbindungsentgelte sind bei entsprechendem Nachweis vom Arbeitgeber steuerfrei erstattungsfähig.

TIPP

Damit Ihr Arbeitgeber nicht monatlich von Ihnen die Abrechnung über die Internetgebühren verlangen und zum Lohnkonto nehmen muss, gestattet es die Finanzverwaltung in R 40.2 Abs. 5 LStR, dass Ihr Arbeitgeber Ihnen ohne Überprüfung der Aufwendungen für die Internetnutzung **bis zu 50 € im Monat als pauschal besteuerter Arbeitslohn auszahlen** darf. Sie müssen allerdings Ihrem Arbeitgeber schriftlich erklären, dass Sie einen Internetzugang besitzen und Ihnen dafür monatlich 50 € und mehr an Kosten entstehen. Ihr Arbeitgeber hat diese Erklärung als Beleg zum Lohnkonto aufzubewahren.

Will Ihnen Ihr Arbeitgeber **mehr als 50 €** im Monat als Barzuschuss zur Internetnutzung zahlen, kann er diesen Betrag nur dann pauschal besteuern, wenn Sie für mindestens **3 Monate** anhand Ihrer Rechnungen die Höhe der **Internetgebühren festhalten** und gegenüber Ihrem Arbeitgeber nachweisen.

Sollten Ihnen für den Telefon- und Internetanschluss in Ihrer **Privatwohnung** Aufwendungen entstehen, die sowohl beruflich als auch privat veranlasst sind, kann der Arbeitgeber **bis zu 20 €** im Monat im Rahmen der Kleinbetragsregelung für die berufliche Nutzung des Telefonapparats und des Internetzugangs als steuerfreien Arbeitgeberersatz zahlen. Dafür müssen Sie ihm jeden Monat die Abrechnung über Ihren Privatanschluss vorlegen. Darüber hinaus kann der Arbeitgeber für die private Internetnutzung noch einmal zusätzlich 50 € zahlen, die er dann pauschal mit 25 % der Lohnsteuer unterwerfen muss.

WICHTIG

Das, was steuerfrei oder pauschal besteuert von Ihrem Arbeitgeber als Arbeitslohn gezahlt wird, unterliegt **nicht** der **Sozialversicherung**. Damit können Sie Ihrem Arbeitgeber diese zusätzlichen Zahlungen „schmackhaft" machen. Denn auch er spart sich die Sozialversicherungsbeiträge.

Sollte Ihnen Ihr Arbeitgeber für die Internetnutzung einen pauschal besteuerten Barzuschuss gezahlt haben, ist ein Werbungskostenabzug für die berufliche Nutzung des Internets grundsätzlich ausgeschlossen (R 40.2 Abs. 5 Satz 10 LStR). Denn in Höhe des Barzuschusses wird unterstellt, dass es sich hierbei um privat veranlasste Aufwendungen für die Internetnutzung handelt. Übernimmt der Arbeitgeber nur einen **Teil der Internetgebühren**, ist der pauschal besteuerte Arbeitgeberzuschuss zunächst auf die privat veranlassten Aufwendungen anzurechnen. Nur in Höhe des Restbetrags zwischen tatsächlichen Aufwendungen und pauschal besteuertem Arbeitgeberzuschuss kann noch beruflich veranlasster Aufwand vorliegen.

TIPP

Gehen Sie als Arbeitnehmer hin und weisen Sie dem Finanzamt den **beruflichen Anteil** der Internetgebühren anhand geeigneter Aufzeichnungen für einen **repräsentativen Zeitraum** von **3 Monaten** nach, können Sie diesen Aufwand als Werbungskosten auch dann abziehen, wenn Ihnen Ihr Arbeitgeber für die private Internetnutzung monatlich 50 € zahlt und pauschal besteuert, die gesamten Aufwendungen aber geringer sind als die Summe aus Werbungskosten und pauschal besteuertem Arbeitslohn (Vereinfachungsregelung in R 40.2 Abs. 5 Satz 12 LStR).

BEISPIEL

Der Arbeitnehmer A wendet im Monat 70 € für die Internetnutzung auf. Anhand von geeigneten Aufzeichnungen kann er dem Finanzamt nachweisen, dass 30 € davon auf die beruflich veranlasste Nutzung entfallen. Der Arbeitgeber zahlt ihm monatlich einen Barzuschuss zur Internetnutzung von 50 €, der pauschal der Lohnsteuer unterworfen wird.

In diesem Fall kann A aus Vereinfachungsgründen 30 € als Werbungskosten abziehen, obwohl spitz gerechnet nur ein Werbungskostenanteil von

gesamte Internetgebühren:	70 €
davon vom Arbeitgeber als privat veranlasst durch Barzuschuss abgedeckt:	./. 50 €
beruflich veranlasster Anteil:	20 €
verbleibt.	

WICHTIG

Unter die Pauschalbesteuerung fallen auch Aufwendungen für die Internetnutzung durch Familienangehörige, wie z. B. Ihre Kinder.

TIPP

Will Ihnen Ihr Arbeitgeber die Internetkosten nicht zusätzlich zum ohnehin geschuldeten Arbeitslohn zahlen, dürfen Sie nicht den **Fehler** begehen, mit ihm eine **Barlohnumwandlung** zu vereinbaren. Barlohnumwandlung bedeutet, dass Sie auf einen Teil Ihres Barlohns verzichten und statt dessen eine Kostenerstattung der Internetgebühren erhalten. Die Barlohnumwandlung berechtigt nicht zur Pauschalbesteuerung. Vielmehr sollten Sie sich bei der nächsten Gehaltserhöhung mit dem Arbeitgeber darauf einigen, dass Ihnen zusätzlich zu

III Gestaltung und Tipps

der Gehaltserhöhung ein Zuschuss zu den Kosten für die Internetnutzung gezahlt wird. Damit sichern Sie sich die Pauschalbesteuerung für diesen Zuschuss. Selbstverständlich wird der Arbeitgeber darauf drängen, dass dann die Gehaltserhöhung etwas geringer ausfällt.

Job-Ticket, Bahncard

748 Haben Sie 2010 auf **eigene Kosten eine Monatskarte**, eine Regionalkarte oder eine Netzkarte erworben, steht Ihnen die **Entfernungspauschale ohne Kürzung** zu. Der Umstand, dass Sie das Ticket im gesamten Verkehrsbereich auch für Privatfahrten nutzen können, hat somit keinerlei Bedeutung für den Werbungskostenabzug. Das Gleiche gilt für eine Bahncard, wenn Sie diese zur Kostenersparnis bei Fahrten zwischen Wohnung und Arbeitsstätte und bei Dienstreisen angeschafft haben. Die Kosten sind durch den Ansatz der Entfernungspauschale abgegolten; eine private Mitverwendung ist für die Höhe des Werbungskostenabzugs unbeachtlich.

Klassenfahrt

749 Waren Sie z. B. als Lehrer 2010 auf Klassenfahrt, können Sie die Kosten als Werbungskosten abziehen; dies gilt auch für die Auslandsfahrt und für den Schüleraustausch.

Dagegen wird Ihnen das Finanzamt einen Werbungskostenabzug für eine Reise versagen, die Sie zur Vorbereitung einer Klassenfahrt unternommen haben, wenn sich diese Reise nicht von einer **allgemein touristisch geprägten Reise** unterscheidet und auch nicht festgestellt werden kann, in welcher Weise die vor Ort von Ihnen gesammelten Erfahrungen für die spätere Klassenfahrt konkret erforderlich gewesen sind. Denken Sie z. B. an eine Vorbereitungsreise an den Gardasee, bei der Sie in 4 Tagen neben der Besichtigung von Schülerunterkünften eine Dolomitenrundfahrt, einen Tagesausflug nach Venedig und eine Gardasee-Rundfahrt unternommen haben. Hier müssten Sie dem Finanzamt gegenüber nachweisen können, dass insbesondere Ihre Fahrten nur deshalb unternommen worden sind, weil die Schüler bei der späteren Klassenfahrt ebenfalls an diesen Fahrten teilnehmen sollten und zum Teil auch tatsächlich teilgenommen haben.

Kontoführungsgebühren

750 Kontoführungsgebühren für die Gutschrift des Arbeitslohns und beruflich veranlasste Überweisungen sind Werbungskosten. Die Finanzverwaltung erkennt **ohne Einzelnachweis 16 €** als Werbungskosten an. Sie sollten auf jeden Fall in der Anlage N **pauschal 16 €** für die Kontoführungsgebühren eintragen. Ist auch Ihr Ehegatte berufstätig, so kann jeder von Ihnen bei der Ermittlung seiner Einkünfte aus nichtselbstständiger Arbeit einen Betrag von 16 € als Kontoführungsgebühren geltend machen, selbst dann, wenn beide Arbeitslöhne auf ein Konto überwiesen werden; denn jede Kontoeintragung kostet Geld.

Kosmetika

751 Selbst bei einem beruflich bedingten hohen Verbrauch an Kosmetika, z. B. bei einer Fernsehansagerin oder Schauspielerin, lässt die Rechtsprechung den Abzug als Werbungskosten nicht zu. Dies finden Sie nunmehr bestätigt im BMF-Schreiben v. 6.7.2010 (➜ Tz 646).

Konzertbesuche

Konzertbesuche sind bei einer Musiklehrerin **nicht absetzbar**, da sie auch privat ver- **752**
anlasst sind. Hiervon geht die Finanzverwaltung (vgl. BMF-Schreiben v. 6.7.2010,
➜ Tz 646) auch nach Änderung der Rechtsprechung des BFH zu den gemischten Aufwendungen aus. Stellen Sie sich daher auf die Streichung dieser Aufwendungen als
Werbungskosten ein.

Kraftfahrzeugkosten

Kraftfahrzeugkosten gehören zu den steuerlich abziehbaren Werbungskosten, soweit sie **753**
auf Fahrten im **Rahmen einer Dienstreise** (➜ Tz 668) entfallen. Die Fahrtkosten im
Zusammenhang mit **Dienstreisen** können in **unbeschränkter Höhe abgezogen** werden,
allerdings müssen Sie die Kosten im Einzelnen nachweisen. Eine Schätzung der Kosten,
z. B. nach den ADAC-Tabellen, wird vom Finanzamt nicht anerkannt. Haben Sie jedoch alle
Kfz-Kosten mit Ausnahme der Benzinbelege aufgezeichnet, können Sie den Benzinver-
brauch anhand der Herstellerangaben oder der Angaben vom ADAC schätzen (BFH, Urteil
v. 7.4.1992, VI R 113/88, BStBl 1992 II S. 854). Die Kosten für die Fahrten zwischen
Wohnung und Arbeitsstätte können nur im Rahmen der Entfernungspauschale abgezogen
werden. Ausführliche Hinweise ➜ Tz 712.

Beim **Leasingfahrzeug** eines Arbeitnehmers gehören die **Sonderzahlungen** zu den
laufenden Kosten, sie müssen also nicht auf die Dauer des Leasingvertrags verteilt
werden. Dies kann dazu führen, dass die Kilometerkosten in einem Jahr deutlich höher
liegen als in anderen (BFH, Urteil v. 5.5.1994, VI R 100/93, BStBl 1994 II S. 643).

TIPP

Führen Sie häufiger mit Ihrem Privat-Pkw Dienstreisen durch und haben Sie das
Fahrzeug geleast, sollten Sie zumindest für das Jahr, in dem Sie die **Sonderzah-
lung** geleistet haben, den **Einzelnachweis** wählen.

Haben Sie auf den Einzelnachweis der Kosten verzichtet und setzen Sie den **Pauschbetrag**
von 0,30 € pro gefahrenen Kilometer an, sind mit diesem Kilometersatz sämtliche
normalerweise mit dem Betrieb des Fahrzeugs verbundenen Kosten abgegolten.

TIPP

Parkgebühren, Unfallkosten und evtl. die Kosten für einen Austauschmotor
(➜ Tz 726) können Sie neben dem Pauschbetrag von 0,30 € pro gefahrenen
Kilometer absetzen. Noch unklar ist die Frage, ob **Umrüstungskosten auf
Flüssiggasbetrieb** Ihres Pkw neben der Kilometerpauschale abzugsfähig sind
(vgl. BFH-Verfahren unter VI R 12/09).

Liegt Ihre Jahresfahrleistung **über 40.000 km**, kann der Ansatz des Pauschbetrags von
0,30 € pro gefahrenen Kilometer zu einer „offensichtlich unzutreffenden Besteuerung"
führen. Dies hat die Konsequenz, dass das Finanzamt auch bei der Pauschale **prüft**, ob
nicht die tatsächlichen Kosten niedriger liegen.

III Gestaltung und Tipps

WICHTIG

Der BFH muss sich im Zusammenhang mit dem geldwerten Vorteil aus einer privaten Pkw-Nutzung mit der Frage auseinandersetzen, ob sich seine Rechtsprechung, privat veranlasste Einzelfahrten in Abhängigkeit vom Umfang der tatsächlichen Nutzung durch Einzelbewertung der Fahrten nach der 0,002 %-Methode bezogen auf den Listenpreis zu ermitteln, noch im Rahmen der gesetzlichen Vorgaben bewegt. In diesem Zusammenhang wird auf die anhängigen Verfahren unter Az. VI R 55 und 57/09 hingewiesen. Die Finanzverwaltung lässt also in diesem Punkt nicht locker und will einen höheren geldwerten Vorteil durchsetzen.

In diesem Zusammenhang sind noch 2 weitere Verfahren vor dem BFH zu erwähnen:

- Ist bei einem **Außendienstmitarbeiter** der Firmensitz des Arbeitgebers als regelmäßige Arbeitsstätte zu qualifizieren, wenn er verpflichtet ist, diesen einmal täglich aufzusuchen, ihm dort aber kein individuell eingerichteter Arbeitsplatz zur Verfügung steht und er dort auch nicht arbeitstäglich Anweisungen bzw. Aufträge erhält (Az. VI R 58/09)?
- Welchen Einkünften und Personen ist eine **private Kfz-Nutzung** zuzurechnen, wenn das Kfz vom Ehegatten benutzt wird, der auch im Betrieb des anderen Ehegatten beschäftigt ist (Az. VI R 48/09)?

Musikinstrumente

754 Die Anschaffungskosten für ein Musikinstrument rechnen nur bei einem **Musiklehrer** oder bei einem **Orchestermusiker** zu den Werbungskosten. Liegt der Preis für das Instrument über **410 € netto**, muss der Kaufpreis auf die voraussichtliche Nutzungsdauer des Instruments verteilt werden. Insbesondere bei sehr teuren Musikinstrumenten prüft die Finanzverwaltung immer wieder die Angemessenheit sowie die private Veranlassung. Die Grenzen sind für einen Berufsmusiker dabei recht weit; so wurde ein Konzertflügel für umgerechnet ca. 15.300 € noch als Arbeitsmittel anerkannt.

Ein Werbungskostenabzug wird Ihnen versagt, wenn Sie als Besitzer eines Steinway-Flügels eine **Generalüberholung** mit einem Kostenaufwand von über 10.200 € ausführen lassen.

WICHTIG

Bei einer über 300 Jahre alten Meistergeige, die im Konzertalltag regelmäßig bespielt wird, ist nach Auffassung des BFH (vgl. Urteil v. 26.1.2001, VI R 26/98, BFH/NV 2001 S. 544) eine AfA anzusetzen, auch wenn es wirtschaftlich zu einem Wertzuwachs kommt. Die Restnutzungsdauer ist in diesem Fall auf 100 Jahre zu schätzen, sofern Sie keine kürzere Nutzungsdauer darlegen und nachweisen bzw. zumindest glaubhaft machen.

Übrigens: Ein **Fachbereichsleiter** für das Fach **Musik**, der auch das Schulorchester leitet, kann trotz seiner beruflichen Beziehungen zur Musik die Kosten für Musik-CDs nicht als Werbungskosten geltend machen. Hier greift – wie bei „schöngeistigen" Büchern – das Aufteilungsverbot des § 12 Nr. 2 EStG. An diesem Aufteilungsverbot hat sich durch die Rechtsprechung des Großen Senats zu den gemischten Aufwendungen (➜ Tz 646) nichts geändert. Nur dann, wenn solche CDs ausschließlich beruflichen Zwecken dienen und dies gegenüber dem Finanzamt auch nachgewiesen werden kann, ist ausnahmsweise ein Abzug möglich. Denken Sie z. B. an den Fall, dass die CDs in der Schule aufbewahrt und der Schule im Anschluss an die Behandlung im Unterricht für weitere Unterrichtszwecke zur Verfügung gestellt werden. Oder denken Sie an den Fall, dass Sie für private Zwecke bereits über entsprechende CDs verfügen, so dass es sich bei der „Schulfassung" um ein Zweitexemplar handelt.

Prozesskosten

Mussten Sie 2010 Kosten im Zusammenhang mit einem Prozess bezahlen, der ausschließ- **755** lich mit Ihrer beruflichen Tätigkeit zusammenhängt, handelt es sich um Werbungskosten. Dies gilt z. B. für ein Verfahren vor dem **Arbeitsgericht** oder für die Kosten eines **Dienststraf- oder Disziplinarverfahrens.** Die Kosten für die Strafverteidigung gehören nur zu den Werbungskosten, wenn Sie im Rahmen Ihrer beruflichen Tätigkeit den strafrechtlichen Schuldvorwurf ausgelöst haben (BFH, Urteile v. 13.12.1994, VIII R 34/93, BStBl 1995 II S. 457, und v. 18.10.2007, VI R 42/04, BFH/NV 2008 S. 155; Abzug gilt auch für Wiederaufnahmeverfahren), z. B. bei einem Verkehrsunfall auf einer Dienstfahrt oder bei einem Berufskraftfahrer. Dies gilt auch, wenn es zu einer Bestrafung des Arbeitnehmers kommt (BFH, Urteil v. 19.2.1982, VI R 31/78, BStBl 1982 II S. 467).

WICHTIG

Wird im Rahmen eines Strafverfahrens eine Geldbuße verhängt und das Verfahren anschließend eingestellt, ist die Geldbuße weder als Werbungskosten noch als Spende abzugsfähig (➜ Tz 378, ➜ Tz 873).

Schadensersatz

Haben Sie im Rahmen Ihrer beruflichen Tätigkeit einen Schaden verursacht, für den Sie **756** ersatzpflichtig sind, können diese **Ersatzleistungen** als **Werbungskosten** abzugsfähig sein.

BEISPIEL

Sie haben durch Unachtsamkeit am Dienstwagen Ihres Arbeitgebers einen Schaden verursacht; der Arbeitgeber verlangt von Ihnen die Übernahme des hälftigen Schadens.

Sie haben als Kassiererin zu viel Geld ausgezahlt und Ihr Chef verlangt von Ihnen, dass Sie einen Teil dieses Schadens mitübernehmen.

In Einzelfällen, z. B. bei **Unterschlagungen**, bei vorsätzlicher Beschädigung oder Betrug, zählt der Schadensersatz **nicht** zu den **Werbungskosten.**

Sportgeräte und Sportkleidung

Nur bei **hauptberuflichen Sportlehrern** können die Kosten von Sportgeräten und Sport- **757** kleidung als Werbungskosten abgezogen werden. Gleiches gilt für Arbeitnehmer, bei denen die Ausübung des Sports zu den Dienstpflichten gehört, z. B. bei Polizeibeamten. Schädlich ist, so der BFH im Urteil v. 21.11.1986 (VI R 137/83, BStBl 1987 II S. 262), ein privater Nutzungsanteil von ca. 15 %.

III Gestaltung und Tipps

Steuerberatungskosten

758 Steuerberatungskosten können Sie nur geltend machen, wenn es sich hierbei um Werbungskosten oder Betriebsausgaben handelt. Der Abzug von Steuerberatungskosten im Sonderausgabenbereich ist ab 2006 weggefallen. Daher ist es für Sie wichtig, dass Ihr Steuerberater
in der Gebührenrechnung den Teil der Gebühren angibt, der auf die **Bearbeitung der
Anlage N** entfällt. Diesen Gebührenteil können Sie als **Werbungskosten** abziehen.

TIPP

Lassen Sie die Einkommensteuererklärung durch einen Lohnsteuerhilfeverein
erstellen und zahlen Sie dafür einen Jahresbeitrag, besteht auch hier die
Möglichkeit, diesen Jahresbeitrag auf die Bereiche „Bearbeitung der Anlage N"
und „Bearbeitung des Mantelbogens" aufzuteilen. Aufteilungsmaßstab ist das,
was nach der Steuerberatergebührenverordnung für beide Bereiche berechnet
werden könnte. Sollte der **Lohnsteuerhilfeverein** sowohl den Mantelbogen als
auch die Anlage N bearbeitet haben, sieht die Finanzverwaltung (BMF, Schreiben
v. 21.12.2007, IV B 2 – S 2144/07/0002, BStBl 2008 I S. 256) hierin gemischt
veranlasste Steuerberatungskosten. Betragen die **Beiträge** an den Lohnsteuerhilfeverein **nicht mehr als 100 €** im Veranlagungszeitraum, können sie unter
Vereinfachungsgesichtspunkten in voller Höhe als Werbungskosten geltend
gemacht werden. Gehen die Beiträge **über 100 €** hinaus, besteht auch die
Möglichkeit, **50 %** der Beiträge **dem Werbungskostenbereich zuzuordnen**.
Von der zuletzt genannten Schätzungsmethode wird man in der Praxis nur dann
Gebrauch machen, wenn die Beiträge mehr als 200 € betragen.

Die beiden vorstehend genannten Vereinfachungsregelungen sind auch bei Aufwendungen für **Steuerfachliteratur** anzuwenden. Hierbei handelt es sich ebenfalls um gemischt
veranlasste Aufwendungen, die bis zu einem Betrag von 100 € im Veranlagungszeitraum
in voller Höhe als Werbungskosten oder Betriebsausgaben berücksichtigt werden können.
Betragen die Aufwendungen mehr als 100 € und maximal 200 €, kann ebenfalls so
vorgegangen werden, dass die ersten 100 € dem Abzugsbereich und der darüber hinausgehende Betrag den nichtabziehbaren Steuerberatungskosten zugerechnet werden. Bei
Aufwendungen über 200 € empfiehlt es sich, von der „fifty-fifty-Regelung" Gebrauch zu
machen. Danach sind zumindest 50 % der Steuerberatungskosten als Betriebsausgaben
oder Werbungskosten abzugsfähig. Auch die Anschaffungskosten für TAXMAN können,
wenn keine weiteren Steuerberatungskosten in 2010 angefallen sind, in der Einkommensteuererklärung 2010 in voller Höhe als Betriebsausgaben oder Werbungskosten berücksichtigt werden; Einzelheiten ➜ Tz 377.

In Einzelfällen können die Kosten für Steuerfachliteratur als Werbungskosten ohne
Begrenzung abgezogen werden, wenn sie zur Fortbildung in einem ausgeübten Beruf
dienen, z. B. bei einem Steuerfachwirt.

Studienreise und Kongresse

759 Die Kosten für eine Studienreise können Sie nur dann als Werbungskosten abziehen, wenn
die Reise **ausschließlich** oder **weit überwiegend im beruflichen Interesse** erfolgt ist.
Entscheidend ist, dass ein **konkreter Bezug** zur beruflichen Tätigkeit besteht und die
gesamte Reiseplanung ganz besonders auf die Belange Ihres Berufs oder Ihre spezielle

Tätigkeit zugeschnitten ist; insbesondere kommt es darauf an, wie viele Tage der Studienreise ausschließlich der beruflichen Fortbildung dienen. Der persönliche Erlebniswert einer solchen Reise darf gegenüber der beruflichen Veranlassung nicht ins Gewicht fallen (BFH, Beschluss v. 12.10.2006, VI B 154/05, BFH/NV 2007 S. 51).

Die Rechtsprechung des BFH ist **außerordentlich streng** und überwiegend ablehnend. Dies gilt vor allem für Studienreisen ins Ausland und zu Reisezielen, die von **allgemeinem touristischem Interesse** sind. Gegen eine berufliche Veranlassung spricht die Mitnahme der Ehefrau oder ein häufiger Ortswechsel im Ausland. Die **Finanzämter verlangen** bei Studienreisen die **Vorlage des Reiseprogramms**, Angaben über die Reiseteilnehmer, in Einzelfällen sogar die Teilnahmebestätigung für die jeweiligen Kurstage. Anhand dieser Unterlagen werden dann die folgenden Kriterien geprüft:

- Ist **Veranstalter** der Reise z. B. ein **Fachverband**, spricht dies für eine berufliche Veranlassung, ist dies ein Tourismusbüro, liegt mehr eine private Veranlassung vor.
- Ist die Veranstaltung laut Reiseprogramm auf die besonderen **beruflichen Belange** des Steuerzahlers ausgerichtet, spricht dies für den Werbungskostenabzug. Werden derartige Reisen von Angehörigen anderer Berufsgruppen aus privaten Gründen unternommen, ist dies wieder ein Plus für die private Mitveranlassung.
- Ist die Reise straff und **lehrgangsmäßig organisiert**, so dass die Befriedigung privater Interessen nahezu ausgeschlossen ist, spricht dies für die berufliche Veranlassung. Ergibt sich aber aus dem Reiseprogramm und dem tatsächlichen Reiseverlauf, dass z. B. auf Grund einer überlangen Mittagspause oder von veranstaltungsfreien Tagen Gelegenheit zu nicht beruflichen Unternehmungen besteht, wird dies als gewichtiges Merkmal für eine private Mitveranlassung angesehen.

Die Finanzverwaltung geht grundsätzlich von einer straffen Organisation der Studienreise aus, wenn der durchschnittliche **berufliche Zeitaufwand pro Tag** ca. **8 Stunden** beträgt. Mit Rücksicht auf die Gestaltung von Lehrgängen kann jedoch auch ein Zeitaufwand von mindestens durchschnittlich **6 Stunden pro Tag** als angemessen angesehen werden. Dabei sind An- und Abreisetag bei der Betrachtung nicht zu berücksichtigen.

Weitere Indizien für oder gegen das Vorliegen einer beruflichen Veranlassung

Indizien	Für eine berufliche Veranlassung	Gegen eine berufliche Veranlassung
Dienstbefreiung durch den Arbeitgeber	✔	
Entspannende und kostspielige Beförderung, z. B. eine Schiffsreise		✔
Gewährung von Sonderurlaub	✔	
Häufiger Ortswechsel, sofern dies nicht durch die Eigenart der Veranstaltung zwingend bedingt ist		✔
Homogenität des Teilnehmerkreises	✔	
Mitnahme des Ehegatten oder anderer naher Angehöriger		✔
Veranstaltungsort als bevorzugtes Tourismusziel		✔

III Gestaltung und Tipps

Indizien	Für eine berufliche Veranlassung	Gegen eine berufliche Veranlassung
Verbindung der Studienreise mit einem anschließenden Privataufenthalt		✔
Zahlung von Zuschüssen durch den Arbeitgeber	✔	

WICHTIG

Ist eine Auslandsgruppenreise mit einem Privataufenthalt, z. B. im Anschluss an die Gruppenreise, verbunden, erkennt die Finanzverwaltung die Aufwendungen nur dann als beruflich veranlasst an, wenn der private Aufenthalt im Verhältnis zur Gruppenreise **zeitlich von untergeordneter Bedeutung** ist (vgl. OFD Frankfurt, Verfügung v. 3.4.2001, S 2227 A – 3 – St II 34).

Ist eine Auslandsgruppenreise wegen des vorangegangenen oder nachfolgenden Privataufenthalts als nicht beruflich veranlasst anzusehen, sind grundsätzlich alle Aufwendungen nicht abzugsfähig. Wegen der neueren BFH-Rechtsprechung unter Berücksichtigung der Entscheidung des Großen Senats des BFH zu den gemischten Aufwendungen ➜ Tz 646.

Aufwendungen für **Seminare zur Persönlichkeitsentfaltung** sind beruflich veranlasst, wenn die Veranstaltungen primär auf die spezifischen Bedürfnisse des vom Steuerzahler ausgeübten Berufs ausgerichtet sind. Indizien für die berufliche Veranlassung sind insbesondere die Lehrinhalte und ihre konkrete Anwendung in der beruflichen Tätigkeit, der Ablauf des Lehrgangs sowie die teilnehmenden Personen (BFH, Urteil v. 28.8.2008, VI R 35/05, BFH/NV 2008 S. 2108). In diesen Zusammenhang passt auch das BFH-Urteil v. 28.8.2008 (VI R 44/04, BFH/NV 2008 S. 2106). In diesem Urteil wird die berufliche Veranlassung von Aufwendungen für **Kurse** zum neuro-linguistischen Programmieren **zur Verbesserung der Kommunikationsfähigkeit** insbesondere dadurch indiziert, dass die Kurse von einem berufsmäßigen Veranstalter durchgeführt werden, ein homogener Teilnehmerkreis vorliegt und der Erwerb der Kenntnisse und Fähigkeiten auf eine abschließende Verwendung in der beruflichen Tätigkeit angelegt ist. Dabei sind private Anwendungsmöglichkeiten der in den Kursen vermittelten Lehrinhalte unbeachtlich, wenn sie sich als bloße Folge zwangsläufig und untrennbar aus den im beruflichen Interesse gewonnenen Kenntnissen und Fähigkeiten ergeben.

TIPP

Können Sie aber dem Finanzamt nachweisen oder zumindest glaubhaft machen, dass einzelne Aufwendungen ausschließlich und eindeutig beruflich veranlasst sind, steht einem Werbungskostenabzug nichts im Wege. Dies ist z. B. bei Aufwendungen der Fall, die zusätzlich zu den Kosten für eine Gruppenreise oder für eine sonst als privat zu beurteilende Reise entstehen, vorausgesetzt, es lässt sich eine sichere und leicht erkennbare Trennung der Aufwendungen vornehmen. Dies gilt insbesondere für solche Kosten, die nicht entstanden wären, wenn Sie den ausschließlich beruflich veranlassten Reiseteil nicht durchgeführt hätten. Denken Sie z. B. an die zusätzlichen Aufwendungen für den Eintritt und eventuelle Kongressgebühren.

Auch Unterbringungskosten und Mehraufwendungen für Verpflegung sind beruflich veranlasst, wenn sie zusätzlich im Zusammenhang mit dem beruflich veranlassten Teil der Reise angefallen sind. Dies gilt z. B. für den Fall, dass Sie während eines Privataufenthalts in einem anderen Hotel für Ihren Vortrag eine Nacht verbringen. Die zusätzlichen Unterbringungskosten sind Werbungskosten. Dies gilt übrigens auch für die Fahrtkosten vom Urlaubsort zum Veranstaltungsort und zurück. Dagegen sind die Aufwendungen für die Fahrt von Ihrem Wohnort zum Urlaubsort und zurück als privat veranlasst anzusehen.

Telearbeitsplatz

In vielen Dienstleistungsbereichen erledigen Arbeitnehmer ihre Arbeit nicht mehr von **760** ihrem Büro aus, sondern von ihrem **Arbeitsplatz zu Hause**. Dies ermöglicht die moderne Telekommunikationstechnik. Der Arbeitgeber richtet meist dem Arbeitnehmer zu Hause einen Arbeitsplatz mit den erforderlichen technischen Arbeitsmitteln ein. Dazu gehören ein PC mit Monitor und Drucker, ein Fax-Gerät, spezielles EDV-Mobiliar, ein ISDN-Anschluss oder andere Anschlussmöglichkeiten an das Internet.

WICHTIG

Stellt der Arbeitgeber die vorgenannten Arbeitsmittel zur Verfügung, kommt es insoweit bei Ihnen als Arbeitnehmer nicht zu einer Lohnbesteuerung aus der Überlassung der Arbeitsmittel. Der Arbeitgeber muss den Arbeitnehmer allerdings darauf hinweisen, dass die Arbeitsmittel **ausschließlich für Zwecke der Telearbeit verwendet** werden dürfen; er hat dies zu kontrollieren.

Wird der Telearbeitsplatz mit dem Datennetz des Unternehmens verbunden, in der Regel erfolgt dies über einen **ISDN-Anschluss**, stellen die dafür angefallenen Kosten bei dem Arbeitnehmer keinen geldwerten Vorteil dar, wenn die private Nutzung des Anschlusses untersagt ist. Wird von dem ISDN-Anschluss eine Anschlussmöglichkeit für das private Telefon genutzt, können von der monatlichen Grundgebühr nur die Aufwendungen steuerfrei erstattet werden, die auf die ausschließliche Nutzung des ISDN-Anschlusses für den Telearbeitsplatz entfallen. Dazu ist die monatliche Grundgebühr im Verhältnis der privaten und der beruflich veranlassten Einzelkosten aufzuteilen. Neben der anteiligen Grundgebühr können auch die beruflich veranlassten Gesprächseinheiten, die auf der Abrechnung der Telekom unter jeder Rufnummer gesondert ausgewiesen werden, vom Arbeitgeber erstattet werden. Die Finanzverwaltung fordert als Nachweis für die **berufliche Mitbenutzung** des Internet-Zugangs, dass der Arbeitnehmer den Aufteilungsschlüssel aus den Abrechnungen der Telefongesellschaft bzw. des Netzbetreibers oder einer gesonderten Rechnung des Providers unter Berücksichtigung des Zeitfaktors entnimmt. Dabei sind neben den Verbindungsentgelten auch die Aufwendungen für die Anschaffung, den Einbau und den Anschluss der Geräte in die Bemessungsgrundlage für die berufliche Nutzung einzubeziehen.

Werden dem Arbeitnehmer die **Stromkosten** für den Betrieb von PC, Drucker oder Fax-Gerät ersetzt, handelt es sich hierbei um steuerfreien Auslagenersatz (§ 3 Nr. 50 EStG). Dies setzt allerdings voraus, dass die Stromkosten **einzeln nachgewiesen** werden. Berechnungsgrößen für diesen Auslagenersatz sind die durchschnittliche Betriebszeit und der in der Gebrauchsanweisung für die Geräte angegebene Stromverbrauch. Im Interesse einer vereinfachten Abwicklung kann auf dieser Grundlage in Einzelfällen vom zuständigen Betriebsstättenfinanzamt des Arbeitgebers ein pauschaler Erstattungsbetrag

III Gestaltung und Tipps

festgelegt werden (R 3.50 Abs. 2 LStR). Ohne Rückfrage beim Betriebsstättenfinanzamt ist dagegen ein pauschaler Auslagenersatz nicht möglich.

TIPP

Hat Ihnen Ihr Arbeitgeber einen Telearbeitsplatz zu Hause eingerichtet, müssen Sie allerdings die auf das **häusliche Arbeitszimmer** entfallenden Kosten, z. B. anteilige Miete und Betriebskosten, selbst tragen, können Sie diese Aufwendungen als **Werbungskosten** geltend machen. Denn in dem häuslichen Arbeitszimmer befindet sich der Mittelpunkt Ihrer beruflichen Tätigkeit. Dies gilt selbst dann, wenn Sie in der Woche 3 Tage zu Hause und 2 Tage im Betrieb des Arbeitgebers arbeiten (BFH, Urteil v. 23.5.2006, VI R 21/03, BFH/NV 2006 S. 1573).

Telefonkosten

761 Benutzen Sie Ihr häusliches Telefon für **berufliche Gespräche**, können Sie sich diese Kosten

- entweder vom Arbeitgeber **steuerfrei ersetzen** lassen oder
- die entstandenen Kosten als **Werbungskosten** abziehen.

Zu den Kosten, die auf diese Gespräche entfallen, gehören neben den **laufenden Telefongebühren** die Ausgaben für den Telefonanschluss und die Telefoneinrichtung sowie die anteilige monatliche Grundgebühr. Die Kosten sind dabei nach der **Zahl der beruflich** und der **privat geführten Gespräche aufzuteilen**, wobei auch eingehende Gespräche berücksichtigt werden müssen.

Der Arbeitnehmer hat 3 Möglichkeiten, sich die von seinem privaten Telefon zu Hause beruflich geführten Gespräche in Form eines steuerfreien Auslagenersatzes von seinem Arbeitgeber erstatten zu lassen.

Permanenter Einzelnachweis

762 Der Arbeitgeber kann die Aufwendungen für die berufliche Nutzung des privaten Telefons im Haushalt des Arbeitnehmers entsprechend dem durch **detaillierte Abrechnungen nachgewiesenen beruflichen Aufwand** steuerfrei ersetzen. Dabei sind nicht nur die Verbindungsentgelte zu berücksichtigen, sondern auch die Nutzungsentgelte für die Telefonanlage sowie der Grundpreis für die Anschlüsse.

Um den Nachweisproblemen aus dem Weg zu gehen, **empfiehlt** es sich, einen **ISDN- oder DSL-Anschluss** installieren zu lassen. Dann haben Sie die Möglichkeit, über separate Telefonnummern sowohl Ihre beruflichen Gespräche als auch Ihre Fax-Nachrichten laufen zu lassen. Für Ihre privaten Gespräche stehen Ihnen dann noch weitere Nummern zur Verfügung. In der Abrechnung der Telekom werden alle Nummern separat mit Angaben der Gebühren aufgelistet. Im Verhältnis beruflich zu privat veranlassten Gebühren lässt sich die Grundgebühr einschließlich Umsatzsteuer aufteilen.

Vereinfachter Nachweis für 3 Monate

763 Anstelle des monatlichen Einzelnachweises lässt es die Finanzverwaltung zu, dass der Arbeitgeber für die berufliche Nutzung des privaten Telefonapparats seines Arbeitnehmers einen **Durchschnittsbetrag** als steuerfreien Auslagenersatz gewährt. Dazu muss der

Arbeitnehmer anhand der Rechnungsbeträge für einen repräsentativen Zeitraum von 3 Monaten eine entsprechende Aufteilung in privat und beruflich veranlasste Gespräche führen. Der sich dadurch für die berufliche Nutzung ergebende monatliche Durchschnittsbetrag kann dann in der Folgezeit als steuerfreier Auslagenersatz so lange gezahlt werden, bis sich die Verhältnisse bei dem Arbeitnehmer wesentlich ändern, z. B. bei einer betrieblichen Umsetzung oder bei Änderung der familiären Situation.

Pauschalregelung

Wollen Sie keinen Einzelnachweis führen, können Sie als Arbeitnehmer trotzdem einen **764** steuerfreien Auslagenersatz erhalten, wenn Ihnen erfahrungsgemäß Aufwendungen für beruflich veranlasste Gespräche von Ihrem privaten Telefonapparat entstehen (R 3.50 Abs. 2 Satz 4 LStR). Ohne weitere Prüfung kann danach Ihr Arbeitgeber **bis zu 20 % des** von Ihnen vorgelegten **Rechnungsbetrags, maximal 20 € monatlich,** steuerfrei zahlen. Diesen Maximalbetrag erreicht man stets, wenn die Telefonrechnungen über 100 € hinausgehen.

TIPP

Diese Grundsätze gelten auch dann, wenn es darum geht, die Telefongebühren als **Werbungskosten** abzuziehen. Dies bedeutet für Sie, dass Sie max. 20 € monatlich als Werbungskosten geltend machen können (R 9.1 Abs. 5 LStR).

Umzugskosten

Berufliche Veranlassung

Voraussetzung für einen Abzug von Umzugskosten ist die **ausschließliche berufliche 765 Veranlassung.** Nachfolgend haben wir Ihnen eine Liste der wichtigsten, beruflich veranlassten **Umzugsgründe** zusammengestellt.

- Umzüge innerhalb der politischen Gemeinde — berufliche Veranlassung liegt dann vor, wenn
  - der Arbeitgeber den Umzug aus beruflichen Gründen fordert, z. B. wegen einer jederzeitigen Einsatzmöglichkeit,
  - eine Werks- oder Dienstwohnung bezogen oder geräumt werden muss,
  - durch den Umzug eine steuerlich anerkannte doppelte Haushaltsführung beendet wird (➜ Tz 697).
- Arbeitsplatzwechsel — beruflich veranlasst,
  - auch bei Versetzung, die der Arbeitnehmer beantragt hat,
  - bei Rückversetzung auf Wunsch des Arbeitnehmers, allerdings muss sich hier auch die Zeitspanne für die tägliche Fahrt zwischen Wohnung und Arbeitsstätte erheblich vermindern.
- erstmaliger Antritt einer Arbeitsstelle — berufliche Veranlassung gegeben, wenn
  - Sie erstmalig eine Arbeitsstelle antreten,
  - Sie nach längerer Arbeitslosigkeit eine neue Stelle antreten,
  - Ihr Arbeitgeber seinen Betrieb verlegt und Sie gezwungen waren, ebenfalls nachzuziehen, um Ihren Arbeitsplatz nicht zu verlieren.

III Gestaltung und Tipps

WICHTIG

Eine berufliche Veranlassung der Umzugskosten kann auch dann angenommen werden, wenn sich durch den Umzug die Fahrzeit zwischen Wohnung und Arbeitsstätte merklich verkürzt (BFH, Urteil v. 22.11.1991, VI R 77/89, BStBl 1992 II S. 494). Eine merkliche **Verkürzung der Fahrzeit** liegt vor, wenn Sie durch den Umzug mindestens **eine Stunde** Fahrzeit **pro Arbeitstag** einsparen (BFH, Beschluss v. 12.11.2008, VI B 85/08, BFH/NV 2009 S. 171).

Verlegen Sie Ihren Wohnsitz vom Beschäftigungsort weg und behalten Ihre bisherige Wohnung am Beschäftigungsort bei, liegt zwar eine beruflich veranlasste doppelte Haushaltsführung vor, jedoch können Sie die Umzugskosten für das „Wegverlegen" nicht als Werbungskosten geltend machen (➜ Tz 691). Dies gilt auch für den Fall, dass Sie die Zweitwohnung am Beschäftigungsort später aufgeben und an Ihren Wohnort mit den Möbeln in der Zweitwohnung umziehen.

Eine berufliche Veranlassung ist selbst dann gegeben, wenn Ihre Familie erst **viele Jahre später** an den Beschäftigungsort nachzieht (BFH, Urteil v. 21.7.1989, VI R 129/86, BStBl 1989 II S. 917).

Abziehbare Umzugskosten

766 Die Ihnen entstandenen Umzugskosten werden nach den Regelungen im Bundesumzugskostengesetz steuerlich anerkannt, und zwar mit

- **einzeln nachgewiesenen Kosten**, z. B. für die Beförderung des Umzugsguts, für die Suche und Besichtigung einer Wohnung sowie die Mietentschädigung,
- **Pauschbeträgen** für z. B. **Umzugsauslagen**; wenn Sie jedoch höhere Kosten im Einzelnen nachweisen können, sind diese abzugsfähig,
- Höchstbeträgen, z. B. für die umzugsbedingten Unterrichtskosten.

Zur Ermittlung Ihrer abziehbaren Umzugskosten können Sie die nachfolgende Übersicht verwenden (vgl. BMF, Schreiben v. 16.12.2008, IV C 5 – S 2353/08/10007, BStBl 2008 I S. 1076 und v. 11.10.2010, IV C 5 – S 2353/08/10007):

CHECKLISTE

Umzugskosten	
Kosten der **Wohnungssuche**	Dies sind Aufwendungen für die Suche und Besichtigung von Wohnungen, die **Maklerkosten** bei der Anmietung einer Wohnung, auch wenn die Wohnungssuche erfolglos war. Sind die Maklergebühren für den Erwerb eines Einfamilienhauses am neuen Arbeitsort angefallen, können sie trotz beruflicher Veranlassung des Umzugs nicht als Werbungskosten berücksichtigt werden; dies gilt auch für den Erwerb einer Eigentumswohnung. Der Umstand, dass bei einem Beamten die Maklerkosten nach dem Bundesumzugskostengesetz bei Erwerb eines selbstgenutzten Einfamilienhauses erstattet werden können, rechtfertigt hier keine andere Beurteilung (OFD Koblenz, Verfügung v. 9.12.2009, S 2338 A – St 32 2). Denn die Erstattung der Umzugskosten

durch den Arbeitgeber behandelt die Finanzverwaltung als steuerpflichtigen Arbeitslohn. Die Aufwendungen gehören ebenso wie Grundbuch- und Notariatskosten, Grunderwerbsteuer und andere Nebenkosten zu den Anschaffungskosten der Immobilie. Ein Abzug in Höhe fiktiver Aufwendungen für die Vermittlung einer gleichwertigen Mietwohnung ist für den Werbungskostenabzug ebenfalls nicht möglich (BFH, Urteil v. 24.5.2000, VI R 188/97, BFH/NV 2000 S. 1542). Die Fahrtkosten im Zusammenhang mit der Wohnungssuche können mit 0,30 € pro gefahrenen km angesetzt werden.

Transportkosten	Hierzu gehören die Kosten für einen **Umzugsspediteur**, die Miete für einen Miet-Lkw einschl. Treibstoffkosten.
Reisekosten	● Hierzu zählen ● die Transportkosten mit dem **eigenen Fahrzeug**, z. B. auch für mehrere Fahrten, Ansatz der **gefahrenen km** mit **0,30 €**, ● die Kosten für Fahrten mit den **öffentlichen Verkehrsmitteln**, dies gilt auch für weitere Fahrten zur alten Wohnung, um diese zu renovieren.
Mietentschädigung	Immer dann, wenn für dieselbe Zeit Miete sowohl für die alte wie für die neue Wohnung gezahlt werden muss. Dabei sind absetzbar: Miete für die neue Wohnung bis zum Einzugstag, Miete für die alte Wohnung ab Auszugstag. Anerkannt wird der Mietmehraufwand für **maximal 6 Monate**.
Einmalige **Beschaffungskosten** für Kochherde, Öfen, Heizgeräte	Kochherd bis zu 230 €, für Mietwohnungen können Kosten für Öfen bis zu 164 € für jedes Zimmer angesetzt werden.
Zusätzl. **Unterricht für Kinder**	Begünstigt sind Ausgaben bis zu einem Höchstbetrag von 1.603 € ab 1.1.2010.
Sonstige Umzugsauslagen	Für sonstige Umzugsauslagen können Sie eine Pauschale (gilt nicht bei **Begründung, Beendigung** oder **Wechsel** einer doppelten Haushaltsführung ➜ Tz 697) geltend machen ab 1.1.2010: für Verheiratete · für Ledige · für jede zusätzliche Person 1.271 € · 636 € · 280 € Anstelle der Pauschbeträge können Sie auch die **sonstigen Umzugskosten einzeln auflisten**.

III Gestaltung und Tipps

Zu den **sonstigen Umzugskosten**, die Sie über Einzelbelege nachweisen können, gehören **767** z. B. **Zeitungsannoncen** zur Wohnungssuche, **Trinkgelder** an das Umzugspersonal, Abbau- und **Anschlusskosten** von Herden, Öfen, Heizgeräten, Ab- und Aufbau von Einbauküchen, Änderungen/Erweiterungen von Installationen, Änderung bisher verwendeter Elektro- und Gasgeräte, **Anpassung von Antennen** und **Fernsprechanschlüssen**, Ummeldegebühren, z. B. auch für den Pkw, neues **Kfz-Kennzeichen**, Kosten für das Umschreiben des Personalausweises. Vorhänge, soweit sie neu angeschafft oder geändert werden müssen, **Schönheitsreparaturen** in der alten Wohnung, auch wenn Sie diese selbst durchführen, Reinigung von Teppichböden. Aufwendungen für die Ausstattung der neuen Wohnung, wie z. B. Renovierungskosten sowie Anschaffungskosten für neue Geräte oder Einrichtungsgegenstände, sind nicht als Werbungskosten abziehbar (BFH, Urteil v. 17.12.2002, VI R 188/98, BFH/NV 2003 S. 411).

Die Beschaffung und Erneuerung von Kleidern gehören **nicht** zu den Umzugskosten; dies gilt auch für Aufwendungen, die für die Anschaffung klimabedingter Kleidung bei Auslandsumzügen angefallen sind. Dies gilt unabhängig davon, dass Umzugskostenerstattungen für die Beschaffung klimabedingter Kleidung sowie Zahlungen für den Ausstattungsbeitrag aus öffentlichen Kassen steuerfrei erfolgen können, ohne dass die berufliche Veranlassung dieser Aufwendungen geprüft werden muss (§ 3 Nr. 13 EStG; vgl. auch BFH, Urteil v. 12.4.2007, VI R 53/04, BFH/NV 2007 S. 1411).

Die berufliche Veranlassung eines Umzugs endet in der Regel mit dem Einzug in die 1. Wohnung am neuen Arbeitsort. Die Aufwendungen für die Einlagerung von Möbeln für die Zeit vom Bezug dieser Wohnung bis zur Fertigstellung eines Wohnhauses am oder in der Nähe des neuen Arbeitsorts gehören daher nicht zu den steuerlich abzugsfähigen Umzugskosten (BFH, Urteil v. 21.9.2000, IV R 78/99, BFH/NV 2001 S. 256). Dies gilt auch dann, wenn die **Einlagerungskosten** wegen der Veräußerung der bisher genutzten Eigentumswohnung zum Zwecke der Finanzierung des Neubaus eines Wohnhauses am neuen Beschäftigungsort entstanden waren.

Wird vom Arbeitgeber eine vorgesehene Versetzung rückgängig gemacht, sind die Ihnen durch die Aufgabe der Umzugsabsicht entstandenen **vergeblichen Aufwendungen** als Werbungskosten abziehbar (BFH, Urteil v. 24.5.2000, VI R 17/96, BFH/NV 2000 S. 1541).

Unfallkosten

768 Haben Sie auf einer **Dienstfahrt** oder einer **Fahrt zwischen Wohnung und Arbeitsstätte** einen Unfall erlitten, sind die dadurch entstandenen Aufwendungen als Werbungskosten abziehbar, soweit sie Ihnen nicht durch den Arbeitgeber, durch den Schädiger oder durch die Haftpflicht- und Kaskoversicherung ersetzt werden. Ebenfalls beruflich veranlasst sind Aufwendungen für die Beseitigung von Unfallschäden auf einer Fahrt zur Einnahme des **Mittagessens in einer Gaststätte** in der Nähe des Beschäftigungsorts sowie auf einer **Umwegfahrt** zum Betanken des Fahrzeugs. Haben Sie auf einer Fahrt zu einer von Ihrem Arbeitgeber veranstalteten Jubiläumsfeier einen Verkehrsunfall erlitten, können Sie die Unfallkosten als Werbungskosten abziehen, selbst wenn Sie Ihren Ehepartner zu dieser Feier mitgenommen haben (BFH, Urteil v. 28.10.1994, VI R 54/94, BFH/NV 1995 S. 668).

In den folgenden Fällen sind Unfallkosten **nicht abziehbar**:

- Der Unfall ist auf **Alkoholgenuss** zurückzuführen.
- Sie haben Ihre nicht weit entfernt wohnende **Freundin** besucht, sind von dort aus am nächsten Morgen zu Ihrer Arbeitsstätte gefahren und haben dabei einen Verkehrsunfall verursacht. Anders ist die Rechtslage nur, wenn die Wohnung der Freundin auch zu Ihrer Wohnung wird, es sich also um eine gemeinschaftliche Wohnung handelt.

● Der Unfall hat sich auf einer **Umwegfahrt** der berufstätigen Mutter eines Kleinkindes zum Hort unmittelbar vor Arbeitsbeginn ereignet (BFH, Urteil v. 13.3.1996, VI R 94/95, BStBl 1996 II S. 375).

Abziehbar sind die Aufwendungen zur Beseitigung von Körper- und Sachschäden, **769** Reparaturkosten, Gerichts-, Gutachter- und Anwaltskosten. Der Unterschiedsbetrag zwischen dem Zeitwert des Pkw vor und nach dem Unfall (merkantile Wertminderung) ist nach der höchstrichterlichen Rechtsprechung nicht als Werbungskosten zu berücksichtigen. Denken Sie weiterhin daran, dass auch **Schadensersatzleistungen** gegenüber Dritten, die Sie unter Verzicht auf die Inanspruchnahme Ihrer Haftpflichtversicherung selbst getragen haben, geltend gemacht werden können. Dagegen ist die **Erhöhung der Haftpflicht-** und **Kaskoversicherungsbeiträge** infolge des Unfalls **nicht** als **Unfallkosten** abzugsfähig.

Lassen Sie den durch den Unfall beschädigten **Pkw nicht reparieren**, können Sie den Unterschiedsbetrag zwischen dem Wert des Pkw, der sich unter Ansatz der Anschaffungskosten und unter Berücksichtigung der Abschreibungen bis zum Unfallzeitpunkt ergibt, von dem Zeitwert des unfallbeschädigten Pkw als Werbungskosten abziehen.

TIPP

Achten Sie darauf, dass Sie die **Wertminderung** in dem Jahr geltend machen, in dem sich der Unfall ereignet hat. Denn der BFH hat im Urteil v. 13.3.1998 (VI R 27/97, BFH/NV 1998 S. 1169) entschieden, dass die Absetzung für außergewöhnliche technische Abnutzung nur im **Schadensjahr** geltend gemacht werden kann, spätestens aber in dem Jahr, in dem der Schaden entdeckt wird. Warten Sie also nicht so lange mit dem Werbungskostenabzug, bis feststeht, ob und in welcher Höhe der Schaden der gegnerischen Versicherung ersetzt wird.

Haben Sie auf einer Fahrt zwischen Wohnung und Arbeitsstätte durch **eigenes Verschulden** einen **Unfall** erlitten und ist dabei Ihr Pkw völlig zerstört worden, kann der Unterschiedsbetrag zwischen den Anschaffungskosten abzüglich anteiliger Abschreibungen bis zum Unfallzeitpunkt und abzüglich Versicherungserstattung und Erlös aus dem Verkauf des Schrottwagens als Werbungskosten abgezogen werden. Für die Abschreibungen beginnt die Restnutzungsdauer beim Erwerb des gebrauchten Pkw neu zu laufen. Dabei ist die Restnutzungsdauer unter Berücksichtigung des Alters, des Kilometerstands sowie der voraussichtlichen künftigen Nutzung zu schätzen. Die Restnutzungsdauer ist auf 6 Jahre begrenzt.

Bei einer hohen Fahrleistung bestehen keine Bedenken, die Restnutzungsdauer mit 2 Jahren anzusetzen. Auf dieser Grundlage kann dann die Abschreibung bis zum Unfallzeitpunkt berechnet und vom Anschaffungswert abgezogen werden; das, was übrig bleibt, ist der Restwert.

WICHTIG

Verzichtet der Arbeitgeber gegenüber Ihnen als Arbeitnehmer auf Schadensersatz nach einem während einer beruflichen Fahrt alkoholbedingt entstandenen Schaden an einem Firmen-Pkw, so ist der Ihnen aus dem Verzicht entstehende Vermögensvorteil nicht durch die 1 %-Regelung abgegolten. Vielmehr ist dieser Verzicht als **zusätzlicher Arbeitslohn** zu erfassen, wenn die Begleichung der Schadensersatzforderung nicht zum Werbungskostenabzug berechtigt. Ein sol-

III Gestaltung und Tipps

cher Werbungskostenabzug kommt nicht in Betracht, wenn das auslösende Moment für den Verkehrsunfall die alkoholbedingte Fahruntüchtigkeit war (BFH, Urteil v. 24.5.2007, VI R 73/05, BFH/NV 2007 S. 1586).

Arbeitslohn liegt auch dann vor, wenn der Arbeitgeber auf Schadensersatz bei einem Unfall auf einer Privatfahrt verzichtet. Sollte der Pkw Vollkasko versichert sein, wird die Versicherung i. d. R. die Unfallkosten bis auf den Selbstbehalt übernehmen, so dass nur die beim Arbeitgeber verbliebene Belastung als geldwerter Vorteil angesetzt werden kann. Der Umstand, dass durch den Unfall die Beiträge zur Versicherung für den Arbeitgeber steigen, wirkt sich auf die Höhe des geldwerten Vorteils nicht aus. Sollte der Arbeitgeber nur eine Teilkaskoversicherung abgeschlossen haben, setzt die Finanzverwaltung, so die LStR 2011, den geldwerten Vorteil nur in Höhe eines fiktiven Selbstbehalts von 1.000 € an, vorausgesetzt, die Versicherung würde infolge des Unfalls tatsächlich zahlen. Dies ist bei einer „Alkoholfahrt" nicht der Fall. Hier muss dann in Höhe des Verzichts insgesamt ein geldwerter Vorteil angesetzt werden.

Erhalten Sie im Nachhinein Ersatzleistungen, sind diese im Jahr des Zuflusses bis zur Höhe der in einem früheren Kalenderjahr abgezogenen Werbungskosten als **Einnahmen** aus nichtselbstständiger Arbeit zu versteuern.

Versicherungsbeiträge

770 Soweit durch die Versicherungen nur ein **berufsbedingtes Risiko** abgesichert wird, können die Versicherungsprämien als Werbungskosten abgezogen werden. Deckt die Unfallversicherung sowohl das Unfallrisiko im **beruflichen** als auch im **außerberuflichen Bereich** ab, sind die Beiträge zum Teil Werbungskosten und zum Teil Sonderausgaben. Dazu muss der Gesamtbeitrag einschließlich Versicherungsteuer für beide Bereiche aufgeteilt werden (vgl. hierzu auch BFH, Urteil v. 22.6.1990, VI R 2/87, BStBl 1990 II S. 901). Erkundigen Sie sich im Fall einer solchen Rund-um-Versicherung bei Ihrem Versicherungsunternehmen danach, welcher Anteil des Gesamtbeitrags das berufliche Unfallrisiko abdeckt. Dieser Anteil ist dann für den Werbungskostenabzug zugrunde zu legen. Fehlen Ihnen derartige Angaben, muss der Gesamtbeitrag durch **Schätzung aufgeteilt** werden. Von Seiten der Finanzverwaltung bestehen keine Bedenken, wenn Sie 50 % des Gesamtbeitrags als Werbungskosten und 50 % als Sonderausgaben ansetzen (BMF, Schreiben v. 28.10.2009, IV C 5 – S 2332/09/10004, BStBl 2009 I S. 1275).

WICHTIG

Hat der Arbeitgeber für seine Arbeitnehmer eine **Gruppenunfallversicherung** abgeschlossen, so rechnen die von ihm gezahlten Beiträge grundsätzlich zum steuerpflichtigen Arbeitslohn. Der auf den einzelnen Arbeitnehmer entfallende Teil der Beiträge ist ggf. zu schätzen. Für den einzelnen Arbeitnehmer ist dann eine zusätzliche Aufteilung seines Beitragsanteils danach vorzunehmen, ob ein berufliches oder privates Risiko von Unfällen abgesichert wird. Bei der Absicherung beruflicher Risiken ist darauf zu achten, dass bei Arbeitnehmern, die eine **Auswärtstätigkeit** ausüben, ein Teil der darauf entfallenden Beiträge zu den **Reisenebenkosten** rechnen und vom Arbeitgeber steuerfrei erstattet werden können. Angenommen, der Beitrag zur Gruppenunfallversicherung pro Arbeitnehmer macht 60 € aus. Dann entfallen, so das BMF, Schreiben v. 28.10.2009

(a. a. O.) 50 % auf das beruflich veranlasste und 50 % auf das privat veranlasste Risiko von Unfällen. Damit sind 30 € beruflich veranlasst. Von diesen 30 € sind wiederum 40 % = 12 € der Auswärtstätigkeit zuzurechnen, so dass hierfür ein steuerfreier Reisekostenersatz möglich ist. Die restlichen 18 € sind zusammen mit dem Anteil für die privat veranlassten Risiken als Arbeitslohn anzusetzen, somit also 48 €. Von diesen 48 € können Sie als Arbeitnehmer bei Ihrer Einkommensteuerveranlagung 18 € als Werbungskosten geltend machen.

Erhalten Sie als Arbeitnehmer Leistungen aus einer durch Beiträge Ihres Arbeitgebers finanzierten Gruppenunfallversicherung, die Ihnen keinen eigenen unentziehbaren Rechtsanspruch einräumt, so führen im Zeitpunkt der Leistung die bis dahin entrichteten, auf den Versicherungsschutz des Arbeitnehmers entfallenden Beiträge zu Arbeitslohn, begrenzt auf die Ihnen ausgezahlte Versicherungsleistung (BFH, Urteile v. 11.12.2008, VI R 3/08, BFH/NV 2009 S. 907, VI R 9/05, BFH/NV 2009 S. 474, VI R 19/06, BFH/NV 2009 S. 905 und VI R 24/06, Haufe-Index 2144452).

Bei mehrjährigen Prämienzahlungen liegen i. d. R. die Voraussetzungen für die Anwendung der Fünftel-Regelung (§ 34 Abs. 1 EStG) vor (➔ Tz 797).

Haben Sie eine **Familien-Rechtsschutzversicherung** oder eine **Familien- und Verkehrsrechtsschutzversicherung** abgeschlossen, können Sie den Teil der Versicherungsbeiträge, der auf den **Arbeits-Rechtsschutz** entfällt, als **Werbungskosten** geltend machen. Besorgen Sie sich eine Bescheinigung der Versicherungsgesellschaft, aus der der Anteil ersichtlich ist, der auf den Arbeits-Rechtsschutz entfällt. Eine pauschale Schätzung dieses Prämienanteils lehnt die Finanzverwaltung ab (BMF, Schreiben v. 23.7.1998, IV B 6 – S 2354 – 33/98).

Versorgungsausgleich

Ausgleichszahlungen, die ein zum Versorgungsausgleich verpflichteter Beamter auf Grund einer Scheidungsvereinbarung an seinen Ehegatten leistet, um Kürzungen seiner Versorgungsbezüge zu vermeiden, sind bei ihm sofort als **Werbungskosten** abziehbar (BFH, Urteil v. 8.3.2006, IX R 107/00, BFH/NV 2006 S. 1012). Werden die Abfindungszahlungen fremdfinanziert, kann der Beamte die dadurch entstehenden **Schuldzinsen ebenfalls** als **Werbungskosten** bei seinen Einkünften aus nichtselbstständiger Arbeit geltend machen (BFH, Urteil v. 8.3.2006, IX R 78/01, BFH/NV 2006 S. 1013). Wegen des Sonderausgabenabzugs beim **Versorgungsausgleich ab 2008** ➔ Tz 364. **771**

Vertragsstrafen

Beispiele für Vertragsstrafen, die Sie als Werbungskosten abziehen können: **772**

- Sie haben ein Konkurrenzverbot verletzt,
- Sie haben ein vereinbartes Arbeitsverhältnis nicht angetreten, weil Sie ein anderweitiges, günstigeres Angebot hatten,
- Sie müssen an Ihren Arbeitgeber Kosten für die Ausbildung zurückzahlen.

III Gestaltung und Tipps

411

Ersetzt Ihnen Ihr neuer Arbeitgeber solche Vertragsstrafen, liegt **steuerpflichtiger Arbeitslohn** vor. Sie können in diesem Fall die Vertragsstrafe als Werbungskosten abziehen.

Videorecorder

773 Die Kosten für einen Videorecorder können nur in **absoluten Ausnahmefällen** als Werbungskosten abgezogen werden, wenn es sich um eine nahezu ausschließlich berufliche Nutzung handelt, die Sie umfassend dargelegt und durch Zeugenaussagen nachgewiesen haben (BFH, Urteil v. 27.9.1991, VI R 1/90, BStBl 1992 II S. 195).

Werbegeschenke

774 Müssen Sie im Rahmen Ihrer Tätigkeit als Arbeitnehmer an Kunden Ihres Arbeitgebers aus beruflichen Gründen Werbegeschenke verteilen, die Sie vom Arbeitgeber nicht ersetzt bekommen, können Sie diese Aufwendungen als Werbungskosten abziehen, wenn **Ihr Arbeitslohn erfolgsabhängig** ist (BFH, Urteil v. 13.1.1984, VI R 194/80, BStBl 1984 II S. 315). Allerdings müssen Sie die Abzugsbeschränkungen für Geschenke beachten (→ Tz 860). Hier gilt die **Grenze von 35 €**; wird sie überschritten, sind die Geschenkaufwendungen nicht als Werbungskosten abziehbar.

5.4   Erwerbsbedingte Kinderbetreuungskosten

775 Sie können **Betreuungskosten** für Kinder, die das 14. Lebensjahr noch nicht vollendet haben oder wegen einer vor Vollendung des 27. Lebensjahres eingetretenen körperlichen, geistigen oder seelischen Behinderung außer Stande sind, sich selbst zu unterhalten, in Höhe von $^2/_3$ **der Aufwendungen**, **begrenzt** auf **4.000 € je Kind**, wie **Werbungskosten** bei der Ermittlung der Einkünfte aus nichtselbstständiger Arbeit geltend machen. Voraussetzung ist allerdings, dass die Kinderbetreuungskosten wegen einer Erwerbstätigkeit des Steuerzahlers angefallen sein müssen.

Wegen der beschränkten Abziehbarkeit von Kinderbetreuungskosten erklärt das Finanzamt Ihren Einkommensteuerbescheid 2010 für vorläufig. Hier bleibt die Rechtsprechung des BVerfG abzuwarten (BMF, Schreiben v. 22.7.2010, IV A 3 – S 0338/07/10010, Haufe-Index 2366338).

Nähere Einzelheiten zum Abzug von Kinderbetreuungskosten regelt das BMF-Schreiben v. 19.1.2007, IV C 4 – S 2221 – 2/07, BStBl 2007 I S. 184. Dort wird insbesondere zu den erwerbsbedingten Kinderbetreuungskosten aus der Sicht der Finanzverwaltung Stellung genommen.

Begriff „Kinderbetreuungskosten"

776 Zu den Kinderbetreuungskosten rechnen alle Aufwendungen für **Dienstleistungen zur Betreuung** eines Kindes, wie z. B.

- Aufwendungen für Babysitter, Tagesmutter, Wochenmutter, Kinderpfleger, Erzieher, Hilfe im Haushalt, soweit sie Kinder betreut,
- Gebühren und Aufwendungen für die Unterbringung von Kindern in Ganztagspflegestelle, Kindergarten, Kinderheim, Kinderhort, Kinderkrippe und Kindertagesstätte,
- Kosten für die Beaufsichtigung bei der Erledigung der häuslichen Schulaufgaben.

WICHTIG

Aufwendungen für Unterricht, z. B. Schulgeld, für Nachhilfe und Fremdsprachen-unterricht, aber auch Kosten für Klassenfahrten, Aufwendungen für die Vermittlung besonderer Fähigkeiten, z. B. Musikunterricht, oder für sportliche und andere Freizeitbeschäftigung, z. B. Mitgliedschaft in Sport- und anderen Vereinen, Tennis- und Reitunterricht, werden nicht als Kinderbetreuungskosten anerkannt (§ 9c Abs. 3 Satz 1 EStG).

Aufwendungen, die für die Beaufsichtigung des Kindes bei der Erledigung seiner **häuslichen Schulaufgaben** entstehen, können als Betreuungskosten berücksichtigt werden (BFH, Urteil v. 17.11.1978, VI R 116/78, BStBl 1979 II S. 142). Werden für eine Nachmittagsbetreuung in der Schule **Elternbeiträge** erhoben und umfassen diese nicht nur eine Hausaufgabenbetreuung, sondern auch Nachhilfeunterricht oder bestimmte Kurse, z. B. einen Computerkurs, ist das dafür aufgewandte **Entgelt aufzuteilen.** Der Entgeltsanteil für die Hausaufgabenbetreuung ist abzugsfähig, der Entgeltsanteil für die Nachhilfe oder bestimmte Kurse kann dagegen nicht berücksichtigt werden. Das Finanzamt wird nur dann einen Teil als Betreuungskosten anerkennen, wenn Sie ihm eine Aufschlüsselung der Elternbeiträge in abziehbare und nichtabziehbare Kosten vorlegen können.

Ist in Ihrem Haushalt eine **Kinderfrau** beschäftigt, die nicht nur die Kinder betreut, sondern auch den **Haushalt führt**, sind die Aufwendungen in Kinderbetreuungskosten und Aufwendungen für ein haushaltsnahes Beschäftigungsverhältnis mit der Möglichkeit der Anrechnung auf die Einkommensteuer (➜ Tz 471) aufzuteilen. Zu einer Aufteilung der Aufwendungen kommt es auch dann, wenn die Kinderfrau nicht nur die Betreuung von Kindern bis zum 14. Lebensjahr übernimmt, sondern auch Kinder über 14 Jahre betreut.

Bei einer **Internatsunterbringung** können die Kosten, soweit sie auf die Betreuung entfallen, ebenfalls als Kinderbetreuungskosten berücksichtigt werden. Problematischer ist das bei Elternbeiträgen im Zusammenhang mit dem Besuch einer **Ganztagsschule.** Hier dürfte der Elternbeitrag weitestgehend auf die Vermittlung von Unterricht entfallen oder auf eine spezielle Hausaufgabenbetreuung. Nur dann, wenn an den Nachmittagen außerhalb dieser Tätigkeiten weitere Betreuungsleistungen noch von der Schule erbracht werden, kann ein darauf entfallender Elternbeitrag als Kinderbetreuungskosten geltend gemacht werden. Hierzu bedarf es einer Bescheinigung des Trägers der Schule, in der die anteiligen Kinderbetreuungskosten ausgewiesen sind. Darüber hinaus sollten Sie **prüfen**, ob Ihnen ein **Abzug als Schulgeldzahlungen** zusteht (➜ Tz 374).

TIPP

Fahrtkosten Ihres Kindes zur Betreuungsperson können nicht als Kinderbetreuungskosten berücksichtigt werden. Fallen dagegen bei der Betreuungsperson **Fahrtkosten** an, die Sie erstatten, können Sie auch die Fahrtkostenerstattungen bei den Kinderbetreuungskosten geltend machen, vorausgesetzt, die Leistungen sind einzeln in einer Rechnung oder in einem Arbeitsvertrag aufgeführt.

Erfolgt die Kinderbetreuung im Rahmen einer **Au-pair-Tätigkeit**, können Kinderbetreuungskosten nur dann anerkannt werden, wenn Sie dem Finanzamt einen Vertrag vorlegen können, aus dem sich ergibt, dass zur Au-pair-Tätigkeit auch die Kinderbetreuung rechnet. Darüber hinaus müssen Sie den Entgeltsanteil, der auf die Kinderbetreuung

III Gestaltung und Tipps

entfällt, unter Berücksichtigung Ihres Gesamtaufwands aufschlüsseln. Nur dann, wenn im Rahmen der Au-pair-Tätigkeit neben der Kinderbetreuung keine wesentlichen Leistungen mehr erbracht werden, ist ein voller Abzug als Kinderbetreuungskosten zulässig.

Kann der Anteil, der auf die Kinderbetreuungskosten entfällt, nicht nachgewiesen werden, bestehen aus der Sicht der Finanzverwaltung keine Bedenken, 50 % der Gesamtaufwendungen als Kinderbetreuungskosten zu berücksichtigen (BMF, Schreiben v. 19.1.2007, ➔ Tz 775, RdNr. 5).

Für die Annahme von Kinderbetreuungskosten reicht es aus, wenn zivilrechtlich ein Geschäftsbesorgungsverhältnis mit Anspruch auf Erstattung der Aufwendungen vorliegt. Die Finanzverwaltung fordert bei einer **Kinderbetreuung durch Angehörige**, dass den Leistungen klare und eindeutige **Vereinbarungen** zugrunde liegen. Daher sollte eine Fahrtkostenerstattung, z. B. an die Großeltern, schriftlich festgelegt werden. Weitergehende Betreuungskosten bedürfen ebenfalls der vertraglichen Vereinbarung. Sollten die Betreuungsleistungen von einer Person erbracht werden, zu der das Kind in einem Kindschaftsverhältnis steht, ist ein Abzug der Aufwendungen nicht möglich. Dies gilt auch dann, wenn die Betreuungsperson mit dem Steuerzahler und dem Kind in Haushaltsgemeinschaft lebt und mit ihm eine Bedarfsgemeinschaft im Sinne des Sozialrechts bildet.

Haushaltszugehörigkeit

777 Für das Kind muss Ihnen ein **Freibetrag für Kinder** zustehen und es muss darüber hinaus **zu Ihrem Haushalt gehören.** Von einer Haushaltszugehörigkeit ist auszugehen, wenn das Kind dauerhaft in Ihrer Wohnung lebt oder mit Ihrer Einwilligung vorübergehend auswärtig untergebracht ist. Auch in Fällen, in denen Sie mit Ihrem Kind in der Wohnung Ihrer Eltern oder Schwiegereltern oder in einer Wohngemeinschaft mit anderen Personen leben, ist die Haushaltszugehörigkeit des Kindes als gegeben anzusehen. Die Haushaltszugehörigkeit erfordert darüber hinaus eine Verantwortung für das materielle (Versorgung und Unterhaltsgewährung) und immaterielle Wohl (Fürsorge, Betreuung) des Kindes. Eine **Heimunterbringung** ist unschädlich, wenn die Wohnverhältnisse in der Familienwohnung die speziellen Bedürfnisse des Kindes berücksichtigen und es sich im Haushalt des Steuerzahlers regelmäßig aufhält (BFH, Urteil v. 14.11.2001, X R 24/99, BFH/NV 2002 S. 429). Bei nicht zusammenlebenden Elternteilen kommt es grundsätzlich auf das **Melderecht** an; ist das Kind in Ihrer Wohnung gemeldet, kann es bei Ihren Kinderbetreuungskosten berücksichtigt werden. Sollte das Kind dagegen nicht in Ihrer Wohnung gemeldet sein, müssen Sie gegenüber dem Finanzamt dartun, dass die Voraussetzungen für eine Haushaltszugehörigkeit vorliegen. Ist das Kind bei mehreren Steuerzahlern, z. B. mit Haupt- und Zweitwohnung, gemeldet, kann der Elternteil, zu dessen Haushalt das Kind tatsächlich gehört, die Kinderbetreuungskosten geltend machen. Dies ist in der Regel derjenige, der das Kindergeld erhält. Diese Grundsätze gelten auch für den Fall, dass das Kind bei einem anderen Steuerzahler gemeldet ist, aber unstreitig zu Ihrem Haushalt gehört, ohne jedoch bei Ihnen gemeldet zu sein.

In Ausnahmefällen kann ein Kind bei dauernd getrennt lebenden Elternteilen auch zum Haushalt beider Elternteile gehören (BFH, Urteil v. 14.4.1999, X R 11/97, BFH/NV 1999 S. 1274).

Erwerbstätigkeit

Kinderbetreuungskosten können nur dann wie Werbungskosten bei Ihren Einkünften aus **778**
nichtselbstständiger Arbeit berücksichtigt werden, wenn sie wegen einer Erwerbstätigkeit
angefallen sind. Bei zusammenlebenden Elternteilen muss die Voraussetzung „Erwerbstätigkeit" von beiden erfüllt werden (§ 9c Abs. 1 Satz 2 EStG).

WICHTIG

Erwerbstätigkeit bedeutet, dass Sie eine auf Erzielung von Einkünften gerichtete Tätigkeit in **selbstständiger oder abhängiger Stellung** ausüben müssen. Allein die Erzielung von Einkünften aus Vermietung und Verpachtung, Kapitalvermögen oder aus Renten reicht nicht aus, es sei denn, dass die vermögensverwaltende Tätigkeit einer Erwerbstätigkeit vergleichbar ist. Auf die Dauer der Erwerbstätigkeit kommt es grundsätzlich nicht an. Wer in Heimarbeit oder auf 400-€-Basis mit Pauschalabgabe des Arbeitgebers tätig ist, übt also eine Erwerbstätigkeit aus.

TIPP

Sollten Sie auf **400-€-Basis** tätig sein und sollten während Ihrer Arbeitszeit Kinderbetreuungskosten anfallen, dürfen diese nicht wie Werbungskosten abgezogen werden. Denn durch die Pauschalbesteuerung des Arbeitslohns liegen bei Ihnen keine steuerpflichtigen Einnahmen aus nichtselbstständiger Arbeit vor, so dass sämtliche damit zusammenhängenden Werbungskosten nichtabziehbar sind.

Darüber hinaus legt das Finanzamt Wert darauf, dass die Kinderbetreuungskosten wegen einer Erwerbstätigkeit angefallen sind. Wer z. B. **stundenweise als Aushilfe tätig** ist, kann nur dann erwerbsbedingte Kinderbetreuungskosten geltend machen, wenn die Kosten für eine Kinderfrau wegen der Aushilfstätigkeit entstanden sind und nicht, wenn sie im Rahmen Ihrer Freizeitgestaltung anfallen. Denken Sie z. B. an den Babysitter, der auf Ihre Kinder während eines gemeinsamen Abendessens mit Freunden aufpasst. Hier besteht kein Bezug zu Ihrer Erwerbstätigkeit, so dass ein Werbungskostenabzug entfällt.

Unter diesem Gesichtspunkt können Kinderbetreuungskosten nicht wie Werbungskosten abgezogen werden, wenn die Zeiten der Kinderbetreuung und der Erwerbstätigkeit differieren, z. B. Kinderbetreuung vormittags und Erwerbstätigkeit immer nachmittags. Bei Überprüfung der „zeitlichen Kongruenz" dürfen Sie neben Ihrer eigentlichen Arbeitszeit auch die notwendige Fahrzeit berücksichtigen, so die Auffassung der Finanzverwaltung.

TIPP

Für die Annahme einer Erwerbstätigkeit gilt eine wichtige Vereinfachungsregelung (BMF, Schreiben v. 19.1.2007, ➡ Tz 775, RdNr. 23): Bei einer **Arbeitszeit von mindestens 10 Stunden pro Woche** geht die Finanzverwaltung davon aus, dass die **Kinderbetreuungskosten erwerbsbedingt** anfallen. Dabei ist noch nicht geklärt, ob zu der Arbeitszeit auch die Fahrzeit zur Arbeitsstätte und zurück zur Wohnung rechnet. Das Finanzamt wird von Ihnen hierüber einen Nachweis fordern, entweder die Vorlage des Arbeitsvertrags oder zumindest eine Bescheinigung Ihres Arbeitgebers über die Arbeitszeit.

III Gestaltung und Tipps

WICHTIG

Wird die **Erwerbstätigkeit** z. B. durch Arbeitslosigkeit oder Krankheit **unterbrochen**, können auch die während der Zeit der Unterbrechung entstandenen Kinderbetreuungskosten berücksichtigt werden, längstens jedoch für einen zusammenhängenden Zeitraum von **4 Monaten**. Wird dieser Zeitraum überschritten, so rechnen die Kinderbetreuungskosten ab Beginn der Krankheit bzw. Arbeitslosigkeit nicht zu den Werbungskosten.

Wegen der zeitanteiligen Berücksichtigung von Kinderbetreuungskosten in den Fällen, in denen die Erwerbstätigkeit nur für einen Teil des Kalenderjahrs vorlag, ➜ Tz 782.

Berechtigter Personenkreis

779   Sind Sie **alleinerziehend**, können Sie Kinderbetreuungskosten wie Werbungskosten geltend machen, wenn diese wegen Ihrer Erwerbstätigkeit angefallen sind. Bei **Elternteilen**, die beide zusammenleben, müssen auch **beide erwerbstätig** sein, damit die Voraussetzungen für den Werbungskostenabzug erfüllt sind. In diesem Zusammenhang sind 2 Dinge zu beachten, zum einen die Frage, in welchen Fällen beide Elternteile erwerbstätig sein müssen, und zum anderen die Frage, welchem Elternteil der Werbungskostenabzug zusteht.

780   U. E. ist die Erwerbstätigkeit von beiden Elternteilen dann zu fordern, wenn Sie Kinderbetreuungskosten für ein gemeinsames Kind geltend machen, das zu Ihrem Haushalt gehört. Lebt ein Elternteil mit seinem Kind und einer Person zusammen, die nicht in einem Kindschaftsverhältnis zu diesem Kind steht, und bilden sie eine **Bedarfsgemeinschaft** im Sinne des Sozialrechts, ist u. E. der Elternteil mit seinem Kind als alleinstehend zu behandeln. Dies hat zur Folge, dass nur auf seine „Erwerbstätigkeit" bei der Gewährung des Werbungskostenabzugs abzustellen ist.

BEISPIEL

A und B sind nicht verheiratet; sie leben zusammen und bilden eine Bedarfsgemeinschaft. Zu dieser Bedarfsgemeinschaft gehört das Kind des A aus 1. Ehe und das Kind der B aus 1. Ehe. Darüber hinaus haben A und B noch ein gemeinsames Kind, das ebenfalls zu ihrem Haushalt gehört. A ist ganzjährig erwerbstätig, B Hausfrau.

A kann für sein Kind aus 1. Ehe erwerbsbedingte Kinderbetreuungskosten geltend machen. Bei B scheitert dies bei ihrem Kind aus 1. Ehe daran, dass sie nicht erwerbstätig ist. Für das gemeinsame Kind erhalten A und B ebenfalls keine Kinderbetreuungskosten, weil B keine Erwerbstätigkeit ausübt.

781   Bei zusammenlebenden Elternteilen ist jeder Elternteil zum Abzug der erwerbsbedingten Kinderbetreuungskosten berechtigt, soweit er Aufwendungen getragen hat. Haben beide Elternteile Kinderbetreuungskosten getragen, kann jeder seine tatsächlichen Aufwendungen bis zur Höhe des **hälftigen Höchstbetrags** von 4.000 €, also 2.000 €, geltend machen. Einvernehmlich kann der **Höchstbetrag** auch **anders aufgeteilt** werden.

Sollte ein Elternteil Arbeitnehmereinkünfte im Rahmen eines 400-€-Jobs erzielen, kann er mit den von ihm getragenen Kinderbetreuungskosten „nichts anfangen". Es empfiehlt sich daher, dass nur der Elternteil Kinderbetreuungskosten trägt, der diese im Rahmen seines Arbeitseinkommens wie Werbungskosten geltend machen kann. Kindergartenbeiträge sollten daher vom Vater und nicht von der „pauschal besteuerten" Mutter gezahlt werden.

Verfügen die **Elternteile** über ein **gemeinsames Konto**, von dem die Kinderbetreuungskosten bezahlt werden, bestehen keine Bedenken, die Kinderbetreuungskosten den Elternteilen hälftig zuzurechnen. Auf Antrag der beiden Elternteile ist auch eine andere Zurechnung möglich.

BEISPIEL

A und B, nicht verheiratet, leben gemeinsam in einem Haushalt mit ihrer Tochter C zusammen. Der Vater hat die Aufwendungen für die Kinder voll übernommen, die Mutter hat die Kindergartenbeiträge gezahlt.

In diesem Fall sind die Kinderbetreuungskosten bei jedem Elternteil mit $2/3$ der von ihm getragenen Aufwendungen zu berücksichtigen, wobei der Höchstbetrag grundsätzlich zu halbieren ist. A und B können jedoch im Rahmen ihrer Einzelveranlagungen eine andere Aufteilung des Höchstbetrags beantragen; dies muss einvernehmlich geschehen.

WICHTIG

Es ist nicht möglich, dass die von B getragenen Kinderbetreuungskosten dem A zugerechnet werden, wenn sie von B über ihr Konto, über das sie allein verfügt, gezahlt worden sind. Nur dann, wenn die Zahlung über ein gemeinsames Konto der beiden Elternteile erfolgt ist, wäre anstelle der hälftigen Aufteilung auf Antrag auch eine andere Zuordnung möglich.

TIPP

Um sich alle Optionen in Bezug auf die Abzugsmöglichkeit von Kinderbetreuungskosten offen zu halten, sollte darauf geachtet werden, dass diese von einem Konto gezahlt werden, über das beide Elternteile verfügungsberechtigt sind.

Abzugsbegrenzungen

Kinderbetreuungskosten können nur mit $2/3$ der Aufwendungen, begrenzt auf 4.000 € je **782** Kind, wie Werbungskosten abgezogen werden. Wegen weiterer Einzelheiten zur Abzugsbeschränkung ➜ Tz 599.

Liegen die Voraussetzungen für die Inanspruchnahme von Kinderbetreuungskosten nicht das ganze Jahr vor, z. B. bei Geburt eines Kindes, ist der **Höchstbetrag von 4.000 € nicht zu zwölfteln**. Allerdings kann der Abzug als erwerbsbedingte Kinderbetreuungskosten nur in der Phase gewährt werden, in denen die Aufwendungen wegen einer Erwerbstätigkeit angefallen sind.

III Gestaltung und Tipps

BEISPIEL

A und B sind verheiratet. Am 5.3.2010 ist ihre Tochter C geboren. A ist 2010 ganzjährig erwerbstätig. Seine Ehefrau ist 2010 erst ab dem 1.7. erwerbstätig; davor war sie „nur" Hausfrau. In der 1. Jahreshälfte 2010 sind Aufwendungen für eine Kinderfrau in Höhe von 3.000 € und in der 2. Jahreshälfte von 6.000 € angefallen. Über diese Kosten liegt eine Rechnung vor, die über das gemeinsame Konto von A und B verbucht worden ist.

In der **1. Jahreshälfte 2010** erfüllen A und B nicht die Voraussetzung „beide sind erwerbstätig". Damit liegen für diesen Teil des Kalenderjahres **keine erwerbsbedingten Kinderbetreuungskosten** vor. Dies ändert sich **ab** dem **1.7.2010**. Die ab diesem Zeitpunkt angefallenen Kinderbetreuungskosten von 6.000 € können mit $^2/_3$ = **4.000 €** wie Werbungskosten **berücksichtigt** werden. Der Abzugsbetrag deckt sich mit dem Höchstbetrag von 4.000 €. Der Höchstbetrag ist nicht zu zwölfteln.

Liegt die Erwerbstätigkeit nur für einen Teil des Kalenderjahres vor, können nur die auf diesen Teil des Kalenderjahres entfallenden Kinderbetreuungskosten erwerbsbedingt wie Werbungskosten geltend gemacht werden. Die Finanzverwaltung (OFD Koblenz, Verfügung v. 5.2.2008, S 2144 d/S 2221 b/S 2350 A – St 32 3) vertritt die Auffassung, dass hier die **monatsweise Betrachtung** gilt. Liegen die Voraussetzungen für den Abzug von Kinderbetreuungskosten also im Laufe eines Monats nur teilweise vor, ist für diesen Monat zu prüfen, ob Kinderbetreuungskosten angefallen sind und ob eine Erwerbstätigkeit ausgeübt wurde. Eine taggenaue Berechnung ist nicht erforderlich.

Sind **erwerbsbedingte Kinderbetreuungskosten** wie Werbungskosten abzugsfähig, ist darauf zu achten, dass bei den Einkünften aus nichtselbstständiger Arbeit der Abzug **neben dem Arbeitnehmer-Pauschbetrag von 920 € zu berücksichtigen** ist (§ 9a Satz 1 Nr. 1 Buchstabe a EStG).

WICHTIG

Ist das Kind nicht unbeschränkt einkommensteuerpflichtig, wird der Werbungskostenabzug auf den Betrag gekürzt, der nach den Verhältnissen im Wohnsitzstaat des Kindes notwendig und angemessen ist (§ 9c Abs. 3 Satz 2 EStG). Für diese Kürzung ist die Ländergruppeneinteilung im BMF-Schreiben v. 6.11.2009 (IV C 4 – S 2285/07/0005, BStBl 2009 I S. 1323, ➜ Tz 556) maßgebend.

Formelle Voraussetzungen

783 Ein Abzug erwerbsbedingter Kinderbetreuungskosten kommt nur dann in Betracht, wenn Sie die Aufwendungen durch **Vorlage einer Rechnung** und die **Zahlung auf das Konto des Leistungserbringers** nachweisen können (§ 9c Abs. 3 Satz 3 EStG). Die Vorlage der Rechnung bzw. des Kontoauszugs bei Abgabe Ihrer Einkommensteuererklärung 2010 ist nicht mehr erforderlich. Vielmehr reicht es aus, dass Sie gegenüber dem Finanzamt bestätigen, Inhaber einer solchen Rechnung zu sein und auch den Kontennachweis führen zu können. Hat der Finanzbeamte daran Zweifel, kann er diese Unterlagen vor Erlass des Einkommensteuerbescheids 2010 von Ihnen anfordern. Damit will der Gesetzgeber verhindern, dass Kinderbetreuungskosten steuerlich geltend gemacht werden können, ohne dass der Empfänger diese Leistungen besteuert.

Wer eine Wochen- oder Tagesmutter beschäftigt, muss sich von dieser eine Rechnung über die Kinderbetreuungskosten ausstellen lassen und den Betrag von seinem Konto auf das Konto der Wochen- oder Tagesmutter überweisen. Liegen diese formellen Voraussetzungen nicht vor, scheitert bereits daran ein Werbungskostenabzug.

WICHTIG

Bei der Rechnung für den Abzug der Kinderbetreuungskosten muss es sich nicht um eine Rechnung im Sinne des Umsatzsteuergesetzes handeln. Demnach lässt die Finanzverwaltung auch folgende **Dokumente** als Rechnungen zu:

- Bei einem sozialversicherungspflichtigen Beschäftigungsverhältnis oder einem Mini-Job den zwischen dem Arbeitnehmer und Arbeitgeber abgeschlossenen schriftlichen **Vertrag**,
- den Bescheid des öffentlichen oder privaten Trägers über die zu zahlenden **Gebühren** (z. B. Kindergarten- oder Hortgebühren),
- bei **Au-pair-Tätigkeiten** ein Vertrag darüber, aus dem der Anteil der Kinderbetreuung an der gesamten Tätigkeit ersichtlich ist,
- eine Quittung, z. B. über **Nebenkosten** zur Betreuung, wenn die Quittung genaue Angaben über Art und Höhe der Nebenkosten enthält. Ansonsten sind die Nebenkosten nur zu berücksichtigen, wenn sie in den Vertrag oder in die Rechnung aufgenommen worden sind.

TIPP 784

Bei **Kindergartengebühren** reicht der Bescheid darüber aus. Dieser Bescheid muss nicht 2010 erteilt worden sein. Vielmehr kann es sich auch um einen Bescheid aus dem Vorjahr handeln. Denn in der Praxis ist es häufig so, dass der Träger des Kindergartens den Bescheid zu Beginn des Kindergartenjahres erteilt, so dass in dem Jahr, in dem das Kind aus dem Kindergarten ausscheidet, ein solcher Bescheid nicht vorliegt (z. B. Bescheiderteilung im August 2009 für das Kindergartenjahr 2009/2010, Abzug der Aufwendungen ab 2010).

Darüber hinaus muss die Zahlung auf das Konto des Leistungserbringers erfolgen. Meist geschieht dies durch Überweisung von Konto auf Konto. Allerdings sind in der Praxis auch Fälle denkbar, in denen die Begleichung per Dauerauftrag oder per Einzugsermächtigung erfolgt. Dann reicht die Vorlage des Kontoauszugs aus, um die Abbuchung zu dokumentieren. Selbst die Übergabe eines Verrechnungsschecks wird von der Finanzverwaltung anerkannt, da auch hier eine Abbuchung vom Konto des Abzugsberechtigten erfolgt. Barzahlungen und Barschecks führen dagegen zur Versagung des Werbungskostenabzugs.

Vorrangige Berücksichtigung bei den Werbungskosten

Aufwendungen für Kinderbetreuung sind, wenn sie wegen einer Erwerbstätigkeit bedingt **785** sind, vorrangig wie Werbungskosten oder im betrieblichen Bereich wie Betriebsausgaben zu berücksichtigen. Nur dann, wenn keine erwerbsbedingten Kinderbetreuungskosten vorliegen, ist **nachrangig der Sonderausgabenabzug** (➜ Tz 608) zu prüfen. Kommt auch ein Abzug als Sonderausgaben nicht in Betracht, kann unter Umständen ein Abzug im Rahmen der außergewöhnlichen Belastungen als Haushaltshilfe oder eine Berücksichtigung im Rahmen eines haushaltsnahen Beschäftigungsverhältnisses erfolgen.

III Gestaltung und Tipps

6 Anlage G

6.1 Überblick über Einkünfte aus Gewerbebetrieb

786 Die Abgrenzung zwischen den Einkünften aus Gewerbebetrieb und Einkünften aus freiberuflicher Tätigkeit ist von besonderer Bedeutung, da Freiberufler nicht der **Gewerbesteuer** unterliegen und ihren Gewinn durch **Einnahmenüberschussrechnung** ermitteln dürfen. Sie sind also nicht zur Buchführung verpflichtet; das gilt auch bei sehr hohen Gewinnen und hohem Einsatz von Vermögen. Dies ist vor allen Dingen von Vorteil, da die Einnahmenüberschussrechnung weniger Kosten verursacht und durch die Besteuerung von Einnahmen erst bei deren Zufluss ein gewisser Steuerstundungseffekt eintritt. Nachteilig wirkt sich bei der Einnahmenüberschussrechnung aus, dass weder Rückstellungen noch Rücklagen gebildet werden können. Der Nachteil, dass Gewerbetreibende für ihre Einkünfte Gewerbesteuer zahlen müssen, wird nach Streichung des Betriebsausgabenabzugs der Gewerbesteuer allein dadurch beseitigt, dass die **Gewerbesteuer** pauschal mit dem 3,8-fachen des Gewerbesteuermessbetrags **auf** die **Einkommensteuer angerechnet** werden kann (➜ Tz 807).

Das **Bilanzrechtsmodernisierungsgesetz** eröffnet Ihnen als Einzelunternehmer die Möglichkeit, von der bisherigen Bilanzierung zur Einnahmenüberschussrechnung überzugehen. Dazu müssen Sie allerdings in den beiden vorangegangenen Jahren 2009 und 2008 einen **Jahresumsatz** von nicht mehr als **500.000 €** und einen **Gewinn** von nicht mehr als **50.000 €** erwirtschaftet haben. Fällt damit die Bilanzierung nach Handelsrecht weg, so ist es Ihnen auch steuerrechtlich gestattet, Ihren Gewinn für 2010 durch Einnahmenüberschussrechnung zu ermitteln. Geben Sie hierfür die **Anlage EÜR** ab.

6.2 Liebhaberei

787 Wenn bei Ihnen in den vergangenen Jahren **Verluste** angefallen sind, prüft das Finanzamt, ob Sie überhaupt mit Gewinnerzielungsabsicht am wirtschaftlichen Verkehr teilnehmen oder ob eine steuerlich unbeachtliche Liebhaberei vorliegt. Bei Annahme von Liebhaberei können Verluste aus der Tätigkeit nicht mit anderen Einkünften verrechnet werden. Kleinere Gewinne, die von Ihnen in dem einen oder anderen Jahr erzielt werden, bleiben ebenfalls bei der Besteuerung außer Ansatz.

Zusätzlich ist zu beachten, dass **Verluste aus Steuerstundungsmodellen** nur insoweit steuerlich berücksichtigt werden dürfen, als sie als Verrechnungspotenzial für spätere Gewinne aus demselben Steuerstundungsmodell zur Verfügung stehen (§ 15b EStG).

Ein **Steuerstundungsmodell** liegt vor, wenn auf Grund einer modellhaften Gestaltung steuerliche Verluste in Form negativer Einkünfte erzielt werden. Dies ist der Fall, wenn Ihnen auf Grund eines vorgefertigten Konzepts die Möglichkeit geboten wird, zumindest in der **Anfangsphase Investitionsverluste** zu erzielen, um sie **mit** Ihren **übrigen Einkünften zu verrechnen**. Dies trifft insbesondere auf geschlossene Fonds, wie z. B. Medienfonds, Schiffsbeteiligungen, New Energy Fonds, Leasingfonds, Wertpapierhandelsfonds und Videogame-Fonds zu, die bisher mit hohen Verlustzuweisungsquoten Anleger zum Beitritt bewegt haben.

Zur eingeschränkten Verlustverrechnung kommt es nur dann, wenn innerhalb der Anfangsphase die prognostizierten Verluste 10 % des gezeichneten und nach dem Konzept auch aufzubringenden Kapitals übersteigen. Wegen weiterer Einzelheiten zur Verlustverrechnung nach § 15b EStG vgl. das umfangreiche BMF-Schreiben v. 17.7.2007, ➜ Tz 392.

6.3 Gewerblicher Grundstückshandel

Erwerben oder veräußern Sie **über Jahre hinweg Grundstücke**, liegen in der Regel die Merkmale eines Gewerbebetriebs vor. Entscheidend für die Abgrenzung der privaten Vermögensverwaltung zum gewerblichen Grundstückshandel ist die Anzahl der veräußerten Objekte. Bei der Veräußerung **von bis zu 3 Objekten** nimmt die Finanzverwaltung keine Gewerblichkeit an. Bei der Prüfung der 3-Objektgrenze sind alle Objektveräußerungen innerhalb **eines 5-Jahreszeitraums** einzubeziehen.   **788**

Bebaut ein Steuerzahler **ein Grundstück**, liegen ebenfalls gewerbliche Einkünfte vor, wenn er mehr als 3 Objekte innerhalb von 5 Jahren, gerechnet ab Fertigstellung bis zur Veräußerung, verkauft und dabei mit Veräußerungsabsicht handelt.

WICHTIG

In **Errichtungsfällen** hat die 3-Objektgrenze nur eine **indizielle Bedeutung** (BFH, Beschluss v. 10.12.2001, GrS 1/98, BFH/NV 2002 S. 587). Ein gewerblicher Grundstückshandel kann danach auch bei Veräußerung von weniger als 4 Objekten anzunehmen sein, wenn der Steuerzahler z. B. das betroffene Grundstück vor Fertigstellung an Interessenten veräußert oder zumindest zur Veräußerung anbietet. Die Finanzverwaltung sieht eine solche Indizwirkung dann als gegeben an, wenn es zur Veräußerung von errichteten Großobjekten in Form eines Mehrfamilienhauses, Büro-, Hotel-, Fabrik- oder Lagergrundstücks kommt, vorausgesetzt, es liegen besondere Umstände vor, die die Tätigkeit des Steuerzahlers nach ihrem wirtschaftlichen Kern der Tätigkeit eines **Bauträgers vergleichbar** erscheinen lassen (vgl. BMF, Schreiben v. 26.3.2004, IV A 6 – S 2240 – 46/04, BStBl 2004 I S. 434, Rz. 29).

Die Gewinne aus der Veräußerung von Grundstücken sind bei einem gewerblichen Grundstückshandel **nicht tarifbegünstigt** nach der Fünftel-Regelung zu versteuern, auch wenn sie im Zusammenhang mit der Aufgabe des Gewerbebetriebs anfallen (BFH, Urteil v. 1.3.2005, X B 148/04, Haufe-Index 1351830).

6.4 Abgrenzung des Gewerbebetriebs zur selbstständigen Arbeit

Die Voraussetzungen für die Annahme eines Gewerbebetriebs und der selbstständigen Arbeit sind identisch, d. h. auch hier sind Selbstständigkeit, Nachhaltigkeit, Gewinnerzielungsabsicht und Beteiligung am allgemeinen wirtschaftlichen Verkehr erforderlich. Wer Freiberufler ist, regelt der § 18 EStG. Hiernach liegen Einkünfte aus selbstständiger Arbeit vor bei Einkünften aus **freiberuflicher Tätigkeit**, wozu die folgenden Tätigkeiten und Katalogberufe zählen: **789**

III Gestaltung und Tipps

- die selbstständig ausgeübte **wissenschaftliche, künstlerische** und schriftstellerische, **unterrichtende** oder erzieherische Tätigkeit,
- die selbstständige Berufstätigkeit der **Ärzte**, Zahnärzte, Tierärzte, **Rechtsanwälte, Notare**, Patentanwälte, **Vermessungsingenieure, Ingenieure, Architekten**, Handelschemiker, Wirtschaftsprüfer, **Steuerberater**, beratenden Volks- und Betriebswirte, vereidigten Buchprüfer, Steuerbevollmächtigten, **Heilpraktiker**, Dentisten, **Krankengymnasten, Journalisten**, Bildberichterstatter, **Dolmetscher**, Übersetzer, Lotsen u. ä. Berufe.

Daneben gehören zu den Einkünften aus selbstständiger Arbeit:

- in der Regel die Einkünfte der **Einnehmer einer staatlichen Lotterie,**
- Einkünfte aus **sonstiger selbstständiger Arbeit**, z. B. Vergütung für die Vollstreckung von Testamenten, für Vermögensverwaltung und für die Tätigkeit als **Aufsichtsratsmitglied,**
- Einkünfte, die ein Beteiligter an einer **vermögensverwaltenden Gesellschaft** oder Gemeinschaft, deren Zweck im Erwerb, Halten und in der Veräußerung von Anteilen an Kapitalgesellschaften besteht, als Vergütung für Leistungen zur Förderung des Gesellschafts- oder Gemeinschaftszwecks erzielt.

WICHTIG

Die Tätigkeit einer OHG, einer KG oder einer anderen Personengesellschaft gilt in der Regel als Gewerbebetrieb in **vollem Umfang**, wenn die Gesellschaft **auch** eine gewerbliche Tätigkeit i. S. d. § 15 Abs. 1 Nr. 1 EStG ausübt (so genannte „Abfärbetheorie"; § 15 Abs. 3 Nr. 1 EStG). Nur dann, wenn die gewerbliche Tätigkeit der Personengesellschaft gegenüber ihrer sonstigen Tätigkeit von untergeordneter Bedeutung ist (z. B. 1,25 % des Umsatzes = gewerbliche Einkünfte), greift die Abfärbetheorie nicht.

TIPP

Zu gewerblichen Einkünften kann es auch dann kommen, wenn sich eine vermögensverwaltend tätige OHG oder KG an einer gewerblich tätigen anderen Personengesellschaft beteiligt (§ 15 Abs. 3 Nr. 1 EStG). Durch diese gesetzliche Regelung ist die Auffassung des BFH im Urteil v. 6.10.2004 (IX R 53/01, BFH/NV 2005 S. 129), die in diesen Fällen für die vermögensverwaltend tätige OHG oder KG keine gewerblichen Einkünfte annahm, „außer Kraft" gesetzt worden.

6.5 Gewinnermittlung bei Gewerbetreibenden

Wer ist zur Buchführung verpflichtet?

790 Im Steuerrecht wird zwischen der abgeleiteten und der originären Buchführungspflicht unterschieden.

Abgeleitete Buchführungspflicht: Wer nach dem Handelsrecht (also insbesondere Kaufleute) zur Buchführung verpflichtet ist, muss die Bücher und Aufzeichnungen auch für Zwecke der Besteuerung führen.

Durch das Bilanzrechtsmodernisierungsgesetz sind die Grenzen für die Buchführungs-pflicht nach Handelsrecht bei Einzelunternehmern den Grenzen nach der Abgabenord-nung angeglichen worden. Derjenige, der als Einzelunternehmer in 2 aufeinanderfolgen-den Jahren die **Umsatzgrenze** von **500.000 €** und die **Gewinngrenze** von **50.000 €** nicht überschreitet, hat die Möglichkeit, seinen Gewinn durch Einnahmenüberschuss-rechnung zu ermitteln. Er kann allerdings auch freiwillig weiterhin bilanzieren. Entschei-det er sich für die Einnahmenüberschussrechnung, gilt diese Entscheidung auch für die Ertragsbesteuerung.

Originäre Buchführungspflicht: Darüber hinaus sind nach dem Steuerrecht Gewerbetrei-bende für jeden Betrieb buchführungspflichtig, wenn das Finanzamt mitteilt, dass eine oder beide der folgenden Grenzen überschritten sind:

– Gesamtumsatz > **500.000 €** im Kalenderjahr
– Gewinn aus Gewerbebetrieb > **50.000 €** im Wirtschaftsjahr.

Die Buchführungspflicht beginnt mit dem ersten Tag des Wirtschaftsjahres, das auf die Bekanntgabe der Mitteilung folgt, durch die das Finanzamt auf den Beginn dieser Verpflichtung hingewiesen hat. Dies geschieht entweder in einem Steuerbescheid oder in einer gesonderten Verfügung. Die Mitteilung soll mindestens 1 Monat vor Beginn des Wirtschaftsjahres ergehen.

Die **Buchführungspflicht endet** zum Schluss des Wirtschaftsjahres, das auf das Wirt-schaftsjahr folgt, in dem das Finanzamt feststellt, dass die Voraussetzungen nicht mehr bestehen.

TIPP

Gewerbetreibende, die **weder** unter die **abgeleitete** noch unter die **originäre** **Buchführungspflicht** fallen, können ihren Gewinn durch **Einnahmenüber-schussrechnung** ermitteln.

Gewinnermittlung durch Bestandsvergleich

Der Gewinn ist in diesen Fällen der Unterschiedsbetrag zwischen dem Betriebsvermögen **791** am Anfang und am Ende des Wirtschaftsjahres zuzüglich der Entnahmen, abzüglich der Einlagen. Als Entnahmen sind neben den Geldentnahmen, die Sie tätigen, auch Sachent-nahmen und die Entnahme von Nutzungen und Leistungen anzusetzen. Hier kommen insbesondere die **private Pkw-Nutzung** sowie die **private Telefonnutzung** des betrieb-lichen Anschlusses in Betracht. Gegen den Ansatz der privaten Telefonnutzung als Einnahmenkorrektiv zu den Telefonkosten lässt sich nicht einwenden, dass die Vorteile eines Arbeitnehmers aus der privaten Nutzung von betrieblichen Telekommunikations-geräten steuerfrei gestellt ist; eine verfassungsrechtlich unzulässige Ungleichbehandlung ist hierin nicht zu sehen (BFH, Urteil v. 21.6.2006, XI R 50/05, BFH/NV 2006 S. 1963). Ihren Gewinn haben Sie daneben um die nicht abzugsfähigen Betriebsausgaben (➜ Tz 859) zu korrigieren.

Gewinnermittlung durch Einnahmenüberschussrechnung

Sind Sie weder handelsrechtlich noch steuerrechtlich zur Buchführung verpflichtet, **792** können Sie als Kleingewerbetreibender Ihren Gewinn durch Einnahmenüberschussrech-nung ermitteln. Hierzu müssen Sie die Anlage EÜR 2010 verwenden (➜ Tz 817), es sei denn, Ihre Betriebseinnahmen liegen unter der Grenze von 17.500 €. Dann will es die Finanzverwaltung nicht beanstanden, wenn Sie anstelle der Anlage EÜR Ihrer Steuererklärung eine formlose Gewinnermittlung beifügen.

6.6 Zinsschranke

793 Durch die sog. „Zinsschranke" soll es international tätigen Unternehmen im Bereich der Abzugsfähigkeit von Zinsaufwendungen erschwert werden, ihre Gewinne in Niedrigsteuerländer zu verlagern (§ 4h EStG). Vereinfacht dargestellt werden der steuerliche Gewinn und der Zinsaufwand in Relation gesetzt. Ist der Zinsaufwand zu hoch, können die Zinsaufwendungen nicht oder nicht vollständig sofort als Betriebsausgaben abgezogen werden. Vielmehr werden sie dann, wie verrechenbare Verluste bei Kommanditisten, erst in den Folgejahren unter Beachtung der Zinsschranke berücksichtigt.

WICHTIG

 Die Zinsschranke greift nur dann, wenn der Betrag der **Zinsaufwendungen**, soweit er die Zinserträge übersteigt, **3.000.000 €** und mehr ausmacht. Darüber hinaus findet die Zinsschranke keine Anwendung, wenn der Betrieb nicht Teil eines Konzerns im Sinne des § 4h Abs. 3 EStG ist. Schließlich ist noch zu beachten, dass Betriebe, die Teil eines Konzerns sind, nur dann von der Zinsschranke betroffen sind, wenn ihre Eigenkapitalquote die Eigenkapitalquote des Konzerns nicht nur unwesentlich unterschreitet.

Zur Überprüfung der Zinsschranke hat die Finanzverwaltung einen neuen Vordruck eingeführt (➔ Tz 186).

6.7 Steuervergünstigung für Veräußerungsgewinne

794 Neben dem **laufenden Gewinn** aus Ihrer gewerblichen Tätigkeit ist ein Gewinn, der bei der **Betriebsveräußerung** oder Aufgabe entsteht, steuerpflichtig. Dieser unterliegt allerdings nicht der Gewerbesteuer, soweit er unmittelbar einer natürlichen Person zuzurechnen ist (§ 7 Satz 2 GewStG).

Freibetrag

795 Für Veräußerungen, die 2010 vorgenommen wurden, sowie für Aufgabegewinne, die in diesem Jahr angefallen sind, erhalten Steuerzahler, die das **55. Lebensjahr** vollendet haben oder im sozialversicherungsrechtlichen Sinne dauernd **berufsunfähig** sind, einen **Freibetrag** von 45.000 € (§ 16 Abs. 4 Satz 1 EStG). Übersteigt der Veräußerungsgewinn den Betrag von **136.000 €**, ist er um den übersteigenden Betrag zu kürzen, im ungünstigsten Fall bis auf 0 €. Bei Veräußerung eines **Mitunternehmeranteils** oder eines **Teilbetriebs** steht Ihnen ebenfalls der **volle** Freibetrag von 45.000 € zu.

WICHTIG

 Der Veräußerungsfreibetrag steht Ihnen nur **einmal im Leben** zu. Hierbei zählen Veräußerungen, die vor dem 1.1.1996 vorgenommen wurden, nicht mit.

Ermäßigte Besteuerung: Fünftel-Regelung oder ermäßigter Steuersatz

Veräußerungsgewinne gelten als außerordentliche Einkünfte (§ 34 Abs. 2 Nr. 1 EStG). Sie **796** sind entweder nach der Fünftel-Regelung oder mit dem halben Durchschnittssteuersatz zu besteuern.

Fünftel-Regelung

Hierzu wird der **Veräußerungsgewinn gefünftelt**, mit diesem Fünftel dem übrigen zu **797** versteuernden Einkommen hinzugerechnet, wobei die zusätzliche Einkommensteuer, die sich für dieses Fünftel ergibt, anschließend mit 5 multipliziert wird. Das Ergebnis stellt die Einkommensteuer dar, die auf den Veräußerungsgewinn entfällt. Sie ist der Einkommensteuer für die laufenden Einkünfte hinzuzurechnen.

BEISPIEL

A, ledig, erzielt 2010 laufende Einkünfte in Höhe von 70.000 €. Darüber hinaus fällt in diesem Veranlagungszeitraum ein Veräußerungsgewinn in Höhe von 130.000 € an. Ein Veräußerungsfreibetrag ist nicht zu berücksichtigen. Die Sonderausgaben und außergewöhnlichen Belastungen betragen 5.000 €.

Für 2010 ergibt sich folgendes zu versteuernde Einkommen:

Laufende Einkünfte:	70.000 €
steuerpflichtiger Veräußerungsgewinn:	+ 130.000 €
Sonderausgaben und außergewöhnliche Belastungen:	./. 5.000 €
zu versteuerndes Einkommen:	195.000 €

Von dem zu versteuernden Einkommen entfallen 130.000 € auf den Veräußerungsgewinn; der Restbetrag von 65.000 € ist „normal" nach der Grundtabelle zu versteuern. Die Steuerberechnung nach der Fünftel-Regelung sieht demnach wie folgt aus:

Zu versteuerndes Einkommen ohne Veräußerungsgewinn:	65.000 €	
darauf entfallende Einkommensteuer laut Grundtabelle:		19.128 €
zu versteuerndes Einkommen ohne außerordentliche Einkünfte:	65.000 €	
$^1/_5$ der außerordentlichen Einkünfte in Form des Veräußerungsgewinns:	+ 26.000 €	
	91.000 €	
darauf entfallende Einkommensteuer laut Grundtabelle:	30.048 €	
Differenz zur Einkommensteuer auf laufende Einkünfte (30.048 € ./. 19.128 €):	10.920 €	
Einkommensteuer auf die außerordentlichen Einkünfte von 130.000 € (10.920 € × 5):		+ 54.600 €
Einkommensteuer insgesamt:		73.728 €

Wäre das gesamte zu versteuernde Einkommen von 195.000 € nach der Grundtabelle ohne Anwendung der Fünftel-Regelung besteuert worden, hätte sich eine

III Gestaltung und Tipps

Einkommensteuer von 73.728 € ergeben, also exakt die Einkommensteuer, die sich bei Anwendung der Fünftel-Regelung ebenfalls ergeben hat. Dies zeigt deutlich, dass die Fünftel-Regelung zumindest im oberen Einkunftsbereich „nichts bringt".

TIPP

Um eine Minimierung der Steuerbelastung im Veräußerungsfall zu erreichen, sollte die Veräußerung möglichst bei denjenigen, die nicht über hohe laufende Einkünfte verfügen, **auf den 1.1. datiert** werden, um zu vermeiden, dass die laufenden gewerblichen Einkünfte zu einer Erhöhung der Steuerprogression beitragen.

Besteuerung mit dem ermäßigten Steuersatz

798 Gewinne aus der Veräußerung von Betrieben oder Anteilen an Personengesellschaften unterliegen einem ermäßigten Einkommensteuersatz, wenn folgende Voraussetzungen erfüllt sind:

- Der Veräußerer muss im Zeitpunkt der Veräußerung das **55. Lebensjahr** vollendet haben oder **dauernd berufsunfähig** im sozialversicherungsrechtlichen Sinne sein.
- Es muss ein **begünstigter Veräußerungs- oder Aufgabegewinn** (§ 34 Abs. 2 Nr. 1 EStG) vorliegen.
- Der Steuerzahler muss einen **Antrag** auf Besteuerung mit dem halben Durchschnittssteuersatz gestellt haben.

WICHTIG

Die Besteuerung mit dem ermäßigten Durchschnittssteuersatz steht Ihnen nur einmal im Leben zu, wobei Veräußerungs- und Aufgabegewinne für Veranlagungszeiträume vor 2001 nicht berücksichtigt werden.

Der **ermäßigte Steuersatz** beträgt **56 % des durchschnittlichen Steuersatzes** (§ 34 Abs. 3 Satz 2 EStG). Darüber hinaus ist zu beachten, dass der ermäßigte Steuersatz nach unten auf den Eingangssteuersatz von 14 % „gedeckelt" ist. Die ermäßigte Besteuerung ist auf **Gewinne bis** zu **5.000.000 €** begrenzt. Das, was dem ermäßigten Durchschnittssteuersatz an außerordentlichen Einkünften unterliegt, kann nicht zusätzlich nach der Fünftel-Regelung besteuert werden. Andererseits gilt aber: Die Veräußerungs- und Aufgabegewinne, die nicht der Besteuerung mit dem ermäßigten Durchschnittssteuersatz unterliegen, können nach der Fünftel-Regelung der Einkommensteuer unterworfen werden (§ 34 Abs. 3 Satz 4 EStG). Dabei ist zu beachten, dass bei Anwendung der Fünftel-Regelung alle außerordentlichen Einkünfte – mit Ausnahme derer, die bereits dem ermäßigten Durchschnittssteuersatz unterliegen – danach besteuert werden.

WICHTIG

Sollten Sie sich bei Ihren Veräußerungs- oder Aufgabegewinnen für die Besteuerung mit dem ermäßigten Steuersatz entscheiden, schließt dies einen Antrag auf Besteuerung mit dem **Sondersteuersatz von 28,25 % + Soli** (➜ Tz 800) insoweit aus.

Weitere Voraussetzung ist: Die **außerordentlichen Einkünfte dürfen nicht** dem **Teil-** **799** **einkünfteverfahren** (§ 3 Nr. 40 Satz 1 Buchst. b und § 3c Abs. 2 EStG) unterliegen. Dies wäre z. B. der Fall, wenn ein Mitunternehmeranteil an einer Personengesellschaft veräußert wird, zu deren Betriebsvermögen Anteile an einer Kapitalgesellschaft rechnen. Der Veräußerungsgewinn, der auf die Anteile an der Kapitalgesellschaft entfällt, wird nach dem Teileinkünfteverfahren besteuert. Nur der verbleibende Veräußerungsgewinn unterliegt danach der Besteuerung mit dem ermäßigten Durchschnittssteuersatz.

BEISPIEL

A, ledig, hat 2010 laufende Einkünfte aus Gewerbebetrieb in Höhe von 205.000 € sowie einen steuerpflichtigen Veräußerungsgewinn von 190.000 € erzielt. Darüber hinaus sind Sonderausgaben und außergewöhnliche Belastungen in Höhe von 6.000 € angefallen.

Laufender Gewinn:	205.000 €
Steuerpflichtiger Veräußerungsgewinn:	+ 190.000 €
Gewerbliche Einkünfte:	+ 395.000 €
Sonderausgaben, außergewöhnliche Belastungen	./. 6.000 €
Einkommen = zu versteuerndes Einkommen:	389.000 €
Berechnung des ermäßigten Durchschnittssteuersatzes	
darauf entfallende Einkommensteuer:	159.356 €
durchschnittlicher Steuersatz (159.356 € : 389.000 €):	40,9656 %
ermäßigter Durchschnittssteuersatz	56 % von 40,9656 % = 22,9407 - %

Die tarifermäßigte Einkommensteuer beträgt daher 22,9407 % von 190.000 € = 43.587 €. Die Einkommensteuer auf das übrige zu versteuernde Einkommen (389.000 € ./. 190.000 € = 199.000 €) beträgt 75.408 €. Beide Beträge zusammen ergeben für 2010 eine Einkommensteuer von 43.587 € + 75.408 € = 118.995 €.

6.8 Begünstigte Besteuerung des nicht entnommenen Gewinns

Einzelunternehmer und Gesellschafter von gewerblich tätigen oder gewerblich geprägten **800** Personengesellschaften haben ab 2008 die Möglichkeit, ihre thesaurierten Gewinne nicht mit ihrem persönlichen Einkommensteuersatz, sondern mit einem **Sondersteuersatz von** **28,25 % + Soli** besteuern zu lassen. Dies setzt voraus, dass sie ihre Gewinne durch Buchführung ermitteln, wobei bei einer Beteiligung an einer Personengesellschaft es dazu kommen muss, dass der jeweilige Gesellschafter entweder zu mehr als 10 % an der Gesellschaft beteiligt ist oder sein Gewinnanteil über 10.000 € hinausgeht. Dazu muss er im Rahmen seiner Einkommensteuererklärung 2010 einen **Antrag** stellen (§ 34a Abs. 1 EStG).

III Gestaltung und Tipps

Die ermäßigte Besteuerung ist betriebs- und personenbezogen ausgestaltet. Danach haben Sie für jeden Betrieb oder Mitunternehmeranteil ein **Wahlrecht**, ob Sie auf den gesamten nicht entnommenen Gewinn des jeweiligen Betriebs oder Mitunternehmeranteils den ermäßigten Steuersatz anwenden wollen oder ob Sie die ermäßigte Besteuerung auf einen Teil des nicht entnommenen Gewinns beschränken wollen.

Bemessungsgrundlage für die Besteuerung mit 28,25 % + Soli ist der **Steuerbilanzgewinn**, gekürzt um den Überschuss der Entnahmen über die Einlagen, vorausgesetzt, Sie erhalten für diesen Gewinn weder einen ermäßigten Steuersatz nach § 34 Abs. 3 EStG noch wird Ihnen bei freiberuflichen Einkünften aus Vergütungen einer vermögensverwaltend tätigen Gesellschaft eine Besteuerung nach dem Teileinkünfteverfahren gewährt.

Die Besteuerung mit 28,25 % + Soli ist jedoch nur die halbe Wahrheit. Sollten Sie in späteren Wirtschaftsjahren den mit dem Sondersteuersatz besteuerten Gewinn entnehmen oder über ihn in sonstiger Weise schädlich verfügen, kommt es zu einer **Nachversteuerung** mit **25 % + Soli.** Der Nachversteuerungsbetrag ist bei einer Entnahme in der Weise zu ermitteln, dass der Gewinn (einschließlich steuerfreier Gewinnanteile) mit dem positiven Überschuss aus Entnahmen und Einlagen saldiert wird, wobei die sich danach ergebende Entnahme, soweit sie nicht durch den Gewinn abgedeckt wird, bis zur Höhe des mit dem Sondersteuersatz in der Vergangenheit besteuerten Gewinns der Nachsteuer von 25 % + Soli unterworfen wird.

WICHTIG

Nicht nur die über den Gewinn hinausgehende Entnahme führt zu einer Nachversteuerung mit 25 % + Soli, sondern auch

- die Betriebsveräußerung oder -aufgabe,
- die Einbringung eines Betriebs oder Mitunternehmeranteils in eine Kapitalgesellschaft oder eine Genossenschaft sowie die Fälle des Formwechsels einer Personengesellschaft in eine Kapitalgesellschaft oder Genossenschaft,
- der Übergang der Gewinnermittlung durch Buchführung zur Gewinnermittlung durch Einnahmenüberschussrechnung oder zur pauschalierten Gewinnermittlung bei Landwirten,
- ein Antrag des Steuerzahlers auf freiwillige Nachversteuerung (§ 34a Abs. 6 Satz 1 EStG).

WICHTIG

Sowohl bei Anwendung des Sondersteuersatzes von 28,25 % als auch bei der Nachversteuerung von 25 % kommen bei denjenigen, die kirchensteuerpflichtig sind, noch 8 % bzw. 9 % an Kirchensteuer hinzu.

Die Finanzverwaltung hat zur Begünstigung der nicht entnommenen Gewinne in dem Anwendungsschreiben v. 11.8.2008 (IV C 6 – S 2290-a/07/10001, BStBl 2008 I S. 838) ausführlich Stellung genommen. Wollen Sie im Rahmen Ihrer Einkommensteuererklärung 2010 einen Antrag auf Besteuerung Ihrer thesaurierten Gewinne mit dem Sondersteuersatz von 28,25 % stellen, müssen Sie hierfür die **Anlage 34a** (➜ Tz 185) ausfüllen.

6.9 Veräußerungen wesentlicher Beteiligungen an Kapitalgesellschaften

Sind Sie an einer Kapitalgesellschaft, insbesondere an einer GmbH, zu mindestens 1 % **801** mittelbar oder unmittelbar beteiligt (= **wesentliche Beteiligung**), ist der aus dem Verkauf der Aktien oder Anteile resultierende Gewinn oder Verlust als Einkünfte aus Gewerbebetrieb zu erfassen, auch wenn die Beteiligung zu Ihrem **Privatvermögen** gehört (§ 17 EStG). Auf die Höhe der veräußerten Anteile – bezogen auf das Nennkapital der Gesellschaft – kommt es nicht an.

Die Frage, ob eine wesentliche Beteiligung innerhalb der letzten 5 Jahre vor der Veräußerung vorliegt, ist nicht für jedes Jahr des 5-Jahreszeitraums nach der jeweils geltenden Beteiligungsgrenze zu bestimmen, sondern richtet sich nach der im Jahr der Veräußerung geltenden Wesentlichkeitsgrenze. Wer also 2010 Anteile an einer Kapital-gesellschaft veräußert hat, dessen Veräußerungsgewinn wird nach § 17 EStG besteuert, wenn er in den letzten 5 Jahren vor der Veräußerung über Anteile von 1 % und mehr verfügte (BFH, Urteil v. 1.3.2005, VIII R 25/02, BFH/NV 2005 S. 960).

Die Gewinne aus der Veräußerung von im Privatvermögen gehaltenen Anteilen an einer Kapitalgesellschaft unterlagen nach der bis zum 31.12.1998 geltenden Rechtslage als Einkünfte aus Gewerbebetrieb der Einkommensteuer, wenn der Steuerzahler innerhalb der letzten 5 Jahre vor der Veräußerung zu mehr als **25 %** an dieser Gesellschaft beteiligt war. Diese Beteiligungsgrenze wurde durch das Steuerentlastungsgesetz 1999/2000/2002 auf **10 %** gesenkt. Obwohl das Gesetz erst am 31.3.1999 im Bundesgesetzblatt veröffentlicht wurde, greift die Absenkung rückwirkend auch für Beteiligungsverhältnisse, die bereits vor der Gesetzesverkündung begründet worden waren. Dazu hat nun das BVerfG im Beschluss v. 7.7.2010 (2 BvR 748/05, 2 BvR 753/05 und 2 BvR 1738/05, BFH/NV 2010 S. 1976) entschieden, dass die rückwirkende Absenkung der Beteiligungsgrenze auf 10 % wegen Verstoßes gegen die verfassungsrechtlichen Grundsätze des Vertrauensschutzes **teilweise verfassungswidrig** ist. Zwar könne die Absenkung der Beteiligungsgrenze auf 10 % als solche verfassungsrechtlich nicht beanstandet werden, jedoch müsse der Gesetz-geber die vor der Gesetzesverkündung (31.3.1999) angefallenen stillen Reserven steuer-frei belassen, weil dem Steuerzahler insoweit bereits eine konkret verfestigte Vermögens-position entstanden sei, die durch die rückwirkende Absenkung der Beteiligungsgrenze ansonsten nachträglich „entwertet" würde. Damit lassen sich verfassungsrechtlich nicht vertretbare Verstöße gegen den Gleichheitssatz in den Fällen vermeiden, in denen eine Beteiligung bis 25 % nach der Rechtslage bis Ende 1998 steuerfrei veräußert werden konnte, und den Fällen, in denen die Veräußerung nach dem 31.12.1998 vorgenommen wurde. Hieraus ergeben sich folgende Konsequenzen:

① Der Gesetzgeber hat durch das Gesetz zur Senkung der Steuersätze und zur Reform der Unternehmensbesteuerung die Wesentlichkeitsgrenze bei Inlandsbeteiligungen an Kapitalgesellschaften ab dem 1.1.2002, bei Auslandsbeteiligungen bereits ab dem 1.1.2001 von 10 % auf 1 % abgesenkt. Diese Absenkung wirkt auf Beteiligungen, die vor dem 1.1.2001 (Auslandsbeteiligung) bzw. vor dem 1.1.2002 (Inlandsbeteiligung) erworben wurden, aus verfassungsrechtlicher Sicht unzulässig zurück. Bei diesen Erwerben hätte der Gesetzgeber im Rahmen der Anwendungsregelung die Wertver-änderungen, die bis zum 1.1.2001 bzw. 1.1.2002 eingetreten sind, aus der Besteue-

III Gestaltung und Tipps

rung „heraushalten" müssen. Insoweit sind die Konsequenzen aus der Entscheidung des BVerfG v. 7.7.2010 auch hier zu ziehen.

② Wer 2010 eine Beteiligung veräußert, die er vor dem 1.1.1999 mit nicht mehr als 25 % erworben hat, bleibt mit den Wertveränderungen, die bis zum 31.3.1999 eingetreten sind, bei der Besteuerung nach § 17 EStG außen vor. Hierzu ist es erforderlich, den Wert der Beteiligung auf den 1.4.1999 nach dem für die Kapitalgesellschaft typischerweise anzuwendenden Bewertungsverfahren zu ermitteln und ihn als fiktive Anschaffungskosten zu berücksichtigen. Dann darf nur der Unterschiedsbetrag zwischen dem Veräußerungspreis in 2010 und dem Stichtagswert 1.4.1999 als Gewinn bzw. Verlust besteuert werden, und zwar nach dem Teileinkünfteverfahren. Diese Grundsätze gelten für alle Beteiligungen, die vor dem 1.1.1999 im Bereich von 10 % bis max. 25 % erworben wurden.

③ Beteiligungen an Kapitalgesellschaften, die 1 %, aber nicht mehr als 9 % ausmachen und die in dieser Höhe vor dem 1.1.2001 bei Auslandsbeteiligungen und vor dem 1.1.2002 bei Inlandsbeteiligungen erworben wurden, also auch in der Zeit vor 1999, sind in sinngemäßer Anwendung der Entscheidung des BVerfG vom 7.7.2010 auf den 1.1.2001 bzw. 1.1.2002 mit ihrem gemeinen Wert zu bewerten, wobei dieser Wert als fiktiver Anschaffungspreis bei der Ermittlung des Veräußerungsgewinns bzw. -verlustes zugrunde zu legen ist. Damit bleiben die Wertveränderungen, die vor dem 1.1.2001 bzw. 1.1.2002 eingetreten sind, von der Besteuerung verschont. Die Besteuerung des Veräußerungsgewinns bzw. -verlustes erfolgt bei Veräußerung in 2010 nach dem Teileinkünfteverfahren.

④ Ist die Beteiligung an der Kapitalgesellschaft nach dem 31.12.2000 (Auslandsbeteiligung) bzw. 31.12.2001 (Inlandsbeteiligung) erworben worden, bestehen keine verfassungsrechtlichen Bedenken, bei Veräußerungen in 2010 die gesamte Wertveränderung seit Anschaffung in die Besteuerung nach § 17 EStG einzubeziehen. Auch hierfür gilt das Teileinkünfteverfahren.

802 Bei Vorliegen einer wesentlichen Beteiligung sind nicht nur Veräußerungsgewinne, sondern auch **Veräußerungsverluste** zu berücksichtigen. Einen solchen Verlust können Sie bei **Auflösung einer Kapitalgesellschaft** steuerlich geltend machen, sobald die Liquidation abgeschlossen ist und feststeht, ob und in welcher Höhe Sie mit der Zuteilung oder Rückzahlung von Gesellschaftsvermögen rechnen können. Kommt es zu einem Insolvenzverfahren, wird der Auflösungsverlust in der Regel erst mit Abschluss des Verfahrens realisiert (BFH, Urteil v. 25.1.2000, VIII R 63/98, BFH/NV 2000 S. 1029). Von dem Grundsatz, dass der Auflösungsverlust regelmäßig erst mit Abschluss des Insolvenzverfahrens entsteht, weicht der BFH (Beschluss v. 5.1.2005, VIII B 57/03, Haufe-Index 1332187) dann ab, wenn auf Grund des Inventars und der Insolvenzeröffnungsbilanz des Insolvenzverwalters oder einer von diesem vorgelegten Zwischenrechnung ohne weitere Ermittlungen mit an Sicherheit grenzender Wahrscheinlichkeit damit zu rechnen ist, dass das Vermögen der Gesellschaft zu Liquidationswerten die Schulden nicht mehr decken wird und ein Zwangsvergleich ausgeschlossen erscheint. Dann ist der Auflösungsverlust bereits im Zeitpunkt der Insolvenzeröffnungsbilanz entstanden. Eine weitere Ausnahme gilt für den Fall, dass eine GmbH durch Gesellschafterbeschluss aufgelöst wird und wegen Vermögenslosigkeit mit Liquiditätsrückzahlungen nicht zu rechnen ist. Dann ist der Veräußerungsverlust im Sinne des § 17 EStG bereits im Zeitpunkt der Beschlussfassung durch die Gesellschafterversammlung entstanden.

Wird die **Eröffnung eines Insolvenzverfahrens mangels Masse abgelehnt** oder steht bereits im Zeitpunkt des Auflösungsbeschlusses fest, dass die Gesellschaft vermögenslos war, kann hier die Möglichkeit einer Auskehrung von Restvermögen an die Gesellschafter ausgeschlossen werden. Die Vermögenslosigkeit der Gesellschaft und ihre Löschung im Handelsregister haben dann die Vollbeendigung zur Folge, d. h. auch: Realisierung des Verlustes (BFH, Urteil v. 27.11.2001, VIII R 36/00, BFH/NV 2002 S. 706).

WICHTIG

Der BFH hat in mehreren Entscheidungen, beginnend mit dem Urteil v. 25.6.2009 (IX R 42/08, BFH/NV 2009 S. 1696) entschieden, dass ein **Verlust** bei Aufgabe **von GmbH-Anteilen**, z. B. im Fall der Insolvenz, voll abziehbar ist, wenn diesem Verlust keine Betriebsvermögensminderungen oder Einnahmen vorangegangen sind, die nach dem Halb- oder Teileinkünfteverfahren steuerfrei gestellt wurden. Zwischenzeitlich hat sich die Finanzverwaltung dieser BFH-Rechtsprechung angeschlossen. Der Gesetzgeber will hier erst ab 2011 durch das JStG 2010 dergestalt eingreifen, dass er für die Anwendung des Teileinkünfteverfahrens nicht mehr auf das Erzielen von Einnahmen, sondern auf die Absicht der Einnahmeerzielung abstellt. Damit dürfte die Rechtslage ab 2011 zugunsten der Finanzverwaltung dergestalt geregelt sein, dass Veräußerungsverluste nur mit 60 % berücksichtigt werden können. Bei einer Veräußerung im Laufe des Jahres **2010** gilt jedoch die alte Rechtslage: **Voller Verlustabzug.** Die Finanzverwaltung fordert allerdings für den vollen Verlustabzug, dass aus der Beteiligung an der Kapitalgesellschaft zu keiner Zeit Einnahmen erzielt wurden, die dem Halb- oder Teileinkünfteverfahren unterlegen haben. In diesem Zusammenhang hat das FG Düsseldorf im Urteil v. 14.4.2010 (2 K 2190/07 F, Haufe-Index 2370909) entschieden, dass auch bei einem symbolischen Kaufpreis von 1 € das Halb- oder Teileinkünfteverfahren anzuwenden sei, so dass sämtliche Aufwendungen, die mit diesen Einnahmen im Zusammenhang ständen, also auch der Veräußerungsverlust, nicht in voller Höhe berücksichtigt werden könnten. Im Streitfall ging es darum, ob ein Verlust aus der Veräußerung eines GmbH-Anteils zu einem Kaufpreis von 1 € im Jahr 2004 voll abzugsfähig ist. Trotz der für Sie negativen Entscheidung des FG Düsseldorf sollten Sie in vergleichbaren Fällen Ihren **Steuerbescheid offen halten.** Denn das FG hat die Revision gegen sein Urteil beim BFH zugelassen.

Der Gewinn aus der Veräußerung einer wesentlichen Beteiligung wird nur besteuert, soweit **803** er den Teil von **9.060 €** übersteigt, der dem veräußerten Anteil an der Kapitalgesellschaft entspricht. Wer also zu 30 % an einer GmbH beteiligt ist und diese Beteiligung veräußert, erhält einen Freibetrag von 30 % × 9.060 € = 2.718 €. Dieser Freibetrag ermäßigt sich um den Betrag, um den der Veräußerungsgewinn den Teil von **36.100 €** übersteigt, der ebenfalls dem veräußerten Anteil an der Kapitalgesellschaft entspricht (§ 17 Abs. 3 EStG). Der steuerpflichtige Veräußerungsgewinn wird nur mit 60 % der Einkommensteuer unterworfen (Teileinkünfteverfahren; § 3 Nr. 40 Satz 1 Buchstabe c EStG).

Im Gesetz zur **Förderung von Wagnisbeteiligungen** hat sich der Gesetzgeber dafür **804** ausgesprochen, einen besonderen Freibetrag für Gewinne aus der Veräußerung von Anteilen an sog. Ziel-Kapitalgesellschaften in Höhe von **200.000 €** einzuführen, und zwar für Veräußerungen von Anteilen nach dem 31.12.2007.

III Gestaltung und Tipps

6.10 Anrechnung der Gewerbesteuer

805 Die Finanzverwaltung hat in den BMF-Schreiben v. 24.2.2009, IV C 6 – S 2296 – a/08/10002, BStBl 2009 I S. 440 und v. 22.12.2009, IV C 6 – S 2296 – a/08/10002, BStBl 2010 I S. 43) zu Zweifelsfragen im Zusammenhang mit der **Gewerbesteueranrechnung** nach **§ 35 EStG** Stellung genommen.

Begünstigter Personenkreis

806 Anrechnungsberechtigt sind Personen, die **gewerbliche Einkünfte** über ihr **Einzelunternehmen** oder über ihre Beteiligung an einer **gewerblich tätigen** oder **gewerblich geprägten Personengesellschaft** erzielen und damit der Gewerbesteuer unterliegen. Verfügt ein Steuerzahler über mehrere Gewerbebetriebe bzw. über mehrere Beteiligungen an Personengesellschaften, ist der anrechenbare Gewerbesteuermessbetrag für jeden Gewerbebetrieb bzw. für jede Beteiligung getrennt zu ermitteln. Die einzelnen Gewerbesteuermessbeträge oder die Anteile daran werden dann bei der Einkommensteuerveranlagung des Steuerzahlers zusammengefasst und auf seine Einkommensteuer angerechnet.

Berechnungsmethode

807 Wegen der Versagung des Betriebsausgabenabzugs der Gewerbesteuer musste der Gesetzgeber ab 2008 den **Anrechnungsfaktor** von bisher 1,8 auf **3,8** anheben, um unter Einbeziehung des Solidaritätszuschlags bis zu einem **Hebesatz von 401 %** eine **vollständige Entlastung** von der **Gewerbesteuer** durch Anrechnung bei der Einkommensteuer zu gewährleisten. Um eine mögliche Überkompensation bei Hebesätzen weit unter 401 % zu vermeiden, ist neben der bisherigen Begrenzung auf den Ermäßigungshöchstbetrag (→ Tz 808) eine zusätzliche Begrenzung auf die tatsächlich zu zahlende Gewerbesteuer des Unternehmens eingeführt worden. Bei Beteiligungen an Personengesellschaften ist darauf zu achten, dass neben dem Anteil am Gewerbesteuermessbetrag noch der Anteil an der tatsächlich zu zahlenden Gewerbesteuer der Personengesellschaft in der einheitlichen und gesonderten Gewinnfeststellung angegeben wird.

808 Bei der Gewerbesteueranrechnung kommt es auf **3 Berechnungsgrößen** an, und zwar auf

- das **Anrechnungsvolumen**,
- die **gewerblichen Einkünfte** im Sinne des § 35 EStG und
- den **Ermäßigungshöchstbetrag**.

WICHTIG

Das **Anrechnungsvolumen wird „gekappt"**, soweit die Einkommensteuer, die anteilig auf die im zu versteuernden Einkommen enthaltenen gewerblichen Einkünfte entfällt, niedriger als das Anrechnungsvolumen ist. Dieser Höchstbetrag, von der Finanzverwaltung als **Ermäßigungshöchstbetrag** bezeichnet, ist wie folgt zu ermitteln:

$$\frac{\text{Summe der positiven gewerblichen Einkünfte}}{\text{Summe aller positiven Einkünfte}} \times \text{tarifliche Einkommensteuer} = \text{Ermäßigungshöchstbetrag}$$

Der **Ermäßigungshöchstbetrag** darf bei der Anrechnung der Gewerbesteuer nicht überschritten werden.

- **Anrechnungsvolumen:** Der Steuerzahler kann das **3,8-fache der Gewerbesteuer-** 809 **messbeträge**, die ihm zuzurechnen sind, auf seine tarifliche Einkommensteuer anrechnen. Dabei kommt es bei der Veranlagung 2010 auf den Gewerbesteuermessbetrag an, der für den **Erhebungszeitraum 2010** festgesetzt worden ist. Bei Unternehmen mit abweichendem Wirtschaftsjahr wird der Messbetrag dem Erhebungszeitraum zugerechnet, in dem das Wirtschaftsjahr endet.

- **Begriff „gewerbliche Einkünfte":** Hierunter fasst die Finanzverwaltung (BMF, 810 Schreiben v. 24.2.2009, ➜ Tz 805, Rz. 14) nur die gewerblichen Einkünfte im Sinne des **§ 15 EStG**, also laufende Einkünfte aus einem Einzelunternehmen und Gewinnanteile aus der Beteiligung an einer gewerblich geprägten oder gewerblich tätigen Personengesellschaft.

  Einkünfte aus der Veräußerung oder Aufgabe eines Betriebs, eines Teilbetriebs oder eines Mitunternehmeranteils sowie Einkünfte aus der Veräußerung einer wesentlichen Beteiligung im Sinne des § 17 EStG rechnen nicht dazu, es sei denn, es liegen **gewerbesteuerpflichtige Veräußerungsgewinne** vor, wie z. B.

- bei der Veräußerung einer Beteiligung an einer Personengesellschaft durch eine andere Personengesellschaft,

- bei der Veräußerung einer 100 %igen Beteiligung an einer Kapitalgesellschaft, wenn die Veräußerung nicht im engen Zusammenhang mit der Aufgabe eines Gewerbebetriebs erfolgt,

- oder bei der Veräußerung eines Teils eines Mitunternehmeranteils (§ 16 Abs. 1 Satz 2 EStG).

TIPP

Der Gesetzeswortlaut lässt auch eine andere Interpretation des Begriffs „gewerbliche Einkünfte" zu, und zwar in der Weise, dass hierunter auch die gewerblichen Einkünfte aus Veräußerungsgewinnen fallen, unabhängig davon, ob sie **gewerbesteuerpflichtig sind oder nicht.** Sollten Sie von dieser Rechtsfrage betroffen sein, empfiehlt es sich, den Einkommensteuerbescheid 2010 in Bezug auf die Gewerbesteueranrechnung offen zu halten. Denn das letzte Wort ist in dieser Sache durch die Steuergerichte noch nicht gesprochen.

- **Tarifliche Einkommensteuer:** Bei der tariflichen Einkommensteuer handelt es sich 811 um die festgesetzte Einkommensteuer vor Abzug des Baukindergeldes und der Steuerermäßigung für Parteispenden.

Durch die Anrechnung kann sich **allenfalls** eine **Einkommensteuer von 0 €** ergeben. 812 Eine Erstattung an Einkommensteuer ist nicht möglich. Darüber hinaus kann die **Gewerbesteueranrechnung**, soweit sie sich nicht auf die Einkommensteuer ausgewirkt hat, nicht in späteren Veranlagungszeiträumen **nachgeholt** werden (BFH, Beschluss v. 11.11.2008, X R 55/06, BFH/NV 2009 S. 379).

III Gestaltung und Tipps

Besonderheiten bei Personengesellschaften

813 Bei einer Personengesellschaft wird der Gewerbesteuermessbetrag im Verhältnis der Gewinnanteile nach Handelsrecht auf die Gesellschafter aufgeteilt. Für diese Aufteilung kommt es allein auf den Anteil am Gesamtgewinn nach Maßgabe des **allgemeinen Gewinnverteilungsschlüssels** an; Vorabgewinne, wie z. B. Gehaltszahlungen, Zinsen oder Pachterträge, bleiben dabei außer Ansatz (§ 35 Abs. 2 Satz 2 EStG).

Entgegen der bisherigen Auffassung der Finanzverwaltung, bei der Verteilung des Gewerbesteuermessbetrags nur gewinnabhängige Gewinnanteile und Sondervergütungen zu berücksichtigen, hat der BFH im Beschluss v. 7.4.2009 (IV B 109/08, BFH/NV 2009 S. 1185) die Auffassung vertreten, dass sämtliche **Vorabgewinnanteile** kein Bestandteil des allgemeinen Gewinnverteilungsschlüssels seien, so dass es bei der Aufteilung des Gewerbesteuermessbetrags von Personengesellschaften allein auf den **allgemeinen Gewinnverteilungsschlüssel** ankomme. Die Finanzverwaltung hat sich im BMF-Schreiben v. 22.12.2009 (➜ Tz 805) der BFH-Rechtsprechung angeschlossen, jedoch für Wirtschaftsjahre, die vor dem 1.7.2010 beginnen, folgende **Übergangsregelung** herausgegeben: Beginnt das Wirtschaftsjahr 2010 – wie in der Regel üblich – am 1.1.2010, kann es bei der bisherigen Aufteilung des Gewerbesteuermessbetrags unter Berücksichtigung der gewinnabhängigen Gewinnanteile und Sondervergütungen verbleiben, es sei denn, mindestens ein Mitunternehmer beantragt, auf die Anwendung zu verzichten und stellt damit den Antrag, bereits nach der BFH-Rechtsprechung eine Verteilung vornehmen zu lassen. Ein solcher Antrag ist für die Gesellschafter zu stellen, die auf Grund der Auffassung der Finanzverwaltung durch den bisherigen Aufteilungsmaßstab benachteiligt würden. Denken Sie z. B. an eine OHG, bei denen der geschäftsführende Gesellschafter eine Gewinntantieme erhält, so dass auf Grund dieser Gewinntantieme sein Anteil am Gewerbesteuermessbetrag höher ausfällt als nach der BFH-Rechtsprechung. Die übrigen Gesellschafter, die dadurch Anrechnungsvolumen verlieren, dürften, wenn es fremde Dritte sind, nicht geneigt sein, dies mitzutragen. Stellen Sie nun einen Antrag auf Anwendung der BFH-Rechtsprechung, bleibt die Gewinntantieme des geschäftsführenden Gesellschafters bei der Verteilung des Gewerbesteuermessbetrags außer Ansatz, so dass alle Gesellschafter ihren Anteil am Gewerbesteuermessbetrag nach dem allgemeinen Gewinnverteilungsschlüssel erhalten.

Über die Aufteilung des Gewerbesteuermessbetrags wird sowohl bei mittelbarer als auch bei unmittelbarer Beteiligung an einer Personengesellschaft im Feststellungsverfahren entschieden. Dort muss auch Ihr Antrag auf Anwendung der BFH-Rechtsprechung wegen der gewinnabhängigen Gewinnanteile und Sondervergütungen gestellt werden. Dann erfahren Sie aus dem Feststellungsbescheid, welcher Anteil am Gewerbesteuermessbetrag bei Ihrer Einkommensteuer zu berücksichtigen ist.

7 Anlage S

7.1 Einkünfte aus selbstständiger Tätigkeit

Unabhängig von der Höhe des Umsatzes bzw. Gewinns sind Freiberufler und andere **814**
Selbstständige im Sinne des § 18 EStG **nicht buchführungspflichtig**. Sie können Ihren
Gewinn durch Einnahmenüberschussrechnung, also durch Gegenüberstellung der betrieb-
lich veranlassten Einnahmen und der Betriebsausgaben, ermitteln.

WICHTIG

Selbstverständlich kann auch der Freiberufler bzw. der sonstige selbstständig
Tätige statt der Einnahmenüberschussrechnung Bücher führen und eine Bilanz
erstellen. Hierfür wird er sich dann entscheiden, wenn für die Praxis eine
periodengerechte Abgrenzung von Einnahmen und Ausgaben im Vordergrund
steht. Darüber hinaus eröffnet die Gewinnermittlung durch Bestandsvergleich
anhand von Bilanzen die Möglichkeit, Rechnungsabgrenzungsposten, Rückstellungen und Wertberichtigungen sowie Teilwertabschreibungen vornehmen zu
können. Wollen Sie als Freiberufler Ihre thesaurierten Gewinne mit dem Sondersteuersatz von 28,25 % + Soli versteuern (§ 34a EStG), müssen Sie sich ebenfalls
für die Gewinnübermittlung durch Bestandsvergleich entscheiden ➜ Tz 800.

Betragen Ihre Einnahmen aus freiberuflicher oder sonstiger selbstständiger Tätigkeit
2010 **17.500 €** und mehr, sind Sie verpflichtet, Ihre Einnahmenüberschussrechnung
unter Verwendung der **Anlage EÜR 2010** abzugeben (§ 60 Abs. 4 EStDV). Einzelheiten
dazu ➜ Tz 817.

Wann sind Betriebseinnahmen und Betriebsausgaben zu erfassen?

Bei der Gewinnermittlung durch Einnahmenüberschussrechnung sind Betriebseinnahmen **815**
in dem Wirtschaftsjahr anzusetzen, in dem Sie Ihnen zufließen, und die Betriebsausgaben
in dem Wirtschaftsjahr abzusetzen, in dem Sie diese geleistet haben. Dies gilt selbst dann,
wenn Sie Vorschüsse, Teil- und Abschlagszahlungen erhalten oder bezahlen.

WICHTIG

Der BFH hat im Urteil v. 20.5.2009 (VIII R 6/07, BFH/NV 2009 S. 1519)
entschieden, dass eine sog. **Praxisausfallversicherung**, die fortlaufend Betriebskosten im Fall einer Erkrankung des Betriebsinhabers erstattet, eine Pri-
vatversicherung darstelle, so dass die Versicherungsleistung im „Schadensfall"
nicht zu Betriebseinnahmen führe. Umgekehrt seien die an die Versicherung
bezahlten Beiträge nicht als Betriebsausgaben abziehbar. Anders verhält es sich
bei einer Versicherung, die das Risiko der Quarantäne mitversichert. Hier besteht
ein ursächlicher Zusammenhang zur freiberuflichen Tätigkeit, so dass entsprechende Leistungen der Versicherung als Betriebseinnahmen, die Versicherungsbeiträge als Betriebsausgaben zu berücksichtigen sind.

Eine Besonderheit gilt für **regelmäßig wiederkehrende Einnahmen**, die Ihnen kurze Zeit **816**
vor Beginn und kurze Zeit nach Beendigung des Kalenderjahres, zu dem sie wirtschaftlich
gehören, zufließen. Diese gelten in dem Kalenderjahr bezogen, dem sie wirtschaftlich

III Gestaltung und Tipps

zuzurechnen sind. Als kurze Zeit wird von der Rechtsprechung ein Zeitraum von **bis zu 10 Tagen** angesehen (BFH, Urteil v. 24.7.1986, IV R 309/84, BStBl 1987 II S. 16). Achten Sie darauf, dass die Umsatzsteuervorauszahlung für das IV. Quartal 2010 bzw. für Dezember 2010 noch als **Betriebsausgabe** in **2010** angesetzt wird, wenn die Zahlung der Umsatzsteuer bis zum 10.1.2011 erfolgt ist (BFH, Urteil v. 1.8.2007, XI R 48/05, BFH/NV 2008 S. 2187; BMF, Schreiben v. 10.11.2008, IV C 3 – S 2226/07/10001, BStBl 2008 I S. 958).

WICHTIG

In der Regel wird die Umsatzsteuer-Vorauszahlung per Einzugsermächtigung vom Finanzamt eingezogen. Die Abbuchung kann frühestens im Fälligkeitszeitpunkt erfolgen. Da die Umsatzsteuer für den Monat Dezember 2009 erst am 11.1.2010 fällig war, also außerhalb des 10-Tages-Zeitraums, ist die Betriebsausgabe erst in 2010 zu berücksichtigen. Bei der Umsatzsteuer-Vorauszahlung für Dezember 2010 liegt der Fälligkeitszeitpunkt innerhalb der 10-Tage-Regelung, so dass diese Vorauszahlung in 2010 zu erfassen ist. Damit kommt es im Jahre 2010 zu einer Erfassung von 13 Umsatzsteuer-Vorauszahlungen, wenn Sie die Umsatzsteuer monatlich leisten müssen.

Das Zu- und Abflussprinzip bietet die Möglichkeit, Einnahmen in andere Wirtschaftsjahre zu verlagern und Ausgaben in Wirtschaftsjahre vorzuziehen. Dies ist besonders interessant, wenn die individuellen Steuersätze in den einzelnen Veranlagungszeiträumen schwanken, sei es wegen der Höhe des zu versteuernden Einkommens oder sei es wegen der gesetzlichen Absenkung der Steuersätze.

Einnahmenüberschussrechnung mit der Anlage EÜR

817 Für den Einnahmenüberschussrechner besteht zumindest nach dem EStG keine ausdrückliche **allgemeine Aufzeichnungspflicht** für die Betriebseinnahmen und Betriebsausgaben.

WICHTIG

Allerdings haben Einnahmenüberschussrechner ihrer Einkommensteuererklärung eine **Anlage EÜR** beizufügen, aus der sich detaillierte Angaben zu den Betriebseinnahmen und Betriebsausgaben ergeben. Wer meint, hierzu nicht verpflichtet zu sein, der kann sich auf das beim BFH anhängige Verfahren X R 18/09 beziehen. Dort wird der BFH zu der Frage Stellung nehmen müssen, ob die Rechtsgrundlage für die Anforderung der Anlage EÜR hinreichend bestimmt ist. Das FG Münster hat diese Frage im Urteil v. 17.12.2008 (6 K 2187/08) mit ja beantwortet; der Kläger sieht dies jedoch anders.

Der Vordruck 2010 besteht aus 3 Teilen, und zwar

– der eigentlichen Einnahmenüberschussrechnung, als Anlage EÜR bezeichnet,
– der Ermittlung der nichtabziehbaren Schuldzinsen (§ 4 Abs. 4a EStG) und
– dem Verzeichnis über Anlage- und bestimmtes Umlaufvermögen.

WICHTIG 818

Liegen die Betriebseinnahmen unter der Grenze von **17.500 €**, verzichtet die Finanzverwaltung auf die Abgabe der Anlage EÜR. Es reicht dann aus, wenn zusätzlich zu den Anlagen S und G eine formlose Gewinnermittlung eingereicht wird. Aus dieser Gewinnermittlung müssen Betriebseinnahmen und Betriebsausgaben unter Berücksichtigung der beschränkten Abzugsmöglichkeit nach § 4 Abs. 5 EStG ersichtlich sein.

Allgemeine Angaben sowie Einzelheiten zu den Betriebseinnahmen

Auf der ersten Seite der Anlage EÜR sind die **allgemeinen Angaben** zum Steuerzahler bzw. **819** zur Art des Betriebs sowie Einzelheiten zu den **Betriebseinnahmen** zu machen. Es folgen dann die „ersten" Betriebsausgaben.

In der **Kopfzeile** wird darauf hingewiesen, dass für jeden Betrieb eine separate Anlage EÜR einzureichen ist. Dort sind anzugeben:

– Der Name des Steuerzahlers,
– die Steuernummer,
– ggf. einen abweichenden Gewinnermittlungszeitraum (**Zeile 4**) sowie
– die Art des Betriebs.

WICHTIG

Zur Art des Betriebs reicht es aus, dass bei einer Tätigkeit des Steuerzahlers in **mehreren Bereichen** die „Schwerpunkttätigkeit" angegeben wird, z. B. Steuerberaterkanzlei, wenn der Praxisinhaber neben der laufenden Steuerberatung auch als Testamentsvollstrecker, Referent oder Schriftsteller tätig ist. Sollten Sie über mehrere Betriebe verfügen, geben Sie bei „Art des Betriebs" neben der „Schwerpunkttätigkeit" auch die laufende Nummer des Betriebs (z. B. 1. Betrieb) an. Diese Festlegung ist aus dem Vorjahr zu übernehmen. In **Zeile 5** ist darüber hinaus zu Kz. 105 die Zuordnung zu Einkunftsart und Person einzutragen. Hierfür verwenden Sie folgende Ziffern:

	Steuerzahler/ Ehemann	Ehefrau	Ehegatten-Mitunternehmerschaft
Einkünfte aus Land- und Forstwirtschaft	1	2	7
Einkünfte aus Gewerbebetrieb	3	4	8
Einkünfte aus selbstständiger Arbeit	5	6	9

III Gestaltung und Tipps

Haben Sie Ihren Betrieb oder Ihre Praxis 2010 veräußert oder aufgegeben, ist in **Zeile 6** bei Kz. 111 eine 1 einzutragen. Damit steht für das Finanzamt fest, dass Sie in diesem Kalenderjahr von der Einnahmenüberschussrechnung zur **Bilanzierung** übergehen müssen, so dass der dabei entstehende Gewinn noch als laufender Gewinn erfasst wird. Durch den Übergang zur Bilanzierung steht Ihr Kapitalkonto fest. Dann kann aus dem Veräußerungspreis bzw. aus dem Aufgabeerlös abzüglich Kapitalkonto der Veräußerungsgewinn bzw. -verlust ermittelt werden. Für die steuerliche Erfassung des Veräußerungsgewinns bzw. -verlusts kommt es nicht auf den Zuflusszeitpunkt an, sondern auf den Übergang des wirtschaftlichen Eigentums an der Praxis. Nur dann, wenn eine längerfristige Rentenvereinbarung zwischen Erwerber und Veräußerer getroffen wurde, deren Laufzeit über 10 Jahre hinausgeht und bei der das Versorgungsbedürfnis des Veräußerers im Vordergrund steht, hat der Steuerzahler die Möglichkeit, statt der Sofortbesteuerung die Rentenzahlungen – nach Verrechnung mit dem Kapitalkonto – im Jahr des Zuflusses zu versteuern.

In **Zeile 7** wird abgefragt, ob Sie im Kalender- bzw. Wirtschaftsjahr 2010 Grundstücke oder grundstücksgleiche Rechte entnommen oder veräußert haben. Ist dies der Fall, haben Sie unter Kz. 120 eine 1 einzutragen, ansonsten eine 2.

Die **Zeilen 8 bis 72** sind von allen Einnahmenüberschussrechnern auszufüllen, es sei denn, der Steuerzahler hat sich beim Betriebsausgabenabzug für einen pauschalen Wertansatz entschieden. Dann genügt die Eintragung in **Zeile 21**. Wer darüber hinaus noch Rücklagen bilden oder einen Investitionsabzugsbetrag für 2010 geltend machen will oder wegen eines Investitionsabzugsbetrags in den Vorjahren eine Hinzurechnung vorzunehmen hat, der muss ergänzende Angaben in den **Zeilen 73 bis 77** machen. Entnahmen und Einlagen sind stets in den **Zeilen 78 und 79** anzugeben. Diese Daten werden vor allem für die Ermittlung der nichtabziehbaren Schuldzinsen nach § 4 Abs. 4a EStG in der Anlage SZE benötigt (→ Tz 851).

Bei den **Betriebseinnahmen** wird in dem Vordruck zwischen 3 Gruppen von Steuerzahlern unterschieden, und zwar zwischen den Land- und Forstwirten, soweit sie sich für eine Durchschnittssatzbesteuerung nach § 24 UStG entschieden haben, den **Kleinunternehmern** und den „**normalen**" **Einnahmenüberschussrechnern**. Zu den beiden zuletzt genannten Gruppen von Steuerzahlern ist Folgendes anzumerken:

Kleinunternehmer

820 Umsatzsteuerliche Kleinunternehmer mit einem Gesamtumsatz im vorangegangenen Kalenderjahr von **nicht mehr als 17.500 €** und im laufenden Kalenderjahr von nicht mehr als **voraussichtlich 50.000 €** haben bei den Betriebseinnahmen nur Eintragungen in den **Zeilen 8, 9, 16 und 17** vorzunehmen.

In der **Zeile 8** sind die **Betriebseinnahmen** mit ihrem **Bruttobetrag** anzugeben, wobei Umsätze im Sinne des § 19 Abs. 3 Nr. 1 und 2 UStG nachrichtlich in **Zeile 9** zu vermerken sind. Hierbei handelt es sich um **steuerfreie Umsätze** im Zusammenhang mit amtlichen Wertzeichen, um Umsätze, die unter das Rennwett- und Lotteriegesetz fallen, sowie um Umsätze der zugelassenen öffentlichen Spielbanken einerseits und um steuerfreie Umsätze im Sinne des § 4 Nr. 11 bis 28 UStG andererseits. Darüber hinaus sind unter Kz. 119 **steuerfreie Hilfsumsätze** im Zusammenhang mit Kapitalanlagen, Grundstücken und Versicherungen aufzuführen.

WICHTIG

Nicht in **Zeile 8** einzutragen sind Umsätze im Zusammenhang mit der Veräußerung oder Entnahme von Anlagegütern, die in **Zeile 16** anzugeben sind. Die private Kfz-Nutzung ist in **Zeile 17** einzutragen.

Um diese Eintragungen vornehmen zu können, ist der Kleinunternehmer gezwungen, die private Kfz-Nutzung sowie die Umsätze im Zusammenhang mit Anlagenverkäufen gesondert von seinen Kleinunternehmerumsätzen aufzuzeichnen.

Betriebseinnahmen eines „normalen" Einnahmenüberschussrechners

Der „normale" Einnahmenüberschussrechner hat seine Betriebseinnahmen zu unterteilen in **821**

- **umsatzsteuerpflichtige** Betriebseinnahmen: Anzugeben in **Zeile 11**,
- **umsatzsteuerfreie, nicht umsatzsteuerbare** Betriebseinnahmen sowie Betriebseinnahmen, für die der Leistungsempfänger die Umsatzsteuer nach § 13b UStG schuldet: Einzutragen in **Zeile 12**,
- **vereinnahmte Umsatzsteuer** sowie Umsatzsteuer auf unentgeltliche Wertabgaben: Einzutragen in **Zeile 14**,
- die Veräußerung und Entnahme von **Anlagevermögen**: Einzutragen in **Zeile 16**,
- die **private Kfz-Nutzung**: Einzutragen in **Zeile 17**,
- sonstige **Sach-, Nutzungs- und Leistungsentnahmen**: Einzutragen in **Zeile 18**,
- **Kapitalerträge**, die in den umsatzsteuerfreien Betriebseinnahmen enthalten sind: Einzutragen in **Zeile 13** zu Kz. 113.

Die Eintragungen zu den Einnahmen in **Zeile 11, 12, 16 bis 18** sind stets **netto** vorzunehmen, da die vereinnahmte Umsatzsteuer sowie die Umsatzsteuer auf unentgeltliche Wertabgaben in **Zeile 14** einzutragen ist. Sollte das Finanzamt Umsatzsteuer erstattet oder mit anderen Steuern verrechnet haben, so ist der Erstattungs- bzw. Verrechnungsbetrag in **Zeile 15** unter Kz. 141 anzugeben.

Schließlich ist in **Zeile 19** noch die Auflösung von Rücklagen bzw. Ansparabschreibungen für Existenzgründer als Übertrag aus der **Zeile 77** einzutragen. Die Summe der Betriebseinnahmen ist in **Zeile 20** auszuweisen.

Zu den einzelnen **Betriebseinnahmen** ist Folgendes anzumerken: **822**

In **Zeile 11** sind die **umsatzsteuerpflichtigen** Betriebseinnahmen – und zwar netto – mit Ausnahme der Einnahmen anzugeben, für die der Leistungsempfänger die Umsatzsteuer zu übernehmen hat. Letzteres dürfte im freiberuflichen Bereich nur selten vorkommen.

Die **Veräußerung von Wirtschaftsgütern** des Anlagevermögens ist gesondert in **Zeile 16** mit dem Nettobetrag anzugeben.

In **Zeile 12** sind die **umsatzsteuerfreien** Betriebseinnahmen, die **nicht umsatzsteuerbaren** Betriebseinnahmen sowie Betriebseinnahmen bei Übernahme der Umsatzsteuer durch den Leistungsempfänger auszuweisen. Zu den nicht steuerbaren Betriebseinnahmen rechnen insbesondere Entschädigungen, öffentliche Zuschüsse sowie sonstige Subventionen. Auch hier ist darauf zu achten, dass die Eintragungen in den **Zeilen 16 bis 18** den Eintragungen in **Zeile 12** vorgehen und nicht doppelt erfasst werden dürfen.

III Gestaltung und Tipps

WICHTIG

Die Probleme mit den Einnahmen aus Kapitalvermögen, die dem **Teileinkünfteverfahren** unterliegen, hat der Vordruckverfasser ab 2010 dadurch gelöst, dass er bei den umsatzsteuerfreien Betriebseinnahmen eine neue **Zeile 13** eingefügt hat, in der die Kapitalerträge, die von der Umsatzsteuer befreit sind, gesondert angeben lässt. Diese Kapitalerträge werden dann nicht in voller Höhe, sondern nur mit **60 %** bei den Betriebseinnahmen erfasst.

In **Zeile 16** sind neben der Veräußerung von Wirtschaftsgütern des Anlagevermögens auch die **Entnahmen** solcher Wirtschaftsgüter **für private Zwecke** des Steuerzahlers aufzuführen. Für die zutreffende Ermittlung der Betriebseinnahmen muss hier auf den Teilwert abgestellt werden, also auf den Nettowert. Die umsatzsteuerliche Bemessungsgrundlage hat für die Ermittlung des Gewinns bzw. Verlustes keinerlei Aussagewert.

823   Angaben zur **privaten Kfz**-Nutzung sind in **Zeile 17** zu machen, und zwar mit ihrem Nettowert. Die Ermittlung als Betriebseinnahmen erfolgt bei überwiegender betrieblicher Nutzung des Pkw nach der 1 %-Regelung: Es werden also 1 % des inländischen Listenpreises pro Kalendermonat für die Privatnutzung angesetzt. Dabei ist die Privatnutzung ggf. auf die Höhe der tatsächlich im Kalenderjahr angefallenen Kosten zu begrenzen.

TIPP

Entscheiden Sie sich bei Ansatz der privaten Kfz-Nutzung für die 1 %-Regelung, können Sie aus Vereinfachungsgründen für Zwecke der Umsatzbesteuerung den Nutzungswert aus dem ertragsteuerlichen Wertansatz ableiten, wobei allerdings für Aufwendungen, die nicht mit Vorsteuern behaftet sind, ein pauschaler Abschlag von 20 % vorzunehmen ist, so dass nur der Restbetrag als Bemessungsgrundlage bei der Umsatzsteuer anzusetzen und die darauf entfallende Umsatzsteuer zu ermitteln ist.

824   Die **1 %-Regelung** dürfen Sie nur dann für die private Pkw-Nutzung geltend machen, wenn der zum Betriebsvermögen gehörende **Pkw zu mehr als 50 % betrieblich genutzt** wird. Bei einem Pkw, dessen betriebliche Nutzung mindestens 10 % und nicht mehr als 50 % beträgt und der damit zum gewillkürten Betriebsvermögen rechnet, ist die Privatnutzung mit den darauf entfallenden Kosten anzusetzen. Betroffen von der Einschränkung der 1 %-Regelung sind neben Einzelunternehmern und Gesellschaftern einer Personengesellschaft vor allem **selbstständig Tätige**.

Für die Anwendung der 1 %-Regelung müssen Sie gegenüber dem Finanzamt zumindest glaubhaft machen, dass der Pkw überwiegend für betriebliche Fahrten eingesetzt wurde. Dies setzt in der Regel eine Datenerfassung für einen **repräsentativen Zeitraum** von 3 Monaten voraus. In diesem Zeitraum sind die betrieblichen und die privaten Fahrten sowie die Fahrten zwischen Wohnung und Betriebsstätte festzuhalten. Aus diesen Daten können dann die Gesamtfahrleistung und die betrieblichen Fahrten, zu denen auch die Fahrten zwischen Wohnung und Betriebsstätte rechnen, ermittelt werden. Damit kann auch der betriebliche Anteil von mehr als 50 % gegenüber dem Finanzamt dargestellt werden. Wegen weiterer Einzelheiten vgl. BMF, Schreiben v. 18.11.2009 (IV C 6 – S 2177/07/10004, BStBl 2009 I S. 1326).

Haben Sie sich z. B. einen **gebrauchten Pkw** zugelegt, den Sie zu 30 % für Ihre berufliche Tätigkeit einsetzen, zu 40 % für Fahrten zwischen Wohnung und Betriebsstätte und zu 30 % für Privatfahrten, so gehört dieser Pkw zum notwendigen Betriebsvermögen. Hätten dagegen die Privatfahrten mindestens 50 % betragen, wäre der Pkw gewillkürtes Betriebsvermögen gewesen, so dass Sie sich für die Zuordnung zum Privatvermögen oder für die Zuordnung zum Betriebsvermögen hätten entscheiden können. Bei der Zuordnung zum Privatvermögen wären dieselben Kosten als Betriebsausgaben abziehbar wie bei der Zugehörigkeit zum Betriebsvermögen; allerdings hätte ein eventueller Gewinn aus der Veräußerung des Pkw im Fall der Zugehörigkeit zum Privatvermögen nicht versteuert werden müssen. Schließlich hätten Sie bei der Zuordnung zum Privatvermögen für Ihre betrieblichen Fahrten vereinfachend den Kilometersatz von 0,30 € je gefahrenen Kilometer ansetzen können; damit wäre die aufwändige Ermittlung des durchschnittlichen Kilometersatzes aus den Gesamtkosten entfallen.

TIPP

Sollte es Ihnen für eines der Vorjahre anhand einer repräsentativen Erhebung gelungen sein, eine betriebliche Nutzung des Pkw **deutlich über der 50 %-Grenze** glaubhaft zu machen, kann an diese Repräsentativerhebung in 2010 angeknüpft und die 1 %-Regelung weiterhin angewendet werden. Nur dann, wenn sich 2010 gegenüber 2009 wesentliche Veränderungen in Art und Umfang der Tätigkeit in Bezug auf die Entfernung bei Fahrten zwischen Wohnung und Betriebsstätte ergeben haben, muss für 2010 eine neue Repräsentativerhebung durchgeführt werden. Auch ein Wechsel der Fahrzeugklasse kann im Einzelfall Anlass für eine erneute Überprüfung des Nutzungsumfangs sein.

Anstelle der 1 %-Regelung können Sie auch die private Pkw-Nutzung nach der **Fahrten-** **825** **buchregelung** ermitteln. Hier kommt es auf die tatsächlichen Gesamtkosten des Pkw und die im Kalenderjahr zurückgelegten Kilometer an; aus beiden Angaben ist der durchschnittliche Kilometersatz zu ermitteln. Mit diesem durchschnittlichen Kilometersatz sind die Privatfahrten, die Fahrten zwischen Wohnung und Betriebsstätte und die betrieblichen Fahrten anzusetzen.

Stellt sich bei der Repräsentativerhebung heraus, dass Ihr **Pkw nicht überwiegend** für **826** **betriebliche Fahrten** eingesetzt wird und führen Sie auch kein Fahrtenbuch über Ihre privaten und betrieblichen Fahrten, ist die Privatnutzung nach dem „Teilwert" zu bemessen.

Stehen die Gesamtkosten für den privat mitbenutzten Pkw fest, muss darüber hinaus für die Zuordnung der Kosten zum Betriebsausgabenabzug und zu den nichtabziehbaren Entnahmen eine **Trennung** zwischen **Privatfahrten** einerseits **und betrieblichen Fahrten** andererseits vorgenommen werden. Auch hierfür müssen überschlägige Aufzeichnungen, so wie vorstehend für den Repräsentativzeitraum vorgesehen, geführt werden. Nach Auffassung der Finanzverwaltung sind die überschlägigen Aufzeichnungen nur für einen repräsentativen Zeitraum von **3 Monaten** zu führen. Es ist also nicht erforderlich, dass für Zwecke der Kostenaufteilung die privaten und betrieblichen Fahrten **ganzjährig** festgehalten werden.

III Gestaltung und Tipps

827 WICHTIG

> Gehören zum Betriebsvermögen **mehrere Pkw**, bei denen **nur einer für Privatfahrten** eingesetzt wird, sind die Kosten für den privat mitbenutzten Pkw gesondert von den übrigen zum Betriebsvermögen rechnenden Pkw festzuhalten.

828 WICHTIG

> Ermitteln Sie die Privatnutzung Ihres zum Betriebsvermögen rechnenden Pkw anhand des vorstehend beschriebenen Kostennachweises, ist zu **überlegen**, ob dieser **Pkw** dem **gewillkürten Betriebsvermögen zugeordnet** werden soll. Denn unabhängig von der Zuordnung des Pkw dürfen bei einer privaten Nutzung von 50 % und mehr die Kosten nur im Rahmen der Kostenschätzung als Betriebsausgaben berücksichtigt werden. Die Zuordnung zum gewillkürten Betriebsvermögen hätte dabei den **Nachteil**, dass bei einem künftigen Gewinn aus der Veräußerung des Pkw dieser als betrieblicher besteuert werden müsste. Gehört der Pkw dagegen zum Privatvermögen, bleibt dieser Gewinn außer Ansatz.

TIPP

> Wer verhindern will, dass sein Pkw auf Grund fehlender Zuordnungsentscheidung in 2010 nicht als Betriebsvermögen angesehen wird, der sollte dafür sorgen, dass dieser Pkw bis Ende 2010 in das laufend zu führende Anlageverzeichnis aufgenommen wird oder dass er in anderer Weise die Zuordnungsentscheidung dokumentieren kann, z. B. durch Anfertigen eines Aktenvermerks, der bis Ende 2010 dem Finanzamt zugeleitet wird.

WICHTIG

> Auf die umsatzsteuerliche Zuordnung des Pkw zum Unternehmensvermögen hat die Entscheidung, ob ein Pkw zum gewillkürten Betriebsvermögen oder zum Privatvermögen rechnet, keinerlei Auswirkungen. Trotz Zurechnung des Pkw zum Privatvermögen kann sich der Unternehmer bei einer betrieblichen Nutzung ab 10 % für die **Zuordnung** des Pkw **zum Unternehmensvermögen** entscheiden und somit den **vollen Vorsteuerabzug** geltend machen.

829 In **Zeile 18** sind die **Sach-, Nutzung- oder Leistungsentnahmen** anzusetzen, wie z. B. Warenentnahmen, private Telefonnutzung, private Nutzung von betrieblichen Maschinen oder die Ausführung von Arbeiten am Privatgrundstück durch Arbeitnehmer des Betriebs. Für Aufwandsentnahmen sind die entstandenen Selbstkosten (= Gesamtaufwendungen) anzugeben. Auch hier gilt der Grundsatz: Die Bemessungsgrundlage ist mit dem Nettowert zu erfassen.

Die Auflösung von Rücklagen, z. B. nach § 6c i. V. m. § 6b EStG, sowie von Ansparabschreibungen für Existenzgründer ist in den **Zeilen 73 bis 75** vorzunehmen. Die Summe der Auflösungsbeträge ist dann in **Zeile 77** einzutragen. In **Zeile 76** ist der Ausgleichsposten nach § 7g EStG anzugeben. Der in **Zeile 77** angegebene Betrag ist dann in **Zeile 19** zu übertragen (→ Tz 879).

Betriebsausgaben im Allgemeinen

Die in der Anlage EÜR anzugebenden Betriebsausgaben sind grundsätzlich mit dem **Nettobetrag** anzusetzen. Die auf die Betriebsausgaben entfallenden Vorsteuerbeträge sind in **Zeile 44** einzutragen. Nur Kleinunternehmer haben ihre Betriebsausgaben mit den Bruttobeträgen anzugeben. Damit entfällt bei Ihnen die Angabe in **Zeile 44** „gezahlte Vorsteuerbeträge". **830**

Zeile 21 eröffnet Ihnen die Möglichkeit, dort eine **Betriebsausgabenpauschale** oder einen **Übungsleiter-Freibetrag** einzutragen. Damit entfallen für Sie die Eintragungen in den **Zeilen 23 bis 56**.

Eine Pauschalregelung gibt es auch für Land- und Forstwirte, z. B. für Weinbaubetriebe, die selbst ausbauen. Die sachlichen Bebauungskosten sind in **Zeile 22** anzugeben, ebenso die Betriebsausgabenpauschale bei Einnahmen aus der Holznutzung.

Im Bereich der freiberuflichen Tätigkeiten können die **Betriebsausgaben** in folgenden Fällen **pauschal** ermittelt werden:

Freiberufliche Tätigkeit	Höhe der Pauschsätze
Schriftstellerische oder journalistische Tätigkeit als **Haupt**beruf	**30 %** der Betriebseinnahmen, höchstens **2.455 €/Jahr** (BMF, Schreiben v. 21.1.1994, BStBl 1994 I S. 112)
Wissenschaftliche, künstlerische oder schriftstellerische Tätigkeit sowie Vortragstätigkeit (auch Lehr- und Prüfungstätigkeit) als **Neben**beruf	**25 %** der Betriebseinnahmen, höchstens **614 €/Jahr** (für alle Tätigkeiten) (BMF, Schreiben v. 21.1.1994, BStBl 1994 I S. 112)
Erteilung von Nachhilfeunterricht	**25 %** der Betriebseinnahmen, höchstens **614 €/Jahr**
Hebammen	**25 %** der Betriebseinnahmen, höchstens **1.535 €/Jahr**

Seit 1.1.2009 müssen alle Tagesmütter und Tagesväter ihre **Einkünfte** aus der Tagespflege **versteuern** – unabhängig von der Anzahl der betreuten Kinder und der Art der Einnahmen. Die Einnahmen werden wie folgt behandelt:

Steuerpflichtige Einnahmen 2010	Steuerfreie Einnahmen 2010
Pflegegeld	100 % der Beitragserstattungen zur
● vom Jugendamt	● Unfallversicherung
● von der Gemeinde	
● von Eltern des betreuten Kindes	
50 % der Beitragserstattungen zur	50 % der Beitragserstattungen zur
● Alterssicherung	● Alterssicherung
● zur angemessenen Kranken- und Pflegeversicherung	● zur angemessenen Kranken- und Pflegeversicherung

III Gestaltung und Tipps

Von den steuerpflichtigen Einnahmen kann die Tagesmutter bzw. der Tagesvater folgende Betriebsausgaben abziehen:

1. **Pauschalmethode:** Bei einer Vollzeitbetreuung von mindestens 40 Wochenstunden, die in eigenen oder angemieteten Räumen stattfindet, ist eine Betriebskostenpauschale von monatlich 300 € pro Kind abzugsfähig. Bei geringerer Stundenzahl verringert sich die Pauschale im Verhältnis tatsächliche Betreuungsstunden zu 40 Wochenstunden. Die Pauschale kann nur bis zur Höhe der Einnahmen abgezogen werden, somit also nicht zu einem Verlust führen.
2. **Einzelnachweis:** Die Tagesmutter bzw. der Tagesvater können auch ihre tatsächlichen Ausgaben durch Einzelaufstellung gegenüber dem Finanzamt nachweisen. In diese Aufstellung können z. B. Aufwendungen für Spiel- und Bastelmaterial, Nahrungsmittel und Fachliteratur aufgenommen werden. Der Einzelnachweis bietet sich dann an, wenn die tatsächlichen Ausgaben monatlich 300 € pro Kind übersteigen. Der Einzelnachweis kann zu einem Verlust führen. Bei Anwendung des Einzelnachweises darf nicht noch zusätzlich die Pauschale abgezogen werden.

Weitere Einzelheiten ergeben sich aus dem BMF-Schreiben v. 20.5.2009 (IV C 6 – S 2246/07/10002, BStBl 2009 I S. 642).

Für bestimmte nebenberufliche Tätigkeiten kann der sog. **Übungsleiter-Freibetrag** (§ 3 Nr. 26 EStG) in Höhe von 2.100 € von den Betriebseinnahmen abgezogen werden (➜ Tz 893). Die Inanspruchnahme dieses Freibetrags setzt voraus, dass der Steuerzahler keine höheren Betriebsausgaben geltend macht. Neben dem Übungsleiter-Freibetrag stehen Ihnen als Mitglied des Vorstands, als Kassierer, Büro- und Reinigungskraft, Platzwart, Aufsichtsperson, Betreuer oder Assistenzbetreuer i. S. d. Betreuungsrechts **500 €** als sog. **Ehrenamtsfreibetrag** zu. Die Zahlung muss durch eine gemeinnützige, mildtätige oder kirchliche Einrichtung erfolgen, wobei allerdings darauf zu achten ist, dass die Satzung eine entsprechende Vergütung vorsieht. Für dieselbe Tätigkeit kann der Ehrenamtsfreibetrag nicht neben dem Übungsleiter-Freibetrag gewährt werden. Bei unterschiedlichen Tätigkeiten sind dagegen beide Freibeträge denkbar. Auch hier beschränkt sich die Angabe zu den Betriebsausgaben auf die Eintragung in **Zeile 21**.

WICHTIG

Im JStG 2010 wird daran gedacht, eine neue Steuerbefreiungsvorschrift für ehrenamtlich tätige rechtliche Betreuer, Vormünder und Pfleger zu „kreieren". Danach sollen erstmals rückwirkend für den Veranlagungszeitraum 2010 Aufwandsentschädigungen für den vorgenannten Personenkreis steuerfrei bleiben, wobei diese Steuerbefreiung nicht neben dem Ehrenamtsfreibetrag nach § 3 Nr. 26a EStG zum Zuge kommen soll. Betroffen von der beabsichtigten Gesetzesänderung sind in erster Linie die **Berufsbetreuer**, die im ersten Jahr bei der höchsten Vergütungsstufe zwischen 1.848 € und 2.970 € erhalten. Hier hilft die bisherige Steuerbefreiung durch den Ehrenamtsfreibetrag von 500 € nicht weiter. Dies soll nunmehr durch die neue Befreiungsvorschrift ab 2010 verbessert werden.

Betriebsausgaben im Einzelnen

■ Waren, Rohstoffe und Hilfsstoffe

In **Zeile 23** sind die Anschaffungskosten für Waren, Roh- und Hilfsstoffe einschließlich **831** der entstandenen Nebenkosten anzugeben. Eine Aufteilung dieser Kosten nach dem Umsatzsteuersatz von 19 % bzw. 7 % ist nicht vorzunehmen.

WICHTIG

Bestimmte Wirtschaftsgüter des Umlaufvermögens müssen in dem Verzeichnis „Anlageverzeichnis/Ausweis des Umlaufvermögens" zur Anlage EÜR (**Anlage AVEÜR**) ausgewiesen werden. Hierbei handelt es sich um Anteile an Kapitalgesellschaften, z. B. GmbH-Anteile und Aktien, um Wertpapiere und vergleichbare nicht verbriefte Forderungen und Rechte, um den Grund und Boden sowie Gebäude. Ein **Betriebsausgabenabzug** kommt erst dann in Betracht, wenn die Wirtschaftsgüter **veräußert** werden. Um in diesen Fällen dann die Verrechnung mit den Anschaffungskosten vornehmen zu können, ist eine getrennte Aufzeichnung von den übrigen Wirtschaftsgütern des Vorratsvermögens, bei denen der sofortige Betriebsausgabenabzug weiterhin zulässig ist, erforderlich. Weitere Einzelheiten ergeben sich aus der Anlage AVEÜR selbst.

■ Fremdleistungen

Sollten an dem Betrieb des Steuerzahlers **Dienstleistungen** von Fremden erbracht worden **832** sein, sind diese in **Zeile 24** einzutragen. Solche Dienstleistungen können unmittelbar im Zusammenhang mit der Fertigung anfallen, wie z. B. Fremdleistungen für Erzeugnisse und andere Umsatzleistungen, aber auch als Ausgaben für Leiharbeit, Lohnarbeit an Erzeugnissen sowie Aufwendungen für Lizenzen.

WICHTIG

In **Zeile 24** ist auch die Pauschalsteuer von 30 % zuzüglich Soli + Kirchensteuer einzutragen, die Sie bei Geschenken an Ihre Geschäftsfreunde übernommen haben, damit bei diesen keine Besteuerung stattfindet (wegen weiterer Einzelheiten vgl. BMF, Schreiben v. 29.4.2008, IV B 2 – S 2297 – b/07/0001, BStBl 2008 I S. 566).

■ Ausgaben für das eigene Personal

In **Zeile 25** sind die Betriebsausgaben für **Gehälter, Löhne und Versicherungsbeiträge** **833** für Arbeitnehmer einzutragen. Hierzu rechnen sämtliche Bruttolohn- und Gehaltsaufwendungen einschließlich der gezahlten Lohnsteuer und anderer Nebenkosten. Zu den Ausgaben für das eigene Personal rechnen auch die Reisekosten, die dem Personal vom Arbeitgeber erstattet werden. Diese Reisekosten sind voll als Betriebsausgaben abzugsfähig; insoweit ist keine Eintragung in **Zeile 50** vorzunehmen.

■ Abschreibungen

Wegen der Abschreibungen auf Wirtschaftsgüter des Anlagevermögens ist danach zu **834** unterscheiden, ob die Wirtschaftsgüter **nicht abnutzbar** oder **abnutzbar** sind.

III Gestaltung und Tipps

835 Nicht abnutzbares Anlagevermögen: Erwerben Sie z. B. ein **unbebautes Grundstück**, können Sie die Zahlung des Kaufpreises nicht als Betriebsausgabe ansetzen. Der Erwerb ist ohne Auswirkungen auf Ihre Einnahmenüberschussrechnung. Erst wenn Sie den Grund und Boden veräußern, können Sie den Buchwert als Betriebsausgabe ansetzen (**Zeile 35**), den von Ihnen erzielten Veräußerungspreis haben Sie als Betriebseinnahme in **Zeile 16** zu erfassen.

WICHTIG

Für Wirtschaftsgüter, die nach dem 5.5.2006 angeschafft bzw. hergestellt worden sind, ist erst im Zeitpunkt der Veräußerung der Betriebsausgabenabzug in Höhe des Buchwerts vorzunehmen.

836 Abnutzbares Anlagevermögen: Erwerben Sie abnutzbares Anlagevermögen, ist bei der Bezahlung des Kaufpreises lediglich die abzugsfähige Vorsteuer als Betriebsausgabe sofort abzuziehen (**Zeile 44**). Können Sie keinen Vorsteuerabzug in Anspruch nehmen, erhöhen die Vorsteuerbeträge die Anschaffungskosten und sind wie diese über die Nutzungsdauer zu verteilen. Von den Anschaffungs- oder Herstellungskosten ist die jährliche AfA als Betriebsausgabe abzugsfähig. Erwerben Sie ein bewegliches abnutzbares Wirtschaftsgut im Laufe des Jahres 2010, so wird die AfA **monatsgenau** ermittelt, wobei der Anschaffungsmonat in den Abschreibungszeitraum einfließt. Dies gilt sowohl für die lineare als auch für die degressive AfA.

Auch bei der Gewinnermittlung durch Einnahmenüberschussrechnung erhalten Sie erhöhte Absetzungen und Sonderabschreibungen, insbesondere solche für kleine und mittlere Betriebe nach § 7g EStG. Die **Sonderabschreibungen** betragen nach dieser Vorschrift **20 %** und können neben der linearen oder degressiven AfA im Jahr der Anschaffung bzw. Herstellung und in den folgenden 4 Jahren geltend gemacht werden.

Bei beweglichen Wirtschaftsgütern, die **in 2010 angeschafft** oder hergestellt werden, können die Sonderabschreibungen unter den folgenden Voraussetzungen in Anspruch genommen werden (§ 7g Abs. 6 EStG):

– Bei einem Einnahmenüberschussrechner darf der Gewinn des Jahres 2009 ohne Berücksichtigung des Investitionsabzugsbetrags **200.000 €** nicht überschreiten.
– Das begünstigte Wirtschaftsgut muss mindestens bis zum Ende des auf die Anschaffung oder Herstellung folgenden Wirtschaftsjahres in einem inländischen Betrieb **verbleiben**. In der Praxis sind vor allem Entnahmen von dieser Regelung betroffen.
– Das Wirtschaftsgut muss im Betrieb ausschließlich oder fast ausschließlich **betrieblich genutzt** werden, und zwar im Anschaffungs- oder Herstellungsjahr und im Folgejahr. Sollten Sie eine ausschließliche oder fast ausschließliche betriebliche Nutzung bei einem privat mitbenutzten Pkw für den vorgenannten Nutzungszeitraum geltend machen, bedarf es hierzu eines Nachweises, i. d. R. anhand eines ordnungsgemäß geführten Fahrtenbuchs.

WICHTIG

Wird das begünstigte Wirtschaftsgut nicht bis zum Ende des dem Wirtschaftsjahr der Anschaffung oder Herstellung folgenden Wirtschaftsjahres in einer inländischen Betriebsstätte ausschließlich oder fast ausschließlich betrieblich genutzt, kommt es zur **rückwirkenden Versagung der** in Anspruch genommenen **Sonder-**

abschreibungen (§ 7g Abs. 6 Nr. 2 2. Satzteil EStG). Wird z. B. ein Pkw, der im Anschaffungsjahr ausschließlich zu betrieblichen Zwecken eingesetzt wurde, im Folgejahr zu 20 % für private Zwecke mitbenutzt, sind die im Anschaffungsjahr gewährten Sonderabschreibungen rückwirkend zu versagen.

Im Vorfeld der Sonderabschreibungen müssen Sie für Investitionen **keinen** Abzugsbetrag bilden. Vielmehr sind Investitionsabzugsbetrag einerseits und Sonderabschreibungen von 20 % andererseits „autark".

TIPP

Ihnen stehen Sonderabschreibungen nicht nur für neue abnutzbare bewegliche Wirtschaftsgüter zu, sondern auch für **gebrauchte**. Wer sich also einen gebrauchten Pkw zulegt, den er im Anschaffungsjahr und im Folgejahr im Betriebsvermögen belässt und dort zu 90 % und mehr für betriebliche Zwecke einsetzt, erhält dafür in 2010 Sonderabschreibungen in Höhe von 20 %.

Der Gesetzgeber hat sich bei Anschaffung bzw. Herstellung **nach** dem **5.5.2006** dafür ausgesprochen, **abnutzbare Wirtschaftsgüter des Anlagevermögens** mit ihren Anschaffungs- oder Herstellungskosten sowie dem Anschaffungs- oder Herstellungsdatum in ein laufend zu führendes **Verzeichnis** aufzunehmen. Über die gesetzlichen Vorgaben hinaus verlangt die Finanzverwaltung für die abnutzbaren Wirtschaftsgüter des Anlagevermögens auch eine Darstellung der AfA und der Anlagenabgänge sowie einen Ausweis des Buchwerts am Ende des Kalenderjahres.

Besondere Bedeutung hat bei Freiberuflerpraxen die **Abschreibung auf den Praxiswert.** 837 Wird ein solcher Praxiswert anlässlich der Gründung einer Sozietät oder bei Erwerb einer Einzelpraxis aufgedeckt, sind die Anschaffungskosten auf die betriebsgewöhnliche Nutzungsdauer des Praxiswerts zu verteilen. Dabei gelten folgende Grundsätze:

– Für den anlässlich einer Gründung einer Sozietät aufgedeckten Praxiswert ist eine betriebsgewöhnliche Nutzungsdauer von 6 bis 10 Jahren zugrunde zu legen. Dies gilt auch, wenn ein Anteil an einer Sozietät entgeltlich übergeht.
– Für den Wert einer erworbenen Einzelpraxis ist eine gewöhnliche Nutzungsdauer von 3 bis 5 Jahren anzunehmen (BMF, Schreiben v. 15.1.1995, IV B 2 – S 2172 – 15/74, BStBl 1995 I S. 14).

Für **geringwertige Wirtschaftsgüter**, die nach dem 31.12.2009 angeschafft werden, hat 838 der Steuerzahler folgende Möglichkeiten, die Aufwendungen als Betriebsausgaben geltend zu machen (BMF, Schreiben v. 30.9.2010, IV C 6 – S 2180/09/10001):

Sofortiger Betriebsausgabenabzug: Für alle in 2010 angeschafften Wirtschaftsgüter können Sie bei Anschaffungskosten bis zu netto 410 € den sofortigen Betriebsausgabenabzug geltend machen.

Sammelposten: Neben dem sofortigen Betriebsausgabenabzug bis zu 410 € können Sie auch die bisherige Regelung für angeschaffte Wirtschaftsgüter vor 2010 fortführen, nach der Wirtschaftsgüter bis zu einem Betrag von 150 € sofort als Betriebsausgabe berücksichtigt werden können, und Wirtschaftsgüter, die über 150 €, nicht aber über 1.000 € hinausgehen, in einen jahrgangsbezogenen Sammelposten einzustellen sind.

III Gestaltung und Tipps

WICHTIG

Der Gesetzeswortlaut des § 6 Abs. 2 und Abs. 2a EStG ist unklar gefasst. In der Literatur wird die Auffassung vertreten, dass auch bei einem sofortigen Betriebsausgabenabzug bis zu netto 410 € die Möglichkeit bestehe, alle Wirtschaftsgüter, die über 410 € an Anschaffungskosten hinausgehen, nicht zwingend in das Anlageverzeichnis einbuchen zu müssen, sondern diese Wirtschaftsgüter auch im Sammelposten zu zeigen. Sie sollten wegen der unklaren Rechtslage ausschöpfen, was für Sie am günstigsten ist. Hier ist allerdings mit Widerstand der Finanzverwaltung zu rechnen, wenn Sie bis 410 € Betriebsausgaben haben wollen und darüber hinaus bis 1.000 € den Sammelposten.

Im Hinblick auf die bei der Erstellung des Jahresabschlusses 2010 zu treffenden Entscheidungen wäre es sinnvoll gewesen, die GWG auf 3 Konten zu verbuchen, und zwar auf einem Konto 1 bei Nettoanschaffungskosten bis zu 150 €, auf einem Konto 2 bei Nettoanschaffungskosten über 150 € bis 410 € und auf einem Konto 3 bei Nettoanschaffungskosten über 410 € bis 1.000 €. Dann hätte die Möglichkeit bestanden, die Konten beliebig für den Betriebsausgabenabzug oder die Bildung des Sammelpostens zusammenfassen zu können.

WICHTIG

Die Entscheidung, ein Wirtschaftsgut bis zu 410 € netto sofort als Betriebsausgaben zu verbuchen oder stattdessen dieses Wirtschaftsgut bis zu 150 € als Betriebsausgaben und darüber hinaus bis zu 410 € als Sammelposten zu behandeln, kann nur wirtschaftsjahrbezogen getroffen werden. Bevor Sie entscheiden, müssen beide Alternativen im Einzelfall durchgerechnet werden.

Haben Sie in 2008 oder 2009 einen Investitionsabzugsbetrag in Anspruch genommen und dadurch die Möglichkeit geschaffen, bei Anschaffung des Wirtschaftsguts in 2010 eine Wertminderung in Höhe von bis zu 40 % vornehmen zu können, kann die Wertminderung dazu führen, dass Sie ein GWG erhalten, das sofort als Betriebsausgabe berücksichtigt werden darf. Denken Sie z. B. an einen Laptop, dessen Nettoanschaffungskosten 680 € betragen und für den Sie im Vorfeld einen Investitionsabzugsbetrag von 272 € in Anspruch genommen haben. Dann verbleiben bei Anschaffung in 2010 von den Anschaffungskosten nach Verrechnung mit der Wertminderung nur 408 €. Dieser Betrag ist maßgebend für die Einordnung als GWG i. S. d. § 6 Abs. 2 EStG. Also können Sie den Restbetrag von 408 € sofort als Betriebsausgaben geltend machen.

Entscheiden Sie sich in der Anlage EÜR 2010 für den sofortigen Betriebsausgabenabzug aller Anschaffungen bis zu netto 410 €, müssen Sie beachten, dass diese Wirtschaftsgüter, soweit deren Anschaffungskosten über 150 € hinausgehen, in ein laufend zu führendes Verzeichnis aufgenommen werden müssen. Daher sind beim vorgenannten 3-Konten-Modell beim Konto 2 die erforderlichen Aufzeichnungen „Anschaffungszeitpunkt", „Anschaffungskosten" und „Name des Wirtschaftsguts" festzuhalten. Ist dies nämlich geschehen, liegt in Form des Kontos 2 das vom Gesetzgeber geforderte Verzeichnis vor.

In der Anlage EÜR 2010 sind die Aufwendungen für geringwertige Wirtschaftsgüter bei sofortigem Betriebsausgabenabzug in **Zeile 33** geltend zu machen. Die Auflösung des Sammelpostens (§ 6 Abs. 2a EStG) erfolgt in **Zeile 34**. Die der **Zeile 34** zugrunde liegenden Beträge (Sammelposten) sind in **Zeilen 14 bis 17** der Anlage AVEÜR zu entnehmen. Dort sind die Auflösungsbeträge der Sammelposten 2008 bis 2010 aufgeführt, wobei die Summe der Auflösungsbeträge in **Zeile 17** angegeben wird.

Anlageverzeichnis: Werden für die abnutzbaren Wirtschaftsgüter des Anlagevermögens **839** **Abschreibungen** vorgenommen, sind die einzelnen Abschreibungsbeträge für die Anlage EÜR in dem **Anlageverzeichnis/Ausweis des Umlaufvermögens** (Anlage AVEÜR) zu ermitteln. Dort werden die einzelnen Wirtschaftsgüter in folgende Gruppen eingeteilt: Grundstücke und grundstücksgleiche Rechte, häusliches Arbeitszimmer, immaterielle Wirtschaftsgüter, bewegliche Wirtschaftsgüter (ohne geringwertige Wirtschaftsgüter), Sammelposten, Finanzanlagen und Umlaufvermögen. Bei den beweglichen Wirtschaftsgütern sind der Pkw und die Büroeinrichtung von den übrigen Wirtschaftsgütern getrennt auszuweisen.

Anzugeben sind neben dem Wirtschaftsgut selbst die Anschaffungs- oder Herstellungskosten bzw. der Teilwert, der Buchwert zu Beginn des Gewinnermittlungszeitraums, die Zugänge, die für das Wirtschaftsgut in Anspruch genommene AfA, die Abgänge und der Buchwert am Ende des Gewinnermittlungszeitraums. Bei den beweglichen Wirtschaftsgütern des Anlagevermögens sind die Sonderabschreibungen nach § 7g EStG neben der linearen oder degressiven AfA getrennt zu vermerken.

Aus dem Anlageverzeichnis können in die Anlage EÜR übernommen werden: Die Abschreibungen auf Grundstücke und grundstücksgleiche Rechte in **Zeile 26**, die Abschreibungen auf das häusliche Arbeitszimmer in **Zeile 51**, die Abschreibungen auf immaterielle Wirtschaftsgüter in **Zeile 27** sowie die Abschreibungen auf bewegliche Wirtschaftsgüter, unterteilt in die Sonderabschreibungen nach § 7g EStG, einzutragen in **Zeile 31**, und die sonstigen Abschreibungen, einzutragen in **Zeile 28**.

Vor allem die **Anlagenabgänge**, z. B. auf Grund Veräußerung, Entnahme oder Verschrottung bei Zerstörung, sind gesondert aufzuzeichnen, damit die Angaben in **Zeile 35** „Restbuchwert als Betriebsausgabe" gemacht werden können. Der Restbuchwert ergibt sich in der Regel aus den Anschaffungs- bzw. Herstellungskosten bzw. dem Einlagewert, gemindert um die bis zum Zeitpunkt des Ausscheidens berücksichtigten Abschreibungen.

Wurde für ein Wirtschaftsgut der **Investitionsabzugsbetrag** nach § 7g Abs. 1 EStG in Anspruch genommen, ist im Jahr der Anschaffung oder Herstellung der Investitionsabzugsbetrag gewinnerhöhend hinzuzurechnen. Meist wird die Besteuerung dieser Herabsetzungsbeträge dadurch ausgeglichen, dass in derselben Höhe eine Wertminderung von bis zu 40 % der tatsächlichen Anschaffungs-/Herstellungskosten des Wirtschaftsguts, maximal des Hinzurechnungsbetrags, als Betriebsausgabe geltend gemacht wird. Die 40 %ige Gewinnminderung ist in der Anlage AVEÜR in der Spalte „**AfA/Auflösungsbetrag**" anzugeben; sie fließt damit in den Betriebsausgabenabzug in der **Zeile 32** der Anlage EÜR ein. Die Wertminderung, dort als Herabsetzungsbetrag bezeichnet, ist dem Finanzamt gegenüber auf einem gesonderten Blatt zu erläutern. Korrespondierend mit diesem Herabsetzungsbetrag ist in **Zeile 63** die Hinzurechnung der Investitionsabzugsbeträge außerhalb der Gewinnermittlung nach § 4 Abs. 3 EStG anzugeben.

Weitere Wirtschaftsgüter: In die Anlage AVEÜR werden auch **Finanzanlagen** sowie **Wirtschaftsgüter des Umlaufvermögens** aufgenommen. Die Anteile an Unternehmen, für deren Erträge das Teileinkünfteverfahren gilt, sind dabei in **Zeile 18** gesondert

III Gestaltung und Tipps

auszuweisen und in **Zeile 19** der Anlage AVEÜR in der Regel nur mit ihrem 60 %igen Betrag zu berücksichtigen. Bei diesen Finanzanlagen (**Zeilen 18 bis 20** der Anlage AVEÜR) handelt es sich um Wirtschaftsgüter des Anlagevermögens. Das Umlaufvermögen einschließlich der dazugehörigen Finanzanlagen ist in **Zeile 21** der Anlage AVEÜR zusammengefasst anzugeben, wobei Abgänge des Umlaufvermögens, die dem Teileinkünfteverfahren unterliegen, sowohl in **Zeile 20** als auch in **Zeile 21** der Anlage AVEÜR zu erfassen sind. Die Abgänge beim Umlaufvermögen dürfen nicht in **Zeile 35** der Anlage EÜR übernommen werden; vielmehr sind die Abgänge in **Zeile 23** der Anlage EÜR zu erfassen.

840 **Gewillkürtes Betriebsvermögen:** In das Anlageverzeichnis dürfen nur Wirtschaftsgüter aufgenommen werden, die zum **Betriebsvermögen** rechnen. In der Vergangenheit konnten Einnahmenüberschussrechner Wirtschaftsgüter nur dann als Betriebsvermögen erfassen, wenn sie zu mehr als 50 % betrieblich genutzt wurden. Die Bildung **gewillkürten Betriebsvermögens** bei einer Nutzung bis zu 50 % war nicht möglich. Im Urteil vom 2.10.2003 (IV R 13/03, BFH/NV 2004 S. 132) hat der BFH entschieden, dass auch bei Einnahmenüberschussrechnern gewillkürtes Betriebsvermögen gebildet werden darf.

Im BMF-Schreiben v. 17.11.2004 (IV B 2 – S 2134 – 2/04, BStBl 2004 I S. 1064) hat die Finanzverwaltung darauf hingewiesen, dass die **Zuordnung** eines Wirtschaftsguts zum **gewillkürten Betriebsvermögen** von dem Steuerzahler nachzuweisen ist. Hierfür hat er eine entsprechende Beweisvorsorge zu treffen. Sollten sich Zweifel an der Zuordnung ergeben, gehen diese zu seinen Lasten. Eine **rückwirkende Zuordnung** zum gewillkürten Betriebsvermögen lässt die Finanzverwaltung in Anlehnung an die BFH-Rechtsprechung **nicht** zu.

Als Nachweis für die Zuordnung zum gewillkürten Betriebsvermögen reicht die Aufnahme in ein **laufend zu führendes Bestandsverzeichnis** aus. Die Aufzeichnung hat dabei in einer Form zu erfolgen, die Zweifel in Bezug auf die Zuordnung eines Wirtschaftsguts zum gewillkürten Betriebsvermögen sowie deren Zeitpunkt ausschließen. Der Nachweis kann auch in anderer Weise geführt werden, z. B. durch eine zeitnahe schriftliche Erklärung gegenüber dem zuständigen Finanzamt.

Die Behandlung von Einnahmen und Ausgaben im Zusammenhang mit dem Wirtschaftsgut als Betriebseinnahmen und Betriebsausgaben reichen dagegen für sich nicht aus. Ihnen kommt lediglich eine **Indizwirkung** bei der Zuordnungsentscheidung zu.

WICHTIG

Die Aufzeichnungen haben **zeitnah**, spätestens **bis zum Ende des Veranlagungszeitraums**, zu erfolgen. Bei einer späteren Aufzeichnung, z. B. nach Ablauf des Veranlagungszeitraums im Rahmen der Erstellung der Einnahmenüberschussrechnung, ist die Zuordnung zum gewillkürten Betriebsvermögen erst zum Zeitpunkt des Eingangs der Einnahmenüberschussrechnung beim zuständigen Finanzamt anzuerkennen.

WICHTIG

Gehört ein Pkw trotz betrieblicher Nutzung nicht zu Ihrem gewillkürten Betriebsvermögen, können Sie die Aufwendungen, die auf Ihre betrieblichen Fahrten entfallen, trotzdem als Betriebsausgaben geltend machen. Eine solche Vorgehensweise sollte dann überdacht werden, wenn Sie einen bisher zum Privatvermögen gehörenden Pkw z. B. bei Praxiseröffnung auch für betriebliche Fahrten nutzen, ohne dass dieser Pkw auf Grund der betrieblichen Nutzung zum notwendigen Betriebsvermögen rechnet. Hier kommt es auf die 50 %-Grenze an, wobei der betrieblichen Nutzung die Fahrten zwischen Wohnung und Betriebsstätte sowie die eigentlichen betrieblichen Fahrten zugerechnet werden (➜ Tz 828).

■ Kraftfahrzeugkosten und andere Fahrtkosten

Besondere Aufmerksamkeit widmet die Finanzverwaltung in der Anlage EÜR den **Kraft-** **841** **fahrzeugkosten.** In **Zeile 54** sind für Pkw, die zum Betriebsvermögen gehören, einschließlich betrieblicher **Leasingfahrzeuge**, die laufenden und festen Kraftfahrzeugkosten, allerdings ohne AfA und Zinsen, anzugeben. Als laufende Kosten sind die Aufwendungen für Benzin, Öl, Reparaturen usw. zu erfassen. Zu den festen Kosten rechnen z. B. die Kfz-Steuer und -Versicherungsbeiträge. Bei einem Leasingfahrzeug sind sowohl die Sonderzahlungen als auch die Leasingraten in **Zeile 54** einzutragen.

WICHTIG

Auch die Aufwendungen für alle weiteren **betrieblich veranlassten Fahrten**, z. B. mit einem privaten Pkw, mit öffentlichen Verkehrsmitteln, mit Taxen oder Flugzeugen, sind, soweit es sich um Geschäftsreisen handelt, ebenfalls in **Zeile 54** anzugeben. Es empfiehlt sich daher, bei den Reisekosten zwischen den Fahrtkosten (**Zeilen 54 bis 56**), den Verpflegungsmehraufwendungen (**Zeile 50**) sowie den Übernachtungs- und Reisenebenkosten (**Zeile 47**) **kontenmäßig** zu unterscheiden.

Abschreibungen und **Zinsen** im Zusammenhang mit betrieblichen Pkw sind nicht in **Zeile 54** einzutragen. Die Abschreibungen auf den betrieblichen Pkw gehören in **Zeile 28**, ggf. Sonderabschreibungen in **Zeile 31**, und die Zinsen in **Zeile 42**.

Aufwendungen eines Freiberuflers für Fahrten mit dem eigenen oder geleasten Pkw zwischen Wohnung und Betriebsstätte werden wie bei Arbeitnehmern nur in Höhe der **Entfernungspauschale** von 0,30 € je Entfernungskilometer als Betriebsausgaben anerkannt. Bei Heimfahrten im Rahmen der doppelten Haushaltsführung sind ebenfalls für jeden Entfernungskilometer 0,30 € als Betriebsausgaben zu berücksichtigen, unabhängig davon, ob der Pkw zum Betriebsvermögen rechnet oder sich in Ihrem Privatvermögen befindet.

WICHTIG

Haben Sie einen Pkw geleast, und nutzen Sie das Fahrzeug sowohl für betriebliche als auch für private Zwecke, sollten Sie die gesamten Kfz-Kosten als Betriebsausgaben verbuchen und die Privatnutzung nach der 1 %-Regelung bemessen. Zwar hat es der BFH im Urteil v. 29.4.2008 (VIII R 67/06, BFH/NV 2008 S. 1662) abgelehnt, die 1 %-Regelung bei Leasingfahrzeugen anzuwenden, jedoch ist diese rechtliche Beurteilung in der finanzgerichtlichen Rechtsprechung zweifelhaft. So hat das FG Köln im Urteil v. 20.5.2009 (14 K 4223/06) auch bei Leasingfahrzeugen die 1 %-Regelung für die private Nutzung angewandt. Gegen diese Entscheidung hat die Finanzverwaltung Revision beim BFH eingelegt (Az. VIII R 31/09).

In der Anlage EÜR werden die als Betriebsausgaben abziehbaren Aufwendungen in der Weise ermittelt, dass in **Zeile 54** die gesamten Fahrtkosten angegeben werden, wobei dann in **Zeile 55** die auf die Wege zwischen Wohnung und Betriebsstätte entfallenden Kosten abzuziehen sind. Dieser Kostenanteil ist entweder nach der Fahrtenbuchregelung aus den Fahrten zwischen Wohnung und Betriebsstätte und dem durchschnittlichen Kilometersatz zu ermitteln oder es ist der Pauschalwert mit 0,03 % des inländischen Listenpreises pro Entfernungskilometer und pro Monat anzusetzen. Wegen Einzelheiten zur Fahrtenbuchregelung ➜ Tz 842 und zur Pauschalregelung ➜ Tz 843. Die Kürzung der tatsächlichen Kraftfahrzeugkosten um den Aufwand, der auf Wege zwischen Wohnung und Betriebsstätte entfällt, ggf. noch erhöht um die Familienheimfahrten, ist um die Entfernungspauschale, die für die vorstehenden Fahrten stets zu gewähren ist, zu erhöhen. Dies geschieht in **Zeile 56**. Als Entfernungspauschale ist dort ein Wert von 0,30 € je Entfernungskilometer anzusetzen. Grundsätzlich ist die Entfernungspauschale auf **4.500 €** im Jahr begrenzt. Ein höherer Betrag kann nur abgezogen werden, soweit Sie einen Pkw für Fahrten zwischen Wohnung und Betriebsstätte benutzen. Fahren Sie zur Betriebsstätte mit öffentlichen Verkehrsmitteln, können die dafür angefallenen Aufwendungen auf Grund eines Einzelnachweises über die Entfernungspauschale hinaus berücksichtigt werden, jedoch begrenzt auf den Höchstbetrag von 4.500 €. Die Entfernungspauschale gilt nicht für Flugstrecken; hier sind die tatsächlichen Kosten anzusetzen.

Sie haben die Möglichkeit, die in **Zeile 55** anzugebenden Kosten für **Wege zwischen Wohnung und Betriebsstätte** und Familienheimfahrten – ebenso wie Ihre Privatfahrten – nach der Fahrtenbuchregelung (➜ Tz 842) oder nach der Pauschalregelung (➜ Tz 843) zu ermitteln.

■ Fahrtenbuchregelung

842 Bei der Fahrtenbuchregelung müssen die **Aufwendungen** für den privat mitbenutzten Pkw durch Belege nachgewiesen und die Fahrten während des Kalenderjahres anhand eines **Fahrtenbuchs** festgehalten werden. Dabei empfiehlt es sich, die Kosten in 3 Bereiche zu trennen, und zwar in

– Abschreibungen (in der **Anlage AVEÜR** sind die Abschreibungen zu den betrieblichen Pkw in **Zeile 10** gesondert einzutragen, wobei es sich empfiehlt, bei mehreren betrieblichen Pkw den für private Zwecke mitbenutzten Pkw außerhalb des Anlageverzeichnisses gesondert zu erfassen),
– Schuldzinsen (für die Eintragung in **Zeile 42**) und
– übrige laufende und fixe Kfz-Kosten (einzutragen in **Zeile 54**).

Aus den Gesamtkosten und der jährlichen Fahrleistung lassen sich dann der **durchschnittliche Kilometersatz**, die Aufwendungen für betriebliche Fahrten, für private Fahrten und für Fahrten zwischen Wohnung und Betriebsstätte ermitteln.

Ein Fahrtenbuch muss mindestens folgende **Angaben enthalten:** Datum und Kilometerstand zu Beginn und am Ende jeder einzelnen betrieblich veranlassten Fahrt, Reiseziel, Reiseroute bei Umwegfahrten, Reisezweck und aufgesuchte Geschäftspartner.

Verfahrenserleichterungen gibt es für bestimmte Berufsgruppen, insbesondere für Handelsvertreter, Kurierdienstfahrer, Taxifahrer und Fahrlehrer.

Haben Sie sich für die Fahrtenbuchregelung entschieden, sind die auf die Privatfahrten entfallenden Kosten in **Zeile 17** einzutragen (→ Tz 823). Die auf Fahrten zwischen Wohnung und Betriebsstätte entfallenden Aufwendungen sind einschließlich Abschreibungen und Schuldzinsen in **Zeile 55** anzugeben.

TIPP

Von den Fahrten zwischen Wohnung und Betriebsstätte sind die Fahrten zwischen **mehreren Betriebsstätten** zu unterscheiden. Diese können in vollem Umfang als Betriebsausgaben abgezogen werden. Keine Fahrt zwischen mehreren Betriebsstätten liegt vor, wenn der Steuerzahler neben seinem Betrieb in der Wohnung noch ein häusliches Arbeitszimmer unterhält.

Werden in **Zeile 55** die tatsächlichen auf Fahrten zwischen Wohnung und Betriebsstätte entfallenden Kosten angegeben, sind in **Zeile 56** die abziehbaren Aufwendungen unter Ansatz der Entfernungspauschale von 0,30 € einzutragen. Ist der Steuerzahler schwer körperbehindert (Grad der Behinderung mindestens 70 oder mindestens 50 und gleichzeitig erheblich gehbehindert), kann er die tatsächlichen Kosten oder – bei fehlendem Einzelnachweis – 0,60 € je Entfernungskilometer ansetzen.

WICHTIG

Auch **elektronische Fahrtenbücher** sind steuerlich anzuerkennen, wenn sich daraus dieselben Erkenntnisse wie aus einem manuell geführten Fahrtenbuch gewinnen lassen. Beim Ausdrucken von elektronischen Aufzeichnungen müssen **nachträgliche Veränderungen** der zu einem früheren Zeitpunkt aufgezeichneten Angaben **technisch ausgeschlossen** sein oder zumindest dokumentiert und offengelegt werden. Der Nachweis der Privatfahrten anhand eines Tabellenkalkulationsprogramms, z. B. eine Microsoft-Excel-Tabelle) genügt dagegen nicht den Anforderungen an ein Fahrtenbuch (BFH, Urteil v. 16.11.2005, VI R 64/04, BFH/NV 2006 S. 864).

■ Pauschalregelung

Führen Sie für den privat mitbenutzten Pkw kein Fahrtenbuch oder stellt das Finanzamt bei Überprüfung des Fahrtenbuchs fest, dass es nicht ordnungsgemäß geführt wurde, sind die Privatfahrten sowie die Fahrten zwischen Wohnung und Betriebsstätte **pauschal zu ermitteln**. Für **Privatfahrten** sind danach **1 % des inländischen Listenpreises** im Zeitpunkt der Erstzulassung (zuzüglich der Kosten der Sonderausstattung einschließlich Umsatzsteuer) je Kalendermonat in **Zeile 17** einzutragen. **843**

Ermitteln Sie Ihre Privatfahrten nach der 1 %-Regelung, ist der bei **Fahrten zwischen Wohnung und Betriebsstätte** anzusetzende Aufwand nach der **0,03 %-Methode** zu berechnen. Dies bedeutet, dass für diesen Aufwand ein Pauschalwert von 0,03 % des inländischen Listenpreises je Kalendermonat für jeden Entfernungskilometer anzusetzen ist. Diesem Aufwand ist dann die Entfernungspauschale gegenüberzustellen, so dass die Differenz den nichtabziehbaren betrieblichen Aufwand darstellt. Die Anlage EÜR trägt dieser Berechnungsweise dadurch Rechnung, dass in **Zeile 55** alle Kosten, die auf Fahrten zwischen Wohnung und Betriebsstätte entfallen, von den gesamten Fahrtkosten abgezogen werden und in **Zeile 56** der nach der Entfernungspauschale ermittelte abziehbare

III Gestaltung und Tipps

Aufwand angegeben wird. In **Zeile 55** ist dabei der Aufwand nach der 0,03 %-Regelung einzutragen. Steht Ihnen die 1 %-Regelung für Ihre private Kfz-Nutzung nicht zu, weil der Pkw nicht überwiegend betrieblich genutzt wird, müssen Sie den Ansatz für Ihre Privatfahrten in **Zeile 17** in der Weise ermitteln, dass die **Gesamtkosten** im Verhältnis der privat und betrieblich zurückgelegten Kilometer **aufgeteilt** werden. In **Zeile 17** erscheint dann der Anteil, der auf die privat gefahrenen Kilometer entfällt. In diesem Fall ist in **Zeile 55** der auf die Fahrten zwischen Wohnung und Betriebsstätte entfallende Anteil an den Gesamtkosten des Pkw einzutragen.

WICHTIG

Fallen neben Fahrten zwischen Wohnung und Betriebsstätte auch **Familienheimfahrten** im Rahmen der **doppelten Haushaltsführung** an, sind diese nach der Pauschalregelung mit **0,002 % des inländischen Listenpreises** × Anzahl der Familienheimfahrten × einfacher Entfernung zwischen Beschäftigungsort und Ort des eigenen Hausstands anzusetzen und ebenfalls in **Zeile 55** einzutragen. Auch hier wird der abziehbare Aufwand in **Zeile 56** unter Ansatz der Entfernungspauschale ermittelt. Die **Entfernungspauschale** wird bei den **Familienheimfahrten** mit 0,30 € je Entfernungskilometer gewährt. Sollten Sie die private Pkw-Nutzung anhand der Gesamtkosten und dem Verhältnis betrieblich zu privat gefahrenen Kilometern ermitteln (Kostennachweis), ist in **Zeile 55** anstelle des Aufwands nach der 0,002 %-Regelung der tatsächlich auf die Familienheimfahrten entfallende Kostenanteil einzutragen.

Die Finanzverwaltung hat im BMF-Schreiben v. 18.11.2009 (➜ Tz 824) zu Zweifelsfragen im Zusammenhang mit der **Pauschalregelung bei Pkw-Benutzung für private Zwecke** Stellung genommen. Hier das Wichtigste:

- Gehören zum Betriebsvermögen gleichzeitig **mehrere Pkw**, ist der pauschale Nutzungswert grundsätzlich für jedes dieser Fahrzeuge anzusetzen, das von Ihnen oder von einer zu Ihrer Familie gehörenden Person genutzt wird. Behaupten Sie gegenüber dem Finanzamt, dass außer Ihnen kein anderer die zum Betriebsvermögen gehörenden Pkw für private Zwecke nutzen kann, ist die Finanzverwaltung bisher hingegangen und hat bei Ihnen für die Privatnutzung den Pkw mit dem höchsten Listenpreis angesetzt. Diese sog. „Junggesellenregelung" ist ab dem 1.1.2010 weggefallen. Demnach sind bei mehreren Pkw, die Ihnen für die Privatnutzung zur Verfügung stehen, nicht nur einmal 1 % des höchsten Listenpreises pro Monat, sondern **für jeden Pkw 1 %** des Listenpreises pro Monat anzusetzen. Diese pauschale Ermittlung der privaten Pkw-Nutzung hat der BFH mit Urteil v. 9.3.2010 (VIII R 24/08, BFH/NV 2010 S. 1182) bestätigt. Sie müssen also für 2010 in den vorgenannten Fällen mit einem höheren Ansatz Ihrer privaten Pkw-Nutzung rechnen.
- Wird der betriebliche Pkw nur **gelegentlich** für Fahrten zwischen Wohnung und Betriebsstätte **genutzt**, führt dies nicht zu einer Kürzung des pauschalen Ansatzes von 0,03 % des inländischen Listenpreises. Allerdings ist für Monate, in denen überhaupt keine Nutzung zu Fahrten zwischen Wohnung und Betriebsstätte vorlag, **kein Pauschalwert** anzusetzen. Aus der Sicht des BFH (Urteile v. 4.4.2008, VI R 85/04, BFH/NV 2008 S. 1237, und VI R 68/05, BFH/NV 2008 S. 1240) ist dies zumindest bei der Arbeitnehmerbesteuerung bedenklich. Vielmehr lässt es sich durchaus vertreten, die in einem Monat nur gelegentlich durchgeführten Fahrten zwischen Wohnung und

Betriebsstätte nach der 0,002 %-Regelung zu ermitteln, also 0,002 % des inländischen Listenpreises des Pkw × Anzahl der Fahrten × einfache Entfernung anzusetzen.

– Fahren Sie mit Ihrem betrieblichen Pkw von Ihrer **Wohnung** aus abwechselnd **zu mehreren Betriebsstätten**, die in unterschiedlicher Entfernung zu Ihrer Wohnung gelegen sind, ist bei der pauschalen Ermittlung der nichtabziehbaren Betriebsausgaben nach der 0,03 %-Regelung wie folgt vorzugehen:

① Für die Fahrten zwischen der Wohnung und der nächstgelegenen Betriebsstätte sind 0,03 % des inländischen Listenpreises pro Monat anzusetzen.

② Die Fahrten zu den übrigen Betriebsstätten sind als gelegentliche Fahrten nach der 0,002 %-Regelung zu ermitteln. Hier folgendes Beispiel:

BEISPIEL

A wohnt in A-Stadt und fährt mit seinem betrieblichen Pkw (Bruttolistenpreis = 40.000 €) 3-mal pro Woche zu seiner Betriebsstätte in B-Stadt (Entfernung = 20 km), einmal wöchentlich fährt er zu einer weiteren Betriebsstätte in C-Stadt (Entfernung = 50 km) sowie in D-Stadt (Entfernung = 10 km).

Für Februar 2010 ergeben sich **nichtabziehbare Betriebsausgaben** in folgender Höhe:

● 40.000 € × 0,03 % × 10 =	120,00 €
./. 4 × 0,30 €/km × 10 km =	12,00 €
● 40.000 € × 0,002 % × (20 – 10) × 12 =	96,00 €
./. 12 × 0,30 €/km × 20 km =	72,00 €
● 40.000 € × 0,002 % × (50 – 10) × 4 =	128,00 €
./. 4 × 0,30 €/km × 50 km =	60,00 €
Summe der nichtabziehbaren Betriebsausgaben	200,00 €

– Nutzen Sie einen zu Ihrem Betriebsvermögen gehörenden Pkw als Arbeitnehmer im Rahmen Ihrer Zweittätigkeit auch für Fahrten zwischen Wohnung und **Arbeitsstätte**, können Sie hierfür die Entfernungspauschale geltend machen. Beachten Sie aber, dass für diese Nutzungsentnahme zusätzlich zu dem 1 %-Wert ein Betrag als Entnahme anzusetzen ist, der sich an den gefahrenen Kilometern und den tatsächlichen Pkw-Kosten auszurichten hat. Damit machen Sie gegenüber dem Fiskus ein schlechtes Geschäft. Denn das, was Sie an Entfernungspauschale erhalten, gleicht den Mehrwert an Nutzungsentnahme bei weitem nicht aus. Hier ist es **besser, auf** die Geltendmachung der **Entfernungspauschale zu verzichten;** dies akzeptiert die Finanzverwaltung.

– **Fahrten zwischen mehreren Betriebsstätten** sind in vollem Umfang als Betriebsausgaben zu berücksichtigen.

– Gehen der Nutzungswert für Privatfahrten sowie die insgesamt als nichtabziehbare Betriebsausgaben anzusetzenden Pkw-Kosten über das hinaus, was für das genutzte Fahrzeug an Aufwendungen tatsächlich angefallen ist, sind die pauschalen Wertansätze auf die Gesamtkosten zu „**deckeln**".

Auch in den Fällen der Kostendeckelung steht Ihnen bei Fahrten zwischen Wohnung und Betriebsstätte die Entfernungspauschale als abziehbarer betrieblicher Aufwand zu.

III Gestaltung und Tipps

WICHTIG

Für Zwecke der Kostendeckelung ist es unbedingt erforderlich, die Aufwendungen für den privat mitbenutzten Pkw gesondert aufzuzeichnen, und zwar unterteilt in laufende und fixe Kosten, Abschreibungen sowie Schuldzinsen. Wird kein Fahrtenbuch geführt, sind die in **Zeile 17** einzutragenden Kosten für die private Kfz-Nutzung zuzüglich der nichtabziehbaren Betriebsausgaben auf Grund von Fahrten zwischen Wohnung und Betriebsstätte auf die Gesamtkosten des privat mitbenutzten Pkw zu begrenzen. Hierzu ist in **Zeile 55** die Differenz zwischen den Gesamtkosten und dem Betrag in **Zeile 17** einzutragen.

TIPP

Sollte Ihr Pkw zu nicht mehr als 50 % für betriebliche Fahrten eingesetzt werden, ist die Privatnutzung nicht mehr nach der 1 %-Regelung zu ermitteln, sondern es sind die auf die private Nutzung entfallenden Kosten anteilig anzusetzen. Dieser Kostenansatz steht Ihnen auch dann zu, wenn der Pkw zum Privatvermögen rechnen würde, Sie also keine Zuordnung zum Betriebsvermögen treffen. Im zuletzt genannten Fall hat dies für Sie den Vorteil, dass Sie bei einer Veräußerung den dabei realisierten Veräußerungsgewinn nicht besteuern müssen (➜ Tz 828).

■ Raumkosten und andere Grundstücksaufwendungen

844   Die Raumkosten und sonstigen Grundstücksaufwendungen sind in den **Zeilen 36 bis 38** einzutragen. Dabei sind die abziehbaren Aufwendungen für ein häusliches Arbeitszimmer einschließlich AfA und Schuldzinsen in **Zeile 51** gesondert anzugeben. Die Miet- und Pachtzahlungen sind in **Zeile 36** und die Aufwendungen für betrieblich genutzte „Eigengrundstücke" ohne Schuldzinsen und Abschreibungen in **Zeile 38** zu erfassen. In **Zeile 37** sind die Miete und sonstige Aufwendungen für eine betrieblich veranlasste doppelte Haushaltsführung einzutragen. Mehraufwendungen für Verpflegung, die im Zusammenhang mit dieser doppelten Haushaltsführung angefallen sind, sind in **Zeile 50** zu erfassen, Kosten für Familienheimfahrten in den **Zeilen 54 bis 56**.

845   **Zum häuslichen Arbeitszimmer:** Beachten Sie, dass Aufwendungen für ein häusliches Arbeitszimmer nicht in Abschnitt „Raumkosten und sonstige Grundstücksaufwendungen" geltend gemacht werden dürfen. Diese Kosten sind unter den beschränkt abziehbaren Betriebsausgaben in **Zeile 51** auszuweisen. Dies gilt sowohl für den Fall, dass Ihnen für einen Teil Ihrer beruflichen Tätigkeit außerhalb des häuslichen Arbeitszimmers kein anderer Arbeitsplatz zur Verfügung steht, so dass Sie die Kosten für das häusliche Arbeitszimmer in Höhe von bis zu 1.250 € geltend machen können (wegen der Rechtsprechung des BVerfG ➜ Tz 635), also auch für den Fall, dass sich der qualifizierte Mittelpunkt Ihrer gesamten beruflichen Tätigkeit in dem häuslichen Arbeitszimmer befindet mit der Folge, dass sämtliche Aufwendungen als Betriebsausgaben abzugsfähig sind. Wegen weiterer Einzelheiten zum häuslichen Arbeitszimmer ➜ Tz 636.

Die Aufwendungen für das häusliche Arbeitszimmer und die Kosten seiner Ausstattung müssen **einzeln und getrennt** von den sonstigen Betriebsausgaben **aufgezeichnet** werden (§ 4 Abs. 7 Satz 1 EStG). Ansonsten scheitert schon daran der Betriebsausgabenabzug.

Die Finanzverwaltung verlangt von Ihnen wegen der Abzugsbeschränkung beim häuslichen Arbeitszimmer den gesonderten Ausweis in **Zeile 51**, und zwar unter Angabe sämtlicher Aufwendungen, die mit dem häuslichen Arbeitszimmer zusammenhängen. Dort sind auch Abschreibungen und Schuldzinsen anzugeben. Diese Aufwendungen dürfen Sie nicht in **Zeile 26** bzw. in **Zeile 42** erfassen.

TIPP

Sollten Ihre Schuldzinsen nach § 4 Abs. 4a EStG in abziehbare und nichtabziehbare aufzuteilen sein, achten Sie darauf, dass in der **Anlage SZE** (➜ Tz 851) in **Zeile 20** nicht nur die Schuldzinsen laut **Zeile 42** der Anlage EÜR anzugeben sind, sondern auch die Schuldzinsen, die mit dem **häuslichen Arbeitszimmer** im Zusammenhang stehen und in **Zeile 51** anzugeben sind. Insoweit ist der Vordruck nicht zutreffend.

Zu den Miet- und Pachtzahlungen: Neben den Aufwendungen für das häusliche Arbeits- **846** zimmer haben Sie in **Zeile 36 Miet- und Pachtzahlungen** an den Vermieter einer Gewerbeimmobilie einzutragen. Hierzu gehören nicht nur die Nettomietaufwendungen, sondern auch die Betriebskosten, die im Rahmen der Umlage und einer eventuellen Nachzahlung laut Mietvertrag zu entrichten sind. Sollten darüber hinaus weitere Verbrauchskosten für Heizung und Strom anfallen, die Sie unmittelbar an den Versorger leisten, gehören diese u. E. nicht in **Zeile 36**, sondern in **Zeile 47** „übrige Betriebsausgaben" (➜ 856).

Zu den eigenen Grundstücksaufwendungen: In **Zeile 38** sind Aufwendungen für **847** betrieblich genutzte Grundstücke einzutragen, die Ihnen selbst gehören. Hierzu rechnen die Grundsteuer, Gebäudehaftpflichtversicherungsbeiträge sowie Instandhaltungsaufwendungen. Die dazu gehörigen Abschreibungen sind in **Zeile 26** zu berücksichtigen, die Schuldzinsen in **Zeile 42**. Sollten Aufwendungen für ein häusliches Arbeitszimmer in den Grundstückskosten enthalten sein, sind diese mit ihrem abziehbaren Betrag ausschließlich in **Zeile 51** einzutragen. Auch hier gilt: Verbrauchsabhängige Kosten für Wasser, Strom und Heizung rechnen zu den übrigen Betriebsausgaben in **Zeile 47**.

■ Schuldzinsen

Grundsätzlich **teilen Verbindlichkeiten** das **Schicksal des Wirtschaftsguts**, zu dessen **848** Finanzierung sie aufgenommen wurden. Wird ein fremdfinanziertes Wirtschaftsgut aus dem Betriebsvermögen entnommen, kommt es auch hinsichtlich der Verbindlichkeiten, die zu seiner Finanzierung eingesetzt wurden, zu einer **Entnahme**. Schuldzinsen sind dann nicht mehr als Betriebsausgaben absetzbar.

Wird ein fremdfinanziertes Wirtschaftsgut aus dem Privatvermögen in das Betriebsvermögen **eingelegt**, werden auch die zur Finanzierung des Wirtschaftsguts eingesetzten Darlehensmittel Betriebsvermögen und die Schuldzinsen Betriebsausgaben. Veräußern Sie ein Wirtschaftsgut Ihres Betriebs, bleibt die zu seiner Finanzierung aufgenommene Schuld weiterhin eine betrieblich veranlasste Schuld. Dies gilt auch, wenn Sie Ihren Betrieb im Ganzen veräußern oder aufgeben und der Veräußerungserlös oder die Verwertung des Aktivvermögens nicht ausreicht, um die betrieblichen Schulden zu tilgen.

III Gestaltung und Tipps

849 TIPP

Um den vollen Betriebsausgabenabzug Ihrer Zinszahlungen zu erreichen, empfiehlt es sich, ein **gemischtgenutztes Grundstück** vor Erwerb durch den bisherigen Eigentümer in **Wohnungs- und Teileigentum aufteilen** zu lassen. Damit kann der Erwerb des Teileigentums für den betrieblichen Bereich fremdfinanziert und das Wohnungseigentum für den privaten Bereich durch Eigenmittel beglichen werden.

Haben Sie einen **Kredit für private Zwecke** aufgenommen, sind die Schuldzinsen auch dann keine Betriebsausgaben, wenn Sie die Darlehensmittel zunächst auf ein dem betrieblichen Zahlungsverkehr dienendes Kontokorrentkonto geleitet und von dort der privaten Verwendung, z. B. zum Hausbau, zugeführt haben.

850 Auch für **Kontokorrentverbindlichkeiten**, die sowohl durch betriebliche als auch durch privat veranlasste Überweisungs- und Auszahlungsvorgänge entstanden sind, gilt der Grundsatz: Als Betriebsausgaben können nur die Schuldzinsen abgezogen werden, die mit dem betrieblichen Teil des Kredits im wirtschaftlichen Zusammenhang stehen. Die Aufteilung der Zinsen erfolgt stets nach der **Zinsstaffelmethode**.

851 Die Finanzverwaltung legt bei Abgabe der Anlage EÜR besonderen Wert darauf, dass detaillierte Angaben zu den nichtabziehbaren Schuldzinsen gemacht werden, soweit die Schuldzinsen in der Einnahmenüberschussrechnung den Bagatellbetrag von **2.050 €** im **Kalenderjahr übersteigen**. Zur Vermeidung von Rückfragen empfiehlt sie, für diesen Fall neben der Anlage EÜR eine separate **Anlage SZE** einzureichen.

TIPP

Übersteigen die in der Einnahmenüberschussrechnung ausgewiesenen Schuldzinsen nicht den Bagatellbetrag von 2.050 € im Kalenderjahr, beschränken sich die Angaben zum Schuldzinsenabzug auf die Eintragungen in den **Zeilen 78 und 79**. In **Zeile 78** sind die **Entnahmen** einschließlich Sach-, Leistungs- und Nutzungsentnahmen anzugeben. In **Zeile 79** sind die **Einlagen** einschließlich Sach-, Leistungs- und Nutzungseinlagen aufzuführen. Dabei sind Entnahmen und Einlagen, die nicht in Geld bestehen, grundsätzlich mit dem Teilwert – ggf. zuzüglich Umsatzsteuer – anzusetzen.

Zu den Entnahmen und Einlagen zählen auch Geldentnahmen, z. B. durch Abhebung privat veranlasster Beträge vom betrieblichen Bankkonto und der Auszahlung aus der Kasse, andererseits aber auch Geldeinlagen.

852 Nun zu den Fällen, in denen neben den Angaben in den **Zeilen 78 und 79** die Abgabe einer **zusätzlichen Anlage SZE** von Seiten der Finanzverwaltung empfohlen wird. Diese Anlage besteht aus **3 Abschnitten**, und zwar aus dem Abschnitt I „Laufendes Wirtschaftsjahr", aus dem Abschnitt II „Ermittlung des Hinzurechnungsbetrags" und aus dem Abschnitt III „Höchstbetragsberechnung". Zu den einzelnen Abschnitten ist Folgendes anzumerken:

– Laufendes Wirtschaftsjahr

853 Für das laufende Wirtschaftsjahr ist die Über- bzw. Unterentnahme in **Zeile 9** zu berechnen. Diese setzt sich aus den Entnahmen aus **Zeile 78** der Anlage EÜR einerseits und dem Gewinn bzw. den Einlagen aus **Zeile 79** der Anlage EÜR zusammen. Sollte in dem betreffenden Wirtschaftsjahr ein Verlust angefallen sein, ist dieser in **Zeile 6** mit 0 € anzugeben.

– Ermittlung des Hinzurechnungsbetrags

Der in **Zeile 9** ausgewiesene Betrag ist, wenn er positiv ist, in **Zeile 11** als Überentnahme **854** des laufenden Wirtschaftsjahres zu übernehmen. Ist er negativ, ist er zusammen mit den Unterentnahmen der vorangegangenen Wirtschaftsjahre in **Zeile 13** einzutragen.

In **Zeile 12** sind dann die Überentnahmen der vorangegangenen Wirtschaftsjahre, ausgewiesen in **Zeile 16** des vorangegangenen Wirtschaftsjahres, soweit positiv, zu übernehmen. Ein negativer Betrag aus **Zeile 16** des vorangegangenen Wirtschaftsjahres ist zusammen mit der Unterentnahme des laufenden Wirtschaftsjahres in **Zeile 13** auszuweisen.

In **Zeile 14** ist dann der Verlust des laufenden Wirtschaftsjahres und ein eventueller Verlust des vorangegangenen Wirtschaftsjahres (vgl. hierzu **Zeile 15, Kz. 340** des Vorjahres) einzutragen und mit dem Betrag laut **Zeile 13** zu verrechnen.

Verbleibt nach dieser Verrechnung in **Zeile 15** ein positiver Betrag, ist dieser in die nächste Spalte zu übernehmen und mit den Überentnahmen laut **Zeilen 11 und 12** zu saldieren. Ist dagegen der Betrag in **Zeile 15** negativ, ist in der nächsten Spalte 0 € einzutragen. Der in **Zeile 15** eingetragene negative Betrag steht dann für Verrechnungszwecke in den Folgejahren zur Verfügung.

In **Zeile 16** ist die kumulierte Über- bzw. Unterentnahme auszuweisen, die sich aus der Summe der **Zeilen 11 und 12** abzüglich **Zeile 15** ergibt. In **Zeile 17** sind von dieser kumulierten Überentnahme 6 % als nichtabziehbare Schuldzinsen auszuweisen.

WICHTIG

Bei der Ermittlung der nichtabziehbaren Schuldzinsen sind nach Auffassung des BFH (Urteil v. 21.9.2005, X R 47/03, BFH/NV 2006 S. 180) Unterentnahmen aus Wirtschaftsjahren, die vor dem 1.1.1999 geendet haben, zu berücksichtigen. Der BFH hat dies allerdings nur für die Veranlagungszeiträume 1999 und 2000 entschieden. Daher will die Finanzverwaltung (BMF, Schreiben v. 12.6.2006, IV B 2 – S 2144 – 39/06, BStBl 2006 I S. 416) das vorgenannte Urteil nur für die dort genannten Veranlagungszeiträume anwenden. Ab 2001 soll dann die Unterentnahme aus der Zeit vor 1999 bei der Zinsberechnung nach § 4 Abs. 4a EStG nicht berücksichtigt werden. Sie sollten sich **mit** dieser **Auffassung der Finanzverwaltung nicht einverstanden** erklären. Vielmehr sollten Sie bei Abgabe der Einkommensteuererklärung 2010 die Zinsberechnung unter Berücksichtigung der Unterentnahme des Jahres 1998 durchführen. Sollte Ihnen das Finanzamt die Unterentnahme 1998 streichen, legen Sie Einspruch ein und halten den Steuerfall offen. Denn beim BFH ist ein Verfahren anhängig, in dem es darum geht, ob eine Unterentnahme aus dem Jahre 1998 in späteren Veranlagungszeiträumen berücksichtigt werden darf (Az: X R 30/06).

Die Anwendung dieser Rechtsprechung ist beim Einnahmenüberschussrechner problematisch. Denn meist liegt für das Jahr 1998 die Unterentnahme nicht vor, weil Entnahmen, Einlagen und Gewinn nicht ermittelt worden sind. Lediglich dann, wenn Sie die Einnah-

III Gestaltung und Tipps

menüberschussrechnung wie bei einer doppelten Buchführung aufgebaut haben, könnten Sie den Saldo aus Entnahmen, Einlagen und Gewinn ermitteln und so eine Unterentnahme darstellen.

– Schuldzinsen

855 In **Zeile 19** sind die tatsächlich angefallenen Schuldzinsen des laufenden Wirtschaftsjahres aus der Einnahmenüberschussrechnung zu übernehmen. Diesen Schuldzinsen sind die Investitionskreditzinsen laut **Zeile 42** der Anlage EÜR gegenzurechnen (**Zeile 20**). Die Angaben zu den Investitionskreditzinsen sind unvollständig. Denn dort sind die Schuldzinsen für ein häusliches Arbeitszimmer nicht erfasst. In **Zeile 20** müssen zusätzlich die Schuldzinsen laut **Zeile 51** der Anlage EÜR berücksichtigt werden. Davon ist der Kürzungsbetrag von 2.050 € abzuziehen. Das, was danach noch übrig bleibt, ist in **Zeile 22** als Höchstbetrag der nichtabziehbaren Schuldzinsen auszuweisen. Schließlich ist dann in **Zeile 23** der niedrigere Betrag aus „6 % der Überentnahme" laut **Zeile 17** oder der Höchstbetrag der nichtabziehbaren Schuldzinsen laut **Zeile 22** einzutragen und in **Zeile 71** der Anlage EÜR zu übernehmen.

WICHTIG

Sollten Schuldzinsen im Rahmen einer Freiberufler-Sozietät anfallen, kommt es für den Abzug auf Grund der neueren BFH-Rechtsprechung (Urteil v. 29.3.2007, IV R 72/02, BFH/NV 2007 S. 1960) auf eine gesellschafterbezogene Betrachtungsweise an. Dies bedeutet, dass für jeden Gesellschafter der Sozietät getrennt sein Gewinnanteil, seine Entnahmen und Einlagen ermittelt werden müssen, um aus diesen 3 Größen die Über- oder Unterentnahme zu berechnen. Bei der Überentnahme, zusammen mit einem Überentnahme-Überschuss aus den Vorjahren, errechnet sich hieraus der nichtabzugsfähige Teil der Schuldzinsen in Höhe von 6 % der kumulierten Überentnahme. Sowohl der Mindestbetrag von 2.050 € als auch der Höchstbetrag, das sind sämtliche Zinsen laut Einnahmenüberschussrechnung abzüglich Investitionskreditzinsen und Bagatellbetrag von 2.050 €, sind nach dem Gewinnverteilungsschlüssel auf die Gesellschafter der Sozietät aufzuteilen. Weitere Einzelheiten hierzu finden Sie in dem BMF-Schreiben v. 7.5.2008 (IV B 2 – S 2144/07/0001, BStBl 2008 I S. 588).

– Sonstige unbeschränkt abziehbare Betriebsausgaben

856 In **Zeile 39** sind die Aufwendungen für Porto, Telefon und Büromaterial anzugeben.

In **Zeile 40** sind die Kosten für Fortbildung und Fachliteratur einzutragen.

Im Zusammenhang mit den Aufwendungen für Fortbildungsmaßnahmen ist die Abgrenzung zwischen Fortbildungs- und Ausbildungskosten zu beachten. **Ausbildungskosten** können nämlich nur begrenzt als Sonderausgaben abgezogen werden, unter der Voraussetzung, es handelt sich um Aufwendungen für eine erstmalige Berufsausbildung oder für ein Erststudium; hierfür steht Ihnen im Rahmen des Sonderausgabenabzugs ein **Höchstbetrag** von **4.000 €** zu. Damit scheidet für diese Aufwendungen ein Betriebsausgabenabzug aus. Wegen Einzelheiten hierzu ➜ Tz 733.

Alle anderen Aufwendungen, die im Zusammenhang mit der Aus- und Fortbildung stehen, insbesondere Kosten für **Umschulungsmaßnahmen**, sind als Betriebsausgaben abzugsfähig. Bei Teilnahme an **mehrtägigen Fortbildungsmaßnahmen**, vor allem im Ausland, prüft die Finanzverwaltung die private Mitveranlassung. Diese steht einem Betriebsausgabenabzug entgegen. In solchen Fällen sind lediglich die Teilnahmegebühren für das Seminar als Betriebsausgaben zu berücksichtigen. Ausführungen zu Studienreisen
➜ Tz 759.

Erwerben Sie **Fachbücher**, können Sie diese als Betriebsausgaben berücksichtigen, vorausgesetzt, sie dienen ganz überwiegend beruflichen Zwecken; hierzu im Einzelnen
➜ Tz 707.

In **Zeile 41** sind die Aufwendungen für **Rechts- und Steuerberatung** sowie **Buchführung** anzugeben. Soweit Ihnen Kosten für die Erstellung der Einnahmenüberschussrechnung sowie für die Ermittlung der Einkünfte aus freiberuflicher Tätigkeit entstehen, können Sie diese als Betriebsausgaben abziehen. Kosten, die auf die Erstellung des Mantelbogens bei der Einkommensteuererklärung entfallen und durch die Grundgebühr (§ 24 Abs. 1 Nr. 1 Steuerberatergebührenverordnung) abgegolten werden, können steuerlich nicht (mehr) geltend gemacht werden. Für den Steuerzahler ist es wichtig, dass sein Steuerberater die Gebühren zutreffend zuordnet. Hierauf sollten Sie bei Überprüfung der Gebührenrechnung achten (➜ Tz 377).

In **Zeile 42** sind die Schuldzinsen zur Finanzierung von Anschaffungs- und Herstellungskosten von Wirtschaftsgütern des Anlagevermögens einzutragen. Diese Schuldzinsen sind stets als Betriebsausgaben abzugsfähig. In **Zeile 43** sind die übrigen Schuldzinsen anzugeben. Das, was von den übrigen Schuldzinsen wegen der Abzugsbeschränkung nach § 4 Abs. 4a EStG nicht als Betriebsausgaben berücksichtigt werden kann, ist in **Zeile 71** einzutragen. Den dort anzugebenden Betrag entnehmen Sie der Anlage SZE (**Zeile 23**).

Reisekosten mit Ausnahme der Fahrtkosten (**Zeilen 54 bis 56**) und der Verpflegungsmehraufwendungen (**Zeile 50**) sind ebenfalls in **Zeile 47** anzugeben. Dies gilt dann sowohl für die Übernachtungskosten als auch für die Reisenebenkosten.

– Vorsteuer und Umsatzsteuer

In **Zeile 44** sind die in den Eingangsrechnungen enthaltenen Vorsteuerbeträge auf die **857** Betriebsausgaben einzutragen. Denken Sie z. B. an die Anschaffung eines Pkw in 2010. Der von Ihnen überwiesene Rechnungsbetrag von angenommen 35.700 € enthält 5.700 € abzugsfähige Vorsteuern. Diesen Teil des Rechnungsbetrags können Sie sofort abziehen; dagegen sind die Nettoanschaffungskosten des Pkw von 30.000 € auf die Nutzungsdauer zu verteilen.

Die auf Grund der Umsatzsteuer-Voranmeldungen oder auf Grund der Umsatzsteuer-Jahreserklärung an das Finanzamt gezahlte bzw. verrechnete Umsatzsteuer ist in **Zeile 45** einzutragen.

– Weitere unbeschränkt abziehbare Betriebsausgaben

Rücklagen, stille Reserven bzw. Ausgleichsposten, die sich aus **Zeile 77**, Spalte „Bildung/ **858** Übertragung" ergeben, sind in **Zeile 46** als Betriebsausgaben zu übernehmen. Hierbei

III Gestaltung und Tipps

handelt es sich z. B. um den Gewinn aus der Veräußerung eines Grundstücks, der auf ein Ersatzwirtschaftsgut übertragen werden soll. Dies führt zu einer Kürzung der Betriebseinnahmen um diesen zu übertragenden Gewinn.

In **Zeile 47** sind die sonstigen Betriebsausgaben anzugeben, soweit sie nicht in den **Zeilen 21 bis 46** sowie in den **Zeilen 48 bis 56** berücksichtigt worden sind. Hierzu gehören z. B. **Leasingraten** bei beweglichen Wirtschaftsgütern des Anlagevermögens mit Ausnahme des Kfz-Leasings. Ebenfalls sind hier die Aufwendungen einzutragen, die gegenüber **Versorgern** für Strom, Heizung und Wasser zu leisten sind.

Sollten Verluste aus einer **Bürgschaftsübernahme** angefallen und diese Bürgschaftsübernahme betrieblich veranlasst sein, z. B. zur Sicherung von Honorarforderungen, können die Bürgschaftsübernahmeverluste ebenfalls in **Zeile 47** geltend gemacht werden. Ein durch **Diebstahl** eingetretener Geldverlust kann ebenfalls hier eingetragen werden, vorausgesetzt, es besteht ein betrieblicher Zusammenhang des Geldverlustes mit der Geschäftsreise und dieser Zusammenhang kann anhand konkreter und objektiv greifbarer Anhaltspunkte nachgewiesen werden. Darüber hinaus muss durch eine geschlossene Kassenführung eine klare Trennung zwischen betrieblichen und privaten Geldzugängen für das Finanzamt nachprüfbar bestehen. Wegen des **Diebstahls von Kleidung** auf einer Geschäftsreise ➜ Tz 667.

Fällt eine **Honorarforderung** aus, hat dies keine Auswirkungen auf die Einnahmenüberschussrechnung.

Gewähren oder erhalten Sie ein **Darlehen**, stellt der Geldab- bzw. -zufluss weder Betriebseinnahme noch Betriebsausgabe dar. Die **Zinsen** für ein betriebliches Darlehen sind hingegen **Betriebsausgaben.** Haben Sie ein Darlehen gewährt und erhalten Sie hierfür Zinsen, stellen diese dementsprechend Betriebseinnahmen dar. Die Mehrausgaben, die sich bei der Tilgung eines Fremdwährungsdarlehens nach einer Kurssteigerung ergeben, sind im Zeitpunkt der Zahlung als Betriebsausgabe, umgerechnet in Euro, abzuziehen. Eine geringere Darlehensrückzahlung auf Grund Kursrückgangs der ausländischen Währung ist im Zeitpunkt der Zahlung als Betriebseinnahme zu erfassen.

Haben Sie zusammen mit Ihrer Ehefrau auf einem Ihnen **gemeinsam gehörenden Grundstück** ein Gebäude errichtet, das Ihnen ebenfalls gemeinsam zuzurechnen ist, und nutzen Sie einen Teil dieses Gebäudes, z. B. als Praxis, für betriebliche Zwecke, können Sie die von Ihrer **Ehefrau getragenen Aufwendungen nicht** als Betriebsausgaben abziehen (BFH, Beschluss v. 23.8.1999, GrS 1/97, BFH/NV 2000 S. 131).

TIPP

Um die Aufwendungen Ihrer Ehefrau auf jeden Fall steuerwirksam werden zu lassen, **empfehlen** wir Ihnen, einen **Mietvertrag** über die Nutzung des Ihrer Ehefrau gehörenden Gebäudeteils abzuschließen. Die gezahlte Miete rechnet bei Ihrer Ehefrau zu den Einkünften aus Vermietung und Verpachtung; davon kann sie alle mit dem Grundstück im Zusammenhang stehenden Aufwendungen abziehen. Bei Ihnen stellen die Mietzahlungen Betriebsausgaben dar. Per Saldo sind somit die Aufwendungen Ihrer Ehefrau bei der Einkunftsermittlung berücksichtigt worden. Achten Sie beim Abschluss des Mietvertrags darauf, dass die dort getroffenen Vereinbarungen wie unter fremden Dritten gestaltet werden. Denn **versagt** Ihnen das Finanzamt das **Mietverhältnis**, liegen bei der Ehefrau

Grundstücksaufwendungen vor, die sie mangels Einnahmen nicht abziehen kann. Und der Ehemann kann sie nicht abziehen, weil sie von ihm nicht bezahlt wurden und ein Abzug von **Drittaufwand** nicht möglich ist.

Haben Sie die Herstellungskosten für das Ihnen und Ihrer Ehefrau gehörende Gebäude getragen, können Sie die Aufwendungen, die anteilig auf die Praxisräume entfallen, als **Eigenaufwand** bei Ihren Betriebsausgaben, verteilt auf die Nutzungsdauer, ansetzen (BFH, Beschluss v. 30.1.1995, GrS 4/92, BStBl 1995 II S. 281). Dies gilt auch für die **von Ihnen getragenen** laufenden Kosten.

Vorsicht ist allerdings geboten, wenn **Schuldzinsen** von Ihrem Ehegatten gezahlt werden für ein Darlehen, mit dem Sie Wirtschaftsgüter des Betriebsvermögens angeschafft haben. Hier gilt: Die Schuldzinsen dürfen Sie als Drittaufwand nicht bei Ihren Einkünften als Betriebsausgaben abziehen (BFH, Urteil v. 24.2.2000, IV R 75/98, BFH/NV 2000 S. 915).

Versicherungsverträge, die betriebliche Risiken abdecken, können Sie als Betriebsausgaben abziehen. Für Versicherungen auf den Erlebens- oder Todesfall kommt ein Abzug als Sonderausgaben in Betracht. Prämienzahlungen, die ein **erhöhtes Unfallrisiko des Freiberuflers** abdecken sollen, sind als Betriebsausgaben abzugsfähig. Ebenso Versicherungsprämien, die das Risiko von krankheitsbedingten Aufwendungen und Einnahmeausfällen wegen einer typischen Berufskrankheit ausgleichen sollen.

■ Beschränkt abziehbare Betriebsausgaben im Sinne des § 4 Abs. 5 EStG

Neben den Schuldzinsen sind in den **Zeilen 48 bis 53** die übrigen beschränkt abziehbaren Betriebsausgaben einzutragen. Dabei wird wie bisher zwischen den nichtabziehbaren und abziehbaren Betriebsausgaben unterschieden. Soweit bei der Gewerbesteuer in **Zeile 53** ein abziehbarer Teilbetrag vorgesehen ist, bezieht sich dieser Ausweis auf Gewerbesteuer, die für Veranlagungszeiträume vor 2008 in 2010 nachgezahlt wird. **859**

Gefragt wird in **Zeile 48** nach den Geschenkaufwendungen, in **Zeile 49** nach den Bewirtungsaufwendungen, in **Zeile 50** nach den Verpflegungsmehraufwendungen anlässlich einer Geschäftsreise oder anlässlich einer doppelten Haushaltsführung, in Zeile 51 nach den Aufwendungen für ein häusliches Arbeitszimmer, in **Zeile 52** nach den sonstigen beschränkt abziehbaren Betriebsausgaben und in **Zeile 53** nach der Gewerbesteuer. Hierzu ist Folgendes anzumerken:

– Geschenkaufwendungen

Aufwendungen für Geschenke an Geschäftsfreunde können Sie nur insoweit als Betriebsausgaben abziehen, als die Anschaffungs- oder Herstellungskosten der dem Empfänger im Wirtschaftsjahr zugewendeten Gegenstände **insgesamt 35 €** nicht übersteigen. Bei der 35-€-Grenze sind Verpackungs- und Versandkosten für die Geschenke nicht zu berücksichtigen. Übersteigen die einzelnen bzw. gesamten Anschaffungs- oder Herstellungskosten aller Geschenke für einen Geschäftsfreund im Wirtschaftsjahr den Betrag von 35 €, entfällt der Abzug in vollem Umfang. **860**

WICHTIG

Sollten Sie sich entschieden haben, die Pauschalsteuer in Höhe von 30 % zuzüglich Soli und pauschaler Kirchensteuer nach § 37b EStG für Ihre Geschäftsfreunde zu übernehmen, gehört diese Pauschalsteuer nicht zur Bemessungs-

III Gestaltung und Tipps

grundlage, wenn Sie die 35 €-Grenze überprüfen (vgl. BMF, Schreiben v. 29.4.2008, IV B 2 – S 2297 – b/07/0001, BStBl 2008 I S. 566 mit weiteren Hinweisen zur Pauschalbesteuerung).

Die Aufwendungen für Geschenke dürfen nur dann als Betriebsausgaben berücksichtigt werden, wenn aus dem Beleg oder den Aufzeichnungen der Empfänger des Geschenks zu ersehen ist. Ist im Hinblick auf die Art des zugewendeten Gegenstands, z. B. Taschenkalender oder Kugelschreiber, zu vermuten, dass die Freigrenze von 35 € bei dem einzelnen Empfänger im Wirtschaftsjahr nicht überschritten wird, kann auf die Angabe des Namens des Empfängers verzichtet werden.

Die abziehbaren und nichtabziehbaren Geschenkaufwendungen sind in **Zeile 48** einzutragen.

– Bewirtungskosten

861 Bewirtungskosten, die dem Grunde nach als angemessen anzusehen sind und die von Ihnen nachgewiesen werden, können nur in Höhe von **70 % der Nettoaufwendungen** als Betriebsausgaben abgezogen werden, wenn die Bewirtung aus geschäftlichem Anlass stattfand. Bei der Ermittlung der 70 %-Grenze sind bereits im Vorfeld folgende Kosten auszuscheiden:

- **privat veranlasste** Bewirtungskosten, z. B. für eine Geburtstagsfeier,
- Teile von Bewirtungsaufwendungen, die als **unangemessen** anzusehen sind,
- **nicht nachgewiesene** Bewirtungskosten,
- Bewirtungskosten, die wegen **Verletzung der besonderen Aufzeichnungspflichten** nicht abgezogen werden können,
- Aufwendungen, die ihrer Art nach keine Bewirtungskosten darstellen, wie z. B. die Aufwendungen für eine Musikkapelle; diese sind insgesamt als Betriebsausgaben abzugsfähig.

862 Begriff der Bewirtung: Eine Bewirtung liegt nur dann vor, wenn die **Darreichung** von **Speisen bzw. Getränken** eindeutig im Vordergrund steht. Keine Bewirtung und damit voller Betriebsausgabenabzug ist danach zulässig, wenn Kaffee, Tee und Gebäck anlässlich einer betrieblichen Besprechung „gereicht" werden, wobei die Höhe der Aufwendungen nicht ausschlaggebend ist.

Die Bewirtungskosten sind in **Zeile 49** mit ihrem abziehbaren und nichtabziehbaren Betrag auszuweisen. Die auf die Bewirtungskosten entfallenden Vorsteuerbeträge, soweit sie nicht abziehbar sind, gehören dabei zu dem unter Kz. 165 auszuweisenden Aufwand. Ansonsten sind die Vorsteuerbeträge, soweit abziehbar, in **Zeile 44** anzugeben.

863 Abziehbare Vorsteuern: Vorsteuerbeträge im Zusammenhang mit **Bewirtungskosten** sind nach § 15 Abs. 1a UStG **in vollem Umfang abziehbar** und damit als Betriebsausgabe in der Anlage EÜR auszuweisen, soweit sie angemessen sind und nachgewiesen werden. Anders sieht es aus, wenn Sie die Höhe und betriebliche Veranlassung der Aufwendungen nicht durch die Rechnung der Gaststätte und ihre ergänzenden Angaben auf dieser Rechnung nachweisen können; dann entfällt für diese Aufwendungen der Vorsteuerabzug.

Aufzeichnungspflichten: Der Betriebsausgabenabzug entfällt ganz, wenn der Betrieb die **864** hierfür festgelegten besonderen Aufzeichnungspflichten verletzt. In diesem Fall darf aus den Aufwendungen kein Vorsteuerabzug vorgenommen werden (➜ Tz 863).

Der Betrieb muss für jede Bewirtung folgende Angaben schriftlich festhalten:

- **Ort** und **Tag** der Bewirtung, und zwar maschinell ausgedruckt,
- **Teilnehmer der Bewirtung:** Namen der bewirteten Personen, auch die Namen der Arbeitnehmer und ggf. des Betriebsinhabers selbst. Die Namen der bewirteten Personen müssen bei Bewirtungen anlässlich von Betriebsbesichtigungen durch eine größere Personengruppe nicht aufgezeichnet werden, da es dem Betrieb nicht zugemutet werden kann, sämtliche Namen festzuhalten,
- **Anlass der Bewirtung:** Hinweis auf die von den bewirteten Personen vertretene Firma und auf den Gegenstand der Besprechungen/Verhandlungen,
- **Höhe der Aufwendungen.**

Besonderheiten bei Rechnung einer Gaststätte: Findet die Bewirtung in einer **Gast-** **865** **stätte statt**, gilt die **Rechnung** der Gaststätte als Bewirtungskostennachweis. In diesen Fällen reicht es aus, wenn der Rechnung der Gastwirtschaft **schriftliche Angaben** zum **Anlass** und zu **den Teilnehmern** der Bewirtung beigefügt werden. Im Regelfall können Sie für diese Aufzeichnungen den Vordruck verwenden, der auf der Rückseite der Gaststättenrechnung abgedruckt ist. Die Angaben können auch getrennt von der Gaststättenrechnung erfolgen, wenn eine Zusammenführung von Rechnung und zusätzlichen Angaben gewährleistet ist. Aus der Rechnung müssen sich der **Name und die Anschrift** der Gaststätte ergeben, und zwar durch vorgedruckte oder maschinell ausgedruckte Rechnungen. Dies gilt insbesondere auch für Kleinbetragsrechnungen, d. h., wenn der Rechnungsbetrag nicht mehr als **150 €** ausmacht. Ebenfalls **maschinell ausgedruckt** werden muss der **Tag der Bewirtung**. Handschriftliche Ergänzungen oder ein Datumsstempel reichen hierfür nicht aus.

TIPP

Bei Rechnungen über 150 € muss darüber hinaus der Gastwirt Name und Anschrift des Gastgebers auf der Rechnung vermerken. Daneben müssen solche Rechnungen auch die Voraussetzungen für den Vorsteuerabzug erfüllen. Folglich müssen auf der Gaststättenrechnung die verzehrten Speisen und Getränke detailliert maschinell aufgeführt und mit der handelsüblichen Bezeichnung gekennzeichnet werden; Symbole oder Ziffern reichen dafür nicht aus. Darüber hinaus muss die Rechnung die **Steuernummer** oder an deren Stelle die **Umsatzsteuer-Identifikationsnummer** der Gaststätte oder des Restaurants enthalten. Schließlich muss auch die **Rechnungsnummer** auf dem Beleg angegeben werden.

Für den Betriebsausgabenabzug von Bewirtungskosten erkennt das Finanzamt nur Rechnungen an, die **maschinell erstellt** und von der Registrierkasse mit einer **laufenden Registriernummer** versehen sind (R 4.10 Abs. 8 Satz 8 EStR). Rechnungen in anderer Form, z. B. handschriftlich erstellte, sind daher vom Betriebsausgabenabzug ausgeschlossen.

III Gestaltung und Tipps

WICHTIG

> Die strengen Anforderungen an die Rechnungserteilung gelten grundsätzlich auch im **Ausland**. Wird jedoch glaubhaft gemacht, dass eine diesen Anforderungen genügende Rechnung nicht zu erhalten war, reicht auch eine handschriftlich erstellte Rechnung aus.

Die Angaben auf der Gaststättenrechnung müssen vom Unternehmer bzw. Gastgeber durch folgende Daten **ergänzt** werden:

– Namentliche Nennung der Teilnehmer der Bewirtung, auch der teilnehmenden Arbeitnehmer bzw. freien Mitarbeiter und des Gastgebers,
– Anlass der Bewirtung,
– Bestätigung durch Unterschrift unter Nennung von Ort und Datum.

WICHTIG

> Die Belegerstellung sollte **zeitnah** erfolgen. Keinesfalls reicht es aus, diese Angaben nach Ablauf des Wirtschaftsjahres nachträglich zu machen.

TIPP

> Für **Trinkgelder** gelten nicht die strengen Nachweisvorschriften. Insbesondere ist kein maschineller Beleg dafür erforderlich. Ausreichend ist z. B. eine handschriftliche Quittung auf der maschinell erstellten Rechnung.

866 **Gesonderte Aufzeichnungen:** Die Bewirtungskosten sind auf einem gesonderten Konto zeitnah zu verbuchen. Die Aufzeichnungspflichten werden nicht erfüllt, wenn Bewirtungskosten aus geschäftlichem Anlass zusammen mit den Bewirtungsaufwendungen, die nicht der Abzugsbeschränkung unterliegen, in der Buchführung nur auf einem Konto verbucht werden (BFH, Urteil v. 19.8.1999, IV R 20/99, BFH/NV 2000 S. 629).

– Verpflegungsmehraufwendungen

867 Die Reisekosten sowie die Aufwendungen im Zusammenhang mit einer doppelten Haushaltsführung gliedern sich auf in

– **Fahrtkosten,**
– **Verpflegungsmehraufwendungen,**
– **Übernachtungskosten und**
– **Reisenebenkosten.**

In **Zeile 50** sind nur die Verpflegungsmehraufwendungen einzutragen. Fahrtkosten im Zusammenhang mit einer Geschäftsreise oder einer doppelten Haushaltsführung sind in **Zeile 54 bis 56** zu erfassen. Die Übernachtungskosten im Zusammenhang mit einer doppelten Haushaltsführung sind gesondert in **Zeile 37** anzugeben. Soweit Übernachtungskosten bei einer Geschäftsreise anfielen, sind diese zusammen mit den Reisenebenkosten in der **Zeile 47** einzutragen.

868 **Fahrtkosten** im Zusammenhang mit Geschäftsreisen sind in **Zeile 54** zu erfassen. Dies gilt auch für Reisekosten, die im Zusammenhang mit einem privat genutzten Pkw angefallen sind und in Höhe von 0,30 € je gefahrenen Kilometer als Betriebsausgaben abgezogen werden können.

Bei Geschäftsreisen im Inland können Sie die folgenden **Pauschalen** für Ihre Verpfle- **869** gungsmehraufwendungen als Betriebsausgaben abziehen:

Dauer der Abwesenheit	eintägige Geschäftsreise	mehrtägige Geschäftsreise
mindestens 24 Stunden	–	24 €
mindestens 14 Stunden	12 €	12 €
mindestens 8 Stunden	6 €	6 €
unter 8 Stunden	–	–

Und wie sieht es bei **Auslandsdienstreisen** aus? Für die dadurch bedingten Verpflegungs-mehraufwendungen stehen Ihnen länderweise unterschiedliche Pauschbeträge, die so genannten **Auslandstagegelder**, zu (➜ Tz 646).

Alles, was über die Verpflegungspauschalen hinausgeht und in der Buchführung als Betriebsausgabe verbucht ist, muss als nichtabziehbare Betriebsausgaben dem steuerli-chen Ergebnis hinzugerechnet werden. Bei **inländischen Geschäftsreisen** kann aus den Verpflegungsaufwendungen, auch wenn sie über die Verpflegungspauschale hinausgehen, die **Vorsteuer** in vollem Umfang abgezogen werden. Damit ist nur der Nettoaufwand abzüglich Verpflegungspauschale als nichtabziehbare Betriebsausgaben zu behandeln.

WICHTIG

Ist in der Hotelrechnung über eine Geschäftsreise das Frühstück mit Umsatz-steuer offen ausgewiesen, können diese Aufwendungen nur im Rahmen der Verpflegungspauschalen berücksichtigt werden. Sollte dagegen das Hotel neben der Übernachtung eine sog. Business- oder Service-Pauschale berechnen, sind die Kosten für das Frühstück in dieser Pauschale enthalten und müssen heraus-geschätzt werden. Hier ist wie bei der Lohnbesteuerung des Arbeitnehmers (➜ Tz 681) vorzugehen: 4,80 € (Bruttowert) ist danach für das Frühstück anzusetzen. Der Restbetrag stellt Reisenebenkosten dar, die ohne Begrenzung als Betriebsausgaben berücksichtigt werden dürfen. Die Reisenebenkosten sind in **Zeile 47** zu erfassen.

– Aufwendungen für ein häusliches Arbeitszimmer

Nach der Rechtsprechung des BVerfG (➜ Tz 635) dürfen Aufwendungen für ein häusliches **870** Arbeitszimmer in 2010 nicht nur dann berücksichtigt werden, wenn das häusliche Arbeits-zimmer den Mittelpunkt Ihrer gesamten beruflichen und betrieblichen Tätigkeit darstellt, sondern auch dann, wenn Ihnen außerhalb des häuslichen Arbeitszimmers kein anderer Arbeitsplatz für Ihre berufliche Tätigkeit zur Verfügung steht. Denken Sie z. B. an den angestellten Krankenhausarzt, der im Rahmen einer freiberuflichen Nebentätigkeit Gut-achten erstellt und dafür auf das häusliche Arbeitszimmer angewiesen ist.

Die Kosten sind bei einem fehlenden Arbeitsplatz bis zu 1.250 € als Betriebsausgaben zu berücksichtigen. Stellt das häusliche Arbeitszimmer den Mittelpunkt der gesamten beruflichen und betrieblichen Tätigkeit dar, sind die Aufwendungen ohne Begrenzung abzugsfähig. In **Zeile 51** sind die Aufwendungen einschließlich Abschreibungen und Schuldzinsen anzugeben. Hierhin gehören jedoch nicht die Aufwendungen, die auf

III Gestaltung und Tipps

Einrichtungsgegenstände des häuslichen Arbeitszimmers entfallen. Diese unterliegen keiner Abzugsbeschränkung und sind entweder als Abschreibungen auf bewegliche Wirtschaftsgüter in **Zeile 28**, als GWG in **Zeile 33** oder als Sammelposten in **Zeile 34** zu erfassen (➜ Tz 838). Sofort abziehbare Betriebsausgaben gehören in **Zeile 47**.

– Sonstige beschränkt abziehbare Betriebsausgaben

871 In **Zeile 52** sind die sonstigen beschränkt abziehbaren Betriebsausgaben, insbesondere die Geldbußen und Repräsentationskosten, auszuweisen. Diese Aufwendungen sind grundsätzlich in einen abziehbaren und nichtabziehbaren Teilbetrag aufzuteilen.

Zu den einzelnen nichtabziehbaren Betriebsausgaben ist Folgendes anzumerken:

– Doppelte Haushaltsführung

872 Aufwendungen anlässlich einer doppelten Haushaltsführung sind bei einer Beschäftigung am selben Ort als Betriebsausgaben abzugsfähig, wenn die doppelte Haushaltsführung im Zeitpunkt der Begründung **betrieblich veranlasst** war. Auf die **Dauer der doppelten Haushaltsführung** kommt es nicht an. Die Aufwendungen im Rahmen einer doppelten Haushaltsführung sind nur in Bezug auf die Verpflegungsmehraufwendungen beschränkt abziehbar und daher in **Zeile 50** anzugeben. Die Kosten der Unterbringung sind in **Zeile 37** und die übrigen Aufwendungen in **Zeile 47** anzugeben.

– Geldbußen

873 Geldbußen, auch Ordnungsgelder und Verwarnungsgelder

– von einem Gericht oder von einer Behörde in der Bundesrepublik Deutschland oder
– von Organen der Europäischen Gemeinschaften

dürfen den Gewinn nicht mindern, auch wenn sie betrieblich veranlasst sind.

BEISPIEL

 Sie parken mit Ihrem betrieblichen Pkw anlässlich eines Kundenbesuchs im Halteverbot, um pünktlich zum Termin zu erscheinen. Das „Knöllchen", das an Ihrer Windschutzscheibe klebt, können Sie nicht als Betriebsausgabe abziehen.

Ebenfalls nicht als Betriebsausgabe abzugsfähig sind **Zinsen** auf **hinterzogene Steuern**.

– Schmiergelder

874 Für Schmier- und Bestechungsgelder gilt in Bezug auf den Betriebsausgabenabzug: Sie sind bereits dann vom Abzug ausgeschlossen, wenn die Gewährung eine **rechtswidrige Tat** im Sinne des Strafgesetzbuches oder vergleichbare Vorschriften darstellt (§ 4 Abs. 5 Satz 1 Nr. 10 EStG). Auf ein Verschulden des „Zuwendenden" und auf das Stellen eines Strafantrags kommt es nicht an. Nach den Tatbeständen des Straf- und Ordnungswidrigkeitenrechts sind auch Zuwendungen an **ausländische Amtsträger** vom Abzugsverbot betroffen.

Gerichte, Staatsanwaltschaften und Verwaltungsbehörden haben **Tatsachen**, die sie dienstlich erfahren und die den Verdacht einer rechtswidrigen Handlung in Form der Zuwendung von Vorteilen begründen, der **Finanzverwaltung** für Zwecke der Besteuerung oder zur Verfolgung von Steuerstraftaten und Steuerordnungswidrigkeiten **mitzuteilen**. Übermittelt werden nicht nur gesicherte Erkenntnisse; denn auch der Verdacht einer Tat reicht für eine solche „Meldung" aus. Umgekehrt teilt die Finanzverwaltung Tatsachen der Staatsanwaltschaft oder der Verwaltungsbehörde mit, die den Verdacht einer Straftat oder einer Ordnungswidrigkeit begründen (§ 4 Abs. 5 Satz 1 Nr. 10 Satz 3 EStG). Die Staatsanwaltschaft oder Verwaltungsbehörde ist verpflichtet, dem Finanzamt den Ausgang des Verfahrens und die diesem Verfahren zugrunde liegenden Tatsachen mitzuteilen.

– Repräsentationskosten

Zu den Repräsentationskosten rechnen insbesondere die Aufwendungen für Einrichtun- **875** gen, die der **Bewirtung, Beherbergung** und **Unterhaltung von Personen**, die nicht Arbeitnehmer des Steuerzahlers sind, dienen und sich **außerhalb des Orts des Betriebs** befinden. Sie dürfen nicht als Betriebsausgaben abgezogen werden. Dies gilt auch für Aufwendungen im Zusammenhang mit einer Jagd, Fischerei, mit Segel- oder Motorjachten sowie für ähnliche Aufwendungen und die damit zusammenhängenden Bewirtungen.

– Gewerbesteuer

Soweit der Einnahmenüberschussrechner gewerbesteuerpflichtig ist, rechnet bei ihm die **876** Gewerbesteuer ab dem Erhebungszeitraum 2008 nicht mehr zu den abziehbaren Betriebsausgaben. Dem trägt die **Zeile 53** Rechnung. Dort ist die Gewerbesteuer in einen abziehbaren und nichtabziehbaren Teilbetrag aufzuteilen. Abziehbar ist die Gewerbesteuer dann, soweit sie auf Erhebungszeiträume vor 2008 entfällt, auch wenn sie erst in 2010 gezahlt wurde. Gewerbesteuer, die ab 2008 erhoben wird, ist dagegen nicht abziehbar.

Ermittlung des Gewinns

Der Summe der Betriebseinnahmen, übernommen aus **Zeile 20**, ist die Summe der **877** Betriebsausgaben, übernommen aus **Zeile 57**, in den **Zeilen 61 und 62** gegenüberzustellen. Darüber hinaus ist in **Zeile 63** ein Hinzurechnungsbetrag anzugeben, wenn in 2010 Investitionen durchgeführt worden sind, für die 2007, 2008 oder 2009 ein Investitionsabzugsbetrag gebildet wurde. Der Hinzurechnungsbetrag entspricht dem für diese Investitionen gebildeten Abzugsbetrag 2007, 2008 bzw. 2009. Um in diesen Fällen eine Besteuerung zu vermeiden, sollten Sie prüfen, ob Sie eine Wertminderung bis zu 40 % der Anschaffungs- oder Herstellungskosten der 2010 durchgeführten Investitionen vornehmen wollen. Wegen weiterer Einzelheiten hierzu ➜ Tz 880. In **Zeile 64** ist der Gewinnzuschlag bei einer zu Unrecht in Anspruch genommenen 6b-Rücklage als fiktive Betriebseinnahme zu erfassen. Zu einem solchen Zuschlag kommt es dann, wenn Sie einen Gewinn aus der Veräußerung eines Grundstücks auf ein Ersatzgrundstück übertragen wollten, diese Absicht jedoch nicht realisiert haben. Dann müssen Sie für jedes Jahr, für das Ihnen die Rücklage eine Steuerstundung beschert hat, 6 % fiktive Zinsen als Zuschlag ansetzen.

Schließlich sind in den **Zeilen 65 und 66** Abzugsposten wie Betriebsausgaben anzugeben. Hierbei handelt es sich um die erwerbsbedingten Kinderbetreuungskosten

III Gestaltung und Tipps

(➜ Tz 775) sowie um die Investitionsabzugsbeträge (➜ Tz 880). Letztere sind abweichend von den Angaben im Vorjahr auf einem besonderen Blatt zu erläutern.

In **Zeile 67** sind Hinzurechnungen und Abrechnungen beim Wechsel der Gewinnermittlungsart, also beim Wechsel von der Einnahmenüberschussrechnung in die Bilanzierung oder umgekehrt, anzugeben. Zu einem solchen Übergang kommt es stets bei Aufgabe oder Veräußerung der Freiberuflerpraxis. Dann muss als letzter Akt von der Einnahmenüberschussrechnung zur Schlussbilanz übergegangen werden. Ein dabei auftretender Übergangsgewinn bzw. -verlust ist in **Zeile 67** anzugeben.

Als Ergebnis der Hinzurechnungen und Kürzungen ist in **Zeile 68** der korrigierte Gewinn bzw. Verlust auszuweisen.

In **Zeile 69** erfolgt die Korrektur von Einnahmen, die dem Teileinkünfteverfahren unterlegen haben und die in **Zeile 12** als umsatzsteuerfreie Mitgliedseinnahmen erfasst sind. Diese Einnahmen sind nachrichtlich in **Zeile 13** vermerkt, so dass auf dieser Grundlage der Korrekturbetrag in **Zeile 69** mit 40 % dieser Einnahmen ermittelt werden kann.

In **Zeile 70** ist dann der steuerpflichtige Gewinn bzw. Verlust vor Anwendung des § 4 Abs. 4a EStG auszuweisen. Der dort angegebene Gewinn bildet die Ausgangsgröße für die Ermittlung der nichtabziehbaren Schuldzinsen in **Zeile 6** der Anlage SZE. Ist in **Zeile 70** ein Verlust ausgewiesen, wird dieser in **Zeile 14** der Anlage SZE zusammen mit dem Verlust aus vorangegangenen Wirtschaftsjahren zu Kz. 330 eingetragen.

Zu allerletzt wird dann in **Zeile 71** der Hinzurechnungsbetrag nach § 4 Abs. 4a EStG, also das, was nicht an Schuldzinsen abziehbar ist, erfasst. Unter Berücksichtigung der Hinzurechnung ergibt sich dann in **Zeile 72** der steuerpflichtige Gewinn bzw. Verlust. Die daran anschließenden **Zeilen 73 bis 77** sind nur Ausgangsgrößen für den Betriebsausgabenabzug in **Zeile 46** bzw. für den Ansatz zusätzlicher Betriebseinnahmen in **Zeile 19**. Die **Zeilen 78 und 79** werden für die Ermittlung der nichtabziehbaren Schuldzinsen benötigt.

Bildung und Auflösung von Rücklagen bzw. Ansparabschreibungen

878   Die Anlage EÜR 2010 lässt in **Zeile 75** nur die Auflösung von Ansparabschreibungen für Existenzgründer nach dem alten § 7g Abs. 7 und 8 EStG zu. Weitere Auflösungsbeträge für Ansparabschreibungen aus der Zeit vor 2007 sind in 2010 nicht mehr möglich. Für die Ansparabschreibung bei Existenzgründern darf die Anschaffung oder Herstellung der begünstigten Wirtschaftsgüter bis zum Ende des 5. Wirtschaftsjahres vorgenommen werden, das auf die Rücklagenbildung folgt. Wer also 2006 eine solche Ansparabschreibung vorgenommen hat, der darf die Ansparrücklage bis zum 31.12.2011 fortführen, wenn er in der Vorzeit keine begünstigten Wirtschaftsgüter angeschafft oder hergestellt hat. Kommt es zur Auflösung der Existenz-Rücklage, ist hierfür kein Strafzuschlag anzusetzen (§ 7g Abs. 7 EStG a. F.).

879   Kommt es bei einem Einnahmenüberschussrechner zu einer **Rücklagenbildung nach § 6c** i. V. m. § 6b EStG, so ist der in die Rücklage einzustellende Betrag in **Zeile 73** unter Kz. 187 einzutragen. Der Erlös aus der Veräußerung des Anlageguts ist in **Zeile 16** mit seinem Nettobetrag und der Abgang des Anlagevermögens mit dem Restbuchwert in **Zeile**

35 einzutragen. Dadurch ist sichergestellt, dass sich der Veräußerungsvorgang nicht gewinnmäßig auswirkt.

Kommt es dann innerhalb der Reinvestitionsfrist zur Anschaffung oder Herstellung eines Ersatzwirtschaftsguts, darf der in die Rücklage eingestellte Veräußerungsgewinn **mit den Anschaffungs- oder Herstellungskosten** des Ersatzwirtschaftsguts **verrechnet** werden. Der Auflösungsbetrag ist dann **nicht** in **Zeile 73** unter Kz. 120 anzugeben. Denn dadurch würde er über **Zeile 77** unter Kz. 124 in **Zeile 19** übertragen und dort als Betriebseinnahme erfasst. Insoweit ist die Formulierung in der Anlage EÜR missverständlich. Lediglich dann, wenn das Ersatzwirtschaftsgut **nicht** innerhalb von 4 Jahren bzw. bei Gebäuden, die selbst hergestellt werden, innerhalb von 6 Jahren, nach Veräußerung **angeschafft** oder **hergestellt** wurde, kommt es zu einer **Nachversteuerung** der gebildeten Rücklage. Hier ist der unzulässig gebildete Rücklagenbetrag in **Zeile 73** unter Kz. 120 „Auflösung" einzutragen.

WICHTIG

Zusätzlich zu dem aufgelösten Rücklagenbetrag ist in **Zeile 64** ein **Gewinnzuschlag** zu erfassen.

Entsprechend ist zu verfahren, wenn der Steuerzahler Entschädigungszahlungen für Wirtschaftsgüter erhalten hat, die auf Grund höherer Gewalt, z. B. durch Brand, Sturm, Überschwemmung, Diebstahl oder unverschuldeten Unfall, oder zur Vermeidung eines behördlichen Eingriffs, z. B. bei Enteignung aus dem Betriebsvermögen, ausgeschieden sind. Hier kann der entstehende Gewinn in eine **Rücklage für Ersatzbeschaffung** nach R 6.6 (4) EStR gewinnmindernd eingestellt werden. Die Frist zur Übertragung auf die Anschaffungs- oder Herstellungskosten eines funktionsgleichen Wirtschaftsguts beträgt für bewegliche Wirtschaftsgüter 1 Jahr und für unbewegliche Wirtschaftsgüter 2 Jahre.

Wirtschaftsgüter, für die ein Ausgleichsposten bei Entnahme (§ 4g EStG) gebildet wurde, sind in ein laufend zu führendes Verzeichnis aufzunehmen (siehe **Zeile 76**). Dieses Verzeichnis ist der Steuererklärung beizufügen.

In **Zeile 77** ist zur Kz. 190 die Bildung bzw. Übertragung von Rücklagen und stillen Reserven auszuweisen. Dieser Betrag ist in **Zeile 46** zu übernehmen. Die Auflösung von Rücklagen, stillen Reserven und Ansparabschreibungen ist in der Summe in **Zeile 77** zu Kz. 124 einzutragen. Hier erfolgt der Übertrag in **Zeile 19**.

WICHTIG

Die bisher in diesem Abschnitt anzugebenden Investitionsabzugsbeträge, die 2010 neu gebildet werden, sind in **Zeile 66** als Summe zu berücksichtigen und auf gesondertem Blatt zu erläutern. Wie dies zu geschehen hat und welche Voraussetzungen dabei zu beachten sind, erfahren Sie unter ➜ Tz 880.

Investitionsabzugsbetrag

Steuerzahler können für **künftige Investitionen** in abnutzbare bewegliche Wirtschaftsgüter des Anlagevermögens **bis zu 40 % der voraussichtlichen Anschaffungs- oder Herstellungskosten** als Investitionsabzugsbetrag (§ 7g Abs. 1 Satz 1 EStG) **gewinnmindernd** abziehen. Der Abzug erfolgt nicht innerhalb der Gewinnermittlung, sondern er wird

880

außerbilanziell vorgenommen (vgl. **Zeile 66** der Anlage EÜR 2010). Für die Dokumentation der Investitionsabzugsbeträge reicht es aus, wenn der Einnahmenüberschussrechner ein Tableau über seine voraussichtlichen Investitionen unter Angabe der Wirtschaftsgüter und der voraussichtlichen Anschaffungs- oder Herstellungskosten aufstellt. In diesem Tableau sollte dann auch der Investitionsabzugsbetrag, bezogen auf das einzelne Wirtschaftsgut, ausgewiesen sein. Einzelheiten zum Investitionsabzugsbetrag sind von der Finanzverwaltung in dem BMF-Schreiben v. 8.5.2009 (IV C 6 – S 2139 – b/07/10002, BStBl 2009 I S. 633) geregelt worden. Dort finden Sie Aussagen dazu, welche Betriebe und Wirtschaftsgüter begünstigt sind, was Sie zur voraussichtlichen Anschaffung oder Herstellung des begünstigten Wirtschaftsguts wissen müssen, wie es mit den Nutzungs- und Verwendungsvoraussetzungen aussieht und was zu veranlassen ist, wenn die begünstigte Investition in einem der 3 Folgejahre durchgeführt oder nicht durchgeführt wird.

Kreis der Anspruchsberechtigten

881 Zum Kreis der Anspruchsberechtigten wird auf die nachfolgend abgedruckte Tabelle hingewiesen.

Gruppe von Steuerzahlern	Bezugsgröße für die Gewährung des Investitionsabzugsbetrags	Grenzbetrag in €
Bilanzierender Gewerbetreibender	Betriebsvermögen des „Abzugsjahres"	335.000
Selbstständig Tätiger mit Bilanzierung	Betriebsvermögen des „Abzugsjahres"	335.000
Gewerbetreibender mit Einnahmenüberschussrechnung	Gewinn des „Abzugsjahres" ohne Abzugsbetrag	200.000
Selbstständig Tätiger mit Einnahmenüberschussrechnung	Gewinn des „Abzugsjahres" ohne Abzugsbetrag	200.000

882 Der Investitionsabzugsbetrag kann sowohl für neue als auch für **gebrauchte Wirtschaftsgüter** in Anspruch genommen werden. Er kann für solche Investitionen geltend gemacht werden, die voraussichtlich in den dem Wirtschaftsjahr des Abzugs folgenden drei Wirtschaftsjahren durchgeführt werden (Investitionszeitraum; § 7g Abs. 1 Satz 2 Nr. 2a EStG), also in 2010 für 2011 bis 2013.

In den Investitionsabzugsbetrag dürfen nur solche Wirtschaftsgüter einfließen, die mindestens bis zum Ende des dem Wirtschaftsjahr der Anschaffung oder Herstellung folgenden Wirtschaftsjahres zu einer inländischen Betriebsstätte des Betriebs gehören und in diesem Zeitraum ausschließlich oder fast ausschließlich betrieblich genutzt werden (§ 7g Abs. 1 Satz 2 Nr. 2b EStG).

TIPP

Vor allem die **Nutzungsvoraussetzung** „im Jahr der Anschaffung und im Folgejahr **90 % und mehr** an **betrieblicher Nutzung**" führt bei Pkw, die auch privat genutzt werden, häufig dazu, dass sie nicht in die Bemessungsgrundlage für den Investitionsabzugsbetrag aufgenommen werden können. Die Frage, ob die geforderten Verbleibens- und Nutzungsvoraussetzungen erfüllt werden, ist beim Investitionsabzugsbetrag anhand einer **Prognoseentscheidung** zu beurteilen. Stellt sich bei der späteren Investition heraus, dass die Voraussetzungen im Nachhinein nicht erfüllt werden, liegt kein begünstigtes Wirtschaftsgut vor. In diesem Fall kommt es **rückwirkend zur Versagung des Investitionsabzugsbetrags** auf den Zeitpunkt der Bildung (§ 7g Abs. 3 EStG).

Investitionsbeschreibung

Für die hinreichende Konkretisierung der voraussichtlichen Investition ist weiterhin eine **883** Prognoseentscheidung über das künftige Investitionsverhalten ausreichend. Dabei kommt es auf die Verhältnisse am Ende des Wirtschaftsjahres der beabsichtigten Geltendmachung des Investitionsabzugsbetrags an. Zu diesem Zeitpunkt muss die Investition noch durchführbar sein. Die Vorlage eines Investitionsplans oder einer festen Bestellung eines bestimmten Wirtschaftsguts ist dagegen nicht erforderlich.

Nicht erforderlich ist es, in dem Tableau den voraussichtlichen Investitionszeitpunkt anzugeben. Dies deckt sich mit der neueren BFH-Rechtsprechung.

Muster eines Tableaus

Investitionsgut	Voraussichtliche Anschaffungs- oder Herstellungskosten	Investitionsabzugsbetrag
	€	€

Das begünstigte Wirtschaftsgut, das voraussichtlich im dreijährigen Investitionszeitraum angeschafft oder hergestellt werden soll, ist in den beim Finanzamt einzureichenden Unterlagen seiner Funktion nach zu benennen, wobei zusätzlich die Höhe der voraussichtlichen Anschaffungs- oder Herstellungskosten anzugeben ist (§ 7g Abs. 1 Satz 2 Nr. 3 EStG). In diesem Zusammenhang ist darauf zu achten, dass grundsätzlich **jedes einzelne Wirtschaftsgut in dem Tableau**, das beim Finanzamt einzureichen ist, **gesondert dokumentiert** wird. Dabei dürfen die Wirtschaftsgüter nicht zu einzelnen Gruppen unter Verwendung von Sammelbezeichnungen, wie z. B. Büroausstattung, zusammengefasst werden. Es ist jedoch nicht erforderlich, dass das jeweilige Wirtschaftsgut individuell genau bezeichnet wird. Vielmehr reicht es aus, dass das geplante **Investitionsgut seiner Funktion nach benannt** wird.

Die Finanzverwaltung lässt es unter Tz. 41 des Schreibens v. 8.5.2009 (➜ Tz 880) zu, dass Sie bei der Bezeichnung des Wirtschaftsguts folgende funktionale Umschreibungen verwenden:

Angeschafft werden soll	Funktionale Umschreibung	Nicht zulässige Sammelbezeichnung
Computer	Bürotechnik-Gegenstand	Büroeinrichtungs-Gegenstand, Büromöbelstück
Drucker		
Faxgerät		
Telefon		
Kopierer		

III Gestaltung und Tipps

473

Angeschafft werden soll	Funktionale Umschreibung	Nicht zulässige Sammelbezeichnung
Schreibtisch	Bürotechnik-Gegenstand, Büromöbelstück	Bürotechnik-Gegenstand, Klimagerät
Stuhl		
Rollcontainer		
Regal		
Dekorationsgegenstand		
Fahrzeug zur Personen-beförderung	Pkw	Nutzfahrzeug

Wer die Anschaffung von Einrichtungsgegenständen in einem Büro umschreiben will, der sollte alle technischen Geräte mit **Bürotechnik-Gegenstand** und alle Möbelstücke mit **Büroeinrichtungs-Gegenstand** umschreiben. Dies hat folgenden Vorteil: Würde man bei der beabsichtigten Anschaffung eines Bürostuhls in das Tableau die Bezeichnung „Büro-stuhl" aufnehmen, wäre nur die Anschaffung einer entsprechenden Sitzgelegenheit, z. B. eines Chefsessels oder eines einfachen Drehstuhls begünstigt, nicht jedoch die Anschaffung eines Wandregals. Der Investitionsabzugsbetrag für den „Bürostuhl" hätte bei Anschaffung eines Wandregals also im Jahr der Bildung aufgelöst werden müssen. Hätten Sie dagegen die Bezeichnung „Büroeinrichtungs-Gegenstand" zur Umschreibung des Bürostuhls verwandt, hätten Sie stattdessen auch ein Wandregal anschaffen können, ohne dass Ihr Investitionsabzugsbetrag gefährdet wäre.

WICHTIG

Zwar sollten Sie in Ihrem Tableau jedes einzelne Wirtschaftsgut gesondert dokumentieren, jedoch lässt die Finanzverwaltung eine Zusammenfassung mehrerer funktionsgleicher Wirtschaftsgüter, deren voraussichtliche Anschaffungs- oder Herstellungskosten übereinstimmen, zu. Dabei ist die Anzahl dieser Wirtschaftsgüter anzugeben.

BEISPIEL

Geplant ist die Anschaffung von 5 Bürostühlen, die jeweils 100 € kosten sollen. Aus der Sicht der Finanzverwaltung reicht es aus, wenn Sie in dem Tableau angeben:

5 × Büroeinrichtungs-Gegenstand insgesamt 500 €. Dabei wird unterstellt, dass jeder Büroeinrichtungsgegenstand 100 € kostet.

WICHTIG

Investitionsabzugsbeträge können nur dann in Anspruch genommen werden, wenn die vorgenannten Angaben dem Finanzamt zusammen mit den nach § 60 EStDV einzureichenden Unterlagen (Bilanz oder Anlage EÜR) mitgeteilt werden. Dadurch sollen Rückfragen seitens des Finanzamts bei der Überprüfung der geltend gemachten Investitionsabzugsbeträge vermieden werden. Hierzu reicht das obige Muster eines Tableaus aus.

Höchstbetrag

Der **Höchstbetrag** für die insgesamt vorzunehmenden Investitionsabzugsbeträge beläuft **884**
sich auf **200.000 €**. Bei der Ermittlung dieses Höchstbetrags sind Investitionsabzugsbeträge, die bei erfolgter Investition wieder hinzugerechnet werden (§ 7g Abs. 2 EStG),
nicht zu berücksichtigen. Dies gilt auch für Abzugsbeträge, die wegen fehlender Investition oder wegen des Verstoßes gegen die Verbleibens- und Nutzungsvoraussetzungen
rückgängig gemacht werden müssen (§ 7g Abs. 1 Satz 4 EStG). Der Höchstbetrag von
200.000 € für die Vornahme des Investitionsabzugsbetrags bezieht sich auf sämtliche
Abzugsbeträge, die **im Wirtschaftsjahr des Abzugs und den drei vorangegangenen
Wirtschaftsjahren** vorgenommen wurden. Dabei sind auch Ansparrücklagen für Existenzgründer zu berücksichtigen, die nach altem Recht gebildet und noch nicht gewinnerhöhend aufgelöst worden sind (§ 52 Abs. 23 Satz 3 EStG).

Verrechnung der Investitionsabzugsbeträge mit Anschaffungs- oder Herstellungskosten

Wird das begünstigte Wirtschaftsgut, für das ein Investitionsabzugsbetrag in Anspruch **885**
genommen wurde, planmäßig angeschafft oder hergestellt, ist der für das Wirtschaftsgut
in Anspruch genommene **Investitionsabzugsbetrag außerhalb der Bilanz gewinnerhöhend hinzuzurechnen** (§ 7g Abs. 2 Satz 1 EStG).

BEISPIEL

Der Bauunternehmer A hat bei der Gewinnermittlung für das Wirtschaftsjahr
2010 einen Investitionsabzugsbetrag für einen noch anzuschaffenden Kopierer
in Höhe von 40 % von 10.000 € = 4.000 € außerhalb der Bilanz gewinnmindernd in Anspruch genommen. 2011 wird der Kopierer für 10.000 € angeschafft.

Entsprechen die voraussichtlichen Anschaffungskosten den tatsächlichen Anschaffungskosten, ist 2011 eine **Hinzurechnung** in Höhe von 4.000 € vorzunehmen.

Neben der Hinzurechnung ist in dem Jahr, in dem die Hinzurechnung erfolgt, eine
**gewinnmindernde Kürzung der Anschaffungs- oder Herstellungskosten des Wirt-
schaftsguts** vorzunehmen.

WICHTIG

Bei der aufwandsmäßigen Kürzung der Anschaffungs- oder Herstellungskosten
hat es der Steuerzahler grundsätzlich in der Hand, diesen Aufwand bis zur
Höchstgrenze von 40 % der Anschaffungs- oder Herstellungskosten vorzunehmen (§ 7g Abs. 2 Satz 1 1. Satzteil EStG). Allerdings ist die Kürzung auf das
begrenzt, was als Hinzurechnung in diesem Wirtschaftsjahr angesetzt wird.

Die gewinnmindernde Kürzung der Anschaffungs- oder Herstellungskosten führt dazu, dass
die Bemessungsgrundlage für die Absetzungen für Abnutzung, erhöhten Absetzungen und
Sonderabschreibungen sowie die Anschaffungs- oder Herstellungskosten für geringwertige
Wirtschaftsgüter (§ 6 Abs. 2 und Abs. 2a EStG) verringert wird. Bei den Abschreibungen
führt dies dazu, dass sie ab Anschaffung bzw. Herstellung geringer ausfallen. Bei den
geringwertigen Wirtschaftsgütern kann durch eine Verrechnung des Kürzungsbetrags
z. B. die Grenze von 410 € unterschritten werden, so dass es zu einem Sofortabzug kommt.

III Gestaltung und Tipps

WICHTIG

Prüfen Sie bei Wirtschaftsgütern, die Sie künftig anschaffen wollen und deren Anschaffungskosten nicht über 684 € (netto) hinausgehen, ob Sie im Rahmen der Einnahmenüberschussrechnung 2010 nicht einen Investitionsabzugsbetrag bilden. Denn der Abzugsbetrag verschafft Ihnen für das Anschaffungsjahr eine Wertminderung, die wiederum zu Anschaffungskosten bis maximal 410 € führt. Damit sichern Sie sich den Sofortabzug für diese Investitionen im Anschaffungsjahr.

Haben Sie sich für die 150 € Betriebsausgabengrenze und den Sammelposten im Bereich von mehr als 150 € bis 1.000 € entschieden, kann durch einen Investitionsabzugsbetrag bei Anschaffungskosten bis maximal 250 € (netto) ebenfalls ein sofortiger Betriebsausgabenabzug erreicht werden.

Ein ähnlicher Effekt tritt ein, wenn ein Wirtschaftsgut die 1.000 €-Grenze überschreitet und die Wertminderung bezogen auf die tatsächlichen Anschaffungs- oder Herstellungskosten nur insoweit vorgenommen wird, als nach ihrem Abzug ein „Restbetrag" von 1.001 € verbleibt. Dann „landet" das Wirtschaftsgut nicht im Sammelposten, sondern wird auf die Nutzungsdauer abgeschrieben. Dies wirkt sich dann vorteilhaft aus, wenn die Nutzungsdauer des Wirtschaftsguts geringer als 5 Jahre ist. Denken Sie in diesem Zusammenhang an Ihren Laptop oder Ihren PC.

BEISPIEL

Die Anschaffungskosten für Ihren Laptop haben 1.500 € betragen. Hierfür haben Sie am 31.12.2009 einen Investitionsabzugsbetrag von 600 € in Anspruch genommen.

Nun sollte Ihre Rechnung wie folgt aussehen:

Anschaffungskosten des Laptop:	1.500 €
Wertminderung:	./. 499 €
verbleiben für die Beurteilung „Sammelposten":	1.001 €

Der Laptop wird also nicht im Sammelposten ausgewiesen, sondern in Ihrem Anlageverzeichnis. Dort wird er auf eine Nutzungsdauer von 3 Jahren verteilt. Sie haben darüber hinaus noch die Möglichkeit, für dieses Wirtschaftsgut Sonderabschreibungen vorzunehmen. Diesem Aufwand steht ein Hinzurechnungsbetrag außerhalb Ihrer Einnahmenüberschussrechnung von 600 € gegenüber.

Hätten Sie dagegen die Wertminderung mit 40 % voll ausgeschöpft und die Anschaffungskosten um 600 € gemindert, wäre der verbleibende Betrag im Sammelposten noch 5 Jahre verteilt worden. Neben dieser Verteilungsmöglichkeit hätte es keine weiteren Abschreibungen gegeben (R 6.13 Abs. 5 EStR 2008).

Rückgängigmachung des Investitionsabzugsbetrags

886 Zu einer Rückgängigmachung des Investitionsabzugsbetrags kommt es unter anderem dann, wenn

● die geplante Investition innerhalb des Investitionszeitraums von 3 Jahren nicht vorgenommen wurde,

● die Investition geringer ausgefallen ist, als ursprünglich bei der Inanspruchnahme des Investitionsabzugsbetrags vorgesehen.

Geplante Investition unterbleibt

Unterbleibt die geplante Investition, für die ein Investitionsabzugsbetrag in Anspruch genommen wurde, innerhalb des dreijährigen Investitionszeitraums, ist der Investitionsabzugsbetrag für dieses Wirtschaftsgut rückgängig zu machen (§ 7g Abs. 3 Satz 1 EStG). **887**

Die Rückgängigmachung erfolgt in dem Veranlagungszeitraum, in dem der Investitionsabzugsbetrag berücksichtigt wurde, und zwar in der Weise, dass die **außerbilanzielle Kürzung „gestrichen"** wird, so dass es zu einer Erhöhung des steuerpflichtigen Gewinns kommt. Als Folge der Gewinnerhöhung kann sich hieraus eine Verzinsung der daraus resultierenden Steuernachforderung ergeben (§ 233a AO), so zumindest die Auffassung der Finanzverwaltung.

BEISPIEL

C hat bei der Ermittlung des steuerpflichtigen Gewinns für das Wirtschaftsjahr 2009 einen Investitionsabzugsbetrag für ein Ultraschallgerät in Höhe von 60.000 € in Anspruch genommen. Das Gerät wird in den Jahren 2010 bis 2012 nicht angeschafft.

Nach Ablauf des Wirtschaftsjahres 2012 steht fest, dass die geplante Investition nicht stattfindet. Dies hat der Steuerzahler dem Finanzamt mitzuteilen. Auf Grund der Mitteilung wird dann der Steuerbescheid für den Veranlagungszeitraum 2009 geändert. In diesem Steuerbescheid wird der Investitionsabzugsbetrag von 60.000 € nicht mehr berücksichtigt, so dass es zu einem höheren steuerpflichtigen Gewinn und somit zu einer höheren Steuerbelastung kommt. Wird der Steuerbescheid außerhalb der Karenzzeit für die Vollverzinsung erteilt, hier also nach dem 31.3.2011, **unterliegt** die **Steuernachzahlung der Vollverzinsung von 0,5 %** für jeden vollen Monat der Verzinsung.

In diesem Zusammenhang stellt sich die Frage, ob der Steuerzahler, wenn er erkennt, dass die Investition innerhalb des 3-jährigen Investitionszeitraums nicht stattfindet, dies bereits **vor Ablauf des 3-jährigen Investitionszeitraums dem Finanzamt mitteilen** kann, um eine vorzeitige Änderung des Steuerbescheids 2009 zu erreichen mit dem Ziel, dass eventuell Nachzahlungszinsen vermieden werden.

TIPP

Dies ist nach dem Gesetzeswortlaut **nicht vorgesehen**. Also müsste man in jedem Fall den 3-jährigen Investitionszeitraum abwarten. U. E. entspricht dieses Ergebnis nicht dem Sinn und Zweck des Gesetzes. Hierzu heißt es in Tz. 62 des BMF-Schreibens v. 8.5.2009 (➜ Tz 880): Auf Antrag des Steuerzahlers können Investitionsabzugsbeträge innerhalb des Investitionszeitraums jederzeit freiwillig ganz oder teilweise rückgängig gemacht werden. Die Finanzverwaltung nimmt es in Kauf, dass durch eine geschickte Meldung und daran anknüpfend durch eine zeitnahe Berichtigung des Steuerbescheids für das Jahr des Investitionsabzugsbetrags Nachzahlungszinsen vermieden werden können, also durch die Inanspruchnahme des Investitionsabzugsbetrags eine zeitlich begrenzte

III Gestaltung und Tipps

unverzinsliche Steuerstundung stattfindet. Wer dies allerdings mehrmals hintereinander versucht, der begibt sich in die Gefahr, dass die Finanzverwaltung ihm mit „Gestaltungsmissbrauch" kontert.

Es ist nicht zulässig, den für eine bestimmte künftige Investition berücksichtigten Investitionsabzugsbetrag ganz oder teilweise für eine Investition anderer Art zu verwenden. Vielmehr muss das Wirtschaftsgut, für das der Investitionsabzugsbetrag in Anspruch genommen wurde, mit dem später tatsächlich angeschafften oder hergestellten Wirtschaftsgut funktionsgleich sein. Eine solche **Funktionsgleichheit** liegt nicht vor, wenn der Steuerzahler in seinem Tableau über den Investitionsabzugsbetrag die Anschaffung eines Kopierers angegeben hat, tatsächlich jedoch eine Telefonanlage erworben hat. Dagegen wäre die Funktionsgleichheit gegeben, wenn er in seinem Tableau den Funktionsbegriff „Bürotechnik-Gegenstand" benutzt hätte.

Um eine Änderung des Steuer- oder Feststellungsbescheids für das Jahr, in dem der Investitionsabzugsbetrag berücksichtigt worden ist, bei nicht durchgeführter Investition verfahrensrechtlich abwickeln zu können, sieht § 7g Abs. 3 Satz 2 EStG hierfür eine spezielle Änderungsvorschrift vor. Um zu verhindern, dass die Änderung für das Jahr, in dem der Investitionsabzugsbetrag in Anspruch genommen worden ist, durch Verjährung nicht mehr möglich ist, endet die Festsetzungs- bzw. Feststellungsfrist für den zu ändernden Bescheid insoweit nicht, bevor die Festsetzungs- oder Feststellungsfrist für den Veranlagungszeitraum abgelaufen ist, in dem das 3. auf das Wirtschaftsjahr des Abzugs folgende Wirtschaftsjahr endet (§ 7g Abs. 3 Satz 3 EStG).

„Voraussichtliche Anschaffungs- oder Herstellungskosten zu hoch geschätzt"

888 Wurden die voraussichtlichen Anschaffungs- oder Herstellungskosten für den Investitionsabzugsbetrag zu hoch geschätzt und wurde bei dessen Berechnung die höchste Abzugsmöglichkeit von 40 % gewählt, kann der beanspruchte Investitionsabzugsbetrag durch die Hinzurechnung im Anschaffungs- oder Herstellungsjahr in Höhe von 40 % der nunmehr geringer ausgefallenen Anschaffungs- oder Herstellungskosten nicht vollständig ausgeglichen werden. In diesem Fall kann dann bis zum Ablauf des 3-jährigen Investitionszeitraums noch abgewartet werden, ob **nachträgliche Anschaffungs- oder Herstellungskosten** eintreten, die im Anschaffungs- oder Herstellungsjahr zu einer Erhöhung des Hinzurechnungsbetrags führen, so dass dadurch ein Ausgleich für die Inanspruchnahme des zu hohen Investitionsabzugsbetrags im Nachhinein geschaffen wird. Hier ist zu beachten, dass in dem Jahr, in dem die nachträglichen Anschaffungs- oder Herstellungskosten anfallen, keine Hinzurechnung vorzunehmen ist. Denn es wird auch in diesem Fall für die Hinzurechnung auf das Wirtschaftsjahr der Anschaffung oder Herstellung des begünstigten Wirtschaftsguts abgestellt.

Sollte bis zum Ablauf des 3-jährigen Investitionszeitraums kein Ausgleich des Investitionsabzugsbetrags durch die Hinzurechnung erfolgen, kommt es zu einer **Rückgängigmachung des Investitionsabzugsbetrags** (§ 7g Abs. 3 Satz 1 EStG). Damit ist sichergestellt, dass sich der vorgenommene Hinzurechnungsbetrag im Nachhinein mit dem Investitionsabzugsbetrag deckt.

TIPP

Kommt es bei den Anschaffungs- oder Herstellungskosten eines begünstigten Wirtschaftsguts im Nachhinein zu einer Minderung, z. B. durch Gewährung eines Zuschusses, wirkt sich dies zum einen auf den Hinzurechnungsbetrag im Wirtschaftsjahr der Anschaffung oder Herstellung aus; dieser fällt nämlich dann geringer aus. Zum anderen ist die gewinnmindernde Kürzung an den Anschaffungs- oder Herstellungskosten ebenfalls „zurückzunehmen". Schließlich muss noch darauf geachtet werden, dass es in den Fällen, in denen die Hinzurechnung nicht die Inanspruchnahme des Investitionsabzugsbetrags ausgleicht, noch eine Korrektur des Steuerbescheids für das Jahr erfolgen muss, in dem der Investitionsabzugsbetrag berücksichtigt wurde.

„Tatsächliche Kosten höher als die prognostizierten Anschaffungs- oder Herstellungskosten"

Sind die tatsächlichen Anschaffungs- oder Herstellungskosten höher als der Anschaffungs- oder Herstellungsaufwand, der für den Investitionsabzugsbetrag prognostiziert wurde, kommt es in Höhe des Investitionsabzugsbetrags zu einer Hinzurechnung, wobei die gewinnmindernde Kürzung der Anschaffungs- oder Herstellungskosten zwar bis zu 40 % der Anschaffungs- oder Herstellungskosten betragen kann, jedoch auf die Höhe des Hinzurechnungsbetrags begrenzt ist. Dies bedeutet, dass trotz höherer Anschaffungs- oder Herstellungskosten zumindest über den Investitionsabzugsbetrag und die gewinnmindernde Kürzung der Anschaffungs- oder Herstellungskosten kein zusätzlicher gewinnmindernder Aufwand berücksichtigt werden kann. Die höheren Anschaffungs- oder Herstellungskosten wirken sich nur über die AfA-Bemessungsgrundlage auf die Abschreibungen im Jahr der Anschaffung oder Herstellung und der Folgejahre aus. **889**

WICHTIG

Die Finanzverwaltung lässt es zu, dass in den Fällen, in denen die prognostizierten Anschaffungs- oder Herstellungskosten unter den tatsächlichen Anschaffungs- oder Herstellungskosten liegen, der **Investitionsabzugsbetrag nachträglich erhöht** werden kann, soweit dadurch der für das Abzugsjahr geltende Höchstbetrag nicht überschritten wird und die Steuerfestsetzung des Abzugsjahres verfahrensrechtlich noch änderbar ist (BMF, Schreiben v. 8.5.2009, ➡ Tz 880, Rz. 49). Dagegen ist es nicht möglich, Bestandteile der berücksichtigungsfähigen Anschaffungs- oder Herstellungskosten in einem Folgejahr im Rahmen des Abzugsbetrags geltend zu machen.

Wegfall der Verbleibens- bzw. Nutzungsvoraussetzungen mit Korrektur des Investitionsabzugsbetrags

Hat der Steuerzahler für ein begünstigtes Wirtschaftsgut einen Investitionsabzugsbetrag vorgenommen und die Anschaffung- bzw. Herstellungskosten dieses Wirtschaftsguts im Anschaffungs- bzw. Herstellungsjahr gewinnmindernd gekürzt unter entsprechender Gegenrechnung eines Hinzurechnungsbetrags, so sind der Investitionsabzugsbetrag, die gewinnmindernde Kürzung der Anschaffungs- oder Herstellungskosten, der Hinzurechnungsbetrag und die Minderung der AfA-Bemessungsgrundlage rückgängig zu machen, **890**

III Gestaltung und Tipps

- wenn das Wirtschaftsgut nicht bis zum Ende des dem Wirtschaftsjahr der Anschaffung oder Herstellung folgenden Wirtschaftsjahres in einer inländischen Betriebsstätte verbleibt und
- dort ausschließlich oder fast ausschließlich betrieblich genutzt wird (§ 7g Abs. 4 Satz 1 EStG).

Wurden für die Wirtschaftsjahre, die von der Rückgängigmachung betroffen sind, bereits Steuerfestsetzungen oder gesonderte Feststellungen durchgeführt, sind sie insoweit zu ändern (§ 7g Abs. 4 Satz 2 EStG). Damit besteht für die Fälle des Verstoßes gegen die Verbleibens- und Nutzungsvoraussetzung eine eigenständige Berichtigungsvorschrift. Die Festsetzungsfristen enden insoweit nicht, bevor die Festsetzungsfrist für den Veranlagungszeitraum abgelaufen ist, in dem die Verbleibens- bzw. Nutzungsvoraussetzung erstmals nicht vorliegt.

WICHTIG

 Für die Berechnung der Nachzahlungs- und Erstattungszinsen (§ 233a Abs. 2a AO) tritt kein Hinausschieben des Zinslaufs ein, wie dies z. B. bei einem rückwirkenden Ereignis der Fall ist (§ 7g Abs. 4 Satz 3 EStG).

Weitere bedeutsame Einzelfragen für die Praxis

891 Sollte bei Abgabe der Steuererklärung für das Kalenderjahr, in dem ein Investitionsabzugsbetrag geltend gemacht wird, die 3-jährige Investitionsfrist bereits abgelaufen sein und wurde tatsächlich innerhalb dieser Frist keine Investition getätigt, kann ein Investitionsabzugsbetrag bereits wegen der gleichzeitigen Rückgängigmachung nicht mehr angesetzt werden.

Die **wiederholte Inanspruchnahme von Investitionsabzugsbeträgen** für bestimmte Investitionen nach Ablauf des vorangegangenen Investitionszeitraums ist nur zulässig, wenn Sie dem Finanzamt gegenüber ausreichend begründen, weshalb die Investitionen trotz gegenteiliger Absichtserklärung bis dahin noch nicht durchgeführt wurden, aber dennoch weiterhin geplant sind (vgl. BFH, Urteil v. 6.9.2006, XI R 28/05, BFH/NV 2007 S. 319). Dies gilt auch für den Fall, dass Sie bei der erneuten Geltendmachung des Investitionsabzugsbetrags die Anzahl dieser Wirtschaftsgüter erhöhen oder mindern (BFH, Urteil v. 11.10.2007, X R 1/06, BFH/NV 2008 S. 152).

Wurde der Betrieb bereits veräußert, aufgegeben oder haben Sie bei Abgabe der Einkommensteuererklärung für 2010, in dem Sie den Investitionsabzugsbetrag geltend machen wollen, den Entschluss gefasst, Ihren Betrieb insgesamt zu veräußern oder aufzugeben, können Sie nach Auffassung der Finanzverwaltung keinen Investitionsabzugsbetrag mehr in Anspruch nehmen, es sei denn, Sie führen noch vor der Betriebsveräußerung oder Betriebsaufgabe entsprechende Investitionen durch.

Wird bei Ihnen eine **Betriebsprüfung** durchgeführt und wollen Sie zur Kompensation von Mehrergebnissen Investitionsabzugsbeträge einsetzen, sollten Sie beachten, dass das Finanzamt sehr restriktiv mit der nachträglichen Inanspruchnahme umgeht. Dabei ist Folgendes zu beachten:

– **Investitionsfrist noch nicht abgelaufen und Investition steht noch aus**
An die erforderliche Konkretisierung der Investitionsabsicht wird das Finanzamt erhöhte Anforderungen stellen. Insbesondere wird man von Ihnen eine Glaubhaftma-

chung darüber fordern, aus welchen Gründen der Investitionsabzugsbetrag nicht bereits in der ursprünglichen Gewinnermittlung geltend gemacht wurde. Anhand geeigneter Unterlagen oder Erläuterungen (z. B. angeforderte Prospekte oder Informationen) können Sie jedoch glaubhaft machen, dass in dem Jahr, in dem ein Investitionsabzugsbetrag nachträglich berücksichtigt werden soll, eine voraussichtliche Investitionsabsicht bestanden hat, jedoch wegen der steuerlichen Auswirkungen von Ihnen nicht beantragt wurde. Diese steuerlichen Aussichten hätten sich auf Grund der Betriebsprüfung geändert, so dass es nunmehr zu einer nachträglichen Inanspruchnahme gekommen sei.

- **Investitionsfrist bereits abgelaufen und keine Investition getätigt**
  Für diesen Fall besteht keine Möglichkeit mehr, den Investitionsabzugsbetrag im Nachhinein beantragen zu können.
- **Investition bereits durchgeführt**
  Eine nachträgliche Inanspruchnahme des Investitionsabzugsbetrags ist i. d. R. nicht mehr möglich, wenn Sie die Investition bereits durchgeführt haben, da es in diesen Fällen an dem notwendigen Finanzierungszusammenhang zwischen der Steuerminderung auf Grund des Investitionsabzugsbetrags und der Abschreibungsmöglichkeit auf Grund der tatsächlich durchgeführten Investition fehlt. Eine Ausnahme lässt die Finanzverwaltung nur dann zu, wenn Sie nachweisen oder glaubhaft machen können, dass ein solcher Finanzierungszusammenhang dennoch besteht, z. B. weil Sie die Steuererstattung auf Grund des Investitionsabzugsbetrags zur Zwischenfinanzierung der betreffenden Investition benötigen.

Investitionsabzugsbetrag für Personengesellschaften

Die Regelungen zum Investitionsabzugsbetrag gelten für Personengesellschaften und Gemeinschaften mit der Maßgabe, dass an die Stelle des Steuerzahlers die Gesellschaft oder Gemeinschaft tritt (§ 7g Abs. 6 EStG). **892**

7.2 Nebeneinkünfte

Steuerrechtlich ist die Abgrenzung der Nebeneinkünfte von den Haupteinkünften nur noch von Bedeutung für die **steuerfreie Aufwandsentschädigung** nach § 3 Nr. 26 EStG. Aufwandsentschädigungen für nebenberufliche Tätigkeiten als **Übungsleiter, Ausbilder, Erzieher, Betreuer** oder für eine vergleichbare nebenberufliche Tätigkeit, für nebenberufliche künstlerische Tätigkeiten oder für die **nebenberufliche Pflege alter, kranker oder behinderter Menschen** im Dienst oder Auftrag einer inländischen juristischen Person des öffentlichen Rechts oder einer Einrichtung zur Förderung gemeinnütziger, mildtätiger oder kirchlicher Zwecke sind unter bestimmten Voraussetzungen bis insgesamt **2.100 €** steuerfrei (§ 3 Nr. 26 EStG). **893**

Neben dem Übungsleiterfreibetrag wird die Vorstandsarbeit in einem gemeinnützigen Verein bzw. Verband durch einen zusätzlichen **Ehrenamtsfreibetrag ab 2007** begünstigt (§ 3 Nr. 26a EStG). Bisher konnten nur die tatsächlich nachgewiesenen Aufwendungen im Interesse der gemeinnützigen Körperschaft steuerfrei ersetzt werden, wie z. B. Reisekosten, nachgewiesene Telekommunikationskosten sowie sonstige Aufwendungen gegen Vorlage von Belegen. Nunmehr besteht die Möglichkeit, Zahlungen an Vorstandsmitglieder, Abteilungsleiter oder sonstige engagierte Vereinsmitarbeiter für die Abgeltung des eigenen Aufwands, z. B. für Telefon, PC, Handy oder Fax-Gebühren durch einen **Freibetrag** **894**

III Gestaltung und Tipps

von 500 € pro Kalenderjahr steuerfrei zu vergüten, **ohne** dass es eines **Einzelnachweises** bedarf. Diese Aufwandsentschädigung ist auch **sozialversicherungsfrei.**

WICHTIG

Wer bereits als Teilzeit- oder Vollzeitkraft bei dem Verein angestellt ist, kann diese zusätzliche Ehrenamtspauschale als Freibetrag nicht in Anspruch nehmen. Liegt die Aufwandsentschädigung höher als der Freibetrag, sind die gesamten Aufwendungen nachzuweisen oder zumindest glaubhaft zu machen. Der Ehrenamtsfreibetrag wird für dieselbe Tätigkeit nicht zusätzlich zum Übungsleiterfreibetrag gewährt. Es gilt somit der Grundsatz: Entweder Übungsleiterfreibetrag von 2.100 € oder Ehrenamtsfreibetrag von 500 € pro Kalenderjahr. Werden jedoch unterschiedliche Tätigkeiten ausgeübt, müssen die Einnahmen den einzelnen Tätigkeiten zugeordnet werden, wobei dann für jede Tätigkeit der entsprechende Freibetrag zu gewähren ist. Wer also als Betreuer für die Fußballmannschaft tätig ist und gleichzeitig im Vorstand sitzt, der kann maximal 2.600 € an Freibeträgen erhalten.

In der Praxis kommt es häufig vor, dass die an den Steuerzahler ausgezahlte Aufwandsentschädigung der gemeinnützigen Einrichtung gespendet wird, wobei über diese Spende von dem Verein eine Spendenbescheinigung ausgestellt wird. Dies lässt die Finanzverwaltung (BMF, Schreiben v. 25.11.2008, IV C 4 – S 2121/07/0010, BStBl 2008 I S. 985) zu, vorausgesetzt, die Zahlung der Aufwandsentschädigung und die Rückspende sind nicht derart miteinander verknüpft, dass nicht mehr von einer Freiwilligkeit bei der Spende ausgegangen werden kann. Daher sollten Sie u. E. die Aufwandsentschädigung auf Ihr Konto überweisen lassen, um dann einige Wochen später die Spende an die gemeinnützige Einrichtung zu tätigen.

Wegen der **Steuerfreiheit des Betreuungsentgelts** ab 2010 durch einen neuen § 3 Nr. 26b EStG ➡ Tz 830.

7.3   Veräußerungsgewinn

895 Ebenfalls zu den Einkünften aus selbstständiger Tätigkeit gehört der Gewinn, den Sie erzielen, wenn Ihre Praxis oder Kanzlei veräußert wird. Für einen begünstigten Veräußerungsgewinn können Sie wie ein Gewerbetreibender, der im Veräußerungszeitpunkt das 55. Lebensjahr vollendet hat, einen Freibetrag von bis zu 45.000 € (➡ 780) und den **ermäßigten Durchschnittssteuersatz** (➡ 783) geltend machen. Auf jeden Fall steht Ihnen zur Progressionsmilderung die Fünftel-Regelung (➡ 782) zu.

TIPP

Haben Sie 2010 Ihre Praxis veräußert, achten Sie darauf, dass Sie Ihre freiberufliche Tätigkeit in dem bisher **örtlich begrenzten Wirkungskreis** für eine **gewisse Zeit** einstellen. Denn nur dann erhalten Sie die Tarifvergünstigungen (BFH, Urteil v. 23.1.1997, IV R 36/95, BStBl 1997 II S. 498).

8 Anlage KAP – Einkünfte aus Kapitalvermögen

Ab 2009 ist die bisherige Besteuerung von Kapitalerträgen über die Anlage KAP im **896** Rahmen der Einkommensteuerveranlagung durch ein sog. **Quellenabzugsverfahren** ersetzt worden. Die Erhebung erfolgt dabei unabhängig vom persönlichen Einkommensteuersatz des Steuerzahlers. Vielmehr ist die Besteuerung der Kapitalerträge durch den Ansatz eines festen Steuersatzes von 25 % abgegolten, wobei die Steuer in der Regel über den Kapitalertragsteuerabzug von den Banken und Kreditinstituten einbehalten wird.

Im Rahmen der Umstellung auf die **Abgeltungsteuer** ist die Besteuerung der Kapitalerträge in wesentlichen Punkten geändert worden. Dies betrifft zum einen den Umfang der Kapitalerträge, zum anderen die Einkunftsermittlung und schließlich noch die Verlustverrechnung. Nachfolgend sind die Einzelheiten dazu für die Besteuerungspraxis dargestellt. Im Anschluss daran wird die Ausgestaltung der Abgeltungsteuer erläutert. Zum Schluss folgt dann ein Überblick über die Anpassungen des Kapitalertragsteuerabzugs an die Abgeltungsteuer.

8.1 Besteuerungstatbestände bei den Kapitaleinkünften

Der Gesetzgeber unterscheidet bei den Einkünften aus Kapitalvermögen zwischen den **897** **laufenden Einkünften**, deren Katalog den bisherigen Kapitaleinnahmen entspricht, und den Wertzuwächsen. Bei den **Wertzuwächsen** handelt es sich im Wesentlichen um die bisherigen Spekulationsgeschäfte mit den Wertpapieren, allerdings ohne Berücksichtigung einer Spekulationsfrist. Bei der Besteuerung der laufenden Kapitaleinnahmen hat sich durch die Abgeltungsteuer nichts Wesentliches geändert. Hier dürfte es kaum zu Unstimmigkeiten in der Kapitalertragsteuerbescheinigung kommen. Lediglich bei der Besteuerung von Lebensversicherungserträgen sind ab 2009 einige Neuerungen zu beachten, wenn es zur Kündigung bzw. zur Abtretung der Versicherungsansprüche kommt. Einzelheiten hierzu enthält das BMF-Schreiben vom 1.10.2009 (IV C 1 – S 2252/07/0001). Wegen der Komplexität der Materie sollten Sie ggf. einen Steuerberater einschalten. Ausführlich ist nachfolgend dargestellt, welche neuen Besteuerungstatbestände Sie beachten müssen.

Im Vorfeld der Abgeltungsteuer hat die Finanzverwaltung in den Jahren 2007 bis 2009 mehrere BMF-Schreiben veröffentlicht, in denen zu Fragen der Spitzenverbände der Kreditwirtschaft Stellung genommen wurde. Diese BMF-Schreiben hat sie dann in einem Anwendungserlass v. 22.12.2009 (IV C 1 – S 2252/08/10004, BStBl 2010 I S. 94) zusammengefasst. In dem vorgenannten BMF-Schreiben hat sie erstmals auch Fragen im Zusammenhang mit dem Veranlagungsverfahren bzw. mit den tariflichen Besonderheiten behandelt. Probleme, die mit Anteilen an Investmentfonds auftreten, sind weitestgehend in dem Anwendungsschreiben zum InvStG geregelt (BMF, Schreiben v. 18.8.2009, IV C 1 – S 1980 – 1/08/10019, BStBl 2009 I S. 931).

III Gestaltung und Tipps

Stillhalterprämien und Glattstellungsgeschäfte

898 Die bisherige Besteuerung von Optionsgeschäften in § 22 Nr. 3 EStG a. F. ist ab 2009 in den Bereich der Kapitaleinkünfte verlagert worden. Dabei ist Folgendes zu beachten:

Ein Optionsgeschäft beinhaltet den Erwerb oder die Veräußerung des Rechts, eine bestimmte Menge eines Basiswerts, z. B. Aktien, Indices oder festverzinsliche Wertpapiere, jederzeit während der Laufzeit der Option zu einem im Voraus vereinbarten Preis entweder vom Stillhalter zu kaufen (Call-Option) oder an ihn zu verkaufen (Put-Option). Für dieses Recht hat der Inhaber der Option bei Abschluss des Optionsgeschäfts eine **Optionsprämie** (Stillhalterprämie) zu zahlen. Die Optionsprämie ist das Entgelt, das der Stillhalter als Entschädigung für die Bindung und die Risiken, die er durch die Begebung des Optionsrechts eingeht, unabhängig von Zustandekommen des Wertpapiergeschäfts allein für das „Stillhalten" erhält. Diese Stillhalterprämie rechnet zu den Kapitaleinkünften im Sinne des § 20 Abs. 1 Nr. 11 EStG, wenn erstmals nach dem 31.12.2008 Optionsprämien zufließen (§ 52a Abs. 9 EStG).

WICHTIG

Schließt der Stillhalter ein Gegengeschäft zur Glattstellung ab, mindert die dafür gezahlte Optionsprämie die Einnahmen aus der erhaltenen Optionsprämie.

Wegen Einzelheiten zur Verlustverrechnung mit „Altverlusten" ➜ Tz 912.

Veräußerung von Anteilen an Kapitalgesellschaften, Genussrechten und ähnlichen Beteiligungen und Anwartschaftsrechten

899 Gewinne aus der Veräußerung von Anteilen an Kapitalgesellschaften, z. B. Aktien, die von einem Steuerzahler im Privatvermögen gehalten werden, sind unabhängig von einer Spekulationsfrist als Wertzuwächse bei den Kapitaleinkünften zu versteuern. Dies gilt auch für den Gewinn im Zusammenhang mit dem Austritt aus einer Erwerbs- und Wirtschaftsgenossenschaft oder bei Veräußerung von Anteilen an Kapitalgesellschaften ausländischen Rechts (§ 20 Abs. 2 Satz 1 Nr. 1 EStG).

WICHTIG

Haben Sie Aktien vor dem 1.1.2009 erworben, kann bei einer Veräußerung im Laufe des Jahres 2010 kein Spekulationsgewinn oder -verlust mehr angefallen sein. Anders verhält es sich bei Aktien, die nach dem 31.12.2008 erworben und 2010 veräußert wurden. Die sich daraus ergebenden Gewinne und Verluste sind als Wertzuwächse stets steuerpflichtig (§ 52a Abs. 10 Satz 1 EStG), wobei Aktienverluste nur mit Aktiengewinnen verrechnet werden dürfen.

Werden Aktien derselben Art zu unterschiedlichen Zeitpunkten erworben und teilweise aus dem Bestand zu einem späteren Zeitpunkt veräußert, gilt für die Ermittlung der Einkünfte die Veräußerungsreihenfolge **„First-in-first-out"** (§ 20 Abs. 4 Satz 7 EStG).

Der Steuerzahler A erwirbt im Laufe der Jahre 2009 und 2010 folgende Aktien der X-AG:

Anschaffungsdatum	Anzahl	Anschaffungs-kosten/Stück
1.11.2009	100	100 €
1.2.2010	40	90 €
1.8.2010	30	100 €
1.12.2010	30	110 €

Am 30.12.2010 veräußert A 150 Stück dieser Aktien zu einem Preis von je 150 €.

Nach der Fifo-Methode gelten zuerst die am 1.11.2009 angeschafften Aktien als veräußert. Danach folgen nacheinander bis zur Stückzahl der verkauften Aktien die am 1.2.2010 und am 1.8.2010 erworbenen Aktien.

Veräußerungserlös am 30.12.2010:	22.500 €
Anschaffungskosten für 100 Aktien am 1.11.2009:	./. 10.000 €
Anschaffungskosten für 40 Aktien am 1.2.2010:	./. 3.600 €
Anschaffungskosten für 10 Aktien am 1.8.2010:	./. 1.000 €
Wertzuwachs, als Einkünfte aus Kapitalvermögen zu versteuern:	7.900 €

Die zu versteuernden Kapitaleinkünfte unterliegen der Abgeltungsteuer von 25 % zuzüglich Solidaritätszuschlag.

Unter die Neuregelung zu den Spekulationsgeschäften mit Übergangsphase fallen auch die Veräußerung von Genussrechten oder ähnlichen Beteiligungen und Anwartschaften auf solche Beteiligungen. Bei den Genussrechten handelt es sich um Forderungsrechte gegen eine Kapitalgesellschaft, die eine Beteiligung am Gewinn- und Liquidationsverlust sowie eventuell zusätzliche Rechte, z. B. eine feste Verzinsung, gewähren. Ähnliche Beteiligungen sind Anteile an einer Fondsgesellschaft, die nach Abschluss des GmbH-Vertrags vor Eintragung in das Handelsregister besteht. Anwartschaften auf solche Beteiligungen sind alle dinglichen oder schuldrechtlichen Rechte auf den Erwerb eines Anteils einer Körperschaft, z. B. Bezugsrechte, die einen Anspruch auf Abschluss eines Zeichnungsvertrags begründen. Dazu gehören auch Wandlungsrechte aus Schuldverschreibungen.

Veräußerung von Bezugsrechten

Erhöht eine AG, eine GmbH oder eine ausländische Kapitalgesellschaft ihr Grund- bzw. **900** Stammkapital gegen Einlage, erwirbt der Anteilseigner durch Gewährung der Bezugsrechte einen Anspruch auf entgeltlichen Erwerb der neuen Anteile. Diese Bezugsrechte sind Bestandteil seines Gesellschaftsrechts und scheiden mit ihrer Zuteilung aus der Substanz der bisherigen Anteile aus. Um die Wertermittlung der Wertzuwächse aus der Veräußerung von Bezugsrechten für die Kreditinstitute praktikabel zu gestalten, sieht § 20 Abs. 4a Satz 4 EStG vor, dass der Anteilsinhaber, dem Bezugsrechte im Rahmen der Kapitalerhöhung zugeteilt werden, diese mit Anschaffungskosten in Höhe von 0 € anzusetzen hat. Diese Regelung gilt unabhängig davon, ob die „alten" Aktien vom

III Gestaltung und Tipps

Anteilseigner vor dem 1.1.2009 oder nach dem 31.12.2008 angeschafft wurden. Kommt es nun zur Veräußerung der Bezugsrechte, entspricht das Veräußerungsentgelt dem Wertzuwachs, der als Einkünfte aus Kapitalvermögen zu versteuern ist. Dieser Wertzuwachs bildet auch die Bemessungsgrundlage für die Kapitalertragsteuer von 25 %.

Besteuerungslücke bei den Stückzinsen

901   Haben Sie sich vor dem 1.1.2009 festverzinsliche Wertpapiere zugelegt, so ist zweifelhaft, ob die Stückzinsen, die Sie bei der Veräußerung der festverzinslichen Wertpapiere vom Erwerber erhalten, steuerpflichtig sind. Dies liegt daran, dass die Stückzinsen Teil des Veräußerungspreises sind, der nach Kürzung um die Anschaffungskosten zum sog. Wertzuwachs führt. Dieser Wertzuwachs ist nach der Anwendungsvorschrift bei Veräußerung in 2010 nur dann steuerpflichtig, wenn der Erwerb des festverzinslichen Wertpapiers nach dem 31.12.2008 erfolgt ist.

Die Finanzverwaltung vertritt in dem Einführungserlass vom 22.12.2009 (➜ Tz 897) die Auffassung, dass eine Besteuerung der Stückzinsen unabhängig davon vorzunehmen ist, wann das festverzinsliche Wertpapier erworben wurde. Um diese Auffassung gesetzlich abzusichern, soll im JStG 2010 die zeitliche Anwendungsvorschrift nachgebessert werden. Hier sind verfassungsrechtliche Bedenken anzumelden, ob dies rückwirkend überhaupt zulässig ist. Hierzu wird auf die Rechtsprechung des BVerfG zu den wesentlichen Anteilen an Kapitalgesellschaften (➜ Tz 801) und zur Spekulationsbesteuerung von Grundstücken (➜ Tz 975) hingewiesen. Betroffenen wird daher empfohlen, in diesem Punkt ihren Einkommensteuerbescheid 2010 offen zu halten.

Veräußerung von sonstigen Kapitalforderungen

902   Neben den Erträgen auf Grund der Nutzungsüberlassung aus sonstigem Kapitalvermögen, die durch § 20 Abs. 1 Nr. 7 EStG erfasst werden, wird auch der Vermögenszufluss aus der Veräußerung, Abtretung oder Endeinlösung von sonstigen Kapitalforderungen als Wertzuwachs besteuert (§ 20 Abs. 2 Satz 1 Nr. 7 EStG). Demnach werden auch **Spekulationserträge aus Nutzungsüberlassungen,** bei denen entweder über die Rückzahlung des Kapitalvermögens, die Ertragserzielung oder beides unsicher ist, als Kapitaleinnahmen erfasst. Dies gilt insbesondere für Zertifikate.

Bei **Zertifikaten** ist folgende Sonderregelung zu beachten: Haben Sie Ihr Zertifikat nach dem 14.3.2007 erworben und erfolgte die Veräußerung im Laufe des Jahres 2010, müssen Sie den dabei anfallenden Veräußerungsgewinn als Wertzuwachs versteuern, unabhängig davon, ob die alte Spekulationsfrist von einem Jahr eingehalten wurde. Diese Regelung ist für Sie vorteilhaft, wenn ein Spekulationsverlust anfällt. Dieser kann dann im Bereich der Kapitaleinkünfte mit Einnahmen verrechnet werden, und zwar ohne die Einschränkung bei Aktienverlusten.

Die Einlösung von **Zero-Bonds** und anderen auf- und abgezinsten Wertpapieren fällt auch beim (durchhaltenden) Ersterwerber unter den Begriff Wertzuwachs. Hierzu gehören auch im Zusammenhang mit der Veräußerung von sonstigen Kapitalforderungen angefallene Stückzinsen. Beim Erwerber der Kapitalforderung werden bezahlte Stückzinsen nicht als Anschaffungskosten, sondern als vorab entstandene negative Einnahmen angesetzt.

Forderungsausfall und Forderungsverzicht

Sowohl die Abtretung als auch die Endeinlösung einer Forderung führen wie die verdeckte **903** Einlage in eine Kapitalgesellschaft zum Entstehen eines Wertzuwachses (§ 20 Abs. 4 EStG). In der Regelung nicht angesprochen werden der Forderungsausfall und -verzicht. Beide Vorgänge sind somit der Vermögensebene zuzuordnen. Sind Sie z. B. als Gesellschafter an einer GmbH beteiligt und haben dieser GmbH ein Darlehen zur Verfügung gestellt, entsteht bei einem Forderungsverzicht kein negativer Wertzuwachs, den Sie mit anderen Einkünften verrechnen können. Dies gilt auch dann, wenn Ihre Forderung im Rahmen der Insolvenz der Kapitalgesellschaft ausfällt.

Andererseits müsste die Veräußerung Ihrer Forderung dazu führen, dass Sie bei Vereinbarungen, wie sie unter fremden Dritten getroffen werden, den negativen Wertzuwachs aus der Gegenüberstellung von Anschaffungskosten und Veräußerungspreis steuerlich geltend machen können. Dies sieht jedoch die Finanzverwaltung im Einführungserlass zur Abgeltungsteuer vom 22.12.2009 (➜ Tz 897) anders. Sie arbeitet hier mit einem Trick. Dabei ordnet sie dem Veräußerungspreis, meist bestehend in 1 €, nur die werthaltigen Anschaffungskosten zu, also in Höhe des Veräußerungspreises. Die übrigen Anschaffungskosten sieht sie dagegen unter dem Gesichtspunkt „Forderungsausfall" als Vorgang der Vermögensebene.

WICHTIG

Sollten Sie Ihrer Kapitalgesellschaft ein Darlehen gewährt haben und sollte dieses Darlehen an einen fremden Dritten zum symbolischen Kaufpreis von 1 € veräußert worden sein, machen Sie Ihren Verlust steuerlich geltend und legen Sie bei einer abweichenden Entscheidung des Finanzamts gegen den Einkommensteuerbescheid Einspruch ein.

Umtausch- und Aktienanleihen

Besitzt der Inhaber einer Kapitalforderung das Recht, bei Fälligkeit anstelle der Rück- **904** zahlung des Nominalbetrags vom Emittenten die Lieferung einer vorher festgelegten Anzahl von Wertpapieren zu verlangen, oder besitzt der Emittent das Recht, bei Fälligkeit dem Inhaber anstelle der Rückzahlung des Nominalbetrags eine vorher festgelegte Anzahl von Wertpapieren anzugeben, und machen der Inhaber der Forderung oder der Emittent von diesem Recht Gebrauch, ist das Entgelt für den Erwerb der Forderung als Veräußerungspreis der Forderung und als Anschaffungskosten der erhaltenen Wertpapiere anzusetzen (§ 20 Abs. 4a Satz 3 EStG). Allein die spätere Veräußerung der Aktien hat damit für die Einkommensbesteuerung und den Kapitalertragsteuerabzug Bedeutung. Damit wird die Besteuerung dieser Finanzinstrumente an die Besteuerung der Wandelanleihe angeglichen, bei der bereits nach den geltenden Grundsätzen durch die Wandlung weder ein Kapitalertrag aus der Anleihe noch ein privater Veräußerungsgewinn durch Tausch der Anleihe in Aktien entsteht.

WICHTIG

Die Regelung gilt nicht nur für Umtausch- und Aktienanleihen, bei denen es um das Andienen von Aktien geht, sondern auch für solche Anleihen, bei denen andere Wertpapiere angedient werden. Dabei spielt es keine Rolle, ob es sich um Inlandssachverhalte oder um Sachverhalte im EU- bzw. EWR-Bereich oder in Drittstaaten handelt.

III Gestaltung und Tipps

BEISPIEL

A erwirbt eine Anleihe der S-AG für 100.000 € mit einer 8 %igen Verzinsung und eine Rückzahlungsverpflichtung in 5 Jahren. Der Emittent hat das Recht, entweder den Nominalbetrag von 100.000 € zurückzuzahlen oder A Aktien der S-AG von 1.000 Stück anzudienen.

Die Zinsen aus der Anleihe in Höhe von 8 % werden der Kapitalertragsteuer unterworfen. Erhält A im Zeitpunkt der Rückzahlung der Anleihe statt seines Nominalbetrags 1.000 Aktien der S-AG mit einem Kurswert von 90 €, tritt bei ihm ein Verlust von 10.000 € ein (Wert der Aktien von 90.000 € ./. 100.000 € Anleihebetrag). Diesen Verlust kann A bei der Anleihe nicht geltend machen. Vielmehr ordnet der Gesetzgeber an, dass die Anschaffungskosten der Aktien nicht mit 90.000 € (= Wert im Zeitpunkt des Andienens), sondern mit 100.000 € anzusetzen sind. Kommt es später zur Veräußerung der Aktien, ist dem Veräußerungspreis ein Anschaffungswert von 100.000 € gegenzurechnen. Dann macht sich der hohe Anschaffungswert in der Besteuerung der Aktie bemerkbar.

Termingeschäfte

905 Bei Termingeschäften findet eine Besteuerung der Wertzuwächse unabhängig vom Zeitpunkt der Beendigung des Rechts statt (§ 20 Abs. 2 Satz 1 Nr. 3 EStG). Der Begriff des Termingeschäfts umfasst sämtliche als Options- und Festgeschäft ausgestaltete Finanzinstrumente sowie Kombinationen zwischen Options- und Festgeschäften, deren Preis unmittelbar oder mittelbar von den Börsen- oder Marktpreis von Wertpapieren oder Geldmarktinstrumenten, dem Devisenkurs oder Rechnungseinheiten, von Zinssätzen oder anderen Erträgen oder dem Börsen- oder Marktpreis von Waren oder Edelmetallen abhängt. Dabei ist es ohne Bedeutung, ob das Termingeschäft in einem Wertpapier verbrieft ist und ob es an einer amtlichen Börse oder außerbörslich abgeschlossen wird. Zu den Termingeschäften gehören neben den Optionsgeschäften Swaps, Devisentermingeschäfte, Forwards und Futures. Auch die Veräußerung eines als Termingeschäft ausgestalteten Finanzinstruments (z. B. einer Verkaufs- oder Kaufoption) ist danach steuerbar. Betroffen hiervon sind auch Glattstellungsgeschäfte bei Optionsgeschäften, ausgenommen die bei Futures. Letztgenannte sind bereits als Termingeschäfte zu versteuern.

WICHTIG

Es stellt sich die Frage, ob der Verfall des Optionsrechts nach Einführung der Abgeltungsteuer als negative Einnahmen behandelt wird. Hierzu vertritt die Finanzverwaltung die Auffassung, dass die Grundsätze des BMF-Schreibens v. 27.11.2001 (IV C 3 – S 2256 – 265/01, BStBl 2001 I S. 986) weiterhin anzuwenden sind. Danach sind beim Verfall des Optionsrechts am Ende der Laufzeit deren Anschaffungs- und Anschaffungsnebenkosten einkommensteuerlich ohne Bedeutung.

Wertzuwächse aus stillen Beteiligungen und partiarischen Darlehen

906 Wertzuwächse, die auf Grund der Abtretung von Forderungen aus einem partiarischen Darlehen oder bei Beendigung der Laufzeit des Darlehens zufließen, sind ebenso steuerpflichtig wie die Veräußerung einer stillen Beteiligung an Gesellschaftsfremde sowie das

Auseinandersetzungsguthaben, das einem stillen Gesellschafter bei Auflösung der Gesellschaft zufließt (§ 20 Abs. 2 Satz 1 Nr. 4 EStG). Die Neuregelung ist erstmals auf Gewinne anzuwenden, bei denen die zugrunde liegenden Darlehen oder typisch stillen Beteiligungen nach dem 31.12.2008 erworben oder geschaffen wurden (§ 52a Abs. 10 Satz 4 EStG).

Wird dem stillen Gesellschafter im Rahmen einer Auseinandersetzung sein Guthaben zugewiesen, werden bei der Ermittlung des Gewinns die als laufende Einkünfte berücksichtigten Gewinn- oder Verlustanteile, die das Auseinandersetzungsguthaben erhöht oder gemindert haben, vom Gewinn abgerechnet oder dem Gewinn zugerechnet.

BEISPIEL

A beteiligt sich 2009 als typisch stiller Gesellschafter an dem Einzelunternehmen des B mit einer Einlage von 200.000 €. Auf den stillen Gesellschafter entfällt 2009 ein Verlust in Höhe von 20.000 €. Der Verlust wird von der Einlage des stillen Gesellschafters abgebucht. 2010 scheidet A aus und erhält als Auseinandersetzungsguthaben einen Betrag von 180.000 €.

Der laufende Verlustanteil kann unabhängig davon, ob der stille Gesellschafter eine nahestehende Person ist, als Verlust bei den Kapitaleinkünften berücksichtigt werden. Durch die Vereinnahmung des Auseinandersetzungsguthabens erzielt A ebenfalls Einkünfte aus Kapitalvermögen. Sein Gewinn aus der Auseinandersetzung beläuft sich auf 0 € (Einlage von 200.000 € abzüglich Auseinandersetzungsguthaben in Höhe von 180.000 € zuzüglich Verlust 2009 in Höhe von 20.000 €).

Übertragung von Hypotheken, Grundschulden und Rentenschulden

Der Gewinn aus der Übertragung von Hypotheken, Grundschulden sowie Rentenschulden **907** wird als Wertzuwachs besteuert (§ 20 Abs. 2 Satz 1 Nr. 5 EStG; § 52a Abs. 10 Satz 4 EStG).

Einlösung, Abtretung oder verdeckte Einlage = Veräußerung

Auch die Abtretung einer Forderung oder Endeinlösung einer Forderung oder eines Wert- **908** papiers wird besteuert, ebenso die verdeckte Einlage von Wirtschaftsgütern in eine Kapitalgesellschaft. Mit dieser Regelung wird eine vollständige steuerliche Erfassung aller Wertzuwächse im Zusammenhang mit Kapitalanlagen angestrebt.

Sonderregelung bei Anschaffung oder Veräußerung einer Beteiligung

Die Anschaffung oder Veräußerung einer Beteiligung an einer Personengesellschaft, in **909** deren Gesamthandsvermögen sich z. B. Wertpapiere befinden, wird als Anschaffung oder Veräußerung der anteiligen Wirtschaftsgüter durch den Gesellschafter behandelt (§ 20 Abs. 2 Satz 3 EStG). Damit wird erreicht, dass die Veräußerung der Beteiligung an der Personengesellschaft als Veräußerung der anteiligen Wirtschaftsgüter der Personengesellschaft zu Wertzuwächsen bei den Einkünften aus Kapitalvermögen führt. Dem Veräußerungspreis, der anteilig auf die einzelnen Wirtschaftsgüter der Personengesellschaft entfällt, werden dann für die Ermittlung des Wertzuwachses die Anschaffungskosten des Gesellschafters bei Eintritt in die Personengesellschaft bzw. die Anschaffungskosten der Gesellschaft während seiner Zugehörigkeit zur Personengesellschaft gegenübergestellt.

Ein Durchgriff durch die Gesamthandsgemeinschaft auf die dahinter stehenden Wirtschaftsgüter erfolgt auch, wenn eine Gesamthandsgemeinschaft an einer Personengesell-

III Gestaltung und Tipps

schaft beteiligt ist; hier liegt eine mittelbare Beteiligung vor. Auch die Unterbeteiligung am Gesellschaftsanteil eines Gesellschafters einer Personengesellschaft dürfte unter diese Vorschrift fallen.

BEISPIEL

A ist seit mehreren Jahren an einer Wertpapier-GbR beteiligt. Die GbR erwirbt am 5.5.2009 Aktien der Y-AG im Wert von 1.000.000 €. Am 3.2.2010 scheidet A aus der GbR aus. In diesem Zeitpunkt haben die Aktien der Y-AG einen Wert von 2.000.000 €.

Für die Besteuerung der Kapitaleinkünfte kommt es nicht darauf an, wann A seinen GbR-Anteil erworben oder veräußert hat. Vielmehr ist sowohl in dem Erwerb als auch in der Veräußerung die Anschaffung bzw. der Verkauf anteiliger Wirtschaftsgüter der GbR zu sehen. Dies bedeutet für A, dass er am 3.2.2010 Aktien anteilig veräußert, die die GbR am 5.5.2009 erworben hat. Dieser Erwerb ist ihm ebenfalls anteilig zuzurechnen. Da die Spekulationsfrist von 12 Monaten nicht überschritten wird, kommt es zur Besteuerung des anteiligen Gewinns als Spekulationseinkünfte. Eine Besteuerung als Kapitaleinkünfte käme u. E. nur dann in Betracht, wenn der Erwerb der Aktien und die Veräußerung des GbR-Anteils nach dem 31.12.2009 erfolgt wäre.

Ermittlung der Einkünfte in Veräußerungsfällen

910 In Anlehnung an die Regelungen zur Bemessungsgrundlage bei Spekulationsgeschäften wird in § 20 Abs. 4 EStG ab 2009 (§ 52a Abs. 10 Satz 10 EStG) bestimmt, dass Gewinn der Unterschiedsbetrag zwischen den Einnahmen aus der Veräußerung und den Anschaffungskosten ist. Der Betrag kann sowohl positiv – **Gewinn** im engeren Sinne – als auch negativ – **Verlust** – sein. Aufwendungen, die im unmittelbaren sachlichen Zusammenhang mit einem Veräußerungsgeschäft stehen, sind zusammen mit den Anschaffungskosten den Einnahmen aus der Veräußerung gegenüberzustellen und wirken sich daher auf den als Kapitaleinkünfte zu versteuernden Veräußerungsgewinn aus (§ 20 Abs. 4 Satz 1 EStG). Ansonsten gilt: **Werbungskosten** sind durch den Ansatz des Sparer-Pauschbetrags von 801 € (§ 20 Abs. 9 EStG) **abgegolten**. Bei der verdeckten Einlage tritt an die Stelle der Einnahmen aus der Veräußerung der Wirtschaftsgüter ihr gemeiner Wert (§ 20 Abs. 4 Satz 2 EStG).

Bei der Veräußerung eines Anspruchs auf eine Leistung aus einer kapitalbildenden **Lebensversicherung** gelten die vorher **entrichteten Beiträge als Anschaffungskosten** (§ 20 Abs. 4 Satz 4 EStG). Wurde der Anspruch entgeltlich erworben, werden sowohl die Erwerbsaufwendungen als auch die nach dem Erwerb entrichteten Beiträge als Anschaffungskosten angesetzt.

Bei einem **Termingeschäft** wird als Gewinn der Differenzausgleich oder der durch den Wert einer veränderlichen Bezugsgröße bestimmte Geldbetrag oder Vorteil angesetzt (§ 20 Abs. 4 Satz 5 EStG). Dies entspricht der bisherigen Gewinnermittlung bei Spekulationsgeschäften. Werbungskosten werden nicht in die Gewinnermittlung einbezogen, soweit sie im Zusammenhang mit Termingeschäften angefallen sind, wie z. B. Bankgebühren, weil durch den Sparer-Pauschbetrag alle Werbungskosten abgegolten sind

(§ 20 Abs. 9 Satz 1 EStG). Davon nicht betroffen sind Gewinne aus der Veräußerung eines als Termingeschäft ausgestalteten Finanzinstruments, wie z. B. Glattstellungsgeschäfte bei Optionsgeschäften an der EUREX.

Bei einem unentgeltlichen Erwerb von Wirtschaftsgütern im Wege der **Einzelrechtsnachfolge** werden dem Erwerber bei der Ermittlung des Gewinns die Aufwendungen des Rechtsvorgängers zugerechnet (§ 20 Abs. 4 Satz 6 EStG).

Bei der Veräußerung eines Wirtschaftsguts, das aus einem Betriebsvermögen entnommen oder auf Grund einer Betriebsaufgabe ins Privatvermögen überführt wurde, ist anstelle der Anschaffungskosten der bei der Entnahme oder Betriebsaufgabe angesetzte Wert zu erfassen (§ 20 Abs. 4 Satz 3 EStG). Damit wird sichergestellt, dass bei den Einkünften aus Kapitalvermögen nur die im Privatvermögen zugeflossenen Wertzuwächse versteuert werden.

WICHTIG

Die Regelungen zur Ermittlung eines Wertzuwachses gelten auch für **Privatdarlehen.** Hier sind dem Rückzahlungsbetrag die Anschaffungskosten gegenüberzustellen, wenn die Darlehensvereinbarung nach dem 31.12.2008 getroffen wurde. Droht die Rückzahlung des Darlehens auszufallen, weil der Schuldner nicht leisten kann, kann über die Veräußerung der Darlehensforderung z. B. für 1 € ein Veräußerungsverlust als negativer Wertzuwachs realisiert werden. Dies ist nicht möglich, wenn Sie auf die Darlehensforderung verzichten. Denn der Verzicht ist nicht der Veräußerung gleichgesetzt und führt daher nicht zu dem gewünschten negativen Wertzuwachs.

Bei **festverzinslichen Wertpapieren** ist darauf zu achten, dass aus der Sicht der Finanzverwaltung die Stückzinsen, die der Veräußerer zusammen mit dem aktuellen Wert des Wertpapiers vom Erwerber erhält, zu seinem Veräußerungspreis rechnen. Dieser Veräußerungspreis ist dann um die Anschaffungskosten und die Anschaffungsnebenkosten zu mindern. Darüber hinaus sind die Veräußerungskosten abzuziehen. Schließlich sind die vom Veräußerer im Zeitpunkt des Erwerbs gezahlten Stückzinsen als negative Einnahmen gegenzurechnen, wenn sie im Veräußerungsjahr angefallen sind und noch nicht mit anderen Kapitalerträgen verrechnet wurden.

Im Rahmen der Abgeltungsteuer sind die Depot- und Vermögensverwaltungsgebühren nicht mehr als Werbungskosten abziehbar. Hingegen wirken sich Anschaffungsnebenkosten und Veräußerungskosten steuermindernd aus. Auch der Transaktionskostenanteil der All-in-Fee (pauschales Entgelt bei Kreditinstituten, das auch die Transaktionskosten mit abdeckt) ist abzugsfähig. Wird die All-in-Fee-Gebühr pauschal abgerechnet, ist für die Transaktionskosten ein maximaler Betrag von 50 % der gesamten Gebühr anzusetzen. Die Regelung für Transaktionskosten gilt auch für Beratungsverträge.

WICHTIG

Die so ermittelten Wertzuwächse stehen für eine Verrechnung mit Altverlusten zur Verfügung. Wegen weiterer Einzelheiten zur Verlustverrechnung ➜ Tz 911.

III Gestaltung und Tipps

8.2   Regelungen zur Verlustverrechnung

911 Bei den Einkünften aus Kapitalvermögen werden zuerst Verluste mit Kapitalerträgen verrechnet, die bereits im Rahmen des Kapitalertragsteuerabzugs (§ 43a Abs. 3 EStG) zu berücksichtigen sind. Hierbei handelt es sich um **Neuverluste**, die auf einen Erwerb nach dem 31.12.2008 zurückzuführen sind. Im Anschluss daran werden dann Verluste aus privaten Veräußerungsgeschäften, die auf Grund von Erwerben vor dem 1.1.2009 entstanden sind (**Altverluste**), abgezogen (§ 20 Abs. 6 Satz 1 EStG). Danach werden Verluste berücksichtigt, die sich im selben Veranlagungszeitraum aus einem Depot bei einem anderen Kreditinstitut ergeben. Schließlich sind dann zuletzt noch die **Verluste** aus Kapitalvermögen **aus vorangegangenen Veranlagungszeiträumen** abzuziehen.

WICHTIG

Die Verlustverrechnung im Kapitalertragsteuerverfahren kann nur bankenintern erfolgen; bankenübergreifend ist dies nur im Rahmen der Anlage KAP möglich. Dagegen ist bei Ehegatten zu beachten, dass Kreditinstitute ab 2010 die Möglichkeit haben, Verluste des einen Ehegatten mit Erträgen des anderen Ehegatten zu verrechnen, vorausgesetzt, dem Kreditinstitut liegt ein gemeinsamer Freistellungsauftrag der Ehegatten vor, mag er auch auf 0 € lauten.

Altverluste

912 Aus privaten Veräußerungsgeschäften, die noch im Bereich der alten Spekulationsbesteuerung, insbesondere bei Erwerb des Wertpapiers vor dem 1.1.2009 und Veräußerung innerhalb der Jahresfrist, zustande gekommen ist (sog. Altverlust), kann nach dem 31.12.2008 weiterhin mit Spekulationsgewinnen aus Wertpapiergeschäften oder aus der Veräußerung sonstiger Wirtschaftsgüter verrechnet werden. Bei diesem Altverlust kann aber auch der Antrag gestellt werden, ihn mit Wertzuwächsen (§ 20 Abs. 2 EStG) im Bereich der Kapitaleinkünfte zu verrechnen (§ 23 Abs. 2 Sätze 9 und 10 EStG). Eine Verrechnung mit laufenden Kapitaleinnahmen ist nicht möglich. Damit eröffnet sich ab 2009 die Möglichkeit, zumindest bestimmte Kapitaleinnahmen mit Altverlusten ausgleichen zu dürfen. Die Beschränkung für Verluste aus Aktiengeschäften, die ab 2009 dazu führt, dass diese Verluste nur noch mit Gewinnen aus Aktiengeschäften verrechnet werden dürfen, gilt **nicht** für **Altverluste**.

WICHTIG

Sollten Sie über Altverluste verfügen, die Sie nicht im Rahmen der Spekulationsbesteuerung als Verrechnungspotenzial einsetzen können, weil Sie nicht über Grundstücke verfügen und auch nicht mit Goldbarren spekulieren wollen, müssen Sie zusammen mit Ihrem Steuerberater darüber nachdenken, **Wertzuwächse** im Bereich der Kapitaleinkünfte zu **schaffen**, die Ihnen als **Verrechnungspotenzial für** Ihre **Altverluste** dienen. Solche Wertzuwächse können z. B. dadurch anfallen, dass Sie abgezinste Wertpapiere anschaffen und veräußern, wobei Sie durch diesen Vorgang kumulierte Zinsen erwirtschaften, die der Gesetzgeber als Wertzuwachs behandelt (§ 20 Abs. 2 Satz 1 Nr. 7 EStG). Hier sind insbesondere Zero-Bonds und abgezinste Sparbriefe zu nennen, aber auch Bundesschatzbriefe Typ B. Achten Sie darauf, dass Ihnen diese **Verlustverrechnungsmöglichkeit**

nur für 5 Jahre, also **bis Ende 2013**, zusteht. Daher müssen die Wertzuwächse bis zu diesem Zeitpunkt realisiert werden, was z. B. bei Bundesschatzbriefen Typ B Schwierigkeiten bereiten könnte.

Ist die 5-jährige Übergangsfrist für die Verrechnungsmöglichkeit mit Wertzuwächsen bei den Kapitaleinkünften verstrichen, können Sie die noch verbliebenen Altverluste ab 2014 nur noch mit Spekulationsgewinnen im Bereich des § 23 EStG verrechnen.

WICHTIG

Weitere Möglichkeiten, Wertzuwächse zu generieren, bestehen darin, festverzinsliche Wertpapiere zu erwerben, wobei die an Sie gezahlten **Stückzinsen** in den Wertzuwachs einfließen. Verschiedentlich wird auch von den Banken angeboten, durch Dax-Bull- und Dax-Bear-Zertifikate eine Umwandlung Ihrer Alt- in Neuverluste zu erreichen. Dies sollten Sie allerdings nur in Begleitung Ihres Steuerberaters in Absprache mit Ihrer Bank durchführen.

Die Verrechnung von Altverlusten kann nur im Rahmen der Einkommensteuerveranlagung durch **Abgabe der Anlage KAP** erfolgen. Im Kapitalertragsteuerabzugsverfahren werden diese Altverluste nicht berücksichtigt. Dabei ist zu beachten, dass die Kreditinstitute bereits bei Einbehalt der Kapitalertragsteuer die bei Ihnen angefallenen Verluste mit Kapitalerträgen verrechnen, so dass nur noch die verbleibenden Kapitalerträge, falls es sich hierbei um Wertzuwächse handelt, mit Ihren Altverlusten ausgeglichen werden können (§ 20 Abs. 6 Satz 5 EStG).

Für eine Verlustverrechnung im Rahmen der Anlage KAP benötigen Sie von Ihrem Kreditinstitut eine Kapitalertragsteuerbescheinigung, aus der sich die Kapitaleinnahmen, getrennt nach laufenden Einnahmen (§ 20 Abs. 1 EStG) und Wertzuwächsen (§ 20 Abs. 2 EStG) ergeben. Diese Bescheinigung wird Ihnen auf Verlangen ausgestellt. Sollten Sie bei mehreren Kreditinstituten Depots unterhalten und bei einzelnen Kreditinstituten auch nach Verrechnung mit Ihren Kapitalerträgen Verluste verbleiben, können Sie diese Verluste entweder in das Jahr 2011 vortragen lassen und dann bei dem Kreditinstitut mit Kapitalerträgen verrechnen. Sie können aber auch **bis** zum **15.12.2010** bei diesem Kreditinstitut den **Antrag stellen**, Ihnen die Verluste im Rahmen der Kapitalertragsteuerbescheinigung anzugeben. Dann haben Sie die Möglichkeit, die Verluste im Rahmen Ihrer Einkommensteuerveranlagung 2010 verrechnen zu lassen. Hier gilt dann folgende Reihenfolge:

Altverluste werden vorrangig mit Ihren Wertzuwächsen aus Kapitalvermögen verrechnet, dann erst Neuverluste (→ Tz 913), für die Sie eine Bescheinigung vorgelegen können. Damit nimmt der Gesetzgeber darauf Rücksicht, dass Altverluste nur zeitlich beschränkt bis 2013 zur Verlustverrechnung mit Wertzuwächsen zur Verfügung stehen.

Neuverluste

Für Stückzinsen, die von Ihnen an den Veräußerer gezahlt wurden, sowie Verluste, bei denen **913** der Erwerb des Wertpapiers nach dem 31.12.2008 erfolgt, gilt der Grundsatz, dass diese Verluste mit allen Kapitaleinnahmen verrechnet werden dürfen, also auch mit laufenden Zinsen und Gewinnausschüttungen. Lediglich für Aktiengeschäfte gilt eine Sonderregelung.

III Gestaltung und Tipps

WICHTIG

Verluste aus Kapitalvermögen, die bei Erwerb ab 2009 durch die Veräußerung von Aktien entstanden sind, dürfen nur mit Gewinnen aus der Veräußerung von Aktien verrechnet werden. Verbleibt nach dieser Verrechnung noch ein Verlust, wird dieser Verlust ab 2011 mit künftigen Gewinnen aus Aktiengeschäften ausgeglichen.

Diese Regelung führt in der Praxis zu einer Aufteilung der Verluste in solche, die aus der Veräußerung von Aktien stammen, und solchen, die aus den übrigen Kapitaleinkünften resultieren, wie z. B. Stückzinsen, negative Zwischengewinne, Verluste aus der Veräußerung von Zertifikaten und von Teilen usw. Diese Trennung wird von Ihrer Bank im Rahmen des Kapitalertragsteuerabzugs vorgenommen. Daher legt sie für Sie 2 Verlustverrechnungstöpfe an. Wollen Sie die Verluste im Rahmen der Anlage KAP mit Erträgen aus einem Depot bei einer anderen Bank verrechnen, müssen Sie darauf achten, dass Sie bei der „verlusterzielenden" Bank **bis** zum **15.12.2010** einen **Antrag stellen**, dass Ihnen diese Verluste im Rahmen der Kapitalertragsteuerbescheinigung angegeben werden. Ansonsten werden sie von der Bank auf das nächste Jahr vorgetragen und von ihr im Rahmen des Kapitalertragsteuerabzugs verrechnet. In der Kapitalertragsteuerbescheinigung wird dann bei den Verlusten „neuer Art" zwischen den Aktienverlusten und den übrigen Verlusten unterschieden. **Für Aktienverluste** gilt die **eingeschränkte Verrechnungsmöglichkeit**, für die übrigen Verluste dagegen die Möglichkeit, mit allen Kapitalerträgen verrechnen zu können.

Verluste aus Kapitalvermögen dürfen **nicht mit Einkünften aus anderen Einkunftsarten** ausgeglichen werden, und zwar unabhängig davon, ob es sich hierbei um Verluste aus Veräußerungsgeschäften mit Aktien oder um Verluste aus den übrigen Kapitaleinkünften handelt. Diese beschränkte Verlustverrechnung gilt auch für den Verlustvortrag (§ 20 Abs. 6 Satz 2 EStG). Umgekehrt dürfen **Verluste aus anderen Einkunftsarten** nicht mit Kapitaleinnahmen verrechnet werden.

WICHTIG

Ein Verlustrücktrag wird ab 2009 ausgeschlossen (§ 20 Abs. 6 Satz 3 EStG). Darüber hinaus wird abweichend von den allgemeinen Regelungen zum Verlustvortrag die Verlustverrechnung nicht durch die Sockelbeträge von 1.000.000 € bzw. 2.000.000 € beschränkt. Dies ergibt sich daraus, dass im Rahmen des „Verrechnungstopfes" für den Kapitalertragsteuerabzug eine entsprechende Beschränkung der Verlustverrechnung durch die Kreditinstitute nicht durchführbar ist.

Verluste aus Kapitalvermögen, die im Kapitalertragsteuerabzug zu berücksichtigen wären, wegen fehlender Kapitalerträge jedoch nicht verrechnet wurden, dürfen nur dann im Rahmen der Einkommensteuerveranlagung 2010 mit anderen Kapitaleinnahmen verrechnet werden, wenn Sie eine **Bescheinigung** Ihres Kreditinstituts über die Höhe der **noch nicht verrechneten Verluste** vorlegen können (§ 20 Abs. 6 Satz 6 EStG). Damit soll verhindert werden, dass Verluste sowohl im Rahmen des Verlustverrechnungstopfs bei der Kapitalertragsteuer im nächsten Jahr verrechnet werden und zusätzlich noch bei Ihrer Einkommensteuerveranlagung im laufenden Jahr berücksichtigt werden. Erhalten Sie eine solche Bescheinigung, wird das Kreditinstitut den bescheinigten Verlust aus dem Verrechnungstopf „herausnehmen" und ihn zum 31.12.2010 mit 0 abschließen (§ 43a Abs. 3 EStG). Beantragen Sie keine Bescheinigung, werden die Verluste weiterhin im Verrechnungstopf belassen und mit künftigen Einnahmen verrechnet, ohne dass sie bei Ihrer Einkommensteuerveranlagung berücksichtigt werden dürfen. Achten Sie darauf, dass Sie den Antrag auf Ausstellung einer Verlustbescheinigung bis zum 15.12.2010 stellen müssen. Versäumen Sie diese Frist, werden Ihre Verluste automatisch von dem Kreditinstitut auf das nächste Jahr vorgetragen.

8.3 Werbungskostenabzugsverbot und Sparer-Pauschbetrag

914 Der Sparerfreibetrag von 750 € und der bisherige Werbungskosten-Pauschbetrag von 51 € sind zu einem einheitlichen Sparer-Pauschbetrag von 801 € zusammengefasst (§ 20 Abs. 9 EStG). Durch den Ansatz des Sparer-Pauschbetrags sind sämtliche Werbungskosten abgegolten.

Der Werbungskostenausschluss gilt sowohl für laufende Kapitalerträge als auch für Wertzuwächse aus Kapitalanlagen. Eine einzige Ausnahme ist allerdings zu beachten: Aufwendungen, die im unmittelbaren Zusammenhang mit dem Erwerb oder der Veräußerung von Wertpapieren stehen, gehören entweder zu den Anschaffungsnebenkosten im Zeitpunkt des Erwerbs oder zu den abziehbaren Veräußerungskosten im Zeitpunkt der Veräußerung (§ 20 Abs. 4 Satz 1 EStG). Die Abzugsmöglichkeit besteht insbesondere für Spesen und Gebühren, die im Zusammenhang mit der Veräußerung von Wertpapieren angefallen sind.

WICHTIG

Im Fall der Zusammenveranlagung von Ehegatten verdoppelt sich der Sparer-Pauschbetrag auf 1.602 €. Er wird zwar getrennt bei jedem Ehegatten bis zur Höhe von 801 € berücksichtigt, jedoch wird ein nicht ausgenutzter Sparer-Pauschbetrag des einen Ehegatten auf den anderen übertragen (§ 20 Abs. 9 Satz 3 EStG).

Der Sparer-Pauschbetrag darf nicht höher sein als der nach Verlustverrechnung verbleibende Kapitalertrag (§ 20 Abs. 9 Satz 4 EStG).

Von der Abgeltungswirkung des Sparer-Pauschbetrags nicht betroffen sind alle Transaktionskosten bei Wertpapiergeschäften. Sollte Ihre Bank im Rahmen der Vermögensverwaltung eine einheitliche Gebühr für die Verwaltung und die Transaktionskosten von Ihnen verlangen, gilt es, diese Gesamtgebühr in abziehbare Anschaffungsnebenkosten und Veräußerungskosten und nichtabziehbare Vermögensverwaltungsgebühren aufzuteilen. Hier bestehen keine Bedenken, bis zu 50 % Transaktionskostenanteil anzusetzen.

Wegen Einzelheiten zur Antragsmöglichkeit bei Zinsen im Zusammenhang mit der Finanzierung eines GmbH-Anteils ➜ Tz 923.

III Gestaltung und Tipps

8.4   Abgeltungsteuer

915 In § 32d EStG ist der gesonderte Steuertarif für Einkünfte aus Kapitalvermögen geregelt. Dort ist auch bestimmt, bei welchen Kapitalerträgen die Abgeltung durch den Kapitalertragsteuerabzug nicht stattfindet. Weiterhin ist in dieser Vorschrift die Pflichtveranlagung von Kapitalerträgen, die Optionsmöglichkeit sowie die Anrechnung ausländischer Steuern geregelt.

Abgeltungsteuersatz

916 Die Einkommensteuer für Einkünfte aus Kapitalvermögen beträgt grundsätzlich **25 %** der Bemessungsgrundlage. Davon sind Einkünfte aus Kapitalvermögen ausgenommen, die auf Grund der Subsidiaritätsregel (§ 20 Abs. 8 EStG) insbesondere zu den Gewinneinkünften oder zu den Einkünften aus Vermietung und Verpachtung gehören. Die **anrechenbare ausländische Quellensteuer** mindert die Bemessungsgrundlage für die Abgeltungsteuer von 25 % (➜ Tz 931).

Neben dem Solidaritätszuschlag kann auf Antrag auch die Kirchensteuer im Rahmen des Kapitalertragsteuerabzugs einbehalten werden.

Darüber hinaus wird die Abgeltungsteuer von 25 % um die auf die Kapitalerträge entfallende Kirchensteuerentlastung ermäßigt (§ 32d Abs. 1 Satz 3 EStG). Dadurch wird erreicht, dass die gezahlte Kirchensteuer auf Kapitalerträge, die als Sonderausgaben abziehbar war, bereits bei der Bemessung der Abgeltungsteuer pauschal abgezogen wird. Zur Berücksichtigung der Kirchensteuer bei der Bemessung des Abgeltungsteuersatzes erfolgt die Berechnung nach folgender Formel:

$$\text{Einkommensteuer (Kapitalertragsteuer)} = \frac{e - 4q}{4 + k}$$

Dabei steht „e" für die Kapitaleinkünfte, „q" für die anrechenbare ausländische Steuer und „k" für den hundertsten Teil des geltenden Kirchensteuersatzes.

BEISPIEL

A erzielt Kapitaleinkünfte in Höhe von 4.000 €. Es ist keine anrechenbare ausländische Quellensteuer anzusetzen. Für A ist ein Kirchensteuersatz von 9 % anzusetzen.

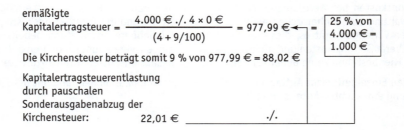

ermäßigte
Kapitalertragsteuer $= \dfrac{4.000 \text{ €} ./. 4 \times 0 \text{ €}}{(4 + 9/100)} = 977,99 \text{ €} \longleftarrow = $ 25 % von 4.000 € = 1.000 €

Die Kirchensteuer beträgt somit 9 % von 977,99 € = 88,02 €

Kapitalertragsteuerentlastung
durch pauschalen
Sonderausgabenabzug der
Kirchensteuer: 22,01 €   ./.

Problem „Kirchensteuer"

Die Kirchensteuer auf Kapitalerträge wird als Zuschlag zur Kapitalertragsteuer und somit **917** zur Abgeltungsteuer erhoben. Dabei stellt die Kapitalertragsteuer ihre Bemessungsgrundlage dar. Beträgt z. B. die Kapitalertragsteuer 4.000 €, ist hierauf der Kirchensteuersatz anzuwenden. Die Kirchensteuer würde sich damit bei einem Kirchensteuersatz von 9 % auf 360 € belaufen. Andererseits ist die Kirchensteuer nicht mehr unter Ansatz des persönlichen Steuersatzes als Sonderausgaben steuerentlastend zu berücksichtigen, sondern nur in Höhe des Abgeltungsteuersatzes. Diese Entlastungswirkung findet bereits bei der Bemessung des Abgeltungsteuersatzes seinen Niederschlag (➜ Tz 916). Daher beträgt die Abgeltungsteuer bei einem Kirchensteuerpflichtigen stets weniger als 25 %: bei 8 % Kirchensteuer = 24,51 % und bei 9 % = 24,45 %. Hinzu kommt der Solidaritätszuschlag in Höhe von 5,5 %.

Auf **Antrag** des Steuerzahlers wird die Kirchensteuer zusammen mit der Kapitalertragsteuer erhoben. Der Kirchensteuerabzugsbetrag wird dann über das Finanzamt an die Religionsgemeinschaft weitergeleitet (§ 51a Abs. 2c EStG).

WICHTIG

Der **Antrag**, Kirchensteuer im Rahmen des Kapitalertragsteuerabzugs einzubehalten, kann auch auf elektronischem Weg an die Bank übermittelt werden. Die Bank wird allerdings einen solchen Antrag nur berücksichtigen, wenn er **vor Beginn des Kalenderjahres** gestellt wird, für das er gelten soll. Wer also in 2010 den Antrag stellt, dem wird erst ab 2011 die Kirchensteuer im Rahmen des Kapitalertragsteuerabzugs abgeführt. Für 2010 muss dann die Kirchensteuer im Rahmen der Einkommensteuerveranlagung nacherhoben werden (➜ Tz 918).

WICHTIG

Zahlt der zum Abzug der Kapitalertragsteuer Verpflichtete die Kapitalerträge nicht unmittelbar, sondern über zwischengeschaltete Stellen, z. B. eine Depotbank, an den Gläubiger aus, liegen ihm keine Kenntnisse über die Zugehörigkeit zu Religionsgemeinschaften vor. Der Abzug der Kirchensteuer ist ihm daher nicht möglich. Dies gilt insbesondere bei Dividenden, die große Publikums-Aktiengesellschaften an ihre Aktionäre ausschütten. Um auch hier einen Kirchensteuerabzug im Vorfeld vornehmen zu können, ist die Depotbank bei entsprechender Antragstellung verpflichtet, die Kirchensteuer für die dividendenzahlende Kapitalgesellschaft nachzuerheben und die Kapitalerträge unter Kürzung um den Kirchensteuerabzug an den Dividendenempfänger auszuzahlen. Damit verbunden ist auch eine Korrektur der Abgeltungsteuer und des Solidaritätszuschlags.

Das Kreditinstitut hat den Kirchensteuerabzug getrennt nach Religionszugehörigkeiten an das für ihn zuständige Finanzamt abzuführen (§ 51a Abs. 2c Satz 5 EStG). Dies gilt auch für eine GmbH, die Gewinnausschüttungen an ihre Gesellschafter vornimmt, wenn ihr ein Antrag der Gesellschafter vorliegt, die Kirchensteuer zusammen mit der Abgeltungsteuer einzubehalten. Das Finanzamt leitet dann diesen Steuerabzug an die einzelnen Religionsgemeinschaften weiter.

Sind an den Kapitalerträgen mehrere Personen beteiligt, kann ein Antrag auf Berücksichtigung der Kirchensteuer im Steuerabzugsverfahren nur gestellt werden, wenn es sich

III Gestaltung und Tipps

bei den Personen um Ehegatten handelt oder wenn alle Beteiligten derselben Religionsgemeinschaft angehören. Bei Ehegatten haben diese für den Antrag übereinstimmend zu erklären, in welchem Verhältnis der auf jeden Ehegatten entfallende Anteil der Kapitalerträge zu der Summe der Kapitalerträge steht. Dieses Verhältnis wird dann bei der Aufteilung der Kirchensteuer zugrunde gelegt. Wird das Aufteilungsverhältnis von dem Ehegatten nicht erklärt, wird der Anteil an der Kirchensteuer auf die Ehegatten nach Köpfen ermittelt.

WICHTIG

 Wird die Kirchensteuer bereits im Kapitalertragsteuerabzugsverfahren berücksichtigt, hat das Kreditinstitut oder die Kapitalgesellschaft die Höhe der Kirchensteuer in der Kapitalertragsteuerbescheinigung anzugeben.

918 Haben Sie die Kirchensteuer nicht im Steuerabzugsverfahren einbehalten lassen, wird eine Veranlagung zur Kirchensteuer durchgeführt. Dazu haben Sie die einbehaltene Kapitalertragsteuer zu erklären und die entsprechende Bescheinigung des Kreditinstituts vorzulegen. Bemessungsgrundlage für die Kirchensteuer ist nicht die einbehaltene Kapitalertragsteuer, sondern die geminderte Steuer auf Kapitalerträge, die sich bei einer Berechnung mit dem Sondersteuersatz (§ 32d Abs. 1 Satz 4 und 5 EStG) ergibt. Damit wird auch bei der Veranlagung der Kirchensteuer die Wirkung des Sonderausgabenabzugs berücksichtigt. Die einbehaltene Kapitalertragsteuer wird auf die mit dem Sondersteuersatz berechnete Einkommensteuer angerechnet. Hierdurch ergibt sich ein geringer Steuerüberhang zu Ihren Gunsten, der jedoch der nachzuerhebenden Kirchensteuer gegenzurechnen ist, so dass per Saldo es zu einer Nachzahlung kommt.

WICHTIG

 Die im Rahmen der Abgeltungsteuer erhobene Kirchensteuer kann nicht zusätzlich als Sonderausgabe im Rahmen der Einkommensteuerveranlagung berücksichtigt werden (§ 10 Abs. 1 Nr. 4 EStG).

Ausnahmen von der Abgeltungswirkung des gesonderten Steuertarifs

919 Durch § 32d Abs. 2 EStG sollen Gestaltungen verhindert werden, bei denen auf Grund der Steuersatzspreizung z. B. betriebliche Gewinne in Form von Darlehenszinsen abgesaugt werden, um die Steuerbelastung auf den Abgeltungsteuersatz zu reduzieren. Daher werden Einkünfte im Zusammenhang mit Darlehensvereinbarungen sowie mit einer Beteiligung als stiller Gesellschafter (§ 20 Abs. 1 Nr. 4 und Nr. 7 sowie Abs. 2 Nr. 4 und 7 EStG) von der Abgeltungsteuer ausgenommen und gemeinsam mit den anderen Einkünften der individuellen Einkommensteuer unterworfen,

① wenn Gläubiger und Schuldner einander nahe stehende Personen sind,
② wenn sie von einer Kapitalgesellschaft oder Genossenschaft an einen Anteilseigner gezahlt werden, der zu mindestens 10 % an der Gesellschaft oder Genossenschaft beteiligt ist, oder der Gläubiger der Kapitalerträge eine dem Anteilseigner nahe stehende Person ist,
③ soweit eine Back-to-back-Finanzierung vorliegt,
④ wenn eine Antragsmöglichkeit bei GmbH-Anteilen besteht oder
⑤ wenn es zu einer verdeckten Gewinnausschüttung gekommen ist.

WICHTIG

Bei diesen Fallgestaltungen gelten die allgemeinen einkommensteuerlichen Verlustverrechnungs- und Verlustausgleichsregeln; außerdem sind Werbungskosten nicht durch den Sparer-Pauschbetrag abgegolten, sondern können von den Kapitalerträgen abgezogen werden (§ 32d Abs. 2 Nr. 1 Satz 2 EStG).

Zu ①: „Verwandtendarlehen":

Nach § 32d Abs. 2 Satz 1 Nr. 1 Buchst. a EStG entfällt die Abgeltungsteuer bei Beteiligungen oder Kapitalüberlassungsverträgen zwischen einander nahe stehenden Personen, sowohl für die Erträge als auch für Veräußerungsgewinne. Nach der Gesetzesbegründung soll es sich bei Vereinbarungen zwischen nahe stehenden Personen um Beherrschungsverhältnisse i. S. d. § 1 Abs. 2 AStG handeln. Ein Beherrschungsverhältnis i. S. d. § 1 Abs. 2 AStG liegt vor, wenn **920**

- die Person auf den Steuerzahler einen beherrschenden Einfluss ausüben kann,
- oder umgekehrt der Steuerzahler auf diese Person einen beherrschenden Einfluss ausüben kann oder
- eine dritte Person auf beide einen beherrschenden Einfluss ausüben kann oder
- die Person oder der Steuerzahler imstande ist, bei der Vereinbarung der Bedingungen einer Geschäftsbeziehung auf den Steuerzahler oder die nahe stehende Person einen außerhalb dieser Geschäftsbeziehung begründeten Einfluss auszuüben oder
- wenn einer von ihnen ein eigenes wirtschaftliches Interesse an der Erzielung der Einkünfte des anderen hat.

Dies würde bedeuten, dass Angehörige i. S. d. § 15 AO (zum Personenkreis des § 15 AO gehören z. B. Verlobte, Ehegatten, Geschwister, Neffen und Nichten) nicht zwangsläufig auch nahe stehende Personen i. S. d. § 32d Abs. 2 Nr. 1 Buchst. a EStG sind. Dies sieht die Finanzverwaltung jedoch im Erlass vom 22.12.2009 (➜ Tz 897) anders. Sie rechnet nämlich zu dem betroffenen Personenkreis auch Angehörige, insbesondere Eltern und Kinder.

Zu ②: „Gesellschafterdarlehen":

Werden typische stille Gesellschaften (§ 20 Abs. 1 Nr. 4 EStG) oder sonstige Kapitalforderungen jeder Art (§ 20 Abs. 1 Nr. 7 EStG), hier insbesondere Gesellschafterdarlehen, zwischen Kapitalgesellschaften oder Genossenschaften und einem zu mindestens 10 % beteiligten Anteilseigner oder eine dem Anteilseigner nahe stehende Person begründet, findet der gesonderte Steuersatz ebenfalls keine Anwendung (§ 32d Abs. 2 Nr. 1 Buchst. b EStG). Dies gilt auch für die Gewinne aus der Veräußerung solcher Kapitalanlagen (§ 20 Abs. 2 Satz 1 Nr. 4 und Nr. 7 EStG). **921**

BEISPIEL

A ist zu 50 % an der B-GmbH beteiligt. 2010 gewährt A der B-GmbH ein Darlehen in Höhe von 200.000 €. Hierfür erhält A 2010 Zinsen in Höhe von 6.000 €. Das Darlehen hat A bei einer Bank refinanziert; hierfür zahlt er 2010 Schuldzinsen von 5.000 €.

A erzielt Einkünfte aus Kapitalvermögen gem. § 20 Abs. 1 Nr. 7 EStG. Der gesonderte Steuersatz gemäß § 32d Abs. 1 EStG findet keine Anwendung. Da § 20 Abs. 9 EStG (Sparer-Pauschbetrag) ebenfalls nicht anzuwenden ist, sind die

III Gestaltung und Tipps

tatsächlichen Werbungskosten von 5.000 € zu berücksichtigen. A hat daher Einkünfte aus Kapitalvermögen von 1.000 € der tariflichen Einkommensteuer zu unterwerfen.

WICHTIG

Die Ausnahmeregelung für Gesellschafterdarlehen, bei denen die Zinsen individuell zu versteuern sind, hat in der Praxis besondere Bedeutung bei **KfW-Darlehen.** Hier erfolgt die Darlehensvergabe nur an den Gesellschafter der Kapitalgesellschaft, der dann diese Darlehen in der Regel „1 : 1" an die Kapitalgesellschaft weiterleitet. Die von der Kapitalgesellschaft gezahlten Zinsen unterliegen bei dem Gesellschafter dem individuellen Einkommensteuersatz. Daher ist er berechtigt, die Darlehenszinsen als Werbungskosten gegenzurechnen, so dass sich für ihn Einkünfte in Höhe von 0 € ergeben. Wäre eine Gegenrechnung der Darlehenszinsen als Werbungskosten wegen des Sparer-Pauschbetrags nicht möglich gewesen, hätte der Gesellschafter Erträge versteuern müssen, die wirtschaftlich gesehen bei ihm zu keinem Ertrag geführt hätten.

Zu ③: Ausnahmen von der Abgeltungswirkung bei der Back-to-back-Finanzierung:

922 In den Fällen, in denen z. B. der Gesellschafter oder eine ihm nahe stehende Person bei der Bank eine Einlage unterhält und die Bank in gleicher Höhe einen Kredit an die Gesellschaft vergibt, unterliegen die Einkünfte aus der Einlage im Rahmen der sog. Back-to-back-Finanzierung nicht der Abgeltungsteuer von 25 %, sondern dem individuellen Einkommensteuersatz des Steuerzahlers (§ 32d Abs. 2 Nr. 1 Satz 1 Buchst. c). Dadurch soll verhindert werden, dass auf Grund der Steuersatzspreizung betriebliche Gewinne z. B. in Form von Darlehenszinsen abgesaugt werden können und bei den Einnahmen die Steuerbelastung auf den Abgeltungsteuersatz reduziert wird.

Die Frage, ob eine Back-to-back-Finanzierung bei Ihnen zur individuellen Besteuerung der Kapitalerträge führt, sollten Sie wegen der Komplexität des gesamten Vorgangs mit Ihrem Steuerberater abklären.

Zu ④: „Antragsmöglichkeit":

923 Derjenige, der GmbH-Anteile in seinem Privatvermögen hält und die Anschaffungskosten der Beteiligung mit Fremdmitteln finanziert hat, kann die Zinsen dafür im Bereich der Abgeltungsteuer nicht als Werbungskosten geltend machen. Dies liegt an der Abgeltungswirkung des Sparer-Pauschbetrags.

Der Gesetzgeber eröffnet diesen Steuerzahlern die Möglichkeit, einen **Antrag** auf Besteuerung der Kapitalerträge unter Anwendung des **Teileinkünfteverfahrens** mit Verlustverrechnungsmöglichkeit und vollem Werbungskostenabzug zu stellen (§ 32d Abs. 2 Nr. 3 EStG).

WICHTIG

Der Antrag lohnt sich auch für die Steuerzahler, deren Steuerbelastung nicht mehr als 41,67 % beträgt, ohne dass es zum Werbungskostenabzug kommt.

Antragsvoraussetzungen

Den Antrag auf Anwendung des Teileinkünfteverfahrens statt Abgeltungsteuer kann **924** derjenige stellen, der zu mindestens 25 % an einer Kapitalgesellschaft mittelbar oder unmittelbar beteiligt ist, oder derjenige, der zu mindestens 1 % an der Kapitalgesellschaft und für diese beruflich tätig ist.

Für die Frage der Beteiligungsgrenze ist auf den Veranlagungszeitraum abzustellen, für den der Antrag erstmals gestellt wird. Dabei reicht es aus, dass die Mindestbeteiligung von 25 % bzw. 1 % zu irgendeinem Zeitpunkt in 2010 vorgelegen hat.

Bei einer Beteiligung unter 25 %, mindestens jedoch in Höhe von 1 %, kommen Sie nur dann in das Antragsrecht, wenn Sie für die Kapitalgesellschaft **beruflich tätig** sind. Zum Begriff der beruflichen Tätigkeit vertritt die Finanzverwaltung folgende Auffassung (BMF, Schreiben v. 22.12.2009, ➜ Tz 897, Rz. 138): Sowohl selbstständig als auch nichtselbstständig ausgeübte Tätigkeiten fallen darunter. Es spielt also keine Rolle, ob Sie gegenüber der Kapitalgesellschaft eine gewerbliche, freiberufliche oder eine andere unter die Gewinneinkünfte fallende Tätigkeit ausüben. Auch muss die Tätigkeit nicht ununterbrochen während des gesamten Veranlagungszeitraums ausgeübt werden. Eins ist jedoch aus Verwaltungssicht wichtig: Nicht ausreichend ist eine Tätigkeit von untergeordneter Bedeutung. Ein 400 €-Job dürfte in der Regel nicht ausreichen, um die Antragsvoraussetzungen zu schaffen. Dagegen müssen Sie im Rahmen der Tätigkeit keinen unternehmerischen Einfluss auf die Kapitalgesellschaft ausüben; Sie müssen also nicht im Bereich der Geschäftsführung für die Kapitalgesellschaft tätig sein.

Wirkungen des Antrags

Der erstmalige Antrag ist spätestens zusammen mit der Einkommensteuererklärung 2010 **925** für den Veranlagungszeitraum 2010 zu stellen. Versäumen Sie diese Frist, können Sie den Antrag nur im darauffolgenden Veranlagungszeitraum wieder stellen.

Stellen Sie den Antrag erstmalig 2010, gilt dieser Antrag grundsätzlich für 5 Veranlagungszeiträume, und zwar einschließlich des Antragsjahres. Dies bedeutet für Sie, dass Sie bis Ende 2014 an den Antrag gebunden sind. Erst nach Ablauf von 5 Veranlagungszeiträumen sind Sie wieder „frei". Würden Sie z. B. in 2015 keinen erneuten Antrag stellen, wird die Besteuerung nach den Grundsätzen der Abgeltungsteuer vorgenommen. Selbstverständlich können Sie bei Ihrer Einkommensteuererklärung 2015 einen erneuten Antrag für die nächsten 5 Jahre stellen.

Sollte sich die steuerliche Situation bei Ihnen innerhalb des 5-Jahreszeitraums ändern, gesteht Ihnen der Gesetzgeber nur einmal zu, den Antrag für die Zukunft zu widerrufen. Machen Sie von dieser Möglichkeit Gebrauch, können Sie für diese Beteiligung keinen erneuten Antrag auf Anwendung des Teileinkünfteverfahrens mehr stellen, weder in dem 5-Jahreszeitraum noch danach. Die Widerrufserklärung muss dem Finanzamt spätestens mit der Steuererklärung für den Veranlagungszeitraum zugehen, für den die Abgeltungsteuer anstelle des Teileinkünfteverfahrens angewandt werden soll.

Haben Sie bereits zusammen mit Ihrer Einkommensteuererklärung 2009 einen Antrag auf Anwendung des Teileinkünfteverfahrens gestellt, ist dieser Antrag grundsätzlich für 5 Jahre anzuwenden. Für Sie besteht jedoch in 2010 die Möglichkeit, diesen Antrag zu widerrufen, z. B. in den Fällen, in denen der Spitzensteuersatz über 41,67 % hinausgehen

III Gestaltung und Tipps

sollte. Wenn Sie sich jedoch für den Widerruf des Antrags entscheiden, können Sie ab 2011 bei dieser Beteiligung nie wieder zurück in das Teileinkünfteverfahren kommen. Wir empfehlen Ihnen daher, den Widerruf des Antrags mit einem Steuerberater durchzusprechen.

WICHTIG

Die erneute Ausübung der Option ist dem Steuerzahler jedoch nicht verwehrt, wenn er nach der vollständigen Veräußerung seiner Anteile an eine Kapitalgesellschaft zu einem späteren Zeitpunkt erneut eine größere Beteiligung an derselben Kapitalgesellschaft erwirbt.

Die Antragsvoraussetzungen sind nur für den Veranlagungszeitraum zu prüfen, für den der Antrag erstmals gestellt wird. Ändert sich die Beteiligungshöhe nach diesem Veranlagungszeitraum, wirkt sich dies nicht negativ auf den einmal gestellten Antrag aus. Erwerben Sie Anteile hinzu, findet die Regelung auf die gesamte Beteiligung Anwendung. Eine teilweise Anwendung der Vorschrift auf die hinzuerworbenen Anteile ist nicht möglich. Der Antrag ist spätestens zusammen mit der Einkommensteuererklärung für den Veranlagungszeitraum 2010 zu stellen. Hierbei handelt es sich nach Auffassung der Finanzverwaltung um eine **Ausschlussfrist**, wobei es auf die erstmalige Abgabe der Steuererklärung für das Jahr 2010 ankommt. Eine Nachholung des Antrags ist nur unter den Voraussetzungen der Wiedereinsetzung in den vorherigen Stand (§ 110 AO) möglich (BMF, Schreiben v. 22.12.2009, → Tz 897, Rz. 141). Sind Sie mittelbar über eine vermögensverwaltende Personengesellschaft an einer Kapitalgesellschaft beteiligt, ist der Antrag im Rahmen Ihrer Einkommensteuerveranlagung zu stellen.

WICHTIG

Das Antragsrecht steht Ihnen bei mehreren Beteiligungen für die jeweilige Beteiligung an der Kapitalgesellschaft zu. Allerdings kann der Antrag nur für die Anteile an der jeweiligen Beteiligung einheitlich erfolgen. Eine Aufteilung dergestalt, dass nur ein Teil der Beteiligungserträge individuell besteuert werden soll und der Rest der Abgeltungsteuer unterliegen soll, ist nicht möglich.

Den Antrag stellen Sie in der Anlage KAP, und zwar in den **Zeilen 24 und 25 (→** Tz 203).

926 Entscheiden Sie sich für den Antrag nach § 32d Abs. 2 Nr. 3 EStG, wird die Besteuerung der Dividendenzahlungen nach dem Teileinkünfteverfahren wie im betrieblichen Bereich durchgeführt, obwohl es sich bei der Beteiligung an der Kapitalgesellschaft weiterhin um Privatvermögen handelt. Die aus der Beteiligung erzielten Einnahmen werden nur mit 60 % besteuert. Alle Aufwendungen, die mit diesen Einnahmen im Zusammenhang stehen, können in Höhe von 60 % als Werbungskosten berücksichtigt werden. Fallen im Antragsjahr keine Einnahmen an, so führt der Werbungskostenabzug zu einem Verlust, der nun mit anderen Einkünften verrechnet werden kann, z. B. aus freiberuflicher Tätigkeit. Die Werbungskostenabzugsbegrenzung des § 20 Abs. 9 EStG ist nicht zu beachten. Auch können Verluste aus der Beteiligung mit anderen Einkünften verrechnet werden. Damit besteht die Möglichkeit, Zinsen aus der Finanzierung der Anschaffungskosten der Beteiligung auch dann geltend zu machen, wenn in dem betreffenden Jahr keine Einnahmen angefallen sind. Allerdings können diese Zinsen wegen der Anwendung des Teileinkünfteverfahrens nur mit 60 % als Werbungskosten angesetzt werden.

Der Antrag auf Anwendung des Teileinkünfteverfahrens lohnt sich für Sie auch dann, wenn Ihr Grenzsteuersatz nicht mehr als 41,67 % beträgt, wobei die Progressionswirkung auf die anderen Einkünfte mit ins Kalkül zu ziehen ist. Den Grenzsteuersatz erreicht ein Lediger bei einem zu versteuernden Einkommen von ca. 52.000 €. Bei einem höheren zu versteuernden Einkommen sollte von einer Antragstellung Abstand genommen werden. Hier ist die Abgeltungsteuer in der Regel für Sie günstiger.

Zu ⑤: „Verdeckte Gewinnausschüttungen":

Liegt bei der Kapitalgesellschaft eine verdeckte Gewinnausschüttung vor, darf diese das **927** Einkommen der Kapitalgesellschaft nicht mindern (§ 8 Abs. 3 Satz 2 KStG). Beim Empfänger führt die verdeckte Gewinnausschüttung zu Einnahmen aus Kapitalvermögen, die im betrieblichen Bereich ab 2009 dem Teileinkünfteverfahren bzw. der Steuerbefreiung nach § 8b Abs. 1 KStG zu „unterwerfen" sind, im privaten Bereich der Abgeltungsteuer. Im betrieblichen Bereich hat der Gesetzgeber durch eine Verzahnung der Vorschriften sichergestellt, dass das Teileinkünfteverfahren bzw. die Steuerfreistellung dem Gesellschafter nur gewährt wird, soweit die verdeckte Gewinnausschüttung dem Einkommen der leistenden Kapitalgesellschaft hinzugerechnet wird (Korrespondenzprinzip). Im Rahmen der Abgeltungsteuer besteht derzeit keine solche Korrespondenz. Es ist durchaus möglich, dass bei der Kapitalgesellschaft keine Hinzurechnung der verdeckten Gewinnausschüttung erfolgt, trotzdem bei der Abgeltungsteuer eine Besteuerung erfolgt. Dies soll sich im JStG 2010 ab dem VZ 2011 durch eine Neuregelung in § 32d Abs. 2 EStG ändern. Dann soll auch hier der Grundsatz gelten: Keine Hinzurechnung der verdeckten Gewinnausschüttung, demzufolge auch keine Abgeltungsteuer.

Besteuerung von Lebensversicherungen

Leistungen aus Lebensversicherungen, bei denen nur die Hälfte des Unterschiedsbetrags **928** zwischen der Versicherungsleistung und den geleisteten Beiträgen als Kapitalertrag angesetzt wird (§ 20 Abs. 1 Nr. 6 Satz 2 EStG), unterliegen weiterhin dem individuellen Einkommensteuertarif (§ 32d Abs. 2 Nr. 2 EStG). Sie werden nicht der 25 %igen Kapitalertragsteuer unterworfen, sondern sind erst bei der Einkommensteuerveranlagung individuell zu besteuern. Die Regelungen zur Verlustverrechnung (➜ Tz 911) sind hier nicht anzuwenden.

Abgeltungswirkung außerhalb des Kapitalertragsteuerabzugs

Kapitalerträge, die nicht der Kapitalertragsteuer unterlegen haben, wie z. B. Veräuße- **929** rungsgewinne aus GmbH-Anteilen bei Beteiligung unter 1 % oder ausländische Zinseinkünfte, werden in die Einkommensteuerveranlagung des Steuerzahlers einbezogen. Dafür gilt ebenfalls der Abgeltungsteuersatz von 25 %, der in dieser Höhe der tariflichen Einkommensteuer hinzugerechnet wird (§ 32d Abs. 3 EStG).

Haben Sie vom Finanzamt bei einer **Einkommensteuererstattung Zinsen** erhalten, waren diese Zinsen bisher als Kapitaleinnahmen zu versteuern. Dies sieht auch die Anlage KAP in **Zeile 21** vor. Diese Rechtsauffassung hat sich nun

III Gestaltung und Tipps

geändert. Im Urteil v. 15.6.2010 (VIII R 33/07, BFH/NV 2010 S. 1917) hat der BFH entschieden, dass Erstattungszinsen nicht mehr steuerpflichtig sind. Achten Sie bei Erteilung des Einkommensteuerbescheids 2010 darauf, dass Ihnen das Finanzamt nicht fälschlicherweise die 2010 ausgezahlten Erstattungszinsen bei Ihren Einkünften aus Kapitalvermögen ansetzt. Hiergegen müssten Sie vorgehen. Prüfen Sie in diesem Zusammenhang auch, ob Sie für die Vorjahre ebenfalls von der günstigen BFH-Rechtsprechung profitieren, soweit Ihre Steuerbescheide noch nicht erteilt oder unter dem Vorbehalt der Nachprüfung ergangen sind.

Leistungen aus Lebensversicherungen, bei denen nur die Hälfte des Unterschiedsbetrags zwischen der Versicherungsleistung und den geleisteten Beiträgen als Kapitalertrag angesetzt wird (§ 20 Abs. 1 Nr. 6 Satz 2 EStG), unterliegen ebenfalls dem progressiven Einkommensteuertarif (§ 32d Abs. 2 Nr. 2 EStG).

„Reparaturen" eines unrichtigen Kapitalertragsteuerabzugs

930 Dem Steuerzahler wird für Kapitaleinkünfte, die der Kapitalertragsteuer unterlegen haben, das Wahlrecht eingeräumt, diese bei seiner Veranlagung geltend zu machen, um bestimmte Tatbestände, die beim Kapitalertragsteuerabzug nicht berücksichtigt werden können, steuermindernd ansetzen zu können (§ 32d Abs. 4 EStG).

Zu den steuermindernden Tatbeständen, die zu einer Ermäßigung der Bemessungsgrundlage für die Abgeltungsteuer von 25 % führen, gehören ein nicht vollständig ausgeschöpfter Sparer-Pauschbetrag, die Anwendung der Ersatzbemessungsgrundlage für den Kapitalertragsteuerabzug (§ 43a Abs. 2 Satz 7 EStG), ein noch nicht im Rahmen des Kapitalertragsteuerabzugs berücksichtigter Verlust, ein Verlustvortrag und noch nicht berücksichtigte ausländische Steuern. Die Aufzählung in § 32d Abs. 4 EStG ist nicht abschließend. So kann der Steuerzahler auch in den Fällen, in denen beim Kapitalertragsteuerabzug der steuermindernde Effekt der Kirchensteuerzahlung noch nicht berücksichtigt wurde, z. B. bei einer Dividendenausschüttung, diesen bei der Veranlagung nachholen, wenn er den Kirchensteuerabzug durch seine Bank nicht beantragt hat oder er sich für die Festsetzung der Kirchensteuer in der Veranlagung entscheidet. Ebenso kann er in Veräußerungsfällen Anschaffungskosten, die seine Bank nicht berücksichtigt hat, bei der Veranlagung geltend machen.

WICHTIG

Ergibt sich aus der Kapitalertragsteuerbescheinigung, dass das Kreditinstitut die Kapitalertragsteuer nach der Ersatzbemessungsgrundlage, meist sind es 30 % des Veräußerungspreises, erhoben hat, sollten Sie auf jeden Fall im Rahmen Ihrer Einkommensteuererklärung 2010 prüfen, inwieweit die Bemessungsgrundlage zutreffend ist. In vielen Fällen weicht das tatsächliche Ergebnis von der Ersatzbemessungsgrundlage ab. Sollte es so sein, dass sich für Sie bei Ansatz des Veräußerungspreises abzüglich Anschaffungskosten und Veräußerungskosten eine geringere Bemessungsgrundlage für die Abgeltungsteuer ergibt, können Sie dies gegenüber dem Finanzamt geltend machen und in der Anlage KAP eine **Korrektur** der zuviel einbehaltenen **Kapitalertragsteuer** beantragen. Sollte das Kreditinstitut durch den Ansatz der Ersatzbemessungsgrundlage eine zu geringe Kapitalertragsteuer erhoben haben, sind Sie, so die Nachbesserungen im JStG 2010, verpflichtet, den nicht zur Kapitalertragsteuer herangezogenen Wertzuwachs in der Anlage KAP nachzuversteuern. Entsprechende Angaben machen Sie dann in den **Zeilen 15 f.** der Anlage KAP.

Auf der Grundlage der korrigierten Bemessungsgrundlage wird die Einkommensteuer unter Ansatz eines Steuersatzes von 25 % berechnet. Da die Kapitalertragsteuer auf die hier geltend gemachten Einkünfte i. d. R. höher ist als der bei der Steuerfestsetzung anzusetzende Steuerbetrag, kommt es infolge der Anrechnung der Kapitalertragsteuer zu einer Ermäßigung der tariflichen Einkommensteuer.

Hat das Kreditinstitut die Kapitalertragsteuer falsch ermittelt, z. B. weil es Anschaffungskosten, die ihm bekannt waren, beim Steuerabzug nicht angesetzt hat, kann eine Korrektur der zuviel erhobenen Kapitalertragsteuer im Veranlagungsverfahren erfolgen. Jedoch müssen Sie, damit Doppelerstattungen vermieden werden, dem Finanzamt eine **Negativbescheinigung** vorlegen. Aus dieser Negativbescheinigung muss ersichtlich sein, dass Ihr Kreditinstitut in der Vergangenheit die zuviel erhobene Kapitalertragsteuer nicht erstattet hat und auch künftig nicht erstatten wird. Grundlage für diese Negativbescheinigung ist eine Änderung im JStG 2010, und zwar in § 20 durch Einfügung eines neuen Absatzes 3a, und in § 43a Abs. 3 EStG. Sollte Ihnen der Gang über das Veranlagungsverfahren zur Korrektur der zuviel erhobenen Kapitalertragsteuer zu langwierig erscheinen, sollten Sie bei einem Fehler Ihres Kreditinstituts auf die Korrektur der Kapitalertragsteuer bestehen.

Quellensteuerabzug

Berücksichtigung bei der Abgeltungsteuer

Die Anrechnung der ausländischen Steuer erfolgt in der Weise, dass der Anrechnungs- **931** betrag bei der Bestimmung des Abgeltungsteuersatzes berücksichtigt wird (§ 32d Abs. 1 Satz 2 EStG). Denn in der Formel für den Abgeltungsteuersatz ist die anrechenbare ausländische Steuer mit „4q" berücksichtigt. Sie lautet nämlich:

$$\text{Einkommensteuer} = \frac{\text{Kapitaleinkünfte} ./. 4 \times \text{ausländische Steuer}}{4 + \dfrac{\text{Kirchensteuersatz}}{100}}$$

BEISPIEL

A erzielt Kapitaleinkünfte in Höhe von 10.000 €. In diesen Kapitaleinkünften sind ausländische Einkünfte in Höhe von 1.000 € enthalten, auf die eine anrechenbare ausländische Steuer von 150 € lastet. Der Kirchensteuersatz soll 9 % betragen.

Für die Kapitaleinkünfte in Höhe von 10.000 € ergibt sich folgende Einkommensteuer:

$$\frac{10.000 \text{ €} ./. 4 \times 150 \text{ €}}{4 + \dfrac{9}{100}} = 2.298,29 \text{ €}$$

Die Kirchensteuer beträgt 9 % von 2.298,29 € = 206,85 €.

III Gestaltung und Tipps

Dies wird durch folgende Kontrollrechnung bestätigt:

Kapitaleinkünfte:	10.000,00 €
als Sonderausgabe abziehbare Kirchensteuer:	./. 206,85 €
verbleibende Einkünfte:	9.793,15 €
davon 25 % Abgeltungsteuer:	2.448,29 €
anrechenbare ausländische Quellensteuer:	./. 150,00 €
verbleibende Einkommensteuer:	2.298,29 €

Im Rahmen der Abgeltungsteuer wird in § 32d Abs. 5 EStG eigenständig geregelt, dass die ausländische Quellensteuer, die auf ausländische Kapitalerträge festgesetzt und gezahlt und um einen entstandenen Ermäßigungsanspruch gekürzt ist, höchstens bis zur Höhe der Abgeltungsteuer angerechnet werden kann. Dies gilt auch für den Fall der sog. fiktiven Quellensteuer. Die per-country-limitation spielt im Rahmen der Abgeltungsteuer keine Rolle.

WICHTIG

Soll die ausländische Steuer im Rahmen einer Antragsveranlagung berücksichtigt werden, gilt hierfür die Beschränkung, dass die ausländische Steuer nur bis zur Höhe der auf die im jeweiligen Veranlagungszeitraum bezogenen Kapitalerträge entfallenden deutschen Steuer angerechnet werden kann, es also nicht zu einer Steuererstattung kommen kann (§ 32b Satz 1 Nr. 5 EStG).

Für den Fall, dass der Steuerzahler bei einem Steuersatz unter 25 % einen Antrag auf Einbeziehung der Kapitaleinkünfte in seiner Einkommensteuerveranlagung stellt (→ Tz 916), sieht § 32d Abs. 6 Satz 2 EStG vor, dass die Regelungen des § 32d Abs. 5 EStG zur Berücksichtigung der ausländischen Quellensteuer auch hier anzuwenden sind mit der Maßgabe, dass die ausländischen Steuern auf die zusätzliche tarifliche Einkommensteuer anzurechnen sind, die auf die erfassten Kapitaleinkünfte entfallen.

Anrechnung ausländischer Steuern nach § 34c EStG

932 § 32d Abs. 5 EStG schafft eine eigenständige Berücksichtigung ausländischer Quellensteuern auf ausländische Einkünfte aus Kapitalvermögen, die der Abgeltungsteuer unterliegen. Daher ist es folgerichtig, dass diese Einkünfte aus dem Anwendungsbereich des Anrechnungs- und Abzugsverfahrens des § 34c EStG ausgenommen werden. Dies wird durch die Änderung des § 34c Abs. 1 Satz 1 bis 3 EStG erreicht. Danach ist stets vorrangig zu prüfen, ob ausländische Einkünfte der Abgeltungsteuer unterliegen. Ist dies der Fall, richtet sich die Anrechnung nach § 32d EStG; ist dies nicht der Fall, dann erfolgt die Anrechnung nach § 34c EStG.

Für Zwecke der Anrechnung nach § 34c EStG wird die Einkommensteuer auf die ausländischen Einkünfte, die nicht der Abgeltungsteuer unterliegen, wie folgt bestimmt (Anrechnungshöchstbetrag):

$$\text{Deutsche Einkommensteuer} \times \frac{\text{ausländische Einkünfte aus Staat X}}{\text{Summe der Einkünfte}}.$$

Dabei sind bei der Ermittlung der ausländischen Einkünfte, der Summe der Einkünfte sowie der tariflichen Einkommensteuer nur die ausländischen Einkünfte außerhalb der Besteuerung mit der Abgeltungsteuer zu berücksichtigen. Dies gilt auch in den Fällen, in denen die Anrechnung nach einem Doppelbesteuerungsabkommen vorgenommen wird (§ 34c Abs. 6 Satz 2 EStG).

Option zur individuellen Besteuerung

Der Steuerzahler hat die Möglichkeit, seine Kapitaleinkünfte nicht mit dem Abgeltung- **933** steuersatz, sondern mit seinem individuellen Einkommensteuertarif besteuern zu lassen. Damit wird eine Übermaßbesteuerung bei Steuerzahlern vermieden, deren persönlicher Steuersatz niedriger als der Abgeltungsteuersatz von 25 % ist. Für die individuelle Besteuerung bedarf es eines Antrags (§ 32d Abs. 6 EStG). Dieser **Antrag** kann für den jeweiligen Veranlagungszeitraum nur **einheitlich für sämtliche Kapitalerträge** gestellt werden. Damit wird verhindert, dass Bezieher hoher Kapitaleinkünfte, die keine oder nur geringe andere Einkünfte haben, lediglich einen Teil ihrer Einkünfte in die allgemeine Einkommensteuerberechnung einbeziehen.

Bei zusammenveranlagten Ehegatten kann der Antrag nur für sämtliche Kapitalerträge beider Ehegatten gestellt werden (§ 32d Abs. 6 Satz 3 EStG).

Das Finanzamt prüft von Amts wegen, ob die Anwendung der allgemeinen Besteuerungs-regelung zu einer niedrigeren Steuerfestsetzung führt (Günstigerprüfung). Sollte dies nicht der Fall sein, weil Ihr persönlicher Steuersatz über dem Abgeltungsteuersatz liegt, gilt der Antrag als nicht gestellt. Insofern bleibt es bei der Berechnung der Einkommen-steuer für die Kapitaleinkünfte bei dem Abgeltungsteuersatz von 25 %.

TIPP

In der Praxis bedeutet dies, dass Sie stets gut beraten sind, im Grenzbereich um den Abgeltungsteuersatz von 25 % einen solchen Antrag einzureichen, da Sie sich durch diesen Antrag nicht schlechter stellen können.

Maßgebend für Ihre Entscheidung ist Ihr Grenzsteuersatz. Einen Grenzsteuersatz von 25 % erreichen Sie als Lediger bei einem zu versteuernden Einkommen von ca. 15.000 € und bei zusammenveranlagten Ehegatten bei einem zu versteuernden Einkommen von ca. 30.000 €. Liegen Sie bereits mit Ihren übrigen Einkünften – ohne Ihre Kapitaleinkünfte – über den vorgenannten Beträgen, läuft Ihr Antrag auf Günstigerprüfung ins Leere.

Auch wenn es zu einer Besteuerung mit dem individuellen Einkommensteuersatz kommt, werden bei der Ermittlung der Kapitalerträge die tatsächlichen Werbungskosten nicht berücksichtigt. An deren Stelle wird der Sparer-Pauschbetrag von 801 € bzw. bei zusam-menveranlagten Ehegatten von 1.602 € gewährt.

8.5   Kapitalertragsteuerabzug

Der Kapitalertragsteuer unterliegen neben **Dividendenzahlungen** inländischer Kapital- **934** gesellschaften sowie Einnahmen aus stillen Gesellschaften und partiarischen Darlehen auch ausländische Kapitalerträge aus Beteiligungen an Kapitalgesellschaften, insbeson-dere ausländische Dividenden. Anders als bei inländischen Dividenden wird der Steuer-abzug nicht vom Schuldner der Kapitalerträge, sondern von der auszahlenden Stelle vorgenommen (§ 43 Abs. 1 Satz 1 Nr. 6 EStG).

III Gestaltung und Tipps

935 Bei **Versicherungsleistungen** ist als Bemessungsgrundlage für die Kapitalertragsteuer der Unterschiedsbetrag zwischen der Ablaufleistung der Versicherung und den eingezahlten Beiträgen anzusetzen. Die Besteuerung des hälftigen Versicherungsertrags ist vom Kapitalertragsteuerabzug ausgenommen (§ 43 Abs. 1 Satz 1 Nr. 4 Satz 1 EStG).

Neu hinzugekommen sind im Kapitalertragsteuerabzug

- Besteuerung von Stillhalterprämien bei Optionsgeschäften (§ 43 Abs. 1 Satz 1 Nr. 8 EStG),
- bei den Kapitaleinkünften neu geregelte Veräußerungstatbestände, und zwar Kapitalerträge aus
  - der Veräußerung von Aktien,
  - der Veräußerung von Zinsscheinen sowie der Veräußerung oder Einlösung sonstiger Kapitalforderungen jeder Art,
  - Termingeschäften und
  - der Übertragung von Anteilen an Körperschaften, die keine Kapitalgesellschaften sind.

936 WICHTIG

Im Rahmen des Kapitalertragsteuerabzugs wird bei der **Übertragung von Kapitalanlagen** aus einem Depot in das Depot eines anderen grundsätzlich ein entgeltliches Geschäft und damit eine Veräußerung fingiert. Der Steuerzahler als Gläubiger hat es dann in der Hand, gegenüber dem Kreditinstitut darzulegen, dass kein steuerpflichtiger Vorgang vorliegt, z. B. bei einer Schenkung an die Kinder (§ 43 Abs. 1 Satz 4 f. EStG). Das Kreditinstitut hat gegenüber dem Betriebsstättenfinanzamt derartige unentgeltliche Rechtsgeschäfte mitzuteilen, damit sie auf Ihre Schenkungsbesteuerung überprüft werden.

937 Der Kapitalertragsteuerabzug beträgt einheitlich 25 %. Im Fall der Kirchensteuerpflicht und bei entsprechender Antragstellung ermäßigt er sich um die Steuerentlastung aus dem Kirchensteuerabzug (➜ Tz 916). Bei einem **Depotwechsel** ist das bisherige Kreditinstitut verpflichtet, dem neuen Kreditinstitut alle Daten für den Kapitalertragsteuerabzug mitzuteilen. Fehlen dort die Daten zu den Anschaffungskosten, sind diese mit 30 % der Einnahmen aus der Veräußerung oder Einlösung anzusetzen. Werden Wertpapiere unentgeltlich auf einen Angehörigen übertragen, hat das „abgebende" Kreditinstitut dem „aufnehmenden" Kreditinstitut ebenfalls die Daten für die Abgeltungsteuer mitzuteilen. Erfolgt der Abgang aus einem Depot bzw. der Zugang in ein anderes Depot entgeltlich, hat das abgebende Kreditinstitut einen Veräußerungsgewinn in der Weise zu ermitteln, dass es dem aktuellen Börsenpreis die Anschaffungskosten des Abgebenden gegenüberstellt. Kann der Börsenpreis zum Zeitpunkt der Übertragung nicht ermittelt werden, wird der Kapitalertragsteuer ein Veräußerungspreis in Höhe von 30 % der Anschaffungskosten zugrunde gelegt.

WICHTIG

Achten Sie darauf, dass bei einem Depotübertrag aus einem Nicht-EU- bzw. EWR-Staat eine Weitergabe der Anschaffungskosten an die im Inland ansässige Bank nicht möglich ist, so dass in diesen Fällen bei einer Veräußerung stets auf die Ersatzbemessungsgrundlage „30 % des Veräußerungspreises" zurückgegriffen werden muss. Damit kommt es zwangsläufig zu einer unzutreffenden Erhebung der Kapitalertragsteuer; entweder ist sie zu hoch oder zu niedrig bemessen. Diese Fälle tauchen in der Praxis häufig auf, wenn es um einen Depotübertrag von einer Schweizer Bank auf ein deutsches Konto geht.

Der bis Ende 2008 geregelte Stückzinstopf ist ab 2009 erheblich ausgeweitet und in einen **938** Verrechnungstopf umgewandelt worden (§ 43a Abs. 3 EStG). Damit wird erreicht, dass bei Bezug von mit ausländischer Quellensteuer vorbelasteten Dividenden, von gezahlten Stückzinsen oder bei Veräußerungsverlusten die Kapitalertragsteuer bereits im Abzugs- verfahren zutreffend ermittelt und dadurch zusätzliche Veranlagungsfälle vermieden werden. Dabei werden Verluste, die im Laufe des Kalenderjahres nicht mit Kapitalerträgen verrechnet werden konnten, auf das nächste Kalenderjahr vorgetragen.

WICHTIG 939

In den Verlustverrechnungstopf „wandern" auch Verluste aus Wertpapier- geschäften. Hier ist allerdings danach zu unterscheiden, ob die Verluste aus Aktiengeschäften oder aus den übrigen Wertpapiergeschäften stammen. Bei Aktiengeschäften dürfen Verluste nur mit Gewinnen aus Aktiengeschäften ver- rechnet werden. Daher muss das Kreditinstitut diese Verluste separat festhalten. Andere Verluste dürfen dagegen mit Kapitaleinnahmen jeglicher Art ausgegli- chen werden.

TIPP

Auf Verlangen des Gläubigers der Kapitalerträge muss das Kreditinstitut über die Höhe eines nicht ausgeglichenen Verlustes eine Bescheinigung erteilen, um so dem Gläubiger die Berücksichtigung des Verlustes bei seiner Einkommensteuer- veranlagung zu ermöglichen. Wird eine solche Bescheinigung ausgestellt, ent- fällt der Verlustübertrag auf das nächste Kalenderjahr. Der Gläubiger muss bei seinem Kreditinstitut einen Antrag auf Erteilung der Bescheinigung bis zum 15.12. des laufenden Jahres stellen, also für 2010 bis zum 15.12.2010. Der Antrag ist unwiderruflich. Soll vom Kapitalertragsteuerabzug abgesehen werden, muss der Steuerzahler dem Kreditinstitut die **NV-Bescheinigung** vorlegen. Diese Bescheinigung wird nur dann ausgestellt, wenn die Kapitaleinnahmen abzüglich Sparer-Pauschbetrag zusammen mit den übrigen Einkünften, gekürzt um die Sonderausgaben und außergewöhnlichen Belastungen, ein zu versteu- erndes Einkommen unter dem Eingangsfreibetrag ergeben.

Das Kreditinstitut wird Ihnen nach Ablauf des Kalenderjahres 2010 eine **Kapitalertrag- 940 steuerbescheinigung** über Ihre in 2010 besteuerten Kapitalerträge ausstellen. Einzel- heiten zu der Kapitalertragsteuerbescheinigung ergeben sich aus dem BMF-Schreiben v. 18.12.2009 (IV C 1 – S 2401/08/10001, BStBl 2010 I S. 79). Danach sind in der Steuer- bescheinigung die Höhe der Kapitalerträge, gesondert die Wertzuwächse und die Gewinne aus Aktienveräußerungen, die Höhe der Kapitalerträge aus Lebensversicherungen, die Ersatzbemessungsgrundlage bei Schätzung der Anschaffungskosten oder des Veräuße- rungspreises, die Höhe des nicht ausgeglichenen Verlustes sowie die Höhe der Aktien- verluste auszuweisen. Darüber hinaus ist die Höhe des in Anspruch genommenen Sparer- Pauschbetrags, die Kapitalertragsteuer, der Solidaritätszuschlag und die einbehaltene Kirchensteuer auf die Kapitalertragsteuer anzugeben. Eine solche Bescheinigung erhalten

III Gestaltung und Tipps

Sie über Ihre Bausparzinsen von der Bausparkasse. Schließlich hat auch die GmbH, die Dividenden an Sie ausschüttet, diese Angaben in einer Kapitalertragsteuerbescheinigung zu machen.

8.6 Abgeltungswirkung im steuerlichen und außersteuerlichen Bereich sowie Kontenabrufverfahren

941 Kapitalerträge, die der Abgeltungsteuer unterliegen, bleiben bei der Ermittlung der Einkünfte, der Summe der Einkünfte, dem Gesamtbetrag der Einkünfte, dem Einkommen und dem zu versteuernden Einkommen unberücksichtigt (§ 2 Abs. 5b Satz 1 EStG). Von dieser allgemeinen Regelung gibt es folgende **Ausnahmen:**

● Bei der **Ermittlung der zumutbaren Belastung** sind die Kapitalerträge zusätzlich zum Gesamtbetrag der Einkünfte zu erfassen.
● Werden die Einkünfte und Bezüge eines Kindes für das **Kindergeld** oder für die Gewährung von Freibeträgen für Kinder benötigt, sind auch hier die Kapitalerträge zu berücksichtigen.
● Geht es um die Ermittlung des berücksichtigungsfähigen Unterhalts bzw. des Sonderbedarfs für **in Ausbildung befindliche Kinder**, müssen auch hier bei der Berechnung der Einkünfte und Bezüge die Kapitalerträge angesetzt werden.
● Wollen Sie im Bereich des **Spendenabzugs** den Höchstbetrag von 20 % voll ausschöpfen, sollten Sie einen Antrag stellen, dass Ihre Kapitalerträge zusätzlich zu dem Gesamtbetrag der Einkünfte angesetzt werden.

Außerdem sind die Kapitalerträge in den vorgenannten Fällen zu berücksichtigen, soweit die Besteuerung mit der Abgeltungsteuer ausgeschlossen ist oder Sie beantragt haben, die tarifliche Einkommensteuer statt der Abgeltungsteuer anzusetzen. Insofern unterliegen die Kapitaleinkünfte der tariflichen Einkommensteuer und werden bei der Einkunftsermittlung berücksichtigt.

WICHTIG

Kapitaleinkünfte, die der Abgeltungsteuer unterliegen, werden auch für außersteuerliche Zwecke dem Gesamtbetrag der Einkünfte, dem Einkommen und dem zu versteuernden Einkommen hinzugerechnet (§ 2 Abs. 5a EStG).

Um überprüfen zu können, ob die Einkünfte in den vorgenannten Fällen tatsächlich von Ihnen erklärt werden, sieht die Abgabenordnung ein **Kontenabrufverfahren** vor. Danach kann sich das Finanzamt über das Bundeszentralamt für Steuern in Bonn erkundigen, welche Konten Sie bei inländischen Kreditinstituten unterhalten. Stehen diese Konten fest, kann weiter geprüft werden, welche Kapitalerträge über diese Konten verbucht wurden.

9 Anlage R – Renten und andere Leistungen

Zu den sonstigen Einkünften im Sinne des § 22 EStG rechnen insbesondere Renten und **942** andere Leistungen, die in einer **gesonderten Anlage R** zu erklären sind. Wegen der steuerlichen Behandlung von wiederkehrenden Bezügen, Unterhaltsleistungen, Spekulationsgeschäften, Einkünften aus bestimmten Leistungen und Abgeordnetenbezügen wird auf das Kapitel 10 verwiesen (➜ Tz 965).

Durch das Alterseinkünftegesetz ist die **Rentenbesteuerung ab 2005 neu geregelt** worden. Es wird zwischen den Renten unterschieden, deren Beiträge im Rahmen der Basisversorgung in der Ansparphase über den Sonderausgabenabzug steuerfrei gestellt wurden, und den Renten, die außerhalb der Basisversorgung gezahlt werden.

Da die Beiträge zur privaten Altersvorsorge im Rahmen der Basisversorgung zumindest nach Auslaufen der Übergangsregelung weitestgehend steuerfrei gestellt werden, verlangt der Gesetzgeber – ebenfalls nach Auslaufen der Übergangsregelung – eine volle Besteuerung sowohl der Beiträge als der daraus resultierenden Erträge. Demnach unterliegen Renten aus der gesetzlichen Rentenversicherung, aus landwirtschaftlichen Alterskassen, aus berufsständischen Versorgungseinrichtungen und aus eigenen kapitalgedeckten Rentenversicherungen (**sog. Rürup-Rente**) grundsätzlich der vollen Besteuerung. Allerdings hat der Gesetzgeber für die betroffenen Rentner eine **Übergangsregelung von 35 Jahren** angeordnet.

Renten außerhalb der Basisversorgung sind nur mit ihrem Zinsanteil steuerlich zu erfassen. Die Höhe des Zinsanteils, vom Gesetzgeber als Ertragsanteil bezeichnet, bestimmt sich nach dem Lebensalter im Zeitpunkt des Rentenbeginns.

Schließlich können Sie noch Leistungen aus der **Riester-Rente** oder aus einer betrieblichen Altersversorgung erhalten. Für diese Leistungen gilt ebenfalls der Grundsatz: Sie sind **voll steuerpflichtig**, also mit dem angesparten Kapital und den darauf entfallenden Erträgen. Dies ist darauf zurückzuführen, dass die Beiträge, die in solche Altersvorsorgeverträge oder in die betriebliche Altersversorgung eingezahlt wurden, in der Ansparphase steuerfrei gestellt waren. Nur dann, wenn diese Beiträge z. B. bei einer Direktversicherung pauschal besteuert worden sind, darf in der Auszahlungsphase die Rente nur mit ihrem Ertragsanteil erfasst werden.

Wegen der Frage der Verfassungsmäßigkeit der Umstellung der Besteuerung der Alterseinkünfte auf die sog. nachgelagerte Besteuerung ➜ Tz 964.

9.1 Renten und andere Leistungen aus der Basisversorgung

Erhalten Sie 2010 Renten aus der gesetzlichen Rentenversicherung, aus einer berufsstän- **943** dischen Versorgungseinrichtung, aus einer landwirtschaftlichen Alterskasse sowie aus einer privaten Rentenversicherung nach dem **sog. Rürup-Modell**, muss danach unterschieden werden, ob Sie zu der Gruppe der Bestandsrentner oder der Neurentner rechnen.

III Gestaltung und Tipps

Bestandsrentner

944 Bei Rentenbeginn vor dem 1.1.2005 rechnen Sie zu der großen Gruppe der Bestandsrentner. Für diese Rentner gilt der Grundsatz: Sie müssen 50 % Ihrer Rentenzahlungen der
Einkommensteuer unterwerfen.

WICHTIG

 Der Besteuerungsanteil von 50 % bleibt während der Laufzeit der Rente wie der
alte Ertragsanteil konstant.

Um im Fall von Rentenanpassungen bei den Rentnern steuerlich „abkassieren" zu können,
sieht das Alterseinkünftegesetz vor, dass die **Rentenerhöhungen voll zu besteuern** sind.
Steuertechnisch wird dies dadurch erreicht, dass nicht mehr der Besteuerungsanteil
festgeschrieben wird, sondern aus diesem Besteuerungsanteil und den Rentenbezügen
des Jahres 2005 ein Freibetrag ermittelt wird, der grundsätzlich während der Rentenzah-
lungsdauer unverändert bleiben soll.

Von den steuerpflichtigen Rentenzahlungen sind dann Ihre Werbungskosten bzw. Ihr
Werbungskosten-Pauschbetrag von 102 € abzuziehen.

Neurentner

945 Sind Sie erst ab 2005 in Rente gegangen, so rechnen Sie zu der Gruppe der Neurentner.
Neurentner, die 2005 in Rente gegangen sind, müssen ihre Rentenzahlungen 2010 mit
50 % als steuerpflichtige Einnahmen ansetzen. Sind Sie **2006 in Rente** gegangen, sind
52 % der Rentenzahlungen **zu versteuern**; bei Beginn der Rente 2007 sind es 54 %, 2008
56 %, 2009 58 % und **2010 60 %**. Davon sind dann Ihre Werbungskosten oder der
Werbungskosten-Pauschbetrag von 102 € abzuziehen, falls Sie keine höheren Werbungskosten 2010 geltend machen können.

WICHTIG

 Unter Berücksichtigung des Grundfreibetrags von 8.004 € bleiben ihre jährlichen Renten bis zu einem Betrag von 13.570 € bei einem Ledigen steuerfrei,
vorausgesetzt, sie haben 2010 keine weiteren Einkünfte erzielt.

Auch für die Neurentner gilt der Grundsatz: Bei ihnen wird jede künftige Rentenerhöhung
voll erfasst. Um dieses Ziel zu erreichen, muss ein sog. **„Lebensfreibetrag"** für den
Rentner ermittelt werden. Bemessungsgrundlage für diesen „Lebensfreibetrag" ist der
Besteuerungsanteil, der im Jahr des Rentenbeginns festzulegen ist, und die in dem
Folgejahr gezahlten Rentenbezüge. Wer z. B. 2008 in Rente gegangen ist, dessen Besteuerungsanteil beträgt 56 %, wobei dieser Besteuerungsanteil auf die in 2009 gezahlten Rentenbezüge anzuwenden ist und den Betrag ergibt, mit dem die Rente steuerpflichtig ist. Die Differenz zwischen den tatsächlichen Rentenzahlungen 2009 und dem
steuerpflichtigen Anteil ergibt dann den „Lebensfreibetrag".

WICHTIG

 Unter **Beginn der Rente** ist der Zeitpunkt zu verstehen, ab dem die Rente
tatsächlich bewilligt wird; dieser Zeitpunkt ergibt sich aus Ihrem **Rentenbescheid**. Wird die bewilligte Rente z. B. auf Grund von anzurechnenden eigenen
Einkünften auf 0 € gekürzt, bestimmt sich trotzdem der Besteuerungsanteil

nach dem Beginn der Rente. Dies kann für Sie in späteren Jahren von entscheidender Bedeutung sein. Haben Sie nämlich 2010 einen Rentenantrag gestellt, auf Grund dessen Ihnen eine Rente von 0 € mit Rentenbeginn im Jahr 2010 berechnet wird, so bleibt der für 2010 maßgebende Besteuerungsanteil von 60 % in späteren Jahren unverändert, wenn wegen geringerer eigener Einkünfte aus dieser Rente Zahlungen erfolgen. Stellen Sie erst in einem späteren Jahr Ihren Rentenantrag, wird der Rentenbesteuerung ein späterer Rentenbeginn und somit ein höherer Besteuerungsanteil zugrunde gelegt.

BEISPIEL

A ist im September 2009 in Rente gegangen. Er erhält monatlich 1.500 €. Zum 1.7.2010 soll eine Rentenanpassung auf 1.520 € und zum 1.7.2011 eine Rentenanpassung auf 1.550 € erfolgen.

Für den Rentenbeginn 2009 ist ein Besteuerungsanteil von 58 % anzusetzen (§ 22 Nr. 1 Satz 3 Buchstabe a, aa EStG).

Folglich hat A folgende Beträge in den Jahren 2009 bis 2011 zu versteuern:

- **Im Jahr 2009**

4 × 1.500 €:	6.000 €	
davon 58 %:		3.480 €
Werbungskosten-Pauschbetrag:		./. 102 €
zu versteuern:		3.378 €

- **Im Jahr 2010**

6 × 1.500 €:	9.000 €	
6 × 1.520 €:	9.120 €	
Summe:	18.120 €	
davon 58 % (steuerpflichtiger Anteil):		10.509 €
Werbungskosten-Pauschbetrag:		./. 102 €
zu versteuern:		10.407 €

- **Im Jahr 2011**

6 × 1.520 €:	9.120 €	
6 × 1.550 €:	9.300 €	
Summe:	18.420 €	18.420 €
Freibetrag (18.120 € – auf der Grundlage des Besteuerungsanteils von 58 % und der Rentenbezüge des Jahres 2010 von 18.120 € = 10.509 €):		./. 7.611 €
Werbungskosten-Pauschbetrag:		./. 102 €
zu versteuern:		10.707 €

Steuerpflichtige Rentenbezüge

Zu den steuerpflichtigen Rentenbezügen rechnen die **Rentenzahlungen aus der gesetzlichen Rentenversicherung** einschließlich der bei Auszahlung einbehaltenen eigenen Beitragsanteile zur Kranken- und Pflegeversicherung, jedoch ohne Zuschüsse zu den

946

Krankenversicherungsbeiträgen. Dabei kommt es nicht darauf an, ob es sich hierbei um Ihre Altersrente, um Ihre Berufs- oder Erwerbsunfähigkeitsrente, Ihre Witwen- oder Witwerrente oder um Ihre Waisenrente handelt.

Wird eine Erwerbsminderungsrente zu einem späteren Zeitpunkt in die Altersrente **umgewandelt**, ist der Freibetrag neu zu berechnen, wobei jedoch der Besteuerungsanteil für die Erwerbsminderungsrente unverändert für die Altersrente übernommen wird. Lediglich die Bezugsgröße „Rentenzahlungen" ändert sich und führt damit zu einem neuen Freibetrag. Hier kommt es auf die Rentenzahlungen des Jahres an, das auf das Jahr der Umwandlung in die Altersrente folgt. Entsprechend ist zu verfahren, wenn aus einer Altersrente eine Hinterbliebenenrente wird oder eine Witwen- oder Witwerrente wegen Auflösung oder Nichtigkeitserklärung der Ehe wieder auflebt.

Bei einer Rentennachzahlung ist der **Nachzahlungsbetrag** zusammen mit den laufenden Rentenzahlungen in dem Veranlagungszeitraum des Zuflusses zu erfassen. Wegen der Zusammenballung mit den laufenden Rentenzahlungen kommt es zu einer „Überbesteuerung", die dadurch gemildert wird, dass der Nachzahlungsbetrag **begünstigt besteuert** wird (§ 34 EStG). Bei dieser begünstigten Besteuerung wird die Nachzahlung durch 5 dividiert, die darauf entfallende Steuer ermittelt und diese Steuer mit 5 multipliziert. Durch diese Berechnungsweise wird die progressive Wirkung des Steuertarifs abgemildert. Wegen der Berechnung nach der Fünftel-Regelung ➜ Tz 797.

WICHTIG

 Nachzahlungen, die **nur 1 Kalenderjahr** betreffen, sind nicht begünstigt zu besteuern.

Die Nachzahlung führt im Zuflussjahr zu einer **Neuberechnung des Freibetrags,** und zwar unter Ansatz des bisherigen Besteuerungsanteils und der im Nachzahlungsjahr erfolgten Rentenzahlungen. Damit ist sichergestellt, dass zwar die normalen Rentenerhöhungen in die volle Besteuerung hineinwachsen, jedoch nicht der Nachzahlungsbetrag. Die Neuberechnung des Freibetrags ist äußerst kompliziert und sollte ggf. mit einem Steuerberater besprochen werden.

947   Nicht alle **Rentenzahlungen** sind steuerpflichtig. **Steuerfrei** bleiben z. B. die Renten aus der gesetzlichen Unfallversicherung, Kriegs- und Schwerbeschädigtenrenten sowie Wiedergutmachungsrenten. Auch Schadensersatzrenten, die auf Grund einer Körperverletzung (auch wegen eines ärztlichen Kunstfehlers) als Mehrbedarfsrente (§ 843 BGB) bezahlt werden, bleiben steuerfrei (BFH, Urteil v. 25.10.1994, VIII R 79/91, BStBl 1995 II S. 121). Dies gilt auch für Schmerzensgeldrenten (➜ Tz 966).

WICHTIG

 Erhalten Sie bei Wiederheirat einen Abfindungsbetrag für Ihre Witwen- oder Witwerrente, ist der **Abfindungsbetrag steuerfrei** (BMF, Schreiben v. 30.1.2008, ➜ Tz 504, Rz. 92).

Ebenfalls steuerfrei bleiben

- Sachleistungen und Kinderzuschüsse,
- Übergangsgelder,
- Beitragserstattungen,

- Ausgleichszahlungen nach dem Bundesversorgungsgesetz,
- Renten nach dem Entschädigungsrentengesetz,
- Leistungen für Kindererziehung an Mütter der Geburtsjahrgänge vor 1921.

Zu den **Beiträgen zur Kranken- und Pflegeversicherung** ist Folgendes anzumerken: **948** **Zuschüsse**, die Sie vom Träger der gesetzlichen Rentenversicherung zu Ihren Aufwendungen zur Krankenversicherung erhalten, sind **steuerfrei** und daher nicht dem Rentenbetrag hinzuzurechnen. Die bei Auszahlung der Rente einbehaltenen eigenen Beiträge zur Kranken- und Pflegeversicherung dürfen andererseits nicht von dem Rentenbetrag abgezogen werden. Sie stellen jedoch abziehbare Sonderausgaben dar, die um die steuerfreien Zuschüsse zur Krankenversicherung zu mindern sind. Der danach verbleibende Betrag ist in den **Zeilen 18 und 21 oder 31 und 32** der **Anlage Vorsorgeaufwand** als Aufwendungen für die Krankenversicherung einzutragen.

Berechnung		Monatsbeträge
		€ Ct
Rentenbetrag	„Anzusetzende Renteneinnahmen" ⇒	**1.240,23**
Beitragsanteil zur Krankenversicherung		
Bundesknappschaft		
Beitragssatz 14,9 %, Ihr Anteil		- 92,40
Zusätzlicher Krankenversicherungsbeitrag		
0,9 % von 1.240,23 €	„Als Sonderausgaben abziehbar"	- 11,18
Beitrag zur Pflegeversicherung		
1,95 % von 1.240,23 €		- 24,18
Auszuzahlender Betrag		**1.112,47**

Weitere Einzelheiten entnehmen Sie den nachfolgenden Ausführungen.

Zu den Rentenzahlungen aus der Basisversorgung rechnen im Bereich der Landwirtschaft **949** die Renten, die **landwirtschaftliche Alterskassen** wegen Alters, Erwerbsminderung und Todes nach dem Gesetz über die Alterssicherung der Landwirte zahlen.

Bei Leistungen aus **berufsständischen Versorgungseinrichtungen** gehören hierhin alle Zahlungen, unabhängig davon, ob die Beiträge zu der Versorgungseinrichtung als Sonderausgaben abzugsfähig waren. Dabei werden unselbstständige Bestandteile der Rente, wie z. B. Kinderzuschüsse, zusammen mit der Rente erfasst. Einmalige Leistungen, wie z. B. eine Kapitalauszahlung, Sterbegeld und eine Abfindung von Kleinbetragsrenten, unterliegen ebenfalls der Besteuerung. Dies gilt auch für Kapitalauszahlungen, bei denen die erworbenen Anwartschaften auf Beiträgen beruhen, die vor dem 1.1.2005 erbracht worden sind.

WICHTIG

Entsprechend den Regelungen zur gesetzlichen Rentenversicherung sind Witwen- und Witwerrrentenabfindungen bei der ersten Wiederheirat bis zur Höhe des 60-fachen der abzufindenden Monatsrente sowie Beitragserstattungen unter Berücksichtigung einer gewissen Höchstgrenze steuerfrei gestellt (§ 3 Nr. 3 Buchst. c i. V. m. § 3 Nr. 3 Buchst. a und b EStG).

III Gestaltung und Tipps

950 Schließlich rechnen zu den Rentenzahlungen aus der Basisversorgung auch Rentenzahlungen aus Versicherungen, die ähnlich wie die gesetzliche Rentenversicherung gestaltet sind (**sog. Rürup-Rente**). Dies bedeutet, dass die Auszahlung der Rente frühestens ab dem 60. Lebensjahr erfolgen kann, monatlich vorgenommen wird und die angesparten Rentenansprüche weder übertragen noch beliehen werden dürfen noch veräußerbar, kapitalisierbar und vererblich sein dürfen.

WICHTIG

Werden Ansprüche aus einer Rürup-Rente mit Versicherungsbeginn **nach dem 31.12.2004 unmittelbar** auf einen Vertrag bei einem anderen Unternehmen **übertragen**, gilt die Versicherungsleistung nicht als dem Versicherungsnehmer zugeflossen, wenn der neue Vertrag ebenfalls die Kriterien einer Rürup-Rente erfüllt. Damit wird im Übertragungsfall eine doppelte Besteuerung der selben Rentenzahlungen vermieden.

Aufteilung der Rentenzahlungen auf Grund der Öffnungsklausel

951 Haben Sie in der Vergangenheit Ihre Altersvorsorge über eine berufsständische Versorgungseinrichtung „angespart", werden Sie in diese Versorgungseinrichtung häufig Beiträge oberhalb des Höchstbetrags zur gesetzlichen Rentenversicherung eingezahlt haben. Dies gilt insbesondere für Ärzte. In einem solchen Fall sind Ihre Rentenzahlungen aus der berufsständischen Versorgungseinrichtung aufzuteilen, wenn Sie bis zum 31.12.2004 mindestens 10 Jahre lang Beiträge oberhalb des Höchstbetrags zur gesetzlichen Rentenversicherung (West) eingezahlt haben. Beitrag ist die Summe des Arbeitgeberanteils und des Arbeitnehmeranteils zur gesetzlichen Rentenversicherung. Dabei sind sämtliche Beiträge zusammenzurechnen, die Sie in dem einzelnen Jahr an gesetzliche Rentenversicherungen, landwirtschaftliche Alterskassen oder berufsständische Versorgungseinrichtungen gezahlt haben. Die Jahre müssen nicht unmittelbar aufeinander folgen.

In 2 Entscheidungen hat sich der BFH vor kurzem mit der **Öffnungsklausel** auseinandergesetzt. Im Urteil v. 19.1.2010 (X R 53/08, BFH/NV 2010 S. 986) hat er entschieden, dass die gesetzliche Neuregelung der Besteuerung der Altersrenten durch das Alterseinkünftegesetz verfassungsgemäß sei, sofern dort das Verbot der Doppelbesteuerung eingehalten werde. Bei Anwendung der Öffnungsklausel komme es darauf an, für welche Jahre und nicht in welchen Jahren der Steuerzahler die Beiträge geleistet hat. Das BMF folgt dieser Rechtsauffassung im Schreiben v. 13.9.2010 (IV C 3 – S 2222/09/10041/IV C 5 – S 2345/08/0001, BStBl 681) unter Rz. 203, allerdings mit einer Übergangsregelung. **Bis einschließlich VZ 2010** kann sowohl nach dem In-Prinzip – hier kommt es auf das Jahr der Zahlung für die Frage des 10-Jahreszeitraums und des Überschreitens des Höchstbetrags zur gesetzlichen Rentenversicherung an (bisherige Auffassung der Finanzverwaltung) – als auch nach dem Für-Prinzip – hier kommt es darauf an, für welche Jahre gezahlt wurde und ob in diesen Jahren der Höchstbetrag zur gesetzlichen Rentenversicherung überschritten wurde (BFH-Auffassung) – bei der Besteuerung des Steuerzahlers verfahren werden. Erst **ab 2011** wird von dem Steuerzahler eine neue Bescheinigung des Versorgungsträgers gefordert, in der die Berechnung für die Öffnungsklausel nach der BFH-Methode vorzunehmen ist. Sollte sich an der bisherigen Bescheinigung nach der BMF-Methode nichts ändern, hat dies der Versorgungsträger zu bestätigen.

In einem weiteren Urteil v. 4.2.2010 (X R 58/08, BFH/NV 2010 S. 1173) weist der BFH darauf hin, dass der jeweilige Höchstbeitrag zur gesetzlichen Rentenversicherung auch dann maßgeblich sei, wenn nur für einen Teil des Jahres Beiträge gezahlt worden seien. Dabei könnten Zahlungen in eine befreiende Lebensversicherung bei der Berechnung der geleisteten jährlichen Beiträge nicht berücksichtigt werden, wenn die Lebensversicherung steuerfrei ausgezahlt wurde bzw. werden kann.

TIPP

Die Aufteilung der Rentenzahlungen erfolgt nur dann, wenn Sie einen **Antrag** bei Ihrem zuständigen **Finanzamt** im Rahmen der Einkommensteuererklärung stellen. Meist haben Sie den Antrag bereits bei der Einkommensteuererklärung vor 2010 in der Weise eingereicht, dass Sie in der Anlage R auf die Aufteilung Ihrer Rente in einen Ertragsanteil und einen Besteuerungsanteil hingewiesen haben. Sollten Sie dies für die Vorjahre versäumt haben, können Sie Ihren Antrag noch im Rahmen der Einkommensteuererklärung 2010 stellen. Er wirkt dann allerdings erst ab 2010.

Sie müssen gegenüber dem Finanzamt in dem Jahr, in dem Sie erstmalig den Antrag auf Aufteilung der Rente stellen, nachweisen, dass Sie in mindestens 10 Jahren vor dem 1.1.2005 Beiträge oberhalb des Höchstbeitrags in der gesetzlichen Rentenversicherung gezahlt haben. Dazu müssen Sie sich eine **Bescheinigung Ihres Versorgungsträgers** besorgen, die Angaben über die in den einzelnen Jahren geleisteten Beiträge enthalten muss. In dieser Bescheinigung werden meist die tatsächlich geleisteten Beiträge und die den Höchstbeitrag in der gesetzlichen Rentenversicherung übersteigenden Beiträge ausgewiesen, und zwar absolut und prozentual bezogen auf den Höchstbeitrag zur gesetzlichen Rentenversicherung.

WICHTIG

Sind in dieser Bescheinigung auch ab 2005 geleistete Beiträge ausgewiesen, darf der über den Höchstbeitrag in der gesetzlichen Rentenversicherung hinausgehende Beitragsanteil bei der Berechnung des Aufteilungsverhältnisses „Rente nach Besteuerungsanteil" und „Rente nach Ertragsanteil" nicht berücksichtigt werden.

Das Aufteilungsverhältnis wird vom Versorgungsträger in der Weise ermittelt, dass die Prozentsätze der tatsächlich geleisteten Beiträge addiert werden, ebenso die Prozentsätze der übersteigenden Beiträge und die zuletzt genannte Größe zu der zuerst genannten Größe ins Verhältnis gesetzt wird. Das Ergebnis gibt dann den Prozentsatz an, mit dem die 2010 gezahlten Renten unter Ansatz des Ertragsanteils besteuert werden. Der Rest unterliegt dann der Besteuerung mit dem Besteuerungsanteil.

TIPP

Wird erstmals 2010 eine Rente aus einer berufsständischen Versorgungseinrichtung gezahlt, sollten Sie den erstmaligen Antrag auf Aufteilung der Rente in der Anlage R stellen, indem Sie dort in **Zeile 11** den Prozentsatz laut Bescheinigung des Versicherers angeben; anhand dessen wird der Rentenanteil bestimmt, der mit dem Ertragsanteil besteuert wird.

III Gestaltung und Tipps

952 Besonders kompliziert ist die oben dargestellte Öffnungsklausel, wenn **Beiträge an mehr als einen Versorgungsträger** geleistet wurden. Hier sollten Sie einen Steuerberater aufsuchen und mit ihm Ihren Steuerfall durchsprechen.

9.2 Leistungen aus der Riester-Rente und der betrieblichen Altersversorgung

953 Haben Sie Ihre Beiträge in eine Rentenversicherung nach dem Riester-Modell angespart, sind die in der Auszahlungsphase erfolgten **Rentenzahlungen** in vollem Umfang als sonstige Einkünfte **„nachgelagert" zu besteuern** (§ 22 Nr. 5 EStG). Dies gilt unabhängig davon, ob die Leistungen auf Beiträgen, Zulagen oder den in der Vertragslaufzeit erwirtschafteten Erträgen und Wertsteigerungen beruhen.

BEISPIEL

A hat in einen Riester-Vertrag eingezahlt und erhält daraus ab Vollendung des 65. Lebensjahres eine monatliche Rente in Höhe von 200 €.

Die Rentenzahlungen in Höhe von 12 × 200 € = 2.400 € sind im Rahmen seiner Einkommensteuerveranlagung voll steuerpflichtig (§ 22 Nr. 5 Satz 1 EStG).

WICHTIG

Während der Ansparphase erfolgt bei Altersvorsorgeverträgen nach Riester keine Besteuerung von Erträgen und Wertsteigerungen. Dies gilt unabhängig davon, ob und in welchem Umfang die Altersvorsorgebeiträge im Rahmen des Sonderausgabenabzugs oder der Zulagenförderung begünstigt wurden. Die Zuflussfiktion, wonach bei thesaurierenden Fonds ein jährlicher Zufluss der nicht zur Kostendeckung oder Ausschüttung verwendeten Einnahmen und Gewinne anzunehmen ist, hat für die Besteuerung im Rahmen von Altersvorsorgeverträgen keinerlei Bedeutung. Ebenfalls nicht besteuert werden laufende Erträge ausschüttender Fonds, die unverzüglich und kostenfrei wieder angelegt werden.

Wird auf **nicht geförderten** Beiträgen beruhendes Kapital aus einem zertifizierten Altersvorsorgevertrag nach Riester ausgezahlt, sind die in der Kapitalauszahlung enthaltenen Erträge nur zu versteuern, wenn sie nach den allgemeinen Vorschriften als Kapitalerträge der Besteuerung unterliegen. Bei einem **vor** dem **1.1.2005** abgeschlossenen Riester-Vertrag unterliegen diese Erträge nicht der Besteuerung, wenn die Auszahlung erst nach Ablauf von 12 Jahren seit Vertragsabschluss erfolgt und der Vertrag ansonsten die „alten" Voraussetzungen für den Sonderausgabenabzug der Versicherungsbeiträge erfüllt. Voraussetzung ist in diesem Fall: Es muss eine **Kapitalauszahlung** erfolgen. Wird die Auszahlung in Form einer **Rentenzahlung** vorgenommen, unterliegt der in der Rente enthaltene Zinsanteil der Besteuerung, angesetzt mit den neuen Ertragsanteilen (→ Tz 958). Ist der Versicherungsvertrag **nach** dem **31.12.2004** abgeschlossen worden, unterliegt die Kapitalauszahlung insoweit der Besteuerung, als der Auszahlungsbetrag über die während der Laufzeit des Versicherungsvertrags entrichteten Beiträge hinausgeht. Grundsätzlich ist dieser Differenzbetrag nach der Grund- oder Splittingtabelle zu besteuern. Erfolgt allerdings die Auszahlung erst nach Vollendung des 60. Lebensjahres des Steuerzahlers und hat der Vertrag im Zeitpunkt der Auszahlung mindestens 12 Jahre bestanden, greift hier die Besteuerung nach dem „Halbeinkünfteverfahren". Wegen weiterer Einzelheiten zur Besteuerung von Versicherungserträgen wird auf das umfangreiche BMF-Schreiben v. 1.10.2009 (IV C 1 – S 2252/07/0001, BStBl 2009 I S. 1172) hingewiesen.

Haben Sie in der Ansparphase sowohl geförderte als auch nicht geförderte Beiträge zugunsten eines Riester-Vertrags geleistet, sind die Rentenzahlungen auf Grund dieses Vertrags in der Auszahlungsphase aufzuteilen. Soweit die Altersvorsorgebeiträge in der Ansparphase über den Sonderausgabenabzug oder die Gewährung einer Zulage gefördert worden sind, müssen die Rentenzahlungen voll der Besteuerung unterworfen werden. Rentenzahlungen, die auf nicht geförderte Beiträge und den darauf entfallenden Erträgen und Wertsteigerungen entfallen, unterliegen der Ertragsanteilsbesteuerung (→ Tz 958). Im Fall einer Kapitalauszahlung ist dieser Teil des Auszahlungsbetrags nicht steuerpflichtig, wenn der Versicherungsvertrag vor dem 1.1.2005 abgeschlossen worden ist und eine Mindestlaufzeit von 12 Jahren hatte.

Wird das in einem Riester-Vertrag angesammelte **Kapital schädlich verwendet**, sind **954** insoweit Erträge und etwaige Wertsteigerungen, die auf dem aus Eigenbeiträgen und Zulagen gebildeten Kapital beruhen, als sonstige Einkünfte zu versteuern.

Als zusätzlicher Anreiz zum Abschluss eines Riester-Fondssparplans gewähren einige Vermittler eine teilweise Erstattung der Abschluss- und Vertriebskosten des Altersvorsorgevertrags. Die **Provisionserstattung** wird **beim Anleger** als Einkünfte nach § 22 Nr. 5 EStG nachgelagert **besteuert**, unabhängig davon, ob die Provisionserstattung auf den Altersvorsorgevertrag eingezahlt oder an den Anleger ausgezahlt wird (§ 22 Nr. 5 Satz 6 EStG).

Erhalten Sie **von** Ihrem **Arbeitgeber** Versorgungsleistungen auf Grund einer **Direkt-** **955** **zusage** oder von einer **Unterstützungskasse**, handelt es sich hierbei um Einkünfte aus nichtselbstständiger Arbeit, die in der Anlage N als Versorgungsbezüge zu erfassen sind.

Schwieriger ist die steuerliche Behandlung der Leistungen aus kapitalgedeckten Direktversicherungen, Pensionskassen und Pensionsfonds in der Auszahlungsphase. Die Besteuerung ist davon abhängig, ob und inwieweit die Beiträge in der Ansparphase steuerfrei gestellt waren oder durch den Sonderausgabenabzug bzw. die Zulage nach Riester gefördert wurden.

WICHTIG

Haben Sie Ihre Beiträge zu einer Direktversicherung pauschal besteuert, unterliegt die Einmalauszahlung nicht der Besteuerung, die Auszahlung in Form einer Rente nur der Ertragsanteilsbesteuerung.

Haben Sie **ab 2005** eine **neue Direktversicherung** abgeschlossen, sind Ihre Beiträge im Rahmen bestimmter Höchstbeträge steuerfrei. Dies bedeutet allerdings für die Auszahlungsphase: Das, was Sie in Form einer Rente oder als Einmalzahlung erhalten, ist dann voll als sonstige Einkünfte zu besteuern.

Beruhen die Leistungen in der Auszahlungsphase zum Teil auf geförderten und nicht geförderten Beiträgen, ist die Einmalzahlung oder die Zahlung in Form einer **Rente** in Bezug auf die Besteuerung **aufzuteilen**. Soweit die Leistungen auf geförderten, d. h. steuerfrei gestellten Beiträgen beruhen, unterliegen sie in vollem Umfang der Besteue-

III Gestaltung und Tipps

rung, soweit sie auf nicht geförderten Beiträgen beruhen, ist bei einer Kapitalauszahlung nichts zu versteuern und bei einer Auszahlung in Form der Rente nur der Ertragsanteil zu erfassen.

Was der vollen Besteuerung und was der Ertragsanteilsbesteuerung unterliegt, wird Ihnen beim erstmaligen Bezug oder bei Änderung der Leistungen vom „Versorgungsträger" mitgeteilt.

9.3   Mitteilungen über Rentenbezüge an das Finanzamt

956 Bei **vielen Rentnern** führt die Besteuerung nach dem Alterseinkünftegesetz dazu, dass Sie bereits durch Ihre Renteneinkünfte, aber auch zusammen mit anderen Einkünften, z. B. aus Werkspensionen, über den Grundfreibetrag kommen und damit **Einkommensteuer zahlen** müssen. Daher werden ab 2005 die Renten und anderen Leistungen in einer gesonderten Anlage R abgefragt.

Dies reicht dem Gesetzgeber jedoch nicht aus, um die Rentner steuerlich zu erfassen. In § 22a EStG werden die Träger der gesetzlichen Rentenversicherung, der Gesamtverband der landwirtschaftlichen Alterskassen für die Träger der Alterssicherung der Landwirte, die berufsständischen Versorgungseinrichtungen, die Pensionskassen, die Pensionsfonds, die Versicherungsunternehmer sowie die privaten Rentenversicherer, die Verträge im Rahmen der Rürup-Rente anbieten, sowie die Anbieter von Riester-Modellen verpflichtet, Daten, die für die Besteuerung der Renten benötigt werden, an eine zentrale Stelle weiterzuleiten. Auf Grund dieser **Rentenbezugsmitteilungen** überprüft das Finanzamt, inwieweit der Steuerzahler mit seinen Renten und ggf. mit seinen Werkspensionen steuerpflichtig ist. Die Prüfung wird sich nicht nur auf die Jahre ab 2005 beschränken, sondern, falls eine Steuerpflicht gegeben ist, auch die Vorjahre umfassen.

Die Versicherer sind verpflichtet, der Finanzverwaltung die Daten der im Vorjahr ausgezahlten Renten bis zum **1.3.** eines Jahres zu übermitteln. Damit stehen diese Daten bei Abgabe der Einkommensteuererklärung rechtzeitig zur Verfügung.

Für die Durchführung des Mitteilungsverfahrens über Renten und sonstige Leistungen benötigt der Versicherungsträger die **Steuer-Identifikationsnummer**, um die Daten personenbezogen zuordnen zu können. Diese liegt dem Versicherungsträger mittlerweile vor.

9.4   Besteuerung der Renten außerhalb der Basisversorgung

957 Renten und andere Leistungen, die nicht aus der Basisversorgung stammen, werden nur mit ihrem Ertragsanteil als Einnahmen bei den sonstigen Einkünften erfasst. Darunter fallen insbesondere Renten aus dem umlagefinanzierten Teil von Zusatzversorgungseinrichtungen (z. B. VBL), aus privaten Rentenversicherungen und aus Versorgungsrenten.

Solche Rentenzahlungen setzen sich aus der Rückzahlung des angesammelten Kapitals (Rentenstamm) und der Verzinsung dieses Kapitals (Ertragsanteil) zusammen. Lediglich der Ertragsanteil unterliegt bei diesen Renten der Besteuerung. Wie hoch der Ertragsanteil zu bemessen ist, hat der Gesetzgeber festgelegt. Maßgeblich für die Höhe des Ertragsanteils ist vor allem der Zinssatz und die Laufzeit der Rente. Dabei wird zwischen Leibrenten, abgekürzten Leibrenten und Zeitrenten unterschieden.

Leibrenten

Die Laufzeit von Leibrenten hängt von der Lebenszeit einer Person ab. Sie erlischt mit dem **958**
Tod. Daher bestimmt sich die Höhe des Ertragsanteils nach dem Alter des Rentenemp-
fängers zu Beginn der Rente und bleibt dann während der Rentenlaufzeit konstant.

TIPP

> Beginnt die Rente wie üblich zu Beginn eines Monats zu laufen, haben Sie aber
> erst im Laufe dieses Monats Geburtstag, wird der günstigere Ertragsanteil nach
> dem im Monat vollendeten Lebensjahr berechnet.

Bei der Rentenbesteuerung außerhalb der Basisversorgung sind folgende Ertragsanteile
zugrunde zu legen (Tabelle in § 22 Nr. 1 Satz 3 Buchstabe a, bb Satz 4 EStG):

Bei Beginn der Rente voll-endetes Lebensjahr des Rentenberechtigten	Ertragsan-teil in %	Bei Beginn der Rente voll-endetes Lebensjahr des Rentenberechtigten	Ertragsan-teil in %
0 bis 1	59	51 bis 52	29
2 bis 3	58	53	28
4 bis 5	57	54	27
6 bis 8	56	55 bis 56	26
9 bis 10	55	57	25
11 bis 12	54	58	24
13 bis 14	53	59	23
15 bis 16	52	60 bis 61	22
17 bis 18	51	62	21
19 bis 20	50	63	20
21 bis 22	49	64	19
23 bis 24	48	65 bis 66	18
25 bis 26	47	67	17
27	46	68	16
28 bis 29	45	69 bis 70	15
30 bis 31	44	71	14
32	43	72 bis 73	13
33 bis 34	42	74	12
35	41	75	11
36 bis 37	40	76 bis 77	10
38	39	78 bis 79	9
39 bis 40	38	80	8
41	37	81 bis 82	7
42	36	83 bis 84	6
43 bis 44	35	85 bis 87	5
45	34	88 bis 91	4
46 bis 47	33	92 bis 93	3
48	32	94 bis 96	2
49	31	ab 97	1
50	30	–	–

Abgekürzte Leibrenten

959 Ist die Laufzeit einer Rente nicht nur vom Leben des Rentenberechtigten abhängig, sondern zusätzlich auf eine bestimmte Zeit beschränkt, ist dem bei der Bestimmung des Ertragsanteils Rechnung zu tragen. So können abgekürzte Leibrenten mit einer **Höchstlaufzeit** versehen sein. Überlebt die Person die zeitliche Begrenzung, endet die abgekürzte Leibrente mit Zeitablauf; ansonsten endet sie mit dem Tod des Rentenberechtigten. In diesem Fall ist der Ertragsanteil für eine Leibrente unter Berücksichtigung des vollendeten Lebensjahres bei Beginn der Rente auf den Ertragsanteil zu begrenzen, der für die vereinbarte Höchstlaufzeit anzusetzen ist.

Umgekehrt sind Fälle denkbar, in denen eine sog. **Mindestlaufzeit** vereinbart wird. Verstirbt der Rentenberechtigte bis zum Ablauf dieser Mindestlaufzeit, steht die Rente den Erben des Verstorbenen zu. Überlebt der Rentenberechtigte die Mindestlaufzeit, wird die Rente bis zu seinem Tod gezahlt. Dann muss der Ertragsanteil mindestens den Zeitraum abdecken, in dem auf jeden Fall eine Rente entweder an den Rentenberechtigten oder dessen Erben gezahlt wird.

WICHTIG

 Hauptanwendungsfälle von abgekürzten Leibrenten sind in der Praxis die **Renten wegen verminderter Erwerbs- oder Berufsunfähigkeit,** wenn diese Renten von einem privaten Rentenversicherungsträger gezahlt werden. Meist ist vertraglich vereinbart, dass die Berufs- und Erwerbsunfähigkeitsrenten mit Vollendung des 65. Lebensjahres in die normale Altersrente umgewandelt werden und ab diesem Zeitpunkt eine lebenslange Leibrente gezahlt wird.

WICHTIG

 Aus Vereinfachungsgründen wird bei Berufs- und Erwerbsunfähigkeitsrenten die Laufzeit stets auf volle Jahre abgerundet (R 22.4 Abs. 4 EStR); dies wirkt sich für den Steuerzahler günstig aus.

BEISPIEL

 A erlitt 2003 einen Unfall, durch den er erwerbsunfähig wurde. Er erhält seitdem eine Erwerbsunfähigkeitsrente in Höhe von monatlich 500 €. Zu Beginn der Rente war A 53 Jahre alt. Mit Wirkung zum 30.6.2010 ist die Erwerbsunfähigkeitsrente in eine Altersrente umgewandelt worden.

Mit der **Umwandlung** in die **vorzeitige Altersrente** erlischt die Erwerbsunfähigkeitsrente. Die Altersrente ist eine selbstständige Rente, deren Laufzeit von der Lebenserwartung des A abhängt. Die Besteuerung der Rente ist mit dem Ertragsanteil vorzunehmen. Ist A im Umwandlungszeitpunkt 60 Jahre alt, beträgt der Ertragsanteil 22 % (➜ Tz 958). Der Ertragsanteil für die Erwerbsunfähigkeitsrente ist 2010 neu zu ermitteln. Die tatsächliche Laufzeit beträgt 7 Jahre; der Ertragsanteil, mit dem die im 1. Halbjahr 2010 noch gezahlte Erwerbsunfähigkeitsrente zu versteuern ist, beträgt somit 8 % (➜ Tz 960).

Die Ertragsanteile für abgekürzte Leibrenten sind ab 2005 wegen der Absenkung des Zinssatzes von 5,5 % auf 3 % neu festgelegt worden.

Ertragsanteil-Tabelle für abgekürzte Leibrenten (§ 55 Abs. 2 EStDV)   **960**

Beschränkung der Laufzeit der Rente auf ... Jahre ab Beginn des Rentenbezugs (ab 1.1.1955, falls die Rente vor diesem Zeitpunkt zu laufen begonnen hat)	Der Ertragsanteil beträgt vorbehaltlich der Spalte 3 ... %	Der Ertragsanteil ist der Tabelle in § 22 Nr. 1 Satz 3 Buchstabe a Doppelbuchstabe bb EStG zu entnehmen, wenn der Rentenberechtigte zu Beginn des Rentenbezugs (vor dem 1.1.1955, falls die Rente vor diesem Zeitpunkt zu laufen begonnen hat) das ... te Lebensjahr vollendet hatte
1	2	3
1	0	entfällt
2	1	entfällt
3	2	97
4	4	92
5	5	88
6	7	83
7	8	81
8	9	80
9	10	78
10	12	75
11	13	74
12	14	72
13	15	71
14–15	16	69
16–17	18	67
18	19	65
19	20	64
20	21	63
21	22	62
22	23	60
23	24	59
24	25	58
25	26	57
26	27	55
27	28	54
28	29	53
29–30	30	51
31	31	50
32	32	49
33	33	48
34	34	46
35–36	35	45
37	36	43
38	37	42
39	38	41

III Gestaltung und Tipps

40–41	39	39
42	40	38
43–44	41	36
45	42	35
46–47	43	33
48	44	32
49–50	45	30
51–52	46	28
53	47	27
54–55	48	25
56–57	49	23
58–59	50	21
60–61	51	19
62–63	52	17
64–65	53	15
66–67	54	13
68–69	55	11
70–71	56	9
72–74	57	6
75–76	58	4
77–79	59	2
ab 80	Der Ertragsanteil ist immer der Tabelle in § 22 Nr. 1 Satz 3 Buchstabe a bb EStG zu entnehmen.	

961 Aus der nachfolgenden Tabelle können Sie entnehmen, ob es sich um eine Rente auf Lebenszeit oder um eine abgekürzte Leibrente handelt.

Umschreibung der Rente	Zuordnung der Rente
Veräußerungsrente	Lebenslängliche Leibrente, bei Wahl der **sofortigen Besteuerung** des Veräußerungsgewinns statt der laufenden Besteuerung der Rentenbezüge nach § 24 Nr. 2 EStG
Rente auf Grund Testament oder Erbvertrag	Lebenslängliche Leibrente, wenn Geldzuwendungen gleichbleibend auf Lebenszeit und regelmäßig wiederkehrend gewährt werden
Rente aus Übergabeverträgen	Versorgungsleistungen, die in Betriebs- und Vermögensübergabeverträgen zugesagt werden, können nur Leibrenten sein, wenn sich weder aus § 323 ZPO noch aus der Rechtsnatur des Versorgungsvertrags eine Änderungsmöglichkeit ergibt. Bei Übergabeverträgen, die nach dem 31.12.2007 abgeschlossen worden sind, werden die Renten stets in voller Höhe besteuert.

Veräußerungsrenten

962 Sind Grundstücke, Betriebsvermögen oder GmbH-Anteile gegen Zahlung einer Veräußerungsrente, auch unter nahen Angehörigen, übertragen worden, ist die Veräußerungsrente beim Empfänger mit ihrem Ertragsanteil nach § 22 Nr. 1 Satz 1 Buchstabe a, bb Satz 4 EStG zu versteuern. Mit Beschluss v. 14.11.2001 (X R 32-33/01, BFH/NV 2002 S. 417) hat der BFH dem BVerfG die Frage vorgelegt, ob die Besteuerung der Ertragsanteile aus „Leibrentenzahlungen", die Gegenleistung für den Erwerb eines Wirtschaftsguts des Betriebs- oder Privatvermögens sind, mit ihrem vollen Nennbetrag – also ohne Abzug des Sparer-Pauschbetrags – verfassungsrechtlich so hinnehmbar sei (Az. beim BVerfG: 2 BvL 3/02).

WICHTIG

Das BVerfG hat mit Beschluss v. 22.9.2009 (2 BvL 3/02, BFH/NV 2009 S. 2119) die Vorlage des BFH als unzulässig verworfen. Folglich wird Ihnen das Finanzamt bei der Ermittlung Ihrer Renteneinkünfte keinen Sparer-Pauschbetrag zustehen. Ihnen verbleibt daher lediglich der Werbungskosten-Pauschbetrag von 102 €.

Zeitrenten

Zeitrenten sind wiederkehrende Bezüge, die unabhängig von der Lebensdauer einer Person stets für einen **festen Zeitraum** gezahlt werden. Für sie gilt eine besondere Ertragsanteil-Tabelle: ➜ Tz 960.

963

9.5   Werbungskostenabzug

Wie bei jeder Einkunftsermittlung sind auch bei den sonstigen Einkünften die steuerpflichtigen Einnahmen um die Werbungskosten zu mindern. Hier stellt sich nach dem Alterseinkünftegesetz die **Frage, ob Beiträge**, die Sie z. B. in Ihrer gesetzlichen Rentenversicherung zur Altersvorsorge innerhalb der Basisversorgung ansparen und die künftig – nach Ablauf der Übergangsfrist – der vollen Besteuerung unterliegen, **Werbungskosten** bei Ihren **sonstigen Einkünften** darstellen. Der Gesetzgeber hat sich hier für den Sonderausgabenabzug entschieden (➜ Tz 505). Diese Rechtsfrage bedarf jedoch aus verfassungsrechtlicher Sicht noch der Klärung. Über die Frage, ob die Umstellung der Besteuerung der Alterseinkünfte auf die sog. nachgelagerte Besteuerung verfassungsgemäß ist, hat der BFH im Urteil v. 26.11.2008 (X R 15/07, BFH/NV 2009 S. 278) entschieden. Er ist zu dem Ergebnis gekommen: Alles verfassungsgemäß. Auch die Besteuerung der Renteneinkünfte eines vormals Selbstständigen im Rahmen der Übergangsregelung des Alterseinkünftegesetzes begegnet keinen verfassungsrechtlichen Bedenken, sofern nicht gegen das Verbot der Doppelbesteuerung verstoßen wird. Gegen dieses Urteil hat der Betroffene **Verfassungsbeschwerde** eingelegt, die jedoch durch Beschluss v. 9.7.2009 als **unzulässig** verworfen wurde, da sich der Betroffene nicht ausführlich und substantiiert mit dem BFH-Urteil sowie der Literatur auseinandergesetzt hat, so dass das Vorliegen eines Annahmegrunds nach § 93a Abs. 2 BVerfGG vom BVerfG verneint wurde (Az. 2 BvR 201/09). Daher werden die Einkommensteuerbescheide nur hinsichtlich der Nichtabziehbarkeit von Beiträgen zu Rentenversicherungen als vorweggenommene Werbungskosten bei den Einkünften i. S. d. § 22 EStG sowie der beschränkten Abziehbarkeit von Vorsorgeaufwendungen ab dem Veranlagungszeitraum 2005 für vorläufig erklärt (BMF, Schreiben v. 12.8.2010, IV A 3 – S 0338/07/10010-03, BStBl 2010 I S. 642). In diesen Punkten bedarf es daher keines Einspruchs gegen den Einkommensteuerbescheid 2010.

964

Zu den Werbungskosten, die Sie im Zusammenhang mit der Besteuerung Ihrer Rentenzahlungen geltend machen können, rechnen insbesondere die Kosten für die Rechtsverfolgung oder Beratung, an Versicherungsvertreter gezahlte Beträge und ähnliche Auf-

III Gestaltung und Tipps

wendungen, die im Zusammenhang mit Ansprüchen aus der privaten oder gesetzlichen Rentenversicherung sowie aus der betrieblichen Altersversorgung stehen.

WICHTIG

 Rechtsberatungs- und Prozesskosten im Zusammenhang mit Ansprüchen aus der gesetzlichen Rentenversicherung sind unabhängig davon als **Werbungskosten** abziehbar, ob die Kosten während des Bezugs von Rentenleistungen, im Zusammenhang mit der Beantragung oder schon vor Beantragung der Leistungen aufgewendet wurden.

Gewerkschaftsbeiträge dienen auch bei Empfängern von Sozialversicherungsrenten der Erwerbung, Sicherung und Erhaltung der Rentenbezüge; sie sind damit als **Werbungskosten** abziehbar. Ebenfalls als Werbungskosten abziehbar sind Schuldzinsen und Finanzierungskosten zum Erwerb von Ansprüchen, z. B. Darlehenszinsen, wenn das Darlehen zur Nachentrichtung freiwilliger Beiträge zur gesetzlichen Rentenversicherung aufgenommen wurde oder wenn bei Verkauf eines Grundstücks gegen Zahlung einer Leibrente das zur Finanzierung des Grundstückserwerbs aufgenommene Darlehen beibehalten werden muss.

WICHTIG

 Sollten die **Beiträge** zu einer **Rentenversicherung fremdfinanziert** worden sein, besteht die Möglichkeit, die dafür aufgewandten Darlehenszinsen und Finanzierungskosten als vorweggenommene Werbungskosten geltend zu machen. Häufig kommt es dabei zu Streitigkeiten mit dem Finanzamt. Hier sind zahlreiche Verfahren vor dem BFH anhängig. In Zweifelsfällen sollten Sie sich an einen Steuerberater wenden. Trotz der Besteuerung mit dem Ertragsanteil bzw. mit dem Besteuerungsanteil können Sie die Werbungskosten in voller Höhe abziehen.

Sollten Ihre **Werbungskosten** nicht höher als 102 € sein, so berücksichtigt das Finanzamt von Amts wegen einen **Pauschbetrag** von **102 €**. Der Pauschbetrag darf nicht zu negativen Einkünften führen. Im Fall der Zusammenveranlagung von Ehegatten wird der Pauschbetrag jedem Ehegatten gewährt, wenn beide Rentenbezüge haben.

WICHTIG

 Fallen neben den Rentenbezügen auch Unterhaltsleistungen im Rahmen des Realsplitting an oder Rentenzahlungen im Rahmen der Riester-Rente bzw. der betrieblichen Altersvorsorge, so darf der Pauschbetrag von 102 € nur einmal gewährt werden.

10   Anlage SO

Die sonstigen Einkünfte in Form von Renten, wiederkehrenden Bezügen, Unterhaltsleis- **965**
tungen, sonstigen Leistungen, Abgeordnetenbezügen und privaten Veräußerungsgeschäften werden in 2 Anlagen zur Einkommensteuererklärung abgefragt, und zwar die
Renten und damit im Zusammenhang stehenden anderen Leistungen in der **Anlage R**
(➜ Tz 942) und die übrigen sonstigen Einkünfte in der **Anlage SO**.

Nachfolgend sind aus dem Bereich der sonstigen Einkünfte folgende Teilbereiche dargestellt:

- **Wiederkehrende Bezüge** (➜ Tz 966),
- **Unterhaltsleistungen** (➜ Tz 967),
- Private **Veräußerungsgeschäfte** (➜ Tz 969),
- Einkünfte aus bestimmten Leistungen (➜ Tz 991),
- Abgeordnetenbezüge (➜ Tz 996).

Besonderen Wert haben wir dabei auf die Darstellung der privaten Veräußerungsgeschäfte
gelegt.

10.1   Wiederkehrende Bezüge

Steuerpflichtig sind nicht nur Renten, sondern auch Zuschüsse und sonstige Vorteile, die **966**
als wiederkehrende Bezüge gewährt werden, und zwar in voller Höhe. Denken Sie z. B. an
wiederkehrende Zahlungen, die Sie auf Grund der **Veräußerung Ihres Mietwohngrundstücks** nach Verrechnung mit dem Grundstückswert erhalten und deren Höhe sich an der
vereinnahmten Miete orientiert. Denken Sie aber auch an die **Altenteilsleistungen** in der
Land- und Forstwirtschaft. Solche Altenteilsleistungen sind von der Ehefrau eines Land-
wirts als eigene Einkünfte zu versteuern, wenn der Landwirt seinen Betrieb als Alleineigentümer im Wege der vorweggenommenen Erbfolge übertragen und zugunsten seiner
Ehefrau Altenteilsleistungen vereinbart hat. Darüber hinaus kann es im Zusammenhang
mit der Übertragung von Renditeobjekten oder Betriebsvermögen zur Vereinbarung von
Versorgungsleistungen kommen, die beim Empfänger als wiederkehrende Zahlungen voll
steuerpflichtig sind (vgl. hierzu das umfangreiche BMF-Schreiben v. 11.3.2010, IV C 3 – S
2221/09/10004, BStBl 2010 I S. 227). Hatten Ihre Eltern Ihnen einen Gewerbebetrieb
gegen als Sonderausgaben abziehbare Versorgungsleistungen übertragen und wird diese
Verpflichtung anlässlich der Weiterveräußerung des Gewerbebetriebs vertraglich abgelöst,
führt die **Ablösezahlung** weder zu Veräußerungskosten noch zu nachträglichen Anschaffungskosten. Die Ablösesumme ist auch bei Ihnen nicht als dauernde Last abziehbar;
korrespondierend rechnet sie bei Ihren Eltern nicht zu den sonstigen Einkünften (BFH,
Urteil v. 31.3.2004, X R 66/98, BFH/NV 2004 S. 881). Schließlich rechnen auch **Schadensersatzrenten** für den Verlust von Unterhaltsansprüchen zu den wiederkehrenden Bezügen.

Eine Unterhaltsrente, die lediglich den durch das schädigende Ereignis entfallenden,
nicht steuerbaren Unterhaltsanspruch ausgleicht und nicht Ersatz für entgangene oder
entgehende Einnahmen darstellt, ist dagegen nach dem BFH-Urteil v. 26.11.2008 (X R
31/07, BFH/NV 2009 S. 470) **nicht steuerpflichtig**. Dies gilt auch für Schadensersatzrenten zum Ausgleich vermehrter Bedürfnisse, die bei Verletzung höchstpersönlicher
Güter im Bereich der privaten Vermögenssphäre geleistet werden (sog. **Mehrbedarfs-**

III Gestaltung und Tipps

renten), so das BFH-Urteil v. 25.10.1994 (VIII R 79/91, BStBl 1995 II S. 121), sowie für **Schmerzensgeldrenten** (BMF, Schreiben v. 15.7.2009, IV C 3 – S 2255/08/10012, BStBl 2009 I S. 836).

Bisher war die Besteuerung wiederkehrender Bezüge nach § 22 EStG nur dann ausgeschlossen, wenn sie von einem unbeschränkt steuerpflichtigen Geber freiwillig oder auf Grund einer freiwillig begründeten Rechtspflicht oder einer gesetzlich unterhaltsberechtigten Person gewährt wurde. Die Regelung beruht darauf, dass der Geber solche Bezüge nach § 12 Nr. 2 EStG nicht steuermindernd geltend machen konnte und deshalb ihre Besteuerung beim Empfänger nicht gerechtfertigt war (sog. Korrespondenzprinzip). Ab dem Veranlagungszeitraum 2009 ist die Besteuerung wiederkehrender Bezüge auch dann ausgeschlossen, wenn der **Geber nicht unbeschränkt steuerpflichtig** ist. Entsprechend wird verfahren, wenn der Empfänger die Bezüge von einer Körperschaft außerhalb der Erfüllung steuerbegünstigter Zwecke erhält; auch hier kommt es nicht mehr auf die unbeschränkte Steuerpflicht der Körperschaft an (§ 22 Nr. 1 Satz 2 Buchstabe a EStG).

WICHTIG

Bei **Vermögensübertragungen** nach dem 31.12.2007 können Versorgungsleistungen als „Gegenleistung" nur dann steuerlich anerkannt werden, wenn sie im Zusammenhang mit einem Betrieb, Teilbetrieb oder einem Mitunternehmeranteil stehen. Sie sind dann stets in voller Höhe zu versteuern. Andere Vermögensgegenstände sind im Rahmen einer Versorgungsvereinbarung nicht mehr begünstigt (➜ Tz 358). Daher sind auch die im Zusammenhang mit der Übertragung dieser Vermögensgegenstände vereinbarten Rentenzahlungen einkommensteuerlich nicht als Sonderausgaben abzugsfähig bzw. korrespondierend beim Rentenempfänger als sonstige Einkünfte steuerpflichtig. Hier ist jedoch zu berücksichtigen, dass die Finanzverwaltung diese Renten als **Kaufpreisrenten** behandelt. Der in den Kaufpreisrenten enthaltene Ertragsanteil ist beim Rentenempfänger zu besteuern.

Bei **Versorgungsleistungen**, die **vor** dem **1.1.2008 vereinbart** worden sind, bleibt alles beim Alten; sie sind entweder als Renten mit dem Ertragsanteil oder als wiederkehrende Zahlungen in voller Höhe zu versteuern. Dies gilt unabhängig davon, ob die Versorgungsleistungen mit der Übertragung von Betriebsvermögen oder mit der Übertragung von Immobilien, eigengenutzt oder vermietet, im Zusammenhang stehen. Eine Ausnahme von dem Grundsatz „Fortsetzung der vereinbarten Versorgungsleistungen" gilt im folgenden Fall (§ 52 Abs. 23f Satz 2 EStG): Soweit das übertragene Vermögen nur deshalb einen ausreichenden Ertrag bringt, weil ersparte Aufwendungen mit Ausnahme der ersparten Nettomiete für ein zu eigenen Zwecken genutztes Grundstück zu den Erträgen des Vermögens gerechnet werden, ist die Neuregelung bei diesen Altverträgen anzuwenden. Damit scheidet hier ab 2008 eine Besteuerung als sonstige Einkünfte aus. Unter die Ausnahmevorschrift fallen die Fälle, in denen z. B. der Vater seinem Sohn einen Geldbetrag zugewandt hat mit der Auflage, sein Darlehen, das auf seinem eigengenutzten Einfamilienhaus lastet, abzulösen, um aus den ersparten Zinsaufwendungen eine Versorgungsrente an den Vater zahlen zu können.

WICHTIG

Für die **Fortführung der Altverträge** kommt es ansonsten darauf an, dass die Vereinbarungen über die Vermögensübergabe vor dem 1.1.2008 getroffen worden ist. Dabei spielt es keine Rolle, wann das Vermögen tatsächlich übergegangen ist. Dies hat insbesondere Bedeutung für die Fälle, in denen die Versorgungsleistungen auf Verfügungen von Todes wegen beruhen. Ist bei einem gemeinschaftlichen Testament oder bei einem Erbvertrag vereinbart worden, dass im Fall des Todes Versorgungsleistungen zu zahlen sind, liegt ein Altfall vor, wenn der Todesfall erst nach dem 31.12.2007 eintritt, die Versorgungsvereinbarung im Testament bzw. im Erbvertrag jedoch vor dem 1.1.2008 zustande gekommen ist (BMF, Schreiben v. 11.3.2010, a. a. O., Rz. 80, 81 und 85).

10.2 Unterhaltsleistungen (Realsplitting)

Unterhaltsleistungen an den geschiedenen oder dauernd getrennt lebenden Ehegatten **967** kann der Unterhaltsverpflichtete bis zu **13.805 €** im Jahr als Sonderausgaben abziehen (→ Tz 366), wenn der **Unterhaltsempfänger zustimmt**. Der Unterhaltsberechtigte muss diesen Betrag dann als sonstige Einkünfte versteuern. Werden mehr als 13.805 € bezahlt, sind die übersteigenden Zahlungen steuerfrei. Der Antrag auf Abzug als Sonderausgaben kann auf einen **Teil beschränkt werden** mit der Folge, dass nur dieser Teil als sonstige Einkünfte zu erfassen ist. Übersteigen die Unterhaltsleistungen den Betrag von 13.805 € oder wird der Abzug auf einen Teil begrenzt, kann der **Unterhaltsverpflichtete** den übersteigenden Betrag **nicht als außergewöhnliche Belastung** abziehen.

Ab 2010 kann es bei der Besteuerung der Unterhaltsleistungen zum Überschreiten des Höchstbetrags von 13.805 € in den Fällen kommen, in denen der Unterhaltsverpflichtete zusätzlich zu den Unterhaltszahlungen die **Krankenversicherungsbeiträge** für den dauernd getrennt lebenden oder geschiedenen Ehegatten übernimmt. Dann sind nämlich diese Beiträge zusätzlich zum Höchstbetrag von 13.805 € beim Unterhaltsverpflichteten Sonderausgaben, wenn sich der Unterhaltsberechtigte mit deren Besteuerung einverstanden erklärt. Andererseits hat dann der Unterhaltsberechtigte die Möglichkeit, die Krankenversicherungsbeiträge im Rahmen seines Sonderausgabenabzugs geltend zu machen. Dies beschert Ihnen das Bürgerentlastungsgesetz Krankenversicherung.

Leisten Sie eine **einheitliche Unterhaltszahlung an** Ihre **Ehefrau und** Ihre **Kinder**, ist diese für Zwecke des Realsplittings nicht nach Köpfen, sondern nach zivilrechtlichen Grundsätzen aufzuteilen. Dabei kann auf zivilrechtliche Unterhaltstitel oder übereinstimmende Berechnungen der Beteiligten zurückgegriffen werden, sofern nicht einer der Beteiligten die Berechnungen bestreitet (BFH, Urteil v. 12.12.2007, XI R 36/05, BFH/NV 2008 S. 792).

TIPP

Der Unterhaltsempfänger sollte bei Zustimmung zum Realsplitting einen Ausgleich für die bei ihm anfallende Einkommensteuer zuzüglich Solidaritätszuschlag und Kirchensteuer fordern. Hierauf hat er einen **zivilrechtlichen Anspruch**, wenn der Unterhaltsverpflichtete auf der Zustimmung besteht.

III Gestaltung und Tipps

Sollte der Unterhaltsgeber die von ihm tatsächlich erbrachten Unterhaltsleistungen **nicht in vollem Umfang** als **Sonderausgaben** abziehen können, hat dies für die Besteuerung des Unterhaltsempfängers keinerlei Bedeutung. Trotz des fehlenden Sonderausgabenabzugs muss dieser die an ihn erbrachten Unterhaltsleistungen bei den sonstigen Einkünften voll erfassen. Dieses Ergebnis hätte nur dadurch vermieden werden können, dass der Unterhaltsempfänger seine Zustimmung in der Erklärung gegenüber dem Finanzamt von vornherein betragsmäßig begrenzt hätte. Diese Begrenzung kann also nicht im Nachhinein gegenüber dem Finanzamt nachgeholt werden. Lediglich **für die Zukunft** besteht die Möglichkeit, die Besteuerung der Unterhaltsleistungen zu **widerrufen** oder **einzuschränken** (vgl. OFD Koblenz, Verfügung v. 12.6.2003, S 2255 A).

WICHTIG

Die **Zustimmung zum Realsplitting** kann sowohl gegenüber dem Wohnsitzfinanzamt des Unterhaltsleistenden als auch des Unterhaltsempfängers widerrufen werden. Ein Widerruf gegenüber dem Wohnsitzfinanzamt des Unterhaltsempfängers schließt den Sonderausgabenabzug des Unterhaltsleistenden aus (BFH, Urteil v. 2.7.2003, XI R 8/03, BFH/NV 2003 S. 1492).

10.3 Gemeinsamer Werbungskosten-Pauschbetrag

968 Das Finanzamt gewährt von Amts wegen einen **Pauschbetrag von 102 €**, und zwar für Renten, wiederkehrende Bezüge, Unterhaltsleistungen sowie Leistungen aus Altersvorsorgeverträgen und aus der kapitalgedeckten betrieblichen Altersversorgung. Bei Zusammenveranlagung von Ehegatten werden die Einkünfte gesondert ermittelt und der Werbungskosten-Pauschbetrag von 102 € jeweils abgezogen, wenn beide Bezieher solcher Einkünfte sind (➜ Tz 964).

10.4 Private Veräußerungsgeschäfte

969 In der Regel unterliegt die Veräußerung von Wirtschaftsgütern des Privatvermögens nicht der Besteuerung. 2 **Ausnahmen** sind allerdings zu beachten: Haben Sie eine **wesentliche Beteiligung** an einer **Kapitalgesellschaft**, gehört der sich bei einer Veräußerung ergebende Gewinn oder Verlust zu den gewerblichen Einkünften (§ 17 EStG; ➜ Tz 801). Und die 2. Ausnahme: Derjenige, der innerhalb der **Spekulationsfrist** ein Wirtschaftsgut des Privatvermögens veräußert, muss den dabei erzielten Veräußerungsgewinn ebenfalls versteuern (§ 23 EStG).

Abweichend von der Auffassung der Finanzverwaltung (vgl. OFD Münster, Verfügung v. 9.1.2002, S 2256 – 43 – St 22 – 31) hat der BFH im Urteil v. 22.4.2008 (IX R 29/06, BFH/NV 2008 S. 1244) entschieden, dass in den Fällen, in denen **Gebrauchsgegenstände mit Verlust veräußert** werden, diese mit Spekulationsgewinnen verrechnet werden können. Im Urteilsfall ging es um ein gebrauchtes BMW-Cabrio, das innerhalb von 9 Monaten mit einem Verlust von 2.350 € veräußert worden war. Dieses Urteil lässt sich auch bei Veräußerung anderer Gebrauchsgegenstände, z. B. Computer, Fahrrad oder Fernseher, anwenden. Sollten Sie im Jahr der Veräußerung den Verlust nicht mit Spekulationsgewinnen ausgleichen können, steht Ihnen hierfür ein Rücktrag in das Vorjahr und ein zeitlich unbegrenzter Vortrag zu. Ab 2009 können Sie vorgetragene Spekulationsverluste nicht nur im Bereich der Spekulationsgewinne mit Grundstücken verrechnen, sondern als „Altverluste" auch mit Wertzuwächsen bei den Kapitaleinkünften (➔ Tz 912). Die zuletzt genannte **Verrechnungsmöglichkeit** besteht jedoch nur 5 Jahre lang, also **bis** einschließlich **2013**.

Im JStG 2010 ist vorgesehen, die **Veräußerung von Gegenständen des täglichen Gebrauchs** aus dem Katalog der Spekulationsgeschäfte auszuschließen. Damit soll die für Sie günstige BFH-Rechtsprechung ausgehebelt werden. Ausgenommen von dieser Regelung sind die Veräußerung von Antiquitäten, Kunstgegenständen und Oldtimer. Es ist vorgesehen, den Ausschluss der Spekulationsgeschäfte mit Gebrauchsgütern in Veräußerungsfällen ab Inkrafttreten des JStG 2010 – voraussichtlich im Dezember 2010 – gesetzlich wirksam werden zu lassen.

WICHTIG

Zum Nachweis des Spekulationsverlustes sollten Sie die Anschaffungskosten und den Veräußerungspreis gegenüber dem Finanzamt belegen können, z. B. durch Quittungen, Verträge oder Rechnungen. Auch die Zahlung über Ihr Bankkonto könnte Ihnen dabei weiterhelfen.

Veräußerungsgeschäfte insbesondere mit Wertpapieren

Die **Spekulationsfrist** für Wirtschaftsgüter mit Ausnahme von Grundstücken, insbesondere für Wertpapiere, beträgt **1 Jahr** (§ 23 Abs. 1 Satz 1 Nr. 2 EStG). Für die Annahme eines Veräußerungsgeschäfts kommt es nicht darauf an, ob der Steuerpflichtige in **Spekulationsabsicht** gehandelt hat.   **970**

WICHTIG

Sollten Sie Ihre Wertpapiere innerhalb der 1-jährigen Spekulationsfrist zwecks Erzielung eines Spekulationsverlustes veräußert haben und diese Wertpapiere am selben Tag oder innerhalb von 2 Tagen wiedererworben haben, allerdings zu unterschiedlichen Kursen, sieht der BFH hierin keinen Missbrauch (BFH, Urteile v. 25.8.2009, IX R 55/07, BFH/NV 2010 S. 387, und IX R 60/07, BFH/NV 2009 S. 2020). Die sich dadurch ergebenden **„Altverluste"** können bei den Einkünften aus Kapitalvermögen mit neuen Wertzuwächsen verrechnet werden (➔ Tz 912). Haben Sie sich dagegen **Zertifikate** mit einer **„Knock-out-Schwelle"** zugelegt und verfallen diese Wertpapiere durch bloßes Überschreiten der „Knock-out-Schwelle", können Sie die sich daraus ergebenden Verluste steuerlich nicht geltend machen. Hier fehlt es an einem Veräußerungsgeschäft für die Annahme der Spekulationsbesteuerung (BFH, Beschluss v. 13.1.2010, IX B 110/09, BFH/NV 2010 S. 869). Hier hätten Sie Ihren Spekulationsverlust nur dadurch retten können, dass beim Überschreiten der „Knock-out-Schwelle" ein Veräußerungspreis für diese Wertpapiere gezahlt wird, mag er noch so klein sein. Diese Grundsätze sind künftig bei der Besteuerung der Wertzuwächse im Bereich der Kapitaleinkünfte zu beachten.

Haben Sie Ihr **Wertpapier nach** dem **31.12.2008 angeschafft**, unterliegen sämtliche Wertzuwächse positiver oder negativer Art nicht mehr der Spekulationsbesteuerung, sondern sie sind bei den Einkünften aus Kapitalvermögen zu erfassen (§ 20 Abs. 2 EStG). Dort kennt man keine Spekulationsfrist. Nur dann, wenn die **Anschaffung des Wert-**

III Gestaltung und Tipps

papiers vor dem **1.1.2009** erfolgt ist und innerhalb der 1-jährigen Spekulationsfrist ein Gewinn oder Verlust realisiert wurde, ist noch eine Spekulationsbesteuerung nach § 23 EStG vorzunehmen. In 2010 können sich keine steuerpflichtigen Spekulationseinkünfte aus der Veräußerung von Wertpapieren ergeben. Haben Sie das Wertpapier vor dem 1.1.2009 erworben, unterliegt es nur dann der Spekulationsbesteuerung, wenn Sie es innerhalb einer Jahresfrist veräußert haben. Diese Jahresfrist ist spätestens Ende 2009 ausgelaufen. Danach realisierte Spekulationsgewinne bzw. -verluste sind nicht steuerpflichtig. Haben Sie dagegen das Wertpapier nach dem 31.12.2008 erworben und veräußern es 2010, kommt es zu einem steuerpflichtigen Wertzuwachs im Bereich der Einkünfte aus Kapitalvermögen. Dieser unterliegt der Kapitalertragsteuer und der Abgeltungsteuer, nicht jedoch der Spekulationsbesteuerung.

WICHTIG

 Verluste aus Spekulationsgeschäften dürfen nicht mit positiven Einkünften aus anderen Einkunftsarten verrechnet werden. Dieses Verrechnungsverbot ist verfassungsrechtlich nicht zu beanstanden (BFH, Urteil v. 6.3.2007, IX R 31/04, BFH/NV 2007 S. 1478, und BFH, Urteil v. 7.11.2006, IX R 45/04, BFH/NV 2007 S. 1473).

Berechnung der Spekulationsfrist

971 Für die Berechnung der Spekulationsfrist ist grundsätzlich auf das der Anschaffung oder Veräußerung zugrunde liegende **schuldrechtliche Geschäft**, z. B. den Tag des Abschlusses des Kaufvertrags, abzustellen.

Ermittlung des Spekulationsgewinns

972 Der Spekulationsgewinn berechnet sich aus dem **Veräußerungspreis** abzüglich **Anschaffungs-** und **Veräußerungskosten**.

Wer aus einem **Grundstücksgeschäft** einen **Verlust** erlitten hat, kann diesen Verlust in demselben Jahr mit Spekulationsgewinnen verrechnen. Verbleibt danach ein **Verlustüberhang**, kann dieser auf das vorangegangene Kalenderjahr zurückgetragen oder auf die folgenden Kalenderjahre vorgetragen und dort mit Gewinnen aus Spekulationsgeschäften verrechnet werden. Darüber hinaus ist eine Verrechnung mit anderen Einkünften im Rahmen des Verlustrück- oder Verlustvortrags nicht möglich. Die Frage, ob die Beschränkung des Verlustausgleichs bei privaten Veräußerungsgeschäften von Verfassungs wegen bedenklich ist, bedarf nicht mehr der höchstrichterlichen Klärung (BFH, Beschluss v. 23.10.2008, IX B 125/08, BFH/NV 2009 S. 25).

TIPP

 Werden Ehegatten gemeinsam zur Einkommensteuer veranlagt, sind die **Veräußerungsgeschäfte für jeden Ehegatten getrennt** zu beurteilen. Das heißt: Veräußerungsgewinne und Veräußerungsverluste sind intern bei jedem Ehegatten auszugleichen. Die **Freigrenze von 600 €** steht somit Ihnen und zusätzlich auch Ihrem Ehegatten zu. Allerdings kann die Freigrenze, die ein Ehegatte nicht ausgeschöpft hat, nicht auf den anderen Ehegatten übertragen werden, wie dies z. B. beim Sparer-Pauschbetrag der Fall ist.

Darüber hinaus ist bei Ehegatten zu beachten, dass der **Verlustrück- und -vortrag** zunächst **für jeden Ehegatten getrennt** vorzunehmen ist. Haben Sie z. B. **2010** einen

Spekulationsverlust erlitten und stehen in diesem Jahr bei Ihnen und Ihrem Ehegatten keine Spekulationsgewinne für Verrechnungszwecke zur Verfügung, ist dieser Verlust zunächst zurückzutragen und mit den Spekulationsgewinnen des Jahres 2009 zu saldieren. Sind 2009 bei Ihnen keine Spekulationsgewinne für eine solche Verlustverrechnung angefallen, besteht die Möglichkeit, den Spekulationsverlust mit Spekulationsgewinnen des Ehegatten 2009 zu verrechnen. Kommt es auch hier nicht zu einer Verrechnung, ist der Spekulationsverlust des Jahres 2010 für die Vornahme des Verlustvortrags ab 2011 gesondert festzustellen.

TIPP

Ein Verlustausgleich darf nicht vorgenommen werden, wenn bei dem einen Ehegatten ein Gesamtgewinn aus Spekulationsgeschäften von **weniger als 600 €** angefallen ist, und bei dem anderen Ehegatten **Spekulationsverluste** zu berücksichtigen sind. Hier bleiben die Spekulationsgewinne des einen Ehegatten wegen der Freigrenze von 600 € bei der Einkommensteuerveranlagung unberücksichtigt, der andere Ehegatte kann seine Spekulationsverluste im Rahmen des Verlustrück- und -vortrags geltend machen.

Ergeben sich für ein Rücktragsjahr Spekulationseinkünfte über der Freigrenze von 600 €, kann durch einen **begrenzten Verlustrücktrag** nicht erreicht werden, dass die Spekulationseinkünfte geringfügig unter der Freigrenze liegen und damit bei der Besteuerung unberücksichtigt bleiben (BMF, Schreiben v. 25.10.2004, IV C 3 – S 2256 – 238/04, BStBl 2004 I S. 1034; BFH, Urteil v. 11.1.2005, IX R 13/03, BFH/NV 2005 S. 1254).

Haben Sie 2010 einen Verlust erlitten, der nicht in den Veranlagungszeitraum 2009 zurückgetragen werden kann, erhalten Sie hierüber einen gesonderten Feststellungsbescheid, in dem zum 31.12.2010 der vortragsfähige Verlust für künftige Veranlagungszeiträume ausgewiesen ist (§ 23 Abs. 3 Satz 8 EStG). Wegen der Feststellung von Verlusten für Vorjahre ➜ Tz 397.

Uneingeschränkt sind Spekulationsverluste im Rahmen des Verlustvortrags bis 1.000.000 € mit Spekulationsgewinnen des Jahres 2010 zu verrechnen, darüber hinaus nur in Höhe von 60 % des danach verbliebenen Spekulationsgewinns. Diese Abzugsbeschränkung ist unabhängig von der allgemeinen Abzugsbeschränkung des Verlustrücktrags für alle Einkunftsarten zu überprüfen (BMF, Schreiben v. 29.11.2004, IV C 8 – S 2225 – 5/04, BStBl 2004 I S. 1097).

Private Veräußerungseinkünfte aus Termingeschäften

Termingeschäfte unterlagen bis einschließlich 2009 unter Berücksichtigung der einjährigen Spekulationsfrist der **Spekulationsbesteuerung**. Sind die Termingeschäfte nach dem 31.12.2008 zustande gekommen und realisieren Sie aus diesen Geschäften einen Gewinn bzw. Verlust, so ist dieser in 2010 als Kapitaleinkünfte steuerpflichtig (➜ Tz 905). **973**

Private Veräußerungsgeschäfte bei Grundstücken

Die Finanzverwaltung will die Spekulationseinkünfte künftig **verstärkt überprüfen**. Dies gilt insbesondere für Spekulationsgeschäfte mit Grundstücken. Die OFD Chemnitz weist in ihrer Verfügung v. 13.5.2004 (S 2319 – 11/2 – St 21) darauf hin, dass in den Fällen, in denen **Veräußerungsmitteilungen über Grundstücksgeschäfte** bei den Veranlagungsbezirken **974**

III Gestaltung und Tipps

der Finanzämter eingehen, eine eingehende Prüfung des Steuerfalls zu erfolgen habe. Sei der Steuerzahler erfasst, sind **vorgezogene Ermittlungen** erforderlich, **wenn der Kaufpreis über 150.000 €** hinausgeht. Ist der Steuerzahler bisher noch nicht beim Finanzamt registriert, werden Ermittlungen über das Veräußerungsgeschäft angestellt, wenn der Kaufpreis 50.000 € übersteigt.

Die Finanzverwaltung hat zu Zweifelsfragen im Zusammenhang mit der Spekulationsbesteuerung bei Grundstücken in einem umfangreichen BMF-Schreiben v. 5.10.2000 (IV C 3 – S 2256 – 263/00, BStBl 2000 I S. 1383) Stellung genommen. Die Meinung der Finanzverwaltung ist in den nachfolgenden Ausführungen zur Spekulationsbesteuerung, soweit vertretbar, berücksichtigt worden.

Spekulationsfrist von 10 Jahren

975 Für Veräußerungsgeschäfte nach dem 31.12.1998 ist die Spekulationsfrist für Grundstücke von 2 Jahren auf **10 Jahre verlängert** worden (§ 23 Abs. 1 Satz 1 Nr. 1i. V. m. § 52 Abs. 39 Satz 1 EStG).

Zu der Frage der **Verfassungsmäßigkeit** der längeren **Spekulationsfrist von 10 Jahren** auch für Altfälle, in denen die Anschaffung vor dem 1.1.1999 erfolgt ist, hat sich das BVerfG im Beschluss v. 7.7.2010 (2 BvL 14/02, 2 BvL 2/04 und 2 BvL 13/05, BFH/NV 2010 S. 1959) wie folgt geäußert:

- Die Verlängerung der Spekulationsfrist von 2 auf 10 Jahre als solche ist grundsätzlich verfassungsrechtlich nicht zu beanstanden.
- Die Anwendung der verlängerten Spekulationsfrist verstößt jedoch gegen die verfassungsrechtlichen Grundsätze des Vertrauensschutzes und ist nichtig, soweit ein im Zeitpunkt der Verkündung des Gesetzes bereits eingetretener Wertzuwachs der Besteuerung unterworfen wird, der nach der zuvor geltenden Rechtslage bereits steuerfrei realisiert worden ist oder zumindest bis zur Verkündung des Gesetzes steuerfrei hätte realisiert werden können, weil die alte Spekulationsfrist bereits abgelaufen war.

Für den Gesetzgeber, der die o. a. BVerfG-Entscheidung noch umsetzen muss, bedeutet dies, dass auf den Zeitpunkt der Verkündung des Steuerentlastungsgesetzes 1999/2000/2002 (31.3.1999) eine Bewertung der in diesem Zeitpunkt bereits unter Berücksichtigung der 2-jährigen Spekulationsfrist steuerfreien Grundstücke zu erfolgen hat, so dass bei einer künftigen Veräußerung nur der Unterschiedsbetrag zwischen dem Veräußerungspreis und dem auf den 31.3.1999 ermittelten Verkehrswert des Grundstücks der Spekulationsbesteuerung unterworfen werden kann. Für Veräußerungsgeschäfte, die 2010 getätigt wurden, hat die Entscheidung des BVerfG keinerlei Auswirkungen, da zu diesem Zeitpunkt nur dann eine Spekulationsbesteuerung hätte eintreten können, wenn das Anschaffungsgeschäft nach dem 31.12.1999 getätigt wurde. Diese Fälle sind jedoch von der Verlängerung der Spekulationsfrist auf 10 Jahre verfassungsrechtlich nicht betroffen.

Berechnung der Spekulationsfrist

976 Für die Berechnung der 10-jährigen Spekulationsfrist kommt es sowohl bei der Anschaffung als auch bei der Veräußerung in der Regel auf das **schuldrechtliche Rechtsgeschäft** an. Bei Grundstücken ist dies der Zeitpunkt der **Beurkundung des Grundstückskaufvertrags**.

A hat 2000 eine Eigentumswohnung für Vermietungszwecke erworben. Der Kaufpreis betrug umgerechnet 100.000 €. Die Beurkundung des notariellen Kaufvertrags ist am 9.2.2000 erfolgt. Mit notariellem Vertrag vom 1.2.2010 hat er die Eigentumswohnung für 150.000 € veräußert. An Veräußerungskosten sind 3.000 € angefallen.

Die Berechnung der Spekulationsfrist von 10 Jahren erfolgt nach den zivilrechtlichen Vorschriften (§ 108 Abs. 1 AO i. V. m. §§ 187 bis 193 BGB). Danach beginnt die Spekulationsfrist am 10.2.2000 und endet am 9.2.2010. Damit sind Anschaffung und Veräußerung innerhalb von 10 Jahren erfolgt. Es fällt somit ein Spekulationsgewinn von 150.000 € ./. 100.000 € ./. 3.000 € = 47.000 € an.

Umfang der Spekulationsbesteuerung

Der Gewinn bzw. Verlust aus einem Spekulationsgeschäft ist wie folgt zu ermitteln: **977**

Veräußerungspreis für den Grund und Boden einschließlich Gebäude und Außenanlagen

./.	Anschaffungs- oder Herstellungskosten
+	ggf. Abschreibungen während der Einkunftsphase
./.	Werbungskosten, die mit dem Spekulationsgeschäft im Zusammenhang stehen
=	Veräußerungsgewinn oder -verlust

Veräußerungspreis ist alles, was der Steuerzahler im Zusammenhang mit der Veräußerung des Grundstücks in Geld oder als geldwerte Güter erhält. Dazu rechnen auch die vom Erwerber übernommenen Verbindlichkeiten. Erfolgt die Veräußerung gegen wiederkehrende Bezüge, besteht der Veräußerungspreis im Kapitalwert der wiederkehrenden Bezüge.

Dem Veräußerungspreis gegengerechnet werden die **Anschaffungskosten** des Spekulationsobjekts. Dazu rechnen alle Aufwendungen, die im Zusammenhang mit dem Erwerb angefallen sind, also auch Anschaffungsnebenkosten, wie z. B. Inserats- und Gerichtskosten, Makler- und Notargebühren sowie Grunderwerbsteuer. Ist das Spekulationsobjekt von dem Steuerzahler selbst hergestellt worden, sind neben den Anschaffungskosten für den Grund und Boden auch dessen Herstellungskosten zu berücksichtigen. Der Wert der eigenen Arbeitsleistung bleibt allerdings außer Ansatz.

Sind an dem Gebäude seit Fertigstellung **Erhaltungsmaßnahmen** durchgeführt worden, fließen diese nicht in die Herstellungskosten ein. Sie können u. E. aber als Werbungskosten berücksichtigt werden und mindern daher den Veräußerungsgewinn bzw. erhöhen den Veräußerungsverlust.

Bei Gebäuden sind die Anschaffungs- oder Herstellungskosten um die bis zum Veräußerungszeitpunkt angefallenen **Abschreibungen** zu kürzen, soweit sie bei der Ermittlung der Einkünfte abgezogen worden sind (§ 23 Abs. 3 Satz 4 EStG). Wird das Gebäude innerhalb der 10-jährigen Spekulationsfrist zeitweise nicht zur Einkunftserzielung genutzt (z. B. bei Nutzung zu eigenen Wohnzwecken), können für diesen Zeitraum keine fiktiven Abschreibungen abgezogen werden.

III Gestaltung und Tipps

WICHTIG

Zu einer **Kürzung** der Anschaffungskosten um die Abschreibungen kommt es nur in den Fällen, in denen der Steuerzahler das Grundstück **nach dem 31.7.1995 angeschafft** und veräußert hat (§ 52 Abs. 39 Satz 4 EStG a. F.).

Für den Fall, dass auf einem unbebauten Grundstück ein Gebäude errichtet worden ist, kommt es zu einer Kürzung um die Abschreibungen, wenn das Gebäude nach dem **31.12.1998 fertig gestellt** und veräußert wurde (§ 52 Abs. 39 Satz 4 EStG a. F.).

Der BFH hat im Beschluss v. 21.9.2005 (IX B 90/05, BFH/NV 2006 S. 55) entschieden, dass der **Abzug der AfA-Beträge** von den Anschaffungskosten zwecks Ermittlung der Spekulationseinkünfte **nicht verfassungswidrig** sei. Vielmehr führe der AfA-Abzug bei steuerbaren Veräußerungsgeschäften zu einer Gleichbehandlung der Wertzuwächse im Betriebs- und im Privatvermögen.

Ersatzweise Anschaffung

978 Nicht nur die Anschaffung eines Grundstücks im Privatvermögen und die spätere Veräußerung führen zu einem Spekulationsgeschäft, sondern auch

- die **Überführung eines Grundstücks in das Privatvermögen** des Steuerzahlers durch **Entnahme** oder **Betriebsaufgabe** sowie
- der **Antrag auf Steuerentstrickung** nach dem Umwandlungssteuergesetz (§ 23 Abs. 1 Satz 2 EStG).

In diesen Fällen kommt es nicht auf die tatsächliche Anschaffung des Grundstücks an. Wer also im betrieblichen Bereich ein unbebautes Grundstück in den 70er Jahren erworben und 2000 für private Zwecke entnommen hat, der muss bei einer Veräußerung im Jahre 2010 die sich im Privatvermögen gebildeten stillen Reserven als Gewinn versteuern.

WICHTIG

Der BFH hat im Urteil v. 18.10.2006 (IX R 32/06, BFH/NV 2007 S. 228) entschieden, dass in den Fällen, in denen Grundstücke vor dem 1.1.1999 aus dem Betriebsvermögen entnommen worden sind, in dieser Entnahme keine fiktive Anschaffung zu sehen sei. Vielmehr kommt es in diesen Fällen bei der Berechnung der 10-jährigen Spekulationsfrist auf die tatsächliche Anschaffung im betrieblichen Bereich an. Dies gilt auch für die Fälle, in denen die Entnahme im Rahmen einer Betriebsaufgabe vor dem 1.1.1999 erfolgt ist. Die Finanzverwaltung hat sich dieser Rechtsprechung angeschlossen (BMF, Schreiben v. 7.2.2007, IV C 3 – S 2256 – 11/07, BStBl 2007 I S. 262).

Die **Höhe des Spekulationsgewinns** richtet sich nach dem **Unterschiedsbetrag** zwischen dem **Veräußerungspreis** einerseits und dem **Teilwert** im Entnahmezeitpunkt andererseits; das, was bereits im betrieblichen Bereich an stillen Reserven versteuert wurde, wird also nicht nochmals der Besteuerung unterworfen.

Ist eine Besteuerung des Entnahmegewinns im betrieblichen Bereich unterblieben und kann der betreffende Steuerbescheid aus verfahrenstechnischen Gründen nicht mehr geändert werden, sind die im Zeitpunkt der Entnahme vorhandenen stillen Reserven steuerlich nicht erfasst worden. Nach Auffassung der Finanzverwaltung (vgl. OFD Düsseldorf, Verfügung v. 5.12.2002, S 2256 – 28 – St 221 – K) ist dann bei der Ermittlung des Spekulationsgewinns dem Veräußerungspreis der Buchwert im Zeitpunkt der Entnahme gegenüber zu stellen. Damit werden die **stillen Reserven**, die bislang im Betriebsvermögensbereich irrtümlich unbesteuert geblieben sind, nunmehr **bei der Spekulationsbesteuerung erfasst**. Diese Auffassung ist allerdings strittig, so dass Sie als Betroffener den **Steuerfall offen halten** sollten.

TIPP

Sollte das Grundstück bei Überführung in das Privatvermögen auf Grund des Veräußerungsfreibetrags von 45.000 € (§ 16 Abs. 4 EStG) nicht zur Einkommensteuer herangezogen worden sein, darf **dem Veräußerungspreis** nicht der Buchwert des Grundstücks **gegengerechnet** werden, sondern der **gemeine Wert im Zeitpunkt** der **Betriebsaufgabe**. Damit werden nur die stillen Reserven der Besteuerung unterworfen, die sich im Privatbereich in dem Grundstück gebildet haben.

Unentgeltlicher Erwerb bei Einzelrechtsnachfolge

Erfolgt ein unentgeltlicher Erwerb im Rahmen einer Einzelrechtsnachfolge, z. B. durch Schenkung, ist die Anschaffung oder Überführung des Wirtschaftsguts in das Privatvermögen durch den Rechtsvorgänger dem **Rechtsnachfolger zuzurechnen** (§ 23 Abs. 1 Satz 3 EStG). **979**

Ist ein **unbebautes Grundstück unentgeltlich übergegangen** und wurde es von dem **Beschenkten bebaut**, ist bei einer Veräußerung innerhalb der 10-Jahresfrist seit Anschaffung des unbebauten Grundstücks durch den Rechtsnachfolger auch das vom Beschenkten errichtete Gebäude, ggf. gekürzt um die Abschreibungen, in die Spekulationsbesteuerung mit einzubeziehen. **980**

Fiktive Veräußerungsgeschäfte

Als fiktive Veräußerungsgeschäfte werden nach § 23 Abs. 1 Satz 5 EStG der Spekulationsbesteuerung unterworfen **981**

- die Einlage eines Wirtschaftsguts in das Betriebsvermögen, wenn die Veräußerung im betrieblichen Bereich innerhalb des 10-jährigen Spekulationszeitraums, gerechnet ab Anschaffung des Wirtschaftsguts, vorgenommen wird, und
- die verdeckte Einlage eines Grundstücks in eine Kapitalgesellschaft.

Wird ein zum Privatvermögen gehörendes Grundstück in das Gesamthandsvermögen einer Personengesellschaft gegen **Gewährung von Gesellschaftsrechten** eingebracht, liegt ein tauschähnlicher Vorgang vor, bei dem die Einbringung nach dem BFH-Urteil v. 19.10.1998 (VIII R 69/95, BFH/NV 1999 S. 849) als Veräußerung angesehen wird. Liegen Anschaffung und Veräußerung innerhalb des 10-jährigen Spekulationszeitraums, sind die stillen Reserven im Rahmen der Spekulationsbesteuerung zu erfassen, und zwar in dem Jahr, in dem der Kaufpreis für das Grundstück zugeflossen ist (§ 23 Abs. 3 Satz 6 EStG). **982**

III Gestaltung und Tipps

TIPP

Gesellschaftsrechte erhalten Sie nur dann für die Übertragung des Grundstücks, wenn der Gegenwert zumindest teilweise über das Kapitalkonto I (Fest- oder Haftkapital) verbucht wird. Wollen Sie also Ihr Grundstück an die Personengesellschaft „veräußern", müssen Sie z. B. den Verkehrwert des Grundstücks von 1.000.000 € zum Teil über das Kapitalkonto I, angenommen 10.000 €, verbuchen. Den Restbetrag können Sie dann entweder auf dem Kapitalkonto II oder auf dem Konto „gesamthänderisch gebundene Rücklage" gutschreiben lassen. Diese Rechtsprechung hat der BFH im Urteil v. 17.7.2008 (I R 77/06, BFH/NV 2008 S. 1941) bestätigt und hat damit die Auffassung im BMF-Schreiben v. 26.11.2004 (IV B 2 – S 2178 – 2/04, BStBl 2004 I S. 1190) nicht bestätigt. In diesem BMF-Schreiben hat die Finanzverwaltung die Auffassung vertreten, dass derjenige, der die „Einbuchung" über das Kapitalkonto I und das Konto gesamthänderisch gebundene Rücklage vornimmt, einen teilentgeltlichen Vorgang ausgelöst habe, der in einen unentgeltlichen Teilvorgang, soweit es das Kapitalkonto I betrifft, und in einen entgeltlichen Teilvorgang, soweit es das Rücklagenkonto betrifft, aufzuteilen sei. Von dieser Auffassung ist die Finanzverwaltung nunmehr im BMF-Schreiben v. 20.5.2009 (IV C 6 – S 2134/07/10005, BStBl 2009 I S. 671) abgerückt. Sie sieht nunmehr anknüpfend an das BFH-Urteil v. 17.7.2008 (a. a. O.) darin insgesamt einen entgeltlichen Vorgang, und zwar einen Tausch gegen Gewährung von Gesellschaftsrechten. Noch nicht geklärt sind die Fälle, in denen die Gegenleistung allein über das Kapitalkonto II oder das Konto gesamthänderisch gebundene Rücklage gebucht wurden. Hierin sieht die Finanzverwaltung, soweit es über das Kapitalkonto II gebucht wurde, einen Tausch und somit eine entgeltliche Leistung, und soweit es über das Rücklagenkonto gebucht wurde, einen unentgeltlichen Vorgang. Wegen der unklaren Rechtslage sollten Sie es jedoch vermeiden, den Gegenwert für das eingebrachte Grundstück insgesamt in das Kapitalkonto II oder die gesamthänderisch gebundene Rücklage einzustellen.

Beteiligung an einer Personengesellschaft

983 Bei Beteiligung an einer Grundstücksgesellschaft ist in der Anschaffung und Veräußerung einer solchen Beteiligung die **Anschaffung oder Veräußerung der anteiligen Wirtschaftsgüter** zu sehen, die dem Gesellschafter entsprechend seinem Anteil an der Personengesellschaft zuzurechnen sind (§ 23 Abs. 1 Satz 4 EStG). Bei Erwerb einer Beteiligung an einer Grundstücksgesellschaft und Veräußerung innerhalb der 10-jährigen Spekulationsfrist liegt ein Spekulationsgeschäft vor, weil die Beteiligung an der Grundstücksgesellschaft als anteilige Beteiligung an dem Grundstück angesehen wird. Des Weiteren kann es zu einer Spekulationsbesteuerung kommen, wenn die Grundstücksgesellschaft selbst ein Grundstück innerhalb des 10-Jahres-Zeitraums anschafft und veräußert.

TIPP

Erwirbt ein **Gesellschafter** eine **Beteiligung** an einer Grundstücksgesellschaft und veräußert die **Gesellschaft** nach seinem **Beitritt innerhalb der 10-Jahresfrist** ein ihr gehörendes **Grundstück**, ist u. E. nach dem Gesetzeswortlaut eine

Spekulationsbesteuerung abzulehnen. Die Finanzverwaltung vertritt dagegen die Auffassung, dass keine Trennung zwischen Gesellschafts- und Gesellschafterebene vorzunehmen sei. Vielmehr erwerbe ein Gesellschafter bei Beitritt zu einer Grundstücksgesellschaft einen Anteil an einem Grundstück, dem bei Veräußerung durch die Gesellschaft die anteilige Veräußerung gegenüberzustellen sei. Erfolgen beide Ereignisse innerhalb der 10-jährigen Spekulationsfrist, fällt ein steuerpflichtiger Spekulationsgewinn bzw. -verlust an (BMF, Schreiben v. 5.10.2000, ➜ Tz 974, Rz. 8).

Selbstgenutztes Wohneigentum von der Spekulationsbesteuerung ausgenommen

Von der Spekulationsbesteuerung ausgenommen sind Grundstücke, bei denen die Wirtschaftsgüter **984**

1. Alternative: im Zeitraum zwischen Anschaffung oder Fertigstellung und Veräußerung **ausschließlich zu eigenen Wohnzwecken genutzt** wurden oder
2. Alternative: im **Jahr der Veräußerung** und in den **beiden vorangegangenen Jahren** zu **eigenen Wohnzwecken genutzt** wurden (§ 23 Abs. 1 Satz 1 Nr. 1 Satz 3 EStG).

Der Gesetzgeber stellt bei der Freistellung von der Spekulationsbesteuerung nicht auf das Grundstück oder das grundstücksgleiche Recht ab, sondern auf das **Wirtschaftsgut**. Dient ein Grundstück insgesamt eigenen Wohnzwecken, ist es in vollem Umfang, Gebäude sowie Grund und Boden, freigestellt. Wird ein Grundstück zu **unterschiedlichen Zwecken genutzt**, z. B. zu eigengewerblichen Zwecken und zu eigenen Wohnzwecken, liegen ertragsteuerlich 2 Wirtschaftsgüter vor, von denen nur das zu eigenen Wohnzwecken von der Spekulationsbesteuerung befreit ist, und zwar mit dem auf dieses Wirtschaftsgut entfallenden Anteil am Grund und Boden und am Gebäude.

1. Alternative der Befreiungsvorschrift

Die Befreiung von der Spekulationsbesteuerung setzt voraus, dass das Wirtschaftsgut **985** „eigengenutzter Wohnraum" im Zeitraum **zwischen Anschaffung** oder **Fertigstellung** und **Veräußerung ausschließlich zu eigenen Wohnzwecken genutzt** wurde. Da die Nutzung durch den Steuerzahler erst ab Übergang von Nutzen und Lasten beginnen kann, muss bei der Beurteilung der Steuerbefreiung auf den **Anschaffungszeitpunkt** „Übergang des wirtschaftlichen Eigentums" abgestellt werden (BMF, Schreiben v. 5.10.2000, ➜ Tz 974, Rz. 25). Damit unterscheidet sich dieser Anschaffungszeitpunkt von dem Anschaffungszeitpunkt für die Spekulationsbesteuerung, für den es auf den Abschluss des notariell beurkundeten Kaufvertrags ankommt (➜ Tz 976).

Auch beim **Veräußerungszeitpunkt** ist darauf abzustellen, wann Nutzen und Lasten auf den Erwerber übergehen. Bis zu diesem Zeitpunkt muss eine Eigennutzung durch den Grundstückseigentümer erfolgen. Auch hier weicht der Veräußerungszeitpunkt i. S. der Befreiungsvorschrift von dem allgemeinen Veräußerungszeitpunkt für die Spekulationsbesteuerung „notarieller Kaufvertrag" ab.

Haben Sie das **Gebäude** auf einem unbebauten Grundstück **selbst hergestellt**, kommt es für die Anwendung der Befreiungsvorschrift auf den Zeitpunkt der Fertigstellung einerseits und auf den Übergang von Nutzen und Lasten als Veräußerungszeitpunkt andererseits an. In diesem Zeitraum dürfen Sie das von der Spekulationsbesteuerung freizustellende Wirtschaftsgut nur zu eigenen Wohnzwecken genutzt haben.

III Gestaltung und Tipps

Die Nutzung zu Wohnzwecken muss durch den Grundstückseigentümer in der Weise erfolgen, dass er die Wohnung **tatsächlich bewohnt**. Dabei kommt es nicht darauf an, ob die Wohnung den **Mittelpunkt der Lebensinteressen** des Steuerzahlers bildet oder nur als Zweitwohnung dient. Eine Nutzung zu eigenen Wohnzwecken liegt grundsätzlich nicht vor, wenn Sie eine **leer stehende Wohnung** für eine spätere Selbstnutzung bereithalten.

WICHTIG

Dies sieht die Finanzverwaltung (BMF, Schreiben v. 5.10.2000, ➜ Tz 974, Rz. 25) aus Billigkeitserwägungen nicht so eng. Ein **Leerstand vor Beginn** der Nutzung zu eigenen Wohnzwecken ist unschädlich, wenn er mit der beabsichtigten Nutzung des Wirtschaftsguts zu eigenen Wohnzwecken im Zusammenhang steht. Dies gilt auch für einen **Leerstand zwischen Beendigung der Nutzung zu eigenen Wohnzwecken** und **Veräußerung** des Gebäudes, wenn Sie die Veräußerungsabsicht gegenüber dem Finanzamt nachweisen.

986 Im Fall der Scheidung ist darauf zu achten, dass die **Erfüllung eines Zugewinnausgleichsanspruchs** durch Übertragung eines Grundstücks zu einer **Spekulationsbesteuerung** führen kann, wenn das Grundstück innerhalb der 10-jährigen Spekulationsfrist angeschafft und übertragen wurde. Denken Sie z. B. an den Fall, dass der Ehemann im Jahre 1999 eine Eigentumswohnung angeschafft hat und diese seither vermietet. Um den Zugewinnausgleichsanspruch seiner Ex-Ehefrau erfüllen zu können, wird dieses Grundstück von ihm 2010 übertragen. Dann liegt ein **tauschähnlicher Vorgang** vor, und zwar Verzicht auf eine Forderung gegen Grundstücksübertragung. Der Ehemann muss den dadurch ausgelösten Spekulationsgewinn versteuern.

WICHTIG

Für die Steuerbefreiung bei der Spekulationsbesteuerung fehlt es an einer Vorschrift, die die **unentgeltliche Überlassung an Dritte** der Eigennutzung gleichstellt. Um hier nicht zu widersinnigen Ergebnissen zu kommen, empfiehlt es sich, die Eigennutzung durch den Steuerzahler und seine Familienangehörigen weit auszulegen. Zum Kreis der Familie dürften demnach nicht nur der Ehegatte und die Kinder, sondern auch die Eltern, Großeltern und Enkel, aber auch der **geschiedene Ehegatte**, rechnen.

987 TIPP

Sollte Ihr **Kind auswärts studieren** und daher auf eine Unterkunft am Studienort angewiesen sein, wird Ihnen ggf. von Bauträgergesellschaften der Erwerb eines kleinen Appartements angeboten. Entschließen Sie sich für einen solchen Erwerb und **überlassen** Sie dieses **Appartement** an Ihr Kind während der **Studienzeit**, ist der bei einer Veräußerung innerhalb der 10-jährigen Spekulationsfrist aufgedeckte **Veräußerungsgewinn steuerfrei**, wenn Sie für Ihr Kind während der Nutzungsüberlassung Kindergeld erhalten. Die Überlassung muss allerdings unentgeltlich erfolgen. Steht Ihnen nach Abschluss des Studiums für das Kind kein Kindergeld mehr zur Verfügung, muss die Nutzungsüberlassung sofort beendet werden und ein unmittelbar anschließender Verkauf erfolgen, um die Steuerbefreiung nicht zu gefährden.

Der Gesetzgeber stellt bei der 1. Alternative der Steuerfreistellung darauf ab, dass ein **988** Wirtschaftsgut ab Anschaffung bis zur Veräußerung **ausschließlich** eigenen Wohnzwecken dient. Wird das Wirtschaftsgut in diesem Zeitraum anderweitig genutzt, z. B. durch Vermietung oder unentgeltliche Nutzungsüberlassung an Dritte oder durch gewerbliche bzw. freiberufliche Nutzung, fehlt es für die Anwendung der Steuerbefreiung an dem Merkmal „ausschließlich". Werden Teile einer eigengenutzten Wohnung in dem Beurteilungszeitraum **zeitweise fremdvermietet**, ist hierin ein **gesondertes Wirtschaftsgut** „fremdvermieteter Wohnraum" zu sehen, der nicht in die Steuerbefreiung einzubeziehen ist.

2. Alternative der Befreiungsvorschrift

Wird ein Wirtschaftsgut im Zeitraum zwischen Anschaffung oder Fertigstellung und **989** Veräußerung **zeitweise zu eigenen Wohnzwecken genutzt**, steht Ihnen eine Befreiung von der Spekulationsbesteuerung nur dann zu, wenn das Wirtschaftsgut im Jahr der Veräußerung und in den beiden vorangegangenen Jahren zu eigenen Wohnzwecken genutzt wurde. Für die Steuerbefreiung reicht es u. E. aus, wenn Sie in **jedem Jahr** das Wirtschaftsgut **zeitweise zu eigenen Wohnzwecken genutzt** haben. Eine **ganzjährige Nutzung** ist nach dem Wortlaut des Gesetzes (vgl. § 23 Abs. 1 Satz 1 Nr. 1 Satz 3 EStG) für den 3-Jahres-Zeitraum **nicht erforderlich** (vgl. BMF, Schreiben v. 5.10.2000, → Tz 974, Rz. 25).

BEISPIEL

A hat 2003 ein Einfamilienhaus angeschafft und ist unmittelbar danach mit seiner Familie dort eingezogen. Dieses Einfamilienhaus hat er ab dem 1.2.2010 an B vermietet. B erwirbt dieses Einfamilienhaus Ende 2010.

Der durch die Veräußerung ausgelöste Spekulationsgewinn ist nicht steuerpflichtig, da A das Einfamilienhaus im Veräußerungsjahr und in den beiden vorangegangenen Kalenderjahren zu eigenen Wohnzwecken genutzt hat. Der Umstand, dass die Eigennutzung 2010 nur zeitweise vorlag, wirkt sich auf die Steuerbefreiung nicht schädlich aus. Denn es reicht aus, wenn das Einfamilienhaus im jeweiligen Kalenderjahr zeitweise eigenen Wohnzwecken gedient hat.

WICHTIG

Die Finanzverwaltung sieht dagegen die Vermietung als schädlich an. Denn sie fordert auch für die 2. Alternative – entgegen dem Gesetzeswortlaut – ab Einzug bis zur Veräußerung eine **ausschließliche Nutzung** zu eigenen Wohnzwecken. In diesem Zeitraum ist eine vorübergehende Fremdvermietung, auch wenn sie nur kurzfristig erfolgt, aus ihrer Sicht schädlich.

Geht eine Wohnung durch Erbfolge oder durch Schenkung auf einen Rechtsnachfolger **990** über, ist die Eigennutzung durch den Rechtsvorgänger dem Erwerber zuzurechnen. Hat z. B. der Erblasser die Wohnung 2008 und 2009 zu eigenen Wohnzwecken genutzt und ist sie nach dessen Tod durch den Erben bezogen worden, der dann die Wohnung Anfang 2010 veräußert hat, ist die Nutzungsvoraussetzung für die Steuerbefreiung erfüllt.

III Gestaltung und Tipps

10.5   Einkünfte aus bestimmten Leistungen

991   Bei § 22 Nr. 3 EStG handelt es sich um einen „Auffangparagraphen". Besteuert werden also insbesondere Einnahmen aus der gelegentlichen Vermittlung von Kaufgeschäften, Tauschgeschäften und aus der Vermietung einzelner beweglicher Gegenstände, soweit es sich nicht um Einkünfte aus Vermietung und Verpachtung handelt.

992   Das folgende **ABC** gibt Ihnen einen Überblick über steuerpflichtige bzw. nicht steuerpflichtige Leistungen:

	steuer-pflichtig	nicht steuer-pflichtig
Abfindung an den Mieter einer Wohnung, soweit er sie für Vermögenswerteinschränkungen seiner Mietposition erhält		X
Abfindung für die **Aufgabe einer Wohnung** unter besonderen Voraussetzungen	X	
Abfindung für die **Aufgabe** eines dinglichen Rechts an einem Nachbargrundstück, dessen Bebaubarkeit dadurch eingeschränkt wird		X
Bestechungsgelder, die ein Arbeitnehmer dafür erhält, dass er Geschäfte seines Arbeitgebers ohne dessen Wissen zu dessen Nachteil ausführt; die Besteuerung der Bestechungsgelder erfolgt im Jahr des Zuflusses, auch wenn ihre Abführung an den Arbeitgeber in späteren Veranlagungszeiträumen mangels Verlustverrechnungsmöglichkeit nicht steuermindernd geltend gemacht werden kann (BFH, Beschluss v. 9.12.2009, IX B 132/09, BFH/NV 2010 S. 646)	X	
Bindungsentgelt, das beim Wertpapieroptionsgeschäft dem **Optionsgeber** gezahlt wird, gekürzt um das Entgelt für ein Glattstellungsgeschäft	X	
einmalige **Bürgschaftsprovision**	X	
Entgelt für freiwilliges **Einsammeln** und **Verwerten leerer Flaschen**	X	
Entgelt für die **Beschränkung** der **Grundstücksnutzung**	X	
Entgelt für die **Einräumung** eines **Vorkaufsrechts**	X	
Entgelt für den Verzicht auf Einhaltung des gesetzlich **vorgeschriebenen Grenzabstands** eines auf dem Nachbargrundstück errichteten Gebäudes	X	
Entgelt für die Abgabe eines **zeitlich befristeten Kaufangebots** über ein Grundstück	X	
Entgelt für den Verzicht auf ein dingliches Recht („Aufhebung einer Dienstbarkeit") eines Grundstückseigentümers am Nachbargrundstück		X

	steuer-pflichtig	nicht steuer-pflichtig
Entgelt für den **Verzicht** des Inhabers eines eingetragenen **Warenzeichens** auf seine Abwehrrechte	✗	
Entgelt für ein vertraglich vereinbartes umfassendes **Wettbewerbsverbot**	✗	
Entgelt für eine Vereinbarung, das **Bauvorhaben** des Zahlenden zu **dulden**	✗	
Entgelt für die **regelmäßige Mitnahme** eines **Arbeitskollegen** auf den Fahrten zwischen Wohnung und Arbeitsstätte	✗	
Entgelt für die Inanspruchnahme des eigenen Grundstücks bei **Bauten auf dem Nachbargrundstück**		✗
Entgeltliche **Hinnahme** von **Baumaßnahmen** auf dem Nachbargrundstück	✗	
Entschädigung für die **Überspannung** eines Grundstücks mit E-Leitungen		✗
Entschädigung für den Verzicht auf einen Finanzgerichtsprozess, damit über ein **Steuersparmodell** eventuell nicht abschlägig entschieden wird	✗	
Erlös aus der Veräußerung einer **Zufallserfindung**		✗
Vergütung für die **Rücknahme des Widerspruchs** gegen den Bau und Betrieb eines Kraftwerks	✗	
Entgelt für die Abtretung von **Rückkaufsrechten** an Grundstücken		✗
Entschädigung für eine faktische **Bausperre**		✗
Gewinne aus Errichtung und Veräußerung von **Kaufeigenheimen**, auch wenn die Eigenheime vor Errichtung verkauft worden sind		✗
Pflegeentgelt für einen im Haushalt aufgenommenen Angehörigen		✗
Preisgelder für die Teilnahme als Kandidat an einer Fernsehshow bei Bestehen eines gegenseitigen Leistungsverhältnisses (Einzelheiten hierzu vgl. BMF, Schreiben v. 30.5.2008, IV C 3 – S 2257/08/10001, BStBl 2008 I S. 645 unter Bezugnahme auf das BFH, Urteil v. 28.11.2007, IX R 39/06, BFH/NV 2008 S. 642).	✗	
Provision als Entgelt für eine **Vermittlungstätigkeit**, insbesondere für die Vermittlung von Lebensversicherungen, auch wenn diese ringweise erfolgt (BFH, Urteile v. 20.1.2009, IX R 35/07 und IX R 34/07, BFH/NV 2009 S. 768, S. 650)	✗	
Provision für die Bereitschaft, bei geschäftlichen **Transaktionen** behilflich zu sein	✗	
Provision als **Belohnung** für einen „werthaltigen" Hinweis auf die Möglichkeit einer Rechtsposition	✗	

III Gestaltung und Tipps

543

	steuer-pflichtig	nicht steuer-pflichtig
Provision an den **Erwerber eines Grundstücks**, wenn dieser keine eigene Leistung des Erwerbers gegenübersteht		✗
Prozesskostenfinanzierung gegen Erfolgsbeteiligung (BFH, Urteil v. 10.7.2008, IX R 47/07, BFH/NV 2008 S. 2001)	✗	
Prozesskostenzuschuss (BFH, Urteil v. 25.2.2009, IX R 33/07, BFH/NV 2009 S. 1253)	✗	
Streikunterstützung		✗
Verzicht auf ein testamentarisch vermachtes, obligatorisches **Wohnrecht** gegen Entgelt im privaten Bereich		✗
Weiterleiten eines Teils der **Vertreterprovision** an den Versicherungsnehmer		✗
Zahlungen aus dem Programm zur Förderung von umweltgerechter Landwirtschaft, Erhaltung der Kulturlandschaft usw. in Thüringen (**KULAB**)	✗	

993 TIPP

Haben Sie von einem Arbeitskollegen ein Entgelt dafür erhalten, dass Sie ihn zur **Arbeitsstätte mitnehmen**, können Sie, neben der Entfernungspauschale für Fahrten Wohnung – Arbeitsstätte bei Ihren Einkünften aus nichtselbstständiger Arbeit, pro mitgenommenem Kollegen und gefahrenem km 0,02 € bei der Ermittlung der sonstigen Einkünfte abziehen (➜ Tz 725).

994 Von den Einnahmen aus sonstigen Leistungen können Sie die damit in Zusammenhang stehenden Werbungskosten abziehen. Allerdings sind diese Werbungskosten grundsätzlich im Jahr des **Zuflusses der Einnahme** zu berücksichtigen, selbst dann, wenn sie vor diesem Jahr angefallen sind oder nach diesem Jahr anfallen werden. Bei Unsicherheiten über die Höhe künftiger Werbungskosten ist die Veranlagung in diesem Punkt vorläufig durchzuführen. Hinsichtlich nicht vorhersehbarer Werbungskosten ist die Veranlagung rückwirkend gem. § 175 Abs. 1 Satz 1 Nr. 2 AO zu ändern (BFH, Urteil v. 3.6.1992, X R 91/90, BStBl 1992 II S. 1017).

TIPP

Einkünfte aus Leistungen i. S. d. § 22 Nr. 3 Satz 2 sind nur steuerpflichtig, wenn sie **256 €** oder mehr im Kalenderjahr betragen.

Die **Freigrenze von 256 €** im Kalenderjahr gilt auch für Einnahmen aus einer ehrenamtlichen Tätigkeit, z. B. im Rahmen des Vorstands eines gemeinnützigen Vereins. Hier sieht der Gesetzgeber einen **Freibetrag von 500 €** für die an das Vorstandsmitglied gezahlte Pauschalvergütung vor. Geht diese Pauschalvergütung über den Freibetrag von 500 € hinaus, kann die Freigrenze für sonstige Leistungen in Höhe von 256 € angewendet werden, wenn die Einnahmen des Steuerzahlers aus einer nebenberuflichen Tätigkeit zu den sonstigen Einkünften rechnen (BMF, Schreiben v. 25.11.2008, IV C 4 – S 2121/07/0010, BStBl 2008 I S. 985).

Verluste aus sonstigen Leistungen können bei der laufenden Veranlagung nur mit **995** Gewinnen aus solchen Leistungen verrechnet werden (§ 22 Nr. 3 Satz 4 EStG). Ergibt sich ein Verlustüberhang, so kann dieser ein Jahr zurückgetragen und auf die folgenden Veranlagungszeiträume vorgetragen und dort mit Gewinnen aus sonstigen Leistungen verrechnet werden. Eine **Verrechnung des Verlustes mit anderen Einkünften** ist **nicht möglich**.

Sind bei Ihnen vor 2009 oder in den Vorjahren **Verluste aus sonstigen Leistungen** angefallen und wurden diese Verluste gesondert festgestellt, können diese Verluste auch im Bereich der Kapitaleinkünfte mit dort angesetzten Einnahmen aus Optionsgeschäften (§ 20 Abs. 1 Nr. 11 EStG) verrechnet werden. Diese Verrechnungsmöglichkeit wurde im JStG 2009 geschaffen, allerdings zeitlich begrenzt bis einschließlich Veranlagungszeitraum 2013.

10.6 Abgeordnetenbezüge

Bezüge, die ein Abgeordneter des Bundestages, eines Landtages oder des Europäischen **996** Parlaments auf Grund eines Abgeordnetengesetzes erhält, rechnen zu den sonstigen Einkünften. Dagegen sind **Aufwandsentschädigungen**, z. B. Tages- oder Sitzungsgelder, die nach diesen Gesetzen gezahlt werden, **steuerfrei** (§ 3 Nr. 12 EStG). Dadurch ist der Abzug von Werbungskosten, die mit den Abgeordnetenbezügen zusammenhängen, ausgeschlossen. Davon betroffen sind insbesondere Wahlkampfkosten eines erfolglosen Bewerbers, Sonderbeiträge des Abgeordneten an seine Partei und Repräsentationsaufwendungen.

WICHTIG

Rügt ein Steuerzahler, der nicht zu den Abgeordneten des Deutschen Bundestags gehört, im finanzgerichtlichen Verfahren eine gleichheitswidrige Begünstigung der Abgeordneten auf Grund der diesen gewährten steuerfreien Kostenpauschale, kommt die Vorlage an das BVerfG zur Überprüfung ihrer Verfassungsmäßigkeit mangels Entscheidungserheblichkeit nicht in Betracht (BFH, Urteil v. 11.9.2008, VI R 13/06, BFH/NV 2008 S. 1933). Die gegen das BFH-Urteil eingelegte Verfassungsbeschwerde hat das BVerfG mit Beschluss v. 26.7.2010 (2 BvR 2227/08, 2 BvR 2228/08, BFH/NV 2010 S. 1983) abschlägig beschieden. Damit benachteiligt die steuerfreie Abgeordnetenpauschale nicht Steuerzahler mit Einkünften aus nichtselbstständiger Tätigkeit. Es ist damit zu rechnen, dass die Finanzverwaltung anhängige Einspruchsverfahren nunmehr zu Ihren Lasten erledigt.

Mit Beginn dieser Legislaturperiode ist das neue Abgeordnetenstatut des Europäischen Parlaments in Kraft getreten, mit dem sich auch die steuerliche Situation für **Abgeordnete des Europäischen Parlaments** ändert. § 22 Nr. 4 EStG enthält die dafür erforderlichen nationalen Regelungen zur Besteuerung der Einkünfte, die Abgeordnete und ehemalige Abgeordnete sowie ihre Hinterbliebenen aus dem Haushalt der EU beziehen, und zur Anrechnung der von der EU auf die Einkünfte erhobenen Gemeinschaftsteuer. Die Änderungen gelten **ab** dem Veranlagungszeitraum **2009**.

III Gestaltung und Tipps

11 Anlage FW – Förderung des Wohnungseigentums

11.1 Anwendungsfälle für die Anlage FW

997 Das Ausfüllen der Anlage bereitet bei Ihrer Einkommensteuererklärung 2010 keine Schwierigkeiten, weil Sie meist bereits im Vorjahr für Ihre selbstgenutzte Wohnung einen 10e-Abzugsbetrag geltend gemacht haben. In der Regel dürfte dann ein Kreuz in **Zeile 15** der Anlage FW „Abzugsbetrag wie 2009" genügen. Allerdings sollten Sie auch in diesen Fällen prüfen, ob Ihnen im Vergleich zum Vorjahr weitere Steuervergünstigungen zustehen. Dies kann z. B. der Fall sein bei

- einer **Nachholung** bisher nicht ausgenutzter Abzugsbeträge nach § 10e EStG,
- **nachträglichen Herstellungskosten**, die nicht nur zu einer Erhöhung des Abzugsbetrags für 2010 führen, sondern auch zu einer Nachholung für vergangene Jahre,
- einer **Nachholung von Baukindergeld**, das sich in den vergangenen Jahren steuerlich nicht ausgewirkt hat, oder
- einem **Rücktrag von Baukindergeld** auf vorangegangene Veranlagungszeiträume.

11.2 Einzug in die selbstgenutzte Wohnung vor 1987

998 In diesem Abschnitt finden Sie Hinweise zum Ausfüllen der Anlage FW, wenn Sie

- die selbstgenutzte Wohnung im eigenen Haus bzw. die selbstgenutzte Eigentumswohnung **vor 1987** zu eigenen Wohnzwecken genutzt haben und
- dort auch noch **2010** wohnen.

999 Sie haben Baumaßnahmen durchgeführt, die zu erhöhten Absetzungen berechtigen würden. Hierbei kann es sich handeln um

- **Städtebausanierungsmaßnahmen** sowie Maßnahmen an Gebäuden von geschichtlicher, künstlerischer oder städtebaulicher Bedeutung und
- **Maßnahmen des Denkmalschutzes**.

Wurden diese Baumaßnahmen 2009 oder früher durchgeführt, kreuzen Sie, falls sich 2010 keine Änderungen gegenüber dem Vorjahr ergeben haben, in **Zeile 13 oder 14** das Kästchen „wie Vorjahr" an.

Bei einem selbstgenutzten Baudenkmal sowie bei einem selbstgenutzten Objekt in einem Sanierungsgebiet oder städtebaulichen Entwicklungsbereich kann für Baumaßnahmen, die Sie **2010 durchgeführt** haben, ein **Sonderausgabenabzug** in Höhe von **10 %** der aufgewandten Kosten geltend gemacht werden. Voraussetzung für den 10 %igen Sonderausgabenabzug ist: Mit der Baumaßnahme muss vor dem 1.1.2004 begonnen worden sein. Dabei kommt es auf die Bauantragstellung bzw. auf das Einreichen der Bauunterlagen an, in Ausnahmefällen auf den tatsächlichen Baubeginn. In **Zeile 13** sind sowohl die Herstellungskosten als auch die Aufwendungen für Erhaltungsmaßnahmen einzutragen. Ist die 2010 durchgeführte **Baumaßnahme nach dem 31.12.2003 begonnen** worden – auch hier kommt es in der Regel auf den Bauantrag an –, steht Ihnen hierfür lediglich ein

Sonderausgabenabzug in Höhe von **9 % für 10 Jahre**, zusammen also 90 % der begünstigten Aufwendungen, zu (**Zeile 14**). 10 % gehen Ihnen als Steuereinsparungspotenzial verloren.

Häufig werden für die Durchführung von Baumaßnahmen an denkmalgeschützten Gebäuden **Zuschüsse** gewährt. Sie sind in **Zeile 22** einzutragen und auf einem besonderen Blatt zu erläutern. Diese Zuschüsse sind in der von der Denkmalschutzbehörde ausgestellten Bescheinigung angegeben. Sie **mindern** die von Ihnen aufgewandten **Herstellungskosten** oder **Erhaltungsaufwendungen**.

11.3 Einzug in die selbstgenutzte Wohnung in den Jahren von 1987 bis 1996 (10e-Abzugsbetrag)

In diesem Abschnitt finden Sie Hinweise zum Ausfüllen der **Anlage FW**, wenn Sie   **1000**

- die Wohnung im eigenen Haus bzw. die Eigentumswohnung zu eigenen Wohnzwecken nutzen,
- das betreffende Objekt **nach dem 31.12.1986 angeschafft** oder hergestellt haben und
- im Fall der Herstellung den **Bauantrag vor dem 1.1.1996** gestellt oder im Fall der Anschaffung den notariellen Kaufvertrag vor diesem Stichtag abgeschlossen haben.

CHECKLISTE 1001

Steuervorteile Anlage FW	✔
Grundförderung	Die Grundförderung beträgt • 4 Jahre lang 6 % aus höchstens 76.700 € = **4.602 €**, • 4 Jahre lang 5 % aus höchstens 76.700 € = **3.835 €**. Die 5 % bzw. 6 % werden jeweils auf die sog. Bemessungsgrundlage (= begünstigte Anschaffungs- bzw. Herstellungskosten) bezogen.
Nachholung der Grundförderung	In 2 Fällen kann sich die **Grundförderung gegenüber dem Vorjahr** erhöhen: • Sie haben im letzten Jahr (oder in den letzten Jahren) den Ihnen zustehenden 10e-Abzugsbetrag nicht in vollem Umfang ausgeschöpft und holen diese noch **nicht genutzten Beträge** im Jahr **2010 nach** (sog. Nachholung von Abzugsbeträgen). • Sie haben **2010 nachträglich Herstellungskosten** an Ihrem Gebäude, dadurch **erhöht** sich nicht nur die **Bemessungsgrundlage** für das laufende Jahr 2010, sondern auch die Bemessungsgrundlage für die vorangegangenen Jahre.

III Gestaltung und Tipps

| Baukindergeld | Beim Baukindergeld handelt es sich um einen Betrag, der direkt von Ihrer Steuer abgezogen wird. Er wird für jedes Kind i. S. d. § 32 Abs. 1 bis 5 und Abs. 6 Satz 7 EStG gewährt, das mit Ihnen in einer Haushaltsgemeinschaft lebt, wenn Sie die Voraussetzungen der **Grundförderung** erfüllen. Das Baukindergeld beträgt **512 €** je Kind für Objekte, die **nach dem 31.12.1990** angeschafft oder hergestellt wurden. |
| Einkommensbe-grenzung beachten! | Für Objekte, die **nach dem 31.12.1991 erworben** wurden (Datum des Kaufvertrags!) oder für die der **Bauantrag** nach dem **31.12.1991** gestellt wurde, müssen Sie die Einkommensgrenzen beachten: Beträgt der Gesamtbetrag der Einkünfte in Ihrem Fall für 2010 **mehr als 61.355 € bei Ledigen** bzw. **122.710 € bei zusammenveranlagten Ehegatten**, erhalten Sie für das Jahr 2010 weder den 10e-Abzugsbetrag noch das Baukindergeld. |

1002   Der 10e-Abzugsbetrag und daran anknüpfend das Baukindergeld werden **8 Jahre lang gewährt** (Begünstigungszeitraum). Der Begünstigungszeitraum **beginnt** mit dem Jahr der **Fertigstellung oder Anschaffung** der Wohnung und endet mit dem 7. auf dieses Jahr folgenden Kalenderjahr. Auch wenn die Nutzung zu eigenen Wohnzwecken nicht sofort im Anschaffungs- oder Fertigstellungsjahr erfolgt, ist eine **Verlängerung des Begünstigungszeitraums nicht möglich**.

11.4   Steuerbegünstigung für unentgeltlich überlassene Wohnungen

1003   Für Wohnungen, bei denen der Bauantrag vor dem 1.1.1996 gestellt wurde, kann der Steuerzahler in den Fällen, in denen er die Wohnung **unentgeltlich an Angehörige** zu Wohnzwecken überlässt, einen Abzugsbetrag nach § 10h EStG geltend machen. Wer diese Förderung in den vergangenen Jahren erhalten hat, muss in **Zeile 17** den Abzugsbetrag, als Ergebnis aus den begünstigten Herstellungskosten und dem darauf anzuwendenden Prozentsatz von **5 % oder 6 %**, eintragen. Sollten 2010 nachträgliche Herstellungskosten angefallen sein, erhöht sich, soweit der Höchstbetrag von 168.733 € bisher nicht ausgeschöpft war, die Bemessungsgrundlage. In diesem Fall muss 2010 eine **Neuberechnung des Abzugsbetrags** vorgenommen werden. Ansonsten können Sie die Daten aus Ihrer Einkommensteuererklärung 2009 übernehmen.

1996 wurde diese Förderung durch die Eigenheimzulage abgelöst. Diese können Sie auch für Wohnungen beantragen, die Sie unentgeltlich an Angehörige zu Wohnzwecken überlassen. Die Eigenheimzulage kann von Ihnen nur für solche Objekte beansprucht werden, bei denen Sie den Bauantrag vor dem 1.1.2006 gestellt oder den Kaufvertrag vor dem 1.1.2006 abgeschlossen haben.

12 Anlage V – Einkünfte aus Vermietung und Verpachtung

Einkünfte aus Vermietung und Verpachtung werden wie folgt ermittelt: **1004**

Einnahmen

./.   Werbungskosten

=   Einkünfte aus Vermietung und Verpachtung

Eine Übersicht über die **steuerpflichtigen Einnahmen** finden Sie in ➜ Tz 1031.

Beim Werbungskostenabzug gelten bei voll vermieteten Gebäuden keine Besonderheiten. Es sind alle Aufwendungen, die in wirtschaftlichem Zusammenhang mit dem vermieteten Objekt stehen, in vollem Umfang abziehbar. Zum Begriff und **Umfang der Werbungskosten** wird auf ➜ Tz 1051 verwiesen.

12.1 Anlage V – Vermietungseinnahmen (Seite 1)

Miteigentum

Gehört das vermietete Gebäude mehreren Personen, sind die Einkünfte zunächst für die **1005** Gemeinschaft insgesamt zu ermitteln. Diese Einkünfte (positive oder negative) werden dann im Normalfall nach dem Verhältnis der zivilrechtlichen Eigentumsanteile den Beteiligten zugerechnet. Eine hiervon abweichende Verteilung wird zwischen Angehörigen steuerlich anerkannt, wenn hierfür **vernünftige wirtschaftliche Gründe** vorliegen und die Gestaltung und Durchführung dem **zwischen fremden Personen Üblichen** entsprechen (BFH, Urteil v. 31.3.1992, IX R 245/87, BStBl II S. 890). Weitere Voraussetzung für die disquotale Zuordnung der Aufwendungen ist, dass weder eine Zuwendung an den anderen Miteigentümer beabsichtigt ist noch gegen diesen ein durchsetzbarer Ausgleichsanspruch besteht (BFH, Urteil v. 20.1.2009, IX R 18/07, BFH/NV 2009 S. 1247). **Abschreibungen** können aber nur dem zugerechnet werden, der die Anschaffungs- oder Herstellungskosten getragen hat (BFH, Urteil v. 7.10.1986, IX R 167/83, BStBl 1987 II S. 322).

Bei einer Miteigentümergemeinschaft werden die Einkünfte auch dann von den Miteigentümern gemeinschaftlich erzielt, wenn nicht alle die damit verbundenen Aufwendungen tragen. Etwas anderes gilt nur, wenn der wirtschaftliche Verzicht eines Beteiligten auf sein Teileigentum klar und eindeutig nachgewiesen ist.

Da die Einkünfte von den Miteigentümern gemeinschaftlich erzielt werden, sind sie in der **1006** **Erklärung zur gesonderten und einheitlichen Feststellung von Grundlagen für die Einkommensbesteuerung** geltend zu machen. Diese Erklärung ist zusätzlich zu den Einkommensteuererklärungen der an der Grundstücksgesellschaft beteiligten Steuerzahler bei dem Finanzamt einzureichen, in dessen Zuständigkeitsbereich sich die Verwaltung der Grundstücksgesellschaft befindet. Dieses Finanzamt führt ein **Feststellungsverfahren** durch und ermittelt für jeden Beteiligten die Einkünfte aus Vermietung und Verpachtung, die dann dem jeweiligen Wohnsitzfinanzamt des Beteiligten mitgeteilt werden. Die auf den Beteiligten entfallenden Einkünfte sind „unbesehen" vom Wohnsitzfinanzamt in dessen Einkommensteuerbescheid zu übernehmen.

III Gestaltung und Tipps

1007 Wird das Objekt von einem **Miteigentümer teilweise genutzt**, ist der Mietvertrag, den er mit der Grundstücksgesellschaft bzw. -gemeinschaft abgeschlossen hat, insoweit steuerlich nicht anzuerkennen, als die **überlassene Fläche seinem Miteigentumsanteil entspricht** (H 21.6 EStH). Die darauf entfallenden Einnahmen und Werbungskosten bleiben bei der Ermittlung der Einkünfte aus Vermietung und Verpachtung außer Ansatz (OFD München, Verfügung v. 7.4.2005, S 2253 – 87 St 41).

1008 **TIPP**

Sind Aufwendungen angefallen, die wirtschaftlich durch die Beteiligung eines **einzelnen Miteigentümers** an der Grundstücksgesellschaft bzw. -gemeinschaft verursacht sind, wie z. B. Finanzierungskosten für den Erwerb dieser Beteiligung, sind diese Werbungskosten als „Sonderposten" allein dem betreffenden Miteigentümer zuzurechnen. Die auf alle Miteigentümer zu verteilenden Einkünfte der Grundstücksgesellschaft bzw. -gemeinschaft sind in einem ersten Schritt ohne diese **Sonderwerbungskosten** zu ermitteln. Anschließend ist dann bei dem betreffenden Miteigentümer sein Anteil an den Einkünften um die Sonderwerbungskosten zu korrigieren.

Nießbrauch

1009 Durch einen Nießbrauch an einem Grundstück wird einem Dritten, dem Nießbrauchsberechtigten, das Recht eingeräumt, sämtliche **Nutzungen des Grundstücks** zu ziehen. Der Nießbraucher kann das Grundstück selbst nutzen, er kann es aber auch vermieten und verpachten. Zur Veräußerung oder Belastung des Grundstücks ist er nicht berechtigt.

Im Fall der Vermietung erzielt der **Nießbrauchsberechtigte Einkünfte aus Vermietung und Verpachtung**. Er muss die Einnahmen versteuern, kann aber nur die Aufwendungen als Werbungskosten abziehen, die **er gesetzlich oder auf Grund vertraglicher Vereinbarungen** zu tragen hat und **tatsächlich auch getragen** hat.

1010 Die Finanzverwaltung hat sich ausführlich zur steuerlichen Behandlung des Nießbrauchs an Grundstücken des Privatvermögens im BMF-Schreiben v. 24.7.1998 (IV B 3 – S 2253 – 59/98, BStBl 1998 I S. 914), Nießbrauchserlass, geäußert. Für die Zurechnung der Vermietungseinkünfte kommt es darauf an, dass sie von demjenigen zu versteuern sind, der den **Tatbestand der Einkunftserzielung** durch Vermietung und Verpachtung **erfüllt**.

WICHTIG

Bei **Einräumung eines Nießbrauchs** an einem Grundstück zugunsten **minderjähriger Kinder** fordert die Finanzverwaltung die Anordnung eines **Ergänzungspflegers** nur für die Bestellung des Nießbrauchsrechts, nicht aber für die Dauer des Nießbrauchs (BMF, Schreiben v. 9.2.2001, IV C 3 – S 2253 – 18/01, BStBl 2001 I S. 171).

1011 Trägt der Nießbraucher Aufwendungen, zu denen er **zivilrechtlich nicht verpflichtet** ist, kann er die Aufwendungen nicht als Werbungskosten geltend machen (§ 12 Nr. 2 EStG). Trägt der Nießbraucher **außerordentliche Aufwendungen**, zu denen er zwar nicht verpflichtet, aber nach § 1043 BGB berechtigt ist und die in seinem Interesse erfolgen, ist ein Werbungskostenabzug möglich, wenn er sich um einen Ersatzanspruch gegenüber dem Grundstückseigentümer bemüht. Verzichtet der Nießbraucher jedoch von vornherein gegenüber dem Grundstückseigentümer auf den Ersatzanspruch oder steht schon bei Durchführung der Maßnahme fest, dass der Ersatzanspruch nicht zu realisieren ist, versagt die Finanzverwaltung den Werbungskostenabzug beim Nießbraucher (Rz. 21 des o. a. Nießbraucherlasses).

TIPP

Vereinbaren Sie also im **notariellen Vertrag** genau und **detailliert, welche Kosten**, insbesondere welche Instandsetzungsaufwendungen, der **Nießbraucher zu tragen** hat. Ansonsten besteht die Gefahr, dass ein Teil der Aufwendungen nicht zum Abzug zugelassen wird. Aus steuerlichen Gründen ist es **zweckmäßig**, dass der Nießbraucher verpflichtet wird, sämtliche Aufwendungen zu tragen. Denn der Eigentümer kann mangels Einkunftserzielung die von ihm getätigten Aufwendungen nicht als Werbungskosten geltend machen.

Zuwendungsnießbrauch: Der Zuwendungsnießbraucher kann alle Grundstückskosten, **1012** die er zivilrechtlich zu übernehmen hat, als Werbungskosten bei der Einkunftsermittlung **abziehen.** Nicht abzugsfähig ist bei ihm die Gebäude-AfA (BFH, Urteil v. 24.4.1990, IX R 9/86, BStBl 1990 II S. 888). Lediglich wenn der Nießbraucher Herstellungskosten für von ihm eingebaute Anlagen und Einrichtungen im Sinne von § 95 Abs. 1 BGB getragen hat (insbesondere Scheinbestandteile), kann er dafür Abschreibungen geltend machen.

WICHTIG

Da der Grundstückseigentümer keine Einnahmen aus dem nießbrauchsbelasteten Grundstück erwirtschaftet, darf er weder Abschreibungen noch Grundstücksaufwendungen, die er getragen hat, als Werbungskosten abziehen. Damit gehen die Abschreibungen steuerlich verloren, da sie weder vom Grundstückseigentümer noch vom Zuwendungsnießbraucher als Werbungskosten geltend gemacht werden können.

Ist jemand auf Grund einer letztwilligen Verfügung des Grundstückseigentümers per **Vermächtnis** der Nießbrauch an einem Grundstück eingeräumt worden, ist ein solcher Vermächtnisnießbrauch einkommensteuerlich als Zuwendungsnießbrauch zu behandeln. Für den Vermächtnisnießbraucher bedeutet dies: Ihm stehen **keine Gebäude-AfA** zu (BFH, Urteil v. 28.9.1993, IX R 156/88, BStBl 1994 II S. 319).

Vorbehaltsnießbrauch: Ein solcher Nießbrauch liegt vor, wenn bei der Übertragung eines **1013** Grundstücks gleichzeitig ein Nießbrauchsrecht **zugunsten des bisherigen Eigentümers** an dem übertragenen Grundstück bestellt wird. Dabei ist die Bestellung des Nießbrauchs nicht als Gegenleistung des Erwerbers anzusehen, unabhängig davon, ob das Grundstück entgeltlich oder unentgeltlich übertragen wird (BFH, Urteile v. 10.4.1991, XI R 7–8/84, BStBl 1991 II S. 791 und v. 24.4.1991, XI R 5/83, BStBl 1991 II S. 793).

Ist das mit dem Vorbehaltsnießbrauch belastete Grundstück vermietet, erzielt der **Nießbraucher** Einkünfte aus Vermietung und Verpachtung, und zwar auch, wenn er das Grundstück dem Grundstückseigentümer entgeltlich überlässt. Als Werbungskosten können von den Einnahmen die Grundstückskosten abgezogen werden, zu denen er zivilrechtlich verpflichtet ist. Darüber hinaus stehen ihm für das Gebäude – wie zuvor als Grundstückseigentümer – die **Abschreibungen** zu.

III Gestaltung und Tipps

Der **neue Eigentümer** erzielt aus dem nießbrauchsbelasteten Grundstück keine Einnahmen; er darf daher auch keine Grundstückskosten als Werbungskosten abziehen. Erst nach Erlöschen des Nießbrauchs ist ein Werbungskostenabzug, auch der Abzug der AfA auf das gesamte Gebäude, möglich. Diese bemessen sich nach den Anschaffungskosten des Eigentümers, allerdings ohne Berücksichtigung des Kapitalwerts des Nießbrauchs. Das AfA-Volumen ist um die Beträge zu kürzen, die von den Anschaffungskosten des Eigentümers auf den Zeitraum zwischen Anschaffung des Grundstücks und Erlöschen des Nießbrauchs entfallen. Ist das Grundstück auf den Erwerber unentgeltlich übertragen worden, führt er nach Erlöschen des Nießbrauchs die AfA des Rechtsvorgängers fort (§ 11d EStDV).

Im Urteil v. 25.2.2009 (IX R 3/07, BFH/NV 2009 S. 1251) hat der BFH entschieden, dass Aufwendungen, die der Eigentümer eines mit einem Vorbehaltsnießbrauch belasteten Grundstücks getragen hat, ausnahmsweise dann vorab entstandene Werbungskosten bei den Vermietungseinkünften sein können, wenn er sie im eigenen Interesse als zukünftiger Nutzer des Hauses gemacht hat und der Nießbrauch nach den zugrunde liegenden Vereinbarungen zeitnah aufgehoben werden soll.

1014 WICHTIG

> **Vorsicht** ist geboten, wenn Ehegatten ihren Grundbesitz auf eines ihrer Kinder übertragen und sich dabei lebenslänglich ein **gemeinsames Nießbrauchsrecht** vorbehalten, das mit dem Tod des Längstlebenden erlischt. Dann droht der Verlust von AfA, weil der bisherige Grundstückseigentümer dem „Mit-Nießbraucher" das Nutzungsrecht zuwendet, so dass insoweit ein Zuwendungsnießbrauch vorliegt, der nicht zur Inanspruchnahme von Abschreibungen berechtigt.

Im Rahmen der rettenden Beratung sollten Sie sich bei Streichung der hälftigen AfA-Beträge durch das Finanzamt auf das BFH-Urteil v. 21.7.1988 (IX R 86/84, BStBl 1988 II S. 938) berufen. Dort hat der BFH entschieden, dass in den Fällen, in denen ein Grundstück unter Vorbehalt eines lebenslänglichen Nießbrauchsrechts zugunsten des bisherigen Grundstückseigentümers und seiner Ehefrau als Gesamtberechtigte übertragen wird, der bisherige Grundstückseigentümer den vollen Nutzungswert nach der alten Nutzungswertbesteuerung zu besteuern hat, weil sich an der wirtschaftlichen Situation „Eigennutzung durch die Familie" auf Grund des Nießbrauchsrechts nichts geändert hat. Diese Betrachtungsweise lässt sich auch auf die AfA-Berechtigung übertragen, so dass trotz des gemeinsamen Nutzungsrechts die volle AfA-Berechtigung beim bisherigen Grundstückseigentümer verbleibt, zumindest dann, wenn er auch in vollem Umfang die mit dem Grundstück zusammenhängenden Mieteinnahmen versteuert.

TIPP

> Um einen eventuellen AfA-Verlust in der gestaltenden Beratung bis zum Tod des A zu vermeiden, hätte das Nießbrauchsrecht wie folgt vereinbart werden sollen: Der Vater A überträgt das Mietwohngrundstück auf seinen Sohn und behält sich allein den Nießbrauch an diesem Grundstück zurück. Im Übertragungsvertrag wird dann weiter geregelt, dass, wenn A vor seiner Ehefrau versterben sollte, das **Nießbrauchsrecht durch die Ehefrau als Längstlebende** unverändert fortgesetzt wird. Bis zum Tod des A liegt ein Vorbehaltsnießbrauch vor, der zum vollen AfA-Abzug berechtigt. Sollte A vor seiner Ehefrau versterben, wird aus

dem Vorbehaltsnießbrauch ein Zuwendungsnießbrauch zugunsten der überlebenden Ehefrau. Ab diesem Zeitpunkt fallen dann die Abschreibungen bei der Ehefrau weg (vgl. BFH, Urteil v. 16.11.1993, IX R 103/90, BFH/NV 1994 S. 539).

Anerkennung eines Mietverhältnisses

Erfolgt die **Vermietung an Angehörige**, ist dies meist mit der Geltendmachung von **1015** Vermietungsverlusten verbunden. Daher prüft das Finanzamt besonders kritisch, ob Sie bei dieser Vermietung wie unter fremden Dritten vorgegangen sind. Sollte dies nämlich nicht der Fall sein, wird man Ihnen das Mietverhältnis steuerlich nicht anerkennen und den Verlust versagen. Sie sollten also unbedingt folgende Grundsätze hinsichtlich der steuerlichen Gestaltung des Mietverhältnisses beachten:

- Der Abschluss eines **schriftlichen Mietvertrags** ist auch zwischen Angehörigen nicht vorgeschrieben. Es ist aber trotzdem empfehlenswert, die getroffenen Vereinbarungen schriftlich zu fixieren, z. B. durch einen Formularmietvertrag. Es sollten klare Vereinbarungen darüber getroffen werden, welche **Nebenkosten** von dem Angehörigen zu tragen sind und wie die Nebenkosten abgerechnet werden. Bei **Studentenbuden** wird die Finanzverwaltung auf Grund der höchstrichterlichen Rechtsprechung großzügiger hinsichtlich der Umlagenvereinbarung sein. Hier ist es sogar möglich, eine Warmmiete zu vereinbaren und über die Nebenkosten nicht mehr abzurechnen. Dies wird häufig auch mit fremden Dritten so praktiziert.
- Die getroffenen Vereinbarungen müssen eingehalten werden. Hierzu gehört, dass die **Miete laufend bezahlt** wird. Wird die Miete nur unregelmäßig bezahlt oder gar gestundet, wird das Mietverhältnis mit einem Angehörigen nicht anerkannt (BFH, Urteil v. 19.6.1991, IX R 306/87, BStBl 1992 II S. 75). Am besten geschieht die Begleichung der Miete per Dauerauftrag.
- Die Wohnung muss dem Mieter jederzeit **zur Verfügung stehen** und während seiner Abwesenheit darf keine Nutzung zu eigenen Wohnzwecken durch den Vermieter erfolgen. Dies bedeutet, dass der Mieter sie eigenständig und nicht nur im Rahmen von Besuchen nutzt.

TIPP

Nicht jedes **geringfügige Abweichen** vom Üblichen führt bei Mietverhältnissen unter Angehörigen dazu, dass es steuerlich nicht anerkannt wird (BFH, Urteil v. 17.2.1998, IX R 30/96, BStBl 1998 II S. 349). Vielmehr muss stets unter Berücksichtigung der Umstände des Einzelfalls geprüft werden, ob ein ernsthaftes Vertragsverhältnis vorliegt, dies umso strenger, je mehr die Umstände auf eine private Veranlassung hindeuten. Die Hauptpflichten der Mietvertragsparteien, wie das Überlassen einer konkret bestimmten Mietsache und die Höhe der zu entrichtenden Miete, müssen stets klar und eindeutig vereinbart sowie entsprechend der Vereinbarung durchgeführt werden (BFH, Urteil v. 20.10.1997, IX R 38/97, BFH/NV 1998 S. 523). Wird im Mietvertrag vereinbart, dass die Miete auf das Bankkonto des Vermieters überwiesen werden muss und wird später behauptet, dass die Miete durch Barzahlung ohne Quittung bezahlt worden sei, wird das Mietverhältnis nicht anerkannt (BFH, Urteil v. 25.5.1993, IX R 17/90, BStBl 1993 II S. 834). Weist der mit dem Angehörigen geschlossene Mietvertrag in seinem Inhalt oder in seiner Durchführung dieselben **Mängel** auf, wie ein mit einem Fremden geschlossener Mietvertrag, verliert das zwischen fremden Dritten

III Gestaltung und Tipps

übliche Vertragsgebaren für die Indizienwürdigung an Gewicht. Die Mängel des Angehörigenvertrags deuten dann nicht ohne weiteres auf eine private Veranlassung des Mietverhältnisses hin (BFH, Urteil v. 28.6.2002, IX R 68/99, BFH/NV 2002 S. 1391). Bei der Überprüfung solcher Mietverträge kann für die Auslegung ursprünglich unklarer Vereinbarungen die später tatsächliche Übung der Vertragsparteien herangezogen werden.

Bei Dauerschuldverhältnissen kann somit für die Auslegung ursprünglich unklarer Vereinbarungen über die Nebenkostenabrechnung zur Konkretisierung des Vertragsinhalts auf die tatsächlichen Betriebskostenabrechnungen zurückgegriffen werden. Darüber hinaus muss, falls eine Nebenkostenabrechnung nicht dem zwischen Fremden Üblichen entsprechen sollte, im Rahmen der gebotenen Gesamtwürdigung der für oder gegen die private Veranlassung des Mietvertrags sprechenden Umstände Rechnung getragen werden.

WICHTIG

Ist aus einem Mietvertrag zwischen nahen Angehörigen nicht ersichtlich, ob es sich bei der vereinbarten Miete um eine Warm- oder Kaltmiete handelt, so fehlt es an einer klaren und eindeutigen Bestimmung der Höhe der Miete. Dies führt nach dem Beschluss des BFH v. 28.7.2004 (IX B 50/04, BFH/NV 2004 S. 1531) zur Versagung des Mietverhältnisses.

1016 Die **Nichtanerkennung eines Mietverhältnisses** zwischen Angehörigen hat zur Folge, dass eine unentgeltliche Überlassung unterstellt wird und damit keine Verluste für diese Wohnung bei der Veranlagung berücksichtigt werden. Lehnt das Finanzamt in einem Jahr den Abzug des Verlustes ab, können in späteren Jahren die sich ergebenden Verluste durchaus anerkannt werden, wenn dann die **Voraussetzungen** für ein **ernsthaft gewolltes** und **durchgeführtes** Mietverhältnis erfüllt werden.

1017 TIPP

Nun zu den Gestaltungsmöglichkeiten, die bei einer **Ehescheidung** im Hinblick auf die zu treffende **Unterhaltsvereinbarung** in Bezug auf die Überlassung einer Wohnung aus steuerlicher Sicht bestehen.

● Stehen mit der Wohnung noch **erhebliche Aufwendungen** im Zusammenhang, wie z. B. Schuldzinsen aus der Finanzierung sowie Sonderabschreibungen, erhöhte Absetzungen oder degressive AfA, die über die ortsübliche Miete für diese Wohnung hinausgehen, sollten Sie den anfallenden Verlust dazu nutzen, ihn mit positiven Einkünften verrechnen zu können. Dazu müssen Sie, getrennt von der Unterhaltsvereinbarung, mit Ihrem „Ex" einen **Mietvertrag abschließen**, wobei es durchaus zulässig ist, die Miete unmittelbar mit der **Unterhaltszahlung zu verrechnen** und nur noch den Rest an Ihren „Ex" zu überweisen. Hierin ist kein Gestaltungsmissbrauch zu sehen (vgl. BFH, Urteil v. 16.1.1996, IX R 13/92, BStBl 1996 II S. 214).

● Sollte der **Mietwert** der Wohnung **über den Grundstückskosten** liegen, so wäre die Vereinbarung eines Mietverhältnisses aus steuerlicher Sicht nicht sinnvoll. Denn dann müssten Sie aus diesem Mietverhältnis positive Einkünfte versteuern. In diesem Fall sollten Sie im Rahmen der Unterhaltsvereinbarung die Überlassung der Wohnung auf den Barunterhalt anrechnen und an Ihren „Ex" nur noch den Restbetrag in Form des Barunterhalts zahlen. Für den Abzug der Unterhaltsleistungen beim **Realsplitting** hat diese Vereinbarung keinerlei Nachteile. Denn der Mietwert der Wohnung, der auf den Unterhaltsleistungen des unterhaltsberechtigten Ex-Partners angerechnet wird, gehört bei Ihnen zu den Unterhaltsleistungen, die Sie als Sonderausgaben abziehen können (➜ Tz 366). Ihr „Ex" hat in Höhe dieses Betrags dann Einnahmen bei seinen sonstigen Einkünften zu versteuern (➜ Tz 967).

Überlassen **Eltern** einem **Kind Wohnräume** in ihrem Haus, die **keine abgeschlossene** **1018** **Wohnung** bilden, kann ein hierüber abgeschlossener Mietvertrag steuerlich nicht anerkannt werden (BFH, Urteil v. 16.1.2003, IX B 172/02, BFH/NV 2003 S. 412). Werden Wohnräume im Haus der Kinder, die keine abgeschlossene Wohnung bilden, an einen pflegebedürftigen Elternteil vermietet, wird das Mietverhältnis ebenfalls nicht anerkannt (BFH, Beschluss v. 4.7.2007, IX B 50/07, BFH/NV 2007 S. 1875). Dies gilt auch für die Überlassung von Wohnräumen an den Partner einer **nichtehelichen Lebensgemeinschaft** (BFH, Urteil v. 30.11.1996, IX R 100/93, BStBl 1996 II S. 359, und BFH, Beschluss v. 26.2.2008, IX B 226/07, BFH/NV 2008 S. 791).

WICHTIG

Wollen Sie Verluste steuerlich geltend machen, achten Sie darauf, dass die überlassenen Räumlichkeiten für sich eine **abgeschlossene Wohnung** mit eigenem Zugang darstellen. Dann können Sie – wie auch bei einer Vermietung an einen Dritten – Ihre Grundstückskosten den Einnahmen gegenrechnen, wobei Sie die Einnahmen aus steuerlicher Sicht nicht in Höhe der ortsüblichen Miete vereinbaren müssen, sondern sich auf 75 % dieser Miete beschränken können (➜ Tz 1025).

Andererseits hat der BFH im Urteil v. 14.1.2003 (IX R 5/00, BFH/NV 2003 S. 534) entschieden, dass ein Steuerzahler, der sein Haus zu **fremdüblichen Bedingungen** an seine **Eltern vermietet**, die Verluste aus Vermietung und Verpachtung auch dann abziehen kann, wenn er selbst ein Haus seiner Eltern **unentgeltlich zu Wohnzwecken nutzt**.

Vermietung als Liebhaberei

Verluste aus der Vermietung eines Grundstücks sind grundsätzlich ohne Rücksicht auf die **1019** Höhe bei der Einkommensteuerveranlagung in vollem Umfang zu berücksichtigen. Bei hohen und langjährigen Verlusten versuchen die Finanzämter mitunter, die Vermietung als steuerlich nicht zu berücksichtigende Liebhaberei hinzustellen, mit der Folge, dass die **Verluste außer Ansatz** gelassen werden. Bei Vermietung eines bebauten Grundstücks ist Liebhaberei nur in Ausnahmefällen anzunehmen (vgl. BMF, Schreiben v. 4.11.1998, IV C 3 – S 2253 – 8/98, BStBl 1998 I S. 1444).

Totalüberschuss: Entscheidend für die Anerkennung der Verluste ist, dass auf Dauer **1020** gesehen ein so genannter Totalüberschuss erwirtschaftet werden kann. Totalüberschuss bedeutet, dass **auf** die **Dauer** der Nutzung der Wohnung durch Vermietung insgesamt die **Einnahmen die Werbungskosten** übersteigen. Bei der Berechnung bleiben Veräußerungsgewinne außer Betracht. Für die Dauer der voraussichtlichen Vermögensnutzung ist bei Gebäuden grundsätzlich von einer tatsächlichen Nutzungsdauer von 100 Jahren auszugehen (BMF, Schreiben v. 23.7.1992, IV B 3 – S 2253 – 29/92, BStBl 1992 I S. 434).

III Gestaltung und Tipps

WICHTIG

Nach Verwaltungsmeinung (vgl. BMF, Schreiben v. 4.11.1998 → Tz 1019) sind bei der Ermittlung des Totalüberschusses **Sonderabschreibungen** und **erhöhte Absetzungen** nicht aus den Werbungskosten auszusondern. Dies sieht der BFH zumindest bei einer zeitlich unbefristeten Vermietung anders (BFH, Urteil v. 30.9.1997, IX R 80/94, BFH/NV 1998 S. 271). In vergleichbaren Fällen ist zu empfehlen, gegen den Steuerbescheid Einspruch einzulegen.

1021 Anknüpfend an diese Grundsätze hat der BFH in dem Urteil v. 9.7.2002 (IX R 47/99, BFH/NV 2002 S. 1392) entschieden, dass ein **gegen** die **Einkunftserzielungsabsicht sprechendes Indiz** in der Veräußerung des bebauten Grundstücks innerhalb eines **engen zeitlichen Zusammenhangs zur Anschaffung** bzw. **Herstellung** gesehen werden könne. Es gelte: Je kürzer der Abstand zwischen Anschaffung oder Errichtung des Objekts und der nachfolgenden Veräußerung, umso mehr spreche dies gegen eine auf Dauer angelegte Vermietungstätigkeit und für eine von Anfang an bestehende Veräußerungsabsicht (BFH, Urteile v. 18.1.2006, IX R 18/04, BFH/NV 2006 S. 1078 und v. 28.2.2007, IX B 161/06, BFH/NV 2007 S. 1477). Dagegen spricht allein die Tatsache, dass der Steuerzahler ein denkmalgeschütztes Objekt – wegen des damit verbundenen hohen Erhaltungsaufwands – vermietet, nicht von vornherein gegen die Einkunftserzielungsabsicht (BFH, Urteil v. 27.10.2005, IX R 3/05, BFH/NV 2006 S. 525).

TIPP

Bei einer zeitnahen Veräußerung müssen Sie gegenüber dem Finanzamt die Umstände darlegen und nachweisen, die dafür sprechen, dass Sie den Entschluss zur Veräußerung erst nachträglich gefasst haben. Dabei **reicht** es **nicht aus**, dass Sie auf den Abschluss **langfristiger Mietverträge** und die Finanzierung des Kaufpreises mit **langfristigen Darlehen** als Indizien für Ihre langfristig geplante Vermietungsabsicht hinweisen. Denn die langfristige Vermietung – so der BFH – kann als **Verkaufsargument** eingesetzt werden. Und die langfristige Finanzierung lässt sich ohne großen Aufwand auf andere Objekte „umleiten". Man wird Sie daher auffordern, darüber hinausgehende, nachvollziehbare Gründe für Ihren nachträglichen Veräußerungsentschluss vorzutragen. Hierüber sollten Sie vor Veräußerung des Objekts nachdenken, um keine bösen Überraschungen zu erleben.

Nach Auffassung der Finanzverwaltung (BMF, Schreiben v. 8.10.2004, IV C 3 – S 2253 – 91/04, BStBl 2004 I S. 933) kann in dem Abschluss eines Zeitmietvertrags, einer entsprechend kurzen Fremdfinanzierung oder in der Suche nach einem Käufer schon kurze Zeit nach Anschaffung oder Herstellung des Gebäudes ein Indiz dafür gesehen werden, dass das Mietobjekt nur zeitlich befristet zur Einkunftserzielung genutzt werden soll. Hier wird das Finanzamt prüfen, inwieweit in dieser kurzen Vermietungsphase ein Totalüberschuss der Einnahmen über die Werbungskosten erzielt werden kann. Die restriktive Verwaltungsmeinung wird durch die höchstrichterliche Rechtsprechung nicht gestützt (BFH, Urteil v. 14.12.2004, IX R 1/04, BFH/NV 2005 S. 455). Allein der Abschluss eines Mietvertrags auf eine bestimmte Zeit rechtfertigt es nicht, eine nicht auf Dauer ausgerichtete Vermietungstätigkeit anzunehmen. Vielmehr lässt es der Zeitmietvertrag ausdrücklich offen, wie die Nutzung nach Ablauf des Mietvertrags aussehen soll. Daher fordert der BFH für die Annahme einer von vornherein zeitlich befristeten Vermietungstätigkeit, dass noch weitere Umstände hinzutreten müssen, um bei der Überprüfung der Einkunftserzielungsabsicht einen verkürzten Prognosezeitraum annehmen zu können. Solche Umstände seien z. B. gegeben, wenn im Mietvertrag die Befristung mit einer ausdrücklich erklärten Selbstnutzungsabsicht oder Verkaufsabsicht verknüpft werde. Dies wird aus zivilrechtlicher Sicht häufig geschehen, da der Abschluss des Zeitmietvertrags bei Wohnungsvermietung in der Regel begründet werden muss.

Zur **Einkunftserzielungsabsicht** ist aus der Sicht der neueren BFH-Rechtsprechung noch Folgendes zu ergänzen:

- Eine im Hinblick auf eine von vornherein geplante und durchgeführte Eigennutzung nur **kurzfristige Fremdvermietung**, während derer lediglich Werbungskostenüberschüsse erzielt werden, spricht gegen eine auf Dauer angelegte Vermietungstätigkeit mit Einkunftserzielungsabsicht, so der BFH im Urteil v. 29.3.2007 (IX R 7/06, BFH/NV 2007 S. 1847).
- Ein Abzug als Werbungskosten bei den Einkünften aus Vermietung und Verpachtung kommt nicht in Betracht, wenn die Aufwendungen allein oder ganz überwiegend durch eine **beabsichtigte Veräußerung oder Selbstnutzung** veranlasst sind und so die Veranlassung durch die Vermietungstätigkeit überlagert wird (BFH, Beschluss v. 7.12.2006, IX B 34/06, BFH/NV 2007 S. 715).
- Allein die noch indifferenten Überlegungen einer **möglichen Selbstnutzung**, die der Vermieter – nur für sich – in Betracht zieht und die er dem Außenprüfer gegenüber als Grund für die hochwertige Ausstattung des Gebäudes nennt, rechtfertigt steuerlich noch nicht, von einer Vermietung auf Zeit mit Selbstnutzungsvorbehalt auszugehen (BFH, Urteil v. 2.4.2008, IX R 63/07, BFH/NV 2008 S. 1323).
- Wer Aufwendungen für seine zunächst selbstbewohnte, anschließend leerstehende und noch nicht vermietete Wohnung als vorab entstandene Werbungskosten geltend macht, muss seinen endgültigen Entschluss, diese Wohnung zu vermieten, durch ernsthafte und nachhaltige **Vermietungsbemühungen belegen**; ansonsten fehlt es an der Einkunftserzielungsabsicht und damit an der Möglichkeit, Verluste geltend zu machen (BFH, Urteil v. 28.10.2008, IX R 1/07, BFH/NV 2009 S. 68).
- Vermietet ein Steuerzahler auf Grund einheitlichen Mietvertrags ein bebautes Grundstück zusammen mit einem unbebauten, gilt die Einkunftserzielungsabsicht auf Grund einer unbefristeten Vermietung nur für das bebaute Grundstück, nicht dagegen für das unbebaute Grundstück (BFH, Urteil v. 26.11.2008, IX R 67/07, BFH/NV 2009 S. 813).
- Schließt der Steuerzahler als Vermieter zwar einen unbefristeten Mietvertrag über ein von ihm erworbenes Wohnhaus ab, beabsichtigt er aber – ausweislich des Mietvertrags – den **Verkauf** der vermieteten Immobilie konkret 12 Jahre nach Erwerb, ist seine Vermietungsabsicht nicht auf Dauer angelegt (BFH, Beschluss v. 17.2.2010, IX B 180/09, BFH/NV 2010 S. 883).
- Im Verfahren IX R 49/09 muss der BFH darüber befinden, ob ernsthafte und nachhaltige **Vermietungsbemühungen** als Voraussetzung für das Fortbestehen der Einkunftserzielungsabsicht **bei Leerstand** einer zuvor auf Dauer vermieteten Gewerbeimmobilie vorliegen. Im Streitfall geht es um eine Gewerbeimmobilie in einer wirtschaftsschwachen Region. Dabei sind nach der Entscheidung des FG München v. 17.9.2009 (5 K 942/07, EFG 2010 S. 216) die Anforderungen an die Intensität steuerlich relevanter Vermietungsbemühungen umso höher, desto schwieriger sich

III Gestaltung und Tipps

die Vermietung eines Objekts in Anbetracht seines Zustands, seiner Belegenheit und der wirtschaftlichen Entwicklung in der Region gestaltet.

● Beim BFH ist unter Az. IX R 44/09 die Frage anhängig, ob die Verluste einer Erbengemeinschaft aus einem verpachteten Reithallenbetrieb während der gerichtlich angeordneten Nachlasspflegschaft wegen fehlender Einkunftserzielungsabsicht anzuerkennen sind. Dabei muss der BFH auch der Frage nachgehen, ob bei der **Überschussprognose** isoliert auf die Verlustphase während der Verpachtung der Steuerzahler als Erben oder auf eine generationenübergreifende Totalüberschussprognose abzustellen ist. In vergleichbaren Fällen lohnt es sich, den Steuerbescheid offen zu halten.

WICHTIG

Die Einkunftserzielungsabsicht ist nicht bezogen auf das Grundstück, sondern bezogen auf jede einzelne vermietete Immobilie gesondert zu prüfen, vorausgesetzt, die Vermietungstätigkeit bezieht sich nicht auf das gesamte Grundstück, sondern auf darauf befindliche Gebäude oder Gebäudeteile. Ist die Vermietung eines Gebäudes oder Gebäudeteils auf Dauer angelegt, ist grundsätzlich davon auszugehen, dass der Steuerpflichtige beabsichtigt, letztlich einen Einnahmenüberschuss zu erwirtschaften, wenn der Mieter oder Pächter das Objekt nicht zu Wohnzwecken nutzt (BFH, Urteil v. 1.4.2009, IX R 39/08, BFH/NV 2009 S. 1301).

Im Urteil v. 20.7.2010 (IX R 49/09, BFH/NV 2010 S. 2181) hat der BFH entschieden, dass auch bei langfristiger Vermietung von Gewerbeobjekten – anders als bei Wohnobjekten – die Einkunftserzielungsabsicht nicht vermutet wird, sondern im Einzelfall konkret festzustellen ist. Dies erschwert in der Praxis die steuerliche Anerkennung von Verlusten. Im Streitfall ging es um ein Gewerbeobjekt, das in den Jahren 2002 bis 2005 nicht vermietet war, davor nur zum Teil, sporadisch und unter Wert. Dies führte zu erheblichen Werbungskostenüberschüssen. Die Vermietungsbemühungen des Steuerzahlers waren im Streitfall wenig effektiv. Der BFH kam bei dieser Sachlage zu dem Ergebnis, dass den Steuerzahler im Zweifel die objektive Beweislast für das Vorliegen einer Einkunftserzielungsabsicht treffe. Zeigte sich auf Grund bislang vergeblicher Vermietungsbemühungen, dass für das Objekt, so wie es baulich gestaltet sei, kein Markt bestehe und die Immobilie deshalb nicht vermietbar sei, so müsste der Steuerzahler zielgerichtet darauf hinwirken, unter Umständen auch durch bauliche Umgestaltungen einen vermietbaren Zustand zu erreichen. Bleibe er untätig und nehme den Leerstand auch künftig hin, spreche dieses Verhalten gegen den endgültigen Entschluss, zu vermieten.

1022 **Bauherrengemeinschaften und Immobilienfonds:** Beteiligungen an geschlossenen Immobilienfonds oder Bauherrengemeinschaften werden als Liebhaberei angesehen, wenn von vornherein eine **Rückkaufgarantie zu einem festgelegten Preis** erfolgt und damit kein wirtschaftliches Risiko beim Erwerber mehr vorliegt.

WICHTIG

Haben Sie die Hürde der „Liebhaberei" genommen, droht Ihnen bei Verlusten aus Bauherrengemeinschaften und Immobilienfonds die Verlustabzugsbeschränkung nach § 2b EStG bzw. nach § 15b EStG (➔ Tz 787). Letztere Vorschrift sieht vor, dass Sie bei einem **Steuerstundungsmodell** Ihre Verluste nur mit Gewinnen aus demselben Modell verrechnen können. Eine Verlustverrechnung mit anderen Einkünften ist hier nicht möglich. Ein Steuerstundungsmodell ist im Bereich der

Vermietungseinkünfte dann anzunehmen, wenn Sie sich an einem Fonds betei-
ligt haben oder wenn es sich um ein Bauherrenmodell handelt, bei dem die
Bauträger Ihnen ein Bündel an Leistungen, wie z. B. Mietgarantie und Vermittlung der Finanzierung, neben den eigentlichen Verlustträgern „Zinsen und
Abschreibungen" angeboten haben. Beschränkt sich der Bauträger allein darauf,
Ihnen erhöhte Absetzungen für Denkmalschutzbauten und Sanierungsobjekte zu
vermitteln, und müssen Sie Ihre Finanzierung selbst in die Hand nehmen und das
Mietausfallrisiko tragen, steht der Verlustverrechnung mit anderen Einkünften
§ 15b EStG nicht entgegen.

Die Anleger im Rahmen eines Bauherrenmodells sind in der Regel einkommensteuerlich als
Erwerber des bebauten Grundstücks anzusehen. Demnach gehören sämtliche Aufwendun-
gen, die der Anleger an die Projektanbieter und die Bauunternehmer leistet, um das fertig
gestellte Gebäude zu erhalten, zu den **Anschaffungskosten**, also auch Entgelte für die
Finanzierungsgarantie und die Finanzierungsvermittlung. Wegen weiterer Einzelheiten zu
Bauherren- und Sanierungsobjekten vgl. BMF, Schreiben v. 20.10.2003 (IV C 3 – S 2253a –
48/03, BStBl 2003 I S. 546) und wegen weiterer Einzelheiten im Zusammenhang mit
Steuerstundungsmodellen nach § 15b EStG vgl. BMF, Schreiben v. 17.7.2007 (IV B 2 – S
2241 – b/07/0001, BStBl 2007 I S. 542), ergänzt durch BMF, Schreiben v. 29.1.2008 (IV B
2 – S 2241 – b/07/0001, Haufe-Index 1965267). In diesem Zusammenhang sei noch auf
den Beschluss des BFH v. 2.7.2008 (IX B 46/08, BFH/NV 2008 S. 1615) hingewiesen.
Danach ist die Frage der Einkunftserzielungsabsicht sowohl auf der Ebene der Personengesellschaft als auch auf der Ebene des Gesellschafters zu überprüfen, wenn nach dem
Konzept eines geschlossenen Immobilienfonds in der Rechtsform einer Personengesellschaft die **Vermietungstätigkeit des Fonds nur 20 Jahre** umfassen soll; die Vermietungstätigkeit ist dann nicht auf Dauer ausgerichtet.

WICHTIG

Ihr Finanzamt wird Verluste aus Bauherren- und Erwerbergemeinschaften im
Veranlagungsverfahren nur dann berücksichtigen, wenn ihm auf Grund einer
Rückfrage bei dem für die Gemeinschaft zuständigen **Betriebsfinanzamt die
Höhe des Verlustes** bestätigt wird.

Ferienwohnungen: Der IX. Senat des BFH hat in mehreren Entscheidungen vom **1023**
6.11.2001, insbesondere im Urteil IX R 97/00 (BFH/NV 2002 S. 413), und im Urteil
v. 5.11.2002 (IX R 18/02, BFH/NV 2003 S. 549) für die Praxis bedeutsame Grundsätze
zur Berücksichtigung von Verlusten aus der Nutzungsüberlassung von Ferienwohnungen
aufgestellt. Diese Grundsätze werden auch von der Finanzverwaltung mitgetragen (BMF,
Schreiben v. 8.10.2004, IV C 3 – S 2253 – 91/04, BStBl 2004 I S. 933). Sollten größere
Verluste im Zusammenhang mit einer Ferienwohnung anfallen, sollten Sie **auf** eine
Eigennutzung während dieser **Verlustphase verzichten**, um die steuerliche Anerkennung der negativen Einkünfte aus Vermietung und Verpachtung nicht zu gefährden.
Besondere Probleme dürften dann auftreten, wenn Sie die Ferienwohnung nicht aus-
schließlich vermieten, sondern teilweise selbst nutzen. Hier sollten Sie bei Schwierigkeiten mit dem Finanzamt einen Steuerberater einschalten.

III   Gestaltung und Tipps

Aus der jüngeren BFH-Rechtsprechung (Entscheidungen v. 19.8.2008, IX R 39/07, BFH/NV 2009 S. 253, und v. 14.1.2010, IX B 146/09, BFH/NV 2010 S. 869) ergibt sich, dass bei einer Ferienwohnung, die nicht durchweg im ganzen Jahr an wechselnde Feriengäste vermietet war und bei der sich keine ortsüblichen Vermietungszeiten feststellen lassen, die Einkunftserzielungsabsicht durch eine **Prognose** überprüft werden muss. Wird dagegen die Ferienwohnung ausschließlich an wechselnde Feriengäste vermietet und in der übrigen Zeit hierfür bereitgehalten, ist ohne weitere Prüfung von der Einkunftserzielungsabsicht auszugehen, und zwar auch dann, wenn der Steuerzahler hohe Werbungskostenüberschüsse geltend macht. Vorsicht: Die Einkunftserzielungsabsicht ist aber dann anhand einer Prognose zu überprüfen, wenn das Vermieten die ortsübliche Vermietungszeit von Ferienwohnungen – ohne dass Vermietungshemmnisse erkennbar sind – um mindestens 25 % unterschreitet.

Ist die Vermietung der Ferienwohnung nur halbjährig, z. B. während der Sommersaison, vorgesehen und wird das Objekt im Übrigen, z. B. während der Wintersaison, weder selbst genutzt noch zur Vermietung bereitgehalten, gelten die vorstehenden Grundsätze zur Einkunftserzielungsabsicht unter Berücksichtigung der Überschussprognose entsprechend (BFH, Urteil v. 28.10.2009, IX R 30/08, BFH/NV 2010 S. 850).

WICHTIG

> Der BFH wendet die Rechtsprechung zur Vermietung von Ferienwohnungen auch auf die **Vermietung von Messezimmern** oder -wohnungen an, bei denen regelmäßig und typischerweise von einem häufigen Wechsel an Gästen in Verbindung mit Leerstandszeiten auszugehen ist (BFH, Urteil v. 4.3.2008, IX R 11/07, BFH/NV 2008 S. 1462). Auch hier ist bei Mitbenutzung zu eigenen Wohnzwecken das Vorliegen der Einkunftserzielungsabsicht anhand einer Prognoseberechnung zu prüfen, wobei der **Prognosezeitraum 30 Jahre** umfasst.

Unbebaute Grundstücke

1024 Die Vermutung, dass ein auf Dauer vermietetes Gebäude letztendlich einen Totalüberschuss „abwerfe", gilt nicht für die **dauerhafte Verpachtung von unbebauten Grundstücken** (BFH, Beschluss v. 25.3.2003, IX B 2/03, BFH/NV 2003 S. 858). Im Streitfall erzielte ein Steuerzahler aus überwiegend fremdfinanziertem, unbebautem Grundbesitz jährliche Pachteinnahmen sowie Jagdpacht. Hieraus ergaben sich Werbungskostenüberschüsse. Der BFH ließ in dem oben angeführten Urteil diese Werbungskostenüberschüsse nicht zur Verlustverrechnung zu. Dabei könne sich der Steuerzahler nicht auf die Vermutung berufen, dass eine dauerhafte Vermietung von Wohnimmobilien über einen Prognosezeitraum von 100 Jahren letztlich zu positiven Einkünften führe.

Dies hat der BFH im Urteil v. 28.11.2007 (IX R 9/06, BFH/NV 2008 S. 641) nochmals bestätigt. In diesem Urteil findet sich auch die Aussage, dass bei der Frage, ob Verluste bei Verpachtung eines unbebauten Grundstücks steuerlich abzugsfähig sind, eine **Prognoseberechnung** anzustellen ist, und zwar über einen Zeitraum von **30 Jahren**. Können Sie darstellen, dass sich für den Prognosezeitraum ein Totalüberschuss ergibt, wird Ihnen das Finanzamt die Verluste anerkennen. Ansonsten bedeutet dies: Keine Einkunftserzielungsabsicht und somit auch keine Verlustberücksichtigung.

Verbilligte Vermietung

Wird eine Wohnung bzw. ein Gebäude **völlig unentgeltlich überlassen**, hat der Eigentü- **1025**
mer hierfür keinen Nutzungswert anzusetzen; auch bei dem Nutzenden ist nichts zu
versteuern. Dies bedeutet andererseits, dass auch keine Werbungskosten und Steuervergünstigungen in Anspruch genommen werden können, mit Ausnahme der Steuerver-
günstigung für die unentgeltliche Nutzungsüberlassung nach § 10h EStG.

Wird dagegen für die Nutzung zu Wohnzwecken ein **Entgelt gezahlt** und liegt das Entgelt
unter der ortsüblichen Miete, so ist zu unterscheiden, ob die tatsächliche Miete **mindestens 56 %** der ortsüblichen Miete ausmacht oder **darunter liegt**.

WICHTIG

> Bei der **Mietgrenze** von 56 % handelt es sich um einen Durchschnittssatz. Das
> bedeutet in der Praxis, dass die tatsächlich 2010 vereinnahmte Miete einschließ-
> lich Umlagen stets mit dem Jahresbetrag der ortsüblichen Miete einschließlich
> Umlagen zu vergleichen ist. Dies gilt auch dann, wenn im Laufe des Jahres 2010
> eine Mietanpassung vorgenommen wurde, z. B. um die Miete von bisher 56 % auf
> 75 % zu erhöhen. Wegen weiterer Einzelheiten zum **Fremdvergleich** bei Miet-
> erhöhung (➜ Tz 1029).

Unterschreitet der tatsächliche Mietzins 56 % der ortsüblichen Miete, ist die Nutzungs- **1026**
überlassung in einen **entgeltlichen** und in einen **unentgeltlichen Teil aufzuspalten**. Der
Teil der Aufwendungen, der auf den unentgeltlich zur Verfügung gestellten Anteil entfällt,
kann **nicht** als **Werbungskosten** abgezogen werden. Dies gilt unabhängig davon, ob die
Vermietung an Angehörige oder an fremde Dritte erfolgt ist. Denn der Gesetzeswortlaut
des § 21 Abs. 2 EStG differenziert hier nicht.

BEISPIEL

A hat 2002 ein Zweifamilienhaus mit 2 gleich großen Wohnungen errichtet. Die
Herstellungskosten betrugen umgerechnet 340.000 €. Im Jahr 2010 zahlt A
insgesamt 9.000 € Zinsen. Eine Wohnung vermietet er an seine Eltern für
monatlich 310 €. Bei Fremdvermietung könnte er 600 € erzielen. Die zweite
Wohnung nutzt A selbst. An Werbungskosten für die vermietete Wohnung fielen
2010 (ohne AfA und Zinsen) 600 € an.

Mieteinnahmen (12 × 310 €)		3.720 €
Werbungskosten, Anteil für vermietete Wohnung:		
Zinsen 9.000 €, davon 50 % =	4.500 €	
AfA nach § 7 Abs. 5 Satz 1 Nr. 3		
EStG: 5 % von 170.000 €	8.500 €	
Summe:	13.000 €	
sonstige Werbungskosten	600 €	
Summe Werbungskosten für vermietete Wohnung	13.600 €	
von den Werbungskosten anzusetzen (3.720 € :		
7.200 € = 51,67 %; somit 51,67 % von		
13.600 €)		./. 7.027 €
Verlust aus Vermietung		3.307 €

TIPP

Sollte die vereinnahmte Miete **unter 56 %** der ortsüblichen Miete liegen und daher eine Aufteilung der Nutzungsüberlassung in einen entgeltlichen und einen unentgeltlichen Teilvorgang erfolgen, kann das Finanzamt Ihre Vermietungsverluste nicht deshalb ablehnen, weil auf Grund Ihres nicht marktgerechten Verhaltens eine Einkunftserzielungsabsicht nicht vorläge. Die Frage der Einkunftserzielungsabsicht ist, so der BFH im Urteil v. 22.7.2003 (IX R 59/02, BFH/NV 2003 S. 1493), bei verbilligter Vermietung insbesondere an Angehörige nicht zu prüfen, wenn es wegen der Höhe der Miete bereits auf Grund des Gesetzes anteilig zur Versagung der Werbungskosten kommt.

1027 Beträgt die tatsächlich gezahlte Miete **mindestens 56 % der ortsüblichen Marktmiete**, sind nach dem Gesetzeswortlaut sämtliche Werbungskosten einschließlich Abschreibungen, die auf diese Wohnung entfallen, in voller Höhe abzugsfähig. Hier hat der BFH mit Urteil v. 5.11.2002 (IX R 48/01, BFH/NV 2003 S. 253) für eine Änderung gesorgt. Bei einer verbilligten Vermietung, insbesondere an Angehörige, sind danach folgende Grundsätze zu beachten:

● Bei einer langfristigen Vermietung sind die Verluste auch dann steuerlich anzuerkennen, wenn die tatsächlich gezahlte Miete unter der ortsüblichen Miete liegt. Dabei ist von der Prüfung, ob ein **Totalüberschuss** durch diese Nutzungsüberlassung erwirtschaftet werden kann, abzusehen, wenn der Mietzins **nicht weniger als 75 % der ortsüblichen Miete** beträgt.

● Liegt die tatsächlich gezahlte Miete **zwischen 56 % und unter 75 % der ortsüblichen Miete**, dürfen Ihre Verluste nur dann steuerlich anerkannt werden, wenn Sie die **Einkunftserzielungsabsicht** anhand einer Überschussprognose **nachweisen** können. Gelingt Ihnen dies nicht, verlangt der BFH in dem oben angeführten Urteil eine Werbungskostenkürzung, und zwar im Verhältnis der tatsächlich vereinbarten Miete zur ortsüblichen Miete. Sie werden damit so behandelt, als wenn Sie eine ortsübliche Miete unter 56 % vereinbart hätten.

Hierbei legt die Finanzverwaltung – wie bei Ferienwohnungen – einen **Prognosezeitraum von 30 Jahren** zugrunde, der mit Abschluss des Mietvertrags mit dem Angehörigen beginnt, wobei die Einkünfte für diesen Prognosezeitraum nach steuerlichen Vorschriften zu ermitteln sind. Dafür sind die Einnahmen den Grundstückskosten einschließlich Abschreibungen gegenüber zu stellen, wobei man sich in der Regel für die Prognoseberechnung auf die Ergebnisse der letzten 5 Jahre beschränkt und diese hochrechnet. Ggf. kann auch unter Berücksichtigung der Ergebnisse der 5 Folgejahre eine solche Hochrechnung vorgenommen werden.

1028 TIPP

Haben Sie daran Zweifel, ob Sie innerhalb des 30-jährigen Prognosezeitraums dem Finanzamt einen Totalüberschuss nachweisen oder zumindest glaubhaft machen können, sollten Sie eine Anpassung der vereinbarten Miete an die 75 %-Grenze vorsehen. Für eine solche Mietanpassung dürfte es im ablaufenden Jahr 2010 zu spät sein. Denn die 75 %-Grenze bezieht sich auf den **Jahresdurchschnitt**. Stehen Ihnen für eine Mieterhöhung nur noch die Monate November und Dezember 2010 zur Verfügung und haben Sie bisher Mieten in Höhe von 56 % der ortsüblichen Miete vereinnahmt, müssten Sie die Miete für die verbleibenden Monate des Jahres 2010 auf jeweils 170 % der ortsüblichen Miete anheben. Also bietet sich nur eine Mieterhöhung ab dem 1.1.2011 an mit der Gefahr, dass im Jahre 2010 nicht sämtliche Werbungskosten berücksichtigt werden, weil Sie im Rahmen der Prognoseberechnung keinen Totalüberschuss glaubhaft machen konnten.

WICHTIG 1029

Für die Beurteilung, ob die 56 %- bzw. 75 %-Grenze erreicht ist, ist von der **Kaltmiete zuzüglich Umlagen** (Nebenkosten) auszugehen. Beträgt das vom Mieter bezahlte Entgelt mindestens 56 % bzw. 75 % der ortsüblichen Miete einschließlich der umlagefähigen Kosten, ist ein **voller** Werbungskostenabzug möglich. Die ortsübliche Marktmiete bestimmt sich aus Mieten für Wohnungen vergleichbarer Art, Lage und Ausstattung. Grundlage hierfür werden in der Regel Mietspiegel bilden. Sieht der örtliche Mietspiegel bei den Mietwerten eine Spanne vor, so ist jeder Mietwert, der sich in dieser Spanne „bewegt", als angemessen anzusehen und somit für die Vergleichsrechnung heranzuziehen (BFH, Beschluss v. 11.9.2007, IX B 4/07, BFH/NV 2007 S. 2291). Ist die Marktmiete nicht oder nur unter verhältnismäßigen Schwierigkeiten zu ermitteln, kann als Vergleichsmaßstab die sog. Kostenmiete herangezogen werden, so die Finanzverwaltung (OFD Chemnitz, Verfügung v. 19.2.2004, S 2253 – 106/1 St 22).

Maßgebend für den Mietvergleich ist die **vereinbarte Miete**. Sind Mietausfälle wegen Zahlungsunfähigkeit des Mieters oder aus anderen Gründen eingetreten, wirken sich diese auf die Höhe der vereinbarten Miete nicht aus.

Beachten Sie bei einer **Mietanpassung**, dass Sie grundsätzlich wie unter Fremden vorgehen. Allerdings lässt die Finanzverwaltung bei einer Vermietung an Angehörige **abweichend vom Mietrecht** folgende Anpassungsmöglichkeiten zu (OFD München, Verfügung v. 31.3.2004, S 2253 – 84 St 41):

- Zivilrechtlich sind Sie als Vermieter verpflichtet, dem Mieter das **Mieterhöhungsverlangen schriftlich** zu erklären und zu begründen. Soweit der Mieter der Mieterhöhung zustimmt, schuldet er die erhöhte Miete mit Beginn des 3. Kalendermonats nach Eingang des Mieterhöhungsverlangens (§ 558b BGB). Diese Vorschrift ist bei der Vermietung an Angehörige nicht zu beachten. Somit kann die Mieterhöhung unmittelbar ab dem ersten des auf das Mieterhöhungsverlangen folgenden Kalendermonats wirksam werden.
- Mieten dürfen innerhalb eines 3-Jahreszeitraums nur bis maximal 20 % angehoben werden (§ 558 Abs. 3 BGB). Wird diese Grenze überschritten, ist das Mieterhöhungsverlangen unwirksam (§ 558 Abs. 6 BGB). Die Finanzverwaltung (vgl. OFD Düsseldorf, Verfügung v. 13.2.2004, S 2253 A – St 214) sieht bei einer Vermietung unter nahen Angehörigen in dem **Verstoß gegen die 20 %-Grenze** keinen Umstand, das Mietverhältnis steuerlich nicht anzuerkennen. Voraussetzung ist allerdings, dass das Mietverhältnis ansonsten wie zwischen Fremden üblich vollzogen wird. Sie haben daher die Möglichkeit, bei Mietverhältnissen unter nahen Angehörigen eine Anpassung der Miete nicht nur an die 56 %-Grenze, sondern auch an die 75 %-Grenze ohne „steuerliches Gefahrenpotenzial" vornehmen zu können.

III Gestaltung und Tipps

TIPP

Eine verbilligte Vermietung an Angehörige ist steuerlich einer unentgeltlichen Überlassung **vorzuziehen**, solange sich infolge des vollen Werbungskostenabzugs Verluste aus Vermietung und Verpachtung ergeben, die über eine eventuelle Eigenheimzulage bei unentgeltlicher Nutzungsüberlassung hinausgehen. Sind die Einkünfte trotz der auf (fast) 56 % ermäßigten Miete positiv, ist eine voll unentgeltliche Überlassung steuerlich günstiger.

1030 CHECKLISTE

Verbilligte Vermietung

Damit Sie die Vorteile der verbilligten Vermietung auch in vollem Umfang ausnutzen können, sollten Sie die folgenden Grundsätze unbedingt beachten:

☐ Die verlangte Miete soll 2010 auf **keinen Fall** die **56 %-Grenze unterschreiten**.

☐ Ist zu erwarten, dass Sie bei einem Mietansatz von 56 % bis unter 75 % dem Finanzamt für einen 30-jährigen Prognosezeitraum keinen Totalüberschuss der Einnahmen über die Werbungskosten nachweisen können, sollte die Miete, wenn möglich, **ab 1.1.2011 mindestens 75 %** der ortsüblichen Miete betragen. Das sichert Ihnen auch künftig den Abzug Ihrer Vermietungsverluste trotz verbilligter Vermietung.

☐ Denken Sie daran, dass in die Vergleichsrechnung für die 56 %-Grenze **auch die Nebenkosten** einzubeziehen sind. Verlangen Sie deshalb bei einer verbilligten Vermietung auch die Nebenkosten mindestens zu 56 %. Hierunter fallen insbesondere Kosten für Zentralheizung, Warmwasserbereitung, Straßenreinigung, Müllabfuhr, Kaminkehrer, Hausbeleuchtung, Aufzug, Hausrat, Wasserversorgung, Entwässerung, Haus- und Grundstücksversicherungen und Grundsteuer.

☐ Das **Mietverhältnis** muss **so gestaltet sein**, wie es auch **zwischen Fremden üblich** wäre. Nehmen Sie einen üblichen Mustermietvertrag und treffen Sie alle Vereinbarungen so, wie Sie es mit einem fremden Dritten auch tun würden. Nur die Miethöhe ist natürlich niedriger anzusetzen.

☐ Achten Sie darauf, dass die **Miete laufend bezahlt** wird.

Steuerpflichtige Einnahmen

1031 Zu den Einnahmen, die im Rahmen der Einkünfte aus Vermietung und Verpachtung zu versteuern sind, gehören im Einzelnen:

● Miete für **Wohnungen** und **einzelne Räume**
● Miete für **Garage**(n) und Stellplätze
● Miete für Reklameflächen, Automatenstellplätze
● Miete für **unbebaute Grundstücke**
● **Nebenkosten** und **Umlagen**, die vom Mieter bezahlt werden
● Mietvorauszahlungen, **Mieterzuschüsse**, **Baukostenzuschüsse**
● **Guthabenzinsen** aus Bausparverträgen

- Zuschüsse aus öffentlichen Mitteln zu den Erhaltungsaufwendungen sowie Aufwendungszuschüsse, z. B. zur Minderung der Zins- und Mietbelastung
- **Rückerstattung** von in Vorjahren abgezogenen Werbungskosten
- **Nutzungsentschädigungen**, die als Ersatz für entgangene oder entgehende Miet- oder Pachteinnahmen gezahlt werden
- **Mietentgelte**, die ein Restitutionsberechtigter in den neuen Bundesländern als Entschädigung erhält
- Entgelte für die Bestellung von Nutzungsrechten, z. B. Nießbrauchs- und Wohnrecht
- Einnahmen aus der Überlassung von Grundstücken zur Ausbeutung von Bodenschätzen.

Nicht zu den Einkünften aus Vermietung und Verpachtung gehören die Erlöse aus der Veräußerung von privatem Grundbesitz. Der Verkauf von privaten Grundstücken kann jedoch in 2 Fällen zu steuerpflichtigen Einkünften führen:

- Wird Grundbesitz **innerhalb von 10 Jahren** nach einem entgeltlichen Erwerb mit Gewinn veräußert, entsteht ein steuerpflichtiger **Spekulationsgewinn**, der bei den sonstigen Einkünften erfasst wird (➜ Tz 969).
- Werden **mehr als 3 Objekte** innerhalb eines Zeitraums von etwa **5 Jahren** verkauft, ist nach der Rechtsprechung des BFH ein **gewerblicher Grundstückshandel** gegeben. Die erzielten Gewinne unterliegen der Einkommen- und Gewerbesteuer (➜ Tz 788).

Nebenkosten: Soweit der Vermieter die Nebenkosten, z. B. Kosten der Zentralheizung, **1032** Wassergeld, Grundsteuer, Flur- und Kellerbeleuchtung etc., auf den Mieter umlegt und von diesem zusätzlich zu der Miete erhält, gehören diese **Beträge** zu den **Einnahmen aus Vermietung und Verpachtung** (BFH, Urteil v. 14.12.1999, IX R 69/98, BFH/NV 2000 S. 649). Das gilt sowohl für die monatlichen pauschalen Abschlagszahlungen als auch für die eventuellen Nachzahlungen des Mieters. An die Mieter **zurückgezahlte Umlagen** werden im Jahr der Rückzahlung von den vereinnahmten Umlagen abgezogen.

Mietvorauszahlungen: Sie sind grundsätzlich in dem Veranlagungszeitraum in **voller** **1033** **Höhe als Mieteinnahmen** anzusetzen, in dem sie zufließen.

Mieterzuschüsse: Vereinbaren die Vertragsbeteiligten eine Beteiligung des Mieters an den **1034** Kosten der Herstellung des Gebäudes oder der Mieträume oder lässt der Mieter die Mieträume auf seine Kosten wieder herrichten, werden häufig die dadurch verursachten Kosten ganz oder teilweise mit der Miete verrechnet (Mieterzuschuss). Grundsätzlich sind solche Mieterzuschüsse in dem Jahr als Mieteinnahmen anzusetzen, in dem sie zufließen. Sie können aber, so R 21.5 Abs. 3 EStR, auf **Antrag** wie ein zinsloses Darlehen behandelt werden, mit der Folge, dass sie **anteilig** in den Jahren **zufließen**, in denen sie zu einer Herabsetzung der Miete geführt haben. Haben die Vertragsparteien eine Verrechnung der Mieterzuschüsse in einem Zeitraum von 5 Jahren vereinbart, muss der Vermieter diesen Zuschuss sofort als Einnahme versteuern. Nur dann, wenn der **Verteilungszeitraum länger als 5 Jahre** ist, besteht für ihn die Möglichkeit, den Mieterzuschuss sofort zu versteuern oder auf den Verrechnungszeitraum gleichmäßig zu verteilen (R 21.5 Abs. 3 Satz 2 EStR).

Wohnrecht, entgeltliches: Das Entgelt für die Einräumung eines Wohnrechts gehört zu **1035** den **steuerpflichtigen Einnahmen** aus Vermietung und Verpachtung. Aber: Haben Sie ein unbebautes Grundstück erworben und sich im Übergabevertrag verpflichtet, dieses mit einem Wohnhaus zu bebauen und dem Veräußerer als Gegenleistung für die Übertragung

III Gestaltung und Tipps

des Grundstücks ein dingliches Wohnrecht an einer Wohnung im Erdgeschoss des Neubaus auf Lebenszeit zu bestellen, handelt es sich um ein Anschaffungsgeschäft, mit der Folge, dass die Einräumung des dinglichen Wohnrechts und die daraus resultierende dauernde Überlassung der Wohnung nicht zu Vermietungseinnahmen führen (BFH, Urteil v. 21.2.1991, IX R 265/87, BStBl 1992 II S. 718). Die Finanzverwaltung wendet das vorgenannte BFH-Urteil an (BMF, Schreiben v. 29.5.2006, IV C 3 – S 2253 – 16/06, BStBl 2006 I S. 392). Sie setzt für das Wohnrecht keine fiktiven Mieteinnahmen an. Andererseits hat dies zur Folge, dass auch keine Werbungskosten mehr berücksichtigt werden können, die mit dem Wohnrecht im Zusammenhang stehen. Sollten Sie durch die nachträgliche Anwendung des BFH-Urteils benachteiligt sein, räumt Ihnen die Finanz-verwaltung eine Übergangsfrist ein. Wer bis zum 31.5.2006 ein Grundstück im Privat-bereich unter Bestellung eines dinglichen Wohnrechts übertragen hat, der kann weiterhin die fiktiven Einnahmen aus dem Wohnrecht und die damit zusammenhängenden Werbungs-kosten ansetzen, wenn er daraus einen Verlust aus Vermietung und Verpachtung erzielt.

1036   **Kautionen** des Mieters: Sie sind beim Vermieter keine Einnahmen, da sie vermögensmäßig dem Mieter zuzurechnen sind. Deshalb sind die auf dem Kautionskonto gutgeschriebenen Zinsen auch vom Mieter zu versteuern. Der Vermieter muss dem Mieter die **jährliche Bescheinigung** der Bank über die einbehaltene 25 %ige **Abgeltungsteuer** aushändigen (BMF, Schreiben v. 26.10.1992, IV B 4 – S 2000 – 252/92, BStBl 1992 I S. 693 und v. 9.5.1994, IV B 4 – S 2252 – 276/94, BStBl 1994 I S. 312).

1037   **Bausparzinsen:** Guthabenzinsen aus Bausparverträgen gehören grundsätzlich zu den Einkünften aus Kapitalvermögen (➜ Tz 915). Steht jedoch der Bausparvertrag in Zusam-menhang mit einem Grundstück, das der Erzielung von Einnahmen durch Vermietung und Verpachtung dient, sind die **gutgeschriebenen Zinsen** bei den **Vermietungseinkünften** zu erfassen. Ein solcher Zusammenhang besteht, wenn der **Bausparvertrag für den Grundstückskauf**, den Hausbau oder die **Umschuldung** verwendet werden soll und deshalb vor- oder zwischenfinanziert wurde oder die Abschlussgebühren für den Bauspar-vertrag als Werbungskosten abgezogen wurden. Dies wirkt sich für viele Steuerzahler nachteilig aus, da für diese Zinsen der Sparer-Pauschbetrag nicht gewährt wird.

1038   **Zinsen aus der Instandhaltungsrücklage:** Zinsen, die Beteiligte einer Wohnungseigen-tümergemeinschaft aus der Anlage der Instandsetzungsrücklage erzielen, gehören auch im Vermietungsfall nicht zu den Einkünften aus Vermietung und Verpachtung, sondern sind als **Einkünfte aus Kapitalvermögen** zu versteuern und unterliegen daher der Abgeltungsteuer von 25 %. Der Verwalter hat die Zinseinnahmen und die Abgeltungsteuer nach dem Verhältnis der Miteigentumsanteile aufzuteilen und dem einzelnen Wohnungs-eigentümer mitzuteilen. Hinweise hierzu ➜ Tz 915.

1039   **Zuschüsse:** Erhalten Sie zur Finanzierung von Baumaßnahmen aus öffentlichen oder privaten Mitteln Zuschüsse, bei denen es sich nicht um Mieterzuschüsse handelt, rechnen diese grundsätzlich **nicht** zu den **Einnahmen** aus Vermietung und Verpachtung. Handelt es sich bei den bezuschussten Aufwendungen um **Herstellungskosten**, sind diese um den Zuschuss zu mindern und nur mit dem Restbetrag bei der AfA-Berechnung zugrunde zu legen. Dies gilt auch für Baukostenzuschüsse auf Grund von Art. 52 PflegeVG; sie mindern die Anschaffungs- oder Herstellungskosten (BFH, Urteil v. 14.7.2009, IX R 7/08, BFH/NV 2010 S. 2028).

Wird der Zuschuss in einem späteren Jahr **zurückgezahlt**, ist die AfA-Bemessungsgrundlage ab diesem Jahr zu erhöhen.

Dient der Zuschuss dazu, **Erhaltungsaufwendungen** oder **Zinsen** „mitzufinanzieren", sind bei der Einkunftsermittlung nur die um den Zuschuss geminderten Beträge als Werbungskosten anzusetzen. Fallen Werbungskostenabzug und Zahlung des Zuschusses in verschiedene Jahre, rechnet der Zuschuss im Jahr der Zahlung zu den Einnahmen aus Vermietung und Verpachtung.

Zuschüsse, die eine Gegenleistung für die **Gebrauchsüberlassung des Grundstücks** darstellen, jedoch nicht als Mieterzuschüsse anzusehen sind, rechnen im **Jahr des Zuflusses** zu den Einnahmen aus Vermietung und Verpachtung. Dies gilt insbesondere für Zuschüsse, die als Gegenleistung für eine Mietpreis- bzw. Belegungsbindung gezahlt werden. Werden nach dem II. Wohnungsbaugesetz Zuschüsse zu den Herstellungskosten in Form eines Einmalbetrags geleistet, können sie auf Antrag auf die Jahre des Bindungszeitraums verteilt werden. Dies gilt aber nur, wenn der Bindungszeitraum mehr als 5 Jahre beträgt (§ 11 Abs. 1 Satz 3 EStG). Ist der Zuschuss auf Grund der früheren Rechtsprechung bereits als Einnahme versteuert worden, ist er im Jahr der Rückzahlung als Werbungskosten abziehbar.

Entschädigungen: Zu den steuerpflichtigen Einnahmen gehören auch Zahlungen, die der Grundstückseigentümer von einem Mieter wegen übermäßiger Beanspruchung der Mietsache oder wegen vertragswidriger Vernachlässigung einer Pachtsache erhält. Handelt es sich bei einer Entschädigung um den Ersatz für entgangene Mieteinnahmen für einen **mehrjährigen** Zeitraum, unterliegen die Einkünfte nach § 34 EStG der Fünftel-Regelung (➜ Tz 797). **1040**

Zu Entschädigungen, z. B. für Verzicht auf Einhaltung des Grenzabstands ➜ Tz 991.

Versicherungsentschädigungen: Zahlt eine Versicherung eine Entschädigung für einen am Gebäude entstandenen Schaden, gehört diese nicht zu den steuerpflichtigen Einnahmen. Allerdings können die Aufwendungen zur Beseitigung des Schadens nur insoweit als Werbungskosten abgezogen werden, als sie nicht durch die Versicherungsentschädigung abgedeckt sind. **1041**

B erhält von einer Versicherung für einen Sturmschaden an seinem Dreifamilienhaus eine Entschädigung in Höhe von 3.000 €.

Sind die Aufwendungen zur Schadensbeseitigung nicht höher als 3.000 €, bleiben sie steuerlich ebenso außer Ansatz wie die Entschädigung selbst. Betragen die Aufwendungen z. B. 3.500 €, können 500 € als Werbungskosten abgezogen werden.

Sind die Aufwendungen zur Beseitigung des Schadens 2010 angefallen und erstattet die Versicherung diese Aufwendungen erst 2011, liegen **2010 Werbungskosten** vor und 2011 **Einnahmen aus Vermietung und Verpachtung** in Höhe des Erstattungsbetrags.

III Gestaltung und Tipps

1042 Zuflussprinzip: Die Einnahmen sind in der Regel in dem Jahr zu versteuern, in dem sie dem Vermieter zufließen. Eine Ausnahme gilt nur für Mieten, die **kurze Zeit** (bis zu 10 Tagen) vor Beginn oder kurze Zeit nach Beendigung des Kalenderjahres, zu dem sie wirtschaftlich gehören, zufließen. Sie sind in dem Jahr zu erfassen, zu dem sie wirtschaftlich gehören. Wird Ihnen z. B. die am 2.1.2011 fällige Januarmiete bereits am 28.12.2010 gutgeschrieben, müssen Sie die Miete erst 2011 versteuern.

12.2 Anlage V – Werbungskosten (Seite 2)

Vorweggenommene Werbungskosten

1043 Werbungskosten sind nicht erst möglich und steuerlich absetzbar, wenn bereits Einnahmen vorliegen, sondern schon vorher. Allerdings muss ein **wirtschaftlicher Zusammenhang** mit der Einnahmeerzielung gegeben sein. Ein solcher Zusammenhang besteht von dem Zeitpunkt an, ab dem sich anhand objektiver Umstände feststellen lässt, dass ein Steuerzahler den Entschluss zur Einkunftserzielung endgültig gefasst hat. Ein Nachweis für die konkrete Bauabsicht kann z. B. eine Bauvoranfrage an das Bauamt oder die Vorlage von Bauplänen sein. Allerdings reichen ein Bauvorentwurf, der im **dritten Jahr nach Erwerb** eines Bauplatzes erstellt wird, und eine im Folgejahr unverbindliche Bauvoranfrage nicht aus, um einen konkreten Bezug der Aufwendungen zu späteren Einnahmen herzustellen (BFH, Urteil v. 21.8.1990, IX R 83/85, BFH/NV 1991 S. 95).

WICHTIG

Vorweggenommene Werbungskosten müssen in der Einkommensteuererklärung des Jahres geltend gemacht werden, in dem sie **bezahlt** wurden.

Aufwendungen, die ein Steuerzahler vor dem zugesagten Zeitpunkt der Grundstücksübertragung, z. B. als Renovierungskosten oder als Aufwendungen für Heizöl getragen hat, können **vorab entstandene Werbungskosten** bei den Vermietungseinkünften sein (BFH, Urteil v. 31.5.2000, IX R 6/96, BFH/NV 2001 S. 24). Dabei muss von Anfang an klar sein, dass die Aufwendungen im Hinblick auf die Vermietungstätigkeit angefallen sind. Bei den Kosten für das Heizöl ist dies dann der Fall, wenn das Heizöl während der Vermietungsphase und nicht während der Phase der Eigennutzung verbraucht wird.

WICHTIG

Der Erwerber eines Einfamilienhauses kann ein Disagio, Geldbeschaffungskosten, Zinsen und Abschreibungen als vorab entstandene Werbungskosten geltend machen, wenn dem Veräußerer im Kaufvertrag für das Jahr der Grundstücksübertragung das Recht eingeräumt worden ist, das Einfamilienhaus noch bis zum Ende des Jahres **unentgeltlich nutzen** zu dürfen (BFH, Urteil v. 11.1.2005, IX R 5/04, BFH/NV 2005 S. 1255). Der BFH behandelt die Nutzungsmöglichkeit des Eigentümers also nicht wie ein unentgeltliches Nutzungsrecht, das zur Versagung des Werbungskostenabzugs führen würde.

Wollen Sie Aufwendungen für eine von Ihnen zunächst selbstbewohnte, anschließend leerstehende und noch nicht vermietete Wohnung als vorab entstandene Werbungskosten geltend machen, müssen Sie Ihren endgültigen Entschluss, diese Wohnung zu vermieten, durch ernsthafte und nachhaltige **Vermietungsbemühungen** belegen (BFH, Urteil v.

28.10.2008, IX R 1/07, BFH/NV 2009 S. 68). Dabei entscheidet letztendlich das Finanzgericht darüber, ob Ihre Belege, aus denen sich die Ernsthaftigkeit und Nachhaltigkeit der Vermietungsbemühungen ergeben sollen, ausreichen, den Zusammenhang mit der Einnahmeerzielungsabsicht als gegeben anzunehmen.

In diesem Zusammenhang sind noch 2 weitere BFH-Urteile aus jüngster Zeit zu beachten: Im Urteil v. 25.2.2009 (IX R 3/07, BFH/NV 2009 S. 1251) hat der BFH entschieden, dass der Grundstückseigentümer eines mit einem Vorbehaltsnießbrauch belasteten Grundstücks von ihm getragene Aufwendungen ausnahmsweise als vorab entstandene Werbungskosten geltend machen kann, wenn er sie im eigenen Interesse als **künftiger Nutzer** des Hauses getätigt hat und der Nießbrauch nach den zugrundeliegenden Vereinbarungen zeitnah aufgehoben werden soll. Dagegen sind Aufwendungen für **Instandsetzungsarbeiten** an einer Wohnung, die der Steuerpflichtige **während** der Zeit der **Selbstnutzung** durchführt, grundsätzlich nicht als vorab entstandene Werbungskosten im Zusammenhang mit einer nach der Eigennutzung geplanten Vermietung abziehbar (BFH, Urteil v. 1.4.2009, IX R 51/08, BFH/NV 2009 S. 1259).

Haben Sie z. B. ein Objekt in den **neuen Bundesländern**, das Sie ab Anschaffung oder Fertigstellung bisher wegen der schlechten Vermietungssituation nicht vermieten konnten, steht Ihnen für Ihre Grundstücksaufwendungen einschließlich Abschreibungen der Werbungskostenabzug zu, solange Sie sich ernsthaft und nachhaltig um eine Vermietung des leerstehenden Objekts bemühen. Das Finanzamt kann Ihnen den Werbungskostenabzug nicht mit dem Hinweis versagen, Sie hätten Ihre Einkunftserzielungsabsicht aufgegeben, auch dann nicht, wenn Sie das Objekt zugleich zum Verkauf angeboten haben (BFH, Urteil v. 9.7.2003, IX R 102/00, BFH/NV 2003 S. 1640). **1044**

Der Eigentümer des nießbrauchsbelasteten Mehrfamilienhauses kann die von ihm getragenen Renovierungskosten als vorab entstandene Werbungskosten bei den Einkünften aus Vermietung und Verpachtung geltend machen, wenn er die Aufwendungen im eigenen Interesse als zukünftiger Nutzer des Hauses gemacht hat und der auf dem Haus lastende Nießbrauch zeitnah aufgehoben werden soll (BFH, Urteil v. 25.2.2009, IX R 3/07, BFH/NV 2009 S. 1251).

Nachträgliche Werbungskosten

Fallen Aufwendungen bei einem Grundstück, das Sie veräußert haben, zu einem Zeitpunkt an, zu dem die **Vermietungsabsicht auf Dauer** gesehen **nicht mehr vorhanden** ist, fehlt es an dem erforderlichen wirtschaftlichen Zusammenhang zu den Vermietungseinkünften. Die Aufwendungen sind daher **nicht abziehbar**. Dies gilt insbesondere für eine **Vorfälligkeitsentschädigung**, die Sie wegen vorzeitiger Ablösung eines Darlehens im Zusammenhang mit einer Grundstücksveräußerung an die Bank leisten müssen. Der Werbungskostenabzug wird Ihnen auch dann versagt, wenn die Vorfälligkeitsentschädigung zur Ablösung eines Darlehens dient, durch das Aufwendungen finanziert wurden, die während der Vermietungstätigkeit als sofort abziehbare Werbungskosten behandelt wurden (BFH, Urteil v. 28.7.2004, IX B 136/03, BFH/NV 2005 S. 43). **1045**

III Gestaltung und Tipps

TIPP

Vereinbaren Sie die **Ablösung des Darlehens** noch während der Vermietung, können Sie die **Vorfälligkeitsentschädigung** als Werbungskosten noch mit den Mieteinnahmen verrechnen. Allerdings sollte der zeitliche Abstand zwischen der

Ablösung des Darlehens und der Veräußerung des Objekts nicht zu gering bemessen werden. Hier empfiehlt es sich, die Ablösung im Jahr vor der Veräußerung vorzunehmen.

1046 Fallen nach Beendigung des Mietverhältnisses größere Aufwendungen zur Beseitigung eines Schadens an, der mit dem gewöhnlichen Gebrauch der Mietsache nichts mehr zu tun hat, sondern von dem bisherigen Mieter mutwillig verursacht wurde, können solche Aufwendungen als Werbungskosten der Vermietungsphase zugerechnet und dort abgezogen werden.

TIPP

Lassen Sie die Renovierungsarbeiten noch **während** der Vermietungsphase durchführen, werden die Aufwendungen in aller Regel als Werbungskosten anerkannt. Achten Sie darauf, dass Instandsetzungsmaßnahmen in zeitlicher Nähe zur Veräußerung nicht als Werbungskosten abgezogen werden können, soweit die Aufwendungen allein oder ganz überwiegend durch die Veräußerung des Mietwohnobjekts veranlasst sind. Dies ist für das Finanzamt immer dann augenscheinlich, wenn sich der **Veräußerer** im Übertragungsvertrag dazu **verpflichtet** hat, die **Instandsetzungsarbeiten vor Übertragung des Objekts** noch **durchzuführen**. Dann spielt es keine Rolle, ob die Arbeiten noch während der Vermietungszeit durchgeführt wurden oder erst danach (BFH, Urteil v. 14.12.2004, IX R 34/03, BFH/NV 2005 S. 620).

Aufwendungen, die der Verkäufer eines Mietwohngrundstücks vertraglich im Rahmen der Veräußerung für die Instandsetzung eines auf dem Grundstück befindlichen **denkmalgeschützten Objekts** übernimmt, sind auch dann keine Werbungskosten aus Vermietung und Verpachtung, wenn die betreffenden Arbeiten noch während der Vermietungszeit beauftragt und durchgeführt werden (BFH, Urteil v. 25.2.2009, IX R 80/07, BFH/NV 2009 S. 1414).

Der BFH hat im Urteil v. 16.9.1999 (IX R 42/97, BFH/NV 2000 S. 271) entschieden, dass auch **nach Aufgabe der Vermietungstätigkeit gezahlte Schuldzinsen** als nachträgliche **Werbungskosten** bei den Einkünften aus Vermietung und Verpachtung zu berücksichtigen sind, wenn mit dem Kredit Aufwendungen finanziert worden sind, die während der Vermietungstätigkeit als sofort abziehbare Werbungskosten zu beurteilen waren.

Nachdem der BFH in einem weiteren Urteil vom 12.10.2005 (IX R 28/04, BFH/NV 2006 S. 187) entschieden hat, dass **Schuldzinsen** bei Finanzierung von Erhaltungsaufwendungen unabhängig davon, ob ein etwaiger Veräußerungserlös zur Schuldentilgung ausgereicht hätte, **nachträgliche Werbungskosten** sind, hat die Finanzverwaltung mit BMF, Schreiben v. 3.5.2006 (IV C 3 – S 2211 – 11/06, BStBl 2006 I S. 363) eingelenkt. Sie lässt den Schuldzinsenabzug nach den Grundsätzen der BFH-Rechtsprechung zu. Demnach dürften die Schuldzinsen auch dann als nachträgliche Werbungskosten berücksichtigt werden, wenn das Vermietungsobjekt im Anschluss an die Vermietungsphase zu eigenen Wohnzwecken genutzt wird, wobei es nicht darauf ankommt, ob ein fiktiver Kaufpreis, der im Fall einer Veräußerung erzielbar wäre, nicht zur Schuldentilgung ausgereicht hätte.

TIPP **1047**

Um den wirtschaftlichen Zusammenhang des Kredits mit der Finanzierung sofort abziehbarer Werbungskosten gegenüber dem Finanzamt nachweisen oder zumindest glaubhaft machen zu können, wäre es hilfreich, wenn Sie von Anfang an ein **getrenntes Mietkonto** bei der Bank **anlegen** würden, über das sämtliche Werbungskosten, ggf. nach Verrechnung mit den Mieteinnahmen, die nicht zur Tilgung von Krediten für Anschaffungs- oder Herstellungskosten verwandt wurden, gezahlt worden wären. Das, was sich danach als negativer Saldo ergibt, kann u. E. als Kredit zur Finanzierung sofort abziehbarer Werbungskosten angesehen werden.

Haben Sie Ihr bisher selbstgenutztes und durch ein Darlehen finanziertes Einfamilienhaus **1048** **veräußert** und einen Teil des Veräußerungserlöses unter Aufrechterhaltung des Darlehens für die **Anschaffung** von **2 vermieteten Eigentumswohnungen** verwendet, können Sie die aus dem fortgeführten Darlehen angefallenen Schuldzinsen nur insoweit bei ihren Vermietungseinkünften als Werbungskosten abziehen, als die Schuldzinsen dem Anteil der Anschaffungskosten der neuen Immobilien, gemessen am gesamten Veräußerungserlös, entsprechen (BFH, Urteil v. 8.4.2003, IX R 36/00, BFH/NV 2003 S. 1115).

BEISPIEL

A hatte zur Finanzierung seines selbstgenutzten Einfamilienhauses ein durch das Grundstück dinglich gesichertes Darlehen von 110.000 € aufgenommen. Das Einfamilienhaus veräußerte er für 250.000 €, wobei er den Kaufpreis in Höhe von 150.000 € für die Anschaffung von 2 Eigentumswohnungen verwandte. Das noch in Höhe von 100.000 € valutierte Darlehen tilgte A nicht. Vielmehr führte er den Darlehensvertrag fort und sicherte die Restschuld dinglich durch die beiden Eigentumswohnungen ab.

Die mit den Darlehen in Höhe von 100.000 € im Zusammenhang stehenden Schuldzinsen und Kreditkosten können nur insoweit zum Abzug als Werbungskosten bei den Vermietungseinkünften der Eigentumswohnung zugelassen werden, als die Anschaffungskosten der Eigentumswohnungen im Verhältnis zum Veräußerungserlös stehen. Demnach sind

$$\frac{\text{Anschaffungskosten der Eigentumswohnung: 150.000 €}}{\text{Veräußerungserlös: 250.000 €}} = 60\ \%$$

der Schuldzinsen als Werbungskosten zu berücksichtigen.

WICHTIG

Der Umstand, dass das Darlehen zunächst dazu verwandt wurde, das von Ihnen selbstgenutzte und nicht der Einkunftserzielung unterliegende Einfamilienhaus zu finanzieren, führt nicht dazu, dass die damit zusammenhängenden Schuldzinsen und Kreditkosten nach der Veräußerung des Einfamilienhauses weiterhin **nicht abziehbar** sind. Vielmehr hat sich der ursprüngliche Zweck der Schuldaufnahme insoweit geändert, als ein Teil der Schulden nunmehr im wirtschaftlichen Zusammenhang mit den Vermietungseinkünften steht. Dem muss beim

III Gestaltung und Tipps

> Schuldzinsenabzug Rechnung getragen werden, allerdings nur insoweit, als die Anschaffungskosten der neuen Immobilie zum Veräußerungserlös im Verhältnis stehen.

Im Urteil v. 25.2.2009 (IX R 52/07, BFH/NV 2009 S. 1255) hat der BFH über die Rechtsfrage entschieden, ob Schuldzinsen für ein Darlehen zur Finanzierung einer Mietwohnung auch nach Veräußerung des Hälfteanteils der Wohnung an die Ehefrau in voller Höhe Werbungskosten aus Vermietung und Verpachtung darstellen, wenn das Darlehen geringer valutiert als die Anschaffungskosten des nicht veräußerten Hälfteanteils der weiterhin – nun allerdings vom Ehemann an seine Ehefrau als Bruchteilsgemeinschaft – vermieteten Eigentumswohnung. Der BFH kommt zu dem Ergebnis, dass ein Steuerzahler, der Anteile an einer zu Wohnzwecken vermieteten, darlehensfinanzierten Immobilie veräußert und den Veräußerungserlös unter Aufrechterhaltung des Darlehens für private Zwecke verwendet, die Schuldzinsen aus dem fortgeführten Darlehen nur insoweit als Werbungskosten abziehen kann, als sie dem bei dem Steuerzahler verbliebenen Anteil an der Immobilie entsprechen.

Wollen Sie einen **vollen Schuldzinsenabzug** erreichen, müssen Sie die Vermietungsobjekte fremdfinanzieren und den „Altkredit" aus dem Veräußerungserlös ablösen. Dann ist jedoch mit der Zahlung einer Vorfälligkeitsentschädigung zu rechnen, die Sie nicht als Werbungskosten abziehen können (➜ Tz 1045).

Vergebliche Werbungskosten

1049 Für den Abzug von Werbungskosten ist es nicht unbedingt erforderlich, dass die Aufwendungen letztlich auch dazu geführt haben, dass Einnahmen aus Vermietung und Verpachtung erzielt werden. Auch **erfolglose** Aufwendungen können Werbungskosten sein. Allerdings müssen Sie den Zusammenhang mit der späteren Absicht der **Einkünfteerzielung** klar und eindeutig darlegen können. **Vergeblich** sind Werbungskosten, wenn der Zusammenhang der Aufwendungen mit Einnahmen im Rahmen einer Einkunftsart zwar gegeben ist, wenn aber der konkrete Zweck der Aufwendungen nicht erreicht wird, insbesondere die angestrebten Einnahmen nicht erzielt wurden (BFH, Urteil v. 7.8.1990, VIII R 223/85, BFH/NV 1991 S. 294).

TIPP

 Sie haben ein Gebäude erworben, das sich angeblich in gutem Zustand befinden und voll funktionsfähig sein soll. Dieses Gebäude wollen Sie unter Erhalt der tragenden Bausubstanz in eine Haupt- und eine Einliegerwohnung umbauen. Nach Beginn der Umbauarbeiten stellt sich heraus, dass die vorhandene Bausubstanz so schlecht ist, dass das Bauvorhaben nur durch einen **Abbruch** und einen anschließenden **Neubau** realisiert werden kann. Dies hat zur Folge, dass Sie die Abbruchkosten und den Restwert des abgerissenen Gebäudes nur insoweit zu den Herstellungskosten des neuen Gebäudes rechnen müssen, als sie auf Gebäudeteile entfallen, die bei Durchführung des im Erwerbszeitpunkt geplanten Umbaus ohnehin hätten entfernt werden sollen. Das, was darüber hinaus an Abbruchkosten und an zu entfernender Gebäudesubstanz angefallen ist, gehört als vergeblicher Aufwand zu den sofort abziehbaren Werbungskosten (BFH, Urteil v. 15.10.1996, IX R 2/93, BStBl 1997 II S. 325). Selbst dann liegen **Werbungs-**

kosten vor, wenn ein Gebäude wegen festgestellten wirtschaftlichen Verbrauchs in der Zeit seiner Vermietung abgerissen wird und an seiner Stelle ein **Neubau** errichtet wird, der **zu eigenen Wohnzwecken** des Steuerzahlers genutzt wird (BFH, Urteil v. 31.7.2007, IX R 51/05, BFH/NV 2008 S. 933).

Werbungskostenabzug für leer stehende Wohnungen

Für leer stehende Wohnungen ist ein Werbungskostenabzug nur möglich, wenn der **1050** Entschluss zur **Einkunftserzielung** (Vermietung) **endgültig gefasst** und später nicht weggefallen ist. Wird eine ursprünglich **bestehende Einkunftserzielungsabsicht** nur hinausgeschoben, aber nicht aufgehoben, ist der **Werbungskostenabzug möglich** (BFH, Urteil v. 27.1.1993, IX R 64/88, BFH/NV 1993 S. 528). Für eine leer stehende Wohnung, die bewohnbar ist und vermietet werden könnte, aus persönlichen Gründen aber nicht vermietet ist, wird der Werbungskostenabzug von Beginn des Leerstehens an abgelehnt werden. Das Gleiche gilt für eine Wohnung, die nicht vermietet wird, weil der Eigentümer durch die schlechten Erfahrungen mit den bisherigen Mietern lieber auf die Einnahmen verzichtet, als sich wieder mit Mietern herumzuärgern.

Ein Werbungskostenabzug ist auch nicht möglich, wenn das Gebäude **verkauft** werden soll und daher vor der Veräußerung leer steht (BFH, Urteil v. 5.4.2005, IX R 48/04, BFH/NV 2005 S. 1299). Die Absicht zur Einnahmeerzielung muss anhand **objektiver Umstände** feststellbar sein. Dagegen können Sie Aufwendungen für eine leer stehende Wohnung in den neuen Bundesländern als Werbungskosten abziehen, auch wenn Sie sich neben der Vermietung um eine Veräußerung des Objekts bemüht haben (➜ Tz 1044).

Steht eine Wohnung leer, weil sie **renoviert** oder das Gebäude **umgebaut** wird, können die **Werbungskosten für diesen Zeitraum** abgezogen werden. Der Werbungskostenabzug kann auch nicht versagt werden, wenn der Eigentümer die Wohnung vermieten will, aber **trotz intensiver Bemühungen nicht vermieten** kann. Allerdings wird das Finanzamt konkrete Nachweise verlangen, dass der Eigentümer sich um eine Vermietung bemüht, z. B. Zeitungsanzeigen, Vermittlungsauftrag an Makler, Aktenvermerke über Besprechungen mit Interessenten etc. Je länger das Leerstehen anhält, umso größer ist Ihre Nachweispflicht für die Nichtvermietbarkeit dem Finanzamt gegenüber.

Dies wird auch durch den BFH-Beschluss v. 21.9.2006 (IX B 79/06, BFH/NV 2007 S. 50) bestätigt. Danach sind Aufwendungen für ein Wohnhaus selbst bei einem **Leerstand des Gebäudes** abziehbar, solange der Steuerzahler den Entschluss zu einer beabsichtigten auf Dauer angelegten Vermietung im Zusammenhang mit dem Leerstand der Immobilie nicht endgültig aufgegeben hat. Eine solche endgültige Aufgabe ist nicht anzunehmen, solange sich der Steuerzahler **ernsthaft und nachhaltig um** eine **Vermietung bemüht**. Für die Ernsthaftigkeit und Nachhaltigkeit der Vermietungsbemühungen trägt allerdings der Steuerzahler die Feststellungslast.

Zu der Frage, ob bei einer nach der Selbstnutzung fast **5 Jahre** lang **leerstehenden Wohnung** die Einkunftserzielungsabsicht und damit der Abzug der für diese Wohnung entstandenen Aufwendungen als Werbungskosten bei den Vermietungseinkünften noch gegeben ist, wenn sich der Steuerzahler ohne Verkaufsabsicht ernsthaft und nachhaltig um deren Vermietung bemüht hat, hat der BFH im Urteil v. 28.10.2008 (IX R 1/07, BFH/NV 2009 S. 68) Stellung genommen. Für einen Werbungskostenabzug müssen Sie Ihren endgültigen Entschluss, diese Wohnung zu vermieten, durch ernsthafte und nachhaltige Vermietungsbemühungen belegen. Dies wird letztinstanzlich vom Finanzgericht geprüft.

III Gestaltung und Tipps

TIPP

> Beachten Sie, dass es für den Werbungskostenabzug entscheidend darauf an-
> kommt, wie Sie das **Leerstehen** dem Finanzamt gegenüber **begründen** und auch
> **glaubhaft machen** können.

Wegen der Frage der Einkunftserzielungsabsicht bei einer über mehrere Jahre leerstehenden Gewerbeimmobilie → Tz 1021.

Werbungskosten im Überblick

1051 Nachfolgend sind die wichtigsten Werbungskosten bei den Einkünften aus Vermietung
und Verpachtung in **ABC-Form** dargestellt.

Abbruchkosten: Bei Abbruch eines Gebäudes liegen sofort abziehbare Werbungskosten
vor, wenn der Restwert des Gebäudes abgeschrieben werden kann. Das ist in der Regel der
Fall, wenn mit dem Abbruch erst nach Ablauf von 3 Jahren seit dem Erwerb begonnen wird.
Wegen der Abbruchkosten bei nicht vorhersehbarem Abbruch von angeblich brauchbarer
Bausubstanz → Tz 1049.

Abfindungen oder Abstandszahlungen an den Mieter für die vorzeitige Räumung stellen
Werbungskosten dar (BFH, Urteil v. 17.1.1978, VIII R 97/75, BStBl 1978 II S. 337). Steht
die Abfindung im Zusammenhang mit dem Verkauf des Gebäudes oder wird sie von Ihnen
gezahlt, um in das Gebäude selbst einziehen oder es einem anderen unentgeltlich überlassen zu können, liegen keine Werbungskosten bei den Vermietungseinkünften vor (BFH,
Urteil v. 7.7.2005, IX R 38/03, BFH/NV 2005 S. 1937; vgl. aber → Tz 1044).

Abgeld: Siehe Damnum → Tz 1088.

Ablösebetrag: Aufwendungen für die Ablösung der **Verpflichtung zur Herstellung von
Stellplätzen** wegen Nutzungsänderung des Gebäudes rechnen zu den Herstellungskosten,
wenn die zur Änderung führenden Baumaßnahmen ebenfalls als Herstellungsmaßnahmen
anzusehen sind (BFH, Urteil v. 6.5.2003, IX R 51/00, BFH/NV 2003 S. 1118). Führen die
Baumaßnahmen dagegen zu Erhaltungsaufwendungen, dürfen die Zahlungen zur Ablösung der Pkw-Stellplatzverpflichtung sofort als Werbungskosten abgezogen werden.

Abschlussgebühr für Bausparvertrag: Werbungskosten, wenn der Abschluss im engen
zeitlichen und wirtschaftlichen Zusammenhang mit dem Erwerb des Grundstücks, der
Errichtung des Gebäudes oder einer Umschuldung steht.

Abschreibungen (AfA) → Tz 1090.

Annoncen wegen Vermietung: Werbungskosten, nicht jedoch Anzeigekosten wegen
Erwerbs oder Veräußerung eines Grundstücks.

Bausparkassen-Darlehenszinsen

Bauwesenversicherung, Bauherrenhaftpflichtversicherung (siehe BFH, Beschluss
v. 25.2.1976, VIII B 81/74, BStBl 1980 II S. 294).

Beiträge an Hausbesitzervereine

Bereitstellungsprovision für Darlehen und Hypotheken

Bürgschaftsgebühren

Büroaufwendungen dürften nur dann von der Finanzverwaltung als Werbungskosten bei den Vermietungseinkünften anerkannt werden, wenn Sie über eine größere Zahl von Vermietungsobjekten verfügen (R 21.2 Abs. 4 Satz 2 EStR). Nennen Sie nur ein paar Vermietungsobjekte „Ihr Eigen", geht das Finanzamt davon aus, dass die Verwaltung sich in Ihrer Wohnung befindet und dafür keine Kosten anfallen, die sich leicht und einwandfrei von den Lebenshaltungsaufwendungen trennen lassen. Wir empfehlen Ihnen, in diesem Fall einen **Pauschalbetrag für Verwaltungskosten** in der Anlage V anzusetzen, z. B. 10 € pro Monat. Für **gelegentliche Fahrten** zu Ihrem Vermietungsobjekt steht Ihnen wie bei Dienstreisen die Kilometerpauschale von 0,30 € je gefahrenen Kilometer zu. Die Kosten werden also **nicht** nach der **Entfernungspauschale** „abgerechnet" (R 21.2 Abs. 4 Satz 4 EStR).

Damnum, Disagio → Tz 1088.

Darlehensgebühr

Drittaufwand: Schließt ein **Dritter** im **eigenen Namen** einen **Werkvertrag über Erhaltungsarbeiten** am vermieteten Grundstück des Steuerzahlers ab und leistet er die vereinbarte Vergütung, kann der Steuerzahler diesen Aufwand auch dann bei seinen Vermietungseinkünften als Werbungskosten abziehen, wenn der Dritte dem Steuerzahler den Betrag zuwendet. Im Streitfall hatte der Vater Erhaltungsarbeiten an dem Mehrfamilienhaus seines Sohnes durchführen lassen. Die Arbeiten hatte er im eigenen Namen an die Handwerker vergeben und die auf Grund der Verträge geschuldeten Zahlungen selbst geleistet (sog. **abgekürzter Vertragsweg**). Diese Rechtsprechung hat der BFH im Urteil v. 15.1.2008 (IX R 45/07, BFH/NV 2008 S. 664) bestätigt. Daraufhin hat die Finanzverwaltung ihren Nichtanwendungserlass (BMF, Schreiben v. 9.8.2006, IV C 3 – S 2211 – 21/06, BStBl 2006 I S. 492) durch BMF-Schreiben v. 7.7.2008 (IV C 1 – S 2211 – 07/10007, BStBl 2008 I S. 717) aufgehoben. Sie vertritt nunmehr folgende Auffassung: Bei Kreditverbindlichkeiten und anderen Dauerschuldverhältnissen, insbesondere Miet- und Pachtverträgen, komme eine Berücksichtigung der Zahlung unter dem Gesichtspunkt der Abkürzung des Vertragswegs weiterhin nicht in Betracht. Ansonsten erkennt sie den Drittaufwand als Werbungskosten beim Grundstückseigentümer an. Dies gilt insbesondere für Erhaltungsaufwendungen, die von dritter Seite gezahlt werden.

Erbbauzinsen: Der BFH hat im Urteil v. 23.9.2003 (IX R 65/02, BFH/NV 2004 S. 126) entschieden, dass Erbbauzinsen, auch wenn sie in einem **Einmalbetrag** vorausgezahlt werden, im Jahr der Zahlung sofort als Werbungskosten bei den Einkünften aus Vermietung und Verpachtung abziehbar sind. Die Finanzverwaltung wendet dieses Urteil auf Vorauszahlungen an, die vor dem 1.1.2004 geleistet wurden (OFD München, Verfügung v. 13.4.2005, S 2253 – 88 St 41). Für Vorauszahlungen, die nach dem 31.12.2003 geleistet wurden, ist § 11 Abs. 2 Satz 3 EStG anzuwenden. Dieser ordnet an, dass im Voraus geleistete Ausgaben für eine Nutzungsüberlassung von mehr als 5 Jahren auf den Zeitraum der Nutzungsdauer **gleichmäßig zu verteilen** sind.

TIPP

Abweichend von der steuerlichen Behandlung beim Zahlenden hat der Leistungsempfänger ein Wahlrecht (§ 11 Abs. 1 EStG): Er kann die vorausgezahlten Erbbauzinsen sofort versteuern oder gleichmäßig auf den Zeitraum der Nutzungsdauer verteilen. Dies gilt allerdings nur für Nutzungsentgelte, die für einen Zeitraum von mehr als 5 Jahren vorausgezahlt werden.

III Gestaltung und Tipps

Haben Sie als Erbbaurechtsverpflichteter bei Beendigung des Erbbaurechts **Gutachterkosten** für die Ermittlung der Entschädigung (§ 27 Abs. 1 ErbbauV) zu tragen, können Sie diese Aufwendungen **nicht** als **Werbungskosten** bei Ihren Vermietungseinkünften abziehen (BFH, Urteil v. 28.3.2007, IX R 46/05, BFH/NV 2007 S. 1490). Wird das vom Erbbauberechtigten übernommene Objekt von Ihnen nach Übernahme vermietet, sind diese Kosten zusammen mit der Entschädigung als Anschaffungskosten des Gebäudes anzusetzen.

Erhaltungsaufwand ➜ Tz 1052.

Fahrtkosten im Zusammenhang mit Erhaltungsaufwendungen, mit der Kreditbeschaffung oder der Verwaltung und Betreuung von Mietobjekten sind Werbungskosten; mit eigenem Pkw 0,30 € je gefahrenen km (R 21.2 Abs. 4 Satz 5 EStR).

Finanzierungskosten aller Art

Geldbeschaffungskosten

Grundbucheintragungen für Hypotheken und Grundschulden

Grundsteuer

Gutachterkosten für die Kreditsicherung

Gutachterkosten im Zusammenhang mit der Schadstoffbeseitigung: Fallen im Zusammenhang mit der Feststellung der durch einen Mieter verursachten Untergrund- und Boden-Verunreinigungen Gutachterkosten an, können diese als Werbungskosten bei den Einkünften aus Vermietung und Verpachtung abgezogen werden (BFH, Urteil v. 17.7.2007, IX R 2/05, BFH/NV 2007 S. 2403).

Hausbeleuchtung

Hausmeistervergütung

Hausverwalterkosten, insbesondere bei Eigentumswohnungen.

Heizungskosten, aber nicht für die Zeit der Bauphase, dann Herstellungskosten.

Hypothekenvermittlungsgebühr

Instandsetzungs- und Instandhaltungsaufwendungen, siehe Erhaltungsaufwand unter ➜ Tz 1052.

Kabelfernsehen: Einmalgebühr für den Anschluss und Aufwendungen für den Einbau einer privaten Breitbandanlage sind bei bereits bestehenden Gebäuden Werbungskosten (= Erhaltungsaufwendungen).

Kaminkehrergebühren

Kanalisation: Ergänzungsbeitrag und Beiträge für den nachträglichen Anschluss an die Ortskanalisation sind Werbungskosten (BFH, Urteil v. 13.9.1984, IV R 101/82, BStBl 1985 II S. 49).

Kanalreinigungsgebühren

Kontogebühren, soweit sie auf die mit der Vermietung zusammenhängenden Kontobewegungen entfallen; bei fehlendem Nachweis bis zur Höhe von **16 €** abziehbar.

Kursverluste: Hat der Steuerzahler seine Immobilie durch ein Darlehen finanziert, das nicht auf Euro, sondern auf eine ausländische Währung lautet, z. B. Schweizer Franken, darf der Aufwand infolge eines gestiegenen Wechselkurses nicht als Werbungskosten abgezogen werden (BFH, Urteil v. 22.9.2005, IX R 44/03, BFH/NV 2006 S. 279). Umgekehrt fallen bei dem Steuerzahler keine Einnahmen aus Vermietung und Verpachtung an, wenn sich der Wechselkurs zu seinen Gunsten entwickelt.

Literaturkosten siehe Steuerfachliteratur.

Maklerprovision für Vermittlung von Mietern Werbungskosten, für Kauf von Grundstücken Anschaffungsnebenkosten und bei Verkauf von Grundstücken nur im Rahmen der Spekulationsbesteuerung absetzbar.

Möbel, bei möblierter Vermietung abziehbar in Höhe der Abschreibung. Werden bisher im eigenen Haushalt genutzte Gegenstände in einer möbliert vermieteten Wohnung verwendet, sind die ursprünglichen Anschaffungskosten auf die Gesamt-Nutzungsdauer zu verteilen. Absetzbar ist aber nur der Teil, der auf die Zeit der Nutzung durch Vermietung entfällt (BFH, Urteil v. 14.2.1989, IX R 109/84, BStBl 1989 II S. 922). Bei Anschaffung ab dem 1.1.2001 ist die Gesamtnutzungsdauer mit 13 Jahren anzusetzen.

Müllabfuhr

Notariatsgebühren für Hypotheken- und Grundschuldbestellungen; bei Kauf Anschaffungsnebenkosten und bei Verkauf evtl. Werbungskosten bei der Spekulationsbesteuerung.

Prozesskosten wegen Streitigkeiten mit Mietern (Räumungsklage, Mieterhöhungsverlangen); wegen Baumängeln dagegen Herstellungskosten (BFH, Urteil v. 1.12.1987, IX R 134/83, BStBl 1988 II S. 431).

Rechtsanwaltskosten siehe Prozesskosten.

Reisekosten: Sind Sie Eigentümer eines weit entfernt liegenden Mietobjekts, an dem Sie größere Erhaltungsmaßnahmen durchführen lassen wollen, können Reisekosten, die in diesem Zusammenhang anfallen, als Werbungskosten abgezogen werden. Dabei kann es sich handeln um Fahrtkosten, bei Benutzung eines eigenen Pkw mit 0,30 € je gefahrenen Kilometer zu schätzen, Verpflegungsmehraufwendungen, anzusetzen mit den Verpflegungspauschalen von bis zu max. 24 €, und ggf. Übernachtungskosten.

Rentenzahlungen, im Zusammenhang mit dem Erwerb eines Grundstücks ➜ Tz 1075.

Reparaturkosten siehe Erhaltungsaufwand.

Rückforderungsanspruch des Schenkers: Ist auf Sie unentgeltlich ein vermietetes Grundstück übertragen worden und müssen Sie an den Schenker Zahlungen leisten, weil dieser in Not geraten ist, können Sie Ihre Zahlungen **nicht** als **Werbungskosten** bei den Vermietungseinkünften abziehen (BFH, Urteil v. 19.12.2000, IX R 13/97, BFH/NV 2001 S. 697).

Schätzungskosten für Geldbeschaffung.

Schornsteinfegergebühren

Steuerfachliteratur: Kosten sind nur abziehbar, wenn ein Zusammenhang mit dem vermieteten Haus- und Grundbesitz besteht. Als Sonderausgaben können Sie solche

III Gestaltung und Tipps

Aufwendungen seit 2006 nicht mehr geltend machen (➡ Tz 377). Wegen der Vereinfachungsregelung bei gemischten Steuerberatungskosten ➡ Tz 377.

Straßenreinigungsgebühr

Telefonkosten, anteilig abziehbar, ➡ Tz 761.

Tilgungsstreckungsdarlehen für Finanzierungskosten in Höhe der jeweiligen Tilgung.

Umsatzsteuer, die an das Finanzamt abgeführt wird.

Versicherungen: Brand-, Gas-, Leitungswasser-, Sturm-, Grundstücksrechtsschutz- und Haftpflichtversicherungen absetzbar.

Vorfälligkeitsentschädigung für vorzeitige Ablösung eines Darlehens im Zusammenhang mit der Grundstücksveräußerung ist nicht abziehbar (BFH, Urteil v. 23.9.2003, IX R 20/02, BFH/NV 2004 S. 125 und v. 28.7.2004, IX B 136/03, BFH/NV 2005 S. 43). Werden im Zuge der nicht steuerbaren Veräußerung von Anteilen an einer vermögensverwaltenden Gesellschaft Kredite zur Finanzierung dieser Anteile vorzeitig abgelöst, sind die dadurch entstehenden Vorfälligkeitsentschädigungen insoweit nicht als Werbungskosten des Gesellschafters bei seinen Vermietungseinkünften abziehbar (BFH, Beschluss v. 15.1.2008, IX B 166/07, BFH/NV 2008 S. 567); siehe wegen der Verrechnung mit einem Damnum ➡ Tz 1088.

Vorsteuern, die auf Grund der Veräußerung des Gebäudes nach § 15a UStG zurückgezahlt werden, sind Werbungskosten (BMF, Schreiben v. 23.8.1993, IV B 2 – S 2170 – 46/93, BStBl 1993 I S. 698).

Wohngeld: Bei Eigentumswohnungen mit Ausnahme der Beiträge zur Instandhaltungsrücklage Werbungskosten (BFH, Urteil v. 26.1.1988, IX R 119/83, BStBl 1988 II S. 577; ➡ Tz 1071).

Zinsen ➡ Tz 1076.

Zweckentfremdungsabgabe: Erwirbt und veräußert ein Steuerzahler Wohnungen ohne Gewinnerzielungsabsicht, um ein anderes Objekt weiterhin ohne Zahlung einer Zweckentfremdungsabgabe als Büroraum vermieten zu können, sollte ein eventueller Verlust aus der Veräußerung der Wohnungen als Werbungskosten bei den Einkünften aus der Vermietung des zweckentfremdeten Objekts geltend gemacht werden. Zwar ist diese Frage höchstrichterlich noch nicht abschließend entschieden, der BFH sieht jedoch im Aussetzungsverfahren (vgl. Beschluss v. 20.1.2004, IV B 203/03, BFH/NV 2004 S. 426) gewisse Erfolgsaussichten, so dass er dem Aussetzungsantrag des Steuerzahlers stattgegeben hat.

Zweitwohnungsteuer: Die vom Inhaber einer Ferienwohnung gezahlte Zweitwohnungsteuer ist mit dem **auf die Vermietung der Wohnung an wechselnde Feriengäste entfallenden zeitlichen Anteil** als Werbungskosten bei den Vermietungseinkünften abziehbar (BFH, Urteil v. 15.10.2002, IX R 58/01, BFH/NV 2003 S. 377).

Erhaltungsaufwand (Reparaturen)

1052 Bei Aufwendungen an bestehenden Gebäuden unterscheidet das Finanzamt zwischen Erhaltungsaufwand und Herstellungsaufwand. Die steuerliche Auswirkung ist sehr erheblich. **Erhaltungsaufwendungen** können bei allen Gebäuden, aus denen Einkünfte aus Vermietung und Verpachtung erzielt werden, im Jahr der Bezahlung der Rechnungen sofort in einem Betrag als Werbungskosten abgezogen werden. **Herstellungsaufwand** dagegen ist nur über die Abschreibungen (➜ Tz 1090) berücksichtigungsfähig. Die Grenze zwischen Erhaltungsaufwand und Herstellungsaufwand ist fließend.

Herstellungskosten liegen bei einem **Gebäude** vor, wenn sie entweder zur Herstellung des Gebäudes selbst aufgewandt werden oder wenn es sich um Aufwendungen handelt, die

- für die **Erweiterung** oder
- für die über den ursprünglichen Zustand hinausgehende **wesentliche Verbesserung** eines Gebäudes

entstehen.

Aus der Höhe der Instandsetzungs- und Modernisierungsaufwendungen im Verhältnis zum Kaufpreis kann nicht im Wege einer tatsächlichen, widerlegbaren Vermutung ohne nähere Prüfung auf eine wesentliche Verbesserung des Gebäudes und mithin auf das Vorliegen von Herstellungskosten geschlossen werden (BFH, Urteil v. 22.9.2009, IX R 21/08, BFH/NV 2010 S. 846).

Herstellung: Wird auf einem unbebauten Grundstück erstmals ein **Gebäude errichtet,** **1053** treten bei der Abgrenzung zwischen Herstellungs- und Erhaltungsaufwendungen keine Schwierigkeiten auf. Die für die Errichtung des Gebäudes aufgewandten Kosten rechnen unstreitig zu den Herstellungskosten. Ist ein Grundstück bereits bebaut, können Instandsetzungs- und Modernisierungsarbeiten ausnahmsweise zu einem neuen Gebäude führen. Dies ist der Fall, wenn das Gebäude durch die bisherige Nutzung unbrauchbar geworden ist, so dass umfangreiche Instandsetzungsarbeiten erforderlich sind, um aus den übrigen noch nutzbaren Teilen ein **neues Gebäude herzustellen**.

Erweiterung: Fallen Instandsetzungs- und Modernisierungsaufwendungen im Zusammenhang mit einer Erweiterung eines bereits vorhandenen Gebäudes an, rechnen sie unabhängig von ihrer Höhe zu den Herstellungskosten (➜ Tz 1061), es sei denn, sie gehen nicht über **4.000 €** hinaus (➜ Tz 1058).

Wesentliche Verbesserung: Instandsetzungs- oder Modernisierungsaufwendungen wer- **1054** den als Herstellungskosten behandelt, wenn sie zu einer über den ursprünglichen Zustand hinausgehenden wesentlichen Verbesserung des Gebäudes führen. Dazu reicht allein die ungewöhnliche Höhe von Instandsetzungsaufwendungen nicht aus, auch wenn das Gebäude generalüberholt wird. Vielmehr liegt eine wesentliche Verbesserung erst vor, wenn die Baumaßnahmen in ihrer Gesamtheit über eine zeitgemäße substanzerhaltende Erneuerung hinausgehen, den **Gebrauchswert des Gebäudes** insgesamt deutlich erhöhen und damit für die Zukunft eine **erweiterte Nutzungsmöglichkeit** geschaffen wird. Dies ist der Fall, wenn

- sich der **Wohnstandard** des Gebäudes durch die Baumaßnahme erheblich steigert,
- die tatsächliche **Gesamtnutzungsdauer** deutlich verlängert wird, z. B. durch Änderungen an tragenden Wänden, Decken oder Fundamenten,
- sich ein deutlicher **Anstieg der erzielbaren Miete** im Vergleich zur Miete vor Durchführung der Baumaßnahme ergibt; hierbei sind Mietsteigerungen, die lediglich auf zeitgemäßen bestanderhaltenden Erneuerungen beruhen, nicht zu berücksichtigen.

III Gestaltung und Tipps

WICHTIG

Das Entfernen oder Versetzen von **Zwischenwänden** erhöht unter dem Gesichtspunkt der wesentlichen Verbesserung nicht notwendigerweise den Gebrauchswert des Hauses, solange nicht durch die Baumaßnahme ein größerer Raum geschaffen und damit zugleich die Wohnfläche vergrößert wird. Daher sind Aufwendungen für eine reine Umgestaltung von vermieteten Räumen durch Verlegung und Entfernen von Zwischenwänden nicht als Herstellungskosten zu qualifizieren, solange die neu eingefügten Gebäudeteile dem Gesamtgebäude nicht das bautechnische Gepräge geben. Hiervon kann beim Einbau von Rigips-Zwischenwänden nicht ausgegangen werden (BFH, Beschluss v. 21.10.2005, IX R 16/05, BFH/NV 2006 S. 291). Dies wird durch den BFH im Urteil v. 16.1.2007 (IX R 39/05, BFH/NV 2007 S. 1475) im Zusammenhang mit dem **Umbau** eines **Großraumbüros in Einzelbüros** bestätigt. Dort führt er aus, dass Aufwendungen für einen solchen Umbau unter Verwendung von Rigips-Ständerwerk sowie für die Erneuerung der Elektroinstallation im hierdurch notwendigen Umfang sofort abziehbare Erhaltungsaufwendungen bei den Einkünften aus Vermietung und Verpachtung sind.

1055 **Erhaltungsaufwendungen** liegen vor, wenn durch die Baumaßnahme

- die **Wesensart** des Grundstücks **nicht verändert** wird,
- das Grundstück in **ordnungsmäßigem Zustand** erhalten wird und
- die Aufwendungen **regelmäßig** in ungefähr gleicher Höhe **wiederkehren**.

Auch wenn nicht alle 3 Voraussetzungen zusammen erfüllt sind, können Erhaltungsaufwendungen in Betracht kommen. Insbesondere gehören dazu die Kosten für die **laufende Instandhaltung** und Instandsetzung des Gebäudes sowie Aufwendungen für die **Erneuerung** von bereits vorhandenen Teilen, Einrichtungen oder Anlagen (R 21.1 Abs. 1 EStR). Selbst wenn der neue Gebäudebestandteil für sich betrachtet nicht die gleiche Beschaffenheit aufweist wie der bisherige oder die Anlage technisch nicht in der gleichen Weise wirkt, sondern entsprechend dem technischen Fortschritt modernisiert wurde, liegen Erhaltungsaufwendungen vor.

1056 **TIPP**

Haben Sie als Eigentümer eines Mietwohngebäudes **nach Beendigung des Mietverhältnisses Schönheitsreparaturen** durchführen lassen, die nach den Vereinbarungen im Mietvertrag der Mieter hätte tragen müssen, und ziehen Sie nach Abschluss der Arbeiten in die renovierte Wohnung selbst ein, können Sie die **Renovierungskosten in Höhe der Mietkaution als nachträgliche Werbungskosten** bei Ihren Einkünften aus Vermietung und Verpachtung abziehen (BFH, Urteil v. 11.7.2000, IX R 48/96, BFH/NV 2000 S. 1547).

Fallen Renovierungsarbeiten noch **kurz vor Ablauf des Mietverhältnisses** an einer Wohnung an, die Sie anschließend eigennutzen, wird das Finanzamt versuchen, einen Zusammenhang mit der Eigennutzung herzustellen, um Ihnen den Werbungskostenabzug zu versagen. Hier sollten Sie anhand des BFH-Urteils v. 20.2.2001 (IX R 49/98, BFH/NV 2001 S. 1022) prüfen, inwieweit Werbungskosten bei Ihren Vermietungseinkünften vorliegen. Denn der BFH hat entschieden, dass übliche Reparaturkosten, die der ordnungsgemäßen Erhaltung der Mietsache dienen, der Vermietungsphase zuzuordnen sind, wenn die Aufwendungen in dieser Phase entstanden sind. Dem Umstand, dass der Vermietungsphase alsbald eine Nutzung zu eigenen Wohnzwecken folgte, hat der BFH keine Bedeutung beigemessen.

WICHTIG

Die Finanzverwaltung folgt der Auffassung des BFH – wie das BMF-Schreiben v. 26.11.2001 (IV C 3 – S 2211 – 53/01, BStBl 2001 I S. 868) zeigt – nur mit Einschränkungen. Danach erkennt die Finanzverwaltung Aufwendungen für Erhaltungsmaßnahmen, die Sie noch während der Vermietungszeit an einem anschließend selbstgenutzten Gebäude durchführen, nicht als Werbungskosten an, wenn die **Erhaltungsmaßnahmen für die Selbstnutzung bestimmt** sind und in die Vermietungszeit vorverlagert werden. Hiervon ist nach Verwaltungsauffassung auszugehen, wenn das Mietverhältnis bereits gekündigt ist und die Maßnahmen nach objektiven Kriterien **nicht** nur zur **Wiederherstellung oder Bewahrung der Mieträume** und des Gebäudes erforderlich sind. Wegen weiterer Einzelheiten vgl. auch das Stichwort „Nachträgliche Werbungskosten", → Tz 1045.

Aufwendungen für Instandsetzungsarbeiten an einer Wohnung, die Sie während der Zeit der Selbstnutzung durchgeführt haben, sind grundsätzlich nicht als vorab entstandene Werbungskosten mit Blick auf eine nach der Eigennutzung geplanten Vermietung abziehbar (BFH, Beschluss v. 3.7.2009, IX B 19/09, BFH/NV 2009 S. 1648). In einem vergleichbaren Fall sollten Sie die Instandsetzungsarbeiten erst durchführen, wenn die Vermietung bereits erfolgt ist; dann wird die Finanzverwaltung gegen den Werbungskostenabzug keine Einwendungen haben.

CHECKLISTE 1057

Erhaltungsaufwand

☐ Anbringen einer **Betonvorsatzschale** zur Trockenlegung der durchfeuchteten Fundamente (BMF, Schreiben v. 16.12.1996, IV B 3 – S 2211 – 69/96, Rz. 2.3, BStBl 1996 I S. 1442; insoweit entgegen BFH, Urteil v. 10.5.1995, IX R 62/94, BStBl 1996 II S. 639),

☐ Anbringen einer **Vorhangfassade,**

☐ **Anschluss an die Kanalisation** als Ersatz für eine Sickergrube oder eine eigene Kläranlage und Ergänzungsbeiträge im Zusammenhang mit der Modernisierung der gemeindlichen Abwasseranlage für bereits an die Kanalisation angeschlossene Grundstücke (BFH, Urteil v. 4.11.1986, VIII R 322/83, BStBl 1987 II S. 333),

☐ **Anschluss** eines mit Wasser, Energie und Heizung versorgten Grundstücks **an** die **öffentliche Wasser-, Strom- und Gasversorgung,**

☐ Aufwendungen für den **Ersatz eines** vorhandenen **Anschlusses** an das Wasser-, Strom-, Gas- oder Fernwärmenetz,

☐ Aufwendungen inkl. erstmaliger gezahlter Baukostenzuschüsse für den **Anschluss an das Erdgasversorgungsnetz,** die im Zusammenhang mit einer bereits bestehenden Heizungsanlage anfielen,

☐ Austausch von **Fenstern,**

III Gestaltung und Tipps

☐ **Einbau messtechnischer Anlagen** zur verbrauchsabhängigen Abrechnung von Heiz- und Warmwasserkosten,

☐ **Ergänzungsbeiträge** an die Gemeinde für die Verbesserung der Wege, Plätze und Straßen,

☐ Erneuerung des **Außenputzes**, auch Anbringung einer Wetterschutzverkleidung (BFH, Urteil v. 19.6.1991, IX R 195/87, BFH/NV 1991 S. 812),

☐ **Ersatz** eines Flachdachs durch ein **Satteldach**, wenn dadurch lediglich eine größere Raumhöhe geschaffen wird, ohne die nutzbare Fläche und damit die Nutzungsmöglichkeit zu erweitern,

☐ **Heizungen:** Ersatz einer Zentralheizungsanlage durch eine andere, auch wenn damit ein Wechsel des Heizungssystems verbunden ist,

☐ **Holztreppe:** Ersatz durch Betontreppe,

☐ Neuerrichtung einer **Böschungsmauer,**

☐ **Überdachung** von Wohnungszugängen oder einer Dachterrasse mit einem Glasdach zum Schutz vor weiteren Wasserschäden (BFH, Urteil v. 24.2.1981, VIII R 122/79, BStBl 1981 II S. 468),

☐ Umdeckung oder Neueindeckung des **Daches:** Wird ein schadhaftes Flachdach eines Wohngebäudes durch ein Satteldach ersetzt, liegt Herstellungsaufwand vor, wenn durch die Baumaßnahme ein **ausbaufähiges Dachgeschoss** entsteht (BFH, Urteil v. 19.6.1991, IX R 1/87, BStBl 1992 II S. 73),

☐ **Vergrößern** eines bereits vorhandenen **Fensters,**

☐ Versetzen von **Wänden,** wenn dadurch keine größere Wohnfläche geschaffen wird,

☐ Verstärkung von **Stromkabeln** bei einer Heizungsumstellung,

☐ Einbau einer Solaranlage zur Brauchwassererwärmung in eine bereits vorhandene Gaswärmeversorgung eines Wohngebäudes (BFH, Urteil v. 14.7.2004, IX R 52/02, BFH/NV 2004 S. 1471),

☐ Anbringen einer **Fassadenverkleidung** (BFH, Urteil v. 25.9.2007, IX R 43/06, BFH/NV 2008 S. 208; ➜ Tz 1061).

1058 **4.000-€-Grenze:** Ob Herstellungsaufwand vorliegt, braucht das Finanzamt nur zu prüfen, wenn es sich um eine verhältnismäßig große Aufwendung handelt. Betragen die Aufwendungen für die **einzelnen** Baumaßnahmen nicht mehr als 4.000 € (netto ohne Umsatzsteuer), ist **auf Antrag** dieser Aufwand stets als Erhaltungsaufwand zu behandeln (R 21.1 Abs. 2 EStR). Der Antrag wird dadurch gestellt, dass die Aufwendungen in der Anlage V zur Einkommensteuererklärung in die Spalte für Instandhaltung und Instandsetzung eingetragen werden (**Zeilen 39 und 40**). Die Vereinfachungsgrenze bezieht sich auf die **einzelne** Baumaßnahme.

1059 Bei **Erhaltungsaufwendungen bis 10.300 €** reicht i. d. R. eine Aufstellung aus, in der

- Art des Aufwands,
- Tag der Rechnung,
- Tag der Zahlung

angegeben sind. Belege werden nur in Zweifelsfällen vom Finanzamt angefordert.

Und nun zu den **Baumaßnahmen an einer Gebrauchtimmobilie**, die zu Herstellungs- **1060** kosten führen.

- **Schwere Substanzschäden**

Herstellungskosten liegen – so der BFH im Urteil v. 13.10.1998 (IX R 61/95, BFH/NV 1999 S. 848) – dann vor, wenn das Gebäude für eine **Vermietung unbrauchbar** war und durch die Instandsetzungsmaßnahmen unter Verwendung der im Übrigen noch nutzbaren Teile des Gebäudes wieder hergestellt wird. Anders ausgedrückt: Durch die Instandsetzungs- und Modernisierungsmaßnahmen müssen schwere Substanzschäden an den für die Nutz- barkeit und die Nutzungsdauer des Gebäudes bestimmenden Teilen beseitigt worden sein. Für die Annahme von Herstellungskosten reicht es nicht aus, wenn im Rahmen einer Sanierungsmaßnahme Zwischenwände entfernt, ein Kachelofen durch einen offenen Kamin ersetzt, vom Holzwurm befallene Fachwerkwände neu gemauert sowie Heizung, Elektro- und Sanitäranlagen ersetzt, Fliesen, Fußböden, Fenster und Fensterbänke erneu- ert sowie Verputz- und Malerarbeiten ausgeführt wurden (BFH, Urteil v. 13.10.1998, IX R 72/95, BFH/NV 1999 S. 761). Auch der Umstand, dass das Gebäude nicht vermietbar ist, weil es wegen Abnutzung und Verwahrlosung den **zeitgemäßen Wohnvorstellungen nicht mehr entspricht**, rechtfertigt für sich allein nicht die Annahme von Herstellungs- kosten. Allerdings wird die Finanzverwaltung in den Fällen, in denen vor Durchführung der Generalsanierung das Gebäude von den Mietern „geräumt" wird, besonders kritisch prüfen, ob es sich bei den Instandsetzungsmaßnahmen um Herstellungsarbeiten handelt. Begründung: Durch den Auszug der Mieter sei dokumentiert, dass das Gebäude nicht den heutigen Wohnvorstellungen mehr entspreche und damit auch nicht mehr vermietbar sei. Die Instandsetzungsarbeiten seien daher erforderlich gewesen, um eine **wesentliche Verbesserung des Gebäudes** herbeizuführen und es im Anschluss an die Generalsanie- rung wieder voll nutzen zu können.

- **Erweiterungen** **1061**

Unabhängig von der Höhe der Aufwendungen liegen bei Instandsetzungs- und Moderni- sierungsmaßnahmen Herstellungskosten vor, wenn die Aufwendungen für eine **Erweite- rung an dem vorhandenen Gebäude** entstehen (§ 255 Abs. 2 Satz 1 HGB). Dies gilt selbst dann, wenn die „neu gewonnene" Wohnfläche absolut oder im Vergleich zur bisherigen Wohnfläche **nur geringfügig** ist. Eine **Erweiterung** nimmt die Finanzverwaltung (vgl. BMF, Schreiben v. 18.7.2003, IV C 3 – S 2211 – 94/03, BStBl 2003 I S. 386) in Anlehnung an die höchstrichterliche Rechtsprechung an bei **Aufstockung** oder **Anbau**, bei einer **Vergrößerung** der **nutzbaren Fläche** und bei **Vermehrung der Substanz**.

- **Vergrößerung der nutzbaren Fläche:** Hierfür reicht es aus, wenn die Baumaßnahme zu einer – wenn auch nur **geringfügigen** – **Vergrößerung der Nutzfläche** führt. Dabei ist die Nutzfläche in Anlehnung an die II. Berechnungsverordnung oder ab 2004 in Anlehnung an die Wohnflächenverordnung zu ermitteln. Von Herstellungskosten ist z. B. auszugehen, wenn die Nutzfläche durch eine zuvor nicht vorhandene Dachgaube, den Anbau eines Balkons oder einer Terrasse über die ganze Gebäudebreite vergrößert wird oder durch ein das Flachdach ersetzendes Satteldach erstmals ausbaufähiger Dachraum geschaffen wird.
- **Vermehrung der Substanz:** Auch ohne Vergrößerung der nutzbaren Fläche kann ein Gebäude in seiner Substanz vermehrt werden, z. B. durch Einsetzen von **zusätzlichen Trennwänden**, Errichtung einer **Außentreppe**, Einbau einer **Alarmanlage**, einer

III Gestaltung und Tipps

Sonnenmarkise, einer Treppe zum Spitzbogen, eines Kachelofens oder eines Kamins. Wird ein Gebäude nach Fertigstellung erstmals verputzt, liegen ebenfalls Herstellungskosten vor.

WICHTIG

Von einer Substanzvermehrung ist dagegen **nicht** auszugehen bei

- Anbringen einer **zusätzlichen Fassadenverkleidung** (z. B. Eternitverkleidung oder Verkleidung mit Hartschaumplatten und Sichtklinkern) zu Wärme- und Schallschutzzwecken (vgl. BFH, Urteil v. 13.3.1979, VIII R 83/77, BStBl 1979 II S. 435, und v. 25.9.2007, IX R 43/06, BFH/NV 2008 S. 208),
- Umstellung einer Heizungsanlage von Einzelöfen auf eine Zentralheizung (BFH, Urteil v. 24.7.1979, VIII R 162/78, BStBl 1980 II S. 7),
- **Ersatz eines Flachdaches** durch ein Satteldach, wenn dadurch lediglich eine größere Raumhöhe geschaffen wird, ohne die nutzbare Fläche und damit die Nutzungsmöglichkeit zu erweitern,
- **Vergrößern** eines bereits **vorhandenen Fensters** oder
- **Versetzen von Wänden.**

TIPP

Ein neuer Gebäudebestandteil erfüllt auch dann in der Regel die Funktion des bisherigen Bestandteils in vergleichbarer Weise, wenn er dem Gebäude hinzugefügt wird, um bereits **eingetretene Schäden zu beseitigen** oder einen **konkret drohenden Schaden abzuwenden**. Denken Sie z. B. an das Anbringen einer Betonvorsatzschale zur Trockenlegung der durchfeuchteten Fundamente, an die Überdachung von Wohnungszugängen oder an eine Dachterrasse, die zum Schutz vor weiterer Wasserschäden mit einem Glasdach überdacht wird. Die damit verbundenen Aufwendungen können Sie sofort als Werbungskosten abziehen.

1062 In 2 Grundsatzentscheidungen v. 12.9.2001 (IX R 39/97, BFH/NV 2002 S. 968 und IX R 52/00, BFH/NV 2002 S. 966) hat sich der BFH mit der Abgrenzungsfrage Erhaltungsaufwand oder Herstellungskosten in den Fällen auseinandergesetzt, in denen Instandsetzungs- oder Modernisierungsmaßnahmen zu einer über den ursprünglichen Zustand hinausgehenden **wesentlichen Verbesserung des Gebäudes** führen.

Die BFH-Rechtsprechung gilt auch nach der gesetzlichen Regelung der **anschaffungsnahen Aufwendungen** (➔ Tz 1065) weiter, und zwar für alle Baumaßnahmen, die nach Ablauf der ersten 3 Jahre, gerechnet ab Anschaffung einer Gebrauchtimmobilie, von Ihnen durchgeführt werden, nach Auffassung der Finanzverwaltung sogar innerhalb des 3-Jahreszeitraums.

Hier das Wichtigste zu den beiden Urteilen im Überblick:

- Aufwendungen für die Instandhaltung und Modernisierung eines Wohngebäudes sind dann nicht als Werbungskosten sofort bei den Vermietungseinkünften abziehbar, wenn es sich um Herstellungskosten handelt. In diesem Fall sind sie nur im Rahmen der Abschreibungen zu berücksichtigen.
- Welche Aufwendungen zu den Herstellungskosten rechnen, bestimmt sich nach dem **Handelsgesetzbuch** (§ 255).

● Für die steuerliche Beurteilung ist es unerheblich, ob der Erwerber eines vermieteten Objekts grundlegende Veränderungen beim Erwerb plant und kurze Zeit später verwirklicht hat oder erst **nach längerer Zeit** den Entschluss gefasst und umgesetzt hat, das Objekt zu renovieren. In beiden Fällen müssen die Kosten für die Baumaßnahmen als sofort abziehbare Erhaltungsaufwendungen angesehen werden, wenn sie nicht zu einer wesentlichen Verbesserung des Gebäudes geführt haben.

WICHTIG

Dies gilt auch in den Fällen, in denen das Gebäude **unentgeltlich** erworben wurde.

Wichtig sind in diesem Zusammenhang 2 Dinge, und zwar das Gebäude im **ursprünglichen Zustand** und die Baumaßnahmen, die zu einer **wesentlichen Verbesserung geführt** haben.

Für die Frage der **wesentlichen Verbesserung** kommt es auf den Zustand des Gebäudes im **Zeitpunkt der Herstellung oder Anschaffung** durch den Steuerzahler oder im Fall des unentgeltlichen Erwerbs auf die Anschaffung oder Herstellung durch den Rechtsvorgänger an. Dieser Zustand des Gebäudes ist mit dem zu vergleichen, in den es durch die Instandsetzungs- oder Modernisierungsmaßnahmen versetzt worden ist.

Eine wesentliche Verbesserung und damit **Herstellungskosten** liegen erst dann vor, wenn die Maßnahmen zur Instandsetzung und Modernisierung des Gebäudes in ihrer Gesamtheit über eine **zeitgemäße substanzerhaltende Erneuerung** hinausgehen, den **Gebrauchswert** des Gebäudes insgesamt **deutlich erhöhen** und damit für die Zukunft eine **weitere Nutzungsmöglichkeit geschaffen** wird. Dies ist bei Wohngebäuden der Fall, wenn der Gebrauchswert des Gebäudes von einem sehr einfachen auf einen mittleren oder von einem mittleren auf einen sehr anspruchsvollen Standard gehoben wird (sog. **Standardverbesserung**). Dabei kommt es nach der oben angeführten BFH-Rechtsprechung auf die **zentralen Ausstattungsmerkmale Heizung, Sanitär, Elektroinstallation** sowie **Fenster** an. Führt ein Bündel von Baumaßnahmen bei mindestens **3 dieser Ausstattungsmerkmale** zu einer Standardverbesserung, bedeutet dies auch eine Standardverbesserung für das Gebäude, so dass **Herstellungskosten** anzunehmen sind.

WICHTIG 1063

Die Finanzverwaltung **umschreibt** die einzelnen **Standards** im BMF-Schreiben v. 18.7.2003 (➜ Tz 1061) wie folgt:

● **Einfacher Standard**: Die 4 zentralen Ausstattungsmerkmale sind im Zeitpunkt der Anschaffung nur im nötigen Umfang oder in einem technisch überholten Zustand vorhanden: Kein Handwaschbecken im Bad, fehlende Beheizung im Bad, keine Entlüftung im Bad, Wände im Bad nicht überwiegend gefliest, Badewanne ohne Verblendung, Badeofen vorhanden, Fenster mit Einfachverglasung, technisch überholte Heizungsanlage (z. B. Kohleöfen), Elektroversorgung unzureichend.
● **Mittlerer Standard** liegt vor, wenn die zentralen Ausstattungsmerkmale durchschnittlichen und selbst höheren Ansprüchen genügen.

III Gestaltung und Tipps

> ● **Sehr anspruchsvoller Standard** ist gegeben, wenn bei dem Einbau der zentralen Ausstattungsmerkmale nicht nur das Zweckmäßige, sondern das Mögliche, vor allem durch den Einbau außergewöhnlich hochwertiger Materialien, geschaffen wurde („**Luxussanierung**").

Aufwendungen für Baumaßnahmen, die für sich gesehen innerhalb eines Veranlagungszeitraums noch nicht zu einer wesentlichen Verbesserung führen, können allerdings zu Herstellungskosten werden, wenn sie Teil einer Gesamtmaßnahme sind, die sich planmäßig im zeitlichen Zusammenhang über mehrere Veranlagungszeiträume erstreckt und die insgesamt zur Hebung des Standards des Gebäudes führt (**Sanierung in Raten**). Von einer Sanierung in Raten geht die Finanzverwaltung in der Regel aus, wenn die Maßnahmen innerhalb eines **5-Jahreszeitraums** durchgeführt worden sind.

TIPP

 Wollen Sie sich den Sofortabzug der Sanierungskosten sichern, müssen Sie darauf achten, dass Sie die Sanierung über einen längeren Zeitraum als 5 Jahre strecken.

Bei einer **Gewerbeimmobilie** ist für die Frage der wesentlichen Verbesserung nicht an die Standardverbesserung der 4 Merkmale „Fenster, Heizung, Sanitär und Strom" anzuknüpfen. Vielmehr kommt es darauf an, ob die baulichen Veränderungen vor dem Hintergrund der betrieblichen Zielsetzung zu einer höherwertigen Nutzbarkeit der Immobilie führen (BFH, Urteil v. 25.9.2007, IX R 28/07, BFH/NV 2008 S. 272). Dies drückt sich meist in einer erheblichen Anhebung der Miete nach Durchführung der Baumaßnahmen aus.

1064 Werden im Rahmen einer umfassenden Instandsetzungs- und Modernisierungsmaßnahme sowohl Arbeiten im Herstellungskostenbereich als auch Erhaltungsarbeiten durchgeführt, sind die hierauf jeweils entfallenden Aufwendungen grundsätzlich – ggf. im Wege der Schätzung – **aufzuteilen**. Dies gilt selbst dann, wenn sie einheitlich in Rechnung gestellt wurden. Aufwendungen, die mit beiden Aufwandsarten im Zusammenhang stehen, z. B. ein für die Gesamtmaßnahme geleistetes Architektenhonorar, sind entsprechend dem Verhältnis von Herstellungs- und Erhaltungsaufwendungen aufzuteilen.

Aufwendungen für ein **Bündel von Einzelmaßnahmen**, die für sich genommen teils Herstellungs- und teils Erhaltungsaufwendungen darstellen, sind ausnahmsweise insgesamt als Herstellungskosten zu behandeln, wenn die Arbeiten im **engen räumlichen, zeitlichen und sachlichen Zusammenhang** stehen. Dies ist der Fall, wenn die einzelnen Baumaßnahmen, die sich über mehrere Jahre erstrecken können, bautechnisch ineinander greifen (BFH, Urteil v. 10.5.1995, IX R 62/94, BStBl 1996 II S. 639). Ein bautechnisches Ineinandergreifen ist gegeben, wenn die Erhaltungsarbeiten Vorbedingung für die Herstellungsarbeiten sind oder durch bestimmte Herstellungsarbeiten veranlasst bzw. verursacht sind (BMF, Schreiben v. 16.12.1996, IV B 3 – S 2211 – 69/96, BStBl 1996 I S. 1442, II).

TIPP

 Bei umfangreichen Maßnahmen sollten Sie auf eine **rechnungsmäßige Trennung** in Erhaltungs- und Herstellungsaufwand achten! Noch besser ist es, wenn zwischen den einzelnen Maßnahmen ein längerer zeitlicher Abstand besteht.

Beim BFH ist unter Az. IX R 14/10 ein Verfahren anhängig, in dem es um die Abgrenzung von Aufwendungen in Herstellungs- und Erhaltungsaufwand bei räumlich getrennten Baumaßnahmen in einem zur Fremdvermietung genutzten Gebäude geht. Hier stellt sich die Frage, ob eine einheitliche Nutzung des Gebäudes gegeben ist und damit insgesamt nur ein Wirtschaftsgut vorliegt mit der Folge, dass für die Beurteilung der Frage, ob Baumaßnahmen zu Herstellungskosten geführt haben, auf das gesamte Wirtschaftsgut „Gebäude" abzustellen ist. In vergleichbaren Fällen heißt es daher: Einspruch einlegen und Steuerfall offen halten.

Anschaffungsnahe Aufwendungen

Fallen Aufwendungen für Instandsetzungs- und Modernisierungsmaßnahmen im zeitlichen Zusammenhang mit der Anschaffung einer Gebrauchtimmobilie an, so ist die gesetzliche Regelung in § 9 Abs. 5 i. V. m. § 6 Abs. 1 Nr. 1a EStG zu beachten, vorausgesetzt, mit den Baumaßnahmen wurde nach dem 31.12.2003 begonnen. **1065**

Für diese **Baumaßnahmen** ist innerhalb der ersten 3 Jahre nach Erwerb einer Gebrauchtimmobilie zu prüfen, ob sie **mehr als 15 %** der **Gebäudeanschaffungskosten** betragen. Dann liegen anschaffungsnahe Aufwendungen vor, die in die AfA-Bemessungsgrundlage einfließen. Wird die 15 %-Grenze nicht überschritten, können die Aufwendungen als Werbungskosten geltend gemacht werden. Bei Anwendung der 15 %-Grenze sind die Baumaßnahmen, die in den ersten 3 Jahren nach Anschaffung einer Gebrauchtimmobilie anfallen, in folgende Gruppen zu unterteilen: **1066**

- In Erweiterungsmaßnahmen im Sinne des § 255 Abs. 2 Satz 1 HGB, die stets zu Herstellungskosten führen,
- in übliche Erhaltungsmaßnahmen, die als Schönheitsreparaturen stets Werbungskosten sind, und
- in Instandsetzungs- und Modernisierungsmaßnahmen, die unter die 15 %-Regelung fallen und daher bei Überschreiten dieser Grenze als Herstellungskosten gelten.

Zu den **Kosten der Erweiterung** rechnen die Aufwendungen im Zusammenhang mit einer Aufstockung oder einem Anbau, einer Vergrößerung der nutzbaren Fläche oder mit einer Substanzvermehrung. Hier liegen originäre Herstellungskosten vor. Dagegen sind Kosten zur Beseitigung der **Funktionsuntüchtigkeit** im Rahmen der 15 %-Grenze auf ihre Zuordnung zu den Herstellungskosten oder Erhaltungsaufwendungen zu überprüfen. **1067**

BEISPIEL

A hat eine Eigentumswohnung erworben, in der sich eine Gasetagenheizung befindet. Die Gastherme kann nicht mehr repariert werden; sie muss komplett ausgetauscht werden. Die Kosten dafür betragen 2010 5.500 €.

Bei den Aufwendungen für die Erneuerung der Gastherme handelt es sich um Kosten, die der Beseitigung der Funktionsuntüchtigkeit dienen. Solche Aufwendungen rechnen zu den Kosten, die in die 15 %-Grenze einzubeziehen sind. Dies bedeutet, dass sie zusammen mit anderen Baumaßnahmen als Herstellungskosten behandelt werden, wenn sie innerhalb der ersten 3 Jahre nach Anschaffung der Wohnung angefallen sind und mehr als 15 % der Anschaffungskosten der Wohnung betragen. Wird die 15 %-Grenze nicht überschritten, behandelt die Finanzverwaltung die Kosten für die neue Gastherme als Anschaffungskosten (Beseitigung der Funktionsuntüchtigkeit). Dies ist kritisch zu sehen (➜ Tz 1068).

III Gestaltung und Tipps

1068 Erwerben Sie eine Gebrauchtimmobilie und führen Sie an den Bauteilen „Fenster", „Sanitärräume", „Heizung" und „Elektroinstallation" eine Anhebung des Standards in der Weise durch, dass Sie eine einfache Ausstattung in eine mittlere Ausstattung oder eine mittlere Ausstattung in eine gehobene Ausstattung ändern, so liegen nach der BFH-Rechtsprechung (➜ Tz 1062) Anschaffungs- oder Herstellungskosten vor, wenn mindestens 3 der vorgenannten Merkmale durch die Baumaßnahmen in ihrem Standard verbessert werden.

WICHTIG

> Diese Rechtsprechung ist zumindest für Baumaßnahmen innerhalb von 3 Jahren nach Anschaffung des Gebäudes oder der Eigentumswohnung nicht mehr anzuwenden. Denn hier gilt der neue § 6 Abs. 1 Nr. 1a EStG, der die Zuordnung zu den Erhaltungsaufwendungen oder zu den Herstellungskosten allein nach der 15 %-Grenze vornimmt. Dies bedeutet, dass auch dann Erhaltungsaufwendungen anzunehmen sind, wenn durch die Baumaßnahme innerhalb der ersten 3 Jahre bei 3 oder 4 der vorgenannten Merkmale eine Standardverbesserung eingetreten ist. Dies sieht die OFD München in ihrer Verfügung v. 11.6.2004 (S 2211 – 45 – St 41) anders. Sie behandelt diese Aufwendungen auch bei Unterschreiten der 15 %-Grenze weiterhin als Anschaffungs- oder Herstellungskosten. U. E. entspricht dies nicht der Absicht des Gesetzgebers, der durch die gesetzliche Regelung in § 6 Abs. 1 Nr. 1a EStG vermeiden wollte, dass innerhalb des 3-Jahreszeitraums nach Anschaffung des Gebäudes aus Vereinfachungsgründen eine Prüfung nach den bisherigen BFH-Kriterien stattfindet. Diese Prüfung muss, so die OFD München, nun doch durchgeführt werden. Sollten Sie davon betroffen sein, empfehlen wir Ihnen, sich mit dieser Rechtsauffassung nicht zufrieden zu geben, wenn das Finanzamt bei Unterschreiten der 15 %-Grenze, gestützt auf die BFH-Rechtsprechung, Anschaffungskosten annehmen will. Sollte Ihr Einspruch nicht zum Ziel führen, empfehlen wir Ihnen, den Klageweg zu beschreiten. Ggf. sollten Sie versuchen, das Finanzamt wegen der Nichtaufgriffsgrenze (➜ Tz 1070) zur Anerkennung von Erhaltungsaufwendungen zu bewegen (vgl. OFD Frankfurt, Verfügung v. 16.9.2004, S 2171a A – 2 – St II 2.04).

1069 TIPP

> **Schönheitsreparaturen** können Sie stets sofort als Werbungskosten abziehen, auch wenn sie innerhalb der ersten 3 Jahre nach Anschaffung der Gebrauchtimmobilie angefallen sind. Zu den Schönheitsreparaturen rechnen solche Arbeiten, die in regelmäßigen Zeitabständen an der Wohnung durchgeführt werden, wie z. B. das Tapezieren, Anstreichen oder Kalken der Wände und Decken, die sachgemäße Pflege der Fußböden, das Streichen der Heizkörper einschließlich der Heizrohre, der Innentüren sowie der Fenster und Außentüren.

1070 Das, was nicht als Erweiterung und als Schönheitsreparatur anzusehen ist, „wandert in den Topf", für den die 15 %-Grenze maßgebend ist. Hierhin gehören sämtliche Baumaßnahmen, die ab Übergang von Nutzen und Lasten innerhalb eines 3-Jahreszeitsraums an dem Gebäude oder der Eigentumswohnung anfallen. Die Summe dieser Baumaßnahmen – hier ist der **Rechnungsbetrag ohne Umsatzsteuer** anzusetzen – wird dem Grenzwert von 15 % der Gebäudeanschaffungskosten – der Grund und Boden ist also herauszurechnen –

gegenübergestellt. Wird die Grenze überschritten, liegen Herstellungskosten vor; ist dies nicht der Fall, handelt es sich u. E. um Erhaltungsaufwendungen (anders OFD München, Verfügung v. 11.6.2004 ➜ Tz 1068).

Darüber hinaus will die Finanzverwaltung unter dem Gesichtspunkt **Sanierung in Raten** (➜ 1145) auch nach Ablauf des 3-Jahreszeitraums und Unterschreiten der 15 %-Grenze in den ersten 3 Jahren im Nachhinein prüfen, ob durch Baumaßnahmen **innerhalb eines 5-jährigen Betrachtungszeitraums** eine Umqualifizierung der bisherigen Erhaltungsaufwendungen in Herstellungskosten vorzunehmen ist. Ein solcher Fall könnte sich z. B. dann ergeben, wenn durch Baumaßnahmen im 4. und 5. Jahr nach Anschaffung das 3. Merkmal „Heizung, Sanitär, Fenster und Elektroinstallation" in seinem Standard verbessert wird. Auch über diese Rechtsauffassung lässt sich nach dem Gesetzeswortlaut streiten.

TIPP

Um sich auf die sichere Seite zu schlagen, empfehlen wir, innerhalb der ersten 3 Jahre nach Anschaffung die 15 %-Grenze zu unterschreiten, nicht mehr als 2 Merkmale an den Gebäudeteilen „Heizung, Sanitär, Fenster und Elektroinstallation" in diesem Zeitraum zu verbessern und innerhalb von 5 Jahren nach Durchführung dieser Baumaßnahmen auf weitere Standardverbesserungen an den Gebäudeteilen „Heizung, Sanitär, Fenster und Elektroinstallation" zu verzichten, um dann zu einem späteren Zeitpunkt die bei diesen Gebäudeteilen erforderlichen Verbesserungen vorzunehmen.

Die **15 %-Grenze** ist grundsätzlich **gebäudebezogen** zu prüfen. Haben Sie z. B. ein Mietwohngebäude mit 3 Wohnungen erworben und die Wohnung im Erdgeschoss wegen Auszugs des Mieters komplett renoviert, müssen Sie für die Frage, ob anschaffungsnahe Aufwendungen vorliegen, die in den ersten 3 Jahren nach Erwerb für die Erdgeschosswohnung durchgeführten Baumaßnahmen mit 15 % der gesamten Gebäudeanschaffungskosten vergleichen, also nicht mit 15 % der Anschaffungskosten, die auf die Erdgeschosswohnung entfallen. Andererseits hat der BFH im Urteil v. 25.9.2007 (IX R 28/07, BFH/NV 2008 S. 272) entschieden, dass bei der Prüfung anhand der 15 %-Grenze bei einem **Gebäude**, das zu **unterschiedlichen Zwecken** genutzt wird, nicht auf das gesamte Gebäude, sondern auf das einzelne Wirtschaftsgut abzustellen sei. Haben Sie z. B. ein gemischtgenutztes Objekt erworben, in dessen Erdgeschoss sich ein zu gewerblichen Zwecken vermieteter Laden befindet, darüber 2 Wohnungen, die fremdvermietet sind, liegen 2 Wirtschaftsgüter vor, und zwar der zu gewerblichen Zwecken fremdvermietete Gebäudeteil und der zu Wohnzwecken fremdvermietete Gebäudeteil. Hier müssen Sie die Anschaffungskosten des Gebäudes auf die beiden Wirtschaftsgüter verteilen, um dann die 15 %-Grenze für jedes Wirtschaftsgut gesondert zu prüfen.

Instandhaltungsrücklage

Die Beträge zur Ansammlung einer Instandhaltungsrücklage, die der Eigentümer einer Eigentumswohnung an den Verwalter zu leisten hat, sind **nicht als Werbungskosten abziehbar** (BFH, Urteil v. 26.1.1988, IX R 119/83, BStBl 1988 II S. 577). Erst wenn aus der **Rücklage Reparaturaufwendungen** bezahlt werden, können sie als Erhaltungsaufwand abgezogen werden. Der genaue Betrag ist aus der jährlichen Wohngeldabrechnung des Verwalters zu entnehmen bzw. zu errechnen. **1071**

Verteilung von hohem Erhaltungsaufwand

1072 Größere Aufwendungen für die Erhaltung von Gebäuden können auf **2 bis 5 Jahre gleichmäßig verteilt** als Werbungskosten abgezogen werden (§ 82b EStDV). Voraussetzung hierfür ist, dass die Grundfläche der Räume des Gebäudes, die Wohnzwecken dienen, mehr als die Hälfte der gesamten Nutzfläche beträgt. Zum Gebäude gehörende **Garagen** sind ohne Rücksicht auf ihre tatsächliche Nutzung als Wohnzwecken dienend zu behandeln, soweit in ihnen nicht mehr als 1 Pkw für jede in dem Gebäude befindliche Wohnung untergestellt werden kann. Räume für die Unterstellung weiterer Pkw sind stets als nicht Wohnzwecken dienend zu behandeln, unabhängig von ihrer tatsächlichen Nutzung.

WICHTIG

Wird ein Gebäude **während des Verteilungszeitraums veräußert**, kann der noch nicht als Werbungskosten abgezogene Erhaltungsaufwand im Jahr der Veräußerung insgesamt bei der Einkunftsermittlung berücksichtigt werden. Dies gilt auch für die Fälle, in denen ein Gebäude in dem Verteilungszeitraum in ein Betriebsvermögen eingebracht oder nicht mehr zur Einkunftserzielung genutzt wird.

Zu einem Sofortabzug der restlichen Erhaltungsaufwendungen kommt es auch dann, wenn ein **Grundstück unter Angehörigen teilentgeltlich übertragen** wird. Dann ist der Vorgang in einen unentgeltlichen und in einen entgeltlichen Teilvorgang **aufzuteilen**. Dies geschieht in der Weise, dass dem Entgelt, das auch in der Übernahme von Schulden bestehen kann, der Verkehrswert des Grundstücks gegenübergestellt wird. Die so ermittelte Entgeltlichkeitsquote gibt an, welcher Teil der noch nicht in Anspruch genommenen Erhaltungsaufwendungen beim Veräußerer als Werbungskosten sofort abziehbar ist. Der Teilbetrag der Erhaltungsaufwendungen, der auf den unentgeltlichen Teilvorgang entfällt, steht dem Rechtsnachfolger zu (R 21.1 Abs. 6 Satz 2 EStR). Dabei ist der Rechtsnachfolger an die vom Rechtsvorgänger gewählte Aufteilung gebunden. Erfolgt der Eigentumswechsel im Laufe eines Veranlagungszeitraums, ist der Erhaltungsaufwand, der auf dieses Jahr entfällt, entsprechend der Besitzdauer auf den Rechtsvorgänger und den Rechtsnachfolger aufzuteilen. Dies gilt allerdings nur für den Erhaltungsaufwand, der bei einem teilentgeltlichen Erwerb anteilig dem unentgeltlichen Vorgang zuzurechnen ist.

Sind **mehrere Personen** Eigentümer des Gebäudes, müssen sich diese auf den gleichen Verteilungszeitraum einigen. Geschieht dies nicht, kann die Verteilungsvorschrift nicht in Anspruch genommen werden.

Unabhängig von der Art der Nutzung können größere Erhaltungsaufwendungen auf 2 bis 5 Jahre gleichmäßig verteilt werden, wenn es sich um Aufwendungen handelt

- zur Erhaltung von **Baudenkmalen** (§ 11b EStG),
- für bestimmte Baumaßnahmen nach § 177 Baugesetzbuch an Gebäuden in **Sanierungsgebieten** und **städtebaulichen Entwicklungsbereichen** (§ 11a Abs. 1 Satz 1 EStG),
- für Maßnahmen, die der Erhaltung, Erneuerung und funktionsgerechten Verwendung eines **Gebäudes** dienen, das wegen seiner **geschichtlichen**, **künstlerischen oder städtebaulichen Bedeutung** erhalten bleiben soll, und zu deren Durchführung sich der Eigentümer neben bestimmten Modernisierungsmaßnahmen gegenüber der Gemeinde verpflichtet hat (§ 11a Abs. 1 Satz 2 EStG).

Kosten zur Beseitigung von Unwetterschäden

Aufwendungen für die Beseitigung von Unwetterschäden (Überschwemmungen, Hagel- **1073** schäden, Blitzeinschlag usw.), die an Gebäuden oder auch am Grundstück aufgetreten sind, können **ohne nähere Prüfung** als **Erhaltungsaufwand** behandelt werden, wenn sie den Betrag von **45.000 €** nicht übersteigen (BMF, Schreiben v. 4.6.2002, IV D 2 – S 0336 – 4/02). Bei Überprüfung der Obergrenze sind die gesamten Aufwendungen anzusetzen, auch wenn diese teilweise durch Entschädigungen der Versicherungen gedeckt sind. Selbstverständlich dürfen nur solche Aufwendungen geltend gemacht werden, die über die Entschädigungen hinausgehen.

WICHTIG

Die Finanzverwaltung schränkt ihre großzügige Betrachtung in Bezug auf den Erhaltungsaufwand ein, wenn Sie wegen des Schadens **Absetzungen für außergewöhnliche technische oder wirtschaftliche Abnutzung** vornehmen. Dann muss genau geprüft werden, ob die Beseitigungskosten zusätzlich als sofort abziehbarer Erhaltungsaufwand berücksichtigt werden können.

Absetzungen für außergewöhnliche technische Abnutzung stehen Ihnen zu, wenn Teile des Gebäudes wegen der Unwetterschäden abgerissen werden müssen, weil sie z. B. unterspült worden sind. Dann will die Finanzverwaltung bei den Kosten für die Erneuerung dieser Teile nicht ohne weiteres Erhaltungsaufwand unterstellen.

TIPP

Prüfen Sie als Betroffener, was für Sie aus steuerlicher Sicht günstiger ist, den Restwert der abgebrochenen Teile **abzuschreiben** oder ihn in der Bemessungsgrundlage für die Abschreibungen zu belassen, dann allerdings die Kosten für die Erneuerung als **Erhaltungsaufwand** sofort geltend zu machen.

Ist es für Sie günstiger, die Aufwendungen auf mehrere Jahre zu verteilen, steht dem nichts entgegen, wenn es sich nicht gerade um Bagatellschäden handelt. Denn nach dem oben angeführten BMF-Schreiben können Sie die Aufwendungen gleichmäßig auf **2 bis 5 Jahre verteilen**.

Aufteilungsmaßstab bei gemischter Nutzung

Aufwendungen, die sowohl zu fremden Wohnzwecken vermietete als auch eigengenutzte **1074** Gebäudeteile betreffen und die sich nicht eindeutig dem einen oder anderen Gebäudeteil zuordnen lassen, sind in der Regel nach dem Verhältnis der eigengenutzten Wohnfläche des Gebäudes zu der Wohnfläche der vermieteten Wohnungen **aufzuteilen** und als Werbungskosten zu berücksichtigen (BFH, Urteil v. 24.6.2008, IX R 26/06, BFH/NV 2008 S. 1482). Lassen sich dagegen die Erhaltungsaufwendungen nur einem Gebäudeteil zuordnen, z. B. dem zur Einkunftserzielung genutzten Gebäudeteil, sind sämtliche Aufwendungen sofort als Werbungskosten abziehbar.

III Gestaltung und Tipps

Renten, Schuldzinsen und Finanzierungskosten

Renten und dauernde Lasten

1075 Besteht der Kaufpreis für das von Ihnen erworbene Renditeobjekt insgesamt oder teilweise in der Zahlung einer **Rente**, können Sie den in den Rentenzahlungen enthaltenen **Ertragsanteil** (vgl. Tabelle in § 22 Nr. 1 Satz 3 Buchstabe a, bb EStG; ➜ Tz 958) als **Werbungskosten** bei Ihren Vermietungseinkünften abziehen (§ 9 Abs. 1 Nr. 1 EStG).

Handelt es sich bei den wiederkehrenden Zahlungen um eine **dauernde Last**, z. B. wegen der jederzeitigen Abänderbarkeit der Zahlungen (§ 323 ZPO), können die von Ihnen erbrachten Leistungen in voller Höhe, allerdings bei entgeltlichen Vorgängen erst nach Verrechnung mit dem Wert der Gegenleistung, als Werbungskosten berücksichtigt werden. Der Barwert der Rente oder der dauernden Last gehört neben einer eventuellen Einmalzahlung zu den **Anschaffungskosten** des Mietwohngrundstücks, die, soweit sie auf das Gebäude entfallen, im Wege der **Abschreibungen** ebenfalls als Werbungskosten angesetzt werden können.

Schuldzinsen

1076 Schuldzinsen gehören zu den Werbungskosten bei den Einkünften aus Vermietung und Verpachtung, wenn die Schuldaufnahme der **Finanzierung von Anschaffungs-** oder **Herstellungskosten**, von Erhaltungsaufwendungen oder anderen Werbungskosten bei vermieteten Gebäuden und Wohnungen dient. Sie sind dann in voller Höhe abzugsfähig, wenn die Einkünfte durch Einnahmenüberschussrechnung ermittelt werden.

CHECKLISTE

✓   **Schuldzinsen**

- [ ] Bereitstellungszinsen
- [ ] Erbbauzinsen
- [ ] Bauspar-, Grundschuld- und Hypothekenzinsen
- [ ] Zinsen für Verwandtendarlehen
- [ ] Zinsen an Veräußerer des Grundstücks wegen verspäteter Zahlung
- [ ] Zinsen für Kredite für Gleichstellungsgelder an Geschwister im Rahmen der vorweggenommenen Erbfolge, nicht jedoch bei Erbauseinandersetzung
- [ ] Zinsen, die in der Zwangsversteigerung vom Ersteher gem. § 49 Abs. 2 ZVG zu entrichten sind (BFH, Urteil v. 29.4.1992, XI R 3/85, BStBl 1992 II S. 727)

Zinsen können nur bei **dem Objekt abgezogen** werden, für das **die Kredite verwendet** wurden. Ein bloßer rechtlicher Zusammenhang – etwa infolge einer Belastung des Grundstücks mit einer Hypothek – reicht für den Werbungskostenabzug nicht aus (BFH, Urteil v. 30.10.1990, IX R 20/89, BFH/NV 1991 S. 303). Abzugsfähig sind **Schuldzinsen** und damit im Zusammenhang stehende **Nebenkosten**, nicht dagegen die Tilgungsbeträge. An wen die Zinsen bezahlt werden, spielt in der Regel keine Rolle, doch wird das Finanzamt **Zinszahlungen an Privatpersonen**, insbesondere an Verwandte, einer sorgfältigen Prüfung unterziehen und **Kontrollmitteilungen** fertigen.

Nach Aufgabe der Vermietungstätigkeit gezahlte Schuldzinsen können ausnahmsweise als **1077**
nachträgliche Werbungskosten bei den Einkünften aus Vermietung und Verpachtung
berücksichtigt werden, wenn mit dem Kredit während der Vermietungszeit **sofort abziehbare Werbungskosten finanziert** worden sind (BFH, Urteil v. 16.9.1999, IX R 42/97,
BFH/NV 2000 S. 271; wegen weiterer Einzelheiten ➔ Tz 1046, insbesondere zur ein-
schränkenden Anwendung durch die Finanzverwaltung).

Errichtet ein Steuerpflichtiger ein Gebäude, **das teilweise der Erzielung von Vermie-** **1078**
tungseinkünften und **teilweise der Selbstnutzung** dient, können die Finanzierungskosten nur insoweit abgezogen werden, als sie auf den der Einkunftserzielung dienenden
Gebäudeteil entfallen.

Bezüglich der Aufteilung der Schuldzinsen hat der BFH in seinen Urteilen vom 27.10.1998
(IX R 44/95, BFH/NV 1999 S. 702, IX R 19/96, BFH/NV 1999 S. 704 und IX R 29/96,
BFH/NV 1999 S. 705) neue Wege aufgezeigt, wie der Schuldzinsenabzug bei den Vermietungseinkünften optimaler gestaltet werden kann. Danach lassen sich Darlehensmittel gezielt dem vermieteten Gebäudeteil zuordnen, wenn folgende Voraussetzungen
beachtet werden:

● Die Herstellungskosten müssen **nachweisbar** den einzelnen Gebäudeteilen **zugeordnet** werden.
● Die dem Gebäudeteil „**Fremdvermietung**" zugeordneten Herstellungskosten müssen
tatsächlich **mit Darlehensmitteln gezahlt** werden.

Dann können die Zinsen, die auf die vorstehend genannten Darlehensmittel entfallen, als
Werbungskosten bei den Einkünften aus Vermietung und Verpachtung abgezogen werden.

Für die Aufteilung der Darlehenszinsen gelten, gestützt auf die BFH-Rechtsprechung,
nach dem BMF-Schreiben v. 16.4.2004 (IV C 3 – S 2211 – 36/04, BStBl 2004 I S. 464)
folgende Grundsätze:

● In Rechnung gestellte Entgelte für Leistungen, die ausschließlich einen **bestimmten
Gebäudeteil** betreffen, wie z. B. Aufwendungen für Bodenbeläge, Malerarbeiten oder
Sanitärinstallationen in einer einzelnen Wohnung, sind diesem Gebäudeteil gesondert
zuzuordnen. Dabei müssen die Aufwendungen entweder durch den Unternehmer
gesondert abgerechnet oder durch den Steuerzahler in einer gleichartigen Aufstellung
gesondert aufgeteilt und ausgewiesen werden.
● Kosten, die das **Gesamtgebäude** betreffen, wie z. B. Aufwendungen für den Aushub
der Baugrube, den Rohbau, die Dacheindeckung und den Außenanstrich, sind den
einzelnen Gebäudeteilen nach dem Verhältnis der Wohn- bzw. Nutzflächen anteilig
zuzuordnen. Dies gilt auch, wenn der Steuerzahler die Kosten für die Errichtung des
gesamten Gebäudes einheitlich abgerechnet hat, ohne die auf die jeweiligen Gebäudeteile entfallenden Kosten gesondert auszuweisen.
● Die im Zusammenhang mit der Finanzierung der Herstellungskosten angefallenen
Schuldzinsen müssen nun den einzelnen Gebäudeteilen ebenfalls zugeordnet werden.
Dazu muss der Steuerzahler ein Bankkonto ausschließlich mit Darlehensmitteln aus-
statten und die Zahlung der Herstellungskosten, die auf die vermietete Wohnung
entfallen, zu Lasten dieses Kontos vornehmen.
● Werden die Kosten für die Errichtung des gesamten Gebäudes **einheitlich abgerechnet** und **bezahlt**, ist grundsätzlich davon auszugehen, dass auch die Darlehensmittel nach dem Verhältnis der Wohn- bzw. Nutzflächen verwendet worden sind.

III Gestaltung und Tipps

1079 Was ist nun, wenn der Steuerzahler ein **„Mischkonto"** angelegt hat, über das er sämtliche Herstellungskosten verbucht hat? Dann sind die Schuldzinsen im **Schätzungswege** aufzuteilen. Maßstab ist bei einer Zuordnung der Herstellungskosten entweder das Verhältnis der Herstellungskosten oder das **Verhältnis der Wohn-/Nutzflächen**. Statt der Wohn- bzw. Nutzfläche kann auch eine Aufteilung nach den im Kaufvertrag genannten Kaufpreisen für die unterschiedlich genutzten Grundstücksteile erfolgen. Voraussetzung ist allerdings, dass die im Kaufvertrag genannten Teilbeträge weder zum Schein getroffen noch missbräuchlich „gestaltet" sind (BFH, Urteil v. 1.4.2009, IX R 35/08, BFH/NV 2009 S. 1193).

1080 Und wie sieht es mit der **Finanzierung** der **Anschaffungskosten des Grund und Bodens aus**? Für die Zuordnung des Grund und Bodens ist es uninteressant, wie die Aufteilung der Fremdmittel zur Finanzierung des Gebäudes vorgenommen wird. Die Anschaffungskosten des Grund und Bodens sind stets nach dem **„Wohn-/Nutzflächenverhältnis"** den beiden Wohnungen zuzurechnen. Dieses Verhältnis entscheidet dann über den Abzug der Schuldzinsen, soweit sie auf die Anschaffungskosten des Grund und Bodens entfallen. Auch hier kann im Anschluss an die Aufteilung der Anschaffungskosten des Grund und Bodens der anteilige Wert für die vermietete Wohnung von dem Konto mit Darlehensmitteln und der anteilige Wert für die eigengenutzte Wohnung von dem Konto mit Eigenmitteln überwiesen werden, so dass insoweit eine wirtschaftliche Zuordnung der Schuldzinsen möglich ist.

1081 Mit Urteilen v. 9.7.2002 (IX R 65/00, BFH/NV 2002 S. 1646) und v. 25.3.2003 (IX R 22/01, BFH/NV 2003 S. 1257) hat der BFH entschieden, dass ein Steuerzahler, der die **Anschaffung eines Gebäudes**, das teilweise durch Vermietung und Verpachtung und teilweise von ihm selbst genutzt wird, mit **Eigenmitteln** und **Darlehen** finanziert, die Darlehenszinsen insoweit als Werbungskosten bei seinen Vermietungseinkünften abziehen kann, als er das Darlehen tatsächlich zum Kauf des vermieteten Gebäudeteils verwendet. Voraussetzung ist allerdings, dass der Steuerzahler die Anschaffungskosten im Rahmen seiner Finanzierungsentscheidung dem vermieteten Gebäudeteil gesondert zugeordnet und die so ermittelten Anschaffungskosten für diesen Gebäudeteil mit Geldbeträgen aus dem dafür aufgenommenen Darlehen bezahlt hat.

1082 WICHTIG

Ein Werbungskostenabzug der Zinsen setzt voraus, dass die Anschaffungskosten dem vermieteten und dem selbstgenutzten Gebäudeteil zugeordnet werden können. Dazu ist es erforderlich, den **einheitlichen Kaufpreis** auf die beiden Gebäudeteile **aufzuteilen**. Soweit der Steuerzahler keine nach außen hin erkennbare Zuordnungsentscheidung trifft, sind die Anschaffungskosten nach dem **Verhältnis der eigengenutzten zu der vermieteten Wohnfläche des Gebäudes** zuzuordnen.

TIPP

Sie sollten bereits im Kaufvertrag eine **Aufteilung des Kaufpreises** in den eigengenutzten und vermieteten Gebäudeteil vornehmen. Da dem Veräußerer diese Aufteilung „egal" ist, besteht hier die Möglichkeit, für den vermieteten Gebäudeteil eventuell einen höheren Kaufpreisanteil anzusetzen, als sich nach dem Verhältnis der eigengenutzten zu der vermieteten Wohnfläche des Gebäudes ergeben würde. Allerdings sollten Sie „den Bogen nicht überspannen". Denn hält das Finanzamt die von Ihnen gewählte Kaufpreisaufteilung für unangemessen, wird es für die Aufteilung im Zweifel das Verhältnis der selbstgenutzten Wohn- bzw. Nutzfläche zur vermieteten Wohn- bzw. Nutzfläche zugrunde legen. Darüber hinaus kann auch eine Aufteilung nach den im Kaufvertrag für die einzelnen Gebäudeteile genannten Kaufpreisanteilen erfolgen (➜ Tz 1079).

Stehen die Anschaffungskosten für den vermieteten Gebäudeteil fest, müssen Sie darauf achten, dass diese Anschaffungskosten von Ihnen **gesondert gezahlt** werden, und zwar unter Verwendung der dafür aufgenommenen Darlehensmittel. Das heißt: Die dem Vermietungsobjekt zugeordneten Anschaffungskosten müssen tatsächlich mit Geldbeträgen aus dem dafür aufgenommenen Darlehen bezahlt werden (BFH, Beschluss v. 10.4.2007, IX B 159/06, BFH/NV 2007 S. 1503, und v. 15.5.2007, IX B 184/06, BFH/NV 2007 S. 1647). Für eine gesonderte Zahlung der Anschaffungskosten des vermieteten Gebäudeteils ist es **nicht erforderlich**, dass der Notar **2 Notaranderkonten** einrichtet und sich den Kaufpreis für den eigengenutzten Gebäudeteil auf das eine und für den vermieteten Gebäudeteil auf das andere Konto überweisen lässt. Vielmehr reicht es aus, wenn eine gesonderte Zahlung für den vermieteten Gebäudeteil und für den eigengenutzten Gebäudeteil auf ein und dasselbe Notaranderkonto erfolgt, wobei der Notar dann den gesamten Kaufpreis von diesem Konto an den Veräußerer weiterleitet (BMF, Schreiben v. 16.4.2004, ➜ 1077>).

WICHTIG

Aus der Sicht des BFH hat der „Überweisungsvorgang" besondere Bedeutung. So hat der BFH im Urteil v. 23.11.2004, IX R 2/04, BFH/NV 2005 S. 694 eine Zuordnung der Darlehensschuld zu dem vermieteten Gebäudeteil nur im Verhältnis der Wohnflächen zugelassen, wenn die gesamten Anschaffungskosten einheitlich über ein Zwischenfinanzierungskonto beglichen und der Negativsaldo durch ein Darlehen abgelöst wurde, das Sie zur Finanzierung der vermieteten Wohnung aufgenommen haben und deren Anschaffungskosten dadurch abgedeckt werden sollten. Diese restriktive Auffassung hat der BFH im Urteil v. 7.7.2005 (IX R 20/04, BFH/NV 2006 S. 264) nochmals bestätigt. Danach scheidet eine gesonderte Zurechnung von Darlehen zu den Anschaffungskosten des fremdvermieteten Teils eines erworbenen und im Übrigen eigengenutzten Gebäudes aus, wenn der gesamte Kaufpreis von einem Girokonto an den Veräußerer des Gebäudes überwiesen wird, selbst wenn der Erwerber Darlehen mit der erklärten Absicht aufnimmt, um damit den auf den vermieteten Teil des Gebäudes entfallenden Anteil des Darlehens zurückführen zu können.

Ist der Kaufpreis eines gemischt genutzten Gebäudes insgesamt durch Fremdmittel finanziert worden, so hat es der Steuerzahler in der Hand, die einzelnen Darlehensbeträge der vermieteten Wohnung und der eigengenutzten Wohnung zuzuordnen. Tilgt er dann vorrangig die Darlehen für die eigengenutzte Wohnung, wirkt sich dies, so der BFH im Urteil v. 1.3.2005 (IX R 58/03, BFH/NV 2005 S. 1185) nicht auf den Schuldzinsenabzug bei den Vermietungseinkünften aus. Dies gilt selbst dann, wenn das Darlehen, das zur Finanzierung der Anschaffungskosten der Mietwohnung dient, über die Anschaffungskosten hinausgeht. Dann darf der Steuerzahler die Zinsen als Werbungskosten abziehen, soweit sie die Anschaffungskosten der Mietwohnung betreffen.

III Gestaltung und Tipps

Finanzieren Sie die Anschaffung eines Gebäudes, das nicht nur dem Erzielen von Einkünften aus Vermietung und Verpachtung, sondern auch der Eigennutzung dient, mit Eigenmitteln und Darlehen, können Sie die Darlehenszinsen insoweit als Werbungskosten bei den Einkünften aus Vermietung und Verpachtung abziehen, als Sie das Darlehen tatsächlich zur Anschaffung des der Einkunfterzielung dienenden Gebäudeteils verwenden (BFH, Beschluss v. 4.8.2009, IX B 56/09, BFH/NV 2009 S. 1813). Der Werbungskostenabzug setzt insoweit voraus, dass Sie die Anschaffungskosten im Rahmen Ihrer Finanzierungsentscheidung dem ein eigenständiges Wirtschaftsgut bildenden Gebäudeteil gesondert zugeordnet und die so zugeordneten Anschaffungskosten mit Geldbeträgen aus dem dafür aufgenommenen Darlehen bezahlt haben. Die Grundsätze, die für Darlehenszinsen im Zusammenhang mit der Finanzierung von Anschaffungskosten eines teilweise vermieteten und teilweise selbstgenutzten Gebäudes gelten, sind nach Auffassung der Finanzverwaltung auch bei Schuldzinsen zu beachten, die im Zusammenhang mit einem Darlehen zur Finanzierung von **Renovierungsarbeiten** an einem solch **gemischt genutzten Gebäude** anfallen (OFD München, Verfügung v. 8.3.2005, S 2211 – 42 St 41). In diesem Zusammenhang sind u. E. 2 Fälle zu unterscheiden:

- Die Renovierungsarbeiten betreffen nur die **vermietete Wohnung**. Die Kosten werden durch ein Darlehen finanziert. In dem Darlehensvertrag sollte auf die Darlehensverwendung hingewiesen werden. Die Auszahlung des Darlehens sollte unmittelbar an die Handwerker erfolgen oder, falls dies nicht möglich ist, über ein Unterkonto, das ggf. nur für diese Zwecke eingerichtet wird. Es sollte also keine Überweisung über das private Kontokorrentkonto erfolgen, auf dem unter anderem auch die Mieteinnahmen verbucht werden.

- Die Renovierungsarbeiten betreffen Gebäudeteile, die weder der eigengenutzten noch der vermieteten Wohnung zugerechnet werden können. Denken Sie z. B. an die Neueindeckung eines Daches. Hier muss der Rechnungsbetrag in 2 Teilbeträge, ggf. im Verhältnis der Wohnfläche, aufgeteilt werden. Wird ein Teil der Renovierungskosten durch Fremdmittel finanziert, sollte der auf die Mietwohnung entfallende Teilbetrag über ein neu eingerichtetes Unterkonto finanziert werden. Auf dieses **Unterkonto** sollte der **Darlehensbetrag** ausgezahlt und an die Handwerker weiterüberwiesen werden. Der auf die eigengenutzte Wohnung entfallende Teil der Renovierungskosten kann dann über das normale Kontokorrentkonto beglichen werden.

1083 Ehegatten sollten darauf achten, dass die **Schuldzinsen** von demjenigen **geleistet** werden, der auch **Eigentümer des Vermietungsobjekts** ist. Bei **gemeinschaftlichem Eigentum** dürften in der Praxis keine Schwierigkeiten auftreten. Hier sind die Schuldzinsen den Ehegatten entsprechend den Miteigentumsanteilen zuzurechnen, unabhängig davon, wer die Schuldzinsen tatsächlich gezahlt hat. Ein Abzug der Zinsen als Werbungskosten kommt auch dann in Betracht, wenn die Ehegatten gemeinsam ein gesamtschuldnerisches Darlehen zur Finanzierung eines vermieteten Gebäudes aufgenommen haben, das einem von ihnen gehört. Hier werden die Zins- und Tilgungsleistungen des Nichteigentümer-Ehegatten dem Eigentümer-Ehegatten zugerechnet mit der Folge, dass ihm auch der Wert dieser Leistungen zufließt (BFH, Urteil v. 19.8.2008, IX R 78/07, BFH/NV 2009 S. 256).

Mit einer kritischen Prüfung durch das Finanzamt müssen Sie dann rechnen, wenn Schuldzinsen, die ein **Nichteigentümer-Ehegatte** für seine **Darlehensverbindlichkeit** **zahlt**, bei dem Eigentümer-Ehegatten als Werbungskosten abgezogen werden sollen. Hier will die Finanzverwaltung den Werbungskostenabzug versagen mit der Begründung, dass es sich um Aufwand eines Dritten handelt (vgl. BFH, Urteil v. 4.9.2000, IX R 22/97, BFH/NV 2001 S. 107; ➜ Tz 1051). Um dieses Ergebnis zu verhindern, müssen Sie gegenüber dem Finanzamt darstellen, dass die Schuldzinsen wirtschaftlich von dem Eigentümer-Ehegatten getragen worden sind, z. B. durch Vereinnahmung der Mieten des Eigentümer-Ehegatten auf einem Konto des Nichteigentümer-Ehegatten, der die Schuldzinsen gezahlt hat.

Bei **Darlehensgewährung zwischen Ehegatten** ist darauf zu achten, dass der Darlehensvertrag möglichst schriftlich vereinbart wird, hinsichtlich der Konditionen dem unter fremden Dritten Üblichen entspricht und auch tatsächlich durchgeführt wird. Unter diesem Gesichtspunkt hat der BFH im Urteil v. 19.8.2008 (IX R 23/07, BFH/NV 2009 S. 12) darüber entschieden, ob ein bürgerlich-rechtlich wirksam zustande gekommener und tatsächlich durchgeführter Ehegatten-Darlehensvertrag wegen der Vereinbarung nachschüssiger Zinszahlungen, vereinbarter Zinsreduzierung und fehlender Besicherung des Darlehens die steuerliche Anerkennung zu versagen ist, so dass die Darlehenszinsen nicht als Werbungskosten bei den Vermietungseinkünften abziehbar sind. Der BFH führte in diesem Zusammenhang aus, dass die **fehlende Besicherung** als Kriterium für den Fremdvergleich zwar zu berücksichtigen sei, jedoch nicht allein von entscheidungserheblicher Bedeutung sei.

Cash-Pool: Haben Sie einen als Darlehen empfangenen Geldbetrag nicht dazu genutzt, **1084** Aufwendungen im Zusammenhang mit Ihrer Vermietungstätigkeit zu begleichen, sondern den Geldbetrag in einen Cash-Pool eingebracht, um daraus später Kosten im Zusammenhang mit Ihrem Vermietungsobjekt zu bestreiten, können Sie **Schuldzinsen aus dem Darlehen nicht** als **Werbungskosten** bei Ihren Vermietungseinkünften abziehen (BFH, Urteil v. 29.3.2007, IX R 10/06, BFH/NV 2007 S. 1573). Führen die in dem Cash-Pool angelegten Gelder zu Zinsen, dürfen die Zinsen nicht als Einnahmen aus Vermietung und Verpachtung erfasst werden. In diesem Zusammenhang sollte geprüft werden, inwieweit die Zinseinnahmen aus dem Cash-Pool und die Schuldzinsen aus dem Darlehen bei den Einkünften aus Kapitalvermögen angesetzt werden können; hier ist allerdings mit Widerstand der Finanzverwaltung zu rechnen, und zwar dergestalt, dass von einer fehlenden **Einkunftserzielungsabsicht** bei einem Überschuss der Darlehenszinsen über die Zinseinnahmen aus dem Cash-Pool ausgegangen wird.

Zwischenfinanzierung: Wird ein Bausparvertrag vor- oder zwischenfinanziert oder ein so **1085** genannter **Auffüllungskredit** aufgenommen, sind die Zinsen ebenfalls Werbungskosten. Die für das Bausparguthaben gutgeschriebenen Zinsen sind aber in diesem Fall als Einnahmen aus Vermietung und Verpachtung anzusetzen und nicht bei den Einkünften aus Kapitalvermögen. Demnach unterliegen sie ab 2010 nicht der Abgeltungsteuer, sondern Ihrem individuellen Steuersatz.

Erbbauzinsen: Vorausgezahlte oder in einem **Einmalbetrag** geleistete Erbbauzinsen **1086** werden von der Finanzverwaltung als Anschaffungskosten des Erbbaurechts behandelt (vgl. BMF, Schreiben v. 10.12.1996, IV B 3 – S 2253 – 99/96, BStBl 1996 I S. 1440). Sie werden daher auf die **Laufzeit** des Erbbaurechts **verteilt.** Soweit der Erbbauberechtigte den Vorauszahlungs- oder Einmalbetrag in der Vergangenheit sofort als Werbungskosten abgezogen und das Finanzamt dies akzeptiert hat, kann er nach den Grundsätzen von Treu und Glauben bei seiner Einkommensteuerveranlagung 2010 für dieselben Aufwendungen keine Verteilung beantragen.

III Gestaltung und Tipps

TIPP

 Die Auffassung der Finanzverwaltung ist durch das BFH-Urteil v. 23.9.2003 (IX R 65/02, BFH/NV 2004 S. 126) überholt (→ Tz 1051). Haben Sie Erbbauzinsen in einem **Einmalbetrag** vorausgezahlt, können Sie diese im Jahr der Zahlung sofort als Werbungskosten abziehen. Sollte allerdings eine Verteilung auf die Laufzeit für Sie günstiger sein, sollten Sie sich auf das oben angeführte BMF-Schreiben berufen und die Erbbauzinsen anteilig in Ihrer Einkommensteuererklärung 2010 geltend machen.

Wegen der steuerlichen Behandlung von Erbbauzinsen, die für einen Zeitraum von mehr als 5 Jahren vorausgezahlt werden, → Tz 1051 unter dem Stichwort „Erbbauzinsen".

Versicherungsbeiträge: Dient eine Kapitallebensversicherung der Rückzahlung von Darlehen, die zum Erwerb von Mietwohngrundstücken aufgenommen worden sind, sind die Zinsen für ein zur Finanzierung der Versicherungsbeiträge aufgenommenes Darlehen als Werbungskosten bei den Vermietungseinkünften abziehbar (BFH, Urteil v. 25.2.2009, IX R 62/07, BFH/NV 2009 S. 1025).

1087 **Geldbeschaffungskosten:** Den Schuldzinsen gleichgestellt sind die Geldbeschaffungskosten. Ebenfalls Werbungskosten bei den Einkünften aus Vermietung und Verpachtung sind:

● Auskunftsgebühren
● Disagio (→ Tz 1088)
● Gebühren für Ausfallbürgschaften
● Eintragungsgebühren für Grundpfandrechte
● Kosten für die Rechts- und Steuerberatung zur Durchführung der Finanzierung und Bestätigung der Vermögenslage
● Kosten der Umschuldung
● Schätzungskosten für die Wertermittlung des „Beleihungsobjekts"
● Sonstige Kreditgebühren
● Vermittlungsgebühren und -provisionen für die Bestellung und Eintragung von Grundpfandrechten

Disagio (Damnum, Darlehensabgeld)

1088 Das Disagio spielt bei der Baufinanzierung eine bedeutende Rolle. Die Banken versäumen es nicht, auf die steuerlichen Vorteile eines hohen Disagios hinzuweisen, sie verschweigen aber den **Nachteil.** Dieser besteht darin, dass der Darlehensnehmer einen **höheren Kredit aufnehmen muss** und dadurch für das Disagio selbst Zinsen und Tilgungen geleistet werden müssen. Obwohl das Damnum zinsähnlichen Charakter hat, wird es zumindest aus der Sicht der Finanzverwaltung den sofort abziehbaren Geldbeschaffungskosten gleichgestellt. Es gilt bei Belastung durch die Bank bzw. im Zeitpunkt der **Auszahlung** des um das Abgeld gekürzten **Darlehensbetrags** als **geleistet** und ist in **voller Höhe in diesem Jahr** als Werbungskosten abziehbar. Dies sieht der BFH anders.

Wird ein **Darlehen in Raten** ausbezahlt und das **Damnum** aber entsprechend den Vereinbarungen bereits in **voller Höhe bei Auszahlung der ersten Rate belastet**, ist es zu diesem Zeitpunkt abziehbar. Etwas anderes kann nur dann gelten, wenn die erste Darlehensrate unter dem Damnum für das Gesamtdarlehen liegt.

Ein Damnum für ein Darlehen, das in wirtschaftlichem Zusammenhang mit einem zur **Vermietung** vorgesehenen Grundstück steht, ist in voller Höhe im Jahr der Belastung bzw. Bezahlung abzugsfähig. Das gilt auch, wenn die Bezahlung oder Belastung auf Grund vertraglicher Vereinbarungen bereits **im Jahr vor der Darlehensauszahlung** erfolgt und dafür sinnvolle wirtschaftliche Erwägungen vorliegen (BFH, Urteil v. 3.2.1987, IX R 85/85, BStBl 1987 II S. 492). Der Zeitraum zwischen Bezahlung oder **Belastung des Damnums** und **Auszahlung des Darlehens** oder eines Teilbetrags **darf nicht länger als 3 Monate** sein. Ein „verunglücktes" Damnum bleibt abziehbar, allerdings erst im Jahr der Darlehensauszahlung.

Erstattet die Bank z. B. bei Verkauf des vermieteten Gebäudes das Damnum anteilig, wirkt sich dies nicht auf die Höhe der ursprünglich in Anspruch genommenen Werbungskosten aus. Vielmehr ist die **Erstattung des Damnums** als Einnahmen aus Vermietung und Verpachtung zu behandeln. Entsprechend ist zu verfahren, wenn eine Zinsbegrenzungsprämie im Fall des Verkaufs zurückgezahlt wird.

WICHTIG

Ein im Rahmen der Veräußerung einer Immobilie als kalkulatorischer Teil des Kaufpreises berücksichtigtes Damnum gehört zu den Anschaffungskosten des Erwerbers für das erworbene Wirtschaftsgut und nicht zu seinen Finanzierungskosten (BFH, Urteil v. 12.5.2009, IX R 40/08, BFH/NV 2009 S. 1629). Wird dagegen eine Vereinbarung über die Erstattung des Damnums unabhängig vom Kaufvertrag getroffen, gehört dieses nicht zum Kaufpreis; es handelt sich dann um Finanzierungskosten und damit um Werbungskosten des Erwerbers.

Ein hohes Damnum wird allerdings vom Finanzamt insoweit nicht anerkannt, als es nicht mehr marktüblich ist. Bei Darlehensverträgen, die nach dem 31.12.2003 abgeschlossen wurden, darf das Damnum für ein Darlehen mit einem 5-jährigen Zinsfestschreibungszeitraum nicht mehr als **5 %** betragen (OFD Berlin, Verfügung v. 19.1.2004, S 2211 – 1/04 unter Hinweis auf BMF, Schreiben v. 20.10.2003, IV C 3 – S 2253a – 48/03, BStBl 2003 I S. 546, Rz. 15 und 50). **1089**

Trotz der gesetzlichen Regelung in § 11 Abs. 2 Satz 3 EStG, nach der Nutzungsentgelte für einen Vorauszahlungszeitraum von mehr als 5 Jahren gleichmäßig auf diesen Zeitraum zu verteilen sind, kann ein Damnum bzw. Disagio weiterhin sofort abgezogen werden, wenn es maximal 5 % bei einem Zinsfestschreibungszeitraum von mindestens 5 Jahren beträgt (BMF, Schreiben v. 15.12.2005, IV C 3 – S 2253a – 19/05, BStBl 2005 I S. 1052). Im Jahressteuergesetz 2007 ist dies gesetzlich festgeschrieben worden, und zwar in der Weise, dass bei einem Damnum, soweit es über die 5 % hinausgeht, die ersten **5 % sofort abziehbar** sind und der **übersteigende Betrag** auf den Zinsfestschreibungszeitraum **verteilt** werden muss. Wer also bei einer 10-jährigen Zinsbindung ein Damnum von 7 % leistet, kann davon 5 % sofort abziehen, die weiteren 2 % sind dagegen auf 10 Jahre mit jeweils 0,2 % abzugsfähig.

III Gestaltung und Tipps

12.3   Die richtige Gebäudeabschreibung

1090 Eine Übersicht über alle Abschreibungsarten finden Sie

- für **Bauherren und Erwerber** von Neubauten in ➜ Tz 1091
- für **Käufer** in ➜ Tz 1099
- bei **unentgeltlichem Erwerb** sowie bei teilentgeltlichem Erwerb in ➜ Tz 1104
- besondere Abschreibungen **neue Bundesländer** in ➜ Tz 1097
- Abschreibungen für **Aus- und Umbauten** in ➜ Tz 1108.

Abschreibungen für Bauherren und Erwerber von Neubauten

1091 Als **Bauherr** eines zur Vermietung bestimmten Gebäudes haben Sie die größte Auswahl unter den Abschreibungsvorschriften. Alle diese Abschreibungsarten haben folgende Gemeinsamkeiten:

- **Bemessungsgrundlage:** Herstellungskosten, die der Bauherr zusammenstellen und auf Anforderung dem Finanzamt nachweisen muss,
- **keine Höchstgrenze** für die berücksichtigungsfähigen Herstellungskosten,
- **keine Objektbeschränkung**, so dass die Abschreibung für beliebig viele Objekte gleichzeitig oder nacheinander beansprucht werden kann.

Abschreibungen für Mietwohnungen

1092

Gesetzliche Grundlage	§ 7 Abs. 4 EStG (lineare AfA)	§ 7 Abs. 5 Satz 1 Nr. 3b EStG (degressive AfA)	§ 7 Abs. 5 Satz 1 Nr. 3c EStG (neue degressive AfA)	§ 7k EStG (Sonder-AfA)
Höhe	2 % für alle Jahre	8 Jahre je 5 %	10 Jahre je 4 %	5 Jahre bis zu je 10 %
		6 Jahre je 2,5 %	8 Jahre je 2,5 %	5 Jahre bis zu je 7 %
		36 Jahre je 1,25 %	32 Jahre je 1,25 %	30 Jahre je 3 $\frac{1}{3}$ % vom Restwert
Besondere Voraussetzungen	keine	Vermietung zu Wohnzwecken, Bauantrag/Kaufvertrag nach dem 31.12.1995 und vor dem 1.1.2004 (➜ Tz 1101)	Vermietung zu Wohnzwecken, Bauantrag/Kaufvertrag nach dem 31.12.2003 (➜ Tz 1093) und vor dem 1.1.2006	10 Jahre Vermietung mit Belegungs- und Mietpreisbindung; Arbeitnehmer des Vermieters; Fertigstellung vor dem 1.1.1996

1093 **Zur degressiven AfA:** Die Abschreibungen können nur für Gebäude oder Gebäudeteile vorgenommen werden, die **Wohnzwecken** dienen. Dies gilt auch für eine zu Wohnzwecken genutzte Eigentumswohnung. Auf die Zugehörigkeit zum Betriebs- oder Privatvermögen kommt es nicht an. Das häusliche **Arbeitszimmer des Mieters** rechnet die Finanzverwaltung aus Vereinfachungsgründen den Wohnzwecken dienenden Räumen zu (R 7.2 Abs. 3 Satz 2 EStR).

Bei **Bauantrag** und **Kaufvertrag** bis **einschließlich 31.12.1995** beträgt die AfA-Staffel:

4 Jahre je 7 %, 6 Jahre je 5 %, 6 Jahre je 2 % und 24 Jahre je 1,25 %

Bei **Bauantrag** und **Kaufvertrag nach dem 31.12.1995** ist zwischen der alten und der **1094** **neuen degressiven AfA** zu unterscheiden. Die alte degressive AfA steht dem Steuerzahler zu, wenn er den Bauantrag **vor dem 1.1.2004** gestellt oder den Kaufvertrag vor diesem Stichtag abgeschlossen hat. Erfolgt dies erst zu einem späteren Zeitpunkt, gilt die neue AfA-Staffel.

In Errichtungsfällen kommt es für die Frage, ob die alte oder die neue AfA-Staffel für das Wohngebäude maßgebend ist, auf den **Zugang** des Bauantrags **bei der zuständigen Baubehörde** an. Bei Bauantragstellung nach dem 31.12.2003 gilt die neue AfA-Staffel. Wird die **Bauplanung** zu einem späteren Zeitpunkt **geändert**, überprüft das Finanzamt, ob in der Bauplanänderung ein neuer Bauantrag zu sehen ist, der dann für die Anwendung der neuen degressiven AfA-Staffel maßgebend ist. Ein neuer Bauantrag liegt nicht vor, wenn die Änderungen nur geringfügig sind, wie z. B. Bauplanänderungen im Bereich der Außenanlagen oder der vorgesehenen Entwässerung. Wird allerdings der Bauantrag abgelehnt und die Baugenehmigung erst auf Grund eines neuen Antrags erteilt, kommt es auf den Zeitpunkt der neuen Bauantragstellung an.

WICHTIG

Häufig können Wohngebäude in **Neubaugebieten** auch **ohne Bauantragstellung** errichtet werden, wenn sich der Bauherr an die Vorgaben im Bebauungsplan hält. Dann ist für die zeitliche Anwendung der neuen AfA-Staffel auf den Zeitpunkt abzustellen, in dem die Bauunterlagen in dem vereinfachten Verfahren bei der zuständigen Baubehörde eingereicht werden.

III Gestaltung und Tipps

Die **degressive AfA** für neue Mietwohngebäude ist **weggefallen**, wenn Sie den **Bauantrag** nach dem 31.12.2005 gestellt oder den Kaufvertrag nach diesem Stichtag abgeschlossen haben. Dann steht Ihnen für das Mietwohngebäude nur noch die lineare AfA von 2 % zu. Haben Sie 2010 ein noch nicht fertiggestelltes Gebäude erworben und führen Sie an diesem Gebäude noch wesentliche Restarbeiten aus, um es bezugsfertig zu machen, steht Ihnen für dieses Gebäude die degressive AfA zu, wenn der Bauantrag vor dem 1.1.2006 gestellt wurde. Dabei kommt es nicht darauf an, ob Sie oder der Voreigentümer den Bauantrag gestellt haben (OFD Rheinland, Verfügung v. 5.1.2006, o. Az.). Voraussetzung ist allerdings, dass ein **teilfertiges Gebäude erworben** wurde. Ist das Gebäude bereits fertiggestellt, liegt der Erwerb eines neuen Mietwohngebäudes vor, bei dem nicht auf den Bauantrag des Voreigentümers, sondern auf den Kaufvertrag abzustellen ist.

In der Praxis ist also darauf zu achten, dass Sie noch **wesentliche Bauarbeiten** an dem von Ihnen erworbenen Gebäude durchführen. Dies sollte im Notarvertrag dokumentiert werden. Des Weiteren sollte dort festgehalten werden, wann der Voreigentümer den Bauantrag gestellt hat und ob er ggf. bereits eine Baugenehmigung vorlegen kann, die von Ihnen als Erwerber übernommen wird. Nach Auffassung der Finanzverwaltung gilt dies selbst dann, wenn Sie von einem Bauträger ein unbebautes Grundstück mit Baugenehmigung erwerben und der Bauträger den Bauantrag vor dem 1.1.2006 gestellt hat. Lassen Sie dann als Bauherr dieses Grundstück nach der Baugenehmigung bebauen, können Sie ab Fertigstellung hierfür degressive Gebäude-AfA geltend machen.

1095 **Zur 7k-AfA:** Bei Wohnungen mit Bauantrag oder Kaufvertrag **nach dem 31.12.1992** kommen die erhöhten Absetzungen nach § 7k EStG nur dann in Betracht, wenn Sie die Wohnungen an Personen vermieten, die im Jahr der Fertigstellung zu Ihnen in einem Dienstverhältnis gestanden haben (§ 7k Abs. 3 letzter Satz EStG). Damit scheidet für den privaten Wohnungsbau diese Art der erhöhten Absetzungen ab 1993 aus.

1096 **Zur linearen AfA:** Sie darf im Jahr der Fertigstellung nur insoweit abgezogen werden, als sie auf den Zeitraum zwischen der Fertigstellung und dem Ende des Kalenderjahres entfällt. Wer also ein Gebäude am 1.6.2010 fertig stellt, erhält für 2010 nur $^7/_{12}$ der Jahres-AfA.

Abschreibungen für Gebäude in den neuen Bundesländern

1097 ● **Gesetzl. Grundlage:** § 4 Fördergebietsgesetz

● **Höhe:** bis zu 50 % innerhalb der ersten 5 Jahre für Maßnahmen bis zum 31.12.1996, für Maßnahmen in 1997 und 1998 nur noch 25 % bei Neuinvestitionen im Wohnungsbau, 20 % bei den übrigen Neuinvestitionen und 40 % bei nachträglichen Herstellungskosten; Verteilung kann beliebig erfolgen; zusätzlich sind 2 % lineare AfA/Jahr abzuziehen.

● **Voraussetzung:** Gebäude muss sich in den neuen Bundesländern oder Berlin/West befinden; Sonderregelung für Berlin (West); Fertigstellung: Vor dem 1.1.1999.

● **Sonstiges: Sonderabschreibungen** können bereits für angefallene Teilherstellungskosten oder geleistete Anzahlungen in den Jahren vor der Fertigstellung in Anspruch genommen werden. Die Sonderabschreibungen für Anzahlungen und Teilherstellungskosten bleiben Ihnen auch dann erhalten, wenn das Gebäude erst nach dem 31.12.1998 fertig gestellt wird.

Abschreibungen für Gebäude, die für gewerbliche oder freiberufliche Zwecke vermietet werden

1098

Gesetzliche Grundlage	§ 7 Abs. 4 EStG (lineare AfA)	§ 7 Abs. 5 Satz 1 Nr. 2 EStG (degressive AfA)
● **Höhe**	2 % für alle Jahre	8 Jahre je 5 % 6 Jahre je 2,5 % 36 Jahre je 1,25 %
● **Besondere Voraussetzungen**	keine	**Wichtig: Bauantrag vor dem 1.1.1995!**

Für Gebäude des Privatvermögens in den **neuen Bundesländern und Berlin-West** – hier nur eingeschränkt -, die für gewerbliche oder freiberufliche Zwecke vermietet werden, kommen die Sonderabschreibungen nach § 4 des Fördergebietsgesetzes in Betracht.

Abschreibungen für Käufer

Prinzipiell hat ein Erwerber die gleichen Abschreibungsmöglichkeiten wie der Bauherr, **1099**
mit einer Ausnahme: Die degressive AfA nach § 7 Abs. 5 Satz 1 Nr. 2 und 3 EStG, die
erhöhten Abschreibungen nach § 7k EStG sowie die Sonderabschreibung nach § 4 Fördergebietsgesetz sind nur möglich, wenn

- das Gebäude spätestens im **Jahr der Fertigstellung angeschafft** worden ist und
- der Bauherr weder die **degressive AfA** noch Sonderabschreibungen noch erhöhte
  Absetzungen in Anspruch genommen hat.

Wenn Sie diese Voraussetzungen erfüllen, können Sie zwischen den gleichen Abschrei- **1100**
bungsarten wählen wie ein Bauherr (➜ Tz 1090 bis ➜ Tz 1098). Legen Sie Wert auf die
degressive Abschreibung, dürfen Sie kein Gebäude erwerben, das bereits im Jahr vor der
Anschaffung oder **früher fertig gestellt** worden ist.

WICHTIG

Die degressive AfA steht Ihnen im Anschaffungsfall nur zu, wenn der **Veräußerer**
im Anschaffungsjahr hierfür **keine degressive AfA**, Sonderabschreibungen
oder erhöhte Absetzungen geltend gemacht hat. Damit will der Gesetzgeber
eine **Doppelberücksichtigung** beim Veräußerer und Erwerber **vermeiden** (vgl.
BFH, Urteil v. 3.4.2001, IX R 16/98, BFH/NV 2001 S. 1320). Diese Regelung
schließt jedoch nicht aus, dass in den Jahren nach der Anschaffung der Ersterwerber die degressive AfA beanspruchen kann. Denn insoweit kommt es für
diese Jahre nicht zu einer Doppelberücksichtigung.

Auch für die Abschreibungen des Käufers/Erwerbers gelten Gemeinsamkeiten:

- **Bemessungsgrundlage:** Anschaffungskosten (inkl. Nebenkosten), die auf den Gebäudeteil entfallen,
- keine **Höchstgrenze** für die berücksichtigungsfähigen Gebäudeanschaffungskosten,
- keine **Objektbeschränkung.**

Abschreibungen für Mietwohnungen: Möglich sind **1101**

- **lineare AfA** nach § 7 Abs. 4 EStG (➜ Tz 1092)
- **degressive AfA** nach § 7 Abs. 5 Satz 1 Nr. 3 EStG (➜ Tz 1092)
- Sonder-AfA nach § 7k EStG (➜ Tz 1092)
- **Sonder-AfA** nach **§ 4 Fördergebietsgesetz** für Gebäude in den **neuen Bundeslän-**
  dern und Berlin-West (➜ Tz 1097).

Abschreibungen für Gebäude, die für betriebliche oder freiberufliche Zwecke ver- 1102
mietet werden: Möglich sind

- **lineare AfA** nach § 7 Abs. 4 EStG (➜ Tz 1098)
- **degressive AfA** nach § 7 Abs. 5 Satz 1 Nr. 2 EStG, wenn der Kaufvertrag vor dem
  1.1.1995 abgeschlossen wurde (➜ Tz 1098)
- **Sonder-AfA** nach **§ 4 Fördergebietsgesetz** für Gebäude in den neuen Bundesländern
  und Berlin-West (➜ Tz 1097).

III Gestaltung und Tipps

1103 **Abschreibungen für gemischtgenutzte Gebäude:** Auch beim Erwerb eines gemischtgenutzten Grundstücks, das teilweise eigenen Wohnzwecken dient, richten sich die Abschreibungen nach der unterschiedlichen Nutzung des Gebäudes.

Abschreibungen bei unentgeltlichem Erwerb

1104 Wer ein Gebäude oder eine Eigentumswohnung unentgeltlich durch Erbschaft oder Schenkung erhält, kann die Abschreibung des Rechtsvorgängers fortführen. Das heißt: **Gleiche Abschreibungsart, gleiche Bemessungsgrundlage,** gleicher **Abschreibungssatz** und somit **gleicher Abschreibungsbetrag.** Hat der bisherige Eigentümer wegen Eigennutzung keine Abschreibungen vorgenommen, muss versucht werden, die früheren Anschaffungs- oder Herstellungskosten festzustellen. Ist dies nicht mehr möglich, weil entsprechende Unterlagen fehlen, muss die AfA-Bemessungsgrundlage geschätzt werden. Anhaltspunkte für die Schätzung kann z. B. der Brandversicherungswert sein, angesetzt mit der für das Baujahr geltenden Indexzahl.

Abschreibungen bei teilentgeltlichem Erwerb

1105 Haben Sie z. B. von Ihren Eltern im Rahmen der **vorweggenommenen Erbfolge** ein Grundstück erhalten, können folgende Fallgestaltungen dazu führen, dass der Anschaffungsvorgang teilweise entgeltlich und teilweise unentgeltlich erfolgt ist.

1. Fall: Sie verpflichten sich in dem Übertragungsvertrag, Ihren Geschwistern zum Ausgleich einer sonst durch die vorweggenommene Erbfolge eintretenden Benachteiligung **Gleichstellungsgelder** zu zahlen. Bei den Gleichstellungsgeldern handelt es sich um **Anschaffungskosten** des Grundstücks. Dies gilt auch, wenn Sie sich verpflichtet haben, z. B. Ihnen gehörende Aktien oder andere Wertpapiere auf Ihre Geschwister zu übertragen, oder wenn Sie eine nur zunächst als Ausgleichzahlung vereinbarte Leistung durch Hingabe von Wertpapieren erfüllen.

2. Fall: Sie leisten an Ihre Eltern für das übertragene Vermögen **Abstandszahlungen**. Auch in Höhe der Abstandszahlungen liegen **Anschaffungskosten** für das übertragene Grundstück vor.

3. Fall: Sie **übernehmen** die auf dem Grundstück lastenden **Verbindlichkeiten.** Die Übernahme der Verbindlichkeiten führt bei Ihnen zu Aufwendungen, die Sie nur deshalb auf sich genommen haben, um die Verfügungsmöglichkeit über das Grundstück zu erlangen; es liegen also **Anschaffungskosten** vor.

Für die **unentgeltliche** „Teilübertragung" gilt das, was bei einem unentgeltlichen Erwerb zu beachten ist. Für **den entgeltlich erworbenen Teil** des Grundstücks ist als Bemessungsgrundlage das anzusetzen, was Sie an Anschaffungskosten aufgewandt haben.

1106 Keine teilweisen Anschaffungskosten sind dagegen zu berücksichtigen, wenn Sie

- Ihren Eltern im Rahmen der Vermögensübertragung einen ausreichenden Lebensunterhalt zusagen, ggf. verbunden mit der Verpflichtung, sie in alten und kranken Tagen zu pflegen, oder
- ihnen ein Nutzungsrecht an dem übertragenen Grundstück einräumen.

In beiden Fällen handelt es sich um einen **unentgeltlichen Erwerb**, wobei Ihre wieder-kehrenden Zahlungen im zuerst genannten Fall bei Vereinbarungen vor dem 1.1.2008 als Sonderausgaben zu berücksichtigen sind.

Werden Grundstücke im Rahmen einer **Erbauseinandersetzung** auf die **Miterben** auf-geteilt, führt dieser Vorgang nicht zu Anschaffungskosten. Vielmehr haben die Miterben die AfA-Bemessungsgrundlage des Erblassers fortzuführen. Die von einem Erben im Rahmen der Erbauseinandersetzung übernommenen Schulden der Erbengemeinschaft führen aber bei ihm insoweit zu Anschaffungskosten der von ihm übernommenen Nach-lassgegenstände, als die Schulden seinen Anteil am Nachlass übersteigen. **1107**

BEISPIEL

Sie sind mit Ihrem Bruder Miterbe Ihrer verstorbenen Mutter. Zum Nachlass gehören 5 Mietwohngrundstücke. Sie setzen sich mit Ihrem Bruder in einem Erbauseinandersetzungsvertrag dergestalt auseinander, dass Sie die 5 Grund-stücke gegen Übernahme der auf den Grundstücken lastenden Verbindlichkeiten und Zahlung einer Abfindung von 400.000 € übernehmen. Die Erbengemein-schaft hatte zur Finanzierung von Verwaltungskosten ein Darlehen aufgenom-men, das im Zeitpunkt der Schuldübernahme durch Sie noch in Höhe von 240.000 € valutierte. Nach Auffassung des BFH (Urteil v. 14.12.2004, IX R 23/02, BFH/NV 2005 S. 619) rechnet nicht nur der an den Bruder gezahlte Wertausgleich von 400.000 € zu den Anschaffungskosten, sondern auch das Darlehen, soweit es über den Erbteil hinausgeht, also hier 120.000 €.

Die Finanzverwaltung wendet das vorgenannte BFH-Urteil über den entschiedenen Einzel-fall hinaus nicht an (BMF, Schreiben v. 30.3.2006, IV B 2 – S 2242 – 15/06, BStBl 2006 I S. 306). Sie sieht in diesem Urteil einen Widerspruch zum Beschluss des Großen Senats des BFH v. 5.7.1990 (GrS 2/89, BStBl 1990 II S. 837), weil dort die wertmäßige Angleichung des zugewiesenen Vermögens durch eine überquotale Übernahme von Verbindlichkeiten der Erbengemeinschaft als unentgeltlich angesehen wird. Nur soweit der Saldowert des Erlangten den Wert des Erbanteils übersteigt und hierfür Abfindungen zu zahlen sind, liegt ein entgeltlicher Vorgang vor.

Neuerdings hat der BFH im Urteil v. 19.12.2006 (IX R 44/04, BFH/NV 2007 S. 1014) seine Rechtsauffassung zur **Annahme von Anschaffungskosten bei Übernahme von Schulden über** den **Erbteil hinaus** bestätigt. Wird eine Erbengemeinschaft vor dem in der Teilungs-anordnung festgelegten Termin durch Realteilung aufgelöst und übernimmt ein Miterbe Schulden, die auf einem für einen anderen Miterben bestimmten Grundstück lasten, so bildet eine solche Schuldübernahme Anschaffungskosten, wenn sie eine Gegenleistung dafür ist, dass der übernehmende Miterbe den ihm erst zu einem späteren Zeitpunkt zugedachten Grundbesitz vorzeitig aus dem Gesamthandsvermögen der Erbengemein-schaft in sein eigenes Vermögen überführen kann.

WICHTIG

Sollte das Finanzamt es ablehnen, in vergleichbaren Fällen **Anschaffungskosten durch Übernahme von Verbindlichkeiten** anzunehmen, bleibt Ihnen nichts anderes übrig, als **Einspruch** gegen den Steuerbescheid einzulegen und die weitere BFH-Rechtsprechung abzuwarten. Die Finanzverwaltung wird versuchen, ein **Musterverfahren** in dieser Angelegenheit vor dem BFH zu führen. Bis dahin

III Gestaltung und Tipps

> steht den Betroffenen hinsichtlich des strittigen Betrags Aussetzung der Vollziehung zu. Den Aussetzungsantrag können Sie mit dem BFH, Urteil v. 14.12.2004 (a. a. O.) begründen.

In Einzelfällen kann der Nichtanwendungserlass der Finanzverwaltung für veräußernde Miterben von Vorteil sein. Denn sofern zum Nachlass Grundstücke gehören, bei denen die Spekulationsfrist nach § 23 EStG noch nicht abgelaufen ist, führt die Sichtweise des BFH zur Annahme eines Veräußerungsentgelts und somit zu einer Spekulationsbesteuerung. Dies bleibt den Betroffenen erspart, solange die Finanzverwaltung das BFH-Urteil nicht anwendet und in der Übernahme der Verbindlichkeiten über die Erbquote hinaus keine Gegenleistung sieht, also auch kein Veräußerungsgeschäft. Was für den veräußernden Miterben vorteilhaft ist, wirkt sich **für** den **erwerbenden Miterben nachteilig** aus. Denn ihm versagt die Finanzverwaltung zusätzliche Anschaffungskosten, von denen er Abschreibungen vornehmen könnte. Um dies zu vermeiden, muss der Steuerfall offen gehalten werden, bis letztendlich der BFH auf Grund des von der Finanzverwaltung angestrebten Musterverfahrens nochmals entschieden hat. Einer Aussetzung der Vollziehung dürfte hier nichts im Wege stehen.

Abschreibungen für Aus- und Umbauten

1108 TIPP

> Aufwendungen für **Umbau- und Modernisierungsarbeiten** an einer Eigentumswohnung gehören zu den Anschaffungskosten, wenn zeitgleich mit dem Abschluss des Kaufvertrags über die Wohnung eine andere Firma des Verkäufers durch gesonderten Werkvertrag mit den Arbeiten beauftragt wird und diese vertragsgemäß in Form einer einheitlichen Baumaßnahme für das gesamte Gebäude durchgeführt werden (BFH, Urteil v. 17.12.1996, IX R 47/95, BStBl 1997 II S. 348).

Wer **Sanierungsmaßnahmen** oder **Baumaßnahmen** an einem **Baudenkmal** durchführt, kann für die bei ihm angefallenen Herstellungskosten oder im Fall der Anschaffung für die nach dem Kaufvertrag angefallenen Baumaßnahmen erhöhte Absetzungen vornehmen, die sich bei **Baubeginn nach dem 31.12.2003** nicht mehr auf 10 Jahre, sondern auf 12 Jahre verteilen.

Gesetzliche Grundlage	§ 7h EStG (Sanierungsmaßnahmen)	§ 7i EStG (Baudenkmale)
● **Höhe**	bei Bauantrag vor dem 1.1.2004: 10 Jahre jeweils bis zu 10 % der begünstigten Anschaffungs- oder Herstellungskosten	bei Bauantrag vor dem 1.1.2004: 10 Jahre jeweils bis zu 10 % der begünstigten Anschaffungs- oder Herstellungskosten
	bei Bauantrag nach dem **31.12.2003**: 8 Jahre jeweils 9 % und 4 Jahre jeweils 7 % der begünstigten Anschaffungs- oder Herstellungskosten	bei Bauantrag nach dem **31.12.2003**: 8 Jahre jeweils 9 % und 4 Jahre jeweils 7 % der begünstigten Anschaffungs- oder Herstellungskosten

Gesetzliche Grundlage	§ 7h EStG (Sanierungsmaßnahmen)	§ 7i EStG (Baudenkmale)
● Begünstigte Baumaßnahmen	Modernisierungs- und Instandsetzungsmaßnahmen i. S. d. § 177 des Baugesetzbuches an Gebäuden in Sanierungsgebieten und städtebaulichen Entwicklungsbereichen	Baumaßnahmen, die nach Art und Umfang zur Erhaltung des Gebäudes als Baudenkmal oder zu seiner sinnvollen Nutzung erforderlich sind
● Besondere Voraussetzungen	Vorlage einer Bescheinigung der zuständigen Gemeindebehörde, dass die gesetzlichen Voraussetzungen des § 7h Abs. 1 EStG erfüllt sind	Vorlage einer Bescheinigung der für Denkmalschutz zuständigen Stelle, dass die gesetzlichen Voraussetzungen des § 7i Abs. 1 EStG erfüllt sind

WICHTIG

Aus dem BMF-Schreiben v. 6.1.2009 (IV C 1 – S 2198 – b/08/10002, BStBl 2009 I S. 39) erfahren Sie, welche Behörde in den einzelnen Bundesländern für das Ausstellen der Bescheinigung bei einem Baudenkmal zuständig ist.

Anschaffungskosten

Zu den Anschaffungskosten gehören der Anschaffungspreis und die Anschaffungsneben- **1109** kosten, gekürzt um nachträgliche Minderungen des Anschaffungspreises.

CHECKLISTE 1110

Anschaffungsnebenkosten ✔

- ☐ Notar- und Maklerkosten,
- ☐ Grunderwerbsteuer,
- ☐ Schätzgebühren,
- ☐ Reisekosten für die Besichtigung des Objekts vor Kauf,
- ☐ Anzeigegebühren,
- ☐ Grundbuchkosten,
- ☐ Zuschlagsgebot bei Zwangsversteigerung einschließlich nicht ausgebotene nachrangige Grundpfandrechte,
- ☐ Säumniszuschläge zur Grunderwerbsteuer,
- ☐ Zahlungen zur Ablösung eines Wohnrechts,
- ☐ Zahlungen des Restitutionsberechtigten an den Verfügungsberechtigten nach dem Vermögensgesetz zum Ausgleich von Instandsetzungs- und Modernisierungsaufwendungen an einem rückübertragenen Grundstück.

Wegen der steuerlichen Behandlung von teilentgeltlichen Vorgängen ➔ Tz 1105.

Bei einem Kaufvertrag zwischen Ehegatten prüft das Finanzamt besonders kritisch, inwieweit das Vertragsverhältnis einem **Fremdvergleich standhält** (vgl. hierzu BFH, Urteil v. 15.10.2002, IX R 46/01, BFH/NV 2003 S. 112). Dabei nimmt es nicht nur den Kaufvertrag unter die Lupe, sondern auch einen damit zusammenhängenden Darlehensvertrag mit der Bank. Achten Sie in diesem Zusammenhang darauf, dass der vereinbarte

III Gestaltung und Tipps

Kaufpreis angemessen ist, wobei in Zweifelsfällen ein Verkehrswertgutachten eingeholt werden sollte. Darüber hinaus muss die Zahlung des Kaufpreises wie unter Fremden abgewickelt werden. Dabei ist es unschädlich, wenn der veräußernde Ehegatte sein **Grundvermögen zur Sicherung der von dem erwerbenden Ehegatten abgeschlossenen Darlehen einsetzt.**

Befinden sich mehrere Grundstücke im Miteigentum mehrerer Steuerzahler und bringen sie ihre Miteigentumsanteile in eine GbR ein, die Vermietungseinkünfte erzielt, sind insoweit keine Anschaffungsvorgänge gegeben, als die Miteigentümer nach der Übertragung ihrer Miteigentumsanteile an den nun zum Gesamthandsvermögen gehörenden Grundstücken beteiligt sind. Übersteigt dagegen der Anteil an den Grundstücken im GbR-Vermögen ihren Miteigentumsanteil, liegen insoweit Anschaffungskosten vor (BFH, Urteil v. 2.4.2008, IX R 18/06, BFH/NV 2008 S. 1235).

BEISPIEL

 A und B sind Miteigentümer zweier Grundstücke in X und Y. Das Grundstück in X gehört A zu 80 % und B zu 20 %; es hat einen Verkehrswert von 1.000.000 €. Das Grundstück in Y gehört A zu 20 % und B zu 80 %; es hat ebenfalls einen Verkehrswert von 1.000.000 €. Beide Grundstücke werden nun in eine GbR eingebracht, an der A und B zu je 50 % beteiligt sind. Dann veräußert A 30 % seines Grundstücks in X an B, B dagegen 30 % seines Grundstücks in Y an A. In Höhe von 70 % ist bei beiden Grundstücken die AfA-Bemessungsgrundlage fortzuführen, in Höhe von jeweils 30 % sind dagegen Anschaffungskosten von jeweils 300.000 € anzusetzen. Vorsicht ist in diesen Fällen dann geboten, wenn A und B die Grundstücke in den letzten 10 Jahren angeschafft haben und nunmehr auf die GbR übertragen. Dann kommt es zu einer partiellen Spekulationsbesteuerung.

Herstellungskosten

1111 Zu den **Herstellungskosten** eines Gebäudes gehören alle Aufwendungen, die Sie für die Errichtung des Gebäudes aufgewandt haben, z. B. auch **Abbruchkosten**, soweit sie mit der Errichtung des Gebäudes im Zusammenhang stehen, **Anschlusskosten für Strom-, Gas-, Wasser- und Wärmeversorgung**, Beiträge zur Ablösung der Verpflichtung zum Bau von **Einstellplätzen**, die **Beseitigung von Baumängeln** und damit zusammenhängende Prozesskosten, die Anschlusskosten an das öffentliche **Breitbandnetz**, die Aufwendungen für das **Anpflanzen von Hecken**, **Büschen** und **Bäumen** an der Grundstücksgrenze und die **Fahrtkosten** zwischen Wohnung und Baustelle (BFH, Urteil v. 10.5.1995, IX R 73/91, BStBl 1995 II S. 713).

1112 Beachten Sie auch die nachfolgenden Einzelfälle:

- Ausgaben für das **Richtfest** gehören in angemessenem Rahmen zu den Herstellungskosten.
- Konnten Sie das Gebäude nicht wie vorgesehen errichten, sondern mussten Sie Ihren Bauplan ändern, gehören die ursprünglichen **Planungskosten** ebenfalls zu den Herstellungskosten, es sei denn, dass das von Ihnen errichtete Gebäude von dem geplanten Bauwerk völlig abweicht (dann Werbungskosten).

- Ist Ihr Bauunternehmer während der Durchführung des Bauvorhabens in **Konkurs** gegangen, rechnen Zahlungen, für die Sie keine Gegenleistung erhalten haben, nicht zu den Herstellungskosten. Sie sind vielmehr sofort als Werbungskosten abzugsfähig.

- Aufwendungen für eine **Einbauküche** gehören insoweit zu den Herstellungskosten, als sie auf die Spüle und den – nach den regionalen Verhältnissen erforderlichen – Kochherd entfallen.

- Haben Sie an der Außenmauer Ihres Wohngebäudes eine **Markise** angebracht, gehören die Aufwendungen zu den Herstellungskosten des Gebäudes.

- Haben Sie das schadhafte **Flachdach** Ihres Zweifamilienhauses durch ein **Satteldach** ersetzt und entsteht durch diese Baumaßnahme erstmals ein für Wohnzwecke ausbaufähiges Dachgeschoss, rechnen die Aufwendungen zu den **Herstellungskosten**.

- Wird ein Gebäude in der Absicht erworben, es **teilweise abzubrechen** und anschließend **grundlegend umzubauen**, sind der anteilige **Restbuchwert des abgebrochenen Gebäudes** und die **Abbruchkosten Herstellungskosten** des umgebauten Gebäudes.

- Baukosten für die Errichtung eines **mangelhaften Gebäudeteils** sowie die damit verbundenen **Abbruchkosten** rechnen zu den Herstellungskosten, wenn der Gebäudeteil insgesamt wegen der vorhandenen Baumängel neu hergestellt werden muss (BFH, Urteile v. 26.1.1999, IX R 23/95, BFH/NV 1999 S. 785 und v. 16.4.2002, IX R 50/00, BFH/NV 2002 S. 1380).

- Verbraucht ein Steuerzahler Güter und nimmt Dienste in Anspruch, um ein zu vermietendes Gebäude um- und auszubauen, sind seine Aufwendungen auch dann Herstellungskosten, wenn die **Leistungen des Bauunternehmers** so **mangelhaft** waren, dass sie beseitigt werden müssen (BFH, Beschluss v. 26.7.2006, IX B 35/06, BFH/NV 2006 S. 2072).

WICHTIG

Sollte das Finanzamt einen Teil Ihrer Erhaltungsaufwendungen (➜ Tz 1052) als nachträgliche Herstellungskosten ansehen, achten Sie darauf, dass Ihre bisherige AfA-Bemessungsgrundlage entsprechend erhöht wird.

Bei **nachträglichen** Anschaffungs- oder Herstellungskosten bemisst sich sowohl die **1113** lineare als auch die degressive AfA nach der **bisherigen Bemessungsgrundlage zuzüglich der nachträglichen Anschaffungs- oder Herstellungskosten**; in allen anderen Fällen ist **der Restwert zuzüglich der nachträglichen Anschaffungs- oder Herstellungskosten** als Bemessungsgrundlage anzusetzen (R 7.3 Abs. 5 EStR). Bis 25.000 € genügt in der Regel eine Einzelaufstellung (also keine Belege).

III Gestaltung und Tipps

TIPP 1114

Aufwendungen für die **Unterhaltung des Gartens** sind grundsätzlich Werbungskosten bei den Einkünften aus Vermietung und Verpachtung. Dabei ist darauf zu achten, dass die Gartenanlage ein selbstständiges „Wirtschaftsgut" darstellt, das getrennt von dem Gebäude abgeschrieben wird (BFH, Urteil v. 30.1.1996, IX R 18/91, BStBl 1997 II S. 25). In der Regel sind die Herstellungskosten auf **10 Jahre** zu verteilen (R 21.1 Abs. 3 Satz 3 EStR).

Stichwortverzeichnis

Fundstellenhinweis nach Textziffern (➔ Tz)

IV Stichwortverzeichnis

Investitionsbeschreibung,
Investitionsabzugsbetrag 883
ISDN-Anschluss, Werbungskosten
Arbeitnehmer 760

J

Job-Ticket, Werbungskosten
Arbeitnehmer 748

K

Kabelfernsehen, Anlage V 1051
Kaminkehrergebühren, Anlage V
1051
Kanalisation, Anlage V 1051
Kanalreinigungsgebühren,
Anlage V 1051
Kapitalanlage
–, Veräußerungsgewinn, Anlage
KAP 197
–, Veräußerungsverlust, Anlage
KAP 197
Kapitalanlagen, Übertragung
936
Kapitaleinkünfte, individuelle
Besteuerung 933
Kapitalerträge
–, anzurechnende Steuern 205
–, Einkommensteuerveranlagung
203
–, in ausländischer Währung
198
–, ohne Kapitalertragsteuer-
abzug 202
Kapitalertragsteuer, Antrags-
veranlagung 340
Kapitalertragsteuerabzug 197
–, Dividenden 934
–, Korrekturen, Anlage KAP 200
–, unrichtiger, Korrekturen 930
Kapitalertragsteuer-
bescheinigung 940
Kapitalgesellschaft, wesentliche
Beteiligung 801
Kapitallebensversicherung,
Altersvorsorge 527
Kaution, Vermietung und
Verpachtung 1036
Kfz-Kosten
–, außergewöhnliche
Belastungen 414
–, Behinderte 414
Kind
–, arbeitslos 93

–, auswärtige Unterbringung
454
–, Berufsausbildung, eigene
Einkünfte und Bezüge 457
–, Berufsausbildung, Kosten
456
–, in Berufsausbildung, in
Schulausbildung, im Studium
560
–, ohne Ausbildungsplatz 562
–, Übergangsphase zur Berufs-
ausbildung 561
–, unter 18 Jahren, Kindergeld
574
–, Wechsel von Ausbildung in
Beruf 575
–, Wohnort im Ausland 89
Kind in Berufsausbildung
–, Heirat 576
–, Unterhalt 576
Kinder
–, Besonderheiten, steuerliche
Zuordnung 549
–, über 18 Jahren 558
Kinder in Berufsausbildung
–, Einkünfte, eigene 571
–, Kostenpauschale 571
Kinder ohne Arbeitsplatz 559
Kinder über 18 Jahren
–, behinderte 95
–, Berufsausbildung 93
–, eigene Einkünfte und Bezüge
93, 96, 568
–, Eigene Einkünfte und Bezüge,
Sozialversicherungsbeiträge
570
–, Grundwehrdienst 94
–, Zivildienst 94
Kinder unter 18 Jahren 92
Kinder von 3 bis 5 Jahre, Kinder-
betreuungskosten 603
Kinderbetreuungskosten 599
–, Begriff 600, 776
–, Betriebsausgaben 110, 608
–, erwerbsbedingte 630
–, erwerbstätige Eltern 780
–, Erwerbstätigkeit 110
–, Höchstbetrag 782
–, Höchstbetrag 4.000 € 607
–, Nachweis 112
–, Sonderausgaben 111, 785
–, Vorlage einer Rechnung 783
–, Werbungskosten 110, 608
–, Werbungskosten Allein-
erziehende 779

Kinderfreibetrag
–, Alternative 85
–, Ausbildungsplatz 566
–, Berücksichtigung bei
Zuschlagsteuern 590
–, Berufsausbildung 564
–, Betreuungsfreibetrag,
Adoptivkinder 90
–, eigene Einkünfte und Bezüge
96
–, Enkelkinder 90
–, Grundwehr- und Ersatzdienst
577
–, Kindergeld 85
–, Kindschaftsverhältnis 90
–, Kürzung nach Wohnsitzstaat
556
–, Monatsprinzip 580
–, nichteheliche Kinder 551
–, Pflegekinder 90
–, Stiefkinder 90
–, Übertragung 101
–, Übertragung auf Großeltern
587
–, Unterhaltspflicht 583
–, Vergleichsrechnung 548
Kindergeld 547 f.
–, Alternative 85
–, Betreuungsfreibetrag 85
–, Gegenrechnung 589
–, Kinderfreibetrag 85
–, Nachzahlung 88
–, Rückforderung 88
–, Vergleichsrechnung 85
Kinderzulage 234
–, Riester-Rente 84
Kirchenaustritt, Einkommen-
steuererklärung 346
Kirchensteuer 32
–, auf Kapitaleinkünfte 931
–, auf Kapitalertragsteuer 197
–, Berechnung 346
–, Freibeträge für Kinder 590
–, Lohnsteuerbescheinigung
114
–, Nacherhebung 917
–, Nacherhebung, Anlage KAP
201
–, Sonderausgaben 369
–, vereinfachte Steuererklärung
für Arbeitnehmer 328
Kirchensteuer auf Kapitalerträge
916
–, Zuschlag zur Kapitalertrag-
steuer 917

IV Stichwortverzeichnis

Formularteil

Anlagen zu Ihrer
Einkommensteuererklärung 2010

einfach ausfüllen – nichts vergessen – mehr sparen

IV Formularteil

Die Erläuterungen in dieser Broschüre zur Einkommensteuererklärung 2010 zeigen Ihnen, wie Sie die komplizierten amtlichen Vordrucke richtig ausfüllen. In vielen Fällen, zum Beispiel bei Werbungskosten oder außergewöhnlichen Belastungen, ist es gar nicht ohne Weiteres möglich, die „richtigen Zahlen" in die Kästchen der amtlichen Vordrucke einzutragen. Sie müssen Ihrem Finanzamt nämlich dokumentieren, wie Sie diese Zahlen errechnet haben.

Um Ihnen diese Arbeit zu erleichtern, haben wir Muster entwickelt, die Sie

... einfach ausfüllen

können. Sie brauchen Ihre Zahlen nur einzusetzen und die vorgegebenen Berechnungen durchzuführen, so dass Sie

... nichts vergessen

und

... mehr sparen,

also mehr Geld vom Finanzamt zurückbekommen oder weniger nachzuzahlen haben. Denken Sie daran, wenn Sie folgende Kosten geltend machen:

1.	Investitionsabzugsbeträge	627
2.	Kfz-Kosten	628
3.	Bewerbungskosten	629
4.	Fortbildungskosten	630
5.	Doppelter Haushalt im Inland	631
6.	Unfallkosten	632
7.	Umzugskosten	633
8.	Dienstreise/Geschäftsreise	634
9.	Arbeitszimmer in Mietwohnung	636
10.	Arbeitszimmer – Abschreibungsübersicht für Einrichtungsgegenstände und Arbeitsmittel	638
11.	Kinderbetreuungskosten	639
12.	Anschaffungskosten/Herstellungskosten Grundstück	642
13.	Erhaltungsaufwendungen	644
14.	Prognoseberechnung bei verbilligter Vermietung an Angehörige	646
15.	Einkünfte und Bezüge des Kindes	647
16.	Krankheitskosten	649
17.	Handwerkerleistungen	650

Kopieren Sie einfach die Formulare, die Sie benötigen, füllen sie aus und legen diese Ihrer Erklärung bei.

Anlage „Investitionsabzugsbeträge"
zur Einkommensteuererklärung 2010

Investitionsgut[1]	Voraussichtliche Anschaffungs- oder Herstellungskosten €	Investitionsabzugs- betrag[2] €

Gesamtsumme
Einzutragen in Zeile 66 der Anlage EÜR

---

1) Jedes Investitionsgut mit funktionaler Bezeichnung **einzeln** angeben. Investitionszeitraum 2011 bis 2013.

2) Bis zu 40 % der Anschaffungs- bzw. Herstellungskosten.

....
(Name)

....
(Steuernummer)

2010

Anlage „Kfz-Kosten"
zur Einkommensteuererklärung 2010

Tachostand 31.12.2010   _____
Tachostand 1.1.2010[1]   _____
gefahrene Kilometer in 2010   _____

1 Feste Kosten

€

Abschreibung[2] _____
Zinsen für Finanzierung _____
Kfz-Steuer _____
Kfz-Versicherung _____   €
Schutzbrief _____
Rechtsschutz _____
Garagenmiete _____
_____

2 Variable Kosten   €

Benzin/Diesel/Öl[3] _____
Reparaturen/Inspektionen _____
Reifen _____   €
Wagenpflege _____
TÜV/ASU _____

€

Gesamtaufwand 1 + 2

€/km

.... € Gesamtaufwand
.... km gefahrene Kilometer

---

[1] Bei Kauf eines Pkw in 2010 Tachostand vom Tag des Eigentumsübergangs angeben.
[2] Bei Anschaffung in 2010:
     Es ist eine Nutzungsdauer von 6 Jahren zugrunde zu legen. Bei Anschaffung eines Gebrauchtwagens in 2010 ist die Restnutzungsdauer unter Berücksichtigung des Alters, der Beschaffenheit und des voraussichtlichen Einsatzes zu schätzen; sie darf nicht über 6 Jahre hinausgehen; anteiliger Betrag im Anschaffungsjahr. Ansonsten Übernahme der linearen Jahres-AfA aus dem Vorjahr (anteiliger Betrag beim letzten Jahr des AfA-Zeitraums).
[3] Können ggf. geschätzt werden.

(Name)

(Steuernummer)

2010

Anlage „Bewerbungskosten"
zur Einkommensteuererklärung 2010

1 Abrechnung nach Belegen
€

Telefonkosten und Internetgebühren ————————
Kosten für Stellenanzeigen ————————————
Ausgaben für Fotokopien, Fotos, Briefpapier,
Bewerbungsmappe ————————————————
Porto ——————————————————————————
Kosten für Schreibarbeiten ——————————————

Präsentation im Internet ————————————————

€

2 Reisekosten
€

tatsächliche Fahrtkosten für öffentliche Verkehrsmittel oder
Kosten lt. Anlage „Kfz-Kosten": ————————————
gefahrene Kilometer . . . . . × . . . . . €/km ————————
oder **pauschal**
gefahrene Kilometer . . . . . × 0,30 €/km ————————
Übernachtungs- und Verpflegungskosten
lt. beigefügter Anlage „Dienstreise/Geschäftsreise" ————
Parkgebühren ——————————————————————
Stadtplan ————————————————————————

€

€

3 Ersatz durch Arbeitgeber oder Agentur für Arbeit
%

€

Gesamtkosten 1 + 2 ⁒ 3
Einzutragen in Zeile 47 der Anlage N

....
(Name)

....
(Steuernummer)

2010

Anlage „Fortbildungskosten"
zur Einkommensteuererklärung 2010

1 Abrechnung nach Belegen

€

Fahrtkosten
- bei eigenem Pkw: Kilometersatz lt. Anlage „Kfz-Kosten"
..... €/km bzw. bei fehlendem Nachweis 0,30 €/km
..... × gefahrene Kilometer _____
- Aufwendungen für öffentliche Verkehrsmittel [1] _____
Unterrichtsgebühren_____
Prüfungsgebühren _____
Arbeitsmittel [2]_____
Fachliteratur _____
Lernmaterialien und sonstige Ausgaben _____
Kosten für private Arbeitsgemeinschaft _____
Kosten für Arbeitszimmer _____
Kosten für Doktor- oder Diplomarbeit (z.B. Schreibauslagen,
Druckkosten) _____

€

2 Abrechnung nach Pauschalen

€

Reisekosten lt. Anlage „Dienstreise/Geschäftsreise"_____

€

3 Erstattung durch Arbeitgeber/Agentur für Arbeit oder andere Institutionen

€

%

Gesamtkosten 1 + 2 ⁒ 3
Einzutragen in Zeile 45 der Anlage N

€

_____
[1] Tatsächliche Kosten.
[2] Anteiliger Betrag bei Verteilung auf die Nutzungsdauer.

....
(Name)

2010

....
(Steuernummer)

Anlage „Doppelter Haushalt im Inland"
zur Einkommensteuererklärung 2010

1 Erste bzw. letzte Fahrt sowie Fahrten nach
Reisekostengrundsätzen[1]

€

tatsächliche Pkw-Kosten lt. Anlage „Kfz-Kosten"
gefahrene Kilometer .... × .... €/km × .... Fahrten _____
oder **pauschaler Ansatz** der Pkw-Kosten
gefahrene Kilometer .... × 0,30 €/km × .... Fahrten _____

€

oder **öffentliche Verkehrsmittel** _____

2 Verpflegungskosten

€

Pauschbeträge für die ersten 3 Monate
– bei Abwesenheit von mindestens 24 Stunden
_____ Tage × 24 € =   _____

– bei Abwesenheit von mindestens 14 Stunden
_____ Tage × 12 € =   _____

€

– bei Abwesenheit von mindestens 8 Stunden
_____ Tage × 6 € =   _____

3 Kosten für Unterkunft

€

tatsächliche Kosten lt. Beleg _____

4 Familienheimfahrten

€

(unabhängig vom benutzten Verkehrsmittel)

Flug- und Fährkosten lt. Nachweis _____
je Entfernungskilometer (ohne Flugkilometer)

€

0,30 €/km, ... €/km[2] × .... km × .... Heimfahrten _____

5 Umzugskosten

€

Kosten lt. Anlage „Umzugskosten" (Seite 633)

€

Gesamtkosten 1 + 2 + 3 + 4 + 5
Einzutragen in Zeile 78 der Anlage N zu Kennzahl 55

6 Erstattungen des Arbeitgebers /
der Agentur für Arbeit

€

Fahrtkostenersatz _____
Übernachtungskosten (ggf. Pauschbeträge) _____
Verpflegungskosten (Pauschbeträge) _____
Umzugskosten _____

€

Einzutragen in Zeile 79 der Anlage N zu Kz. 77

---

[1] Bei Einsatzwechseltätigkeit sind Fahrten zwischen Wohnung und auswärtiger Tätigkeitsstätte nach Reisekostengrundsätzen abziehbar.
[2] Bei Behinderten unter bestimmten Voraussetzungen tatsächliche Pkw-Kosten für einen Entfernungskilometer oder pauschaler Ansatz von 0,60 €/km.

IV Formularteil

....
(Name)

2010

....
(Steuernummer)

Anlage „Unfallkosten"
zur Einkommensteuererklärung 2010

1 Berufliche Veranlassung der Unfallkosten

Ort _____, Unfalltag _____ 2010, Uhrzeit _____

Anlass der Fahrt:
- [ ] Fahrt zwischen Wohnung und Arbeitsstätte/Betriebsstätte
- [ ] Familienheimfahrt bei doppelter Haushaltsführung
- [ ] Dienstreise/Geschäftsreise
- [ ] Sonstige berufliche Veranlassung, und zwar _____

Unfallschilderung (ggf. Polizeibericht beifügen) _____

_____

2 Pkw-Kosten

Unfallfahrzeug: Art _____

Fabrikat _____ Typ _____ Baujahr _____

[ ] neu erworben   [ ] gebraucht erworben   in _____

Kaufpreis _____ €

Kilometerstand im Anschaffungszeitpunkt _____ km

Kilometerstand im Unfallzeitpunkt _____ km   €

Reparaturkosten/Absetzungen für außergewöhnliche
Abnutzung[1]   €

Zeitwert abzügl. Schrottwert (Totalschaden) _____

3 Unfallbedingte Folgekosten   €

Rechtsanwaltskosten _____

Gerichtskosten _____

Sachverständigenkosten _____

Arzt-/Krankenhauskosten _____   €

Aufwendungen für einen Mietwagen _____

4 Erstattung   €

Versicherung _____

Unfallgegner _____   €

Krankenkasse _____   %

€

Gesamtkosten 2 + 3 ./. 4
Einzutragen in Zeile 47 der Anlage N

----

[1] Bei nicht durchgeführter Reparatur: Kaufpreis ./. AfA bis zum Unfallzeitpunkt ./. Zeitwert nach Unfall: im Jahr des Unfalls geltend machen!

632

....
(Name)

....
(Steuernummer)

2010

Anlage „Umzugskosten"
zur Einkommensteuererklärung 2010

1 Abrechnung nach Pauschalen   €

Transportkosten bei eigenem Fahrzeug
gefahrene Kilometer . . . . × . . . . 0,30 €/km _____
Reisekosten für Suche und Besichtigung der neuen
Wohnung, zur Vorbereitung des Umzugs sowie für den
Umzugstag lt. Anlage „Dienstreise/Geschäftsreise" _____

       €

2 Abrechnung nach Belegen   €

Speditionskosten _____
Miete für einen Lkw (Treibstoffkosten mit angeben) _____
Mietentschädigung _____
doppelte Mietaufwendungen _____
Wohnungsvermittlungsgebühren _____
Anschaffungskosten für Kochherde, Öfen, Heizgeräte _____
zusätzlicher Unterricht für Kinder: 1.603 € _____

       €

3 Sonstige Umzugskosten   €

Pauschalen nach Bundesumzugskostengesetz[1]
– Lediger: 636 € _____
– Verheiratete: 1.271 € _____
– Zuschlag (. . . Anzahl der mit dem Umziehenden in häuslicher
   Gemeinschaft lebenden Kinder, Verwandten und Verschwäger-
   ten: 280 €) _____
oder Einzelbelege für
Antennen _____
Anzeigekosten _____
amtliche Gebühren _____
Kosten für neues Elektrogeschirr _____
neue Pkw-Kennzeichen _____
Beleuchtungskörper _____
Anschluss oder Übernahme eines Telefons _____
Auslagen für Ein-/Ausbau von Haushaltsgeräten _____
Mülleimer _____
Umschreibung Personalausweis _____
Schulbücher wegen Schulwechsel _____
Trinkgeld für Umzugspersonal _____
Anschaffung oder Änderung von Vorhängen _____
Auslagen für Anschluss von elektrischen Geräten _____
Schönheitsreparaturen in alter Wohnung _____

_____
_____

       €

       €

4 Ersatz durch Arbeitgeber/Agentur für Arbeit   %

       €

Gesamtkosten 1 + 2 + 3 ./. 4
Einzutragen in Zeile 47 der Anlage N

---
[1] Nicht anzusetzen bei Begründung, Beendigung oder Wechsel einer doppelten Haushaltsführung.

IV Formularteil

....
(Name)

....
(Steuernummer)

2010

Anlage „Dienstreise/Geschäftsreise" zur Einkommensteuererklärung 2010 [1]

Beginn der Reise: _____ 2010 um _____ Uhr; **Ende:** _____ 2010 um _____ Uhr

Anlass der Dienst-/Geschäftsreise: _____

Besuchte Orte: _____

Reise wurde ausgeführt mit: ☐ eigenem Kfz   ☐ Dienstwagen   ☐ Bahn   ☐ _____

Anzahl der vollen Reisetage _____; Anreisetag _____ zu _____ Std., Rückreisetag _____ zu _____ Std.

	Brutto für Arbeit- nehmer [2]	USt für Unternehmer	Netto
	€	€	€
1 Fahrkosten			
Bahnfahrt lt. Anlage _____ €			
sonst. Fahrausweise lt. Anlage _____ €			
Flugticket lt. Anlage _____ €			
_____ lt. Anlage _____ €			
Pkw-Kosten			
● lt. Anlage „Kfz-Kosten"			
gefahrene km .... €/km = _____ €			
● pauschal			
gefahrene km ..... 0,30 €/km = _____ €			
Mitnahmeentschädigung			
gefahrene km ..... 0,02 €/km			
mitfahrende Person(en) = _____ €			
2 Aufwendungen für Unterbringung			
lt. beigefügtem Beleg (ohne Frühstück und Reisenebenkosten – Servicepauschale –) [3] _____ €			
Pauschbetrag bei Auslandsreise [4]			
_____ Tage _____ € = _____ €			
3 Verpflegungsmehraufwand			
● Dienstreise/Geschäftsreise im **Inland**			
Volle Reisetage (mind. 24 Std.) _____ Tage 24 € =			
Mindestens 14 Std. abwesend _____ Tage 12 € =			
Mindestens 8 Std. abwesend _____ Tage 6 € =			
● Dienstreise/Geschäftsreise im **Ausland**			
Volle Reisetage (mind. 24 Std.) _____ Tage _____ € (Auslandstagegeld) =			
Mindestens 14 Std. abwesend _____ Tage _____ € (²/₃ des Auslandstagegeldes) =			
Mindestens 8 Std. abwesend _____ Tage _____ € (¹/₃ des Auslandstagegeldes) =			
Übertrag			

[1] Für jede Dienstreise/Geschäftsreise gesondert auszufüllen.
[2] Auch bei Kapital- und Vermietungseinkünften anzuwenden.
[3] Ist in der Hotelrechnung bei einer Übernachtung im Ausland das Frühstück nicht offen ausgewiesen und auch nicht feststellbar, ist der Gesamtpreis um 20 % des Auslandstagesgeldes für das Frühstück zu kürzen.
[4] Nur bei Berechnung der steuerfreien Erstattung des Arbeitgebers anzusetzen.

	Brutto für Arbeit- nehmer²	USt für Unternehmer	Netto
	€	€	€

Übertrag

4 Nebenkosten

Telefongebühren _____

Telegramm-/Telefaxgebühren _____

Porto _____

Aufwendungen für Gepäck _____

Parkgebühren _____

Trinkgelder _____

Servicepauschale¹ _____

Gesamtkosten 1+2+3+4

Einzutragen in Zeile 50 der Anlage N zu Kz. 83 bei Arbeitnehmern

5 Erstattung durch Arbeitgeber (steuerfrei)

Einzutragen in Zeile 51 der Anlage N zu Kz. 84

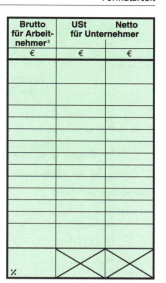

---

¹ Ist in der Servicepauschale das Frühstück enthalten, ist es mit 4,80 € herauszuschätzen.

IV Formularteil

....
(Name)

....
(Steuernummer)

2010

Anlage „Arbeitszimmer in Mietwohnung"
zur Einkommensteuererklärung 2010[1]

1   Aufteilungsmaßstab

$$\frac{\ldots . \text{ m}^2 \text{ Arbeitszimmer}}{\ldots . \text{ m}^2 \text{ Gesamtwohnfläche der Wohnung}^2} \times 100 = \ldots . \% \text{ (prozentualer Anteil „Arbeitszimmer")}$$

2   Ermittlung der abziehbaren Kosten

2.1 Anteilige Mietkosten   €

Miete ohne Garage _____
Mietnebenkosten _____
Heizung _____
Strom _____
Wasser _____
Müllabfuhr _____
Schornsteinfeger _____
Renovierungskosten (ausgenommen Nr. 2.2) _____
Hausratversicherung _____
Reinigung (ggf. pauschal) _____
Sonstige Kosten _____
_____

                                                                            €
Gesamtkosten _____

                                                                            €
davon entfallen . . . . . % auf das Arbeitszimmer _____

2.2 Direkt zuzuordnende Kosten   €

Renovierungskosten (soweit nicht bereits in
Nr. 2.1 enthalten) _____
Gardinen, Teppichboden, Glühbirnen etc. _____
Zinsen für angeschaffte Einrichtungsgegenstände _____
_____

                                                                            €
Gesamtkosten _____

2.3 Abschreibungen   €

lt. Anlage „Abschreibungsübersicht" (Seite 638) _____

                                                                            €
**Gesamtbetrag
der auf das Arbeitszimmer entfallenden Kosten**
(= Übertrag)

---

[1] Nur bei fehlendem Arbeitsplatz – zumindest zeitweise – oder bei einem Arbeitsplatz ausschließlich im Arbeitszimmer dem Grunde nach anzuerkennen.
[2] Lt. Mietvertrag.

€

Übertrag

Höchstbetrag   1.250 €

Anzusetzen 1.250 €, wenn die Kosten darüber
hinausgehen und Arbeitszimmer nicht Mittelpunkt der
gesamten beruflichen und betrieblichen Betätigung,
ansonsten tatsächliche Kosten.
Einzutragen in Zeile 44 der Anlage N

....
(Name)

....
(Steuernummer)

Anlage „Arbeitszimmer: Abschreibungsübersicht für Einrichtungsgegenstände und Arbeitsmittel" zur Einkommensteuererklärung 2010[1]

1 Anschaffungen im Kalenderjahr 2010 einschließlich Gegenstände unter 410 € [2,3]

Anschaffungs-datum	Bezeichnung des Gegenstands	Anschaffungs-kosten einschl. USt oder Restwert bei Einlage	AfA-Satz[2] %	AfA [3] €	Wert zum 31.12.2010 €
		Summe			

2 Anschaffungen aus früheren Jahren

Anschaffungs-jahr	Bezeichnung des Gegenstands	Wert zum 31.12.2009 €	AfA-Satz %	AfA wie 2009 oder Restwert €	Wert zum 31.12.2010 €
		Summe			

Summe 1 + 2 = Gesamt-AfA

Einzutragen in Zeile 42 und 43 der Anlage N

---

[1] Nur bei Arbeitnehmern zu verwenden.
[2] Gegenstände bis 410 € (Betrag ohne Umsatzsteuer) sind sofort abziehbar.
[3] Gegenstände über 410 € (Betrag ohne Umsatzsteuer) sind auf die Nutzungsdauer gleichmäßig zu verteilen. Dabei ist die AfA monatsgenau zu ermitteln, wobei der Anschaffungsmonat stets voll zu berücksichtigen ist.

....
(Name)

....
(Steuernummer)

Anlage „Kinderbetreuungskosten"
zur Einkommensteuererklärung 2010

1 Erwerbsbedingte Kinderbetreuungskosten

Aufwendungen	Rechnung vom	Abgebucht am	€
Kindergartenbeiträge		☐ siehe Kontoauszüge	
		☐ siehe Kontoauszüge	
		☐ siehe Kontoauszüge	
Kinderhortbeiträge		☐ siehe Kontoauszüge	
		☐ siehe Kontoauszüge	
		☐ siehe Kontoauszüge	
Tages-/Wochenmutter		☐ siehe Kontoauszüge	
		☐ siehe Kontoauszüge	
		☐ siehe Kontoauszüge	
Babysitter			
Erzieherin			
			€

$2/3$ der Aufwendungen

Höchstbetrag pro Kind 4.000 €

… Anzahl der zu berücksichtigenden Kinder x 4.000 €

Insgesamt anzusetzen

Davon beim Steuerzahler anzusetzen

wie Betriebsausgaben – Zeilen 78 bis 80 der Anlage Kind –

wie Werbungskosten (zusätzlich zum AN-Pauschbetrag) – Zeile 81 der Anlage Kind –

Davon beim anderen Elternteil anzusetzen

wie Betriebsausgaben – Zeilen 83 bis 85 der Anlage Kind –

wie Werbungskosten (zusätzlich zum AN-Pauschbetrag) – Zeile 86 der Anlage Kind –

IV Formularteil

2 Sonderausgaben

2.1 Wegen Erwerbstätigkeit eines Elternteils, Ausbildung, Behinderung oder Krankheit

Aufwendungen	Rechnung vom	Abgebucht am	€
Kindergartenbeiträge		☐ siehe Kontoauszüge	
		☐ siehe Kontoauszüge	
		☐ siehe Kontoauszüge	
Kinderhortbeiträge		☐ siehe Kontoauszüge	
		☐ siehe Kontoauszüge	
		☐ siehe Kontoauszüge	
Tages-/Wochenmutter		☐ siehe Kontoauszüge	
		☐ siehe Kontoauszüge	
		☐ siehe Kontoauszüge	
Babysitter			
Erzieherin			
			€

$^2/_3$ der Aufwendungen

Höchstbetrag pro Kind 4.000 €

… Anzahl der zu berücksichtigenden Kinder x 4.000 €

Insgesamt anzusetzen

Davon anzusetzen

• beim Steuerzahler – Zeilen 62 bis 66 der Anlage Kind –

• beim anderen Elternteil – Zeilen 69 bis 73 oder 75 der Anlage Kind –

2.2 Wegen eines Kindes vom 3. bis 6. Lebensjahr

Aufwendungen	Rechnung vom	Abgebucht am	€
Kindergartenbeiträge		☐ siehe Kontoauszüge	
		☐ siehe Kontoauszüge	
		☐ siehe Kontoauszüge	
Kinderhortbeiträge		☐ siehe Kontoauszüge	
		☐ siehe Kontoauszüge	
		☐ siehe Kontoauszüge	
Tages-/Wochenmutter		☐ siehe Kontoauszüge	
		☐ siehe Kontoauszüge	
		☐ siehe Kontoauszüge	
Babysitter			
Erzieherin			
			€

$^2/_3$ der Aufwendungen

Höchstbetrag pro Kind 4.000 €

... Anzahl der zu berücksichtigenden Kinder x 4.000 €

Insgesamt anzusetzen

Davon anzusetzen

• beim Steuerzahler – Zeile 67 der Anlage Kind –

• beim anderen Elternteil – Zeile 74 der Anlage Kind –

641

....
(Name)

....
(Steuernummer)

2010

Anlage „Anschaffungskosten/Herstellungskosten Grundstück" zur Einkommensteuererklärung 2010

1 Grund und Boden

€

Kaufpreis/Anteil an den Anschaffungskosten _____
Abbruchkosten _____
Anschlusskosten für Versorgungsleitungen zum Kanalstrang ____
Ansiedlungsbeiträge _____
Auflassungsgebühren[1] _____
Beiträge nach dem Kommunalabgabengesetz _____
Beiträge für Versorgungsanlagen außerhalb des Grundstücks ____
Erschließungsbeiträge, soweit nicht Werbungskosten _____
Grunderwerbsteuer[1] _____
Kanalanschlussgebühren _____
Maklergebühren[1] _____
Notarkosten[1] _____
Gerichts- und Grundbuchkosten[1] _____
Restwert für im Zeitpunkt des Erwerbs wertlose Aufbauten ____
Straßenanliegerbeiträge _____
Zuschüsse für Ausbau einer Ortsstraße _____
Reisekosten anlässlich des Grundstückserwerbs lt. Anlage
„Dienstreise/Geschäftsreise"[1] _____
Telefongebühren[1] _____

€

Gesamtkosten _____

2 Gebäude
2.1 Anschaffungskosten

€

Kaufpreis/Anteil an den Anschaffungskosten _____
Anschaffungsnaher Herstellungsaufwand _____
Auflassungsgebühren (anteilig) _____
Grundbuchkosten (anteilig) _____
Grunderwerbsteuer (anteilig) _____
Gerichtskosten bei Erwerb im Zwangsvollstreckungsverfahren
Grundpfandrechte des Ersteigerers (anteilig) _____
Gutachterkosten für Wertermittlung zum Zwecke der
Kaufpreisaufteilung (anteilig) _____
Maklerprovision (anteilig) _____
Notarkosten (anteilig) _____
Rentenbarwert als Gegenleistung für den Erwerb des
Gebäudes _____
Ablösungsbetrag für ein Nutzungsrecht _____
Steuerberatungskosten (anteilig) _____
Verbindlichkeiten, übernommene (anteilig) _____
Reisekosten anlässlich des Grundstückserwerbs lt. Anlage
„Dienstreise/Geschäftsreise" (anteilig) _____
Anzeigekosten (anteilig) _____
Telefongebühren (anteilig) _____

€

Gesamtkosten _____

[1] Bei Erwerb eines bebauten Grundstücks anteilig.

2.2 Herstellungskosten   €

Abfindung an Nachbarn (z. B. für eine Baulast) _____
Ablösung für Einstellplätze _____
Alarmanlage _____
Anschlusskosten _____
Antenne _____
Architektenhonorar _____
Bauarbeiten _____
Baubetreuungskosten _____
Baugenehmigung (Kosten für die Erteilung) _____
Baumaschinen _____
Baumaterial _____
Be- und Entlüftungsanlagen _____
Blitzschutzanlagen _____
Bodenbeläge _____
Dachstuhl mit Eindeckung _____
Decken- und Wandvertäfelung _____
Einbaumöbel _____
Elektroinstallation _____
Erdarbeiten (Abtragung, Lagerung, Einplanierung,
     Abtransport usw.) _____
Fahrtkosten lt. Anlage „Kfz-Kosten" _____
Fenster _____
Fenstergitter _____
Fliesenarbeiten _____
Fußbodenbeläge _____
Fußbodenheizung _____
Gartenanlagen als „lebende" Umzäunung _____
Heizkosten _____
Heizungsanlagen _____
Herde und Öfen _____
Kabelfernsehen _____
Küchenspüle _____
Malerarbeiten _____
Markise _____
Planungskosten _____
Prüfingenieur (Statik) _____
Putzarbeiten _____
Richtfest _____
Rohbaukosten _____
Sanitäre Installation _____
Spenglerarbeiten _____
Telefonkosten _____
Teppichboden _____
Trinkgelder _____
Türen _____
Umzäunung _____
Vermessung des Grundstücks zwecks Bebauung (Katasteramt)

       €

Gesamtkosten _____

3   Bemessungsgrundlage für Abschreibungen

       €

Anschaffungskosten (Nr. 2.1) oder Herstellungskosten (Nr. 2.2)

IV Formularteil

....
(Name)

....
(Steuernummer)

Anlage „Erhaltungsaufwendungen"
zur Einkommensteuererklärung 2010

1 Sofort abziehbare Erhaltungsaufwendungen

Rechnung vom	Firma	Kurzbeschreibung der ausgeführten Arbeiten/Material	Rechnungsbetrag €

Summe (zu übertragen in Zeile 39 oder 40 der Anlage V)

2 Erhaltungsaufwendungen, die bis zu 5 Jahre verteilt werden

Rechnung vom	Firma	Kurzbeschreibung der ausgeführten Arbeiten/Material	Rechnungsbetrag €

Gesamtaufwand (zu übertragen in Zeile 41 der Anlage V)

3 Erhaltungsaufwendungen, die auf 10 Jahre verteilt werden (bei Bauantrag/Einreichen der Bauunterlagen vor dem 1.1.2004)

Rechnung vom	Firma	Kurzbeschreibung der ausgeführten Arbeiten/Material	Rechnungsbetrag €

Gesamtaufwand (zu übertragen in Zeile 13 der Anlage FW)

4 Erhaltungsaufwendungen, die auf 10 Jahre verteilt werden (bei Bauantrag/Einreichung der Bauunterlagen nach dem 31.12.2003)

Rechnung vom	Firma	Kurzbeschreibung der ausgeführten Arbeiten/Material	Rechnungsbetrag €

Gesamtaufwand (zu übertragen in Zeile 14 der Anlage FW)

IV Formularteil

(Name)

2010

(Steuernummer)

Anlage „Prognoseberechnung bei verbilligter Vermietung an Angehörige" zur Einkommensteuererklärung 2010

1	Vorjahre	2006	2007	2008	2009	2010	Summe Spalten 2-7	2011	2012	2013	2014	2015	Summe Spalten 9-13	Hochgerechnete Einnahmen/ Ausgaben aus Spalte 8 oder 14	Tatsächliche Einnahmen/ Ausgaben aus Spalten 2-7
	€	€	€	€	€	€	€	€	€	€	€	€	€	€	€
	2	3	4	5	6	7	8	9	10	11	12	13	14	15	16
Vereinbarte Miete lt. Mietvertrag															
Zu erwartende Miete															
Summe Spalte 15 und 16															
Sicherheitszuschlag (10 % der Spalte 15)															
Voraussichtliche Einnahmen im Prognosezeitraum															
Tatsächliche Grundstückskosten															
Abschreibungen															
Instandsetzungskosten															
Schuldzinsen															
Korrigierte Grundstückskosten															
Voraussichtliche Grundstückskosten ohne Abschreibungen, Instandsetzungskosten und Zinsen															
Summe Spalte 15 und 16															
Lineare Gebäude-AfA (2 % bzw. 2,5 %)[1]															
Instandsetzungen[2]															
Zinsen[3]															

Summe voraussichtliche Grundstückskosten Spalte 15 (= Bemessungsgrundlage für Sicherheitsabschlag)

Sicherheitsabschlag (10 % der voraussichtlichen Grundstückskosten lt. Spalte 15)
Voraussichtliche Grundstückskosten im Prognosezeitraum

Prognoseergebnis

[1] Bezugsgröße: Anschaffungs-/Herstellungskosten unter Berücksichtigung von Korrekturen in den einzelnen Jahren.
[2] Zu schätzen für künftige Jahre anhand der Vorgaben in § 28 II. Berechnungsverordnung.
[3] Zu schätzen anhand des Tilgungsplans unter Berücksichtigung von Umfinanzierungen und Sondertilgungen.

646

....
(Name)

....
(Steuernummer)

Anlage „Einkünfte und Bezüge des Kindes"
zur Einkommensteuererklärung 2010[1]

1 Einkünfte

€

Bruttoarbeitslohn _____

Werbungskosten/Arbeitnehmerpauschbetrag/Werbungskosten-
pauschbetrag _____ %

Versorgungsfreibetrag und Zuschlag zum Versorgungsfreibetrag %   €

Einkünfte „Arbeitsverhältnis" _____

€

Zinseinnahmen und andere Kapitalerträge _____

Sparer-Pauschbetrag _____ %   €

Einkünfte „Kapitalvermögen"   +

€

Besteuerungs- bzw. Ertragsanteil von Renten _____

Werbungskostenpauschbetrag _____ %   €

Einkünfte „Rente" _____ +

€

Weitere Einkünfte

_____

_____ €

Summe _____ +

€

Einkünfte _____

2 Bezüge

€

Zuschüsse als Ausbildungshilfe[2] _____

– Leistungen nach dem BAföG _____

– Berufsausbildungsbeihilfen u. Ausbildungsgelder
   nach dem SGB III _____

– Stipendium aus öffentlichen Mitteln _____

– _____ €

Übertrag _____

---

[1] Für jedes Kind gesondert ausfüllen. Anzuwenden für Kindergeld und Freibeträge für Kinder über 18 Jahre, bei Freibetrag für Unterhaltsaufwendungen (§ 33a Abs. 1 EStG) und bei Ausbildungsfreibetrag (§ 33a Abs. 2 EStG). Ggf. noch Umrechnung auf den Abzugszeitraum vorzunehmen.

[2] Sie werden bei den außergewöhnlichen Belastungen unmittelbar von den Freibeträgen abgezogen.

	€	€

Übertrag

pauschal besteuerter Arbeitslohn

ausgezahlte Arbeitnehmer-Sparzulage

steuerfreie Zuschläge für Sonntags-, Feiertags-
oder Nachtarbeit

Arbeitgeberzuschüsse für Fahrten zur Arbeitsstätte mit
öffentlichen Verkehrsmitteln

steuerfreie Einnahmen, die dem Progressionsvorbehalt
unterliegen (z. B. Arbeitslosengeld, Arbeitslosenhilfe,
Krankengeld)

Wehrsold und andere Bezüge von Wehrpflichtigen

Wohngeld

Nach dem Teileinkünfteverfahren steuerfrei bleibende
Beträge

Unterhaltsleistungen des verdienenden Ehegatten[1]

Rente, die über Besteuerungs- bzw. Ertragsanteil
hinausgeht (Kapitalanteil)

Ausbildungsbeihilfen

steuerfreie Veräußerungsgewinne bei Gewinneinkünften

Sonderabschreibungen und erhöhte Absetzungen über
linearer AfA

Versorgungsfreibetrag und Zuschlag zum Versorgungsfreibetrag

Sachbezüge bei Au-pair-Tätigkeit

	€

Summe

nachgewiesene Kosten oder Kostenpauschale
(max. 180 €)[2]   %

Bezüge   +

Besondere Ausbildungskosten (gekürzt um Erstattungen)   %

Sozialversicherungsbeiträge, Beiträge zur privaten
Kranken- und Pflegeversicherung, jedoch ohne Lohnsteuer und Soli   %

Einkünfte und Bezüge

---

[1] Soweit nicht als sonstige Einkünfte erfasst.
[2] Soweit Kostenpauschale nicht bereits bei den Zuschüssen als Ausbildungshilfen berücksichtigt wurde.

....
(Name)

....
(Steuernummer)

2010

Anlage „Krankheitskosten"
zur Einkommensteuererklärung 2010

1 Pkw-Kosten

€

tatsächliche Kosten lt. Anlage „Kfz-Kosten"
oder pauschal 0,30 € je gefahrenen km

Fahrten zum Arzt
gefahrene Kilometer . . . . . x . . . . . €/km _____

Fahrten zur Apotheke
gefahrene Kilometer . . . . . x . . . . . €/km _____

Fahrten zum Krankenhaus
gefahrene Kilometer . . . . . x . . . . . €/km _____

Fahrten zur Massage
gefahrene Kilometer . . . . . x . . . . . €/km _____

Besuchsfahrten zum Krankenhaus
gefahrene Kilometer . . . . . x . . . . . €/km _____

€

Taxikosten _____

2 Krankheitskosten nach Belegen

€

Medikamente (auch Selbstbeteiligung) _____
Arztkosten _____
Heilpraktiker _____
Pflegekosten _____
Massagen _____
Krankengymnastik _____
Brille _____
Hörgerät (einschl. Batterien) _____
Zahnklammer _____
Zahnersatz _____
_____

€

Krankenhauskosten (auch Selbstbeteiligung) _____

€

3 Kurkosten [1]

€

4 Erstattungen durch Krankenkasse/Arbeitgeber

%

Gesamtkosten 1 + 2 + 3 ./. 4

€

Einzutragen im Hauptvordruck Seite 3, Zeilen 68 und 69

---

[1] Für Verpflegungsmehraufwendungen ggf. Anlage „Dienstreise/Geschäftsreise" verwenden (s. Seite 634).

....
(Name)

....
(Steuernummer)

2010

Anlage „Handwerkerleistungen für Renovierungs-, Erhaltungs- und Modernisierungsmaßnahmen im Inland" zur Einkommensteuererklärung 2010

Aufwendungen (Nur Arbeitsleistungen, keine Herstellungskosten)	Rechnung vom	Abgebucht am	Betrag €	Werbungs- kosten/ Betriebs- ausgaben[1] €	Auf Ein- kommensteuer anzurechnen € (Spalte 4 ./. Spalte 5)
1	2	3	4	5	6
Malerarbeiten					
Fliesenarbeiten					
Teppichboden verlegen					
Wartungsarbeiten					
Reparaturen an Haus- haltsgeräten (z. B. Waschmaschine)					
Elektrikerarbeiten					
Instandsetzungsarbeiten					
•					
•					
•					
Summe					

Höchstens bis **1.200** € anrechenbar – Zeile 78 des Hauptvordrucks –

[1] Einzutragen in der Anlage V oder in der Buchführung/Einnahmenüberschussrechnung zu berücksichtigen zuzügl. anteiliger Materialkosten.

Einkommensteuer: Grund- und Splittingtabelle 2010

Für 2010 beträgt der Höchststeuersatz 45 % und der Eingangssteuersatz 14 %. Der Grundfreibetrag beläuft sich auf 8.004 € und der Grenzbetrag, ab dem der Höchststeuersatz anzuwenden ist, auf 250.731 €.

Seit dem Wegfall der Tarifstufen in der Grund- und Splittingtabelle ab 2004 lässt sich die Einkommensteuer genau nur mit Hilfe der Tarifformel (§ 32a Abs. 1 EStG) ermitteln. Diese lautet für 2010 wie folgt:

1 Bei Anwendung der Grundtabelle

1.1 Für ein zu versteuerndes Einkommen von 8.005 € bis 13.469 €

① (Auf einen vollen €-Betrag abgerundetes zu versteuerndes Einkommen
   ./. 8.004) : 10.000 = ...

② ... (Betrag lt. Zeile ①) × 912,17 + 1.400 = ... (beim Runden nur die letzten
   3 Stellen hinter dem Komma zu berücksichtigen) = ...

③ ... (Betrag lt. Zeile ②) × ... (Betrag lt. Zeile ①) = ...

abgerundet auf den nächsten vollen €-Betrag   ...... €

Es ist die Einkommensteuer nach der Grundtabelle für ein zu versteuerndes Einkommen von 9.881 € zu ermitteln.

① (9.881 ./. 8.004) : 10.000 =	0,1877
② 0,1877 × 912,17 + 1.400 =	1.571,214
③ 1.571,214 × 0,1877 =	294,92
abgerundet	294 €

1.2 Für ein zu versteuerndes Einkommen von 13.470 € bis 52.881 €

① (Auf einen vollen €-Betrag abgerundetes zu versteuerndes Einkommen
   ./. 13.469) : 10.000 = ...
② ... (Betrag laut Zeile ①) × 228,74 + 2.397 = (... beim Runden nur die letzten
   3 Stellen hinter dem Komma zu berücksichtigen)   ......
③ ... (Betrag laut Zeile ②) × ... (Betrag laut Zeile ①) + 1.038 = ...
abgerundet auf den nächsten vollen €-Betrag   ...... €

Es soll die Einkommensteuer nach der Grundtabelle für ein zu versteuerndes Einkommen von 15.491 € berechnet werden.

① (15.491 ./. 13.469) : 10.000 =	0,2022
② 0,2022 × 228,74 + 2.397 =	2.443,251
③ 2.443,251 × 0,2022 + 1.038 =	1.532,02
abgerundet	1.532 €

IV Steuertabellen 2010

1.3 Für ein zu versteuerndes Einkommen von 52.882 € bis 250.730 €

① 0,42 × abgerundetes zu versteuerndes Einkommen ./. 8.172 = ...

② abgerundet auf den nächsten vollen €-Betrag   ...... €

1.4 Für zu versteuernde Einkommen ab 250.731 €

① 0,45 × abgerundetes zu versteuerndes Einkommen ./. 15.694 = ...

② abgerundet auf den nächsten vollen €-Betrag   ...... €

2 Bei Anwendung der Splittingtabelle

Bei Anwendung der Splittingtabelle ist das abgerundete zu versteuernde Einkommen beider Ehegatten zu halbieren und auf den nächsten vollen €-Betrag abzurunden. Dieser Betrag ist dann in den vorstehenden Tarifformeln als zu versteuerndes Einkommen einzusetzen. Die sich danach ergebende Einkommensteuer wird schließlich verdoppelt und ergibt dann die Einkommensteuer für die Ehegatten laut Splittingtabelle.

BEISPIEL

 Das zu versteuernde Einkommen beider Ehegatten soll 74.911 € betragen. Hierfür ergibt sich nach der Splittingtabelle für 2010 folgende Einkommensteuer:

Zu versteuerndes Einkommen: 74.911 : 2 = 37.455 (abgerundet)

① (37.455 ./. 13.469) : 10.000 =	2,3986
② 2,3986 × 228,74 + 2.397 =	2.945,655
③ 2.945,655 × 2,3986 + 1.038 =	8.103,44
abgerundet	8.103 €
8.103 € × 2 =	16.206 €

3 Anwendungsbereich der nachfolgenden Tabellen

Die nachfolgend abgedruckte Grund- und Splittingtabelle gilt für den Veranlagungszeitraum 2010. Die **Grundtabelle** ist für ein zu versteuerndes Einkommen bis 52.881 € anzuwenden. Ab einem zu versteuernden Einkommen von 52.882 € ist die Einkommensteuer wie oben dargestellt zu berechnen. Die **Splittingtabelle** gilt für ein zu versteuerndes Einkommen bis 105.762 €. Bei höheren Beträgen ist die Einkommensteuer wie oben dargestellt zu ermitteln.

Da die Tarifstufen in der Grund- und Splittingtabelle weggefallen sind und damit die Einkommensteuer genau mit Hilfe der Tarifformel zu berechnen ist, müsste für jedes zu versteuernde Einkommen, abgerundet auf einen vollen €-Betrag, die jeweilige Steuer angegeben werden. Dies lässt sich aus Platzgründen nicht darstellen. Daher ist nachfolgend in der Grundtabelle die Einkommensteuer in Schritten zu je 10 € angegeben und zu der jeweiligen Einkommensteuer das zu versteuernde Einkommen aufgeführt. Bei der Splittingtabelle sind 20-€-Schritte gewählt worden. Dies hat zur Folge, dass die Einkommensteuer nur für ein zu versteuerndes Einkommen zutreffend aus der Tabelle abgelesen werden kann, das in dieser Tabelle betragsmäßig aufgeführt ist. Ist das zu versteuernde Einkommen dort nicht genannt, kann die Einkommensteuer lediglich im **Schätzungswege** bestimmt werden, und zwar mit einer Ungenauigkeit von maximal 10 € bei Anwendung der Grundtabelle und 20 € bei Anwendung der Splittingtabelle.

BEISPIEL

Das zu versteuernde Einkommen soll 51.925 € betragen. Die Steuer soll nach der Grundtabelle 2010 bestimmt werden.

In der Tabelle sind die Steuerbeträge für ein zu versteuerndes Einkommen von 51.905 € mit 13.630 € und für ein zu versteuerndes Einkommen von 51.929 € mit 13.640 € angegeben. Also muss die Einkommensteuer für das zu versteuernde Einkommen von 51.925 € zwischen 13.630 € und 13.640 € betragen. Wer die Einkommensteuer genau ermitteln will, kann sie mit Hilfe der vorstehend aufgeführten Tarifformeln berechnen.

Einkommensteuer-Grundtabelle 2010

zu versteuerndes Einkommen* €	tarifliche Einkommensteuer €	zu versteuerndes Einkommen* €	tarifliche Einkommensteuer €	zu versteuerndes Einkommen* €	tarifliche Einkommensteuer €	zu versteuerndes Einkommen* €	tarifliche Einkommensteuer €	zu versteuerndes Einkommen* €	tarifliche Einkommensteuer €
8011	0	10994	500	13312	1000	15363	1500	17340	2000
8076	10	11045	510	13354	1010	15403	1510	17379	2010
8146	20	11096	520	13396	1020	15443	1520	17418	2020
8216	30	11147	530	13438	1030	15483	1530	17456	2030
8285	40	11197	540	13478	1040	15524	1540	17495	2040
8354	50	11248	550	13520	1050	15564	1550	17534	2050
8422	60	11298	560	13561	1060	15604	1560	17573	2060
8489	70	11348	570	13603	1070	15644	1570	17611	2070
8556	80	11397	580	13644	1080	15684	1580	17650	2080
8622	90	11447	590	13686	1090	15724	1590	17688	2090
8688	100	11496	600	13728	1100	15764	1600	17727	2100
8754	110	11545	610	13769	1110	15804	1610	17766	2110
8818	120	11594	620	13810	1120	15844	1620	17804	2120
8883	130	11642	630	13852	1130	15884	1630	17843	2130
8947	140	11691	640	13893	1140	15924	1640	17881	2140
9010	150	11739	650	13935	1150	15963	1650	17920	2150
9073	160	11787	660	13976	1160	16003	1660	17958	2160
9135	170	11834	670	14017	1170	16043	1670	17997	2170
9197	180	11882	680	14059	1180	16083	1680	18035	2180
9259	190	11929	690	14100	1190	16122	1690	18073	2190
9320	200	11977	700	14141	1200	16162	1700	18112	2200
9381	210	12024	710	14182	1210	16202	1710	18150	2210
9441	220	12070	720	14223	1220	16241	1720	18188	2220
9501	230	12117	730	14264	1230	16281	1730	18226	2230
9561	240	12163	740	14306	1240	16321	1740	18265	2240
9620	250	12210	750	14347	1250	16360	1750	18303	2250
9679	260	12256	760	14388	1260	16400	1760	18341	2260
9737	270	12301	770	14429	1270	16439	1770	18379	2270
9796	280	12347	780	14470	1280	16479	1780	18417	2280
9853	290	12393	790	14510	1290	16518	1790	18455	2290
9911	300	12438	800	14551	1300	16557	1800	18494	2300
9968	310	12483	810	14592	1310	16597	1810	18532	2310
10024	320	12528	820	14633	1320	16636	1820	18570	2320
10081	330	12573	830	14674	1330	16676	1830	18608	2330
10137	340	12618	840	14715	1340	16715	1840	18646	2340
10193	350	12662	850	14755	1350	16754	1850	18684	2350
10248	360	12707	860	14796	1360	16793	1860	18722	2360
10303	370	12751	870	14837	1370	16833	1870	18759	2370
10358	380	12795	880	14877	1380	16872	1880	18797	2380
10412	390	12839	890	14918	1390	16911	1890	18835	2390
10467	400	12883	900	14959	1400	16950	1900	18873	2400
10521	410	12926	910	14999	1410	16989	1910	18911	2410
10574	420	12970	920	15040	1420	17028	1920	18949	2420
10628	430	13013	930	15080	1430	17067	1930	18986	2430
10681	440	13056	940	15121	1440	17106	1940	19024	2440
10734	450	13099	950	15161	1450	17145	1950	19062	2450
10786	460	13142	960	15201	1460	17184	1960	19099	2460
10838	470	13185	970	15242	1470	17223	1970	19137	2470
10890	480	13227	980	15282	1480	17262	1980	19175	2480
10942	490	13270	990	15322	1490	17301	1990	19212	2490

* Die angegebene Steuer gilt nur für den ausgewiesenen Wert; Zwischenwerte sind zu schätzen – s. Vorbemerkungen.

Einkommensteuer-Grundtabelle 2010

zu versteuerndes Einkommen* €	tarifliche Einkommensteuer €	zu versteuerndes Einkommen* €	tarifliche Einkommensteuer €	zu versteuerndes Einkommen* €	tarifliche Einkommensteuer €	zu versteuerndes Einkommen* €	tarifliche Einkommensteuer €	zu versteuerndes Einkommen* €	tarifliche Einkommensteuer €
19250	2500	21099	3000	22893	3500	24637	4000	26333	4500
19287	2510	21136	3010	22929	3510	24671	4010	26367	4510
19325	2520	21172	3020	22964	3520	24705	4020	26400	4520
19363	2530	21208	3030	22999	3530	24740	4030	26434	4530
19400	2540	21245	3040	23034	3540	24774	4040	26467	4540
19438	2550	21281	3050	23070	3550	24808	4050	26501	4550
19475	2560	21317	3060	23105	3560	24843	4060	26534	4560
19512	2570	21354	3070	23140	3570	24877	4070	26567	4570
19550	2580	21390	3080	23175	3580	24911	4080	26601	4580
19587	2590	21426	3090	23211	3590	24945	4090	26634	4590
19624	2600	21462	3100	23246	3600	24980	4100	26668	4600
19662	2610	21498	3110	23281	3610	25014	4110	26701	4610
19699	2620	21535	3120	23316	3620	25048	4120	26734	4620
19736	2630	21571	3130	23351	3630	25082	4130	26767	4630
19774	2640	21607	3140	23386	3640	25116	4140	26801	4640
19811	2650	21643	3150	23421	3650	25150	4150	26834	4650
19848	2660	21679	3160	23456	3660	25184	4160	26867	4660
19885	2670	21715	3170	23491	3670	25219	4170	26900	4670
19922	2680	21751	3180	23526	3680	25253	4180	26934	4680
19960	2690	21787	3190	23561	3690	25287	4190	26967	4690
19997	2700	21823	3200	23596	3700	25321	4200	27000	4700
20034	2710	21859	3210	23631	3710	25355	4210	27033	4710
20071	2720	21895	3220	23666	3720	25389	4220	27066	4720
20108	2730	21931	3230	23701	3730	25423	4230	27099	4730
20145	2740	21967	3240	23736	3740	25457	4240	27132	4740
20182	2750	22003	3250	23771	3750	25491	4250	27165	4750
20219	2760	22039	3260	23806	3760	25525	4260	27199	4760
20256	2770	22075	3270	23841	3770	25558	4270	27232	4770
20293	2780	22110	3280	23875	3780	25592	4280	27265	4780
20330	2790	22146	3290	23910	3790	25626	4290	27298	4790
20366	2800	22182	3300	23945	3800	25660	4300	27331	4800
20403	2810	22218	3310	23980	3810	25694	4310	27364	4810
20440	2820	22253	3320	24015	3820	25728	4320	27397	4820
20477	2830	22289	3330	24049	3830	25761	4330	27430	4830
20514	2840	22325	3340	24084	3840	25795	4340	27462	4840
20550	2850	22361	3350	24119	3850	25829	4350	27495	4850
20587	2860	22396	3360	24153	3860	25863	4360	27528	4860
20624	2870	22432	3370	24188	3870	25897	4370	27561	4870
20661	2880	22467	3380	24223	3880	25930	4380	27594	4880
20697	2890	22503	3390	24257	3890	25964	4390	27627	4890
20734	2900	22539	3400	24292	3900	25998	4400	27660	4900
20771	2910	22574	3410	24326	3910	26031	4410	27693	4910
20807	2920	22610	3420	24361	3920	26065	4420	27725	4920
20844	2930	22645	3430	24395	3930	26099	4430	27758	4930
20880	2940	22681	3440	24430	3940	26132	4440	27791	4940
20917	2950	22716	3450	24464	3950	26166	4450	27824	4950
20953	2960	22752	3460	24499	3960	26199	4460	27856	4960
20990	2970	22787	3470	24533	3970	26233	4470	27889	4970
21026	2980	22822	3480	24568	3980	26266	4480	27922	4980
21063	2990	22858	3490	24602	3990	26300	4490	27955	4990

* Die angegebene Steuer gilt nur für den ausgewiesenen Wert; Zwischenwerte sind zu schätzen – s. Vorbemerkungen.

IV Steuertabellen 2010

Einkommensteuer-Grundtabelle 2010

zu versteuerndes Einkommen* €	tarifliche Einkommen- steuer €	zu versteuerndes Einkommen* €	tarifliche Einkommen- steuer €	zu versteuerndes Einkommen* €	tarifliche Einkommen- steuer €	zu versteuerndes Einkommen* €	tarifliche Einkommen- steuer €	zu versteuerndes Einkommen* €	tarifliche Einkommen- steuer €
27987	5000	29601	5500	31178	6000	32720	6500	34230	7000
28020	5010	29633	5510	31209	6010	32750	6510	34259	7010
28053	5020	29665	5520	31240	6020	32781	6520	34289	7020
28085	5030	29697	5530	31271	6030	32811	6530	34319	7030
28118	5040	29729	5540	31303	6040	32842	6540	34349	7040
28150	5050	29760	5550	31334	6050	32872	6550	34379	7050
28183	5060	29792	5560	31365	6060	32903	6560	34409	7060
28216	5070	29824	5570	31396	6070	32933	6570	34438	7070
28248	5080	29856	5580	31427	6080	32964	6580	34468	7080
28281	5090	29888	5590	31458	6090	32994	6590	34498	7090
28313	5100	29919	5600	31489	6100	33024	6600	34528	7100
28346	5110	29951	5610	31520	6110	33055	6610	34557	7110
28378	5120	29983	5620	31551	6120	33085	6620	34587	7120
28411	5130	30015	5630	31582	6130	33115	6630	34617	7130
28443	5140	30046	5640	31613	6140	33146	6640	34647	7140
28475	5150	30078	5650	31644	6150	33176	6650	34676	7150
28508	5160	30110	5660	31675	6160	33206	6660	34706	7160
28540	5170	30141	5670	31706	6170	33237	6670	34736	7170
28573	5180	30173	5680	31737	6180	33267	6680	34765	7180
28605	5190	30205	5690	31768	6190	33297	6690	34795	7190
28637	5200	30236	5700	31799	6200	33328	6700	34825	7200
28670	5210	30268	5710	31830	6210	33358	6710	34854	7210
28702	5220	30299	5720	31861	6220	33388	6720	34884	7220
28734	5230	30331	5730	31891	6230	33418	6730	34914	7230
28767	5240	30362	5740	31922	6240	33448	6740	34943	7240
28799	5250	30394	5750	31953	6250	33479	6750	34973	7250
28831	5260	30426	5760	31984	6260	33509	6760	35002	7260
28864	5270	30457	5770	32015	6270	33539	6770	35032	7270
28896	5280	30489	5780	32046	6280	33569	6780	35061	7280
28928	5290	30520	5790	32076	6290	33599	6790	35091	7290
28960	5300	30551	5800	32107	6300	33629	6800	35121	7300
28992	5310	30583	5810	32138	6310	33660	6810	35150	7310
29025	5320	30614	5820	32169	6320	33690	6820	35180	7320
29057	5330	30646	5830	32199	6330	33720	6830	35209	7330
29089	5340	30677	5840	32230	6340	33750	6840	35238	7340
29121	5350	30709	5850	32261	6350	33780	6850	35268	7350
29153	5360	30740	5860	32292	6360	33810	6860	35297	7360
29185	5370	30771	5870	32322	6370	33840	6870	35327	7370
29217	5380	30803	5880	32353	6380	33870	6880	35356	7380
29249	5390	30834	5890	32384	6390	33900	6890	35386	7390
29281	5400	30865	5900	32414	6400	33930	6900	35415	7400
29313	5410	30897	5910	32445	6410	33960	6910	35445	7410
29345	5420	30928	5920	32475	6420	33990	6920	35474	7420
29377	5430	30959	5930	32506	6430	34020	6930	35503	7430
29409	5440	30991	5940	32537	6440	34050	6940	35533	7440
29441	5450	31022	5950	32567	6450	34080	6950	35562	7450
29473	5460	31053	5960	32598	6460	34110	6960	35591	7460
29505	5470	31084	5970	32628	6470	34140	6970	35621	7470
29537	5480	31116	5980	32659	6480	34170	6980	35650	7480
29569	5490	31147	5990	32689	6490	34200	6990	35679	7490

* Die angegebene Steuer gilt nur für den ausgewiesenen Wert; Zwischenwerte sind zu schätzen – s. Vorbemerkungen.

Einkommensteuer-Grundtabelle 2010

zu versteuerndes Einkommen* €	tarifliche Einkommensteuer €	zu versteuerndes Einkommen* €	tarifliche Einkommensteuer €	zu versteuerndes Einkommen* €	tarifliche Einkommensteuer €	zu versteuerndes Einkommen* €	tarifliche Einkommensteuer €	zu versteuerndes Einkommen* €	tarifliche Einkommensteuer €
35709	7500	37159	8000	38582	8500	39980	9000	41353	9500
35738	7510	37188	8010	38610	8510	40007	9010	41380	9510
35767	7520	37216	8020	38638	8520	40035	9020	41407	9520
35796	7530	37245	8030	38667	8530	40063	9030	41434	9530
35826	7540	37274	8040	38695	8540	40090	9040	41462	9540
35855	7550	37302	8050	38723	8550	40118	9050	41489	9550
35884	7560	37331	8060	38751	8560	40146	9060	41516	9560
35913	7570	37360	8070	38779	8570	40173	9070	41543	9570
35943	7580	37388	8080	38807	8580	40201	9080	41570	9580
35972	7590	37417	8090	38835	8590	40228	9090	41597	9590
36001	7600	37446	8100	38864	8600	40256	9100	41625	9600
36030	7610	37474	8110	38892	8610	40284	9110	41652	9610
36059	7620	37503	8120	38920	8620	40311	9120	41679	9620
36088	7630	37531	8130	38948	8630	40339	9130	41706	9630
36117	7640	37560	8140	38976	8640	40366	9140	41733	9640
36147	7650	37589	8150	39004	8650	40394	9150	41760	9650
36176	7660	37617	8160	39032	8660	40422	9160	41787	9660
36205	7670	37646	8170	39060	8670	40449	9170	41814	9670
36234	7680	37674	8180	39088	8680	40477	9180	41841	9680
36263	7690	37703	8190	39116	8690	40504	9190	41868	9690
36292	7700	37731	8200	39144	8700	40532	9200	41895	9700
36321	7710	37760	8210	39172	8710	40559	9210	41922	9710
36350	7720	37788	8220	39200	8720	40587	9220	41950	9720
36379	7730	37817	8230	39228	8730	40614	9230	41977	9730
36408	7740	37845	8240	39256	8740	40642	9240	42004	9740
36437	7750	37874	8250	39284	8750	40669	9250	42031	9750
36466	7760	37902	8260	39312	8760	40697	9260	42058	9760
36495	7770	37931	8270	39340	8770	40724	9270	42085	9770
36524	7780	37959	8280	39368	8780	40751	9280	42112	9780
36553	7790	37988	8290	39396	8790	40779	9290	42139	9790
36582	7800	38016	8300	39424	8800	40806	9300	42165	9800
36611	7810	38044	8310	39451	8810	40834	9310	42192	9810
36640	7820	38073	8320	39479	8820	40861	9320	42219	9820
36669	7830	38101	8330	39507	8830	40888	9330	42246	9830
36698	7840	38129	8340	39535	8840	40916	9340	42273	9840
36727	7850	38158	8350	39563	8850	40943	9350	42300	9850
36756	7860	38186	8360	39591	8860	40971	9360	42327	9860
36784	7870	38215	8370	39619	8870	40998	9370	42354	9870
36813	7880	38243	8380	39646	8880	41025	9380	42381	9880
36842	7890	38271	8390	39674	8890	41053	9390	42408	9890
36871	7900	38300	8400	39702	8900	41080	9400	42435	9900
36900	7910	38328	8410	39730	8910	41107	9410	42461	9910
36929	7920	38356	8420	39758	8920	41135	9420	42488	9920
36957	7930	38384	8430	39785	8930	41162	9430	42515	9930
36986	7940	38413	8440	39813	8940	41189	9440	42542	9940
37015	7950	38441	8450	39841	8950	41216	9450	42569	9950
37044	7960	38469	8460	39869	8960	41244	9460	42596	9960
37073	7970	38497	8470	39896	8970	41271	9470	42622	9970
37101	7980	38526	8480	39924	8980	41298	9480	42649	9980
37130	7990	38554	8490	39952	8990	41325	9490	42676	9990

* Die angegebene Steuer gilt nur für den ausgewiesenen Wert; Zwischenwerte sind zu schätzen – s. Vorbemerkungen.

IV Steuertabellen 2010

Einkommensteuer-Grundtabelle 2010

zu versteuerndes Einkommen* €	tarifliche Einkommensteuer €	zu versteuerndes Einkommen* €	tarifliche Einkommensteuer €	zu versteuerndes Einkommen* €	tarifliche Einkommensteuer €	zu versteuerndes Einkommen* €	tarifliche Einkommensteuer €	zu versteuerndes Einkommen* €	tarifliche Einkommensteuer €
42703	10000	44031	10500	45338	11000	46625	11500	47893	12000
42730	10010	44057	10510	45364	11010	46651	11510	47919	12010
42756	10020	44084	10520	45390	11020	46676	11520	47944	12020
42783	10030	44110	10530	45416	11030	46702	11530	47969	12030
42810	10040	44136	10540	45442	11040	46727	11540	47994	12040
42837	10050	44163	10550	45468	11050	46753	11550	48019	12050
42863	10060	44189	10560	45494	11060	46778	11560	48044	12060
42890	10070	44215	10570	45519	11070	46804	11570	48069	12070
42917	10080	44241	10580	45545	11080	46829	11580	48095	12080
42943	10090	44268	10590	45571	11090	46855	11590	48120	12090
42970	10100	44294	10600	45597	11100	46880	11600	48145	12100
42997	10110	44320	10610	45623	11110	46906	11610	48170	12110
43024	10120	44347	10620	45649	11120	46931	11620	48195	12120
43050	10130	44373	10630	45675	11130	46957	11630	48220	12130
43077	10140	44399	10640	45700	11140	46982	11640	48245	12140
43103	10150	44425	10650	45726	11150	47008	11650	48270	12150
43130	10160	44451	10660	45752	11160	47033	11660	48295	12160
43157	10170	44478	10670	45778	11170	47059	11670	48320	12170
43183	10180	44504	10680	45804	11180	47084	11680	48345	12180
43210	10190	44530	10690	45830	11190	47109	11690	48370	12190
43237	10200	44556	10700	45855	11200	47135	11700	48396	12200
43263	10210	44582	10710	45881	11210	47160	11710	48421	12210
43290	10220	44609	10720	45907	11220	47186	11720	48446	12220
43316	10230	44635	10730	45933	11230	47211	11730	48471	12230
43343	10240	44661	10740	45958	11240	47236	11740	48496	12240
43370	10250	44687	10750	45984	11250	47262	11750	48521	12250
43396	10260	44713	10760	46010	11260	47287	11760	48546	12260
43423	10270	44739	10770	46036	11270	47312	11770	48571	12270
43449	10280	44765	10780	46061	11280	47338	11780	48596	12280
43476	10290	44792	10790	46087	11290	47363	11790	48621	12290
43502	10300	44818	10800	46113	11300	47388	11800	48645	12300
43529	10310	44844	10810	46138	11310	47414	11810	48670	12310
43555	10320	44870	10820	46164	11320	47439	11820	48695	12320
43582	10330	44896	10830	46190	11330	47464	11830	48720	12330
43608	10340	44922	10840	46216	11340	47490	11840	48745	12340
43635	10350	44948	10850	46241	11350	47515	11850	48770	12350
43661	10360	44974	10860	46267	11360	47540	11860	48795	12360
43688	10370	45000	10870	46292	11370	47566	11870	48820	12370
43714	10380	45026	10880	46318	11380	47591	11880	48845	12380
43741	10390	45052	10890	46344	11390	47616	11890	48870	12390
43767	10400	45078	10900	46369	11400	47641	11900	48895	12400
43793	10410	45104	10910	46395	11410	47667	11910	48920	12410
43820	10420	45130	10920	46421	11420	47692	11920	48945	12420
43846	10430	45156	10930	46446	11430	47717	11930	48969	12430
43873	10440	45182	10940	46472	11440	47742	11940	48994	12440
43899	10450	45208	10950	46497	11450	47767	11950	49019	12450
43925	10460	45234	10960	46523	11460	47793	11960	49044	12460
43952	10470	45260	10970	46549	11470	47818	11970	49069	12470
43978	10480	45286	10980	46574	11480	47843	11980	49094	12480
44005	10490	45312	10990	46600	11490	47868	11990	49118	12490

* Die angegebene Steuer gilt nur für den ausgewiesenen Wert; Zwischenwerte sind zu schätzen – s. Vorbemerkungen.

Einkommensteuer-Grundtabelle 2010

zu versteuerndes Einkommen* €	tarifliche Einkommensteuer €	zu versteuerndes Einkommen* €	tarifliche Einkommensteuer €	zu versteuerndes Einkommen* €	tarifliche Einkommensteuer €	zu versteuerndes Einkommen* €	tarifliche Einkommensteuer €
49143	12500	50376	13000	51591	13500	52791	14000
49168	12510	50400	13010	51615	13510	52815	14010
49193	12520	50425	13020	51640	13520	52838	14020
49218	12530	50449	13030	51664	13530	52862	14030
49243	12540	50474	13040	51688	13540	52881	14038
49267	12550	50498	13050	51712	13550		
49292	12560	50522	13060	51736	13560		
49317	12570	50547	13070	51760	13570		
49342	12580	50571	13080	51784	13580		
49366	12590	50596	13090	51808	13590		
49391	12600	50620	13100	51832	13600		
49416	12610	50645	13110	51857	13610		
49441	12620	50669	13120	51881	13620		
49465	12630	50693	13130	51905	13630		
49490	12640	50718	13140	51929	13640		
49515	12650	50742	13150	51953	13650		
49540	12660	50766	13160	51977	13660		
49564	12670	50791	13170	52001	13670		
49589	12680	50815	13180	52025	13680		
49614	12690	50840	13190	52049	13690		
49638	12700	50864	13200	52073	13700		
49663	12710	50888	13210	52097	13710		
49688	12720	50913	13220	52121	13720		
49712	12730	50937	13230	52145	13730		
49737	12740	50961	13240	52169	13740		
49762	12750	50986	13250	52193	13750		
49786	12760	51010	13260	52217	13760		
49811	12770	51034	13270	52241	13770		
49836	12780	51058	13280	52265	13780		
49860	12790	51083	13290	52289	13790		
49885	12800	51107	13300	52313	13800		
49909	12810	51131	13310	52337	13810		
49934	12820	51156	13320	52361	13820		
49959	12830	51180	13330	52385	13830		
49983	12840	51204	13340	52409	13840		
50008	12850	51228	13350	52433	13850		
50032	12860	51253	13360	52456	13860		
50057	12870	51277	13370	52480	13870		
50081	12880	51301	13380	52504	13880		
50106	12890	51325	13390	52528	13890		
50131	12900	51349	13400	52552	13900		
50155	12910	51374	13410	52576	13910		
50180	12920	51398	13420	52600	13920		
50204	12930	51422	13430	52624	13930		
50229	12940	51446	13440	52648	13940		
50253	12950	51470	13450	52672	13950		
50278	12960	51495	13460	52695	13960		
50302	12970	51519	13470	52719	13970		
50327	12980	51543	13480	52743	13980		
50351	12990	51567	13490	52767	13990		

* Die angegebene Steuer gilt nur für den ausgewiesenen Wert; Zwischenwerte sind zu schätzen – s. Vorbemerkungen.

IV Steuertabellen 2010

Einkommensteuer-Splittingtabelle 2010

zu versteuerndes Einkommen* €	tarifliche Einkommensteuer €	zu versteuerndes Einkommen* €	tarifliche Einkommensteuer €	zu versteuerndes Einkommen* €	tarifliche Einkommensteuer €	zu versteuerndes Einkommen* €	tarifliche Einkommensteuer €	zu versteuerndes Einkommen* €	tarifliche Einkommensteuer €
16023	0	21988	1000	26624	2000	30726	3000	34680	4000
16152	20	22090	1020	26708	2020	30806	3020	34758	4020
16292	40	22192	1040	26792	2040	30886	3040	34836	4040
16432	60	22294	1060	26876	2060	30966	3060	34912	4060
16570	80	22394	1080	26956	2080	31048	3080	34990	4080
16708	100	22496	1100	27040	2100	31128	3100	35068	4100
16844	120	22596	1120	27122	2120	31208	3120	35146	4120
16978	140	22696	1140	27206	2140	31288	3140	35222	4140
17112	160	22794	1160	27288	2160	31368	3160	35300	4160
17244	180	22894	1180	27372	2180	31448	3180	35376	4180
17376	200	22992	1200	27456	2200	31528	3200	35454	4200
17508	220	23090	1220	27538	2220	31608	3220	35532	4220
17636	240	23188	1240	27620	2240	31688	3240	35608	4240
17766	260	23284	1260	27704	2260	31768	3260	35686	4260
17894	280	23382	1280	27786	2280	31848	3280	35762	4280
18020	300	23478	1300	27870	2300	31926	3300	35840	4300
18146	320	23574	1320	27952	2320	32006	3320	35916	4320
18270	340	23668	1340	28034	2340	32086	3340	35994	4340
18394	360	23764	1360	28118	2360	32166	3360	36070	4360
18518	380	23858	1380	28200	2380	32244	3380	36146	4380
18640	400	23954	1400	28282	2400	32324	3400	36224	4400
18762	420	24048	1420	28364	2420	32404	3420	36300	4420
18882	440	24140	1440	28446	2440	32482	3440	36376	4440
19002	460	24234	1460	28528	2460	32562	3460	36452	4460
19122	480	24326	1480	28612	2480	32642	3480	36530	4480
19240	500	24420	1500	28694	2500	32720	3500	36606	4500
19358	520	24512	1520	28776	2520	32800	3520	36682	4520
19474	540	24602	1540	28858	2540	32878	3540	36758	4540
19592	560	24694	1560	28940	2560	32958	3560	36834	4560
19706	580	24786	1580	29020	2580	33036	3580	36910	4580
19822	600	24876	1600	29102	2600	33114	3600	36988	4600
19936	620	24966	1620	29184	2620	33194	3620	37064	4620
20048	640	25056	1640	29266	2640	33272	3640	37140	4640
20162	660	25146	1660	29348	2660	33352	3660	37216	4660
20274	680	25236	1680	29430	2680	33430	3680	37292	4680
20386	700	25324	1700	29510	2700	33508	3700	37368	4700
20496	720	25414	1720	29592	2720	33586	3720	37444	4720
20606	740	25502	1740	29674	2740	33666	3740	37518	4740
20716	760	25590	1760	29754	2760	33744	3760	37594	4760
20824	780	25678	1780	29836	2780	33822	3780	37670	4780
20934	800	25766	1800	29918	2800	33900	3800	37746	4800
21042	820	25852	1820	29998	2820	33978	3820	37822	4820
21148	840	25940	1840	30080	2840	34056	3840	37898	4840
21256	860	26026	1860	30160	2860	34134	3860	37972	4860
21362	880	26112	1880	30242	2880	34212	3880	38048	4880
21468	900	26198	1900	30322	2900	34290	3900	38124	4900
21572	920	26284	1920	30402	2920	34368	3920	38198	4920
21676	940	26370	1940	30484	2940	34446	3940	38274	4940
21780	960	26454	1960	30564	2960	34524	3960	38350	4960
21884	980	26540	1980	30644	2980	34602	3980	38424	4980

* Die angegebene Steuer gilt nur für den ausgewiesenen Wert; Zwischenwerte sind zu schätzen – s. Vorbemerkungen.

Einkommensteuer-Splittingtabelle 2010

zu versteuerndes Einkommen* €	tarifliche Einkommensteuer €	zu versteuerndes Einkommen* €	tarifliche Einkommensteuer €	zu versteuerndes Einkommen* €	tarifliche Einkommensteuer €	zu versteuerndes Einkommen* €	tarifliche Einkommensteuer €	zu versteuerndes Einkommen* €	tarifliche Einkommensteuer €
38500	5000	42198	6000	45786	7000	49274	8000	52666	9000
38574	5020	42272	6020	45858	7020	49342	8020	52734	9020
38650	5040	42344	6040	45928	7040	49410	8040	52800	9040
38726	5060	42416	6060	45998	7060	49480	8060	52868	9060
38800	5080	42490	6080	46068	7080	49548	8080	52934	9080
38876	5100	42562	6100	46140	7100	49616	8100	53002	9100
38950	5120	42634	6120	46210	7120	49686	8120	53068	9120
39024	5140	42708	6140	46280	7140	49754	8140	53134	9140
39100	5160	42780	6160	46350	7160	49822	8160	53202	9160
39174	5180	42852	6180	46422	7180	49890	8180	53268	9180
39248	5200	42924	6200	46492	7200	49960	8200	53336	9200
39324	5220	42996	6220	46562	7220	50028	8220	53402	9220
39398	5240	43070	6240	46632	7240	50096	8240	53468	9240
39472	5260	43142	6260	46702	7260	50164	8260	53534	9260
39548	5280	43214	6280	46772	7280	50232	8280	53602	9280
39622	5300	43286	6300	46842	7300	50300	8300	53668	9300
39696	5320	43358	6320	46912	7320	50368	8320	53734	9320
39770	5340	43430	6340	46982	7340	50438	8340	53800	9340
39844	5360	43502	6360	47052	7360	50506	8360	53868	9360
39920	5380	43574	6380	47122	7380	50574	8380	53934	9380
39994	5400	43646	6400	47192	7400	50642	8400	54000	9400
40068	5420	43718	6420	47262	7420	50710	8420	54066	9420
40142	5440	43790	6440	47332	7440	50778	8440	54132	9440
40216	5460	43862	6460	47402	7460	50846	8460	54198	9460
40290	5480	43934	6480	47472	7480	50914	8480	54264	9480
40364	5500	44006	6500	47542	7500	50982	8500	54330	9500
40438	5520	44078	6520	47612	7520	51050	8520	54398	9520
40512	5540	44150	6540	47682	7540	51116	8540	54464	9540
40586	5560	44220	6560	47750	7560	51184	8560	54530	9560
40660	5580	44292	6580	47820	7580	51252	8580	54596	9580
40732	5600	44364	6600	47890	7600	51320	8600	54662	9600
40806	5620	44436	6620	47960	7620	51388	8620	54728	9620
40880	5640	44506	6640	48030	7640	51456	8640	54794	9640
40954	5660	44578	6660	48098	7660	51522	8660	54860	9660
41028	5680	44650	6680	48168	7680	51590	8680	54924	9680
41100	5700	44722	6700	48238	7700	51658	8700	54990	9700
41174	5720	44792	6720	48306	7720	51726	8720	55056	9720
41248	5740	44864	6740	48376	7740	51794	8740	55122	9740
41322	5760	44934	6760	48446	7760	51860	8760	55188	9760
41394	5780	45006	6780	48514	7780	51928	8780	55254	9780
41468	5800	45078	6800	48584	7800	51996	8800	55320	9800
41542	5820	45148	6820	48652	7820	52062	8820	55386	9820
41614	5840	45220	6840	48722	7840	52130	8840	55450	9840
41688	5860	45290	6860	48790	7860	52198	8860	55516	9860
41760	5880	45362	6880	48860	7880	52264	8880	55582	9880
41834	5900	45432	6900	48928	7900	52332	8900	55648	9900
41906	5920	45504	6920	48998	7920	52398	8920	55712	9920
41980	5940	45574	6940	49066	7940	52466	8940	55778	9940
42052	5960	45644	6960	49136	7960	52532	8960	55844	9960
42126	5980	45716	6980	49204	7980	52600	8980	55910	9980

* Die angegebene Steuer gilt nur für den ausgewiesenen Wert; Zwischenwerte sind zu schätzen – s. Vorbemerkungen.

IV Steuertabellen 2010

661

Einkommensteuer-Splittingtabelle 2010

zu versteuerndes Einkommen* €	tarifliche Einkommensteuer €	zu versteuerndes Einkommen* €	tarifliche Einkommensteuer €	zu versteuerndes Einkommen* €	tarifliche Einkommensteuer €	zu versteuerndes Einkommen* €	tarifliche Einkommensteuer €	zu versteuerndes Einkommen* €	tarifliche Einkommensteuer €
55974	10000	59202	11000	62356	12000	65440	13000	68460	14000
56040	10020	59266	11020	62418	12020	65500	13020	68518	14020
56106	10040	59330	11040	62480	12040	65562	13040	68578	14040
56170	10060	59394	11060	62542	12060	65622	13060	68638	14060
56236	10080	59458	11080	62606	12080	65684	13080	68698	14080
56300	10100	59520	11100	62668	12100	65744	13100	68758	14100
56366	10120	59584	11120	62730	12120	65806	13120	68818	14120
56432	10140	59648	11140	62792	12140	65866	13140	68876	14140
56496	10160	59712	11160	62854	12160	65928	13160	68936	14160
56562	10180	59776	11180	62916	12180	65988	13180	68996	14180
56626	10200	59838	11200	62978	12200	66048	13200	69056	14200
56692	10220	59902	11220	63040	12220	66110	13220	69114	14220
56756	10240	59966	11240	63102	12240	66170	13240	69174	14240
56822	10260	60030	11260	63164	12260	66230	13260	69234	14260
56886	10280	60092	11280	63226	12280	66292	13280	69294	14280
56950	10300	60156	11300	63288	12300	66352	13300	69352	14300
57016	10320	60220	11320	63350	12320	66412	13320	69412	14320
57080	10340	60282	11340	63412	12340	66474	13340	69472	14340
57146	10360	60346	11360	63474	12360	66534	13360	69530	14360
57210	10380	60410	11380	63536	12380	66594	13380	69590	14380
57274	10400	60472	11400	63598	12400	66656	13400	69650	14400
57340	10420	60536	11420	63660	12420	66716	13420	69708	14420
57404	10440	60598	11440	63722	12440	66776	13440	69768	14440
57468	10460	60662	11460	63782	12460	66836	13460	69828	14460
57534	10480	60724	11480	63844	12480	66896	13480	69886	14480
57598	10500	60788	11500	63906	12500	66958	13500	69946	14500
57662	10520	60852	11520	63968	12520	67018	13520	70004	14520
57728	10540	60914	11540	64030	12540	67078	13540	70064	14540
57792	10560	60978	11560	64092	12560	67138	13560	70122	14560
57856	10580	61040	11580	64152	12580	67198	13580	70182	14580
57920	10600	61102	11600	64214	12600	67258	13600	70242	14600
57984	10620	61166	11620	64276	12620	67320	13620	70300	14620
58050	10640	61228	11640	64338	12640	67380	13640	70360	14640
58114	10660	61292	11660	64398	12660	67440	13660	70418	14660
58178	10680	61354	11680	64460	12680	67500	13680	70476	14680
58242	10700	61418	11700	64522	12700	67560	13700	70536	14700
58306	10720	61480	11720	64584	12720	67620	13720	70594	14720
58370	10740	61542	11740	64644	12740	67680	13740	70654	14740
58434	10760	61606	11760	64706	12760	67740	13760	70712	14760
58498	10780	61668	11780	64768	12780	67800	13780	70772	14780
58562	10800	61730	11800	64828	12800	67860	13800	70830	14800
58626	10820	61794	11820	64890	12820	67920	13820	70890	14820
58690	10840	61856	11840	64950	12840	67980	13840	70948	14840
58754	10860	61918	11860	65012	12860	68040	13860	71006	14860
58818	10880	61982	11880	65074	12880	68100	13880	71066	14880
58882	10900	62044	11900	65134	12900	68160	13900	71124	14900
58946	10920	62106	11920	65196	12920	68220	13920	71182	14920
59010	10940	62168	11940	65256	12940	68280	13940	71242	14940
59074	10960	62232	11960	65318	12960	68340	13960	71300	14960
59138	10980	62294	11980	65378	12980	68400	13980	71358	14980

* Die angegebene Steuer gilt nur für den ausgewiesenen Wert; Zwischenwerte sind zu schätzen – s. Vorbemerkungen.

Einkommensteuer-Splittingtabelle 2010

zu versteuerndes Einkommen* €	tarifliche Einkommensteuer €	zu versteuerndes Einkommen* €	tarifliche Einkommensteuer €	zu versteuerndes Einkommen* €	tarifliche Einkommensteuer €	zu versteuerndes Einkommen* €	tarifliche Einkommensteuer €	zu versteuerndes Einkommen* €	tarifliche Einkommensteuer €
71418	15000	74318	16000	77164	17000	79960	18000	82706	19000
71476	15020	74376	16020	77220	17020	80014	18020	82760	19020
71534	15040	74432	16040	77276	17040	80070	18040	82814	19040
71592	15060	74490	16060	77334	17060	80126	18060	82868	19060
71652	15080	74548	16080	77390	17080	80180	18080	82924	19080
71710	15100	74604	16100	77446	17100	80236	18100	82978	19100
71768	15120	74662	16120	77502	17120	80292	18120	83032	19120
71826	15140	74720	16140	77558	17140	80346	18140	83086	19140
71886	15160	74776	16160	77614	17160	80402	18160	83140	19160
71944	15180	74834	16180	77670	17180	80456	18180	83194	19180
72002	15200	74892	16200	77728	17200	80512	18200	83250	19200
72060	15220	74948	16220	77784	17220	80568	18220	83304	19220
72118	15240	75006	16240	77840	17240	80622	18240	83358	19240
72176	15260	75062	16260	77896	17260	80678	18260	83412	19260
72234	15280	75120	16280	77952	17280	80732	18280	83466	19280
72294	15300	75178	16300	78008	17300	80788	18300	83520	19300
72352	15320	75234	16320	78064	17320	80844	18320	83574	19320
72410	15340	75292	16340	78120	17340	80898	18340	83628	19340
72468	15360	75348	16360	78176	17360	80954	18360	83682	19360
72526	15380	75406	16380	78232	17380	81008	18380	83736	19380
72584	15400	75462	16400	78288	17400	81064	18400	83790	19400
72642	15420	75520	16420	78344	17420	81118	18420	83844	19420
72700	15440	75576	16440	78400	17440	81174	18440	83900	19440
72758	15460	75634	16460	78456	17460	81228	18460	83954	19460
72816	15480	75690	16480	78512	17480	81284	18480	84008	19480
72874	15500	75748	16500	78568	17500	81338	18500	84062	19500
72932	15520	75804	16520	78624	17520	81394	18520	84116	19520
72990	15540	75862	16540	78680	17540	81448	18540	84170	19540
73048	15560	75918	16560	78736	17560	81502	18560	84224	19560
73106	15580	75976	16580	78792	17580	81558	18580	84278	19580
73164	15600	76032	16600	78848	17600	81612	18600	84330	19600
73222	15620	76088	16620	78902	17620	81668	18620	84384	19620
73280	15640	76146	16640	78958	17640	81722	18640	84438	19640
73338	15660	76202	16660	79014	17660	81776	18660	84492	19660
73396	15680	76258	16680	79070	17680	81832	18680	84546	19680
73454	15700	76316	16700	79126	17700	81886	18700	84600	19700
73512	15720	76372	16720	79182	17720	81942	18720	84654	19720
73568	15740	76430	16740	79238	17740	81996	18740	84708	19740
73626	15760	76486	16760	79292	17760	82050	18760	84762	19760
73684	15780	76542	16780	79348	17780	82106	18780	84816	19780
73742	15800	76600	16800	79404	17800	82160	18800	84870	19800
73800	15820	76656	16820	79460	17820	82214	18820	84922	19820
73858	15840	76712	16840	79516	17840	82270	18840	84976	19840
73914	15860	76768	16860	79570	17860	82324	18860	85030	19860
73972	15880	76826	16880	79626	17880	82378	18880	85084	19880
74030	15900	76882	16900	79682	17900	82432	18900	85138	19900
74088	15920	76938	16920	79738	17920	82488	18920	85192	19920
74146	15940	76994	16940	79792	17940	82542	18940	85244	19940
74202	15960	77052	16960	79848	17960	82596	18960	85298	19960
74260	15980	77108	16980	79904	17980	82650	18980	85352	19980

* Die angegebene Steuer gilt nur für den ausgewiesenen Wert; Zwischenwerte sind zu schätzen – s. Vorbemerkungen.

IV Steuertabellen 2010

Einkommensteuer-Splittingtabelle 2010

zu versteuerndes Einkommen* €	tarifliche Einkommensteuer €	zu versteuerndes Einkommen* €	tarifliche Einkommensteuer €	zu versteuerndes Einkommen* €	tarifliche Einkommensteuer €	zu versteuerndes Einkommen* €	tarifliche Einkommensteuer €	zu versteuerndes Einkommen* €	tarifliche Einkommensteuer €
85406	20000	88062	21000	90676	22000	93250	23000	95786	24000
85460	20020	88114	21020	90728	22020	93302	23020	95838	24020
85512	20040	88168	21040	90780	22040	93352	23040	95888	24040
85566	20060	88220	21060	90832	22060	93404	23060	95938	24060
85620	20080	88272	21080	90884	22080	93454	23080	95988	24080
85674	20100	88326	21100	90936	22100	93506	23100	96038	24100
85726	20120	88378	21120	90988	22120	93556	23120	96088	24120
85780	20140	88430	21140	91038	22140	93608	23140	96138	24140
85834	20160	88482	21160	91090	22160	93658	23160	96190	24160
85886	20180	88536	21180	91142	22180	93710	23180	96240	24180
85940	20200	88588	21200	91194	22200	93760	23200	96290	24200
85994	20220	88640	21220	91246	22220	93812	23220	96340	24220
86048	20240	88694	21240	91298	22240	93862	23240	96390	24240
86100	20260	88746	21260	91350	22260	93914	23260	96440	24260
86154	20280	88798	21280	91400	22280	93964	23280	96490	24280
86206	20300	88850	21300	91452	22300	94016	23300	96540	24300
86260	20320	88902	21320	91504	22320	94066	23320	96590	24320
86314	20340	88956	21340	91556	22340	94118	23340	96640	24340
86366	20360	89008	21360	91608	22360	94168	23360	96690	24360
86420	20380	89060	21380	91660	22380	94218	23380	96740	24380
86474	20400	89112	21400	91710	22400	94270	23400	96792	24400
86526	20420	89164	21420	91762	22420	94320	23420	96842	24420
86580	20440	89218	21440	91814	22440	94372	23440	96892	24440
86632	20460	89270	21460	91866	22460	94422	23460	96942	24460
86686	20480	89322	21480	91916	22480	94472	23480	96992	24480
86740	20500	89374	21500	91968	22500	94524	23500	97042	24500
86792	20520	89426	21520	92020	22520	94574	23520	97092	24520
86846	20540	89478	21540	92072	22540	94624	23540	97142	24540
86898	20560	89530	21560	92122	22560	94676	23560	97192	24560
86952	20580	89584	21580	92174	22580	94726	23580	97242	24580
87004	20600	89636	21600	92226	22600	94776	23600	97290	24600
87058	20620	89688	21620	92276	22620	94828	23620	97340	24620
87110	20640	89740	21640	92328	22640	94878	23640	97390	24640
87164	20660	89792	21660	92380	22660	94928	23660	97440	24660
87216	20680	89844	21680	92432	22680	94980	23680	97490	24680
87270	20700	89896	21700	92482	22700	95030	23700	97540	24700
87322	20720	89948	21720	92534	22720	95080	23720	97590	24720
87376	20740	90000	21740	92584	22740	95132	23740	97640	24740
87428	20760	90052	21760	92636	22760	95182	23760	97690	24760
87482	20780	90104	21780	92688	22780	95232	23780	97740	24780
87534	20800	90156	21800	92738	22800	95282	23800	97790	24800
87586	20820	90208	21820	92790	22820	95334	23820	97840	24820
87640	20840	90260	21840	92842	22840	95384	23840	97890	24840
87692	20860	90312	21860	92892	22860	95434	23860	97938	24860
87746	20880	90364	21880	92944	22880	95484	23880	97988	24880
87798	20900	90416	21900	92994	22900	95534	23900	98038	24900
87850	20920	90468	21920	93046	22920	95586	23920	98088	24920
87904	20940	90520	21940	93098	22940	95636	23940	98138	24940
87956	20960	90572	21960	93148	22960	95686	23960	98188	24960
88010	20980	90624	21980	93200	22980	95736	23980	98236	24980

* Die angegebene Steuer gilt nur für den ausgewiesenen Wert; Zwischenwerte sind zu schätzen – s. Vorbemerkungen.

Einkommensteuer-Splittingtabelle 2010

zu versteuerndes Einkommen* €	tarifliche Einkommen- steuer €	zu versteuerndes Einkommen* €	tarifliche Einkommen- steuer €	zu versteuerndes Einkommen* €	tarifliche Einkommen- steuer €	zu versteuerndes Einkommen* €	tarifliche Einkommen- steuer €
98286	25000	100752	26000	103182	27000	105582	28000
98336	25020	100800	26020	103230	27020	105630	28020
98386	25040	100850	26040	103280	27040	105676	28040
98436	25060	100898	26060	103328	27060	105724	28060
98486	25080	100948	26080	103376	27080	105762	28076
98534	25100	100996	26100	103424	27100		
98584	25120	101044	26120	103472	27120		
98634	25140	101094	26140	103520	27140		
98684	25160	101142	26160	103568	27160		
98732	25180	101192	26180	103616	27180		
98782	25200	101240	26200	103664	27200		
98832	25220	101290	26220	103714	27220		
98882	25240	101338	26240	103762	27240		
98930	25260	101386	26260	103810	27260		
98980	25280	101436	26280	103858	27280		
99030	25300	101484	26300	103906	27300		
99080	25320	101532	26320	103954	27320		
99128	25340	101582	26340	104002	27340		
99178	25360	101630	26360	104050	27360		
99228	25380	101680	26380	104098	27380		
99276	25400	101728	26400	104146	27400		
99326	25420	101776	26420	104194	27420		
99376	25440	101826	26440	104242	27440		
99424	25460	101874	26460	104290	27460		
99474	25480	101922	26480	104338	27480		
99524	25500	101972	26500	104386	27500		
99572	25520	102020	26520	104434	27520		
99622	25540	102068	26540	104482	27540		
99672	25560	102116	26560	104530	27560		
99720	25580	102166	26580	104578	27580		
99770	25600	102214	26600	104626	27600		
99818	25620	102262	26620	104674	27620		
99868	25640	102312	26640	104722	27640		
99918	25660	102360	26660	104770	27660		
99966	25680	102408	26680	104818	27680		
100016	25700	102456	26700	104866	27700		
100064	25720	102506	26720	104912	27720		
100114	25740	102554	26740	104960	27740		
100162	25760	102602	26760	105008	27760		
100212	25780	102650	26780	105056	27780		
100262	25800	102698	26800	105104	27800		
100310	25820	102748	26820	105152	27820		
100360	25840	102796	26840	105200	27840		
100408	25860	102844	26860	105248	27860		
100458	25880	102892	26880	105296	27880		
100506	25900	102940	26900	105344	27900		
100556	25920	102990	26920	105390	27920		
100604	25940	103038	26940	105438	27940		
100654	25960	103086	26960	105486	27960		
100702	25980	103134	26980	105534	27980		

* Die angegebene Steuer gilt nur für den ausgewiesenen Wert; Zwischenwerte sind zu schätzen – s. Vorbemerkungen.

IV Steuertabellen 2010

665

Amtliche Erklärungsvordrucke 2010
– Original-Abbildungen –   Seite

2010

Eingangsstempel

| 1 | Einkommensteuererklärung | Antrag auf Festsetzung der Arbeitnehmer-Sparzulage |
| 2 | Erklärung zur Festsetzung der Kirchensteuer auf Kapitalerträge | Erklärung zur Feststellung des verbleibenden Verlustvortrags |

3 Steuernummer

Steuerpflichtige Person (Stpfl.), bei Ehegatten: **Ehemann**   **Ehefrau**

4 Identifikationsnummer

An das Finanzamt

5

6 Bei **Wohnsitzwechsel: bisheriges Finanzamt**

7 Allgemeine Angaben   Telefonische Rückfragen tagsüber unter Nr.

8 Steuerpflichtige Person (Stpfl.), bei Ehegatten: **Ehemann** – Name   Geburtsdatum

9 Vorname

Straße und Hausnummer

10

Postleitzahl   Derzeitiger Wohnort

11

Ausgeübter Beruf

12

Verheiratet seit dem   Verwitwet seit dem   Geschieden seit dem   Dauernd getrennt lebend seit dem

13

Religionsschlüssel:
Evangelisch = EV
Römisch-Katholisch = RK
nicht kirchensteuerpflichtig = VD
Weitere siehe Anleitung

Religion

14 bei Ehegatten: **Ehefrau** – Name   Geburtsdatum

15 Vorname

Straße und Hausnummer (falls von Zeile 10 abweichend)

16

Postleitzahl   Derzeitiger Wohnort (falls von Zeile 11 abweichend)

17

Ausgeübter Beruf

18

Religionsschlüssel:
Evangelisch = EV
Römisch-Katholisch = RK
nicht kirchensteuerpflichtig = VD
Weitere siehe Anleitung

Religion

19 Nur von Ehegatten auszufüllen

| Zusammen-veranlagung | Getrennte Veranlagung | Besondere Veranlagung für das Jahr der Eheschließung | Wir haben Güter-gemeinschaft vereinbart |

Bankverbindung (entweder Kontonummer / Bankleitzahl oder IBAN / BIC) – Bitte stets angeben –

20 Kontonummer   Bankleitzahl

21 IBAN

22 BIC

23 Geldinstitut (Zweigstelle) und Ort

24 **Kontoinhaber** lt. Zeilen 8 und 9 oder: Name (im Fall der Abtretung bitte amtlichen Abtretungsvordruck beifügen)

Der Steuerbescheid soll nicht mir / uns zugesandt werden, sondern:

25 Name

26 Vorname

27 Straße und Hausnummer oder Postfach

28 Postleitzahl   Wohnort

2010ESt1A011   – Aug. 2010 –   2010ESt1A011

IV Amtliche Vordrucke 2010

667

Einkünfte im Kalenderjahr 2010　aus folgenden Einkunftsarten:

31	Land- und Forstwirtschaft	lt. **Anlage L**		
32	Gewerbebetrieb	lt. **Anlage G**	für steuerpflichtige Person (bei Ehegatten: Ehemann)	lt. **Anlage G** für Ehefrau
33	Selbständige Arbeit	lt. **Anlage S**	für steuerpflichtige Person (bei Ehegatten: Ehemann)	lt. **Anlage S** für Ehefrau
34	Nichtselbständige Arbeit	lt. **Anlage N**	für steuerpflichtige Person (bei Ehegatten: Ehemann)	lt. **Anlage N** für Ehefrau
35	Kapitalvermögen	lt. **Anlage KAP**	für steuerpflichtige Person (bei Ehegatten: Ehemann)	lt. **Anlage KAP** für Ehefrau
36	Vermietung und Verpachtung	lt. **Anlage(n) V**	Anzahl	
37	Sonstige Einkünfte	**Renten** lt. **Anlage R**	für steuerpflichtige Person (bei Ehegatten: Ehemann)	**Renten** lt. **Anlage R** für Ehefrau
38		lt. **Anlage SO**		

Angaben zu Kindern / Ausländische Einkünfte und Steuern / Förderung des Wohneigentums

39	lt. **Anlage(n) Kind**	Anzahl	lt. **Anlage(n) AUS**	Anzahl	lt. **Anlage(n) FW**	Anzahl

Sonderausgaben　　　　　　　　　　　　　　　　　　　　　　　　　　　　　52

40	Für Angaben zu Vorsorgeaufwendungen ist die **Anlage Vorsorgeaufwand** beigefügt.		Für Angaben zu Altersvorsorgebeiträgen ist die **Anlage AV** beigefügt.		

Versorgungsleistungen

			abziehbar		tatsächlich gezahlt EUR
41	Renten	Rechtsgrund, Datum des Vertrags	102	% 101	,—
42	Dauernde Lasten	Rechtsgrund, Datum des Vertrags		100	,—
43	**Ausgleichszahlungen** im Rahmen des schuldrechtlichen Versorgungsausgleichs	Rechtsgrund, Datum der erstmaligen Zahlung		121	,—

44	**Unterhaltsleistungen** an den geschiedenen / dauernd getrennt lebenden Ehegatten lt. **Anlage U**	117	IdNr. des geschiedenen / dauernd getrennt lebenden Ehegatten	116	,—
45	In Zeile 44 enthaltene Beiträge (abzgl. Erstattungen und Zuschüsse) zur Basis-Kranken- und gesetzlichen Pflegeversicherung	118	,—	Davon entfallen auf Kranken-versicherungsbeiträge mit Anspruch auf Krankengeld 119	,—
46	**Kirchensteuer** (soweit diese nicht als Zuschlag zur Abgeltung-steuer gezahlt wurde)	2010 gezahlt 103	,—	2010 erstattet 104	,—

Aufwendungen für die eigene **Berufsausbildung der Stpfl. / des Ehemannes**
Bezeichnung der Ausbildung, Art und Höhe der Aufwendungen

47		200	,—

Aufwendungen für die eigene **Berufsausbildung der Ehefrau**
Bezeichnung der Ausbildung, Art und Höhe der Aufwendungen

48		201	,—

	Spenden und Mitgliedsbeiträge (ohne Beträge in den Zeilen 52 bis 58)	lt. beigef. Bestätigungen EUR	lt. Nachweis Betriebsfinanzamt EUR	Stpfl. / Ehegatten EUR
49	– zur Förderung steuer-begünstigter Zwecke	,— +	,— ▶ 109	
50	– an politische Parteien (§§ 34 g, 10 b EStG)	,— +	,— ▶ 107	
51	– an unabhäng. Wählerver-einigungen (§ 34 g EStG)	,— +	,— ▶ 113	

	Spenden und Mitgliedsbeiträge, bei denen die Daten elektronisch an die Finanzverwaltung übermittelt wurden (ohne Beträge in den Zeilen 49 bis 51 und 55 bis 58)	Stpfl. / Ehemann EUR		Ehefrau EUR
52	– zur Förderung steuerbegünstigter Zwecke	202	,—	203 ,—
53	– an politische Parteien (§§ 34 g, 10 b EStG)	204	,—	205 ,—
54	– an unabhängige Wählervereinigungen (§ 34 g EStG)	206	,—	207 ,—

	Spenden in den Vermögensstock einer Stiftung			
55	in 2010 geleistete Spenden (lt. beigefügten Bestätigungen / lt. Nachweis Betriebsfinanzamt)	208	,—	209 ,—
56	in 2010 geleistete Spenden, bei denen die Daten elektro-nisch an die Finanzverwaltung übermittelt wurden (ohne Beträge in Zeile 55)	210	,—	211 ,—
57	Von den Spenden in Zeilen 55 und 56 sollen in 2010 berücksichtigt werden	212	,—	213 ,—
58	2010 zu berücksichtigende Spenden aus Vorjahren in den Vermögensstock einer Stiftung, die bisher noch nicht berücksichtigt wurden	214	,—	215 ,—

59	Für die Berechnung des Spendenhöchstbetrags für Spenden und Beiträge der Zeilen 49 und 52 wird die Einbeziehung der Kapitalerträge beantragt. Höhe der Kapitalerträge	Stpfl. / Ehegatten	115	,—

2010ESt1A012　　　　　　　　　　　　　　　　　　　　　　　　　　2010ESt1A012

Außergewöhnliche Belastungen · 53

Behinderte Menschen und Hinterbliebene

		Ausweis / Rentenbescheid / Bescheinigung ausgestellt am	gültig von	bis	unbefristet gültig	Grad der Behinderung	Nachweis ist bei-gefügt.	hat bereits vorgelegen.
61	Stpfl. / Ehemann	12	14	18	1 = Ja	56		

62	hinterblieben 16	1 = Ja	blind / stän-dig hilflos 20	1 = Ja	geh- u. steh-behindert 22	1 = Ja

		Ausweis / Rentenbescheid / Bescheinigung ausgestellt am	gültig von	bis	unbefristet gültig	Grad der Behinderung	Nachweis ist bei-gefügt.	hat bereits vorgelegen.
63	Ehefrau	13	15	19	1 = Ja	57		

64	hinterblieben 17	1 = Ja	blind / stän-dig hilflos 21	1 = Ja	geh- u. steh-behindert 23	1 = Ja

65 **Pflege-Pauschbetrag** wegen **unentgeltlicher** persönlicher Pflege einer ständig hilflosen Person in ihrer oder in meiner Wohnung im Inland

Nachweis der Hilflosigkeit ist beigefügt. / hat bereits vorgelegen.

66 Name, Anschrift und Verwandtschaftsverhältnis der hilflosen Person(en)   Name anderer Pflegeperson(en)

Unterhalt für bedürftige Personen

67 Für die geleisteten Aufwendungen wird ein Abzug lt. **Anlage Unterhalt** geltend gemacht. Beigefügte **Anlage(n) Unterhalt**

Anzahl

Andere außergewöhnliche Belastungen
Art der Belastung

		Aufwendungen EUR	Erhaltene / Anspruch auf zu erwartende Versicherungsleistungen, Beihilfen, Unter-stützungen, Wert des Nachlasses usw. EUR
68		, —	, —
69		+ , —	+ , —
70	Summe der Zeilen 68 und 69 63	, — 64	, —

71 Für die – wegen Abzugs der zumutbaren Belastung – nicht abziehbaren Pflegeleistungen wird die Steuer-ermäßigung für haushaltsnahe Dienstleistungen beantragt. Die in den Zeilen 68 und 69 enthaltenen Auf-wendungen für haushaltsnahe Pflegeleistungen betragen

Aufwendungen (abzüglich Erstattungen) EUR

77 , —

Für den Abzug der außergewöhnlichen Belastungen lt. Zeile 70 sind die Kapitalerträge anzugeben.

Stpfl. / Ehegatten

72 Die gesamten Kapitalerträge betragen nicht mehr als 801 €, bei Zusammenveranlagung nicht mehr als 1 602 €.   75   1 = Ja

73 Höhe der Kapitalerträge (nur anzugeben, wenn die Kapitalerträge 801 € / 1 602 € übersteigen)   76

Haushaltsnahe Beschäftigungsverhältnisse, Dienstleistungen und Handwerkerleistungen · 18

Steuerermäßigung bei Aufwendungen für
– geringfügige Beschäftigungen im Privathaushalt – sog. Mini-Jobs –
Art der Tätigkeit

Aufwendungen (abzüglich Erstattungen) EUR

74   202   , —

– sozialversicherungspflichtige Beschäftigungen im Privathaushalt
Art der Tätigkeit

75   207   , —

– haushaltsnahe Dienstleistungen, Hilfe im Haushalt
Art der Aufwendungen

76   210   , —

– Pflege- und Betreuungsleistungen im Haushalt, in Heimunterbringungskosten enthaltene Aufwendungen für Dienstleistungen, die denen einer Haushaltshilfe vergleichbar sind (soweit nicht bereits in den Zeilen 68 und 69 berücksichtigt)
Art der Aufwendungen

77   213   , —

– Handwerkerleistungen für Renovierungs-, Erhaltungs- und Modernisierungsmaßnahmen (ohne nach dem CO_2-Gebäudesanierungsprogramm der KfW-Förderbank geförderte Maßnahmen)
Art der Aufwendungen

78   214   , —

79 **Nur bei Alleinstehenden und Eintragungen in den Zeilen 74 bis 78:** Es bestand ganzjährig ein gemein-samer Haushalt mit einer anderen alleinstehenden Person

Name, Vorname, Geburtsdatum

Steuerermäßigung bei Belastung mit Erbschaftsteuer

80 Ich beantrage eine Steuerermäßigung, weil in dieser Steuererklärung Einkünfte erklärt worden sind, die als Erwerb von Todes wegen ab 2009 der Erbschaftsteuer unterlegen haben (Erläuterungen bitte auf besonderem Blatt).

2010ESt1A013   2010ESt1A013

Sonstige Angaben und Anträge

91 Gesellschaften / Gemeinschaften / ähnliche Modelle i. S. d. § 2 b EStG (Erläuterungen auf besonderem Blatt)

92 Es wurde ein verbleibender Verlustvortrag nach § 10 d EStG / Spendenvortrag
nach § 10 b EStG zum 31. 12. 2009 festgestellt für   ☒ Stpfl. / Ehemann   ☒ Ehefrau

Antrag auf Beschränkung des Verlustrücktrags nach 2009
93 Von den nicht ausgeglichenen negativen Einkünften 2010 soll folgender
Gesamtbetrag nach 2009 zurückgetragen werden

	EUR	EUR
	▢▢▢▢▢▢,—	▢▢▢▢▢▢,—

94 **Einkommensersatzleistungen,** die dem Progressionsvorbehalt unterliegen, z. B. Krankengeld, Elterngeld, Mutterschaftsgeld (soweit nicht in Zeile 25 bis 27 der Anlage N eingetragen) lt. beigefügten Bescheinigungen

Stpfl. / Ehemann EUR	Ehefrau EUR **18**
120 ▢▢▢▢▢,—	121 ▢▢▢▢▢,—

Nur bei getrennter Veranlagung von Ehegatten:

95 ☒ Laut beigefügtem gemeinsamen Antrag ist die Steuerermäßigung lt. den Zeilen 74 bis 78
in einem anderen Verhältnis als je zur Hälfte aufzuteilen. Der bei mir zu berücksichtigende Anteil beträgt ▢▢▢ %

96 ☒ Laut beigefügtem gemeinsamen Antrag sind die Sonderausgaben (siehe Zeilen 61 bis 76 der Anlage Kind) und die
außergewöhnlichen Belastungen (siehe Seite 3, Anlage Unterhalt sowie die Zeilen 48 und 49 der Anlage Kind) in
einem anderen Verhältnis als je zur Hälfte des bei einer Zusammenveranlagung in Betracht kommenden Betrages
aufzuteilen. Der bei mir zu berücksichtigende Anteil beträgt ▢▢▢ %

Nur bei zeitweiser unbeschränkter
Steuerpflicht im Kalenderjahr 2010:

		vom	bis
97	Im Inland ansässig Stpfl. / Ehemann	T T M M	T T M M
98	Ehefrau	T T M M	T T M M

99 Ausländische Einkünfte, die außerhalb der in den Zeilen 97 und / oder 98 genannten Zeiträume
bezogen wurden und nicht der deutschen Einkommensteuer unterlegen haben (Bitte Nachweise
über die Art und Höhe dieser Einkünfte beifügen.)   EUR
                                                                      122 ▢▢▢▢▢,—

100 In Zeile 99 enthaltene außerordentliche Einkünfte i. S. d. §§ 34, 34 b EStG   177 ▢▢▢▢▢,—

Nur bei im Ausland ansässigen Personen, die beantragen, als unbeschränkt steuerpflichtig behandelt zu werden:

101 ☒ Ich beantrage, für die Anwendung personen- und familienbezogener Steuervergünstigungen als unbeschränkt steuerpflichtig
behandelt zu werden.

102 ☒ Die „Bescheinigung EU / EWR" ist beigefügt.   ☒ Die „Bescheinigung außerhalb EU / EWR" ist beigefügt.

103 Summe der nicht der deutschen Einkommensteuer unterliegenden Einkünfte (ggf. „0")   EUR
                                                                                            124 ▢▢▢▢▢,—

104 In Zeile 103 enthaltene außerordentliche Einkünfte i. S. d. §§ 34, 34 b EStG   177 ▢▢▢▢▢,—

Nur bei im EU- / EWR-Ausland lebenden Ehegatten:

105 ☒ Ich beantrage als Staatsangehöriger eines EU- / EWR-Staates die Anwendung familienbezogener Steuervergünstigungen.
Nachweis ist beigefügt (z. B. „Bescheinigung EU / EWR").
Die nicht der deutschen Besteuerung unterliegenden Einkünfte beider Ehegatten sind in Zeile 103 enthalten.

Nur bei im Ausland ansässigen Angehörigen des deutschen öffentlichen Dienstes, die im dienstlichen Auftrag außerhalb der EU
oder des EWR tätig sind:

106 ☒ Ich beantrage die Anwendung familienbezogener Steuervergünstigungen. Die „Bescheinigung EU / EWR" ist beigefügt.

Weiterer Wohnsitz in Belgien (abweichend von den Zeilen 10 und 11) bei Einkünften aus nichtselbständiger Arbeit und Renten

107

108 Unterhalten Sie auf Dauer angelegte Geschäftsbeziehungen zu Finanzinstituten im
Ausland?

Stpfl. / Ehemann	Ehefrau
116 1 = Ja 2 = Nein	117 1 = Ja 2 = Nein

Unterschrift

Die mit der Steuererklärung angeforderten Daten werden aufgrund der §§ 149 ff. der Abgabenordnung und der §§ 25, 46 des Einkommensteuergesetzes erhoben.

Bei der Anfertigung dieser Steuererklärung hat mitgewirkt:

109 _____
Datum, Unterschrift(en)
Steuererklärungen sind eigenhändig – bei Ehegatten von beiden – zu unterschreiben.

2010ESt1A014   2010ESt1A014

2010

Anlage Unterhalt

Für jeden unterstützten Haushalt bitte eine eigene Anlage Unterhalt abgeben.

1 Name

2 Vorname

3 Steuernummer   Lfd. Nr. der Anlage

Angaben zu Unterhaltsleistungen an bedürftige Personen

Angaben zum Haushalt, in dem die unterstützte(n) Person(en) lebte(n)   53

Anschrift des Haushaltes

5 Wohnsitzstaat, wenn Ausland

Die Eintragungen in den Zeilen 6 bis 10 und 17 bis 26 sind nur in der ersten Anlage Unterhalt je Haushalt erforderlich.

6 Anzahl der Personen, die in dem Haushalt lt. Zeile 4 lebten   Anzahl

Angaben zu Aufwendungen für den Unterhalt

	vom	bis	Gesamtaufwendungen EUR
7 Erster Unterstützungszeitraum, für den die Unterhaltsleistung erfolgte und Höhe der Aufwendungen (einschließlich Beträge lt. den Zeilen 11 bis 25) – Bitte Nachweise beifügen. –	T T M M	T T M M	
8 Zeitpunkt der ersten Unterhaltsleistung für den ersten Unterstützungszeitraum im Kalenderjahr	T T M M J J J J		

	vom	bis	Gesamtaufwendungen
9 Zweiter Unterstützungszeitraum, für den die Unterhaltsleistung erfolgte und Höhe der Aufwendungen (einschließlich Beträge lt. den Zeilen 11 bis 25) – Bitte Nachweise beifügen. –	T T M M	T T M M	
10 Zeitpunkt der ersten Unterhaltsleistung für den zweiten Unterstützungszeitraum im Kalenderjahr	T T M M J J J J		

	Auf den ersten Unterstützungszeitraum entfallen EUR	Auf den zweiten Unterstützungszeitraum entfallen EUR
Beiträge zur Basis-Kranken- und gesetzlichen Pflegeversicherung der unterstützten Person(en), die nicht bereits als Vorsorgeaufwendungen bei der unterstützenden Person abziehbar sind. (Bitte Nachweise beifügen.)		
11 Basis-Kranken- und gesetzliche Pflegeversicherungsbeiträge (abzüglich steuerfreier Zuschüsse und erstatteter Beträge) für die unterstützte Person lt. Zeile 32		
12 In Zeile 11 enthaltene Beiträge, aus denen sich ein Anspruch auf Krankengeld ergibt		
13 Basis-Kranken- und gesetzliche Pflegeversicherungsbeiträge (abzüglich steuerfreier Zuschüsse und erstatteter Beträge) für die unterstützte Person lt. Zeile 62		
14 In Zeile 13 enthaltene Beiträge, aus denen sich ein Anspruch auf Krankengeld ergibt		
15 Basis-Kranken- und gesetzliche Pflegeversicherungsbeiträge (abzüglich steuerfreier Zuschüsse und erstatteter Beträge) für die unterstützte Person lt. Zeile 92		
16 In Zeile 15 enthaltene Beiträge, aus denen sich ein Anspruch auf Krankengeld ergibt		

Unterhaltsleistungen an im Ausland lebende Personen   EUR

17 Unterhaltszahlungen erfolgten durch Bank- oder Postüberweisung. (Bitte Nachweise beifügen.)

18 Unterhaltszahlungen erfolgten durch Übergabe von Bargeld. (Bitte Abhebungsnachweise der Bank, Nachweise über die Durchführung der Reise und detaillierte Empfängerbestätigung der unterstützten Person beifügen.)

	Einreisedatum	Übergabedatum	
19 Mitgenommene Beträge	T T M M J J J J	T T M M J J J J	
20	T T M M J J J J	T T M M J J J J	

21 Unterhaltszahlungen erfolgten im Rahmen von Familienheimfahrten zum Ehegatten. (Die Durchführung der Reise ist nachzuweisen.)

22	T T M M J J J J	T T M M J J J J	
23	T T M M J J J J	T T M M J J J J	
24	T T M M J J J J	T T M M J J J J	
25	T T M M J J J J	T T M M J J J J	

26 Nettomonatslohn der unterstützenden stpfl. Person

IV Amtliche Vordrucke 2010

Allgemeine Angaben zur unterstützten Person

31   lfd. Nr.   Identifikationsnummer der unterstützten Person

32   Name, Vorname   Geburtsdatum   T T M M J J J J   wenn 2010 verstorben   Sterbedatum T T M M J J J J

Beruf, Familienstand   Verwandtschaftsverhältnis zur unterstützenden Person

33

Bei Unterhaltsempfängern im Ausland:

34   Von der Heimatbehörde und der unterhaltenen Person bestätigte Unterhaltserklärung über die Bedürftigkeit ist beigefügt.   1 = Ja   2 = Nein

35   Name, Vorname des im selben Haushalt lebenden Ehegatten   Name, Vorname

36   Die unterstützte Person lebte in meinem inländischen Haushalt.   1 = Ja   2 = Nein   Falls ja (wenn nicht ganzjährig) vom T T M M bis T T M M

37   Hatte jemand für diese Person Anspruch auf Kindergeld oder Freibeträge für Kinder?   1 = Ja   2 = Nein   Falls ja

38   Die unterstützte Person ist mein geschiedener / dauernd getrennt lebender Ehegatte (kein Abzug von Sonderausgaben nach § 10 Abs. 1 Nr. 1 EStG, keine Zusammenveranlagung).   1 = Ja   2 = Nein

39   Die unterstützte Person ist mein nicht dauernd getrennt lebender und nicht unbeschränkt einkommensteuerpflichtiger Ehegatte.   1 = Ja   2 = Nein

40   Die unterstützte Person ist als Kindesmutter / Kindesvater gesetzlich unterhaltsberechtigt.   1 = Ja   2 = Nein   Falls ja (wenn nicht ganzjährig) vom T T M M bis T T M M

41   Die unterstützte Person ist nach dem Lebenspartnerschaftsgesetz unterhaltsberechtigt.   1 = Ja   2 = Nein   Falls ja (wenn nicht ganzjährig) vom T T M M bis T T M M

42   Die unterstützte Person ist nicht unterhaltsberechtigt, jedoch wurden oder würden bei ihr wegen der Unterhaltszahlungen öffentliche Mittel gekürzt oder nicht gewährt. (Bitte Nachweis der Sozialbehörden, der Agentur für Arbeit oder schriftliche Versicherung der unterstützten Person beifügen.)   1 = Ja   2 = Nein   Falls ja (wenn nicht ganzjährig) vom T T M M bis T T M M

43   Gesamtwert des Vermögens der unterstützten Person   EUR ,—

Zum Unterhalt der bedürftigen Person haben auch beigetragen (Name, Anschrift)

44

45   vom T T M M bis T T M M   Betrag   EUR ,—

Einkünfte und Bezüge der unterstützten Person

Diese Person hatte

vom / bis	Bruttoarbeitslohn EUR	darauf entfallende Werbungskosten (ohne Werbungskosten zu Versorgungsbezügen) EUR	Versorgungsbezüge – im Arbeitslohn enthalten – EUR	Bemessungsgrundlage für den Versorgungsfreibetrag EUR	Werbungskosten zu Versorgungsbezügen EUR
46 vom T T M M bis T T M M					
47 vom T T M M bis T T M M					

maßgebliches Kalenderjahr des Versorgungsbeginns Jahr	vom / bis		Renten EUR	steuerpflichtiger Teil der Rente EUR	Werbungskosten zu Renten EUR
48	vom T T M M bis T T M M				
49	vom T T M M bis T T M M				

vom / bis	Einkünfte aus Kapitalvermögen EUR	vom / bis	Übrige Einkünfte EUR
50 vom T T M M bis T T M M		vom T T M M bis T T M M	
51 vom T T M M bis T T M M		vom T T M M bis T T M M	

vom / bis	Sozialleistungen / übrige Bezüge EUR	vom / bis	Kosten zu allen Bezügen EUR
52 vom T T M M bis T T M M		vom T T M M bis T T M M	
53 vom T T M M bis T T M M		vom T T M M bis T T M M	

vom / bis	Öffentliche Ausbildungshilfen EUR
54 vom T T M M bis T T M M	

2010AnlUnterhalt192   2010AnlUnterhalt192

672

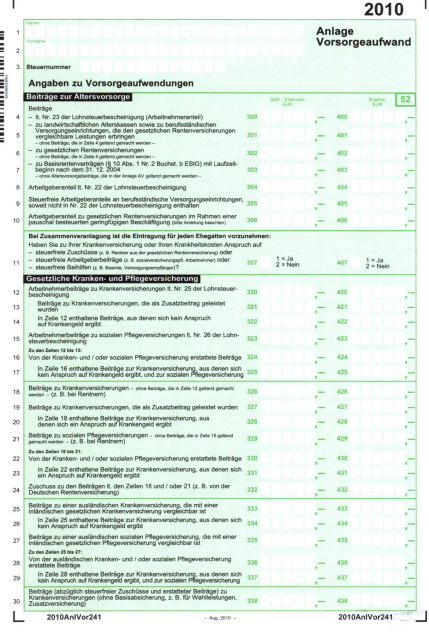

2010

Anlage Vorsorgeaufwand

1 Name

Vorname

2

3 Steuernummer

Angaben zu Vorsorgeaufwendungen

Beiträge zur Altersvorsorge   Stpfl. / Ehemann EUR   Ehefrau EUR   **52**

Beiträge

		Stpfl. / Ehemann EUR	Ehefrau EUR
4	lt. Nr. 23 der Lohnsteuerbescheinigung (Arbeitnehmeranteil)	300 — ,	400 — ,
5	zu landwirtschaftlichen Alterskassen sowie zu berufsständischen Versorgungseinrichtungen, die den gesetzlichen Rentenversicherungen vergleichbare Leistungen erbringen – ohne Beiträge, die in Zeile 4 geltend gemacht werden –	301 — ,	401 — ,
6	zu gesetzlichen Rentenversicherungen – ohne Beiträge, die in Zeile 4 geltend gemacht werden –	302 — ,	402 — ,
7	zu Basisrentenverträgen (§ 10 Abs. 1 Nr. 2 Buchst. b EStG) mit Laufzeitbeginn nach dem 31. 12. 2004 – ohne Altersvorsorgebeiträge, die in der Anlage AV geltend gemacht werden –	303 — ,	403 — ,
8	Arbeitgeberanteil lt. Nr. 22 der Lohnsteuerbescheinigung	304 — ,	404 — ,
9	Steuerfreie Arbeitgeberanteile an berufsständische Versorgungseinrichtungen, soweit nicht in Nr. 22 der Lohnsteuerbescheinigung enthalten	305 — ,	405 — ,
10	Arbeitgeberanteil zu gesetzlichen Rentenversicherungen im Rahmen einer pauschal besteuerten geringfügigen Beschäftigung (bitte Anleitung beachten)	306 — ,	406 — ,

Bei Zusammenveranlagung ist die Eintragung für jeden Ehegatten vorzunehmen:

Haben Sie zu Ihrer Krankenversicherung oder Ihren Krankheitskosten Anspruch auf
– steuerfreie Zuschüsse (z. B. Rentner aus der gesetzlichen Rentenversicherung) oder
– steuerfreie Arbeitgeberbeiträge (z. B. sozialversicherungspfl. Arbeitnehmer) oder

11	– steuerfreie Beihilfen (z. B. Beamte, Versorgungsempfänger)?	307 1 = Ja 2 = Nein	407 1 = Ja 2 = Nein

Gesetzliche Kranken- und Pflegeversicherung

		Stpfl. / Ehemann EUR	Ehefrau EUR
12	Arbeitnehmerbeiträge zu Krankenversicherungen lt. Nr. 25 der Lohnsteuerbescheinigung	320 — ,	420 — ,
13	Beiträge zu Krankenversicherungen, die als Zusatzbeitrag geleistet wurden	321 ,	421 ,
14	In Zeile 12 enthaltene Beiträge, aus denen sich kein Anspruch auf Krankengeld ergibt	322 ,	422 ,
15	Arbeitnehmerbeiträge zu sozialen Pflegeversicherungen lt. Nr. 26 der Lohnsteuerbescheinigung	323 ,	423 ,
	Zu den Zeilen 12 bis 15:		
16	Von der Kranken- und / oder sozialen Pflegeversicherung erstattete Beiträge	324 — ,	424 — ,
17	In Zeile 16 enthaltene Beiträge zur Krankenversicherung, aus denen sich kein Anspruch auf Krankengeld ergibt, und zur sozialen Pflegeversicherung	325 — ,	425 — ,
18	Beiträge zu Krankenversicherungen – ohne Beiträge, die in Zeile 12 geltend gemacht werden – (z. B. bei Rentnern)	326 ,	426 ,
19	Beiträge zu Krankenversicherungen, die als Zusatzbeitrag geleistet wurden	327 ,	427 ,
20	In Zeile 18 enthaltene Beiträge zur Krankenversicherung, aus denen sich ein Anspruch auf Krankengeld ergibt	328 ,	428 ,
21	Beiträge zu sozialen Pflegeversicherungen – ohne Beiträge, die in Zeile 15 geltend gemacht werden – (z. B. bei Rentnern)	329 ,	429 ,
	Zu den Zeilen 18 bis 21:		
22	Von der Kranken- und / oder sozialen Pflegeversicherung erstattete Beiträge	330 ,	430 ,
23	In Zeile 22 enthaltene Beiträge zur Krankenversicherung, aus denen sich ein Anspruch auf Krankengeld ergibt	331 ,	431 ,
24	Zuschuss zu den Beiträgen lt. den Zeilen 18 und / oder 21 (z. B. von der Deutschen Rentenversicherung)	332 ,	432 ,
25	Beiträge zu einer ausländischen Krankenversicherung, die mit einer inländischen gesetzlichen Krankenversicherung vergleichbar ist	333 ,	433 ,
26	In Zeile 25 enthaltene Beiträge zur Krankenversicherung, aus denen sich kein Anspruch auf Krankengeld ergibt	334 ,	434 ,
27	Beiträge zu einer ausländischen sozialen Pflegeversicherung, die mit der inländischen gesetzlichen Pflegeversicherung vergleichbar ist	335 ,	435 ,
	Zu den Zeilen 25 bis 27:		
28	Von der ausländischen Kranken- und / oder sozialen Pflegeversicherung erstattete Beiträge	336 ,	436 ,
29	In Zeile 28 enthaltene Beiträge zur Krankenversicherung, aus denen sich kein Anspruch auf Krankengeld ergibt, und zur sozialen Pflegeversicherung	337 ,	437 ,
30	Beiträge (abzüglich steuerfreier Zuschüsse und erstatteter Beiträge) zu Krankenversicherungen (ohne Basisabsicherung, z. B. für Wahlleistungen, Zusatzversicherung)	338 ,	438 ,

2010AnlVor241   – Aug. 2010 –   2010AnlVor241

IV Amtliche Vordrucke 2010

Private Kranken- und Pflegeversicherung

– Eintragungen in den Zeilen 31 bis 36 und 40 bis 43 sind nur zulässig, wenn Sie der Datenübermittlung nicht widersprochen haben –

			Stpfl. / Ehemann EUR	Ehefrau EUR
31	Beiträge zu Krankenversicherungen (nur Basisabsicherung, keine Wahlleistungen)	350		450
32	Beiträge zu Pflege-Pflichtversicherungen	351		451
33	Von der privaten Kranken- und / oder Pflege-Pflichtversicherung erstattete Beiträge	352		452
34	Zuschuss zu den Beiträgen lt. den Zeilen 31 und / oder 32 von dritter Seite	353		453
35	Beiträge (abzüglich steuerfreier Zuschüsse und erstatteter Beiträge) zu Krankenversicherungen (ohne Basisabsicherung, z. B. für Wahlleistungen, Zusatzversicherung)	354		454
36	Beiträge (abzüglich steuerfreier Zuschüsse und erstatteter Beiträge) zu zusätzlichen Pflegeversicherungen (ohne Pflege-Pflichtversicherung)	355		455

Steuerfreie Arbeitgeberzuschüsse

37	Steuerfreie Arbeitgeberzuschüsse zur Kranken- und Pflegeversicherung lt. Nr. 24 der Lohnsteuerbescheinigung	359		459

Als Versicherungsnehmer für andere Personen übernommene Kranken- und Pflegeversicherungsbeiträge

38	IdNr. der mitversicherten Person **600** Name, Vorname, Geburtsdatum der mitversicherten Person	„Andere Personen" sind z. B. Kinder, für die **kein** Anspruch auf Kindergeld / Kinderfreibetrag besteht (bei Anspruch auf Kindergeld / Kinderfreibetrag sind die Eintragungen in den Zeilen 31 bis 36 der Anlage Kind vorzunehmen) oder der / die eingetragene Lebenspartner/in.
39		

			Stpfl./Ehegatten EUR
40	Beiträge (abzüglich steuerfreier Zuschüsse) zu Krankenversicherungen (nur Basisabsicherung, keine Wahlleistungen)	601	
41	Beiträge (abzüglich steuerfreier Zuschüsse) zur gesetzlichen Pflegeversicherung	602	
42	Zu den Zeilen 40 bis 41: Von der Kranken- und / oder gesetzlichen Pflegeversicherung erstattete Beiträge	603	
43	Beiträge (abzüglich steuerfreier Zuschüsse und erstatteter Beiträge) zu Kranken- und / oder Pflegeversicherungen (ohne Basisabsicherung, z. B. für Wahlleistungen, Zusatzversicherung)	604	

Weitere sonstige Vorsorgeaufwendungen

			Stpfl. / Ehemann EUR	Ehefrau EUR
44	Arbeitnehmerbeiträge zur Arbeitslosenversicherung lt. Nr. 27 der Lohnsteuerbescheinigung	370		470
45	Beiträge (abzüglich steuerfreier Zuschüsse und erstatteter Beiträge) zu – Kranken- und Pflegeversicherungen **(Gesamtbetrag)** (nur einzutragen, wenn Sie der Datenübermittlung widersprochen haben; Einträge zu zusätzlichen Pflegeversicherungen sind nur in Zeile 36 vorzunehmen)	371		471

			Stpfl. / Ehegatten EUR
46	– freiwilligen Versicherungen gegen Arbeitslosigkeit	500	
47	– freiwilligen eigenständigen Erwerbs- und Berufsunfähigkeitsversicherungen	501	
48	– Unfall- und Haftpflichtversicherungen sowie zu Risikoversicherungen, die nur für den Todesfall eine Leistung vorsehen	502	
49	– Rentenversicherungen mit Kapitalwahlrecht und Kapitallebensversicherungen mit mindestens 12 Jahren Laufzeit und Laufzeitbeginn sowie erster Beitragszahlung vor dem 1. 1. 2005	503	
50	– Rentenversicherungen ohne Kapitalwahlrecht mit Laufzeitbeginn und erster Beitragszahlung vor dem 1. 1. 2005 (auch steuerpflichtige Beiträge zu Versorgungs- und Pensionskassen) – ohne Altersvorsorgebeiträge, die in der Anlage AV geltend gemacht werden –	504	

Ergänzende Angaben zu Vorsorgeaufwendungen

Es bestand 2010 keine gesetzliche Rentenversicherungspflicht aus dem aktiven Dienstverhältnis / aus der Tätigkeit

			Stpfl. / Ehemann		Ehefrau	
51	– als Beamter / Beamtin	380		1 = Ja	480	1 = Ja
52	– als Vorstandmitglied / GmbH-Gesellschafter-Geschäftsführer/in	381		1 = Ja	481	1 = Ja
53	– als (z. B. Praktikant/in, Student/in im Praktikum) Bezeichnung	382		1 = Ja	482	1 = Ja
54	Aufgrund des vorgenannten Dienstverhältnisses / der Tätigkeit bestand **eine** Anwartschaft auf Altersversorgung	383		1 = Ja 2 = Nein	483	1 = Ja 2 = Nein
55	Die Anwartschaft auf Altersversorgung wurde ganz oder teilweise ohne eigene Beitragsleistungen erworben. (Bei Vorstandmitgliedern / GmbH-Gesellschafter-Geschäftsführern: Falls nein, bitte geeignete Unterlagen beifügen)	384		1 = Ja 2 = Nein	484	1 = Ja 2 = Nein

2010AnlVor242   2010AnlVor242

1 Name

2 Vorname

Anlage AV

3 Steuernummer

Angaben zu Altersvorsorgebeiträgen

Altersvorsorgebeiträge   **39**

	Stpfl. / Ehemann	Ehefrau	
4 Sozialversicherungsnummer / Zulagenummer	107	307	
5 Mitgliedsnummer der landwirtschaftlichen Alterskasse / Alterskasse für den Gartenbau	112	312	

		Stpfl. / Ehemann		Ehefrau	
6 Für die geleisteten Altersvorsorgebeiträge wird ein zusätzlicher Sonderausgabenabzug geltend gemacht. In die Datenübermittlung wurde eingewilligt. (Bei Zusammenveranlagung: Bitte die Ihnen ggf. vorliegende(n) Bescheinigung(en) des Anbieters beider Ehegatten beifügen und die Art der Begünstigung (unmittelbar / mittelbar) beider Ehegatten angeben.)		1 = Ja (alle Beiträge) 2 = Nein 3 = nur Beiträge lt. Rückseite	200	1 = Ja (alle Beiträge) 2 = Nein 3 = nur Beiträge lt. Rückseite	400

7 Falls nein: Dieser Ehegatte ist – mittelbar begünstigt (nicht bei dauernd getrennt lebenden Ehegatten)		108/308	1 = Ja	
8 – unmittelbar begünstigt (nur bei Zusammenveranlagung)		108/308	2 = Ja	

Bescheinigungen des Anbieters für 2010

		Anzahl		Anzahl	
9 Beigefügte Bescheinigung(en) über geleistete Altersvorsorgebeiträge					

10 Ich bin für das Jahr 2010 unmittelbar begünstigt. (Bitte die Zeilen 11 bis 19 ausfüllen.)	106	1 = Ja		306	1 = Ja	
			EUR			EUR
11 Beitragspflichtige Einnahmen i. S. d. deutschen gesetzlichen Rentenversicherung in **2009**	100		— ,	300		— ,
12 Inländische Besoldung, Amtsbezüge und Einnahmen beurlaubter Beamter in **2009** (Ein Eintrag ist nur erforderlich, wenn Sie eine Einwilligung gegenüber der zuständigen Stelle abgegeben haben.)	101		— ,	301		— ,
13 Entgeltersatzleistungen oder sog. Arbeitslosengeld II in **2009**	104		— ,	304		— ,
14 Tatsächliches Entgelt in **2009**	102		— ,	302		— ,
15 Jahres-(brutto)betrag der Rente wegen voller Erwerbsminderung oder Erwerbsunfähigkeit in der deutschen gesetzlichen Rentenversicherung in **2009**	109		— ,	309		— ,
16 Inländische Versorgungsbezüge wegen Dienstunfähigkeit in **2009** (Ein Eintrag ist nur erforderlich, wenn Sie eine Einwilligung gegenüber der zuständigen Stelle abgegeben haben.)	113		— ,	313		— ,
17 Einkünfte aus Land- und Forstwirtschaft in **2008**	103		— ,	303		— ,
18 Jahres-(brutto)betrag der Rente wegen voller Erwerbsminderung oder Erwerbsunfähigkeit nach dem Gesetz über die Alterssicherung der Landwirte in **2009**	111		— ,	311		— ,
19 Einnahmen aus einer Beschäftigung, die einer ausländischen gesetzlichen Rentenversicherungspflicht unterlag und / oder Jahres-(brutto)betrag der Rente wegen voller Erwerbsminderung oder Erwerbsunfähigkeit aus einer ausländischen gesetzlichen Rentenversicherung in **2009**	114		— ,	314		— ,
20 Ich bin für das Jahr 2010 mittelbar begünstigt. (Bei getrennter / besonderer Veranlagung: Die Angaben zu den Altersvorsorgebeiträgen und die Ihnen ggf. vorliegende(n) Anbieterbescheinigung(en) werden bei der Einkommensteuerveranlagung des anderen Ehegatten berücksichtigt.)	106	2 = Ja		306	2 = Ja	

Angaben zu Kindern

	Geboren vor dem 1. 1. 2008	Geboren nach dem 31. 12. 2007
	Anzahl der Kinder	Anzahl der Kinder
Nur bei miteinander verheirateten Eltern, die 2010 nicht dauernd getrennt gelebt haben: Anzahl der Kinder, für die uns für **2010** Kindergeld ausgezahlt worden ist und		
21 – die der Mutter zugeordnet werden	305	315
22 – für die die Kinderzulage von der Mutter auf den Vater übertragen wurde	105	115
Bei allen anderen Kindergeldberechtigten: Anzahl der Kinder, für die für den ersten Anspruchszeitraum **2010** Kindergeld ausgezahlt worden ist (Diese Kinder dürfen nicht in den Zeilen 21 und 22 enthalten sein.)		
23 – an Stpfl. / Ehemann	205	215
24 – an Ehefrau	405	415

IV Amtliche Vordrucke 2010

Angaben zu Altersvorsorgeverträgen　– Bitte eintragen, wenn der Abzug als Sonderausgaben beantragt wird –

Stpfl. / Ehemann

1. Vertrag

31　120　Anbieternummer　　　　　　121　Zertifizierungsnummer　0 0

32　122　Vertragsnummer

33　Beiträge (ohne Zulage)　123　EUR　Ct　　　　Tilgungsleistungen (ohne Zulage)　125　EUR　Ct

2. Vertrag

34　130　Anbieternummer　　　　　　131　Zertifizierungsnummer　0 0

35　132　Vertragsnummer

36　Beiträge (ohne Zulage)　133　EUR　Ct　　　　Tilgungsleistungen (ohne Zulage)　135　EUR　Ct

3. Vertrag

37　140　Anbieternummer　　　　　　141　Zertifizierungsnummer　0 0

38　142　Vertragsnummer

39　Beiträge (ohne Zulage)　143　EUR　Ct　　　　Tilgungsleistungen (ohne Zulage)　145　EUR　Ct

4. Vertrag

40　150　Anbieternummer　　　　　　151　Zertifizierungsnummer　0 0

41　152　Vertragsnummer

42　Beiträge (ohne Zulage)　153　EUR　Ct　　　　Tilgungsleistungen (ohne Zulage)　155　EUR　Ct

Ehefrau

1. Vertrag

43　320　Anbieternummer　　　　　　321　Zertifizierungsnummer　0 0

44　322　Vertragsnummer

45　Beiträge (ohne Zulage)　323　EUR　Ct　　　　Tilgungsleistungen (ohne Zulage)　325　EUR　Ct

2. Vertrag

46　330　Anbieternummer　　　　　　331　Zertifizierungsnummer　0 0

47　332　Vertragsnummer

48　Beiträge (ohne Zulage)　333　EUR　Ct　　　　Tilgungsleistungen (ohne Zulage)　335　EUR　Ct

3. Vertrag

49　340　Anbieternummer　　　　　　341　Zertifizierungsnummer　0 0

50　342　Vertragsnummer

51　Beiträge (ohne Zulage)　343　EUR　Ct　　　　Tilgungsleistungen (ohne Zulage)　345　EUR　Ct

4. Vertrag

52　350　Anbieternummer　　　　　　351　Zertifizierungsnummer　0 0

53　352　Vertragsnummer

54　Beiträge (ohne Zulage)　353　EUR　Ct　　　　Tilgungsleistungen (ohne Zulage)　355　EUR　Ct

2010AnlAV042　　　　　　　　　　　　　　　　　　　2010AnlAV042

2010

Anlage Kind
Für jedes Kind bitte eine
eigene Anlage Kind abgeben.

1 Name

2 Vorname

3 **Steuernummer**   Lfd. Nr.
der Anlage

Angaben zum Kind   3

4 **Identifikationsnummer** 01

Vorname   ggf. abweichender Familienname

5

6 Geburtsdatum   verheiratet seit dem   Anspruch auf Kindergeld   EUR
16   oder vergleichbare
                                                    Leistungen für 2010   15

7 Anschrift
(bei Wohnsitz im Ausland
bitte auch den Staat angeben) (Kz 14)
                        vom   bis   vom   bis

8 Wohnort
im Inland   00   Wohnort
                                                     im Ausland

Kindschaftsverhältnis zur stpfl. Person / Ehemann | Kindschaftsverhältnis zur Ehefrau

9   02   1 = leibliches Kind /   2 = Pflegekind   3 = Enkelkind /   1 = leibliches Kind /   2 = Pflegekind   3 = Enkelkind /
            Adoptivkind   Stiefkind   03   Adoptivkind   Stiefkind

Kindschaftsverhältnis zu weiteren Personen
Name, letztbekannte Anschrift und Geburtsdatum dieser Person(en), Art des Kindschaftsverhältnisses   vom   bis

10   04

11 Der andere Elternteil lebte im Ausland   37

12 Das Kindschaftsverhältnis zum anderen Elternteil ist durch Tod des anderen Elternteils
erloschen am   06

Berücksichtigung eines volljährigen Kindes
                                1. Ausbildungsabschnitt   2. Ausbildungsabschnitt
                                vom   bis   vom   bis
13 Das Kind befand sich
in Schul-, Hochschul-
oder Berufsausbildung

14 Bezeichnung der
Schul- / Berufsausbildung
                                                                       vom   bis
15 Das Kind konnte eine Berufsausbildung mangels Ausbildungsplatzes
nicht beginnen oder fortsetzen

16 Das Kind hat ein freiwilliges soziales oder ökologisches Jahr (Jugendfreiwilligen-
dienstegesetz), einen europäischen / entwicklungspolitischen Freiwilligendienst,
einen Freiwilligendienst aller Generationen (§ 2 Abs. 1a Siebtes Buch Sozialgesetzbuch) oder einen anderen Dienst im Ausland (§ 14 b Zivildienstgesetz) abgeleistet

17 Das Kind befand sich in einer Übergangszeit (z. B. zwischen zwei Ausbildungsabschnitten) von höchstens vier Monaten

18 Das Kind war ohne Beschäftigung und bei einer Agentur für Arbeit als Arbeit
suchend gemeldet

19 Das Kind war wegen einer vor Vollendung des 25. Lebensjahres eingetretenen
Behinderung außerstande, sich selbst zu unterhalten

20 Das Kind hat gesetzlichen Grundwehr- / Zivildienst oder davon befreienden
Dienst geleistet

Einkünfte und Bezüge eines volljährigen Kindes

	Bruttoarbeitslohn EUR	darauf entfallende Werbungskosten EUR	Einkünfte aus Kapitalvermögen EUR	Renten EUR	darauf entfallende Werbungskosten EUR
21 im Kalenderjahr					
22 davon innerhalb des Berücksichtigungszeitraums					
23 davon entfallen auf Zeiten auswärtiger Unterbringung bei Berufsausbildung					

	Übrige Einkünfte EUR	Öffentliche Ausbildungshilfen EUR	Übrige Bezüge EUR	Kosten zu den Bezügen EUR	Sozialversicherungs- / Kranken- und Pflegeversicherungsbeiträge EUR	besondere Ausbildungskosten EUR
24 im Kalenderjahr						
25 davon innerhalb des Berücksichtigungszeitraums						
26 davon entfallen auf Zeiten auswärtiger Unterbringung bei Berufsausbildung						

2010AnlKind021   – Aug. 2010 –   2010AnlKind021

Kranken- und Pflegeversicherung
– Eintragungen in den Zeilen 31 bis 37 sind nur zulässig, wenn der Datenübermittlung nicht widersprochen wurde –

Gesamtaufwendungen EUR

31	Beiträge zu Krankenversicherungen (einschließlich Zusatzbeiträge) des Kindes, die von mir / uns als Versicherungsnehmer oder vom Kind als Versicherungsnehmer geschuldet werden und von mir / uns getragen wurden (nur Basisabsicherung, keine Wahlleistungen)	58
32	In Zeile 31 enthaltene Beiträge, aus denen sich ein Anspruch auf Krankengeld ergibt	59
33	Beiträge zur sozialen Pflegeversicherung und / oder zur privaten Pflege-Pflichtversicherung	60
34	Von den Versicherungen lt. den Zeilen 31 bis 33 erstattete Beiträge	61
35	In Zeile 34 enthaltene Beiträge, aus denen sich ein Anspruch auf Krankengeld ergibt	62
36	Beiträge zu Krankenversicherungen des Kindes, die von mir / uns als Versicherungsnehmer getragen wurden (ohne Basisabsicherung, z. B. für Wahlleistungen)	63

37 **Nur bei getrennt veranlagten Eltern:**
Die vom Kind als Versicherungsnehmer geschuldeten und von mir oder dem anderen Elternteil getragenen eigenen Beiträge des Kindes zu Krankenversicherungen (nur Basisabsicherung, keine Wahlleistungen) und zur gesetzlichen Pflegeversicherung sind in einem anderen Verhältnis als dem der Zuordnung der Freibeträge für Kinder aufzuteilen. Der bei mir zu berücksichtigende Anteil beträgt   64   %

Übertragung des Kinderfreibetrags / des Freibetrags für den Betreuungs- und Erziehungs- oder Ausbildungsbedarf

38	Ich beantrage den vollen Kinderfreibetrag und den vollen Freibetrag für den Betreuungs- und Erziehungs- oder Ausbildungsbedarf, weil der andere Elternteil seine Unterhaltsverpflichtung nicht zu mindestens 75% erfüllt hat.	36 1 = Ja
39	Ich beantrage den vollen Freibetrag für den Betreuungs- und Erziehungs- oder Ausbildungsbedarf, weil das minderjährige Kind bei dem anderen Elternteil nicht gemeldet war.	39 1 = Ja
40	Der Übertragung des Kinderfreibetrags und des Freibetrags für den Betreuungs- und Erziehungs- oder Ausbildungsbedarf auf die Stief- / Großeltern wurde lt. **Anlage K** zugestimmt.	40 1 = Ja
41	Nur bei Stief- / Großeltern: Der Kinderfreibetrag und der Freibetrag für den Betreuungs- oder Ausbildungsbedarf sind lt. **Anlage K** zu übertragen.	41 1 = Ja

Entlastungsbetrag für Alleinerziehende

     vom   bis

42	Das Kind war mit mir in der gemeinsamen Wohnung gemeldet	42 T T M M T T M M
43	Für das Kind wurde mir Kindergeld ausgezahlt	44 T T M M T T M M
44	Außer mir war(en) in der gemeinsamen Wohnung eine / mehrere volljährige Person(en) gemeldet, für die keine Anlage(n) Kind beigefügt ist / sind	46 1 = Ja 2 = Nein Falls ja 47 T T M M T T M M
45	Es bestand eine Haushaltsgemeinschaft mit mindestens einer weiteren volljährigen Person, für die keine Anlage(n) Kind beigefügt ist / sind	49 1 = Ja 2 = Nein Falls ja 50 T T M M T T M M

Name, Vorname (weitere Personen bitte auf besonderem Blatt angeben)

46

Verwandtschaftsverhältnis   Beschäftigung / Tätigkeit

47

Freibetrag zur Abgeltung eines Sonderbedarfs bei Berufsausbildung eines volljährigen Kindes   (Kz 27)

    vom   bis

48 Das Kind war auswärtig untergebracht   T T M M   T T M M

Anschrift

49

50 **Nur bei geschiedenen oder dauernd getrennt lebenden Eltern oder bei Eltern eines nichtehelichen Kindes:**
Laut beigefügtem gemeinsamen Antrag ist der Freibetrag zur Abgeltung eines Sonderbedarfs bei Berufsausbildung in einem anderen Verhältnis als je zur Hälfte aufzuteilen. Der bei mir zu berücksichtigende Anteil beträgt   %

Schulgeld

Gesamtaufwendungen der Eltern EUR

51 an eine Privatschule (Bezeichnung der Schule)   24

52 **Nur bei nicht zusammen veranlagten Eltern:**
Das von mir entrichtete Schulgeld beträgt   56

53 Laut beigefügtem gemeinsamen Antrag ist für das Kind der Höchstbetrag für das Schulgeld in einem anderen Verhältnis als je zur Hälfte aufzuteilen. Der bei mir zu berücksichtigende Anteil beträgt   57   %

Übertragung des Behinderten- oder Hinterbliebenen-Pauschbetrags

54 Das Kind ist   X   (Kz 26) hinterblieben   behindert   X   (Kz 55) blind / ständig hilflos   geh- und stehbehindert   Grad der Behinderung   25

55 Ausweis / Rentenbescheid / Bescheinigung   ausgestellt am   T T M M J J   gültig   von   M M J J   bis   M M J J   unbefristet gültig   X   Nachweis ist   X   beigefügt.   hat bereits vorgelegen.

56 **Nur bei geschiedenen oder dauernd getrennt lebenden Eltern oder bei Eltern eines nichtehelichen Kindes:**
Laut beigefügtem gemeinsamen Antrag sind die für das Kind zu gewährenden Pauschbeträge für Behinderte / Hinterbliebene in einem anderen Verhältnis als je zur Hälfte aufzuteilen. Der bei mir zu berücksichtigende Anteil beträgt   28   %

2010AnlKind022   2010AnlKind022

Kinderbetreuungskosten

Art der Dienstleistung, Name und Anschrift des Dienstleisters | vom | bis | Gesamtaufwendungen der Eltern EUR

61   51

Kinderbetreuungskosten als — Grund — Aufwendungen

62 (Pflege-) Vater — (Pflege-) Mutter — Erwerbstätigkeit

63 Bei der Erwerbstätigkeit handelt es sich um eine geringfügige Beschäftigung oder um eine nicht sozialversicherungspflichtige nichtselbständige Tätigkeit.

64 Ausbildung

65 Behinderung

66 Krankheit

67 Das Kind hat das 3., jedoch nicht das 6. Lebensjahr vollendet

68 steuerfreier Ersatz, Erstattungen

Bei zusammenlebenden Eltern bitte auch die Zeilen 69 bis 76 ausfüllen. — vom — bis

69 Anderer Elternteil — Erwerbstätigkeit

70 Bei der Erwerbstätigkeit handelt es sich um eine geringfügige Beschäftigung oder um eine nicht sozialversicherungspflichtige nichtselbständige Tätigkeit.

71 Ausbildung

72 Behinderung

73 Krankheit

74 Das Kind hat das 3., jedoch nicht das 6. Lebensjahr vollendet

75 Es liegen keine der vorgenannten Gründe vor

76 steuerfreier Ersatz, Erstattungen

Verteilung der Kinderbetreuungskosten bei Erwerbstätigkeit (im Falle des Zusammenlebens der Elternteile nur, wenn beide erwerbstätig sind) auf Einkünfte aus:

77 (Pflege-) Vater — (Pflege-) Mutter — Aufwendungen EUR — davon wie Betriebsausgaben abgezogen / wie Werbungskosten zu berücksichtigen EUR

78 Land- und Forstwirtschaft — Bezeichnung, Steuernummer und Betriebsfinanzamt

79 Gewerbebetrieb — Bezeichnung, Steuernummer und Betriebsfinanzamt

80 selbständiger Arbeit — Bezeichnung, Steuernummer und zuständiges Finanzamt

81 nichtselbständiger Arbeit

82 Anderer Elternteil

83 Land- und Forstwirtschaft — Bezeichnung, Steuernummer und Betriebsfinanzamt

84 Gewerbebetrieb — Bezeichnung, Steuernummer und Betriebsfinanzamt

85 selbständiger Arbeit — Bezeichnung, Steuernummer und zuständiges Finanzamt

86 nichtselbständiger Arbeit

— vom — bis — vom — bis

87 Es bestand ein **gemeinsamer** Haushalt der Elternteile — Das Kind gehörte zu unserem Haushalt

88 Es bestand **kein gemeinsamer** Haushalt der Elternteile — Das Kind gehörte zu meinem Haushalt

89 Das Kind gehörte zum Haushalt des anderen Elternteils

Nur bei geschiedenen oder dauernd getrennt lebenden Eltern oder bei Eltern eines nichtehelichen Kindes:

90 Laut beigefügtem gemeinsamen Antrag ist für das Kind der Höchstbetrag für die Kinderbetreuung in einem anderen Verhältnis als je zur Hälfte aufzuteilen. Der bei mir zu berücksichtigende Anteil beträgt — %

2010AnlKind023   2010AnlKind023

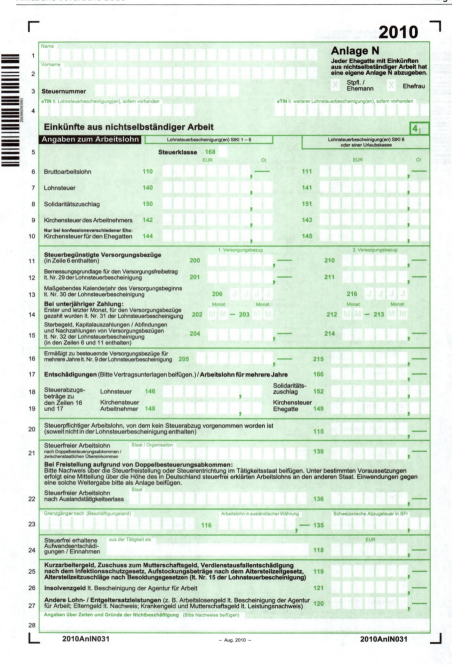

Werbungskosten   Wege zwischen Wohnung und regelmäßiger Arbeitsstätte (Entfernungspauschale)   8

31 Die Wege wurden ganz oder teilweise zurückgelegt mit einem eigenen oder zur Nutzung überlassenen   ☒ privaten Kfz   ☒ Firmenwagen   Letztes amtl. Kennzeichen

Regelmäßige Arbeitsstätte in (Ort und Straße) – ggf. nach besonderer Aufstellung   Arbeitstage je Woche   Urlaubs- und Krankheitstage

32

33

34

35

Arbeits-stätte lt. Zeile	aufgesucht an Tagen	einfache Entfernung	davon mit eigenem oder zur Nutzung überlassenem Pkw zurückgelegt	davon mit Sammelbeförderung zurückgelegt	davon mit öffentl. Verkehrsmitteln, Motorrad, Fahrrad o. Ä., als Fußgänger, als Mitfahrer einer Fahrgemeinschaft zurückgelegt	Aufwendungen für Fahrten mit öffentlichen Verkehrsmitteln (ohne Flug- und Fährkosten) EUR	Behinderungsgrad mind. 70 oder mind. 50 und Merkzeichen „G"
36 40	41	km 68	km 78	km	km 27	— 36	1 = Ja
37 43	44	km 69	km 79	km	km 28	— 37	1 = Ja
38 46	47	km 70	km 80	km	km 29	— 38	1 = Ja
39 65	66	km 71	km 81	km	km 30	— 39	1 = Ja

40 Arbeitgeberleistungen lt. Nr. 17 und 18 der Lohnsteuerbescheinigung und von der Agentur für Arbeit gezahlte Fahrtkostenzuschüsse   EUR   steuerfrei ersetzt 73   pauschal besteuert 50

Beiträge zu Berufsverbänden (Bezeichnung der Verbände)

41   51

Aufwendungen für Arbeitsmittel – soweit nicht steuerfrei ersetzt – (Art der Arbeitsmittel bitte einzeln angeben.)   EUR

42

43 +   ▶ 52

Aufwendungen für ein häusliches Arbeitszimmer

44   74

Fortbildungskosten – soweit nicht steuerfrei ersetzt –

45   88

Weitere Werbungskosten – soweit nicht steuerfrei ersetzt – Flug- und Fährkosten bei Wegen zwischen Wohnung und regelmäßiger Arbeitsstätte

46

Sonstiges (z. B. Bewerbungskosten, Kontoführungsgebühren)

47 +

48 +

49 +   ▶ 53

Reisekosten bei beruflich veranlassten Auswärtstätigkeiten Fahrt- und Übernachtungskosten, Reisenebenkosten (ohne Fahrtkosten bei Firmenwagennutzung sowie Sammelbeförderung)

50   83

51   Vom Arbeitgeber steuerfrei ersetzt 84

Pauschbeträge für Mehraufwendungen für Verpflegung Bei einer Auswärtstätigkeit im Inland: Zahl der Tage   EUR

52 Abwesenheit von mindestens 8 Std.   × 6 € =

53 Abwesenheit von mindestens 14 Std.   × 12 € = +

54 Abwesenheit von 24 Std.   × 24 € = +

55 Bei einer Auswärtstätigkeit im Ausland (Berechnung lt. beigefügtem Blatt):   +   ▶ 54

56   Vom Arbeitgeber steuerfrei ersetzt 76

2010AnIN032   2010AnIN032

IV Amtliche Vordrucke 2010

Mehraufwendungen für doppelte Haushaltsführung

Beschäftigungsort

61 Der **doppelte Haushalt** wurde aus beruflichem Anlass begründet

62 Grund | und hat seitdem ununterbrochen bestanden | bis | T T M M 2010

Eigener Hausstand am Lebensmittelpunkt

seit

63 Nein   Ja, in

Kosten der ersten Fahrt zum Beschäftigungsort und der letzten Fahrt zum eigenen Hausstand
(ohne Fahrtkosten bei Firmenwagennutzung sowie Sammelbeförderung)

EUR

64 mit öffentlichen Verkehrsmitteln

Entfernung in km   EUR   Ct

65 mit privatem Kfz   ×   =   +

Fahrtkosten für Heimfahrten
(ohne Fahrtkosten bei Firmenwagennutzung sowie Sammelbeförderung)
einfache Entfernung ohne Flugstrecken

km   Anzahl

66   ×   × 0,30 € =

67 Kosten für öffentliche Verkehrsmittel (ohne Flug- und Fährkosten)

68 Höherer Betrag aus den Zeilen 66 oder 67   +

Nur bei Behinderungsgrad von mindestens 70 oder mindestens 50 und Merkzeichen „G":
einfache Entfernung bei Benutzung des privaten Kfz

km   Anzahl

69   ×   × 0,60 € =

70 tatsächliche Kosten für private Kfz und öffentliche Verkehrsmittel (lt. Nachweis)

71 Höherer Betrag aus den Zeilen 69 oder 70   +

72 Flug- und Fährkosten für Heimfahrten (lt. Nachweis)   +

73 **Kosten der Unterkunft am Arbeitsort** (lt. Nachweis)   +

Verpflegungsmehraufwendungen
bei einer Abwesenheit

Zahl der Tage

74 von mindestens 8 Std.   × 6 € =   +

Zahl der Tage

75 von mindestens 14 Std.   × 12 € =   +

Zahl der Tage

76 von 24 Std.   × 24 € =   +

77   +

78   55

79 Vom Arbeitgeber / von der Agentur für Arbeit steuerfrei ersetzt   77

Angaben zum Antrag auf Festsetzung der Arbeitnehmer-Sparzulage

Anzahl

80 Beigefügte Bescheinigung(en) vermögenswirksamer Leistungen **(Anlage VL)** des Anlageinstituts / Unternehmens

2010AnIN033   2010AnIN033

682

2010

1	Name
2	Vorname
3	Steuernummer

Anlage G
zur
Einkommensteuererklärung
zur Erklärung zur
gesonderten Feststellung

Bei Bruttoeinnahmen ab 17 500 €
ist für jeden Betrieb, soweit keine
Bilanz erstellt wird, zusätzlich
eine Anlage EÜR abzugeben.

Jeder Ehegatte mit Einkünften aus Gewerbebetrieb hat eine eigene Anlage G abzugeben.

Stpfl. /
Ehemann   Ehefrau

Einkünfte aus Gewerbebetrieb

Gewinn (ohne die Beträge in den Zeilen 31, 34, 38, 40, 41 und 44; bei ausländischen Einkünften: Anlage AUS beachten)
als Einzelunternehmer
(Art des Gewerbes, bei Verpachtung: Art des vom Pächter betriebenen Gewerbes)   EUR   **44**

1. Betrieb

4	2. Betrieb	10/11	–
5	Weitere Betriebe	62/63	–
6	lt. gesonderter Feststellung (Betriebsfinanzamt und Steuernummer)	12/13	–
7	als Mitunternehmer (Gesellschaft, Finanzamt und Steuernummer)	58/59	–
8	1.	14/15	–
9	2.	16/17	–
10	3.	18/19	–
11	4.	20/21	–

Gesellschaften / Gemeinschaften / ähnliche Modelle i. S. d. § 15 b EStG

12			–
13	In den Zeilen 4 bis 11 und 44 nicht enthaltener steuerfreier Teil der Einkünfte, für die das **Teileinkünfteverfahren** gilt – Berechnung auf besonderem Blatt –	24/25	–
14	In den Zeilen 4 bis 11 und 44 enthaltener steuerpflichtiger Teil der Einkünfte aus der Veräußerung an eine REIT-AG oder einen Vor-REIT	26/27	–

Anzahl

15   Für den in den Zeilen 4 bis 11 und 34 enthaltenen Gewinn beantrage ich die Begünstigung nach § 34 a EStG.
Beigefügte **Anlage(n) 34 a**

Zusätzliche Angaben bei Steuerermäßigung nach § 35 EStG

16	Für 2010 festzusetzender (anteiliger) Gewerbesteuer-Messbetrag i. S. d. § 35 EStG des Betriebs / der Mitunternehmeranteils lt. Zeile (ohne Gewerbesteuer-Messbetrag, der auf nach § 5 a Abs. 1 EStG ermittelten Gewinn oder Gewinn i. S. d. § 18 Abs. 3 UmwStG entfällt) – Berechnung auf besonderem Blatt –	64/65	–
17	Für 2010 tatsächlich zu zahlende Gewerbesteuer, die auf den Gewerbesteuer-Messbetrag lt. Zeile 16 entfällt – Berechnung auf besonderem Blatt –	66/67	–
18	Für 2010 festzusetzender (anteiliger) Gewerbesteuer-Messbetrag i. S. d. § 35 EStG des Betriebs / des Mitunternehmeranteils lt. Zeile (ohne Gewerbesteuer-Messbetrag, der auf nach § 5 a Abs. 1 EStG ermittelten Gewinn oder Gewinn i. S. d. § 18 Abs. 3 UmwStG entfällt) – Berechnung auf besonderem Blatt –	68/69	–
19	Für 2010 tatsächlich zu zahlende Gewerbesteuer, die auf den Gewerbesteuer-Messbetrag lt. Zeile 18 entfällt – Berechnung auf besonderem Blatt –	70/71	–
20	Summe aller weiteren für 2010 festzusetzenden (anteiligen) Gewerbesteuer-Messbeträge i. S. d. § 35 EStG der Betriebe / der Mitunternehmeranteile lt. den Zeilen 4 bis 11 und 44 (ohne Gewerbesteuer-Messbeträge, die auf nach § 5 a Abs. 1 EStG ermittelte Gewinne oder Gewinne i. S. d. § 18 Abs. 3 UmwStG entfallen) – Berechnung auf besonderem Blatt –	85/86	–
21	Summe aller weiteren für 2010 tatsächlich zu zahlenden Gewerbesteuern, die auf die Gewerbesteuer-Messbeträge lt. Zeile 20 entfallen – Berechnung auf besonderem Blatt –	81/82	–
22	Summe der Höchstbeträge nach § 35 EStG aus mittelbaren Beteiligungen – Berechnung auf besonderem Blatt –	74/75	–

Bei zusammenveranlagten Ehegatten:
Bezieht nur ein Ehegatte Einkünfte aus Gewerbebetrieb, sind in den Zeilen 23 bis 30 auch die Einkünfte des anderen Ehegatten einzutragen. Beziehen beide Ehegatten
Einkünfte aus Gewerbebetrieb, füllt jeder Ehegatte die Zeilen 23 bis 30 in seiner eigenen Anlage G aus.

		Stpfl./Ehemann EUR	Ehefrau EUR
23	Summe der positiven Einkünfte aus Land- und Forstwirtschaft	–	–
24	Summe der positiven Einkünfte aus Gewerbebetrieb	–	–
25	Summe der positiven Einkünfte aus selbständiger Arbeit	–	–
26	Summe der positiven Einkünfte aus nichtselbständiger Arbeit	–	–
27	Positive Summe der Einkünfte aus Kapitalvermögen	–	–
28	Summe der positiven Einkünfte aus Vermietung und Verpachtung	–	–
29	Summe der positiven sonstigen Einkünfte	–	–
30	Summe der Zeilen 23 bis 29 72	– 73	–

IV Amtliche Vordrucke 2010

Veräußerungsgewinn vor Abzug etwaiger Freibeträge   **45**

bei Veräußerung / Aufgabe – eines **ganzen Betriebs**, eines **Teilbetriebs**, eines ganzen **Mitunternehmeranteils** (§ 16 EStG),
– eines **einbringungsgeborenen Anteils** an einer Kapitalgesellschaft (§ 21 UmwStG i. d. am 21.05.2003 geltenden Fassung) oder
– in gesetzlich gleichgestellten Fällen, z. B. Wegzug ins Ausland

			EUR
31	Veräußerungsgewinn, für den der **Freibetrag nach § 16 Abs. 4 EStG** wegen dauernder Berufsunfähigkeit oder Vollendung des 55. Lebensjahres **beantragt** wird. Für nach dem 31.12.1995 erfolgte Veräußerungen / Aufgaben wurde der Freibetrag nach § 16 Abs. 4 EStG bei keiner Einkunftsart in Anspruch genommen.	24/25	
32	In Zeile 31 enthaltener steuerpflichtiger Teil, für das **Teileinkünfteverfahren** gilt	32/33	
33	In Zeile 31 enthaltener Veräußerungsgewinn, für den der **ermäßigte Steuersatz** des § 34 Abs. 3 EStG wegen dauernder Berufsunfähigkeit oder Vollendung des 55. Lebensjahres beantragt wird	34/35	
34	Veräußerungsgewinne, für die der **Freibetrag nach § 16 Abs. 4 EStG nicht beantragt** wird oder **nicht zu gewähren** ist	30/31	
35	In Zeile 34 enthaltener steuerpflichtiger Teil, für das **Teileinkünfteverfahren** gilt	36/37	
36	In Zeile 34 enthaltener Veräußerungsgewinn, für den der **ermäßigte Steuersatz** des § 34 Abs. 3 EStG wegen dauernder Berufsunfähigkeit oder Vollendung des 55. Lebensjahres beantragt wird	38/39	
37	In Zeile 36 enthaltener steuerpflichtiger Teil, für den das **Teileinkünfteverfahren** gilt	40/41	
38	Veräußerungsverlust nach § 16 EStG	22/23	
39	In Zeile 38 enthaltener steuerpflichtiger Teil, für den das **Teileinkünfteverfahren** gilt	44/45	
40	Steuerpflichtiger Teil des Veräußerungsgewinns bei Veräußerung von Anteilen an Kapitalgesellschaften nach § 17 EStG, § 6 AStG, § 13 UmwStG und in gesetzlich gleichgestellten Fällen	28/29	
41	Zu berücksichtigender Teil des Veräußerungsverlusts bei Veräußerung von Anteilen an Kapitalgesellschaften nach § 17 EStG, § 13 UmwStG und in gesetzlich gleichgestellten Fällen	26/27	
42	**Zu den Zeilen 31 bis 37:** ☒ Erwerber ist eine Gesellschaft, an der die veräußernde Person oder ein Angehöriger beteiligt ist (Erläuterungen auf besonderem Blatt).		

Sonstiges

43	In den Zeilen 4 bis 12 enthaltene begünstigte sonstige Gewinne i. S. d. § 34 Abs. 2 Nr. 2 bis 5 EStG	55/56	
44	Zuzurechnendes Einkommen der Organgesellschaft (Gesellschaft, Finanzamt und Steuernummer)	66/67	
45	Saldo aus **Entnahmen und Einlagen** i. S. d. § 4 Abs. 4 a EStG im Wirtschaftsjahr (bei mehreren Betrieben Erläuterungen auf besonderem Blatt)		
46	**Schuldzinsen** aus der Finanzierung von Anschaffungs- / Herstellungskosten von Wirtschaftsgütern des **Anlagevermögens**		
47	Summe der in 2010 in Anspruch genommenen Investitionsabzugsbeträge nach § 7 g Abs. 1 EStG – Erläuterungen auf besonderem Blatt –		
48	Summe der in 2010 nach § 7 g Abs. 2 EStG hinzugerechneten Investitionsabzugsbeträge – Erläuterungen auf besonderem Blatt –		
49	☒ Anteile an Kapitalgesellschaften, Bezugsrechte sind 2010 übertragen worden (Einzelangaben auf besonderem Blatt)		

		außer Ansatz gelassene Verluste	enthaltene ungekürzte Gewinne	verrechnete Verluste aus anderen Jahren
50	**Gewerbliche Tierzucht / -haltung:** In den Zeilen 4 bis 12, 31, 34 und 38	€	€	€
51	Die nach Maßgabe des § 10 d Abs. 1 EStG in 2009 vorzunehmende Verrechnung nicht ausgeglichener negativer Einkünfte 2010 aus Zeile 50 soll wie folgt begrenzt werden:			€
52	**Gewerbliche Termingeschäfte:** In den Zeilen 4 bis 12, 31, 34 und 38	€	€	€
53	Die nach Maßgabe des § 10 d Abs. 1 EStG in 2009 vorzunehmende Verrechnung nicht ausgeglichener negativer Einkünfte 2010 aus Zeile 52 soll wie folgt begrenzt werden:			€
54	**Verluste aus Beteiligungen** an einer REIT-AG, anderen REIT-Körperschaften, -Personenvereinigungen oder -Vermögensmassen: In den Zeilen 4 bis 12, 31, 34 und 38	€	€	€
55	Die nach Maßgabe des § 10 d Abs. 1 EStG in 2009 vorzunehmende Verrechnung nicht ausgeglichener negativer Einkünfte 2010 aus Zeile 54 soll wie folgt begrenzt werden:			€
56	Für die in den Zeilen 4 bis 6 genannten Betriebe ist die Anlage Zinsschranke beigefügt. Beigefügte Anlage(n) Zinsschranke		Anzahl	

2010AnlG232   2010AnlG232

2010

Anlage S
zur
Einkommensteuererklärung

zur Erklärung zur
gesonderten Feststellung

	Name			
1				
2	Vorname			

Steuernummer

Bei Bruttoeinnahmen ab 17 500 €
ist für jede Tätigkeit, soweit keine
Bilanz erstellt wird, zusätzlich
eine Anlage EÜR abzugeben.

Jeder Ehegatte mit Einkünften aus
selbständiger Arbeit hat eine eigene
Anlage S abzugeben.

Stpfl. /
Ehemann   Ehefrau

Einkünfte aus selbständiger Arbeit

Gewinn (ohne Veräußerungsgewinn in den Zeilen 15 und 18; bei ausländischen Einkünften: Anlage AUS beachten)   **22**

Zeile	Beschreibung	Kennziffer	EUR
4	aus freiberuflicher Tätigkeit (genaue Berufsbezeichnung oder Tätigkeit)	12/13	–
5	lt. gesonderter Festellung (Finanzamt und Steuernummer)	58/59	–
6	aus Beteiligung (Gesellschaft, Finanzamt und Steuernummer) 1. Beteiligung	16/17	–
7	aus allen weiteren Beteiligungen	18/19	–
8	aus Gesellschaften / Gemeinschaften / ähnlichen Modellen i. S. d. § 15 b EStG		–
9	aus sonstiger selbständiger Arbeit (z. B. als Aufsichtsratsmitglied)	20/21	–
10	aus allen weiteren Tätigkeiten (genau bezeichnen)	22/23	–
11	In den Zeilen 4 bis 7, 9 und 10 nicht enthaltener steuerfreier Teil der Einkünfte, für das **Teileinkünfteverfahren** gilt – Berechnung auf besonderem Blatt –	62/63	–
12	Leistungsvergütungen als Beteiligter einer Wagniskapitalgesellschaft, die **vor** dem 1.1.2009 gegründet wurde (§ 18 Abs. 1 Nr. 4 EStG) Gesellschaft, Finanzamt und Steuernummer	46/47	–
13	Leistungsvergütungen als Beteiligter einer Wagniskapitalgesellschaft, die **nach** dem 31.12.2008 gegründet wurde (§ 18 Abs. 1 Nr. 4 EStG) Gesellschaft, Finanzamt und Steuernummer	45/87	–
14	Für den in den Zeilen 4 bis 7 und 18 enthaltenen Gewinn beantrage ich die Begünstigung nach § 34 a EStG. Beigefügte **Anlage(n) 34 a**		Anzahl

Veräußerungsgewinn vor Abzug etwaiger Freibeträge bei Veräußerung / Aufgabe eines **ganzen Betriebs**, eines **Teilbetriebs**, eines ganzen **Mitunternehmeranteils** (§ 16 EStG)

Zeile	Beschreibung	Kennziffer	EUR
15	Veräußerungsgewinn, für den der **Freibetrag nach § 16 Abs. 4 EStG** wegen dauernder Berufsunfähigkeit oder Vollendung des 55. Lebensjahres **beantragt** wird. Für nach dem 31.12.1995 erfolgte Veräußerungen / Aufgaben wurde der Freibetrag nach § 16 Abs. 4 EStG bei keiner Einkunftsart in Anspruch genommen.	24/25	–
16	In Zeile 15 enthaltener steuerpflichtiger Teil, für das **Teileinkünfteverfahren** gilt	52/53	–
17	In Zeile 15 enthaltener Veräußerungsgewinn, für den der **ermäßigte Steuersatz** des § 34 Abs. 3 EStG wegen dauernder Berufsunfähigkeit oder Vollendung des 55. Lebens- jahres beantragt wird	54/55	–
18	Veräußerungsgewinne, für die der **Freibetrag nach § 16 Abs. 4 EStG nicht beantragt** wird oder **nicht zu gewähren** ist	28/29	–
19	In Zeile 18 enthaltener steuerpflichtiger Teil, für das **Teileinkünfteverfahren** gilt	56/57	–
20	In Zeile 18 enthaltener Veräußerungsgewinn, für den der **ermäßigte Steuersatz** des § 34 Abs. 3 EStG wegen dauernder Berufsunfähigkeit oder Vollendung des 55. Lebens- jahres beantragt wird	64/65	–
21	In Zeile 20 enthaltener steuerpflichtiger Teil, für den das **Teileinkünfteverfahren** gilt	66/67	–
22	**Zu den Zeilen 15 bis 21:** Erwerber ist eine Gesellschaft, an der die veräußernde Person oder ein Angehöriger beteiligt ist (Erläuterungen auf besonderem Blatt)		

IV Amtliche Vordrucke 2010

685

Sonstiges

EUR

31 In den Zeilen 4 bis 10 enthaltene begünstigte sonstige Gewinne i. S. d. § 34 Abs. 2 Nr. 2 bis 4 EStG　　50/51

32 Saldo aus **Entnahmen und Einlagen** i. S. d. § 4 Abs. 4 a EStG im Wirtschaftsjahr
(bei mehreren Betrieben Erläuterungen auf besonderem Blatt)

33 **Schuldzinsen** aus der Finanzierung von Anschaffungs- / Herstellungskosten von Wirtschaftsgütern des **Anlagevermögens**

34 Summe der in 2010 in Anspruch genommenen Investitionsabzugsbeträge nach § 7 g Abs. 1 EStG
– Erläuterungen auf besonderem Blatt –

35 Summe der in 2010 nach § 7 g Abs. 2 EStG hinzugerechneten Investitionsabzugsbeträge
– Erläuterungen auf besonderem Blatt –

36 **Einnahmen** aus der nebenberuflichen Tätigkeit als

Gesamtbetrag　　　€　　　davon als steuerfrei behandelt　　　€　　　Rest enthalten in Zeile(n)

2010

Anlage KAP

zur
Einkommensteuererklärung

zur Erklärung zur
Festsetzung der Kirchen-
steuer auf Kapitalerträge

zur Erklärung zur
gesonderten Feststellung

Stpfl. /
Ehemann   Ehefrau

54

1 Name

2 Vorname

3 Steuernummer   Bitte Steuerbescheinigung(en) im Original beifügen!

Einkünfte aus Kapitalvermögen, Anrechnung von Steuern

Die Zeilen 4 bis 6 sind nur auszufüllen, wenn der Vordruck als Anlage zur Einkommensteuererklärung beigefügt wird.

4 Ich beantrage die Günstigerprüfung für sämtliche Kapitalerträge.
(Bei Zusammenveranlagung: Die Anlage meines Ehegatten ist beigefügt.)   01   1 = Ja

5 Ich beantrage eine Überprüfung des Steuereinbehalts für bestimmte Kapitalerträge.   02   1 = Ja

6 Ich bin kirchensteuerpflichtig und habe Kapitalerträge erzielt, von denen Kapitalertragsteuer aber keine Kirchensteuer einbehalten wurde.   03   1 = Ja

Kapitalerträge, die dem inländischen Steuerabzug unterlegen haben

		Beträge lt. Steuerbescheinigung(en) EUR		korrigierte Beträge (Erläuterungen auf besonderem Blatt) EUR
7	Kapitalerträge	10	20	
8	In Zeile 7 enthaltene Gewinne aus Kapitalerträgen i. S. d. § 20 Abs. 2 EStG	11	21	
9	In Zeile 8 enthaltene Gewinne aus Aktienveräuße- rungen i. S. d. § 20 Abs. 2 Satz 1 Nr. 1 EStG	12	22	
10	In Zeile 7 enthaltene Stillhalterprämien i. S. d. § 20 Abs. 1 Nr. 11 EStG	13	23	
11	Ersatzbemessungsgrundlage i. S. d. § 43 a Abs. 2 Satz 7, 10, 13 und 14 EStG (enthalten in Zeile 7)	14	24	
12	Nicht ausgeglichene Verluste **ohne** Verluste aus der Veräußerung von Aktien	15	25	
13	Nicht ausgeglichene Verluste aus der Veräußerung von Aktien i. S. d. § 20 Abs. 2 Satz 1 Nr. 1 EStG	16	26	

Sparer-Pauschbetrag

14 In Anspruch genommener Sparer-Pauschbetrag, der auf die in den Zeilen 7 bis 13 erklärten Kapitalerträge entfällt   17

Bei Eintragungen in den Zeilen 7 bis 13, 15 bis 21 und 32 bis 46:

14a In Anspruch genommener Sparer-Pauschbetrag, der auf die in der Anlage KAP **nicht** erklärten Kapitalerträge entfällt (ggf. „0")   18

Kapitalerträge, die nicht dem inländischen Steuerabzug unterlegen haben

15	Kapitalerträge (ohne Betrag in Zeile 21)	30	
16	In Zeile 15 enthaltene Gewinne aus der Veräußerung von Kapitalanlagen i. S. d. § 20 Abs. 2 EStG	31	
17	In Zeile 16 enthaltene Gewinne aus Aktienveräußerungen i. S. d. § 20 Abs. 2 Satz 1 Nr. 1 EStG	32	
18	In Zeile 15 enthaltene Verluste **ohne** Verluste aus der Veräußerung von Aktien	35	
19	In Zeile 15 enthaltene Verluste aus der Veräußerung von Aktien i. S. d. § 20 Abs. 2 Satz 1 Nr. 1 EStG	36	
20	In Zeile 15 enthaltene Stillhalterprämien i. S. d. § 20 Abs. 1 Nr. 11 EStG	33	
21	Zinsen, die vom Finanzamt für Steuererstattungen gezahlt wurden	60	

Kapitalerträge, die der tariflichen Einkommensteuer unterliegen

(nicht in den Zeilen 7, 15, 32 und 39 enthalten)

22	Laufende Einkünfte aus sonstigen Kapitalforderungen jeder Art, aus stiller Gesellschaft und partiarischen Darlehen, Hinzurechnungsbetrag nach § 10 AStG	70	
23	Gewinn aus der Veräußerung oder Einlösung von Kapitalanlagen lt. Zeile 22	71	
24	Ich beantrage für die Einkünfte lt. Zeile 25 die Anwendung der tariflichen Einkommensteuer	1 = Ja	

Laufende Einkünfte aus einer unternehmerischen Beteiligung an einer Kapitalgesellschaft
– bitte Anleitung beachten –

Gesellschaft, Finanzamt und Steuernummer

25   72

IV Amtliche Vordrucke 2010

Erträge aus Beteiligungen

	1. Beteiligung	2. Beteiligung
31	Gemeinschaft, Finanzamt und Steuernummer	Gemeinschaft, Finanzamt und Steuernummer

– mit inländischem Steuerabzug — EUR

32	Kapitalerträge	40	
33	In Zeile 32 enthaltene Gewinne aus Kapitalerträgen i. S. d. § 20 Abs. 2 EStG	41	
34	In Zeile 33 enthaltene Gewinne aus Aktienveräußerungen i. S. d. § 20 Abs. 2 Satz 1 Nr. 1 EStG	42	
35	In Zeile 32 enthaltene Stillhalterprämien i. S. d. § 20 Abs. 1 Nr. 11 EStG	43	
36	Ersatzbemessungsgrundlage i. S. d. § 43 a Abs. 2 Satz 7, 10, 13 und 14 EStG (enthalten in Zeile 32)	44	
37	Nicht ausgeglichene Verluste **ohne** Verluste aus der Veräußerung von Aktien	45	
38	Nicht ausgeglichene Verluste aus der Veräußerung von Aktien i. S. d. § 20 Abs. 2 Satz 1 Nr. 1 EStG	46	

– ohne inländischen Steuerabzug

39	Kapitalerträge (ohne Betrag in Zeile 45)	50	
40	In Zeile 39 enthaltene Gewinne aus der Veräußerung von Kapitalanlagen i. S. d. § 20 Abs. 2 EStG	51	
41	In Zeile 40 enthaltene Gewinne aus Aktienveräußerungen i. S. d. § 20 Abs. 2 Satz 1 Nr. 1 EStG	52	
42	In Zeile 39 enthaltene Verluste **ohne** Verluste aus der Veräußerung von Aktien	55	
43	In Zeile 39 enthaltene Verluste aus der Veräußerung von Aktien i. S. d. § 20 Abs. 2 Satz 1 Nr. 1 EStG	56	
44	In Zeile 39 enthaltene Stillhalterprämien i. S. d. § 20 Abs. 1 Nr. 11 EStG	53	
45	Gewinn aus der Veräußerung anteiliger Wirtschaftsgüter bei Veräußerung einer unmittelbaren oder mittelbaren Beteiligung an einer Personengesellschaft	61	
46	In Zeile 45 enthaltene Gewinne / Verluste aus Aktienveräußerungen	62	

– die der tariflichen Einkommensteuer unterliegen

47	Laufende Einkünfte aus sonstigen Kapitalforderungen jeder Art, aus stiller Gesellschaft und partiarischen Darlehen, Hinzurechnungsbetrag nach § 10 AStG	73	
48	Gewinn aus der Veräußerung oder Einlösung von Kapitalanlagen lt. Zeile 47	74	

Steuerabzugsbeträge zu Erträgen in den Zeilen 7 bis 20 und zu Beteiligungen in den Zeilen 31 bis 46

			lt. beigefügter Bescheinigung(en) EUR	Ct	aus Beteiligungen EUR	Ct
49	Kapitalertragsteuer	80			90	
50	Solidaritätszuschlag	81			91	
51	Kirchensteuer zur Kapitalertragsteuer	82			92	
52	Angerechnete ausländische Steuern	83			93	
53	Anrechenbare noch nicht angerechnete ausländische Steuern	84			94	
54	Fiktive ausländische Quellensteuern (nicht in den Zeilen 52 und 53 enthalten)	85			95	

Anzurechnende Steuern zu Erträgen in den Zeilen 22 bis 25, 47 und 48 und aus anderen Einkunftsarten

			EUR	Ct	EUR	Ct
55	Kapitalertragsteuer	86			96	
56	Solidaritätszuschlag	87			97	
57	Kirchensteuer zur Kapitalertragsteuer	88			98	

Nach der Zinsinformationsverordnung (ZIV) anzurechnende Quellensteuern

58	Summe der anzurechnenden Quellensteuern nach der ZIV (lt. beigefügter Bescheinigung)	99	

Verrechnung von Altverlusten

59	Ich beantrage die Verrechnung von Verlusten nach § 23 EStG nach der bis zum 31. 12. 2008 geltenden Rechtslage.	04	1 = Ja
60	Ich beantrage die Verrechnung von Verlusten nach § 22 Nr. 3 EStG nach der bis zum 31. 12. 2008 geltenden Rechtslage.	05	1 = Ja

Steuerstundungsmodelle

61	Einkünfte aus Gesellschaften / Gemeinschaften / ähnlichen Modellen i. S. d. § 15 b EStG (Erläuterungen auf besonderem Blatt)	

2010AnlKAP052   2010AnlKAP052

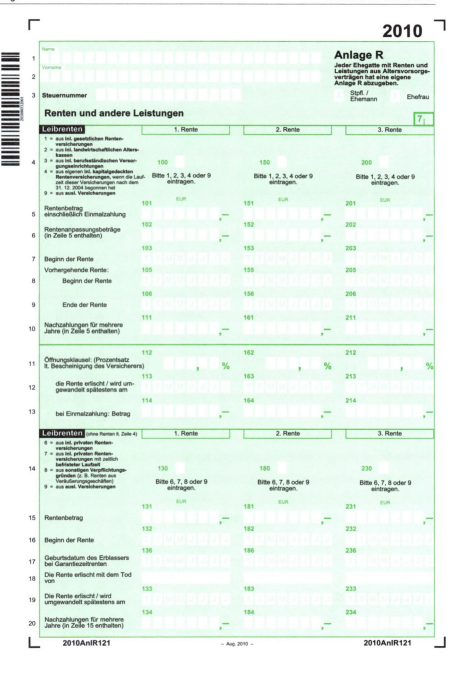

Leistungen aus Altersvorsorgeverträgen und aus der betrieblichen Altersversorgung

		1. Rente EUR	2. Rente EUR
31	Leistungen aus einem Altersvorsorgevertrag, einem Pensionsfonds, einer Pensionskasse oder aus einer Direktversicherung lt. Nummer 1 der Leistungsmitteilung	500	550
32	Leistungen aus einem Pensionsfonds lt. Nummer 2 der Leistungsmitteilung	501	551
33	Bemessungsgrundlage für den Versorgungsfreibetrag	502	552
34	Maßgebendes Kalenderjahr des Versorgungsbeginns	524 J J J J	574 J J J J
35	**Bei unterjähriger Zahlung:** Erster und letzter Monat, für den Versorgungsbezüge gezahlt wurden	522 M M — 523 M M	572 M M — 573 M M
36	Leistungen aus einer betrieblichen Altersversorgung lt. Nummer 3 der Leistungsmitteilung	505	555
37	Beginn der Leistung	506 T T M M J J J J	556 T T M M J J J J
38	Leibrente aus einem Altersvorsorgevertrag oder aus einer betrieblichen Altersversorgung lt. Nummer 4 oder Leistungen wegen schädlicher Verwendung lt. Nummer 8a der Leistungsmitteilung	507	557
39	Beginn der Rente	508 T T M M J J J J	558 T T M M J J J J
40	Geburtsdatum des Erblassers bei Rentengarantiezeit	530 T T M M J J J J	580 T T M M J J J J
41	Abgekürzte Leibrente aus einem Altersvorsorgevertrag oder aus einer betrieblichen Altersversorgung lt. Nummer 5 oder Leistungen wegen schädlicher Verwendung lt. Nummer 8b der Leistungsmitteilung	509	559
42	Beginn der Rente	510 T T M M J J J J	560 T T M M J J J J
43	Die Rente erlischt / wird umgewandelt spätestens am	511 T T M M J J J J	561 T T M M J J J J
44	Andere Leistungen lt. den Nummern 6, 7, 9 und 13 oder Leistungen wegen schädlicher Verwendung lt. den Nummern 8c, 8d und 10 der Leistungsmitteilung	512	562
45	Einmalbeträge bei Auflösung des Wohnförderkontos lt. Nummer 11 der Leistungsmitteilung	535	585
46	Leistungen wegen schädlicher Verwendung lt. Nummer 12 der Leistungsmitteilung	536	586
47	Beginn der Auszahlungsphase	537 T T M M J J J J	587 T T M M J J J J
48	Zeitpunkt der Aufgabe der Selbstnutzung oder Reinvestitionsabsicht	538 T T M M J J J J	588 T T M M J J J J
49	Nachzahlungen für mehrere Jahre (lt. Nummer 14 der Leistungsmitteilung)	516	566

Werbungskosten

50	Werbungskosten zu den Zeilen 5 und 15 (Art der Aufwendungen)	800
51	Werbungskosten zu den Zeilen 10 und 20 (Art der Aufwendungen)	801
52	Werbungskosten zu den Zeilen 31 und 44 (Art der Aufwendungen)	802
53	Werbungskosten zu Zeile 32 (Art der Aufwendungen)	803
54	Werbungskosten zu den Zeilen 36, 38 und 41 (Art der Aufwendungen)	806
55	Werbungskosten zu Zeile 45 (Art der Aufwendungen)	808
56	Werbungskosten zu Zeile 46 (Art der Aufwendungen)	809
57	Werbungskosten zu Zeile 49 (Art der Aufwendungen)	805

Steuerstundungsmodelle

58	Einkünfte aus Gesellschaften / Gemeinschaften / ähnlichen Modellen i. S. d. § 15 b EStG (Erläuterungen auf besonderem Blatt)	

2010AnlR122   2010AnlR122

2010

Name / Gemeinschaft

1

Vorname

2

3 Steuernummer

Anlage SO

zur
Einkommensteuererklärung

zur
Feststellungserklärung

55

Sonstige Einkünfte (ohne Renten und ohne Leistungen aus Altersvorsorgeverträgen)

		Stpfl. / Ehemann EUR	Ehefrau EUR
Wiederkehrende Bezüge			
4	Einnahmen aus	158 , —	159 , —
Unterhaltsleistungen			
5	soweit sie vom Geber als Sonderausgaben abgezogen werden	146 , —	147 , —
Werbungskosten			
6	zu den Zeilen 4 und 5	160 , —	161 , —
Leistungen		EUR	EUR
7	Einnahmen aus	, —	, —
8	Einnahmen aus	+ ,	+ ,
9	Einnahmen aus	+ ,	+ ,
10	Summe der Zeilen 7 bis 9	164 , —	165 , —
11	Werbungskosten zu den Zeilen 7 bis 9	176 – ,	177 – ,
12	Einkünfte	= , —	= , —
13	Die nach Maßgabe des § 10 d Abs. 1 EStG in 2009 vorzunehmende Verrechnung nicht ausgeglichener negativer Einkünfte 2010 aus Leistungen (Zeile 12) soll wie folgt begrenzt werden	, —	, —
Abgeordnetenbezüge		EUR	EUR
14	Steuerpflichtige Einnahmen ohne Vergütung für mehrere Jahre	200 , —	201 , —
15	In Zeile 14 enthaltene Versorgungsbezüge	202 , —	203 , —
16	Bemessungsgrundlage für den Versorgungsfreibetrag	204 , —	205 , —
17	Maßgebendes Kalenderjahr des Versorgungsbeginns	216	217
18	**Bei unterjähriger Zahlung:** Erster und letzter Monat, für den Versorgungsbezüge gezahlt wurden	206 M M – 208 M M	207 M M – 209 M M
19	Sterbegeld, Kapitalauszahlungen / Abfindungen und Nachzahlungen von Versorgungsbezügen (in Zeile 14 enthalten)	210 , —	211 , —
20	In Zeile 14 **nicht** enthaltene Vergütungen für mehrere Jahre (Angaben auf besonderem Blatt)	212 , —	213 , —
21	In Zeile 20 enthaltene Versorgungsbezüge	214 , —	215 , —
22	Aufgrund der vorgenannten Tätigkeit als Abgeordnete(r) bestand eine Anwartschaft auf Altersversorgung ganz oder teilweise ohne eigene Beitragsleistung	242 1 = Ja 2 = Nein , —	243 1 = Ja 2 = Nein , —
Steuerstundungsmodelle		EUR	EUR
23	Einkünfte aus Gesellschaften / Gemeinschaften / ähnlichen Modellen i. S. d. § 15 b EStG (Erläuterungen auf besonderem Blatt)	, —	, —

IV Amtliche Vordrucke 2010

Private Veräußerungsgeschäfte

Grundstücke und grundstücksgleiche Rechte (z. B. Erbbaurecht) In den Zeilen 34 bis 40 bitte nur den steuerpflichtigen Anteil erklären.

Bezeichnung des Grundstücks (Lage) / des Rechts

31

32　Zeitpunkt der Anschaffung
(z. B. Datum des Kaufvertrags, Zeitpunkt
der Entnahme aus dem Betriebsvermögen)　　　　T T M M J J

Zeitpunkt der Veräußerung
(z. B. Datum des Kaufvertrags, auch nach
vorheriger Einlage ins Betriebsvermögen)　　T T M M J J

Nutzung des Grundstücks bis zur Veräußerung
vom – bis

33　X zu eigenen
Wohnzwecken　　　　　m²

X zu anderen
Zwecken (z. B.
als Arbeitszimmer,
zur Vermietung)　vom – bis

m²

EUR

34　Veräußerungspreis oder an dessen Stelle tretender Wert (z. B. Teilwert, gemeiner Wert)　　　　　　,

35　Anschaffungs- / Herstellungskosten oder an deren Stelle tretender Wert
(z. B. Teilwert, gemeiner Wert) ggf. zzgl. nachträglicher Anschaffungs- / Herstellungskosten　–　　　,

36　Absetzungen für Abnutzung / Erhöhte Absetzungen / Sonderabschreibungen　+　　　,

37　Werbungskosten im Zusammenhang mit dem Veräußerungsgeschäft　–　　　,

38　Gewinn / Verlust (zu übertragen nach Zeile 39)　=　　　,

Stpfl. / Ehemann /
Gemeinschaft
EUR

Ehefrau

39　**Zurechnung des Betrags aus Zeile 38**　110　　　　,　— 111　　　,

40　Gewinne / Verluste aus weiteren Veräußerungen von
Grundstücken und grundstücksgleichen Rechten
(Erläuterungen bitte auf einem besonderen Blatt)　112　　　,　— 113　　　,

41　**Andere Wirtschaftsgüter**　Art des Wirtschaftsguts

42　Zeitpunkt der Anschaffung
(z. B. Datum des Kaufvertrags)　　　T T M M J J

Zeitpunkt der Veräußerung
(z. B. Datum des Kaufvertrags)　　T T M M J J

EUR

43　Veräußerungspreis oder an dessen Stelle tretender Wert (z. B. gemeiner Wert)　　　　,

44　Anschaffungskosten (ggf. gemindert um Absetzung für Abnutzung) oder an deren Stelle
tretender Wert (z. B. Teilwert, gemeiner Wert)　–　　　,

45　Werbungskosten im Zusammenhang mit dem Veräußerungsgeschäft　–　　　,

46　Gewinn / Verlust (zu übertragen nach Zeile 47 oder 49)　=　　　,

Stpfl. / Ehemann /
Gemeinschaft
EUR

Ehefrau

47　**Zurechnung des Betrags aus Zeile 46**　114　　　　,　— 115　　　,

48　Gewinne / Verluste aus weiteren Veräußerungen von anderen Wirtschaftsgütern
(Erläuterungen bitte auf einem besond. Blatt)　116　　　,　— 117　　　,

Dem **Halbeinkünfteverfahren** unterliegend

49　**Zurechnung des Betrags aus Zeile 46**　126　　　　,　— 127　　　,

50　Gewinne / Verluste aus weiteren Veräußerungen von anderen Wirtschaftsgütern
(Erläuterungen bitte auf einem besond. Blatt)　128　　　,　— 129　　　,

51　**Anteile an Einkünften**　Gemeinschaft, Finanzamt und Steuernummer
(einschl. des steuerfreien
Teils der Einkünfte, für die
das Halbeinkünfteverfahren
gilt)

52　In Zeile 52 enthaltene Einkünfte, für die das　134　　　　,　— 135　　　,

53　**Halbeinkünfteverfahren** gilt　136　　　,　— 137　　　,

54　In Zeile 52 enthaltene Einkünfte, die auf Veräußerungsgeschäfte mit Grundstücken entfallen　138　　　,　— 139　　　,

55　Die nach Maßgabe des § 10 d Abs. 1 EStG in 2009
vorzunehmende Verrechnung nicht ausgeglichener
negativer Einkünfte 2010 aus privaten Veräußerungsgeschäften soll wie folgt begrenzt werden　　　,　—　　　,

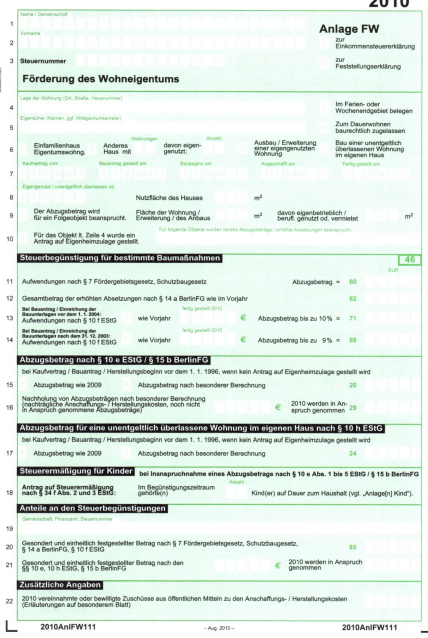

2010

Name / Gemeinschaft

1

Vorname

2

Anlage FW
zur
Einkommensteuererklärung

Steuernummer

3

zur
Feststellungserklärung

Förderung des Wohneigentums

Lage der Wohnung (Ort, Straße, Hausnummer)

4

Im Ferien- oder
Wochenendgebiet belegen

Eigentümer (Namen, ggf. Miteigentumsanteile)

5

Zum Dauerwohnen
baurechtlich zugelassen

	Wohnungen			Anzahl			
6 | Einfamilienhaus Eigentumswohng. | Anderes Haus mit | davon eigen-genutzt: | | Ausbau / Erweiterung einer eigengenutzten Wohnung | Bau einer unentgeltlich überlassenen Wohnung im eigenen Haus |

Kaufvertrag vom   Bauantrag gestellt am   Baubeginn am   Angeschafft am   Fertig gestellt am

7

Eigengenutzt / unentlich überlassen ab

8   Nutzfläche des Hauses   m²

9 | Der Abzugsbetrag wird für ein Folgeobjekt beansprucht. | Fläche der Wohnung / Erweiterung / des Anbaus | m² | davon eigenbetrieblich / berufl. genutzt od. vermietet | m² |

Für folgende Objekte wurden bereits Abzugsbeträge / erhöhte Absetzungen beansprucht:

10 | Für das Objekt lt. Zeile 4 wurde ein Antrag auf Eigenheimzulage gestellt. |

Steuerbegünstigung für bestimmte Baumaßnahmen   **46**

EUR

11 | Aufwendungen nach § 7 Fördergebietsgesetz, Schutzbaugesetz | Abzugsbetrag = **60** |

12 | Gesamtbetrag der erhöhten Absetzungen nach § 14 a BerlinFG wie im Vorjahr | **82** |

13 | **Bei Bauantrag / Einreichung der Bauunterlagen vor dem 1. 1. 2004:** Aufwendungen nach § 10 f EStG | wie Vorjahr | fertig gestellt 2010 | € | Abzugsbetrag bis zu 10 % = **71** |

14 | **Bei Bauantrag / Einreichung der Bauunterlagen nach dem 31. 12. 2003:** Aufwendungen nach § 10 f EStG | wie Vorjahr | fertig gestellt 2010 | € | Abzugsbetrag bis zu 9 % = **69** |

Abzugsbetrag nach § 10 e EStG / § 15 b BerlinFG

bei Kaufvertrag / Bauantrag / Herstellungsbeginn vor dem 1. 1. 1996, wenn kein Antrag auf Eigenheimzulage gestellt wird

15 | Abzugsbetrag wie 2009 | X | Abzugsbetrag nach besonderer Berechnung | **20** |

16 | Nachholung von Abzugsbeträgen nach besonderer Berechnung (nachträgliche Anschaffungs- / Herstellungskosten, noch nicht in Anspruch genommene Abzugsbeträge) | € | 2010 werden in Anspruch genommen **29** |

Abzugsbetrag für eine unentgeltlich überlassene Wohnung im eigenen Haus nach § 10 h EStG

bei Kaufvertrag / Bauantrag / Herstellungsbeginn vor dem 1. 1. 1996, wenn kein Antrag auf Eigenheimzulage gestellt wird

17 | Abzugsbetrag wie 2009 | X | Abzugsbetrag nach besonderer Berechnung | **24** |

Steuerermäßigung für Kinder   bei Inanspruchnahme eines Abzugsbetrags nach § 10 e Abs. 1 bis 5 EStG / § 15 b BerlinFG

Anzahl

18 | Antrag auf Steuerermäßigung nach § 34 f Abs. 2 und 3 EStG: | Im Begünstigungszeitraum gehörte(n) | | Kind(er) auf Dauer zum Haushalt (vgl. „Anlage[n] Kind"). |

Anteile an den Steuerbegünstigungen

Gemeinschaft, Finanzamt, Steuernummer

19

20 | Gesondert und einheitlich festgestellter Betrag nach § 7 Fördergebietsgesetz, Schutzbaugesetz, § 14 a BerlinFG, § 10 f EStG | **85** |

21 | Gesondert und einheitlich festgestellter Betrag nach den §§ 10 e, 10 h EStG, § 15 b BerlinFG | € | 2010 werden in Anspruch genommen **29** |

Zusätzliche Angaben

22 | 2010 vereinnahmte oder bewilligte Zuschüsse aus öffentlichen Mitteln zu den Anschaffungs- / Herstellungskosten (Erläuterungen auf besonderem Blatt) |

2010AnlFW111   – Aug. 2010 –   **2010AnlFW111**

2010

Anlage V

1	Name / Gemeinschaft / Körperschaft
2	Vorname

X zur Einkommensteuererklärung

X zur Körperschaftsteuererklärung

X zur Feststellungserklärung

3 Steuernummer   Lfd. Nr. der Anlage

Einkünfte aus Vermietung und Verpachtung
(Bei ausländischen Einkünften: Anlage AUS beachten)

Einkünfte aus dem bebauten Grundstück   **25**

Lage des Grundstücks / der Eigentumswohnung

4	Straße, Hausnummer		Angeschafft am T T M M J J J J
5	Postleitzahl Ort		Fertig gestellt am T T M M J J J J
6	Einheitswert-Aktenzeichen 00	53	Veräußert / Übertragen am T T M M J J J J

7 Gesamtwohnfläche **54** m² | davon eigengenutzter oder unentgeltlich an Dritte überlassener Wohnraum **55** m² | davon als Ferienwohnung genutzter Wohnraum **56** m²

		Erdgeschoss	1. Obergeschoss	2. Obergeschoss	weitere Geschosse		EUR
8	Mieteinnahmen für Wohnungen (ohne Umlagen)	€	€	€	€	01	
9		Anzahl / Wohnfläche m²	Anzahl / Wohnfläche m²	Anzahl / Wohnfläche m²	Anzahl / Wohnfläche m²		
10	für andere Räume (ohne Umlagen / Umsatzsteuer)	€	€	€	€	02	
11	Einnahmen für an Angehörige vermietete Wohnungen (ohne Umlagen)			Anzahl / Wohnfläche m²		03	

Umlagen, verrechnet mit Erstattungen (z. B. Wassergeld, Flur- u. Kellerbeleuchtung, Müllabfuhr, Zentralheizung usw.)

12	auf die Zeilen 8 und 10 entfallen	04	
13	auf die Zeile 11 entfallen	05	
14	Vereinnahmte Mieten für frühere Jahre / auf das Kalenderjahr entfallende Mietvorauszahlungen aus Baukostenzuschüssen	06	
15	Einnahmen aus Vermietung von Garagen, Werbeflächen, Grund und Boden für Kioske usw.	07	
16	Vereinnahmte Umsatzsteuer	09	
17	Vom Finanzamt erstattete und ggf. verrechnete Umsatzsteuer	10	
18	Öffentliche Zuschüsse nach dem Wohnraumförderungsgesetz oder zu Erhaltungsaufwendungen, Aufwendungszuschüsse, Guthabenzinsen aus Bausparverträgen und sonstige Einnahmen	Gesamtbetrag €	
19	davon entfallen auf eigengenutzte oder unentgeltlich an Dritte überlassene Wohnungen lt. Zeile 7	– € ▶ = 08	
20	Summe der Einnahmen		
21	Summe der Werbungskosten (Übertrag aus Zeile 50)	–	
22	Überschuss (zu übertragen nach Zeile 23)	=	

		Stpfl. / Ehemann / Gesellschaft EUR	Ehefrau EUR
23	Zurechnung des Betrags aus Zeile 22 20	–	21

Die Eintragungen in den Zeilen 24 bis 32 sind nur in der ersten Anlage V vorzunehmen.

Anteile an Einkünften aus
(Gemeinschaft, Finanzamt und Steuernummer)

		Stpfl. / Ehemann / Gesellschaft EUR	Ehefrau EUR
24	1. Grundstücksgemeinschaft	856 –	857
25	2. Grundstücksgemeinschaft	858 –	859
26	allen weiteren Grundstücksgemeinschaften	854 –	855
27	geschlossenen Immobilienfonds	874 –	875
28	Gesellschaften / Gemeinschaften / ähnlichen Modellen i. S. d. § 15 b EStG		

Andere Einkünfte

		EUR		EUR
31	**Einkünfte aus Untervermietung von gemieteten Räumen** (Berechnung auf besonderem Blatt)	866	, —	867 ,
32	**Einkünfte aus Vermietung und Verpachtung unbebauter Grundstücke, von anderem unbeweglichen Vermögen, von Sachinbegriffen** sowie aus **Überlassung von Rechten** (Erläuterung auf besonderem Blatt)	852	, —	853 ,

Werbungskosten

aus dem bebauten Grundstück in den Zeilen 4 und 5

	Nur ausfüllen, wenn die Aufwendungen für das Gebäude nur teilweise Werbungskosten sind (siehe Anleitung zu den Zeilen 33 bis 49)			Abzugsfähige Werbungskosten
	Gesamtbetrag	Ausgaben, die **nicht** mit Vermietungseinkünften zusammenhängen, wurden		
		durch direkte Zuordnung ermittelt	verhältnismäßig ermittelt	
	EUR			EUR
Absetzung für Abnutzung nach den §§ 7, 7 b Abs. 1 S. 2, 7 k Abs. 1 S. 3 EStG, §§ 14 a, 14 d BerlinFG	1	2	3 %	4

33	linear □ degressiv □ %	wie 2009 □	lt.bes. Blatt □	30	, —
34	Erhöhte Absetzungen nach den §§ 7 h, 7 i EStG, Schutzbaugesetz	wie 2009 □	lt.bes. Blatt □	31	, —
35	Sonderabschreibungen nach § 4 Fördergebietsgesetz	wie 2009 □	lt.bes. Blatt □	32	, —
36	Schuldzinsen (ohne Tilgungsbeträge)			33	,
37	Geldbeschaffungskosten (z. B. Schätz-, Notar-, Grundbuchgebühren)			34	, —
38	Renten, dauernde Lasten (Einzelangaben auf besonderem Blatt)			35	, —
39	2010 voll abzuziehende Erhaltungsaufwendungen, die direkt zugeordnet werden können	✕		36	, —
40	verhältnismäßig zugeordnet werden			37	, —
41	Auf bis zu 5 Jahre zu verteilende Erhaltungsaufwendungen (§§ 11 a, 11 b EStG, § 82 b EStDV) Gesamtaufwand 2010 EUR 57 — davon 2010 abzuziehen			38	, —
42	zu berücksichtigender Anteil aus 2006			39	, —
43	aus 2007			40	, —
44	aus 2008			41	, —
45	aus 2009			42	, —
46	Grundsteuer, Straßenreinigung, Müllabfuhr, Wasserversorgung, Entwässerung, Hausbeleuchtung, Heizung, Warmwasser, Schornsteinreinigung, Hausversicherungen, Hauswart, Treppenreinigung, Fahrstuhl			52	, —
47	Verwaltungskosten			48	, —
48	Nur bei umsatzsteuerpflichtiger Vermietung: an das Finanzamt gezahlte und ggf. verrechnete Umsatzsteuer	✕		58	, —
49	Sonstiges			49	, —
50	**Summe der Werbungskosten** (zu übertragen nach Zeile 21)				, —
51	Nur bei umsatzsteuerpflichtiger Vermietung: in Zeile 50 enthaltene Vorsteuerbeträge			59	, —

Zusätzliche Angaben

		Stpfl. / Ehemann	Ehefrau
52	2010 vereinnahmte oder bewilligte Zuschüsse aus öffentlichen Mitteln zu den Anschaffungs- / Herstellungskosten (Erläuterungen auf besonderem Blatt)	€	€

2010AnlV102   2010AnlV102

2010

Anlage AUS

| 1 | Name |
| 2 | Vorname |

| X | zur Einkommensteuererklärung |
| X | zur Erklärung zur gesonderten Feststellung |

| 3 | Steuernummer | Lfd. Nr. der Anlage |

Jeder Ehegatte mit ausländischen Einkünften hat eine eigene Anlage AUS abzugeben.

| X | Stpfl. / Ehemann | X | Ehefrau |

Ausländische Einkünfte und Steuern

Steuerpflichtige ausländische Einkünfte, die in den Anlagen zur Einkommensteuererklärung oder zur Erklärung zur gesonderten Feststellung enthalten sind und die im Quellenstaat nach dortigem Recht besteuert werden oder für die fiktive ausländische Steuern nach DBA anzurechnen sind – Anrechnung und Abzug ausländischer Steuern –

| **9** |

| 4 | | 1. Staat / Fonds | 10 | 2. Staat / Fonds | 30 | 3. Staat / Fonds | 50 |

Einkünfte

| 5 | (einschließlich der Einkünfte nach § 20 Abs. 2 AStG) – bei mehreren Einkunftsarten: Einzelangaben bitte auf besonderem Blatt – | Einkunftsquellen | Einkunftsquellen | Einkunftsquellen |
| 6 | Enthalten in Anlage(n) und Zeile(n) | | | |

			EUR		EUR		EUR
7	Einkünfte (einschließlich der gemäß § 3 Nr. 40 und § 3 c Abs. 2 EStG steuerfreien Teile)	07		27		47	
8	In Zeile 7 enthaltene Einkünfte, für die § 3 Nr. 40 und § 3 c Abs. 2 EStG Anwendung finden	08		28		48	
9	Abgezogene ausländ. Steuern nach § 34 c Abs. 2 und 3 EStG						

Anzurechnende ausländische Steuern

			EUR		EUR		EUR
10	für alle Einkunftsarten (ohne Beträge lt. Zeile 11)	09		29		49	
11	bei Einnahmen aus Investmentanteilen lt. Zeile 8	12		32		52	
12	In den Zeilen 10 und 11 enthaltene fiktive ausländische Steuern nach DBA						

Die Eintragungen in den Zeilen 13 bis 18 sind nur in der ersten Anlage AUS vorzunehmen.

Pauschal zu besteuernde Einkünfte i. S. d. § 34 c Abs. 5 EStG

			EUR
13	In Zeile 7 nicht enthaltene Einkünfte, für die die Pauschalierung beantragt wird	800	

Hinzurechnungsbesteuerung nach den §§ 7 bis 12, 14 AStG (in den Anlagen G, KAP, L, S enthalten)

Hinzurechnungsbetrag lt. Feststellung des Finanzamts (zuzüglich der anzurechnenden ausländischen Steuern lt. Zeile 15)

	Finanzamt und Steuernummer	Staat	EUR
14			801
15	Auf Antrag nach § 12 Abs. 1 AStG anzurechnende ausländische Steuern lt. Feststellung	802	
16	Nach § 12 Abs. 3 AStG anzurechnende ausländische Steuern lt. Feststellung	803	

Familienstiftungen nach § 15 AStG

| **18** |

Einkommen einer ausländischen Familienstiftung

	Bezeichnung, ggf. Finanzamt und Steuernummer	Staat	EUR
17			158/159
18	Auf Antrag nach § 15 Abs. 5 i. V. m. § 12 AStG anzurechnende Steuern	160/161	

| 2010AnlAUS141 | – Aug. 2010 – | 2010AnlAUS141 |

Nicht nach DBA steuerfreie negative Einkünfte i. S. d. § 2 a Abs. 1 EStG zu den Zeilen 4 bis 16 |9|

	aus dem Staat	nach § 2 a Abs. 1 Satz 1	noch nicht ver- rechnete Verluste 1985 bis 2009	nicht ausgleichsfähige Verluste / Gewinn- minderungen 2010	enthalten in Anlage und Zeile	positive Einkünfte 2010	enthalten in Anlage und Zeile	Summe der Spalten 3, 4 und 6
	1	2	3	4	5	6	7	8
			EUR	EUR		EUR		EUR
31	1	Nr. EStG						
32	2	Nr. EStG						
33	3	Nr. EStG						
34	4	Nr. EStG						
35	5	Nr. EStG						

Nach DBA steuerfreie Einkünfte / Progressionsvorbehalt

Einkünfte i. S. d. § 32 b EStG ohne steuerfreien Arbeitslohn lt. Anlage N Zeile 21

	aus dem Staat	aus der Einkunftsquelle	Einkunftsart	Einkünfte
				EUR
36	1			810
37	2			811
38	3			812
39	4			813
40	5			814

	In den Zeilen 36 bis 40 enthaltene		EUR
41	Verluste aus gewerblichen Betriebsstätten, die die Voraussetzungen des § 2 a Abs. 3 Satz 1 EStG erfüllen (nur bei Erklärung zur gesonderten Feststellung)		
42	Gewinne aus gewerblichen Betriebsstätten, für die die Hinzurechnung nach § 2 a Abs. 3 Satz 3 und Abs. 4 i. V. m. § 52 Abs. 3 Satz 4 bis 8 EStG, § 2 Abs. 1 Satz 3 und Abs. 2 AIG vorzunehmen ist	815	
43	außerordentliche Einkünfte i. S. d. §§ 34, 34 b EStG, soweit nicht in Zeile 42 enthalten	816	

44 Bei den in den Zeilen 36 bis 40 erklärten Einkünften handelt es sich in Zeile [   ] um ein Steuerstundungsmodell i. S. d. § 15 b EStG.

Zu den Zeilen 36 bis 40: Unter bestimmten Voraussetzungen erfolgt eine Mitteilung über die Höhe der in Deutschland steuerfreien Einkünfte an den anderen Staat. Einwendungen gegen eine solche Weitergabe bitte als Anlage beifügen.

Nach DBA steuerfreie negative Einkünfte i. S. d. § 2 a Abs. 1 EStG

	aus dem Staat	nach § 2 a Abs. 1 Satz 1	noch nicht ver- rechnete Verluste 1985 bis 2009	nicht ausgleichsfähige Verluste / Gewinn- minderungen 2010	positive Einkünfte 2010	Summe der Spalten 3 bis 5	positive Summe lt. Spalt. 6 enthalten in Zeile
	1	2	3	4	5	6	7
			EUR	EUR	EUR	EUR	
45	1	Nr. EStG					
46	2	Nr. EStG					
47	3	Nr. EStG					
48	4	Nr. EStG					
49	5	Nr. EStG					

2010AnlAUS142   2010AnlAUS142

IV Amtliche Vordrucke 2010

2010

1   **Vereinfachte Einkommensteuer-erklärung für Arbeitnehmer**   **Antrag auf Festsetzung der Arbeitnehmer-Sparzulage**   Eingangsstempel

2   **Steuernummer**

3   **Identifikationsnummer**   Steuerpflichtige Person (Stpfl.), bei Ehegatten: **Ehemann**   **Ehefrau**

4   **An das Finanzamt**

5   Bei **Wohnsitzwechsel: bisheriges Finanzamt**

6   **Allgemeine Angaben**   Telefonische Rückfragen tagsüber unter Nr.

7   **Steuerpflichtige Person** (Stpfl.), nur bei zusammen veranlagten Ehegatten: **Ehemann** – Name   Geburtsdatum   T T M M J J J J

8   Vorname

9   Straße und Hausnummer   **Religionsschlüssel:** Evangelisch = EV / Römisch-Katholisch = RK / nicht kirchensteuerpflichtig = VD

10   Postleitzahl   Derzeitiger Wohnort   Religion

11   Ausgeübter Beruf

12   Verheiratet seit dem   T T M M J J J J   Verwitwet seit dem   T T M M J J J J   Geschieden seit dem   T T M M J J J J   Dauernd getrennt lebend seit dem   T T M M J J J J

13   Nur bei zusammen veranlagten Ehegatten: **Ehefrau** – Name   Geburtsdatum   T T M M J J J J

14   Vorname

15   Straße und Hausnummer (falls von Zeile 9 abweichend)   **Religionsschlüssel:** Evangelisch = EV / Römisch-Katholisch = RK / nicht kirchensteuerpflichtig = VD

16   Postleitzahl   Derzeitiger Wohnort (falls von Zeile 10 abweichend)   Religion

17   Ausgeübter Beruf

Bankverbindung (entweder Kontonummer / Bankleitzahl oder IBAN / BIC) – Bitte stets angeben –

18   Kontonummer   Bankleitzahl

19   IBAN

20   BIC

21   Geldinstitut (Zweigstelle) und Ort

22   **Kontoinhaber** lt. Zeilen 7 und 8 oder: **Name** (im Fall der Abtretung bitte amtlichen Abtretungsvordruck beifügen)

Vorsorgeaufwendungen   **Angaben zu Kindern**

23   Für Angaben zu Vorsorgeaufwendungen ist die **Anlage Vorsorgeaufwand** beigefügt.   Für Angaben zu Altersvorsorgebeiträgen ist die **Anlage AV** beigefügt.   lt. **Anlage(n) Kind**   Anzahl

Einkünfte aus nichtselbständiger Arbeit   47   48

24   eTIN lt. Lohnsteuerbescheinigung Stpfl. / Ehemann, sofern vorhanden   eTIN lt. Lohnsteuerbescheinigung Ehefrau, sofern vorhanden

25   **Lohn- / Entgeltersatzleistungen** (z. B. Arbeitslosengeld, Insolvenzgeld lt. Bescheinigung der Agentur für Arbeit; Elterngeld lt. Nachweis; Krankengeld und Mutterschaftsgeld lt. Leistungsnachweis)   Stpfl. / Ehemann EUR   Ehefrau EUR

26   Angaben über Zeiten und Gründe der Nichtbeschäftigung (Bitte Nachweise beifügen.)

27   Beigefügte Bescheinigung(en) vermögenswirksamer Leistungen (**Anlage VL**)   Stpfl. / Ehemann   Ehefrau

Werbungskosten Stpfl. / Ehemann   87

Wege zwischen Wohnung und regelmäßiger Arbeitsstätte (Entfernungspauschale)
Regelmäßige Arbeitsstätte in (Ort und Straße)

		Arbeitstage je Woche	Urlaubs- und Krankheitstage

davon mit öffentl. Verkehrsmitteln, Motorrad, Fahrrad o. Ä., als Fußgänger, als Mitfahrer einer Fahrgemeinschaft zurückgelegt

Behinderungsgrad mind. 70 oder mind. 50 und Merkzeichen „G"

31

	Arbeitsstätte aufgesucht an	einfache Entfernung	davon mit eigenem oder zur Nutzung überlassenem Pkw zurückgelegt	davon mit Sammelbeförderung zurückgelegt		

32   40   Tagen   41   km   68   km   78   km   km   36   1 = Ja

EUR

33 Aufwendungen für Fahrten mit öffentlichen Verkehrsmitteln – ohne Flug- und Fährkosten – (Bitte stets die Zeile 32 ausfüllen)   27

34 Aufwendungen für Arbeitsmittel, Bewerbungskosten, Fortbildungskosten, Kontoführungsgebühren, Reisekosten bei Auswärtstätigkeiten, Flug- und Fährkosten, Beiträge zu Berufsverbänden – soweit nicht steuerfrei ersetzt –   53

Werbungskosten Ehefrau   88

Wege zwischen Wohnung und regelmäßiger Arbeitsstätte (Entfernungspauschale)
Regelmäßige Arbeitsstätte in (Ort und Straße)

		Arbeitstage je Woche	Urlaubs- und Krankheitstage

35

davon mit öffentl. Verkehrsmitteln, Motorrad, Fahrrad o. Ä., als Fußgänger, als Mitfahrer einer Fahrgemeinschaft zurückgelegt

Behinderungsgrad mind. 70 oder mind. 50 und Merkzeichen „G"

	Arbeitsstätte aufgesucht an	einfache Entfernung	davon mit eigenem oder zur Nutzung überlassenem Pkw zurückgelegt	davon mit Sammelbeförderung zurückgelegt		

36   40   Tagen   41   km   68   km   78   km   km   36   1 = Ja

EUR

37 Aufwendungen für Fahrten mit öffentlichen Verkehrsmitteln – ohne Flug- und Fährkosten – (Bitte stets die Zeile 36 ausfüllen)   27

38 Aufwendungen für Arbeitsmittel, Bewerbungskosten, Fortbildungskosten, Kontoführungsgebühren, Reisekosten bei Auswärtstätigkeiten, Flug- und Fährkosten, Beiträge zu Berufsverbänden – soweit nicht steuerfrei ersetzt –   53

Sonderausgaben   52

		EUR 2010 gezahlt		EUR 2010 erstattet

39 **Kirchensteuer** (soweit diese nicht als Zuschlag zur Abgeltungsteuer gezahlt wurde)   103   104

40 **Spenden und Mitgliedsbeiträge** zur Förderung steuerbegünstigter Zwecke (lt. beigefügten Bestätigungen)   109

41 **Spenden und Mitgliedsbeiträge** zur Förderung steuerbegünstigter Zwecke, bei denen die Daten elektronisch an die Finanzverwaltung übermittelt wurden

	Stpfl. / Ehemann	Ehefrau
	202	203

Außergewöhnliche Belastungen   53

		Grad der Behinderung	blind / ständig hilflos		Grad der Behinderung	blind / ständig hilflos

42 Stpfl. / Ehemann   56   20   1 = Ja   Ehefrau   57   21   1 = Ja

43 Ehescheidungskosten, Fahrtkosten behinderter Menschen, Krankheitskosten, Kurkosten, Pflegekosten
Art der Belastung

	Aufwendungen EUR		Erhaltene / Anspruch auf zu erwartende Versicherungsleistungen, Beihilfen, Unterstützungen usw. EUR
	63		64

44 Für die – wegen Abzugs der zumutbaren Belastung – nicht abziehbaren Pflegeleistungen wird die Steuerermäßigung für haushaltsnahe Dienstleistungen beantragt. Die in Zeile 43 enthaltenen Aufwendungen für haushaltsnahe Pflegeleistungen betragen

	Aufwendungen (abzüglich Erstattungen) EUR
	77

45 Für den Abzug der außergewöhnlichen Belastungen lt. Zeile 43:
Die gesamten Kapitalerträge betragen nicht mehr als 801 €, bei Zusammenveranlagung nicht mehr als 1 602 €.   75   1 = Ja

Haushaltsnahe Dienstleistungen und Handwerkerleistungen   18

Steuerermäßigung bei Aufwendungen für

		Aufwendungen (abzüglich Erstattungen) EUR

46 – haushaltsnahe Dienstleistungen, Hilfe im Haushalt   210

47 – Pflege- und Betreuungsleistungen im Haushalt, in Heimunterbringungskosten enthaltene Aufwendungen für Dienstleistungen, die denen einer Haushaltshilfe vergleichbar sind (soweit nicht bereits in Zeile 43 berücksichtigt)   213

48 – Handwerkerleistungen für Renovierungs-, Erhaltungs- und Modernisierungsmaßnahmen (ohne nach dem CO_2-Gebäudesanierungsprogramm der KfW-Förderbank geförderte Maßnahmen)   214

49 **Nur bei Alleinstehenden und Eintragungen in den Zeilen 46 bis 48:** Es bestand ganzjährig ein gemeinsamer Haushalt mit einer anderen alleinstehenden Person
Name, Vorname, Geburtsdatum

Unterschrift

Die mit der Steuererklärung angeforderten Daten werden aufgrund der §§ 149 ff. der Abgabenordnung und der §§ 25, 46 des Einkommensteuergesetzes erhoben. Ich versichere, **keine weiteren inländischen oder ausländischen Einkünfte** bezogen zu haben.

Bei der Anfertigung dieser Steuererklärung hat mitgewirkt:

Empfangsvollmacht ist erteilt.

50 Datum, Unterschrift(en)
Steuererklärungen sind eigenhändig – bei Ehegatten von beiden – zu unterschreiben.

2010ESt1V062   2010ESt1V062

IV Amtliche Vordrucke 2010

2010

Anlage EÜR

Bitte für jeden Betrieb eine
gesonderte Anlage EÜR einreichen!

1 Name/Gesellschaft/Gemeinschaft/Körperschaft

2 Vorname

3 (Betriebs-)Steuernummer | 77 | 10 | 1 |

Einnahmenüberschussrechnung

| 99 | 15 |

nach § 4 Abs. 3 EStG für das Kalenderjahr 2010   Beginn   Ende

4   **davon abweichend**   131   T T M M 2 0 1 0   132   T T M M J J J J

5 Art des Betriebs   100   Zuordnung zur Einkunfts-art (siehe Anleitung)   105

6 Wurde im Kalenderjahr/Wirtschaftsjahr der Betrieb veräußert oder aufgegeben? (Bitte Zeile 67 beachten)   111   Ja = 1

7 Wurden im Kalenderjahr/Wirtschaftsjahr Grundstücke/grundstücksgleiche Rechte entnommen oder veräußert?   120   Ja = 1 oder Nein = 2

1. Gewinnermittlung

| 99 | 20 |

Betriebseinnahmen   EUR   Ct

8 Betriebseinnahmen als umsatzsteuerlicher **Kleinunternehmer** (nach § 19 Abs. 1 UStG)   111

9 davon aus Umsätzen, die in § 19 Abs. 3 Nr. 1 und 2 UStG bezeichnet sind   119   *(weiter ab Zeile 15)*

10 Betriebseinnahmen als **Land- und Forstwirt**, soweit die Durchschnittssatz-besteuerung nach § 24 UStG angewandt wird   104

11 **Umsatzsteuerpflichtige Betriebseinnahmen**   112

12 Umsatzsteuerfreie, nicht umsatzsteuerbare Betriebseinnahmen sowie Betriebsein-nahmen, für die der Leistungsempfänger die Umsatzsteuer nach § 13b UStG schuldet   103

13 davon Kapitalerträge   113

14 Vereinnahmte Umsatzsteuer sowie Umsatzsteuer auf unentgeltliche Wertabgaben   140

15 Vom Finanzamt erstattete und ggf. verrechnete Umsatzsteuer   141

16 Veräußerung oder Entnahme von Anlagevermögen   102

17 Private Kfz-Nutzung   106

18 Sonstige Sach-, Nutzungs- und Leistungsentnahmen   108

19 Auflösung von Rücklagen, Ansparabschreibungen für Existenzgründer und/oder Ausgleichsposten (Übertrag aus Zeile 77)

20 **Summe Betriebseinnahmen**   159

| 99 | 25 |

Betriebsausgaben   EUR   Ct

21 Betriebsausgabenpauschale **für bestimmte Berufsgruppen** und/oder Freibetrag nach § 3 Nr. 26 und 26a EStG   190

22 Sachliche Bebauungskostenpauschale (für Weinbaubetriebe)/ Betriebsausgabenpauschale für **Forstwirte**   191

23 **Waren, Rohstoffe und Hilfsstoffe einschl. der Nebenkosten**   100

24 Bezogene Fremdleistungen   110

25 Ausgaben für eigenes Personal (z.B. Gehälter, Löhne und Versicherungsbeiträge)   120

Absetzung für Abnutzung (AfA)

26 AfA auf unbewegliche Wirtschaftsgüter (ohne AfA für das häusliche Arbeitszimmer)   136

27 AfA auf immaterielle Wirtschaftsgüter (z.B. erworbene Firmen-, Geschäfts- oder Praxiswerte)   131

28 AfA auf bewegliche Wirtschaftsgüter (z.B. Maschinen, Kfz)   130

Übertrag (Summe Zeilen 21 bis 28)

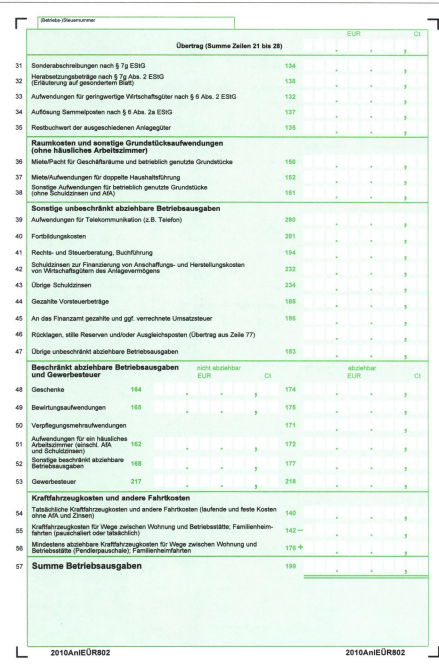

(Betriebs-)Steuernummer

		EUR	Ct
	Übertrag (Summe Zeilen 21 bis 28)		

			EUR	Ct
31	Sonderabschreibungen nach § 7g EStG	134		
32	Herabsetzungsbeträge nach § 7g Abs. 2 EStG (Erläuterung auf gesondertem Blatt)	138		
33	Aufwendungen für geringwertige Wirtschaftsgüter nach § 6 Abs. 2 EStG	132		
34	Auflösung Sammelposten nach § 6 Abs. 2a EStG	137		
35	Restbuchwert der ausgeschiedenen Anlagegüter	135		

Raumkosten und sonstige Grundstücksaufwendungen (ohne häusliches Arbeitszimmer)

36	Miete/Pacht für Geschäftsräume und betrieblich genutzte Grundstücke	150		
37	Miete/Aufwendungen für doppelte Haushaltsführung	152		
38	Sonstige Aufwendungen für betrieblich genutzte Grundstücke (ohne Schuldzinsen und AfA)	151		

Sonstige unbeschränkt abziehbare Betriebsausgaben

39	Aufwendungen für Telekommunikation (z.B. Telefon)	280		
40	Fortbildungskosten	281		
41	Rechts- und Steuerberatung, Buchführung	194		
42	Schuldzinsen zur Finanzierung von Anschaffungs- und Herstellungskosten von Wirtschaftsgütern des Anlagevermögens	232		
43	Übrige Schuldzinsen	234		
44	Gezahlte Vorsteuerbeträge	185		
45	An das Finanzamt gezahlte und ggf. verrechnete Umsatzsteuer	186		
46	Rücklagen, stille Reserven und/oder Ausgleichsposten (Übertrag aus Zeile 77)			
47	Übrige unbeschränkt abziehbare Betriebsausgaben	183		

Beschränkt abziehbare Betriebsausgaben und Gewerbesteuer

			nicht abziehbar EUR	Ct		abziehbar EUR	Ct
48	Geschenke	164			174		
49	Bewirtungsaufwendungen	165			175		
50	Verpflegungsmehraufwendungen				171		
51	Aufwendungen für ein häusliches Arbeitszimmer (einschl. AfA und Schuldzinsen)	162			172		
52	Sonstige beschränkt abziehbare Betriebsausgaben	168			177		
53	Gewerbesteuer	217			218		

Kraftfahrzeugkosten und andere Fahrtkosten

54	Tatsächliche Kraftfahrzeugkosten und andere Fahrtkosten (laufende und feste Kosten ohne AfA und Zinsen)	140		
55	Kraftfahrzeugkosten für Wege zwischen Wohnung und Betriebsstätte; Familienheimfahrten (pauschaliert oder tatsächlich)	142 −		
56	Mindestens abziehbare Kraftfahrzeugkosten für Wege zwischen Wohnung und Betriebsstätte (Pendlerpauschale); Familienheimfahrten	176 +		
57	**Summe Betriebsausgaben**	199		

701

(Betriebs-)Steuernummer

Ermittlung des Gewinns

EUR   Ct

61 Summe der Betriebseinnahmen (Übertrag aus Zeile 20)

62 abzüglich Summe der Betriebsausgaben (Übertrag aus Zeile 57)   —

zuzüglich

63 – Hinzurechnung der Investitionsabzugsbeträge nach § 7g Abs. 2 EStG (Erläuterung auf gesondertem Blatt)   188   +

64 – Gewinnzuschlag nach § 6b Abs. 7 und 10 EStG   123   +

abzüglich

65 – erwerbsbedingte Kinderbetreuungskosten nach § 9c EStG   184   —

66 – Investitionsabzugsbeträge nach § 7g Abs. 1 EStG (Erläuterung auf gesondertem Blatt)   187   —

67 Hinzurechnungen und Abrechnungen bei Wechsel der Gewinnermittlungsart   250

68 Korrigierter Gewinn/Verlust   290

69 Bereits berücksichtigte Beträge, für die das Teileinkünfteverfahren bzw. § 8b KStG gilt   Gesamtbetrag   261   Korrekturbetrag   262

70 Steuerpflichtiger Gewinn/Verlust vor Anwendung des § 4 Abs. 4a EStG   293

71 Hinzurechnungsbetrag nach § 4 Abs. 4a EStG   271   +

72 **Steuerpflichtiger Gewinn/Verlust**   219

2. Ergänzende Angaben

99   27

Rücklagen, stille Reserven und Ansparabschreibungen

		Bildung/Übertragung EUR	Ct		Auflösung EUR	Ct
73 Rücklagen nach § 6c i.V.m. § 6b EStG, R 6.6 EStR	187			120		
74 Übertragung von stillen Reserven nach § 6c i.V.m. § 6b EStG, R 6.6 EStR	170					
75 Ansparabschreibungen für Existenzgründer nach § 7g Abs. 7 und 8 EStG a.F.				122		
76 Ausgleichsposten nach § 4g EStG	191			125		
77 Gesamtsumme	190			124		

Übertrag in Zeile 46   Übertrag in Zeile 19

Entnahmen und Einlagen

99   29

EUR   Ct

78 Entnahmen einschl. Sach-, Leistungs- und Nutzungsentnahmen   122

79 Einlagen einschl. Sach-, Leistungs- und Nutzungseinlagen   123

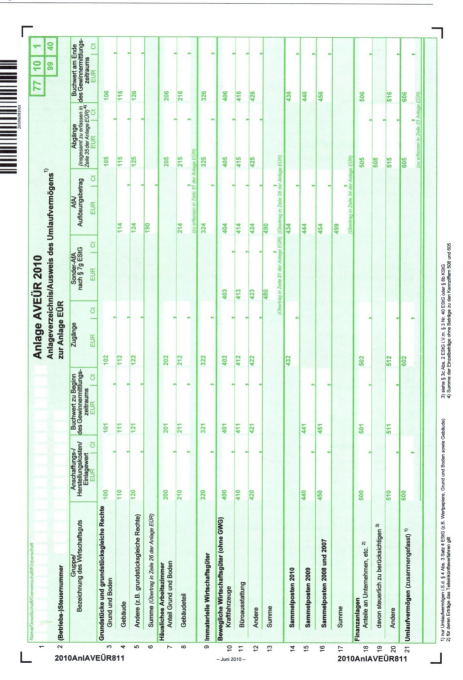

Anlage AVEÜR 2010
Anlageverzeichnis/Ausweis des Umlaufvermögens¹⁾ zur Anlage EÜR

Name/Gesellschaft/Gemeinschaft/Körperschaft

1 | (Betriebs-)Steuernummer

77 | 10 | 1
99 | 40

Gruppe/ Bezeichnung des Wirtschaftsguts	Anschaffungs-/ Herstellungskosten/ Einlagewert EUR	Ct	Buchwert zu Beginn des Gewinnermittlungszeitraums EUR	Ct	Zugänge EUR	Ct	Sonder-AfA nach § 7g EStG EUR	Ct	AfA/ Auflösungsbetrag EUR	Ct	Abgänge (insgesamt zu erfassen in Zeile 35 der Anlage EÜR)⁴⁾ EUR	Ct	Buchwert am Ende des Gewinnermittlungszeitraums EUR	Ct
Grundstücke und grundstücksgleiche Rechte														
Grund und Boden	100		101		102						105		106	
Gebäude	110		111		112				114		115		116	
Andere (z.B. grundstücksgleiche Rechte)	120		121		122				124		125		126	
Summe *(Übertrag in Zeile 26 der Anlage EÜR)*									190					
Häusliches Arbeitszimmer														
Anteil Grund und Boden	200		201		202						205		206	
Gebäudeteil	210		211		212				214		215		216	
									(zu erfassen in Zeile 51 der Anlage EÜR)					
Immaterielle Wirtschaftsgüter	320		321		322				324		325		326	
Bewegliche Wirtschaftsgüter (ohne GWG)														
Kraftfahrzeuge	400		401		402		403		404		405		406	
Büroausstattung	410		411		412		413		414		415		416	
Andere	420		421		422		423		424		425		426	
Summe					432		480		490					
							(Übertrag in Zeile 31 der Anlage EÜR)		*(Übertrag in Zeile 28 der Anlage EÜR)*					
Sammelposten 2010									434				436	
Sammelposten 2009	440		441						444				446	
Sammelposten 2008 und 2007	450		451						454				456	
Summe									499					
									(Übertrag in Zeile 34 der Anlage EÜR)					
Finanzanlagen														
Anteile an Unternehmen, etc.²⁾	500		501		502						505		506	
davon steuerlich zu berücksichtigen³⁾											508			
Andere	510		511		512						515		516	
Umlaufvermögen (zusammengefasst)¹⁾	600		601		602						605		606	
											(zu erfassen in Zeile 23 der Anlage EÜR)			

1) nur Umlaufvermögen i.S.d. § 4 Abs. 3 Satz 4 EStG (z.B. Wertpapiere, Grund und Boden sowie Gebäude)
2) für deren Erträge das Teileinkünfteverfahren gilt
3) siehe § 3c Abs. 2 EStG i.V.m. § 3 Nr. 40 EStG oder § 8b KStG
4) Summe der Einzelbeträge ohne Beträge zu den Kennziffern 500 und 605

2010

Anlage SZE
zur Einnahmen-
überschussrechnung

| 1 | Name |
| 2 | Vorname |

3   (Betriebs-)Steuernummer | 77 | 10 | 1 |

| 99 | 41 |

Ermittlung der nicht abziehbaren Schuldzinsen zur Anlage EÜR

4   I. Laufendes Wirtschaftsjahr 2010   EUR   Ct

5   Entnahmen lt. Zeile 78 der Anlage EÜR   100

     EUR   Ct

6   Gewinn [1]   200

7   Einlagen lt. Zeile 79 der Anlage EÜR   210 +

8   Zwischensumme   220   ▶ 120 −

9   **Über-/Unterentnahme des lfd. Wirtschaftsjahres**
(§ 4 Abs. 4a Satz 2 EStG, ohne Berücksichtigung von Verlusten)   130

(positiv in Zeile 11 eintragen;
negativ in Zeile 13 eintragen)

10   II. Ermittlung des Hinzurechnungsbetrages (§ 4 Abs. 4a Satz 3 und 4 EStG)

     EUR   Ct

11   Überentnahme des laufenden Wirtschaftsjahres (= positiver Betrag aus Zeile 9)   300

12   Überentnahmen der vorangegangenen Wirtschaftsjahre
(= Betrag aus Zeile 16 des vorangegangenen Wirtschaftsjahres, soweit positiv)   310 +

13   Unterentnahmen des laufenden
und der vorangegangenen
Wirtschaftsjahre
(= negativer Betrag aus Zeile 9
und negativer Betrag aus
Zeile 16 des Vorjahres)   320   EUR   Ct

14   Verlust des laufenden
und der vorangegangenen
Wirtschaftsjahre
(= Zeile 15 des Vorjahres)   330 −

15   Verbleibender Betrag
(Ein positiver Betrag ist in die   340
rechte Spalte einzutragen,
ein negativer Betrag ist für die Folgejahre festzuhalten.)   ▶ 350 −

16   **Kumulierte Über-/Unterentnahme**   360

17   **Nicht abziehbare Schuldzinsen 6 % von Zeile 16**
(Ergibt sich in Zeile 16 ein negativer Betrag, ist hier der Wert „0" einzutragen.)   370

18   III. Höchstbetragsberechnung   EUR   Ct

19   Tatsächlich angefallene Schuldzinsen des laufenden Wirtschaftsjahres   400

20   Schuldzinsen lt. Zeile 42 der Anlage EÜR (§ 4 Abs. 4a Satz 5 EStG)   410 −

21   Kürzungsbetrag gem. § 4 Abs. 4a Satz 4 EStG   420 −   2 0 5 0 , 0 0

22   Höchstbetrag der nicht abziehbaren Schuldzinsen   430

     EUR   Ct

23   **Niedrigerer Betrag aus Zeile 17 oder 22**
(Ergibt sich ein negativer Betrag, ist hier der Wert „0" einzutragen.)   150

(Übertrag in Zeile 71 der Anlage EÜR)

[1] Steuerlicher **Gewinn** vor Anwendung des § 4 Abs. 4a EStG (siehe Zeile 70 der Anlage EÜR). Ein **Verlust** ist in Zeile 14 zu berücksichtigen.

2010AnlSZE821   – Juni 2010 –   2010AnlSZE821